Georg Aenotheus Koch, Karl Ernst Georges

Wörterbuch zu den Gedichten des P. Vergilius Maro

Mit besondere Berücksichtigung des dichterischen Sprachgebrauchs und der für die

Erklärungschwierige Stellen

Georg Aenotheus Koch, Karl Ernst Georges

Wörterbuch zu den Gedichten des P. Vergilius Maro
Mit besondere Berücksichtigung des dichterischen Sprachgebrauchs und der für die Erklärungschwierige Stellen

ISBN/EAN: 9783743684157

Hergestellt in Europa, USA, Kanada, Australien, Japan

Cover: Foto ©Thomas Meinert / pixelio.de

Weitere Bücher finden Sie auf **www.hansebooks.com**

Wörterbuch

zu den Gedichten

des

P. Vergilius Maro.

Mit besonderer Berücksichtigung des dichterischen Sprachgebrauchs
und der für die Erklärung schwierigen Stellen.

Von

weil. Prof. Dr. G. A. Koch
in Leipzig.

———

Sechste vielfach verbesserte Auflage.

Von

Prof. Dr. K. E. Georges
in Gotha.

———

Hannover,

Hahnsche Buchhandlung.

1885.

Aus dem Vorwort zur fünften Auflage.

Auch in dieser neuen Bearbeitung habe ich wie bereits in der vorhergehenden vom Jahre 1870 aufser den notwendigen Berichtigungen eine vielfache Ergänzung oder völlige Umgestaltung im einzelnen vorgenommen, ohne dafs ich mich von der frühern Anlage des Ganzen im wesentlichen abzuweichen veranlafst fand. Um zunächst nach den jetzigen Ergebnissen der besten Handschriften eine feste Grundlage für den gesamten Sprachschatz der Vergilschen Gedichte zu gewinnen, sind auch diesmal die kleinere Ausgabe von PWagner (3. Aufl. Lpz. 1861), die Textausgabe von MHaupt (Lpz. 1861) und die von ORibbeck (Lpz. 1874) als mafsgebend betrachtet und die wichtigsten gegenseitigen Abweichungen derselben bei der Aufnahme und Erklärung der einzelnen Wörter sorgfältig berücksichtigt worden, da die Texte der übrigen gangbaren Schulausgaben ja meist auf jene Rezensionen zurückgehen, so dafs der Schüler beim Gebrauch der einen oder andern dieser Ausgaben nicht leicht ratlos bleiben wird.

Bei der Erklärung selbst habe ich mich oft der erläuternden Umschreibung bedient, um so den strebsamen, wenn auch nicht immer bestbegabten Schüler, besonders auch bei der Privatlektüre, zum rechten Verständnis hinzuleiten, ohne denselben der Mühe des weitern eigenen Nachdenkens über Gedanke und Zusammenhang der betreffenden Stelle zu überheben, nicht selten auch die Übersetzung von JHVofs hinzugefügt, welche wie die des Homer in der deutschen Litteratur stets einen ehrenvollen Platz behaupten wird. Mannigfache Schwierigkeiten bot in dem realen Teile, besonders für die Georgica, die Feststellung mehrerer Pflanzen- und Tiernamen. Obgleich auch hierin Vofs für seine Zeit das Beste geleistet hatte, so vermochten doch erst spätere Forscher, wie Fraas, Dierbach u. a., die rechte Aufklärung zu geben. Ähnlich verhält es sich mit vielen häuslichen und landwirtschaftlichen Geräten und Maschinen, da diese im Verlaufe der Zeit gewifs mancherlei Veränderungen ausgesetzt waren, weshalb die Alten in der Beschreibung häufig sich widersprechen und ebenso wenig die Darstellungen auf Antiken ein deutliches Bild uns zu geben vermögen.

Ein reichhaltiges und zum Teil sehr wertvolles Material lieferten mir für Benutzung zu meinem Zwecke, vorzugsweise für die sprachliche Seite der Erklärung, aufser den Kommentaren der früheren und neueren Gelehrten, die in Programmen und sonstigen Monographieen oder in

Zeitschriften zahlreich zerstreuten hierher gehörigen Bemerkungen. Manches habe ich herübergenommen aus meiner Bearbeitung der kleineren Ausgabe P Wagners mit deutschen Erläuterungen, die ich 1845 auf ausdrücklichen Wunsch meines hochgeehrten, teuren Freundes übernahm, dem es vergönnt war, bis in sein hohes Greisenalter mit fast ungeschwächter Kraft über ein halbes Jahrhundert die besten Mufsestunden seines Lebens seinem Lieblingsdichter Vergil zu widmen.

Leipzig, am 6. September 1875.

G. A. Koch.

Vorrede zur sechsten Auflage.

Die in dieser Auflage von mir vorgenommenen Veränderungen, resp. Verbesserungen, sind folgende:

1) Die neue deutsche und lateinische Orthographie ist eingeführt worden.

2) Viele falsche Citate sind nachgeschlagen und verbessert worden.

3) Mehrere Artikel sind als falsche Lesarten, welche nicht mehr in den neuesten Ausgaben von Haupt (Leipz. 1873), von Kappes (Leipz. 1882), von Ribbeck (Textausgabe, Leipz. 1878) und von Schaper (Berlin 1880—1882) stehen, entfernt worden (z. B. circumplector, convehor, crebro, destringo, excelsus, funerus).

4) Vielfache Verbesserungen der Erklärungen sind unter Zuziehung der Ausgaben von Wagner-Koch, von Ladewig-Schaper und von Kappes, der Beiträge von Kvíčala und der Übersetzung von Hertzberg vorgenommen worden, wobei ich auch eine Rezension des Schulwörterbuchs zur Äneïde von Koch von E. Glaser (in der Philol. Rundschau II. Jahrg. No. 32. Sp. 1010 ff.) benutzt habe.

5) Alle Anführungen gelehrter Werke sind als überflüssiger Ballast über Bord geworfen worden; ebenso die Citate aus den Grammatiken.

Möge das Buch in seiner neuen Gestalt sich auch neue Freunde erwerben.

Gotha, den 9. August 1885.

K. E. Georges.

Verzeichnis der nicht von selbst verständlichen Abkürzungen.

A. bedeutet Anfang.
a. — an, am.
Ä. — Äneis.
Abl. — Ablativ.
abs. — absolut.
Abstr., abstr. — Abstractum, abstrakt.
Adj. — Adjektivum.
Adv. — Adverbium.
Akk. — Akkusativ.
Akt., akt. — Aktivum, aktivisch.
alci — alicui.
alcjs — alicujus.
alqd — aliquid.
alqm — aliquem.
altort. — altertümlich.
Anf. — Anfang.
Anom. — Anomalon.
App. oder Appos. — Apposition.
arch. — archaïsch.
Ausdr. — Ausdruck.
ausgel. — ausgelassen.
B. — Bucolica (Eclogae).
b. — bei.
Bauk. — Baukunst.
Bed. — Bedeutung.
Begr. — Begriff.
Bein. — Beiname.
Beiw. — Beiwort.
bek. — bekannt.
ber. — berühmt.
bes. — besonders.
Besch. — Beschreibung.
Best., best. — Bestimmung, bestimmt.
Bew. — Bewohner.
Bez. — Beziehung, Bezeichnung.
bez. — bezug.
bisw. — bisweilen.
bl. — blofs.
c. — cum (Präposition).
cod. — codex.
d. — der, die, das.
d. i. — das ist.

dah. — daher.
das. — daselbst.
dass. — dasselbe.
dcht. — dichterisch.
Dem. od. Demin. — Deminutivum.
Desid. — Desiderativum.
dgl. — dergleichen.
E. — Ende.
eig. — eigentlich.
einf. — einfach.
Einw. — Einwohner.
Ends. — Endsilbe.
ep. — episch.
erg. — ergänze.
Erg. — Ergänzung.
Erkl. — Erklärung od. Erklärer.
etc. — et cetera.
etw. — etwas.
euphem. — euphemistisch.
f. — Femininum.
flg. od. flgg. — folgende.
Frequ. — Frequentativum.
G. — Georgica.
Geb. — Gebirge.
gebr. — gebraucht, gebräuchlich.
Gegs. — Gegensatz.
Gen. — Genetiv.
gew. — gewöhnlich.
Gleichn. — Gleichnis.
Haupts. — Hauptsatz.
Hdschr. — Handschrift des Vergil.
Imp. od. Imper. — Imperativ.
Inch. — Inchoativum.
Ind. od. Indik. — Indikativ.
Indecl. — Indeclinabile.
Inf. — Infinitiv.
Ins. — Insel.
Interj. — Interjektion.
intr. od. intrans. — intransitiv.
iron. — ironisch.
j. — jetzt.
jmd. — jemand; jmdm. — jemandem; jmds. — jemands.

Komp. — Komparativ.
Konj. — Konjunktiv.
Konjkt. — Konjunktiou.
Landsch. — Landschaft.
Leb., leb. — Lebende, lebend.
Lebl., lebl. — Leblose, leblos.
m. — Maskulinum.
m. — mit.
Meerb. — Meerbusen.
militär. — militärisch.
met., meton. — metonymisch.
myth. — mythisch.
N. — Name.
n. — Neutrum.
nachdr. — nachdrücklich.
Nachf. — Nachfolger.
nachgest. — nachgestellt.
nachh. — nachher.
Nachk. — Nachkomme.
Nachs. — Nachsatz.
Nebenbegr. — Nebenbegriff.
Nebenf., Nebf. — Nebenform.
Neg. — Negation.
negat. — negativ.
Nom. — Nominativ.
Num. — Numerus.
ö. od. öft. — öfter.
Obj. — Objekt.
obj. — objektiv.
od. — oder.
Part. od. Partic. — Participium.
Pass., pass. — Passivum, passiv.
pers. — persönlich.
Posit., posit. — Positiv, positiv.
Präd., präd. — Prädikat, prädikatisch.
prägn. — prägnant.
Präp. — Präposition.
Präs. — Präsens.
Prät. — Präteritum.
prol. — proleptisch.
Pron. — Pronomen.
Refl., refl. — Reflexivum, reflexiv.
Relat., rel. — Relativum, relativ.

s. — siehe.
s. d. — siehe dieses (Wort).
Sbst., sbst. — Substantivum, substantivisch.
selt. — selten.
Sing. — Singular.
sov. — soviel.
St. — Stamm (bei Angabe der Etymologie).
st. — statt.
Subj., subj. — Subjekt, subjektiv.
Subst., subst. — Substantivum, substantivisch.
Sup. — Supinum.
Sup., gewöhnl. Superl. — Superlativ.
synk. — synkopiert.
trans. — transitiv.
u. — und.

übers. — übersetzen.
übh. — überhaupt.
Umschr. — Umschreibung.
unbek. — unbekannt.
ungebr. — ungebräuchlich.
ungew. — ungewöhnlich.
unpers. — unpersönlich.
usw. — und so weiter.
v. — von, vom.
Var. — Variante.
Verb. od. Verbdg. — Verbindung.
verb. — verbunden.
vergl. — vergleiche.
verk. — verkürzt.
verl. — verlängert.
versch. — verschieden.
Versf. — Versfuſs.
verst. — verstehe, -en.
verw. — verwandt.

vgl. — vergleiche.
Vok. — Vokativ.
Vorgeb. — Vorgebirge.
vorhg. od. vorherg. — vorhergehend.
Vorn. — Vorname.
vorz. — vorzüglich.
W. — Wurzel.
wiederh. — wiederholt.
Wurz. — Wurzel (bei der Angabe der Etymologie).
z. — zu, zum.
Zeitbest. — Zeitbestimmung.
Zeitw. — Zeitwort.
Zus. — Zusatz.
zusgez. — zusammengezogen.
Zushg. — Zusammenhang.
zuw. — zuweilen.
zw. — zweifelhaft.
Zwischens. — Zwischensatz.

☛ Bei den Wörtern der 4. Deklination auf 'us', welche nur im Abl. Sing. vorkommen, ist bloſs der Abl. 'u' angegeben.

Bei den regelmäſsigen Verben der 1. Konjugation ist bloſs das Praesens und der Infinitiv des Praesens angegeben.

* bezeichnet, daſs das Wort in einem unechten Verse steht.

Druckfehler.

S. 412 unter **tĕnnĭs** schreibe 'dreisilb. gleichs.'

A.

1. **ā**, **ăb** [ersteres nie vor Vokal. u. *k*; 'ab' vor Vokal. u. Konson., bei Verg. vor *i, l, r, s* u. *t*, und nur bei Angabe des Ortes oder der Abstammung], Präp. m. Abl., **von**, zur Bezeichn. des Ausgehens von einem Punkte, ἀπό, u. zwar: 1) in örtl. Bezieh., *a)* **von, von . . . her, von . . . weg**, bes. bei Zeitw. der Bewegung, wie reicio, duco, *B* 3, 96. 8, 68. proficiscor, *Ā* 7, 209 u. 255; vgl. *Ā* 1, 372. 3, 315. 5, 84. 10, 28. revellere telum ab alta radice, d. i. aus dem Innern, aus der Tiefe der W., *Ā* 12, 787; aber: ab radice, 'samt od. mit der Wurzel', *G* 1, 20 u. 319. ellipt., unda ab alto (prolabens), die vom hohen Meere herkommende, andringende Woge, *Ā* 1, 160. dcht. st. des gew. 'ex', vocem traho a pectore, tief aus der Brust, *Ā* 1, 371. *b)* bei Angabe des Punktes, von welchem aus etw. geschieht od. kommt, **von**, *a)* **von . . . her**, urgere ab alto, *G* 1, 443. conclamare ab agmine, *Ā* 9, 375. a portu, vom Hafen aus, *Ā* 7, 132. a tergo, im Rücken, von hinten, *Ā* 1, 186. *G* 1, 174 u. 367. verkürzt, respicit angues a tergo, sieht hinter sich, *Ā* 8, 697. *β)* **von . . . herab**, suspendere columbam a mālo, *Ā* 5, 489. pendeo ab, *Ā* 5, 511. prospicere alqd summa ab unda, von der Höhe der Brandung, *Ā* 6, 357. ruit alto a culmine Troia, *Ā* 2, 290. sternit a culmine Troiam, *Ā* 2, 603. aethere ab alto, *Ā* 4, 574. 7, 25. ab arce, *Ā* 8, 1. ab astris, *Ā* 5, 838. ab alto caelo, *Ā* 5, 542. 7, 141. gurgite ab alto, *Ā* 6, 310. *γ)* zur Angabe der Entfernung, **von**, procul a patria, *B* 10, 46. *c)* vom Abstand in der Ordnung und im Range, **von, nach**, alter ab undecimo annus, *B* 8, 39. alter ab illo, *B* 5, 49. 2) von der Zeit, zur Bezeichn. des Anfangspunktes **von . . . an, seit, inde a teneris**, von zarter Kindheit an, *G* 3, 74. primis a mensibus anni, *G* 1, 64. primis ab annis, gleich im Beginn des Krieges, *Ā* 2, 87. a Chao, seit der Schöpfung, *G* 4, 347. Bes. unmittelbar von od. **nach** etw., recens a volnere, *Ā* 6, 450. 3) in an-

deren Verhältnissen, wobei stets ein Ausgehen gedacht wird, *a)* zur Bezeichn. des Urhebers einer Wirkung, **von, durch**, gew. bei Pass. u. Intrans., vinci ab Aenea u. dgl., *Ā* 7, 310 u. ö. *b)* prägn. u. verkürzt zur Angabe des Ursprungs od. der Abstammung, ab Ascanio, vom Ask. her, *Ā* 8, 629; vgl. *Ā* 5, 117. 7, 281. *G* 3, 473. 8, 51. omnes a Belo, Belus u. alle dessen Nachkommen, *G* 1, 730. ab Arcadio sanguine, *G* 5, 299. genus alto a sanguine Teucri, *G* 5, 45. 6, 500. ab oris Tyrrhenis (v. Mezentius), *G* 7, 647. quorum a stirpe nepotes, *G* 7, 99; vgl. *G* 1, 19 u. 235. Bes. zur Angabe des physischen Ausgehens von einem Punkte, meist vom Orte, von wo jemand herkommt od. etw. hergenommen wird (oft zur Umschr. des Gen. u. eines Adj.), dulces ab fontibus undae, *G* 2, 243. nostris ab ovilibus agnus, *B* 1, 8. ab origine reges, 'Herrscher der Urzeit', *Ā* 7, 181. victor ab Aurorae populis, eig. der als Sieger von den Völkern des Morgenlandes kam, d. i. als Sieger über die Völker usw., *Ā* 8, 686. pastor ab Amphryso, *G* 3, 2. Auch bei etymolog. Ableitung eines Wortes, dixit Chaoniam a Chaone Tr., *Ā* 3, 335, Thybrim a Thybri, *Ā* 8, 332. *c)* zur Bezeichn. des Anfangs einer Handlung, **von**, a prima origine, *Ā* 1, 753; vgl. *B* 8, 11. *d)* bei den Zeitw. u. Adj. des Befreiens, Schützens, Sicherns usw., **von, gegen, vor**, defendo a frigore myrtos, *B* 7, 6. servo a peste, *Ā* 5, 699. reduco a morte socios, *Ā* 4, 375. *e)* bei Zeitw. des Fernhaltens, Hinderns usw., **von**, sustineo a iugulo dextram, *Ā* 11, 750. prohibeo ignem a navibus, *Ā* 1, 525. tempero a lacrimis, enthalte mich der Thränen, *Ā* 2, 8. *f)* **von seiten, in bezug auf, in folge** (zur nähern Bestimmung eines Adj.), fessus ab undis, *G* 4, 403. inmotus ab accessu ventorum, 'gegen', 'vor', *Ā* 3, 570. *g)* zur Bezeichn. des Maßstabes, nach dem man etwas mißt od. beurteilt, **nach**, specto alqd ab annis, *Ā* 9, 235. crimine ab uno

disce omnes, lerne erkennen aus des éinen Verbrechen alle (Danaer), *Ä* 2, 65.
2. **ā**, Interj., s. 'ah'.
Ābāris, is, Akk. 'im', *m.*, ein Rutuler im Heere des Turnus, von Euryalus erlegt,*Ä* 9, 344.
Ābās, antis, *m.* (Ἄβας), 1) ein griech. Held, dessen Schild Äneas, nachdem er ihn bei Troja getötet, auf Aktium am Eingange des Apollotempels zum Dank für glückliche Rettung als Weihgeschenk aufhing,*Ä* 3, 286. 2) ein Troër, Gefährte des Aneas,*Ä* 1, 121. 3) ein Etrusker, der dem Äneas aus Populonia u. von der Insel Ilva eine Abteilung von Schiffen zuführte,*Ä* 10, 170 u. 427.
ab-do, dīdi, dītum, ĕre, eig. gebe hinweg, dah. *a*) entferne, verberge entfernend, me in montes, ziehe mich zurück,*Ä* 11, 810. *b*) verberge, verstecke, me,*Ä* 2, 574. caput alte,*G* 3, 422. mit Abl. instr., speluncis, 'schliefse ein',*Ä* 1, 60. natam montibus,*Ä* 7, 387. domo, verwende ihn für den häuslichen Dienst,*G* 3, 96. dcht. m. Dat., lateri ensem, stofse das Schwert tief in die Seite, *Ä* 2.553. Dav. abdĭtus, a, um, 'verborgen',*Ä* 9, 579.
ab-dūco, duxi, ductum, ĕre, 1) führe von einem Orte weg, entführe, alqm, *Ä* 7, 362. *G* 1, 507. ab alqo,*B* 2, 43. mit bl. Abl., gremiis,*Ä* 10,79. dcht. m. Akk., quascumque alqm terras, in irgend ein L., *Ä* 3, 601. 2) übtr., ziehe zurück, capita ab ictu(vor dem Schlage),*Ä*5,428.
Ābella, ae, *f.*(Ἄβελλα), Stadt in Kampanien, j. 'Abella vecchia', reich an Obst, bes. an Granaten, malifera, *Ä* 7, 740.
ab-ĕo, ĭi, ĭtum, īre, gehe weg oder fort, ziehe ab, *a*) v. Pers., mit Abl., montibus, *B* 7, 56. unde abii?*Ä* 10, 670. abs.,*Ä*1,196.3,452. fugā,entfliehe schnell, enteile,*Ä* 4, 281. si abis periturus, wenn du in den Tod gehst,*Ä* 2, 675. oft mit Subst. u. Adj., bellis victor abit,*Ä* 10, 869; vgl.*G.* 3, 225. *Ä* 5, 162, 166 u. 318. übtr., nemo non donatus abibit, soll unbeschenkt hinweggehen,*Ä*5,305 u. ähnl. *v.* 314. nec tu carminibus nostris indictus abibis, auch du sollst nicht von uns unbesungen bleiben,*Ä*7,733. *b*) v.Lebl., wohin gehen, sub altum pectus, tief eindringen in die Brust, vom Speere,*Ä* 9, 700.
    abĭcĭo (abiīcĭo), iēci, iectum, ĕre (ab u. iacio), werfe zu Boden, strecke hin, alqm,*Ä* 10, 736.
    ăbĭēs, ĕtis, *f.* (oft zweisilb. durch Synizesis gleichs. 'abjes',*Ä* 2, 16. 8, 599. 9, 674 u.ö.), *a*) Tanne,*Ä* 8,599 u.ö. im Bilde, vom hohen Wuchs des Menschen,*Ä*

9,674. *b*) meton., das aus Tannenholz Bereitete, *α*) 'Schiff',*G.* 2, 68. uncta, *Ä* 8, 91; vgl.*Ä* 5, 663. *β*) 'Speer',*Ä* 11, 667.
ăbĭgo, ēgi, actum, ĕre (ab u. ago), treibe (weg), alqm ad litus,*Ä* 11,261. v. Blitz, alqm ad umbras, 'schleudern' (näml. von der Erde weg),*Ä* 4, 25 *Ribb.* dcht., nox abacta, die nach erreichter Höhe am Pole wieder vom Himmel weichen mufs (zur Bezeichn. des Morgens), *Ä* 8, 407.
ablĭcĭo, s. abicio.
ăbĭtŭs, ūs, *m.* (abeo), das 'Weggehen', meton., der Ausgang (als Ort),*Ä* 9,380.
ab-iungo, iunxi, iunctum, ĕre, spanne ab (vom Wagen), iuvencum,*G* 3, 518.
ab-iūro, āre, schwöre ab, dcht., rapinas, leugne mit Schwüren,*Ä*8,263.
ab-lŭo, lŭi, lūtum, ĕre, wasche ab, reinige durch Waschen, voluera,*Ä* 4, 684. caedem (Blut),*Ä* 9, 818. se flumine vivo, sich reinigen mit od. in fliefsendem Wasser,*Ä* 2, 720.
ab-nĕgo, āre, schlage ab, verweigere, weise ab, versage, coniugium alci,*Ä* 7, 424. eine Bitte,*Ä* 2, 654. m. Inf., 'weigere mich', 'will nicht',*Ä* 2, 637. *G* 3, 456. abs.,*Ä* 2, 654.
ab-nŭo, nŭi, ĕre, eig. lehne durch Winken ab, übh. verneine, schlage ab (wie ἀπονεύω), mit Neg., nec abnuit omen, weist nicht zurück,*Ä* 5, 531. mit (Akk. u.) Inf.,*Ä* 10, 8.
ăbŏlĕo, lēvi, lĭtum, ēre, 1) vernichte, zerstöre, vertilge, monumenta, *Ä*4,497. viscera undis,*G* 3, 560. 2)übtr., tilge,dedecus armis,*Ä*11,789.Sychaeum, bringe den S. in Vergessenheit,*Ä*1,720.
ăbŏlesco, ĕre (Inch. v. aboleo), vergehe,übtr.,erlösche(v.Dank),*Ä*7,232.
ăbrĭpĭo, rĭpŭi, reptum, ĕre (ab u. rapio), raffe od. reifse weg od. fort, naves (vom stürmischen Meer),*Ä* 1, 108. corpus, entreifse mit Gewalt (näml. seinen Genossen),*Ä* 4, 600.
ab-rumpo, rūpi, ruptum, ĕre, 1) eig.: a) reifse ab, vincula ripis, vom Ufer, *Ä* 9,118. *b*) zerreifse, dah. dcht. 'trenne', 'zerteile' mit Gewalt, ingeminant abruptis nubibus ignes, Blitz wiederholt sich auf Blitz aus zerrissenen Wolken, *Ä* 3, 199. Dah. 'abrumpi', plötzlich losbrechen, sich erheben, abruptis procellis,*G* 3, 259. abrupto sidere, nach losgerissener, berstender Wetterwolke, d. i. wenn ein heftiges Unwetter losbricht,*Ä* 12,451. 2) übtr., *a*) verletze, fas, frevle am Rechte,*Ä* 3, 55. *b*) breche etw. (vor der Zeit od. gewaltsam) ab, sermonem,*Ä*4,388. dcht., 'reifse mich los' von etw., vitam, ende,*Ä* 8, 579 u. 9, 497. lu

cem, *Ä* 4, 631. somnos, 'verscheuche', *G* 3, 530.

abruptum, i, *n.* (abrumpo), jähe Tiefe, Schlucht, Abgrund, *Ä* 3, 422. 12, 687.

abscessus, ūs, *m.* (abscedo), Weggang, Abzug, Rutulûm abscessu, bei und nach dem Abzug der R., *Ä* 10, 445.

abscīdo, cīdi, cīsum, ĕre (ab u. caedo), schneide od. haue ab, capita, *Ä* 12, 511.

ab-scindo, scĭdi, scissum, ĕre, reifse ab od. los, trenne gewaltsam, latus Hesperium Siculo (latere), *Ä* 3, 418. mit der Hand u. dgl., plantas tenero de corpore, *G* 2, 23. umeris vestem, herab von den Sch. (als Zeichen der Verzweiflung), *Ä* 5, 685. dcht. mit griech. Konstr., abscissa comas, die Locken sich ausraufend, *Ä* 4, 590.

abs-condo, dĭdi u. di, dĭtum, ĕre, verberge, verstecke, alqd foveis (zur Aufbewahrung), *G* 3, 555. fugam furto, verheimliche durch Verstellung, *Ä* 4, 337. dcht., arces, lasse gleichs. verschwinden, d. i. verliere aus den Augen (die Spitzen der Berge entziehen sich dem Auge bei zunehmender Entfernung), *Ä* 3, 291. Pass. von untergehenden Gestirnen, 'sich verbergen', *G* 1, 221.

ab-sisto, stĭti, ĕre, stelle mich weg, *a)* entferne mich, geheweg, m. Abl., luco, *Ä* 6, 259. limine, *Ä* 7, 610. dcht. vom Funken, ab ore, entsprühen, *Ä* 12, 102. *b)* übtr., stehe od. lasse ab, *Ä* 9, 355. mit Abl., ferro (vom Kriege), *Ä* 11, 307. abs., absiste, 'stehe ab (von deinem Vorhaben)', *Ä* 8, 39. m. Inf., 'unterlasse', 'höre auf', *Ä* 6, 399 u. 8, 403. 11, 408. 12, 676.

abstĭnĕo, tĭnŭi, tentum, ĕre (abs u. teneo), halte ab, bei Verg. nur m. reflex. Bed., enthalte mich einer Sache, m. Abl., tactu, *Ä* 7, 618. abs., non abstinuit, hielt sich länger nicht mehr, *Ä* 2, 534.

abs-traho, traxi, tractum, ĕre, entreifse, raube, boves, *Ä* 8, 263.

abstrūsus, a, um (abstrudo), verborgen, schlummernd, silicis venis, v. Funken, *G* 1, 135. semina flammae, *Ä* 6, 7.

ab-sum, āfui, ābesse, 'bin weg', 1) eig.: *a)* bin nicht anwesend, bin abwesend od. entfernt, fehle, a stabulis, *G* 4, 13. abs., *Ä* 1, 584. nec.. usquam aberit (als Litotes), von der Juno, wird immer zugegen sein, nicht ablassen, *Ä* 6, 91. Part., absens, abwesend, entfernt, *Ä* 4, 83 u. ö. *b)* bin getrennt, geschieden, longis passibus inter se, *Ä* 11, 907. 2) übtr.: *b)* von der Zeit, bin entfernt, a prima origine (zur Bezeichn. einer unermefslichen Dauer), *G* 3, 48. *b)* von Pers..

mit Dat., bin von jmd. entfernt, jmdm. fern, 'stehe nicht bei', *Ä* 2, 620. nec afuit deus dextrae erranti, 'war nahe', d. i. die irrende Hand führte, den Erfolg leitete die Gottheit, *Ä* 7, 498. *c)* von Zuständen, 'fern sein', v. Schlaf, Furcht, *G* 2, 471. *Ä* 11, 14. abest luctamen remo, man rudert ohne Anstrengung, *Ä* 8, 89. nihil afore credunt, quin usw., glauben, es könne nicht fehlen, dafs, *Ä* 8, 147.

ab-sūmo, sumpsi, sumptum, ĕre, 1) nehme hinweg, *a)* eig., vermindere durch Hinwegnehmen, verzehre, mensas mālis, *Ä* 3, 257. *b)* übtr., verbrauche, 'reibe auf', in Teucros (zur Vernichtung der T.), *Ä* 7, 301. 2) prägn., vernichte, *a)* eig., raffe hinweg, töte, alqm ferro, *Ä* 9, 494. animam quocumque leto, nehme od. raube durch jede Art des Todes das Leben, *Ä* 3, 654. von den Rossen, membra mālis, zerreifse, *G* 3, 268. *b)* übtr., vernichte, raube, salutem, *Ä* 1, 055.

abundans, s. abundo.

ăbundē, Adv., überflüssig, mehr als genug, mit Gen., terrorum et fraudis abunde est, *Ä* 7, 552.

ăbundo, āre (ab u. unda), 1) fliefse über, flute über, trete aus, von Flüssen, *Ä* 11, 547. *G* 1, 115. übh., ergiefse mich, *G* 3, 484. 2) übtr., habe Überflufs an etw., mit Abl., *G* 4, 140. – Dav. abundans, antis, Adj., Überflufs habend, reich an etw., m. Gen., lactis, 'gesegnet an Milch', *B* 2, 20.

ăb-usquē, s. usque no. 2.

Ăbȳdus (-ŏs), i, *m.* (*ἡ* u. [selten] *ὁ* *Ἄβυδος*), Stadt in Troas, Sestos gegenüber, j. 'Kap Nagara', *G* 1, 207.

ăc od. **atquē** [ersteres nur vor Konson., bei Verg. nicht vor *c*, *g*, *q* u. *x*, letzteres vor Vokal., seltner vor Konson.; an der zweiten Stelle des Satzes bei Verg. nur *B* 6, 38], Konjkt., und auch, und dazu, und, 1) zur Verb. einzelner Wörter, divûm pater atque hominum rex, *Ä* 1, 65. matres atque viri, *Ä* 6, 306; vgl. 1, 543. 4, 190. maria ac terrae, *Ä* 1, 58; vgl. 2, 445. 12, 861. Auch zur Verb. von Ungleichartigem, *G* 1, 142. 2, 290. nur dcht. und selten verdoppelt mit emphatischer Steigerung (versch. von 'et ... et'), atque deos atque astra, *B* 5, 23. Bes. bei nachdrücklicher Wiederholung desselben Wortes, hinc atque hinc, *Ä* 1, 500. magis atque magis, *Ä* 2, 200; vgl. 8, 527. *B* 4, 56. *G* 4, 86. *b)* nach Adv. u. Adj., die eine Ähnlichkeit oder Unähnlichkeit bezeichnen, als, wie, haud secus ac, nicht anders als, *Ä* 3, 236. 8, 243. 10, 272. dcht. auch nach einem Kompar. st. 'quam'

haud minus ac iussi faciunt, *Ä* 3, 561. 2)
zur Verknüpfung der Satzteile u. ganzer Sätze, bes. zur Anknüpfung der folg.
Erzählung an die vorhergehende, *a*)übh.,
und, und nun, und so, und zwar,
B 3, 4. *Ä* 1, 54. 82. 619. 9, 1. 10, 522 u. ö.
ac primum, *Ä* 1, 174. ac sic, *Ä* 5, 622. ac
simul, *Ä* 11, 908 u. dgl. Bes. 'atque ita',
um mit einer vollbrachten Handlung eine
andere als Folge od. Wirkung derselben
zu verb., *G* 4, 409. *b*) zur nachdrucksvollen Einführung von Vergleichungen, ac
veluti, *Ä* 1, 148; vgl. 2, 206. 4, 402. *c*) zur
Erweiterung u. Steigerung des vorherg,
Gedankens, *Ä* 1, 575. 6, 772. *B* 10, 35. *G*
1, 50. Bes. zur Bezeichn. des schnellen,
augenblicklichen Eintretens der Folge,
ac neque etc., sobald die Hengste die
Ausdünstung der Stute wittern, so usw.,
G 3, 252. *d*) zur Angabe der unmittelbaren Zeitverbindung zweier Handlungen, unser betontes und; wenn die zweite
Handlung eine unerwartete ist, auch
und siehe da, und sogleich, *B* 7, 7.
G 1, 203. *Ä* 4, 261. 6, 162. 7, 29. 10, 219.
e) simul ac, sobald als, *Ä* 4, 90. 3) mit
andern Verbindungspartikeln, que .. atque, sowohl ... als auch, so gut..,
wie, *Ä* 1, 7. ac ... que, *Ä* 1, 58; vgl. 8,
486. *G* 4, 481 flg. 4)dcht. verdoppelt, 'atque ... atque', wobei das erstere 'atque'
zur Verb. der Sätze dient, bes. bei Aufzählungen, *G* 3, 257. 4, 343.

Ācălanthis, thidis, *f.* (*ἀχαλανϑίς*),
Stieglitz, Distelfink, *G* 3, 338.

Ācămās, antis, *m.* (*Ἀκάμας*), Sohn
des Theseus u. der Phädra, *Ä* 2, 262.

ācanthus, i (*ἄχανϑος*), 1) *f.*, ein stachlichter Baum in Ägypten, eine Akazienart, nach Neueren die ägypt. Schotendorn, *G* 2, 119. 2) *m.*, eine meist tropische
Pflanze, echte Bärenklau, *B* 4, 20. flexus, *G* 4, 123. Die Form der Blätter war
bei den Alten beliebt als Laubwerk zur
Verzierung von Kunstarbeiten in erhabener Arbeit, wie an Bechern, mollis,
B 3, 45. auch als Stickerei an Gewändern, *Ä* 1, 649 u. 711.

Ācarnān, ānis, *m.* (*Ἀχαρνάν*), Akarnanier, Bew. der Landsch. Akarnanien
in Mittelgriechenland, *Ä* 5, 298.

Acca, ae, *f.*, Freundin u. Kampfgenossin der Kamilla, *Ä* 11, 820. 823 u. 897.

accēdo, cessi, cessum, ĕre (ad u. cedo; 'accestis' synk. st. 'accessistis', *Ä* 1,
201), 1) gehe hinzu, komme heran,
nähere mich, *a*) abs., friedlich, *Ä* 8,
165. irascor propiusque acc., trete zornig entgegen, *Ä* 10, 712. *b*) m. Akk., betrete, urbem, *Ä* 3, 293 u. 441. domos Ditis, *Ä* 5, 732; vgl. *Ä* 1, 307. 2) übtr., nahe

mich, von der Zeit, *G* 3, 190 (*Wagn.* u.
Ribb. acceperit st. accesserit). dcht., naturae partes, nähere mich einem Gebiete
der Natur, d. i. beschreibe es, *G* 2, 483.

accĕlĕro usw., s. adcelero usw.

accendo, cendi, censum, ĕre (ad u.
candeo), mache etw. brennend, 1) eig.,
setze in Brand, zünde an, ignem,
acervos scutorum, *Ä* 5, 4. 8, 562. dcht.,
lumina, von den Sternen, leuchte, *G* 1,
251. aestus, entzünde die Mittagsglut,
G 4, 401. Pass. mit griech. Akk., comas,
Ä 7, 75. 2)übtr.: *a*) entzünde, entflamme, schüre an, errege, reize an,
alqm, *Ä* 4, 432. 8, 501. animos in hostem,
Ä 12, 426. animos bello (Dat.), zum Kriege, *Ä* 7, 482. nunc prece, nunc dictis virtutem amaris, *Ä* 10, 368. bellum, *Ä* 12,
804. Martem, *Ä* 6, 165. Part., accensus,
'entbrannt', 'entflammt', m. Abl., furore,
dolore, *Ä* 4, 697. 11, 709. rumore amaro,
Ä 4, 203. furiis pectore, von Wut oder
Wahnsinn entbrannt im Herzen, *Ä* 7, 392.
abs., accensus Turnus, von Wut entflammt, *Ä* 12, 9. *b*) erhöhe, steigere,
spes est accensa alci, Hoffnung strahlt
jmdm., *Ä* 5, 183.

acceptus, a, um (eig. Part. v. accipio), angenehm, willkommen, mit
Dat., dis et mensis secundis, *G* 2, 101.

accessus, ūs, *m.* (accedo), 1) das Herankommen, ventorum, 'Andrang', *Ä* 3,
570. 2) meton., Ort des Hinzugehens,
Zugang, *Ä* 8, 229.

1. **accido**, cidi, ĕre (ad u. cado), eig.,
falle wohin, übtr., stofse zu, begegne, alci, *Ä* 12, 593.

2. **accido**, cidi, cisum, ĕre (ad u. caedo), haue ab od. um, ornum ferro, *Ä* 2,
627. dcht., 'zerschneide', 'zehre auf', dapes, *Ä* 7, 125.

accingo, cinxi, cinctum, ĕre (ad u.
cingo; parag. Inf. Pass. 'accingier' st.
'accingi', *Ä* 4, 493), 1) gürte an od. um
etw., ensem lateri, *Ä* 11, 489. Pass., 'accingor', 'gürte mich', übh., 'rüste', 'bewehre' od. 'waffne mich', ferro, *Ä* 2, 614,
ense, *Ä* 9, 640. armis, *Ä* 6, 184. flagello,
Ä 6, 570. facibus, *Ä* 9, 74. 2)übtr., acc. me,
'rüste mich', 'mache mich bereit' oder
'schicke mich an' oder 'wende mich zu'
etw., mit Dat., pugnae, *Ä* 11, 707. praedae, *Ä* 1, 210. m. reflex. Sinne, operi, begebe mich ans Werk, *Ä* 2, 235. Pass. 'accingor', mit hl. Akk. (nach griech. Art),
magicas artes, lege magische Künste
(gleichs. als Waffe) an, wende mich zur
Zauberei, *Ä* 4, 493. m. Inf., dicere pugnas,
G 3, 46.

accio, īvi (ii), ītum, īre (ad u. cio),
ziehe herbei, rufe od. führe herbei,

alqm, *Ä* 9, 192. 11, 235. bello acciti reges, *Ä* 7, 642 (*Ribb.* 'exciti').

accĭpĭo, cēpi, ceptum, ĕre (ad u. capio), 1)uehme an mich, a)eig., nehme
an od. in Empfang, ensem, galeam,
*Ä*5,472.10,907. oneravenientum,nehme
den Kommenden ab, *Ä*1, 434. alqm gremio, *Ä* 1,685. animam, *Ä*4, 652. von lebl.
Subj., galea accepit sortem, hat in sich
aufgenommen, imHelme liegen dieLose
bereit, *Ä* 5, 491. v. Holze, formam, *G* 2,
450. *b)*übtr., nehme etw. irgendwie an
od. auf, noctem oculis aut pectore, erquickende Ruhe der Nacht (die in Augen
und Brust dringt), *Ä* 4.531. quietum animum in alqm, hege ruhigen Sinn, neige
mich mit stillem Gemüt zu jmd., *Ä*1, 303.
accipe daque fidem, nimm mein Wort und
gieb mir das deinige, *Ä* 8, 150. accepit
solitam flammam, die frühere Glut ergriff seinHerz, *Ä*8,389.prägn., accipio(sc.
omen)agnoscoquedeos, ich nehme es an
(erkläre es fürgültig), *Ä*12,260. frenum,
füge mich dem Zügel (erkenne dieOber-
herrschaft an), *Ä* 12, 568. dcht. von den
Cyklopen, follibus auras, *G* 4, 172. 2)
nehme auf, a) nehme jmd. freundlich
auf, empfange gastlich, alqm, *Ä* 6,
693. m. 'agnosco' verb., *Ä* 8, 155. in por-
ticibus, *Ä* 3, 353. alqm comitem, m. 'com-
plector' verb., *Ä* 9, 277. mit bl. Abl. alveo,
in den Kahn, *Ä* 6, 412. lacu, auf dem See
(Styx), *Ä* 6, 393. solio, *Ä* 7, 211. 8, 178.
caelo, *Ä* 1, 290. dcht. von sachl. Subj., wie
von der Erde, alqm ubere laeto, *Ä* 3, 95.
tuto portu, *Ä*3, 79. v. Wasser, sinu vasto,
G 4, 362. dcht., *Ä* 1, 123 (s. compages).
fusos crines, vom Nacken, *Ä* 10, 138. *b)*
nehme jmd. in einer gewissen Reihenfolge auf, folge, alter ab undecimo tum
me iam acceperat annus, ich war eben
aus dem elften in das nächste (zwölfte,
nicht: dreizehnte)Jahr getreten, *B*8,39.
ubi quarta acceperit aestas (eum), wenn
es (das Pferd) in den vierten Sommer getreten, *G* 3,190 *Ribb.*(*Haupt*u.*Schaper*
accesserit). *c)* nehme etw. in mein Inneres auf, vernehme, höre, nehme
wahr, sonitum, *Ä*2, 308. gemitum, *Ä*10,
675. cladem, *Ä*12, 604. mentem, *Ä*1, 676.
dicta, *Ä* 3, 250. 10,164. alqd animis, nehme
zu Herzen, *Ä* 5, 304. 10, 104. auch bl.
'alqd', *Ä*4,611. 3)empfange, erhalte,
bekomme, praemia, *Ä* 5, 309. Albam
regnandam, *Ä* 6, 770. im üblen Sinne,
volnera, *Ä* 2, 279. 3, 243.

accĭpĭtĕr, tris, *m.*(accipio), Habicht,
Falke, sacer (weil er zu den Weissagevögeln gehörte), *Ä* 11, 721.

accītŭs, ū, *m.*(accio), das Herbeiru-
fen,accitu alcjs,auf denRuf jmds., *Ä*1,677.

acclīnĭs usw., s. adclinis usw.

accŏla, ae, *m.* (accolo), Anwohner,
Nachbar, Volturni, *Ä* 7, 729.

accŏlo (ad-cŏlo), cŏlŭi, cultum, ĕre,
wohne an od. bei, mit Akk., Nilum,
G 4, 288. Capitoli saxum, *Ä* 9, 449.

accŭbo (ad-cŭbo), cŭbŭi, cŭbĭtum,
āre, liege bei etw., iuxta, *Ä* 6, 606. nemus accubat umbrā, vom Gehölze der
Eichen senkt sich der Schatten nieder,
G 3, 334.

accumbo (ad-cumbo), cŭbŭi, cŭbĭtum, ĕre, lege mich, bes. zu Tische (da
die Römer bei ihren Mahlzeiten auf dem
Speisesopha den untern Teil des Körpers ausstreckten und also mehr lagen),
epulis divom (als höchste Auszeichnung
für Sterbliche), *Ä* 1, 79.

accurro (ad-curro), curri, cursum,
ĕre, laufe od. eile herbei, abs., *Ä* 5,
451. 10, 352.

ācĕr, cris, cre, (verw. m. ἀκή, ἀκίς,
acus, acies), 1) scharf, spitzig, stimuli, *Ä*9,718.arcus, zum scharfen Schuſs
gespannt, sicher, *Ä* 7, 164. 2) übtr.: *a)*
scharf, durchdringend, v. Gesicht,
oculi, *Ä* 12, 102. in bez. auf das Gehör,
scharftönend, 'knisternd', 'knatternd',
sonitus flammae, *G*4,409. *b)*von Gemütszuständen, durchdringend (weil nach
Innen wirkend), heftig, stark, gewaltig, dolor, *Ä* 7, 291. metus, *Ä* 1, 362. 3,
682. amor, *Ä*12, 392. *c)*von Pers., die mit
Mut und Eifer etw. verfolgen, rüstig,
eifrig, rusticus, *G* 2, 405. bes. v. Kämpfern, 'hitzig', 'feurig', 'ungestüm', acer
equis, 'rüstig zu Rofs', 'der reisige Held',
G 3, 8; abs., *Ä* 5, 402. 454. 507. 7, 672. 8,
342. 9, 176. Lycurgus, verwegen, wild
(weil er sogar gegen die Götter stritt),
*Ä*3,14. von Jägern, *Ä*5, 254. von Tieren,
aper, *B* 10, 56. equus, feurig, mutig, *Ä* 4,
156. 8,3. *d)* von abstr. Gegenst., heftig,
fuga, hitziger Lauf, *G* 3, 141. potentia,
strenge, *G* 1, 93.

ācĕrbo, āre (acerbus), mache herb
od. bitter, dcht. 'verbittere', 'steigere',
formidine crimen, *Ä* 11, 407.

ācĕrbus,a,um(acer),1)scharf,herb,
bitter für die Sinne, übtr., *a)*v. Pers., erbittert,feindselig,Juno, *Ä*1,668*Ribb.*
b) von Lebl., herb, bitter, schmerzlich, traurig, volnus, *Ä* 11, 823. fata,
*Ä*11,587. animi, grimmige Wut, *Ä*5,462.
Neutr. sbst., quidquid acerbi est, alles
Bittere,was näml. derTod mit sich bringt,
Ä 12, 678(*Haupt*u. *Ribb.* zusammengez.:
'ascerbist'). Plur. des Neutr., 'acerba' nach
griech. Gebr. st. Adv. 'acerbe', acerba sonans, rauh tönend, *G* 3, 149. fremens,
knirschend vor Schmerz, murrend in bit-

terem Groll, *Ā* 12, 398. tuens, mit herbem, giftigem Blick, *Ā* 9, 794. 2) 'noch herb',dab.'unreif','unzeitig',funus(Grab), *Ā* 6, 429. 11, 28.

äcernus, a, um (äcer), aus Ahorn verfertigt, ahornen, trabes, *Ā* 2, 112. 9, 87. solium, *Ā* 8, 178.

äcerra, ae, *f.*, Rauchgefäfs, zum Anzünden des Weihrauches bei Opfern, dcht. m. 'far' verb., d. i. dampfender Weihrauch, *Ā* 5, 745.

Ācerrae, ārum, *f.*, Stadt in Kampanien am Flufs Klanius, *G* 2, 225.

äcervus, i, *m.* [*Haupt* u. *Ribb.* Akk. 'om'], Haufen, *a)* übb., *Ā* 8, 562. farris, *G* 1, 185. magnus, der im Speicher aufgehäufte Vorrat der Feldfrüchte, *Ā* 1, 158. Holzstofs, *Ā* 11, 786. Bes. *b)* Haufen, Menge, caedis(st. caesorum), *Ā* 11, 207. ähnl. 'stragis', *Ā* 6, 504.

Ācesta, ae, *f.(Αἴγεστα)*, Stadt auf der Westseite Siciliens (nach dem Kön. Acestes benannt, früher 'Egesta', spät. 'Segesta'), *Ā* 5, 718.

Ācestes, ae, *m.* [Akk. -sten, *Ā* 1, 558. 570. 5, 30. 531. 540. 746.], König in Sicilien, Sohn des sicil. Flufsgottes Krimisus u. der Troërin Egesta (dah. Dardanius, Troianus), der den Äneas gastlich aufnahm u. dessen V. Anchises auf dem Berge Eryx begrub, *Ā* 1, 195. 550. 5, 36. 61. 63. 106. 113. 301. 387. 418. 451. 498. 519. 573. 630. 711. 749. 757. 771. moenia Acestae, die Stadt Acesta, *Ā* 9, 218. 286.

Achaemenīdēs, is, *m.*, Sohn des Adamastus aus Ithaka, Gefährte des Odysseus, *Ā* 3, 614. 681. – ⟨Ʒ⟩ *Haupt* u. *Kappes* 'Achemenides', weil an *ἄχος*, Plur. *ἄχη*, erinnernd.

Achaïcus, a, um *(Ἀχαϊκός)*, eig. zu Achaja, dem nördl. Küstenland des Peloponnes gehörig, achäisch, dcht. 'griechisch', manus, *Ā* 5, 622.

Achāïus, a, um *(Ἀχαιός)*, achäisch, dcht. 'griechisch', castra, *Ā* 2, 462.

Achātes, ae, *m.* [*Gen.* Achatī, *Ā* 1, 120 *Ribb.*, wie nach der dritten Dekl. gebildet; Achatae, *Ā* 10, 344. Akk. Achaten, *Ā* 1, 644. 10, 332. Vok. Achatē, *Ā* 1, 450. *Abl.* Achate, *Ā* 1, 312 u. 696], e. Troër, der tapfere u. treueste Gefährte des Äneas, *Ā* 1, 174. 188. 513. 579. 581. 656. 3, 523. 6, 34 u. 158. 8, 466 u. 521. 586. 12, 384 u. 459.

Achělōïus, a, um, acheloïsch, zum Achelous (*Ἀχελῷος*) gehörig, dem Grenzflufs zwischen Ätolien u. Akarnanien, bisw. appell. st. 'fliefsendes Wasser' übb., dah. 'pocula', Becher mit Wasser, da nach Sitte der Alten die meist hitzigen Weine mit Wasser vermischt wurden (zu-

gleich mit Bezug darauf, dafs Ätolien durch den Kön. Öneus der Mitteilung des ersten Weinstockes sich rühmte), *G* 1, 9.

Achěměnīdēs, s. Achaemenides.

Achěrōn, ontis, Akk. onta, *m. (Ἀχέρων)*, myth. Flufs in der Unterwelt, die er umgiebt und sich in den Kokytus ergiefst. Über diesen mufsten die Schatten der Verstorbenen setzen (urspr. schlammiger Fl. in Epirus, von den Dichtern auf die Unterwelt übertragen), *Ā* 5, 99. 6, 107 u. 295. 7, 569. avarus, *G* 2, 492. dcht. von den Tiefen der Unterwelt selbst, *Ā* 7, 312. adfatur Acheronta, die unterirdischen Mächte od. Götter u. Manen, *Ā* 7, 91.

Achillēs, is, *m.* *(Ἀχιλλεύς)*, [*Gen.* 'Achilli', *Ā* 1, 30. 2, 275. 3, 87. 6, 839. 10, 581. *G* 3, 91 (wo 'Achillei' *Ribb.*)], Sohn des Peleus u. der Thetis aus Thessalien, Anführer der Myrmidonen, der schönste u. tapferste Held unter den Griechen vor Troja, *Ā* 1, 30 u. 468. 484. 752. 2, 29. 197. 540. 5, 804. 6, 168. 11, 404. 12, 545. *B* 4, 36. *G* 3, 9. Tötete den Hektor, dah. 'hic etiam inventum (esse) Priamo narrabis Achillem', ein Ach., ein zweiter Ach., *Ā* 9, 742 (vgl. *Ā* 6, 89). Wurde von Paris durch e. Geschofs, das Apollo richtete, getötet, *Ā* 6, 56. Appell. für einen schönen und kräftigen Mann, alius Ach, ein zweiter Ach., d. i. Turnus, *Ā* 6, 89.

Achillēus, a, um *(Ἀχίλλειος)*, zu Achilles gehörig, des Achilles, stirps, *Ā* 3, 326.

Achīvi, ōrum, *m.* *(Ἀχαιοί*), Bew. von Achaja, dcht. übb. 'Griechen', *Ā* 1, 242 u. 488. 2, 45. 318. 5, 497. 6, 387. 10, 89. 11, 266 (wo Gen. 'Achivom' st. Achivorum).

Acidalius, a, um, zur Quelle Acidalia *(Ἀκιδαλία)* bei Orchomenos in Böotien gehörig, dah. mater Acidalia, Bein. der Venus, die in jener Quelle mit den Grazien sich badete, *Ā* 1, 720.

äcidus, a, um (aceo), sauer, scharf (von Geschmack), sorbum, *G* 3, 380.

äciēs, ēi, *f.(ἀκίς*, 'acer'), 1) Schärfe, Schneide, falcis, schneidende, scharfe Hippe, *G* 2, 365. ferri, Spitze des Pfeiles, eiserne Pfeilspitze, *Ā* 11, 862. dcht., stricta ferri, 'Schwert', *Ā* 2, 333. Auch abs., jedes schneidende Werkzeug, bes. 'Schwert', stricta, *Ā* 6, 291. 2) übtr.: *a)* v. Auge, Schärfe, Sehkraft, *Ā* 6, 200. dcht., 'Sehe', Auge, sanguinea, *Ā* 4, 643. 7, 399; Plur., *Ā* 12, 558. geminae, *Ā* 6, 788. *b)* von den Sternen, Glanz, Schimmer, obtunsa, *G* 1, 395. *c)* die als scharfe Kante gedachte Vorderseite eines in Schlachtordnung gestellten Heeres, Schlachtordnung, Schlachtreihe, prima, 'Vordertreffen', 'vorderer Zug', *Ā* 7, 531.

10, 125. media, *G* 4, 82. auch im trojan. Wettrennspiele, iuvenum, *Ä* 5,563. Plur. 'Schlachtreihen', 'Scharen', 'Truppen' übh.,*Ä* 7,643. 9,550.10, 691. 12,875. amborum, *Ä* 12, 731. Fescenninae,*Ä* 7, 695. von den Hilfsmannschaften unter Messapus u. den Truppen der Rutuler u. Latiner unter Atinas,*Ä*12,662(*Ribb.* 'aciem'). mit 'agmina' verb., *Ä* 12, 861. bildl., horrida Volcania, 'das prasselnde Heer des Vulkan', d. i. Feuermasse, Feuermeer, *Ä* 10, 408.

aclys, ўdis, *f.* (ἀγκυλίς, ίδος, *f.*), ein kurzer Wurfspiefs,mit einemSchwungriemen (flagellum), mittelst dessen er geschleudert u. wieder zurückgezogen werden konnte, *Ä* 7, 730.

Acmon, öuis, *m.* (Ἄκμων), e. Troër, Sohn des Klytius aus Lyrnessus,Gefährte des Äneas, *Ä* 10, 128.

Acoetes, ae, *m.* (Ἀκοίτης), Waffenträger od. Diener des Euander, *Ä* 11, 30 u. 85.

aconitum, i, *n.* (ἀκόνιτον), Sturmhut, Eisenhut, eine Giftpflanze, *G* 2, 152. [612.

Aconteus, ёi, *m.*, ein Latiner, *Ä* 11, **acquiro**, sīvi, sītum, ёre (ad u. quaero), erwerbe dazu, bekomme, vires eundo (v. der Fama), *Ä* 4, 175.

Acragas(Acrügans*Ribb.* mit *Med.*), antis, *m.*(Ἀκράγας), Stadt mit Berg gleichen Namens an der Südküste Siciliens auf einer hohen u. breiten Terrasse, gew. 'Agrigentum' gen., j. 'Girgenti', arduus, *Ä* 3, 703.

Acrisioneus, a, um (Ἀκρισιώνειος, gleichs. von einer Form Ἀκρισίων gebildet), zu Akrisius, dem Vater der Danaë gehörig, akrisioneïsch, coloni (weil Danaë der Sage nach mit flüchtigen Argivern an der Küste der Rutuler landete u. von dort aus Ardea gründete),*Ä* 7,410.

Acrisius, ïi, *m.* (Ἀκρίσιος), Sohn des Abas, Vater der Danaë, Kön. von Argos, *Ä* 7, 372.

Acron, ōnis, *m.*, ein Grieche aus Korythus in Etrurien, Bundesgenosse des Äneas, *Ä* 10, 719 u. 730.

acta,ae,*f.*(ἀκτή),Seeufer, Strand, sola, *Ä* 5, 613.

Actaeus, a, um (Ἀκτή od. Ἀκταῖα γῆ, alter Name von Attika), zu Attika gehörig,attisch, Aracynthus (als Grenzgebirge Attikas), *B* 2, 24.

Actias, ädis, *f.* (Ἀκτιάς), aus Attika, attisch,athenisch, Orithyia,*G*4,463.

Actius, a, um, dcht. st. 'Actiacus', zu Aktium gehörig, einem für die Schifffahrt gefahrvollen Vorgeb. in Akarnanien, j. 'Azio', wo Augustus 31 v. Chr. den An-

tonius besiegte u. zum Andenken des Sieges dem Apollo einen prachtvollen Tempel errichtete, Actia Iliacis celebrare litora ludis (mit Hindeutung auf die späteren glänzenden Spiele, welche Augustus nach jenem berühmten Sieg über Antonius anstellte, daher Verg. gleichs.prophetisch schonvon denStammvater desAug. diesen Ort des Sieges durch Spiele verherrlichen läfst),*Ä*3,280. bella, *Ä* 8, 675. Apollo, *Ä* 8, 704.

Actor, öris, *m.*, 1) e. Troër, Gefährte des Äneas, *Ä* 9, 500. 2) ein Aurunker od. Ausoner, *Ä* 12, 94 u. 96.

actus, ūs, *m.* (ago), Bewegung, Schwung, Stofs, magnus(heftiger,gewaltiger), *Ä* 12, 687.

actutum, Adv., augenblicklich, alsbald, sogleich, *Ä* 9, 255.

acuo, ăcŭi, ăcūtum, ёre(St. ἀκ in ἀκίς, 'acus'), 1) wetze, schärfe, ferrum in alqm, *Ä* 8, 386. 2) übtr.: *a*) stachele, reize od. sporne an, lupos balatibus (von den Lämmern), *G* 4, 435. alqm verbis,*Ä* 7,330. curis corda,*G* 1,123. *b*)übh. errege, reize, schärfe, furores, *Ä* 7, 406. iras rumoribus, *Ä* 12, 590. Martem, steigere die Kampfbegier, *Ä* 12,108. metum, *Ä* 12, 850.

acus, ūs, *f.* (St. ἀκ in ἀκίς, acuo), Nadel, bes. zum Sticken, *Ä* 9, 582.

acutus, a, um (acuo), 1) geschärft, scharf, spitz, schneidend, spina, *B* 5, 39. silex, *Ä* 8, 233. ferrum, *G* 1, 292. cuspis, *Ä* 5,208. iaculum, *Ä* 3,46. 2)übtr., von der Wirkung auf die Sinne, durchdringend, hell, hinnitus, *G* 3, 94.

ad, Präp. m. Akk. (nachgestellt: litus ad Libyae, *Ä* 4, 257), 1) v. Raume, zur Bezeichn. *a*) der Richtung wohin, zu, nach, gegen, tendo palmas ad sidera, *Ä*1, 93; vgl. *Ä* 1, 64. *G* 2, 291. clamorem ad aethera tollo, *Ä* 2, 338. ad sonitum vocis, nach dem Schall des Geräusches hin, *Ä* 3, 669. dcht., *Ä* 7, 771. *G* 3, 303. ellipt., ad quem, zu ihm sprach, ihm antwortete (mit fig. dir. Rede, worauf dann 'hoc dicens' folgt, *Ä* 10, 742. *b*) des Zieles, v. Orte u. von Pers., zu, nach, bis, bei Zeitw. der Bewegung, wie 'venio', 'mitto' u. dgl., *Ä* 1, 166. 2, 95. 3, 662. 6, 318. 8, 805. 11, 477. 12,739. Doppelt zur Bezeichn. des Ortes u. der Pers., *ad* genitorem imas Erebi descendit *ad* umbras,*Ä* 6,404. *c*)des Naheseins, in die od. in der Nähe von, bei, vor, bei Zeitw. zur Bezeichn. der Bewegung aber der nach der Bewegung eintretenden Ruhe, ad caput amnis,*G*4,319. ad flumina,*B*6,64. ad aras,*G* 2,193.*Ä*3,332. 4, 319. 560. 5, 55. dcht., fleti ad superos, auf der Oberwelt, im Leben, *Ä* 6, 481.

2) von der Zeit, *a)* zur Bezeichn. des Zieles, bis wohin eine Zeit sich erstreckt, bis zu, bis an, bis gegen, ad mensem exactum, *G* 1, 435. ad occasum, *Ä* 3, 336. *b)* des Geschehens in einer Zeit, bei, zu, in, ad lunam, im Mondschein, *Ä* 4, 512. 3) von anderen Verhältnissen, die sich auf ein Ziel beziehen: *a)* von der Grenze einer Zahl, exosus ad unum Troianos, alle zusammen, jeden gleichmäfsig, *Ä* 5, 687. *b)* zur Bezeichn. der Bestimmung, des Zwecks, zu, für, iuvencos fortes ad aratra, *G* 3, 50. ad supplicium, *Ä* 8, 495. ad mortem, *Ä* 12, 41. bes. zur Angabe eines Dienstverhältnisses, fidus ad limina custos, ein treuer Diener der Hüter der Burg, *Ä* 9, 648. ähnl. biiugi ad frena leones, gezäumte Löwen, *Ä* 10, 253. *c)* in bezug auf Sachen, Pers. usw., in Ansehung, in Rücksicht, serae ad fortia vires, für tapfere Thaten schwache Kräfte, *Ä* 8, 509. infractae ad proelia vires, *Ä* 4, 499. *d)* zum Ausdr. der Veranlassung, auf, bei, ad vocem concurrere, *Ä* 7, 519; vgl. morsus. 4) zur Bildung von adverbialen Ausdrücken, ad prima (gew. 'inprimis'), vor allen, zunächst, vorzüglich, tenax, *G* 2, 134.

ădămās, antis, *m.* (*ἀδάμας*), eig. harte u. feste Masse, bes. Eisen, Stahl, solidus, *Ä* 6, 552.

Ădămastus, i, *m.* (*Ἀδάμαστος*), Vater des Achaemenides, aus Ithaka, *Ä* 3, 614.

ad-cĕlĕro (accĕlĕro), äre, beschleunige die Schritte, dah. intr., eile herbei, *Ä* 5, 675. 6, 630. 9, 221. 505 u. ö.

adclīnīs (acclīnīs), e (Wurz. *κλι* in *κλίνω*, clino), sich anlehnend, trunco arboris, *Ä* 10, 835.

adclīvīs (acclīvīs), e, (ad u. clivus), bergauf gehend, schräg, solum, *G* 2, 276.

ad-commŏdo (accommŏdo), äre, passe od. füge an etw., ensem lateri, 'schnalle um die Hüften', *Ä* 2, 393.

ad-commŏdus(accommŏdus), a, um, passend, schicklich, geeignet zu od. für etw., fraudi, *Ä* 11, 522.

ad-cŭmŭlo (accŭmŭlo), äre, häufe auf od. an, 'versehe mit etw. überreichlich', animam nepotis donis, ehre mit reichlichen Geschenken, *Ä* 6, 885.

ad-densĕo, ēre (ad u. densus), mache dicht, verdichte, acies, dränge, presse (von den hinteren Schlachtreihen, welche nach den vorderen drängen), *Ä* 10, 432.

ad-dīco, dixi, dictum, ēre, sage zu, dah. gebe zu eigen, überlasse, me alci, ergebe mich, *Ä* 3, 653.

ad-do, dĭdi, dĭtum, ēre, 1) gebe od. füge dazu, bringe in od. an etw. hinzu,

a) eig., frena feris, lege an, *Ä* 5, 817. iugis arcem, baue (hinzufügend) auf usw., *Ä* 3, 336. alqm alci, *Ä* 11, 673. alqm comitem alci, gebe zum Begleiter, *Ä* 9, 649. comes additur una, gesellt sich als Genosse dazu, erscheint als Begleiter, *Ä* 6, 528 (*Ribb.* 'additus', näml. est). ductorem alci, *Ä* 8, 496. me comitem alci, sociam, geselle mich zu, *Ä* 6, 777. *B* 6, 20. Teucris addita Juno, 'zugesellt' im üblen Sinne, den Teukrern aufsäfsig, sie mit Rache verfolgend, *Ä* 6, 90. mox et frumentis labor additus (est), bald mehrte sich auch die Sorge um das Getreide, *G* 1, 150. *b)* übtr., bringe herbei od. hinzu, 'verschaffe', 'verleihe' u. dgl., decus ebori, gebe, *Ä* 1, 592; vgl. *G* 4, 150. honorem ductoribus, *Ä* 5, 249; vgl. *G* 3, 296. animis iuvenum furor additus, wieder entflammte der Mut der Jünglinge, *Ä* 2, 355. animum alci, flöfse Mut ein, *Ä* 9, 718. mentibus ardorem, 'hauche Glut in die Seele', *Ä* 9, 184. spes addita, erneute Hoffnung (durch die Ankunft des Äneas), *Ä* 10, 263. 2) füge od. geselle zu, zu einem Ganzen etw. als Teil, Tartareas sedes, *Ä* 8, 666. alas, *Ä* 2, 848. numerum divorum altaribus, füge den Altären der Götter einen neuen hinzu, vermehre die Zahl der Götter durch Altäre, versetze unter die Götter, *Ä* 7, 211. decus additus divis, *Ä* 8, 301. alqm Troiae periturae, ziehe jmd. in Trojas Verderben mit hinein, *Ä* 2, 660. vim victis, vermehre die Kraft, *Ä* 2, 452. dcht., noctem operi, benutze die Nacht zum Werke, *Ä* 8, 411. addo in spatia, d. i. spatia spatiis, füge Umläufe zu Umläufen hinzu, beschleunige den Lauf von Umlauf zu Umlauf (jedes Mal sieben im Cirkus), *G* 1, 513. 'cognomen' m. dopp. Dat., *Ä* 1, 267. hoc etiam his addam, näml. dem, was ich bereits gethan, 'das auch will ich noch thun', *Ä* 7, 548. 3) füge mit Worten hinzu, spreche, alqd ore, *Ä* 2, 593. verbis, *Ä* 11, 107. alqd alto gemitu, *Ä* 11, 95 (*Haupt* 'edidit'). haec mirantibus, spreche weiter zu usw., *Ä* 6, 854. adde tot urbes, *G* 2, 155.

ad-dūco, duxi, ductum, ēre, 1) führe hinzu od. herbei, *Ä* 10, 380. 2) ziehe etw. an mich (zurück) od. straff an, lacertos ad lacertum, *Ä* 5, 141. 9, 402. sagittam *Ä* 9, 632. habenas, *Ä* 9, 581. arcum, spanne, *Ä* 5, 507. 3) ziehe zusammen, artus (durch Zusammenschrumpfen der Haut), *G* 3, 483.

ăd-ĕdo, ēdi, ēsum, ēre, beifse od. nage etw. an, favos, *G* 4, 242. übtr., v. Feuer, postes, ergreife, *Ä* 9, 537.

1. ăd-ĕo, ĭi, ĭtum, ĭre, gehe od. komme zu jmd. od. etw. hinzu, gehe od. be-

gebe mich wohin,nähere mich,trete
zu od. an etw., a) übh., m. Akk., oppida,
G 3, 402. regem, Ä 10, 149. domos, Ä 6,
534. penates, Ä 8, 544. mensas, Ä 10,517.
ripam, Ä 6, 375. oracula, 'besuche und
befrage', Ä 7, 82. vatem, Ä 3,456. castra,
'schleiche in das L.', Ä 12, 349. dcht., sidera famā, steige zu den Sternen empor,
Ä 4,322. übtr., labores, nehme auf mich,
unterziehe mich, bestehe, Ä 1, 10. b) im
feindl. Sinne, gehe los auf jmd., alqm,
Ä 5, 379.
 2. **ădĕō**, Adv.('ad'u.Adv.'eo'),eig. bis
zu dém Punkte, dah. 1) so weit, so
sehr, so, zur Steigerung des Begriffs in
der Vergleichung, wobei zuw. der Folge-
satz aus dem Vorhgh. zu ergänzen, non
obtunsa adeo gestamus pectora Poeni,
Ä 1,567.verb.: usque ad., G 4,84. Im Aus-
sagesatze mit kausaler Bed., 'denn gar
sehr', totis usque ad. turbatur agris, B 1,
12. 2) enklit. einem Worte nachgesetzt:
a)eben, gerade,gar,sogar,hincad.,
von hier gerade, B 9,59. bei Demonstrativpron., um etw. vorher Gesagtes od. Nach-
folgendes hervorzuheben, haec ad., Ä 11,
275. haec ad... fari iussit, nimm dies so
leicht nicht: eine Juno selbst hat mir befohlen usw., Ä 7,427. Bes. b)zur Verstärkung des Begriffs bei Adj. u. Zahlw., 'gar',
'sehr', ad. informis, gar so häfslich, B 2,
25. multa ad., G 1, 287. omne ad. genus,
G 3, 242. tres ad. soles, drei volle, ganze
Jahre, Ä 3, 203. c) bei Personalpron. im
Übergang der Rede von einer Person auf
die andere, um dieser die Aufmerksamkeit zuzuwenden,'besonders','vor allen',
'vorzüglich', me adeo u. dgl., Ä 4, 96. G1,
24. B 4, 11. übh. bei Adverb., multum ad.,
gar sehr, G 1, 94. iam ad., Ä 5, 268. nunc
ad., Ä 9, 156. sic ad., Ä 4, 533. vix ad.,
Ä 6, 498. non ad., Ä 11, 436. d) in der Erzählung beim Fortschritt zum Stärkeren,
quinque ad., ja was noch mehr! ja weiter! Ä7,629. zur Hervorhebung des Haupt-
gegenstandes, 'besonders', 'zumal', 'dazu', G 2, 323.
 adfābĭlĭs (affābĭlĭs), e (adfor, affor),
der sich leicht anreden, mit dem sich
leicht sprechen läfst, nec dictu aff. ulli,
'unnahbar freundlicher Rede', Ä 3, 621.
 adfātŭs(affātŭs), ūs,m.(adfor,affor),
Anrede, Ä 4, 284.
 adfecto (affecto), āre (Freq. v. adfi-
cio, afficio), mache mich an etw., er-
strebe od. erreiche durch Erstreben,
navem dextrā,greife nach dem Schiffe, um
es an mich zu ziehen, erfasse das Schiff
mit der Hand (v. Polyphem), Ä 3,670. viam
Olympo (Dat.), breche mir Bahn zum Ol.
(zur Unsterblichkeit), G 4, 562.

ad-fĕro (affĕro), attŭli, adlātum (al-
lātum),adferre,a)trageherzu,bringe
herbei, bidentem, Ä 12, 171. peditem
alvo, im Bauche (v. trojan. Pferde), Ä 6,
516. vom Geruche, 'führe herbei', auras
notas, G 3, 251. von der Zeit, alqd, Ä 9,
7. dcht.,bringe jmd.wohin, Ä 6,532. Bes.
'adfero me', 'komme herbei', nahe, erscheine, Ä 8,477. a moenibus (urbis), Ä 3,
346. verane te facies, verus mihi nuntius
adfers, kommst du als wahre Gestalt, als
wirklicher Bote, bist du wirklich der,
dessen äufsere Gestalt du hast, für den
du dich ausgiebst, Ä 3,310. Pass. m. Akk.,
adfĕror urbem, nähere mich der Stadt,
komme in die St., Ä 7,217. b)übtr.,bringe
herbei, verschaffe, honorem (den
Preis)alci, Ä12,322. clamorem alci, trage
zu jmd., Ä 12,617. gloriam alci, Ä 12,322.
auxilium alci, bringe, Ä 8, 200.
 adfĭcĭo (affĭcĭo), fēci, fectum, ĕre (ad
u. facio), eig. thue jmdm. etwas an, alqm
pretio, belohne, Ä 12, 352.
 ad-fīgo (affīgo), fixi, fixum, ĕre, 1)
hefte an etw., a) eig., alqd mit Dat., Ä 8,
196. dcht., flammam lateri, den Brand an
die Seite, stecke in Brand, Ä 9, 536. von
den Bienen (eig. nur von den Stacheln
derselben), adfigi veuis, haften, G 4, 238.
b) übtr., adfigor lateri, schmiege mich an
die Seite, Ä 10, 161. adfixus et haerens,
mich fest anklammernd, Ä 5,852. 2) dcht.,
nec (hiems) semine iacto concretum pa-
titur radicem adfigere terrae, läfst nicht
das Zusammenwachsen der Wurzel an die
Erde heften, d. i. die W. mit der Erde ver-
wachsen, G 2, 318.
 ad-flīgo (afflīgo), flixi, flictum, ĕre,
schlage an etw., dah. übtr., a) 'richte
zu Grunde', 'schwäche', afflictae res, zerrüttete Umstände, verzweifelte Lage, Ä 1,
452. b) vom Gemüt, adflictus, 'niedergeschlagen', 'mutlos', Ä 2, 92.
 ad-flo (afflo), āre, 1) wehe, blase
od.hauche an, dcht.,equis anhelis, vom
Morgen (sofern dem Atem der schnauben-
den Sonnenrosse die Morgenlüfte,die vor
dem Aufgang der Sonne wehen, zuge-
schrieben werden),G1,250.Ä5,739.alqm
ventis fulminis (v. Juppiter), Ä 2, 649. 2)
übtr., wehe an, von der Gottheit, oculis
laetos honores, den Augen Liebreiz ein-
hauchen, Ä 1, 591. Pass., adflor numine,
werde vom Geiste der Gottheit angeweht,
von der Gottheit begeistert, Ä 6, 50.
 ad-flŭo (afflŭo), adfluxi (affluxi), ĕre,
fliefse od. ströme herbei, übtr., von
Pers., Ä 2, 796.
 ad-for (affor), fātus sum, āri, hebe
anzusprechen, spreche, rede an,
alqm, Ä 1, 663. 6,455. 7,91 u.544.12,710

deos, flehe an, *Ä* 2, 700. positum corpus, rufe dem Toten am Schlusse der Bestattung das letzte Lebewohl (*vale*) dreimal zu, *Ä* 2, 644. alqm extremum, nehme Abschied, sage das letzte Lebewohl (s. vorh.), *Ä* 9, 484; vgl. *Ä* 6, 506 u. voco, valeo, salveo. Part. Perf., häc affatus (wir 'anredend') voce parentem, *G* 4, 320.

adförem, s. adsum.

ad-glömĕro (agglömĕro), äre, eig. winde (wie einen Knäuel) hinzu, dcht., me lateri alcjs, schliefse mich an jmds. Seite an, *Ä* 2, 341. cuneis se coactis adglomerant, ballen od. drängen sich in dicht geschlossene Keile (Rotten) zusammen, *Ä* 12, 458.

adgnosco, s. agnosco.

adgrĕdior(aggrĕdior), gressus sum, grĕdi (ad u. gradior), 1) gehe heran, übtr., *a*) gehe jmd. mit Worten an, rede an, 'frage', bes. um jmd. günstig für sich zu stimmen, alqm dictis, *Ä* 3, 358. 4, 92 u. 476. 6, 387. *b*) prägn., greife feindlich an, überfalle, alqm ense, *Ä* 9, 325. *B* 6, 18. 2) eig. gehe an etw. (als Ziel der Thätigkeit), übtr., *a*) nehme etw. in Angriff, mache mich an etw., turrim ferro circum, ringsum mit eisernen Werkzeugen (um den Turm herabzustürzen), *Ä* 2, 463. *b*) trete an, übernehme, 'bekleide', honores, *B* 4, 48. *c*) schicke mich an, beginne, prägn., 'versuche', 'wage', mit Inf., *Ä* 2, 166. 6, 584.

ad-haerĕo, haesi, haesum, ēre, hange od. klebe an etw., m. Dat., vom Schweifse, *G* 3, 443.

adhĭbĕo, bŭi, bĭtum, ēre (ad u. habeo), 1) halte od. bringe etw. zu etw. hin, *a*) eig., manus ad volnera, lege an die Wunde, *G* 3, 455. *b*) übtr., adhibete animos, habt acht! merket auf! beherziget meine Worte! *Ä* 11, 315. 2) bringe jmd. wohin, ziehe zu etw., m. Dat., castris socios, nehme zu Genossen des Kampfes ins Lager auf, *Ä* 8, 56. penates epulis, ziehe od. lade die Penaten zum Opfermahle, *Ä* 5, 62.

adhūc, Adv. (ad-hoc), bis jetzt, noch, *Ä* 5, 413. *B* 9, 35. flumina a. ignota, ihm bis dahin noch unbekannte, *Ä* 7, 137. 'adhuc non' od. 'neque adhuc', bis jetzt nicht, noch nicht, *B* 9, 35. *Ä* 1, 547. 10, 855. 11. 70.

adĭcĭo (adiicĭo), iēci, iectum (ad u. iacio), eig. werfe hinzu, übh. thue od. füge hinzu, speluncam super omnia, *Ä* 8, 304. unum donis, *Ä* 11, 354. ritus sacrorum, *Ä* 12, 837. ter centum (zu den vorhandenen), *Ä* 10, 182.

adĭgo, ēgi, actum, ĕre (ad u. ago), 1) treibe wohin, alqm Italiam, nach It., *Ä* 9, 601. alqm praecipitem turbine, schleu-

dere od. werfe kopfüber im Wirbel hinab, *Ä* 6, 594. alqm fulmine ad umbras (näml. von der Erde weg), *Ä* 4, 25. bes. Geschosse, 'werfe', sagittam, *Ä* 12, 320. viribus ensem, stofse hinein, *Ä* 9, 431. volnus alte adactum, tief hineingeschlagen, tief eingedrungen, *Ä* 10, 850. 2) übtr., zwinge, nötige jmd. zu etw., heifse, mit Inf., *Ä* 6, 696 u. 7, 113.

adlĭcĭo, s. adicio.

ădĭmo, ēmi, emptum, ĕre (ad u. emo), *a*) nehme ab od. weg, entziehe, fetus crescenti, *G* 2, 59. *b*) übtr., entziehe, raube, regnum, *Ä* 8, 320. somnos, *Ä* 4, 244. rerum pars altera adempta est (näml. nachdem ihre Schiffe vernichtet sind), *Ä* 9, 131. cui lumen ademptum (von Polyphemus), *Ä* 3, 659. cui mortis adempta est condicio? *Ä* 12, 879.

ădĭtŭs, ūs, *m*. (1. adeo), 1) die Handlung des Hinzugehens, Hingang, Zutritt, ventis est a., Winde dringen hin, *G* 4, 9. dcht. Plur., *Ä* 4, 293 u. 423. 2) meton., Ort des Hinzugehens, Zugang, Eingang, *Ä* 2, 494. 4, 293. 5, 441. 6, 43 u. 424. 9, 58 u. 381. *G* 4, 35.

ad-iungo, iunxi, iunctum, ĕre, 1) binde an etw., m. Dat., vites ulmis, *G* 1, 2. 2) übtr.: *a*) geselle zu, schliefse an, von Pers., alqm alci, gebe jmdm. einen andern mit, *Ä* 8, 515. me socium, *Ä* 9, 199. me alci, schliefse mich jmdm. an, *Ä* 8, 13. von Sachen, classis, quae lateri castrorum adiuncta latebat, die versteckt an des Lagers Seite sich lehnte, so dass sie von diesem gedeckt wurde, *Ä* 9, 69. *b*) füge mit Worten hinzu, *B* 6, 43.

ad-iūro, āre, rufe etw. als Zeugen eines Schwures, beim Schwure an, schwöre bei etw., m. Akk., caput Stygii fontis, *Ä* 12, 816.

ad-iŭvo, iŭvi, iŭtum, āre, helfe, stehe bei, unterstütze, m. Akk., alqm, *Ä* 5, 345. ausum, *Ä* 10, 458. adiuvat incessu tacito progressus, durch Gang u. Miene bestärkt sie der sonst so unerschrockene Turnus (indem er jähe Todesahnung verrät) in ihrer Besorgnis, *Ä* 12, 219.

ad-lābor, lapsus sum, lābi, *a*) gleite dahin, v. Pfeile, mit Dat. der Pers., gegen od. auf jmd. fahren od. fliegen, *Ä* 12, 319. abs., *Ä* 9, 578. v. Meere, sich daherwälzen, 'classibus', an die Flotte, *Ä* 10, 269. abs., mare crescenti adlabitur aestu, *Ä* 10, 292. *b*) gelange wohin (mit dem Nebenbegr. des Allmählichen u. Ruhigen), m. Dat., oris, 'lande an', *Ä* 3, 131 u. 569. von der Fama, m. Akk., aures alcjs, sich Gehör bei jmd. verschaffen, *Ä* 9, 474.

ad-lacrimo, āre, weine dabei, nur Part. 'adlacrimans', *Ä* 10, 628.

ad-lĭgo, s. alligo.

ad-lŏquor (allŏquor), lŏcūtus sum, lŏqui, rede an, ermahne, alqm, *Ä* 1, 229. divos,'rufe an', *B* 8,20. m. dopp Akk., extremum fato, quod te adloquor, hoc est, das ist die letzte Anrede, die das Schicksal mir vergönnt, *Ä* 6, 466.

ad-lūdo (allūdo), lūsi, lūsum, ĕre, spreche im Scherze, plura, *Ä* 7, 117.

ad-lŭo (allŭo),lŭi,ĕre,spüle an etw., bespüle, v. Meere, supra et infra, *Ä* 8, 149. *G* 2,158.

ad-mīror, āri, staune an, bewundere (mit dem Nebenbegriff der Verehrung', alqm, *G* 4,215. donum, *Ä* 6, 408. Dah. **admīrandus**, a, um, bewundernswert, *G* 4, 3.

ad-miscĕo, miscui, mixtum, ēre, mische hinzu od. bei, m. Dat., saporem gallae,*G* 4, 267. übtr., gentem Phrygiam, vermische mich mit dem phryg. Blute, mische mich dem Phrygierstamme bei (mit verächtl. Bez. auf die Weichlichkeit der Phrygier), *Ä* 7, 579.

ad-mitto, mīsi, missum, ĕre (Parag. Inf. Praes. Pass. 'admittier', *Ä* 9, 231), lasse zu,gewähre Zutritt,alqm,*Ä* 6, 330. 9, 231.

ad-monĕo, mŏnŭi, mŏnĭtum, ēre, *a)* mahne od. erinnere jmd. an etw., fordere auf etw.zu thun od.zu lassen,alqm, *Ä* 4, 353. 6, 619. abs., *Ä* 6, 538. m. Relativs., *Ä* 10,153. m. Inf., *Ä* 9,199. *G* 4,187. *b)* treibe an (durch äufsere Mittel), telo biiugos, *Ä* 10, 587.

ad-mordĕo, mordi, morsum, ĕre, beifse an, benage, *G* 2, 379 (*Ribb.* u. *Kapp.* 'ad morsum').

ad-mŏvĕo, mŏvi,mŏtum,ēre,bewege od. bringe, führe zu od. an etw., m. Dat., pecus aris, *Ä* 12,171. labra poculis, berühre mit den Lippen, *B* 3, 43. ubera, reiche die Brüste, 'säuge', *Ä* 4, 367 (wo 'admorunt' st. 'admoverunt'). v. Winde, alqm orae, führe od. treibe an die K., *Ä* 3, 410.

ad-nītor (annītor), nixus sum, nīti, 1) stemme od. lehne mich auf od. an etw., m. Dat., hastis, *Ä* 9, 229. columnae, *Ä* 12, 92 (wo *Ribb.* 'columnā). cubito, *Ä* 4, 690. 2) übtr., strenge mich an, *Ä* 1, 144. 3, 208. 4, 583. 5, 226.

ad-no (anno), āre, schwimme an etw., m. Dat., oris, terrae, *Ä* 1,538. 6, 358 (wo andere 'terrae' als Gen. mit 'tuta' verbinden).

ad-nŭo (annŭo), nŭi, nūtum, ĕre, *a)* winke od. nicke zu, zum Zeichen der Gewährung einer Bitte od. des Beifalls, m. Dat., petenti, oranti, *Ä* 4,128. 11,797. coeptis audacibus, begünstige das kühne

Beginnen, *Ä* 9,625. *G* 1,40. *b)* dcht., sage zu, verspreche, alqd alci, *Ä* 1, 250. v. Göttern, m. Inf., *Ä* 11, 20. von Victoria, Martem, *Ä* 12, 187.

ad-ŏlĕo, ŏlŭi, ultum, ēre, lasse in Dampf aufgehen, bes. Räucherwerk und andere Opfer, entzünde, verbrenne u. ehre dadurch, verbenas et tura, *B* 8, 65. altaria taedis, das auf dem Altar Befindliche, *Ä* 7, 71. honores Iunoni, Opfer zu Ehren der Iuno, *Ä* 3, 547. flammis Penates, schüre die Glut, unterhalte das Feuer auf dem Herde (zu Ehren) der Penaten, *Ä* 1, 704.

1. **ădŏlesco**, ĕre (Inch. v. adoleo), flamme auf, in der Opferspr.,angezündet werden, brennen, ignibus, v. Altar,*G* 4, 379.

2. **ădŏlesco**, ēvi,ultum, ĕre,wachse heran, v. leb. Wesen, *G* 4, 162. *Ä* 1, 431. übtr., vom Alter des jungen od. neugepflanzten Rebschosses,das mit dem ersten Laub 'sich bekleidet', *G* 2, 362. mit dem sinnverw. 'maturus' verb. st. 'maturesco', reife heran zu männlichen Thaten, *Ä* 12, 438.

Ădōnĭs, nĭdis, *m.* (Ἄδωνις), Sohn des Cinyras, Königs von Cyprus, ein schöner Jüngling u. Liebling der Venus, der von einem Eber (welchen Mars aus Eifersucht sandte) getötet u. von der Venus in die Blume 'adonium' verwandelt wurde, *B* 10, 18.

ăd-ŏpĕrĭo, pĕrŭi, pertum, īre, bedecke, umhülle, Pass. mit medialreflexiv. Bed., purpureo comas adopertus amictu, nachdem du dir bedeckt das Haar mit usw., *Ä* 3, 405.

ădōrĕus, a, um (ador), aus Spelt od. Dinkel bereitet, liba, 'Opfergebäck von Spelt' (in Ermangelung der Tische als Unterlage für die Speisen dienend), *Ä* 7, 109.

ăd-ŏrĭor, ortus sum, ŏrīri, erhebe mich, um etw. zu thun, unternehme, beginne, nefas, *Ä* 7, 386. mit Inf., *Ä* 6, 397.

ăd-ōro, āre, eig. rede an, bes. rufe, flehe, bete die Götter an, Cererem, *G* 1,343. numen, *Ä* 3, 437. sidus, *Ä* 2,700.

ad-părĕo (appărĕo), pārŭi, ēre, 1) komme zum Vorschein,werde sichtbar od. erscheine, zeige mich, *a)* eig., *G* 1,404. *Ä* 1,118. 2,483. balteus Pallantis adparuit umero alto (näml. Turni), er sieht das Wehrgehenk des P. hoch an der Schulter des Turnus,*Ä* 12,941. *b)* übtr., bin sichtbar, bes. adparet mit Dat. der Pers. u. Relativs., 'es leuchtet jmdm. ein', *Ä* 8,17. 2) prägn., erscheine jmdm. als Diener, diene, Jovis ad solium,*Ä* 12,850.

1. **ad-pello (appello)**, púli, pulsum, ēre, treibe od. bringe wohin, bes. das Schiff ans Land, m. Dat., classem oris, lege an der Küste an, *A* 7,39. dcht. m. Akk. der Pers., alqm oris, an die Küste, *A* 3, 338 u. 715. v. Sturm, 'verschlagen', *A* 1, 377.

2. **ad-pello**, āre, s. appello.

ad-pēto (appēto), tīvi od. tīi, tītum, ēre, gehe auf jmd. los, greife jmd. an, ferro alqm, *A* 11, 277.

ad-plīco (applīco), āre, eig. falte an etw. an, dah. 1) thue od. füge etw. wohin, eusem capulo tenus oranti, stofse dem Flehenden bis ans Heft hinein (in die Brust), *A* 10,536. alqm terrae, drücke zur Erde od. zu Boden, *A* 12,303. 2) richte od. wende wohin, bes. (in der Schiffersspr.) das Schiff, dah. dcht., quae vis adplicat (te) imm. oris, welche Macht treibt dich an die wilden Gestade, *A* 1, 616.

ad-pōno (appōno), pŏsŭi, pŏsĭtum, ēre, stelle hin, pabula in foribus plenis canistris, als Speise iu vollen Körben am Eingang, *G* 4, 280.

Adrastus, i, *m.* (Ἄδραστος), myth. König von Argos, einer der sieben Helden gegen Theben, Schwiegervater des Polynikes u. Tydeus, bei deren Tode er so erbleichte, dafs ihm die bleiche Gesichtsfarbe durchs ganze Leben verblieb, dah. 'pallens', *A* 6, 480.

adscīo, īvi, ītum, īre, nehme auf od. an, wähle zu usw., socios (näml. die Troër), *A* 12, 38. alqm generum urbi, *A* 11, 472; vgl. *A* 12, 613. adscita Aetolūm arma, Waffenbündnis mit den Ätolern, *A* 11,308.

adsensus (assensus), ūs, *m.* (adsentio), 1) Zustimmung, Beifall, varius, *A* 10, 97. 2) dcht., Wiederhall, Nachhall der Hörner, nemorum, *G* 3, 45. *A* 7, 615.

ad-sentio (assentio), sensi, sensum, īre, stimme od. pflichte bei, zolle Beifall, *A* 2, 130.

ad-servo (asservo), āre, verwahre, hüte, praedam, *A* 2, 763.

ad-sīdeo (assīdeo), sēdi, sessum, ēre, sitze bei, sitze an etw., in militär. Bez., 'belagere', 'bedrohe', m. Akk., muros, *A* 11, 304.

adsīdūē (assīdūē), Adv. (adsiduus), beständig, immer, *A* 4, 248. 8, 55. *B* 2, 4.

adsīdūus (assīdūus), a, um (adsideo), eig. beständig wo sitzend, von Lebl., stät, beständig, anhaltend, ver, *G* 2, 149. cantus, *A* 7, 12. voces, *A* 4, 437. tinnitus, *A* 9, 808.

ad-sīmīlis (assīmīlis), e, ähnelnd,

ziemlich gleich, mit Dat., cadenti, *A* 6, 603.

ad-sīmūlo (assīmŭlo), āre, mache ähnlich, bilde nach od. ahme nach, alqd, *A* 10, 639. dcht. mit griech. Akk., adsimulatus formam Camerti, die Gestalt des K. annehmend, *A* 12, 224.

ad-sisto (assisto), stīti, ēre, stelle mich hin, u. Perf. 'adstiti' oft in der Bed. 'stehe', super alqm, *A* 10, 490. ad alqd, *G* 4,319. supra caput, *A* 4,702. adsistunt contra certamina Martis anheli, stellen sich der Entscheidung des heifsen Kampfes entgegen, stehen einander gegenüber, um sich mit einauder zu messen, *A* 12, 790. adstiti, bleibe stehen, halte an, super arce, *A* 6, 17.

adspargo (aspargo), inis, *f.* (adspergo), das Hinspritzen, dcht. übtr., 'ausgespritzte Flüssigkeit', salsa, 'salziger Gischt', *A* 3, 534.

ad-specto (aspecto), āre (Intens. v. adspicio), 1) sehe od. schaue an, betrachte, alqd, *A* 6, 186. *G* 3,228. Rutulos et urbem, *A* 12, 915; vgl. 12, 136. supra convexa, blicke auf zu usw., richte den Blick zum Himmel, *A* 10, 251 (*Ribb.* Adv. 'super'). v. Juppiter, terras, schaue auf die Länder herab, *A* 10,4. 2) von Örtlichkeiten, 'wohin sehen', adversas desuper arces, den befestigten Hügeln gegenüber liegen, *A* 1, 420.

adspergo (aspergo), spersi, spersum, ēre (ad u. spargo), a) spritze etw. sprenge eine Flüssigkeit(tropfenweise) wohin, m. Dat., virus pecori, *G* 3, 419. huc sapores, *A* 4, 62. b) bespritze etw. ganz mit etw., Pass., sanie adspersa, *A* 3, 625 (*Ribb.* 'exspersa').

ad-spiro (aspiro), āre, 1) wehe an, a) eig., v. Winde, *A* 5, 764. in noctem, *A* 7, 8. b) übtr., bin geneigt od. günstig, stehe bei, m. Dat., canenti (von der Muse), *A* 9, 525. labori (v. Glücke), *A* 2, 385. dcht., 'strebe' od. 'habe Verlangen nach' etw., equis, *A* 12,352. 2) trans., wehe zu, a) eig., ventos cunti, leihe günstige Winde, *A* 5, 607. dcht. v. Kräutern, Wohlgeruch ausströmen, duften, *A* 1, 694. b) übtr., hauche od. flöfse ein, amorem, *A* 8, 373.

ad-sto (asto), stīti, āre, 1) stehe bei etw., stehe da, von Pers., m. Dat., portis, *A* 12, 133. iuxta genitorem, *A* 7, 72. ante oculos, *A* 3, 150. abs., *A* 5, 478. arrectis auribus, *A* 1,152. 2, 203. von sachl. Subj., vom trojan. Rofse, m. 'arduus' verb., *A* 2, 328. v. Wohnungen, sedes relictae adstant, 'stehen verlassen da', *A* 3, 123. v. Iris, supra caput, *A* 4, 702. von einer Wetterwolke, *A* 3,194. von den Schlacht-

reihen, *Ä* 9, 550. 2) stehe aufrecht
(Gegs. v.'liege'), squamis adstantibus, *G*
3, 545.

ad-stringo (astringo), strinxi, strictum, ĕrc, ziehe an od. zusammen,
venas, *G* 1, 91.

ad-snesco (assuesco), ēvi, ētum, ĕre,
gewöhne mich an etwas, werde gewohnt, m. Dat. u. Abl., mensae, an den
Tiscb, *Ä* 7, 490. 8, 174. servitio,*G*3,168.
dcht. mit Akk., animis bella, gewöhne
das Herz od. Gemüt an Kriege, *Ä* 6,833.
mit Inf.,*Ä*8,517. adsuesce votis,gewöhne
dein Ohr an unsere Gelübde,*G*1,42. Part.
adsuētus (assuētus), a,um, gewöhnt
an etw., gewohnt einer Sache, m. Abl.,
bellis, *Ä* 9,201. venatu, *Ä* 7,746. silvis,
in der Jagd geübt,*Ä*5,301. *G*.2,472. m.
Inf.,*G*3,418. *Ä*11,495. m. griech. Konstr.,
adsueta manus femineas colo calathisve,
die wcibl. Hände gewöhnt an usw., *Ä*
7, 806.

adsultūs (assultūs), ūs, *m*. (adsilio\,
das Anspringen, Anlauf an e. Festung,
Ansatz, Plur., *Ä* 5, 442.

ad-süm, adfűi(affűi), adesse(adforem,
Ä 1, 576 als Konj. des Imperf.), 1) bin
da, gegenwärtig od. anwesend, *a*)
eig., in limine,*Ä* 8,656. coram, *Ä* 1,595.
ante oculos, *Ä* 2, 271. omnibus locis, *Ä*
4, 386. m. Dat., portis, an den Thoren,
Ä 2, 330. *b*) übtr.: *α*) da sein, von der
Zeit, *Ä* 2, 132. *B* 4, 48. auch von andern
Dingen, quod votis optastis, adest,bietet
sich dar, *Ä* 10, 279; vgl. *Ä* 11, 415. vim
adfore verbo, in dem Worte wohne die
Kraft, *Ä* 10, 547. *b*) bin thätig bei
etw., diene jmdm., helfe, stehe bei,
bes. als Wunsch,in bez. auf die helfende
Gottheit, adsis,d.i.sei mir(uns)nahe,ste-
he bei,*G*1,18. *Ä*4,578 (mit 'iuves' verb.).
Ä 10, 255; vgl. *Ä* 1, 734. 3, 116 und 395.
coeptis, unterstütze das Beginnen,*Ä*10,
461. 2) mit dem Begr.der Bewegung,wel-
che der Ruhe vorausgeht, erscheine
herzukommend, nahe mich, bin an-
gekommen u. zugegen, m. Dat., urbi,
Ä 9, 49, patribus, unter den Vätern, in
der Versammlung der Väter, *Ä* 11, 380.
mox hic adfore cernetis (Aenean), werdet ihr bald ihn unter euch sehen, *Ä* 9,
243. Dab. öft. m. Präpos. u. Adv. der
Bewegung, ad cineres, *Ä* 5, 57. ad cantus circum altaria, *Ä* 8, 286. per dumos
Galli aderant, Gallier klommen empor
durch Gebüsch,*Ä* 8, 657. ex urbe, *Ä* 11,
100. ab sede sororum,*Ä* 7, 454. huc ades,
'komme hierher', *B* 2,45. 7,9. sequor, et,
quā ducitis, adsum, d. i. hier bin icb, ich
folge euch, wohin ihr mich auch führt,
Ä 2, 701.

ad-surgo (assurgo), surrexi, surrc-
ctum, ĕre, 1) richte mich in die Höhe,
stehe auf, erhebe mich (bes. um mich
zu vertheidigen), *Ä*9,348. dcht.,'dextrā',
mit der Rechten, *Ä* 10, 797. aus Achtung
vor jmd., alci, *B* 6, 66. dcht., quantus in
clipeum adsurgat,wie hoch er sich streckt
und den Schild zugleich hebt(um mit dem
Buckel desselben den Gegner zurückzu-
drängen), *Ä* 11, 284. übtr., lasse jmdm.
den Vorrang, 'weiche ihm', alci, *G* 2, 98.
2) steige empor, erhebe mich, *a*)
eig., v. Gestirnen, *Ä* 1, 535. v. Thürmen,
Ä 4, 86. v. Boden des Landes, gelu late
septemque in ulnas, *G* 3, 355. v. stürmischen Gardasee, fluctibus etc., *G* 2,160.
v. Schiffe, *Ä* 10, 208. *b*) steige höher,
v. Zorne, 'sich steigern', *Ä* 12, 494. mit
Dat., querellis, erhebe mich, um Klagen
auszustofsen, breche in Klagen aus, *Ä*
10, 95.

adt . . ., s. att . . .

ădultĕr, ĕri, *m*., Buhle, Ehebre-
cher, *Ä* 10, 92. 11, 268.

adultĕrium, ïi, *n*. (adulter\, Buhlschaft, Ehebruch, *Ä* 6, 612.

ăd-űro, ussi,ustum, ĕre, brennean,
dcht. von starker Kälte, den Erdboden
sengen, verletzen,*G* 1, 93.

ăd-usquĕ, s. usque no. 2.

ad-vĕho, vexi, vectum, ĕre, fahre,
bringe oder führe herzu, bes. Pass.
'advehor', fahre irgend wohin (bes. zu
Schiffe), segle herbei, lange od. komme
an, lande, rate, *Ä*10, 655. classi, *Ä*8,11.
ad oras, *Ä* 3, 108 ('in oras' *Ribb*.). m. bl.
Akk., Teucros, schiffe zu den Teukrern,
d. i. nach der damals von den Teukrern
beherrschten Landsch. Troas, *Ä* 8, 136.
m. Adv., unde huc advecti, *Ä* 1,558. abs.,
Ä 5, 864.

ad-vēlo, āre, umschleiere, umhülle, tempora lauro, *Ä* 5, 246.

ad-vĕna, ae,*m*.(advenio), Ankömm-
ling, Fremdling, *Ä* 4,591. 7, 38. attrib., 'fremd', 'ausländisch', possessor, *B*
9, 2. exercitus, *Ä* 7, 38.

ad-vĕnĭo,vēni,ventum,īre, *a*)komme
zu jmd., komme an od. heran,m.Akk.,
urbem,*Ä*1, 388. abs., *Ä* 7, 803. *b*) v. der
Zeit,komme, erscheine, *Ä*7,145. 10,
11. 11, 687.

advento,āre(Intens.v.advenio),kom-
me näher (heran), nahe, gelange,
ad urbem,*Ä*11,514. sub finem, *Ä*5,328.
abs., *Ä* 6, 258. 7, 69. *G* 4, 192.

adventus,ūs,*m*.(advenio),Ankunft,
*Ä*6,799. 8,201. m.Gen.,virûm, *Ä*11,607.
pedum, das Nahen der Füfse, 'des Fufsvolks nahender Tritt' (Gegs. zu 'flatus
equorum'), *Ä* 11, 911.

adversor,āri(adversus), widerstrebe, petenti, *Ā* 4, 127.

adversus, a, um (eig. Part. von 'adverto'), zugekehrt(Gegs.'aversus'),dah. 1) eig.: *a*) gegenüber (vor jmd.) befindlich, antrum (näml. dem Ufer), *Ā* 6, 418. malus,entgegengerichtet,Vorderseite des M., *Ā* 5, 504. moles, Turm, der auf der Seite stand, wohin die Latiner kamen, *Ā* 9,35. galea radiis adversa, dem Mondlichte entgegengekehrt, *Ā* 9, 374. frons, den Einfahrenden gegenüber, *Ā* 1, 166. agmen, gegenüberstehend, *Ā* 2, 727. adverso cedens astro, v. Hundsstern, der dem zugewandten gleichs. mit Stirn u. Hörnern drohenden Stier, indem dieser rückwärts geht, ausweicht u. dem Auge entschwindet (unter dem Horizont verschwindet), *G* 1, 218. in Verb. m. 'contra', *Ā* 5, 477. hostis, *Ā* 11, 742. adversi, gegenüberstehend, *Ā* 9,671.10,412. spatiis, einander entgegengewandt od. entgegengekehrt (andere 'adversis spatiis', d. i. in entgegengesetzter Richtung), *Ā* 5,5 84. Bes. m. Subst., wo wir ein Adverb. od. eine Umschr. durch Relativsätze gebrauchen, Aeneas, *Ā* 6, 684. pectus, *Ā* 11, 870; vgl. 9,588. adverso in limine, unmittelbar am Eingang', *Ā* 6,279. ab adv. aggere, 'dem Walle gegenüber', *Ā* 12, 446. adverso sole, der Sonne entgegen, *Ā* 4, 701. 5, 89. adverso curru volantem, dem Winde entgegen fahrend, *Ā* 12,370. adv. flumine, dem Strome entgegen, stromaufwärts, *G* 1, 201. subvectus adversum amnem, gegen den Strom, *Ā* 8, 58. occurro adverso alci, gehe jmdm. gerade aus entgegen, *Ā* 10, 734. condere ensem adverso in pectore, vorn in die Brust, *Ā* 9, 347. adv. sub pectore, *Ā* 12,950. nitens in adversum,sich entgegenstemmend, *Ā* 8,237. Bes. *b*) in bez. auf die Vorderseite, vorder, porta, *Ā* 6, 522. postes, *Ā* 8, 287. procella adversa ferit velum, von vorn, *Ā* 1,108. 2)übtr.,entgegenstehend, feindlich, widrig, ungünstig, venti, *Ā* 2, 416. hasta, *Ā* 10,571. cornua, *G* 2, 526. fortuna(Gegs.'secunda'), *Ā* 9, 283. Mars, das widrige Kriegsgeschick, *Ā* 12, 1. voluntas, *Ā* 12, 647 ('aversa' *Ribb.*). Sbst. adversum, i, *n.*, Verderben, Unglück, *Ā* 9, 211. Plur., adversa, ōrum, *n.*, Unfall, *Ā* 9, 172.

ad-verto, verti, versum, ĕre, *a*) kehre, wende, richte hin nach etw., m. Dat., agmen urbi, gegen die Stadt, *Ā* 12, 555. Bes. v. dem Wenden des Schiffes nach einem Orte hin, proras terrae, segle dem Lande zu, nach der Küste hin, *Ā* 7, 35. abs., proram, drehe zum Lande od. Ufer, *Ā* 10, 293; bildl., adv. proram, v.

Dichter, der an den Schlufs seines Werkes zu gelangen strebt, *G* 4, 117. puppim, *Ā* 6,410. cursum aequore, im Meere den Lauf hinlenken, *Ā* 7, 196. Pass. 'adverti', sich hinwenden, hinzufahren oder landen, mit Dat., arenae, *Ā* 5, 34. *b*)übtr., wende zu, meritum numen advertite malis, wendet meinem Unglück eure mir schuldige Macht (wie sie mein Unglück verdient) zu, strafet, rächet mein unverdientes Unglück, *Ā* 4, 611. mentem huc, richte die Gedanken dahin, achte oder merke darauf, *Ā* 8,440. laetas mentes, *Ā* 5,304. alqd animis, 'beherzige', *Ā* 2,712. abs., adverte, merke auf, *Ā* 4,116. 8, 50.

ad-vŏco, āre, *a*) rufe herbei, berufe, socios ab litore, *Ā* 5, 44. *b*) übtr., 'nehme zu Hilfe', omnia arma, gebrauche alles als Waffe, *Ā* 8, 250.

ad-vŏlo, āre, fliege herbei, übtr., eile herbei, *Ā* 10,896. hastā, *Ā* 12,293. dcht. v. Gerüchte u. einem Boten m. Dat., Aeneae, zu Aeneas, *Ā* 10, 511.

ad-volvo, volvi, vŏlūtum, ĕre, wälze, rolle herbei od. herzu, ulmos focis (Dat.), zum Herde, *G* 3, 378. ornos montibus (Abl.), von den Bergen, *Ā* 6, 182.

ădȳtum, i, *n.* (*ἄδυτον*), *a*) der innerste geheiligte, nur den Priestern zugängliche Ort eines Tempels, übh. Heiligtum, bes. Plur., *Ā* 2, 351. 3, 92. patrium, *Ā* 7, 269. m. 'templum', *Ā* 2, 404. verb. 'adyta penetralia' (als ein Begriff), *Ā* 2, 297. *b*)dcht.,dasInnere desGrabhügels,Gruft (weil von Aeneas an Heiligkeit einem Tempel gleich geachtet), adyta ima, *Ā* 5, 84.

Aeăcīdĕs, ae, *m.* (*Αἰακίδης*), Nachkomme des Aakus(Vaters des Peleus, Königs von Agina), 1) Achilles, Enkel des Aakus, *Ā* 1, 99. 6, 58. 2) Pyrrhus oder Neoptolemus, S. des Achilles, Urenkel des Aakus, *Ā* 3,296. s. Achilles und Neoptolemus. 3) Perseus, der von Ämilius Paulus (167 v. Chr.) besiegte König von Macedonien,der sein Geschlecht vom Achilles, dem Enkel des Aakus, ableitete, *Ā* 6, 839.

Aeneus, a, um (*Αἰαῖος*), ääisch, zur myth. Insel Ääa (*Αἰαίη νῆσος*, Hom.), dem Wohnsitze der Circe gehörig (nach röm. Vorstellung Vorgeb.'Circeji', an der Westküste Italiens?), Circe, *Ā* 3, 386.

aedes(aedis),is, *f.*, übh. Gebäude zum Wohnen, bei Verg. nur Plur., Wohnung für Menschen, Gebäude, Haus Palast, *Ā* 2,487. 8,468 u.ö. zuw.'Wohnzimmer', *G* 2,462. dcht. von den 'Bienenzellen', *Ā* 4, 258.

aedĭfĭco, āre (aedes u. facio), eig.

führe ein Gebäude auf, equum, 'erbaue', 'zimmere', *Ā* 2, 16.

Aegaeōn, ōnis, *m.* (*Αἰγαίων*, 'Stürmer'), hundertarmiger Meerriese, bei den Göttern 'Briareus' genannt, von Verg. zu den Giganten gezählt, *Ā* 10, 565.

Aegaeus, a, um (*Αἰγαῖος*), ägäisch, zum ägäischen Meere (dem jetz. Archipel, östl. vom korinth. Meerbusen bis an den Hellespont) gehörig, Neptunus (weil nach den Dichtern dessen Aufenthalt), *Ā* 3, 74. sbst., Aegaeum, i, *n.* (verst. 'mare'), das 'ägäische Meer', altum, *Ā* 12, 366.

aegĕr, gra, grum, 1) phys. unwohl, krank, krankhaft, leidend, *B* 1, 13. *G* 3. 3, 496. corpus, anhelitus, *Ā* 2, 566. 5, 482. genua, schlotternd, *Ā* 5, 468. v. Träumenden, ermattet, in conatibus, *Ā* 12, 910. von Pflanzen, seges, krankende, *Ā* 3, 142. 2) geistig unwohl, *a)* leidend, bekümmert, kummerbeladen, mortales, *Ā* 2, 268. 10, 274. 12, 850. *G* 1, 237. mit einem subst. Partic. verb., aegra amans, die geängstigte Liebende, die Liebeskranke, *Ā* 1, 351. *b)* übtr., bekümmert, kummervoll, schmerzlich, unglücklich, v. Pers. u. Abstr., *B* 1, 13. curis ingentibus, 'von unsaglichem Kummer siech', *Ā* 1, 208. amor, *G* 4, 464. mors, 'schmerzvoll', *G* 3, 512.

aegis, ĭdis, *f.* (*αἰγίς*), Ägide, *a)* der von Hephästos (Vulkan) geschmiedete, mit Sturm, Donner u. Blitz schreckende Schild des Juppiter, *Ā* 8, 354. Später *b)* die der Pallas Athene eigene Schutzwaffe, als 'Schild' oder 'Harnisch' dargestellt, mit dem schlangenhaarigen Haupte der Medusa in der Mitte, *Ā* 8, 435.

Aeglē, ēs, *f.* (*Αἴγλη*, die 'Schimmernde'), eine Najade, Tochter des Juppiter u. der Neära, *B* 6, 21.

Aegōn, ōnis, *m.* (*Αἴγων*), Hirtenname, *B* 3, 2. 5, 72.

aegrē, Adv. (aeger), mit Mühe, mühsam, *G* 3, 534.

aegresco, ĕre (Inch. v. 'aeger'), erkranke, dcht. übtr., v. Ungestüm des Turnus, 'sich verschlimmern', *Ā* 12, 46.

Aegyptĭus, a, um (*Αἰγύπτιος*), zu Ägypten gehörig, ägyptisch, coniunx, Kleopatra', Königin von Ägypten, berüchtigt durch den buhlerischen Umgang mit Antonius, *Ā* 8, 688 flg.

Aegyptös od. -ŭs, i, *f.* (*Αἴγυπτος*), Ägypten, Land in Nordafrika (von den Alten zuw. zu Asien gezogen), *G* 4, 210 u. 292. dcht. von der Macht Ägyptens, *Ā* 8, 687. von den Bewohnern Ägyptens, *Ā* 8, 705.

aemŭlus, a, um, 1) jmdm. nacheifernd, mit jmd. wetteifernd, Pristis

(im Laufe), *Ā* 5, 187. spes, *Ā* 10, 371. 2) im übeln Sinne, neidisch, Triton, *Ā* 6, 173. senectus (sofern es gleichs. aus Neid dem Menschen Kraft und Schönheit entzieht), *Ā* 5, 415.

Aenĕădēs, ae, *m.* (*Αἰνεάδης*; Gen. Plur. -ădûm, *Ā* 1, 595. 9, 180. 10, 120. 11, 503), Nachkomme des Äneas, übh. stammverwandt mit Äneas, dah. Plur. Aeneadae (*Αἰνεάδαι*), 'Gefährten des Äneas', Troër, *Ā* 1, 157. 565. 5, 108. 7, 284. 334. 616. st. Römer, *Ā* 8, 341 u. 648. 9, 180. 235. 468. 735. 10, 120. 11, 503. 12, 12. 186, 779. — Auch benannte Äneas eine Stadt, die er nach seiner Abfahrt von Troja an der Küste Thraciens am Hebrus gründete, nach seinen Begleitern 'Aeneadae', Änus (*Αἶνος*, j. 'Enos', *Ā* 3, 18.

Aenēās, ae, *m.* (*Αἰνείας*), Sohn der Venus u. des Anchises, Ahnherr der Römer, flieht, nachdem er die noch brennende Stadt Troja gegen die eindringenden Griechen vergeblich verteidigt hat, mit seinem Vater, seiner Gattin Krëusa u. seinem Sohne Askanius, verliert auf der Flucht Krëusa u. kehrt, nachdem er durch ihr Schattenbild, das ihm erscheint, von ihrem Tode überzeugt ist, zu den übrigen Troërn zurück, die sich zur Flucht versammelten (Buch 2 u. 3). Im 2. Jahre nach Trojas Zerstörung fährt er von Antandros in 20 Schiffen ab (*Ā* 1, 831. 3, 6), landet zuerst an der thracischen Küste und erbaut daselbst eine Stadt (*Ā* 3, 18). Durch eine Stimme aus dem Grabe des Polydoros ermahnt, verläfst er diese und kommt nach Delos, wo ihn der Gastfreund des Anchises, Anius, aufnimmt. Nach einem Orakel des Apollo, welches Anchises falsch auf Kreta deutet, schifft er nach dieser Insel, wird aber durch die Mahnung der Penaten von da vertrieben und geht nach Italien (3, 140 flg.). Auf dieser Fahrt trifft er an der Küste von Epirus den Sohn des Priamus, Helenus, der ihm sein Geschick verkündet (3, 374 flg.). Er kommt nun nach Sicilien, wo ihn Akestes gastlich aufnimmt u. Anchises stirbt (3, 708). Auf der Fahrt nach Italien an die Küste von Karthago verschlagen, wo ihm die Königin Dido ihr Herz und ihr Reich anbietet (1, 1 flg. 409 flg.), verläfst er auf Juppiters Befehl Karthago wieder (4, 575 flg.), kehrt nach Sicilien zurück (5, 1 flg.) und erbaut Akesta, wo er die Greise u. Frauen zurückläfst (5, 746 flg.). Mit den übrigen Begleitern gelangt er nach Italien (5, 770 flg.), befragt die kumäische Sibylle und besucht mit dieser die Unterwelt (6, 161 flg. 263 flg.). Er schifft dann nördlicher und landet am

laurentischen Gebiete (7, 27 flg.', wo ihn
der König Latinus gastlich aufnimmt und
ihm seine Tochter Lavinia zur Gemahlin
anbietet. Der König der Rutuler, Turnus, dem des Latinus Gemahlin die Lavinia schon versprochen hatte, rüstet sich
zum Kriege gegen Aneas (7, 620 flg.).
Äneas sucht bei Euander Hilfe (8,18 flg.',
erhält durch seine Mutter Waffen vom
Vulkan (8, 520), greift die Rutuler an
(10, 256 flg.), erlegt den Mezentius und
Lausus (10, 810 flg.) u. besiegt im Zweikampf den Turnus (12, 697 flg.).

Aenëïus, a, um (Aeneas), zu Äneas
gehörig, des Äneas, nutrix, näml.
Kajeta, *A* 7, 1. puppis, *A* 10, 156. hospitia, *A* 10, 493.

Aenïdës, ae, *m.* (von einer Nebenform
Aïneús zu *Aïneías*, st. Aeneades', *Aï-*
neádēs), Sohn des Äneas, d. i. Askanius,
A 9, 653 (wo Vok. 'Aenïdē).

äēnus, a, um (aes), 1) Adj., *a*) aus
Erz bestehend, bes. aus einem Metallgemisch wie Bronze und dgl., ehern,
kupfern, thorax, *A* 7, 633. labrum, *A*
8, 22. cadus, *A* 6, 228. crater, *A* 9, 165.
falx (weil in der Magie ein Metallgemisch
für wirksamer galt als Eisen', *A* 4, 513.
fores, *A* 1, 449. *b*) vom Erz herkommend,
lux, Glanz des Erzes (der Waffen), *A* 2,
470. 2) Sbst., aënum, i, *n.* (verst. 'vas'),
ehernes Gefäfs, bes. Kessel (*τρί-*
πους), zum Einkochen des Mostes, *G*
1, 296. um warmes Wasser zum Baden
zu bereiten, nicht zum Kochen der Speisen, *A* 1, 213. undans, *A* 7, 463.

Aeölïa, ae, *f.* (*Aïolíē νῆσος*), eine der
liparischen Inseln im tuskischen Meere,
nordöstlich von Sicilien (j. 'Stromboli'),
Wohnsitz des Äolus, *A* 1, 51. 10, 38.

Aeölïdës, ae, *m.* (*Aïolídēs*), Nachkomme 1) des thessal. Königs Aolus, des
Vaters des Sisyphus, d. i. Odysseus, Enkel des Äolus (verächtl. mit Rücksicht
auf die schimpfliche Abstammung von
Sisyphus), *A* 6, 529. 2) eines Trojaners
Aolus, d. i. *a*) Misenus, *A* 6, 164. *b*) Klytius, *A* 9, 774.

Aeölïus, a, um (*Aïólïos*), zu Äolus
oder Äolia gehörig, äolisch, procellae,
A 5, 791. Lipare, orae, *A* 8, 416 u. 454.

1. **Aeölus**, i, *m.* (*Aïolos*, eig. der Bewegliche, *aïólos*, Sohn des Hippotes,
nach andern des Poseidon, Beherrscher
der äolischen Insel (s. Aolia) u. von Zeus
zum Aufseher der Winde bestellt, die er
nach späterer Vorstellung, welcher Verg.
folgt, in einer Höhle auf Lipara od. auf
Strongyle gefesselt hält, *A* 1, 52 flg.

2. **Aeölus**, i, *m.*, Gefährte des Aneas,
A 12, 542.

aequaevus, a, um (aequus u. aevum),
von gleichem Alter, gleich alt, *A*
2, 561. 5, 452 (*Ribb.* arch. Akk. 'aequae-
vom').

aequälis, e (aequo), gleich, *a*) an
Zahl od. Alter, catervae, Scharen gleich-
rüstigen Alters, d. i. erlesene Mannschaft,
A 10, 194. chorus Dryadum, Schwester-
chor der Dr., *G* 4, 460. *b*) der Zeit nach,
aevum, *A* 3, 491. Sbst. aequalis, *m.* od. *f.*,
Altersgenosse, Jugendfreund, Ge-
spiele od. -lin, *A* 5, 468. 10, 703. 11, 820.

aeque, Adv. (aequus), gleich, auf
gleiche Weise, ebenso, *A* 11, 32. 12,
840. 'für beides', d. i. für das Wettrennen
u. Reiten, *G* 3, 118.

Aequïcülus, a, um, zu den Äquern
gehörig, gens, 'Äquikuler', *A* 7, 747.

aequïpäro od. (*Ribb.*) **aequïpëro**, äre
(aequus u. paro), komme jmdm. gleich,
erreiche jmd., alqm alqā re, *B* 5, 48.

aequo, äre (aequus), 1) mache gleich,
a) mache eine Sache mit ihr selbst
gleich, d. i. gerade, ebne, aream, are-
nas pedibus, *G* 1, 178. 2, 332. übtr., laborem partibus iustis etc., verteile die
Arbeit teils nach billigem Mafse, teils
nach dem Lose, *A* 1, 508. pugnas, *A* 5,
419. dcht., luctus, verteile gleich, *A* 10,
755. amorem, beweise gleiche Liebe, vergelte Liebe durch Gegenliebe, *A* 6, 474.
ibant aequati numero, sie marschierten
in gleichem Takte, gleichen Schrittes, *A*
7, 698. aequatis velis, mit gleichmäfsigen
od. gleichhinschwebenden Segeln (nicht
durch ungünstige Winde getrennt), *A* 4,
587. aequatis rostris, *A* 5, 232. aequato
examine, nachdem er das Zünglein (an
der Wage) u. so zugleich die Wagschalen
selbst gleich gemacht, *A* 12, 725. *b*) mache einem andern Gegenstande gleich,
gleiche aus, numerum cum navibus,
A 1, 193. übtr. m. Dat., tecta caelo, türme
bis zum Himmel auf, *A* 8, 100. machina
aequata caelo, zum Himmel strebende,
himmelhohe Gerüste, *A* 4, 89. imperium
terris, animos Olympo, umfasse mit der
Herrschaft den Erdkreis u. komme an
hohem Mut den Göttern gleich, *A* 6, 782.
alqm caelo laudibus, erhebe zum Himmel, *A* 11, 125. labores lacrimis, habe hin-
reichende Thränen für die Qual, *A* 2, 362.
ludum nocti, verbringe die ganze Nacht
mit Spiel, durchwache bei Spiel die Nacht
(näher bestimmt durch 'fero in lucem'),
A 9, 338. 2) komme gleich, erreiche, sulcos (von der Saat, wenn sie eine
solche Höhe erreicht hat, dafs sie die
Tiefen der Furchen bedeckt), *G* 1, 113.
übtr., ducem etc., folge, eile der Führerin mit mutigem Schritte nach, *A* 6, 263.

sagitta aequans ventos, an Schnelligkeit den Winden gleich, 'windschnell', *Ä* 10, 248. fluctus sequendo,*Ä*3,671. opes regum animis, dünke mich reich an Schätzen wie Könige, *G* 4, 132.

aequŏr, ŏris, *n.* (aequus), 1) Ebene, Fläche, Feld, campi, *Ä* 7, 781. abs., *Ä* 5, 456. 10, 444 u. 451. 12, 524. *G* 1, 50 u. 97; bildl., *G* 2,541. aequora, 'Ebenen', 'Fluren','Gefilde',*Ä*7,728u. 738. diversa, verschiedene Gegenden od. Seiten,*Ä*12, 742. von der Wüste,*G* 1, 50. 2, 105. 2) von der Fläche des Meeres, *a*) Meeresspiegel, bes. 'das ruhige Meer', vastum maris, *Ä* 2, 780. oft Plur. aequora, *G* 2, 469 u. ö. dcht. auch von Flüssen, wie vom Tiber, eig. die von beiden Ufern eingeschlossene Wasserfläche, 'Bett' usw., *Ä* 8, 83u. 96. *b*) übh.'Meer', 'Meeresfluten', 'Wellen' (bisw. das unruhige u. tobende Meer), *Ä* 1, 511. 4, 524. *G* 1, 327. 2, 162. 3, 470. oft Plur. aequora (eig. die oberen 'Fluten' des Meeres), *Ä* 3, 197. 10, 113. *G* 1, 106 u. ö.

aequŏrĕus, a, um (aequor), zum Meere gehörig, des Meeres, genus, die Fische, *G* 3, 243.

aequus, a, um, gleich, 1) eig., *a*) vom Orte,gleich,gerade, eben, dah. frei, offen (im Gegs. des Eingeschlossenen und Verwahrten), campus, *Ä* 9, 56. solum,*Ä* 11,706. Sbst., aequum, i, *n.*, 'Flur', 'Fläche' *Ä* 9, 68 (*Ribb.* aequor). *b*) an Gröfse, Zahl, Ausdehnung usw. einem anderen gleich, aequus caestus, 'gleichartig' (nachh.: paria arma), *Ä* 5, 424. partibus aequis, zu gleichen Hälften zerspalten,*Ä*9,754. aequi numero,*Ä* 12,230. montibus aequus,*Ä* 9, 674. *c*)der Beschaffenheit od. Eigenschaft nach einem anderen gleich, pede aequo, d. i. im Kampfe zu Fufs (in der Nähe), *Ä* 12, 465. non passibus aequis, mit kürzeren Schritten, *Ä* 2, 724. non aequis viribus, ungleich,verschieden an Kraft,*Ä*12,218. aequus uterque labor, zu beiderlei Mühe (des Wagenrennens und des Reitens) gehört gleiche Kraft,*G* 3, 118. aequo discrimine, in gleichem Abstande (sodafs weder der eine noch der andere voraus war),*Ä*5,154. aequo Marte, mit gleichem Kampfe, ohne Entscheidung, *Ä* 7, 540. 2) übtr.: *a*) geneigt, gewogen, Juppiter, *Ä* 6, 129. pater aequus est sorti utrique, meinem Vater (Euander) ist beides genehm, mag ich siegen oder ehrenvoll sterben, *Ä* 10, 450. aequis oculis, mit mildem,gnädigem Blicke,*Ä*4,372.9,209. mentibus aequis, mit geneigtem Sinne, wohlwollend,*Ä* 9, 234. Oft m. Neg., non aequus, 'ungünstig','zürnend', 'grollend',

Pallas, *Ä* 1,479. v. Lebl., wie vom Flusse Klanius, non aequus Acerris, *G* 2, 225. aër avibus, feindlich, 'nicht heilsam', *G* 3,546. *b*)billig, billig denkend, gerecht, Falisci, *Ä*7, 695. gens haud vinclo nec legibus aequa, das nicht durch Zwang und Gesetze Gerechtigkeit übt, *Ä* 7,203. aequum est mit Akk. u. Inf., *Ä* 12, 20. *B* 5,4. Sbst., aequum, i, *n.*, Billigkeit, *Ä* 2, 427.

äēr, äĕris, *m.* (*ἀήρ*), *a*) die (untere) Luftschicht, der Dunstkreis(Gegs. 'aether'), *G* 3, 546.*B*7, 57. dcht.,summus arboris, luftige Höhe,*G*2,123. aëris campi,Luftgefilde(des Elysiums),d.i.nebelige od. dunstige Gefilde, *Ä* 6, 888. *b*) dunkle Luft, in welche Götter u. Menschen sich hüllen, Nebel, Wolke,*Ä*1,411.5,839.

aerātus,a,um (aes), *a*) mit Erz beschlagen od. versehen, postes,*Ä* 2, 481. prora,*Ä* 9, 121. dcht., acies, erzbewaffnete, 'erzklirrende' Schlachtreihen, *Ä* 9,453. *b*) aus Erz bereitet, ehern, securis, *Ä* 11, 656.

aerĕus, um (aes; 'aerei' durch Synizesis zweisilb., *Ä*7,609), *a*) aus Erz, ehern, galea, ensis, *Ä* 5, 490. 7, 743. vectes,*Ä*7,609. *b*) mit Erz versehen od. beschlagen, temo, *G* 3, 173. puppis, rota, *Ä* 5, 198 u. 274.

aerĭpēs, pĕdis (aes u.pes), erzfüfsig, cerva, *χαλκόπους*, von der wegen ihrer Schnelligkeit so benannten cerynitischen Hirschkuh,*Ä* 6, 802.

äērĭus, a, um (aër), 1) in der unteren Luftschicht befindlich, übh. luftig, Iris, *Ä* 9, 803. aurae, Lüfte des Himmels, *Ä* 5, 520. sedes, Wolken, *Ä* 12, 810. grues, hochfliegend, *G* 1, 375. mel, luftentquellender Honig (weil nach alter Vorstellung der Honig als Tau fiel und von den Bienen nur eingesammelt wurde), *G* 4,1. 2) luftig, in die Luft ragend, zum Himmel emporstrebend, hoch, v. Bergen, Alpes, *G* 3, 474. mons, *B* 8, 59. *Ä* 8, 221. arces Phaeacum, die Spitzen der Berge u. Hügel, *Ä* 3, 291. von Bäumen, quercus, *Ä* 3, 680. 9, 679. ulmus, *Ä* 1, 59.

aes, aeris, *n.*, 1) Erz, bes. Kupfer Bronze, *Ä* 3, 286. 5, 266 u. ö. aeris metalla, *G* 2, 165. 2) meton., bes. Plur., das aus Erz Verfertigte, *a*) eherne Geschirre oder Geräte u. Bildsäulen, *G* 3,363. micantia, wie wir von ehernen Waffen, 'blitzendes Erz', *Ä* 2, 734. Corybantia, die Zymbeln od. Becken, *Ä* 3, 111. spirantia, v. Kunstwerken, *Ä* 6, 848. Sing., aes cavum, Tuba, *Ä* 3, 240. aere ciere viros, mit der Tuba, *Ä* 6, 165. dcht. von dem mit Erz beschlagenen Schiffe (bes.

2

in bez. auf den Schiffsschnabel), *Ä* 1,35.
10, 214. v. Wagen des Salmoneus, *Ä* 6,
591. *b*) G e l d (weil die ersten röm. Münzen aus Kupfer gegossen), *B* 1, 36.

aescŭlus, i, *f.*, ein bes. dem Juppiter
heilige Art von Eichen, 'Wintereiche',
nach a. 'Speiseeiche', *G* 2, 16 u. 291 u. ö.

aestās, ātis, *f.* (aestus, *ai̯ð̄ω*), warme,
heifse Jahreszeit, *a*) S o m m e r , nova,
prima, Frühling, *Ä* 1, 430. 3, 8. dcht., wie
unser 'Sommer', st. Jahr, septima, *Ä* 5,
626. quarta, *G* 3,190; vgl. *Ä* 1, 265 u. 756.
b) S o m m e r l u f t , h e i t e r e s W e t t e r ,
liquida, *G* 4,59. serena, *Ä* 6, 707. *c*)S o m -
m e r h i t z e , *G* 1, 66. torrida, *B* 7, 47.

aestĭfĕr, fĕra, fĕrum (aestus u. fero),
H i t z e b r i n g e n d , h e i fs, canis(Hundsstern od. Sirius, der im Juli aufgeht), *G*
2, 353.

aestīvus, a, um (aestas), zum Sommer
gehörig, s o m m e r l i c h, sol, *G* 4, 28. nubes, *G* 4, 312. Sbst., aestiva, ōrum, *n.*,
'Sommerweide', 'Sommergehege' für das
Vieh, dcht. übtr., das Vieh in den Som-
mergehegen, *G* 3, 472.

aestŭo, āre (aestus), *a*) w a l l e, b r a u -
s e, v. Feuer, *G* 4, 263. dcht. v. Felde,
morientibus herbis, verschmachten, *G* 1,
107. von den Wellen, 'brausen', aufwogen', 'sieden', gurges aestuat, *Ä* 6, 297.
von andern Dingen, 'wallen', 'gähren',
humor in ossibus aestuat, *G* 4,309. dcht.,
nebulā, emporwallen, heraufwogen, *Ä* 8,
258. *b*) übtr., von Leidenschaften, w o -
g e n, in corde, *Ä* 10, 870. 12, 666.

aestŭs, ūs, *m.* (verw. m. *ai̯ð̄ω*), 1) das
W a l l e n , B r a u s e n , W o g e n , die
b r a u s e n d e B e w e g u n g, *a*)des Feuers,
dah. 'Feuer', 'Glut', furit ad auras, *Ä* 2,
759. aestus volvere, die Glut hinwälzen,
von einer Feuersbrunst, *Ä* 2,706.*b*)H i t z e ,
G l u t desSommers, medius, Mittagshitze,
G 1,297; vgl. *B* 2,10. 3,98. 5,46. *G* 3,434.
autumni, *G* 3, 479. dcht. Plur., medios
aestus accendere (von der Sonne), *G* 4,
401; vgl. *G* 1, 352 (Gegs. 'frigora'). *G* 3,
331. *Ä* 7,495. *c*) von der wallenden oder
wogenden Bewegung des Meeres, B r a n -
d u n g, das B r a u s e n , *Ä* 1, 107. übtr.,
W o g e n , F l u t e n , *Ä* 8, 674. 10, 292. 11,
627. aequoris, *Ä* 3, 397. v. Wellenbruch
am Ufer, m. 'fluctus' verb., die Wogen
der offenen See, secundus, *Ä* 10, 687.
das wogende Meer, Tyrrhenus, *G* 2,
164. Aufwallen des Wassers im Kessel,
exsultant aestu latices, *Ä* 7, 464. dcht.,
aestus incensi, 'glühende', gleichs. 'ko-
chende Hitze des Blutes', *G* 4, 459. 2)
übtr., das Aufbrausen, Wogen, von heftigen Leidenschaften(das Bild vom Mee-
resungestüm entlehnt), irarum, *Ä* 4, 532

u. 564. curarum, 'Strudel der Sorgen',
Ä 8, 19. varius, *Ä* 12, 486.

aetās, ātis, *f.* (zusgz. aus 'aevitas', v.
'aevum'), jeder kürzere od. längere Zeit-
abschnitt, L e b e n s a l t e r, L e b e n , A l -
ter, *a*) v. leb. Wesen, firmata, *B* 4, 37;
vgl. *Ä* 10, 434. 12, 438. aetate pares, *Ä*
1, 705. dcht. (von mehreren) im Plur., *B*
7, 4. quarta, das vierte Jahr (mit welchem
die Bändigung der zu den Kampfspielen
bestimmten Rosse nach den Alten beginnen soll), *G* 3,190. vorzugsw. 'Jugend-
alter', *Ä* 9, 212. 'Greisenalter', *Ä* 2, 596.
4, 599. *b*) v. Pflanzen, *G* 2, 362. 2) Z e i t ,
a) übh., omnia fert aetas, *B* 9, 51; vgl.
Ä 1, 283. 8, 200 u. 326. *B* 4, 4. *b*) Z e i t ,
d. i. Z e i t a l t e r , meton., die darin lebenden Menschen, *Ä* 7, 680.

aeternus, a, um (eig. aeviternus v.
aevum), i m m e r w ä h r e n d , e w i g oder
übh. l a n g d a u e r n d, 1) Adj., robora
ferri, 'unvertilgliche', *Ä* 7, 609. ignes,
Sonne, Mond u. Sterne, *Ä* 2, 154. vita,
Ä 12, 879. nox, *G* 1, 458. volnus (wo das
Adj. dcht. im Sinne des Adv.: die Wunde
in der Brust für ewig bewahrend), *Ä* 1,
36. potestas, *Ä* 10, 18. amor, unermefslich, unendlich, *Ä* 8, 394. 11, 583. foedus,
ewig bestehend, *G* 1, 60. pax, *Ä* 12, 504.
Pergama, *Ä* 8,37. 2) Adv., aeternum, 'auf
ewig', 'für immer', salve, vale, *Ä* 11, 97
u. 98; vgl. *Ä* 6,617. 'fortwährend', latrans,
Ä 6, 401. 'rastlos', *G* 2, 400.

aethēr, ĕris, Akk. aethēra, *m.* (*ai̯ð̄ηρ*),
Ä ther, 1) die obere, reinere Luftschicht
(Gegs. 'aër'), dcht. *a*) H i m m e l , Him-
melsraum, *Ä* 1, 90. 12, 150. maximus,
der oberste Luftkreis, 'die Höhen des
Äthers', *Ä* 8, 239. Oft zur Belebung in
der dcht. Darstellung, *Ä* 2, 338. 5, 140.
famā super aethera notus, *Ä* 1, 379. mit
Übertreibung, apes trans aethera vectae,
Ä 7, 65. Öft. L u f t übh. (aër), gelidus, *Ä*
8, 28; vgl. *Ä* 1, 587. 11, 104 u. 802. *G* 2,
292. *b*) 'Oberwelt' (Gegs. 'Unterwelt'),
altus, *Ä* 6, 130. 436. 2) personif., 'Äther',
d. i. Juppiter, der Himmel, *G.* 2, 325.

aethĕrius, a, um (*ai̯ð̄έριος*), 1) zur
oberen Luft gehörig, darin befindlich,
ätherisch, sol, *Ä* 8, 68. sidera, *Ä* 7, 768.
astra, Luft, *Ä* 4, 446. 5, 517. cursus (von
der Aurora), *Ä* 6, 536. semen, *Ä* 7, 281.
dah., 'in den Himmel ragend oder vom
reinsten Äther stets umflossen', Olympus, *Ä* 6, 579. 8, 319. 2) übh. zur Luft gehörig, *a*) l u f t i g (aërius), nimbi, *Ä* 8,608.
aurae, *Ä* 4, 446. 7, 557. sensus, *Ä* 6, 747.
b) 'zur Oberwelt gehörig', aura, der Oberwelt, *Ä* 1, 547. aurae, Oberwelt, *Ä* 6, 761;
vgl. 7, 767.

Aethĭops, ŏpis, *m.* (*Ai̯ð̄ίοψ*, eig. sonnenverbrannt, 'Mohr'), Äthiopier, im Süden von Afrika, nach Verg. am äufsersten Bogen des südl. Oceans wohnend, *A* 4, 481. *B* 10, 68. Im tropischen Afrika wuchs die Baumwollenstaude im Altertume unkultiviert, dah. 'nemora Äthiopum molli canentia lanā', *G* 2, 120.

Aethon (zweisilb.), ōnis, *m.* (*Αἴθων*, Brand- od. Rotfuchs), Name eines Rosses, *A* 11, 89.

aethra, ae, *f.* (*αἴθρα*), reinere obere Luft, reiner Himmelsglanz (dcht. st. aether), siderea, *A* 3, 585. rubra, *A* 12, 247.

Aetna, ae, *f.* (*Αἴτνη*), feuerspeiender Berg auf Sicilien, in dessen Innern die Werkstatt des Vulkan u. der Cyklopen, *A* 3, 554. 571. 579. 674. *G* 1, 472. 4, 173. **Aetnaeus**, a, um (*Αἰτναῖος*), zum Ätna gehörig, Cyclopes, *A* 8, 440. 11. 263. fratres, Cyklopen, *A* 3, 678. antra, *A* 8, 419. ignes, der Chimära (in der Abbildung), d. i. gewaltige Flamme, Glut, wie die des Ätna, *A* 7, 786.

Aetōlus, a, um (*Αἰτωλός*), zu Ätolien, einer Landsch. in Hellas, gehörig, ätolisch, Arpi, urbs, weil von Diomedes und dessen Gefährten gegründet, *A* 10, 28. 11, 239. Sbst., Aetolus, i, *m.*, der Ätoler, v. Diomedes, *A* 11, 428. Plur. Aetoli, die Ätoler, *A* 11, 308 (wo Gen. Aetolūm).

aevum, i, *n.* (St. *αἰϝ* in *αἰών*, a) unbestimmte Zeit, Zeitdauer, *A* 3, 415. sequens, *B* 8, 27. venturum, 'die Zukunft', *B* 8, 627. decus aevi, *B* 4, 11. *b*) Lebenszeit, Lebensalter, Leben, *A* 3, 491. 7, 776. 9, 609. 10, 235. *B* 10, 43. integer aevi, s. integer. Bisw. von hohem Alter, aevi maturos, 'hochbejahrt', *B* 5, 73. confectus aevo, 'von Jahren gebeugt', *B* 11, 85. ähnl., 'obsitus aevo', *A* 8, 307.

Afer, fra, frum, afrikanisch, armentarius, *G* 3, 344. sbst., Afer, fri, *m.*, Afrikaner, *A* 8, 734. st. des Landes im bl. Akk. als Ziel der Bewegung, *B* 1, 63.

aff... Alle so anfangenden Wörter suche man unter adf... [teil, *A* 4, 37.

Afrĭca, ae, *f.* (Afer) Afrika als Welt-**Afrĭcus**, i, *m.* (Afer), Südwestwind, mit Sturm u. Regen verbunden, *A* 1, 86.

Agamemnŏnĭus, a, um (*Ἀγαμεμνόνιος*), zu Agamemnon, dem König von Mykenä u. Oberfeldherrn der Griechen vor Troja, gehörig, **agamemnonisch**, des Agamemnon, Orestes, Sohn des Ag., *A* 4, 471. Halaesus, Verwandter des Ag., *A* 7, 723. Mycenae, *A* 6, 838. phalanges, die von Ag. angeführten hellenischen Scharen vor Troja, *A* 6, 489. res, Macht od. Herrschaft des Ag., *A* 3, 54.

Agănippē, ēs, *f.* (*Ἀγανίππη*), den Musen geheiligte Quelle in Böotien am Fuße des Helikon, *B* 10, 12.

Agăthyrsi, ōrum, *m.* (*Ἀγάθυρσοι*), skythisches Volk im europ. Sarmatien (Siebenbürgen u. östl. Ungarn), das sich Gesicht u. Hände tättowierte, *A* 4, 146.

ăgě, **ăgĭtĕ**, Interj. (eig. Imper. von ago), bei einer Aufforderung u. bei lebhaften Übergängen, auf! wohlan! oft in Verb. mit Imper., duc age, *G* 4, 358. surge age, *A* 3, 169. 4, 223. vade age, *A* 5, 548. fare age, *A* 3, 362. 6, 389 u. 531. dic age, *A* 6, 343. verstärkt durch Partikeln, age ergo, 'wohlan denn', *G* 1, 63. en age, *G* 3, 42. nunc age, *G* 4, 149. iam age, *A* 6, 629. quin age, auf denn! *G* 4, 329. eia age, *A* 4, 569. Plur., agite, *A* 1, 627. 7, 130. agite o ... discite, *G* 2, 35.

ăgellus, i, *m.* (Dem. v. ager), kleines Grundstück, Gütchen, *B* 9, 3.

Agēnŏr, ŏris, *m.* (*Ἀγήνωρ*), Sohn des Belus, Vater des Kadmus u. der Europa, Ahnherr der Phönizier, Urahn der Dido, dah.: Agenoris urbs (als nähere Erklär. zu 'Punica regna'), eine Stadt (nicht: die St.) des Äg., d. i. der Phönizier, 'Karthago', *A* 1, 338.

ăgĕr, gri, *m.* (*ἀγρός*), 1) Acker, Feld, Land, das irgendwie bebaut wird, auch für Bäume u. Reben, *B* 3, 56. *G* 1, 102. 2, 6. Plur., agri, 'Fluren', 'Ländereien', *B* 1, 73. *A* 3, 141. 10, 390 (*Ribb.* st. 'arvis'). Gegs. zur Stadt, *A* 8, 8. 11, 367. 2) das zu einer Stadt usw. gehörige Feld, Gebiet, Plur., Iliaci, *A* 11, 255. Laurentes, *A* 11, 431. 12, 24. Apollinis, zum Tempel des Apollo in Patara gehörig, *A* 12, 516.

aggĕr, ĕris, *m.* (2. aggero), 1) alles Material, was man herbeiführt, um etw. zu erhöhen oder auszufüllen, Schutt, Erde, 'Reisholz', *A* 9, 567. terreno ex aggere, aus aufgeschütteter od. aufgeworfener Erde, *A* 11, 850. tepidus terrae, die von dem kaum abgebrannten Scheiterhaufen noch warme Erde, *A* 11, 212. 2) meton.: *a*) eine aus Erde, Schutt u. dgl. gebildete 'Erhöhung', 'Hügel', 'hoher Punkt', von wo aus jmd. zur Versammlung spricht, *A* 5, 44. celsus, *A* 12, 564. ripae, Damm, Rand, *A* 7, 106. arenae, Haufen von Sand, *A* 1, 112. nivei, Schneemassen, Schneewehen, *G* 3, 354. viae, Damm des Weges, erhöhter Weg, *A* 5, 273; Damm des Flusses, *A* 2, 496. tumuli, Hügel auf der Gruft zur Bestattung, *A* 7, 6. Plur., aufgeworfene Erdhaufen oder Dämme, um die ans Land gezogene Schiffe gegen Stürme zu sichern, *A* 9, 70. Alpini, die Alpen als natürliche Schutzwehr, *A* 6, 831. *b*) Wall

um eine Stadt oder ein Lager, *Ä* 7, 127.
dcht., murorum, hohe Mauern, *Ä* 10, 23
u. 144. 11, 382; vgl. 7, 159. 9, 783. abs.,
von der Mauer, *Ä* 9, 769.

1. **aggĕro**, äre (agger), 1) häufe auf,
cadavera, *G* 3, 556. praemia, *Ä* 11, 79. 2)
übtr., steigere, 'schüre an', iras, *Ä* 4,
197. 11, 342.

2. **aggĕro (ad-gĕro)**, gessi, gestum,
ĕre, trage herbei, tellurem tumulo
(Dat.), die Erde zum Hügel häufen od.
türmen, *Ä* 3, 63.

agglŏmĕro, s. adglomere.

aggrĕdĭor, s. adgredior.

Ägĭs, ĭdis, *m.* (Ἄγις), einLykier, imKampfe gegen Mezentius getötet, *Ä* 10, 751.

ägĭtätör, öris, *m.* (agito), Treiber,
aselli, *G* 1, 273. equorum, Rosse-, Wagenlenker, *Ä* 2, 476.

ägĭto, äre (Intens. v. ago), 1) setze
in heftige Bewegung, treibe, *a)*
übh., greges, *G* 3, 287. currus ad flumina, *G* 3, 18. equum, 'tummle', *Ä* 11, 770.
vom Weltgeiste, 'regem', 'bewegen', molem, *Ä* 6, 727. *b)* 'treibe', 'jage', 'verfolge', Tiere, onagros cursu, *G* 3, 409.
aves, *Ä* 12, 248. feras (in) silvis, *Ä* 11, 686.
Menschen, 'jage', 'bedränge', alqm totä
urbe, *ʌ* 2, 421. Troianos terris vel undis,
treibe umher in usw., *Ä* 12, 803. numina
Troiae, näml. auf dem Meere, *Ä* 6, 68.
vom Winde, freta ponti, aufregen, *G* 1,
357. 2) übtr.: *a)* treibe jmd. hin u. her,
verfolge, beunruhige, quäle, martere, invidiä alqm, *Ä* 11, 337. von der
Zwietracht, *G* 2, 496. vom Schicksal, *Ä*
3, 609. furiis agitari, *Ä* 3, 331. 10, 872.
scaenis, auf der Bühne, *Ä* 4, 471. mit
doppelter Bez., Tyrrhenam fidem aut
gentes quietas, betreibe eifrig oder bestürme, bewege durch heftiges Zusetzen
u. Empören die ruhigen Tyrrhener zu
einem Bündnisse, *Ä* 10, 71. *b)* treibe,
betreibe etwas, dies festos, begehe,
feiere, *G* 2, 527. choros, führe Reigen auf,
G 4, 533. mutas artes, 'treibe', 'übe aus',
Ä 12, 397. in bez. auf die Zeit, 'bringe
zu od. hin, 'verlebe', aevum sub legibus
(von den Bienen, zur Bezeichn. des geselligen Lebens), *G* 4, 154. aevum sub
undis, *Ä* 10, 235. *c)* betreibe im Geiste
etw. eifrig od. angelegentlich, sinne
od. denke auf od. an etw., fugam, *Ä* 2,
640. mens agitat mihi, d. i. mein Geist
treibt mich, m. Inf., *Ä* 9, 187.

agmĕn, mĭnis, *n.* (ago), Zug, 1) eine
in Bewegung gesetzte Masse, v. Flusse,
leni agmine fluere, in sanftem Gewoge
strömen, *Ä* 2, 782. vom Regen, immensum aquarum, 'mächtige Wasserströme',
G 1, 322. von den Rudern, remorum,

'Ruderschlag', agmine remorum ventisque vocatis, mit Hilfe der Ruder u. Segel, *Ä* 5, 211. von den Windungen der
Schlange, agmine longo, in schlängelndem Zuge, *Ä* 5, 90. agmine certo, mit
sicherem Schwunge, *Ä* 2, 212. caudae,
G 3, 423. 2) Zug von leb. Wesen, *a)*
Schar, Schwarm, v. Menschen, *Ä* 5,
549. 580 u. 602. dcht., Eumenidum, *Ä*
4, 469. 6, 572. v. Vögeln, aligerum, *Ä* 12,
249. v. Hirschen, 'Rudel', longum, *Ä* 1,
186. agmina cervi pulverulenta fugä glomerant, drängen od. rotten sich zusammen in stäubende Rudel auf der Flucht,
Ä 4, 154. von Raben (dcht. als 'exercitus' bezeichnet), *G* 1, 381. nigrum (der
Ameisen), *Ä* 4, 404. *b)* Heer, als geordnete Masse (auf dem Zuge befindlich,
zum Ausziehen bestimmt, zum Kampfe
bereit), Schar, tantum, *Ä* 5, 378. Phrygium, Teucrûm u. dgl., *Ä* 2, 68. 5, 675.
7, 144 u. 648. 9, 113. 10, 431 u. 561. 12,
279. 329. 368. 482. agmina Turni (neben
'acies Iliacae'), *Ä* 12, 861. mit 'ago' verb.,
Ä 7, 804. auch v. trojanischen Wettrennspiele zu Pferde, einer Art Turnier, puerile, *Ä* 5, 549. partito agmine, *Ä* 5, 562.
stat in agmine, steht geschart, in Reihe
u. Glied, *G* 3, 348. Bisw. v. Schiffen, 'Zug',
'Geschwader', *Ä* 8, 683. bildl., vom Winde,
velut agmine facto, 'wie in geschlossener
Schar', 'wie zum Kampfe', *Ä* 1, 82.

agna, ae, *f.*, (weibliches) Lamm, *Ä* 5,
772. *B* 2, 21.

agnosco (adgnosco), növi, nĭtum (ad
u. gnosco = nosco), 1) erkenne etw. schon
Gekanntes od. Bekanntes als solches wieder, erkenne etw. als das meinige od.
einem andern gehörige an, clipeos telaque, *Ä* 2, 423. matrem, *Ä* 1, 406. suos, die
Troër als Landsleute, *Ä* 3, 347. deos, *Ä* 12,
260. amicum, *Ä* 3, 82. ora parentum, *Ä* 5,
576. tentoria, *Ä* 1, 470. spolia, *Ä* 9, 457.
Troiam parvam, *Ä* 3, 351. 2) nehme mehr,
vernehme, bemerke, sonitum, *Ä* 8,
531. gemitum, *Ä* 10, 843. sonum, *Ä* 12,
449. stridorem et alas, *Ä* 12, 869. voltus
coram, *Ä* 3, 173. m. Objcktsakk. u. Akk.
m. Inf., ambiguam prolem seque deceptum esse, *Ä* 3, 180 flg.   [7, 15. *G* 1, 341.

agnus, i, *m.*, Lamm, *B* 1, 8. 3, 103.

ägo, ēgi, actum, ĕre (ἄγω), setze in
Bewegung od. Thätigkeit, 1) eig.: *a)* treibe
fort, *α)* Tiere, treibe, führe, 'weide'
capellas, *B* 1, 13. 9, 24. boves ad flumina,
Ä 5, 24. tigres de vertice, *Ä* 6, 806. tauros,
'treibe einher', *Ä* 8, 203. hiberas agit
(aves) de montibus imber, treibt fort von
den Berghöhen, *G* 4, 474. *β)* Menschen,
führe, treibe (fort), 'bewege', alqm,
Ä 6, 463. dcht. se, sich bewegen, d. i. kom

men,gehen, Ä8,465; vgl. Ä6,337. 9,696.
Pass. agi,v.den Schreckgestalten,die den
Krieg begleiten, umherkreisen,umschwe-
ben,Ä12,336. Bes.mithomogenemSbst.,
agmen, führe denZug, dasHeer imKrie-
ge an, Ä 5, 833. 7, 707 u. 804. 8, 683. γ)
lebl. Obj., circum , Ä 1, 117. Pass., agi
per lumbos, sich erstrecken, G 3, 87. ad
sidera, bis an die Sterne reichen, Ä11,
136. b)verfolge treibend, treibe vor
mir her,hetze, jage, apros,G 3, 412.
cervum, Ä 7, 481. omnem turbam (cer-
vorum), Ä 1, 191. pastor agens, (die Hindin) aufscheuchend, Ä 4, 71. Menschen,
bes. durch Kampf od. im Kampfe, vom
verfolgenden Feinde,Troas, Ä5,265. 11,
734. Rutulos ad moenia, Ä 11, 629. Teucros in Rutulos, Ä 12, 78. alqm bello superbo, Ä 8, 118. hostes fugä versos, G 3,
120. Troes agunt (näml. die fliehenden
Latiner), verfolgen sie, drängen nach, Ä
11, 620. Pass., agi tot casibus, Ä 1, 240.
fatis, Ä 1, 32. vento et fluctibus, Ä 1,333.
erroribus, Ä 6, 532. tempestatibus actus,
Ä 3, 708 ('actis' st. 'acti' Ribb.). 7,199. c)
bewege, treibe, lebl. Gegenstände in
weiterer u. dcht. Bed., turbinem, Ä7,380.
testudinem,dah.: actä testudine,d.i.unter
dem Schilddache, Ä 9, 505. morbos, G 3,
552. currum, leite,lenke, Ä6,835. ratem,
treibe daher auf einem Fahrzeuge, Ä 5,
272. Pristim remige, Ä 5, 116. limitem
ferro, mache od. breche mir Bahn, bahne
mir eine Gasse mit dem Schwerte, Ä10,
514. carmine quercus(so dafs sie ihm folg-
ten, v. Orpheus), G 4, 510, hiemem, Ä 4,
51. ventos, zerteile, Ä 4, 245. v. Winde,
frigora,Frost erzeugen,G1, 352. nubila,
nubes, erregen, Ä 1, 421 u. 462. fundam
circum caput, schwinge, Ä 9, 587. Geschosse, per armos hastam, treibe, stofse
hindurch, Ä 11, 645 u. 804. pondus tormenti, werfe, schleudere, Ä 11, 616. d)
treibe heraus,regeauf, bringe hervor,spumasore,G3,203. piceum flumen,
wie Pech fliefsen, 'wie rinnendes Pech',
Ä 9,814. undam, wellenförmig sich türmen, emporwallen (v. Rauche), Ä 8, 258.
membris venena, aus den Adern treiben,
G2,130. se ad auras, in dieLüfte emportreiben, sich ausbreiten (v. Rebschofs),
Ä 2, 364. dcht., quantos aget gemitus virûm campus ad urbem! welch ein Män-
nergestöhn wird ertönen vom Marsfelde
aus zur Stadt! Ä6,873. 2) übtr.: a) treibe
gleichs. od. leite durch etw., genus omne
actum per reges Lat.,'seinGeschlecht,das
durch lauter röm. Könige hindurchge-
gangen, aus Latiums Königsgeschlecht
sämtlich entstammt ist', Ä12,530. b)trei-
be jmd. zu etw. an, nötige, zwinge

u. dgl., alqm in fraudem, Ä 10, 73. mea
me virtus et sancta oracula.. fatis egere
volentem, haben mich, der ich durch die
Schicksalssprüche andich gewiesen war,
gern zu dirgetrieben, Ä8,133. dcht.,fata
agunt, ardor agit alqm, m. Inf., Ä 7, 240
u. 393. Pass., 'agor fatis', m. Inf., werde
vorwärts getrieben, gedrängt, wiederholt
ermahnt, Ä3,5. actus fatis, Ä7,223. acti
fatis, Ä1, 32. actus clamoribus, Ä2,128.
prodigiis, Ä6,379. furore gravi, Ä10,63.
c)verfolge,beunruhige,greifean,
reginam stimulis Bacchi, Ä 7, 405. agor
furiis, Ä12,101. d)betreibe etw., verrichte, bes. von Kämpfenden, non iam
stipitibus agitur sudibusve, man kämpft
nun nichtmehr mitusw.,Ä7,524. prägn.,
erreiche,'richteetw.aus',nihilactum etc.,
Ä11, 227. Dah. übh. 'thue', 'mache', 'beginne',quodinstat,B9,66.idquidemago,
gerade daran denke ich auch, B 9, 37.
en, quid ago? 'siehe, was mache ich da?',
als unwillige Frage des Selbstvorwurfes,
Ä 4, 534. u. so 10, 675. nam quid ago? d.
i. in welcher Lage bin ich? was mache
ich und fange ich an? (als Ausdruck der
düstern Todesahnung des Turnus), Ä12,
607. his actis, nachdem dies geschehen,
'hierauf', Ä 12, 843. e)behandle jmd.,
verfahre mitjmd. irgendwie, nurPass.,
Tros Tyriusve nullo discrimine agetur,
soll von mir ohne Unterschied behandelt,
soll von mir nicht geschieden werden,
mir gleich gelten, Ä 1, 574. f)bringe
eine Zeit zu, verlebe, vitam, G 2, 538.
noctem inter gaudia, Ä6,514. melior pars
diei acta, ist vorüber, verstrichen, Ä 9,
156. dcht.,otiasecurasubalta terra, lebe
müfsig, in Ruhe, tief unter der Erde, G
3,77. magnus orbis agebat ver, der weite
Erdkreis feierte den Lenz, Ä 2, 338. —
☞ 'age', s. bes.

agrestis, e (ager; Gen. Plur. 'agre-
stum',G 1, 10), 1) Adj.: a) zum Lande
od. zu den Landleuten gehörig,
ländlich, pubes, G 1, 343. legio, Schar
von Landleuten, Ä7, 681. nymphae, Ä3,
34. certamen, Streit, wie ihn die Landleute führen, Ä7,523. calamus,der Landleute, B1,10. palaestra,G2,531. sparus,
Ä11, 682. stramen, Ä11, 67. animi, des
Landvolkes, Ä 7, 482. gaza, wie ihn das
Land od.Landleben bietet, Ä 5, 40. capi-
tishonor, ländlicher Schmuck des Hauptes (v. Kranze), B 10, 24. Musa, Hirtengesang, bukolisches Gedicht (Gegs. zum
epischen Gedicht),B6,8. b)auf dem Felde
od. Lande wild wachsend,poma,Ä7,111.
2)Sbst., agrestes, ium,m., 'Landleute',
'Bauern', ignari, G 1, 41. duri, Ä 7, 504.
collecti, Ä 9, 11. agrestûm numina, die

von den Landleuten verehrten, *G* 1, 10.

agrìcŏla, ae, *m.* (ageru.colo),Land-bauer, Landmann, *Ä* 7, 521. 12, 453. *G* 1, 48. 2, 459.

Agrippa (ae, *m.*), vollst.M. Vipsanius Agrippa, Schwiegersohn des Augustus, ausgezeichneterFeldherr,der alsBefehl-haber der Flotte den Sieg über Pompejus bei Messina errang (36 v. Chr.), *Ä* 8, 682.

Ägyllīnus, a, um (Agylla), zur Stadt Agylla (später Cäre) in Eturien gehörig, urbs, d. i. Agylla od. Cäre (der Sage nach von den Lydiern gegründet), *Ä* 7, 652. 8, 479. Sbst.,Agyllīni,ōrum,*m.*(*Ἀγυλλαῖοι*), Einw. von Äg., *Ä* 12, 281.

äh od.(*Haupt*u.*Ribb.*)**ä**, Interj., ach! Ausruf des Schmerzes od. Mitleides, *B* 1, 15.

Äiax, äcis, *m.* (*Αἴας*), Oïleus (s. d.), Sohn des Oileus (zum Untersch. des Tela-moniers),Kön.der Lokrer, auf der Heim-fahrt von Troia wegen der in ihren troi-schen Tempel verübten Frevels von der Pallas (Minerva) mit dem Blitze erschla-gen, *Ä* 1, 41. 2, 414.

äio, Def., sage, spreche, äufsere, bes. nach Anführung der direkten Rede eines anderen mit Anknüpfung an die fortlaufende Erzählung durch 'et', sic ait, et, *Ä* 1, 142. 5, 365. 9, 749. 11, 29. Auch der direkten Rede eingefügt (mit od. ohne Zusatz der Pers., zu der man spricht), *Ä* 2, 639. 3, 479. 6, 630. 7, 121. 11, 24. 12, 156. An den Schlufs der Rede gestellt, *G* 4, 359. *Ä* 4, 660.

äla,ae,*f.*,1)Flügel,Fittig,Schwin-ge (gew. Plur.) der Vögel, *B* 6, 81 u. ö. *G* 1, 382. der Bienen,*G* 4,28 u.202. desMer-kur, *Ä* 1, 301. 4, 240u. 252. derHarpyien, *Ä* 3, 226. der Furien, *Ä* 12,848 u.866. der Fama, *Ä* 4,180. der Iris,*Ä* 9,14. desAmor, *Ä* 1, 689. des Blitzes, *Ä* 5, 319. alis adla-psa est sagitta, der befiederte Pfeil flog her, *Ä* 9, 578; vgl. *Ä* 12, 319. Dcht. zur Bez. der Schnelligkeit, velorum, *Ä* 3,520. pedibus timor addidit alas, *Ä* 8, 224. 2) der meist aus der röm. Reiterei beste-hende Flügel des Heeres,übh.Reiter-schar, *Ä* 11, 604.868.835. 12,551. übtr., (berittene) Scharen der 'Jäger' od.'Trei-ber' zu beiden Seiten des Äneas u. der Dido, *Ä* 4, 121.

älăcěr, cris,e,od.**älăcris**,e (wie z.B. *Ä* 5, 380. 6, 685, wo nicht etwa alacris, d. i. -es, mit 'palmas' zu verb.), munter, lebhaft, rasch, behend, oft mit dem Begr.des Freudigen, vonPers.,*Ä* 10,729. 12, 337. von dem, der des Sieges sich be-wufst ist, *Ä* 5,380. prädikat., kampffreu-digen Herzens, *Ä* 9, 231. dcht. von Lebl.,

voluptas, sich lebhaft äufsernde Freude, muntere Lust, *B* 5, 58.

älätus, a, um (ala), geflügelt, plan-tae (des Merkur), *Ä* 4, 259.

Alba od. **Longa Alba**, ae, *f.* (letzte-res, *Ä* 5, 597. 6,766. aber *Ä* 1, 271 'longa' appellativ),RomsMutterstadt,erbautvon Askanius auf dem schmalen Bergrücken zwischen dem Lago Albano u. dem Ab-hange des Monte cavo,Herrschersitz der Nachkommen des Askanius, zerstört von Tullus Hostilius, *Ä* 1, 271. 5, 597. 6, 766 u. 770. 8, 48. 9, 387.

Albānus, a,um(Alba), zur StadtAlba gehörig, albanisch, nomen, 'ein Alba-ner', *Ä* 6, 763. patres, *Ä* 1, 7. reges, *Ä* 12, 826. urbes, *Ä* 7, 602. loci, Albanergefilde (*Schaper* 'luci, Albanerwald'), *Ä* 9, 388. mons, Berg östl. vom Albanerwalde mit dem Tempel des Juppiter Latiaris, wo die latin.Bundesfeste (feriaeLatinae)gefeiert wurden, j. 'Monte cavo', *Ä* 12, 134. Sbst., Albanus, i, *m.*, der Albaner (d. i. Mettus Fuffetius), *Ä* 8,643. Plur.,Albani,*Ä* 5,600.

albĕo,ēre(albus),bin weifsod.bleich, ossibus, *Ä* 12, 36.

albesco, ěre (Inch. v. albeo), werde weifs,schäumeweifsauf,vomMeere, *Ä* 7, 528. *G* 3, 237. bes. vom Hellwerden durch Feuer, 'weifs schimmern, durch-schimmern', *G* 1, 367. vom ersten Tages-licht, lux albescit, der Tag graut, *Ä* 4, 586.

Albŭla,ae,*f.*(eig.'Bergwasser','Berg-strom'),alter Name desTiberflusses,*Ä* 8, 332.

Albŭnĕa,ae,*f.*,weissagendeNymphe, der eineschwefelhaltigeQuelle bei Tibur geweiht war, die dann in der Nähe eines Hains und Orakels des Faunus einenWas-serfall bildete, *Ä* 7, 83.

Alburnus, i, *m.*, Berg in Lukanien, nicht weit vom Flufs Silarus, *G* 3, 147.

albus,a,um(*ἀλφός*),weifsohneGlanz, olor, *Ä* 11, 580. lilia, *G* 4, 130. frons,*G* 9, 49. vestigia, *Ä* 5, 567. equus albis maculis, 'Schäcke', *Ä* 5, 565. parma, einfach, ohne Kunst, *Ä* 9, 548. insignia, 'weifser Ornat', *Ä* 10, 539. dcht. v. Flusse Nar, albus sulfureā aquā, weifsschäumend, *Ä* 7, 517. Sbst., album, i, *n.*, das Weifse, d. i. weifse Flecke, pelles albo sparsae, *B* 2,41. maculis insignis et albo (alsHen-diadyoin st. maculis albis), *G* 3, 56.

Alcanděr, dri, *m.*,(*Ἀλκανδρος*), ein Troër, Gefährte des Äneas, *Ä* 9, 767.

Alcānōr, ŏris, *m.* (*Ἀλκήνωρ*, Wehr-mann), 1) ein Troër, Vater des Pandarus, *Ä* 9, 672. 2) ein Latiner, *Ä* 10, 338.

Alcăthŏus,i,*m.*,(*Ἀλκάθοος*),einTroër, Gefährte des Äneas, *Ä* 10, 747.

Alcīdēs, ae, m. (Ἀλκίδης), Nachk. od. Enkel des Alcäus, d. i. Herkules (so gen., bevor ihm das Orakel den Namen *Ἡρακλῆς* beilegte), *Ä* 5, 414. 6, 123 u. 392. 8, 203 flg. 10, 321. *B* 7, 61. von Euander gastfreundlich aufgenommen, *Ä* 10, 460 flg.

Alcīmĕdōn, ŏntis, m. (Ἀλκιμέδων), unbek. Künstler in Schnitzwerk (Toreut), *B* 3, 37 u. 44.

Alcīnŏus, i, m. (Ἀλκίνοος, Konrad, d. i. kühn an Rat), ein reicher u. beglückter König der Phäaken in Scheria, dessen herrliche Gärten zum Sprichwort wurden, *G* 2, 87.

Alcippē, ēs, f. (Ἀλκίππη), Name einer Sklavin, *B* 7, 14.

Alcōn, ōnis, m. (Ἄλκων, der Starke), ein erdichteter Hirtenname, *B* 5, 11.

alcyōn, ŏnis, f. (ἀλκυών), der Eisvogel, während dessen Brutzeit Windstille herrschte, der aber durch sein Erscheinen am Gestade Unwetter verkündete, *G* 3, 338. Plur., dilectae Thetidi alcyones (weil Thetis die Alcyone und deren im Schiffbruche umgekommenen Gatten Ceyx aus Mitleid in Eisvögel verwandelte), *G* 1, 399.

Ālectō, s. Allecto.

ālĕs, ālĭtis (Gen. Plur. 'alituum' wie episch zerdehnt st. alitum, *Ä* 8, 27), 1) Adj., beflügelt, dcht. st. 'schnell', 'eilend', auster, *Ä* 8, 430. 2) Sbst. m. u. f., Vogel, Jovis, d. i. Adler, *Ä* 1, 394. 12, 247. sacer (weil zu den Weissagevögeln gehörig), d. i. Habicht od. Falke, *Ä* 11, 721. parva (im Vergleich zur natürl. Gestalt der Furien), d. i. Eule od. Käuzchen, *Ä* 12, 862. exterrita, d. i. Taube, *Ä* 5, 506.

Ālētēs, ae, m. (Ἀλήτης), ein Troër, Gefährte des Aneas, *Ä* 1, 121. 9, 246 u. 307.

Ālexis, is, m. (Ἄλεξις), Name eines schönen Jünglings, *B* 2, 1 flg. 5, 86, 7, 55.

alga, ae, f., Seegras, Seetang, *Ä* 7, 590. Sprichw., proiectā vilior algā, *B* 7, 42.

Ālīa, s. Allia.

ălīās, Adv. (von 'alius', alter Akk. wie 'foras'), zu einer andern Zeit, sonst, non a., sonst nicht, d. i. niemals, *G* 1, 487.

ălībi, Adv. (alius u. ibi), anderswo *G* 1, 55. *B* 1, 41.

ălīēnus, a, um (alius), einem andern gehörig, fremd, v. Pers., *B* 3, 5. v. Sachen, arva, *Ä* 4, 311. volnus, Wunde, die einem andern (dem Aneas) zugedacht war, *Ä* 10, 781. menses, abweichende, ungewöhnliche, an denen ausserhalb Italiens nichts weniger als Sommer herrscht, also Herbst- und Wintermonate, *G* 2, 149.

ālīgĕr, gĕra, gĕrum (ala u. gero), Flügel tragend, beflügelt, beschwingt,

v. Amor, *Ä* 1, 663. agmen, Zug (der Vögel), *Ä* 12, 249. [andere Fluren, *B* 8, 99.

ălīō, Adv. (alius), anderswohin, auf

ālĭpēs, pĕdis (ala u. pes), mit Flügeln an den Füßen, dcht. übtr. 'flügelschnell', 'flüchtig', equus, *Ä* 7, 277. 12, 484.

ălīquā, Adv. (aliquis), auf irgend eine Weise, irgend wie, *B* 3, 15.

ălīquandō, Adv. (aliquis), *a)* einmal, irgend einmal, von der Vergangenheit 'einst', 'vor Zeiten', 'vor Alters', *Ä* 8, 602. *b)* von dem, was nach langem Warten u. Wünschen eintritt, einmal, 'endlich', 'zuletzt', *Ä* 8, 200.

ălīquí od. **ălīquis**, qua, quod, Pron. indef., irgend ein usw., wer od. was es auch sei, 1) Adj., nomen (weil Sinon nicht weifs, ob Palamedes dem Priamus schon bekannt sei), *Ä* 2, 81. error, irgend ein Trug, *Ä* 2, 48. Plur., einige, vaccae, *B* 6, 60. animae, *Ä* 6, 719. 2) Sbst., **aliquis**, **aliquid**, irgend einer od. jemand, irgend etwas, aliquis de stirpe nepotum, *Ä* 6, 864. Plur. aliqui, einige, manche, *Ä* 6, 664 (*Ribb.*). Bei dem substantiv. Neutrum eines Adj. auch adjektivisch, aliquid magnum, *Ä* 9, 186. aliquid, adverbial, eig. Akk. der Beziehung (wie *τι*), einiger Mafsen, ein wenig, Rutulos iuvisse al., *Ä* 10, 84.

ălīquŏt, Indecl., einige, etliche, (doch nur wenn an eine gewisse Anzahl gedacht wird), aristae, einige wenige od. spärliche, *B* 1, 70.

ālīum, s. allium.

ălītĕr, Adv., anders, 1) auf andere Art, *Ä* 2, 428. Bes. nach einer vorausgegangenen Vergleichung, haud a., 'nicht anders', 'ganz so', 'ebenso', *Ä* 1, 399. 9, 65. 9, 554. 'non' od. 'haud aliter quam si', nicht anders (ebenso) wie wenn, zur Hervorhebung des Vergleichungspunktes nachgestellt, *G* 1, 201. *Ä* 4, 669. 2) prägn., anders, d. i. auf entgegengesetzte Weise, sonst, *Ä* 6, 147.

ălīus, a, ud (ἄλλος), 1) ein anderer (von mehrern als zwei od. unter vielen, *a)* übh., alio tempore, *G* 3, 245. alii (näml. 'modi' aus *v.* 20), *G* 2, 22 (*Ribb*. 'aliae, quas ipse vias' etc. in bez. auf *v.* 10.). Bisw. zur Bezeichn. einer andern Gattung, wobei das Sbst. epexegetisch zur Angabe dieser verschiedenen Gattung dient, aliae animae, anders, näml. die Schatten (denn Aneas gehörte noch nicht zu den 'animae'), *Ä* 6, 411. Bes. 'alius .. et' zur Hervorhebung des zweiten Gliedes, aliaeque volucres et Procne, aufser anderen Vögeln besonders die Rauchschwalbe, *G* 4, 14. Unmittelbar neben einandergestellt, pectora motus nunc alios, alios dum nubila

ventus agebat, concipiunt, das Herz nährt
andere Gefühle als die von Gewölken u.
Winden erregten, *G* 1, 421. Sbst., alius,
ein anderer, *Ä* 5, 378. Plur., alii, andere;
Ä 6, 664 u. 847. ante alios, vor andern,
vor allen, *Ä* 11, 416. ante omnes alios,
Ä 1, 347. partitiv m. Gen., Teucrorum
alii, *Ä* 1, 511. aliud, ein anderer Vorfall,
ein anderes Ereignis, *Ä* 2, 199. Bes. in
der Einteilung, alius .. alius, gew. Plur.
alii .. alii .., die einen .. die andern; einige .. andere, *Ä* 1, 427. ähnl.: alii .. pars,
B 1, 65 u. 66. pars .. alii, *Ä* 1, 212 flg. Auch
wird, wenn mehrere verschiedene Sub-
jekte in Einteilungssätzen bezeichnet
werden sollen, 'alii' nur éinmal im ersten
od. letzten Gliede gesetzt, *Ä* 4, 593. 5, 102.
8, 616; vgl. 5, 583. *b)* zur Bezeichn. der
übrigen Teile eines Ganzen, bes. Plur.
(sov. als 'ceteri', οἱ ἄλλοι), 'die anderen',
'übrigen', aliae naves, die übrigen Schiffe,
Ä 10, 249. alii, die übrigen alle mit ihren
Schiffen, *Ä* 5, 843. alia, das andere, d. i.
die übrigen Speisen (im Gegs. zu dem als
Unterlage dienenden Kuchen), *Ä* 7, 112.
c) mit einen andern Kasus von 'alius' zusammengestellt, alia ex alia proles, ein
Geschlecht aus od. nach dem andern, *G*
3, 65; vgl. 'aliud super atque aliud (telum)
figit', *Ä* 10, 883. 2) **ein anderer**, d. i.
a) anders beschaffen, von anderer Eigenschaft, Alexis, *B* 2, 73. aliae vires, eine
andere göttliche Kraft, als deren du dich
rühmst, d. i. des Entellus, der den Eryx
unterstützte, *Ä* 5, 466. *b)* im Gegens. zu
einem genannten od. bekannten Gegenstande, u. zwar bei Gleichartigem, **ein**
anderer, d. i. ein zweiter, Achilles, d. i.
Turnus, *Ä* 6, 89.

allābor usw., s. adlabor usw.

Allectō, ūs, *f.* (Ἀληκτώ u. dcht. Ἀλ-
ληκτώ), die grausamste der drei Furien,
die nicht nach dem Willen der Götter
Rache u. Strafe übt, sondern boshaft Verderben stiftet u. am Unglück sich erfreut,
als geflügelt gedacht, *Ä* 7, 324 u. 341 flg.
408. 10, 41.

Allīa od. *(Ribb.)* **Ālĭa**, ae, *f.*, Flüfs-
chen oberh. Roms, das in den Tiber fällt,
infaustum nomen (wegen der Niederlage
der Römer durch die Gallier 390 v. Chr.),
Ä 7, 717.

alligo (ad-ligo) āre, binde an od.
fest, vom Anker, naves, festhalten, *Ä* 1,
169. dcht. v. Styx, undā alqm, banne, fessele, *Ä* 6, 439. *G* 4, 480.

allium (ālĭum), ĭi, *n.*, Knoblauch,
als Hauptbestandteil des gewöhnlichen
Schnittergerichtes (moretum), *B* 2, 11.

allŏquor, allūdo, allŭo etc., s. adloquor, adludo, adluo etc.

Almo, ōnis, *m.*, ein Latiner, Sohn des
Tyrrheus, von den Troërn im Kampfe
getötet, *Ä* 7, 532 u. 575.

almus, a, um (alo), 1) nährend, Nahrung spendend, vitis, ager, 'fruchtbar', *G* 2, 233 u. 330. v. Italien, viris (zugleich zu 'floruerit' gehörig), *Ä* 7, 644. 2)
übtr., belebend, labend, erquik-
kend, gütig, hold, dies, *B* 8, 17. lux,
Ä 1, 306. 11, 182. Ceres, *G* 1, 7. Phoebe,
Ä 10, 215. Trivia (d. i. Diana), *Ä* 7, 774.
soror (d. i. Juturna), *Ä* 10, 489.

alnus, i, *f.*, Erle, *B* 6, 63. 8, 53. 10, 74.
G 1, 136. 2, 110. dcht., Fahrzeug aus Erlen-
holz, levis, *G* 2, 451.

alo, ălŭi, altum (ălĭtum), ĕre, 1) nähre,
ernähre, d. i. bringe hervor u. erhalte,
von der Erde, herbas, *Ä* 11, 71. *G* 2, 251.
dcht., quos Africa alit, *Ä* 4, 38. v. Tieren,
ubere fetus, *B* 3, 30. alqm, erziehe, *Ä* 3,
50. 2) übtr., nähre, unterhalte, volnus venis (von Liebenden), *Ä* 4, 2. vitium,
G 3, 454. alqm, vom Erfolg, d. i. bestärke,
Ä 5, 231. caelum et terras (von der Weltseele nach pythagor. Grundsätzen), 'beleben', *Ä* 6, 726.

Alŏīdae, ārum, *m.* (Ἀλωεῖδαι), die
Aloiden, die Riesensöhne des Alōeus
(Ἀλωεύς), Otus u. Ephialtes, die, weil sie
die Berge Thessaliens auf einander
schichteten, um den Olymp zu stürmen
und der Herrschaft der Götter ein Ende
zu machen, in der Unterwelt zur Strafe
abgewendet von einander mit Schlangen
an eine Säule gebunden und durch das
Geschrei einer Eule gequält wurden, *Ä* 6,
582; vgl. *G* 1, 281 flg.

Alpēs, pĭum, *f.* (Ἄλπεις, kelt. 'Alp', 'Alb'
vom jedem hohen Gebirge), Alpen, bek.
Gebirge, *G* 1, 475. aëriae, *G* 3, 474. *Ä* 10, 13.

Alphēsĭboeus, i, *m.* (Ἀλφεσίβοιος,
eig. 'Rinder einbringend'), Name eines
Hirten, *B* 5, 73. 8. 1. 5. 62.

Alphēus, i, *m.* (Ἀλφειός), Flufs in
Arkadien u. Elis (j. 'Alfeo'), der, bevor
er ins ion. Meer mündet, zweimal unter
der Erde verschwindet u. dadurch zum
Mythus von der durch ihn verfolgten
Nymphe Arethusa Veranlassung gab (vgl.
Ov. Met. 5, 513 flg.), *Ä* 3, 694. zur Bezeichn. der olymp. Spiele (da er bei Olympia flofs), *G* 3, 19 u. 180. Dav. Adj. Alphēus, a, um, zum Alphēus gehörig, flumina, *G* 3, 180. Pisae (s. d.), *Ä* 10, 179.

Alpīnus, a, um (Alpes), zu den Alpen
gehörig, auf den Alpen befindlich
usw., aggeres, *Ä* 6, 831. nives, *B* 10, 47.
boreas, von den Alpen her wehend, *Ä* 4,
442. gaesa, von Holz aus den Wäldern
der Alpen od. wie sie die in den Alpen
wohnenden Völker trugen, *Ä* 8, 661.

Alsus, i, *m.*, ein Hirte der Rutuler, *Ä* 12, 304.

altāria, ĭum, *n.*, eig. zierlicher Aufsatz auf den Opfertisch (ara) für die Brandopfer, gleichs. 'Hochaltar', dcht. der ganze Altar, *Ä* 2, 515 (vorh. 'ara'). *Ä* 5, 93. *B* 5, 66. 8, 64 u. 105. Von dem auf dem Altar Befindlichen (s. adoleo), *Ä* 7, 71.

altē, Adv. (altus), 1) eig.: *a*) hoch, hoch hinauf, *Ä* 1, 337. 5, 443. volo, *Ä* 11, 751. solio alte subnixa, auf erhabenem Throne, *Ä* 1, 506. vestigo, spähe in die Höhe, *Ä* 6, 145. altius ingreditur, eig. höheren Ganges, d. i. stolzer, *G* 3, 76. cervicibus alte arrectis, 'mit hoch aufbäumendem Nakken', *Ä* 11, 496. *b*) tief (s. altus), in die Tiefe, tief hinein in etw., *G* 2, 78. 3, 422. *Ä* 10, 850. 2) übtr., von der entlegenen Zeit, altius repeto alqd (durch 'prima ab origine' näher bestimmt), beginne vom frühesten Ursprung, gehe darauf zurück, *G* 4, 285; vgl. 'altus' am Ende.

altĕr, ĕra, ĕrum, 1) der andere, sow. adj. als sbst. (einem bestimmten od. bestimmt angenommenen zweiten Gegenstande entgegengesetzt, ἕτερος), exercitus, *Ä* 10, 27. vestigia, der rechte Fuß, *Ä* 7, 690. corpora, andere (näml. zweite Körper nach denen, die sie früher im Leben gehabt), *Ä* 6, 713 (s. v. 748 flgg.). spes, *Ä* 12, 168. quo pulchrior alter non fuit, dem keiner an Schönheit glich, *Ä* 7, 649. 9, 172; vgl. *Ä* 1, 544. 6, 164. 9, 772. 12, 830. ille alter, *G* 4, 93. Bes. bei Einteilungen, alter .. alter, der eine .. der andere, *Ä* 5, 298 u. 299. 11, 670 u. 671. der zweite, primus .. alter .. tertius, *Ä* 5, 311; vgl. *Ä* 6, 143. dies alterque dies, ein Tag und wieder ein Tag (in Prosa: unus alterque dies), *Ä* 3, 356. alter in alterius sanguine, *Ä* 2, 667. altera rerum pars, der eine Teil der Mittel zur Rettung, *Ä* 9, 131. 2) der andere, 'nächste', 'nächstfolgende', alter annus ab undecimo, das zwölfte (nicht: dreizehnte) Jahr (denn 'alter' ist korrelativ zu 'unus' in '*undecimus*'), *B* 8, 39. alter ab illo, der zweite od. nächste nach jenem, *B* 5, 49. altera Pergama, ein zweites, neues Troja, *Ä* 3, 86.

alterno, āre (alternus), 1) wechsele ab, bei Verg. nur intr. im Part. 'alternans', wechselseitig, gegenseitig, *G* 3, 220. 2) übtr., denke über etw. nach dieser u. jener Seite hin nach, schwanke, alternans (Aeneas), *Ä* 4, 287.

alternus, a, um (alter), einer um den andern, abwechselnd, 1) adj., alternos mulcere, bald diesen bald jenen von den Zwillingen, *Ä* 8, 634. alterni si congrediamur, wenn wir Mann gegen Mann uns messen, *Ä* 12, 233. orbes, *Ä* 5, 585.

fluctus erigit alternos, *Ä* 3, 423. mors (so dafs einer um den andern einen Tag in der Unterwelt zubrachte), *Ä* 6, 121. versus, 'Wechselgesang', *B* 7, 18. carmina, ein amöbäisches Lied aus mehreren gewechselten Liederchen verschiedenen Inhalts von zwei bis vier Versen bestehend, *B* 5, 14. multos alterna revisens lusit Fortuna, abwechselnd im Wiedersehn (bald Gunst, bald Ungunst zuwendend), *Ä* 11, 426. 2) sbst., alterna, ōrum, *n.*, *a*) der 'Wechselgesang', alternis (Abl.) dicetis; amant alterna Camenae, *B* 3, 59. *b*) von der Zeit, alternis (annis), ein Jahr ums andere (abwechselnd), *G* 1, 71.

altrix, trīcis, *f.* (altor), Ernährerin, terra Ul., das Vaterland des U., *Ä* 3, 273.

altus, a, um (Part. v. alo, d. i. durch Nahrung, Pflege od. Kunst gewachsen), A) hoch, 1) eig.: *a*) adj., von Bergen, Bäumen, Gebäuden, Sternen u. dgl., *Ä* 5, 480. 7, 674. *G* 1, 173. 4, 125. *B* 1, 84. puppis, *Ä* 5, 12 u. ö. equus, *Ä* 7, 624. frondes, *Ä* 4, 443. tecta, *Ä* 7, 413. fundamenta, hoher Grundbau, *Ä* 1, 427. Bes. von Städten, 'hoch', 'hochgelegen', 'hochragend', Roma, *Ä* 1, 7. Ilion, *Ä* 5, 261. Troja, *Ä* 2, 290 (wo *Ribb.* mit den Hdschr. 'alto' zu 'culmine' gehörig). Praeneste, *Ä* 7, 682. delubra, *G* 4, 541. sedes, auf dem Palaste nämlich, *Ä* 2, 464. scopulus, 'hervorragend', *Ä* 5, 220. caput, *Ä* 5, 375. patria, 'die Berge der Heimat', *Ä* 11, 707. galea alta Chimaeram sustinet, hoch auf der Spitze des Helmes ist die Chim. angebracht, *Ä* 7, 785. mit einem Participium verb. v. Pers., altior insurgens, *Ä* 12, 902. *b*) Sbst., altum, i, *n.*, Höhe, armis alta tenent, die Zinnen der Mauern, *Ä* 9, 169. Bes. α) 'Himmel', ab alto demittere, *Ä* 1, 297. altum, alta petere, s. peto. supera alta, *Ä* 6, 787 (*Ribb.* 'super' als Adv.). β) 'hohe See', das 'hohe Meer' (Gegs. der Ufernähe), in altum vela dare, *Ä* 1, 34. 3, 11 u. 70. iactatus alto, *Ä* 1, 3. *G* 1, 324. alto prospiciens, *Ä* 1, 126. ab alto, 'vom Meere her', *G* 1, 443. ex alto, 'auf hoher See', *G* 3, 238. bes. Plur., alta, ōrum, *n.*, 'hohe See', tranquilla per alta, durch die stille Meeresfläche hin, *Ä* 2, 203. alta petens, vom breiten Strome, der dem Schiffer, der ihn zuerst befuhr, als weites Meer erschien, *G* 1, 142. m. Gen. der näheren Bestimmung, alta pelagi, *Ä* 9, 81. 2) übtr., hoch, erhaben, hehr, Apollo, *Ä* 6, 9. 10, 875. v. Juppiter, *Ä* 11, 726. 12, 140. Luna, *Ä* 9, 403. Sarpedon, *Ä* 9, 697. limen ('sofern die unscheinbare Wohnung doch Sitz eines Herrschers war'), *Ä* 8, 461. B) tief, 1) eig., Averna, *Ä* 5, 732. v. Meer, Flüssen usw., *Ä* 5, 790. 9, 30. 12, 886. *G* 4,

333 u. 528. portus, der tief ins Land sich
hineinzieht, *Ä* 5, 243. volnus, *Ä* 10, 857.
v. Wäldern, die sich weit hin erstrecken,
mit dem Nebenbegr. des Dichten, silva,
stabula alta ferarum, *Ä* 6, 179. alto luco,
d. i. aus der Tiefe, aus dem Innern des
Haines, *Ä* 7, 95. 2) übtr.: *a*) tief, fest,
sopor, *Ä* 8,27. ähnl. quies, *Ä* 6,522. silen-
tium, *Ä* 10, 63. altā mente, tief in der
Seele, *Ä* 1, 26. premere altum corde dolorem, den Schmerz tief in die Brust pressen od. drängen, tief in der Brust bergen,
Ä 1,209. *b*) dcht. in bez. auf die entfernte
(vergangene) Zeit, bes. mit dem Nebenbegr. des Ehrwürdigen, erhaben, sanguis, *Ä* 6, 500.

ălumnun, i, *m.* (alo), eig. Zögling
(*Θρέμμα*), d. i. Sprößling, *Ä* 6, 595.
'Sohn', *Ä* 11, 33.

alvārĭum, ĭi,*n.*(alvus),Bienenkorb,
Bienenstock, *G* 4, 34.

alvĕun, i, *m.* (alvus) ['alvĕo' zweisilb.
durch Synizesis, *Ä* 6, 412. 9, 32], Bauch,
d. i. Höhlung, Wölbung, ilicis, *G* 2,
453. Bes. *a*) eig. ausgehöhlter Baumstamm, Rumpf des Schiffes, dcht. übh.
Nachen, Kahn, *Ä* 6,412. *b*) 'Flußbett',
fluminis, *Ä* 7, 33. 9, 32. *G* 1, 203.

alvun, i, *f.* [Nom. 'alvos', *Ä* 10, 211. *G*
3,80. Akk. 'alvom', *Ä* 2,51 *Haupt* u. *Ribb.*],
Bauch, Unterleib, *Ä* 10, 211. 12,273.
G 3,80 u. 427. vom trojan. Rosse, *Ä* 2,51
u. 401.6,516. übtr., ilicis, *G* 2,453(*Ribb.*).

ămărăcun, i. *c.* (*ἀμάρακος*), Majo-
ran, eine Pflanze, *Ä* 1, 693.

ămărŏr, ōris, *m.* (amarus), Bitterkeit, herber Geschmack, *G* 2, 247.

ămārun, a, um, bitter, herb, 1)eig.:
a) von Geschmack, baca, *G* 2, 86. salix,
B 1, 79. folia, *Ä* 12, 766. Doris, dcht. st.
Meer, *B* 10, 5. *b*) für das Gefühl, fumus,
'beißend', *Ä* 12, 588. 2) übtr., bitter,
widrig, unangenehm, dicta, *Ä* 10,
368. rumor, *Ä* 4, 203. amari amores, *B* 3,
110. v. Pers., hostis, grausam, *Ä* 10, 900.

Ămăryllĭn,ĭdis,*f.*(*Ἀμαρυλλίς*),Name
einer Hirtin, *B* 1, 30. 2, 14 u. 52. 3, 81.
Akk. Amaryllida, *B* 1,5. 9,22. Vok. Ama-
rylli, *B* 1, 36. 8, 77.

Ămăsēnun, i, *m.*, kleiner Fluß in Latium, auf der Ostseite der pomtin. Sümpfe,
j. 'Amaseno', *Ä* 11, 547. pater (als Flußgott gedacht), *Ä* 7, 685.

Ămastrun, i, ein Troër, Sohn des
Hippotes, von Kamilla getötet, *Ä* 11,673.

Ămāta, ae, *f.*, Gattin des Kön. Latinus, *Ä* 7,343. 401. 581. 9,737. 12,56 u. 71.

Ămăthūn, untis, *f.* (*Ἀμαθοῦς*), Stadt
an der Südk. von Cypern, mit einem Tempel der Venus (Amathusia), j. 'Limisso',
Ä 10, 51.

Ămāzōn, ŏnis, *f.* (*Ἀμαζών*), Amazone, *a*) eig., Plur. Ămāzōnes, um, *f.*,
ein myth. kriegerisches Frauenvolk, dessen Wohnsitze die Sage vom Kaukasus
her in das westl. Asien, an den Fluß Ther-
modon verlegt, *Ä* 11, 660. *b*) übtr., 'Heldin', v. Kamilla, 'einer Amazone gleich',
Ä 11, 648.

Ămāzŏnĭn,ĭdis,*f.*(*Ἀμαζονίς*),Neben-
form von 'Amazon', *Ä* 1, 490.

Ămāzŏnĭun,a,um(*Ἀμαζόνιος*),ama-
zonisch, pharetra, *Ä* 5, 311.

ambāgen, um,*f.*(ambu.ago), 1)Win-
dungen, Krümmungen, Irrgänge,
tecti (des Labyrinthes), *Ä* 6, 29. 2) übtr.:
a) Umschweif, Weitläufigkeit im
Reden, longae, *Ä* 1, 342. per ambages,
G 2,46. Bes. *b*)rätselhafte Worte od. Aussprüche, Rätsel, horrendae, *Ä* 6, 99.

amb-ĕdo,ēdi,ēsum,ēre,fresse ringsum an, nage an, b. Verg. nur Part. Pass.
'ambesus', mensae, *Ä* 3,257. flammis ambesa robora, von den Fl. zerfressen, verkohlt, *Ä* 5, 752.

ambĭgŭun, a', um (ambigo), eig. was
sich nach beiden Seiten bewegt, dah. 1)
eig.: *a*) schwankend, ungewiß, unsicher, proles,Doppelgeschlecht(in bez.
auf die Zweideutigkeit der Abstammung
der Troër, da sie zwei Stammväter, den
Dardanus u. Teucer, hatten), *Ä* 3, 180.
alqm ambiguum relinquo, lasse jmd. in
Zweifel wegen des Sieges od. als Sieger,
d. i. komme ihm gleich, mit ihm gleichzeitig zum Ziele, *Ä* 5, 326. curae (sofern
die Sorge um seinen Sohn noch schwankt,
dessen Schicksal noch nicht entschieden
ist), *Ä* 8, 580. *b*) schwankend, unentschlossen, geteilten Gemüts, *Ä* 5, 655.
c)zweideutig, doppelsinnig, voces,
Ä 2, 99. 2) übtr., dem man nicht trauen
darf, unsicher, unzuverlässig, ver-
dächtig, domus (Haus od. Familie der
Dido, mit Rücksicht auf die Treulosigkeit des Pygmalion), *Ä* 1, 661.

ambĭo, ĭi, ĭtum, īre, gehe rings herum, dah. 1) gehe jmd. an, reginam,
suche sie anzureden, nahe ihr mit Worten, *Ä* 4, 283. alqm conubiis, bewerbe
mich um jmd., *Ä* 7, 333. 2) dcht. übtr.,
lasse um etw. herumgehen, um gebe etw.
mit etw., alqd flammis, *Ä* 6', 550. oras
auro, umziehe, fasse ein mit', *Ä* 10, 243.

ambo, ae, o [Akk. *m.* 'ambo', *Ä* 12,342,
wie stets bei Cic.] (*ἄμφω*), beide zusammen od. zu gleicher Zeit handelnd, von
Pers., ebenso von Gegenst., die als schon
bekannt angenommen werden (vgl. 'duo'),
G 4, 88. *Ä* 2, 710. 6, 540 (wo Sibylla von
zwei Wegen als etwas ihr längst bekann-
tem spricht). *B* 7, 4. *G* 4, 342. Mit appo-

sitioneller Hinzufügung 'Teucrisque Latinisque', $\ddot{A}$ 7, 470.

ambrŏsïa, ae, *f.* ($\dot{\alpha}\mu\beta\varrho o\sigma i\alpha$, eig. Unsterblichkeit), duftendeSalbe, Salböl der Götter, ambrosiae odor, suci, G 4, 415. $\ddot{A}$ 12, 419.

ambrŏsïus, a, um ($\dot{\alpha}\mu\beta\varrho o\sigma\iota o\varsigma$), ambrosisch,unsterblich,bes.vonallem, was den Göttern eigen ist od. gehört, comae, $\ddot{A}$ 1, 403.

amb-ūro, ussi, ustum, ĕre, brenne rings herum an, bei Verg. nur Part. 'ambustus', torris, noch brennend, lodernd, $\ddot{A}$ 12, 298. barba, versengt, $\ddot{A}$ 12, 301.

ămellus, i, *m.*, eine der schönsten Asternarten ('Aster amellus' *L.*), die 'blaue' od.'Vergilsaster',durch den gröfsten Teil von Südeuropa auf Hügeln u. Flufsufern verbreitet u. bes. häufig in Griechenland (dah. 'Aster Atticus'), mit goldgelber Scheibe u. Blättern, die in der Purpurbläue der Viole schimmern, G 4, 271 (wo Verg. *v.* 276 'saepe deum nexis .. arae' hinzufügt, damit man beim Aufsuchen dieserBlume nicht fehlgreife).

ā-mens, entis, der Besinnung beraubt, betäubt, $\ddot{A}$ 2, 314. 4, 279. 12, 742. formidine, $\ddot{A}$ 12,766. m. Gen. 'animi', 'rasenden Sinnes', 'ganz aufser sich', $\ddot{A}$

āmentum, s. ammentum. [4, 203.

Ămĕrīnus, a, um, zu Ameria gehörig, einer Stadt in Umbrien (j. 'Amelia'), amerinisch, retinacula, aus schwanken rötlichen Weidenruten, wie sie bei Ameria wuchsen, G 1, 265.

ămĭcïo, Supin. 'amictum', īre (am, d. i. ambi u. iacio), werfe ein Gewand u. dgl. um, bes. Part. 'amictus', umhüllt, eingehüllt, nube, $\ddot{A}$ 1, 516.

ămĭcïtïa, ae, *f.* (amicus), Freundschaft, $\ddot{A}$ 7, 546.

ămĭctŭs, ūs, *m.* (amicio), jeder Umwurf od. Überwurf (wie Toga, Mantel), Umhüllung, Gewand (das man anlegt, nicht anzieht, *a*) eig., $\ddot{A}$ 11, 77. 12, 602. glaucus, $\ddot{A}$ 8,38. 12,885. duplex, $\ddot{A}$ 5,421. Herculeus, $\ddot{A}$ 7, 669. purpureus, Kopfschmuck,Binde der Priester beim Opfern, $\ddot{A}$ 3, 405. Phrygius, Schleier, $\ddot{A}$ 3, 545. Plur., G 3,563. *b*) übtr., nebulae, umhüllender, dichter Nebel, 'Nebelgewand', $\ddot{A}$ 1,412.

ămīcus, a, um (amo), geneigt, günstig, freundlich, m. Dat., Musis, Liebling der Musen, $\ddot{A}$ 9, 774. von Sachen, portus, $\ddot{A}$ 5,57. imbres, G 4,115. os, $\ddot{A}$ 3, 463. voltus, des Freundes, $\ddot{A}$ 7,265. dicta, $\ddot{A}$ 2, 147; vgl. 'male'. Sbst., amicus, i, *m.*, Freund, Genosse, $\ddot{A}$ 1,486 u. ö.

Ămīnaeus (Aminnaeus), a, um, aus

Aminäa, einer Gegend im picenischen Gebiete, welche einen sich lange Jahre haltenden Wein lieferte, aminäisch, vites, G 2, 97.

Ămïternus, a, um, aus Amiternum (j. 'Amatrice'), einer alten Stadt im Sabinergebiete, cohors, $\ddot{A}$ 7, 710.

ā-mitto, mīsi, missum, ĕre, 1) lasse von mir (los), lasse fahren, clavum, $\ddot{A}$ 5,853. 2) verliere, büfse ein, alqm, classem, animam u. dgl., $\ddot{A}$ 3, 271 u. 710. 5, 271. 519. 795. 814. 11, 272 u. 409.

ammentum (āmentum), i, *n.*, Riemen am Wurfspiefse, um dem Wurfe die gehörige Kraft zu geben, $\ddot{A}$ 9, 665.

amnis, is, *m.* [Abl. Sing.: amni, $\ddot{A}$ 8, 473 u. 549. 9, 469. G 1, 203. 3,447. amne, $\ddot{A}$ 11, 457), 1) jedes breit u. tief fliefsende Gewässer, Strom, Flufs, $\ddot{A}$ 7,792. v. Tiber, $\ddot{A}$ 9, 245. v. Alpheus, $\ddot{A}$ 3, 694. v. Aufidus, $\ddot{A}$ 11, 405. m. Gen. des Eigennamens, Eridani, $\ddot{A}$ 6, 659. Oceani, G 4, 233. Plur. v. Waldströmen, $\ddot{A}$ 4, 164. in der Unterwelt, $\ddot{A}$ 6, 375. von den Armen des Ganges, die wegen ihrer Wasserfülle als Flüsse erscheinen, $\ddot{A}$ 9, 30. 2) dcht., übb, fliefsendes Wasser, Flüssigkeit in einem Gefäfs, $\ddot{A}$ 12, 417. mit dem Zusatz 'aquai', vom siedenden Wasserschwall, $\ddot{A}$ 7, 465.

ămo, āre, 1) liebe, habe lieb, alqm od. abs., B 3, 62. 5, 89 u. ö. Part. sbst., amans, antis, *m.* od. *f.*, der od. die Liebende, $\ddot{A}$ 4,479. incautus, G 4,488. aeque, $\ddot{A}$ 1,352. misera, $\ddot{A}$ 4,429. Plur., das 'liebende Paar', $\ddot{A}$ 4, 221. 2) übtr., liebe, habe gern, finde Gefallen an etw., otia, B 5, 61. corylos, B 7,63. colles, G 2, 113. focus, pflege des eigenen Herdes und thue alles zur Begründung desselben, d. i. baue Wohnungen, $\ddot{A}$ 3,134. litus, halte mich so nahe als möglich am Ufer, bleibe am Strande, $\ddot{A}$ 5, 163.

ămoenus, a, um, lieblich, angenehm, anmutig, reizend (bes. von Naturschönheiten), virecta, $\ddot{A}$ 6,638. fluvius, $\ddot{A}$ 7, 30. 8, 31. concilia piorum (Gegs. 'Tartara'), heitere, $\ddot{A}$ 5, 734.

ămōmum, i, *n.* ($\ddot{\alpha}\mu\omega\mu ov$), asiatische (meist tropische), bes. in Armenien einheimische Gewürzpflanze, B 4, 25. Blätter u. Blüten derselben, B 3, 89.

ămŏr, ōris, *m.*(amo), 1) appell.: *a*) eig., Liebe, Zuneigung zu jmd. od. etw., $\ddot{A}$ 4, 17. 11, 320. 538. 12,668. patrius, des Vaters zum Sohne, $\ddot{A}$ 1, 644. genitoris, näml. zum Sohne, $\ddot{A}$ 1, 716. oft m. obj. Gen., nati, zum Sohne, $\ddot{A}$ 2, 789. pueri, zum Jünglinge, $\ddot{A}$ 5, 296. nostri, zu mir, G 4, 325. patriae, zum Vaterl., $\ddot{A}$ 6, 824. Plur., 'Gefühle der Liebe', $\ddot{A}$ 4, 28. zur

Bezeichn. der gegenseitigen Liebe, *Ä* 5, 324. von oft u. tief sich regender od. empfundener Liebe, Liebesglut, *Ä* 1, 350. divom, 'Liebeshändel', *G* 4, 347. 'Liebesverhältnisse', *Ä* 10, 326. 'Liebesschmerzen', *B* 10, 53. Bes. sinnliche od. leidenschaftliche Liebe, *B* 2, 68. Plur., *B* 3, 109. *b)* übtr., Liebe, Sehnsucht, Begierde, Verlangen nach etw., m. obj. Gen., telluris, *Ä* 1, 171. *G* 3, 394. auri, *Ä* 1, 349. laudis, Ehrgeiz (neben 'gloria'), *Ä* 5, 394. edendi, Efslust, *Ä* 8, 184. habendi, Habsucht, *Ä* 8, 327. abs., omnes unus amor habet, alle ergreift nur éin Eifer, *Ä* 12, 282. Plur., amores mei, mein Verlangen (nach dem Gesange), *B* 9, 56. dcht. m. Inf. st. Gerund. im Gen., pectus incensum (est) amore compellare etc., *Ä* 3, 298. si tantus amor (est tibi) cognoscere, wenn du so sehr wünschst od. verlangst, *Ä* 2, 10; ähnl. *Ä* 6, 133 (neben 'cupido'). 2) personif., **Ämŏr**, ōris, *m.* (Έρως), Sohn der Venus u. des Zeus, dargestellt als beflügelter Knabe (dah. 'aliger', *Ä* 1, 663; vgl. 689 flg.) mit Bogen u. Köcher, durch welchen seine Mutter die Pfeile entsendet (zum Ausdr. seiner schnellen Macht', *Ä* 4, 412. *G* 3, 244. *B* 8, 43 u. 47. 10, 28. 44. 69. 188.

ä-mŏvĕo, mōvi, mōtum, ēre, bewege od. schaffe fort, entferne, m. Abl., arma tectis, *Ä* 6, 524.

Amphīōn, ŏnis, *m.* (Ἀμφίων), Sohn des Juppiter u. der Antiope, Meister im Gesang u. Saitenspiel u. Gründer Thebens, gleich nach seiner Geburt mit seinem Zwillingsbruder Zethus in dem Waldgebirge Arakynthos ausgesetzt und von einem Hirten erzogen, *B* 2, 24.

Amphĭtrўōnïädĕs, ae, *m.* (Ἀμφιτρυωνιάδης), Sohn des Königs Amphitryon in Theben, d. i. Herkules, den die mit Amphitryon vermählte Alkmene von Zeus gebar, *Ä* 8, 103 u. 214.

Amphrўsïus, a, um (Ἀμφρύσιος), zum Amphrysus (s. d.) gehörig, an dessen Ufern Apollo die Herden des Admetus weidete, amphrysisch, vates, Sibylla, die ihre Begeisterung von Apollo erhielt, *Ä* 6, 398.

Amphrўsus, i, *m.* (Ἀμφρυσος), Flufs in Thessalien, pastor ab Amphryso, v. Apollo (s. Amphrysius), *G* 3, 2.

amplector, plexus sum, plecti (am, d. i. ambi u. plecto', umfasse, umarme, umschlinge, 1) eig., alqm, *Ä* 4, 486. 5, 531. dextram, *Ä* 3, 124. corpora, *Ä* 2, 214. genua alcjs u. dgl. (als Zeichen des demütigen Flehens', *Ä* 3, 607 u. ö. Bes. vom Umarmen u. Küssen der Schwelle und Pfosten beim Verlassen des väterlichen

Hauses (als Zeichen der tiefsten Trauer), postes (mit 'teneo' verb.), *Ä* 2, 490. desgl. beim Betreten eines fremden erstrebten Landes, *Ä* 3, 351. 2) übtr.: *a)* übh., v. Laube, ulmos, *G* 2, 367. v. Gürtel, lato pharetram circum auro, *Ä* 5, 312. v. Künstlern, ansas acantho, *B* 3, 45. von der Nacht, tellurem alis, 'umhüllen', *Ä* 8, 369. *b)* umfasse geistig, fasse zusammen, cuncta versibus, beschreibe, *G* 2, 42.

amplexŭs, ūs, *m.* [alte Dativform -u st.-ui, *Ä* 6, 698] (amplector), das Umfassen, die Umarmung, *Ä* 1, 687. 8, 568.

amplius, Adv. (amplus), 1) von der Ausdehnung in der Zeit, mehr, weiter, länger, *Ä* 3, 192 u. 260. 2) mehr, bei Zahlw., ohne 'quam', noctem non a. unam, nicht mehr als , nur éine Nacht, *Ä* 1, 683; vgl. *B* 3, 105.

amplus, a, um, 1) grofs dem Umfange nach, geräumig, weit, atrium, domus, *Ä* 1, 725. 2, 310. 3, 353. 2) übtr., reichlich, ehrenvoll, spolia, *Ä* 4, 93. spes, *Ä* 2, 503 (*Ribb.*; 'tanta' *Wagn.* u. *Haupt*').

Amsanctus od. (*Haupt* u. *Ribb.*) **Ampsanctus**, i, *m.*, Ort mit einem See im Waldgebirge der Hirpiner, in dessen Nähe sich eine der Mefitis geheiligte Höhle befand, aus welcher erstickende Dämpfe aufstiegen, daher man auch hier, wie am Avernersee, an einen Eingang in die Unterwelt dachte, *Ä* 7, 565.

ämurga od. (*Ribb.*) **ämurca**, ae, *f.* (ἀμύργη, v. ἀμέργω, presse aus), der beim Pressen der Oliven vorlaufende wässerige Teil, Ölschaum, Vorschufs, von den Alten zu dem von Vergil angegebenen Zwecke benutzt, *G* 1, 194. 3, 448.

Amýclae, ārum, *f.* (Ἀμύκλαι), alte Stadt der Ausoner in Latium, von den Bewohnern wegen der giftigen Schlangen frühzeitig verlassen, nach andern mit Vertauschung von Amyklä, der Hauptst. Lakoniens, die wirklich durch Schweigen unterging (indem sie von den Dorern erobert wurde, weil die Bewohner aus Unmut über die wiederkehrenden falschen Gerüchte von dem Anrücken der Feinde das Gesetz gegeben hatten, es solle niemand mehr von den Feinden sprechen), tacitae, *Ä* 10, 564.

Amýclaeus, a, um (Ἀμυκλαῖος), zu Amyklä in Lakonien gehörig, amykläisch, Pollux, aus Amyklä, *G* 3, 89. canis, lakonischer, *G* 3, 345.

Amýcus, i, *m.* (Ἀμυκος), 1) Sohn des Neptun, myth. König der Bebryker in Bithynien, Erfinder des Cästus, der alle in sein Land kommenden Fremden zum Faustkampfe aufforderte, bis er von Pollux, der mit den Argonauten dort landete,

besiegt u. getötet wurde, *Ä* 5,373. 2) Name
mehrerer Troër, *a*) Gemahl der Theano,
Ä 10, 704. *b*) Sohn des Priamus, Bruder
des Diores, von Turnus getötet, *Ä* 12,509.
c) Gefährte des Äneas, *Ä* 1, 221. *d*) als
Jäger berühmt, von Turnus getötet, *Ä* 9,
772.

Amyntäs, ae, *m.* (*Ἀμύντας*, 'Helfer'),
Hirtenname, *B* 2, 35 u. 39. 3, 66. 74. 83.
5, 8. 15. 18. 9, 37. 38. 41. 10, 38 flg.

Amythäönïus, ïi, *m.* (*Ἀμυθαόνιος*),
von Amythaon stammend, einem Wahrsager aus Argos, dem Vater des Melampus (s. d.), *G* 3, 550.

än, Konjkt., zur Einführung der zweiten Hälfte eines disjunkt. Frage- oder
Zweifelsatzes, u. zwar 1) direkt, mit u.
ohne 'ne' im ersten Gliede, oder, pacemne huc fertis an arma? *Ä* 8,114. elo-
quar an sileam, soll ichs sagen oder ver-
schweigen?, *Ä* 3,39. ellipt., quid moror?
an (näml. 'morer') etc., oder soll ich es
verschieben zu sterben, bis mein Bruder usw.? *Ä* 4,325. Bes. bei Erweiterung
oder Ergänzung der vorherg. Frage, an
non sic Phrygius penetrat etc., oder kam
nicht Paris auf ähnliche Weise nach Sparta? *Ä* 7, 363 (*Haupt* u. *Schaper* 'at non',
was mehr einen iron. od. bittern Ton
bezeichnen würde). quid faciat? ... an
sese ... offerat? *Ä* 9, 399 flg. doppelt,
pelagine venis erroribus actus an monitu
divom? an quae te Fortuna fatigat (wo
zuletzt zwei Fragen verschmolzen sind:
'oder verfolgt dich ein anderes Schicksal und welches ist dieses?')? *Ä* 6, 533.
Auch mit weiterer Ausführung des ersten
Fragesatzes ('an') durch 've' (also nicht
Doppelfrage), *an* sit mihi gratior ulla
(tellus) quo*ve* (d. i. aut in quam tellurem)
magis optem etc., ist teurer ein Land
mir oder so erwünscht dort zu landen,
als das Land, welches usw., *Ä* 5,28. Bisw.
durch vielleicht, wohl zu übers.,
ovium pecus? an Meliboei?, *B* 3, 1. Öfter
ist die nähere Bestimmung aus dem Vorhergeh. zu entnehmen, aspicis haec? an
te ... horremus? siehst du dies? oder
erbeben wir ohne Grund? d. i. du siehst
dies nicht, denn sonst würdest du über
das, was du siehst, ergrimmen und es
würde unsere Furcht vor dir nicht grundlos sein, *Ä* 4, 208. an quidquam nobis sit
tali munere maius, 'kann es wohl ein
größeres Geschenk für mich geben als
dieses', d. i. säume nicht das Loblied auf
Daphnis anzustimmen, denn könnte es
für mich etwas Höheres geben als solches Geschenk (als dieses Loblied)? *B*
5, 53; vgl. *B* 3, 21. 2) in der indirekten
Frage, ob ... oder, nach 'requiro', si

requires, rara (terra) sit an densa, *G* 2,
227. dolus an virtus (näml. 'sit' od. 'ad-
hibeatur'), *Ä* 2,390. Dcht. doppelt in der
rhetorischen Zusammenstellung zweier
Fragen (also nicht disjunktiv), ob ... ob,
dea certe ... an Phoebi soror? an nymph.
sang. una? Göttin bist du sicher: nur
weiß ich nicht welche, ob des Phöbus
Schwester? ob eine der Nymphen (in bez.
darauf nachh. 'quaecumque'), *Ä* 1, 329.
fluctuat, an sese induat ... an iaciat,
Ä 10, 681 flg.; vgl. 'anne'.

Anagnïa, ae, *f.*, Stadt in Latium,
Hauptort der Herniker, j. 'Anagni', *Ä*
7, 684.

anceps, cïpïtis (an, d. i. am, amb =
ἀμφί u. caput), eig. doppelköpfig,
dah. übtr., 1) doppelseitig, *a*) zweischneidig, *Ä* 7, 525. *b*) übh. nach beiden entgegengesetzten Seiten gehend,
nach zwei entgegengesetzten Seiten hin
gerichtet oder wirkend, 'doppelt', formido, Furcht, die uns zu keinem bestimmten Entschlusse kommen lässt, 'zwei-
felnde' (infolge des gesehenen Blutes u.
der vernommenen Worte des Polydorus),
Ä 3, 47. 2) nach zwei Seiten sich nei-
gend, *a*) hin und her schwankend,
puppis, *Ä* 10, 304. *b*) ungewiß, unent-
schieden, pugna, *Ä* 10, 359. fortuna,
Ä 4, 603. matres ancipites, näml. erant
(denn 'spectare' ist histor. Inf. st. spe-
ctabant), *Ä* 5, 654. mit dem Nebenbegr.
des Trügerischen u. Gefahrvollen, dolus
(v. Labyrinth), *Ä* 5, 589.

Anchēmölus, i, *m*.!, Sohn des Rhö-
tus, Heerführer der Rutuler, lebte in
verbotenem Umgange mit seiner Stiefmutter Kasperia und flüchtete, um der
väterlichen Rache zu entgehen, zum Daunus, dem Vater des Turnus, *Ä* 10, 389.

Anchīsēs, ae, *m.* [Vok. 'Anchisä', *Ä*
3, 475] (*Ἀγχίσης*), ein Troër, Sohn des
Kapys u. der Themis, Vater des Äneas,
stirbt nach der Landung des Än. auf
Sicilien bei Drepanum, *Ä* 1, 617. 2, 292.
300. 597. 687. 747. 3, 9. 82. 179. 263. 473.
525. 539. 558. 610. 710. 4, 351. 427. 5,
31. 99. 424. 535. 537. 614. 652. 664. 723.
6, 322. 331. 670. 679. 713. 723. 752. 854.
867. 888. 897 u. ö.

Anchīsēus, a, um (Anchises), zu Anchises gehörig, anchisëisch, des Anchises, tumulus, *Ä* 5, 761.

Anchīsïädēs, ae, *m.* (*Ἀγχισιάδης*),
[Vok. ädĕ *Ribb.* - ädä *Wagn.*, *Ä* 6, 126
u. 348], Sohn des Anchises, d. i. Äneas,
Ä 5, 407. 8, 521. 10, 250 u. 821.

anchöra, s. ancora.

ancïle, is, *n.*, ein kleiner länglich-
runder Schild, Tartsche, *Ä* 7, 188.

Bes. *b*) der Schild, welcher der Sage nach
unter Numas Regierung vom Himmel fiel
u. von dessen Erhaltung Roms Blüte abhing, weshalb Numa, um denselben gegen
mögliche Vertauschung oder Entwendung zu schützen, noch elf ganz ähnliche von dem Künstler Mamurius Vetu-
rius anfertigen liefs, die dann im Tempel des Mars von den salischen Priestern
sorgfältig aufbewahrt, jedes Jahr im März
unter feierlichem Gepränge herumgetra-
gen und zuletzt wieder an ihren O:t gestellt wurden, Ä 8, 664.

ancŏra od. (*Ribb.*) **anchŏra**, ae, *f.*
(ἄγκυρα), Anker, Ä 1, 169. 3, 277.

Ancus *Marcius*, vierter König von
Rom (640 bis 616 v. Chr.), Numas Tochter-
sohn, Ä 6, 815.

Andrŏgĕōn, ĕi, *m.* (Ἀνδρόγεως),
[griech. Gen. 'Androgĕo', Ä 6, 20; dagegen
-*ei*, Ä 2, 392], 1) Sohn des Königs Minos,
der, weil er in allen Spielen zu Athen
siegte, aus Neid von den Athern hinterlistig ermordet ('Androgeo letum' bei
Verg.), von seinem Vater aber dadurch
gerächt wurde, dafs dieser die Athener
zwang, jährlich sieben Jünglinge u. sieben Jungfrauen nach Kreta dem Mino-
taurus als Opfer zu schicken, Ä 2, 392.
6, 20. 2) ein Troër, Ä 2, 371. 382 u. 392.

Andrŏmăchē, ēs u. ae, *f.* (Ἀνδρο-
μάχη, eig. 'ruhmvolle Kämpferin', *Lu-
dovica*), Tochter des Eëtion, Hektors
treue Gattin, fiel nach Trojas Zerstörung
als Gefangene dem Neoptolemus zu, der
sie dem Helenus zur Gattin gab, Ä 2, 456.
3, 297 (Akk. -en). 303. 319. 482. 487 (Gen.
-ae). Vgl. 'Hector'.

ănēthum, i, *n.* (ἄνηθον), Pflanze von
kräftigem Geruch, Dill, *B* 2, 48.

anfractŭs, ūs, *m.* (osk.'amfr', verstärkt
st. 'amb' u. 'ago'), Biegung, Krümmung, Ä 11, 522.

Angĭtĭa, ae, *f.* ('ango', weil Ang. die
Schlangen durch Zaubersprüche gleichs.
würgte u. so bändigte), Göttin der Marser u. Marruvier am Fucinersee, denen
sie den Gebrauch der Gegengifte lehrte
(der Sage nach Schwester der Medea od.
Medea selbst, die auf ihrer Fahrt nach
Griechenland dorthin verschlagen u. von
den Eingeborenen wegen ihrer Kunst
im Schlangenbändigen in einem Haine
verehrt wurde), nemus Angitiae, am westl.
Ufer des Fucinersees, Ä 7, 759.

ango, anxi, ĕre (ἄγχω), 1) enge ein,
schnüre zu, würge, guttur, Ä 8, 260.
vom Husten, *G* 3, 497. 2) übtr., würge
gleichs., beunruhige, ergreife hastig od. gewaltig, m. 'anxius' verb., timor anxius angit alqm sollicitum, Ä 9, 89.

anguis, is, *m.* (Wurz. ἄγχ, ango), 1)
Schlange, Natter, Ä 8, 697. Bes. als
Kopfschleife über der Stirn in den Haa-
ren der Furien, Ä 7, 450. Sprichw. als
Bild der Bosheit von etwas Gefahrdro-
hendem, anguis latet in herba, *B* 3, 93.
Die Schlange erscheint als Wächterin der
Grabmäler, um sie vor Entweihung zu
schützen u. ist als solche eig. der Genius
des Ortes od. der Abgeschiedenen selbst,
Ä 5, 84 flg. 95. auch als Hüterin der Tempel u. Heiligtümer übh., dah. Laokoons
Frevel von zwei Schlangen bestraft wird,
Ä 2, 204 flg. 2) Schlange als Sternbild
(auch 'draco') am Nordpol, die sich zwischen dem grofsen u. kleinen Bären durch-
windet, *G* 1, 244.

angustus, a, um (ango), eng, schmal,
1) eig., fauces, Ä 11, 525. angusti claustra Pelori (wo 'ang.' dem Sinne nach
mehr zu 'claustra' gehört), Ä 3, 411. vallis, Ä 4, 405. iter, *G* 1, 380. angusti tecti
imbrice, mit einem niedrigen Dache von
Hohlziegeln (zur Ableitung des Regens),
G 4, 296. dcht., angusto aestu, 'bei enger
Brandung', indem das Wasser durch die
(entstandene) Meerenge braust, Ä 3, 419.
Sbst., angusta viarum, die engen Gassen,
Ä 2, 332. 2) übtr.: *a*) von der Zeit, kurz,
gering, aevum, 'eine kurze Spanne Zeit',
G 4, 206. *b*) dem Inhalte od. der Bedeutung nach beschränkt, beengt, res,
dürftiger Stoff, *G* 3, 290. spes, 'schwache',
Ä 11, 309.

ănhēlĭtŭs, ūs, *m.* (anhelo), starkes
Atmen, Keuchen, Ächzen, Ä 5, 199
u. 432.

ănhēlo (am u. halo), 1) hole stark Atem
(nach grofser Anstrengung), schnaufe,
keuche, Ä 5, 254. 2) übtr., vom Feuer,
fornacibus, in den Öfen schnauben, Ä 8,
421.

ănhēlus, a, um (anhelo), 1) keuchend,
schnaubend, equi, *G* 1, 250. Ä 5, 739.
senes, Ä 2, 135. pectus (der Sibylla), Ä 6,
48. tussis, *G* 3, 497. *b*) dcht. übtr., Keuchen verursachend, Mars, hitziger, heifser
Kampf, Ä 12, 790.

Ănĭēn, s. Anio.

Ănĭēnus, a, um (Anio), zum Flufs Anio
gehörig, des Anio, fluenta, *G* 4, 369.

ănīlis, e (anus), einer Alten eigen,
altmütterlich, voltus, eines alten Müt-
terchens, Ä 7, 416 (*Ribb.* 'cultus'). studio
anili, mit dem Eifer od. der Eile einer
Alten, von der bejahrten Amme (*Ribb.*;
'gradum studio celebrabat anilem', 'den
Schritt od. Gang einer Alten', 'studio'
dann sov. a. 'studiose', *Wagn.* u. *Haupt*),
Ä 4, 641. curae, die Sorgen des Alters,
Ä 9, 489.

ănĭma, ae, *f.* (Wurz. ἀν in ἄνεμος), das Wehen, 1) eig.: *a*) Hauch, Wind (in den Blasebälgen Vulkans), Plur., *Ä* 8, 404. *b*)LuftalsElement,*B*6,32. *c*)Luft, sofern sie eingeatmet wird, Atem, *Ä* 9, 580. *G* 2, 134. *d*) Lebenskraft, Lebensgeist, das physische od. tierische Leben, Seele, *Ä*5,640(*Ribb.*st.'animum'). animam aufero alci, *Ä* 8, 567. absumo, *Ä* 3, 654. proicio, *Ä*6,436. diffundo, *Ä*10, 903. Plur.von mehreren,dulces, *Ä*3,140. dcht., purpurea, gleichs. Lebensquell,das Blut, mitdem das Leben zugleich ausgehaucht wurde, *Ä* 9, 349. dcht., viperea, Vipernwut, *Ä*7,351. 2) meton., belebtes Wesen, bes.vonMenschen(wirähnl.Seele), egregiae animae, *Ä*11,24. Bes. von den 'Seelen der Abgeschiedenen', 'Manen', *Ä* 3, 67. 6, 264. 319. 680u.758 (s. eo). mit 'umbrae', *Ä*5, 81. illae animae, d. i. Cäsar u. Pompejus, *Ä*6,826. auch voneinemOpfertiere, an. melior (sofern das Opfer eines Stieres besser ist als das eines Menschen), *Ä*5,483.

ănĭmadverto, verti,versum,ĕre (animum adverto), richte den Geist auf etw.,übh.bemerke,beobachte,alqd, *G* 2, 259. 3, 123.

ănĭmăl, ālis, *n.* (anima), lebendes Wesen, Geschöpf, *Ä* 9, 224. *B* 6, 40.

ănĭmōsus, a, um (animus), mutvoll, mutig,tapfer, phalanx, *Ä*12,277. pectus, *G* 3,81. übtr., euri, heftige, stürmische, *G* 2, 441.

ănĭmus, i, *m.* (St. ἀν in ἄνεμος), I) Geist als Lebensprincip, Lebenskraft, Leben (wie 'anima'), Gegs. zum Körper,dah.m. 'sanguis' verb., *Ä*10,487. II) das geistige Vermögen in der umfassendsten Bed., als Inbegriff aller Seelenkräfte, Geist, maturus animi, *Ä* 9, 246. Bes. 1) begehrende Seelenkraft, Verlangen, Trieb, Wille, Gesinnung, Vorsatz, *Ä* 3, 60. est animus m. Inf., bin Willens, *Ä*4,639. aurumque animusque Latino est, *L.* besitzt grofse Reichtümer (vgl. *Ä* 11, 213) u. ist bereit diese dir zu schenken, *Ä*12, 23. omnibus idem animus (est), alle beseelt éin Sinn od. Gedanke; alle stimmen darin überein (mit Wechsel der aktiven u. passiven Konstr. im Inf.), *Ä* 3, 60. In freierer Verb., animos apto armis, wende den ganzen Sinn den Waffen zu, richte ihn auf die Waffen, *Ä* 10, 259. animis opibusque parati (wo 'an.' zugleich auf den Entschlufs, 'op.' auf die notdürftige Ausrüstung geht), *Ä* 2,799. 2)fühlende Seelenkraft, *a*) Gefühl, Gemüt, Herz, *Ä*5, 304. 720. m. 'mens' verb., *Ä*6, 11. Bes. *α*) Abl. 'animo', 'im Innern, im Herzen', *Ä*5,720. 10,

680. horror ubique animo (est),Schrecken ergreift od. erfüllt überall mein Gemüt, *Ä*2,755. Plur. von mehreren, obstipuere animis Rutuli, *Ä* 9,123 (*Ribb.*; 'obst. animi Rutulis' *Wagn.* u. *Haupt*). dcht. auch von éinem, non tulit Alcides animis, *Ä*8, 256. laetans animis, *Ä* 11, 854. *β*) Gen. 'animi' alsLokativ, 'imHerzen',beiZeitw., 'miseror', *Ä* 6, 332 (*Haupt* u. *Ribb.* 'animo'). *Ä*10, 686 (Var. 'animo'). bei Adj. u. Particip.,inops, *Ä*4,100. infelix, *Ä* 4,529. amens, *Ä* 4, 203. dubius, *G* 3, 289. maturus, *Ä* 9, 246. fidens, *Ä*2, 61. furens, *Ä*5, 202. praeceps, *Ä* 9, 685. Oft zur lebhafteren Bezeichn. der Pers., Aeneas ardentem et torva tuentem animum lenibat dictis (in bez. auf Dido, sofern der Zorn, 'animus ardens', sich durch wilde Blicke zu äufsern pflegt), *Ä*6,468. miserere animi etc., erbarme dich meiner, dessenGeist so Schmähliches duldet, *Ä* 2, 144. meist im Plur., obstipuere animi Rutulis, *Ä* 8, 256. animi turbati, eines jeden Brust, je-der, *Ä*8,4; vgl. *Ä* 2,120. 5,404 (Var. animis). *b*) tapferer Sinn, Mut, bes. kriegerischer,Herz,Herzhaftigkeit,Kühnheit, *Ä* 1, 579. 4, 22. 5, 640 (*Ribb.* 'animamque') u. ö. Gen. 'animi' als Lokativ, bei Adj., animi egregius, praestans, ausgezeichnet an Mut, *Ä*11,417.12,19. Plur. oft ohne scharfen Untersch. vom Singular, *Ä*5, 473. 6,344. 7,42. 9,127. in Verb. mit'pectora', *Ä*1,153.6,261.9,249. dcht. übtr. v. Äolus, mollire animos, den Trotz derWinde,*Ä*1,57.vondenWinden selbst, *Ä* 10, 357. in bez. auf den Kreisel, plagae dant animos, geben ihm neue Kraft, neuenSchwung, *Ä*7,383. *c*)Wesen, natürliche Beschaffenheit, v. Pflanzen, silvestris, wilde Natur, *G* 2, 51. 3) denkende Seelenkraft, Geist, *Ä* 3, 250. 4, 630. 5, 640. bes. 'Gedächtniskraft', 'Erinnerung', *B* 9, 51.

Ănĭo, ēnis, *m.* (urspr. Form 'Anien'), Nebenfluſs des Tiber, der auf den Apenninen entspringt u. Latium vom Sabinerlande trennt, j. 'Teverone', dcht., Gegend um den Anio, Flufsgebiet des A., *Ä*7,683.

Ănĭus, ĭi, *m.*, Sohn des Apollo, Priester u. König in Delos, der als früherer Gastfreund des Anchises den Äneas bei seiner Landung daselbst freundlich aufnahm, *Ä* 3, 80; vgl. Ov. Met. 13, 632 flg.

Anna, ae,*f.*,Tochter desBelus,Schwester der Dido, welcher sie aus Phönicien nach Afrika folgte, *Ä* 4, 9. 20. 31. 416. 421. 500. 634.

annālis, e (annus), das Jahr betreffend, jährlich, sbst., annales, ĭum, *m.* (verst.libri),Jahrbücher(eig.die vomPontifex Maximus verfaſsten),dcht.übh.Geschichte, Erzählung, laborum (der Leiden), *Ā* 1, 373.

an-nĕ, verstärktes 'an', 1) in der dir. Doppelfrage, o d e r e t w a, filius anne aliquis nepotum, *Ā* 6,864. Doch nicht blofs im zweiten Gliede, anne putandum est etc., sollte man glauben, dafs usw., d. i. sollte es wohl irgend eine Seele geben, die zurückkehren möchte? *Ā* 6,.719. 2) in der indir. Doppelfrage, m. Konj. nach 'an' bei vorangeh. 'ne', o d e r o b, nach 'incertum est', *G* 1, 32.

anno, s. adno.

annōsus, a, um (annus), bejahrt, alt, ornus, 'des Urwalds Esche', *Ā* 10, 766. robur (Stamm), *Ā* 4,441. brachia (des

   annŭo, s. adnŭo. [Baumes), *Ā* 6,282.

annus, i, *m.* (St. 'an' in 'anulus', Kreis, Ring), 1) J a h r, *a)* übb., *G* 2, 514. dcht., das Jahr mit seiner Arbeit, jährliche Beschäftigung, *Ā* 2,402. Plur., 'Jahre', d. i. Zeiten, nati melioribus annis (in bez. auf den Untergang Trojas, *Ā* 6,649. *b)* 'Jahr', 'Lebenszeit', 'Alter', ab annis primis, *Ā* 2, 87. annis gravis, *Ā* 9,246. 2) prägn., J a h r e s z e i t, *B* 3, 57. *Ā* 6, 311.

   annŭus, a, um (annus), 1) jährig, ein Jahr dauernd od. bestehend, orbis, *Ā* 5, 46. 2) jährlich, jedes Jahr gleichmäfsig wiederkehrend, cura, sacra, *G* 1, 216 u. 338. *Ā* 8, 173. vota, *Ā* 5, 53.

   ansa, ae, *f.*, Handhabe, Henkel, poculi, *B* 3, 45 u. 6, 17.

   ansĕr, ĕris, *m.*, G a n s, *B* 9, 36. *Ā* 8, 655. bes. 'wilde Gans', 'Saatgans', *G* 1, 119.   [ler, *Ā* 10, 561.

   Antaeus, i, *m.*, Heerführer der Rutu-

   Antandrōs, i, *f.* (*Ἄντανδρος*), Stadt in Mysien (Kleinasien), südwärts von Troja, am Fufse des Ida, j. 'Antandro', *Ā* 3, 6.

   antĕ (*ἀντί*), I) Adv., voran, voraus, vorwärts, ago, treibe vor mir her, *G* 3, 552. volo, *Ā* 9, 47. fero gressum, *Ā* 6, 677. 2) übtr., *a)* von der Zeit, vor, vorher, früher, *Ā* 5, 185. 10, 385. *B* 9, 63. mit Bez. auf ein vorbgeh. 'multo ante', *G* 2, 261. in bez. auf eine vorher angedeutete Zeit, 'vorher', d. i. vor ihrem Fluge in einsame Gegenden, *B* 6, 80. ehe das Opfertier von der Seuche sichtlich ergriffen ward, *G* 3, 489. bevor das Lager ihnen als verhängnisvoll (verderblich) erschien, *Ā* 9, 315. 'zuvor', d. i. ehe du mich beschenkst, *B* 5, 85. 'vorher noch' (d. i. 'antequam patiar, quicquid acerbi est' od. 'antequam descendam ad Manes'), *Ā* 12,680. Auch in enger Verb. mit einem Subst., so dafs es die Stelle eines Attributes vertritt od. zu einem Kompositum verschmilzt, ante mala, *τὰ πρὶν κακά*, die früheren Leiden, *Ā* 1, 198. *b)* mit flg.

quam u. Ind., 'eher, bevor als', *Ā* 9,115. m. Konj. (weil die Handlung als nicht geschehend gedacht wird), *B* 1, 60. Auch 'ante .. quam' zur Wiederaufnahme des durch längere Zwischensätze getrennten vorausgeh. 'prius', *Ā* 4, 27. II) Präp. mit Akk., 1) v o r, *a)* vom Raume, a. pedes alcjs (dessen, der auf einem erhabenen Platze sitzt), *Ā* 5,381. a. oras, a. aciem, *Ā* 1, 334. 7, 531. *b)* übtr., v. Vorzuge, v o r, a. alios, *Ā* 3, 321. 5, 151. a. omnes, *Ā* 5, 406. 492. 540. 570. a. omnes alios, *Ā* 1, 347. a. omnia, vor allem andern, vorzüglich, *G* 2,475 (m. 'dulces' zu verb.). 2) von der Zeit, v o r, d. i. vor dem Beginn od. Eintritt von etw., a. fugam, *Ā* 4, 328. a. tubam, *Ā* 11, 424. a. annos, *Ā* 9, 311. a. exspectatum, d. i. bevor es die Feinde erwarten, *G* 3, 348.

   antĕ-ĕo, ĭi, ĭre, g e h e v o r a u s, übtr., gehe voran, übertreffe, nives candore (von der Farbe der Pferde), *Ā* 12, 84 (wo anteirent durch Synizesis dreisilb.).

   antĕ-fĕro, tŭli, lātum, ferre, t r a g e vor, übtr., z i e h e v o r, quae quibus anteferam? *Ā* 4, 371.

   antemna, s. antenna.

   Antemnae, ārum, *f.*, alte Stadt im Sabinerlande, viell. wegen ihrer Lage am Flusse (ante amnem) Anio, der hier in den Tiber fällt, *Ā* 7, 631.

   antenna od. (*Ribb.*) **antemna**, ae, *f.*, Segelstange, Rahe, *Ā* 3, 549.

   Antēnor, ŏris, *m.* (*Ἀντήνωρ*), ein weiser Troërfürst, Gemahl der Theano u. Schwager des Priamus, führte nach Trojas Fall eine Kolonie Troër u. Heneter nach Italien u. gründete die Stadt Patavium, *Ā* 1, 242.

   Antēnorĭdēs, ae, *m.* (*Ἀντηνορίδης*), Nachkomme od. Sohn des Antenor, Plur., *Ā* 6, 484 (s. Hom. Il. 11, 59 flg.).

   antēs, ĭum, *m.*, die Reihen der Weinstöcke, *G* 2, 417.

   antĕ-vĕnio, vēni, ventum, īre, k o m m e zuvor, d. i. denke auf Ersatz der Herde, *G* 3,71 (*Ribb.* getrennt 'ante veni').

   Antheus, ĕi, Akk. 'ea', *m.* (*Ἀνθεύς*), ein Troër, Gefährte des Äneas, *Ā* 1, 181 u. 510. 12, 443.

   anticus, a, um (ante), eig. zur Bezeichn. des räuml. Vorher, dann als andere Schreibart st. 'antiquus', bes. in der Singularform 'anticum', *Ā* 4,431. 6,580 (*Ribb.* 'antiquom')u. 897. 9,266 (*Ribb.* u. *Haupt*).

   Antigĕnēs, is, *m.* (*Ἀντιγένης*), ein Hirte, *B* 5, 89.

   Antiphătēs, is. *m.* (*Ἀντιφάτης*), ein Troër, Sohn des Sarpedon, Genosse des Äneas, von Turnus getötet, *Ā* 9, 696.

   antīquus, a, um (urspr. anticus, w.

vgl.), schon früher vorhanden, 1) alt,
a) v. Lebl., domus, *G* 2, 209. urbs, *Ä* 1,
12. 11, 540. saxum (als Grenzstein), *Ä* 12,
897. cupressus, *Ä* 2, 714. genus, *Ä* 6, 580.
gens, *Ä* 1, 642 (antiqua ab or. g. *Ribb*.).
nomen, *Ä* 12, 529. dolor (vgl. *Ä* 1, 25), *Ä*
5, 608. res antiquae laudis et artis ('artem' *Ribb*.), Dinge od. Geschäfte, denen
die Vorwelt Ehre u. Kunstfleiſs zuwen-
dete, *G* 2, 174. ortus signorum, *B* 9, 46.
b) (dcht.) v. Pers., alt, 'bejahrt', Butes,
Ä 9, 647. 2) alt, früher, ehemalig,
mit dem Nebenbegriff des uns Teuren,
Wertvollen od. Ehrwürdigen, patria, *Ä*'2,
137. terra, *Ä* 1, 531. urbs, *Ä* 11, 540. Troia,
Ä 1, 375. orae Curetum (wegen der Kureten als Ureinwohner), *Ä* 3, 130. crater,
Ä 9, 266. stirps, *Ä* 1, 626. coniugium, *Ä* 4,
431. virtus, unverletzteHeldentugend der
Ahnen (da die Fortpflanzung derTugen-
den bei einem Geschlecht schon denAlten
als heilig galt), *Ä* 3, 342. religio, Vereh-
rung(wie sie in dem Heiligtumestattfand,
ehe das Palladium entführt wurde), *Ä* 2,
188. v. Pers., coniunx, *Ä* 4, 458.

Antönius, M., der Triumvir, treuer
Anhänger Cäsars, dessen Mörder er be-
kriegte, dann mit Oktavianus u. Lepidus
das zweite Triumvirat(43 v. Chr.) schloſs,
nach mehreren zum Teil sehr unglücklichen Kämpfen im Oriente mit den Parthern nach Ägypten zurückging u. sich
mit Kleopatra vermählte, in dem Kriege
mit Oktavianus zuletzt aber bei Aktium
(31 v. Chr.) besiegt, worauf er sich selbst
zu Alexandria tötete, *Ä* 8, 685 flg.

Antörēs, ae, *m.*, ein Argiver, Gefährte
desHerkules, zog mitEuander denÄneas
zu Hilfe u. ward von Mezentius getötet,
Ä 10, 778 flg.

antrum, i, *n.* (ἄντρον), Höhle, Grotte,
Ä 1, 166. rupis, *Ä* 6, 42. exesae arboris,
G 4, 44. viride, *B* 1, 76.

Änūbīs, bĭdis, *m.* (Ἄνουβις), ein ägyp-
tischer Gott, Sohn des Osiris, mit einem
Hundskopfe dargestellt, dah. 'latrator',
Ä 8, 698.

ănŭs, ūs, *f.*, alte Frau, dcht. attrib.,
bejahrt, alt, greis, anus sacerdos,
'greise Priesterin', *Ä* 7, 419.

anxīus, a, um (ango), ängstlich,
angstvoll, timor, *Ä* 9, 89.

Anxŭr, ŭris, *m.*, ein Rutuler, Bundesgenosse des Turnus, *Ä* 10, 545.

Anxŭrus, i, *m.*, Bein. des Juppiter,
sofern er in Anxur, einer Seestadt der
Volsker in Latium, später 'Tarracina',
verehrt wurde, *Ä* 7, 799.

Äönēs, um, Akk. 'as', *m.* (Ἄονες), älteste Bewohner Böotiens, dcht. attrib.
(st. Aonius), 'böotisch', montes, *B* 6, 65.

Äönĭa, ae, *f.* (Ἀονία), myth. Name
Böotiens, *B* 10, 12 *Ribb*.

Äönĭus, a, um (Ἀόνιος), dcht. st. 'böo-
tisch', vertex, v. Helikon, *G* 3, 11. Fem.,
'Aoniē' (nach der griech. ion.Form Ἀονίη)
Aganippe, *B* 10, 12 (*Ribb*. Aoniae).

Äornös, i, *m.* (Ἄορνος, eig. ohne Vögel),
Sumpf od. See 'Avernus' in Kampanien,
Ä 6, 242 zw.   [penn. . .

Apennīnĭcŏla, **Apennīnus**, s. Ap-
ăpĕr, pri, *m.* (κάπρος), Eber, Hauer,
Wildschwein, *Ä* 1, 324. *G* 3, 248. *B* 3,
75. 7, 29. Im Gleichnisse (s. Hom. Il. 11,
414 flg.), *Ä* 10, 708. Als läudl. Sprichw.,
liquidis immissi fontibus apri (weil die
Eber, die sich gew. im Kote wälzen, den
lautersten Quell verunreinigen, wenn
kein Gehege sie abhält), *B* 2, 59.

ăpĕrio, pĕrŭi, pertum, īre(ad u. pario), •
1) öffne, eröffne, etw. Verschlossenes
od.Besetztes, *a)* eig., Troiam Achivis, *Ä* 2,
60. viam sociis, bahne den Weg, *Ä* 11,
884; Syrtis, den Weg durch die Syrten
(für die Schiffe), *Ä* 1, 146. apertae Alpes,
Ä 10, 13. saltus aperti, die durch den Abzug des Turnus, der sie besetzt hatte,
frei von Nachstellung waren (vgl. *Ä* 11,
513 flg.), *Ä* 11, 904. dcht., ora fatis, eig.
öffne für die Weissagung der Zukunft
den Mund, d. i. eröffne das Schicksal, *Ä* 2,
246. *b)* übtr., eröffne gleichs. eine ver-
schlossene Zeit, erschlieſse, annum,
v. Sternbild des Stieres, der beim Eintritt der Sonne in dasselbe mit seinen
Hörnern den Weg zum neuen Jahr für
den Landmann erschlieſst, *G* 1, 217. 2)
mache etw. Verdecktes sichtbar, *a)* entblöſse, decke auf, ramum, *Ä* 6, 406.
b) übtr.: α) mache sichtbar, zeige,
lasse sehen, terram inter fluctus, *Ä* 1,
107. fauces, *Ä* 5, 570. procul montes, *Ä* 3,
206. sidus aperitur, zeigt sich, glänzt auf
dem Haupte, *Ä* 8, 681. Apollo aperitur,
es zeigt sich, kommt in Sicht der Tempel
Apollos, *Ä* 3, 275. β) eröffne, schlieſse
auf, futura, schlieſse den Blick in die Zukunft auf, *Ä* 6, 12. haud mollia fatu, eröffne, teile mit, *Ä* 12, 25.

ăpĕrtus, a, um (aperio), geöffnet,
1) eig.: *a)* offen, unverschlossen, von
Thoren u. dgl., campus, *G* 2, 280. aequor
('Feld'), *Ä* 12, 333. pelagus (das für die
Schiffe kein Hindernis mehr bildet), neben 'prona maria', *Ä* 5, 212. *b)* offen,
unverdeckt, pectus, *Ä* 11, 666. dcht.
'rein, klar, unbewölkt', aether, *Ä* 1, 587.
caelum, *Ä* 1, 155 (nach Zerteilung der
Wolken) u. 394 (weil ein heiterer Himmel für glückliche Augurien gefordert
wurde). aperta serena, heiteres Wetter,
heiterer Himmel, *G* 1, 393. 2) übtr., gleichs.

3

offen vor Augen gestellt, augenscheinlich, offen, pericula, *Ä* 9, 663.

ăpex, ĭcis, *m.*, (kegelartige) Spitze,
des Helmes (λόφος), *Ä* 10, 270. 12, 492.
levis, spitz zulaufende schwebende Flamme (v. sogenannten St. Elmsfeuer), *Ä* 2,
683. summus, äußerste Spitze, Wipfel
eines Lorbeerbaumes, *Ä* 7, 66. 'Kuppe'
eines Berges', *Ä* 4, 246. Bes. die mit Wolle
umwundene Spitze an den Hüten der Priester (flamines), apices lanigeri, zur Bezeichn. der Priester selbst, *Ä* 8, 664.

Äphĭdnus, i, *m.* (Ἄφιδνος), ein Troër,
Gefährte des Aneas, von Turnus getötet,
Ä 9, 702.

ăpis, is, *f.*, Biene, Imme, *B* 1, 54 u.
bes. *G* 4, 8 flg. Das Erscheinen von Bie-
nenschwärmen, die sich traubenförmig
• an den Bäumen festhielten, galt als ein
Anzeichen, *Ä* 7, 64.

ăpĭum, ĭi, *n.* (apis), ein Doldengewächs,
Eppich, bes. Sumpfeppich, σέλινον, dessen Blätter des kräftigen Geruches u. der
dauernden Frische wegen von den Alten
zu Kränzen gebraucht, *B* 6, 68. *G* 4, 121.

Apollo, ĭnis, *m.* (Ἀπόλλων), Sohn des
Juppiter u. der Latona, Zwillingsbruder
der Diana, mit langem Haare dargestellt
(s. crinitus), verehrt als Erfinder des Bo-
genschießens, als Gott der Weissagung
u. Dichtkunst, berühmt durch seine Orakel zu Delphi, Klaros, Patara in Lykien
usw., *Ä* 2, 121. 430. 3, 119. 154. 162. 250.
395. 434. 479. 4, 10. 57. 144. 345. 376. 5,
35. 6, 9. 73. 101. 344. 7, 241. 8, 336. 704.
9, 638. 649. 654. 656. 10, 21. 171. 875. 11,
785. 12, 393. 405. 516. *G* 4, 7 u. 323. richtete den tödlichen Pfeil des Paris gegen
Achilles, *Ä* 6, 56 flg. eris mihi magnus A.,
du wirst mir dieses Rätsel lösen, *B* 3,
104. Als Schutzgott eines Schiffes, an dessen Hinterteil sein Bildnis angebracht
war, auratus, *Ä* 10, 171. Apollinis urbs
('Apollinea urbs', Ov. met. 13, 631), Delos
Ä 3, 79. Auch Hirtengott, *B* 5, 35; vgl.
G 3, 2. 2) dcht., der Tempel des Apollo
auf dem für die Schiffahrt gefährlichen
Vorgeb. Aktium, *Ä* 3, 275.

app. . ., in Zusammensetzungen st.
adp. . ., wie appareo st. adpareo, s. unter
adp. . .

appăro (ad-păro), āre, bereite(zu),
rüste mich, schicke mich an, mit
Inf., *Ä* 9, 147. 10, 453. 11, 117.

1. **appello**, ĕre, s. adpello.

2. **appello**, āre, benenne, erkläre
jmd. od. etw. als od. für, mit dopp. Akk.,
alqm victorem, urbem Acestam, *Ä* 5, 540
u. 718.

Appennīnĭcŏla, ae, *m.* (Appenninus u.
colo), Apenninenbewohner, *Ä* 11, 700.

Appennīnus, i, *m.*, bek. Gebirgskette
Italiens, dcht. personif., 'pater', *Ä* 12, 703.

aprīcus, a, um (aperio), eig. offen
gelegen, dah. *a)* der Sonnenwärme
ausgesetzt, sonnig, colles, *B* 9, 49.
terrae, *Ä* 6, 312. *b)* dcht., in der Sonne
sich aufhaltend, sich sonnend, mergi,
Ä 5, 128.

apto, āre, 1) passe, füge od. hänge
an, dona postibus, *Ä* 8, 721. dentalia, *G* 1,
172 (verst. aratro, denn 'duplici dorso' ist
Abl. der Eigenschaft zu 'dentalia'). insignia mihi, *Ä* 2, 390. sagittas nervo, lege
an die Sehne, *Ä* 10, 131. tela flagello, binde
an einen od. befestige an einem Riemen,
Ä 7, 731. ensem vaginâ (st. 'vaginae'), füge
in die Scheide ein, versehe mit einer Scheide (v. Künstler), *Ä* 9, 305. dcht. m. Dat. Gerund., ensem clipeumque habendo, *Ä* 12,
88. 2) bereite zu, *a)* übh., m. Dat. od.
abs., me pugnae, rüste mich, schicke mich
an zum Kampfe, *Ä* 10, 588. lacertos, die
Muskeln (gleichwie die Kämpfer) anstren-
gen od. stählen (v. den Bienen), *G* 4, 74.
übtr., animos armis, richte den Sinn auf
die Waffen, mache mich kampfbereit, *Ä*
10, 259. *b)* mache zurecht, setze in-
stand, silvis (Abl.) trabes (für die Schiffe),
Ä 1, 552. biremes remigio (Abl.), versehe
mit R., *Ä* 8, 80. classem velis (Abl.), mache
segelfertig, hisse die Segel auf, *Ä* 3, 472;
ohne 'velis', *Ä* 4, 289. remosque ruden-
tesque, versehe mit Rudern u. Segeln, *Ä* 5,
573. calamos, sudes, bereite passend zu
(näml. für die Reben), füge passend an
(an die R.), *G* 2, 359.

aptus, a, um, 'angefügt', dah. 1) mit
etw. ausgestattet, geschmückt, versehen, stellis, 'mit Sternen besetzt', v.
Himmel, *Ä* 4, 482. 6, 793. 11, 202. 2) passend, geeignet, tauglich, pares, *G*
3, 168. vom Boden, mit Dat., pecori et
vitibus, *G* 2, 234.

ăpŭd, Präp. m. Akk., bei, zur Bezeichn.
der Nähe, *a)* bei Pers., *Ä* 2, 71. ap. me,
in meinem Hause, *B* 3, 62. ap. memores
stat gratia, *Ä* 4, 539. *b)* v. Orte, bei, an,
Ä 5, 261. 11, 288.

ăqua, ae, *f.* [altert. Gen. Sing. 'aquaï'
Ä 7, 464], Wasser, *a)* übh., fließendes
u. stehendes, dulcis, *Ä* 8, 22. *B* 5, 47. aquarum agmen, Regenguß, *G* 1, 322. *b)* im
engern Sinne, Wogen od. Wellen des Meeres, *Ä* 6, 356. im Gegs. des Landes, 'Gewässer', Hesperides, *Ä* 8, 77. von Flüssen,
prona, *Ä* 8, 549. in bez. auf den Mincius,
B 9, 9. von Quellen, *Ä* 1, 167.

Äquārius, ĭi, *m.*, Wassermann, ein
in der Mitte des Februar aufgehendes
Sternbild, *G* 3, 304.

Äquĭcŏlus (*Wagn.* u. *Haupt*) od.

Aquĭcŭlus (*Ribb.* u. *Schap.*), i, *m.*, ein Rutuler, *Ä* 9, 684.

äquĭla, ae, *f.*, Adler, fulva, *Ä* 11, 752.

äquĭlo, ōnis, *m.*, Nordwind (*βορέας* od.*βορρᾶς*), frigidus,*G* 2,404; vgl.*Ä*1,102. übh. heftiger Wind, *Ä* 5, 2. mediis aquilonibus, 'mitten im Nordsturm', *Ä* 4,310.

äquor, āri (aqua), hole od. schöpfe Wasser, bes. v. Soldaten, dcht. v. Bienen, *G* 4, 193.

äquōsus, a, um (aqua), wasserreich, nubes, *Ä* 8, 429. hiems, regnicht, *B* 10, 66. Bes. v. Gestirnen, Regen verkündend od. bringend, von Regen begleitet, Orion, *Ä* 4, 52. Piscis, *G* 4, 234.

āra, ae, *f.* (*αἴρω*, 'erhebe'), 1) jede Erhöhung von Erde, Holz u. dgl., sepulcri, 'Scheiterhaufen', 'Leichengerüst', *Ä* 6, 177 (*v.* 215 'pyra', wie auch bei Ov. trist. 3, 13, 22 flg. 'ara' neben 'rogus'). 2) allgemeiner Name für die aus Erde, Stein od. Rasen errichteten Erhöhungen zum Opfern, worauf Gaben des Feldes geweiht od. Räucherwerk u. Fleischstücke verbrannt wurden, Opfertisch, Altar einer Gottheit (in Tempeln, Häusern u. auf Straßen), *Ä* 2, 223. 501 u. 513. 3, 25. 4, 56. 8, 718. *B* 1, 7. *G* 4, 276. tenere od. tangere aras (weil man beim Beten od. Schwören den Altar berührte, um sich dadurch symbolisch mit der Gottheit selbst in Berührung zu setzen, wie man bei uns in einigen Gegenden früher bei der Eidesleistung ein Kruzifix oder die Bibel mit der andern Hand anfaßte), *Ä* 4, 219. 6, 124. 12, 201. als Zufluchtsstätte für Unglückliche, *Ä* 3, 332. Kränze u. Laubgewinde dienten nach alter Sitte als Altarschmuck, *Ä*3, 25. *G*4, 276; vgl. *Ä* 2, 248. Zwei Altäre wurden häufig nicht bloß Göttern, sondern auch Vergötterten u. edleren Toten gesetzt, *Ä*3, 63 u. 305. *B*5, 65 flg. dem Neptun sogar vier, *Ä* 5, 639; vgl. altaria. Bes. ara maxima (Maxima), nach Verg. von Herkules selbst sich errichtet (nach anderen von Euander), *Ä*8, 271 (auch *v.* 179). - 🖙 Arae, s. bes.

Arabs, äbis, *m.* (*Ἄραψ*), Araber, Bew. der asiat. Landsch. Arabien, *Ä* 8, 706. Plur. Arabes,*G* 2, 115. - 🖙 Nbf. **Arăbus**, i, *m.*, wovon Dat. Plur. 'Arabis, *Ä* 7, 605.

Arăcynthus (Ărăcinthus *Ribb.*), i, *m.* (*Ἀράκυνθος*), Gebirge an der Südküste Ätoliens, j. 'Zygos', bei Verg. irrtümlich Grenzgebirge von Böotien u. Akte (d. i. Attika), dah. 'Actaeus', *B* 2, 24.

Arae, ārum, *f.* (arae *Ribb.*), Name einiger Klippen bei der Insel Ägimurus an der libyschen Küste, Karthago gegenüber, *Ä* 1, 109.

ārānĕa, ae, *f.* (*ἀράχνη*), Spinne, invisa Minervae (weil Minerva die Lydierin Arachne, die es gewagt hatte mit ihr in der Webekunst zu wetteifern, in eine Spinne verwandelt hatte, s. Ov. Met. 6, 1 flg.), *G* 4,247.

Ărăris, is,'Akk. 'im', *m.*, Fluß in Gallien, der in die Rhone (Rhodanus) fällt, j. 'Saone', *B* 1, 62.

ărătŏr, ōris, *m.* (aro), Pflüger, übh. Landmann, *B* 4, 41. *G* 1, 261.

ărātrum, i, *n.* (aro), Pflug, *G* 1, 19. 61. 162. 494. *Ä* 7, 635. zur Bezeichnung der Grenzen einer Stadt, *Ä* 5, 755. Beschreibung desselben, *G* 1, 170 flg.

Araxēs, is, *m.* (*Ἀράξης*), Fluß in Armenien, j. 'Aras', *Ä* 8, 728.

arbŏrĕus, a, um (arbos), 1) zum Baume gehörig, fetus (dcht. st. arbores),*G*1,55. 2) baumartig, telum, baumlanges, *Ä* 12, 888. cornua, vielzackiges, ästiges Geweih, *Ä* 1, 190.

arbŏs, ŏris, *f.*, 1) Baum, *B* 3, 56. *G* 2, 57 u. ö. 2) das aus einem Baume Verfertigte, mals, Stamm des Mastes, 'Mastbaum', *Ä* 5, 504. 'Ruder', *Ä* 10, 207.

arbustum, i, *n.* (arbos), Baumpflanzung, Baumgarten (bes. v. Ulmen, woran Reben gezogen wurden), *B* 1,39. 5, 64. *G* 2, 416. von den mit den Reben verbundenen Bäumen, die man zu diesem Zwecke von gleichem Alter wählte, dah. Menalkas diese ebenso wie die jungen Weinstöcke beschädigte,*B*3,10 (wo 'novellum' aus dem Folg. zu 'arb.' zu erg.). Plur., übh. 'Bäume', *Ä* 10, 363. Im Gegs. zum niedrigen Gesträuch (zur Bezeichnung eines Hirtenliedes gewöhnlichen Inhaltes),*B* 4, 2.

arbŭtĕus, a, um (arbutus), vom Arbutus, virgae, *Ä* 11,65. crates, d. i. daraus geflochten, *G* 1, 166.

arbŭtum, i, *n.*, Frucht des Arbutus (s. d.), *G* 1, 148. 2, 520. Plur. dcht. vom Laube, frondentia, Laubsprossen des A., *G* 3, 301.

arbŭtus, i, *f.*, Arbutus (franz. *arbousier*), ein bes. in Italien und Spanien einheimischer, mehr strauchartiger Baum, dessen Laub den Ziegen, sowie die Früchte den Bienen zur Nahrung dienten (bei uns willkürlich 'Erdbeer -' od. 'Meerkirschbaum' genannt), *B* 3, 62. 7, 46. *G* 2, 69. Vgl. 'arbutum'.

Arcădĭa, ae, *f.* (*Ἀρκαδία*), gebirgige Gegend in der Mitte des Peloponnes, wo Gesang u. Musik, bes. unter den Hirten, blühte, *B* 10, 26. *G* 3, 392. *Ä* 8, 159. 10, 429. dcht. von den Bewohnern, Arcadiā iudice, vor den Richtern Arkadiens,*B*4,58.

Arcădĭus, a, um (*Ἀρκάδιος*), arka-

3*

disch, aus Arkadien, Gylippus,*Ä*12, 272. magister, v. Aristaeus, *G*4,283. rex, *Ä* 8, 573. sanguis, *Ä* 5, 299. telum, *Ä* 10, 425.

arcānus, a, um (arceo), eig. 'eingeschlossen'; übtr., geheim, fata, *Ä* 6, 72. sensus, *Ä* 4, 422. sbst., arcana fatorum, die 'Geheimnisse des Schicksals', 'das verhüllte Geschick', das man sich wie in einem Buche niedergeschrieben dachte, *Ä* 1, 262. 7, 123.

Arcās, ădis, *m.* [Akk. Sing. 'Arcada' *Ä*12,518. Akk. Plur. 'Arcadas', *Ä*8,518. 10, 364. 397. 11, 495] (*Ἀρκάς*), *a*) subst., Arkadier, Bew. von Arkadien, *Ä*8,51. 129 u. 352. 10, 31. 33. 491. 11, 93 u. 142. 12, 231 u. 281. Arcades ambo, 'wahre Arkadier', d. i. gleich fertig in Gesang u. Antwort,*B*7,4 (vgl. Theocr. 8, 4). *b*) adj., arkadisch, eques, alae, *Ä* 10, 239. 11, 835.12,551.rex,v.Euander,*Ä*8,102u.129.

Arcens, entis, *m.*, ein Sikuler, der dem Äneas nach Italien folgte, *Ä*9, 581 u. 583.

arcĕo, ŭi, ēre, schliefse ab, halte oder wehre ab, halte fern, palmas halte zurück, hemme, *Ä* 2, 406. m. 'ab' od. bl. Abl., pecus od. fucos a praesepibus, *Ä*1, 435. *G*4,168. alqm arenā,vom Gestade, *Ä* 6, 316; vgl. *Ä* 5, 742. 7, 779. mit *Dat. comm.*, asilum pecori, *G*3, 155.

arcenno, sīvi, sītum, ēre (ar, d. i. ad, u. 'cesso' als Kausat. v. 'cedo', eig. mache dafs jmd. hinzukommt), rufe herbei, hole herbei, rufe heran, socios,*Ä*5, 746. manes,*Ä*6,119. dcht., vitas, erhalte od. empfange, *G* 4,224.

Archētĭus ('Tarchětĭus *Ribb.*), i, *m.*, ein Rutuler, Genosse des Turnus, von Mnestheus getötet, *Ä* 12, 459.

Archippus, i, *m.* (*Ἄρχιππος*), König der Marser, *Ä* 7, 752.

arctŏs, i, *f.* (*ἄρκτος*), 1) der grofse Bär in der Nähe des Nordpols (eig. die Bärin, in welche der Sage nach Lykaons Tochter Kallisto verwandelt worden war), *G* 1,138. Plur., arcti, der grofse u. kleine Bär, bekanntes Doppelgestirn, arcti duae,*G*1,245. das für die Bewohner der nördl. Halbkugel nie untergeht, dah.: arcti Oceani metuentes aequore tingui, *G* 1, 246. 2) meton., Norden, Nordpol, Plur., gelidae, *Ä*6, 16.

arctūrus, i, *m.* (*ἀρκτοῦρος*), 1) der hellste Stern im Sternbilde des Bootes, dessen Auf- u. Niedergang stürmisches Wetter brachte, *Ä* 1, 744. 3, 516. dcht. das ganze Bärengestirn,*G* 1,204. 2)übtr., Herbstzeit, denn der Arkturus wird im Anfange des Septembers für Rom sichtbar.

arctus, s. artus.   [bar, *G* 1, 68.

arcŭs, ūs, *m.*, Bogen, 1) eig.: *a*) Bo-

gen zum Schiefsen, *Ä* 5, 507. 12, 815. Plur., *Ä* 5, 500. *b*) Regenbogen, *Ä* 9, 15. Bes. zur Bezeichn. der Farbenmischung, *Ä* 5, 88. 2) übtr., Bogen, bogenartige Krümmung, propaginis, *G* 2, 26. 'portus curvatus in arcum, *Ä* 3, 533.

ardĕa, ae, *f.*, Reiher, *G* 1, 364.

Ardĕa, ae, *f.*, Hauptstadt der Rutuler in Latium, Königssitz des Turnus, schon im Samniterkriege zerstört, *Ä* 7, 411 flg. u. 631. 9, 738. 12, 44.

ardens, entis (ardeo), 1) brennend, loderud, taeda, *Ä* 9, 568. Vesta (d. i. Herd),*G*4,384. stella,'feurig','funkelnd', *Ä* 4, 482. 6, 798. 2) übtr., *a*) extensiv, flammend, funkelnd,von denAugen, *Ä* 2, 210 u. 405. *G* 4, 451. von Farben u. Metallen, strahlend,blinkend, glänzend, auro, *G* 4, 99. clipeus,*Ä* 10, 262 (vgl.*v.*271). *b*)intensiv,leidenschaftl. aufgeregt, feurig, glühend, brennend, vom Eifer,*Ä*2,41. v.Zorn,Kampfbegier usw.,*Ä*2,529. 5,456. 9, 421 u. 703. 10, 689. v. Rosse, *Ä* 7, 781. ira, *Ä* 7,345. virtus, *Ä* 6, 130.

ardĕo, arsi, arsum, ēre, brenne, glühe, 1) eig., *Ä* 2, 311. 581. m. Dat., 'capiti' (st. in capite), *Ä* 10; 270. arsurae comae, die bald verbrennen sollten, den Flammen geweiht (da man den Leichnam auf dem Scheiterhaufen zu verbrennen pflegte), *Ä* 11, 77. dcht. von den Altären st. dessen was man darauf legt, inpositis ardent altaria fibris, lodern auf von usw., *G* 3, 490. 2)übtr.: *a*)brenne, glühe, funkele, flamme, leuchte, vom Farbenschimmer, murice, *Ä* 4, 262. armis, *Ä* 11, 602. oculis (von der Schlange), *Ä* 5, 277. v. Gestirnen, Syrius ardebat caelo, *G* 4, 426. von der Helmspitze, *Ä*10,270. *b*) entbrenne, glühe, werde verzehrt, von leidenschaftl. Zuständen, *α*) übb., m. Abl., amore, *Ä* 11, 782. furiis, *G* 3, 512. armis, *Ä* 7, 644. in arma, vor Kampfbegier,*Ä* 12, 71. Marte, *Ä* 10, 237. dcht. mit Inf., 'brenne vor Begierde', *Ä* 2, 105 und 316. 4, 281. 11, 895 (*Haupt* 'audent'). abs., von Zorn und Kampfeswut, *Ä* 12, 3. von einem Lande, 'in Aufruhr sein', *Ä* 7, 623. Auch von unangenehmen Empfindungen, wie vom Schmerze, brennen, quälen, (in) ossibus, *Ä* 9, 66. *β*) dcht. mit Akk., 'liebe jmd. glühend', 'bin für jmd. entbrannt', Alexim, *B* 2, 1.

ardesco, arsi, ēre (Inch. v. ardeo), entbrenne, erglühe, tuendo, durch Anschauen,beim Anblick,*Ä*1,173. abs. v. Kämpfenden (s. adventus), *Ä* 11, 607.

ardŏr, ōris, *m.* (ardeo), 1) eig., **Feuer**, **Flamme**, **Glut**, pincus, *Ā* 11, 786. v. Gestirnen, Syrius, *Ā* 10, 273. 2) übtr., wie unser **Feuer**, **Glut**, d. i. **Hast** od. **Drang**, *Ā* 4, 581. dine hunc ardorem mentibus addunt? (da die Alten plötzliche oder starkbewegende Gedanken od. Neigungen als Eingebung der Götter betrachteten), *Ā* 9, 184.

ardŭus, a, um, **hoch**, **hochragend**, **steil**, 1) v. Lebl.: *a*) übh., caput, *Ā* 5, 428. tecta, *Ā* 7, 512. saxis, mit ragenden Felsen (von einem Vorgebirge), *Ā* 3, 271. von einer kleinen Insel ('Felseninsel', 'Holm'), *Ā* 8, 417. Acragas (weil auf einer hohen Terrasse erbaut), *Ā* 3, 704. cornua (der Segelstangen), *Ā* 5, 831. mundus a. consurgit, erhebt sich hoch, steigt auf (Gegs.: devexus premitur), *G* 1, 241. Sbst. Plur., ardua, ōrum, *n.*, **Höhe, Gipfel**, terrarnm (Gegs. 'campi'), montis, *Ā* 5, 695. 8, 221 u. ö. mit Adj., deserta (des Olympus), *G* 3, 291. supera, Höhen des Himmels, *Ā* 7, 562. abs., dumi ardua amantes, Dorneugebüsche, welche die Hügel lieben ('dornenbewachsene Hügel'), *G* 3, 315. *b*) **hoch**, **hoch sich erhebend**, **erhaben**, astra, *Ā* 12, 892. aether, *G* 1, 324. 2) von leb. Wesen, **hochragend**, **hervorragend**, hastā, *Ā* 12, 789. bes. beim Schlage od. Wurfe, 'hoch sich erhebend', *Ā* 5, 480. 10, 197. arduus se infert, hoch zu Rosse, *Ā* 9, 53. ähnl. v. Füllen, cui ardua cervix, das den Nacken hoch trägt, *G* 3, 79. equus campo sese arduus infert, *G* 2, 145. Bes. proleptisch mit einem Part. verb., arduus arma tenens (v. Typhoeus), hoch über ihm die Waffen schwingend, *Ā* 8, 299. arduus agmen agens, *Ā* 8, 683 (vgl. *v.* 680). arduus attollens, insurgens (von der Schlange), 'hoch sich aufbäumend', *Ā* 5, 278. 11, 755. ostentans frontem arduus, den Kopf hoch tragend oder erhebend (vom Rosse), *Ā* 5, 567. ähnl. vom trojan. Rosse, arduus adstans, *Ā* 2, 328.

ārĕa, ae, *f.* (areo), **Tenne**, ein etwas erhöhter luftiger u. festgestampfter Platz auf ebenem Felde (gew. mit Thonboden), um die mit der Sichel halb abgeschnittenen Ähren zu trocknen u. dann mittelst der trahea (s. d.) od. des tribulum (s. d.) von Stroh und Spreu zu reinigen, *G* 1, 178 u. 3, 133. dcht. als belebt gedacht, *G* 1, 192 u. 293.

ārēna, **ārēnōsus**, s. harena, harenosus.

ārĕo, ŭi, ēre, **bin troken od. dürr**, v. Acker, v. Pflanzen usw., *B* 7, 57. 10, 67. *Ā* 3, 142. Part. 'arens', **trocken**, **dürr**, rosa, *G* 4, 268. arva, durch die

Sonnenhitze 'ausgedörrte Fluren', *G* 1, 110. rivus, wasserarm, seicht, *Ā* 3, 350.

Ārĕthūsa, ae, *f.* (Ἀρέθουσα), Quelle auf der Insel Nasos oder Ortygia (einem Teile der Stadt Syrakus), der Sage nach eine Quellnymphe in Elis, welche von dem elischen Flussgott Alpheus geliebt u. verfolgt unter dem Meere nach Sicilien strömte, *Ā* 3, 696. *G* 4, 351. Auch eifrige Jägerin, *G* 4, 344. Nach altem Volksglauben, nach dem auch die Musen ursprünglich Quellnymphen waren, bes. von den Hirten als Göttin mit begeisternder u. weihender Kraft betrachtet, *B* 10, 1.

argentĕus, a, um (argentum), **silbern**, d. i. silberfarben, anser, *Ā* 8, 655.

argentum, i, *n.* (ἄργυρος), 1) **Silber** als Masse, *Ā* 1, 359 u. 593. 5, 307. 7, 634. 2) das aus Silber Verfertigte, **Silbergerät**, **Silbergeschirr**, *Ā* 1, 640. caelatum, *Ā* 10, 527.

Argi, ōrum, *m.* (Ἄργος), Hauptstadt von Argolis im Peloponnes, j. 'Argi', Lieblingsaufenthalt der Juno, dah. 'cari', *Ā* 1, 24. Inachii, *Ā* 7, 286; vgl. *Ā* 2, 178 und 326. 8, 36. 10, 779 und 782. mit 'Mykenae' zur Bezeichn. von ganz Griechenland, *Ā* 6, 839 (wo L. Ämilius Paulus zu verst., der durch den Sieg über Perseus bei Pydna das macedon. Reich unterwarf). ebenso 'patrii' von ganz Griechenland, *Ā* 2, 95 (da Sinon ein Euböer war).

Argīlētum, i, *n.*, Gegend in Rom unterhalb des Kapitols zwischen dem aventin. u. kapitolin. Berge, wo der Sage nach ein gewisser Argus, des Euander Gastfreund, ohne dessen Willen von den Arkadern ermordet wurde, dah. nach Verg. eig. 'Argi letum', *Ā* 8, 345.

argilla, ae, *f.* (ἄργιλος), weißer **Thon**, **Thonerde**, **Mergel**, *G* 2, 180.

argītis, tidis, *f.* (ἀργός), weiß), eine Rebenart mit weißen Trauben, *G* 2, 99.

Argīvus, a, um (Ἀργεῖος), *a*) **aus Argi**, im Peloponnes, **argivisch**, Juno, weil zu Argi als Schutzgöttin verehrt, *Ā* 3, 547. iuventus (von Tiburtus, Katillus u. Koras, den Söhnen des Amphiaraus, Beherrschers von Argi, die eine Kolonie nach Italien geführt hatten), *Ā* 7, 672. pubes (weil Turnus aus Argi stammte und argivische Kolonisten mit Danaë nach Italien gekommen waren), *Ā* 7, 494. castra, die von Argivern erbaute und befestigte Stadt Argyripa, *Ā* 11, 243. *b*) meton., **griechisch** (wie der Teilname 'Argi' dcht. für den Gesamtnamen), Helena, *Ā* 1, 650. ensis, *Ā* 2, 393. phalaux, *Ā* 2, 254. 12, 544. Sbst., Argivi, ōrum, *m.*,

'Griechen' übh., classis, castra Argivom, *Ä* 1, 40. 5, 672.

Argō, ūs, *f.* (*Ἀργώ*), Name des Schiffes der Argonauten, *B* 4, 34.

Argŏlĭcus, a, um (*Ἀργολικός*), *a*) zur Landschaft Argolis im Peloponnes gehörig, argolisch, mare, *Ä* 5, 52. urbes,*Ä* 3,283. *b*)meton.,übh. griechisch, gens, tela, clipeus, *Ä* 2, 78 u. 177. 3, 637. galea, *Ä* 5, 314. reges, *Ä* 8, 374. ignes,*Ä* 10,56. latebrae, der Argiver, *Ä* 2,55. terror, *Ä* 9, 202. anima (in bez. auf Iphigenia), *Ä* 2,119.

argūmentum, i, *n.*, alles, was bekräftigt oder deutlich macht, dah. vom Stoffe künstlerischer Darstellungen in Skulptur, Malerei usw., bildliche Darstellung, Bild, ingens, inhaltsschwer, stattlich, *Ä* 7, 791.

argŭo, güi, gūtum, ĕre, 1) mache etw. deutlich, gebe kund od. zu erkennen, degeneres animos, 'verrate', *Ä* 4, 13. 2) klage an, beschuldige, alqm,*Ä* 11, 164. me nulla dies tam fortibus ausis dissimilem arguerit,mich soll kein Tag anklagen als usw., *Ä* 9, 282. alqm timoris, zeihe jmd. der Furcht, *Ä* 11, 384. mit Akk. u. Inf., quisquam pulsum (verst.: me esse) arguet? kann ein Mensch mit Recht geschlagen mich nennen oder schelten? *Ä* 11, 393.

1. **Argus**, i,*m.* (*Ἄργος*), Wächter der in eine Kuh verwandelten Io, nach der gewöhnl. Vorstellung vieläugig (Ov. met. 1, 625 flg.), *Ä* 7,791.

2. **Argus**,ì, *m.*, Gastfreund des Euander, *Ä* 8, 346; s. Argiletum.

argūtus, a, um (Part. v. arguo), v. allem, was auf die Sinne stark einwirkt, bes. *a*) auf das Gesicht, scharf ausgeprägt,caput(desPferdes),ausdrucksvoll,fein gebaut(mitdem Nebenbegr.der Lebhaftigkeit),*G* 3, 80. *b*) auf das Gehör, 'tönend', 'helltönend', fistula, *B* 7, 24. hirundo, zwitschernd, *G* 1, 377. serra, schnarrend,*G* 1,143. pecten,'rauschend', 'klingend', *G* 1, 294. *Ä* 7, 14. ilex, 'säuselnd', von sanftem Winde bewegt, *B* 7, 1. nemus, von den Liedern der Hirten 'wiederhallend', *B* 8, 22.

Argўrĭpa, ae,' *f.*, Stadt in Apulien, welche Diomedes, der auf seiner Rückkehr von Troja hierher verschlagen wurde, gründete und zur Vaterstadt *Ἄργος ἵππιον*imPeloponnes so benannte, *Ä* 11, 246.

Ărĭcĭa, ae, *f.*, alte Stadt Latiums am Berge Albanus, mit einer der Diana geweihten Haine,wo in frühester Zeit Menschenopfer gebrachtwurden (so genannt von einer Nymphe, der Gattin des Hip-

polytus und Mutter des Virbius), *Ä* 7, 762.

ārĭdus, a, um (areo), 1) trocken, vertrocknet, dürr, prata, *G* 1, 289. sola, der ausgesogene, kraftlose Boden, *G* 1, 79. nutrimenta, 'trockene Blätter', *Ä* 1, 175. dcht., nubila, die ohne Regen dahinziehen,'regenlose',*G* 3,179. viator, dürstend, *Ä* 4, 98. ora (d. i. fauces),*Ä* 5. 200. fragor, knatternd, trockenes Geknack, wie von dürrem Holze, *G* 1, 357. 2) aktiv, austrocknend, febris, wie wir 'trocknes', d. i. heifses Fieber, *G* 3, 458.

ārĭēs, ĕtis, *m.* [bisw. durch Synizesis zweis., gleichs. arjĕtĕ, *Ä* 2, 492. 7, 175. 12, 706], 1) Widder, Schafbock, *B* 3,95. 2)von der Ähnlichkeit der Gestalt, Sturmbock,Mauerbrecher(einlanger vorn in der Gestalt eines Widderkopfes mit Eisen beschlagener Balken zum Einrennen der Mauern), *Ä* 12,706. creber, häufige oder wiederholte Stöfse des Widders, *Ä* 2, 492.

ărĭĕto, āre (aries), wie ein Widder stofsen, in portas, gegen die Thore anrennen, *Ä* 11, 890.

Ărĭōn, ŏnis, *m.* (*Ἀρίων*), berühmter Zitherspieler und lyr. Dichter aus Methymna in Lesbos um 628 v. Chr.,Freund des Königs Periander in Korinth, dessen wunderbare Rettung durch einen Delphin von den Alten vielfach verherrlicht wurde, *B* 8, 56.

Ărĭsba, ae, *f.* (*Ἀρίσβη*), Stadt in Troas beiAbydos,derenEroberung durch Äneas auf ein früheres Ereignis vor dem trojan. Kriege hinweist, da sie in diesem Kriege nach Homer (Il. 2, 836) den Troërn Hilfstruppen schickte, *Ä* 9, 264.

ărĭsta, ae, *f.*, 1) Granne od.Spitze der Ähre, öft. st. Ähre, *Ä* 7, 720 u. 809. *B* 4,28. *G* 1, 8 u. 111. dcht., 'aliquot aristae' zur Bezeichnung dürftiger Fluren, *B* 1, 70. 2) Plur. aristae, meton., 'Getreidearten',welche Ähren tragen(Gegs. Hülsenfrüchte), *G* 1, 220.

Ărĭstaeus, i, *m.* (*Ἀρισταῖος*), Sohn des Apollo u. der Cyrene, der Tochter des Penëus, ein ländl. segenbringender Halbgott,als Beschützer der Herden (als *Ἀπόλλων νόμιος*) bes. in Thessalien u. Arkadien (dah. 'magister Arcadius', *G* 4, 283) u. auf der Insel Cea im ägäischen Meere (*G* 1, 14. 'cultor nemorum'), sowie als Beförderer des Weinbaues u. der Bienenzucht verehrt, ward, weil er die Eurydice, die Gattin des Orpheus, verfolgte u. dadurch ihren Tod herbeiführte, mit dem Verluste seiner Herden u. Bienen bestraft, erzeugte aber, durch seine Mutter belehrt, die Bienen wieder aus den Eingeweiden verwesender Rinder, *G* 4, 317.

Ariūsīus, a, um (Ἀριούσιος), zur Umgegend des Vorgeb. Ariusum in Chios gehörig, wo trefflicher Wein wuchs, ariusisch, vina, chiischer, *B* 5, 71.

arma, ōrum, *n.* (St. 'ar', ἀρ in ἄρω ἀραρίσκω), 1) jedes Gerät, Rüstzeug, Werkzeug(ὅπλα), zum Fällen des Holzes, 'Axt' u. dgl., *Ä* 6, 184. Ccrealia, zur Bereitung des Gebäckes, 'Backgerät', *Ä* 1,177. 'Ackergerät', 'Ackerwerkzeug', *G* 1,160. Bes. was zur Ausrüstung des Schiffes gehört, dah. nach dem Zshge. 'Ruder und Waffen', *Ä* 3, 471. 'Segel', *Ä* 5, 15. 'Steuerruder' (vorh. gubernaclum), *Ä* 6, 553. 2) Kriegsgerät, *a*) **Waffen** zur Beschützung des Körpers, **Rüstung** (Schild, Panzer, Helm), *Ä* 9,180. 11, 6. bes. 'Schild', arma de Danais, Schild des Abas (vorh. 'clipeus'), *Ä* 3, 288. super arma ferre, auf dem Schilde, *Ä* 10, 841. se colligere in arma, eig. sich in die Rüstung sammeln, sich durch den Schild decken, *Ä* 12, 491. *b*) übh. **Waffe**, in armis, mit gezogenem Schwerte, *Ä* 12, 938. arma virumque ferens, den bewaffneten Venulus, *Ä* 11, 747. auch von der dem Feinde abgenommenen Waffenrüstung (spolia), tertia (denn die ersten Waffen erbeutete Romulus von dem erlegten Akron, die zweiten Kossus), *Ä* 6, 859. in Verb. mit 'equi', *Ä* 8, 3. armis animisque, *Ä* 12, 788; vgl. 12, 291. *c*) von anderen Mitteln zur Verteidigung, v. caestus, *Ä* 5, 410 (wo 'arma' nähere Bestimmung) u. 425. *d*) meton., 'Krieger' (st. armati), *Ä* 2, 238. bes. 'Hilfsmacht', *Ä* 10, 150. *e*) dcht. in bez. auf den Gebrauch der Waffen, *α*) 'Kampf', 'Krieg', *Ä* 2, 87 u. 337. in bez. auf die zwischen den Troern und Italern geführten Kriege, *Ä* 1, 1. 7, 430 u. 441. tutamen in armis, im Kriege, in den Schlachten, *Ä* 5, 262. arma refero, erhebe wieder die Waffen zum Krieg, erneuere den Krieg, *Ä* 12,185. *β*) 'Thaten' im Kriege, quam forti pectore et armis, wie mutig, wie tapfer in Schlachten, *Ä* 4, 11. 2) übtr., **Waffen**, d. i. Schutz- oder Verteidigungmittel, arma quaero, suche Hilfsmittel in der Arglist, sinne auf Arglist (von den Mitteln, die Ulixes anwendet, um den Sinon zu verderben), *Ä* 2, 99. vom Löwen, arma movere, zum Kampf schreiten, sich zur Wehr stellen, *Ä* 12, 6.

Arměnĭus, a, um (Ἀρμένιος), zur Landschaft Armenien in Asien gehörig, armenisch, tigres, *B* 5, 29.

armentālis, e (armentum), zur Herde gehörig, weidend, equa, *Ä* 11,571.

armentārĭus, i, *m.* (armentum), Rinderhirt, *G* 3, 344.

armentum, i, *n.* '(ar-o), Pflugvieh, Herde, Sing., *G* 3, 71. bes. Plur., Rinder, Stiere, vorzugsw. weidende, boum, 'Rinderherde', *Ä* 3, 220. *G* 2, 515. abs. (Gegs. von Schafherden), *G* 7, 539. von Pferden, *Ä* 3, 540. v. Stuten u. Kühen, *Ä* 11, 494. *G* 3,129. von Herden (Rudeln) von Hirschen, *Ä* 1,185. von Meertieren, Neptuni, *G* 4, 395.

armĭgĕr, gĕri, *m.* (arma u. gero), Waffen- od. Schildträger, Knappe, *Ä* 2, 477. 9, 330 u. 648. Iovis, der Adler, sofern er dem Juppiter die Blitze bewacht und zum Schleudern darreicht ('minister fulminis ales', Hor. carm. 4, 4, 1), *Ä* 5, 255 9, 564.

armĭpŏtens, entis (arma u. potens), waffenmächtig, kriegerisch, tapfer, Achilles, *Ä* 6, 840. Deiphobus, *Ä* 6, 500. Mars, *Ä* 9, 717. diva, Minerva, *Ä* 2, 425.

armĭsŏnus, a, um (arma u. sono), waffenumrauscht, 'waffenumklirrt', Pallas (als Schwingerin der Lanze und der Ägis), *Ä* 3, 544.

armo, āre (arma), 1) versehe mit dem Nötigen, rüste aus, rates, *Ä* 10, 165. classem, *Ä* 4,299. equos bello (Dat.), *Ä* 3, 540. ferrum, sagittas veneno, vergifte zum Gebrauch für den Krieg, *Ä* 9, 773. 10, 140. felle veneni, *Ä* 12, 857. Dav. Part. armatus, a, um, 'bewaffnet', 'ausgerüstet', flammis, *Ä* 6, 288. auro, in goldener Wehr, goldumstrahlt, v. Orion, *Ä* 3,517. 2) versehe mit Waffen, bewaffne, waffne, rüste, alqm, *Ä* 8,937. 9, 11. manus, *Ä* 7, 648. 9,115. me spoliis, *Ä* 2, 395. palmas iaculo, *Ä* 11,574. alqm torre, *Ä* 7,506. fratres in proelia, zum gegenseitigen Kampfe, *Ä* 7, 335. dcht., hinc quingentos in se Mezentius armat, fünfhundert Mann zogen von dort (von Mantua) gegen Mez., *Ä* 10, 204. 'armati terram exercent', in bezug darauf, dafs die alten Römer beim Pflügen der umgekehrten Lanze zum Antreiben der Stiere sich bedienten, *Ä* 7, 748. Pass., 'waffne mich', *Ä* 11, 463.

armus, i, *m.* (St. αρ in ἄρω, ἀραρίσκω, a) Schulterblatt, Bug, Vorderbug der Tiere, des Ebers, *Ä* 10,171. des Stieres, *Ä* 12, 722. bes. der Pferde, *G* 3, 86. *Ä* 10, 894. Plur., *Ä* 6, 881. *b*) Schulter der Menschen, lati, *Ä* 11,644.

āro, āre (ἀρόω), 1) intr., pflüge, ackere, *G* 1, 299. 2, 204 u. 239. 2) trans.: *a*) pflüge, bebaue, bestelle, ter-

ram, *Ā* 3, 14. litus, *Ä* 4, 212. 7, 798.
b) übtr.u.dcht.,durchfurche,durch-
schneide, aequor (maris), *Ā* 2,780. 3,
495. frontem rugis, furche, überziehe
mit Runzeln, *Ā* 7, 417.
Arpi, ōrum, *m.*, eine früher 'Argyripa' (s. d.) genannte Stadt in Apulien, *Ā*
10, 28, 11, 250 u. 428.
arquĭtĕnens, entis, *m.* (arcus u. teneo), den Bogen führend, der 'Bo-
gengewaltige' (Bein. des Apollo),*Ā*3,75;
vgl. Ov. met. 1, 441.
arrĭgo (adrĭgo), rexi, rectum, ĕre
(ad u. rego), 1) richte etw. wohin, bes.
in die Höhe, richte empor, erhebe,
currus, *Ā* 9, 317. hastas,*Ā* 9, 465. pectora, squamas, von der Schlange, *Ā* 2,206.
11, 754. comas, 'sträube empor', v. Löwen, *Ā* 10, 726. Pass., comae arrectae
(sunt), sträuben sich, starren empor, *Ā*
4, 280. 12, 868. v. Pferde, tollit se arre-
ctum, bäumt sich gerade auf, *Ā* 10,892.
v. Pers., arrectus in digitos, emporge-
richtet auf den Zehen,*Ā* 5, 426. arrectis
auribus, mit gespitzten, d. i. lauschen-
den Ohren,*Ā*1,152. vom FeuerderAugen,
flammae ardent arrectis luminibus, aus
weit geöffneten Augen (als Zeichen des
Zornes), *Ā* 2, 173. 2) übtr.: *a)* richte
auf, versetzein Spannung,animos,
schaue aufmerksam auf (mit dem Nebenbegr. des Staunens), *Ā* 12, 251. arrectae
mentes, *Ā* 5, 643. abs., in bez. auf Pers.,
arrectae amborum acies, beide Heere waren aufs höchste gespannt, *Ā* 12, 731.
cum arrectae iuvenum spes, wenn die
Hoffnung gespannt, *G* 3,105. arrecta cupido, gespannteErwartung, *Ā* 5, 138. m.
Akk. nach griech. Weise, animum ar-
recti dictis, aufgerichteten Mutes durch
dieRede,*Ā*1,579. *b)* errege, erwecke,
iras stimulis, *Ā* 11, 452.
arrĭpĭo (adrĭpĭo), rĭpŭi, reptum, ĕre
(ad u. rapio), *a)* reifse an mich, übh.
fasse, ergreife (mit dem Begr. der
Hast od. Schnelligkeit), alqm, *Ā* 9, 561.
10, 595. tellurem, erreiche, gewinne das
Land,*Ā*10,298. locum, nehme in Besitz,
fasse Fufs am Orte, *Ā* 11,531. hanc (terram) velis, segle hinüber,*Ā* 3, 477. castra
turbata, nehme in der Verwirrung, im
Sturme, *Ā* 9, 13. 2) übtr., erhasche,
arrepto tempore (mit 'ait' zu verb.), indem er (Turnus) die günstige Gelegenheit rasch ergriff od. benutzte, 'zur rechten Stunde', *Ā* 11,459.
Arruns, untis, *m.*, ein Etrusker, tötete im Kampfe die Kamilla und fiel dann
zur Strafe auf Befehl der Diana durch
einen Pfeilschufs der Opis, *Ā* 11,759.763.
784. 806. 814. 853. 864.

ars, tis, *f.* (*ἄρ-ω, ἀρετή*),körperl.od.
geistige Fertigkeit in etwas, 1) Kunst,
die man betreibt, *a)* Gewerbe,*Ā*5,484.
G 2,174. *b)* die bei etwas angewendete
Kunst, Geschicklichkeit, Kunst-
fertigkeit, *Ā* 1, 639. Palladis, *Ā* 2, 15.
multa, *Ā* 5, 270 u. 705. per artem, *Ā* 10,
135. bes. von magischen Künsten, morsus arte levare, durch Berührung mit der
Hand (Manipulation), *Ā* 7,755. *c)* konkr.,
von dem durch Kunst Bereiteten, 'Kunstwerk', Plur. 'artes', von éinem Kunstwerk
(viell. mit Rücksicht auf die mannigfa-
chen Verzierungen desselben), *Ā* 5, 359
(wo 'artis, d. i. artes, Akk. Plur. als Apposit. zum Sing. 'clipeum'; *Ribb.* 'artem').
2) übtr.: *a)* Plur., künstliche Mittel,
quaesitae, *G* 3, 549. mille nocendi, *Ā* 7,
338. 'kunstgerechte Zucht', *G* 2, 52. *b)*
Kunstgriff, List, Rank (*τέχνη*), Pelasga, *Ā* 2, 106; vgl. 2, 195. 5, 442. Plur.,
novae, *Ā* 1, 657. patriae, *Ā* 11, 716.
artĭfex, fĭcis, *m.* (ars und facio), 1)
Künstler, Meister, *Ā*1, 455.12, 210.
2) übtr., im übeln Sinne, Meister im Lügen, Lügner, Betrüger, *Ā* 2, 125.
11, 407.
1. artus, a, um (arctus, von arceo),
eng, dicht, fest, compages, *Ā* 1, 293.
vincla, *Ā* 2, 146. paries, *G* 4, 297.
2. artus, ūs, *m.* (St. *ἀρ* in *ἄρω, ἄρ-
θρον*), 'Gefüge', nur Plur., 1) Gelenke,
membrorum,*Ā* 5, 422. *b)* übh. Glieder
des menschl. Körpers,*Ā*4,336. *G* 3,566.
B 6, 78. der Bildnisse der Götter, *Ā* 2,
173. auch von den innersten Teilen od.
Massen des Weltalls, das 'Innerste', *Ā*
6, 726.
ărundĭnĕus (hărundĭnĕus), a, um
(arundo), aus Rohr (bestehend), cana-
les, *G* 4, 265. silva, 'Röhricht', *Ā* 10,710.
ărundo (hărundo), ĭnis, *f.*, 1) Rohr,
Schilf (schlank und länger als 'canna'),
G 2, 414. Attribut der Flufsgötter, *Ā* 8,
34. 10, 205. 2) das aus Rohr Bereitete:
a) 'Schaft' des Pfeils, Pfeil, *Ā* 4,73. 5,525
u. 544. 7, 499. *b)* einfache 'Rohrpfeife',
'Schalmei' der Hirten, *B* 6, 8.
Aruns, s. Arruns.
arvīna, ae, *f.*, Schmeer, Speck,
pinguis, *Ā* 7, 627.
arvum, i, *n.* (aro), 1) Ackerfeld,
Feld, bes. für Getreide, 'Saatfeld', *G* 1,
125. 2, 263. *Ā* 3, 136. 12, 898. bildl., ge-
nitale, *G* 3, 136. 2) übtr.: *a)* Gefilde,
Flur, Gegend, bes. Plur., *Ā* 3, 171.
10, 390. 11, 247 (*Ribb.* 'agris'). *Ā* 12, 4
u. 24. *B* 1, 3. neben 'urbes', Städte zum
Bewohnen u. Fluren zum Bebauen für
uns, *Ā* 1, 550 (*Ribb.* 'armaque'). saltum
dare arvis (*Dat.*), zur Erde, *Ā* 12, 681.

laeta (im Elysium), *Ä* 6, 744. opima arva virûm, 'fruchtbare Gefilde', *Ä* 2, 782. *b*) dcht.: *α*)Plur., Land (Gegs.zum Meere), 'Gestade, Ufer', *Ä* 2, 209. *β*) übh. 'Bereich', 'Gebiet' (v. Mecre, wie 'campus'), Neptunia, *Ä* 2, 209.

arx, arcis, *f.* (arceo), 1) jeder durch Natur oder Kunst zur Abwehr oder zum Schutze geeignete Ort,feste Anhöhe, bes. Veste, Burg, 'Stadt', Priami, *Ä* 2, 56 u. 166. Tritonidis, *Ä* 2, 226. Laureus, *Ä* 8, 1. Pergamea, *Ä* 3, 109. Carthaginis, *Ä* 1, 298; vgl. *Ä* 8, 357 (*Ribb.* und *Schap.*; 'urbem' *Haupt*). Plur., bes. 'befestigte Hügel', von den mit Prachtbauten geschmückten Hügeln, an denen sich Karthago erhob, so dafs die Stadt als eine Reihe von Burgen erschien, *Ä* 1, 420; vgl. *G* 2, 535. Romanae, *Ä* 4, 234. Collatinae, *Ä* 6, 774. primae arces, von Laurentum, *Ä* 7, 61. von Türmen auf u. neben der Mauer, *Ä* 12, 698. v. der Himmelsburg, caeli, *Ä* 1, 250. celsa, v. Palast oder Schlofs des Äolus in der Nähe des Windberges, *Ä* 1, 56. 2)jeder hohe Punkt, Kuppe, Gipfel, Spitze von Bergen usw., Rhipaeae, Rhodopeiae, *G* 1, 240. 4, 461. septem, *G* 2, 535. summa, höchster Gipfel des Ida (Gargara), *Ä* 9, 86. aëriae, luftige Höhen, Spitzen der Berge, *Ä* 3, 291. von der Anhöhe in der Nähe von Kumä, auf der sich im Haine der Hekate der Tempel des Apollo befand, *Ä* 6, 9. 3)übh. von allen Örtlichkeiten,die Schutz gewähren, Obdach, wie es ausgehöhlte Ufer od. Felsabhänge bieten, 'Versteck', tuta, *Ä* 10, 805.

Asbȳtēs,is,*m.*, einTroër,Gefährtedes Äneas, von Turnus getötet, *Ä* 12, 362.

1. **Ascănĭus**, ĭi, *m.* (*Ἀσκάνιος*), der Ausflufs des bithynischen Sees Askania (*Ἀσκανία λίμνη*) in den sinus Cianus (eine Bucht der Propontis), *G* 3, 270.

2. **Ascănĭus**, i, *m.*, nach der gewöhnl. Tradition, der auchVergil folgt,Sohn des Äneas u. der Krëusa, auch 'Iulus' gen., verliefs als Kind mit seinem Vater Troja, herrschte nach dessen Tode zu Lavinium u. erbaute Alba longa, *Ä* 1, 267. 645. 659. 691. 2, 598. 652. 666 u. ö.

ascendo (adscendo), scendi, scensum, ĕre (ad u. scando), 1) intr., steige hinauf, vom trojan. Pferde, in urbem, *Ä* 2, 192. 2) trans., besteige, ersteige, erklimme, collem, *Ä* 1, 419. muros(scalis), *Ä* 9, 37 u. 507. cubile, *Ä* 12, 144.

ascensŭs (adscensŭs), ūs, *m.* (ascendo), das Hinaufsteigen, ascensu supero fastigia tecti, steige, klimme empor

ascĭo, s. adscio. [zu usw., *Ä* 2, 303.

Ascraeus,a,um(*Ἀσκραῖος*),zu Askra,

einem Fleckenam Helikon,demGeburtsort des Hesiod, gehörig, askräisch, senex, v. Hesiod, *B* 6, 70. carmen, ein ländliches Gedicht, wie das des Hesiod (worin Vorschriften über Ackerbau und Landwirtschaft enthalten sind, ohne dafs Vergil selbst eine Nachahmung desselben in seinen Georgica andeutet, s. *G* 3, 10 flg.), *G* 2, 176. [ner Esel, *G* 1, 273.

asellus, i, *m.* (Dem. v. asinus), kleiner

Äsĭa, ae, *f.* (*Ἀσία*), Asien als Weltteil, oft im Gegs. zu 'Europa' oder zur Bezeichn. der östl. Länder übh., *Ä* 1, 385. 2, 171. 193. 557 u. ö. Bes. 'Kleinasien', *Ä* 2, 557.

Äsĭlās, ae, *m.*, 1) ein Troër, *Ä* 9, 571. 2) ein Führer und Seher der Etrusker aus Pisa, *Ä* 10, 175. 11, 620. 12, 127 u. 550.

äsĭlus, i, *m.*, Bremse od. Breme, Viehbremse, *G* 3, 147.

1. **Äsĭus**, a, um (*Ἄσιος*, von *ἄσις*, Schlamm, Sumpf), zur asischen Gegend in Lydien am Kaÿster südl. vom Tmolus gehörig, asisch, palus, der asische Sumpf unweit Ephesus, *Ä* 7, 701. prata, fruchtbare Landstrecke daselbst(*Ἄσιος λειμών*), *G* 1, 383. Deïopea, *G* 4, 343.

2. **Äsĭus**, i, *m.*, ein Troër, Sohn des Imbrasus, Gefährte des Äneas, *Ä* 10, 123.

aspargo, s. adspargo.

aspecto, s. adspecto.

aspectŭs (adspectŭs), ūs, *m.* [alter Dat. 'aspectu' st. '-ui', *Ä* 6, 465] (aspicio), 1) akt., das Hinblicken, der Anblick, Blick, *Ä* 6, 465. 'primo aspectu' od. blofs 'aspectu', beim ersten A., *Ä* 1, 613. 4, 279. Plur., mortales, die Blicke der Sterblichen, *Ä* 9, 657. 2) pass., das Sichtbarwerden, der Anblick, den etw. gewährt, urbis, *Ä* 4, 348.

aspĕr, ĕra, ĕrum [Abl. Plur. aspris st. asperis, *Ä* 2, 379], rauh, uneben, 1) eig.: *a*) dem Gefühl nach, *α*) von Gegenden, rura aspera dumis, dornunbewachsene, *Ä* 4, 527. capita montis, zackige Felsen, Gesteine am Fufse des Berges, *Ä* 6, 360. nemus, *Ä* 11, 902. silva, dornicht, *G* 3, 384. sbst., asperrima horum(collium), die rauhesten Teile od. Strecken, *Ä* 11, 319. *β*) v. andern Dingen, 'stachlicht', sentes, *Ä* 2, 379. rubus, *B* 3, 89. lingua (weil entzündet), *G* 3, 508. glacies, *B* 10, 49. mare, wogend, stürmisch, *Ä* 6, 351. Bes. von der rauhen Oberfläche der Gebilde von getriebener od. erhabener Arbeit (sonst 'caelatus'), cymbia, pocula aspera signis, gleichs. 'starrend von Gebilden', d. i. mit erhabenem Bildwerk, *Ä* 5, 267. 9, 263. Beschr. solcher Becher, *B* 3, 36 flg. *b*) dem Geschmack nach, rauh, herb, sapor, *G* 4, 277.

2)übtr., *a*) r a u h, r o h, b a r t, u n f r e u n d -
l i c h, s t ö r r i s c h, g r i m m i g, u n g e -
s t ü m, von Gesinnung u. Betragen, Mezentius, *Ä* 7, 647. Iuno, erbittert, *Ä* 1, 279.
virgo, *Ä* 11, 664. pestis, 'das grause Geschöpf' (die Furie Allekto), *Ä* 7, 505. m.
Dat., non asper rebus egenis veni, nicht
unfreundlich gegen die dürftige Behausung u. Kost, d. i. ich verschmähe nicht
die usw., *Ä* 8, 365. v. Tieren, leo, *Ä* 9, 789.
lupus, *Ä* 9, 62. bos aspera cornu, drohend
mit dem Horne, *G* 3, 57. anguis asper siti, gereizt von oder durch usw., *G* 3, 434.
gens dura atque aspera cultu, derb und
gehärtet von Natur und rauh und wild
in Lebensweise und Sitten, *Ä* 5, 730. *b*)
r a u h, a b g e h ä r t e t, v. Pers., studiis
belli, *Ä* 1, 14. abs., *Ä* 7, 729. *c*) v. Dingen, r a u h, venatus asper victu, d. i. die
Jagd, deren Erwerb mühevoll ist, weil sie
in rauhen u. steinigten Gegenden unter
grofser Anstrengung u. Beschwerde einen
spärlichen Unterhalt gewährt (vgl. *Ä* 1,
445), *Ä* 8, 318. pugna, wo es wild her-
geht, hitzig, *Ä* 11, 635. fata, hartes, widriges Geschick, *Ä* 6, 883. odium, bitter,
Ä 2, 96. saecula, 'die störrige Mensch-
aspergo, s. adspergo. [heit', *Ä* 1, 291.

aspernor, āri (a u. sperno), w e i s e
von mir, verschmähe, verwerfe,
v e r a c h t e, curam, vocantem, *G* 1, 228.
3, 393. haud aspernanda precor, bitte
nichts Unziemliches, Unglimpfliches, *Ä*
11, 106.

aspěro, āre(asper), m a c h e r a u h od.
u n e b e n, rege auf, undas, *Ä* 3, 285.

aspicio (adspicio), spexi, spectum,
čre (ad u. specio), 1) s e h e a u f etw. hin,
od. b l i c k e etwas a n, *a*) eig., mundum,
B 4, 50. cycnos, res, *Ä* 1, 393 u. 526. oculis alqd, *Ä* 12, 151. Imper. 'aspice', parenth. bei einem Satze mit Relativ od.
'ut', blicke nur hin, *Ä* 6, 771 u. 815. *B*
4, 52. dcht. von der Sonne (welcher die
Alten Blick und Auge beilegten), Oceanum aspicit, *B* 7, 101. Mycenas, kehre
zurück nach usw., *B* 2, 578. *b*) übtr., s e -
h e, w e n d e d a s A u g e, n e h m e R ü c k -
s i c h t auf jmd. od. etw., hanc partem,
sehe gnädig od. hold auf diesen Teil des
Gedichtes, *G* 4, 2. alqd oculis aequis (von
den Göttern), *Ä* 4, 372. 9, 209. aspice nos
hoc tantum, richte nur einen Blick auf
uns, sieh nur in so weit auf unsere La-
ge, *Ä* 2, 690. 2) e r b l i c k e, w e r d e g e -
w a h r, s e h e, Daphnim, *B* 7, 8. Tynda-
rida, *Ä* 2, 569. sedes Myrmidonum, *Ä* 2,
785. aquas Stygias, *Ä* 6, 375.

asporto, āre (abs u. porto), f ü h r e
w e g, alqm, *Ä* 2, 778 (*Burm.* u. *Ribb.*;
'portare' *Haupt* u. *Schaper*).

Assǎrǎcus, i, *m.* (*Ἀσσάραχος*), 1) Sohn
des Tros, König von Troja, Bruder des
Ilus, von welchem Laomedon, Vater des
Priamus und des Tithonus, abstammte,
Grofsvater des Anchises u. Stammvater
der Familie des Äneas u. zugleich der
Römer (des julischen Geschlechts zunächst), *Ä* 6, 650. Assaraci proles, *G* 3,
35. gens, die Römer, *Ä* 1, 284. 9, 643;
vgl. *Ä* 12, 127. Assaraci Lar, Schutzgott
von dem Hause des Äneas, *Ä* 9, 259. dcht.
attrib., sanguis, *Ä* 6, 778. 2) zwei Troër
Begleiter des Äneas, *Ä* 10, 124.

assensůs, **assentio**, **asservo**, s.
adsensus, adsentio, adservo.

assǐděo, **assǐdǔus**, **assǐmǐlǐs**, **assǐ-
mǔlo**, **assǐsto**, s. adsideo, adsiduus, ad-
similis, adsimulo, adsisto.

assuesco, **assultus**, **assǔm**, **assurgo**, s. adsuesco, adsultus, adsum, adsurgo.

Assўrǐus, a, um (*Ἀσσύριος*), zu Assyrien, einer Landschaft in Asien jenseit des Tigris (j. 'Kurdistan'), gehörig,
a s s y r i s c h, dcht. übb. 'morgenländisch',
amomum, *B* 4, 25. venenum, an der Küste
Syriens gefunden, d. i. phönicisch (da
Phönicien zu Syrien gehörte und letzteres von Dichtern oft mit Assyrien vertauscht wird), *G* 2, 465.

ast, urspr. wohl Konditionalpart.,
'wenn', seit Ennius Adversativpart. wie
at (s. d.), a b e r, j e d o c h, d a g e g e n,
meist vor Pronom. u. ähnl. Wörtern u.
zwar fast nur vor Vokalen, vor 'ego', *Ä*
1, 46. 7, 308. vor 'ille', *Ä* 1, 116. 3, 330.
5, 468 und 676. vor 'ipse', *Ä* 5, 509. vor
'alius', *Ä* 2, 467. 4, 488. 6, 316. 7, 395. 9,
728. vor 'ubi', *Ä* 3, 410. vor Konson. nur
Ä 10, 743.

asto, **astringo** usw., s. adsto usw.

astrum, i, *n.* (*ἄστρον*), 1) S t e r n,
G e s t i r n, Caesaris, *B* 9, 47. oft Plur.,
Ä 4, 352. aetheria, *Ä* 5, 517. 2) übtr. u.
dcht. st. 'Höhe', turris educta sub astra,
Ä 2, 460. st. 'Himmel' (unsterblicher
Ruhm), sic itur ad astra, *Ä* 9, 641. ferre
alqm ad astra, *B* 5, 52. [10, 522. 11, 704.

astǔs, ū, *m.*, List, Schlauheit, *Ä*

Astyǎnax, nactis, *m.* (*Ἀστυάναξ*), ein
Troër, Sohn des Hektor und der Andromache, *Ä* 2, 457. 3, 489.

Astýr, ўris, *m.*, ein Troër, Gefährte des
Äneas, *Ä* 10, 180.

Asýlǎs, s. Asilas.

asýlum, i, *n.* (*ἄσυλον*), Freistät-
te, Zufluchtsstätte, *Ä* 2, 761. von
Romulus in Rom zuerst für flüchtige Verbrecher gegründet, *Ä* 8, 342.

at, Adversativpartikel [nachgestellt,
B 10, 31], 1) beim Übergange zu Ent-
gegengesetztem, a b e r, d o c h, *Ä* 1,

657. 2, 35. 486 u. 559. wiederholt, *Ä* 7, 315 flg. im parenthet. Satze, at .. hasta, *Ä* 10, 522 (*Ribb.* 'ac'). verstärkt, at vero, *G* 3, 322. at tamen, *B* 6, 49. Auch in der iron. Rede, *Ä* 7, 297 u. 363. 9, 144. Öft. ellipt., 'at non', aber nicht ist es so, at non, quä Scythiae gentes etc., aber nicht so, wie in Libyen, weidet man bei den Skythen die Herden den gröfsten Teil des Jahres draufsen, sondern man hält sie im Stalle, *G* 3, 349. at non Cyrene, aber nicht Cyrene verliefs, wie der hinabgesprungene Proteus, den Aristäus (was sich aus dem fig. 'ultro adfata timentem' ergiebt), *Ä* 4, 530. at non Phoenissa, aber nicht die Karthagerin (Dido) befreite ihr Herz von Sorgen (leniebat curas et corda), *Ä* 4, 529. Bes. *a*) bei Wiederaufnahme der durch Zwischensätze unterbrochenen Rede (wobei jedoch in den Gedanken selbst immer ein Gegensatz liegt), *Ä* 10, 474. 12, 869. *b*) im konzessiven Nachsatze eines Konditionalsatzes, doch, 'doch .. wenigstens', si .. at, *Ä* 1, 543. 4, 615. 5, 405. sin .. at saltem (in bez. auf das minder Wichtige od. Kleinere, was denn doch noch bleibt), *Ä* 1, 557. bei vorausg. 'quamvis', *G* 4, 206. 2) um einen blofs verschiedenen Gedanken anzuknüpfen, aber, doch, andererseits, *Ä* 1, 691. 6, 77. Dah. *a*) beim starken Übergang zu einer neuen Erzählung, *Ä* 4, 1 u. 504. 5, 35. 9, 503. at vero, *Ä* 10, 762. Bes. beim Überg. von einer Abschweifung zur eigentl. Beschreibung (des allmählich sich entwickelnden goldenen Zeitalters), *B* 4, 18. bei der Aufzählung od. Anreihung verwandter Gegenstände, *G* 1, 401. 2, 447 u. 265 (*Ribb.* 'ac'). 3, 87 u. 190. *Ä* 7, 691. 9, 607. *b*) bei Einführung von etwas Unerwartetem u. Überraschendem, *Ä* 2, 225. 3, 225. 3) bei plötzlich hervorbrechenden Bitten u. Verwünschungen, *Ä* 2, 535. 8, 572.

ätävus,i,*m.*(avus),'Urgrofsvater',Plur. (atavi) dcht. übh. Ahnen, Vorfahren, *Ä* 7, 56. 12, 529. attrib., atavi reges, *Ä* 7, 474.

ätĕr, atra, atrum, schwarz (mit dem Nebenbegr. des Glanzlosen, Widrigen, Gegs. 'albus'), 1) eig., schwärzlich, dunkel, trübe, düster, fumus, *Ä* 9, 230. fax, wegen des Pechqualmes, 'qualmend', *Ä* 10, 77 (wo 'atrā face' übh. vom Kriege zu verstehen, womit die Troër die Latiner verfolgten, nicht vom Feuer). lumen, vom Lichte der Pechfackel, die Qualm erzeugt, *Ä* 7, 457. ignes, des Scheiterhaufens 'düstere Flammen', *Ä* 11, 186. nemus, düster (wegen des dichten Schattens), *Ä* 1, 165. spelunca, *Ä* 1, 60. nubes, *Ä* 4, 248. nebula, *Ä* 2, 356. tempestas (Wet-

terwolke), *Ä* 2, 516. fluctus (infolge des Nordwindes), *Ä* 5, 2. nubila, *Ä* 5, 512. nox, *Ä* 1, 89; als Bild u. üble Vorbedeutung des frühen Todes, *Ä* 6, 866. vesper, *Ä* 5, 19. tempestas, *Ä* 5, 693. turbo, *Ä* 12, 923. venena, *G* 2, 130. sanguis, *G* 3, 221. fel, *Ä* 8, 219 (wo 'atro felle' Abl. des Ortes, da die schwarze Galle der Sitz der Zornwut ist, während 'furiis' Abl. des Grundes, d. i. aus od. vor Wut). 2) übtr., schwarz, dunkel, finster, unheilvoll, grauenvoll (bes. von dem, was auf Tod u. Todesgefahr hinweist, wie alles auf die Unterwelt Bezügliche als dunkel u. düster bezeichnet wird), sinus, des Kokytus, *Ä* 6, 132. Allecto (als Tochter der Nacht u. Bewohnerin des Orkus), *Ä* 7, 324. agmen, unheildrohende 'schwarze Schar', *Ä* 12, 450. seges, *Ä* 7, 525. frons, *Ä* 6, 215. palus, *Ä* 7, 801. cupressus, *Ä* 3, 64. Timor, *Ä* 9, 719. serpens, *G* 1, 129. tigris, *G* 4, 407. Styx, *G* 1, 243. dies, *G* 6, 429.

Äthĕsis, is, Akk. 'im', *m.*, Flufs in Oberitalien, j. 'Etsch', *Ä* 9, 680.

Äthōs, *m.* ('Άθως), Berg in Macedonien am strymon. Meere, *Ä* 12, 701. Akk. Athōn gemessen, *G* 1, 332.

Ätĭna, ae, *f.*, Stadt der Volsker in Latium, *Ä* 7, 630.

Ätĭnäs, ätis, *m.*, Führer der Rutuler, *Ä* 11, 869. 12, 661.

Ätĭus, a, um, Name eines alten röm. Geschlechts (gens Atia), welchem die Mutter des Oktavianus angehörte, Plur.: Atii, *Ä* 5, 568.

Atlans, s. Atlas. ~

Atlantis, tĭdis, *f.* ('Ατλαντίς), Tochter des Atlas, Elektra; *Ä* 8, 135. Plur., Atlantides, die sieben Plejaden, der Sage nach Töchter des Atlas u. der Pleïone, *G* 1, 221.

Atlās od. **Atlans**, antis, *m.* ('Άτλας), 1) Sohn des Japetus u. der Klymene, Vater der Plejaden, welcher die Säulen hält, die den Himmel stützen, u. aller Meerestiefen, sowie der himmlischen Dinge kundig war, *Ä* 1, 741 flg. 4, 481. 6, 797. 8, 136. 2) das mit jenem identifizierte Atlasgebirge in Westafrika, j. 'Darah', mit hohen schmalen Bergjochen, dah. als luftige Himmelsstütze erscheinend, *Ä* 4, 247.

atquĕ, s. ac.

at-quï,Konjkt.(adversatives'at'u.Versicherungspart. 'qui' od. 'quin'), zur Anknüpfung einer adversativen Behauptung, nun aber, gleichwohl, und doch, *G* 3, 526.

Atrīdēs,ae,*m.*('Ατρείδης),der Atride, des Atreus Sohn, d. i. Menelaus, *Ä* 11, 262. Atridae, d. i. Agamemnon u. Menelaus, *Ä* 1, 458. 2, 104. 499. 9, 136 u. 599. gemini, *Ä* 2, 415. 8, 130.

ātrĭum, ĭi, *n.*, Vorhalle, Halle, Vorsaal (der Teil des röm. Hauses, in den man zunächst durch den Eingang kam, wo die Ahnenbilder hingen u. die Frau des Hauses mit ihren Dienerinnen arbeitete), dcht. im Plur. auch v. éinem Atrium, *Ä* 1, 726. 2, 483. 12, 474.

atrox, ōcis (ater), schwarz od. finster aussehend, dah. von dem, was Unglück verkündet od. andeutet, übtr. v. Pers., trotzig, finster, wild, unbeugsam, Nisus, *G* 1, 407. Juno, *Ä* 1, 662.

attactŭs (adtactŭs), ū, *m.* (attingo), das Anrühren, die Berührung, *Ä* 7, 350.

at-tămĕn, Konjkt., aber doch, doch, s. tamen.

attĕro (ad-tĕro), trīvi, trītum, ĕre, reibe etw. an etw., zerreibe, herbas, zerstampfe, zertrete, *G* 4, 12. prägn., alas, durch Reiben 'beschädigen' od. 'verwunden', *Ä* 4, 204. Part. **attrītus**, a, um, vom häufigen Gebrauche abgerieben, abgegriffen, ansa, *B* 6, 17. sulco attritus vomer, 'in der (tiefgezogenen) Furche gescheuert', *G* 1, 46.

attingo (adtingo), tĭgi, tactum, ĕre (ad u. taŋgo), rühre an, berühre, dextram, *Ä* 9, 558. summo tenus ore (näml. den Trank bei Libationen), *Ä* 1, 737. nec telas possunt attingere putres, noch konnte man, wenn man auch ein solches Vliefs geschoren u. ein Gespinnst bereitet hatte, die aus mürber Wolle gesponnenen Fäden 'berühren', d. i. zum Gewebe straff anziehen, 'anzetteln' (weil sie sofort zerrissen), *G* 3, 561. Bes. *a)* berühre einen Ort, betrete, erreiche, arva, *Ä* 7, 662. proram, *Ä* 10, 659. lumina, gelange zum Lebenslicht, *Ä* 6, 830. *b)* treffe eine Person an, alqm his terris morantem, *Ä* 4, 568. *c)* rühre an, koste, fresse, v. Tieren, herbam, *B* 5, 26.

attollo (ad-tollo), ĕre, 1) eig.: *a)* hebe in die Höhe, erhebe, hebe empor, fasces, *Ä* 7, 173. ora, oculos, colla, bracchia, *Ä* 1, 354. 4, 688. 5, 278 u. 364. globos flammarum, wirbele auf, wälze empor, *Ä* 3, 574. amicum ab humo, hebe empor, *Ä* 5, 452. me fluvio, steige aus dem Strome auf, *Ä* 8, 32. me in auras, *Ä* 4, 176. me in femur, richte od. hebe mich auf den Schenkel, *Ä* 10, 856. ter me, *Ä* 4, 690. umeris (Abl.) regem, hebe auf die Schultern, *G* 4, 217. v. Bäumen, capita caelo (Dat.), zum Himmel, *Ä* 9, 682. Dah. *a)* von hohen Gebäuden, führe auf, errichte, richte auf, molem roboribus textis, *Ä* 2, 185. arcem tectis, erhebe od. erriche eine Burg durch Bauten, durch ihre Dächer, d. i. führe eine Burg auf nach anderen 'tectis' Dat., errichte für

die Häuser eine Burg, d. i. gebe der Stadt eine Burg, *Ä* 3, 134. *b)* von Ländern, denen man sich nähert, attolit se Lacinia Caulonisque arces, erhebt sich, *Ä* 3, 552; vgl. *Ä* 3, 205. *c)* dcht. medial im Pass., 'erhebe mich', attollitur unda, *Ä* 5, 127. attolluntur arenae, Sand wird aufgeworfen, *Ä* 9, 714. 2) übtr., erhebe, richte auf, erhobe, animos, *Ä* 12, 4. iras, zornigsich emporrichten (von der Schlange), *Ä* 2, 381. gloria attollit se, schwingt sich auf, *Ä* 4, 49.

attondĕo (ad-tondĕo), tondi, tonsum, ĕre, schere, beschneide, vitem, *G* 2, 407. dcht., virgulta, benage, *B* 10, 7.

attŏnĭtus (adtŏnĭtus), a, um (Part. v. attono), *a)* wie vom Donner gerührt, von Schlangen, betäubt u. erstarrt, *G* 3, 545. *b)* übh. heftig erschüttert, betäubt, bestürzt, besinnungslos, animi, *Ä* 5, 529. 7, 814. v. Pers., *Ä* 4, 282. 5, 659. monstris, *Ä* 7, 659. Baccho, begeistert, *Ä* 7, 580. visis, *Ä* 3, 172. fatis coniugis, *Ä* 12, 610. rostris, von der Bewunderung der öffentl. Beredsamkeit hingerissen, *G* 2, 508. dcht. von Lebl., domus (personif., wie ein Mensch, dem die Nähe eines Gottes Besinnung u. Sprache geraubt hat, der dadurch betäubt wird), *Ä* 6, 53.

attorquĕo (ad-torquĕo), ĕre, schwinge empor, iaculum, *Ä* 9, 52.

attrăho (ad-trăho), traxi, tractum, ĕre, 1) ziehe heran, spiritum ab alto, hole tief herauf, *G* 3, 505. 2) übtr., ziehe od. bringe wohin, quae causa attraxerit (näml. nos) Arpos, 'nach Arpi', *Ä* 11, 250.

attrecto (adtrecto), ăre (ad u. tracto), rühre an, berühre (sacra manu patriosque penates) me attrectare nefas, *Ä* 2, 719.

Ätỹs, ỹos, *m.* (Άτυς), ein Troër, Stammvater der atischen Familie (gens Atia, welcher die Mutter des Oktavianus angehörte), den Vergil zum Busenfreund des Iulus macht, wodurch er auf feine Weise dem Augustus schmeichelt, *Ä* 5, 568.

auctor, ōris, *m.* [als *f.* von Juno nur *Ä* 12, 159] (nach *Schömann* v. 'aio' st. aitor, der ja sagt, versichert od. bestätigt, sodann der etw. gewährt, verleiht od. veranlafst; gew. v. 'augeo' abgel., der etw. hervorbringt od. fördert), 1) unmittelbar: *a)* Urheber, Schöpfer, frugum, *G* 1, 27. teli, 'Absender', *Ä* 9, 748. 'Stifter', generis, sanguinis, 'Stammvater', 'Ahnherr', *Ä* 3, 503. 4, 365. 7, 49. 'Stifter', 'Begründer' einer Opferfeier, *Ä* 8, 269; vgl. *Ä* 9, 421. *b)* Gründer, Erbauer, Troiae, *Ä* 6, 650. 8, 134. *G* 3, 36. pater urbis et

auctor, v. Dardanus, *Ä* 8,134. des trojan. Rosses, *Ä* 2, 150. *c)* Erzähler, 'Bote', der etw. verkündet (Gegs. zu 'fama'), certior, *Ä* 10,510. 2) mittelbar: *a)* Gewährsmann, Bürge, Zeuge, certissimus, *G* 1, 432. v. Juppiter, *Ä* 5,17. *b)* der zu etw. durch Wort od. Beispiel auffordert, etw. mitteilt, Ratgeber, 'Lehrer', prudens, *G* 2, 315. Acetes, *Ä* 5, 418. Apollo, *Ä* 8, 836 (weil die Wahrsager die Sprüche von ihm empfingen); 12,405 (als Erfinder der Heilkunde u. weil lapis als Geschenk diese von ihm empfing). non futtilis, *Ä* 11, 339. fatis auctoribus, nach dem Rate, nach der Bestimmung des Schicksals, *Ä* 10, 67. 'auctor sum' m. Gen. Gerund., rate zu etw., a. ego (sum) audendi, rate zum Wagnis, 'wage es! ich rate es dir', *Ä* 12,159.

auctumnus, s. autumnus.

audax, dācis (audeo), 1) v. Pers., unternehmend, kühn, m. Abl., iuventā, mit jugendlichem Eifer od. Feuer, *G* 4, 565. 'viribus', auf seine Kraft vertrauend, *Ä* 5, 67. abs., mutig, beherzt, *Ä* 9, 3. Rutulus, *Ä* 7, 409. Pallas, *Ä* 8, 110. 2) v. Sachen, Kühnheit verratend, kühn, dreist, coeptum, *G* 1, 40. factum, verwegene That, freches Vorgehen, v. Wolfe, *Ä* 11, 812. animus, *Ä* 7, 475. malae, verwegener, gieriger Zahn, *Ä* 7, 114.

audens, entis (eig. Part. v. andeo), wagend, kühn, entschlossen, sbst., *Ä* 10, 284. Kompar., *Ä* 6, 95. 9, 291.

audeo, ausus sum, audēre ['ausim' Konj. Fut., *B* 3, 32. *G* 2, 289], *a)* wage, unternehme etw. (Schwieriges od. Gefahrvolles), alqd, *B* 3, 16. maiora viribus, was die Kräfte übersteigt, *Ä* 10, 811. extrema, *Ä* 2,349. nefas, *Ä* 6,624. abs., *Ä* 10, 284. 12, 159. audendum extrā, d. i. wir müssen mit der Hand etw. wagen, 'jetzt gilts mit der Hand', *Ä* 9, 320. vom noch zarten Füllen, audeat haec, 'darin prüfe, versuche es sich abwechselnd', d. i. es mufs bald an Lärm u. Geräusch, bald an die Halftern gewöhnt werden, *G* 3, 188. mit Inf., *G* 1, 464. *Ä* 5, 379. 9, 6. dcht. mit näherer Bestimmung durch die Präp. 'in', d. i. trete mutig auf, mutig vor zum Kampfe, *Ä* 2, 347. *b)* wage, gewinne es über mich (etw. zu thun), mit Inf., aude contemnere opes, *Ä* 8, 364.

audio, īvi (ii), ītum, īre [Präs. bisw. mit der Bed. des Perf., wie ἀϰούω st. ἀϰήϰοα, wenn der Inhalt des Gehörten als noch in der Gegenwart dauernd gedacht wird; vgl. *Ä* 6, 791], 1) höre, *a)* höre, vernehme, signum, *Ä* 5,316. armorum sonitum, *G* 1, 475. sonum, *Ä* 12, 449. voces (Gegs. reddo), *Ä* 6, 689; vgl. *Ä* 4,302. quidve moror, si omnes .. Achi-

vos, idque audire sat est? oder warum halte ich euch durch meine Erzählung noch auf, wenn ihr alle Griechen ohne Unterschied dies (den blofsen Namen 'Grieche') zu hören euch genügt, *Ä* 2, 102 flg. *b)* höre, erfahre, Troiae laborem, *Ä* 2, 11. mit Akk. u. Inf., *Ä* 4, 562. *G* 2, 539. auch von dem, was durch das Schicksal bestimmt ist, *Ä* 6, 791. Pass. m. Dat., nulla tuarum audita (est) mihi neque visa sororum (st. a me), d. i. nirgends habe ich eine deiner Gespielinnen gesehen oder gehört, *Ä* 1,326. abs., auditi, als solche, von denen wir bereits gehört haben, die durch den Ruf uns bekannt sind, *Ä* 7,196. 2) prägn.: *a)* vom Richter, höre etw. an, dolos, v. Rhadamanthus, *Ä* 6, 567. *b)* erhöre jmds. Bitten, orantem, *Ä* 4,220; vgl. *Ä* 11, 794. preces, *Ä* 4, 612. 8, 574. voces, *Ä* 4,439. *c)* höre auf etw. od. auf jmd., gehorche, folge, praecepta sponsae, *Ä* 2,346. dcht. v. Wagen, st. v. den daran gespannten Rossen, habenas, *G* 1, 514.

aufĕro, abstŭli, ablātum, auferre (ab u. fero), 1) trage od. bringe hinweg od. fort, *a)* eig., hostem ante gremium, führe fort, *Ä* 11, 744. me ex oculis, entferne mich, *Ä* 4, 389. dcht., crinem alci, schneide ab, *Ä* 4, 699. diem, von einer Gewitterwolke, das Tageslicht rauben od. entziehen, den Tag zur Nacht machen, *Ä* 3, 199. Pass. 'auferor', werde fortgetragen, fortgerissen, enteile (durch Flügel od. andere schnelle Bewegung), pennis, im Fluge, *Ä* 3, 258. 11, 887. m. 'refugio' verb., *Ä* 3,258. übh. enteile, m. 'fugax' verb., *Ä* 11,713. *b)* übtr., reifse hin, verleite, alqm, *B* 8, 41. 2) nehme gewaltsam weg, entreifse, raube, *a)* eig., animam hosti, *Ä* 9, 443. caput ense, schlage od. haue ab, *Ä* 12,382. caput alci, *Ä* 9,332. abs., 'raffe dahin', 'raube', quem abstulit atra dies, *Ä* 11, 28. 3) räume fort, entferne, *a)* eig., labores coeptos, *Ä* 8,439. *b)* übtr., nehme mit mir, amores, *Ä* 4, 29. metus, banne die Furcht, entschlage mich der F., *Ä* 12, 316. dcht. von der Nacht, colorem rebus, raube, *Ä* 6, 272.

Aufīdus, i, *m.*, reifsender Flufs in Apulien, der sich unweit Arpi ins adriat. Meer ergiefst, j. 'Ofanto', *Ä* 11, 405 (wo der Aufidus in besonderer Beziehung zu Diomedes genannt wird, weil er dessen Reich Arpi berührte).

augĕo, auxi, auctum, ēre (St. αὐγ in αὔξω, αὐξάνω), vermehre, *a)* vermehre, vergröfsere, solum Cereale pomis, häufe Früchte hoch auf die Unterlagen des Brotes wie auf Tische, die dadurch gleichs. selbst erhöht werden, *Ä* 7, 111. übtr., Italos, v. kleinen Priamus, der sein Geschlecht in Italien fortpflanzen u. das Volk mehren sollte, *Ä* 5,565. *b)* v e r m e h r e durch Hinzufügen, dona, bringe Opfergaben von meiner Seite, *Ä* 9, 407. numerum altaribus, vermehre die Alt., *Ä* 7,211.

augŭr, ŭris, *m.* (avis), A u g u r, ein in Rom hochgeachtetes Priesterkollegium, das aus Beobachtung der Blitze, des Vogelfluges usw. weissagte, dcht. übh. W e i s s a g e r, S e h e r, Rhamnes, *Ä* 9, 327. augur Apollo, *Ä* 4, 376.

augürĭum, ĭi, *n.* (augur), eig. Beobachtung u. Deutung der Wahrzeichen, bes. des Vogelfluges, 1) abstr., *a)* übh. W e i s s a g u n g, Verheißung, dcht. 'Vorgefühl', 'Ahnung', *Ä* 5 , 7. *b)* weissagende Kraft, Weissager- od. S e h e r k u n s t, *Ä* 9, 328. 12, 394. 2) konkr., Z e i c h e n, W a h r z e i c h e n, gew. mit dem Nebenbegr. des Günstigen, *Ä* 2, 703. 3 , 89. 5, 523. prägn. v. Erfolg desselben, *Ä* 10,255. augurium dare, ein verständliches od. unzweideutiges Zeichen geben, ob er (Anchises) die Wundererscheinung als eine günstige Vorbedeutung der Götter betrachten solle, *Ä* 2, 691.

augŭro, āre (augur), eig. befrage die Weissagevögel, dah. übh. p r o p h e z e i e, ahne etw., aliquid veri, *Ä* 7, 273.

1. **augŭstus**, a, um (augeo), g e h e i l i g t, g e w e i h t, übh. e h r w ü r d i g, e r h a b e n, moenia, tectum, *Ä* 7, 153 u. 170. sedes, der gleichs. durch Vogelschau geheiligte Sitz der Bienenvolkes, das unter einer hochgefeierten Königin in einem Fürstenpalaste wohnt, *G* 4, 288.

2. **Augŭstus**, i, *m.*, Bein. des Oktavianus Cäsar (seit 27 v. Chr.; vgl. Cäsar), von Vergil als der ausgezeichnetste Held Roms nächst Romulus gefeiert, da unter ihm das goldene Zeitalter zurückkehrt u. seine Herrschaft sich auf die entferntesten Völker erstreckt, so daß seine Thaten selbst über die des Bacchus u. Herkules gestellt werden, *Ä* 6 , 792 flg. 8, 678.

aula, ae, *f.* [altert. Gen. 'aulai', *Ä* 3, 354], 1) V o r h o f, medium aulai, der innere Hof des Hauses, Vorsaal (atrium), *Ä* 3, 354. 2) H o f eines Herrschers, P a l a s t, *Ä* 4, 328. auch v. Aufenthaltsort der Götter, wie von der Insel des Äolus, *Ä* 1, 140. dcht., 'Zelle' der Bienen, in bez. auf die Königin, vacua in aula, d. i. in der durch die Ermordung der schlechten Königin geräumig gewordenen Zelle od. übh. im freien sichern Bienenkorb, *G* 4, 90; vgl. Plur., *G* 4, 202

aulaeum, i, *n.* (αὐλαία), *a)* bunte D e c k e

od. T e p p i c h, B e h ä n g e mit künstlich eingewebten Figuren, das als Baldachin von der Decke des Zimmers od. Saales herab ausgespannt war, aulaeis superbis, 'unter einem stolzen Baldachin', *Ä* 1, 697. *b)* V o r h a n g vor der Bühne, bei den Alten (zunächst allerdings nur bei den Römern) unten befestigt, um ihn am Schluß des Aktes od. Stückes langsam in die Höhe zu rollen, dah.: intexti tollunt aulaea Britanni, und wie die eingewirkten Britannen den purpurnen Vorhang aufziehen (weil auf diese Weise die Köpfe der eingewebten Figuren zuerst dem Boden entstiegen u. dem Auge sichtbar wurden, so daß diese Figuren selbst den Vorhang aufzuziehen schienen), *G* 3, 25.

Aulestēs, ae, *m.*, Fürst (Lar) der Etrusker, Sohn des Tiberinus u. der Nymphe Manto, Erbauer von Perusia, Bundesgenosse des Äneas, *Ä* 12, 290. dcht. v. Schiffe des Aul., dah. 'gravis', *Ä* 10, 207.

Aulis, ĭdis, *f.* (Αὐλίς), Hafenort in Böotien, j. 'Vathi', wo Agamemnon die Flotte gegen Troja versammelte, *Ä* 4, 426.

Aunus, i, *m.*, ein Bew. der Apenninen, *Ä* 11, 700 u. 717.

aura, ae, *f.* [altert. Gen. 'aurai', *Ä* 6, 747], 1) das sanfte Wehen der Luft, *a)* der L u f t h a u c h, Wind, bes. Plur. 'Lüfte', *Ä* 2, 728. aetheriae, aëriae, Lüfte des Himmels, des Äthers, *Ä* 4, 445. 5, 520. ventosi murmuris aurae, *B* 9, 58. als Bild der Schnelligkeit, v. Pferde, anteire cursibus auras, *Ä* 12, 84. Bes. für die Schiffahrt günstiger Wind, *Ä* 3, 356 7, 8. aurae vela vocant, *Ä* 3, 356. *b)* der höchste Teil der Atmosphäre, die himmlischen od. ätherischen Regionen, H ö h e, H i m m e l, *Ä* 4, 176. 6, 733. *G* 2, 363. 3, 109. aetheriae, *G* 2, 291. *Ä* 7, 557. sto ad auras, rage in die Höhe, hoch auf, *Ä* 6, 554; vgl. *Ä* 3, 422. 6, 561. 7, 466. dcht. st. 'Oberwelt' (Gegs. zur Unterwelt); superae, *G* 4, 486. *Ä* 6, 128. aetheriae, *Ä* 6, 761. übh. 'das Freie', 'Tageslicht', fugio auras, *Ä* 4, 388; vgl. *Ä* 2, 258. fero sub auras, bringe ans Licht, mache bekannt, *Ä* 2, 158. *c)* atmosphärische L u f t, die wir einatmen, L e b e n s l u f t, vitales, *Ä* 1, 387; vgl. *Ä* 1, 546. 3, 339. *G* 1, 376. haurire auras, *Ä* 10, 898. *d)* die mit etw. angefüllte Luft, dah. D u f t, Geruch, dulcis, *G* 4, 417. notae aurae, Ausdünstung, *G* 3, 251. *e)* die von einem leuchtenden Körper ausgehenden Strahlen, L i c h t g l a n z, S c h i m m e r, auri, der strahlende 'Abglanz' des Goldes, *Ä* 6, 204. 2) übtr., tenuis famae, flüchtiger Hauch des Gerüchtes, schwache, dunkle Sage, *Ä* 7, 646. Plur., populares, Gunst od. Ansehen beim Volke, *Ä* 6, 817.

aurātus, a, um (aurum), vergoldet, chlamys, mitGold durchwebt od.gestickt, *Ä* 5,250. frons, der Opfertiere, um deren Hörner man nachgriech. Sitte Goldblech legte, *Ä* 9, 627. radii (von der Strahlenkrone des Latinus), *Ä* 12,160. dcht., tempora, die mit goldenem Helme bedeckten Schläfe, *Ä* 12,536. vom Eridanus, auratus cornua, mit verg. H., *G* 4, 372.

aurĕus, a, um [in den Endsilben -eā, -eo, -eis, -ei oft m. Synizesis, doch nur am Anfang od. Ende des Verses, *Ä* 1, 698. 5, 352. 7, 190. 8, 372. 10, 116], golden, 1) eig.: *a)* aus Gold, fibula, *Ä* 4, 139. virga, *Ä* 7,190. *b)* golden, d. i. mit Gold versehen, verziert, durchwirkt, fulcra, *Ä* 6, 604. cingula, *Ä* 1, 482; aurea bullis, mit goldenen Buckeln, *Ä* 9, 359. vestis, *Ä* 8,659. Capitolia (bes. in bez. auf die reichen Geschenke in den Tempeln u. die sonstige Ausschmückung), *Ä* 8, 348. *c)* golden, d.i.goldfarben,goldschimmernd (χρύσεος), Phoebe, *G* 1, 431. sidera, *Ä* 2, 488. 11, 833. caesaries, *Ä* 8, 659. umbo, *Ä* 11,271. mala, *B* 3, 71. aureus ipse, näml. 'flos' (d. i. die Scheibe oder der Kelch der Blume im Gegs. zu den übrigen Teilen), *G* 4,274. Dcht. von dem, dessen Waffen wie Gold strahlen,'goldblitzend', 'aureus in armis' od.blofs 'aureus', *Ä* 9,270. 11, 490. 2) übtr.: *a)* golden, d. i. schön, herrlich, reizend,Venus (wie χρυσέη Ἀφροδίτη, Hom. Il. 3, 64), *Ä* 10, 16. *b)* zur Bezeichn. des Vortrefflichen (wie χρύσεος), gens, in bez. auf das 'goldene Zeitalter', *B* 4, 9. saecula, *Ä* 6, 793.

auricŏmus, a, um (aurum u. coma), goldhaarig, dcht. 'goldbelaubt', fetus, *Ä* 6, 141.

aurīga, ae, *m.* (aurea u. ago), Lenker od. Führer der Zügel, *G* 1, 514. *Ä* 12, 85. 'Fuhrmann', *Ä* 12, 624. attrib. (*f.*), auriga soror, die den Wagen lenkte, *Ä* 12, 918.

auris, is, *f.* (οὖς, nach *Curt.* Wurz. *au*), 1) Ohr als Teil des Körpers, *Ä* 5, 435. ire per aures alcjs, zu jmds. Ohren kommen, *Ä* 1, 375. meton., 'Gehör', *Ä* 1, 152. 2, 81. 2) übtr., aures binae, die an den beiden Seiten des Scharbaums befestigten und nach hinten weit auseinanderstehenden Bretter (um den Acker in hohe Beete aufzufurchen), 'Seitenbretter', *G* 1, 172.

aurītus, a, um (auris), mit (langen) Ohren versehen,langgeohrt,Langohr, lepus, *G* 1, 308.

Aurōra, ae, *f.* (αὐώς, ἀώς, ἠώς), *a)* Göttin der Morgenröte oder des aufgehenden Tageslichtes, Ἡώς (nur *Ä* 3, 521 bei *Ribb.* appellat. *aurora*), Mutter des Memnon, Tochter des Hyperion u. Gattin des Tithonus (aus dessen Lager sie sich des Morgens erhebt; vgl. Hom. Od. 5, 1), *G* 1, 249. 447. 4, 544. 552. *Ä* 1, 751. 3, 521. 589. 4, 7. 129. 568. 585. 7, 26. 9, 460. 10, 241. 11, 1u. 182. 12, 77. Fährt nach dcht. Zusammenstellung mit dem Sonnengotte und dessen Rossen am Himmel empor, obgleich sie sonst jenem vorausgeht, *Ä* 5,105. 6, 535. übh. Göttin des Tages, *Ä* 5, 65. Bes. *b)* zur Bezeichn. des Ostens, der östlichen Gegenden und Völker in der umfassendsten Bed., ab Aurora, vom Sitz der Aur. her, d. i. von Osten; vom phrygischen Ida her, *Ä* 9,111. Auroram sequi, 'in das Gebiet der Aur. folgen', d. i. bis zum äufsersten Osten vordringen (in bez. auf die spätere Bekämpfung der östlichen Völker durch Augustus), *Ä* 7, 606. victor ab Aurorae populis, siegreich über die östlichen V. (die Parther u. Armenier), *Ä* 8, 686.

aurum, i, *n.*, Gold, 1) eig., als Masse, *Ä* 1,593. zum Schmücken der Waffen, *Ä* 9, 163. lato quam (pharetram) circum amplectitur auro balteus, ein breiter goldener Gurt, *Ä* 5, 312. dcht., vom goldenen Glanz der Gestirne, radii et aurum, *Ä* 7, 142. 2) meton.: *a)* das aus Gold Bereitete (wie χρυσός), goldenes Gerät, Becher usw., *Ä* 1,640.648.739.goldeneSchale od. Schüssel, *Ä* 3, 355. 7, 245. goldener Wagen, *Ä* 5,817 (wo *Ribb.* 'curru' st. 'auro'). goldenes Geschirr, dann 'fulvum', gold. Gebifs, *Ä* 7,279. goldene Stoffe, captivum, *Ä* 11, 779. picta vestis et aurum, Goldschmuck, *Ä* 9, 26. goldene Spange od. Schnalle, *Ä* 11, 771. goldenes Band od. Netz für das Haar, *Ä* 4,138. goldener Haarschmuck (Stirnband, Diadem), *Ä* 4, 148. 7, 816. fulvum, goldene Agraffe, mit der das wallende Gewand knotenartig unter der Brust zusammengehalten wurde, *Ä* 11,776. goldene Fäden, *Ä* 3,483. 'Golddraht', *Ä* 3, 467. velatus auro vittisque iuvencus, mit vergoldeten Hörnern geschmückt und mit Binden umhüllt, *Ä* 5, 366. *b)* übh. 'Gold', Reichtum (an Gold), Schätze, *Ä* 3, 55 u. 57. 12, 23.

Aurunci, ōrum, *m.*, altes Volk in Latium, an der Küste u. den Ufern des Liris, *Ä* 11, 318. 12, 94.

Auruncus, a, um (Aurunci), zu den Aurunkern gehörig, aurunkisch, senes, *Ä* 7, 206. patres, *Ä* 7, 727. manus, *Ä* ausim, s. audeo. [7, 795. 10, 353.

Ausŏnia, ae, *f.*, das Land der Ausoner, d. i. aller Völker Italiens von der Grenze Latiums bis an den Sarnus, dcht. ganz Italien, *Ä* 3,477. 479. 496. 7, 55. 623. 9, 136. 10, 54. 356. 11, 58.

Ausŏnĭdae, dārum u. dûm, *m.* (Ausones), Bew. Ausoniens, *Ä* 10, 564. 11, 287. übh. Bew. Italiens, *Ä* 12, 121.

Ausŏnĭus, a, um (Ausones), zu den Ausonern gehörig, ausonisch, 1) adj., dcht. st. 'italisch', 'römisch', terra, *Ä* 3, 171. 4, 349. 6, 807. portus, *Ä* 3, 378. 9, 89. sal, *Ä* 3, 385. sanguis, *Ä* 7, 547. 12, 838. proles, *Ä* 4, 236. Thybris, *Ä* 5, 83. Turnus, *Ä* 12, 183. cuspis, *Ä* 11, 41. manus, *Ä* 8, 328. litus, *Ä* 7, 198. coloni, *G* 2, 385. duces, *Ä* 10, 268. fines, *Ä* 6, 346. portus, *Ä* 9, 99. acies, *Ä* 9, 639. orae, *Ä* 7, 39. urbes, *Ä* 7, 105. arva, *Ä* 7, 537. 2) Sbst., Ausŏnĭi, ōrum, *m.*, Bew. von Ausonien, die Ausonier, *Ä* 7, 233. 10, 105. 11, 253. 12, 447. 834 u. 937.

auspex, spĭcis, *m.* (avis u. specio), Wahrsager aus dem Fluge, Gesange od. Fressen der Vögel, Vogelschauer, dah. (weil in Rom keine wichtige Handlung ohne solche Auspizien vorgenommen wurde) 'Beschützer', bes. v. Göttern, sofern sie ein Unternehmen begünstigen u. unterstützen, operum coeptorum, des Baues, *Ä* 3, 20. dis auspicibus, unter dem Schutze der Götter, *Ä* 4, 45.

auspĭcĭum, ĭi, *n.* (eig. 'avispicium'), 1) das 'Beobachten der Weissagevögel', *a)* eig., maioribus auspiciis, 'unter höheren Götterzeichen', auf Veranlassung u. unter dem Schutze u. der Leitung des Juppiter selbst (deûm rex), *Ä* 3, 375. *b)* meton., höchste Macht, Gewalt od. Würde, oberste Leitung der Herrschenden (eig. der Oberfeldherren, denen allein im Kriege das Recht zustand Auspizien anzustellen), infaustum, *Ä* 11, 347. gew. Plur., paribus auspiciis, mit gleicher Macht u. Würde, *Ä* 4, 103. 7, 257. meis auspiciis, nach eigenen Beschlüssen, nach meinem Sinn od. Willen, *Ä* 4, 341. 2) übtr., Anzeichen, Wahrzeichen, Vorbedeutung, *Ä* 3, 499. 5, 534. 11, 33.

auster, stri, *m.* (αὖω, αὔος, αἰστηρός), *a)* Südwind, oft von Regen begleitet (Hauptwind des Mittelmeeres), umidus, pluvialis, *G* 1, 462. 3, 429. frigidus, *G* 4, 261. nigerrimus, *G* 3, 278; vgl. *Ä* 9, 670. austri furentes, densi, *Ä* 2, 304. 5, 697. Der trockene Südwind (Scirocco) war bes. den Blumen u. Blüten verderblich, dah. im ländlichen Sprichw., 'austrum iamittere floribus', den S. unter die Blumen lassen, die Bl. dem S. aussetzen (von dem, der seiner Neigung ohne Hoffnung auf günstigen Erfolg Seelenruhe u. Wohlstand opfert), *B* 2, 58. *b)* meton., südliche Gegend, Süden, Mittag, *G* 1, 241.

austrīnus, a, um (auster), zum Süd-

wind gehörig, calores, Hitze od. Glut des Südwindes, *G* 2, 271.

ausum, i, *n.* (audeo), Wagnis, Beginnen, Unternehmen, Plur., talia, so schändliche That, *Ä* 2, 535. fortia, *Ä* 9, 281.

aut, disjunktive Konjkt. [nachgestellt, *Ä* 1, 369. 4, 187. 7, 298. 9, 214. 12, 852. *G* 1, 184], oder, zur Trennung u. Gegenüberstellung verschiedener Dinge u. Begriffe (von denen das éine das andere ausschliefst; vgl. 'vel' u. 'sive'), *Ä* 1, 183. 324. aut (in) Erymantho aut in Ida, *Ä* 5, 448 flg. bisw. nachgestellt, *Ä* 1, 369. mit Ergänzung der Konjkt. 'cum' aus dem Vorhergeh., aut *cum* ingreditur, *Ä* 10, 767. doppelt, aut.. aut, 'entweder.. oder', *Ä* 1, 183. 6, 365. 10, 9. 12, 14. *G* 1, 445. Meist dcht. Verbindungen sind in Negativsätzen zur Fortführung der Verneinung, non.. nec.. aut, und nicht, auch nicht (bei einem gemeinsamen od. verschiedenen Zeitw.), *Ä* 2, 778. neque.. nec.. aut, 'nicht.. nicht.. auch nicht', *Ä* 4, 339. 11, 847. 12, 825 (ebenso nach 'nullus' durch 'noch' od. 'nie' zu übers., *Ä* 4, 439, wo *Ribb.* 'haut'), *Ä* 10, 593. Auch in der negativ zweifelnden Frage, quis crederet.. aut quem moveret? *Ä* 3, 287. nach 'non', so dafs diese Negation einem ganzen Satze angehört, *Ä* 3, 43. 10, 528. non.. aut.. aut, *Ä* 1, 527. nach 'ne.. neu', *Ä* 12, 824. nach 'nullus', *Ä* 4, 439. Bes. *a)* um einen mehr allgemeinen Ausdruck durch einen spezielleren näher zu bestimmen, *Ä* 3, 162 (wo 'haec litora' durch 'Creta' näher bezeichnet werden). *G* 1, 416 (da die 'rerum prudentia' nur einen Teil des 'ingenium' ausmacht). *b)* zur Einleitung einer Frage, durch die eine vorhergeh. allgemeine näher bestimmt wird quis te casus excipit aut quae.. revisit? *Ä* 3, 318; vgl. *Ä* 3, 338. 4, 368. 7, 197. 12, 637. 873. 882. steigernd, 'oder vielmehr', quo fata vocas? aut quid petis istis? *Ä* 9, 94. 'oder sogar', *Ä* 10, 35. 12, 882. *c)* zur Einführung eines anderen gesetzten Falles, aut captam ducat, *Ä* 4, 326. *d)* in der Bekräftigung od. Beteuerung, aut ego veri vana feror, wo nicht, wenn ich mich täusche, so od. dann usw., *Ä* 10, 630.

autem, Konjkt. [gew. nach dem ersten Worte im Satze, dcht. auch nach mehreren; vgl. *Ä* 2, 101], aber, dagegen, übh. zur Anreihung eines anderen Gedankens, seltener eines Gegensatzes, *Ä* 2, 518. 5, 636 u. ö. Bes. in der Frage, wenn sich jmd. von den Anblick einer aufserordentlichen Erscheinung ergriffen selbst unterbricht, quis procul ille autem? doch wer ists, den ich dort in der Ferne sehe? *Ä* 6, 808.

bei Interj., ecce autem, *A* 2, 203 u. 318. 3, 687 u. ö. - sed autem, s. sed.

Autŏmĕdŭn, ōntis, *m*. (Αὐτομέδων), Sohn des Diores, Wagenlenker des Achilles, *A* 2, 477.

autumnus, i, *m*. (eig. auctumnus, v. augeo), Herbst, der mit dem 11. Aug. begann u. mit dem 11. Nov. endete, also den gröfsten Teil der Hundstage einschlofs, *G* 1, 311. 2, 521. 3, 479.

auxilium, ii, *n*. (augeo), Hilfe, Beistand, Unterstützung, *G* 2, 130. *A* 7, 551. 11, 420. Palladis, 'Schutz', *A* 2, 163. viae, als Appos. zu 'thesauros', die dienen sollten für usw., *A* 1, 358. solitum, die Flucht, *A* 9, 129. laborum auxilium tempto, suche Mittel zur Abwehr der Not, *A* 3, 146. auxilia vocare, 'um Hilfe rufen', *A* 5, 222; auxilia cogere, 'Hilfstruppen heranziehen', *A* 8, 8.

avarus, a, um (St. 'av' in 'aveo', avidus), geizig, genau, agricola (im milderen Sinne: der nach einem reichlichen Ertrage strebt, wie 'avaritia' b. Tac. Agr.9), *G* 1, 47. 'habgierig', Pygmalion, *G* 1, 364. Acheron, gierig, alles verschlingend, *G* 2, 492. dcht., litus, räuberisch, von habsüchtigen Menschen bewohnt, *A* 3, 44.

ā-vĕho, vexi, vectum, ere, führe weg od. fort, bringe od. fahre, zu Schiffe, alqd pelago, *A* 2, 179. zu Wagen, corpora, *A* 11, 205. dcht. m. Akk. (ohne 'in'), alias oras, *A* 1, 512. Pass. avehor, fahre weg od. ab, zur See, abs., *A* 2, 43.

ā-vello, velli, volsum, ere, 1) eig.: *a*) reifse ab od. los, caput umeris, *A* 2, 558. saxa saxis, sprenge los von usw., *A* 2, 608. ornum, haue ab, *A* 2, 631. membra, verstümmele, zerstückle, *A* 9, 490. *b*) reifse weg, entreifse, Palladium templo, *A* 2, 165. 2) übtr., reifse, trenne gewaltsam los, alqm complexu alcjs, reifse aus den Armen, *A* 4, 616. Pass. avellor, reifse mich los, trenne mich (von einem Orte), *A* 11, 201.

avēna, ae, *f*., 1) Hafer, *G* 1, 77. sterilis, 'wilder Hafer', 'Flughafer', 'Windhafer', ein schwer zu tilgendes Ackerunkraut, zur Bezeichn. der Unfruchtbarkeit, *B* 5, 37. *G* 1, 154 u. 226. 2) meton., das aus Haferrohr Bereitete, einfache Rohr- od. Hirtenpfeife, 'Schalmei', *B* 1, 2.

Aventīnus, i, *m*., 1) Sohn des Herkules u. der Rhea u. wahrsch. Fürst der Sabeller, Gefährte des Turnus, den Vergil als vaterländischen Helden nach Abstammung u. Schönheit verherrlicht u. sogar als Sieger in den erst später eingeführten Kampfspielen (wie der Dichter oft die Sitten seiner Zeit auf die frühere überträgt) darstellt, *A* 7, 657. 2) mons

Aventini, einer der sieben Hügel Roms zwischen dem palatinischen u. cölischen, wo der Sage nach der vorhergen. Aventinus begraben, *A* 8, 231. Aventinus collis, *A* 7, 659.

1. **Avernus**, i, *m*. (Ἄορνος, eig. 'ohne Vögel'), ein mit pestartigen Dünsten angefüllter See bei Kumä in Kampanien an der Bai von Bajä u. Puteoli, in dessen Nähe die Höhle der kumäischen Sibylle u. der Eingang zur Unterwelt sich befand, j. 'Averno', portus Averni, Kumä, *A* 5, 813. fauces Averni, *A* 6, 201. stagna Averni, *G* 4, 493 (*Ribb.*; 'stagnis Avernis' *Haupt* u. *Schap*.). dcht. von der Unterwelt, *A* 6, 126 (vgl. *A* 3, 386. 6, 237).

2. **Avernus**, a, um (1. Avernus), zum Avernersee gehörig, avernisch, fons (zu magischen Künsten verwendet, wie 'Avernales aquae' b. Hor. epod. 5, 26), *A* 4, 512. luci, *A* 6, 118 u. 564. freta, *G* 2, 164. stagna, *G* 4, 493 (*Ribb.* Averni st. Avernis). Sbst., Averna, ōrum, *n*., Gegend am Avernersee (als nähere Erkl. von 'divini lacus'), *A* 3, 442. alta, der tiefe Avernus ('inferni lacus', *A* 3, 386), nach anderen eine Grotte neben dem Avernersee, *A* 5, 732. ima, Unterwelt, *A* 7, 21.

ā-verto, a, um (eig. Part. v. averto), abgewandt, abgekehrt, 1) eig.: *a*) übh., ab urbe, entfernt von usw., *A* 1, 568. mit abgewandtem Gesicht (bei einem schmerzlichen Ereignisse), *A* 6, 224; mit dem Nebenbegr. der Abscheu, *A* 7, 618. *b*) 'rücklings', 'im Rücken', alqm aversum figo, *A* 11, 691. aversos sterno, die Fliehenden, *A* 12, 464. 2) übtr.: *a*) übh., diva (v. Pallas), auf die Bitten nicht hörend, *A* 1, 482. *b*) abgeneigt, feindselig, mens, *A* 2, 170. voluntas (*Ribb.*; 'adversa' *Haupt* u. *Schap*.), *A* 12, 647.

ā-verto, verti, versum, ere, wende ab od. weg, lenke ab, 1) eig.: me ex oculis, *A* 4, 389. reginam instan tem, nötige zum Umwenden, treibe zurück, *A* 11, 703. mit blofs. Abl. des Ortes, regem Italiä, treibe weg, *A* 1, 38. mit 'in' zur Bezeichn. des Zieles, equos in castra, treibe, *A* 1, 472. dcht. m. Akk. (ohne 'in'), regnum Italiae Libycas oras, d.i. das Reich des Äneas von Italien weg nach Karthago verpflanzen, *A* 4, 106. Bisw. reflex. (vgl. vorh.), wende mich ab, *A* 1, 104 u. 402. ebenso medial 'avertor', dcht. m. Akk., fontes, wende mich ab vom Quellwasser, verschmähe das Qu., *G* 3, 499. 2) übtr.: *a*) wende ab, ziehe ab, entferne, incensos aestus, dämpfe, *G* 3, 459. pestem terris, *A* 3, 620. curas dictis, *A* 4, 394. dolorem, *A* 4, 547. casum, *A* 3, 265. sanos sensus, wende vom rechten Wege

4

ab, verrücke, verwirre u. entflamme zur Liebeswut, *B* 8, 66. *b*) im üblen Sinne, bringe od. schaffe (durch List) beiseite, entwende, stehle, tauros a stabulis, *A* 8, 208. praedas, schleppe das Erbeutete weg, *A* 10, 78.

ăvĭārĭum, ĭi, *n.* (avis), eig. Wohnung derHausvögel, dcht.Aufenthalt od.Standort des wilden Geflügels, inculta, wildes Gehölz, *G* 2, 430.

ăvĭdus, a, um (aveo), *a*) begierig, gierig verlangend nachetw., m. Gen., pugnae, *A* 12, 430. m. Inf., *A* 1, 514. 12, 290. abs., *A* 3, 132. dcht., cursus, eiliger, hastiger Lauf, *A* 12, 909. *b*) prägn., gierig, lüstern, gefräfsig, iuvenca,*G*2, 375.

ăvis, is, *f.*,Vogel,kollekt.Geflügel, candida, *G* 2, 320. im Gleichnis, *A* 6, 311.

ăvītus,a,um(avus),vomGrofsvater her, grofsväterlich, übh. 'von den Vorfahren od.Ahnen ererbt',solium,*A*7, 169. virtus, *A* 10, 752.

ăvĭus, a, um (a u. via), vom Wege abgelegen, entlegen, unbetreten, virgulta,*G*2, 328. nemora,'Waldeinöde', Wildnis, *A* 7, 580. dcht. von Pers., vom Wege ablenkend,'abwegs','aufAbwegen', um den Verfolgern auszuweichen, *A* 12, 480. v. Wolf,*A* 11, 810. Sbst. avia, ōrum, *n.*, Abwege, *A* 2, 736. aditum per avia quaerit, die geheimen Ein- od. Zugänge, *A* 9, 58.

ā-vŏlo, āre, fliege, eile hinweg, *A* 11, 712.

ăvuncŭlus (ăvoncŭlus *Ribb.*), i, *m.* (Demin. v. avus), der Mutter Bruder, Oheim, v. Hektor (da Krëusa, die Mutter des Askanius, eine Schwester des Hektor war), *A* 3, 343.

ăvus, i, *m.*,Grofsvater, Ahn, *A* 10, 76. übh. 'Ahn', 'Ahnherr'(mit dem Begr. des Ehrwürdigen), Sol avus, *A* 12, 164. Plur. avi, 'Ahnen,Vorfahren', *A* 7, 412. veteres, *A* 7,177. magni, *A*12,649.Troiae, *A* 6,840. verb., avi atavique (des Turnus, zur Bezeichn. des uralten königl. Geblütes), *A* 7, 56. übtr. v. Bienen, *G* 4, 209.

axis, is, *m.* (ἄξων), 1) Achse am Wagen, *G* 3, 172. dcht. v. Wagen selbst, tonans, *A* 5, 820. 2) übtr.: *a*) die gedachte, von éinem Pole zum andern durch die Mitte der Erde sich erstreckende Linie, um die sich die Himmelssphäre dreht, dcht. 'Nordpol', *G* 2, 271. 3, 351. *b*) übh. der ganze ausgebreitete 'Himmel', *A* 4, 482. 6, 798. aetheris, das freie Himmelsgewölbe ('axis aetherius' b. Ov. trist. 1, 2,46),gelidisubaetherisaxe,unterfreiem Himmel (sub dio), *A* 8, 28. nudus aetheris,von dem nichtüberbautenfreienPlatz (impluvium) im Mittelraum des Hauses (cavaedium), wo der Altar der Hausgötter stand, *A* 2, 512. venio sub magnum axem caeli, steige zumgrofsenHimmelsgewölbe auf (in bez. auf dieVergötterung des julischen Geschlechts), *A* 6, 791.

B.

băca, ae, *f.*, jede kleine rundliche Frucht, Beere, *B* 10, 27. *G* 1, 306. silvestres, des wilden Ölbaums, *G* 2, 183.

băcātus, a, um (baca), mit Perlen verziert, monile, *A* 1, 655.

baccăr, āris, *n.* (βάκχαρις), unbek. Kraut, wahrsch. eine Baldrianart, mit wohlriechender Wurzel als Mittel gegen Bezauberung, *B* 4, 19. 7, 27.

Bacchēĭus, a, um (Βάχειος), den Bacchus betreffend, dona, Wein, *G* 2, 454.

bacchor, āri (βακχεύω), *a*) feiere das Bacchusfest, begehe die bacchischen Weihen, dav. Part. 'bacchatus',a,um,mitpass.Bed.vonÖrtern, wo diese Festfeier schwärmend begangen wird, 'durchschwärmt', durchtobt, mit Dat. der Pers., Taygeta virginibus Lacaenis, von lak. Jungfrauen,*G* 2, 487.

bacchata jugis Naxos, das auf seinen Gebirgen von Bacchanten durchschwärmte N., *A*3,125. *b*) übh. laufe wild umher, tobe, rase, bes. v. Frauen, wie v. Dido, per urbem, *A* 4, 301; v. Allekto, *A* 10, 41. v.Wahrsagerinnen, denenApollozusetzt, bis sie in Weissagungen ausbrechen, wie von Sibylla, in antro, *A* 6, 78. dcht. v. Gerüchte, per urbem, tobt, d. i. wird eilig verbreitet, *A* 4, 666.

Bacchus, i, *m.* (Βάκχος), 1)Sohn des Juppiter u. der Semele, Gott des Weines u. der Weinkultur, vorz. in Thracien, Macedonien u. auf Naxos verehrt, gew. als Jüngling, die Stirn mit Epheu u. Weinlaub umkränzt, mit einem Thyrsus in der Hand und auf einem Tiger- od. Panthergespann (auf dem er im Triumphe aus dem bezwungenen Indien zurückgekehrt sein sollte) fahrend dargestellt, *A* 1,734.

4,302. 5,77. 7,385. 389. 405. 580 flg. 11,737.
G 2, 2. 380. 388. 393. 3, 264. 526. 4, 521.
B 5, 30. 5, 79; vgl. 'euoe'. dcht., Baccho
audito, beim Bacchusrufe (io Bacche!),
Ä 4, 302. 2) meton.: *a*) Weinstock,
'Rebe', 'Gewächs', *G* 2, 37. 113. 228. 240.
275. 4, 129. *Ä* 7, 725. *β*) die Frucht, Re-
bensaft, Wein, vetus, merus, *Ä* 1, 215.
5, 77. multus, *B* 5, 69. mitis, odoratus,
G 1, 344. 4, 279; vgl. *Ä* 3, 354. 8, 181. *G*
2, 143. 191. 455. 4, 102. 380.

Bactra, ōrum, *n.* (*Βάκτρα*), Haupt-
stadt der nach ihr benannten Landschaft
Baktriana (*ἡ Βακτρία, Βακτριανή*) in
Asien, j. 'Balk', *Ä* 8, 688. *G* 2, 1, 38.

Bāiae, ārum, *f.*, Stadt in Kampanien,
unweit Neapolis, ber. durch warme Bä-
der, *Ä* 9, 710.

bālātŭs, ūs, *m.* (balo), das Blöken,
Geblök der Schafe, *Ä* 9, 62. *G* 3, 554.

Bălĕārĭs, e, zu den balearischen Inseln Majorka u. Minorka im Mittelmeere
gehörig, deren Bew. treffliche Schleude-
rer waren, balearisch, funda, *G* 1, 309.

bālo, āre, blöke, Part. subst., balan-
tes, um, *f.*, blökendes Vieh, Schafe, *Ä* 7,
538. *G* 1, 172. 3, 457.

balsămum, i, *n.* (*βάλσαμον*), Balsam, der gummiharzige aus der Rinde
von selbst ausfließende Saft des arabischen Balsamstrauches, *G* 2, 119.

baltĕus, i, *m.* ['baltēl' zweis. durch
Synizesis, *Ä* 10, 496], Binde, Gurt,
Leibgurt, *Ä* 12, 274. Bes. 'Gehenk' od.
'Gurt' des Köchers, *Ä* 5, 513. Degenge-
henk, Wehrgehenk, *Ä* 10, 496. 12, 942.

bărathrum, i, *n.* (*βάραθρον*), Abgrund, Schlund, imo barathri gurgite, da wo der Abgrund am tiefsten ist,
Ä 3, 421. von der Unterwelt, *Ä* 8, 245.

barba, ae, *f.*, Bart der Menschen u.
Tiere, *B* 1, 28. *G* 3, 311.

barbărĭcus, a, um (*βαρβαρικός*), ausländisch, fremd, meist im Gegs. der
Griechen u. Römer, bes. troïsch, phrygisch,
aurum (bei Vergil im Munde des Äneas
von dem Golde, das die Troër ihren Feinden, den Griechen, abgenommen), *Ä* 2,
504. ope barbaricā, mit Hilfe auslän-
discher Macht (verächtl. von den Kriegs-
scharen des Morgenlandes), *Ä* 8, 685.

barbărus, a, um (*βάρβαρος*), ausländisch, fremd (Gegs. der Griechen
u. Römer), *a*) übh., patria, *Ä* 1, 529. sbst.
kollekt., ein Gallier od. anderer Auslän-
der (der im röm. Heere gedient), *B* 1,
72. Bes. *b*) st. 'phrygisch', tegmina, *Ä*
11, 777.

Barcaei, ōrum, *m.* (*Βαρκαῖοι*), Einw.
der Stadt Barke in Kyrenaika (Afrika),
Ä 4, 43.

Barcē, ēs, *f.* (*Βάρκη*), Amme des
Sychäus, *Ä* 4, 632.

Bătŭlum, i, *n.*, ein von den Samni-
tern erbaute Stadt Kampaniens, *Ä* 7, 739.

Băvĭus, ïi, *m.*, ein elender Dichter,
der mit seinem Genossen Mävius die besseren Talente, bes. auch den Vergil an-
feindete u. bespöttelte, *B* 3, 90.

bĕātus, a, um (beo), gesegnet, beglückt, glückselig, terque quaterque, *Ä* 1, 94. sedes, die Wohnungen der
Seligen, 'Elysium', *Ä* 6, 639.

Bēbrycĭus, a, um (*Βεβρύκιος*), zu den
Bebrykern, einem Volke Bithyniens, gehörig, bebrykisch, gens, *Ä* 5, 373.

Belgĭcus, a, um, zu den Belgiern,
einem kriegerischen Volke im nördl. Gallien, gehörig, belgisch, esseda, *G* 3, 204.

Bēlīdēs, ae, *m.* (*Βηλείδης*), Nach-
komme des Belus, Palamedes (dessen
Grofsmutter Amymone eine Enkelin des
Belus war), *Ä* 2, 82.

Bella, ae, *f.* = Abella (w. s.), *Ä* 7, 740
(*Ribb.*).

bellātŏr, ōris, *m.* (bello), Krieger,
bei Vergil nur attrib., kriegerisch,
streitbar, Turnus, *Ä* 11, 700. deus,
Kriegsgott, *Ä* 9, 721. equus, Streit- od.
Kampfrofs, *Ä* 10, 891. 11, 89. *G* 2, 145.

bellātrix, īcis, *f.* (bellator), Kriege-
rin, bei Vergil nur attrib., kriegerisch,
kriegslustig, streitbar, Penthesilea, *Ä* 1, 493. Camilla, *Ä* 7, 805.

bellĭpŏtens, entis (bellum u. potens),
kriegsmächtig, sbst. Kriegsgott,
d. i. Mars, *Ä* 11, 8.

bello, āre (bellum) [alte Medialform
bellor, āri, *Ä* 11, 660], führe Krieg,
streite, kämpfe, *Ä* 8, 400.

Bellōna, ae, *f.* (bellum), Kriegsgöttin, eine urspr. italische Gottheit, ähnl.
der griech. *Ἐννώ*, Schwester u. Begleiterin des Mars, *Ä* 7, 319. 8, 703.

bellum, i, *n.* (duellum), 1) Krieg,
a) eig., *Ä* 2, 347. mit 'pugna' verb., *Ä* 9,
363. dcht., 'Kampf', Plur., in bez. auf die
mit dem Krieg verbundene Kämpfe od.
Schlachten, *Ä* 2, 439. 7, 549. prägn., zur
Bezeichnung eines schweren oder hart-
näckigen Kampfes, bella gero, *Ä* 1, 48.
b) übtr., Streit, Kampf, Hader, *Ä*
4, 108. 2) personif., Bellum, *Ä* 6, 279.
Belli portae od. postes, die Thore des
Kriegstempels (wobei das Bild vom geöffneten Janustempel entlehnt ist), *Ä* 1,
294. 7, 607 u. 622.

bēlŭa, ae, *f.*, Tier, bes. grofses,
belua Lernae, der lernäische Lindwurm,
Ä 6, 287.

Bēlus, i, *m.* (*Βῆλος*), 1) Sohn des
Poseidon, König Ägyptens, Vater des Da-

naus, Ägyptus u. Kepheus, Stammvater
der Könige von Tyrus, *Ä* 1, 729 u. 730. 2)
der jüngere Belus, Vater der Dido, Eroberer von Cyprus, das er dann dem
Teucer überliefs, *Ä* 1, 621.

Bēnācus, i, *m.*, stürmischer See im
transpadan. Gallien, unweit Verona, j.
'Gardasee', durch welchen der Mincius
fliefst, pater (s. Mincius), *Ä* 10, 205. *G*
2, 160.

bĕnĕ, Adv. [Kompar. mĕlĭus, Superl.
optĭmē], gut, wohl, recht, *B* 2, 48 u. ö.
b. mereo de alqo, mache mich wohl um
jmd. verdient, *Ä* 4, 317. bene apud memores veteris stat gratia facti, 'unver-
gessen besteht ihr Dank für empfangene
Wohlthat', *Ä* 4, 539. Bes. *a*) gut, d. i. billig, wohlfeil, emo, *Ä* 9, 206. *b*) glücklich, wohl, rem gero, *Ä* 9, 157.

bĕnĕ-factum, i, *n.*, Wohlthat, Plur.,
'gute Dienste' der Stiere, *G* 3, 525.

bĕnignus, a, um (zusgz. aus benige-
nus, von bonus und gen-o), gütig, gewogen, willfährig, mens, *Ä* 1, 304.

Bĕrĕcyntĭus, a, um (Βερεκύντιος),
zu den Berekyntern, einer phrygischen
Völkerschaft, gehörig, von welcher Kybele als einheimische Gottheit verehrt
wurde, st. 'phrygisch', mater, Kybele od.
Rhea, Mutter des Juppiter u. der Götter übb., *Ä* 6, 785. genetrix deûm, *Ä* 9,
82. tympana buxusque, *Ä* 9, 619.

Bĕrŏē, ēs, *f.* (Βερόη), 1) eine Okea-
nide, *G* 4, 341. 2) Gattin des Doryklus,
Gefährtin des Aneas, deren Gestalt Iris
annahm, *Ä* 5, 620.

Biānŏr, ŏris, *m.* (Βιάνωρ), ein alter
Heros, Gründer von Mantua, *B* 9, 60.

bĭbo, bĭbi, ĕre, 1) trinke, v. Menschen,
gemmä (aus E.), *G* 2, 506. dcht., das Wasser eines Flusses trinken, d. i. an demselben wohnen, Tiberim u. dgl., *Ä* 7, 715.
B 1, 63 u. 10, 65. 2) trinke, d. i. sauge
ein, ziehe ein, sat prata biberunt, die
durch die Kanäle gespeisten Wiesen sind
hinlänglich bewässert, *B* 3, 111. v. Regenbogen, 'Wasser ziehen' (weil man
glaubte, dafs er aus den Gewässern feuchte Dünste u. Wolken hinaufziehe u.
dadurch Regen verursache), *G* 1, 380. cruorem, v. Speere, 'Blut trinken' (bei der
Verwundung), *Ä* 11, 804. übtr., longum
amorem, 'trinke in langem Zuge die Liebe', *Ä* 1, 749.

bĭbŭlus, a, um (bibo), eig. gern trin-
kend, übtr. von Dingen, wie unser 'dürstend', 'durstig', d. i. eine Flüssigkeit
einsaugend, einziehend, arena, *G* 1, 114.
favilla, *Ä* 6, 227. lapis, löcheriges Gestein, Bimsstein, der Regenwasser und
Luft (halitus) durchläfst, *G* 2, 348.

bĭcŏlŏr, ōris (bis und color), zwei-
farbig, scheckig, equus (mit dem
Zusatz 'maculis albis'), 'Schecke', *Ä*
5, 566. pŏpulus (wegen der weifslichen
Farbe auf der Rückseite der Blätter), *Ä*
8, 276.

bĭcornis, e (bis u. cornu), 1) zwei-
hörnig, dcht., Rhenus, zweifach mündend, *Ä* 8, 727. 2) zweizackig, furca,
G 1, 264.

bĭdens, dentis (bis u. dens), 'zweizäh-
nig', sbst., 1) *m.* (verst. raster), Hacke,
Karst mit zwei Zacken (zur Bearbeitung der Erde), *G* 2, 355 u. 400. 2) *f.*, ein
Tier, das schon beide Zahnreihen hat,
bes. Lamm, Schaf, bei Verg. Plur.,
lectae, binae etc. (wegen seiner Sanft-
mut als Sühnopfer gebraucht), *Ä* 4, 57.
5, 96. 6, 39. 7, 93. 12, 170.

bĭfĕr, fĕra, fĕrum (bis u. fero), zweimal (im Jahre) tragend, Paestum (weil
dort die Rosen jährlich zweimal blühten),
G 4, 119.

bĭfŏris, e (bis u. fores), zweithürig,
dcht., cantus, aus doppelter Öffnung (in
bez. auf die Töne der Doppelschalmei,
'tibia dextra' u. 'sinistra' bei den Phry-
giern), *Ä* 9, 618.

bĭformis, e (bis u. forma), zweige-
staltig, doppelleibig, nur von Misch-
wesen, die aus zwei verschiedenen der
Natur nach nicht zusammengehörigen
Teilen zusammengesetzt sind, proles, Mi-
notaurus, *Ä* 6, 25. Scylla, *Ä* 6, 286.

bĭfrons, frontis (bis u. frons), doppel-
stirnig, mit doppeltem Gesichte,
Ianus, *Ä* 7, 180. 12, 198.

bīgae, ārum, *f.*, Zwei-, Doppelgespann, *Ä* 2, 272. 5, 721. albae, mit
weifsen Rossen, *Ä* 12, 164.

bĭiŭgis, e (bis u. iugum), zweispän-
nig, equi, Doppelgespann, *Ä* 12, 355. *G*
3, 91.

bĭiŭgus, a, um (bis u. jugum), zwei-
spännig, ad frena leones, gezäumter
Löwen Zweigespann, *Ä* 10, 253. certamen,
Kampf im Zweigespann, *Ä* 5, 144. sbst.,
biiŭgi, ōrum, *m.* (verst. equi), Zweigespann, 'Renner', *Ä* 10, 587. v. Streitwagen, *Ä* 10, 393 u. 453.

bĭlinguis, e (bis u. lingua), doppelzüngig oder zwei Sprachen redend,
übtr., doppelzüngig, d. i. 'heuchle-
risch, tückisch', Tyrii, *Ä* 1, 661.

bĭlix, līcis (bis u. licium), doppelfä-
dig, doppeldrähtig, lorica, Kettenpanzer, dessen Glieder aus dreifachem
Erzdraht bestanden, *Ä* 12, 375.

bĭmembris, e (bis u. membrum), dop-
pelgliederig, doppelgestaltet, nubigenae (Centauren), *Ä* 8, 293.

bīmus, a, um (bis), zweijährig, frons, *G* 4, 299.

bīnī, ae, a (bis), Distributivzahl, *a*) je zwei, pocula, für jeden Altar zwei, *B* 5, 67. *b*) von zwei zusammengehörenden Dingen, doppelt, zwei, ein Paar, hastilia, *Ä* 1, 313. 5, 557. spicula, *Ä* 5, 306. 7, 688. frena, *Ä* 8, 168.

bīpătens, entis (bis u. pateo), doppelt geöffnet (in bez. auf die beiden Thorflügel), portae, *Ä* 2, 330. tecta (des Olympus), d. i. Saal mit geöffneten Doppelthüren, *Ä* 10, 5.

bīpennīs (auch 'bīpinnis'), e (bis u. penna od. pinna), zweischneidig, ferrum, *Ä* 11, 135. sbst., bipennis, is, *f.*, zweischneidige Axt, Doppelaxt, *Ä* 2, 279. crebris bipennibus, durch häufige Schläge mit der Axt, *Ä* 2, 627. *G* 4, 331. als Kriegswaffe, 'Streitaxt', *Ä* 5, 307. 11, 651.

bīpēs, pĕdis (bis u. pes), zweifüfsig, equi, von den fischschwänzigen Rossen der Meergötter, *G* 4, 389.

bīrēmis, e (bis u. remus), zweiruderig, sbst., biremis, *f.*, Schiff mit zwei Ruderbänken über einander, Zweiruderer, *Ä* 1, 182. 8, 79.

bīs, Adv. (eig. duis), zweimal, *B* 3, 5 u. 34. bis Stygios innare lacus, jetzt u. nach deinem wirklichen Tode, *Ä* 6, 134. Mit Distributivzahlen verb., bis quini, zehn, *Ä* 2, 126. bis seni, zwölf, *B* 1, 44. *Ä* 1, 393. 5, 561. bis deni, *Ä* 1, 381. dcht. auch bei Kardinalzahlen, bis sex, *Ä* 9, 272. 12, 899. bis septem, *Ä* 9, 161. auch übh. zur Bezeichnung einer gröfseren Zahl, bis sex locis, an vielen Stellen, *Ä* 11, 9.

Bīsaltae, ārum, *m.* (*Βισάλται*), thracisches Volk am Strymon, *G* 3, 461.

Bītīās, ae, *m.* (*Βιτίας*), 1) ein Troër, Sohn des Alkanor, Bruder des Pandarus, Gefährte des Äneas, von Turnus getötet, *Ä* 9, 672 u. 703. 11, 396. 2) ein Tyrier, *Ä* 1, 738.

bĭtūmĕn, mĭnis, *n.*, Erdharz, Erdpech, *G* 3, 451. *B* 8, 82.

bīvīus, a, um (bis u. via), mit zwei Wegen, fauces, die Eingänge des Hohlweges oder des Engpasses zu beiden Seiten, *Ä* 11, 516. Sbst., bĭvĭum, ĭi, *n.*, Doppelweg, Scheideweg, portae, *Ä* 9, 238.

blandus, a, um, schmeichelnd, *a*) v. Pers., liebkosend, canes, *G* 3, 496. *b*) von Leblosem, schmeichelnd, lockend, angenehm, voces, *Ä* 1, 670. laudes, *G* 3, 185. labor, *G* 3, 127. gaudia, *Ä* 5, 827.

blatta, ae, *f.*, ein lichtscheues und übelriechendes, der Biene feindliches Insekt, Schabe, *G* 4, 243.

bōcŭla, s. bucula.

Bōla, ae, *f.*, alte Hauptstadt der Äquer in Latium, *j.* 'Lugnano', *Ä* 6, 776.

bŏnus, a, um, dazu Kompar. **mĕlĭŏr**, Superl. **optĭmus** oder **optŭmus**, wie *ἀγαθός* u. unser 'gut', d. i. in seiner Art und für seinen Zweck trefflich, entsprechend, dienlich, tüchtig, tauglich, brauchbar, 1) v. Lebl., *a*) übh., m. Dat., zu etw., *G* 2, 205 u. 447. melior sanguis, frischeres Blut, *Ä* 5, 415. melior anima, *Ä* 5, 483. melior pars diei, der Teil des Tages, der zum Handeln tauglich ist, *Ä* 9, 156. nona (dies) fugae melior, günstiger für usw., begünstigt mehr, *Ä* 1, 286. in melius refero, wende zum Bessern, *Ä* 1, 281. melius fuerat, es wäre besser gewesen, *Ä* 11, 303. *b*) gut, günstig, glücklich, fata, annus, *Ä* 6, 546 u. 649. 'bonum sit'! Ausruf, wenn man näml. eine Erscheinung als ein günstiges Zeichen annahm, 'Heil uns!', *B* 8, 106. meliora sequor, folge dem bessern Glücke, Rate, *Ä* 3, 188; vgl. 12, 153. meliora auspicia, *Ä* 3, 498. meliora omina, *G* 3, 456 (*Ribb.* 'meliora omnia', d. i. jede Besserung). di meliora, *G* 3, 513. 2) von Pers., *a*) tüchtig, geschickt, erfahren, kundig, m. Abl. der Beziehung, iaculo, *Ä* 5, 68. 9, 572. remis, *Ä* 5, 153. melior motu pedum, pedibus, gewandter, behender, *Ä* 5, 430. 9, 556. optimus armis, der in den Waffen erfahrenste, tapferste (*ἄριστος ἔγχεσιν* Hom. Od. 4, 211), *Ä* 9, 40. linguā, mit der Zunge gewandt, *Ä* 11, 338. haud furto melior, sed fortibus armis, 'nicht durch Trug, durch tapfere Wehr allein ihn bemeisternd', *Ä* 10, 735. m. Inf. der nähern Bestimmung, *B* 5, 1. *b*) gut, edel, trefflich, pater, Eurytion, *Ä* 5, 358 u. 541. in der Anrede, o bone rex, *Ä* 11, 344. optime, 'Bester', *Ä* 12, 48. *c*) zum Ausdr. der Geneigtheit, des Wohlwollens, gutgesinnt, gütig, Juno, *Ä* 1, 734. Daphnis, *B* 5, 61. 65. mit Dat., *Ä* 3, 153. 12, 647. iam melior (mihi), mir versöhnt, *Ä* 12, 179. bes. v. dem, der gern und reichlich giebt (benignus), Acestes, *Ä* 1, 195.

bŏōtēs, ae, *m.* (*βοώτης*), eig. der Rinderlenker am Wagen, Gestirn an der nördl. Halbkugel vor dem Bärengestirn, das zu Ende des Oktober unterging, *G* 1, 229.

bŏrĕăs, ae, *m.* (*βορέας* od. *βορρᾶς*), 1) Nordwind, Nordostwind (eig. Nord-Nord-Ost), *Ä* 3, 687. 12, 365. *B* 7, 51. *G* 1, 93. 370. 2) personif., Gott des Nordwindes in Thracien, Sohn des Flufsgottes Strymon, *Ä* 10, 350.

bōs, bŏvis [Gen. Plur.‘bovom’ st. ‘boum’, *G* 3, 211 *Ribb.*], Rind, 1) Sing., *a*) *m.*, Stier, *G* 1, 285. *b*) *f.*, Kuh, *G* 3, 52. *Ä* 7, 790 (v. Jo). 2) Plur., ‘boves’, Gen. bŏum, *m.*, übb. gröfseres Vieh, Rinder (Gegs. ‘pecus’), *G* 1, 3. *Ä* 2, 306.

bracchĭum (brachĭum), ĭi, *n.* (βϱα-χίων), 1) der Arm (eig. Unterarm von der Hand bis zum Ellenbogen, bei Vergil nur Plur.), *Ä* 5, 364 u. 377. bracchia do collo, schlinge um den Hals, *Ä* 6, 700. diversa brachia ducens, indem er die Arme weit auseinander zieht, *Ä* 9,623. 2) übtr.: *a*) die Scheren des Skorpion, *G* 1, 34. *b*) Ast der Bäume, *Ä* 6, 282. ‘Seitenläufer’ der Rebe, *G* 2, 368. *c*) (dcht.) ‘Rahe’, ‘Segelstange’, *Ä* 5, 828.

brattĕa (bractĕa), ae, *f.*, ein dünnes Blatt des Metalles, Blech, wie unser Rauschgold oder Flittergold, *Ä* 6, 209.

brĕvis, e (βϱαχύς), 1) kurz, klein, schmal, alvus, *G* 3, 80. cursus, *Ä* 3,507. vada brevia, seichte oder flache Stellen im Meere, ‘Untiefen’, ‘Watten’, *Ä* 5,221. öft. blofs ‘brevia’, ium, *n.* (wie βϱαχέα), *Ä* 1, 111. 10, 289. 2) von der Zeit, kurz dauernd, dies, *Ä* 1, 312. tempus, *Ä* 10, 467.

brĕvĭtĕr, Adv. (brevis), kurz, mit wenig Worten, *Ä* 1, 561. 2, 11.

Brĭārēus, ĕi, *m.* (Βϱιαϱεύς), *Ä* 6,287. s. Aegaeon.

Britannĭ, ōrum, *m.* (Βϱετταυοί, dcht. *Bϱεταυοί*), Bew. der Insel Britannia, durch den Ocean von der den Römern bekannten Welt getrennt, *B* 1, 66. *G* 3, 25.

Brontēs, ae, *m.* (Βϱόντης, Donner), einer der Kyklopen des Vulkan, *Ä* 8, 425.

brūma, ae, *f.* (‘brevma’, zusgz. aus ‘brevissuma’, näml. ‘dies’), der kürzeste Tag, dcht. der Winter, *Ä* 2, 472. *G* 1, 211. 3, 321. 443.

brūmālis, e (bruma), winterlich, frigus, *Ä* 6, 205.

Brūtus, L. Iunius, Befreier Roms von der königl. Herrschaft, erster Konsul 509 v. Chr., Rächer der Freiheit (indem er seine Söhne wegen der Teilnahme an der Verschwörung gegen die Freiheit hinrichten liefs), wie der Schmach der Lukretia, dah. ‘ultor’, *Ä* 6, 819.

būbo, ōnis, *f.* [bei Vergil, sonst *m.*] (βύας, Puvogel), Schuhu oder Uhu, dessen Geschrei unheilverkündend und durch eine Lustration gesühnt, *Ä* 4, 462.

būbulcus, i, *m.* (βουκόλος), Rinderod. Kuhhirt, *B* 10, 19 (*Wagn.* u. *Ribb.* ‘subulci’).

būcina, ae, *f.* (nach einigen vom Laute ‘bu’ u. ‘cano’, nach anderen zsgz. aus ‘bovicina’, v. ‘bos’ u. ‘cano’), schneckenförmig gewundenes Blasinstrument aus Metall, um aus der Nähe des Feldherrn das Hauptsignal zum Aufbruch od. Angriff zu geben, Horn, *Ä* 7, 519. 11, 475.

būcŭla od. (*Ribb.*) **bōcŭla**, ae, *f.* (Dem. v. bos, βοῦς), junge Kuh, Färse, *B* 8, 86. *G* 1, 375. 4, 11.

būfo, ōnis, *m.*, Kröte, *G* 1, 184.

bulla, ae, *f.*, jede erhabene Rundung, Buckel, Knopf, als Schmuck des Gürtels, *Ä* 9, 359. 12, 942.

būmastus, i, *f.* (βούμαστος), eine grofstraubige Rebenart, deren Trauben wie ein Kuheuter anschwellen, dah. ‘tumidis racemis’, *G* 2, 102.

būris, is, Akk. ‘im’, *m.*, Krümmel am Hinterteil des Pfluges, *G* 1, 170.

Būsīris, ĭdis, *m.* (Βούσιϱις), Sohn des Poseidon, ein alter König Ägyptens, der die Fremden, welche in sein Land kamen, opferte, bis er von Herkules auf den eigenen Altären hingeschlachtet wurde, inlaudatus, *G* 3, 5.

bustum, i, *n.* (v. altlat. ‘buro’, d. i. uro), 1) Stätte zur Verbrennung der Toten, Plur., semiusta, ‘halbverbrannte Scheiterhaufen’, *Ä* 11, 201. 2) dcht. übb. Grabmal, Grab, *Ä* 11, 850. 12, 863.

Būtēs, ae, *m.* (Βούτης), 1) Sohn des bebrykischen Königs Amykus, *Ä* 5, 372. 2) ein Troër, Waffenträger des Anchises, *Ä* 9, 647. 3) ein Troër und Gefährte des Äneas, von Kamilla getötet, *Ä* 11, 690.

Būthrōtum, i, *n.* (Βουϑϱωτόν), Seestadt in Epirus, Korkyra gegenüber, j. ‘Butrinto’, *Ä* 3, 293.

buxum, i, *n.* u. **buxus**, i, *f.* (πύξος), 1) Buchsbaum, dessen Holz zu kunstvollen Arbeiten diente, *Ä* 10, 136. *G* 2, 449. 2) meton., das daraus Bereitete, bes. ‘Flöte’, *Ä* 9, 619. ‘Kreisel’, *Ä* 7, 382.

Byrsa, ae, *f.* (Βύϱσα), Burg od. Citadelle von Karthago (von βύϱσα, Haut oder Fell, weil der Sage nach die Eingeborenen der Dido so viel Land, als sie mit einer Ochsenhaut umfassen würde, überliefsen, worauf Dido die Haut in schmale Riemen zerschnitt und so eine grofse Strecke Landes erhielt), *Ä* 1, 367 flgg.

C.

căcūmĕn, mĭnis, *n*. (verw. mit 'acumen'), die allmählich kegelförmig auslaufende Spitze, *a*) der Bäume, Wipfel, *B* 9, 9. *G* 2, 29 u. ö. umbrosa cacumina, *B* 2, 3. *b*) Spitze der Berge, Koppe, Gipfel, *Ä* 3, 274.

Cācus, i, *m.* (*Κᾶκος*), Sohn des Vulkan, ein flammenspeiender räuberischer Riese in einer Höhle am Aventinus, *Ä* 8, 194 flgg. 259 flgg.

cădāvĕr, ĕris, *n.* (cado), der gefallene Körper, Leiche, Leichnam, *Ä* 8, 264. Plur. v. Tieren, 'Äser', *G* 3, 557.

cădo, cĕcĭdi, cāsum, ĕre, falle, 1) eig.: *a*) falle herab, stürze, sinke herab, abs., *Ä* 6, 602 (mit 'labi' verb.). de montibus (v. Schatten), *B* 1, 84. caelo, *G* 1, 487. 'falle nieder', 'stürze nieder', von einem Pfeiler, *Ä* 9, 711. arces casurae, die vom Schicksale bestimmt waren zu fallen, *Ä* 8, 375. manus cecidere, entsanken (vor Schmerz), *Ä* 6, 33. von den Segeln, eingezogen werden (wenn man dem Lande sich nähert), *Ä* 3, 207. dcht. v. Regen, altius, 'sich hoch her ergiefsen', *B* 6, 38. v. Barte, tondenti, *B* 1, 29. *b*) von der Sonne u. den Gestirnen, sinken, untergehen, *Ä* 2, 9. 4, 81. 480. *G* 1, 229. primis cadentibus astris, sobald die Sterne schwinden, mit der ersten Morgenröte, *Ä* 8, 59. *c*) abfallen, entfallen, von Blättern, *Ä* 6, 310. von Blumen, 'welken', *B* 2, 18. *d*) prägn. falle, sinke dahin, unterliege, komme um in der Schlacht, *Ä* 2, 426. manu Danaûm, *Ä* 2, 434. 4, 620. v. Opfertieren, 'geopfert werden', multa tibi cadet hostia dextrā nostrā, *Ä* 1, 334. 2) übtr.: *a*) falle auf jmd., treffe jmd., cadit in quemquam tantum scelus? kann jemand solchen Frevel begehen? *B* 9, 17. *b*) falle zu, werde zu teil, mit Dat., *G* 4, 165. abs., 'ausfallen', 'sich ereignen', *Ä* 2, 709. fortuna secunda aut adversa cadat, *Ä* 9, 283. *c*) falle, sinke, *α*) v. Winde, nachlassen, sich legen (Gegs. surgo), *Ä* 1, 154. *G* 1, 354. *B* 9, 58. *β*) 'schwinde', 'weiche', v. Sorge, v. Mut, *G* 3, 138. *Ä* 3, 260.

cădūcus, a, um (cado), 1) fallend u. als Folge herabgefallen, frondes, *G* 1, 368. dcht. mit der Bed. eines pass. Part. 'gefallen', 'getötet', bello, im Kriege, *Ä* 6, 481. 2) zum Fallen geneigt od. bestimmt, dem Tode geweiht, iuvenis, *Ä* 10, 622.

cădus, i, *m.* (*χάδος*), Gefäfs, bes.

Krug für den Wein, *Ä* 1, 195. für die Asche, 'Urne', *Ä* 6, 228.

Caecŭlus, i, *m.*, ein altital. Heros, Sohn des Vulkan, Erbauer von Präneste, *Ä* 7, 681. 10, 544.

caecus, a, um, 1) aktiv, nicht sehend, blind, übtr., wie unser blind, verblendet, furore, *Ä* 2, 244. amor, *Ä* 1, 349. consilium (durch Leidenschaft, Zorn), *Ä* 7, 591. m. 'concitus' verb., in blinder Wut, *Ä* 11, 889. v. Wolf, quos inproba ventris exegit caecos rabies, 'blind gegen jede Gefahr', *Ä* 2, 357. 2) passiv.: *a*) was man nicht sieht od. bemerkt, verborgen, versteckt, trügerisch, geheim, fores, *Ä* 2, 453. vestigia, die irrenden Schritte (im Labyrinth), *Ä* 6, 30. freta, *G* 2, 503. latebrae, *Ä* 3, 424. vada, *Ä* 1, 536. spiramenta, *G* 1, 89. saxa, Klippe unter dem Meeresspiegel, *Ä* 3, 705. volnus, unvorhergesehene, unvermutete (näml. im Rücken), *Ä* 10, 733. übtr., amor (Brunst der Rosse), *G* 3, 310. scelus, *G* 1, 356. terrores, deren Ursache er noch nicht kannte, *Ä* 12, 617. dcht. aufs Gehör übtr., 'verworren', 'unverständlich', 'dumpf', murmur, *Ä* 12, 591. murmura, *Ä* 10, 98. *b*) von dem, was im Dunkeln oder Verborgenen liegt, dunkel, ungewifs, unsicher, eventus, *Ä* 6, 157. Dah. 'erfolglos', 'nichtig', ignes, *Ä* 4, 209. Mars, 'blinder, planloser Kampf', nicht 'nächtlicher Kampf', *Ä* 2, 335; v. Kampf unter dem Schilddache (testudo), *Ä* 9, 518. 3) dunkel, finster, sodafs man nichts erkennen kann, nox, *G* 3, 260. caligo, *Ä* 3, 203. latus, *Ä* 2, 19. pulvis (weil alles verhüllend), *Ä* 12, 444. parietes (weil sie zu sehen hindern, woher man gekommen), *Ä* 5, 589. carcer, *Ä* 6, 734. uudae, wegen der dichten Finsternis nicht zu unterscheiden, 'dunkles Meer', *Ä* 3, 200. umbrae, *Ä* 7, 619.

caedēs, is, *f.* (caedo), 1) das Niederhauen, Mord, Blutbad, Gemetzel, *Ä* 2, 411 u. 500. 9, 453 u. 456. 10, 119. der Opfertiere, boum, *Ä* 3, 247. m. 'ignes' verb., 'Mord u. Brand', *Ä* 7, 577. m. 'cupido' als Hendiadyoin, 'Mordlust', *Ä* 9, 354. nullum in caede nefas, der Tod, d. i. 'das Getötetwerden ist für den Tapfern keine Schmach', *Ä* 10, 901. Bisw. von einem blofs beabsichtigten, noch nicht vollzogenen Mord, nostra, der gegen uns gerichtete Mordanschlag, 'unsere Verletzung', *Ä* 3, 256. 2) meton.: *a*) die Erschlagenen, caedis acervus, *Ä* 11, 207.

caedis Rutulae acervus, der erschlagenen Rutuler, der Leichen der R., *Á* 10, 245. *b*) das durch Mord vergossene 'Blut', fraterna, *Á* 4, 21; vgl. *Á* 8, 196. 9, 818.

Caedĭcus, i, *m.*, 1) ein Italer, Gastfreund des Tiburtiners Remulus, *Á* 9,362. 2) ein Etrusker, Krieger im Heere des Mezentius, *Á* 10, 747.

caedo, cĕcīdi, caesum, ĕre (Kausat. von cado), 1) **haue**, *a*) **haue (ab)**, **fälle**, Bäume u. dgl., *G* 1, 173. 2, 415. securibus umida vina, zerhaue mit Äxten die flüfsigen Weine (im Winter), *G* 3, 364. *b*) übh. **schlage, zerschlage**, arva calcibus (von einem Schwerverwundeten), *Á* 10, 404. 2) prägn., **haue nieder, töte, morde**, *a*) Menschen, alqm, *Á* 2, 116 u. 266. 10, 498. caeso sparsurus sanguine flammas, um die Flammen (des Scheiterhaufens) mit dem Blute der Geopferten zu besprengen, *Á* 11, 82. *b*) Tiere, **töte**, cervos, *G* 3, 375. Bes. 'schlachte', 'opfere', binas bidentes, *Á* 5, 96. iuvencos, *G* 3, 23. *Á* 5, 329. caprum Baccho, *Á* 5, 773. *G* 2, 381.

caelestis, e [Gen. Plur. 'caelestum', *Á* 7, 432] (caelum), **himmlisch, vom Himmel kommend, göttlich**, *Á* 6, 379. dona, Geschenk der Götter, *G* 4, 1. corpora, *Á* 11, 276. animi (in bez. 'auf Juno), *Á* 1, 11. origo, *Á* 6, 730. Sbst. caelestes, ĭum, *m.*, die unsterblichen Götter, die **Himmlischen**, *Á* 1, 337. 7, 432.

caelĭcŏla, ae, *m.* [dcht. Gen. Plur. caelicolûm, *Á* 3, 21] (caelum u. colo), dcht. und bei Vergil nur Plur., **Himmelsbewohner, Gott, Gottheit**, *Á* 2, 641. 6, 554 u. 788. 10, 117.

caelĭfer, fĕra, fĕrum (caelum u. fero), **den Himmel tragend**, 'Träger des Himmels', Atlas, *Á* 6, 797.

Caelius, s. caelum.

caelo, āre (caelum, Grabstichel), **bilde in erhabener Arbeit** (aus Metall usw.), alqd multo auro, arbeite in reichem Golde aus, ciseliere, *Á* 10, 499. Dah. **caelātus, a, um**, geziert mit erhabener Arbeit, mit erhabenen Figuren, getrieben, opus, *B* 3, 37. urna, *Á* 7, 792. 10, 527. in auro, argento, in erhabener Gold-, Silberverzierung, *Á* 1, 640. 5, 307. ferro, aus Eisen getrieben, *Á* 8, 701.

caelum, i, *n.*, 1) **Himmel**, *a*) **Himmel, Himmelsgewölbe als Raum**, *Á* 1, 133. 5, 502. *B* 1, 7. m. 'terra' verb. zur Bezeichn. des gesamten Weltalls (mundus) als éin Begriff, *Á* 1, 133. In einem Rätsel, *B* 3, 105 (wo *Ribb.* Caeli), dessen Auflösung nach den alten Erklärern in einem Wortspiele mit 'caeli' von caelum

u. 'Caeli' st. 'Caelii' von Caelius (einem Verschwender in Mantua', der bei der Veräufserung seines Grundstückes sich blofs eine Grabstelle von drei Ellen ins Gevierte vorbehielt) zu suchen ist. *b*) **Himmel als Sitz der Götter**, *a*) eig., *Á* 1, 289. caelo gratissimus amnis, den Himmlischen, den Göttern, *Á* 8, 64. caeli regia, *G* 1, 503. caeli arces, *Á* 1, 250. *β*) übtr., 'göttliche Verehrung', *G* 4, 325. 'himmlische Ehre', 'unsterblicher Ruhm', *Á* 11, 125. 12, 795. *c*) **Himmel**, d. i. 'grofse Höhe', *Á* 1,163. 4, 89. animum caelo (Dat.) fero, erhebe den Geist zum H., *Á* 10, 548. Dah. **von der Oberwelt** (im Munde der Schatten der Unterwelt), *Á* 6, 719 u. 897. 2) **Luft, Atmosphäre, Witterung, Wetter**, *G* 1, 51. 251 u. 260. Bes. vom Stand des Windes (für die Seefahrenden), *Á* 5, 18.

Caeneūs, ĕi u. ĕos, *m.* (Καινεύς), 1) Sohn des Elatus, Königs der Lapithen, urspr. ein Mädchen, 'Caenis' (Καινίς) genannt, von Neptun aber auf ihre Bitte in einen unverwundbaren Jüngling verwandelt, der zuletzt im Kampfe mit den Centauren seinen Untergang fand, indem diese Baumstämme auf ihn wälzten, dah. 'iuvenis quondam, nunc femina, Caeneus', der vormalige Jüngling Cäneus, jetzt Weib, *Á* 6, 448. 2) ein Troër, Genosse des Äneas, von Turnus getötet, *Á* 9, 573 (griech. Akk. 'Caenea').

Caenis, s. Caeneus no. 1.

caenum, i, *n.*, **Schlamm**, *Á* 6, 296. *G* 4, 49.

Caerēs, rētis u. rītis, *f.* (gew. indekl. Caere), eine der alten Zwölfstädte in Etrurien, früher 'Agylla', j. 'Cerveteri', Caeritis amnis, *Á* 8, 597. Caerete domo, 'ihrer Heimat nach aus Cäre stammend', *Á* 10, 183.

caerŭlĕus u. dcht. **caerŭlus, a, um** (verw. m. 'caesius'), **dunkelfarbig**, dah. *a*) **dunkelblau, blau, bläulich**, color, *G* 1, 453. glacies, *G* 1, 236 (wo *Ribb.* 'caerulea*e*', näml. 'zonae' st. 'caeruleā glacie', wegen der den gröfsten Teil des Jahres dort herrschenden Finsternis). Bes. *b*) **vom Meere** u. dem darin od. darauf Befindlichen (κυάνεος), pontus, *Á* 12, 182; vgl. *Á* 8, 672. 7, 198. Dah. 'meergrün', 'meerfarben', Proteus, *G* 4, 338. concha, *Á* 10, 209. currus, des Neptun, *Á* 5, 819. Scylla (als Schiff), *Á* 5, 123. canes, Seehunde, *Á* 3, 432. v. Flüssen, Thybris (als Tibergott, da der Flufs selbst sonst als 'flavus', d. i. trübe, bezeichnet wird), *Á* 8, 64. Sbst., caerula, ōrum, *n.*, das Blau, die Bläue od. blaue Fläche des Meeres, *Á* 3, 208. 4, 583. 8, 672. *c*) v. andern Gegenst., übb.'blau','schwärzlich','dunkel', angues,*G*4,482. notae(von der Schlange), *Ä*5,87. collum, *Ä*2,381. von den Schlangenhaaren der Furien, *Ä*7, 346. vittae, *Ä*3, 64. puppis, *Ä*6,410. imber, *Ä*3,194. nubes, *Ä*8,622.

Caesär, äris, *m.*, 1) C. Julius Cäsar, berühmter Diktator, divus, *Ä*6, 793. 2) Oktavianus od. Augustus, der als Adoptivsohn des Cäsar den Namen 'Caesar' führte, *Ä*6, 793. 8, 678 u. 714. *G*1, 25 u. 503. 2, 170. 3, 16 u. 47 flg. 4, 560. Troianus, wegen der Adoption in die Julische Familie, die von Iulus (s. d.) stammte, *Ä*1, 286.   [*Ä*1, 590. 8, 659. 11, 643.

caesäriës, ēi, *f.*, Haar des Hauptes, **caespës (cēspës)**, pĭtis, *m.*, Rasen, *Ä*3, 304. *B*1, 69. übtr., der aus einem grofsen Faserknäuel bestehende Wurzelstock mancher Pflanzen, *G*4, 273.

caestüs, ūs, *m.*(caedo), der Cästus, der mit eingenähten bleiernen oder eisernen Kugeln versehene rindslederne 'Kampf- od. Faustriemen' der Faustkämpfer, *Ä*5, 69. 379. 479. *G*3, 20.

Cäicus, i, *m.* (Κάιχος), 1) ein Troër, Gefährte des Äneas, *Ä*1, 183. 9, 35. 2) Flufs in Grofsmysien, der auf dem Teuthrasgebirge entspringt und sich in den elaïtischen Meerbusen bei Lesbos ergiefst, j. 'Bakyrtschai', *G*4, 370.

Cäieta, ae, *f.*, Amme des Äneas, *Ä*7, 2. Dav. Caietae portus, Stadt u. Hafen in Latium, j. 'Gaëta', weil jene dort begraben, *Ä*6, 900.

Cäläbër, bra, brum, zur Landschaft Kalabria in Unterital.j.'Terra d'Otranto', gehörig, kalabrisch, saltus, *G*3, 425.

cälämus, i, *m.* (κάλαμος, *Kalmus*), 1) Rohr, Schilf, übb. jedes rohr- od. grasartige Gewächs, Halm, Stengel, *G*1,76. 2)meton., das daraus Verfertigte, bes. *a)* Rohrstab, Rohr zum Stützen der jungen Reben, *G*2, 358. *b)* Rohrpfeife, Schalmei der Hirten, *B*1, 10. 2, 34. Plur., weil von der vielröhrigen Hirtenpfeife od. Syrinx, 'Geröhr', *B*2,32. *c)* Pfeil, *Ä*10,140. *B*3, 13. Plur., *B*5,2.

cäläthus, i, *m.* (κάλαθος), 1) ein in Gestalt einer entfalteten Lilie aus Weiden geflochtenes Körbchen für Blumen, *B*2,46. für Wolle, etwa 'Spinnkorb', 'Nähkorb', *Ä*7, 805. 2) ein aus Holz od. Metall ähnlich gebildetes Geschirr für Flüssigkeiten, Napf, Schale, für Milch, *G*3, 402. für Wein, *B*5, 71.

calcär, äris, *n.* (calx, Ferse), Stachel, Sporn des Reiters, *Ä*6, 881.

Calchäs,antis,Akk.'anta',*m.*(Κάλχας), Sohn des Thestor, Seher u. Wahrsager des griech.Heeres vor Troja,*Ä*2,100.122.

Calchĭdĭcus, s. Chalcidicus.

calco, äre (calx, Ferse), *a)* tretenieder, zerstampfe, v. Rosse, cruorem, *Ä*12,340. *b)* presse, drücke fest ein, agrum undasque, das mit Wasser vermischte Erdreich, *G*2, 244.

calcŭlus, i, *m.* (calx, Kalk), Steinchen, Kies, kiesigter Boden, *G*2, 180.

cälĕfäcĭo,fēci,factum,ĕre,1)mache warm, erhitze, dcht., setze in Glut, ora (infolge des raschen Blutumlaufes), *Ä*12, 66. 2)übtr., rege auf, entflamme, corda tumultu, *Ä*12, 269.

cälĕo, üi, ēre, glühe, ture, 'dampfe', *Ä*1, 417. calens, 'warm', membra, eines Sterbenden, *Ä*12, 297.

Cälës, ĭum, *f.*, Stadt Kampaniens, ber. durch Weinbau, j. 'Calvi', *Ä*7, 728.

cälĭdus,a,um(caleo),*a)*warm,heifs, latices, *Ä*6, 218. ferrum, *Ä*12, 100. sanguis, *Ä*9, 422. flumen, *Ä*9, 414. *b)*übtr., feurig, hitzig, animis (v. Rosse), *G*3, 119.

1. **cālīgo**, gĭnis, *f.*, *a)* dichter Dunst, Nebel, sofern er verdunkelt, picea,*G*2, 309. caeca, *Ä*3, 203. nigra, von einer Staubwolke, *Ä*9, 36. *b)* Dunkelheit, Finsternis, die alles bedeckt, caeca, *Ä*3,203. übtr.,wie unser 'Dunkel','Nacht', res caligine mersae, *Ä*6, 267.

2. **cālīgo**,äre(1.caligo),*a)*bin düster, dunkel, vom Haine, *G*4, 468. *b)*verbreite Dunkel od. Finsternis, *Ä*2, 606.

Callĭŏpē, ēs, *f.* [Nebenf. **Callĭŏpēa** (*Ribb.* '*Cāliop.*), ae, *B*4, 57](Καλλιόπη), die Schönstimmige, eine der neun Musen, Göttin der epischen Dichtung, dcht. Muse übb., *Ä*9, 525. Mutter des Orpheus, *B* 4, 57.

callis, is, *m.*, eig. ein oft betretenes Stück Land, bes. *a)* der auf Gebirgen u. in Wäldern durch das Darübertreiben der Herden u. den Wechsel des Wildes entstandene Pfad, dah. Plur. 'Triften', 'Hutland','Berglehnen', occulti,*Ä*9,383. dcht. von den in der Unterwelt weit ausgedehnten Trauergefilden der unglücklich Liebenden mit versteckten Gängen in den Myrtengebüschen, *Ä*6, 443. *b)* übb. Pfad, angustus, der Ameisen, *Ä*4, 405.

cälŏr,ōris,*m.*(caleo),1)Wärme,Hitze, Glut, *G*1, 89 u. ö. 'Sommerhitze', *G*1, 190. Bes. *a)*natürliche od. tierische Wärme des Körpers, *Ä*3,308. 4,705. *b)*Glut des heifsen Windes, Plur., austrini, *G*2, 270. 2)übtr.: *a)*Hitze,d.i. Anstrengung, Schweifs, *G*1,190. *b)* Liebesglut, *Ä*8, 390.

caltha(*Ribb.* calta), ae, *f.*, safrangelbe Ringelblume(Calendula offic., *Linn.*), luteola, *B* 2, 50.

calx, calcis, *f.*, 1) Ferse, *Ä* 10, 404 u. 730. ferrata, Sporn, *Ä* 11, 714. 2) übtr., Fufs, *Ä* 5, 324. von den Vorderfüfsen, *Ä* 10, 892.

Călўbē, ēs, *f.* (*Καλύβη*), Priesterin der Juno, *Ä* 7, 419.

Călўdön, ōn̦is, Akk. 'ōna', *f.* (*Καλυδών*), Stadt in Ätolien am Euēnus, ber. durch den dort hausenden Eber, *Ä* 7, 306 flg. 11, 270.

Cămărīna, ae, *f.* (*Καμάρινα*), Stadt an der Südküste Siciliens, j. 'Camerina', mit einem gleichnamigen See in der Nähe, den die Einwohner wegen seiner pestartigen Ausdünstungen gegen den warnenden Ausspruch des delph. Orakels trocken legten und dadurch den Feinden den Eingang zur Stadt bahnten, *Ä* 3, 701.

Cămēna od. (*Ribb.*) **cămēna**, ae, *f.* (cig. 'Casmena' v. 'cano', 'Sängerin'), altital. Gottheit des Gesanges übh., Muse, *B* 3, 59.

Cămerн, mertis, *m.*, 1) ein Rutuler, *Ä* 12, 224. 2) Sohn des Volscens, Genosse des Turnus, *Ä* 10, 562.

Cămilla, ae, *f.*, Tochter des Metabus, Königs der Volsker aus Privernum, die jagdlustige Gefährtin des Turnus, *Ä* 7, 803 flg. 11, 432. 498. 535. 543. 563. 604. 649. 657. 689. 760. 796. 821. 833. 839. 856. 868. 892. 898.

Cămilluн, M. Furius, Diktator und Eroberer von Veji (395 v. Chr.), befreite 389 v. Chr. an der Spitze der nach Veji geflüchteten Römer Rom von den Galliern, Plur., Camilli, d. i. Männer, wie Kamillus war, *G* 2, 169.

cămīnuн, i, *m.* (*κάμινος*), a) Ofen zum Schmelzen, dcht. Esse in den Werkstätten des Vulkan, *Ä* 3, 380. 8, 418. *b*) übh. 'Werkstatt' (officina), *Ä* 6, 630.

Campānuн, a, um, zur Landschaft Kampanien in Mittelitalien (j. 'Terra di Lavoro') gehörig, kampanisch, urbs, Kapua, *Ä* 10, 145.

campuн, i, *m.*, 1) Ebene, Fläche, bes. freies Feld, Gefilde, Plan, apertus, *G* 2, 198. viridis, *G* 3, 13. mit 'castra', *Ä* 9, 230. abs., 'Schlachtfeld', *Ä* 2, 145. Gegs. zum festen Lager, Kampf auf freiem Felde, *Ä* 9, 42 u. 56. verb., aequor campi, *Ä* 7, 781. oft Plur., 'Gefilde', Chaonii, *Ä* 3, 334. 'Saatfelder', *G* 3, 198. campi quod rex habet ipse, Anteil od. Stück Landes, das in der Heroenzeit den Königen zum eigenen Gebrauche überlassen wurde, *Ä* 9, 274. Bes. 'campi' als Lokativ, tantum campi iacet, 'die Herde liegt nur

(tantum) frei auf dem Felde', *G* 3, 343. Bes. *a*) v. Elysium, campi lati aëris, die luftigen, weiten Gefilde, *Ä* 6, 888; vgl. *v.* 640. *b*) prägn., Campus (Martius), das Marsfeld längs des Tiber, Versammlungsort der röm. Volkes, dah. in bez. auf die dort versammelte Menge selbst, *Ä* 6, 873. 2) dcht.: *a*) jede Fläche od. Ebene, bes. des Meeres, liquentes, 'Wassergefilde', 'Wasserflächen', *Ä* 6, 724. ähnl. 'salis', *Ä* 10, 214. *b*) von der Fläche eines Felsens, der bei ruhigem Meere aus demselben hervortritt, *Ä* 5, 128.

***cămŭr**, ūri (*καμπύλος*), gekrümmt, cornua, *G* 3, 55.

cănāliн, is, *m.* (canna), Röhre, Rinne, bes. 'Wasserröhre', *G* 3, 330. 4, 265.

cancĕr, cri, *m.* (verw. m. *καρκίνος*), 1) Krebs, *G* 4, 48. 2) Gestirn des Krebses im Tierkreise, in welches die Sonne zur Zeit des Hochsommers tritt, dcht. 'Südgegend', *B* 10, 68.

candĕo, dŭi, ēre, 1) bin glänzend weifs, schimmere von weifser Farbe, *a*) eig., nur Part. 'candens', bes. v. Opfertieren, vacca, *Ä* 4, 61. taurus, *Ä* 5, 236. v. Elfenbein, *Ä* 6, 896. *b*) übtr., v. Apollo (als Zeichen der Schönheit), 'strahlen', *Ä* 8, 720. 2) glühe, von der Asche, *Ä* 3, 573. vom Schwerte, *Ä* 12, 91.

candĭduн, a, um (candeo), glänzend od. blendend weifs, silber weifs, strahlend (Gegs. 'niger'), luna, *Ä* 7, 8. taurus, *G* 1, 217. avis, *G* 2, 320. aries, *G* 3, 387. pōpulus, 'Silberpappel', *B* 9, 41. vom Haar, *B* 1, 29. Bes. von Pers., *a*) Beiw. der Götter u. vergötterten Menschen, 'im Glanze strahlend', Maia, *Ä* 8, 138. Daphnis, *G* 5, 56. *b*) 'von blendender Schönheit', 'reizend', Nais, *B* 2, 46; vgl. *B* 7, 38. Dido, *Ä* 5, 571. auch 'pectus', *Ä* 9, 432.

candŏr, ōris, *m.* (candeo), glänzend od. blendend weifse Farbe, *Ä* 3, 538. candore nives anteire, cursibus auras, von den Pferden, *Ä* 12, 84.

cānĕo, ŭi, ēre (canus), *a*) bin grau od. weifsgrau, ergraue, v. Pflanzen, *G* 2, 13. 3, 325. molli lanā (von der Baumwollenstaude), *G* 2, 120. *b*) erbleiche, v. Alter, in bez. auf das Haar, *Ä* 5, 416. canens senecta, 'das silbergraue Alter', durch Verwandlung in einen Schwan, *Ä* 10, 192. von den 'erblassenden', 'erbleichenden' Augen des Sterbenden, lumina canentia, *Ä* 10, 418.

căniн, is, *c.* (*κύων, κυνός*), 1) Hund, *G* 1, 470. *Ä* 5, 257. canes rabidae, Jagdhunde, *Ä* 7, 493. von den stygischen Hunden, den Begleitern der Hekate u. der Furien, *Ä* 6, 257. marinus, 'Seehund', *B* 6, 77; dass. 'caeruleus', *Ä* 3, 432. 2) Canis

(Hundsgestirn), ein Sternbild in der südl. Halbkugel, bes. der grofse Hund, dessen hellster Stern, der **Hundsstern** (canicula od. Sirius) mit dem Kopf gegen den Stier gewandt ist u. mit dem Schwanze zuerst untergeht, dah.: averso occidit astro, *G* 1,218. geht in der Mitte des Juli auf, *G* 2, 353.

cănĭstrum, i, *n.* (*κάνεον*), aus Rohr geflochtener **Korb** für Brot u. Früchte nur Plur., *Ä* 1, 701. 8, 180. *G* 4, 280.

cānĭtĭēs, ēi, *f.* (canus), **weifsgraue Farbe**,bes.'grauesHaar',*Ä*9,612.'grauer Bart', *Ä* 6, 300. zur Bezeichn. des hohen Alters, m. 'longi anni' verb., *Ä* 10, 549.

căno, cĕcĭnī, cantum, ĕre, 1) intr., bringe melod.Töne hervor,dah. *a*)**singe**, von Menschen, *B* 2, 31. alci, *B* 10, 8. von Vögeln, wie von dem widerlichen Geschrei der Eule, 'krächzen', 'ächzen', *Ä* 12, 864. *b*) in der Militärspr., v. Hörnern, 'ertönen', *Ä* 10, 310. 2) trans.: *a*) **singe**, dichte etw., carmen, *G* 2, 176. Paeana, *Ä* 6, 657. hymenaeos, *Ä* 7, 398. sacra, stimme heilige Gesänge an, mit flg. ut ('wie') u. Konj., *B* 6, 31. *b*) **besinge**, feiereod.**verherrliche**durch Gesang od. Dichtung, alqm, *G* 3, 1. arma virumque, *Ä* 1, 1. reges et proelia, *B* 6, 3. regem, *Ä* 7, 698. silvas, *B* 4, 3. nymphas, *B* 9, 19. effectos antes (in einem üblichen Winzerliede), *G* 2, 417. mit flg. Relativs., quas strages ediderit Turnus (wo das Part. 'canens' von dem, der etw. singen od.besingen will,sich dazuanschickt), *Ä* 9, 525. dcht. v. Fröschen, querellam, ihr Klagelied singen od. anstimmen, *G* 1, 378. *c*) **verkünde**, *α*) von Orakeln u. deren Auslegern, **weissage**, **verkünde**,**verheifse**,**sage** Zukünftiges **vorher**, scelus, *Ä* 2, 124. novum prodigium, *Ä* 3, 366. fata, *Ä* 3, 444. 10, 417. omina, *Ä* 5, 524. scopulos, *Ä* 3, 559. m. Akk. u. Inf., *Ä* 6, 345. 7, 79 u. 271. m. Inf. Fut. Akt., *Ä*8,534(*Ribb.*). abs.,*Ä*3, 457. dcht. v. der Gans, die durch ihr Geschrei die drohende Gefahr verkündet (m. Akk. u. Inf.), *Ä* 8,656. *β*) **verheifse, verspreche** in feierlicher Sprache, ehrerbietig (gegen die Götter), Junoni cane vota libens, bringe Gelübde, *Ä* 3, 438. *γ*) spöttisch in bezug auf prahlerische Reden, **singe** gleichs. **vor**, **verkünde**, dira, *Ä* 9, 621. capiti cane talia Dardanio rebusque tuis, 'solche Lieder, wie diese, singe demDardanerhaupte und dir selbst', *Ä*11,399. *d*)**verkünde**übtr.,'**erzähle**', bella, v. Aeneas, *Ä* 4, 14. facta atque infecta, von der Fama, *Ä* 4, 190. *e*) **lasse ertönen**,**blase**,signum pastorale,blase das Hirtensignal, *Ä* 7, 513. v.Instrumen-

ten, tuba commissos medio canit aggere ludos, giebt das Zeichen,ruft zum Beginn der Spiele, *Ä* 5, 113.

Cănōpus, i, *m.* (*Κάνωπος*), Stadt in Unterägypten an der westl. Nilmündung, j. 'Abukir', *G* 4, 287.

cănŏr, ōris, *m.*(cano),**Schall**,**Klang**, aeris, *G* 4, 71.

cănōrus, a, um (cano), *a*) **klingend**, **tönend**, aes, *Ä* 9, 503. sonitus, *G* 4,150. *b*) **wohltönend**, **melodisch**, fides, *Ä* 6,120. modi(der Schwäne),*Ä*7, 700. aves, *G* 2, 328.

canthărus, i, *m.*(*κάνθαρος*), ein grofses bauchiges Trinkgefäfs, **Kanne**, **Humpen**, **Krug**, *B* 6, 17.

canto, āre (Int. v.cano), 1) intr., **töne**, **singe**, **spiele**, *B*7, 5. 10, 32. cantando victus,imWechselgesang,*B*3,21.2)trans.: *a*)**singe**, **besinge**, alqm, *B*3,25. 5, 54. *b*) **bezaubere**, **banne** durch Zaubersprüche, **beschwöre**, *B* 6, 71. 8, 71.

cantŭs, ūs, *m.* (cano), 1) **Gesang**, **Lied**,*a*)der Menschen,*G*4,471. *Ä*8,285. der Circe, *Ä* 7, 12. der Musen, *Ä* 7, 641. 10, 163. von magischen Gesängen, *Ä* 7, 757. *b*) der Tiere, wie der Cikade, *G* 3, 328. der Vögel, *Ä* 1, 398. 7, 34. 2) **Ton**, **Schall** der Hörner, *Ä* 8, 2. 'das Blasen' des Triton, *Ä* 6, 172.

cānus, a, um, **weifsgrau**, **grau**, **weifs**, pruina, *G* 2, 876. gelu, *G* 3, 442. mala, *B* 2, 51. montes, schmutzig, aschgrau (wie die Gebirge beim Schmelzen des Schnees erscheinen),*G* 1,43. 2) übtr., der Vorzeit angehörend, **grau**, **greis**, 'uralt', mit dem Begr. des Ehrwürdigen, Vesta, *Ä* 5, 744. Fides, der guten alten Zeit, *Ä* 1, 292.

Căpēnus, a, um, zur Stadt Kapena in Etrurien gehörig, bei welcher ein Hain u. Tempel der Feronia, **kapenisch**, luci, *Ä* 7, 697.

căpella,ae,*f.*(Demin.v.caper),**Ziege**, *B* 1, 12. 2, 64. *G* 2, 196.

căpĕr, pri, *m.* (*κάπρος*), **Ziegenbock**, **Bock**, *B* 7, 7. *G* 2, 380.

căpesso, īvi, ītum, ĕre (Desid. v. 'capio'),1)**ergreife**eifrig od.hastig,*a*)übb., arma, *Ä* 3, 234. *b*) **strebe od. wende mich wohin**,**erreiche**,**gewinne einen** Ort, oras,*Ä*5,703.Italiam, *Ä*4,346.fines, *Ä*11,324. turres, besteige, besetze, *Ä*11, 466. regna, empfange, übernehme, *Ä* 8, 507. 2)übtr.,**nehme auf mich**, **führe aus**, iussa, *Ä* 1, 77.

Căphēreus, ĕi, *m.* (*Καφηρεύς*), felsiges Vorgeb. an der Südküste Euböas wo dieFlotte derGriechen auf ihrerHeimfahrtvonTrojaSchiffbruch litt,jetzt'Capo d'Oro', *Ä* 11, 260.

căpillu⸱, i,*m*.(caput),Haar des Hauptes, *Ä* 10, 832. *G* 1, 405.

căpĭo, cēpi, captum, ĕre, 1) nehme,
fasse, ergreife, *a*) eig., sacra manu,
Ä 2,717. clipeum, *Ä* 10,242. *b*)übtr.,neh-
me, alqm socium, jmd. zum Gefährten,
Ä 2, 394. socium consiliis, zum Genossen
im Rat, *Ä* 5, 712. capio locum, nehme
Platz, stelle mich auf (dahin, wo jeder
auslaufen soll),im Wettkampfe, *Ä* 5,315.
capio orgia cum alqo, feiere mit jmd. die
Orgien, folge jmd. zur Orgienfeier, *Ä* 7,
403. 2)nehme, bes. leb.Wesen, nehme gefangen, fange, alqm vinclis,
fange mit Fesseln, fessele, *G* 4, 396.
quae sit fiducia capto, *Ä* 2, 75. im Wort-
spiel, num capti potuere capi? sind sie
nicht mitten aus der Gefangenschaft entkommen? *Ä* 7, 295. 3) nehme ein, *a*)
eig., erobere, urbem, *Ä* 2, 643. oppida
manu, 'erstürme', *Ä* 12, 22. pocula, 'erbeute', *Ä* 9, 264. *b*) übtr.: *a*) Pass. ca-
pior, werde geschwächt, gelähmt, des
freien Gebrauchs einer Sache beraubt,
oculis captus, blind (v. Maulwurf), *G* 1,
183. caput leto captum, vom Tode an-
griffen,umfangen,*Ä* 11,830. *β*)ergreife,
nehme ein, fessele, gewinne, Pas-
siv, capi locis, *Ä* 8, 311. amore, *B* 6, 10.
cupidine, *Ä* 7, 189. dcht. v. abstr. Subj.,
B 2,69. *G* 4,488 u. ö. *γ*) 'locke', 'täusche',
'bethöre', alqm, *G* 3, 392. 4)nehme (zu
einem bestimmten Zweck),wähle,locum
oculis, *G* 2, 230. tumulum, *Ä* 6, 754. terras, v. Schwänen, welche aus der Luft
nach der Erde zu fliegen, d. i. das Land
zu gewinnen suchen, sich zur Erde senken, 'terras desp. capiendas', dann 'ca-
ptas iam desp.', bereits zur Erde gesenkt,
sich niedergelassen haben, *Ä* 1,396.dcht.,
ingressus, *G* 4, 316. 5) nehme, fasse
auf, kann fassen, *a*) übh., nec iam se
capit unda (vom siedenden Wasser), nicht
mehr hält sich die Flut, *Ä* 7, 466. haec
illum regia cepit, diese Wohnung war
grofs genug, um ihn (den Gott) zu fassen, *Ä* 8, 363. dcht., nec te Troia capit,
ist für dich (deine Gröfse) zu eng, zu
klein, d. i. dein Name u. deine Thaten
gehören der Unsterblichkeit an, *Ä* 9,644.
b) vom Verstande, fassen, behalten,
dicta, *Ä* 6, 377. 10, 242. 6) nehme, erhalte, bekomme, praemia, *Ä* 5, 232.
11, 856. übtr., timorem pro me, fürchte
für mein eigenes Heil, *Ä* 6, 352. finem,
Ä 10, 106. tempus, 'gewinne', *Ä* 11, 783.

căpi⸱trum, i, *n*., Halfter, Maul-
korb, *G* 3, 188 u. 399.

Căpĭtōlĭum, ĭi, *n*. (capitulum, caput),
Kapitol,der auf dem tarpejischen Berge
in Rom der Burg gegenüber von den Tar-

quiniern errichtete prachtvolle Juppiter-
tempel, das Heiligtum u. der religiöse
Mittelpunkt des röm. Staates, im Verlaufe der Zeit vielfach verschönert und
wie die Stadt ('urbs aeterna') für unzer-
störbar u. ewig dauernd gehalten; dah.
zur Bezeichn. der Dauer, *Ä* 9, 448. dcht.
Plur., bes. in bez. auf den Berg mit seinen
Tempeln u. sonstigen Gebäuden, *Ä* 6,837.
8, 347 u. 653.

capra, ae, *f.* (caper), Ziege, Geifs,
G 2, 374. fera, *Ä* 4, 152.

caprĕa, ae, *f.*, Reh Hindin, *Ä* 10,
725. *G* 2, 374 (*Ribb*.).

Căprĕae, ārum, *f.*, Insel an der Küste
Kampaniens, j. 'Capri', *Ä* 7, 735.

caprĕŏlu⸱, i, *m*. (caper), junger Reh-
bock, Böckchen, *B* 2, 41.

caprĭgĕnu⸱, a, um ('caper' u. St. 'gen'
in 'gigno'), von Ziegen stammend,
pecus, des Ziegengeschlechts, 'Ziegen-
herde', *Ä* 3, 221.

captīvu⸱, a,um (capio), 1) im Zustand
der Gefangenschaft befindlich, bes.
kriegsgefangen, von Pers., *Ä* 12, 63.
sanguis,der Gefangenen, *Ä* 10,520. Sbst.,
captivus, i, *m*., Kriegsgefangener, *Ä* 9,
273. captiva, ae, *f.*, Gefangene, Sklavin
(v. Polyxena), *Ä* 3, 324. 2) übh. erbeutet, erobert, vestis, *Ä* 2, 765. aurum,
Ä 11, 779.

capto, āre (Freq. v. capio), *a*)greife
eifrig nach etw., hasche, fange etw.,
feras laqueis, *G* 1, 139. naribus auras,
schnappe nach Luft, *G* 1, 376. *b*) übtr.,
suche zu erlangen, suche etw. auf,
frigus, *B* 1,52. von der gespannten Sorgfalt des Beobachters, auribus aëra, lausche mit horchendem Ohr dem Zuge der
Luft, *Ä* 3, 514.

Căpŭa, ae, *f.* (*Καπύη*), reiche Hauptstadt Kampaniens am Volturnus, *G* 2,224.

căpŭlu⸱, i, *m*. (capio, *κώπη*), Griff,
Heft, bes. des Schwertes, *Ä* 2, 553. 10,
536. 12, 734.

căpŭt, pĭtis, *n*.(*κεφαλή*), Haupt, 1)
von leb. Wesen, Haupt, Kopf, *a*) übh.,
Ä 1, 189. 12, 885 u. ö. apri, *B* 7, 29. iacio
alqd trans caput (bei Zaubereien), *B* 8,
102. in der Umschr. zur Bestimmung der
Zahl von Tieren, 'Stück', bina capita boum, *Ä* 5, 62. fetus triginta capitum, *Ä* 3,
391. 8, 44. dcht. übtr., 'effero caput', von
einer Stadt, *B* 1, 24. *b*) Haupt als Sitz
des Lebens, 'Leben', *Ä* 2, 751. 8, 145. *c*)
Haupt, d. i. Hauptperson, Urheber, malorum (neben 'causa'), *Ä* 12, 600. belli,
'Ursache'(neben 'summa'),*Ä* 12,572. Bes.
d) als edelster Teil des Menschen, Haupt,
iuro per caput alcjs, *Ä* 9, 300. testor caput, *Ä* 4,357. dcht. für die Person selbst,

carum, infandum, *Ä* 4, 354 u. 613. unum
(d. i. Palinurus), *Ä* 5, 815. 2) von lebl. Gegenst., *a*) der oberste od. äufserste Teil,
a) Haupt, Kuppe, Spitze der Berge,
piniferum, *Ä* 4, 249. *β*) Haupt, Kopf,
des Mohnes, *Ä* 9, 437. *b*) der unterste
Teil, *α*) eines Berges, Wurzel, capita
aspera montis, *Ä* 6, 360. *β*) eines Flusses,
Quelle, fontis, *Ä* 12, 816. amnis, des
Flusses Peneus, *G* 4, 319. abs., *G* 4, 368
u. so: hīc mihi magna domus, celsis caput urbibus exit, hier an der Mündung
des Flusses ist meine Wohnung (Höhle);
meine Quelle strömt aus Etrurien und
dort an hochgelegenen Städten vorbei,
Ä 8, 65. *γ*) einer Pflanze, Wurzel, *G* 2,
355. *δ*) Plur. 'capita', von den beiden Enden
am Bügel des Bogens, 'Knäufe', *Ä* 11, 860.
c) Haupt, d. i. Hauptstadt, ipsa (Mantua) caput (est) populis, *Ä* 10, 203.

Căpŷʍ, Akk. 'yn', *m.* (*Κάπυς*), 1) ein
Troër, Gefährte des Äneas, von dem Kapua benannt, *Ä* 1, 183. 2, 35. 9, 576. 10,
145. 2) der achte König von Alba in Latium, *Ä* 6, 768.

carbăsëuʍ, a, um (carbasus), aus Linnen verfertigt, leinen od. linnen, sinus, Falten des linnenen Mantels, *Ä* 11,
776.

carbăʍuʍ, i, *f.* (*κάρπασος*), eine Art
feiner Flachs aus Spanien, dah. meton.,
a) das daraus verfertigte Gewebe als Gewand, dcht., tenuis carbasus velat alqm
glauco amictu, ein luftiges blaugrünes
Gewand (wie es den Flufsgöttern eigen),
Ä 8, 34. *b*) Segel, *Ä* 3, 357. 4, 417.

carcĕr, cĕris, *m.* (sicilisch *κάρκαρον*,
verw. m. *ἕρκος*), *a*) Kerker, Verschlufs,
Gefängnis, der von Äolus eingeschlossenen Winde, *Ä* 1, 54 u. 141. caecus, in
bez. auf den Körper, der nach der Lehre
der Orphiker u. des Platon als Gefängnis
der Seele gilt, *Ä* 6, 734. *b*) Plur., Schranken der Rennbahn, *G* 1, 512. 3, 104. dcht.
im Sing., *Ä* 5, 145.

carchēʍium, ïi, *n.* (*καρχήσιον*), eig.
der oberste Teil des Mastes, 'Top', übtr.,
von der Ähnlichkeit, ein in der Mitte ein-
gedrücktes Trinkgeschirr mit Henkeln,
die sich hoch über den Rand erhoben u.
bis zum Boden reichten, Becher, *Ä* 5,
77. *G* 4, 380.

cardo, dĭnis, *m.*, 1) Angel der Thür,
Ä 1, 449. 2, 480 u. 493. 7, 621. 2) übtr.,
Wendepunkt einer Sache, Ausschlag,
rerum, entscheidender Zeitpunkt, *Ä* 1,
672.

cardŭuʍ, i, *m.*, Distel als Unkraut
der Äcker, *B* 5, 39. *G* 1, 152.

cărectum, i, *n.*, ein mit Riedgras (ca-
rex)bedeckter Ort, Plur. 'Riedgras', *B* 3, 20.

cărëʍ, ūi, ēre, bin leerod. entblöfst
von etw., habe etw. nicht, misse, entbehre, entsage, *a*) v. leb. Wesen, mit
Abl., Latio, *Ä* 4, 432. munere, *Ä* 5, 651.
von Toten, mortis honore, *Ä* 6, 333. luce
carentes, die des Lichtes entbehrenden
Schemen, *G* 4, 472; von toten Bienen, *G*
4, 255. *b*) von lebl. Subj., wie von Gebäuden, 'bin frei' von etw., entbehre, peste,
Ä 9, 540. v. Bäumen, matre (d. i. der Wurzel), *Ä* 12, 209. von den Wangen, nec lacrimis caruēre genae (von den Thränen
des Zornigen), *Ä* 5, 173.

Cāreʍ, rum, Akk. 'ras', *m.* (*Κᾶρες*),
Bew. der Landsch. Karien im Südwesten
Kleinasiens, zwischen Lydien u. Phry-
gien, *Ä* 8, 725.

cărex, rĭcis, *f.*, Riedgras, an sumpfigen Stellen, *G* 3, 231.

cărīna, ae, *f.*, Schiffsboden, Kiel,
meton., 'Fahrzeug', 'Schiff', *Ä* 4, 398. 5,
158. Plur., *Ä* 2, 23. 8, 93. *G* 1, 303. 360.
2, 445.

Cărīnae, ārum, *f* (eig. die Kiele), Gegend am esquilinischen Hügel in Rom
mit den meisten u. schönsten Palästen,
Ä 8, 361.

carmĕn, mĭnis, *n.* (cano), 1) Gesang,
Lied, *a*) eig., *Ä* 7, 733. Bes. von den zu
einem Ganzen vereinigten einzelnen Teilen od. Liedern eines Wechselgesanges
(Trauer um den Tod des Daphnis), *B* 5,
45 u. 81. u. Plur. 'carmina' von den einzelnen Teilen (Tod des Daphnis, Verdienste u. Verehrung desselben) *v.* 14 u. 55
u. 81. dah. 'Hirtenlied', *B* 8, 12. 10, 3. von
den Trauerspielen des Pollio, *B* 3, 86. 8,
10. *b*) übtr., von dem unglückverheifsen-
den 'Geschrei' der Eule, *Ä* 4, 462. 2) jeder in Versen verfaßte meist kürzere Ausspruch, bes. *a*) 'Orakelspruch', 'Weissagung', *B* 4, 4. *b*) 'Aufschrift', 'Inschrift',
Ä 3, 287. *B* 5, 42. *c*) 'Zauber- od. Bann-
spruch', Beschwörungs- od. Zauberfor-
mel, *Ä* 4, 487. *B* 8, 69 flg.

Carmentāliʍ, e (Carmentis), zur Kar-
mentisgehörig, karmentalisch, porta,
ein bei den Altar der Karmentis befindliches Thor, durch welches die Fabier in
den für sie verhängnifsvollen Kampf zogen, *Ä* 8, 338.

Carmentiʍ, is, *f.*, Mutter u. weissagende Begleiterin des Euander, mit dem
sie aus Arkadien nach Latium zog, urspr.
arkadische Nymphe u. Seherin, noch später von den Römern verehrt in einem Tempel am Fuße des kapitolin. Hügels und
durch einen Altar am karmentalischen
Thore, *Ä* 8, 336 flg.

Carpăthiuʍ, a, um (*Καρπάθιος*), zur
Insel Karpathos (j. 'Scarpanto') zwischen

Kreta u. Rhodus gehörig, **karpathisch**, mare, gurges, *Ä* 5, 595. *G* 4, 387.

carpo, carpsi, carptum, ĕre, 1) r u p f e, pflücke ab, Blumen, *B* 2, 47. 9, 50. frondes manibus, kneipe ab, *G* 2, 366. vellera, zupfe, *G* 4, 355. pensa, 'spinne', *G* 1, 390. von Tieren, 'abrupfen', 'abweiden', gramen, 'grasen', *Ä* 9, 353. herbam, *G* 3, 296. 2) übtr., *a*) v. dem stückweise geschehenden Durchmessen eines Weges od. Raumes, d u r c h w a n d e l e, viam, beschleunige, *Ä* 6, 629. auch mit dem Obj. des Ortes, der durchwandelt wird, prata, rura, durchziehe die Triften mit den Herden, *G* 3, 142 u. 325. gyrum, *G* 3, 191. aëra, erhebe mich zur Luft, in die Lüfte, *G* 4, 311. *b*) g e n i e f s e, somnos, *G* 3, 435. soporem, quietem, pflege des Schlummers, der Ruhe, *Ä* 4, 522. 7, 414. vitales auras, atme die belebende Luft, *Ä* 1, 388. *c*) im üblen Sinne, s c h w ä c h e, v e r z e h r e, vires, *G* 3, 215. caeco carpor igni, medial., 'verzehre mich in heimlicher Glut', *Ä* 4, 2. perpetuā maerens carpēre iuventā? willst du deine jungen Jahre hindurch von Harm alleinstehend dich aufzehren lassen? *Ä* 4, 32.

Carthāgo (Karthāgo), gĭnis, *f.* (*Καρχηδών*), Stadt in Nordafrika, Kolonie von Tyrus, der Sage nach von Dido gegründet (878 v. Chr.), mit Ruinen beim j. 'Mersa', *Ä* 1, 13. 298. 366. 4, 97. 224. 265. 347. 670. 10, 12 u. 54.

cārus, a, um, t e u e r dem Preise nach, übtr., wert, lieb, geliebt, pater, *Ä* 2, 707. progenies, *Ä* 5, 564 (*Ribb.* st. 'clara'). sororum pectora, die den gefallenen Brüdern teuren Herzen der Schw., *Ä* 11, 215.

cāsa, ae, *f.*, Hütte, Häuschen, *B* 2, 29.

cāsĕus, i, *m.*, Käse, *B* 1, 34.

cāsĭa, ae, *f.* (*χασία*), Kassia, 1) eine Zimmetart, viell. 'Kassialorbeer', dessen würzige Rinde man zur Bereitung einer wohlriechenden Salbe mit Öl vermischte (während die Landleute sich mit dem reinen flüssigen Öle begnügten), *G* 2, 466. 2) eine wohlriechende Pflanze mit weifsen Blüten, *B* 2, 49. *G* 2, 213. 4, 30 u. 304.

Casmilla, ae, *f.* (wohl nur ältere Form für 'Camilla'), Gattin des Königs Metabus u. Mutter der Kamilla, *Ä* 11, 543.

Caspĕrĭa, ae, *f.*, kleine Stadt der Sabiner in Samnium (j. 'Aspra'?), *Ä* 7, 714.

Caspĭus, a, um, zum kaspischen Meere in Asien gehörig, k a s p i s c h, regna, d. i. die Reiche an demselben, mit den anwohnenden Baktrern, Hyrkanern, Parthern u. Skythen, *Ä* 6, 799.

Cassandra, ae, *f.* (*Κασσάνδρα*, die 'Mannliebende'), Tochter des Priamus

u. der Hekuba, nach Trojas Eroberung Sklavin des Agamemnon u. mit diesem zugleich von Klytämnestra in Mykenä ermordet, von Apollo mit der Gabe der Weissagung beschenkt, der aber niemand mehr traute, nachdem der von ihr hintergangene Apollo einen Fluch auf ihre Aussprüche gelegt hatte, *Ä* 2, 246. 343. 404. 3, 183 u. 187. 5, 636. 10, 68. vom Lokrer Aiax im Tempel der Minerva entehrt, *Ä* 2, 403 flgg.; vgl. *Ä* 1, 39 flgg.

cassĭda, ae, *f.*, metallner H e l m , *Ä* 11, 775.

cassis, is, *m.*, 1) Jägergarn, Netz, *G* 3, 371. 2) dcht. übtr., S p i n n e n g e w e b e, *G* 4, 247.

cassus, a, um (careo?), 1) leer, m. Abl., einer Sache b e r a u b t, lumine, *Ä* 2, 85. aethere, tot, *Ä* 11, 104. 2) übtr., nichtig, vergeblich, vota, *Ä* 12, 780.

Castālĭa, ae, *f.* (*Κασταλία*), ein dem Apollo u. den Musen geheiligter Quell am Parnafs bei Delphi, der von einem Felsen herab in den Flufs Pleistos sich ergiefst, *G* 3, 293.

castānĕa, ae, *f.* (*κάστανον*), K a s t a n i e, *a*) als Baum, K a s t a n i e n b a u m, alta, *G* 2, 15. castaneae fagus incanuit albo flore, die Buche schimmerte weifs von der weifsen Blüte der (ihr aufgepfropften) K., *G* 2, 71. *b*) als Frucht, K a s t a n i e, bes. die geniefsbare 'Marone', *B* 1, 82. mit 'nux', *B* 2, 52.

castellum, i, *n.* (Dem. v. castrum), Feste, B u r g, Plur., montana, *Ä* 5, 440. auch v. Meierhöfen u. Dörfern im Gebirge, Norica, *G* 3, 475.

castigo, āre (castus u. ago), w e i s e zurecht (durch Worte oder die That), rüge, züchtige, strafe, alqm dictis, *Ä* 5, 387. moras, *Ä* 4, 407. dolos, *Ä* 6, 567.

Castŏr, ŏris, *m.*, ein Troër, *Ä* 10, 124.

castŏrĕum, i, *n.* (*καστόριον*, castor), Bibergeil, bei den Alten als Arzneimittel geschätzt, Plur., virosa, *G* 1, 59.

castra, ōrum, *n.*, eig. feste Plätze, 1) das befestigte Kriegslager, L a g e r, *Ä* 2, 27. 10, 109. c. et campus, das in der Ebene befindliche Lager, *Ä* 9, 230. 'Schiffslager', 'Flotte', *Ä* 5, 669. von den im Lager, in der Feste Befindlichen, trepidantia, *Ä* 9, 147. übh. zur Bezeichn. des Krieges od. Kampfes, *Ä* 8, 56. in bez. auf die kriegsgerüsteten Scharen, *Ä* 8, 176. 2) dcht. übtr., Zellen der Bienen, cerea, 'wächserne Burg', *Ä* 12, 589.

castus, a, um, *a*) r e i n von Verbrechen, unschuldig, *Ä* 6, 563. Bes. *b*) sittlich rein, keusch, züchtig, matres (als Erfordernis bei einer heiligen Handlung), *Ä* 8, 665. Proserpina, *Ä* 6, 402.

sacerdos, *Ä* 6, 661. nepotes, *Ä* 3, 409. domus, *G* 2,524. cubile, *Ä* 8,412. taeda, heilig, geweiht (weil bei Opferhandlungen), *Ä* 7,71.

cāsūs, ūs, m. (cado), 1) **Fall** zur Erde (der zugleich auch ein **Unfall** war), *Ä* 5, 453. 2) übtr.: *a)* **Ende, Ausgang,** hiemis, *G* 1, 340. *b)* **Fall, Untergang,** urbis, *Ä* 1, 623. 2, 507. *c)* **Wechselfall, Zufall, Vorfall, Geschick,** *Ä* 3, 327. 5,201. sub hoc casu, *Ä* 4,560. Plur., tanti, *Ä* 3,299. omnes, *Ä* 9,514. 12,21. im Gegs. zu 'deus', *Ä* 12, 321. Bes. *d)* schwerer, harter Zufall, **Unfall, Geschick, Mifsgeschick, Gefahr,** durus, *Ä* 6, 377. mortis durae, *Ä* 10,791. acerbus, *Ä* 5,700. iniquus, *Ä* 6, 475. häuf. Plur., marini, *G* 2,68. varii, *Ä* 1,204. abs., *Ä* 1,221 u. 599. 2, 10 u. 93. 5, 53.

cătēia, ae, f. (wahrsch. kelt. Wort), eine Art **Wurfkeule,** wie sie die Germanen später führten, *Ä* 7, 741.

cătēna, ae, f., **Kette, Fessel** zum An- od. Zusammenschliefsen, *Ä* 6, 558.

căterva, ae, f., **Haufe, Schar** von Menschen, *Ä* 1,497. 11,538. 12,264. 'Scharen von Fufsvolk', Gegs. zu 'agmen equitum', *Ä* 7, 804. 'Schwarm' von Vögeln, *Ä* 11,456.

cătervātim, Adv. (caterva), **haufen-** od. **scharenweise,** *G* 3, 556.

Cătilīna, ae, m., L. Sergius, ein röm. Patricier, bek. durch die von Cicero (64 v. Chr.) entdeckte Verschwörung, *Ä* 8, 668.

Cătillus, i, m., Sohn des Amphiaraus, Bruder des Tiburtus, Miterbauer von Tibur u. Heerführer der Tiburtiner, *Ä* 7, 672. 11, 640.

Căto, ōnis, m., 1) M. Porcius, der ältere, mit dem Bein. 'Censorius', ausgezeichnet durch strenge Tugend u. Gerechtigkeit (um 150 v. Chr.), dah.: magnus, *Ä* 6,842. 2) M. Porcius Cato, der jüngere, mit dem Bein. 'Uticensis' (weil er sich nach der Schlacht bei Pharsālus, 48 v. Chr., in Utika entleibte, um den Untergang der Freiheit nicht zu überleben), Urenkel des ältern, bek. durch grofse Strenge u. Lauterkeit der Sitten, dah. er von den Schatten im Elysium gleichs. als König od. Oberhaupt, dessen Willen jene sich gern fügen, betrachtet wird, *Ä* 8, 670.

cătŭlus, i, m. (Dem. v. cătus, *Kater*), **Junges,** bes. aus den Hunde- u. Katzengeschlecht, dah. **junger Hund, Hündchen,** *B* 1,23. *G* 3,405. Junges der Löwen, *G* 3, 245. der Wölfe, *Ä* 2, 357. auch 'Brut' der Schlangen, *G* 3, 438.

Caucăsius od. (*Ribb.*) **Caucăsĕus, a, um** (*Καυκάσιος*), zum Kaukasus gehörig,

kaukasisch, des Kaukasus, vertex, *G* 2, 440. volucres, *B* 6, 42.

Caucăsus, i, m. (*Καύκασος*), grofses Gebirge Asiens zwischen dem Pontus Euxinus u. dem kasp. Meere, *Ä* 4, 867.

cauda, ae, f., **Schwanz, Schweif** der Tiere, *Ä* 3, 428 u. ö.

caudex, dĭcis, m., Stamm (des Baumes), *G* 2, 30.

caulae, ārum, f. (mit 'cavus' verw., gleich. 'cavillae'), eig. Höhlung, bes. **Gehege, Hürde** der Schafe, *Ä* 9, 60.

caulis, is, m. (*καυλός*), **Stengel** der Pflanzen, *Ä* 12, 413.

Caulōn, ōnis, m. (*Καυλωνία*), von den Achäern gegründete Stadt an der Küste von Bruttium in der Nähe des h. 'Castel Vetere', *Ä* 3, 553.

caurus od. **cōrus, i, m.,** **Nordwestwind,** *G* 3, 278 u. 356 (caurus). *Ä* 5, 126 (corus).

causa, ae, f. (cado), 1) alles was als **Grund** vorgebracht wird, *a)* **Ursache, Veranlassung, Beweggrund,** oft Plur., *Ä* 2, 105 (*Ribb.* 'casus'). inanes, *Ä* 9, 219. irarum, *Ä* 1, 25. leti malorumque, *Ä* 4,169. stant belli causae, *Ä* 7,553. causa belli, 'Herd' od. 'Sitz' des Kr. (von der Hauptstadt Laurentum, deren Bewohner den Krieg begonnen hatten), *Ä* 12,567. m. Gerund., Romam videndi, *B* 1, 26. m. Dat. der Beziehung auf etw., quae rebus sit causa novandis, die Veranlassung, der Grund für die Neuerung, *Ä* 4, 290. geminas, causam lacrimis (Appos.), sacraverat aras, um sich dort auszuweinen zu können, *Ä* 3, 305. dcht., 'causa est' m. Inf., *Ä* 10,90. v. Pers., 'Quelle', doloris, *Ä* 9, 216. malorum, *Ä* 12,600. *b)* **Scheingrund, Vorwand,** morandi, *Ä* 4, 51. 2) **Sache** od. **Angelegenheit vor Gericht, Rechts-** od. **Streitsache,** oro causas, spreche öffentlich vor Gericht, verfechte das Recht, *Ä* 6, 850.

causor, āri (causa), **schütze** od. **wende vor,** *B* 9, 56.

cautē, Adv. (cautus), **vorsichtig, behutsam,** Kompar. 'cautius', *Ä* 11,153.

cautes, is, f. (mit 'cos' verw. w. s.), spitzer u. rauher **Fels, Klippe,** altae cautes, *Ä* 3, 699. im Bilde zur Bezeichn. eines unbeugsamen Gemütes (wie wir 'ein steinernes Herz'), gcnuit te duris cautibus horrens Caucasus, *Ä* 4, 366. Marpesia, *Ä* 6, 471.

căvĕa, ae, f. (cavus), 1) **Höhlung,** übtr. 'Bienenstock' (urspr. aus einem hohlen Stamme bestehend), *G* 4, 58. 2) die im Halbzirkel aufsteigenden **Sitze** oder **Bänke** des Theaters, v. Cirkus, *Ä* 8, 636. bei Wettspielen im Amphitheater, consessus ingentis caveae, das versammelte u. zuschauende Volk auf den über einander erhöhten Bänken, 'die gewaltigen Räume der Versammlung', *Ä* 5, 340.

căvĕo, căvi, cautum, ēre, hüte mich, nehme mich in acht, vermeide, m. Akk., fata, *Ä* 10, 417. m. Konj. ohne 'ne', *Ä* 11, 293. m. Inf., *B* 9, 25.

căvernn, ae, *f.* (cavůs), Höhle, Höhlung, Plur. von dem hohlen Raume des troj. Rosses, *Ä* 2, 19. mit 'cavus' verb. (zugl. zur Andeutung des hohlen Klanges), *Ä* 2, 53. curvae, von dem zerklüfteten Innern des Ätna, *Ä* 3, 674.

căvo, āre(cavus), höhle aus, robora, *Ä* 2, 481. cortices, *G* 2, 387. lintres arbore, eig. aus einem Baumstamme, 'Bäume zu Kähnen', *G* 1, 262. ähnl. 'alnos', *G* 2, 387. tilias ferro (durch den Stahl), *G* 2, 450. tegmina capitum, 'verfertige Helme', *Ä* 7, 632. cavata rupes, 'Felsenhöhlung', 'Felsengrotte', *Ä* 3, 229.

căvun, a, um, hohl, *a)* gehöhlt, gewölbt, gemeingiltigesBeiw.derMuschel, Schläfe usw., *Ä* 6, 171. 10, 783 u. 890. saxum, *Ä* 3, 450. pinus, *Ä* 5, 448. trabs, Schiff, *Ä* 3, 191. testudo, *G* 4, 464. aes, Horn, *Ä* 3, 240. clipeus aere cavo, eherner gewölbter Schild, *Ä* 3, 286. valles, *G* 2, 391. colles (weil ein Thal bildend), *Ä* 8, 599. lacunae, niedrige (u. deshalb dumpfige), *G* 1, 117. saxum (von der gewölbten felsigen Höhle), *Ä* 3, 450. caverna, *Ä* 2, 53. turres, geräumige, *Ä* 9, 46. flumina, 'hohlufrige', d. i. seichte Flüsse, Bergströme,diedenhohenUferrandihres Bettes nicht ausfüllen, *G* 1, 326; prolept., weil durch Hitze ausgetrocknet, *G* 4, 427. *b)* (dcht.) hohl, d. i. umhüllend, von Wolken usw., nubes, *Ä* 1, 516. nubila, *Ä* 5, 810. 9, 671. umbra, *Ä* 2, 360. imago, von den Schatten der Unterwelt, *Ä* 6, 293.

Căystrŏn, i, *m.* (*Κάϋστρος*), Fluss Lydiens, der ins ägäische Meer mündet, reich an Schwänen, j. 'Kara Su' u. 'Kutschuk Meinder', *G* 1, 384.

Cĕn, ae, *f.* (*Κέως*), eine der bedeutendsten cyklad. Inseln des ägäischen Meeres, j. 'Zia', *G* 1, 14.

Cĕcrŏpĭdae, ārum, *m.* (*Κεκροπίδαι*), Nachkommen des Kekrops, des myth. Gründers von Athen, dah. dcht. st. Athener, *Ä* 6, 21.

Cĕcrŏpĭun, a,um (*Κεκρόπιος*), zu Kekrops gehörig, kekropisch, dcht. u. altertüml. st. 'athenisch', 'attisch', thymus, der am Berge Hymettus wuchs, *G* 4, 270. apes, vorzügliche, wie die attischen, die einen trefflichen Honig lieferten, *G* 4, 177.

cĕdo, cessi, cessum, ĕre, 1) weiche,

a) gehe (weg), entferne mich, verlasse, weiche, m. 'a', 'de', 'ex' od. m. bl. Abl., ab ordine, *Ä* 3, 447. de litore, *Ä* 6, 460. räume das Feld, den Platz, *Ä* 10, 444. regnis(zugleich m. 'pulsus' zu verb.), *Ä* 3, 121. cede locis, hebe dich weg von hier, *Ä* 7, 559. abs., *Ä* 12, 717 u. 818. cedit,läfst sich überholen, *Ä* 5, 224. 'weiche einem Schlage aus', 'entgehe', *Ä* 5, 445. *b)* prägn.,weiche,vergehe,verschwinde, *Ä* 5, 394. 6, 102. 9, 126. quo tibi fiducia cessit? wohin schwand deinVertrauen zu mir? *Ä* 8, 395. haud tamen Turno fiducia cessit, m. Inf., dennoch wich das Vertrauen dem T. nicht, fafste er den Entschlufs, *Ä* 10, 276. 2) übtr.: *a)* weiche, stehe nach, gebe nach, füge mich, mit Dat. der Übermacht, deo, *Ä* 5, 467. Amori, *B* 10, 69. Phoebo, *Ä* 3, 188. tu ne cede malis, sed contra audentior ito, 'weiche nicht deinem Unglück, sondern gehe ihm immer kühner entgegen', *Ä* 6, 95. *b)* weiche dem Range od. Werte nach, m. Dat. der Pers., *B* 7, 68. honori, *Ä* 3, 484 ('houore' *Ribb.*). dcht. v. Weidenbaum olivae, *B* 5, 16. vomeris et falcis honos . . huc cessit, aus diesen ländlichen Werkzeugen wurden kriegerische verfertigt, *Ä* 7, 636. v. Ansehen u. Ruf, loco (eig. ein Kriegsausdruck), nachgeben, verloren gehen, *Ä* 7, 332. nec mea mutata loco sententia cedit, nimmer wankt mein unerschütterlicher Vorsatz,meinEntschlufs steht fest, *Ä* 9, 220. abs. *Ä* 2, 704. 11, 359. *G* 3, 549. *c)* gehe in jmds. Gewalt od. Besitz über, 'falle jmdm. zu', 'werde zuteil', v. Pers., patrio marito, *Ä* 3, 297. abs., cedat Lavinia coniunx (näml. ihm, d. i. er führe L. heim als Gattin), *Ä* 12, 17. von Sachen, mit Dat. der Pers., *Ä* 11, 321. 12, 17. 183. pars regnorum reddita cessit Heleno (sofern Epirus nach dem Tode des Pyrrhus nicht frei wurde, sondern wieder an einen andern Herrscher, den Helenus, kam), *Ä* 3, 333. quā . . Parcae sinebant cedere res Latio, und so lange die Parzen es vergönnten, dafs es den Latinern wohl gehe, *Ä* 12, 148.

cĕdrun, i, *f.* (*κέδρος*), Ceder oder cypressenartigerLebensbaum, mit wohlriechendem Holze zum Räuchern, *G* 3, 414. Holz als Material zum Anfertigen von allerleiGeräten, *G* 2, 443. alsLeuchte, *Ä* 7, 13. zu Zieraten verarbeitet, *Ä* 7, 26.

Cĕlaenō, ūs, *f.* (*Κελαινώ*), eine der Harpyien, die dem Äneas bei seinem Aufenthalte auf den Strophaden Unheilvolles weissagte, *Ä* 3, 211. 245. 365. 713.

cĕlĕbro, āre (celeber), eig. besuche zahlreich, dah. *a)* begehe feierlich, feiere, conubia, *Ä* 7, 555. sacra, *Ä* 8, 173;

vgl. $\bar{A}$ 5, 603. coetum (Gastmahl), $\bar{A}$ 1, 735.
b) betreibe etw. mit regem Eifer,
wiederhole oft, gradum anili studio
(vom trippelnden Gange), $\bar{A}$ 4,641 (*Ribb.*).
c) belebe einen Ort, verherrliche ihn
(indem er durch zahlreichen Besuch eine
höhere Bedeutung erhält), [litora ludis,
$\bar{A}$ 3, 280. Dah. d) übh. rühme, preise,
alqm honore, donis, $\bar{A}$ 8, 76. alqd carminibus, $\bar{A}$ 8, 303. honores, 'erweise Ehren'
(in bez. auf die göttl. Verehrung der Juno),
$\bar{A}$ 12, 940.   [$\bar{A}$ 7, 739.

Cĕlemna, ae, *f.*, Stadt in Kampanien,

cĕlĕr, ĕris, e (Wurz. $\varkappa\epsilon\lambda$ in $\varkappa\acute{\epsilon}\lambda\eta\varsigma$),
schnell, rasch, eilend, hurtig, 1) von
leb. Wesen u. Lebl., $\bar{A}$ 4, 180. 5, 217. 445.
485. 12, 853. iaculo, behend im Speer-
wurfe, $\bar{A}$ 7, 178. umbrae, flüchtige Schatten, d. i. die schnell ziehenden, flüchtigen
Wolken, $\bar{A}$ 12, 859. 2) übtr., a) von Abstr.,
schnell, rasch, fata, $\bar{A}$ 12, 507. fuga,
'eilige', $\bar{A}$ 3, 243. b) vom Geiste, schnell
denkend, animus, $\bar{A}$ 4, 285. 8, 20.

cĕlĕro, äre (celer), a) beschleunige,
fördere, gradum, viam, iter, cursum, $\bar{A}$
4, 641. 5, 609. 8, 90. 10, 249. b) 'führe etw.
schnell aus', 'besorge rasch', haec, $\bar{A}$ 1, 656.

Cĕlĕus, ĕi, *m.* ($K\epsilon\lambda\epsilon\acute{o}\varsigma$), Vater des
Triptolemus, König in Eleusis, welchen
Ceres auf ihren Wanderungen im Anfertigen und Gebrauch verschiedener Wirtschaftsgeräte unterrichtete, G 1, 165.

cella, ae, *f.*, Behältnis, bes. a) im Erd-
geschofs des röm. Hauses, zur Aufbewahrung des Weines, Kammer, G 2, 96. b)
Zelle des Bienenstocks, G 4, 164.

cēlo, äre, verhehle, verheimliche,
verberge, calles, $\bar{A}$ 6, 443. factum, $\bar{A}$ 1,
351. alqm silvis, $\bar{A}$ 10, 417. me tenebris,
$\bar{A}$ 9, 425.

celsus, a, um (cello, $\varkappa\acute{\epsilon}\lambda\lambda\omega$), erhöht,
emporragend, hochgelegen, hoch,
von Städten, Hügeln usw., $\bar{A}$ 3, 293. 5, 35
u. $\bar{A}$ 8, 65 u. 653. 10, 51. 12, 564. naves
(weit über die Oberfläche hervorragend),
$\bar{A}$ 2, 375. puppis (weil mehr erhöht als
das Vorderteil), $\bar{A}$ 3, 527. 8, 680. 10, 261.

centaurēum, ēi, *n.* ($\varkappa\epsilon\nu\tau\alpha\acute{\upsilon}\varrho\epsilon\iota o\nu$),
Tausendgüldenkraut, auch Erd-
galle gen., mit einem eigentümlich bittern Saft, G 4, 270.

Centaurus, i, *m.* ($K\acute{\epsilon}\nu\tau\alpha\upsilon\varrho o\varsigma$), Centaur, 1) gew. Plur., ein wilder u. riesen-
hafter thessal. Volksstamm zwischen dem
Pelion u. Ossa, in der spätern Sage (seit
Pindar) als zweigestaltiges Ungeheuer,
halb Mensch u. halb Rofs, dargestellt,
$\bar{A}$ 6, 286. 7, 675. Bes. in bez. auf die vielen unglücklichen Händel, welche die
trunkenen Centauren teils mit den Lapithen, teils mit Herkules auf dem Berge

Pholoë bestanden, G 2, 456. b) als Wahr-
zeichen ($\pi\alpha\varrho\acute{\alpha}\sigma\eta\mu o\nu$) eines Schiffes, u.
zwar dargestellt, wie er einen ungeheu-
ren Stein mit beiden Händen in die Fluten zu schleudern im Begriff ist, $\bar{A}$ 10,
195 flgg. c) Name eines Schiffes als *f.* (wegen
des Begriffes 'navis'), magna, $\bar{A}$ 5, 122 u.
155 flgg. 10, 195.

centēnus, a, um (centum), hundertmal vorhanden, a) nur dcht. im Sing.
mit einen Sbst. st. der Kardinalzahl, centenā arbore, 'mit hundert Rudern', hy-
perbol. Ausdr. von einem sehr grofsen
Schiffe, $\bar{A}$ 10, 207. Gew. b) im Plur., als
Distributivz., centeni, ae, a, je hundert, $\bar{A}$ 9, 162. mit der Kardinalz. 'centum' wechselnd, $\bar{A}$ 10, 566.

centum, Indekl. ($\dot{\epsilon}\varkappa\alpha\tau\acute{o}\nu$, $\dot{\epsilon}\nu$-$\varkappa\alpha\tau\acute{o}\nu$),
hundert, oft symbolisch, wie in unse-
rer Sprache zur Bezeichn. einer gröfseren Zahl übh., meist bei religiösen Handlungen u. feierlichen Spielen, c. biden-
tes (wie $\dot{\epsilon}\varkappa\alpha\tau\acute{o}\mu\beta\eta$, zur Bezeichn. eines
grofsen feierlichen Opfers), $\bar{A}$ 7, 93. c. arae,
$\bar{A}$ 1, 416; vgl. $\bar{A}$ 4, 199. 200. c. currus (beim
Wagenrennen in den Festspielen), G 3,
18; vgl. $\bar{A}$ 7, 170 u. 539. 8, 716. Bes. non,
mihi si linguae c. sint oraque c., G 2, 43.
$\bar{A}$ 6, 625 (vgl. $\bar{A}$ 4, 183). Auch ter c. (da
die Zahl drei ebenfalls eine heilige war),
G 1, 15. $\bar{A}$ 7, 275.

centum-gĕminus, a, um, hundert-
fach, Briareus, d. i. hundertarmig od.
-händig ($\dot{\epsilon}\varkappa\alpha\tau\acute{o}\gamma\chi\epsilon\iota\varrho o\varsigma$), $\bar{A}$ 6, 287.

cēra, ae, *f.* ($\varkappa\eta\varrho\acute{o}\varsigma$), Wachs, B 2, 32.
8, 80. Plur. meton. 'Wachszellen', G 4,
57. 162. 241. 'Wachssalbe', G 3, 450.

cĕrasus, i, *f.* ($\varkappa\acute{\epsilon}\varrho\alpha\sigma o\varsigma$), Kirsch-
baum, G 2, 18.

Cĕraunia, ōrum, *n.* ($K\epsilon\varrho\alpha\acute{\upsilon}\nu\iota\alpha$ $\ddot{o}\varrho\eta$),
das keraunische Gebirge zwischen Epirus
u. Illyrien, j. 'Kimara' od. 'Monti delle
Chimera', $\bar{A}$ 3, 506. G 1, 332.

Cerbĕrus, i, *m.* ($K\acute{\epsilon}\varrho\beta\epsilon\varrho o\varsigma$), der drei-
köpfige (nach andern Dichtern auch hun-
dertköpfige) Hund als Wächter des Eingangs zur Unterwelt, von Typhaon u.
der Echidna erzeugt, $\bar{A}$ 6, 417. G 4, 483.
schreckt die Schatten, $\bar{A}$ 6, 401. wird durch
Honigkuchen beschwichtigt, $\bar{A}$ 6, 420.

Cĕrĕālis, e (Ceres), 1) zur Ceres gehörig, papaver (weil Ceres mit einem Mohn-
büschel in der Hand dargestellt wurde),
G 1, 212. 2) übtr., zum Getreide gehörig,
culmus, G 2, 517. solum (sofern der Boden mit Weizenkuchen belegt war), $\bar{A}$ 7,
111. arma, $\bar{A}$ 1, 177.   [u. 480.

cĕrebrum, i, *n.*, Gehirn, $\bar{A}$ 5, 413

Cĕrēs, rĕris, *f.* ($\Delta\eta\mu\acute{\eta}\tau\eta\varrho$), 1) Tochter
des Saturnus, Schwester des Juppiter u.
Pluto, Mutter der Proserpina, Beschütze-

rin des Ackerbaues u. der Kultur übh., dah. auch des Friedens u. der Gesetze (ϑεσμοφόρος), *A* 2, 714 u. 742. 4, 58. 6, 484. *B* 5, 79. *G* 1, 7. 96. 147. 339. 343. Auch wurden die Ambarvalien, die ursprünglich dem Mars galten, später auf den Kultus der Ceres u. des Bacchus übertragen, *G* 1, 339 u. 345 flg. 2) meton., 'Saat', 'Erdfrüchte', 'Getreide', das sie spendet, *A* 1, 177. 8, 181. *G* 1, 297. 2, 229. 4, 129 (*Ribb*.). v. Brot, *A* 1, 701. 7, 113.

cērĕus, a, um (cera), 1) aus Wachs, wächsern, regna, *G* 4, 202. castra, Zellen der Bienen, *A* 12, 589. 2) wachsgelb, pruna, 'Wachspflaumen' (als edelste Sorte), *B* 2, 53.

cērintha, ae, *f.* (κήρινϑος), Bienenbrot, Bienensaug, eine auch bei uns gewöhnl. Pflanze, *G* 4, 63.

cerno, crēvi, crētum, ēre (κρίνω), sondere ab, übtr., 1) sondere od. unterscheide mit den Augen, nehme wahr oder sehe, alqm od. alqd, *A* 2, 286 u. 734. 5, 413. ut propius cernunt (eig. 'eos'), wie sie die beiden Helden in der Nähe, neben einander od. gegenüber sehen, *A* 12, 218. prägn., facta, schaue hin auf usw., betrachte, *A* 8, 516. mit Akk. u. Inf., *A* 5, 27. 7, 68. 9, 243. 11, 703. mit Relativs., *A* 4, 561. 10, 20. mit Part. (wie δράω), alqm stringentem ripas, *A* 8, 62. flectentem etc., *A* 9, 372. cernas migrantes etc., da konntest du sehen od. hättest du sehen können, wie usw., *A* 4, 401. abs., ut cernis, *B* 1, 9. 2) entscheide, kämpfe entscheidend, ferro, messe mich mit dem Schwerte im Kampfe, *A* 12, 709.

cernŭus, a, um, kopfüber schlagend od. stürzend, equus, *A* 10, 894.

certāmĕn, mĭnis, *n.* (certo), 1) Wettstreit, *a*) übh., Wettkampf im amöbäischen Liede, *B* 7, 16. in Spielen, 'Kampfspiel', *A* 5, 286 u. ö. biiugum, *A* 5, 144. navale, Schiffskampf, *A* 5, 493. classis, Wettkampf zu Schiffe, *A* 5, 66. iaculi, im Speerwurf, *G* 2, 530. *b*) prägn., Kriegskampf, Streit, Gefecht (u. zwar anstrengendes oder entscheidendes), summum, *A* 11, 891; vgl. *A* 4, 98. 9, 726. verb. m. Gen. pugnae, *A* 1, 780. belli, *A* 10, 146. Martis, *A* 12, 73. 2) übtr., Wettstreit, Eifer, Ungestüm, certamine summo, *A* 5, 197. vario certamine, näml. so schnell als möglich das Ziel zu erreichen, *A* 3, 128.

certātim, Adv. (certo), wetteifernd, eifrig, um die Wette, *A* 2, 628. 3, 290. 5, 778. 7, 146 u. 585. *G* 1, 365. 4, 38. dcht. v. Lebl., agri c. conlucent ignibus, *A* 11, 209.

certē, Adv. (certus), *a*) gewifs, si-

cher, ja doch, *A* 1, 234 u. 328. *b*) doch sicherlich, doch gewifs, doch wenigstens, *B* 3, 102. 8, 107. 9, 7. possem nunc c. (näml. wenn mir nicht das gemeinsame Los des Todes entzogen wäre), *A* 12, 881.

certo, āre (St. 'cer' in 'cerno'), 1) kämpfe (entscheidend), streite, *a*) übh., acie, *A* 2, 30. corpore, *A* 11, 313. armis (Gegs. 'cursu'), *A* 12, 890. de vita, *A* 12, 765. mit Worten, *A* 11, 446. animis iniquis, *A* 10, 7. *b*) halte einen Wettkampf, wettkämpfe, sagittā, versuche den Kampf mit dem Pfeile, schiefse mit dem Bogen (wo Inf. 'certare' von 'qui velint' abhängig), *A* 5, 485. 2) übtr.: *a*) wetteifere, *A* 3, 668. muneribus, mit usw., *B* 2, 57. pignore, *B* 3, 31. odiis, *A* 10, 14. officio, *A* 1, 548. dcht. m. Dat. wegen des Begriffs des Widerstandes st. 'cum' m. Abl., *B* 5, 8. 8, 54. *G* 2, 99 u. 138. *b*) wetteifere, strebe, bemühe mich, suche etw. zu thun, m. Inf., *A* 2, 64. 4, 443. 5, 194. 6, 178. 9, 520. 533. 557. 10, 130. *B* 5, 9. *G* 2, 99.

certus, a, um (cerno), entschieden, 1) v. Lebl.: *a*) beschlossen, bestimmt, certum est (mihi), est ist beschlossen, mein fester Entschlufs, Wille, mit Inf., *A* 3, 686. 9, 153. *B* 10, 52. certa est sententia Turno, m. Inf., *A* 10, 240. *b*) gewifs, fest, bestimmt, von dem, was uns nicht wieder entrissen wird, locus, *A* 1, 60. domus, von den Wohnsitzen anderer getrennt, 'eigen', *A* 6, 673. domus, penates, 'sicher' (weil durch die Penaten heilig), *A* 8, 39. 'penates' auch von den Bienen, Wohnung, Behausung, *G* 4, 155. mors, *A* 2, 62. tempus, *G* 4, 100. dies, *G* 2, 329. v. Abstr., voluntas, *A* 4, 125. sententia, *A* 7, 611. cupido, *A* 2, 350. pectora, *A* 9, 249. 2) von Pers.: *a*) entschlossen, fest, bereit, m. Inf., mori, *A* 4, 564 (vgl. 475). m. Gen. Gerund., eundi, *A* 4, 554. abs., *A* 5, 2 (von Aeneas, der trotz Wind u. Wetter fest u. rubig sein Ziel verfolgt). *b*) sicher, zuverlässig, treu, auctor, *A* 10, 510. proles deûm, wahrhaftiger Sprofs der Götter, *A* 6, 22. Subst., certi, sichere Leute, denen man vertrauen kann, *A* 1, 576. *c*) der etw. gewifs weifs, in Verb. m. 'incertus', certus incerta pericula lustret? d. i. kann Aeneas im voraus wissen, dafs er allen Gefahren mit seinen Schiffen entgehen werde, da diese Gefahren selbst noch nicht voraus bestimmt sind? *A* 9, 96. dcht., certum facio alqm, setze jmd. in Kenntnis, benachrichtige jmd., *A* 3, 179.

cerva, ae, *f.*, Hirschkuh, Hindin, übh. Hirsch, *A* 4, 69.

cervix, vīcis, *f.*, Nacken (mit dem Hinterhalse), Genick, Hals, *Ä* 1, 477. 10,536.12,7 u.899.*G*3,92. plurima,starker Nacken, *Ä* 3, 52.

cervus, i, *m.* (κεραός), 1) Hirsch, *Ä* 4, 154. 10, 725 u. ö. Sprichw., zur Bezeichn. des Widernatürlichen, ante leves pascentur in aequore cervi, *B* 1, 60. 2) wilde Antilope (weil in Nordafrika), *Ä* 1, 184.

cēspĕs, s. caespes.

cesso, āre (Intens. v. cedo), 1) bin beim Betreiben von etw. langsam, zaudere, zögere, säume, *Ä* 6,52.11,389. praestat (te) lustrare .. cessantem, mit Verzug, zögernden Laufes, *Ä* 3, 430. in vota precesque, zögere, säume mit Gelübden u. Gebeten, *Ä* 6, 51. Auch trans., quidquid cessatum est apud moenia Troiae, wie lange auch der Kampf um die Mauern Trojas sich hinzog, *Ä* 11, 288. mit flg. Inf., lasse nach, höre auf, *B* 1, 59. 2) gehe müfsig, feiere, ruhe, *B* 7, 10. v. Juno, *Ä* 1, 672. dcht. v. Geschossen, rasten, *Ä* 2, 468. vom Acker, ruhen, 'brach liegen', *G* 1, 71.

cētĕrus, a, um (ἕτερος),der andere, übrige (mit dem vorher Erwähnten ein Ganzes ausmachend), pubes, *Ä* 5, 573. aetas, *G* 3, 62. pars, *Ä* 2, 207. legio, *Ä* 12, 568. Plur., cetera bella, *Ä* 2, 438. cetera quā rerum jaceant perculsa ruinā,d.i.alles übrige (aufser den Hoffnungen, mit denen wir uns schmeicheln), wie es um her liegt in ärgster Zerrüttung, *Ä* 11, 310. Bes. im Gegs. zu einem genannten Gegenstande, wo 'ceterus' dem Gedanken nach appositiv hinzutritt,ipse(consul)vocat pugnas, sequitur c.pubes,'es folgen dann, aufser dem die übrigen', näml. 'die mannbare Jugend', *Ä* 7,614. Neutr. Plur.cetera, α) subst., das Übrige, *Ä* 1, 585 etc. β) adverbial, wie τἆλλα, τὰ λοιπά, 'im übrigen', 'übrigens', c. Graius, *Ä* 3,594. mit einem Zeitw., c. parce bello, *Ä* 9, 656.

Cēthēgus, i,*m.*, ein Rutuler, von Äneas getötet, *Ä* 12, 513.

cetra od. **caetra**, ae, *f.*, kurzer und kleiner Schild von Leder bei den Oskern, *Ä* 7, 732.

cētus, i, *m.* (κῆτος), jedes grofse Seetier, Meerungeheuer (wie Walfisch, Hai), griech. Plur. cētē (κήτεα, κήτη), *n.*, *Ä* 5, 822.

ceu, Adv. [dem zugehörigen Worte nachgestellt u. zwar ans Ende des Verses, wie ως, lupi ceu raptores, *Ä* 2, 355] (aus dem demonstrativen Suffixum 'ce' u. 've'), *a*) zum Ausdruck der Vergleichung oder Gleichstellung bei Subst., wie, gleichwie, ganz wie, *Ä* 2,516. 5, 740. 6, 492.

7, 378. 9, 339. 10, 742. *G* 3, 194 u. 542. *b*) zur Einleitung eines Gleichnisses, wie ως, mit einem Satz im Indik., *Ä* 2, 355 u. 415. 5, 85. 10, 357. ceu saepe, *Ä* 5, 527. auch verb. mit 'cum', ως ὅτε, 'wie wenn', *Ä* 7, 674 u. 699. 9, 792. 11, 297. *G* 1, 303. 4, 96. *c*) m. Konj., in der Bed. von 'quasi', als ob, ceu cetera numquam bella forent, *Ä* 2, 438.

Chalcĭdĭcus u. durch Versetzung od. Metathesis **Calchĭdĭcus**,a,um (wie Ἄαλκηδών neben Καλχηδών u.dgl.), zur Stadt Chalkis in Euböa (j. 'Egribos') gehörig, versus, d. i. des Dichters Euphorion aus Chalkis (um 220 v. Chr.), der vorzüglich mythisch-historische Stoffe behandelte, welche Gallus nachbildete, *B* 10, 50 (wo *Ribb.* u. *Schap.* mit Medic. *Calchidico*). arx, Burg von Kumä (weil Kumä von einer Kolonie aus Chalkis gegründet), *Ä* 6, 17.

Chălўbes, um, *m.* (Χάλυβες), Volk auf der Südküste des schwarzen Meeres, berühmt durch seine Stahlarbeiten, *Ä* 8, 421. 10, 174. *G* 1, 58.

chălўbs (**chălyps** *Ribb.*), ўbis, *m.* (χάλυψ), Stahl, *Ä* 8, 446.

Chāōn, önis, *m.*, ein Troër, Sohn des Priamus, Bruder od. Freund des Helenus, von dem er auf der Jagd aus Versehen getötet wurde, dah. Helenus zur Erinnerung an ihn einen Teil seines Landes 'Chaonia' nannte, *Ä* 3, 335.

Chāōnĭa, ae, *f.* (Χαονία), Landschaft im nordwestl. Epirus, die nach dem Tode des Neoptolemus dem Helenus zufiel, *Ä* 3, 335.

Chāōnĭus, a, um (Χαόνιος), zu den Chaoniern (Χάονες), den frühesten Bewohnern von Epirus, gehörig, chaonisch, der Chaonier, pater, Juppiter, der zu Dodona in Chaonien ein Orakel hatte, *G* 2, 67. columbae (dem Juppiter heilig u. in dem Orakel bei Dodona als prophetische Vögel beobachtet),*B* 9, 13. glans (weil diese Gegend durch ihre heiligen Eichenhaine berühmt war), *G* 1, 8. portus, Hafen Pelōdes bei Buthrōtum in Epirus, *Ä* 3, 293. campi, Chaonien, *Ä* 3, 334.

Chăŏs, *n.* (Χάος, Wurz. χα in χαίνω), 1) der unermefsliche leere Raum der Unterwelt, persönl. gedacht als unterirdische Gottheit u. Vater der Nacht u. des Erebus, *Ä* 4, 510. 6, 265. 2) Ursprung aller Dinge, weil der leere Raum als das zuerst Vorhandene gedacht, a Chao, 'seit der Schöpfung', *G* 4, 347.

Chărōn, ontis, *m.* (Χάρων), Sohn des Erebus u. der Nacht, Fährmann der Verstorbenen über den Styx, *Ä* 6, 299 u. 326.

mufste, als er den Herkules auf seinem Wege zur Unterwelt über den Styx gesetzt hatte, zur Strafe dafür ein ganzes JahrimGefängniszubringen,*Ä*6,392flgg.

Chărybdis, is, *f.*(*Χάρυβδις*), ein im Altertum personifizierter, für die Schiffahrt sehr gefahrvoller Meerstrudel an der sicil. Küste (in der Meerenge von Messina),j.'Charilla'(doch blofs bei hochgehender See für kleine Fahrzeuge gefährlich), *Ä* 3, 420. 558. 684. 7, 302.

Chēlae,ārum,*f.*(*Χηλαί*),in derAstron., dieScheren desSkorpion,u.,weil diese über die Wage hinausreichten, übtr. Wage, *G* 1, 33.

chĕlўdrus, i, *m.* (*χέλυδρος*), eine Art Schlange od. Natter von üblem Geruch, *G* 2, 214. 3, 415.

Chimaera, ae, *f.*(*Χίμαιρα*), 1)Tochter des Typhōeus und der Echidna, ein myth. flammenspeiendes Ungeheuer in Lykien, mit einem Löwenkopf, dem Leib einerZiege undeinemDrachenschwanze, zu dessen Erdichtung die vulkanischen Felsenhöhlen des Kragosgebirges Veranlassung gegeben hatten, von Bellerophontesgetötet,nachVergilamEingange des Schattenreiches weileud, *Ä* 6, 288. als Abzeichen auf dem Helme des Turnus, *Ä* 7, 785. 2) Name eines Schiffes des Äneas, *Ä* 5, 118 u. 223.

Chīrōn, rōnis, *m.*(*Χείρων*),Sohn des Saturnus(Kronos)u. der Philyra,ein Centaur, ber. durch seine Heilkunde,Lehrer des Äskulap, *G* 3, 550.

chlămўs, mўdis,*f.*(*χλαμύς*),1)Obergewand, bes. vom Feldherrn getragen, Mantel, *Ä* 8, 167u.588. 9, 582. 11, 775. 2)Gewand, Mantel für Frauen, *Ä* 4, 137. für Kinder, *Ä* 3, 484.

Chlōreūs, ĕi, Akk. 'ĕa', *m.* (*Χλωρεύς*), 1)ein Troër, Gefährte des Äneas, von Turnus getötet, *Ä* 12, 363. 2) ein phrygischer Priester der Kybele, *Ä* 11, 768.

chŏrēa,ae,*f.*[ēnur*Ä*6,644](*χορεία*), Chortanz, Reigen, *Ä* 9, 615. 10, 224.

chŏrus, i, *m.* (*χορός*), 1)Chortanz, Reigentanz, Reigen, gew. Plur., *G* 4, 533. *Ä* 6, 517. 2)übtr., Chor(eig. von Tänzern od.Sängern),Schar vonOpfernden, *G*1,346. Phoebi, die Musen, *B*6,66. Dryadum, *G*4, 460. Nereidum, *Ä* 5, 240. Glauci,*Ä*5,823. Idaei, das ganze Gefolge der Kybele (Korybanten, Kureten usw., das durch die vorüberziehendenWolken hervorleuchtete; vgl.*Ä* 3, 111),*Ä* 9, 112. comitum, *Ä* 10, 219; vgl. *Ä* 6, 657. bes. von den Schwärmen der Nymphen als BegleiterinnenderDiana,wohlnichtausschliefslich von den Reigentänzen, *Ä* 1,

499. von den Abteilungen (turmae) der Knaben zu Pferde im Trojaspiele, *Ä* 5, 581.

Chrŏmis, Akk. 'in', *m.* (*Χρόμις*), 1) ein Satyr oder Faun, *B* 6, 13. 2) ein Troër, *Ä* 11, 675.

cibus, i, *m.*, Speise, Nahrung, *G* 2, 216.

cicāda,ae,*f.*,Cikade,Baumgrille (*τέττιξ*), ein geflügeltes Insekt, von dem Safte der Blätter u. Blüten lebeud, nach der Meinung der Alten aber nur vom Taue (s. *B* 2, 13), dessen Männchen zur heifsen Mittagszeit durch das Reiben der unteren Flügelblätter an der Brust ein helles Geschwirr hervorbringt, *B* 2, 13. 5, 77. querula, *G* 3, 328.

cicātrix, īcis, *f.*, Narbe, durch den Bifs der Ziegen an der Weinrebe verursacht, Kerbe, *G* 2, 379.

Cicŏnes, num, *m.*(*Κίκονες*),Volk in Thracien am Hebrus, *G* 4, 520.

cicūta, ae, *f.*,Schierling mit röhrigem Stengel, meton., die daraus verfertigte einfache Rohrflöte, Schalmei der Hirten, *B* 2, 36. 5, 85.

cĭĕo, cīvi, cītum, ēre, 1)setze in Bewegung, errege, rege auf, aequora imo fundo, wühle auf, *Ä* 2, 419. caelum tonitru, erschüttere, *Ä* 4, 122. 2) rufe, *a)* rufe auf od. herbei, wecke, aere viros, *Ä* 6, 165. *b)* rufe jmd. zu Hilfe, rufe an, citi, von den Manen, *Ä* 4, 490; vgl. *Ä* 7, 325. *c)* rufe zu, magnā voce supremum,dasletzte Lebewohl,das dreimalige'Vale'nach vollendeterBestattung (vgl. *Ä* 3, 144),*Ä* 3, 68. 3) mache, dafs etw. zum Vorschein kommt, erzeuge, bringe hervor, veranlasse,tinnitus aere, klingele mit Erz, *G* 4, 64. gemitus, gebe ein Gestön von mir, *Ä* 3, 517. longos fletus, setze das Wehklagen noch lange fort, jammere noch lange,*Ä*3, 344. mugitus,erhebe,lasse hören ein Brüllen, *Ä*12,104; vgl. *G* 1, 110. *Ä* 1, 541. 9, 766. lacrimas, errege, entlocke (ihr) Thr., *Ä* 6, 468. belli simulacra, beginne, leite den Scheinkampf, das Kriegsspiel, *Ä* 5, 674. stragem, errege Blutvergiefsen,*Ä*6,830.

Cimĭnus, i, *m.*, See u. Berg in Etrurien, in der Nähe von Sutrium, *Ä* 7, 697.

cinctus, ūs, *m.*(cingo),Umgürtung, Gabinus, eine besondere, von den alten Bewohnern von Gabii herstammende u. beireligiösenFeierlichkeiten üblicheArt der Umgürtung, wobei man die Toga um die linke Schulter schlug u. die Zipfel derselbenunter dem rechten Armheraufzog, so dafs sie zugleich den Kopf bedeckte, *Ä* 7, 612.

cingo,cinxi,cinctum,ēre, 1)umgebe,

umgürte, gürte, bes. Pass. 'cingor', umgürte mich, bewehre mich mit etw., telis, *Ä* 2, 520. cincti pellibus, von den Opferpriestern bei der Herkulesfeier, 'am Unterleibe in Felle geschürzt', sonst nackt, 8, 282. armis, 11, 188. dcht. m. griech. Akk., cingor ferrum, umgürte mir das Eisen, umgürte mich mit dem Eisen, 2, 511. abs., gürte od. rüste mich, in proelia, 11, 486. 2) umgebe, umschlinge wie mit einem Gürtel usw., *a*) jmd. od. einen Körperteil, Hydra serpentibus cincta, *Ä* 7, 658. flammis cinctus, in eine Feuerwolke eingehüllt, strahlend ringsum von Flammen, 12, 811. Bes. 'umkränze', 'bekränze', tempora ramis, lauro, myrto, 5, 71 u. 539. *G* 1, 28. tempora alci (von einer Strahlenkrone), *Ä* 12, 163. *b*) einen Ort, *α*) umgebe, umringe, umschliefse, umspanne, urbem moenibus, *Ä* 3, 255. oppida muris, *B* 4, 32. nemus abiete, *Ä* 8, 599. saltus indagine (von den Jägern od. der Wildscheuche selbst), 4, 121. campum collibus (v. Wäldern), 5, 288. moenia flammis (von den Wachfeuern), 9, 160. von Wolken, aethera, 5, 13. von Schwänen, polum coetu, die Luft im Schwarme umkreisen, *Ä* 1, 398. Pass., cingi amni, 9, 469. abs., 4, 41. 12, 745. *β*) militär., umgebe einen Ort feindlich, schliefse ein, urbem obsidione, *Ä* 3, 52. muros rarā coronā, umringe mit einem spärlichen Kreise, besetze mit geringer Mannschaft, 10, 122. *c*) dcht. übtr., reginam flammā, verstricke in Liebe, versetze in Liebesglut, *Ä* 1, 673.

cingŭlum, i, *n.* [bei Verg. nur Plur.] (cingo), Gürtel, Gurt, *Ä* 1, 492. Leibgurt, zur Befestigung des Schwertes oder Dolches, 9, 360. 12 942.

cĭnis, něris, *m.* (*χόνις*), *a*) Asche, *B* 8, 105. bes. verbrannter Leichname, auch Plur., *Ä* 3, 303. 4, 552. von éinem, 4, 427 (*Ribb.* st. cinerem). m. 'ossa' verb., 5, 55 u. 787. Bei magischen Handlungen, *B* 8, 100. *b*) übtr., die Trümmer eingeäscherter Städte, unser Aschenhaufen, *Ä* 2, 431. 10, 59.

Cinna, 'ae, *m.*, C. Helvius, ein röm. Dichter, Freund des Katull und Zeitgenosse des Vergil, *B* 9, 35.

Cīnȳphĭus, a, um, zum Kinyps (*Κίνυψ*), einem Gebirgsbach der Syrtenküste in Nordafrika (j. 'Cinifo') gehörig, kinyphisch, hirci, eine Art langzottiger Ziegen in der Umgegend dieses Flusses, die man zur Veredlung nach Italien führte und aus deren Haar man Decken zum Schutze der Kriegsmaschinen gegen Pfeile und Brandfackeln, sowie Mäntel gegen die Kälte verfertigte, *G* 3, 312.

Cĭnȳrus, i, *m.*, Führer der Ligurier, Bundesgenosse des Äneas, *Ä* 10, 186.

cĭrcā (zusgz. aus 'circum ea' wie 'antea'), 1) Adv., ringsum, umher, *Ä* 6, 866. corpora nulla virûm c. (näml.: sternuntur od. strata iacent), 7, 535; vgl. *v.* 533. 2) Präp. m. Akk., um ... (herum), c. regem, *G* 4, 75. nachgestellt, lucos Silani c., *G* 3, 146.

Circaeus, a, um (Circe), zur Circe gehörig, terra, iugum, d. i. Vorgebirge Circeji in Latium (wohin Circe von Kolchis aus der Sage nach sich begab), j. 'Monte Circello', *Ä* 7, 10 u. 799.

Circē, ae, *f.* [Gen. bei Vergil u. Horaz nur -'ae', nicht 'ēs'] (*Κίρχη*), Tochter des Helios u. der Perse, Schwester des Äetes, Königs von Kolchis, eine zauberkundige Nymphe, welche auf der Insel Ääa wohnte, *Ä* 3, 386. 7, 20. 191. verwandelte die Gefährten des Ulixes in Schweine, *B* 8, 70. hatte eine irdische Stute mit einem von den berühmten männl. Rossen des Helios sich begatten lassen (dah. 'nothi'), *Ä* 7, 282.

circensis, e (circus), zum Cirkus gehörig, dah. Circenses, ĭum, *m.* (verst. 'ludi'), feierl. Spiele od. Wettrennen im Circus maximus, unter Tarquinius Priskus eingeführt, magni, d. i. die Consualia, die unter Romulus dem Konsus od. Neptun zu Ehren angeordnet mit den circensischen Spielen wesentlich zusammenstimmten u. von Vergil, da bei der Feier der Consualia der Raub der Sabinerinnen stattfand, mit diesen identifiziert werden, *Ä* 8, 636.

circlus, s. circulus.

circŭěo, ĭi, ĭtum, īre (circum-eo), gehe um etw. herum, Camillam iaculo, 'umschleiche', *Ä* 11, 761.

circŭĭtŭs, ūs, *m.* (circueo), *a*) das Herumgehen, übtr. Umkreis, *Ä* 11, 767. *b*) Umweg (zur See), *Ä* 3, 413.

circŭlus, i, *m.* (dcht. zusgez. Plur. 'circlos', *G* 3, 166] (Demin. v. 'circus), Zirkel, Kreis, dah. übtr. Reif, Ring, *Ä* 10, 138. *G* 3, 166. 'Kette', auri, *Ä* 5, 559.

circum (eig. Akk. v. circus), 1) Adv. [bisw. nachgestellt, *Ä* 2, 436 u. 767. 9, 70. 12, 433 u. 929. dazwischengestellt, Troïa c. arma vidit, 3, 306. portis c. omnibus instant, 10, 118. in der Tmesis, s. circumago, circumduco, circumfundo], im Umkreis, ringsumher, ringsum, *B* 3, 45. *Ä* 2, 605. 12, 433 (wo zu 'fusis gehörig). 2) Präp. m. Akk.: *a*) ringsum, um jmd. od. etw. herum, *Ä* 2, 515. 6, 166. 11, 661. c. haec (vincula), *G* 4, 400. c. oscula, 2, 523. *b*) auf ... umher, erro c. omnia maria, auf allen Meeren umher, *A* 1, 32. iactor omnia c. litora, an allen Küsten, von Küste zu Küste, 1, 667. - 🖙 Auch als Präp. oft nachgestellt (bes. nach einem Relativpron. u. am Ausgange des Verses), te circum, *A* 4, 561. quos c., 2, 599. quam c., 5, 250. tempora c., 12, 162; vgl. 1, 32. 2, 515. 6, 329. 7, 379. hinter zwei durch eine Kopulativpartikel verb. Wörter, pagos et compita c., *G* 2, 382. oras et litora c., *A* 3, 75. zwischen Adj. u. Subst., omnia c. litora, *A* 1, 667; vgl. 7, 763. 9, 584 u. 679. durch ein nicht dazu gehöriges Wort getrennt, wie durch 'plurima' von 'muros', *A* 2, 278. in der Tmesis, s. vorh. u. circumdo, circumvolito.

circum-ăgo, ēgi, actum, ĕre, wende od. drehe um, nur in der Tmesis, illam ('puppim' od. 'navem' übh.), *A* 1, 117. caput, *G* 2, 392.

circum-do, dĕdi, dătum, dăre [in der Tmesis, *A* 2, 792. 6, 700], umgebe, *a)* alqd m. Dat., stelle, lege od. setze etw. um etw. herum, arma umeris, umgürte mich mit den W., 2, 510. 12, 88. licia alci, *B* 8, 74. vincula plantis, schnüre Sandalen um die Füfse, lege S. an, *A* 8, 458. brachia collo, schlinge die Arme um den Hals, 2, 792. *b)* alqm od. alqd m. Abl., umgebe, umschliefse jmd. od. etw. mit etw., saltus canibus, *B* 10, 57. arces muro, *A* 6, 784. *G* 2, 535. moenia muro, *A* 6, 549. muros igni, 9, 153. truncos fetu, 6, 207. Troiam flammis, 10, 74. argentum auro, 1, 593. Phaëthontiadas musco circumdat amarae corticis, schildert im Gesange, wie die Töchter des Phaëthon in moosige Rinde sich kleideten u. als Erlen erhoben, *B* 6, 62 flg. Part. circumdătus, m. griech. Akk., von dem, der etw. an sich selbst gethan hat, eingehüllt in usw., Sidoniam chlamydem, *A* 4, 137. faciem nimbo, 12, 416.

circum-dūco, duxi, ductum, ĕre, führe herum im Kreise (in der Tmesis), imaginem, *B* 8, 75. euantes orgia, führe zum Tanz, *A* 6, 517 flg.

circum-erro, ăre, irre od. sch'wärme umher, mit Akk. alqm, um jmd., *A* 2, 599 (*Haupt*, *Ribb.* u. *Schap.* getr.).

circum-fĕro, tŭli, lătum, ferre, trage oder bewege übh. herum, acies huc atque huc, wende den Blick hin u. her, *A* 12, 558. inmanem silvam, wende den mit Speeren belasteten Schild herum, 10, 887. alqm purā undā, umschreite jmd., gehe um jmd. herum u. besprenge ihn mit reinem Wasser, reinige, entsühne jmd. durch Besprengen (bei Lustrationen), 6, 229.

circum-flecto, flexi, flexum, ĕre,

1) wende od. beuge um, longos cursus, schwenke mich in längerem Umkreis od. Bogen geschickt um etw. (eig. vom geschickten Umdrehen der 'meta' im Cirkus), *A* 3, 430. 5, 131.

circum-fundo, fūdi, fūsum, ĕre, 1) umgiefse etw., übh. umgebe, multo nebulae amictu, *A* 1, 412 (Tmesis). 2) giefse ringsum aus, Pass., *a)* von einer Wolke, circumfusa nubes, umhüllend, *A* 1, 586. *b)* übtr., von einer Menschenmasse, rings herbeiströmen, sich ausbreiten, sich versammeln, *A* 2, 64. 3, 634. 6, 666. circumfuso milite, rings mit Kriegerschar, mit bewaffneten Haufen, 11, 546. densis circumfundimur armis, wir umringen mit usw., 2, 383.

circum-lĭgo, āre, binde etw. um etw., m. Dat., natam mediae hastae, binde an die Mitte des Schaftes, *A* 11, 555.

circum-sisto, stĕti, ĕre, stelle mich um jmd., umringe, alqm domumque, *A* 8, 490.

circum-sŏno, āre, umtöne etwas, umrausche, Rutulus murum circumsonat armis, *A* 8, 474.

circum-spĭcĭo, spexi, spectum, ĕre, 1) sehe oder schaue ringsum, betrachte genau, oculis agmina, *A* 2, 68. Oriona, 3, 517. saxum, erblicke im Umschauen, 12, 896. abs., sehe mich rings um, 9, 416. 2) übtr., sehe mich nach etw. um, suche etw., alium (arietem), *G* 3, 390.

circum-sto, stĕti, stāre, 1) stehe rings herum, abs., *A* 6, 486. 12, 85. *G* 4, 216. 2) m. Akk.: *a)* stehe um jmd. od. etw. herum, umgebe, umringe bes. feindlich, alqm, *A* 8, 300. tecta, 7, 585. von der Welle, *G* 4, 361. *b)* übtr., umgebe, umlagere, horror circumstetit me, 'umstarrte mich', *A* 2, 559. scio circumstare odia (näml. 'me'), 10, 905.

circumtextus, a, um (circum u. texo), rings umwebt, acantho, umbrämt mit A., *A* 1, 649.

circum-vector, āri, fahre herum, dcht. übtr., gehe darstellend durch, beschreibe, schildere, singula, *G* 3, 285.

circum-vĕnĭo, vēni, ventum, īre, komme um etwas herum, umgehe etwas, umfliefse, tenent media omnia silvae, Cocytusque sinu labens circumvenit atro, *A* 6, 132.

circum-vŏlĭto, āre, *a)* umfliege etw., lacus, *G* 1, 377. *b)* übtr., abs., von Gerüchten, 'weit umherfliegen, umherschweifen', *A* 7, 104 (Tmesis).

circum-vŏlo, āre, umfliege rings,

von den Harpyien, praedam, *A* 3, 233. übtr., von der Nacht, umschweben, caput, *A* 6, 866; vgl. *A* 2, 360.

circum-volvo, volvi, võlūtum, ĕre, wälze herum, Pass. medial, drehe mich herum, magnum annum, von der Sonne, durch das Herumrollen,durch den (scheinbaren) Kreislauf ein Jahr durchlaufen od. vollenden (= *circumvolvendo se* efficere annum), *A* 3, 284.

circus, i, *m.* (κίρκος), Kreis, umschlossener Raum, bes. Rennbahn, longus (für ein Kampfspiel zu Pferde), *A* 5, 551. ein zum Wettlauf bestimmter freier Platz, *A* 5, 289. übh. als Ort der Versammlung für die Zuschauer od. Teilnehmer des Kampfes, *A* 5, 109.

Cisseïs, ïdis, *f.* (Κισσηΐς), Tochter des thracischen Königs Kisseus, d. i. Hekuba, *A* 7, 320 (wo Anspielung auf den Traum der Hekuba, dafs sie eine ganz Asien verzehrende Fackel gebären werde, ein Traum, der durch die Geburt des Paris und den trojanischen Krieg erfüllt ward); vgl. *A* 10, 317.

Cisseüs, ĕi, Akk. 'ĕa', *m.* (Κισσεύς), 1) König in Thracien, Vater der Hekuba, *A* 5,537. 2) ein Rutuler, Sohn des Melampus, Krieger des Turnus, *A* 10, 317.

Cithaerön,ŏnis,*m.*(Κιθαιρών),Grenzgebirge zwischen Attika u. Böotien, dem Bacchus geweiht, *A* 4, 303. *G* 3, 43.

cithăra, ae, *f.* (κιθάρα), *a*) Zither, Laute, von sanfterem Tone als die 'lyra', mit zwei gekrümmten Hörnern, die oben auswärts und unten einwärts gehend durch zwei Querstangen zur Befestigung der Saiten verbunden waren u. auf einem hohlen Resonanzboden standen, *A* 1,740. 6,120. 9,776. *b*) dcht.übtr., 'Zitherspiel', 'Lautenschlag', 'Kunst des Zitherspiels', *A* 12, 394.

1. **cĭtŏ**, Adv. (citus), schnell, Komp., citius noto, *A* 5, 242. dicto citius, d. i. schneller, als er die Worte gesprochen (eig.: als es gesprochen war; vgl. Liv. 23, 47, 6 u. Hor. sat. 2, 2, 80), 1, 142.

2. **cĭto**, āre (Freq. non cio, d. i. cieo), rege auf, treibe an, citati equi, die schnellen, eilenden, *A* 12, 373.

cĭtus,a,um(eig.Part.v.cieo),schnell, rasch, von leb. Wesen und Lebl., *A* 5, 610 (s. trames) u. 842. dcht. oft st. des Adv., *A* 4, 574. 11, 462; vgl. *A* 9, 37. 12, 425.

cīvīlis, e (civis),zum Bürger gehörig, bürgerlich, quercus (sonst 'civica'), 'Bürgerkrone' von Eichenlaub (als Belohnung für Verdienste ums Vaterland durch die Gründung von Pflanzstädten, Rettung eines Bürgers usw.), *A* 6, 772.

cīvis, is, *m.* u. *f.*, Bürger, Bürgerin, *A* 2, 42. 5, 631. 12, 583. Plur. in der ehrenden Anrede übh. 'Genossen', 'Kampfgenossen', *A* 9, 36.|

clādēs, is, *f.* (m. 'gladius' verw.), Unheil, Unglück, Verderben, noctis, *A* 2, 361. miserae, Untergang oder Tod der beklagenswerten (Amata), *A* 12,604. dcht. von einer unheilbringenden Pers. (wie 'pestis', ὄλεθρος), Libyae (von den beiden Scipionen, P. Corn. Scipio Afric. Maior als Besieger der Karthager und P. Corn. Scipio Afr. Minor als Zerstörer Karthagos, s. Scipiades), 6,824. Bes.'Verlust' im Kriege, subita, 'plötzlicher Schlag', den man ausführt (von der Anzündung und Zerstörung der Stadt), *A* 12, 556.

clam, Adv. (st. celam v. celo), verstohlen, heimlich, *A* 1, 350.

clāmo, āre, 1) schreie, rufe laut, *A* 9,442. torvum,7,400. 2) trans.: *a*) rufe jmd., morientem nomine,*A* 4,674. *b*) übh. nenne, bezeichne, clamat se causam ...malorum, klagt sich gleichs. an als usw., 12, 600.

clāmŏr, ōris, *m.* (clamo), *a*) lauter Ruf, Geschrei, bei versch. Handlungen,|in Freude u. Schmerz,*A* 5, 341. 693. 9, 54 u. 597.Plur., 2, 128. Bes. im Kampfe, 2, 313. 338. 437. 8, 595. 9, 38. 10, 895. beim Angriff (ἀλαλά), 11, 619 u. 622. 12, 268. bei der Jagd,*A* 1,324.*G* 3,413. nauticus(s.d.),*A* 3,128. Beifallsgeschrei,Applaus(s. secundus),5,491. Klagegeschrei, Jammergetön (sonst 'ululatus'), 3, 313. femineus, 11, 878. der Vögel, *G* 1, 362. *b*) dcht. v. Lebl., wie v. Felsen infolge der Brandung, Gebrüll, Getöse (vgl. Hor. carm. 3, 29, 39), *A* 3, 566.

clangŏr, ōris, *m.* (κλάζω, κλαγγή), *a*) Geschrei, Plur., magni, 'lautes Gekreische', *A* 3, 226. *b*) dcht.v.Lebl., Getön, Schall, tubarum, *A* 2, 313. 8,526. m.'clamor virûm' allitterierend, 11, 192.

Clănīus, ïi, *m.*, Flufs Kampaniens, der oft die Umgegend überschwemmte u. verödete, dah.: non aequus Acerris, *G* 2,225.

clāresco, clārŭi, ĕre (clareo), werde hell, dcht. übtr. v. Waffengetöse, 'hell ertönen', 'erschallen', *A* 2, 301.

Clărĭus, a, um (Κλάριος), zu Klaros gehörig, einer Stadt in Jonien bei Kolophon mit einem Lorbeerhain und Tempel des Apollo, j. Ruinen bei 'Zille', klarisch, sbst.'Clarius', der Klarier, d. i. Apollo, Clarii laurus, *A* 3, 360.

Clărus, i, *m.*, ein Lykier, Bruder des Sarpedon, *A* 10, 126.

clārus, a, um, 1) hell, glänzend,

strahlend,leuchtend,v.Licht,Feuer usw., *Ä* 1, 588. 2, 705 u. ö. lumina (s. lumen), *G* 1, 5. dcht. veranschaulichend, pater, v. Juppiter (weil aus heiterem Himmel donnernd, s. intono), *Ä* 7, 141. Mycenae, 1, 284. vom Winde, 'hellmachend', 'aufklärend', aquilo, *G* 1, 460. 2) übtr.: *a*) hell, deutlich, dcht., tuba, 'hell' od. 'laut tönend', *Ä* 5, 139. *b*) glänzend, strahlend, berühmt, bello, *Ä* 6, 478. Acestes, 1, 550. 5, 106 u. 495. progenies, 'edel', 5, 564 (*Ribb.* 'cara'). cognomen, 8, 48.

classicum, i, *n.* (classis), *a*) Zeichen mit der Trompete, Feldzeichen, Signal, *Ä* 7, 637. *b*) dcht. übtr., Horn, Kriegstrompete, *G* 2, 539.

classis, is, *f.* [Abl. Sing. 'classi', *Ä* 8, 11] (*κλῆσις, κλάσις*, mit 'calare' verw., eig. 'Ladung'), altertüml. Ausdruck st. 'exercitus', 'Heer' (dab. auch bei der bek. Abteilung der röm. Bürgerschaft durch Servius das so zergliederte Volk als Heer und die einzelnen Abteilungen als Heerhaufen gedacht wurden), *a*) übh. waffenberechtigte 'Mannschaft', 'Truppen', *Ä* 3, 602. 7, 716. Bes. *b*) Flotte, nebst der darauf befindlichen Mannschaft, 1, 310 u. 379. dcht. von éinem Schiffe, 6, 334. Plur. dcht. von den auf das Land gezogenen 'Schiffen', im Gegs. der Zelte u. Baracken, 2, 30.

Claudius, a, um, röm. Geschlechtsname, bes. v. Atta Klaudius, der im fünften Jahre nach Vertreibung der Könige mit seinem Gefolge nach Rom zog und die tribus Claudia bildete, Claudia tribus et gens, *Ä* 7, 708.

claudo, clausi, clausum, ĕre (*κλείω, κλαίς, clavis*), 1) schliefse, verschliefse, sperre, wie Haus, Thor, usw., *Ä* 3, 213. 8, 385 u. ö. Olympum, 1, 374. clauso carcere, nachdem er die Thüren des Kerkers verschlossen, bei verschlossenem Kerker, *Ä* 1, 141. postquam clausa domus (des Phineus), nachdem sie (die Harpyien) das Haus verlassen, 3, 213. rivos, verstopfe, *B* 3, 111. übtr., orbem terrarum, *Ä* 1, 233. lumina in aeternam noctem, 10, 746. 12, 310 ,*Ribb.* '*conduntur*'). Partic. subst., clausum, i, *n.*, verschlossener Ort, Verschlufs, *G* 4, 403. 2) schliefse ein, umschliefse, umringe, pecudes in antro, *Ä* 3, 642. agnos domi, *B* 7, 15. armenta stabulis, *G* 3, 352. clausae (näml. 'animae'), *Ä* 6, 734 (aus *v.* 720). nata clausa libro et silvestri subere, umwickelt mit dem Baste des Korkbaumes (u. so befestigt), 11, 554. v. Meere, alqm, absperren, abschliefsen, *Ä* 10, 377. dcht. v. Winter, rura gelu, 'verschliefsen,

spröde machen' (sodafs die Wurzelfasern dem Lande sich nicht anschmiegen), *G* 2, 317.

claudus, a, um, lahm, gelähmt, volnere, *Ä* 5, 278.

claustrum, i, *n.* (claudo, *κλῇθρον*), 1) Schlofs, Riegel, bes. Plur., *Ä* 2, 259. 7, 185. 2) übh. Verschlufs, Damm, *G* 2, 161. montis (des Aolus), *Ä* 1, 56. angusti Pelori, enger Pafs, Durchgang, 3, 411.

Clausus, i, *m.*, Fürst der Sabiner, Ahnherr des klaudischen Geschlechts, *Ä* 7, 707. 10, 345.

clava, ae, *f.*, Keule, *Ä* 10, 318.

clavus, i, *m.*, eig. 'Nagel', übtr., nagelförmiger Griff am Steuerruder, das Steuer, *Ä* 5, 177 u. 852. 10, 218.

cliens, entis, *m.* (eig. 'cluens', v. *κλύω*, 'cluo', der Hörige), Schutzbefohlener, Schützling, der Leben u. Wohl ganz seinem Beschützer od. 'patronus' anvertraute, dah. eine Täuschung oder Schädigung dieses Vertrauens von seiten des letzteren als fluchwürdiges Verbrechen galt, quibus . . . fraus innexa clienti, *Ä* 6, 609.

Clio, ūs, *f.* (*Κλειώ*), eine Nymphe, Tochter des Oceanus, *G* 4, 341.

clipeātus, a, um (clipeus), mit einem Schilde versehen, beschildet, agmina, *Ä* 7, 793.

clipeus, i, *m.* [selt. clipeum, i, *n.*, *Ä* 9, 709], runder Schild (*ἀσπίς*, versch. v. 'scutum'), wie ihn ursprüngl. die Hopliten der Etrusker führten, *Ä* 2, 443. 5, 359. 7, 789. 11, 284. 12, 866. im Vergleich mit dem Auge des Polyphemus, *Ä* 3, 637.

Clitumnus, i, *m.*, kleiner Flecken in Umbrien, j. 'Clituno', mit reinem Wasser, ber. durch die Zucht weifser Stiere, deren Farbe man der Wirkung dieses Wassers zuschrieb, *G* 2, 146.

clivosus, a, um (clivus), ansteigend, steil, rus, d. i. Grundstücke an einer (ziemlich steilen) Anhöhe mit vielem Gerölle, *G* 2, 212. trames, v. abhängigen 'Gang des Bergwassers', dessen Damm man oben öffnet, 2, 1, 108.

clivus, i, *m.* (*κλίν-ω, κλιτός*), eig. 'Steige', Anhöhe, *B* 9, 8. *G* 3, 293.

Cloanthus, i, *m.*, ein tapferer Troër, Gefährte des Äneas, Sieger im Wettrennen der Schiffe, *Ä* 1, 122. 510. 612. 5, 122. 152. 167. 225. 233. 245.

Cloelia, ae, *f.*, eine röm. Jungfrau, dem Porsenna als Geisel gegeben, *Ä* 8, 651.

Clonius, ii, *m.* (*Κλονίος*), 1) ein Troër, Gefährte des Äneas, *Ä* 9, 574. 2) ein anderer Troër, von Messapus getötet, *Ä*

10, 749 (*Ribb.* 'Cronium que' aus *cod. Med.*).

Clōnus, i, *m.*, Sohn des Eurytus, der kunstreiche Verfertiger des Gürtels des Pallas, *Ä* 10, 499.

Clŭentīus, ïi, *m.*, ein Römer, der sein Geschlecht von dem Troër Kloanthus ableitete, *Ä* 5, 123.

clŭpĕus, s. clipeus.

Clŭsīnus, a, um (Clusium), zu Klusium gehörig, klusiniscb, orae, *Ä* 10, 655.

Clŭsium, ïi, *n.*, eine der zwölf Hauptstädte Etruriens (früher 'Camers') am Flusse Klanis, j. 'Chiusi', *Ä* 10, 167.

Clўmĕnē, ēs, *f.* (*Κλυμένη*), Tochter des Okeanus u. der Tethys, *G* 4, 345.

Clўtīus, ïi, *m.* (*Κλύτιος*), 1) Sohn des Äolus, Gefährte des Äneas, *Ä* 9, 774. 2) Vater des Akmon, ein Lyrnesier, *Ä* 10, 129. 3) ein Rutuler, *Ä* 10, 325. 4) Vater des Eunēus, *Ä* 11, 666.

Cnōsius, s. Gnosius.

Coclēs, ïtis, *m.* (eig. 'ocles', der 'Einäugige'), Bein. des P. Horatius, des mutigen Verteidigers der Tiberbrücke (pons sublicius) gegen Porsenna, *Ä* 8, 650.

Cōcȳtīus, a, um (Cocytos), *m.*, zum Kokytus gehörig, virgo, d. i. Allekto, *Ä* 7, 479.

Cōcȳtōs, i, *m.* (*Κώκυτος*, 'Jammerstrom', v. *κωκύω*), schlammiger Strom in der Unterwelt, *Ä* 6, 132. 297. 323. 7, 562. *G* 3, 38. 4, 479.

Cōdrus, i, *m.* (*Κόδρος*), wahrsch. fingierter Name eines dem Vergil befreundeten Dichters, *B* 5, 11. 7, 22 u. 26.

coelestis, coelĭcŏla usw., s. caelestis, caelicola usw.

coenum, s. caenum.

cŏĕo, cŏïi, cŏïtum, īre (com, d. i. cum, u. eo), gehe od. komme zusammen, 1) v. Pers., vereinige od. verbinde mich (zu einem Ganzen), in unum, auf einem Punkt, *Ä* 9, 801. durch eheliche Bande, 7, 317. in amicitiam, vereine mich in Freundschaft, schliefse Fr. (mit 'iungo foedera'), 7, 546. Bes. in feindl. Absicht, 'versammle', 'schare mich' zum Kriege od. Kampfe, 7, 582. 8, 385. zum Zweikampf, inter se, sich nahen, zusammentreffen, 12, 709; dcht. von den Bienen, *G* 4, 73. 2) von Lebl., dextrae coëant in foedera, bietet die Hände zum Frieden, *Ä* 11, 292. v. Blute, 'gerinnen', 'erstarren', formidine, 3, 30. sanguis frigidus coit in praecordia, dringt starrend gegen das Herz, 10, 452. von den beiden Knäufen oder Enden des Bogens, donec curvata coirent inter se capita, bis sie krumm herabgezogen in gleicher Richtung sich tra-

fen, gleiche Richtung hielten, 11, 860. dcht., coit in unum virtus sociûm, die Kraft od. der Mut der Männer schliefst sich in eins zusammen, 10, 410.

coepi, coepisse, fangen an, beginne, unternehme, m. Inf., *Ä* 7, 528. multi coepere, näml. committere semina sulcis, *G* 1, 225. von Lebl., *Ä* 12, 491. *B* 6, 36. Bes. 'beginne', 'hebe an', in der Rede, coepit talia (näml. fari), *Ä* 6, 372. Pass. m. Inf. Pass., iuga coepta (sunt) moveri, *Ä* 6, 256. Dah. **coeptus**, a, um, 'angefangen', 'begonnen', opera, 3, 20. turres, 4, 86. carmen, *B* 8, 12. bellum, *Ä* 2, 162.

coeptum, i, *n.* (coepi), das Beginnen, Unternehmen, Vorhaben, Plur., *Ä* 8, 15. inmania, 4, 642. ingentia, 9, 296. audacia, *G* 1, 40.

cŏercĕo, cŭi, cĭtum, ēre (com u. arceo), schliefse etw. von mehreren Seiten ein (dafs es nicht über seine Bahn hinausgeht), mortuos, von dem Styx, *Ä* 6, 439. dcht., postrema, halte zusammen, in Ordnung od. Schranken (vom Anführer des hinteren Zuges), 9, 27.

coetŭs, ūs, *m.* (coëo), Verein, *a)* Versammlung, Kreis, *Ä* 5, 43. Adverbialer Abl. 'coetu', 'vereint', im Schwarme (nicht mehr in Unordnung, 'turbati', wie vorher', 1, 398. *b)* geselliger Verein, von einem Gastmahle, *Ä* 1, 735.

Coeus, i, *m.* (*Κοῖος*), Sohn des Uranus u. der Gäa, ein Titan, Vater der Latona, *Ä* 4, 179. *G* 1, 279.

cōgĭto, āre (com u. agito), betreibe geistig, d. i. denke, führe im Sinne, dcht. übtr. v. Südwind (als tückischem Gotte), quid cogitet auster, *G* 1, 462.

cognātus, a, um (com u. gnatus), nahe verwandt, patres, *Ä* 8, 132. dcht., sanguis, Blut der Verwandtschaft (weil die Mutter des Turnus, Venilia, eine Schwester der Amata war, s. 7, 366 flgg.), 12, 29. urbes, 'verbrüderte Städte' verwandter Völker, 3, 502.

cognōmĕn, mĭnis, *n.* (com u. gnomen = nomen), Zuname, Benennung nach jmd. od. etw., Name, den man irgendwoher entlehnt, wie 'Alba' von 'albus', *Ä* 8, 48. den ein anderes Volk einem Orte giebt, Hesperiam Graii cognomine dicunt, 3, 163. arens Xanthi cognomine rivus, d. i. ein seichter Flufs, der seinen Namen von dem berühmten schiffbaren Flufs Xanthus erhalten hat, 3, 350. 'Pergamea(urbs)' auf Kreta, nach dem troischen Pergama benannt, 3, 133. 'Chaonii cognomine campi', nach dem Troër Chaon, 3, 334. inmanisque Gela fluvii cognomine dicta, die Stadt Gela nach dem Namen des reissenden Flusses (Gelas) benannt, 3, 702.

'fluvius cognomine Thybris', weil von einem alten König Thybris, 8, 331. gaudet cognomine terrae, d. i. nach dem Steuermann Palinurus, 6, 383. In der Attrakt., cui (Ascanio) nunc cognomen Iulo additur, der jetzt den Namen Iulus führt, I. heifst, 1, 267. wenn man einen bekannten Gegenstand mit einem gewählteren bezeichnet, wie 'Dirae' st. 'Furiae', 12, 845.

cognōmĭnĭs, e(cognomen), von gleichem Namen, gleichnamig, gaudet cognomine terrā (*Wagn.* u. *Haupt;* 'cognomine terrae' *Ribb.* u. *Schap.*, s. cognomen), *Ā* 6, 383.

cognosco, nōvi, nĭtum, ĕre (com u. gnosco=nosco), 1) lerne kennen, vernehme, erfahre, bemerke, u. in den Präteritis, kenne, weifs, alqd, *Ā* 2, 10. 3,299. totum amnem, den Lauf des Flusses (durch eigne Beobachtung), 9,245. m. indir. Frages., 5,474. Part. cognitus, a, um, bekannt, alci, *Ā* 1, 623. 2) erkenne, alqm od. alqd alqā re (an etwas), 'matrem risu', vom Kinde, das nach der Geburt seine Mutter an ihrem freudigen Lächeln erkennt, *B* 4, 60. alqd signis, *G* 4, 253. neque currentem se nec cognoscit euntem, erkennt sich nicht mehr, weder im Laufe noch im Gange als den alten wieder, *Ā* 12, 903.

cōgo, cŏēgi, cŏactum, ĕre ('com' u. 'ago'),1) treibe zusammen, pecus (näml. an einem schattigen Ort), *B* 3, 20. Dah. *a)* übh. bringe zusammen, sammle oder heimse ein, mella (vom Bienenzüchter), *G* 4, 140. bis gravidos cogunt fetus, 'zweimal sammeln sie ein den reichen Ertrag des Honigs', näml. die Zeidler (mellarii), *G* 4, 231. *b)* versammle, auxilia undique, *Ā* 8, 7. socios ad litora, 4, 289. concilium, 11, 460; vgl. 235. Hesperiam sub arma, vereine unter den Waffen, 7, 42. 2) bringe etw. in einen engern Raum, *a)* dränge zusammen, cuneos, *Ā* 12, 457; vgl. *G* 4, 420. arbores in sulcum, versetze, reihe in Furchen (Gruben), *G* 2, 62. cogi in nubem, sich in eine Wolke verdichten (von der Luft), *Ā* 5, 20. coacta semina, die noch ungeschiedenen Urstoffe, *B* 6, 31. von Flüssigkeiten, 'mache gerinnen', 'verdichte', mella frigore, *G* 4, 36. *b)* eig. militär., halte zusammen, agmen, schliefse (von Ameisen), *Ā* 4, 406. 3) bringe od. treibe wohin, *a)* eig., cuneos, treibe hinein, *Ā* 7, 509. *b)* übtr.: *α)* zwinge, nötige, mit Akk. u. Inf., *Ā* 1, 563. 5, 782 u. ö. Aufser dem eig. pers. Obj. noch mit einem Obj. der Sache, quid non mortalia pectora cogis! wozu zwingst du nicht

usw., *Ā* 3, 56. 4, 412. abs., nullo cogente, ohne Zwang, ohne Anwendung von Gewalt, 12,423. nullis hominum cogentibus, ohne Zuthun der Menschen (neben 'ipse sponte suā'), *G* 2, 10. *β)* erzwinge, coactis lacrimis, mit erzwungenen, d. i. falschen, geheuchelten Thr., *Ā* 2, 196.

cŏhĭbĕo, bŭi, bĭtum, ēre (com u. habeo), 1) halte zusammen od. fest, schliefse ein, alqm muris, *Ā* 9, 738. Scyllam latebris, 3, 424. 2) übtr., hemme, bezähme, iras, *Ā* 12, 314.

cŏhors, hortis, *f.* (verw. m. χόρτος), eig. der in einem Gehege eingeschlossene Haufe, 1) v. Truppen, Kohorte (der zehnte Teil einer Legion), *G* 2, 279. 2) übh. Menge, Schar, *Ā* 3, 563. 7, 710. 11, 500.

con-lābor (collābor), lapsus sum, lābi, falle zusammen, von der Asche, *Ā* 6, 226. v. Leib u. dessen Gliedern, 4, 391. 9, 753. morbo, *G* 3, 485. von Pers., falle ohnmächtig od. sterbend zusammen, sinke hin, 8, 584. ferro, unter dem Stahle, 4, 664.

Collātīnus, a, um (Collatia), zu Kollatia gehörig, einer uralten Stadt der Sabiner in der Nähe Roms; kollatinisch, arces, *Ā* 6, 774.

collĭgo, lēgi, lectum, ĕre (com u. lego), 1) lese od. bringe zusammen, *a)* übh., naves, *Ā* 1, 170. 2, 743. habenas, ziehe die Zügel fest an, 11, 671. arma, halte alle Geräte (Ruder usw.) bereit, 5, 15. sinus fluentes in nodum, sammle, fasse die wallenden Falten in einem Knoten zusammen, 11, 776. nodo sinus collecta fluentes, die Falten in einen Knoten geschürzt, 1, 320. vom Monde, revertentes ignes, d. i. sichtbare Hörner bekommen, zu leuchten beginnen (Umschr. des Neumondes), *G* 1, 427. von der Nacht, pluviam (weil man glaubte, dafs die aufsteigenden Dünste durch die Nacht sich zum Regen verdichteten), *B* 9, 63. collectus umor, angesammelte N., *G* 1, 114. collectae ex alto nubes, aus dem Meere zusammengehäuft, sich auftürmend, *G* 1, 324; vgl. *Ā* 1, 143. *b)* sammle, versammle, nur Pass., collecti, versammelt, geschart, in Scharen, *Ā* 2, 414. 7, 582. 9, 689. mit Dat. des Zweckes, collecta exsilio pubes, um auszuwandern, zur Flucht, 2, 798. dcht., Lydorumque manum, collectos armat agrestes (wo 'coll. agr.' näher bestimmend zu 'Lyd. manum' tritt), die Schar der Lyder, die aus der aufgebotenen ländl. Jugend besteht, 9, 11 (*Haupt* 'collectosque' epexegetisch). *c)* bringe zusammen, sammle, ignem, d. i. ziehe ein, *G* 3, 85. ubi collectum robur, nachdem er (der Stier) Kraft gesammelt, 3,235. sitim, errege, 3,327. collecta edendi ex longo (tempore) rabies, die lang gehegte, verhaltene Frefsgier, *A* 9, 63. 2) ziehe zusammen (mit dem Nebenbegr. des Verkürzens), von der Schlauge, se in spiram, in einen Kreis, *G* 2, 154. me in arma, ducke mich hinter dem (vorgehaltenen) Schild zusammen, *A* 10,412. 12, 491. Pass., colligor in figuram alitis, schrumpfe zusammen in usw., 12, 862.

collis, is, *m.*, Anhöhe, Hügel, *A* 1, 419. 5, 287. 7, 659.

collŏco (con-lŏco), äre, setze, lege od. stelle wohin, alqm in latebris, *G* 4, 424.

collŏquĭum, collūcĕo, s. conloquium, conluceo.

collūdo (con-lūdo), lüsi, lūsum, ěre, spiele, bewege mich spielend, v. Federn gleichs. 'tanzen', *G* 1, 369.

collum, i, *n.*, Hals, *a*) der leb. Wesen, *A* 1, 654. 2, 792. 6, 700. des Pferdes, *G* 3, 177. der Schlange, *A* 5, 277. Hals mit dem Haupte, 9, 331. Plur. v. Cerberus, 6, 419. Bes. zur Bezeichn. der Ruhe u. Pflege des Körpers, wir 'Kopf', colla fovere (stützen), 10, 838. *b*) Hals des Mohns, *A* 9, 436.

collustro, s. conlustro.

cŏlo, cŏlŭi, cultum, ěre, 1) eig.: *a*) bearbeite, bestelle, bebaue, baue, pflege, warte, rus, hortos, *G* 4, 118. sacram tellurem (Eiland), *A* 3, 73. exiguum (näml. 'rus'), *G* 2, 413. abs., 2, 36. Part. cultus, a, um, 'bebaut', novalia, *B* 1, 71. Sbst., culta, ōrum, *n.* (bebaute) 'Fluren', 'Pflanzungen', pinguia, *A* 8, 63. 10, 141. nitentia, *G* 1, 153. *b*) verweile, wohne an einem Orte, bewohne ein Land usw., *A* 3, 13. 77. 165. auch in bez. auf Flüsse, doch nur zeugmatisch, Praeneste .. arva .. gelidumque Anienem (das Flufsgebiet des Anio), 7, 683. Forulos et flumen Himellae, 7, 714. 2) übtr.: *a*) pflege, hege, übe, nehme mich einer Sache an, von der Obhut der Götter, wie von Juno, Carthaginem, *A* 1, 16. v. Juppiter als Sinnbild des allbeseelenden Weltgeistes, terras, segnen, beglücken, *B* 3, 61. morem sacrum, übe, beachte als heilig, *A* 7, 603; vgl. 11, 584. 12, 778. vitam, pflege das Leben, d. i. lebe, *G* 2, 532. *b*) ehre, verehre jmd., diene jmdm., alqm, *A* 4, 422. bes. eine Gottheit, *A* 4, 458. 5, 63. dcht., Dianam, die von der Diana geschützte Jagd treiben, 11, 843.

cŏlŏcāsĭum, ĭi, *n.* (χολοχάσιον), die ursprüngl. aus Indien stammende Seeod. Wasserrose mit wohlriechenden Blüten, Plur., *B* 4, 20.

cŏlōnus, i, *m.* (colo), 1) Landwirt,

Bauer, *G* 1, 125 u. 229. 2) Anbauer, Pflanzer, dcht. st. 'Bewohner', *A* 1, 12. 7, 63. 410. 422. *B* 9, 4. Ausonii (weil sie sich als Abkömmlinge der Troër betrachteten), italische Landleute, *G* 2, 385.

cŏlŏr, ōris, *m.*, Farbe, *A* 4, 701. Plur., *B* 8. 77. Bes. des Gesichts, *A* 9, 650. purpureus, 11, 819. dcht. 'Schönheit', *B* 2, 17.

cŏlōrātus, a, um (color), gefärbt, Indi (Äthiopier), dunkelfarbig, *G* 4, 292.

cŏlŭbĕr, bri, *m.*, Schlange, *A* 2, 471. 6, 419. bes. gemeine od. Ringelnatter, *G* 2, 320. 3, 418. als Attribut der Furien, *A* 7, 329.

cōlum, i, *n.*, Durchschlag, Seiher, Filtriergefäfs in Gestalt eines umgekehrten Kegels, aus dünnen Ruten od. Binsen geflochten, durch welches der ausgeprefste Saft der Trauben od. Oliven durchlief, *G* 2, 242.

cŏlumba, ae, *f.*, Taube, *A* 5, 488. im Gleichnis, 2, 516. *B* 9, 13.

cŏlumna, ae, *f.* (verw. m. columen, cello), Säule, Pfeiler, *A* 1, 428. 6, 552. Protei, *A* 11, 262.

cŏlurnus, a, um (versetzt st. 'corulnus' v. corulus), aus Haselstaude bereitet, haseln, veru, *G* 2, 396.

cŏlus, i, *f.*, Rocken, Spindel, *A* 7, 805. 8, 409.

cŏma, ae, *f.* (χόμη), 1) Haupthaar, Haar, oft Plur., *A* 1, 319 u. 403 u. ö. 2) dcht. übtr., Laub, Laubwerk, Blätter der Bäume, wie des Lorbeer, *A* 7, 60. mit Einschlufs der Zweige, *A* 2, 629. hyacinthi, das Laub mit der Blume, die Krone, *G* 4, 137. Plur. verb. m. bracchia (Seitenäste), 2, 368; vgl. *A* 12, 209.

cŏmans, antis (eig. Part. von 'como'), 1) behaart, bemähnt, v. Tieren, colla equorum, *A* 12, 86. tori, des Löwen, 12, 6. setae, des Bockes, gekräuselt, *G* 3, 312. galea, buschig, mit einem Pferdeschweif geziert, *A* 2, 391. cristae, 3, 468. 2) dcht. v. Pflanzen, bebuscht, belaubt, caules, *A* 12, 413. narcissus, eine Art von Narcisse mit vielblütigen, den Trauben od. Locken ähnlichen Blumenscheiden, *G* 4, 122.

cŏmĕs, mĭtis, *m.* u. *f.* (com-eo), 1) Gefährte, Begleiter, *a*) übh., *A* 3, 613. 6, 166. 9, 177. 10, 321. 12, 385. mit 'ire' verb., d. i. sich zu jmd. gesellen, 6, 448. ipse comes Niso graditur, gesellt sich als Begleiter zu N., 9, 223. *b*) prägn.: *α*) Begleiter zur Beaufsichtigung, *A* 5, 546. *β*) für alle Wechselfälle u. Gefahren im Kampfe, *A* 2, 86 u. 704; vgl. 5, 301. 2) übtr.: *a*) Vertrauter, Genosse, Musarum (vorh. 'Musis amicus'), *A* 9, 775. *b*) von den Schiffen, die den Äneas von

Troja nach Italien gebracht hatten, in bez.aufihre jetzige Verwandlung in Nymphen, dah. 'Begleiterinnnen' des An.,10, 220.

cōmētēs, ae, *m.* (χομήτης), Komet, Haar- od. Schweifstern, *G* 1, 488. Plur., sanguinei, *Ä* 10, 272.

cōmĭnus, s. comminus.

cōmĭtātŭs, ūs, *m.* (comitor), Begleitung, Gesellschaft, *Ä* 4,215. 12,336.

cōmĭtor, āri (comes), folge, begleite, *a)* v. Pers., alqm, *Ä* 6, 864. 7, 681. iter alcj‹, begleite jmd. auf dem Wege, 6,112. abs.,3,660u.ö. Eine grofse u. zahlreiche Begleitung galt als Zeichen der Ehre, multis comitantibus, 3, 346. bes. bei Verstorbenen, gebe das Geleit, geleite, erweise die letzte Ehre, alqm honore, 11, 52. supremum honorem, 11,61. Part. 'comitatus' im pass. Sinne, m. Dat. (st. 'a m. Abl.'), *Ä* 1,312. 2,580. 10,186. *b)* dcht. übtr. v. Lebl., Teucrûm comitantibus armis (d. i. Teucris armatis), wenn die Waffen der T. dir beistehen, *Ä* 4, 48.

com-măcŭlo, āre, beflecke sehr, besudele, manus sanguine, *B* 8, 48.

commendo,āre(con u. mando),übergebe, empfehle, alqd od. alqm alci, *Ä* 2,748. 5,771. sacra(näml.· sua) sacrosque penates alci, 2, 293.

commercĭum, ĭi, *n.* (con u. merx), Verkehr, Verbindung, dcht. Plur., belli, Verträge des Krieges, bes. wegen Auswechselung u.Loskaufung der Gefangenen, *Ä* 10, 532.

commĭnŭs, Adv. (cum u. manus), in der Nähe, handgemein, *a)*v.Kampfe mit Schwert, Lanze u. dgl., 'im Handgemenge', 'Mann gegen Mann' (Gegs. 'eminus'), *Ä* 7, 553. 9, 347. 12, 890. falcati c. enses, für den Kampf in der Nähe, 7,732. c. eo, gehe näher heran, stelle mich zum Kampfe, 10, 454. *b)* von andern Beschäftigungen, mit eigener Hand, mit dem Karst in der Hand,*G* 1,104. auf der Jagd, c. obtruncant ferro, in der Nähe mit dem Eisen, 3, 374.

com-mĭsceo, miscŭi, mixtum, ēre, vermische, mische zusammen od. untereinander, alqd alqā re od. abs., bes. Part. Prät. Pass., *Ä* 3, 633. 6, 762. 8, 255. *G* 2,327. abs., commixtus fumus, mit Luft vermischter, aufgelöster, der sich in die Lüfte verzieht,*G*4,500. comm. favilla,Asche mitFeuer vermischt, Glutasche, *Ä* 9, 76. comm. clamor, näml. der Bewohner der Stadt, verworren, 12, 618. v. Pers., Italo commixtus sanguine (weil des Silvius Mutter aus Italien stammte), 6, 762.

commĭssum, i, *n.* (committo), Ver-

gehen, Frevel, Plur., *Ä* 1, 136. *G* 4, 454.

com-mitto, mīsi, missum, ĕre, 1)bringe zusammen,verbinde,*a)*eig., Pass. mit Dat. u. griech. Akk., von der Skylla, postrema pistrix delphinum caudas utero commissa luporum, unterwärts gleicht sie einem Meerungeheuer, am Unterleibe mit den Bäuchen von Seehunden zusammengewachsen u. von da in Delphinenschwänze ausgehend, *Ä* 3,428. dcht., manum alci, lege Hand an jmd., stelle mich zum Kampfe mit jmd., 12, 60. *b)* übtr.: *α)* lasse zusammen, pugnam, gehe auf den Kampf ein, *Ä* 11, 589. pugnam caestu, bestehe, 5, 69. *β)* übh. beginne etw., ludi commissi, 'der Beginn der Spiele', 5,113. Bes. *γ)*Unerlaubtes, begehe, verübe, tantum in alqm, verschulde so Grofses an jmd., 1, 231. commissa piacula, 6, 569. 2) gebe etw. wohin, übergebe, vertraue an, überlasse, sulcis semina, vitem sulco, *G* 1, 223. 2, 289. sese ponti, 3, 78. vitam ventis, *Ä* 10, 69; vgl. 9, 675. 11, 560. dcht., funera primae pugnae, ergebe. übergebe dem ersten Gefechte Leichen, weihe dasselbe mit Leichen ein, 7, 542.

commŏdŭs, a, um, passend, tauglich, günstig, Baccho, *G* 4, 129.

com-mŏveo, mōvi, mōtum, ēre, 1) setze in Bewegung, bewege, neque commovet alas, gleitet still auf den Schwingen dahin, *Ä* 5, 217. cervum, treibe,jage auf, 7,494. speluncā, d. i. scheuche auf aus ihrer., 5, 213. Bes. in der Religionsspr., sacra, die in den Tempeln aufbewahrten heil. Gefäfse, Götterbilder usw. hervorholen, 'die heilige Lade öffnen', *Ä* 4, 301. 2) übtr., errege, rege auf, his commota, dadurch vermocht, *Ä* 1, 360. graviter commotus, 'heftig erregt', 'erzürnt', 1, 126.

commūnis, e, gemeinschaftlich, gemeinsam, gemein, natus (Sohn), *Ä* 2,789. statio, 9,183. nati (von der Brut der Bienen),*G*4,153. bona, gemeinsames Heil, Wohl, 11, 435. m. Dat., *Ä* 2, 573 u. 709. crimen, die den Latinern u. Rutulern gemeinsame Schmach, *Ä*12,16. deus, den Arkadern u. Troërn gemeinsam, 8, 275. di, die von beidenTeilen beimSchwur angerufenen, die beide Teile zu fürchten hatten, 12, 118.

cōmo, compsi, comptum, ĕre (comemo, eig. nehme zusammen), ordne, flechte, schmücke, bei Vergil nur Part. comptus, a, um, 'geordnet, geflochten', bes. v. Haupthaar, capilli, *Ä* 10, 832. comae non comptae, 'flatterndes', 6, 48. sacerdos fronde super galeam et

felici comptus olivā, geschmückt, 7, 751.
rami vittā compti, umflochten, 8, 128.

compāgēs, is, *f.* (compingo), Zusammenfügung, Gefüge, Verbindung, bei Vergil nur Plur., laterum, Fugen der Planken, *Ä* 1, 122; ähnl. 2, 51. ferro et compagibus artis, 'mit fest zusammenhaltendem Eisen (eisernen Riegeln), 1, 293.

1. **com-pello,** pŭli, pulsum, ĕre, *a*) treibe zusammen, greges in unum, *B* 7, 2. gregem hibisco, treibe zum od. in den Eibisch, *B* 2, 30. *b*) v. Sturme, Pass. compellor, werde verschlagen, noto eodem, *Ä* 1, 575.

2. **compello,** āre, rede od. spreche an im freundl. Sinne, begrüfse, alqm, *Ä* 1, 581. 3, 299. 11, 534. alqm voce, notis vocibus, 5, 161. 6, 499. multo honore, 3, 474.

compesco, pescŭi, ĕre, halte in Schranken, bezähme, ramos, beschneide, *G* 2, 370. übtr., culpam ferro, tilge den Schaden mit dem Eisen, töte (das kranke Schaf), 3, 468.

compingo, pēgi, pactum, ĕre (com u. pango), füge zusammen, verbinde, trabes, *Ä* 12, 674. fistulam cicutis, *B* 2, 36.

compĭtum, i, *n.* (com u. peto), Ort, wo mehrere Wege zusammentreffen, Scheideweg, Kreuzweg, Plur., *G* 2, 382.

com-plector, com-plĕo, complexus, etc., s. con-plector, con-pleo, con-plexus etc.

comprĭmo, pressi, pressum (com u. premo), drücke zusammen, dah. halte zurück, hemme, halte ein, unterdrücke, gressum, *Ä* 6, 389. furores, 5, 802. amorem edendi, bezähme, stille die Efslust, 8, 184; vgl. 3, 73. *G* 4, 187.

comptus, s. como.

cōnātŭs, ūs, *m.* (conor), Versuch, Bemühen, Plur., *Ä* 12, 910.

con-cāvus, a, um, hohl, zerklüftet, saxa, *Ä* 5, 677. *G* 4, 49.

con-cēdo, cessi, cessum, ĕre, 1) intr.: *a*) gehe fort od. weg, verlasse, superis ab oris, verlasse das Land der Lebenden, sterbe, *Ä* 2, 91. concedite, weichet, fahret dahin (heftiger Ausdr. st. 'ich verlasse euch'), *B* 10, 63. dcht. v. Tage, caelo, vom Himmel schwinden (zur Bezeichn. des Einbruches der Nacht), *Ä* 10, 215. prägn., tumor omnis et irae concessēre deûm, sind hingeschwunden, gestillt, 8, 41. *b*) gehe wohin, huc, *Ä* 2, 523. ad manes, 10, 820. 2) trans., gestehe etw. zu, räume ein, gewähre, verstatte, alqd alci, *Ä* 9, 655. 11, 111. *B* 10, 1. carmen, gewähre, *B* 7, 22. Calydona in iras Dianae, dem Zorne der

Diana preisgeben, *Ä* 7, 305. me consortem nati concede sepulchro, vergönne mir mit dem Sohne ein gemeinsames Grab, 10, 906. dcht. im Pass. mit pers. Konstr., Camarina fatis nunquam concessa moveri, dem es vom Schicksal nie vergönnt ist sich zu verändern, bei dem das Schicksal vor Änderung warnt, 3, 700.

concentŭs, ūs, *m.* (concino), vereinter (melodischer) Gesang, avium, *G* 1, 422.

concha, ae, *f.* (κόγχη), 1) Muschel, *G* 2, 348. 2) übtr., Muschel als Blasinstrument, *Ä* 10, 209. cava (von der Muschel des Misenus, der durch Gebrauch des dem Triton eigentüml. Instrumente dessen Eifersucht u. Zorn erregt), 6, 171.

1. **concĭdo,** cĭdi, ĕre (con u. cado), 1) falle oder sinke zusammen, zu Boden, stürze hin, ad terram, *Ä* 5, 448. abs., mit 'pronus' verb., 5, 333. Bes. im Kampfe, 'sinke, stürze oder falle (leblos) hin', 2, 532. 2) übtr., falle, gehe zu Grunde, *Ä* 11, 245.

2. **concĭdo,** cīdi, cīsum, ĕre (con u. caedo), zerhaue, durchschneide, montes scrobibus, zerschneide die Weinberge gleichs. mit Gruben, d. i. ziehe durch die Weinb. Gruben, *G* 2, 260.

con-cĭeo, cīvi, cĭtum, ĕre, setze in Bewegung, rege auf, bewege heftig, erschüttere, tormento saxa, schleudere, *Ä* 12, 921. Bes. Part., freta concita terris, von den Meerengen, in denen gewaltige Wogen sich erheben, weil sich diese wegen der Nähe zahlreicher Inseln nicht weit ausbreiten können, *Ä* 3, 127 ('consita' Ribb.). axis procursu concitus, die vom schleunigen Schwung getriebene Achse, 12, 379. cursu concitus, rasch anlaufend, im Schwunge des Laufes, 12, 902. Mavors, 'im schnellen Laufe', 12, 331. inmani concitus irā, gewaltig erregt vom Zorne, in furchtbarem Ingrimm, 9, 694. abs., 'schnell', 'rasch', 'eilig', 11, 744 u. 889.

concĭlĭo, āre, eig. bringe zusammen, dah. erwerbe, verschaffe, arma mihi, *Ä* 10, 151. sceptra Iovemque alci, Herrschaft u. Juppiters Huld, 1, 79.

concĭlĭum, ĭi, *n.* (concieo), 1) jede Verbindung, Verein, Versammlung, piorum, *Ä* 5, 735. Bes. beratende Versammlung, deorum, *G* 1, 25. regum, *Ä* 2, 89. 6, 433. 11, 234. 304. 460. 469 (Ribb. 'consilium'). prägn., Götterversammlung durch Juppiter), 10, 2. 2) dcht., Schar, der Kyklopen (doch in bez. auf Polyphem, dessen Rat sie gleichs. bilden), *Ä* 3, 679.

concĭpĭo, cēpi, ceptum, ĕre (con u. capio), 1) nehme zusammen, nehme in mich auf, pabula, sauge ein, *G* 1, 87. Bes. 'empfange', quem conceptum alqo mater genuit, fudit, *A* 5, 38. 8, 139. 2) übtr.: *a)* nehme in dem Geiste auf, stelle mir vor, nec tantos mente furores concipit, ahnt nicht, ermifst nicht die Gröfse des Wahnsinns, *A* 4, 502. *b)* nehme etw. (eine Leidenschaft) in mich auf, furias, überlasse mich dem Wahne (der Verzweiflung), *A* 4, 474. pectore robur, fühle Kraft im Busen, 11, 369. pectora concipiunt alios motus, das Herz nährt andere Gefühle, wird von anderen Regungen ergriffen, *G* 1, 422. curam ducis, sorge für die Führung, 'walte der F.', *A* 11, 519. *c)* fasse etw. in Worte, foedus, spreche die Eidesformel des Bundes aus, schliefse feierlich den Vertrag ab, *A* 12, 13 u. 158.

con-cito, āre, *a)* setze in schnelle Bewegung, treibe rasch an, equum in medios, sprenge mit dem Rosse usw., *A* 11, 742. c. me alis in alqm, schwinge mich, 7, 476. dcht., telum ex insidiis, mache mich zum Wurf mit dem Speere bereit, 11, 784. *b)* übtr., rege auf, errege, variosque irarum concitat aestus, 4, 564 *Ribb.*

con-clāmo, āre, 1) rufe mit andern zugleich, *a)* schreie auf, erhebe ein Geschrei, *A* 5, 660. *b)* rufe laut od. heftig, rufe aus, m. dir. Rede, *A* 6, 259. 9, 35. m. Akk. u. Inf., 2, 233. m. Akk., Italiam, den Namen It., rufe 'Italien!' 3, 523. laetum pacna, stimme jubelnd an, 10, 738. 2) rufe zusammen, versammle (m. 'auxilium voco' verb.), agrestes, *A* 7, 504.

con-clūdo, clūsi, clūsum, ěre (con u. cludo, claudo), verschliefse, schliefse ein, locum sulco (durch eine Furche den Umfang der künftigen Wohnung), *A* 1, 425.

con-cŏlŏr, ōris, gleichfarbig, sus, *A* 8, 82.

concors, cordis (con u. cor), übereinstimmend, einträchtig, einig, *B* 4, 47. *A* 6, 828. dcht., frena, *A* 3, 542.

con-crēdo, dĭdi, dĭtum, ěre, vertraue an, übergebe, muros alci, *A* 10, 286.

con-cresco, crēvi, crētum, ěre, 1) wachse zusammen, dah. verdichte mich, gerinne, erstarre, wie Milch, Blut, *G* 3, 360. *A* 12, 905. sanguine, zusammenkleben, 2, 277. Part. Pass. 'concretus', verdichtet, geronnen, lac, *G* 3, 463. pruinā, starrend von Reif, 2, 376. glacie, umstarrt von Eis, 1, 236. 2) prägn., von dem, was sich verdichtend entsteht od. wächst, concrescunt fungi, es bilden

sich Schnuppen, *G* 1, 392; vgl. *B* 6, 34. übtr., concreta labes, der tiefwurzelnde Schaden, die anklebende Verderbnis, *A* 6, 746. multa diu concreta, vieles, was so lange vereint ist (v. Lastern, Gebrechen), 6, 738.

1. **concrētus**, a, um, s. concresco.

2. **concrētus**, ūs, *m.*, das Anwachsen (sonst 'concretio'), *G* 2, 318. s. 'adfigo' a. E.

concŭbĭtus, ūs, *m.* ['-u' als Dativform st. '-ui', *G* 4, 198] (concumbo), das Zusammenliegen, bes. Begattung, v. Tieren, *B* 6, 50. *G* 3, 130.

con-curro, curri, cursum, ěre, 1) laufe zusammen (v. mehreren), eile herbei, versammle mich, ad vocem, *A* 7, 520. in arcem, 2, 315. abs., 11, 805. 12, 297. 2) bes. militär., renne, stofse zusammen, treffe feindlich zusammen, kämpfe, inter se, im Kampfe sich messen, *A* 10, 436. *G* 1, 489. m. Dat., 'mit' od. 'gegen jmd.', *A* 1, 493. 11, 293. bello Teucris, beginne den Kampf, 10, 8. abs., 12, 317. 12, 571. clipeis, 12, 724. puro campo, 12, 771. tanto motu, 12, 503. übtr., v. Bergen u. Winden, credas montes concurrere montibus altos, dafs Berge gegen Berge sich stürzen, 8, 692. omnia ventorum concurrere proelia vidi, sah zum Kampfe sich alle Winde vereinen, *G* 1, 318. abs. v. zwei Erdteilen, sich bekämpfen, *A* 7, 224. von den Bienen, concurritur, man beginnt den Kampf, *G* 4, 78.

concursus, ūs, *m.* (concurro), Zusammenlauf, Auflauf, Andrang, iuvenum, 12, 400. magnus, 1, 509. ingens, 'der Menge Gewühl', *A* 5, 611. 'ad' alqd, 9, 454. ad amnem, 6, 318.

concŭtĭo, cussi, cussum, ěre (con u. quatio), 1) bewege heftig, *a)* schüttle, quercum, *G* 1, 159. lora, *A* 5, 147. equos, peitsche, treibe an, 8, 3. bildl., frena furenti, v. Apollo, d. i. die Wut od. Begeisterung der Sibylla so leiten, dafs diese genötigt wird, ganz in seinen Sinn einzugehen u. die Wahrheit in dunkle u. rätselhafte Worte einzuhüllen, *A* 6, 101. *b)* schüttle stark, erschüttere, silicem, *A* 8, 237. aegida, 8, 354. 2) übtr.: *a)* erschüttere im Gemüte, erschrecke, ängstige, urbem luctu, *A* 12, 594; vgl. 5, 700. 11, 451. dcht. m. griech. Konstr., concussus animum casu amici, im Herzen erschüttert, aufs tiefste bewegt von usw., 5, 869. concussa metu mentem Iuturna, 12, 468. *c)* rüttle auf, treibe zur Thätigkeit an, fecundum concute pectus, damit näml. die Ränke hervorkommen, d. i. sinne auf Ränke, 7, 338.

con-densus, a, um, gedrängt, dicht

umgebend, puppes, *Ä* 8, 497. columbae (aus Furcht), 2, 517.

condĭcĭo, ŏnis, *f.*, Antrag, Bedingung, mortis, Todesgeschick, gemeinsames Los der Sterblichkeit, *A* 12, 880.
condĭtŏr, ōris, *m.* (condo), Gründer,
Erbauer, arcis, *Ä* 8, 313.
con-do, dĭdi, dĭtum, ĕre, 1) gebe od.
bringe zusammen,dah.*a*)gründe,stifte,
erbaue, errichte, urbem, *A* 1, 5. 8,
48. moenia, 7, 145. Romanam gentem,
gründe den römischen Staat, 1, 33. rursus aurea saecula, schaffe von neuem,
stelle wieder her, 6, 793. nova fata, bestimme, 10,35. *b*)stelle geistig zusammen, schaffe, carmina Chalcidico versu
condita, dem Euphorion aus Chalkis nach-
gebildete u. nachgesungene Lieder, *B* 10,
50. bella, besinge, schildere (im geordneten Heldenliede), 6, 7. 2) gebe, d. i.
lege etw. wohin, bewahre auf, dah.
a) berge, verberge, opes, *G* 2, 507.
pocula (m. 'servo' verb., bewahre sorgfältig), *B* 3, 47. scuta latentia, verberge
den Blicken, *A* 3,237. dah. *α*) dcht., 'umhülle', lumina, v. Schlafe, die Augen
schliefsen, *G* 4, 496. von den Augen selbst,
lumina conduntur in aeternam noctem,
'schliefsen sich', *A* 12,310 (*Ribb.*), in bez.
auf Gestirne, sidera (von den Winden,
näml. 'mit Gewölk'), 5, 126. caelum umbrā, v. Juppiter, 6, 271. von der Sonne
(da von den Dichtern der Untergang der
Gestirne als ein Untertauchen in die
Meeresfluten bezeichnet wird), se in undas (Gegs. 'exorior'), *G* 1, 438. condi undis hibernis, sich verbergen in usw., v.
Orion, *A* 7,719. v. Flüssen, condi in mare,
sich ergiefsen in usw., 7, 802. condi in
nubem, in Wolken sich hüllen, *G* 1, 442.
β) in weiterer Bed., ferrum sub pectore,
stofse, senke in die Brust, durchbohre
die Brust mit usw., *A* 12, 950. ensem in
pectore adverso, *A* 9, 348. in ore Rutuli,
9, 443. übtr., signa mente condita teneo,
halte fest, bewahre in der Seele, 3, 388.
Bes. *b*) condo me, berge mich in od.
unter etw. (um geschützt zu sein), dah.
verberge mich, m. 'in' u. Akk., se in
cunabula, sich herablassen, sich bergen
(von den Bienen), *G* 4, 66. m. 'in' u. Abl.,
se in litore, *A* 2, 24. se in foliis, *G* 4, 473.
v. Bienen, examina . . alveo, 2, 452. se
per omnes portas, d. i. durch alle Thore
in das Lager ziehen u. innerhalb der Thore
sich lagern, 9, 39. Oft m. bl. Abl., se portu,
alveo, lacu, fiuvio, 5, 243. 6, 271. 8, 66.
9, 32. 12, 886. se cavā terrā (mit 'clausus' verb.), 12, 893. Pass., condi, 'sich bergen od. verbergen, verstecken', in alvo,
A 2, 401. 9, 152. m. bl. Abl., alveo, 7, 303.

c) setze einen Verstorbenen bei, bestatte, bringe zur Ruhe, alqm sepulchro, *A* 6, 152. animam sepulchro, 3,
68. alqm humo od. (*Ribb.*) humi, 'beerdige', 'begrabe', 10,558. ossa terrā, 5, 48.
d) dcht. übtr., von der Zeit, bringe zu
Ende, beschliefse, durchlebe, diem,
begrabe gleichs. den Tag, *G* 1, 458. soles
cantando, bringe ganze Tage mit Singen zu, *B* 9, 51.
con-dūco, duxi, ductum, ĕre, miete,
pachte, tellurem, *A* 12, 520.
co-necto, nexŭi, nexum, ĕre, knüpfe
zusammen, verflechte, verkette,
conexi angues, *Ä* 8,437. illae pedibus co-
nexae, mit den F. sich zusammenschlin-
gend, die F. an einander geklammert,
G 4, 257.
con-fĕro, contŭli, collātum (con*latum
Ribb.*), conferre, trage od. bringe (ver-
einigend) zusammen, *a*) vereine, gradum, trete heran zu jmd., nahe, *A* 6, 488.
b)im feindl.Sinne,manum,werde handgemein, kämpfe (bes. zu Fufs), 9, 44
u. 690. 12, 345. manus, 11, 283. manum
alci, mit jmd., 12,678. me alci, stelle mich
jmdm., 10, 735. certamina duri belli inter se, im harten Kampfe gegen einander
stehen, 10, 147. signis collatis excipio
alqm, d. i. messe mich im Kampfe mit
jmd., 11,517.
confertus, a, um (eig. Part. von 'con-
fercio'), dicht gedrängt, in geschlossenem Zuge, *A* 2, 347. *G* 3, 369.
confestim, Adv, als bald, sogleich,
schleunigst, *A* 9, 231.
confĭcĭo, fēci, fectum,ĕre (con u.facio),
1)eig.thue etw. ab, so dafs nichts mehr zu
thun übrig bleibt, bringe zustande,
vollende, cursūs, *A* 5, 362. dcht., inmensum aequor, 'lege den unermefslichen Weg zurück', vom Dichter, der an
dem Schlufs eines Teiles seines Gedichtes angelangt ist, *G* 2, 541. 2) arbeite
gleichs. zusammen, dah. schwäche, erschöpfe, entkräfte, reibe auf, alqm
(von der Wunde), *A* 11, 824. confectus
aetate, aevo, 4, 599. 11, 85. curis, 6, 520.
macie, 3, 590.
con-fīdo, fīsus sum, ĕre, verlasse
mich auf etw., vertraue, mit Dat. od.
Abl., monstro, *A* 5, 849. caelo et pelago,
5,870. abs., afflictis melius confido rebus,
fasse festes Vertrauen in bedrängter
Lage, 1, 452. Part. prägn., 'confidens',
zu sehr vertrauend, 'vermessen', 'dreist',
Superl., *G* 4, 445.
con-fīgo, fixi, fixum, ĕre, durchsteche, durchbohre, alqm, *Ä* 3, 45.
11,883. alqm telo, 9,543. parmam, 9,765.
con-fīo, confĭĕri, werde zur Voll-

endung gebracht, werde vollendet, *Ä* 4, 116.

confĭtĕor, fessus sum, fĭtēri (con u. fateor), bekenne mich(freiwillig), gebe mich zu erkennen als, deam, *Ä* 2, 591.

con-flīgo, flixi, flictum, ĕre, eig. 'schlage zusammen', intr., stofse feindlich zusammen, kämpfe, dcht. von Winden, *Ä* 2, 417.

con-flo, āre, blase zusammen, übtr., schmelze, falces in ensem, schmiede die Sichel zum Schwert um, *G* 1, 508.

con-flŭo, fluxi, ĕre, fliefse zusammen, übtr. v. Bienen, summā arbore, im Wipfel des Baumes zusammenströmen, *G* 4, 558.

con-fŏdĭo, fŏdi, fossum, ĕre, durchsteche oder durchbohre, alqm, *Ä* 9, 445.

con-fŭgĭo, fūgi, ĕre, fliehe wohin, nehme meine Zuflucht, ad alqm, *Ä* 1, 666. in agros, 8, 493.

con-fundo, fūdi, fūsum, ĕre, 1) giefse zusammen, Pass. 'confundi', v. Flusse, sich vermischen oder vereinen, 'undis', *Ä* 3, 696. 2) mische durcheinander, verwirre, *a*) eig., ossa, *Ä* 11, 211. confusae stragis acervus, ein untergeordneter, verworrener Haufen von Leichen, 6, 504. *b*) übtr.: *α*) vernichte, breche, foedus, *Ä* 5, 496. *β*) in bez. auf den Geist, 'bringe aufser Fassung', 'mache bestürzt', 'verwirre', nur im Part. Pass., confusus variā imagine rerum, *Ä* 12, 665. agmina confusa fugā, 9, 800. confusae urbis sonus, das Geschrei der bestürzten Stadt, 12, 619. mens confusa, der schon verwirrte Sinn, 2, 736.

con-gĕmĭno, āre, verdopple, ictus, *Ä* 12, 714. securim per ossa, haue wiederholt, Schlag auf Schlag die Axt durch usw., 11, 698.

con-gĕmo, gĕmŭi, ĕre, seufze laJut auf, stöhne, ächze, dcht. v. Baume, *Ä* 2, 631.

con-gĕro, gessi, gestum, ĕre, trage, bringe od. häufe zusammen, *a*) übtr., alqd, *Ä* 2, 766. *G* 3, 377. culmen caespite, setze das Dach aus Rasen zusammen, bedecke es mit Rasen, *B* 1, 69. dcht. abs., 'trage zu Neste', 'baue', 'niste', 3, 69. et lucifugis congesta (sunt) cubilia blattis, 'und lichtscheue Schaben haben dort (in den Waben) ihr Lager aufgeschlagen, *G* 4, 243. Bes. *b*) baue, errichte, aram sepulchri oder (*Ribb.* sepulchro) arboribus (aus Baumstämmen), *Ä* 6, 177. manu oppida praeruptis saxis, *G* 2, 156.

congrĕdĭor, gressus sum, grĕdi (con u. gradior), *a*) komme od. treffe mit jmd. zusammen, nahe, abs., *Ä* 8, 467. *b*) treffe feindlich zusammen, schreite zum Kampf, greife an, kämpfe, abs., *Ä* 2, 397. 10, 540. 11, 342. 12, 13 u. 465. 12, 510. in proelia, 11, 631. dcht. m. Dat., mit jmd., 1, 475. 5, 809.

congrĕssŭs, ūs, *m.* (congredior), 1) freundliche Zusammenkunft mit jmd., congressus pete meos, suche mich auf, *Ä* 5, 733. 2) feindliches Zusammentreffen, 'Kampf', unus, 12, 514.

conĭcio, iēci, iectum, ĕre (conĭīcĭo, v. con u. iacio), 1) eig.: *a*) werfe zusammen, übb. wohin, frondem ac virgulta facesque, hineinwerfen, *Ä* 5, 662. vestes super, werfe darauf, 6, 222. alqd alci, schleudere nach jmd. hin, gegen jmd., 7, 347 u. 456. spolia igni, werfe ins Feuer, 11, 194. *b*) eine Waffe, werfe, schleudere, *Ä* 4, 69. 9, 698. *c*) eine Pers., 'me in' u. dgl., werfe mich wohin, stürze hin, eile, in latebras, *Ä* 10, 657. inter medias (Troades), in die Mitte (der troischen Frauen), 5, 619. 2) übtr., richte, wende, oculos in hostem, *Ä* 12, 483.

cōnĭfĕr, fĕra, fĕrum (conus u. fero), kegelförmige Frucht oder Zäpfchen tragend, cyparissi, *Ä* 3, 680.

cōnĭtor (con-nītor), nixus sum, nīti, 1) strenge mich mit aller Kraft an, stemme mich an, corpore, aus Leibeskräften, *Ä* 9, 410. 10, 127. umeris, 5, 264. abs., 5, 642. 11, 613. 2) prägn., gebäre, gemellos, *B* 1, 15.

conĭŭgĭum, ĭi, *n.* (coniungo), *a*) Vereinigung, bes. eheliche Verbindung, Ehebund, Ehe, *Ä* 2, 579. 4, 431. von Tieren, 'Begattung', *G* 3, 275. *b*) meton., Vermählte, 'Gatte', *Ä* 2, 579. 'Gattin', 3, 296. 7, 423 u. 433. 11, 270.

con-iungo, iunxi, iunctum, ĕre, verbinde, vereinige, mit Dat., dextram dextrae, *Ä* 8, 164; vgl. 1, 514. *B* 2, 32. m. Abl., ratis celsi coniuncta crepidine saxi, an einem ragenden Felsstück festgebunden, *Ä* 10, 653. Bes. *a*) verbinde ehelich, Pass., digno viro, *B* 8, 32. *b*) verbinde durch Verwandtschaft oder Freundschaft, alqm alci, vereine mit jmd., *Ä* 8, 133. alqm socium volentem, geselle mir jmd. als willigen (zum Beistand geneigten) Genossen zu, 5, 712. Pass., coniungi foedere Teucris, 10, 105. ab stirpe coniunctus Atridis, verwandt, von demselben Stamme entsprofst (da Euander u. die Atriden von Juppiter abzustammen sich rühmten) mit den Atr., 8, 130.

coniunx od. **coniux**, iŭgis (coniungo), 1) *m.*, *a*) Gatte, Gemahl, *Ä* 2, 519 u. 597. 3, 317. 4, 21. 458. 6, 473. von dem

Verhältnis des Äneas zur Dido, *Ä* 4, 324.
b) übh. der 'Geliebte', 'Buhle', *B* 8, 66.
2) *f.*, *a*) Gattin, Gemahlin, *Ä* 2, 777.
6, 523. 7, 56. 189. 10, 280. 12, 17. laeta
(von der Erde, iu bez. auf Juppiter), *G*
2, 326. *b*)(dcht.) 'Verlobte', 'Braut', *Ä* 9,
138. *B* 8, 18. übh., Circe, von Liebe entbrannt (gegen Pikus), *Ä* 7, 189.

con-iūro, āre, schwöre zusammen mit jmd. od. mit andern, im guten
Sinne, 'schwöre', d. i. verpflichte mich
durch einen Eid zum Kriegsdienste bei
einem drohenden Kriege, *Ä* 8, 5. Part.
Pass., 'coniuratus', von dem, der sich
durch einen Schwur zum Kampfe gegen
die Feinde verbunden hat, Hister, *G* 2,
497. mit Inf., coniurati caelum resci-
dere fratres, von den Aloïden u. Giganten, *G* 1, 280.

con-lŏquĭum, ĭi, *n.* (conloquor), U n-
terredung, Gespräch, deorum, mit
den Göttern, *Ä* 7, 91.

con-lūcĕo, ēre, strahle, glänze,
schimmere, flammis, ignibus, *Ä* 5, 4.
11,209. v. Feuer selbst,9,166. v. Fackeln,
Ä 4, 567. übtr., veste atque armis, *Ä* 10,
539.

con-lustro, āre, eig. beleuchte, übtr.,
sehe mich nach allen Seiten um
nach etwas, besichtige, omnia, *Ä*
3, 651.

connecto, connītor, s. conecto, co-
nitor.

connūbĭum, s. conubium.

Cōnōn, ōnis, *m.* (*Κόνων*), ber. Mathematiker und Astronom aus Samos im
3. Jahrh. v. Chr., Freund des Archime-
des u. Verfasser von Sterntafeln, die den
Landleuten als Kalender dienten, dah. er
auch auf einem für den Preis im Wettstreite zwischen Damon u. Menalkas bestimmten Becher abgebildet war, *B* 3, 40.

cōnor, ātus sum, āri, versuche,
unternehme, wage, entschliefse
mich zu etw., plurima, 9, 398. ter
viam, 10, 685. mit Inf., 2, 792. 3, 25. 6, 32.
11, 842.

conplector, plexus sum, plecti, 1)
eig.: *a*) umfasse, umfange, dextram
euntis, *Ä* 8, 558. bes. aus Freundschaft
u. Liebe, 'umfasse', 'umarme', alqm, *Ä* 6,
787. alqm comitem, 9, 277. dum te con-
plexus teneo, 8, 582 (*Ribb.* 'conplexu').
pedes, 2, 673. inter se, sich unter einander, 5, 766. im feindl. Sinne, 'umschlinge
im Kampfe', hostem dextrā, 11, 743. Ca-
cum in nodum, Herkules umschlang den
Kakus und schnürte wie mit einem
Knoten dessen Kehle, 8, 260. *b*) umfasse, umgebe, alqm umbrā (von Bäumen), umschatte, *Ä* 1, 694; vgl. 2, 514.

gremio ossa, habe in meinem Schofs aufgenommen, berge, *Ä* 5, 31. 2) übtr., umfasse, befalle (v. Schlafe), artus, *Ä* 2,
253.

con-plĕo, plēvi, plētum, ēre (St. ple-o,
plenus), 1) fülle au oder voll mit etwas, uterum armato milite, *Ä* 2, 20. campos (von Truppen), *Ä* 7, 643. ähul. litora
(von den Genossen desÄneas), 3, 71. moenia, dränge mich innerhalb der Mauern
zusammen, 9, 39. plures (naves), 11, 327.
vom Monde, se lumine, 'sich füllen', 3,
645. Pass., complentur valles, füllen sich
an, näml. mit Trauben, *G* 2, 391. 2) übtr.:
a) erfülle, aethera ululatibus, *Ä* 7, 395.
v. Kriegslärm, 12, 724. von der Stimme,
'durchlaufe', 'durchschalle', agmina, 9,
113. *b*) 'erfülle', 'vollende' eine Zeit, tempora (v. den Parzen), *Ä* 9, 108. Pass., annuus exactis completur mensibus orbis,
5, 46.

conplexŭs, ūs, *m.* (conplector), das
Umfassen, bes. die Umarmung, *Ä* 1,
715. 4, 616. 5, 742. 8, 488 u. 582 (*Ribb.*).

con-pōno, pŏsŭi, pŏsĭtum, ēre (synkop. Part. 'conpostus', *Ä* 1, 249), 1) eig.:
a) stelle mehrere Dinge zusammen,
lege od. füge etwas zusammen, mit
Dat., manus manibus, lege Hände in
Hände, *Ä* 8, 486. urbem, richte ein, erbaue, 3, 387. genus indocile, versammle,
vereinige, 8, 322. aggerem tumuli, häufe
den Hügel auf der Gruft, errichte einen
Grabhügel, 7, 6. *b*) sammle ein u. bewahre auf, übh. 'erwerbe', opes (Feldfrüchte), *Ä* 8, 317. *c*) lege oder bringe
etw. in Ordnung, ordne, crines, *G* 4,
417. componi in turmas, in Geschwader
sich ordnen, *Ä* 11,599. dcht., me compo-
no, lege mich nieder, lagere mich, spon-
dā, 1,698; thalamis, *G* 4,189. membra, lege
zur Ruhe, 4, 438. *d*) lege einen Verstorbenen zurecht und schmücke ihn aus,
um ihn zur Schau auszustellen, übh.
'bestatte', 'setze bei' (als Inbegriff aller
dabei stattfindenden Feierlichkeiten),
placidā compostus pace quiescit, ruht
aus in Frieden, geniefst die Ruhe eines
sanften Todes, *Ä* 1, 249. dcht. v. Abendstern, diem, gleichs. zur Ruhe betten,
beschliefsen, endigen (weil nach der sinn-
lichen Vorstellung der Alten die untergehende Sonne zur Ruhe ging), *Ä* 1,374.
2) übtr.: *a*) bringe in Ordnung, ordne, richte ein, curas (meine Angelegenheiten), *Ä* 4, 341. *b*) lege bei, gleiche aus, schlichte, endige, lites,
B 3,108. bellum, *Ä* 12, 109. fluctus, glätte, besänftige, 1, 135. *c*) verabrede
etw. gemeinschaftlich, setze fest, bestimme, foedus, *Ä* 10, 15. pacem (co-

6

nubiis), *Ä* 7,339. 12,822. leges, setze Bedingungen fest, 12, 315. Dah. 'composito', nach Verabredung, 2, 129.

con-porto, äre, trage oder bringe zusammen, häufe, praedas, *Ä* 9, 613.

con-prendo, prendi, prensum, ĕre, synkopierte Form st. **con-prĕhendo,** 1) fasse zusammen, umfasse, erfasse, ergreife, alqd, *Ä* 2, 793. 6, 701. 11, 723. *G* 2, 305. dcht., Lavinia … visa longis comprehendere crinibus ignem, 'Lavinia schien Feuer zu fangen am wallenden Haare', *Ä* 7, 73. v. Monde, nigrum aëra obscuro cornu, sich verdunkeln, einen Hof bilden, *G* 1, 428. 2) übtr., fasse geistig zusammen, bezeichne, beschreibe, omnes formas, *Ä* 6, 626. numero, 'drücke in Zahlen aus' od. 'fasse in Z.', *G* 2, 104.

consanguĭnĕus, a, um (con u. sanguis), 1) blutsverwandt, *Ä* 5, 771. Rutuli (von Latinus so genannt wegen der Verwandtschaft der Amata u. Venilia), 12, 40 (vgl. *v.* 29). 2) übh. verwandt, *Ä* 7, 366. dcht., c. Leti Sopor, Zwillingsbruder des Todes, *Ä* 6, 278.

consanguĭnĭtäs, ätis, *f.* (consanguineus), Blutsverwandtschaft, Bande des Blutes, *Ä* 2, 86.

conscendo, scendi, scensum, ĕre (con u. scando), steige wohin, besteige etwas, scopulum, *Ä* 1, 180. rogos, 4, 646. equos, 12, 736. classem, schiffe mich ein, 10, 155. dcht., aequor bis denis navibus, befahre mit zwanzig Schiffen (nach Besteigung von zw. Sch.) das Meer, 1, 381. von der Sonne, medium orbem caeli, zur Mitte der Bahn (des Himmels) steigen (zur Bezeichn. der Mittagszeit), 8, 97.

conscĭus, a, um (con u. scio), 1) einer Sache sich bewußt, selbstbewußt, sibi, mit Gen., recti, des Guten, *Ä* 1, 604. vgl. 2, 141. 8, 393. 11, 812. abs., conscia fama, der Ruf meiner Thaten, 10, 679. virtus, das Bewußtsein des eigenen Wertes, der Tapferkeit, 5, 455. 10, 872. 12, 668. prägn., 'schuldbewußt', 2, 99. 2) der mit einem andern um etw. weiß, mitwissend, Zeuge, m. Gen., fati, *Ä* 4, 519. curarum, 4, 608. m. Dat. conubiis, der Vermählung Zeuge, 4, 167. abs., agmina, welche um die Sache wußten, die Harrenden, 2, 267.

con-sĕquor, sĕcūtus sum, sĕqui, 1) folge nach, folge auf jmd., alqm, *Ä* 5, 153 u. 494. abs., 2, 409. 2) hole ein, erreiche, 'ereile', alqd, *Ä* 5, 224. von der Lanze, alqm, treffe, 12, 375. vom Adler, columbam, 11, 722.

1. **con-sĕro,** sĕvi, sĭtum, ĕre, besäe, bepflanze, agros, *B* 1, 73. Ismara

Baccho (d. i. mit Wein), *G* 2, 38. dcht., freta consita crebris terris, mit vielen Ländern besät (in bez. auf die Kykladen), *Ä* 3, 127 *Ribb.* (andere 'concita', s. concieo).

2. **con-sĕro,** sĕrŭi, sertum, ĕre, füge zusammen od. flechte, verbinde, loricam hamis, aus Haken, *Ä* 3, 467. 5, 259. pellis aënis squamis auro conserta, Tierhaut mit ehernen Schuppen verziert und mit goldenen Spangen (Schnallen) befestigt, 11, 771. consertum tegumen spinis, mit Dornen zusammengesteckt, 3, 594. 2) bringe feindlich aneinander, dextram, schreite zum Zweikampf, kämpfe, *Ä* 9, 741. proelia, beginne Kämpfe, 2, 398.

consessūs, ūs, *m.* (consīdo), 1) das Zusammensitzen, Versammlung zum Hören, Schauen oder Beraten, *Ä* 5, 340 u. 577.8,636. 2) Erhöhung, erhöhter Sitz, *Ä* 5, 290.

con-sīdo, sēdi, sessum, ĕre, setze mich nieder, 1) v. leb. Wesen, *a)* nehme Platz, mit 'in' u. Abl., *B* 3, 55. *Ä* 3, 245. 5, 841. inter ulmos, *B* 5, 3. sub ilice, *B* 7, 1. od. m. bl. Abl., 'tectis', im Saale, *Ä* 10, 5. toro, 5, 388. solio avito, 7, 169. mensis (da in frühester Zeit die Römer bei Tische safsen), 7,176. flumine, 7, 431. arvis, 4, 39. 12, 237. transtris, 3, 289. 4, 573. sedibus, *G* 4, 65. portu, lande, laufe ein, *Ä* 3,378. Bes. militär., lagere mich irgendwo, castris ante urbem, *Ä* 11,915. *b)* lasse mich irgendwo nieder, siedle mich an, setze mich fest, m. Abl., *Ä* 1, 572. 4, 349. 6, 67. 10, 780. Cretae, 3, 162. 2) von Lebl., sich senken, einsinken, in ignes, in Asche zusammensinken (v. Troja), *Ä* 2, 624. 9, 145. übtr., luctu, versinke in Trauer, 11, 350.

consĭlĭum, ĭi, *n.,* 1) Beratung, Rat, habeo de etc., *Ä* 9, 227. 2) Entschluß, Rat, Ratschluß, Maßregel, Absicht, *Ä* 1, 658. 2.656. 4,477. consilium verto, vernichte, 7, 407. consilium refero in melius, wende zum Bessern, 1, 281. Abl. consilio, 'mit Absicht', 'absichtlich', 7, 216. 11, 704.

con-sisto, stĭti, stĭtum, ĕre [Perf. 'constĭtĕrunt', *Ä* 3,681], 1) stelle mich irgendwo hin, Perf. oft in der Bed. stehe (fest), m. Abl., pontibus, *G* 4, 27. media arenā, *Ä* 5, 423. abs., 5, 426 u. 507. dcht. übtr., neque amor passus (est) consistere mentem, ließ das Herz nicht ruhen, dem Herzen nicht Ruhe, *Ä* 1, 643. 2) hemme meine Schritte, *a)* halte an, im Perf. bleibe stehen, stehe, m. Abl., *Ä* 1, 226. 5, 423. 9, 789. abs., 6, 331 u. 558. 9, 624. 12, 271. Bes. 'mache Halt', 'fasse festen Fuſs (Posto)', von Kämpfenden, v. Heere, 11, 609 (*Ribb.* u. *Schap.* *sub*stiterat'). v. Bäumen, 3, 681. v. Rade (des Ixion), still stehen, *G* 4, 484. *b*) fasse festen Fuſs, siedle mich an, lasse mich nieder, Latio, *Ä* 8, 10. Dah. übh. 'halte mich auf', 'verweile', 1, 541 u. 629. 6, 808. 8, 381. 10, 75.

con-sŏno, sŏnŭi, ăre töne zusammen, ertöne, halle (wieder), dcht. v. Walde, plausu, *Ä* 5, 149. strepitu, 8, 305.

con-sors, sortis, teilnehmend, sbst. Teilnehmer, Gefährte, *Ä* 10, 906. v. Dingen, 'gemeinsam', tecta, *G* 4, 153.

conspectŭs, ūs, *m.* (conspicio), 1) das Sehen, der Anblick, Blick, conspectum reddo, gebe wieder, lasse jmd. od. jmds. Antlitz wieder schauen, *Ä* 9, 262. 2) übtr.: *a*) Gegenwart, Nähe, eo ad conspectum alcjs, nahe dem Blicke, trete vor das Antlitz jmds., *Ä* 6, 108. in conspectu, in Sicht, vor den Augen, in der Nähe, 1, 184. 2, 21; vgl. 10, 260. e conspectu exeo, entschwinde dem Blick, 11, 903; vgl. 1, 34. *b*) dcht. konkr., die vor jmd. Versammelten, in conspectu medio, mitten in der Versammlung, 'vor aller Augen', 2, 67.

conspicĭo, spexi, spectum, ĕre (St. 'spec' in 'species'), bekomme zu Gesicht, werde ansichtig, im Perf. sehe, bemerke, erspähe, alqm oder alqd, *Ä* 1, 152. 3, 652. 4, 261. 6, 631. locum insidiis, für einen feindlichen Überfall od. geheimen Durchgang durchs Lager, 9, 237. mit Part., alqm venientem, 3, 306. Part. Pass. 'conspectus', die Augen auf sich lenkend, d. i. 'prangend', chlamyde et pictis in armis, *Ä* 8, 588. in ostro, *G* 3, 17.

con-spīro, ăre, eig. blase zusammen, dah. ertöne zugleich, v. Hörnern, rauco adsensu, *Ä* 7, 615.

con-sterno, strāvi, strātum, ĕre, bestreue, terram (v. Laube), *Ä* 4, 444. dcht. v. einem Fallenden, 'bedecke', late terram tergo, 12, 543.

constĭtŭo, ŭi, ŭtum, ĕre (con u. statuo), 1) stelle hin od. auf, stelle fest, *a*) übh., *Ä* 5, 237. 6, 217 u. 244. quercum tumulo, 11, 6. signum nautis, 5, 130. Bes. *b*) stelle auf, errichte, erbaue, tumulum Rhoetae (in) litore, *Ä* 6, 506. pyras in litore, 11, 185. moenia, aras alci, 12, 194. *G* 4, 542. 2) übtr., beschlieſse, entschlieſse mich, m. Inf., *Ä* 1, 309.

con-sto, stĭti, stāre, stehe (fest), übtr., videt cuncta constare caelo, daſs alles am Himmel in gehöriger Ordnung sich befinde, *Ä* 3, 518. animo sententia constat, ein Entschluſs steht fest im Her-

zen, jmd. beharrt im Herzen bei einem Entschluſs, *Ä* 5, 748.

con-strŭo, struxi, structum, ĕre, 1) häufe od. bringe zusammen, mella, *G* 4, 213. 2) erbaue, errichte, pilam molibus (aus Blöcken), *Ä* 9, 712.

con-suesco, suēvi, suētum, ĕre, gewöhne mich, dcht. v. Pflanzen, *G* 2, 272. Dav. consuētus, a, um, 'gewohnt', antra, 4, 429. membra, die des Reitens gewohnten Glieder, *Ä* 10, 867.

consŭl, sŭlis, *m.*, Konsul, eine der beiden höchsten auf ein Jahr seit 509 v. Chr. gewählten Magistratspersonen in Rom, *Ä* 6, 819. Der zum Heerführer bestimmte Konsul begab sich beim Ausbruche eines Krieges in Italien auf das Kapitol, um von dort her zwei Fahnen zum Aufruf für das Fuſsvolk und die Reiterei unter gewissen Feierlichkeiten zu holen (wobei er die Worte ausrief: 'Qui rem publicam salvam esse vult, me sequatur'), *Ä* 7, 613.

consŭlo, sŭlŭi, sultum, ĕre, 1) intr., stelle Beratung an, pflege Rat, berate mich, in medium, für das allgemeine Beste, *Ä* 11, 335. longe, bin auf die Ferne bedacht, spähe hinaus in die Ferne, 9, 322. 2) trans.: *a*) ziehe jmd. zu Rate, befrage, alqm, *G* 3, 491. exta, *Ä* 4, 64. lucos, 7, 83. dcht. m. doppelt. Akk., rem nullam obscuram . . consulis (näml. 'nos'), du fragst uns nach nichts, was zweifelhaft wäre u. unseres Wortes (Rates) bedürfte, 11, 344. *b*) rate, erteile Rat, abs., impensius, *Ä* 12, 21.

consultum, i, *n.* (consulo), Ratschluſs, Rat, Plur., *Ä* 11, 410. auch v. Weissagungen u. Orakeln, consulta peto, hole mir Rats, 6, 151.

con-sūmo, sumpsi, sumptum, ĕre, 1) verbrauche, verzehre, *a*) eig., *Ä* 7, 112. mensas, 7, 116 u. 125. dcht., von einem feurigen Phänomen, das 'sich in flüchtige Lüfte auflöst', 5, 527. *b*) übtr., verbringe eine Zeit, noctem, 2, 795. Pass., consumor aevo, beschlieſse das Leben, *B* 10, 42. 2) verwende auf jmd., wende jmdm. zu, gewähre, ubera in natos, die Fülle der Euter (von den Kühen), *G* 3, 178.

con-surgo, surrexi, surrectum, ĕre, erhebe mich, *a*) v. Pers., erhebe mich, stehe auf (vom Sitze), *Ä* 5, 450. gemitu, 12, 928. relictis mensis, 8, 110. tonsis, 10, 299. alte in ensem sublatum, dcht., strecke mich hoch auf zum erhobenen Schwerte, hole mit dem Schwerte weit aus, 9, 749. 12, 729. *b*) von Lebl., erhebe mich, steige empor, v. Winden, 5, 20. v. Meere, imo fundo ad aethera,

aus dem untersten Grunde usw., 7, 530.
v. Bäumen, 'hoch aufstreben', in die
Höhe ragen, 9, 681. v. Rudern, terno ordine, in drei Reihen über einander, 5,
120. mundus arduus consurgit, *G* 1, 241.
2) übtr., **erhebe mich** (um etwas zu
thun), in arma, 'erhebe mich in Waffen',
d. i. rüste mich zum Krieg, *Ä* 10, 90.
dcht. v. Lebl., wie v. Kriege, auszubre-
chen drohen, sich erheben, 8, 637.

contactū́s, ūs,*m.* (contingo), Berührung, Betastung, *Ä* 3, 227.

contāgium, ĭi, *n.* (contingo), eig. Berührung, bes. ansteckende Krank-
heit (durch Berührung), Seuche, contagia pecoris, *B* 1, 50. dira, *G* 3, 469.

con-tĕgo, texi, tectum, ĕre, bedecke,
verhülle, caput amictu (als Zeichen
der Trauer), *Ä* 12, 885.

con-temno, tempsi, temptum, ĕre,
schätze gering, verachte, achte
nicht, verschmähe, favos, *G* 4, 104.
opes, *Ä* 8, 364. übtr., von einer Insel,
ventos, den Stürmen widerstehen, trotzen,
Ä 3, 77. von der Rebe, *C* 2, 360.

contemplor, plātus sum, plāri (bei
Vergil nur im Imper. Fut. 'contempla-
tor'), betrachte genau u. aufmerksam,
achte auf etw., merke auf, m. flg.
'cum' (wann) u. Indik., *G* 1, 187. bei vorausgeh. 'ubi ... suspexeris' etc., achte
darauf, d. i. auf den Flug des Bienen-
schwarmes, 4, 61.

contemptŏr, ōris,*m.* (contemno), Ver-
ächter, divom (als Zeichen tyrannischer
Gesinnung), *Ä* 7, 648. 8, 7. attrib., animus (Mut) lucis cont., das Leben nicht
achtend, 9, 205.

con-tendo, tendi, tentum, ĕre, spanne, 1) eig.: *a*) übb., arcum, *Ä* 12, 815.
dcht., tela contenta tenens arcu parato,
der schon längst auf gespanntem Bogen
den Pfeil in Bereitschaft hielt (zum Ab-
schiefsen), 5, 513. vincla, ziehe fest an,
G 4, 412. Dah., contentus, 'gespannt',
'angestrengt', cervix, *G* 3, 536. *b*) richte wohin, schiefse ab, tela, 12, 815.
nervo equino, lege an die Sehne, 9, 623
(*Ribb*. 'intendit'). m. Dat. des Zieles, ba-
stam Mago, auf od. gegen M., 10, 521.
dcht., cursum ad alqm, richte mich nach
jmd., folge jmds. Beispiele, 5, 834. 2)
übtr.: *a*) im allg., spanne oder strenge
mich (meine Körperkraft) an, beeile
mich, m. Inf., petere litora cursu, *Ä* 1,
158. *b*) lasse mich in einen Kampf oder
Wettstreit ein, messe mich, wetteifere, übh. kämpfe, streite mit
jmd., ludo, 6, 643. cursu, halte gleichen
Schritt, kämpfe im Wettlauf, 5, 291. contra alqm, 5, 370. bello cum alqo, 4, 108.

Marte, 9, 518. abs., *B* 7, 69. *c*) trans.,
lasse zwei Dinge mit einander sich messen, vergleiche, m. Dat., nec cellis
ideo contende (Rhaetica) Falernis, doch
kann dieser Wein deshalb mit dem Fa-
lerner sich kaum messen, *G* 2, 96.

contentŭs, a, um (eig. Part. von 'contineo'), sich begnügend, zufrieden,
m. Abl., *Ä* 5, 314. 7, 737.

con-terrĕo, terrŭi, terrĭtum, ĕre, erschrecke heftig, bei Vergil nur Part.
'conterritus', 'erschreckt', alqā re, *Ä* 3,
597. dcht., tellus, d. i. erschüttert, zitternd, 7, 722.

con-texo, texŭi, textum, ĕre, flechte
od. füge zusammen, equus contextus
trabibus, gezimmert aus usw., *Ä* 2, 112.

contĭcesco, tĭcŭi, ĕre (con u. taceo),
schweige, verstumme, *Ä* 2, 1.

contĭgŭŭs, a, um (contingo), benachbart, dcht. v. Pers., hastae, 'für
Lanze erreichbar', *Ä* 10, 457.

contĭnĕo, tĭnŭi, tentum, ēre (con u.
teneo), halte zusammen, dah. halte zurück, alqm, *Ä* 2, 593. 10, 686. agrico-
lam, im Hause (v. Regen), *G* 1, 259. dcht.,
gradum, hemme meinen Schritt, halte
inne im Gehen, *Ä* 3, 598.

1. **contingo**, tĭgi, tactum, ĕre (con
u. tango), I) trans., berühre, alqm, *Ä*
1, 413. alqd, 2, 168. 6, 606. manu, 2, 239.
manum, 11, 245. nares odore, 7, 480. alqm
igne, versenge, 2, 649. 480. übtr., con-
tacti artus, ergriffen (von der Krankheit), *G* 4, 566. 2) erreiche einen Ort u.
dgl., Italiam, *Ä* 5, 18. avem ferro, 'treffe', 5,
509. dcht., hiemem, die winterlichen Gestirne (von der Sonne), *G* 2, 322. metam,
Ä 5, 836. II) intr.: *a*) werde zu teil,
komme in den Besitz jmds., m. Dat.,
Turno, *Ä* 11, 371. *b*) unpers., contingit
alci, es gelingt, glückt jmdm., m.
Inf., *Ä* 1, 96. 9, 268; vgl. 6, 109.

2. **con-tingo (tingŭo)**, ĕre, benetze,
bestreue, lac parvo sale, *G* 3, 403. corpus amurgā, 3, 448.

contĭnŭo, Adv. (continuus), unmittelbar od. gleich darauf, sogleich,
sofort, mit näherer Bestimmung der
Zeit durch Partikeln oder andere Wendungen, durch 'ubi', *G* 3, 271. durch 'quo
tempore primum' ('cum primum'), *G* 1,
60. durch Abl. abs., 'ventis surgentibus',
1, 356. neben 'haud mora', *G* 4, 548, 'nec
mora', *Ä* 5, 368. Oft ist die Bestimmung
aus dem Zusammenhang zu ergänzen,
'sogleich' nach erfolgtem Richterspruch,
nach der Verurteilung, *Ä* 6, 570. c. flexa domatur, von der Ulme, 'sogleich',
d. i. während sie noch jung u. geschmeidig ist, *G* 1, 169. c. ingreditur etc., gleich

wenn das Füllen zu laufen beginnt, erkennt man an dem höheren (stolzen) Gange dessen edles Blut, *G* 3, 75; vgl. *Ä* 3, 196. 7, 68 u. 120 12, 560.

con-torquĕo, torsi,tortum,ēre, drehe heftig, wende, *a*) übh., proram ad undas, *Ä* 3, 562. silvas (v. Flusse), *G* 1, 184. Bes. *b*) Stofs- und Wurfwaffen, schwinge, schleudere, spicula lacertis,*Ä* 7,165. hastile certo ictu,12,490. telum in auras, 5, 520. telum inter densa nubila, 6, 593. hastam in latus inque feri alvum, stiefs die Lanze in die Seite (zwischen den Rippen) des Tieres, sodafs sie in den Bauch drang, 2, 52.

conträ, 1) Adv., *a*) räuml., gegenüber, jenseits, auf der entgegengesetzten Seite, *B* 7, 8. *Ä* 6, 23. 8, 711. *b*) im feindlichen Sinne, gegenteils, entgegen, mit 'obnitor', *Ä* 5, 21. 10, 359. mit 'insto', *Ä* 12, 887. mit 'iuvo', 10, 84. mit 'duco' (nachgestellt), gegen die Landenden, 10, 285. sed non et figere contra est licitum,aber das Geschofs haftete nicht im Körper des Gegners (Äneas), 10, 343. übtr., dagegen, 'im Gegenteil', von Handluugen, 2, 445. 12, 779 (vgl. *v.* 770 flg.). *c*) dagegen, in der Rede, c. sic orsus, *Ä*1,325. abs.,1, 76. 7, 374. 2) Präp. m. Akk. (auch nachgestellt, wie *Ä* 5, 370 u.ö.), *a*) räumlich, gegenüber, Italiam c., *Ä* 1, 13; vgl. 3, 692. 5, 124 u. 477. *b*) übtr., gegen, wider, im feindl. Sinne, c. Alciden, 5, 414; vgl. 5, 370. 7, 583. c. certamina, 12, 790.

con-trăho, traxi, tractum, ĕre, 1) ziehe zusammen, ziehe ein od. zurück, brachia tibi, die Krallen vor dir (v. Sternbild Skorpion). *G* 1, 34. Part. 'contractus', verengt, 'beschränkt', locus in ipsos usus, 4, 295. dcht., apes contracto frigore pigrae, 'träg von starrender Kälte', 4,259. 2) ziehe od. bringe zusammen, versammle, viros, *Ä* 3, 8. übh. 'nehme zusammen', 'vereinige', 'biete auf', alqd, 12, 891.

conträrïus, a, um (contra), gegenüber befindlich, übtr., entgegengesetzt, widerstrebend, *a*) übh., studia, *Ä* 2, 39. fata, 1, 239. Neutr. Plur. sbst., 'contraria', entgegengesetzte Seite, 12, 487. *b*) bes. im feindl. Sinne, m. Dat., *Ä* 4,628. 7, 293. 'ungünstig', *G* 1, 286.

con-trĕmesco (trĕmisco), trĕmŭi, ĕre, bebe heftig, erzittere, von den Wogen, *Ä* 3, 673. dcht., voce, 7, 515.

contristo, āre (con u. tristis), trübe, verdüstere, dcht. v. Winden, caelum laevo lumine, *Ä* 10, 275. caelum pluvio frigore, *G* 3, 279.

con-tundo, tŭdi, tunsum (tūsum), ēre, 1) zerstofse, zermalme, alia serpullumque (Knoblauch u. Quendel, für die Zubereitung des gewöhnliches Schnittergerichtes 'moretum'), *B* 2, 11. *b*) übtr., breche, bändige durch gänzliche Niederlage, populos, *Ä* 1, 264. dcht., contunsi animi, gebrochen, gebeugt, *G* 4, 240.

contus, i, *m.* (*χοντός*), *a*) Stange zum Rudern, *Ä* 5, 208. 6, 302. *b*) als Waffe, Stange, Spiefs, *Ä* 9, 510.

cōnūbïum (connūbïum), ïi, *n.* [dreisilb. gleichs. 'conubjo', *Ä* 1, 73. 4, 126. 7, 253. 'conubjis' od. 'conubis', 3, 136. 7, 96 u. 333](con u. nubo), Vermählung, gesetzliche Ehe, conubio iungere, sociare, *Ä* 1, 73. 7, 96; vgl. 4, 535. mit zarter Rücksicht von dem Verhältnis der gefangenen Andromache zu Pyrrhus, 3, 319. Plur., 9, 600. übh. 'Bewerbungen', 'Heiratsanträge', conubiis ambire Latinum (patrem), vom Latinus die Tochter zur Ehe begehren, 7, 333. prägn., v. geheimen Liebesbunde, der das Vorspiel zum Hochzeitsgesange ('per inceptos hymenaeos') war, 4, 316.

cōnus, i, *m.* (*χᾶνος*), Kegel, kegelförmige Helmspitze (zur Aufnahme des herabwallenden Helmbusches), *Ä* 3, 468.

con-vallis, is, *f.*, Thalkessel, Thalwände, *Ä* 6, 139. 679. *G* 2, 488. cava, *G* 2, 186.

con-vecto, āre (Intens. v. conveho), fahre zusammen, 'häufe auf', praedas, *Ä* 7, 749. praedam per herbas, von den Ameisen, über den Grasboden heranwälzen, 4, 405.

con-vello, velli, volsum (vulsum), ĕre, *a*) reifse los, ziehe los od. heraus (etw. Festhaftendes), aesculum, *G* 2,294. turrim (ab) altis sedibus, hebe aus seiner Lage gewaltsam heraus, *Ä* 2, 464. silvam ab humo, ziehe aus dem Boden Gesträuch aus, 3, 24. vimen, 3, 31. fetus ferro, haue mit dem Eisen ab, 6, 148. ferrum manu, reifse, ziehe mit der Hand heraus, 12, 774. funem a terra, löse das Schiffsseil vom Lande, *G*1,457. *b*) reifse ein, 'zertrümmere', turres ac culmina domorum, *Ä* 2, 446. *c*) reifse auseinander, zerreifse, loca vi convolsa,*Ä* 3,414. dcht., naves convolsae, zerschmetterte, 1, 383. aequor remis rostrisque, durchwühle, teile (gewaltsam), 5, 143. 8, 690.

con-vĕnïo, vēni, ventum, īre, 1) eig.: *a*) komme zusammen od. versammle mich, *Ä* 1, 361. 5, 293. Bes. infolge einer Einladung, 'finde mich ein', 1, 700 u. 708. 5, 490. *b*) treffe zusammen mit jmd., 'begegne', *B* 5,1. 2) übtr.,unpers.,

convenit, *a*)es kommt mir zu, 'es steht
mir frei', m. Akk. u. Inf., *Ä* 12, 184. *b*) es
passt, es ist geeignet od. dienlich,
m. Inf., *G* 1, 3 u. 255.

conventŭs, ūs, *m.* (convenio), Zusammenkunft, konkr., wie unser Versammlung, d. i. 'Schar' od. 'Menge',
Plur., medii(der Abgeschiedenen), *Ä* 6,753.

con-verto, verti, versum, ěre, 1) wende od. kehre um, *a*) übb., alqd, *Ä* 1,
81. 9,724. 11,654 u. 713. dcht., vias, drehe
mich um, schwenke mich, 5, 582. fugam,
wende die Flucht, stelle die Fl. ein u.
kehre zurück, 12, 252. caeli conversa per
auras .. adfatur, d. i. sie wendete sich
weg von dem Platz u. redete die Juno
durch die Lüfte an, 7, 543 *Kapp.* (*Schap.*
caelo conversa, 'sie wendet sich zum H.').
b) prägn., ändere um, verwandle, *α*)
eig., classem in nymphas, *Ä* 10,83. Pass.,
in faciem aurigae, 12, 623 (auch 12, 784
Haupt 'conversa' st. 'mutata'). *β*) übtr.,
'ändere', 'ändere um', animum, 2,73. mit
dem Begr., 'zum Schlimmen', conversa
numina, 'die sich abgewendet', 5, 466.
2) richte od. wende wohin, *a*) eig., ferrum in alqm, *Ä* 9, 427. lumina ad solem,
12, 172. oculos (näml.: in eum), 12, 705.
Pass., 'convertor', 'wende od. richte mich',
in hostem, 12, 369. abs., von denen, die
sich gegen einander zum Kampf wenden, totae conversae acies, *Ä* 12, 548.
dcht., conversi inter se oculos tenebant,
hielten auf einander die Augen gerichtet, 11, 121. *b*) übtr., wende od. richte
wohin, omen in alqm, aufod. gegen jmds.
Haupt, *Ä* 2, 191. fero alqd conversum in
exitum alcjs, lasse etw. zum Verderben
jmds. sich wenden, 2, 131.

convexus, a, um (Nebenf. zu 'con-
vectus' v. 'conveho'), eig. zusammengezogen, gewölbt od. gerundet der Gestalt nach (mag man diese nun auf der
hervorstehenden oder der hohlen Seite
betrachten), pondus (von dem nach der Gestalt des Himmels benannten Weltall),
B 4, 50. trames silvae, umwaldeter Hohlweg, Senkungen des Waldweges, *Ä* 11,
515. Neutr. sbst. m. Gen., convexum
nemorum, gleichs. Überdachung der Bäume (von einer bewaldeten Felsenwölbung,
die den Schiffen des Aeneas als Bai diente),
Ä 1, 310. oft Plur., convexa, ōrum, *n.*,
die gewölbten Seiten od. Abdachungen
der Berge, 'Gebirgshöhen' (mit ihren
Thälern od. Schluchten), 1, 608. supera
convexa, 'Himmelsgewölbe', 6, 241. 10,
251 (an beiden St. *Ribb.* 'super' als Adv.);
zur Bezeichn. des Lebens auf der Oberwelt, 6, 750 (*Ribb.* 'super'). convexa caeli,
4, 451. 7, 543 (*Ribb.*).

convivium, ĭi, *n.* (convivo), gemeinsames Mahl, Gastmahl, Gelag, bei
Vergil nur Plur., *Ä* 1, 638. mutua, *G* 1,
301. bes. 'Opferschmaus', *B* 5, 69.

con-volvo, volvi, vŏlūtum, ěre, rolle
zusammen, winde, von der Schlange,
terga, *Ä* 2, 474. *G* 3, 426.

cŏ-ŏrĭor, ortus sum, ŏrīri, entstehe,
breche aus, erhebe mich, v. Unwetter, Sturm, *G* 3, 478. *Ä* 10, 405. v. Aufruhr, *Ä* 1, 148.

cōpĭa, ae, *f.* (st. coopia v. con u. ops),
1) eig.: *a*) Vorrat, Menge, Fülle, lactis, *B* 1, 82. thymbrae, *G* 4, 31. *b*) Menge, Masse v. Menschen, *Ä* 2, 564. Teucrûm, 11, 834. *c*) Mittel, Vermögen,
quae cuique est c., soviel jeder vermag,
Ä 5, 100. 2) übtr.: *a*) Mittel, reicher
Stoff zu etw., larga (est) tibi semper
copia fandi, reichlich fliefst dir immer
der Strom der Beredsamkeit, *Ä* 11, 378.
b) Mittel, Macht, Gelegenheit etw.
zu thun, pugnae, *Ä* 11, 720. copia datur
alci, Erlaubnis wird jmd. erteilt, es wird
erlaubt, jmd. darf, m. Ger., 'fandi', 1, 520.
m. Inf., 'adfari', 9, 484.

cŏquo, coxi, coctum, ěre, koche, 1)
eig., von der Sonnenglut oder Sommerhitze, 'brenne', 'dörre', glebas, *G* 1, 66.
flumina, trockne aus, 4, 428. Pass., robur
coctum, in Feuer gehärtet, *Ä* 11, 553.
vindemia coquitur, wird gekocht, gereift,
G 2, 522. 2) übtr., durch tobe, beunruhige, v. Schmerz u. Zorn, alqm, *Ä* 7,345.

cŏr, cordis, *n.* (St. 'cord', verw. m.
καρδία, κέαρ), Herz, bes. als Sitz der
Gefühle u. Leidenschaften, *a*) Gemüt,
Gefühl, *Ä* 1, 209. 12, 18. 'alqd alci est
cordi', es liegt etw. jmdm. am Herzen, es
findet jmd. Freude an etw., 7, 326. 10,
252. 11, 369; zugleich m. Inf., 9, 776. *b*)
dcht. Plur., Herz zur Bezeichn. der ganzen Gemütsverfassung od. Empfindungs-
weise, fortia, *Ä* 1, 303. mortalia, *G* 1,123.
trepidantia, 4, 70. oft zur Umschreibung
der Person, wie unser 'Herz', 'Seele',
lecti iuvenes, fortissima corda (Appos.),
Ä 5, 729. inertia Teucrûm, 9, 55. aspera,
10, 87. nescia mansuescere, die harther-
zigen, für menschliche Bitten gefühllosen
Götter der Unterwelt, *G* 4, 470.

Cŏra, ae, *f.*, alte Stadt in Latium, im
Gebiete der Volsker, j. 'Cori', *Ä* 6, 776.

cŏrăm, Adv., im Angesicht, in
Gegenwart, bes. in eigener Person,
persönlich, selbst, *Ä* 1, 520 u. 595.
2, 538. 6, 716. c. agnosco, erkenne deutlich
(im Gegs. vom Traumgesicht), 3, 173.

Cŏras, ae, *m.*, ein Argiver, Bruder
des Katillus u. Tiburtus, *Ä* 7, 672. 11, 465
u. 604.

Cŏrĭnthus, i, *f.* (*Κόρινϑος*), ber. Handelsstadt auf dem Isthmus des Peloponnes, von Mummius (146 v. Chr.) zerstört, j. 'Corinto' od. 'Kordos', *Ä* 6, 836.

cŏrĭum, ii, *n.* (*χόριον*), Haut, Fell, *G* 3, 559.

1. **cornĕus**, a, um (cornu), aus Horn, hörnern, porta Somni, *Ä* 6, 893.

2. **cornĕus**, a, um (cornus), vom Kornelkirschbaume, 'kornellen', virgulta, *Ä* 3, 22. hastilia, 5, 557.

cornĭgĕr, gĕra, gĕrum (cornu u. gero), hörnertragend, gehörnt, übtr., v. Flufsgotte, *Ä* 8, 77.

cornĭpĕs, pĕdis (cornu u. pes), hornfüfsig, starkhufig, behuft,'equus, *Ä* 6, 591. 7, 779.

cornix, īcis, *f.* (*κορώνη*), Krähe (deren Geschrei teils Regen, teils, wenn es von der linken Seite kam, Glück andeutete), *B* 9, 15. *G* 1, 388.

cornū, ūs, *n.* (*κέρας*), Horn, 1) eig.: *a)* Horn als harter Auswuchs am Kopfe mancher Tiere, oft Plur., des Bockes, *B* 9, 25. *G* 2, 526. des Stieres, *B* 3, 87. 'Geweih' des Hirsches, *Ä* 10, 725. arborea, 1, 190. ramosa, 7, 30. Auch wurden die Flüsse od. Flufsgötter wegen des Ungestümes u. Tosens od. Brüllens der Fluten mit Stierhörnern dargestellt, z. B. der Eridanus, *G* 4, 371. *b)* Horn am Huf der Tiere, *G* 3, 88. 2) übtr., von den aus Horn, wenn auch nur zum Teil, bereiteten od. diesem an Stoff u. Gestalt ähnlichen Gegenständen, bes. *a)* Bogen zum Schiefsen, *Ä* 7, 497. 9, 606. 11, 773. *B* 10, 59. *b)* Horn als Blasinstrument, recurvum, *Ä* 7, 513. Plur., 8, 2. aerea, 7, 615. *c)* Horn als Trichter zum Einfüllen von Flüssigkeiten, *G* 3, 509. *d)* blofs von der Ähnlichkeit der Gestalt, *a)* Hörner od. Spitzen der Mondsichel, *G* 1, 433. *Ä* 3, 645. Sing. st. des Plur., 1, 428. *β)* Plur. 'cornua', Spitzen od. Enden der Rahe, Nocken, *Ä* 3, 549. 5, 832. *γ)* Plur., Kegel des Helmes zum Hineinstecken der Federbüsche, *Ä* 12, 89.

cornum, i, *n.* (*κράνον*), Kornelkirsche, Kornelle, *Ä* 3, 649. *G* 2, 34.

cornus, i, *f.* (*κράνον, κράνεια*), 1) Kornelkirschbaum, Hartriegel, Kornelle, *G* 2, 448. 2) meton., der aus dem sehr harten Holze desselben verfertigte 'Wurfspiefs', 'Geschofs', *Ä* 9, 698. 12, 267.

Cŏroebus, i, *m.* (*Κόροιβος*), ein Troër, Sohn des Phrygiers Mygdon, *Ä* 2, 341. 386. 407. 424.

cŏrōna, ae, *f.* (*κορώνη*), Kranz, 1) eig.: *a)* Kranz, Krone, als Schmuck der opfernden Lavinia, *Ä* 7, 75. als Helm-

zier, tonsa, 5, 556. als Schmuck der Becher, 3, 525. als Preis od. Auszeichnung in den Wettspielen, 5, 355. als Haarschmuck der Frauen, 'Haarreif','Diadem', 1, 655. *b)* Krone als Gestirn am nördl. Himmel (nach dem Mythus die an den Himmel versetzte Krone der Ariadne), *G* 1, 222. 2) übtr., Kreis versammelter Menschen, die einen Ort umgebende Menschenmenge, Versammlung, spissa, *Ä* 9, 508 u. 551. varia, 11, 475. Bes. v. Belagerern, 'Mannschaft', coronā includo, 12, 744. von Verteidigern, 9, 508. 10, 122.

cŏrōno, āre (corona), 1) bekränze, locum sertis, *Ä* 4, 506. bes. 'cratera', das Mischgefäfs mit Laubgewinden, *G* 2, 528. vina, die Becher, *Ä* 1, 724. 7, 147. 2) übtr., umgebe kranzförmig, umstelle, omnem abitum custode, *Ä* 9, 380.

corpŏrĕus, a, um (corpus), körperlich, leiblich, pestes, *Ä* 6, 737.

corpŭs, ŏris, *n.*, Leib als ein Ganzes, 1) eig.: *a)* Körper von leb. Wesen, *Ä* 1, 70. 9, 563. *G* 3, 369. toto corpore, mit ganzer Leibeskraft, *Ä* 12, 920. Bes. als versinnlichende Umschr. der Pers., doch immer mit dem Begr. des Leibhaftigen, c. Turni, 7, 650: gew. Plur., bisw. durch 'Gestalten' zu übers., virûm corpora, *Ä* 2, 18. hominum corpora, 12, 900; vgl. 6, 22. 7, 535 u. 650. 8, 539. abs., corpora fessa, die müden Sterblichen, 'jedes ermüdete Wesen', 4, 523. mit dem Nebenbegr. des Stattlichen, durch das Äufsere Imponierenden, pulcherrima fratrum corpora, Brüder von grofser u. schöner Gestalt, 12, 271. lectissima matrum, 9, 273. heroum defuncta corpora, Riesengestalten gewaltiger Helden (als Schatten), *G* 4, 475. ante omnia corpora, vor allen andern oder übrigen Kämpfern, *Ä* 5, 318. inertia, 2, 364. v. Tieren, magna boum, 'grofsgeleibte Stiere', *G* 3, 369. *b)* toter Körper, Leiche, Leichnam, *Ä* 1, 70 u. 101. 6, 149. 161. 219 u. ö. dcht. von den 'Seelen' der Verstorbenen, 6, 303 u. 306. 2) übtr.: *a)* v. Pflanzen, matrum, Mutterstamm, *G* 2, 23. *b)* jedes Ganze, magnum, vom 'All', 'Weltall', *Ä* 6, 727. 'Gesamtheit', regni, 11, 313. commixti corpore tantum, nur vermischt mit dem Volke, mit der Masse der Latiner, 12, 835.

corrĭpĭo, rĭpŭi, reptum, ĕre (con u. rapio), 1) eig.: *a)* raffe zusammen, ergreife schnell, erfasse, alqm, *Ä* 8, 260. alqd, 1, 188 u. 363 u. ö. correpti montes, 'abgerissene Felsstücke', *G* 3, 254. omnia Marte secundo, reifse alles an mich im Glück des Kampfes, *Ä* 11, 900. dcht., corpus, d. i. 'raffe mich auf', 'erhebe mich', e stratis, 3, 176. ex somno, 4, 572. me, mache mich eilends auf, begebe mich wohin, 6, 472. viam, beschleunige, durcheile den Weg, 1, 418. spatia, stürze mich in die Rennbahn, durcheile sie, 5, 316. ähnl. v. Wagen, campum, *G* 3, 104. c. medium spatium, lege den Raum, der zwischen ihrem Standorte und dem Palaste des Pluto lag, zurück, *Ä* 6, 634. *b*) erfasse gewaltsam, reifse an mich, raube, sacram effigiem, *Ä* 2, 167. *c*) ergreife, raffe dahin, v. Feuer, alqm turbine, *Ä* 1, 45. tabulas, 9, 537. von Krankheiten, corpora, *G* 3, 472. 2) übtr., ergreife, reifse hin, plausus alqm corripit, jmdm. rauscht Beifall zu, *G* 2, 510. corripior militiā, d. i. werde verstrickt in usw., *Ä* 11, 584.

corrumpo, rūpi, ruptum, ĕre (con u. rumpo), verderbe, versehre, Cererem, Feldfrüchte, *Ä* 1, 177. usum olivi, fälsche (durch Vermischen mit Salben), *G* 2, 4 u. 66. lacus, verpeste, *G* 3, 481. corruptus caeli tractus, verdorbene Luft, *Ä* 3, 188.

corrŭo, rŭi, ĕre (con u. ruo), stürze zusammen od. hin, in volnus, stürze vorwärts nieder, *Ä* 10, 488.

cortex, tĭcis, (bei Vergil nur) *f.*, Rinde, bes. die innere Schale der Bäume, fagi, *B* 5, 13. amara, 6, 63. de subere, *Ä* 7, 742. Plur., cavatae, Larven aus ausgehöhlter Rinde, mit denen vermummt die Landleute bei den kampanischen Winzerfesten umherzogen und allerhand Mutwillen trieben, *G* 2, 385.

cortīna, ae, *f.*, Kessel od. Becken am Dreifufse, bes. des pythischen Orakels zu Delphi, aus dessen Tönen man Weissagungen sich holte, *Ä* 3, 92. Phoebi, 6, 347.

cŏrŭlus, s. corylus.

cŏrus, s. caurus.

cŏrusco, ĕre (κορύσσω?), 1) trans., bewege schnell, schwinge, gaesa manu, *Ä* 8, 661. hastam, 12, 431. strictum mucronem, 10, 651. telum, 12, 887. ignem, 5, 642. m. Dat., 'gegen jmd.', telum, 12, 919. 2) intr.: *a*) bewege mich zitternd, von Bienen, pennis, (zitternd) mit den Flügeln sich regen (vor Streitbegierde), *G* 4, 73. *b*) glitzere, schimmere, fulgore, *G* 4, 98.

cŏruscus, a, um (corusco), *a*) in schneller Bewegung, zitternd, schwankend, ilices, *Ä* 12, 701. silvae, 1, 164. v. Pers., cristis capita alta corusci, das ragende Haupt vom Helmbusch umflattert, 9, 678. *b*) blinkend, funkelnd, schimmernd, sol, *G* 1, 233. flammae, *Ä* 2, 172. ensis, 2, 552. mucro, 2, 223. dextra, 'feurige' (v. Juppiter), *G* 1, 328. toni-

tru, Wetterstrahl, *Ä* 8, 391. v. Pers., m. Abl., telis, 2, 470. auro, in goldener Rüstung, 9, 163.

corvus, i, *m.* (κόραξ, ακος, corv-us), Rabe, *G* 1, 410 u. 423.

Cŏrȳbantīus, a, um (Κορυβάντιος), zu den Korybanten gehörig, den Priestern der phrygischen Kybele, die das Fest der Göttin mit rasenden Tänzen u. lärmender Musik feierten, korybantisch, aera, 'Zimbeln' od. 'Becken', *Ä* 3, 111.

. **Cŏrȳcius**, a, um (Κωρύκιος), zu Korykus gehörig, einem durch Gartenbau ber. Ort in Cilicien, von wo aus durch Pompejus im Seeräuberkriege Kolonisten in die unbebauten Gegenden in den Bergen von Tarent versetzt worden waren, korykisch, senex, *G* 4, 127.

Cŏrȳdōn, ōnis, *m.* (Κορύδων), Hirtenname, *B* 2, 1. 56. 65. 5, 86. 7, 2. 20. 40. 7, 16. ex illo Corydon Corydon est tempore nobis, eig., seit dieser Zeit ist Corydon, den ich vorher schon (s. *v.* 16) als Meister in der Dichtkunst u. im Gesang erkannte, mir ein Corydon, d. i. ein Ehrenname der trefflichsten Dichter u. Sänger, 7, 70.

cŏrȳlus od. **cŏrūlus**, i, *f.*, Haselstaude, Haselstrauch, *B* 1, 14. 5, 3. *G* 2, 65 u. 299.

cŏrȳmbus, i, *m.* (κόρυμβος), traubenförmiger Fruchtbüschel, Traube des Epheus, *B* 3, 39.

Cŏrȳnaeus, i, *m.* (v. κορύνη, gleichs. Keulmann), 1) ein Troër, *Ä* 6, 228. 9, 571. 2) ein anderer Troër, *Ä* 12, 298 flg.

Cŏrȳthus, i, 1) *m.* (Κόρυθος), myth. Heros, Sohn des Juppiter, Vater des Iasius und Dardanus, Gründer von Korythus (s. nachh.), *Ä* 7, 209. 10, 719. extremae Corythi urbes, dcht. Umschr. st. 'Etrurien', 9, 10. 2) *f.*, Stadt in Etrurien, später gew. 'Cortana', dcht. st. Italien übh., *Ä* 3, 170.

cōs, cōtis, *f.*, *a*) Stein, Plur., 'Gestein, Felsen', durae, *G* 4, 203. im Gleichnis, *B* 8, 43. Bes. *b*) Wetz-, Schleifstein, *Ä* 7, 627.

Cōsae, ārum, *f.*, alte Stadt in Etrurien auf einem Isthmus, j. Ruinen bei 'Orbitello', *Ä* 10, 168.

Cossus, A. Cornelius, Kriegstribun im Kriege gegen Veji, der den König der Veneter Tolumnius tötete u. dessen Rüstung erbeutete u. dem Mars weihte (426 v. Chr.), *Ä* 6, 842.

costa, ae, *f.*, 1) Rippe am tierischen Körper, bei Vergil nur Plur., *Ä* 1, 211. 9, 432. 10, 382. *G* 1, 273. 2) übtr., 'Seiten' des trojan. Rosses, *Ä* 2, 16. aëni, wir 'Bauch' des Kessels, 7, 463.

cŏthurnus, i, *m.* (κόϑορνος), 1) die bis zur Mitte des Bcines hinaufreichende, vorn mit Ricmen fest zugeschnürte u. mit mehreren Sohlen über einander versehene (urspr.kretische)Fufsbekleidung, Kothurn, hoher Schuh, *Ä* 1, 337. *B* 7, 32. Auch wurde Bacchus auf altenKunstwerken bisw. mit Kothurnen dargestellt, die er bei der Kelterung ablegen soll, *G* 2, 8. 2) eine ähnl. von Äschylus eingeführte Fufsbedeckung der tragischen Schauspieler in Heldenrollen, zur Erhöhung der ganzen Gestalt, Kothurn, dah. übtr., 'erhabener Stil', Sophocleus, sophokleische Muse, *B* 8, 10.

crābro, ōnis, *m.*, Hornisse, *G* 4, 245.

cräs, Adv., morgen (Gegs. 'hodie'), *B* 3, 71.

crassus, a, um, 1) dick, dicht, paludes, schlammige, morastige, *G* 2, 110. cruor, *Ä* 5, 469. 10, 349. piceä crassus caligine, von pechschwarzem Dampfe, *G* 2, 309. 2) dcht., fett, terga (des Feldes), *G* 2, 236.

crastinus, a, um (cras), morgend, morgig, lux, 'Tageslicht', *Ä* 8, 170; der kommende Morgen, 10, 244. Titan, 4, 118. Aurora, 12, 76. hora, *G* 1, 425.

crātēr, ēris, Akk. 'ēra', Akk. Plur. 'ēras', *m.* (κρατήρ), 1) Mischkrug od. -gefäfs von gröfserem Umfange zur Mischung des Weines mit Wasser, gew. von Metall u. mit Figuren in getriebener Arbeit, *Ä* 3, 525. 5, 536. magnus, 9, 346. Plur., 1, 724. 7, 147. 12, 285. *G* 2, 528. bisw. als Waffe gebraucht, *G* 2, 457. 2) Gefäfs für andere Flüssigkeiten, wie Öl, Krug, *B* 5, 68. *Ä* 6, 225.

crātēs, is, *f.* [Nom. ungebr., bei Vergil nur Plur.], 1) Flechtwerk, Geflecht, *G* 1, 166. als Grundlage, 'Gestell' für die Schilde, *Ä* 7, 633. als 'Gerüst'fürdieBahre,11,64.'zahnigeFlechte' (eine Art'Egge'),um die mit einer Hacke zerschlagenen Erdschollen zu ebnen, *G* 1, 95. 2) das einem Geflechte Ähnliche, favorum, 'Zellengewebe', kunstvoll gearbeiteteWaben,*G* 4,214. pectoris,Brustkasten, Brustbein, *Ä* 12, 508.

crēātrix, trīcis, *f.* (creo), Erzeugerin, Mutter, diva (d.i. Venus),*Ä* 6,367. 8, 534.

crēbĕr, bra, brum (St. 'cre' - o, cresco), 1) häufig der Zahl nach, zahlreich, terrae, *Ä* 3, 127. creber procellis Africus, mit häufigen Stöfsen, ungestüm, 1, 85. 2) von der Zeit, *a*) in kurzer Zeit oder oft wiederkehrend, wiederholt, ignes, *Ä* 1, 90. sonitus, 2, 731. aries (Stöfse des W.), 2, 492. prädikat. mit adverbialem Sinne, *Ä* 5, 436

u. 460. creber et adspirans auster, der kräftiger u. anhaltender wehende Südwind, 5, 764. *b*) Neutr. Plur. 'crebra' als Adv., häufig, *G* 3, 500.

crēbresco, brüi, ĕre (creber), werde häufig, nehme zu, wachse, v. Winde, *Ä* 3, 530. v. Schrecken, 12,407. v. Gerede, das um sich greift, 12, 222.

crēdo, dĭdi, dĭtum, ĕre, eig. leihe dar, dah. 1) übergebe, vertraue an, alqd od. alqm, *m.* Dat. der Pers. od. Sache, summam belli, muros puero, *Ä* 10, 70. arcanos sensus alci, 4, 422. me pugnae, wage mich in den Kampf, bestehe den Kampf, 5, 383. me brevibus, 10, 289. me caelo, schwinge mich zum Himmel auf, 6, 15. te 'aequo mecum crede solo, nimm es (den Kampf) auf ebenem Boden mit mir auf, 11, 707. Aenean credam, quid enim, fallacibus auris et caeli totiens deceptus fraude sereni? denn warum sollte ich den Äneas den trügerischen Winden anvertrauen, ich, der ich (zumal da ich) so oft durch den heiteren Himmel getäuscht worden bin? 5, 850. dcht. v. lebl. Subj., wie von den Knospen, cr. se in novos soles, den kommenden sonnigen Tagen sich anvertrauen, ans Licht kommen,*G* 2,333. 2)vertraue,trauejmdm. od. einer Sache, hastae, *Ä* 11, 808. colori, *B* 2, 17. paludi, *G* 4, 48. equo, *Ä* 2, 48. campo, wage mich ins freie Feld, lasse mich in eine Feldschlacht ein, 9, 42. thalamis, 7, 97. Dah. *a*) glaube jmdm. od. Vertrauen, auditis, traue dem Gerüchte, *Ä* 8, 140. credite experto, 11, 283. in bez. auf eine altertümliche Sage, der man Glauben beimifst,nec defuit . . Caeculus,Volcano genitum pecora inter agrestia regem . . quem omnis credidit aetas, von dem die alte Zeit (Sage) glaubte, dafs er usw., 7, 680. dcht. mit persönl. Konstr. im Pass., non umquam (Cassandra) credita Teucris, welcher von den Teukrern kein Glauben geschenkt wurde, 2, 247. *b*) übh. glaube, halte für wahr, *α*) alqd m. Abl. des bestimmenden Grundes, insidiis . . arte Sinonis credita res, auf solche Lügen hin glaubte man dem Sinon, 2, 196. tu procul a patria – nec sit mihi credere – tantum! fern vom V. und zwar – o dafs ich es nicht glauben dürfte! – soweit, *B* 10, 46. *β*) m. Akk. u. Inf., seu vivere (socios) credant, *Ä* 1, 218. credo equidem, nec vana fides, genus esse deorum, *Ä* 4, 12. auch Konj. 'crediderim', glaube ich gern, möchte ich glauben, *G* 2, 338. in einer negativ zweifelnden Frage, quis crederet venturos Teucros, wer hätte glauben sollen, dafs

usw., *A* 3, 187. Bes. *γ*) 'credo', abs.
in die Rede eingeschoben, credo equidem, ich glaube es gern, gebe es gern
zu, lasse mir diese Vorzüge der Griechen
gefallen, 6, 848. oft mit iron. Färbung,
'glaub ich', 'mein ich', 1, 387. 6, 368. 7,
297(woJuno selbst einen Einwand macht).

crĕdŭlus, a, um (credo), leicht-
gläubig, alci, der jmdm. leicht glaubt,
B 9, 34.

crĕmo, āre, verbrenne, alqd, *G* 2,
408 u. ö. corpora (Leichname), *A* 11, 208.
turea dona, *A* 6, 224. Pass. m. griech.
Akk., visa (est) cremari flammā omnem
ornatum, d. i. man sah sie am ganzen
Haarschmucke brennen, 7, 74.

Crĕmŏna, ae, *f.*, Stadt in Oberitalien,
B 9, 28.

crĕo, āre, bringe hervor, zeuge,
v. Vater, alqm, *A* 10, 551. 12, 271. von
der Erde (als Mutter), 'gebäre', m. dem
Zusatz 'partu nefando', zum Unheil, *G* 1,
279. v. der Circe, equos de matre etc.,
von einer Mutter (Stute) gebären lassen,
erziehen, *A* 7, 283. Part. 'creatus', entsprossen, geboren, Volcani stirpe, 10,
543. Sulmone, 10, 517.

crĕpīdo, dĭnis, *f.* (κρηπίς), erhöhter
Rand, Vorsprung, saxi, *A* 10, 653.

crĕpĭto, āre (Intens. v. crepo), klappere, knarre, knistere, rassele,
rausche, v. Winde, Hagel, v. der Flamme, v. Tonwerkzeugen usw., *A* 3, 70. 5,
459. 7, 74. 11, 775. *G* 1, 85 u. 449. 4, 151.
v. Goldblech, *A* 6, 209. 'dröhnen', 'krachen' (infolge von Schlägen), 5, 436. 'klirren', v. Schwertern, *G* 2, 540.

crĕpĭtŭs, ūs, *m.* (crepo), Getöse,
Gekrach, Plur. 'Donnerschläge', *A* 12,
923.

crĕpo, pŭi, pĭtum, āre, knarren,
knattern, krachen, *A* 5, 206. crepan-
tes sinus, die 'rauschenden' Falten, 11,
775.

Crēs, ētis, *m.* (Κρής), Kreter, Bew.
der Insel Kreta, Plur., *A* 4, 146.

crēsco, crēvi, crētum, ēre (Inch. v. creo),
wachse hervor, entstehe, 1) eig.:*a*) wachse
heran, nehme zu, v. leb. Wesen und
Lebl., *G* 3, 206. *B* 10, 54. in ventrem (von
der Gurke), d.i. sich ausdehnen, anschwellen, *G* 4, 122. v. Flusse, *A* 11, 393. cres-
cens aestus, die immer wachsende Flut,
10, 292. v. Schatten, *B* 2, 67. *b*) wachse
hervor, entstehe, werde geboren,
dah. crētus, 'geboren', 'entsprossen',
m. 'ab' od. bl. Abl., *A* 2, 74. 4, 191. 8, 135.
9, 672. 2) übtr., wachse, erhebe mich,
nehme zu, v. Dichter, *B* 7, 25. v. Ländern, *G* 2, 533. vis crescit victis (d. i. dem
Turnus), *A* 12, 799. von der Liebe, *B* 10, 54.

Crēsĭus, a, um (Κρήσιος), zu Kreta
gehörig, kretisch, nemora, *A* 4, 70.
prodigia (Untier), der kretische feuer-
schnaubende Stier, den Herkules zum
Eurystheus lebendig bringen sollte, *A*
8, 294.

Crēssa, ae, *f.* (Κρήσσα, Fem. zu Κρής),
1) eine Kreterin, *A* 5, 285. 2) adj. st. 'Cre-
ticus', kretisch, pharetra, vortrefflich
(weil die Kreter berühmt als Bogenschützen), *G* 3, 345.

crēta, ae, *f.*, kretische Erde, *a*) Kreide
od. Thon, Thonerde, *G* 1, 179. 2, 215.
b) übh. 'thonige Erde', 'Schlamm', *B* 1,
65 Ribb.

Crēta, ae, *f.* (Κρήτη), Insel im Mittelmeer, j. 'Kandia', ber. durch ihre
frühere Kultur, durch die Verehrung des
Juppiter u. den Dienst der Korybanten,
A 3, 104. 122. 129. 5, 588. *B* 1, 66 (Haupt;
'cretae' appell. Ribb., 'certe' Schap.). Lokat. 'Cretae', in Kreta, *A* 3, 162.

Crētaeus, a, um (Κρηταῖος), zu Kreta
gehörig, kretisch, Ida, *A* 12, 412. orae,
3, 117.

Crētheūs, ĕi, Akk. 'ĕa', Vok. 'eu', *m.*
(Κρηθεύς), 1) ein Troër, *A* 9, 774 flg. 2)
ein Grieche, *A* 12, 538.

Crēŭsa, ae, *f.* (Κρέουσα), Tochter
des Priamus u. der Hekuba, Gattin des
Äneas u. Mutter des Askanius, *A* 2, 562.
597. 651. 666 u. ö.

crīmĕn, mĭnis, *n.* (cerno), 1) Vorwurf,
Beschuldigung, Beschwerde, *A* 2,
98. 6, 430. 'Verleumdung', 7, 326. olori-
nae pinnae . . crimen vestrum formae-
que insigne paternae, die euch (dir und
deiner Mutter) zum Vorwurf gereichen,
A 10, 188. 2) Beschuldigungspunkt, Verschuldung, dah. *a*) Verbrechen, Vergehen, *A* 2, 65. 4, 550. 6, 443. Plur., crimina belli, 7, 339. übtr., von der Pers.
als Anlafs od. Quelle des Verbrechens,
crimenque caputque malorum, die Schuld
und Quelle des Unheils, *A* 12, 600. *b*)
Schmach, Schande, tantum, *A* 10, 668.
commune, 12, 16.

Crīmīsus, s. Crinisus.

crīnālis, e (crinis), zum Haare gehörig, vitta, 'Haarbinde' (der röm.
Frauen), *A* 7, 403. aurum, goldenes Haar-
geschmeide, 11, 576.

crīnis, is, *m.*, *a*) Haar, Haupthaar,
A 1, 480. Plur., *A* 12, 605. 870. 2) übtr.,
'Schweif', von leuchtenden Meteoren,
A 5, 528.

Crīnīsus (Ribb.) od. **Crīmīsus** (Haupt
u. Schap.), i, *m.* (Κρίμισος od. Κρίμησος),
Flufs an der Südwestküste Siciliens, j.
'Belici', *A* 5, 38.

crīnītus, a, um (crinis), 1) mit langem, wallendem Haar (wie es die Cithaöden trugen), Iopas, *Ä* 1, 740. bes. v. Apollo als Gott des Gesanges u. Saitenspieles, 9, 638. 2) übtr., bebuscht, galea crinita triplici iubã, mit dreifachem Haarbusch, *Ä* 7, 785.

crispo, āre (crispus), schwinge, hastilia manu, *Ä* 1, 313. 12, 165.

crista, ae, *f.*, Helmbusch, in den ältesten Zeiten wohl stets aus herabwallenden Rofshaaren bestehend (gew. Plur.), equina, 'haariger Busch', 'Rofsschweif', *Ä* 10, 869. comantes, 3, 468. capitum, 7, 185. geminae, 6, 780. 9, 163. 9, 678.

cristātus, a, um (crista), mit einem Helmbusch, 'bebuscht', Achilles, *Ä* 1, 468.

cröcĕus, a, um (crocus), 1) von Safran, odores, *G* 1, 56. 2) übtr., safranfarben, gelb, goldgelb, flores, *G* 4, 109. acanthus, *Ä* 1, 649. lutum, *B* 4, 44. chlamys, *Ä* 11, 775. cubile (Aurorae), *G* 1, 447. *Ä* 9, 460. fetus, 6, 207.

cröcus, i, *m.* (κρόκος), Safran, *a*) als Pflanze, rubens, *G* 4, 182. *b*) übtr., als Farbe, picta croco vestis, *Ä* 9, 614.

Crönīus, i, *m.*, s. Clonius.

crūdēlis, e (crudus), *a*) grausam, graus, hart, *α*) v. leb. Wesen, *Ä* 4, 661 u. 681. 6, 359. *B* 10, 29. *β*) v. Lebl. und Abstr., bellum, *Ä* 11, 535. dcht., umbrae, da der Beherrscher der Unterwelt kein Mitleid kennt, 1, 547. arae, blutiger Altar, *Ä* 1, 355. *b*) entsetzlich, grausig, schrecklich, odium, unversöhnlicher, *Ä* 1, 361. vita, qualvolles Dasein, Leben, 8, 579. 9, 497. luctus, durch grausame That erregt, 2, 368. scelus, 2, 124. poena, 6, 585. funus, gewaltsamer Tod, *B* 5, 20. *Ä* 4, 308; aber auch 'schmerzerregende, gräfsliche Leiche', *G* 3, 263. *Ä* 11, 53. astra (weil nach alter Vorstellung auf das Geschick des Menschen einwirkend), *B* 5, 23. *c*) von dem, was wider die Natur ist, grausam, unmenschlich, unnatürlich, mater, *B* 8, 48 flg. amor (zum Stiere), brünstig, grauenvoll, *Ä* 6, 24.

crūdēlĭtĕr, Adv. (crudelis), grausam, auf grausame Weise, *Ä* 6, 495.

crūdesco, dŭi, ĕre (crudus), eig. werde blutig, v. Kampfe, 'heftig entbrennen', 'toben', 'wüten', *Ä* 7, 788. abs., 11, 833. 'werde heftiger' od. 'ärger', v. Krankheiten, *G* 3, 504.

crūdus, a, um (St. 'cru' in 'cruor', eig. cruidus), 1) roh, unbearbeitet, cortex, *Ä* 9, 743. caestus, aus ungegerbtem Leder, 'rohledern', *Ä* 5, 69. *G* 3, 20. pero, *Ä* 7, 690. 2) übtr.: *a*) noch neu, frisch, rüstig, senectus (m. 'viridis' verb.), *Ä* 6,

304. *b*) blutig, grausam, ensis, 'Mordstahl', *Ä* 10, 682. 12, 507.

crŭento, āre (cruentus), beflecke, bespritze mit Blut, tela, *Ä* 10, 731.

crŭentus, a, um (cruor), 1) mit Blut befleckt, blutig, bluttriefend, v. Lebl. u. Pers., thalami (der Danaiden), *Ä* 10, 498. os, des Löwen, 12, 8; der personifizierten Kriegswut, 1, 296. spolia, 10, 862. Tydides, 1, 471. Aeneas, 12, 385. quadrupes (Hirsch), 7, 501. 2) übtr., blutrot von Farbe, blutfarben, myrta, *G* 1, 306.

crŭŏr, ōris, *m.*, Blut, Blutstrom, *Ä* 5, 333. 469. 8, 106. 9, 333. Plur., 'Blutstropfen', 4, 687.

crūs, crūris, *n.*, unterer Schenkel, Bein, Fufs, nur Plur., *Ä* 11, 639 u. 777. *G* 3, 76.

crusta, ae, *f.*, harte Oberfläche eines Körpers, Rinde, fluminis, 'Eisdecke', *G* 3, 360.

crustum, i, *n.*, Backwerk, *Ä* 7, 115.

Crustŭmĕri, ōrum, *m.* [von Vergil Volksn. st. der Stadt 'Crustumerium' od. '-ia' gebildet, da letztere Formen für den Hexameter nicht verwendbar], Krustumium, alte Stadt im Lande der Sabiner, später zu den Tuskern gehörig, *Ä* 7, 631.

Crustŭmius, a, um, zu Krustumium (s. vorh.) gehörig, krustumisch, pira, *G* 2, 88.

cŭbīle, is, *n.* (cubo), *a*) Lager, Pfühl, Lagerstätte (für Menschen u. Tiere), *Ä* 4, 648. *G* 1, 183. Plur., von den 'Bienenkörben', 4, 46. von den 'Zellen' der Bienen, 4, 243. von den 'Nestern' der Krähen, 1, 412. *b*) Ehebett, coniugis, *Ä* 8, 412. heri, 3, 324. Iovis, 12, 144. Tithoni, *G* 1, 447. *Ä* 4, 585. 9, 460.

cŭbĭtus, i, *m.*, Ellenbogen, übh. 'Arm', *Ä* 4, 690.

cŭcŭmis, měris, *m.*, Gurke, *G* 4, 122.

cūius, a, um, altert. Adjektivpron. st. des Gen. des Fragepron., wem gehörend? wessen? cuium pecus? *B* 3, 1.

culmĕn, mĭnis, *n.* (aus 'columen', cello), *a*) First, Giebel des Hauses, tecti, *Ä* 4, 186. summum, *G* 1, 402. *Ä* 7, 512. abs., *Ä* 8, 456. dcht., a culmine, *Ä* 2, 290 u. 603. *b*) (dcht.) Dach übh., villarum, *B* 1, 83. domorum, *Ä* 2, 446. delubri, 2, 410. tuguri, *B* 1, 69. abs., culmina, 'Dächer', *Ä* 4, 462. 5, 459. 12, 569 u. 863. culmina hominumque deorumque, die Wohnungen der M. u. G., *Ä* 4, 671.

culmus, i, *m.*, Halm des Getreides, *G* 1, 111. 150. 317. Cerealis, Ähre, 2, 517. Romuleo recens horrebat regia culmo, von dem Strohdache der Hütte des Romulus (die als Denkwürdigkeit des Kapitols noch in späteren Zeiten in ihrem ursprüngl. Zustande erhalten und, wenn nötig, mit frischem Stroh gedeckt wurde), *Ä* 8, 654.

culpa, ae, *f.*, 1) Verschuldung eines begangenen Fehlers, Schuld, *a*) übb., *Ä* 2, 140. 12, 648. *G* 2, 380. *b*) in bez. auf die Liebe als Veranlassung zur Schuld, Versuchung, *Ä* 4, 19 u. 172. 2) übtr., Übel, Schaden, *G* 3, 468.

culpo, āre (culpa), beschuldige, klage an, culpatus Paris (näml. von den Griechen als Urheber des Krieges), *Ä* 2, 602.

culta, ōrum, *n.*, s. colo.

cultĕr, tri, *m.*, Messer, *Ä* 6, 248. *G* 3, 492.

cultŏr, ōris, *m.* (colo), 1) Pfleger, *a*) Bebauer, Landmann, *Ä* 8, 8. *b*) Bewohner, nemorum, v. Aristäus, *G* 1, 14. Plur., 2, 114. 2) übtr., Priester od. übh. Verehrer (des Apollo), *Ä* 11, 788.

cultrix, īcis, *f.* (cultor), *a*) Pflegerin, Bewohnerin, Cybelae, Bew. des Berges Kybela in Phrygien, *Ä* 3, 111. *b*) Beschützerin, nemorum (Diana), *Ä* 11, 557.

cultūra, ae, *f.* (colo), Pflege, Wartung, *G* 2, 420.

1. **cultus**, a, um, s. colo.

2. **cultūs**, ūs, *m.* (colo), Pflege, 1) im engern Sinne, die physische Wartung, bes. Anbau, Bearbeitung, *G* 1, 3 u. 102. 2, 51. 4, 559. *B* 4, 18. Plur., patrii cultusque habitusque locorum, die Bestellung der Äcker, wie sie seit frühester (der Väter) Zeit stattgefunden, der übliche, jedem Boden eigentümliche Anbau und die natürliche Beschaffenheit des Landes, *G* 1, 52. 2) im weitern Sinne, *a*) die auf den Körper u. bes. dessen äufsere Erscheinung gerichtete Pflege, Kleidung, Tracht, *Ä* 3, 591. Plur., aniles, 7, 416 (*Ribb.*). *b*) Gewöhnung, Zucht, *Ä* 5, 730. mit 'mos' verb., 'Sitte und Zucht', 'Lebensweise', 8, 316.

1. **cum**, Konjkt. [in den besten Hdschr. b. Verg., Hor., Cic. etc. nicht 'quum'; 'quom' b. *Ribb.* (aus *Med.*), *G* 1, 361 u. 427. aus Vatic. 4, 103. Nachgestellt ist 'cum' als Zeitpart., *B* 3, 6. 6, 39. *G* 1, 217. 2, 193 u. 104. 3, 237. 4, 414. *Ä* 2, 223. 6, 273. 7, 528], 1) mit dem Grundbegr. der Zeit, *a*) als Angabe von etwas, das als in der Wirklichkeit vorhanden dargestellt werden soll, damals als, nachdem, während, wann, mit dem Indik. aller Zeiten, meist bei gleichartigen Zeitformen im Haupt- u. Nebensatze, m. Präs., *Ä* 1, 431 flg. *G* 4, 103. ellipt., cum vomere (näml. recludi-

tur tellus), wann sie (die Erde) durchpflügt wird, *G* 2, 424 bes. im Gleichnis, non secus ac .. cum, 3, 347. ceu .. cum, *Ä* 4, 47. ut .. cum semel, 'sobald einmal', 'seit', 12, 208. mit Perf., *B* 3, 10 u. 13; vgl. *Ä* 1, 148. 9, 249. mit dem ersten Fut., veniet aetas .. cum premet, *Ä* 1, 283 flg.; vgl. *Ä* 1, 685 flg. 3, 389. mit Fut. exact., 4, 385 flg. 4, 436. 10, 503. mit Imperf., um nachdrucksvoll den Zustand jmds. als dauernd zu bezeichnen, *B* 10, 10. bei vorausgeh. 'tum' (d. i. eo tempore .. quo), *Ä* 4, 597. mit Plusquamperf., 5, 42. fluctus uti cum coepit albescere, wie wenn die Flut od. Welle usw., 7, 528. Bes. 'cum primum', 'sobald als', mit Perf., 2, 117. 7, 39; 'während zuerst', *B* 6, 39. bei Wiederaufnahme der vorher schon angedeuteten Zeitbestimmung, wie nach 'cum prima quies' etc., mit Präs. Ind., *Ä* 8, 408; vgl. 12, 114. zur scharfen Bestimmung des Zusammenfallens zweier Handlungen, 'gerade zu der Zeit als', 'eben als', cum forte Andromache libabat dapes, *Ä* 3, 301. *b*) mit Indik. Präs. od. Perf. im nachgestellten Nebensatze, meist um ein Ereignis von entscheidender Wichtigkeit auszudrücken, das entweder gleichzeitig oder unmittelbar nach der Handlung des Hauptsatzes eintritt u. zugleich einen Fortschritt in der Erzählung bezeichnet, wobei die eintretende Thatsache nur als Moment aufgefasst wird, so dafs eig. eine Umtauschung der Verhältnisse vom Haupt- u. Nebensatze zum Grunde liegt, kaum od. schon .. als, da od. so, wobei an der Spitze des Hauptsatzes gew. 'vix', 'iam' u. dgl. sich findet, *Ä* 2, 323. 3, 10 u. 345; vgl. 1, 223. 509. 535. 586 flg. 3, 522 u. 590. 5, 328. 6, 190. 7, 27. 8, 28 u. 276. 9, 108 u. 372. 10, 261. 12, 940 flg. mit Präs. bei vorausgeh. Imperf. im Hauptsatze, 'nox erat .. cum volvuntur' (als allgemeine Zeitbestimmung, in der etw. einzutreten pflegt, gleichs. 'volventibus sideribus'), 4, 524. Bes. nachdrucksvoll bei Einführung von etw. Gewichtigem, vom Hauptmomente in der Erzählung, *Ä* 2, 680. 3, 10. 6, 91 (wo sich 'cum' an 'nec usquam' anschliefst). ellipt., cum Iuno haec secum (näml. locuta est), 1, 36. selt. mit Plusquamperf., *Ä* 2, 256 flg. Mit Imperf. eines Zeitw. der Bewegung, wenn letztere als dauernd, sich oft wiederholend gedacht werden soll, ehe sie zum Ziele gelangt, cum Proteus .. ibat, *G* 4, 429 flg. cum .. Sergestus agebat, *Ä* 5, 270 flg. *c*) mit dem Konjunktiv des Imperf. u. Plusquamperf. in der Erzählung (weil die Römer dergl. Sätze in einem gewissen Kausalnexus sich dachten), *Ä* 1,

651. 2, 112. cum forte, 7, 494. 2) zur Angabe des Grundes, m. Konj., da, weil, *B* 3, 77.

2. **cŭm**, Präp. mit Abl., mit, 1) in räuml. Bez., von einer Begleitung, Verbindung,Näheusw., mit, samt, nebst, v. Pers. u. Lebl., *Ä* 3, 49. 4, 215 u. ö. cum primis, vorerst, *G* 1, 178. quo magis mecum laetere, gleich, ebenso wie ich, *Ä* 6, 718. auch feindl., 3, 235. verstärkt, una cum, 1, 47. 2) zur Bezeichn. der Bekleidung, des Umgebenseins mit etw., mit, madida cum veste gravatus, mit nassem Gewandeangethanu.dadurch beschwert, *Ä* 6, 359. 3) zur Angabe der Gleichzeitigkeit, mit, bei, unmittelbar nach, cum primo lumine solis, *Ä* 7, 130. cum sole novo, 7, 720. 4) zur Angabe der Art u.Weise, mit, unter, *Ä* 2, 378 u. 688. 3, 177. vastis cum viribus, 5, 368. ille cum suo gurgite flavo, 9, 816. genitor cum flumine sancto, 8, 72. 5) bei Handlungen od. Ereignissen zur Bezeichn. dessen, was mit etw. verbunden ist, daraus od. darauf folgt, zu, bei, *Ä* 1, 55 u. 245; vgl. 2, 72 u. 466. 3, 577 u. 599. 4, 241.

Cŭmae, ārum, *f.* (*Κύμη*), uralte Seestadt Kampaniens in Unteritalien, Kolonie von Chalkis in Euböa (um 800v. Chr. gegründet), j. Ruinen zwischen 'Lago di Patria' u. 'Fusaro', *Ä* 6, 2.

Cŭmaeus, a, um (Cumae), zu Kumä gehörig, kumäisch, urbs, Kumä, *Ä* 3, 441. Sibylla, weil der Sage nach in einer Grotte bei Kumä wohnend, 6, 98. carmen, die sibyllinischen Bücher oder Weissagungen, *B* 4, 4. – ☞ *Haupt* u. a. Cymaeus (*Κυμαῖος* v. *Κύμη*).

cŭmba od. **cўmba**, ae, *f.* (*κύμβη*), Nachen, Kahn, *G* 4, 195. bes. des Charon, *Ä* 6, 303.

cŭmŭlo, āre (cumulus), häufe oder schichte auf, fülle an, behäufe, belade, alqm od. alqd alqā re, aras lancibus, *Ä* 8, 284. 12, 215. altaria donis, 11, 50. alqm muneribus, 5, 532. übtr., quam (veniam) mihi cum dederis, cumulatam morte remittam, den vollen Dank für diese Gunst werde ich dir im Tode zahlen, d. i. während meines ganzen Lebens werde ich dir dafür verpflichtet bleiben, 4, 436 (*Ribb.* 'dederit', näml. Aeneas).

cŭmŭlus, i, *m.* (verw. m. 'culmen'), Haufe,arenae,*G* 1,105.prägn.,cumulo, mit der ganzen Wassermasse, mit dem ganzen Wasserschwall, *Ä* 1, 105. 2, 498.

cŭnābŭla,ōrum,*n.*(cumbo),1)Wiege, *B* 4, 23. dcht., 'Korb', 'Stock' der Bienen, *G* 4, 66. 2) übtr., frühester Wohnsitz, 'Wiege', gentis, *Ä* 3, 105.

cunctor, āri, zögere, zaudere,

säume, *a*) v. leb.Wesen, *Ä* 6, 847. 12, 919 u. 940. metu (aus Furcht), 4, 390. 12, 916. übh.'verweile noch', 'bin'od.'bleibe noch zurück', thalamo, 4, 133. von den Opferdienern während der langsamen u. gemessenen Vorkehrungen zur Opferfeier, *G* 3, 488. vom Eber, cunctatur in omnes partes, steht still, weicht nicht, nach allen Seiten blickend od. sich wendend, *Ä* 10, 714. *b*) dcht. übtr., v. Lebl., vom Flusse, *Ä* 9, 124. glebae cunctantes, harte, die schwer zu zerschlagen sind, 'hartnäckige', *G* 2, 236. ramus, der beim Brechen nachgiebt, 'zäh', *Ä* 6, 211.

cunctus, a, um (zusgez. aus 'co-iunctus'), sämtlich, vereint, ganz (das Einzelne im Ganzen gedacht), orbis terrarum,*Ä* 1,233; vgl. 1,154. 3, 563. pubes, *G* 1, 343. gens, 3, 473. Plur., 'alle insgesamt', jeder an einem Teil, einer wie der andere, naves, 1, 518. caelicolae, *Ä* 10, 96. abs., 2, 409. 3, 100. 5, 58. 70. 380. mit 'simul' verb.,1,559.5,385. Neutr. 'cuncta' bei flg. Sing. 'quodcumque', 2, 77.

cŭnĕus, i, *m.*, 1) Keil zum Spalten, *Ä* 6, 181. 7, 509. 11, 137. *G* 1, 144. 2, 79. 2)übtr.: *a*) keilförmige Stellung der Krieger (um die feindl. Reihen zu durchbrechen), Keil, cuneum do (bilde), *Ä* 12, 575. cuneis coactis, 'in geschlossenen Reihen', 'Rotten', 12, 457. *b*) Plur., die keilförmigen Sitzplätze des Theaters, Sitzreihen, Sitze, in bez. auf die Personen, theatri, *Ä* 5, 664. *G* 2, 509. übh. die beieinemKampfeAnwesenden,*Ä* 12,269.

Cŭpāvo, ōnis, *m.*, Sohn des Cyknus, Anführer der Ligurer und Bundesgenosse des Äneas, der zum Andenken seines in einen Schwan verwandelten Vaters Schwanfedern am Helme trug, *Ä* 10,186.

Cŭpencus, i, *m.*, ein Rutuler, *Ä* 12, 539.

cŭpīdo, dĭnis, *f.* (cupio), 1) appell.: *a*) Begierde, Verlangen nach etw., im guten u. übeln Sinne, m. obj. Gen., laudum, 'Ehrgeiz', *Ä* 5,138. caedis, 'Mordgier', *Ä* 9, 760; auch (als Hendiadyoin) caedes atque cupido,*Ä* 9, 354. regnandi, Herrschsucht, *G* 1, 37. abs., an sua cuique deus fit dira cupido? oder wird einem der eigene Wunsch zum Gott? *Ä* 9,185. cup. est alci, mit Inf., si vobis c. certa (est), feste Neigung, Entschlufs, 2, 349. mit 'amor' verb., si tantus amor (est) menti, si tanta c., wenn solches Gelüst dich beseelt und solche Begierde',6,133. si vobis audentem extrema cupido certa (est me)sequi, wenn ihr den festen Willen habt, mir,dem zum Äufsersten Entschlossenen, nachzufolgen, 2, 349. *b*) Liebesverlangen, Liebe, turpis, *Ä* 4, 194.

7,189. 2)personif.,Cŭpīdo,dīnis,*m.*,Liebesgott, *Ä* 1,658 u. 695. bella fovēre Cupidine, mit Hilfe des Kupido (näml. dadurch, dafs Paris die Helena nicht zurückgeben will), 10, 93.

cŭpīdus, a, um (cupio), eifrig, v. Pers., Hingebung zeigend, 'willig', 'geneigt', prädik. m. adverbial. Sinne, 'gern', *Ä* 8,165.

cŭpĭo, īvi u. ĭi, ĭtum, ĕre, begehre, will gern, verlange, sehne mich, wünsche, alqd, *Ä* 8, 16. oft m. Inf. od. Akk. u. Inf., 2, 108. *B* 3, 65 u. ö. auch mit bl. Konj., cuperem ipse parens spectator adesset, 'wie wünschte ich, dafs sein Vater (näml. des PallasVater Euander) als Z. zugegen wäre!' *Ä* 10, 443.

cŭpressus, i, *f.* (κυπάρισσος), Cypresse, *B* 1, 26. *G* 1, 20. bei Leichenfeiern augewandt, *Ä* 2, 714. atra, 3, 64. feralis, 6, 216.

cŭr, Adv., warum, weshalb, in dir. Fragesätzen, *Ä* 1, 408. cur haec volnera cerno? warum mufsich solcheWunden sehen? 2, 286. cur ... negat? 4, 428 (*Ribb.* 'neget'). Bes. 'cur non' in einer dringenden u. zugleich freundlichen Aufforderung mit Ind. Präs., von dem, was schon hätte geschehen sollen, cur non ... considimus (consedimus *Ribb.*), eig. warum setzen wir uns nicht? d. i. lafst uns setzen, *B* 5, 1.

cŭra, ae, *f.*, Sorge, 1) Sorge, d. i. Sorgfalt, mit subj. od. obj. Gen. ('für' od. 'um' usw.), abs., *Ä* 1, 646. *B* 1,33 u.ö. quidquid in arte mea possum promittere curae, was ich nur immer im Bereiche meiner Kunst dir (zum Troste) versprechen, erreichen kann, 8, 401. cura (est) alci, jmd. trägt Sorge, sorgt dafür, dafs usw., ist bemüht, m. Inf., *Ä* 1, 704. 6, 654. 7, 443. *G* 1, 52. *B* 8, 89. alqd mihi curae est, ich trage Sorge für etw., ich bin für etw. besorgt, *B* 3, 61. *A* 4, 59 u. ö. curae alqm habeo, trage für jmd. Sorge, *Ä* 4, 521. Bes. 'Fürsorge', 'Schutz', 'Teilnahme', 2,599. m.obj. Gen., nostri, Sorge für mich, Gedanke an mich, 2, 595. virilis, Umsicht, Bedächtigkeit, 9,311. 2) Sorge, d. i. *a)* Besorgnis, innerer Schmerz, Unruhe, Kummer, *Ä* 1, 261 u. 662. 4, 332. 6, 520. paribus curis, 6,159. cura acrior (schwerere),*G*3,539. m. subj. Gen., parentis (Dauni), *Ä* 12,903. m. obj. Gen., amissae parentis, um den Verlust seiner Mutter, *Ä* 3, 341. personif., Curae (die Sorgen), am Eingang des Orkus, *Ä* 6, 274. *b)* Sehnsucht, Sehnen der Liebenden, *Ä* 4,1. 6, 691. Plur., 4, 551. 6, 474. *c)* dcht. v. Gegenstand der sorglichen Liebe, 'Liebling', deûm,

3, 476. von den Tauben, *B* 1, 58. Veneris iustissima c., der Liebe der Venus wert, *Ä* 10, 132. mea maxima c., mein teuerster Schützling, mein innigst geliebter, *Ä* 1, 678. dah. 'Geliebte', *B* 10, 22.

curcŭlĭo, ōnis, *m.*, Kornwurm, Wiebel, *G* 1,186.

Cŭrēs, ĭum, *m.* u. *f.*, alte Hauptstadt der Sabiner nahe bei Rom, ber. als Geburtsort des Numa und Tatius, j. 'Correse', *Ä* 6, 812. 8, 638. 10, 345.

Cŭrētes, um, *m.* (Κουρῆτες), Diener oder Priester des idäischen Zeus auf Kreta, denen Rhea den ncugeborenen Zeus übergab, um ihn den Nachstellungen seines Vaters Kronos, der ihn verschlingen wollte, zu entziehen, die deshalb durch lärmende Musik u. Waffengeräusch das Geschrei des neugeborenen Kindes übertäubten, *G* 4, 151 flg. Curetum orae, d. i. Kreta, *Ä* 3, 131.

cŭrĭa, ae, *f.*, urspr. Ort der Beratung für die Kurien, dann übh. für die Versammlung des Senates in Rom, 'Ratssaal', *Ä* 7, 174. 11, 380.

cŭro, āre (cura), 1) trage Sorge für etw., besorge, warte, pflege, convivia, *G* 1, 301. corpora, *Ä* 3, 511. vites, *G* 2, 397. 2) kümmere mich um jmd. od. etw. od. es kümmert mich etw., nehme mir zu Herzen, alqd, *B* 2, 6. 56. 8, 35 u. ö. triumphos, *G* 1, 504. nihil deos, *B* 8, 103. Bes. 'non curo' m. Inf., kümmere mich nicht mehr, verschmähe es, *Ä*3,451. 9,518; weigere mich, *G*1,39.

currĭcŭlum, i, *n.* (curro), Lauf, Bahn, übtr., noctis, *Ä* 8, 408.

curro, cŭcurri, cursum, ĕre, laufe, eile, 1) eig., v. Pers., *Ä* 12, 524 u. 903 (neben 'eo') u. ö. Bes. von Seefahrenden, fractis remis, erneuere den Lauf, fahre oder segle weiter, 5, 222. mit Akk. der Strecke, die jmd. durchläuft, wie τρέχω, bes. von Reisen zur See, aequor oder aequora, durchlaufe, durchfliege, durchfahre, *Ä* 3, 191. 5, 235. m. Akk. eines Subst. ähnl.Bedeut., iter aequore, durchziehe, durcheile das Meer (von der Flotte),*Ä*5, 862. 2) übtr., v.Lebl., wie v. Flüssen, laufen, strömen, sich ergiefsen, in freta, in aequora, *Ä* 1, 607. 12, 524. passim rivis currentia vina, die weithin von Wein strömenden Bäche, *G* 1, 132. von der Verbrämung eines Gewandes, circum chlamydem, um das Gewand laufen, dasselbe umgeben, *Ä*5, 251. von den Spindeln der Parzen, talia saecla, solche Jahrhunderte durchlaufen, d. i. durch Umlauf hervorbringen, *B* 4, 46. per ora, von der Schamröte, das Antlitz überlaufen, sich verbreiten über usw., 12, 65. v. Gemurmel, per ora, von Mund zu Mund, 11, 296. tremor currit per ossa, durchrieselt das Gebein (die Glieder), *A* 2, 120. 6, 54. 12, 447.

currŭs, ūs, *m.* ['curru' alter Dat. st. 'currui', *A* 1, 156. 3, 541. 12, 511. *B* 5, 29. Gen. Plur. synkop. 'currûm' st. curruum, *A* 6, 653] (curro), 1) Wagen, *a*) übh., *A* 3, 541 u. ö., der Götter, 1, 156. 5, 819. *G* 3, 359 (s. lavo). *b*) zweiräderiger 'Kriegswagen', 'Streitwagen', mit einem Kämpfer und Wagenlenker besetzt, *A* 1, 476. 6, 651. oft Plur. von éinem Wagen, 1, 486. 6, 485. 10, 574 u. 592. 12, 350. 485. 918. 2) übtr., *a*) Wagen mit den Pferden, Gespann, *G* 3, 91. quadriiugi (beim Wagenrennen), *G* 3, 18. piscibus et curru equorum iuncto, auf einem mit zweifüfsigen Rossen, die in Fische sich endigten, bespannten Wagen, *G* 4, 389. bes. in bez. auf die Pferde selbst, curruque volans dat lora secundo, er überläfst dem jetzt ohne Widerstand dahin eilenden Wagen freien Lauf (indem er den Pferden die Zügel schiefsen läfst, im Vergleich mit einem auf der See von günstigem Winde getriebenen Fahrzeuge), *A* 1, 156. domito currus, 7, 163. infreno currus, 12, 287. *b*) der mit zwei niedrigen Rädern versehene Pflug (in bez. auf das Gestell), *G* 1, 174.

cursŭs, ūs, *m.* (curro), 1) das Laufen, der Lauf, *a*) leb. Wesen, *A* 1, 324. rapidus, 5, 291. equester, Rofslauf, Pferderennen, 5, 667; vgl. 5, 549. abs. v. Trojaspiel, 5, 596. Plur., 'Wettlauf', 'Wettrennen', *G* 3, 20. pedum, rascher Lauf, *A* 7, 807. non cursu, saevis certandum est comminus armis, 'verlasse dich nicht auf die Flucht, in welcher wir nicht wetteifern, da es vielmehr das Schwert gilt', 12, 890. cursum do in hostes, sprenge in die Feinde, 10, 870. übtr., in bez. auf Augustus, da facilem cursum (näml. mir dem Dichter), *G* 1, 40. Plur. 'Lauf' der Pferde, *A* 12, 84. v. Fluge, *A* 6, 194. quo cursu, mit welchem (ihr bis dahin noch unbekannten) Fluge, *B* 6, 80. Abl. 'cursu' adverb., ago, treibe im Lauf, jage, *A* 5, 265; vgl. *A* 5, 253. *b*) Lauf lebl. Gegenst., der Flüsse, *B* 8, 4. *G* 4, 136. der Schiffe, cursu ullo, durch irgend eine Fahrt, *A* 9, 91. des Kreisels, 7, 383. der Aurora, *A* 6, 534. dcht. die v. Schicksal bestimmte Bahn, 4, 653. 2) Lauf, Fahrt, Reise, bes. zur See, *A* 3, 337 u. 507. 6, 338. cursus vocat vela in altum, die Fahrt ruft auf die Höhe, d. i. der Wind, der den Lauf zur See begünstigt, mahnt zur Abfahrt, *A* 3, 454.

curvo, āre (curvus), krümme, beuge, *A* 11, 860. cornua, *G* 4, 299. Part. Pass. 'curvatus', gekrümmt, in arcum, v. Haken (in bez. auf die einwärts gehende Biegung), *A* 3, 533. von den Wogen, 'gewölbt', 'überhangend', unda, *G* 4, 361. gurges, *A* 3, 564. v. Kreisel, spatia, gebogene Bahnen, *A* 7, 381.

curvus, a, um, gekrümmt, gebogen, geschweift, krumm, wie Sichel, Horn u. dgl., *G* 1, 568. *A* 7, 179 u. 497 u. ö. cavernae, die durch die Höhlen sich windende Kluft (des Ätna, *A* 3, 674. carinae, 2, 179. litus, 3, 16. 323. 338. 10, 684. colles, die ein Kreis mit bewaldeten Hügeln einschlofs, 5, 287. curva compagibus alvus, der aus Gebälk zusammengesetzte und gerundete Bauch des Pferdes, 2, 51. v. Pers., arator, 'gekrümmt', 'gebückt', *B* 3, 42.

cuspis, pĭdis, *f.*, Spitze, *a*) obere Spitze der Lanze, *A* 5, 208. 7, 756. dcht. 'Wurfspiefs', 'Speer', 11, 41. *b*) die untere mit Eisen beschlagene Spitze des Lanzenschaftes, um die Lanze beim Ruhen in die Erde stofsen zu können, auch um beim Gehen so mittelst derselben den wankenden Schritt zu stützen, 12, 886. *c*) dcht. 'Stab' od. Scepter des Äolus (da in frühester Zeit die Lanze oft die Stelle des Scepters vertrat), *A* 1, 81.

custōdia, ae, *f.* (custos), 1) Bewachung, Hut, *G* 4, 165 u. 327. campi, *A* 7, 486. 2) konkr., wie φυλακή u. unser Wache, d. i. Leute, die Wache halten, Wächter, *A* 9, 166. von Tisiphone als Wächterin, 6, 574.

custōdio, īvi, ītum, īre (custos), 1) bewache, bewahre, halte gefangen, *A* 8, 218. 2) wache, sehe mich vor, bin auf meiner Hut, mit flg. 'consulo' u. 'ne' verb., *A* 9, 322.

custōs, ōdis, *m.*, *a*) Hüter, Wächter, Leiter, Aufseher, *B* 5, 44. *A* 4, 484 u. ö. Iuli, m. 'comes' verb. (παιδαγωγός, zur Beaufsichtigung vornehmer Jünglinge), *A* 5, 546. Tartareus, Cerberus, 6, 395. v. Argus, 7, 791. c. ad limina, 9, 648. Sing. st. des Plur., *A* 1, 564. 9, 380. *b*) v. Göttern, Hüter, Beschützer, Schirmer, Ianus, *A* 7, 610. Soractis (v. Apollo), 11, 785. auch *f.* von Diana, 'Beschützerin', nemorum, 9, 405. von der Familie (domus) des Pinarius, sacri Herculei, 8, 270. v. Opis, d. i. Begleiterin, Dienerin (der Diana), 11, 836. custos furum atque avium tutela Priapi, *G* 4, 110.

Cybēbē, ēs, *f.* (Κυβήβη), dcht. st. Cybele, *A* 10, 220.

Cybĕla, ae, *f.* (τὰ Κύβελα), Berg in

Phrygien, *Ä* 3, 111. 11, 768. - ☞ Ribbeck nimmt Nomin. 'Cybelus' an.

Cўbĕlē, ēs, *f.* (*Κυβέλη*), 1) phrygische Göttin, Symbol der erzeugenden u. gebärenden Natur, oft mit der Erde (Tellus) identifiziert, die in den alten Theogonieen als die älteste Göttin erscheint, daher Mutter der Götter, 'magna mater' (s. mater u. genetrix), wurde bes. auf dem Gebirge Ida u. Dindyma unter Flöten-u.Paukengetönverehrt(*Ä*10,252flg., s. Idaeus u. Dindyma), als Städtegründerin mit einer Mauerkrone (s. turritus) u. auf einem mit Löwen bespannten Wagen fahrend dargestellt, *Ä* 11, 768.

Cўbĕluн, i, *m.*, s. Cybela.

Cÿclădeн, um, Akk. 'as', *f.* (*Κυκλά-δες*), Inseln des ägäischen Meeres in einem ziemlich engen Umkreis von Delos, die Kykladen, *Ä* 3, 127. 8, 692.

Cyclōpĭuн od. (*Ribb.*) **Cyclōpĕuн**, a, um (*Κρκλώπιος*), zu den Kyklopen gehörig, kyklopisch, saxa, das felsige Ufer Siciliens, *Ä* 1, 201.

Cyclopн,ōpis,*m.*(*Κύκλοψ*, eig.'Rundauge','Rollauge'), Plur. Cyclōpes, um, Akk. 'as', *m.*, nach Homer ein myth. wildes Riesenvolk auf Sicilien (s. *Ä* 3, 644), das ohne Furcht vor den Göttern u. ohne Gesetze nomadisch lebte, unter diesem bes. Polyphem, in dessen Höhle Odysseus mit seinen Gefährten in grofse Gefahr geriet, *Ä* 3, 569. 617 flg. Nach Hesiod (Theog. 140) erscheinen die Kyklopen als Söhne des Himmels u. der Erde u. Gehilfen des Vulkan, die im Berge Ätna für Juppiter die Blitze schmieden (personif. Kräfte des vulkanischen u. neptunischen Kreises), *Ä* 3, 678. 8, 440. *G* 1, 471. 4, 170 flgg.

cÿcnuн, i, *m.* (*κύκνος*), Schwan, der Venus heilig, von den Schiffern als glückliche Erscheinung begrüfst, oft vom Adler verfolgt u. deshalb mit diesem in natürlicher Feindschaft lebend (vgl. Hom. Il. 15, 690), *Ä* 1, 393. 9, 563. 12, 250. *G* 2, 199. *B* 7, 38. in bez. auf den Gesang, *B* 8, 55. 9, 29.

Cÿcnuн, i, *m.* (*Κύκνος*), Sohn des Sthenelus, Vater des Kupavo, König in Ligurien, in einen Schwan verwandelt, als er fortwährend den Verlust seines durch den Blitz zerschmetterten Freundes Phaëthon beklagte, *Ä* 10, 189 flg.

Cÿdippē, ēs, *f.* (*Κυδίππη*), eine Nereïde, *G* 4, 339.

1. **Cÿdōn**, ōnis, *m.* (*Κύδων*), ein Rutuler, Sohn des Phorkus, *Ä* 10, 325.

2. **Cÿdōn**, ōnis, *m.* (*Κύδων*), Bewohner der Stadt Kydon od. Kydonia an der Nordküste von Kreta, berühmt im Speer-

werfen (mit vergifteten Pfeilen), *Ä* 12, 858.

Cÿdōnĭuн, a, um (*Κυδώνιος*), zur Stadt Kydon gehörig, kydonisch, dcht. st. 'kretisch', spicula, *B* 10, 59.

cÿlindruн,dri,*m.*(*κύλινδρος*),Walze zum Ebnen des Bodens, *G* 1, 178.

Cyllăruн, i, *m.* (*Κύλλαρος*), Rofs des Pollux, der es von Neptun zum Geschenk erhielt, *G* 3, 90.

Cyllēnē, ēs u. ae, *f.* (*Κυλλήνη*), Gebirge an der Grenze Arkadiens, j. 'Zivia', dem von Maia dort geborenen Merkur heilig, *Ä* 8, 139.

Cyllēnĭuн, a, um (*Κυλλήνιος*), kyllenisch, proles, v. Merkur, *Ä* 4, 258. ignis, der Stern 'Merkur', *G* 1, 337. sbst., 'Cyllenius', Beiname des Merkur, 4, 452 u. 276.

Cÿmaeuн, s. Cumaeus.

cÿmba, s. cumba.

cymbăluм, i, *n.* (*κύμβαλον*), Zimbel, beckenförmiges Instrument aus Metall, das mit einem zweiten zusammengeschlagen einen gellenden Ton giebt, bes. bei den Festen der Kybele üblich, dab. Matris c., *G* 4, 64.

cymbĭuм, ĭi, *n.* (*κυμβίον*, Demin. v. *κύμβη*), kahnförmiges Gefäfs, Schale, Napf, zum Weihegufs bei Opfern, Plur., *Ä* 3, 66. silberne als Ehrengeschenk, *Ä* 5, 267.

Cÿmŏdŏcē, ēs, u. **Cÿmŏdŏcēa**, ae, *f.* (*Κυμοδόκη*, eig. 'Wogenempfängerin'), eine Nereïde, in welche eines der Schiffe des Äneas verwandelt wurde, *Ä* 5, 826. 10, 225. * *G* 4, 338.

Cÿmŏthŏē,ēs,*f.*(*Κυμοθόη*), die 'Wogenschnelle'), eine Nereïde, *Ä* 1, 144.

Cynthĭuн, i, *m.* (*Κύνθιος*), der Kynthier, Beiwort des Apollo, *B* 6, 3. *G* 3, 36.

Cynthuн, i, *m.* (*Κύνθος*), Berg auf der Insel Delos, Geburtsort des Apollo u. der Diana, *Ä* 1, 498. 4, 147.

cÿpărĭннuн, i, *f.* (reingriech. Form *κυπάρισσος* st.'cupressus'), Cypresse, *Ä* 3, 680. *G* 2, 84.

Cÿpruн, i, *f.* (*Κύπρος*), Insel im Mittelmeer an der Südküste Kleinasiens, berühmt durch den Dienst der Venus, *Ä* 1, 622,

Cÿrēnē, ēs, *f.* (*Κυρήνη*), eine Nymphe, Tochter oder Enkelin des Penēus, Mutter des Aristäus, *G* 4, 321. 354. 376. 530.

Cyrnēuн, a, um, zur Insel *Κύρνος*, d. i. Korsika im Mittelmeer, gehörig, korsisch, taxus (weil man die Bitterkeit des kors. Honigs den Taxusbäumen zuschrieb), *B* 9, 30.

Cÿthēra, ōrum, *n.* (*Κύθηρα*), Insel

der Küste Lakoniens, südwestlich vom
Vorgebirge Malea, berühmt durch den
Dienst der Venus, j. 'Cerigo', *Ä* 1, 680.
10, 51 u. 86.

Cytherēa, ae, *f.* (*Κυθέρεια*), Beiname der Venus von der Insel Kythera,
an deren Küste sie der Sage nach aus
dem Meerschaum aus Land stieg (*ἀνα-*
δυομένη), *Ä* 1, 257 u. 657. 4, 128. 5, 800.
8, 523 u. 615.

cytisus, i, *c.* (*κύτισος*), eine Kleeart,
Schneckenklee, *B* 1, 79. 2, 64. 9, 31.
10, 30. *G* 2, 431.

Cytōrus, i, *m.* (*Κύτωρος*), Berg in
Paphlagonien, reich an Buchsbäumen, *G*
2, 437.

D.

Dacus, i, *m.*, Gebirgsvolk an der Un-
terdonau, das im Verein mit andern Völkern die röm. Grenzen oft beunruhigte,
G 2, 497 (wo Sing. kollektiv).

Daedălus, i, *m.* (*Δαίδαλος*), Kol-
lektivname für verschiedene attische u.
kretische Künstler in Holzbildnerei u.
Architektur, von denen die Sage namentlich éinen verherrlichte, der in Kreta
dem Könige Minos das Labyrinth erbaute, später aber, um aus der Gewalt desselben über das Meer zu entfliehen, für
sich und seinen Sohn Ikarus wächserne
Flügel verfertigte u. in nördlicher Richtung nach Sicilien und dann nach Kumä in Unteritalien flog, *Ä* 6, 14 flg.

daedălus, a, um (*δαίδαλος*), 1) k u n s t -
v o l l od. z i e r l i c h g e a r b e i t e t, tectum
(der Bienen), *G* 4, 179. 2) übtr., l i s t i g,
s c h l a u, Circe, *Ä* 7, 282.

Dähae, ārum, *m.* (*Δάαι*), skythischer
Volksstamm am östl. Ufer des kaspischen
Meeres, *Ä* 8, 728.

damma (dāma), ae, *m.*, Bezeichn. eines
Tieres aus dem Rehgeschlecht, bei Vergil wahrsch. G e m s e, *B* 8, 28. *G* 1, 308.
3, 410.

damno, āre (damnum), 1) v e r d a m -
m e, v e r u r t e i l e, falso crimine mortis,
wegen falschen Verdachtes zum Tode,
Ä 6, 430. 2) übtr.: *a*) v e r u r t e i l e, w e i -
h e, bes. zum Verderben, v. Proserpina,
caput Orco, *Ä* 4, 699. v. Juppiter, quem
damnet labor, wen der Kampf zum Tode
weihe, *Ä* 12, 727. *b*) m a c h e v e r b i n d -
l i c h, alqm votis, verurteile gleichs., d. i.
veranlasse jmd. zur Erfüllung seines Gelübdes durch Gewährung des dabei ausgesprochenen Wunsches, damnabis tu
quoque votis, du wirst durch Gewährung
der Bitten sie (die Landleute) verpflich-
ten, die gelobten Opfer zu bringen, *B*
5, 80.

Dāmoetās, ae, *m.* (*Δαμοίτας*), ein
Hirte, Meister auf der Syrinx, *B* 2, 37 flg.
3, 1 u. 58. 5, 72.

Dāmōn, ōnis, *m.* (*Δάμων*), Hirtenname, *B* 3, 17. 23. 8, 1. 5. 16. 62.

Dănăē, ēs, *f.* (*Δανάη*), Tochter des
Akrisius und Mutter des Perseus vom
Juppiter. Weil ein Orakel dem Akrisius
verkündet hatte, dafs der Danaë Sohn
ihn töten würde, so legte er Mutter und
Kind in einen Kasten und übergab sie
dem Meere, worauf Danaë der röm. Sage
nach in Italien landete, Ardea erbaute,
mit Pilumnus sich vermählte und den
Daunus gebar, *Ä* 7, 410.

Dănăi, ōrum, *m.* [Gen. Plur. gew. Danaûm, *Ä* 1, 30. 96. 598. 754. 2, 14. 36. 44.
65. 162. 170. 276. 309. 370. 389. 398. 433.
462. 466. 572. 3, 87. 6, 489. 8, 129. 12,
349], eig. die Unterthanen des Königs
Danaus in Argos, der aus Ägypten vertrieben nach Griechenland floh u. Argos
gründete, bei Vergil, wie bereits bei
Homer, Gesamtname der 'Griechen' als
kriegführende Macht (bes. vor Troja),
Ä 2, 5. 49. 71. 108. 117. 258. 327. 368. 396.
4, 340. 505. 617. 670. 757. 802. 3, 87.
288. 4, 425. 5, 360. 6, 519. 9, 154. – Dav.
Dănăus, a, um, danaisch, der Danaër, classes, *Ä* 3, 602.

Daphnis, nidis, *m.* (*Δάφνις*) [Gen. Da-
phnidis, *B* 3, 12. Akk. Daphnim, *B* 2, 26.
5, 20. 51. 7, 7. 8, 68. 72. 76. 79. 84. 85. 90.
93. 94. 100. 102. 104. Daphnin, *B* 5, 52
(*Haupt* u. *Schap.*; Daphnim *Ribb.*). Vok.
Daphnī, *B* 5, 25. 27. 66. 9, 46. 50. Abl.
Daphnide, *B* 8, 83], Sohn des Merkur,
ein schöner Hirt in Sicilien, Erfinder des
Hirtengedichtes (*B* 2, 26 flg.), unter dessen
Namen Vergil den von den Triumvirn
zum Gott erhobenen Julius Cäsar (42 v.
Chr.) allegorisch verherrlicht, *B* 5, 29.
30. 41. 43. 57. 61. 7, 1. 8, 81. 83. 109.

daps, dăpis, *f.*, bei Vergil nur Plur.
dăpes, um, *f.*, 1) S p e i s e (im Gegs. von
Wein), *Ä* 1, 706. 2) M a h l, Mahlzeit,
B 6, 79. *G* 4, 133. *Ä* 1, 210. 3, 224. 227.
234 u. ö. Bes. *a*) 'Speisopfer', die alter
Sitte gemäfs bei der Leichenfeier nicht

fehlen durften, *Ä* 6, 225. *b*) 'Fest-', od.
'Opfermahl' (inferiae) mit den gewöhnl.
Weihegüssen und Opfern, ein Gemisch
von Honig, Wein u. Milch, *Ä* 3, 301.
Dardänĭa, ae, *f.* (*Δαρδανία*), Stadt
u. Land in Kleinasien oberhalb Trojas
am Hellespont, dcht. st. 'Troja' (Stadt
u. Land), *Ä* 2, 281. 325. 3, 52. 156. 6, 65.
8, 120.
Dardänĭdës, ae, *m.* (*Δαρδανίδης*),
Nachkomme des Dardanus, d. i. Äneas,
Ä 10, 545. 12, 775. Plur., Dardanidae,
ärum, *m.* (Gen. 'Dardanidûm', *Ä* 2, 242.
5, 622. 10, 4), dcht. st. 'Troër', *Ä* 1, 560.
2, 72. 445. 5, 45. 386. 576. 6, 85. 482. 7,
195. 9, 293. 660. 10, 263. 11, 353. 12, 549.
585. adj., Dardanidae pastores, 'troische
Hirten', *Ä* 2, 59.
Dardänĭs, nĭdis, *f.* (*Δαρδανίς*), eine
Troërin, d. i. Krëusa (im Gegs. zu 'matres Graiae'), *Ä* 2, 787.
Dardänĭus, a, um (*Δαρδάνιος*), zu
Dardanus gebörig, dardanisch, d. i.
dcht. zu den Troërn gehörig, 'troisch',
Acestes, *Ä* 5, 30. 711. Anchises, *Ä* 1, 617.
9, 647. Aeneas, *Ä* 1, 494. 6, 169. 11, 472.
12, 613. Paris, *B* 2, 61. nepos Veneris,
puer, v. Iulus, *Ä* 4, 163. 10, 133. dux, vir,
ductor, iuvenis, v. Äneas, *Ä* 4, 224. 8, 14.
9, 88. 100. 10, 603. 814. adulter, v. Paris,
Ä 10, 92. proles (im Gegs. zu 'Itala de
gente nepotes'), von troischen Ahnen
entsprossene Geschlechter, *Ä* 6, 756. coloni, *Ä* 4, 626. 647. 7, 422. gens, *Ä* 1, 602.
classis, *Ä* 7, 289. carinae, *Ä* 4, 658. porta,
Ä 9, 695. litus, *Ä* 2, 582. dextra, des Äneas,
Ä 10, 326. caput, des Äneas, *Ä* 4, 640.
11, 400. habitus, *Ä* 10, 596. cuspis, *Ä* 7,
756. tela, *Ä* 10, 638. Sbst., Dardanius,
ĭi, *m.*, der Dardaner, verächtl. st.
Äneas, *Ä* 12, 14.
1. **Dardänus**, i, *m.* (*Δάρδανος*), ein
myth. Heros, Sohn des Juppiter u. der
Elektra, nach Vergil Sohn des sterblichen Vaters Korythus, von Teuker in
Troja freundlich aufgenommen, Gründer der Stadt Dardania und, da von hier
aus Troia gegründet ward, Stammvater
der Troër und des Äneas, *Ä* 3, 167 und
503. 4, 365. 662. 6, 650. 7, 207. 240. 8,
134. 11, 287.
2. **Dardänus**, a, um (1. Dardanus),
zu Dardanus gebörig, dardanisch,
dcht. st. 'troisch', pubes, *Ä* 5, 119. 7, 219.
arma, *Ä* 2, 618. tela, *Ä* 6, 57. Sbst., Dardanus, d. i. Troër, v. Äneas, *Ä* 4, 662. *Ä*
11, 287 (Sing. st. Plur.).
Därës, ētis, *m.* (*Δάρης*) [griech. Akk.
'Daren', *Ä* 5, 456. 'Darēta', *Ä* 5, 460. 463.
476. 12, 363], ein Troër, Gefährte des
Äneas, *Ä* 5, 369. 375. 406. 407. 483. 12, 363.

dätŏr, ōris, *m.* (do), Geber, Spen-
der, laetitiae (v. Bacchus), *Ä* 1, 734.
Daucĭus, a, um, zu einem sonst unbekannten Daukus gehörig, daukisch,
proles, *Ä* 10, 391.
Daunĭus, a, um (Daunus), zu Daunus
gehörig, daunisch, heros, Turnus, *Ä*
12, 723. gens, Rutuler, *Ä* 8, 146. dea, Juturna, Schwester des Turnus, *Ä* 12, 785.
Daunus, i, *m.*, Sohn des Pilumnus
u. der Danaë, Gemahl der Venilia, Vater
(nach andern Ahnherr) des Turnus, myth.
König von Apulien, *Ä* 10, 616. 12, 22. 90
u. 934. Dauni urbs, Ardea, *Ä* 10, 688.
dē, Präp. (dem regierten Nomen nachgest., specula de montis, *B* 8, 59), mit
Abl. zur Bezeichn. der Trennung von
einem festen Punkte, an dem sich etw.
befunden, u. zwar 1) zunächst räuml.,
a) von, von .. her, bes. von oben nach
unten, von .. herab, od. übb. von ..
hinweg, labor de caelo, *Ä* 2, 693. venio
de finibus, *Ä* 10, 719. ancora iacitur de
prora, *Ä* 3, 277. sequitur de cortice sanguis, *Ä* 3, 33. vom Regen, agit de montibus (aves), *G* 4, 474. Harpyiae de montibus adsunt, nahen sich von den Bergen
herab, *Ä* 3, 225. Bes. bei den Zeitw. des
Ziehens, Wegnehmens, Abforderns u.
dgl., wie bei 'duco', 'lego', 'haurio', 'rapio' etc., *Ä* 2, 258. 8, 79. 9, 23. 10, 342;
vgl. *Ä* 4, 515. 5, 360. ellipt., haec de Danais arma (verst. 'erepta', die den Griechen abgenommenen Waffen, d. i. den
Schild des Abas), näml. 'donat' od. 'de-
dicat', *Ä* 3, 288. spolia de rege superbo
primitiae, dem König abgenommen, *Ä*
11, 15. *b*) zur Bezeichn. der Seite od. des
Punktes, von wo aus etwas geschieht,
von .. her, von .. aus, alia de parte,
Ä 4, 153. malum erigo de nave, *Ä* 5, 487.
telum rapio de volnere, *Ä* 10, 486. palmae passae de litore, *Ä* 3, 203; vgl. *G*
2, 74. *Ä* 9, 630. 2) in anderen Verhältnissen, *a*) zur Angabe des Ursprungs oder
der Abstammung, von, aus, Argolica
de gente, *Ä* 2, 78; vgl. 4, 327. 5, 297 u.
373. 7, 283 u. 706. 9, 284. 10, 203 u. 350.
sacerdos Marruvia de gente, Volsca de
gente Camilla, *Ä* 7, 750 u. 803. *b*) zur
Angabe der ursachlichen Beziehung, woher sich etwas schreibt, kommt oder
stammt, si qua suboles suscepta esset
de te, *Ä* 4, 325. ponere urbem de nomine
proavi, *Ä* 8, 54. fingere nomen de nomine, *Ä* 3, 18. *c*) zur Bezeichn. des Ganzen, wozu etwas als Teil gehört, von,
aus, unter, duo de numero corpora
nostro, *Ä* 3, 623; vgl. *Ä* 4, 324. C, 38. 8,
69 u. 864. 11, 331. *B* 3, 32. *d*) zur Bezeichnung des Stoffes, den man von dem

Ganzen eines Gegenst. entlehnt hat, woraus etwas bereitet ist, von, aus, templum de marmore ponere, instituere, *G* 3, 13. *Ä* 6, 69. galeri de pelle lupi, *Ä* 7, 688. dcht., vivi de marmore voltus, *Ä* 6, 848. *c)* zur Bezeichn. einer Rücksicht, Ursache,in betreff, in Hinsicht, um, wegen, bene mereo de alqo, *Ä* 4, 317; vgl. *Ä* 10, 743. 12, 765. Bes. bei den Zeitw., die eine geistige Thätigkeit des Denkens, Überlegens usw. ausdrücken, zur Angabe des Objektes, auf das die Betrachtung, Beratung usw. sich beschränkt, über, consilium habeo, ago de alqa re, *Ä* 9, 227. 11, 445. *f)* zur Bezeichn. der Gemäfsheit, zufolge, nach, de more, nach Sitte od. Brauch, *Ä* 1, 318; vgl. *Ä* 1, 277. 4, 57. 5, 96. 7, 357. 11, 142.

děa, ae, *f.*, Göttin, *Ä* 12, 807. v. der Hekate, *Ä* 6, 258. von der Venilia, *Ä* 6, 90. v. der Juturna, *Ä* 12, 886. Plur., 'deae pelagi', die Nereïden, *Ä* 9, 117. 'deae' von den Musen, *Ä* 7, 641. 10, 163.

děbellătŏr, ōris, *m.* (debello), Besieger, Bekämpfer, domitor debellatorque ferarum, *Ä* 7, 651.

dě-bello, āre, kämpfe gleichs. nieder, werfe zu Boden, überwinde völlig, bewältige, gentem duram, *Ä* 5, 731. superbos, *Ä* 6, 853.

děběo, biii, biitum, ēre (de u. habeo), eig. habe von jmd. etwas, dah. 1) bin schuldig, dcht. oft im Pass. von dem, was durch das Schicksal od. Naturgesetz zu etwas bestimmt ist, alci, *Ä* 4, 276. tellus fatis debita, vom Schicksal verheifsen, *Ä* 7, 120. debita moenia (verst. fatis), *Ä* 7, 145. deberi caelo, für die Zahl der Himmlischen, für die Unsterblichkeit bestimmt sein (v. Äneas), *Ä* 12, 795. quibus altera fato corpora debentur, für welche das Schicksal andere Leiber bestimmt, ersehen hat, *Ä* 6, 714; vgl. *Ä* 11, 166. fatis debitus, dem Schicksal verfallen, dem Tode geweiht, *Ä* 11, 759. Pergama debita (verst. vastari), dem Verderben verfallen, *Ä* 8, 375. haec debita (fata), dieses unabweisliche, unabänderliche Geschick od. Los, *Ä* 3, 184. tempora debita (verst. compleri), die zur Erfüllung bestimmte Zeit, *Ä* 9, 108. 2) übtr.: *a)* bin schuldig, 'zu etwas verpflichtet', poenas patriae oder meorum, verdiene die Strafe(Züchtigung) des V., der Meinigen, *Ä* 10, 853. nil caelestibus ullis, bin keinem der Götter verpflichtet, *Ä* 11, 55. haec pignora debent (mihi) Daphnim, diese Unterpfänder sind mir den Daphnis schuldig, d. i. ich fordere von ihnen, wie von Bürgen, den D. zurück, *B* 8, 92. debent mihi Turnum haec sa-

cra, schon vermöge dieser Opfer mufs Turnus mit mir kämpfen u. es bedarf eurer Waffen (eurer Hilfe) nicht, *Ä* 12, 317. quam (dextram) debere vides Turnum gnatoque patrique, diese Rechte ist, wie du siehst, dem Vater u. Sohne den Turnus schuldig, d. i. Äneas wird meinem Sohne die schuldige Pflicht erfüllen u. an Turnus Rache nehmen, *Ä* 11, 179. Pass., soli mihi Pallas debetur, das Leben des Pallas ist mir allein (im Zweikampfe) beschieden, d. i. ich allein will Rache an dem P. nehmen, *Ä* 10, 443. Part. 'debitus', a, um, gebührend, schuldig, *G* 1, 223; vgl. *Ä* 2, 538. 11, 63. *b)* übh. bin jmdm. für etw. verpflichtet, habe jmdm. etw. zu verdanken, plurima natis, *Ä* 8, 379.

děbĭlĭs, e (eig. dehibilis, d. i. dehabilis), der Gelenkigkeit der Glieder beraubt, verstümmelt, übtr., v. Pers., beschädigt, 'gelähmt', uno ordine, *Ä* 5, 271. v. Lebl., ferrum, schwach, kraftlos, *Ä* 12, 50.

děbĭlĭto, äre(debilis), lähme, schwäche, vires (v. Alter), *Ä* 9, 611.

dē-cēdo, cessi, cessum, ĕre, 1) gehe od. ziehe weg, fort, *a)* 'verlasse' einen Ort, 'weiche', m. Abl., terrä, *Ä* 4, 306. patriä terrä, *Ä* 6, 508. circo, *Ä* 5, 551 (*Ribb.* 'discedere'). solo, *Ä* 11, 325. v. Tieren, campis e pastu, *G* 3, 186. e pastu, *Ä* 1, 381. dcht. v. Lebl., plura domum tardis decedere plaustra iuvencis, ziehen heim, *G* 2, 206. frigida vix caelo noctis decesserat umbra, war entschwunden, *B* 8, 14. *b)* gehe aus dem Wege, weiche aus, m. Dat., nocti, der nächtlichen Kälte (um heimzukehren), *B* 8, 88. *G* 3, 467. calori, *G* 4, 23. 2) prägn., gehe, verschwinde, von der Sonne, scheiden, untergehen, *G* 1, 450. *B* 2, 67. vom Tage, sich neigen (Gegs. venire), *G* 4, 466.

děcěm, Zahlw. (δέχα), zehn, *Ä* 8, 399. *G* 3, 61. *B* 3, 71.

děcěo, cŭi, ēre, gew. unpers. **děcět,** es geziemt sich, schickt sich, mit Akk. der Pers. u. Inf., *Ä* 5, 384. 11, 117. 12, 797. tum decuit metuisse tuis, *Ä* 10, 94. tum decuit (näml. 'te tangi'), *Ä* 4, 597. abs., decet, näml. sororem, *Ä* 12, 153.

dē-cerno, crēvi, crētum, ĕre, 1) entscheide Streitiges oder Zweifelhaftes, und zwar gütlich, dah. beschliefse, 'schicke mich an zu' etw., m. Inf., mori, *Ä* 4, 475. 2) entscheide feindlich, kämpfe od. streite bis zur Entscheidung, abs., ferro, *Ä* 7, 525. 11, 218. cornibus inter se, *G* 3, 218. cursibus et caestu, *G* 3, 20.

dēcerpo, cerpsi, cerptum, ĕre (de u. carpo), breche od. pflücke ab, fetus arbore, *Ä* 6, 141.

1. dēcīdo, cĭdi, ĕre (de u. cado), falle herab aus der Luft, *Ä* 5, 517.

2. dēcīdo, cīdi, cīsum, ĕre (de u. caedo), haue od. schneide ab, dexteram, *Ä* 10, 395. ramos, *Ä* 11, 5.

dēcīmus, s. decumus.

dēcĭpĭo, cēpi, ceptum, ĕre (de u. capio), nehme weg, dah. übtr., fange, täusche, bethöre, alqm errore, *Ä* 3, 181. amore, *B* 8, 18. fraude caeli, *Ä* 5, 851. m. 'fallo' verb., postquam primus amor deceptum morte fefellit, nachdem der, den ich zuerst geliebt, durch den Tod mich getäuscht hat, *Ä* 4, 17.

Dĕcĭus, ĭi, *m.*, röm. Familienname, bes. P. Decius Mus, der Vater, Konsul 340 v. Chr., der sich im Kriege gegen die Latiner dem Tode weihte, u. dessen Sohn, Konsul 293 v. Chr., welcher sich im Samniterkriege aufopferte, dah. Plur. 'Decii', *Ä* 6, 824. *G* 2, 169.

dē-clāro, āre, erkläre, mache bekannt, alqm victorem, *Ä* 5, 246.

dē-clīno, āre, lenke ab, lumina somno (Dat.), d. i. 'neige', 'senke' die Augen zum Schlummer, *Ä* 4, 185.

dē-cŏlŏr, ōris, seiner natürl. Farbe beraubt, 'verfärbt', übtr., 'entartet', aetas (durch Verschlechterung in das eiserne Zeitalter aus dem goldenen, dah. 'deterior'), *Ä* 8, 326.

dē-cŏquo, coxi, coctum, ĕre, koche ab od. aus, umorem musti, *G* 1, 295.

dēcŏr, ōris, *m.* (deceo), Angemessenheit, Anmut, divinus, *Ä* 5, 647.

dēcŏro, āre (decus), *a)* schmücke, ziere, pyram armis, *Ä* 6, 217. *b)* übtr., ehre, verherrliche, alqm sepulchro, *Ä* 9, 215. supremis muneribus, *Ä* 11, 25.

dēcōrus, a, um (decor), eig. geziemend, dah. *a)* zierlich, reizend, schön, glänzend, caesaries, *Ä* 1, 589. oculi, *Ä* 11, 480. pectus, *Ä* 4, 589. aes, *Ä* 12, 210. ensis, *Ä* 11, 194. insigne clipei, *Ä* 2, 392. lacrimae, die Thr., die ihm so gut anstehen, 'verschämte', *Ä* 5, 343. *b)* geschmückt mit etw., prangend in etw., membra decora iuventā, 'jugendlich schöne', *Ä* 4, 599 (*Ribb.* Gen. 'iuventae'). galea decora cristis, *Ä* 9, 365. v. Pers., auro ostroque, *Ä* 5, 133.

dēcŭmus, a, um [mehr altert. Form st. 'decimus'] (decem), der zehnte, *Ä* 9, 155. 11, 290. septuma (dies) post decumam, der siebenzehnte Tag, *G* 1, 284.

dē-curro, curri, cursum, ĕre, 1) intr.: *a)* laufe, eile herab od. hinab, von Pers., ab arce, *Ä* 2, 41. od. bl. arce, *Ä*

11, 490; vgl. *Ä* 5, 610. bes. zu Schiffe, fahre od. segle hinab, *Ä* 5, 512. v. Tieren, iugis (von den Höhen), *Ä* 4, 153. v. Flüssen, inter valles, *B* 5, 84. *b)* 'ziehe um etw.', 'halte einen feierl. Umzug', ter circum rogos, *Ä* 11, 189. 2) trans., durchlaufe, übtr., laborem, 'fördere', 'vollende', *G* 2, 39.

dēcursus, ūs, *m.* (decurro), das Herablaufen eines Flusses, rapidus de montibus altis, 'Sturz', *Ä* 12, 523.

dēcus, cŏris, *n.* (deceo), Schmuck, Zierde, Glanz, Ehre, Würde, *a)* übh., v. Elfenbein, *Ä* 1, 592. v. Edelsteinen, aut collo decus (als Halsband), aut capiti (als Diadem), *Ä* 10, 135. decori esse alci, zum Schm. dienen, *B* 5, 32. aevi, das glänzende, goldene Zeitalter, *B* 4, 11. suum, proprium, 'Würde', *Ä* 5, 174 u. 229. praedulce, 'Ruhm', 'Ehre', *Ä* 11, 155. quos (equos) decus dedit, als Ehrengeschenk, *Ä* 12, 83. v. Gottheiten usw., caeli, *Ä* 9, 18 u. 405. decus (Appos.) additus divis, 'neue Zier der Unsterblichen' (v. Herkules), *Ä* 8, 301. v. Nymphen, fluviorum, *Ä* 12, 142. v. Latona, nemorum, *Ä* 9, 405. v. Pers., v. Äneas, *Ä* 6, 546. von denen, deren Freundsch. für jmd. ehrenvoll ist, *G* 2, 40. v. Daphnis, *B* 5, 34. v. Kamilla, Italiae ('decus' als Appos. zu 'virgo' vorangestellt), *Ä* 11, 508. von einem geliebten Toten, dolor atque d., *Ä* 10, 507. Plur., decora, Zierden, v. Säulen, *Ä* 1, 429. Verzierungen, Zieraten an den Zinnen, *Ä* 2, 448. Bes. *b)* körperl. Schönheit, Reiz, formae, *Ä* 7, 473; vgl. 4, 150.

dēcŭtĭo, cussi, cussum, ĕre (de u. quatio), schlage od. schüttele ab, mella foliis, *G* 1, 131. rorem campo, streife ab, *G* 4, 12. v. Winde, honorem (das Laub) silvis, *G* 2, 404. v. Eber, hastas tergo, vom Rücken ab, *Ä* 10, 718.

dē-decus, cŏris, *n.*, Entehrung, Schande, Schmach, *Ä* 10, 681. 11, 789. von der Niederlage der Latiner, *Ä* 12, 641.

dē-dignor, āri, weise als unwürdig ab, verschmähe, alqm maritum (als Gatten), *Ä* 4, 536.

dē-do, dĭdi, dĭtum, ĕre, gebe hin, übergebe, überliefere, alqm neci, *G* 4, 90.

dē-dūco, duxi, ductum, ĕre, führe herab od. hinweg, 1) eig.: *a)* übh., dominam thalamo, aus dem Gemache, *Ä* 6, 397. rivos, räume die Gräben zur Ableitung für Wässerung der Wiesen auf, reinige sie, *G* 1, 269. umorem harenā bibulā, durch den in das Wasser geschütteten Sand, der dasselbe einsaugt, *G* 1, 114.

cantando rigidas montibus ornos, *B* 6, 71. lunam caelo, 'ziehe herab') (τὴν σε-λήνην καθαιρέω, welche Kraft der Aberglaube den Zauberinnen, bes. den Thessalierinnen zuschrieb), *B* 8,69. *b*) stehender Ausdr. vom Abführen der Kolonisten, in quascumque terras pelago (über das Meer), *Ä* 2, 800. *c*) nautischer Ausdr., 'ziehe das Schiff vom Lande ins Meer', naves litore, lasse auslaufen, *Ä* 4, 398. *G* 1, 255. 2) übtr.: *a*) führe wohin, geleite, Musas Aonio vertice in patriam, verpflanze den Ruhm der griech. Musen in die Heimat (näml. nach Mantua), *G* 3, 11. *b*) führe spinnend oder webend fort, ziehe den Faden beim Spinnen dünner, übtr., auf dicht. Schriftwerke, carmen deductum, ein Lied in leiserem Tone, ein schwaches, herabgestimmtes Lied (Gegs. zum epischen Gedichte), *B* 6, 5. *c*) leite ab od. von . . . her, nomen, gentem origine, *Ä* 10, 618. *G* 3, 122.

dē-erro, āre [zweisilb. durch Synizesis], komme irrend ab (näml. von der Herde), verirre mich, *B* 7, 7.

defectŭs, ūs, *m.* (deficio), Abnahme, bes. des Lichtes, Verfinsterung der Sonne, Plur., *G* 2, 478.

dēfendo, fendi, fensum, ĕre, 1) wende od. halte ab, entferne, schütze vor etw., furorem, *Ä* 10, 905. dcht. m. *Dat. comm.*, solstitium pecori, *B* 7, 47. 2) übtr., schütze, bewahre, verteidige, myrtos a frigore (durch Bed· cken), *B* 7, 6. alqm od. alqd (alqā re), *Ä* 2, 292. 9, 114. 511. 533. von Lebl., alqm defensum dare, jmdm. Schutz verleihen (v. der Rechten), *Ä* 12, 437. uvas (v. Weinlaub), *G* 1, 448. aprum, herbergen (v. Sumpf), *Ä* 10, 709.

dēfensŏr, ōris, *m.* (defendo), Verteidiger, Beschützer, *Ä* 2, 521 (wo 'defensoribus' auf 'tela' geht).

dē-fĕro, tüli, lātum, ferre, 1) trage jmd. od. etw. von seiner früheren Stelle herab, übh. bringe hin, natos ad flumina, *Ä* 9, 604. iuvenes in Italiam, *Ä* 5, 730. alqm in terras, sende, *Ä* 9, 19. v. Lebl., huc impetus defert hastam, treibt hierhin, *Ä* 12, 773. Pass., deferor, zum Ausdr. jeder schnellen Bewegung, 'stürze mich', in undas, *B* 8, 60. Häuf. v. Seefahrenden, 'wohin geführt werden oder gelangen', bes. unabsichtlich wohin geraten (verschlagen werden), wie durch den Sturm, der ein Schiff wohin führt, ad urbem, gelange, *Ä* 10, 688. ad portus, *Ä* 7, 22; vgl. *Ä* 5, 57. Ortygiam, *Ä* 3, 154; vgl. 3, 219 u. 441. abs., Danaë delata (näml.: nach Ardea, *Ä* 7, 411. 2) übtr., bringe hin, überbringe, dicta, man-

data, *Ä* 4, 226 u. 358. m. Akk. u. Infin., melde, *Ä* 4, 299.

dēfessus, a, um (eig. Part. v. 'defetiscor'), abgemattet, ermattet, ermüdet, erschöpft, *Ä* 1, 157. 2, 285 u. 565. 7, 126.

dēfīcĭo, fēci, fectum, ĕre (de u. facio; vgl. 'defio'), eig. 'mache weg', 1) intr. u. reflex., *a*) v. Lebl., sich gleichs. von sich selbst losmachen, dah. abnehmen, v. Feuer, ausgehen, im Erlöschen begriffen sein, verglimmen, *Ä* 9, 352. bes. der Ausdehnung nach 'aufhören', quā deficit iguis, wohin das Feuer nicht gedrungen ist, *Ä* 2, 505. *b*) von Pers., komme von Kräften, lasse nach, stehe ab, ermatte (vollst. 'def. animo'), *Ä* 11, 424. 12, 2. ingenti luctu, verliere den Mut, verzage infolge so grofser Trauer, *Ä* 11, 231. übtr. v. Schiffe, den Widerstand versagen, 'erliegen', tantis undis surgentibus (beim Andrange so grofser Wellen), *Ä* 6, 354. 2) trans.: *a*) v. leb. Wesen, verlasse jmd., lasse im Stiche, entziehe mich jmdm., ne deficce (me) dubiis rebus, verlafs mich nicht in so schwieriger Lage, *Ä* 6, 196. si quem proles defecerit omnis, wenn einem (Landmann) alle Bienen sterben, wie ein Unfall einem alle Bienen dahinrafft, *G* 4, 281. *b*) v. Lebl., verlassen, d. i. abgehen, fehlen, umor non deficit noctes, es fehlt der Nacht nicht an Feuchtigkeit (Tau), *G* 1, 290. cum glandes atque arbores sacrae silvac (*Genet.*) deficerent (näml. 'homines'), als Eicheln usw. dem Menschen fehlten, *G* 1, 149. primo (fetu) avolso non deficit (näml. arborem) alter, bleibt nicht aus, wächst nach, *Ä* 6, 143.

dē-fīgo, fixi, fixum, ĕre, 1) hefte, steche, stecke in etw. hinein, hastas telluri (*Ribb.* 'tellure'), *Ä* 12, 130. arborem terrae, *G* 2, 290. defixus terrā, 'haftend in' usw., *Ä* 6, 652. abs., defixa aratra (näml. in der Mitte der Furche), *G* 3, 519. 2) übtr., richte fest hin, wende, hefte, lumina, schlage die Augen zu Boden, *Ä* 6, 156. lumina regnis (*Dat.*), auf die Reiche, *Ä* 1, 226. obtutu defixus in uno, mit dem Blicke vertieft, hinstarrend auf éinen Punkt, *Ä* 1, 495. tenet defixa obtutu ora, d. i. gleichs. 'im Anschauen vertieft', 'vor sich hinschauend', *Ä* 7, 249. defixi ora tenebant, hefteten den starren Blick zu Boden, versanken in tiefes Nachdenken, *Ä* 8, 520.

dē-fīo, flĕri, nur v. Lebl., ausgehen, abgehen, fehlen, lac mihi . . . non defit, *B* 2, 22; vgl. 'deficio'.

dē-flecto, flexi, flexum, ĕre, beuge od. lenke ab, tela, *Ä* 10, 331.

dē-flĕo, flēvi, flētum, ēre, beweine, betrauere, alqd, *Ä* 6, 220. prägn., spreche etw. unter Thränen u. Klagen, haec, *Ä* 11, 59.

dē-flŭo, fluxi, fluxum, ēre, fliefse herab, dah. 1) schwimme hinab, vom Hirsch, Widder, secundo flumine, mit dem Strome sich abwärts treiben od. tragen lassen, *Ä* 7,495. *G* 3,447. v. Pers., secundo amni, gleite hin (vorh. 'ferri aquā pronā'), *Ä* 8, 549. 2) übtr.: *a)* gleite herab, v. Reiter, ad terram, schwinge mich herab vom Pferde, *Ä* 11, 501. *b)* v. Kleide, 'herabwallen', pedes ad imos, *Ä* 1, 404.

dē-fŏdĭo, fōdi, fossum, ēre, 1) grabe hinab od. in die Tiefe', vergrabe, 'verberge', penitus talenta, *Ä* 10, 526. aurum, *G* 2, 507. *b)* grabe aus, mache durch Graben in die Tiefe eine Höhle, defossi specus, 'Erdhöhlen', *G* 3, 376.

dēformis, e (de u. forma), entstellt, bäfslich, arundo, *G* 4, 478.

dē-formo, āre, verunstalte, entstelle, canitiem pulvere (als Zeichen der Trauer), *Ä* 10,844. domum, *Ä* 12,805. voltum, *G* 4, 255.

dēfringo, frēgi, fractum, ēre (de u. frango), breche ab, plantas ex arbore, *G* 2, 300. ferrum ab hasta alcjs, *Ä* 11, 748.

dēfrŭtum, i, *n.* (st. 'defervitum', v. deferveo), eingekochter Most, Mostsaft, Plur., *G* 4, 269.

dē-fundo, fūdi, fūsum, ēre, giefse aus, ergiefse, *G* 4, 415 *Ribb.* (andere 'diffudit').

dē-fungor, functus sum, fungi, *a)* entledige mich (der Mühsal), 'überstehe', 'bestehe', periclis, *Ä* 6, 83. v. Lebl., carinae defunctae (näml. 'periculis'), nach überstandenen Gefahren, d. i. den Fluten entronnen, *Ä* 9,98. Bes. *b)* v. Überstehen (der Mühen) des Lebens, corpora defuncta vitā, dem Erdenleben enthoben (von den Schattengestalten), *Ä* 6, 306. *G* 4, 475.

dēgĕnĕr, nĕris (de u. genus), *a)* aus der Art schlagend, ausgeartet, v. Pers., *Ä* 2, 549. *b)* übtr., entartet, unedel, gemein, animus, *Ä* 4, 13.

dēgĕnĕro, āre (degener), schlage aus der Art, arte aus, v. Samen u. Früchten, *G* 1, 198. 2, 59.

dēgo, dēgi, ēre (de u. ago), bringe zu, verlebe, vitam, *Ä* 4, 551.

dē-gusto, āre, koste, dcht. von der Lanze, leicht berühren, streifen, summum corpus volnere, *Ä* 12, 376.

dĕ-hinc, Adv. [häufig einsilb. durch Synizesis, *Ä* 1, 131 u. 256. 6, 678. 9, 480], *a)* in einfacher Anreihung einer Hand-

lung an die andere, von hier (jetzt) an, hierauf, nachher, dann, *Ä* 1, 131. 5, 722. 12, 87. nachdrucksvoll im Nachsatz bei vorausgeh. 'postquam', *Ä* 3, 164. nach 'vix ea dicta', *Ä* 8, 337. *b)* in der Aufzählung mehrerer Verhältnisse nach einander, hierauf, alsdann, einem vorausgeh. 'primum' entspr., *G* 3, 167.

dĕ-hisco, ēre, thue klaffend mich auf, spalte mich, von der Erde, *G* 1, 479. *Ä* 8, 243; ardore, 'zerlechzen', *G* 3, 432. bes. in der Verwünschung, dehiscat mihi terra, es möge die Erde mich verschlingen, *Ä* 4, 24. quae iam satis ima dehiscat terra mihi? wie kann sich mir jetzt der gähnende Abgrund der Erde tief genug aufthun, wo ich auf dem Meere umhertreibe? *Ä* 10, 675. ähnl.: o quae satis alta ('ima' *Ribb.*) dehiscat terra mihi (*Ribb.* 'dehiscet u. dann 'demittet'), *Ä* 12,883. von den Wasserwogen, gleichs. 'aufgähnen', *Ä* 1, 106. 5, 142.

dĕicio (dēĭcĭo), iēci, iectum, ēre (de u. iacio), 1) eig.: *a)* werfe herab oder herunter, stürze herab, alqm equo, *Ä* 12, 509. fulmen caelo in terras, *Ä* 8, 428. sortem, werfe das Los hinein (in den Helm), *Ä* 5, 490. prägn., 'haue ab', caput uno ictu, *Ä* 9,770 (*Ribb.* 'desectum' st. deiectum); vgl. *Ä* 10, 546. Pass. medial, deicior, stürze mich herab, springe herab, saxi vertice, *Ä* 4, 152. übtr., verdränge jmd. (gewaltsam) aus dem Besitz, deiecta coniuge (Hectore), des Gatten beraubt od. verlustig, *Ä* 3, 317. *b)* werfe oder schmettere nieder, stürze herab od. um, Ceraunia telo (durch den Blitz), *G* 1, 333; vgl. *Ä* 6, 581. 12, 655. alqm leto, *Ä* 10,319. prägn., strecke zu Boden, töte, alqm, *Ä* 11, 580. 642. 665 u.833. viperam, zerschmettere, vernichte, *G* 3,422. avem ab alto caelo, schiefse herab, *G* 5, 542. 2) ohne den Begr. der Gewalt, richte niederwärts, senke zur Erde voltum (aus Schamgefühl), *Ä* 3, 320. deiecto voltu, mit niedergeschlagenem Blicke, *Ä* 6, 862. dcht. m. griech. Akk., deiectus oculos, die Augen gesenkt, *Ä* 11, 480. Dah. Part. deiectus, a, um, niedergeschlagen, entmutigt, verzagt, *Ä* 10, 858.

dein oder **deinde,** Adv. ['dein' stets zweisilb.; nicht immer an der erstenStelle, s. nachh.], von der Reihenfolge in der Zeit, *a)* bei Aufzählung v. Thatsachen usw., hierauf, nachher, alsdann, *Ä* 5, 303 u. 323. 6, 756 u. 890. *b)* von der schnellen Folge, gleich darauf, sogleich, cum d. extulit (näml. nachdem er das Lager erblickt), *Ä* 10, 261. bisw.

umgestellt, vina bonus quae d. etc., st. d. vina dividit, quae etc., *Ä* 1, 195. quae deinde etc., st. d. fateri, quae etc., *Ä* 3, 609. verb. m. 'post', *Ä* 5, 32. oft einem vorausgeh. 'primum' entspr., *Ä* 1, 614. 3, 373. *c*) in der lebhaften Frage, bes. bei wiederholten Handlungen, weiter, abermals, nun, quo d. fugam, quo tenditis? *Ä* 9, 781. quae nunc d. mora est? was soll jetzt der Verzug noch? *Ä* 12, 889. *d*) zur Wiederaufnahme eines Particips, *Ä* 2, 391. 8, 481. öft. vor das Particip gestellt, *Ä* 5, 14 u. 400. 7, 135. *e*) prägn., zur Bezeich. der nächsten Zukunft, 'in kurzem', 'bald', quo d. ruis? nach dieser kurzen Rede (ohne dafs ich dich zuvor umarmen konnte), *Ä* 5, 741.

Dëïöpëa, ae, *f.* (*Δηιοπεία*), eine Nymphe Lydiens, Tochter des Nereus und der Doris, *Ä* 1, 72. *G* 4, 343.

Dëïphöbë, ës, *f.* (*Δηιφόβη*), eine Sibylle, Tochter des weissagenden Meergottes Glaukus, *Ä* 6, 36.

Dëïphöbus, i, *m.* (*Δηίφοβος*), ein Troër, tapferer Sohn des Priamus und der Hekuba, nach dem Tode des Paris Gatte der Helena, dessen Haus bei der Eroberung Trojas zuerst von Odysseus u. Menelaus gestürmt ward, *Ä* 2, 310. 6, 495. 500. 510.

dë-läbor, lapsus sum, läbi, 1) falle oder gleite herab, *a*) übh., m. Abl., curru, *Ä* 10, 596. abs., *Ä* 5, 518. ungew. m. Dat., capiti, senke mich, entsinke, *B* 6, 16. *b*) sinke, fliege od. gleite herab (bes. von der leichten u. schnellen Bewegung der Götter), ab astris, *Ä* 5, 838. m. bl. Abl., caelo, *Ä* 5, 722. 7, 620. per auras, *Ä* 11, 595. 2) mit dem Begr. der Bewegung wohin, gerate in etw., medios in hostes, *Ä* 2, 377.

dëlectŭs, ūs, *m.* (deligo), Wahl, Auswahl, nec non et pecori est idem delectus equino, gleiche Sorge verlangt die Wahl der Rosse, *G* 3, 72 (*Ribb.* '*di*lectus').

dëlëo, ēvi, ētum, ēre, vertilge, vernichte, alqm, *Ä* 9, 248. 11, 898.

Dëlïa, ae, *f.* (*Δηλία*), 1) die delische Göttin, d. i. Diana (vgl. Delos), *B* 7, 29. 2) Name eines Mädchens, *B* 3, 67.

dë-lïbo, āre, koste etw., übtr., summa oscula, küsse mit den äufsersten Lippen, sanft, *Ä* 12, 434.

dëlïcïae, ārum, *f.*, Ergötzlichkeit, übtr. v. Pers., 'Liebling', domini, *B* 2, 2.

dëlïgo, lēgi, lectum, ēre (de u. lego), lese aus, wähle, ab omni ordine, *Ä* 7, 152. alqm comiten', zum Begleiter, *Ä* 5, 191; vgl. *G* 4, 540. *Ä* 11, 658. locum his oris (hier am Gestade), *Ä* 8, 53. senes ac

matres, sondere ab, *Ä* 5, 717. Part. delectus, a, um, 'erlesen', 'ausgesucht', iuventus, *Ä* 4, 130. 9, 226.

dëlïtesco, lïtŭi (de u. latesco), verberge od. verstecke mich, lacu, *Ä* 2, 136. sub praesaepibus, *G* 3, 417.

Dëlïus, a, um (*Δήλιος*), zu Delos gehörig, deli sch, Apollo, auf Delos geboren u. verehrt, *Ä* 3, 162. vates, d. i. Apollo, *Ä* 6, 12.

Dëlös, i, *f.* (*Δῆλος*), kleine kykladische Insel u. Stadt im ägäischen Meere, Geburtsstätte des Apollo u. der Diana, j. 'Dili', *Ä* 4, 144. Latona, *G* 3, 6.

delphīn (-is), īnis, Akk. Plur. 'īnas', *m.* [bei Vergil nur Plur.] (*δελφίν*, gew. *δελφίς*), Delphin, Tummler, eine zu den Cetaceen oder Walen gehörige Fischart, im mittelländ. Meere häufig, *Ä* 3, 428. 8, 673. 9, 119. *B* 8, 56. Als Bild des schnellen Ortswechsels und Tummelns, dah. im Vergleich mit den kunstreichen Wendungen der Jugend im Trojaspiele, *Ä* 5, 594.

dëlūbrum, i, *n.* [bei Vergil nur Plur.], Tempel, Heiligtum, *Ä* 2, 225. 4, 56 u. 66. 8, 716. *G* 3, 23. 4, 549. mit dem Zusatz 'deûm', *Ä* 2, 248. dearum, *G* 4, 451.

dë-lūdo, lūsi, lūsum, ēre, treibe mit jmd. mein Spiel, täusche, hintergehe, berücke, animum, sensus, *Ä* 6, 344. 10, 642.

dë-mens, mentis, unbesonnen, verstandeslos, thöricht, unerfahren, *Ä* 6, 172 u. 590. 9, 728; vgl. *Ä* 2, 94. 4, 78 u. 107. *B* 2, 60. dcht. v. Lebl., Discordia, 'rasende', *Ä* 6, 280.

dëmentïa, ae, *f.* (demens), Geistesabwesenheit, Thorheit, Wahn, Wahnsinn, *Ä* 5, 465. 9, 601. *G* 4, 488. *B* 2, 69. 6, 47.

dë-mergo, mersi, mersum, ēre, tauche unter, rostra (von den in Delphine verwandelten Schiffen), *Ä* 9, 119.

dë-mëto, messŭi, messum, ēre, mähe ab, dcht. 'pflücke', pollice flores, *Ä* 11, 68.

dë-mitto, mīsi, missum, ēre, 1) schicke od. sende herab, *a*) von Menschen u. Göttern, m. Präp. 'ab' od. bl. Abl. zur Bezeichn. des Punktes 'von wo herab', alqm ab alto, ab aethere, *Ä* 1, 297. 12, 853. caelo, *Ä* 9, 804. Olympo, *Ä* 4, 268 u. 694. nubibus, *Ä* 10, 73. m. Präp. 'ad' zur Bezeichn. des Zieles 'wohin', 'zu', 'nach', deam ad manes, *Ä* 12, 884. dcht. m. Dat., Orco, entsende dem Orkus, sende dem O. zu, überliefere dem O., bes. einen Feind, 'erlege', 'erschlage', *Ä* 2, 398. 9, 527. Neci, *Ä* 2, 85. Morti, *Ä* 5, 692. 10, 664. dcht. Pass., nova progenies caelo demittitur alto, steigt herab von, entsteigt dem Himmel, *B* 4, 7. *β*) Lebl., 'sende herab von' etwas, sacrum cruorem iugulis, lasse das geweihte Blut aus den Kehlen strömeu, *G* 4, 542. lacrimas, lasse fliefsen, vergiefse Thr., breche in Thr. aus, *Ä* 6, 455. Dah. in vielen freieren, meist dcht. Verbindungen, *a*) 'lasse herabhängen', ubera (v. den Kühen), *G* 2, 525. uvam ramis, d. i. in Traubenform von den Ästen herabhängen (v. den Bienen), *G* 4, 558. Pass. 'demittor', 'hänge herab' (bes. Part.), laena demissa ex umeris, herabhängend, herabwallend, *Ä* 4, 263. terga pantherae demissa ab laeva, *Ä* 8, 460. monilia demissa pendent pectoribus, hängen von der Brust herab, *Ä* 7, 278. funis demissus, *Ä* 2, 262. aures demissae, schlaff herabhängend, *G* 3, 500. *b*) 'beuge herab', 'lasse sinken', 'senke', 'neige', caput lasso collo (v. Mohne), *Ä* 9, 437. vox demissa, gesenkte, 'leise Stimme', *Ä* 3, 320. *c*) 'schlage' od. 'senke nieder' zur Erde, zum Boden, demissa voltum, mit niedergeschlagener Miene, mit gesenktem Blicke, *Ä* 1, 561. demisso lumine, *Ä* 12, 220. mentes, lasse den Mut sinken, bin niedergebeugt, verzage, *Ä* 12, 609. *d*) 'lasse hinabgehen', naves (von der hohen See ans Ufer), lasse landen, rasten, *Ä* 5, 29 (*Ribb.* 'dimittere'). *e*) von Hügeln, die allmählich zu einem sanften Abhang 'sich senken', molli iugum demittere clivo, *B* 9, 8. *f*) in der Bauk., 'führe herab', puteum alte demitti iubeo in solido, lasse eine Grube tief graben, *G* 2, 231. dcht., von den Felsen selbst, scopuli demittunt bracchia gemino muro, senken sich gleichs. zu einer doppelten Mauer herab, bilden eine doppelte Wand, *Ä* 3, 535 (*Ribb.* 'dimittunt'). *g*) 'lasse hinab' od. 'hinein', übtr., dicta in aures, gebe Gehör, leihe mein Ohr den Worten (Bitten), *Ä* 4, 428. 2) übtr., lasse ausgehen von mir, nur Pass., demittor ab alqo, leite meinen Ursprung von jmd. ab, demissus, entsprossen, abstammend von usw., gens ab Iove, *G* 3, 35. nomen demissum ab Iulo, *Ä* 1, 288.

dēmo, dempsi, demptum, ĕre (de u. emo), nehme hinweg, übtr., 'benehme', 'befreie von' etw., curas his dictis, spreche folgende tröstende Worte, beschwichtige die Betrübnis mit folgenden Worten, *Ä* 2, 775. 3, 153.

Dēmŏdŏcus, i, *m.* (*Δημόδοκος*), ein Troër aus dem Gefolge des Äneas, *Ä* 10, 413.

Dēmŏlĕŏs, i, *m.*, ein Achäer, *Ä* 5, 260 u. 265.

Dēmŏphŏŏn, ontis, Akk. 'onta', *m.*

(*Δημοφόων*), ein Troër, Gefährte des Äneas, von Kamilla getötet, *Ä* 11, 675.

dē-mŏror, āri, verzögere, halte auf od. zurück, alqm armis, halte von den Waffen, vom Kampfe ab, *Ä* 11, 175. m. sachl. Obj., quid fando surgentes demoror austros, warum halte ich durch Reden euch ab, den günstigen Südwind zu benutzen? *Ä* 3, 481. annos, friste das Leben noch, schleppe die Jahre des Lebens hin, *Ä* 2, 648. dem. mortalia arma, ich verzögere den Krieg, bis ich selbst die Macht sterblicher Waffen empfinden werde, *Ä* 10, 30.

dēmŭm, Adv., *a*) zur Angabe des Eintretens eines Falles oder Verhältnisses nach mehreren anderen in der Zeit), e r s t, eben, nun, nunc d., jetzt erst (bei dem, was längst hätte eintreten sollen), *Ä* 10, 849. tum d., da oder jetzt erst, *Ä* 12, 6. *b*) zur Hervorhebung eines Ortes, hic d., hier endlich, hier erst, *Ä* 2, 743. ibi d., 'dort erst', *Ä* 9, 445. od. einer Sache, gew. bei Pronom., eben, gerade, häc d. terrā, gerade zuletzt in diesem Lande, *Ä* 1, 629. *c*) zur Angabe dessen, was eintritt und nur eintreten kann, wenn anderes vorausgegangen, dessen Erfolg von wesentlichen Bedingungen abhängt, tum demum od. bl. 'demum', 'dann erst', 'dann nur', *Ä* 6, 330 u. 573. 9, 815. *G* 3, 205 (in bez. auf 'iam domitis'). *G* 1, 47 (wo die Bedingung im fig. Relativs. liegt). sic demum, 'so erst', 'dann erst', *Ä* 2, 795 (in bez. auf 'consumptā nocte'). 'dann erst' (näml. wenn du den toten Freund bestattet u. Opfer zur Sühne gebracht hast), *Ä* 6, 154.

dēni, ae, a, Distributivzahlw., je zehn, bei der Multiplikation zehn, bis deni, zwanzig, *Ä* 1, 381. 11, 326. ter deni, dreifsig, *Ä* 8, 47.

dēnĭquĕ, Adv., *a*) zur Bezeichn. des letzten Falles in der Aufzählung oder Reihenfolge von Thatsachen usw., endlich, zuletzt noch, am Ende, *Ä* 2, 70 u. 295. 12, 793. *b*) zur Hervorhebung (wie 'demum'), erst, sic d. (d. i. nachdem du dies alles gethan), *Ä* 3, 439. tum d., dann erst, *G* 2, 369.

dens, dentis, *m.* (St. *ὀδοντ* in *ὀδούς*), 1) Zahn der Menschen u. Tiere, *Ä* 5, 470. 11, 681. *G* 3, 514. bes. 'Hauer' des Ebers, (*G* 3, 255. 2) übtr.: *a*) jede zahnförmig hervorragende Spitze, 'Schneide', vomeris, *G* 1, 262. uncus, Karst, *G* 2, 423. *b*) 'Haken' an den beiden Armen des Ankers zum Eingraben, tenax, *Ä* 6, 3. *c*) 'Messer' der Winzer mit vorgebogener Spitze, curvus Saturni, *G* 2, 406.

densĕo, ŭi, ēre u. **denso**, āre [er-

steres archaist. Form], mache dicht,
verdichte, v.Juppiter als Beherrscher
der Luft, rara (Verdünntes), *G* 1, 419. ca-
tervas schliefse, dränge dicht zusammen, *Ä* 12, 264 (*Ribb.* 'densete' st. 'den-
sate'). hastilia, schleudere dicht nach-
einander, *Ä* 11, 650. Pass., 'sich zusam-
mendrängen', 'dicht gedrängt sich ausbreiten' über usw., totis agmina densentur campis, *Ä* 7, 794. obtentā densentur
nocte tenebrae, *G* 1,248(*Haupt*u.*Schap.*
'densantur').
densus, a, um, dicht (Gegs. 'rarus'),
1) im allg., v. Bäumen, Ähren, Erde, Nebel, Schatten u. dgl., *B* 2, 3. *Ä* 7, 720. *G*
1, 333 u. 342. 2, 17 u. 227. *Ä* 5, 833. tela,
Ä 7, 673. iuba, *G* 3, 86. pingue, kräftiges
Futter, gute Mast, *G* 3, 124. imber aquā
densisque nigerrimus austris (weil der
Südwind Wolken u. Regen bringt), *Ä* 5,
696. aquilo, mit dichtem Gewölk verbunden, ungestüm, *G* 3, 196. fremitus,
G 4, 216. 2) prägu., dicht, d. i. in dichter Menge, gedrängt, gehäuft, *a*) eig.,
apes, *G* 4, 75. hostes, *Ä* 2, 511; vgl. *Ä* 9,
534. 10, 361. mille rapit densos acie atque hastis (Schwerbewaffnete, die in gedrängten Reihen fechten), *Ä* 10, 178. nec
scuta aut spicula densi deponunt, in geschlossenen Reihen, *Ä* 12, 563 (wo der
Dichter eine spätere Sitte der röm. Soldaten, die ihrem Feldherrn, wenn er zu
ihnen sprach, ohne die Waffen abzulegen
zuhörten, auf die Zeiten des Äneas überträgt). densis armis, mit d. W., d. i. in
dichten Massen, *Ä* 2, 383 und 409 (vgl.
*v.*347). *b*) dicht der Zeit od. Zahl nach,
ununterbrochen, zahllos, *Ä* 5, 459.
spicula, *Ä* 12, 409. amores, *G* 4, 347.
dentālĭa, ĭum, *n.* (dens), Schar-
baum oder Hakenschuh am Pfluge,
aus zwei Schenkeln od. Sohlhölzern bestehend (dah. 'duplici dorso'), als Abl.
der Eigenschaft), die spitz in der Pflugschar (vomer) zusammenliefen und nach
hinten auseinanderstanden, *G* 1, 172.
dē-nuntĭo, āre, kündige od. zeige
an, weissagend, iras, *Ä* 3, 366. von sachl.
Subj., pluviam, *G* 1, 453.
dē-pāsco, pāvi, pastum, ĕre, I) Aktiv
depasco, weide ab, *a*) v. Landmann,
luxuriem segetum, lasse abweiden (durch
die Herde) als Futter, *G* 1, 112. *b*) von
Tieren, *α*) weide ab, summa Lycaei, *G*
4, 539. mit griech. Konstr., saepes de-
pasta florem salicti apibus, eine Weiden-
hecke, die, so oft sie blüht, von Bienen
abgeweidet wird, *B* 1, 54. *β*) benage
benasche, altaria (d. i. das darauf Befindliche), von der Schlange, *Ä* 5, 93. II)
Dep. depascor, pasci von der Schlange,

'zernage', 'zerfresse', artus morsu, *Ä* 2,
215. übtr., 'raffe dahin', 'verzehre', artus
(v. Fieber), *G* 3, 458.
dē-pecto, čre, kämme ab, vellera
foliis, *G* 2, 121.
dē-pello, pŭli, pulsum, ĕre, 1) treibe hinab (von einem höher gelegenen
Orte nach einem niederen), ovium fetus
(weil das Gehöft des Vergil zu Andes
höher lag als die benachbarte Stadt Mantua), *B* 1, 22. 2) treibe weg od. fort,
vertreibe, *a*) übh., ignem classibus,
halte od. wehre ab von, *Ä* 5, 727. 9, 78.
taedas ratibus, *Ä* 9, 109. pestem augurio, *Ä* 9,328. Bes. *b*) entwöhne, a lacte,
ab ubere, *B* 7, 15. *G* 3, 187. abs., *B* 3,82.
dē-pendĕo, ĕre, hänge herab, mit
'ex' od. bl. Abl., *Ä* 1, 726. 6, 301. 10,836.
11, 693.
dē-pōno, pŏsŭi, pŏsĭtum, ĕre, 1) lege nieder oder hin, *a*) übh., corpora
sub ramis, strecke mich zur Ruhe, lagere mich, *Ä* 7, 108. sulcis plantas, lege
in die Furchen, *G* 2, 24. Bes. *b*) setze
aus (als Preis bei einer Wette), vitulam,
haedos, *B* 3, 31. 9, 62. 2) lege weg od.
ab, entledige mich, dona, scuta, *Ä* 6,
632. 12, 564. arma umeris (bes. die Schilde), *Ä* 12,707. Bes. *a*) setze wie eine Last
ab, d. i. setze mit Verachtung beiseite,
populum (d. i. die zu Dienst u. Gefahren
noch geeigneten Männer, die Krieger),
Ä 5, 751. *b*) lege ab, gebe auf, for-
midinem, *Ä* 2, 76. curam, *Ä* 12, 49. curas
animo, 'entlade mein Herz der Sorgen',
G 4, 531. Dah. 'depositus', v. schwer Er-
krankten, schon aufgegeben, im Sterben
liegend, schon hinsterbend (nach *Serv.*
pflegte man solche Kranke vor die Thür
zu setzen, damit etwa ein Vorüberge-
hender ein rettendes Mittel angäbe), *Ä*
12, 395.
dē-prĕcor, āri, suche durch Bitten etw. abzuwenden, abs., bitte um
Schonung, non depr., d. i. ich bitte nicht,
dafs du dein als Sieger erworbenes Recht
aufgeben sollst, *Ä* 12, 931.
dē-prendo, prendi, prensum, ĕre
(episch synkop. st. deprehendo), 1) ergreife, erfasse, dcht., flumina prima
cum deprensa fremunt silvis, wie der
Wind, wenn er zuerst im Walde, von
den Bäumen aufgenommen, gleichsam
festgehalten wird, 'wenn er zuerst im
Walde sich verfängt', *Ä* 10, 98. 2) finde,
treffe an, bes. überrasche, ereile,
alqm in luce, *Ä* 8, 247 (*Ribb.* ohne 'in').
serpentem in aggere viae, *Ä* 5, 273. Bes.
Pass., deprendi mari (von denen, die plötzlich auf dem Meere vom Sturme erfafst
werden, *Ä* 5, 52. abs., *G* 4, 421.

dēpre∗∗u∗, a, um (deprimo), gesenkt, niedrig, convallis, *G* 3, 276.

dē-prĭmo, pressi, pressum, ĕre (de u. premo), drücke herab oder ein, aratrum (verst. 'in terram'), *G* 1, 45.

dē-prōmo, prompsi, promptum, ĕre, nehme od. hole hervor, tela pharetrā, aus dem Köcher, *Ā* 5, 501. 11, 590.

Dercennu∗, i, *m.*, alter unbekannter König von Laurentum, *Ā* 11, 850.

dē-rĭge∗co, rĭgŭi, ĕre, erstarre, werde starr, v. Pers., infolge des Schreckens, *Ā* 3, 308. v. Blute,'*Ā* 3, 260. v. Auge, *Ā* 7, 447.

dērĭgo, s. dirigo.

dērĭpĭo, rĭpŭi, reptum (de u. rapio), 1) reifse herab od. ab, entreifse, m. 'ab' od. bl. Abl., *Ā* 3, 267 (*Haupt* 'diripere'). 4, 593. 11, 743. tergora costis, ziehe schnell, gleichs. reifsend ab von usw., *Ā* 1, 211. m. Dat. der Pers., spolia Latinis, *Ā* 11, 193. m. Abl. instr., dextram ense, haue ab od. herunter mit dem Schwerte, *Ā* 10, 414. auch ohne den Begr. der Gewalt, qualos colaque tectis, nehme herab von der Decke, *G* 2, 242. 2) reifse heraus od. weg, entreifse (auch ohne den Begr. der Gewalt oder Heftigkeit), ensem vaginā, ziehe schnell heraus, *Ā* 10, 475 (doch s. diripio). cothurnos, lege ab, entkleide mich der Koth., *G* 2, 8. litore funem, reifse ab (weil das Schiff am Ufer festgebunden war), *Ā* 3, 267 (*Haupt* u. *Schap.* 'dirip.'). rates navalibus, führe od. schaffe eilig fort aus usw., *Ā* 4, 593 (*Schap.* diripiunt').

dē-∗aevĭo, saevĭi, īre, wüte, tobe, rase heftig, in aequore (im Gefilde), v. Äneas, *Ā* 10, 569. dum pelago desaevit hiemps, *Ā* 4, 52.

dē∗ce∗do, scendi, scensum, ĕre (de u. scando), 1) steige, gehe od. komme herab, steige nieder od. hinab, v. Pers., m. 'ab' od. m. bl. Abl., *Ā* 4, 159. 7, 675 u. ö. auch v. Bäumen (infolge zauberischer Kraft), montibus, *Ā* 4, 491. v. Ziele mit 'ad', *Ā* 6, 404. ad manes, sterbe, *Ā* 12, 649. dcht. von den Plejaden, in undas, im Gewoge der Wogen tauchen, *G* 4, 235. v. Feuer, toto corpore, rings in den Rumpf eindringen, im R. sich verbreiten, *Ā* 5, 683. dcht., Juppiter laeto descendet plurimus imbri, *B* 7, 60; vgl. *G* 2, 326 (v. Äther). 2) übtr., lasse mich zu etwas herab, gegen meinen Willen u. meine Würde, erniedrige mich zu etw., in preces, *Ā* 5, 782.

dē∗ce∗∗u∗, ūs, *m.* (descendo), das Hinabsteigen, faciles desc. Averno (*Dat.*), zum Av., in die Unterwelt, *Ā* 6, 126.

dē-∗crībo, scripsi, scriptum, ĕre, 1) schreibe nieder, zeichne auf, carmina in foliis, *Ā* 3, 445. carmina in cortice fagi, schneide ein, *B* 5, 14. 2) beschreibe, zeichne, alqd radio, stelle durch Züge dar, *Ā* 6, 851. *B* 3, 41.

dē-∗ĕco, sĕcŭi, sectum, āre, haue od. schneide ab, collum, *Ā* 8, 438. caput uno ictu, *Ā* 9, 770 (*Ribb.*).

dē-∗ĕro, sĕrŭi, sertum, ĕre, 1) reifse mich od. sage mich von etw. los, verlasse, trenne mich von usw., *a)* v. Pers., zunächst von der Handlung des Aufbrechens, 'gehe von einem Orte weg' (m. 'linquo' verb., d. i. lasse hinter mir), colles, *Ā* 11, 902. nachdrückl. wiederholt, muros..arces, *Ā* 12, 698. Häuf. mit dem Nebenbegr. der Pflichtvergessenheit od. Treulosigkeit, 'lasse im Stich', alqm, *Ā* 1, 618. 3, 711. 7, 394 u. 543. Bisw. mit dem Begr. des Schmerzlichen, sedem (auf Mahnung des Phöbus), *Ā* 3, 190. *b)* dcht. v. Lebl., *Ā* 12, 732. *G* 1, 70. tibi deserit Hesperus Oetam, der bei Sonnenuntergang über dem Öta stehende Abendstern hat dir zu Liebe dieses Gebirge bereits verlassen, *B* 8, 30. 2) übtr., verlasse, gebe auf, stehe ab von etw., inceptum, *Ā* 9, 694. 11, 470.

dē∗ertŏr, ōris, *m.* (desero), Flüchtling, landesflüchtig, Asiae, *Ā* 12, 15.

dē∗ertu∗, a, um (desero), verlassen, verödet, einsam, litus, locus, *Ā* 2, 24. 28. 122. portus, *Ā* 5, 612. regna, *G* 3, 476. regio, *Ā* 4, 42. culmina, *Ā* 12, 863. terrae, *Ā* 3, 4. dcht v. Kamilla (weil in einsamen Wäldern sich aufhaltend), *Ā* 11, 843. Sbst., deserta, ōrum, *n.*, Wüste, Steppen, Libyae, *Ā* 1, 384. Getarum, *G* 3, 462 (vgl. *v.* 342). *B* 6, 80. ferarum, ödes Gehege, Versteck, *Ā* 7, 404.

dē∗ĭdĭa, ae, *f.* (deses, desideo), das Müfsigsitzen, das Nichtsthun, die Unthätigkeit, *G* 4, 94. Plur., *Ā* 9, 615.

dē-∗ĭdo, sēdi, ĕre, senke mich, sinke hinab, ad manes, *Ā* 3, 565.

dē-∗igno, āre, bezeichne, begrenze, urbem aratro, *Ā* 5, 755. moenia fossā, *Ā* 5, 157.

dē∗ĭlĭo, sĭlŭi, sultum, īre (de u. salio), springe herab, ab equo, *Ā* 11, 500. dcht. m. bl. Abl., biiugis (et curru), *Ā* 10, 453. 12, 355.

de-∗ĭno, sĭi, sĭtum, ĕre, 1) trans., lasse ab, unterlasse, höre auf, *α)* mit Inf., *Ā* 4, 360. 6, 376. sed tu desine velle (näml. 'me fallere'), schone du nur mich zu täuschen, *G* 4, 448. *β)* mit Akk., spreche nicht weiter, lasse ab von etw., endige, plura (mehreres zu sagen), 'kein Wort weiter!' *B* 5, 19. 9, 66. versus, *B* 8, 61.

abs. (ellipt.), im Imper., desine, lafs ab (näml. mich durch die Anrufung der Götter zu schrecken), *Ä* 10, 881. desine iam tandem, gieb den innern Grimm über diese Sache gänzlich auf, finde dich in das Unvermeidliche, *Ä* 12, 800. 2) intr.: *a)* höre auf, ende, quo (puero) ferrea desinet gens, durch (mit) dessen Geburt usw., *B* 4, 9. a te principium, tibi desinam, *B* 8, 11. Bes. *b)* mit 'in' u. Akk., auf etw. sich endigen, in pristim, in einen Walfisch auslaufen od. ausgehen, *Ä* 10, 211.

dē-sisto, stĭti, ĕre, stehe od. lasse ab von etw., gebe etw. auf, m. Abl., incepto, *Ä* 1, 37. nach griech. Konstr. (ἀφέστηκα μάχης) m. Gen., pugnae, *Ä* 10, 441. m. Inf., *Ä* 12, 60.

dē-sōlo, āre, 1) veröde, entvölkere, agros, *Ä* 11, 367. 2) lasse jmd. allein, verlasse, Pass., desolati manipli (näml. von ihren Anführern), *Ä* 11, 870.

dē-specto, āre (Intens. v. despicio), schaue od. sehe von oben od. aus der Höhe herab auf etw., *a)* eig., flammas, *Ä* 10, 409. terras (von Schwänen, *Ä* 1, 396 (*Ribb.* respectare). *b)* übtr., von einer die Umgegend beherrschenden Lokalität, quos (populos) despectant moenia Abellae (*Ribb.* Bellae), und die Völker, über welche die Mauern von Ab. emporragen, 'das ganze Gebiet von Ab.', *Ä* 7, 740.

dē-spĭcĭo, spexi, spectum, ĕre (de u. specio), 1) sehe auf etw. (von oben) herab, blicke nieder auf etw. (im Gegs. zu suspicio), m. Akk., aethere summo mare terrasque, *Ä* 1, 224 (*Ribb.* u. *Haupt* '*di*spiciens'). 2) sehe mit Verachtung herab, verachte, verschmähe, alqm, *B* 8, 32. Pass., *B* 2, 19. *Ä* 4, 36.

dē-spūmo, āre, schäume ab, undam aëni, *G* 1, 296.

dē-stillo, āre, träufele herab, ab inguine, *G* 3, 281.

dē-stĭno, āre, stelle fest, übtr., bestimme, bes. zum Tode als Opfer, alqm arae (für den Altar), *Ä* 2, 129.

dē-stĭtŭo, stĭtŭi, stĭtūtum, ĕre (de u. statuo), stelle weg, dah. verlasse, freta destituent nudos in litore pisces, *B* 1, 60.

dē-strŭo, struxi, structum, ĕre, reiſse nieder, zerstöre, moenia, *Ä* 4, 326.

dēsuētus, a, um, *a)* einer Sache entwöhnt, mit Dat., triumphis, bello, *Ä* 6, 815. 7, 693. abs., corda, der Liebe entwöhnte, *Ä* 1, 722. *b)* dessen man sich entwöhnt hat, ungewohnt, diu desueta arma, *Ä* 2, 509.

dē-sūm, fŭi, esse, [durch Synizesis deest einsilb. u. deerit, deerunt etc. zweisilb. wie *Ä* 7, 262. 10, 378. *G* 2, 200 u. 233 u. ö.], bin fort od. weg, nicht da, fehle, abs., *Ä* 2, 744 u. ö. m. Dat., fugae, zur Flucht, für die Fl., *Ä* 10, 378. id unum defuit rebus (verst. malis), fehlte es noch, 'nur dieses éine fehlte dem Elend', *Ä* 12, 643. mit Neg., non desum, fehle nicht, bin zugegen, *Ä* 7, 678.

dē-sŭpĕr, Adv., von oben (herab), oberhalb, *Ä* 1, 165 u. 420. 2, 47. 6, 678. des., d. i. vom Vorgeb. Aktium herab (vor welchem die Flotte des Antonius lag), *Ä* 8, 705.

dē-tĕgo, texi, tectum, ĕre, 1) decke ab od. auf, Caci detecta apparuit regia, erscheint offen, *Ä* 8, 241. 2) entblöſse, Pass. mit griech. Akk., detectus caput, das Haupt entblöſst, d. i. ohne Helm, *Ä* 10, 133.

dētĕrĭŏr, ŭs, Gen. 'ōris', Superl. **dēterrĭmus,** a, um, geringer, schlechter der Beschaffenheit nach, aetas (v. eisernen Zeitalter) *Ä* 8, 326. deterrimus (color est) albis, die von Farbe weiſsen Rosse sind die geringsten, *G* 3, 82. deterior (ductor) qui visus (tibi est), *G* 4, 89.

dē-texo, texŭi, textum, ĕre, flechte fertig, alqd iunco, *B* 2, 72.

dētĭnĕo, tĭnŭi, tentum, ĕre (de u. teneo), 1) halte auf od. zurück, halte fest, alqm his oris, im Lande der Troër, *Ä* 2, 788. 2) übtr., fessle, alqm, *B* 10, 45. *Ä* 4, 348.

dē-tŏno, tŏnŭi, āre, höre auf zu donnern, dcht. übtr., 'austoben' (v. der Wolke des Krieges), *Ä* 10, 809.

dē-torquĕo, torsi, tortum, ĕre, drehe od. wende weg, volnus veniens, lenke seitwärts den drohenden Stoſs, *Ä* 9, 746. ora equorum .. dextrā, d. i. reiſse rechtsum, *Ä* 12, 373. unā torquent ardua cornua detorquentque, drehen die Rahen in die Höhe u. dann wieder in eine horizontale Richtung, *Ä* 5, 832. mit Angabe der Richtung 'wohin', m. 'ad', 'wende', 'lenke' 'richte' nach, cursūs ad alqm, *Ä* 4, 196. proram ad undas, *Ä* 5, 165. habenas hāc, *Ä* 11, 765.

dē-tracto, āre, entziehe mich einer Sache, verweigere, iuga, sträube mich gegen das Joch, *G* 3, 57.

dē-trăho, traxi, tractum, ĕre, ziehe herunter, ziehe od. nehme ab, loricam alci, *Ä* 5, 260. nido fetus, d. i. nehme od. raube aus dem Neste, *G* 4, 513.

dē-trūdo, trūsi, trūsum, ĕre, 1) stoſse herab od. weg, alqm fulmine ad undas, stürze herab, *Ä* 7, 773. caput sub Tartara telo (mit dem Blitze), schleudere, werfe, *Ä* 9, 496. naves scopulo, *Ä* 1, 145. alqm contis, stofse herunter od. nieder, *Ä* 9, 510. 2) dränge weg, vertreibe, m. Abl., 'aus' etw., hostem finibus, *Ä* 7, 469. Iovem regnis, *Ä* 6, 584.

dē-turbo, āre, treibe, stofse od. stürze herab, alqm puppi in mare, *Ä* 5, 175. 'treibe', 'jage fort von' usw. (näml. vom Verdecke), *Ä* 6, 412. dcht. m. Dat., caput terrae, schlage das Haupt zur Erde herab (so dafs es auf die Erde fällt), *Ä* 10, 555.

Deucălĭōn, ōnis, *m.* (*Δευχαλίων*). Sohn des Prometheus, Gemahl der Pyrrha, König in Thessalien, der bei der allgemeinen Überschwemmung durch Juppiter mit seiner Gattin allein gerettet wurde u. auf Rat des Orakels durch hinter sich geworfene Steine das Menschengeschlecht wieder herstellte, *G* 1, 62.

dĕus, i, *m.* [Nom. Plur. 'dī', Gen. 'dĕūm' Dat. u. Abl. 'dīs', vgl. *Ä* 12, 118. *G* 1, 21], Gott, 1) eig.: *a*) Gott, Gottheit, abs., *Ä* 1, 303. di meliora piis (näml. 'dent'), d. i. 'Gnade, o Götter, den Frommen', *G* 3, 513. Bes. in Gebeten, dique deaeque omnes, *G* 1, 21. Auch von Göttinnen, v. d. Venus, *Ä* 2, 632. Oft von einzelnen Gottheiten, v. Bacchus, *Ä* 1, 636 (wo *Ribb.* 'dii', d. i. 'diei', s. 'dies'). v. Merkur, *Ä* 1, 303. v. Amor, *B* 10, 61. v. der Venus, *Ä* 2, 632. auch v. Charon, *Ä* 6, 304. Plur., 'di' m. 'sacra' verb., die trojanischen Penaten u. die Vesta, *Ä* 12, 192. *b*) übb. 'ein Gott', d. i. eine göttliche Macht od. Einwirkung, *Ä* 7, 498. 11, 118. *c*) der göttliche Geist, 'Weltgeist', die 'Weltseele', die als Äther die erschaffenen Wesen durchströmt, *G* 4, 221. 2) übtr. von hochverdienten Menschen, die sich eines ungetrübten Glückes erfreuten od. Ausgezeichnetes leisteten, wie von Eryx, deus ille magister, der von dir als Gott gepriesene Lehrer, *Ä* 5, 391. bes. schmeichelnd von den Herrschern, wie von Oktavian, *B* 1, 6.

dē-vĕho, vexi, vectum, ĕre, fahre od. schaffe fort, alqd, *G* 2, 207 u. 408.

dē-vĕnĭo, vēni, ventum, īre, komme od. gelange wohin (bes. vom glücklichen Erreichen des letzten Zieles der Wanderung), dcht. mit bl. Akk., *Ä* 1, 365. 4, 125 u. 166. 6, 638.

dē-verto, verti, versum, ĕre, wende weg, Pass. devertor, wende mich ab, dcht. von einem Pfade, der wohin führt, m. Akk. des Zieles, Castaliam molli devertitur clivo, sanft zur K. sich hinabneigt, *G* 3, 293.

dēvexus, a, um (de u. veho), abwärts geneigt, gesenkt, in austros Libyae,

südwärts nach Libyen sich senkend, *G* 1, 241. Olympus, *Ä* 8, 280. amnis, herabfliefsend, *G* 4, 293. devexo pondere, schwer vorwärtshängend, *G* 3, 524.

dē-vincĭo, vinxi, vinctum, īre, binde, fessle, übtr., devinctus amore, *Ä* 8, 394.

dē-vinco, vīci, victum, ĕre, besiege völlig, überwinde, *Ä* 9, 264. devicta bella, siegreich durchkämpfte oder geendete Kriege, erfochtene Siege, *Ä* 10, 370. devicta Asia, der über Asien erlangte Sieg, u. dies wieder meton. st. 'der Besieger Asiens' (Trojas), d. i. Agamemnon, *Ä* 11, 268.

dē-volo, āre, fliege od. eile herab, von der Iris, per caelum, *Ä* 4, 702.

dē-volvo, volvi, volūtum, ĕre, wälze od. rolle herab, trabes, *Ä* 2, 449. mollia fusis pensa, drehe, spinne feine Fäden, *G* 4, 349.

dē-vŏvĕo, vōvi, vōtum, ēre, *a*) gelobe od. weihe einer Gottheit als Opfer, me aris, *Ä* 12, 234. *b*) übtr., widme, gebe hin, animam alci, *Ä* 11, 442; vgl. *Ä* 1, 712.

dextĕr, tra (tĕra), trum (tĕrum) (*δεξιός*), 1) rechts, zur rechten Seite (im Gegs. zu 'links'), dextrum litus et (dextrae) undae (näml. Italiae), *Ä* 3, 413. latus, *Ä* 3, 420. Oft im Sinne eines Adv. (st. dextrā parte), quo tantum mihi dexter abis, wozu gehst, schweifst du so weit rechts ab, d. i. nach der Meeresseite hin? *Ä* 5, 162. Lyncea vibranti gladio conixus ab aggere dexter occupat, d. i. haut dem L. von der Böschung rechts ausholend den Kopf ab, *Ä* 9, 769. 2) übtr.: *a*) geschickt, passend, quis rebus dexter modus, wie die Sache auf die geschickteste Art, am besten zu vollenden sei, *Ä* 4, 294. *b*) günstig, gnädig, von Göttern, *Ä* 8, 302. sidera, *Ä* 4, 579. fortuna, *Ä* 2, 388.

dextĕra u. **dextra**, ae, *f.* (verst. manus, wie *δεξιά*), 1) rechte Hand, Rechte, *Ä* 3, 670. 5, 443. 9, 320. 12, 4. te decisa suum (als ihren Herren od. Besitzer) dextera quaerit, *Ä* 10, 395. Hes. *b*) als Zeichen des Grufses, der Treue, der Bekräftigung, des Versprechens, unser Handschlag, auch Plur., dextra fidesque, Handschlag und Glaube, die einst verheissene Treue, *Ä* 4, 597. coniungo dextras, reiche die Rechte, *Ä* 1, 514. fallo dextras, breche die Treue, *Ä* 6, 613. iuncta est mihi foedere dextra, durch die mit Anchises geschlossene Gastfreundschaft stehe ich bereits mit euch in gastfreundlichem Bunde, *Ä* 8, 169. oro alqm per lacrimas dextramque, *Ä* 4, 314. *c*) als Sinnbild der Tapferkeit, des Mu-

tes, invicta bello, *Ä* 6, 880. poteus, *Ä* 7,
234. defendor dextrā, *Ä* 2, 291. *d*) als
Symbol der Macht, v. Juppiter, *Ä* 5, 692.
2) rechte Seite (verst. pars), dextrā,
'rechtshin', 'rechtsum' (gew. 'dextrā *manu*' erklärt), *Ä* 12, 373.

Diāna, ae, *f.* [mit langem *ī* nur *Ä* 1,
499](cig. 'Dijana', d. i. 'dia' od. 'diva Jana'),
1) Diana, Göttin des Lichtes od. Mon-
des, Schwester des Janus, urspr. altital.
Gottheit, später mit der griech. *Ἄρτεμις*
verschmolzen u. dah. Tochter Juppiters
und der Latona, Schwester des Apollo,
vorz. verehrt 1) als Göttin der Jagd, *Ä* 1,
498 flg. Dah. Beschirmerin der Haine,
Ä 9, 405. Bestraft den Öneus, *Ä* 7, 306.
Ihre Pfeile sind tödlich, dah.: tune etiam
telis moriere Dianae? auch du (der du
den Pfeilen der Kamilla entgingst) wirst
doch wohl durch Dianas Pfeile (denen
keiner zu entgehen vermag) sterben?
Ä 11, 857. *b*) mit der Hekate identifiziert,
bes. als Göttin der Dreiwege u. auf diesen mit einem dreihauptigen Bilde verehrt, *Ä* 4, 511. *c*) als Mondgöttin, 'Luna',
'dea Latona', welche Nisus im Gebete
um Beistand anfleht, da sie ihn gerade
beschien u. weil er als Jäger unter ihrem
Schutze stand, *Ä* 9, 405. *d*) als hilfreiche
Göttin bei der Geburt, *B* 4, 10. 2) die
auf Kreta verehrte Britomartis (*Βριτό-
μαρτις*) od. Artemis, der die dort einheimische Cypresse geweiht war, lucus
Dianae, *Ä* 3, 681.

dīcio, ōnis, *f.* (Wurz. *δικ, δειχ* in *δίκη,
δείκννμι*, 'dic' in 'dīcis causa'), eig. Spruch-
recht, dah. Gebot, Obmacht, Gewalt,
omni, magnā dicione teneo, premo terras u. dgl., halte in Gehorsam, beherrsche
unumschränkt, *Ä* 1, 236 u. 622. 7, 737.
10, 53.

1. **dīco,** āre (Intens. v. 2. dico), *a*) thue
kund, verkünde, bes. in religiös. Bez.,
weihe, templum, *Ä* 5, 60. *b*) übh. widme,
gebe hin, aliquam propriam, gebe zu
eigen, zum dauernden Besitz als Gattin
(Hom. Il. 14, 268), *Ä* 1, 73. 4, 126.

2. **dīco,** dixi, dictum, ĕre (Wurz. *δειχ,
δικ* in *δείκννμι*), 1) sage, spreche,
erzähle, alqd od. m. Akk. u. Inf. u.
beim Pass. m. Nom. u. Inf., *Ä* 1, 753. 4,
204. 8, 119 u. ö. Nach dem Schluſs der
dir. Rede 'dixit' u. mit Anknüpfung des
Folg. durch 'que', *Ä* 3, 312. Bes. Imper.
'dic', dem Konjunktiv eines Zeitwortes
in der Aufforderung vorangestellt, *Ä* 4,
635. dic in amicitiam coëant, sprich sie
sollen von neuem Freundschaft u. Bündnis schließsen, *Ä* 7, 546. nachgestellt: 'ducat .., dic, ait', *Ä* 5, 551. Bes. *a*) trage
vor, singe, dichte, versus, carmen,

B 5, 2. 6, 5. carmina, *Ä* 6, 644. Musam,
B 8, 5. Dah. 'besinge', 'preise', alqm carmine, Baccho honorem, *G* 2, 95 u. 393;
vgl. *G* 3, 6. acies, *Ä* 7, 42. laudes, facta,
B 6, 6. 8, 8. *b*) bestimme, sage vorher, weissage, cursum, *Ä* 3, 362. sur-
gentia sidera, den Aufgang der Gestirne,
Ä 6, 850. 2) nenne irgend wie, benenne,
alqm socium, *Ä* 6, 162 u. ö. Hesperiam
cognomine, *Ä* 1, 530. fratris Tiburti dicta
cognomine gens, *Ä* 7, 671. od. mit flg.
'ab' oder 'de' bei ctymol. Ableitungen,
Chaoniam a Chaone, *Ä* 3, 335. Thybrim
a Thybri, *Ä* 8, 332. Romanos suo de nomine, *Ä* 1, 277. nunc Misenus ab illo di-
citur, *Ä* 6, 235. od. mit Akk. des beige-
legten Namens, nomen dixere priores
Ortygiam, *Ä* 3, 693. 3) spreche zu als
Eigentum, bes. von heiligen Weihungen,
sacer dictus Iunoni, heilig gesprochen
der Juno, *Ä* 6, 138. 4) setze fest, bestimme, praemia, *Ä* 5, 486 *Ribb.* leges
foederis, pacis, *Ä* 11, 322. 12, 112. praedae sortem, bestimme die zu verlosende
Beute, *Ä* 9, 268. pecori maritum, *G* 3, 125.
5) v. Orakelspruche, verstehe, meine,
sic dicere divos, *Ä* 7, 370,

Dictaeus, a, um (*Δικταῖος*), zum Gebirge Dikte auf Kreta gehörig, dik-
täisch, *a*) eig., antrum, Grotte, worin
Juppiter verborgen gehalten wurde, *G* 4,
152. rex, Juppiter *G* 2, 536. *b*) dcht. st.
'kretisch', nymphae, *B* 6, 56. arva, *Ä* 3,
171. saltus, *Ä* 4, 73.

dictamnus, i, *f.* (*δίκταμνος*), Dip-
tam, eine auf dem Berge Dikte in Kreta
wachsendes Heilkraut, dem man die Kraft
zuschrieb, in den Körper gedrungene
Pfeile herauszutreiben, *Ä* 12, 412.

dictum, i, *n.* (eig. Part. v. 2. dico), 1)
das Ausgesprochene, Wort, Rede,
dicto citius, 'schneller als es gesagt war',
'im Nu', 'sofort', *Ä* 1, 142. dicta do, fero,
sage Worte, verkünde, *Ä* 2, 790. 3, 169;
vgl. *Ä* 2, 775. 10, 584. 12, 895. 2) prägn.: :
a) Spruch, Ausspruch, Prophe-
zeiung, *Ä* 2, 115. 6, 98. 5) Wort, Befehl, *Ä* 1, 695. 3, 189. tyranni, *Ä* 10, 448.

dīdo, dīdĭdi, dīdĭtum, ĕre (dis u. do),
eig. verteile, verbreite, übtr., didi-
tur per agmina rumor, verbreitet sich,
Ä 7, 144. tua terris didita fama, *Ä* 8, 132.

Dīdō, ūs, *f.* [Akk. 'Dido', *Ä* 4, 383],
(*Διδώ*) der gangbaren Sage nach Tochter
des Königs Belus in Tyrus, Gattin des
Sychaeus, *Ä* 1, 601. 299. 340. 360 u. ö.

dī-dūco, duxi, ductum, ĕre, ziehe
auseinander, *a*) zerteile, trenne,
arvaque et urbes litore diductae, durch
das infolge des Zerteilens gebildete Ufer,
so daſs dadurch auf beiden Seiten Ufer

sich bildeten, *Ä* 3, 419. bes. ein Ganzes in Teile, diductis choris, nachdem sie in drei Abteilungen gesondert sich aufgestellt, *Ä* 5, 581. terram ad capita, lockere die Erde dicht um die Wurzeln nach der Pflanzung auf,*G* 2, 354. *b*) teile,spalte, diducor in omnes curas animo, werde in meinem Innern nach jeglicher Richtung von Sorgen getrieben (*Haupt* 'animum' als Akk. der Bez.), *Ä* 5, 720.

Dĭdўmāōn,ŏnis,*m.*(*Διδυμάων*),Name eines Künstlers in erhabener Arbeit, *Ä* 5, 359.

dĭēм, ēi, *m.* u. *f.* [als *f.* von epischen Dicht. nicht blofs von einem bestimmten Tage, sondern willkürlich gebraucht; alter Gen. 'diē' st. 'diei', *G* 1, 208 u. 'dii', *Ä* 1, 636. 'diei' am Ausgang des Hexam., *Ä* 9, 156], 1) Tag, *a*) Tag als Zeitabschnitt (von den Römern, mochte er lang oder kurz sein, in zwölf bürgerliche Stunden geteilt), *G* 1, 312. die, am Tage (bei wiederholten Handlungen), innerhalb eines Tages, 'täglich', *B* 2,42. 3, 34. prägn. in bez. auf eine einmalige Handlung, 'an éinem Tage', *Ä* 11, 397. in dies, 'von Tag zu Tag', 'täglich', *G* 3, 553. noctesque diesque, wir 'Tag u. Nacht', *Ä* 1, 732. *b*) Tag (im engern Sinne, im Gegs. zur Nacht), *Ä* 1, 374. 3, 201 u. ö. dcht., 'Tageslicht', *Ä* 10, 215; vgl. *Ä* 1, 88. 5, 64. *c*) ein bestimmter Tag, summa, ultima, *Ä* 2, 249 u. 324. bes. der vom Schicksal als Lebensziel bestimmte Todestag, stat sua cuique dies, *Ä* 10, 467. ante diem, 'vor der Zeit', *Ä* 4, 697. *d*) dcht. Geschäfte, Arbeit des Tages, diem exerceo, treibe, vollende das Tagewerk, *Ä* 10, 808. 2) Zeit übb., longa, lange Zeit, Länge der Zeit, *Ä* 2, 783. 6, 745. 11, 425. messis, *G* 1,253. optima aevi, die glücklichen Tage des Lebens, die Jugendzeit, *G* 3, 66.

dĭf-fĕro, distŭli, dīlātum, differre, 1) trage auseinander od. nach verschiedenen Seiten, *a*) übb., ulmos in versum, verpflanze in Reihen, *G* 4, 144. v. Nordwinde, hiemes atque arida nubila differt, breitet die mitgebrachten Ungewitter u. Wolken vor sich aus, *G* 3,197. *b*) gewaltsam, zerre od. reifse auseinander, von einem Viergespann, alqm in diversa, zerreifse, zerfleische, *Ä* 8, 643. 2) übtr.: *a*) halte hin, halte zurück, decimum quos distulit Hector in annum, *Ä* 9, 155. *b*) verschiebe, schiebe auf, piacula in seram mortem, *Ä* 6, 569. sacra, *Ä* 8, 173. concilium et incepta, *Ä* 11, 470.

dĭffĭcĭlм, e (dis u. facilis), 1) schwer, *a*) mühevoll zu thun usw., difficile est m. Inf., 'es erfordert Mühe', *G* 2, 257. *b*) v. Örtlichkeiten, schwer zu betreten od.

zu passieren, beschwerlich, gefahrvoll, scopuli,*Ä* 5, 865. 2) übtr.: *a*) mifslich, obitus, *Ä* 4, 694. *b*) schwer zugänglich, unwillfährig,terrae,Land, das sich zum Ertrage schwer entschliefst, wie wir 'karges Land', 'spröder Boden', verb. mit 'colles *maligni*', *G* 2, 179.

dĭf-fīdo, fīsus sum, ēre, bin mifstrauisch, mifstraue, armis, *Ä* 3, 51.

dĭf-findo, fĭdi,fissum,ēre,zerspalte, zerschmettere, tempora plumbo, *Ä* 9, 589.

dĭf-fŭgĭo, fŭgi, ēre, *a*) stiebe auseinander, zerstreue mich, *Ä* 2,212. 4, 123. per litora, per saxa, *Ä* 5, 677. *G* 3, 277. ad naves, *Ä* 2,399. *b*) verlasse durch Fliehen den früher eingenommenen Platz, entfliehe, campis, *Ä* 10, 804. lapsu ad summa delubra, *Ä* 2, 226 (*Ribb.* 'effugiunt').

dĭf-fundo, fūdi, fūsum, ēre, 1) giefse hier u. da hin, giefse aus, ambrosiae odorem, *G* 4,415 (*Ribb.* 'defundit'). dcht., und antique animam diffundo in arma cruore, ströme aus, lasse hinströmen mit dem Blute den Lebensbauch auf die Rüstung, *Ä* 10, 908. 2) übtr., von nicht flüssigen Dingen, streue oder breite weithin aus, do comam diffundere ventis, lasse das Haar von den Winden zerstreuen, *Ä* 1, 319. diffusi corymbi, *B* 3, 39. haec in ora virûm, solches (solche Worte od. Kunde) unter die Leute, von Mund zu Mund (v. der Fama), *Ä* 4, 195. equitem latis campis, in der (durch die) Ebene weithin, *Ä* 11, 465. Pass., diffundi ab alqo per Latium, sich ausdehnen, sich verzweigen (v. einem Geschlecht), *Ä* 7, 708.

dĭ-gĕro, gessi, gestum, ēre, 1) trage auseinander, verteile, bes. pflanze auseinander, 'verpflanze' ordnend (arborem) per agros, *G* 2, 54. seges digesta fertur, Pflänzlinge werden versetzt, gehörig verteilt, *Ä* 2, 267. 2) übtr.: *a*) verteile ordnend, ordne, bringe in Ordnung, carmina in numerum (nach der Zahl), *Ä* 3, 446. *b*) erkläre od. deute nach der Reihe, omnia, in welcher Reihenfolge nach der Bestimmung der Vorbedeutungen alles geschehen müsse, *Ä* 2, 182.

dĭgĭtuм, i, *m.* (St. 'dic', *δειχ* in *δείχvυμι*), 1) Finger, *Ä* 6, 647. *G* 2, 250. 2) Zehe am Fufse, *Ä* 5, 426.

dignor, āri (dignus), 1) halte od. erachte für würdig, würdige, m. Abl. me honore, *Ä* 1, 335. alqm mensā, cubili, *B* 4, 63. alio funere, ehre im Tode, *Ä* 11, 169. Part. Perf. mit pass. Bed., *Ä* 3, 475. 2) halte für würdig od. mit meiner Würde für vereinbar, 'mag', 'entschliefse mich', 'wage', m. Inf., *Ā* 4,192. *B* 6, 1. bes. haud od. non dignor, halte es unter meiner Würde, mag nicht, verschmähe es, *Ā* 10, 732 u. 866. 12, 464.

dignus, a, um (St. δικ, δειχ in δείχνυμι, vgl. 'digitus'), eig. der od. auf den gezeigt wird, *a*) wert, der Sache angemessen od. entsprechend, würdig, m. Abl., *Ā* 7,389. munera dare digna Niso (wo 'Niso' zugl. zu 'digna' gehört), *Ā* 5,354. crimine, *Ā* 10, 668. quid .. tantā dabit indole dignum, als würdigen Lohn so hoher Gesinnung, *Ā* 10, m. Relativs. im Konj., *Ā* 7, 653. m. Inf., cantari, amari, *B* 5, 54 u. 89. *b*) nur scheinbar abs. (da das nähere Verhältnis der Würdigung aus dem Zushge. zu bestimmen), würdig, angemessen, verdient, grates, praemia, *Ā* 1, 600 u. 605. 2, 537. fortuna, ein deiner würdiges Los, *Ā* 3, 318. honos, *G* 1,507. non digna ferre, Unverdientes, Schmähliches dulden, *Ā* 2, 144. digna indigna pati, Verdientes u. Unverdientes, 'Glimpf' und Schimpf', alles Mögliche, allen denkbaren Schimpf dulden, *Ā* 12,811. digna atque indigna relatu vociferans, der Erwähnung Wertes und Unwertes, *Ā* 9, 596. Bes. dignum est m. Inf., es ist recht, billig, es geziemt sich, si credere d. est, wenn man es glauben darf, *G* 3, 391.

dĭgrĕdĭor, gressus sum, grĕdi (dis u. gradior), 1) gehe weg, scheide, entferne mich, e bello, *Ā* 2, 718. abs., *Ā* 3, 410 u. 492. 4,80. 5,650. 2) übtr., gehe von etw. ab in der Rede, post hinc digressus, *G* 3, 300.

dĭgressus, ūs, *m.* (digredior), das Fortgehen, Trennung, Abschied, supremus, 'die Stunde des Abschieds', *Ā* 3,482.

dī-lābor, lapsus sum, lābi, *a*) zerfalle, zergehe, von Proteus, in aquas, zerrinne in Wasser, *Ā* 4, 410. tabo, löse mich auf, *G* 3, 557. *b*) schwinde, von der Wärme, *Ā* 4, 705.

dĭlectŭs, ūs, *m.*, s. delectus.

dīlĭgo, lexi, lectum (dis u. lego), achte, schätze, ehre, liebe, alqd od. alqm, *Ā* 8, 590. 9,430. Dav. dilectus, a, um, 'geliebt', 'geschätzt', 'wert', m. Dat., *Ā* 4, 31. 5, 569. 9, 85. 12, 391. magno amore, heifs, innig geliebt, *Ā* 1, 344.

dī-lŭo, lŭi, lŭtum, ĕre, 1) zerwasche, spüle weg, sata laeta (v. Regen), *G* 1, 326. 2) zersetze, löse auf, verdünne, erweiche, favos lacte et Baccho, den Honig mit Milch u. Wein, *G* 1, 314.

dīlŭvĭum, ĭi, *n.* (diluo), 1) Überschwemmung, Wasserflut, *Ā* 12,205. 2) übtr., Verwüstung, Verheerung

durch Krieg, 'Süudflut' (vorh. 'tempestas'), *Ā* 7, 228.

dī-mētĭor, mensus sum, mētīri, vermesse, messe aus, campum ad certamen, *Ā* 12, 117. Part. Perf. m. pass. Bed., orbis mundi certis dimensus partibus, der in bestimmte Abschnitte u. Zeiten (Monate, Tage) gemessene Kreislauf des Jahres, den die Sonne durch den gergelten Eintritt in die zwölf Zeichen des Tierkreises lenkt, d. i. die Einteilung des Jahres nach gewissen Abschnitten bewirkt, *G* 1, 231. omnia sint paribus numeris dimensa viarum, verteile alles durch die Zahlen der Gänge gleich, ordne durch gleiche Zwischenräume der Gänge, *G* 2, 284.

dī-mitto, mīsi, missum, ĕre, 1) schicke nach verschiedenen Seiten, hierund dahin, sende aus od. herum, per litora certos, *Ā* 1, 577. 2) mit vorzugsw. Rücksicht auf das Subj., lasse fort od. gehen, entlasse, entferne, equos, lasse laufen (um den Kampf zu Fufs zu beginnen), *Ā* 10, 366. alqm ab armis, von der Teilnahme an dem Kampfe, entziehe den Waffen (dem Kriege), *Ā* 10, 46. 12, 844. *b*) übtr., lasse fahren, gebe auf, fugam, entsage der Flucht, *Ā* 11, 706.

dī-mŏvĕo, mōvi, mōtum, ĕre, 1) bringe auseinander, terram aratro, wühle um, *G* 2,513. 2) zerteile, trenne, aëra, auras, *Ā* 5, 839. 9, 645. umbram polo, caelo, scheuche vom Himmel, *Ā* 3, 589. 11, 210.

Dindўma, ōrum, *n.* (Δίνδυμα), ein der phrygisch-lydischen Göttin Kybele heiliges Gebirge in Phrygien, j. 'Murad Dagh', *Ā* 9, 618. 10, 252.

dī-nŭmĕro, āre, zähle aus, überzähle, berechne, tempora, Stunden u. Tage in bez. auf die dem Äneas vom Schicksal aufbehaltenen Begebenheiten u. dessen Eintreffen in der Unterwelt, *Ā* 6, 691.

Dĭŏmēdēs, is, *m.* [griech. Akk. 'Diomede', Διομήδη, *Ā* 11, 243] (Διομήδης), Sohn des Tydeus u. der Deïpyle in Atolien, König in Argos, einer der tapfersten Helden vor Troja, zog, als ihm von seiner Gattin Ägialea bei der Rückkehr die Landung verweigert wurde, zuletzt nach Apulien, wurde hier vom König Daunus (s. d.) freundlich aufgenommen u. gründete sich dort eine Herrschaft, *Ā* 1, 752. 10, 581. 11, 226 flg. Diomedis urbs, 'Argyripa' od. 'Arpi', *Ā* 8, 9. Die Gefährten desselben wurden wegen übermäfsiger Trauer über seinen Tod in Vögel verwandelt, *Ā* 11, 272.

Diōnaeus, a, um (*Διωναῖος*), zu Dione gehörig, der Mutter der Venus u. Stammmutter des julischen Geschlechts, dionäisch, mater, Venus, als Mutter des Äneas, *Ä* 3, 19. Caesar (weil dieser sein Geschlecht von Iulus, dem Sohne des Äneas, herleitete), *B* 9, 47.

Dīōrēn, is, *m.* (*Διώρης*), ein Troër, Sohn des Priamus, Gefährte des Äneas, von Turnus getötet, *Ä* 5, 297. 324. 339. 345. 12, 509 (Akk. 'Diorem' *Haupt* und *Schap.*, 'Dioren' *Ribb.*).

Dīoxippus, i, *m.* (*Διώξιππος*), ein Troër, von Turnus getötet, *Ä* 9, 574.

Dīra, ae, *f.* (dirus), Rachegöttin, Furie, *Ä* 12, 869. gew. Plur. 'Dirae', ārum, unterirdische Rachegeister ('Unholdinnen'), *Ä* 4, 473 u. 610 (*Haupt* u. *Ribb.* 'dirae ultrices'). *Ä* 8, 701.12,845 flgg.

Dircaeus, a, um (*Διρκαῖος*), zur Dirke gehörig, einer Quelle nordwestlich von Theben in Böotien, dirkäisch, dcht. st. 'böotisch' od. 'thebanisch', Amphion, *B* 2, 24.

dīrĭgo, rexi, rectum, ĕre ['direxti' synkop. st. direxisti, *Ä* 6, 57.] (dis u. rego), *a*) richte od. wende (eig. nach verschiedenen Seiten hin, doch mit abgeschwächtem Begr. von 'dis'), um ein Ziel zu erreichen, gressum huc, *Ä* 5, 162. 11, 855. cursum per auras in lucos, *Ä* 6,195. Bes. *b*) richte Waffen wohin, ziele nach etw., tela manusque in corpus, *Ä* 6, 57. m. Dat., hastam Ilo, auf od. gegen den Ilus, *Ä* 10, 401. unum (hastile), schleudere, werfe, *Ä* 12, 490. spicula cornu, ziele, schnelle ab, *Ä* 7, 497. spicula converso fugientia arcu, schiefse rückwärts Pfeile ab, *Ä* 11,654. dcht., volnera, Pfeile, um damit zu verwunden, *Ä* 10, 140. *c*) richte Schlachtreihen, stelle in Schlachtordnung auf, acies, *Ä* 7,523. im Gleichnisse, *G* 2, 281. – ☞ Ribbeck schreibt überall **dērĭgo**, rexi, rectum, ĕre (de u. rego).

dīrĭmo, ēmi, emptum, ĕre (dis u. emo), eig. nehme auseinander, 1) trenne, von der heifsen Zone, alqm (vgl. submoveo), *Ä* 7,227. 2) übtr., bringe Kämpfende auseinander, proelia, unterbreche, hemme, breche ab, *Ä* 5, 467. bellum, beendige, lege bei, *Ä* 12, 79.

dīripio, rĭpŭi, reptum, ĕre (de u. rapio), 1) reifse auseinander, zerstreue, mit dem Begr. gewaltsamer Trennung, aras (die vorher errichteten), 'zerstöre', *Ä* 12, 283. 2) reifse los od. weg, oft mit dem Begr. der Hast und Eile, ensem vaginā, entreifse das Schwert der Scheide, *Ä* 10, 475 (*Ribb.* u. *Schap.* 'deripit'). funem litore, *Ä* 3, 267 (*Haupt*

u. *Schap.*; 'deripere', *Ribb.*). rates navalibus, schaffe eilig fort, *Ä* 4, 593 (*Haupt* u.*Ribb.* 'deripiunt'). *b*) raube, beraube, plündere, domum, *Ä* 2,563. focos, *Ä* 9, 75. dapes, *Ä* 3, 227. mella, *G* 4, 214.

dī-rŭo, rŭi, rŭtum, ĕre, stürze od. reifse auseinander, arbusta, entwurzele, *Ä* 10, 363.

dīrus, a, um, grausig, grauenhaft, gräfslich, schrecklich, unheilverkündend, unheilvoll, verderblich (oft mit dem Nebenbegr. des Übernatürlichen), 1) eig., cometae, *G* 1,488. facies (Plur.), *Ä* 2, 622. religio loci, ehrfurchtsvolleHeiligkeit, 'heiligerSchauer', *Ä* 8, 350. 2) übtr.: *a*) v. Pers., dea, *Ä* 12, 914. deae, sorores (Furien), *Ä* 7, 327 u. 454. Celaeno, *Ä* 3, 211. Ulixes, *Ä* 2, 261. pestis (von den Harpyien), *Ä* 3, 215. v. Kamilla, *Ä* 11, 792. gens, *Ä* 3, 235. '*b*) v. Seelen- u. Gemütszuständen, mens, verkehrter Sinn (der mit unheilvollen Plänen umgeht), 'böser Geist', *Ä* 2, 519. cupido, wilde, unwiderstehliche, *Ä* 6, 373. 9, 185. *G* 1, 37. *c*) v. lebl. Gegenst. u. Zuständen, 'gräfslich', 'schrecklich', illuvies, *Ä* 3, 593. fames, *Ä* 3, 256. contagia, *G* 3, 468. funus, exitium, *Ä* 11, 56. 12, 924. bellum, *Ä* 11,207. pugna, *Ä* 10, 50. Belli portae (durch 'ferro' u. compagibus artis' näher bestimmt), *Ä* 1, 293. bucina (weil zu Kampf u. Blutvergiefsen aufforderud), *Ä* 7, 520. nefas, *Ä* 4, 563. supplicia, *Ä* 6, 498. Sbst., dira, ōrum, *n.*, Unheil, cauere, schreckliche Schmähungen, *Ä* 9, 621. Neutr. Plur. als Adv., dira fremens, d. i. furchtbar knirschend, *Ä* 10, 572.

dīs, dītis, reich (bei Verg. nur Superl. 'ditissimus'), reich begütert, v. Pers., *Ä* 9, 360. m. Gen., agri, *Ä* 10, 563. auch noch mit einem partitiv. Gen., ditissimus agri Phoenicum, der begütertste unter den Phön., *Ä* 1,343 (*Ribb.* 'auri' st. 'agri'). v. Ländern, m. Gen., silvae, 'waldreich', *G* 2, 136.

Dīs, ītis, *m.* (*Δίς* ungebr. Nom. zu *Διός*, d. i. *Ζεύς*), Pluto als Juppiter der Unterwelt (*Ζεὺς χθόνιος* od. *καταχθόνιος*), weil er in seinem Reiche ein ebenso gewaltiger Herrscher ist als Juppiter im Äther, *Ä* 4, 702. 5, 731. 6, 269. 397. 541. 7, 568. 8, 667. 12, 199. *G* 4, 466 u. 518. dcht. st. Unterwelt, *Ä* 6, 127.

dis-cēdo, cessi, cessum, ĕre, 1) gehe auseinander, trenne mich, v. mehreren, *Ä* 2, 109 u. 644. 5, 551 (*Ribb.*). 12, 696. ad urbem, *Ä* 12, 184. dcht. von den Fluten, late, *G* 4, 359. v. Himmel, b. medium, sich teilen, eine Öffnung machen, *Ä* 9, 20. dcht. von einer durch mechanische Vorrichtungen drehbaren Schaubühne, scaena ut discedat versis frontibus, wie die Bühne durch Umkehrung der Vorderseite sich verwandelt, *G* 3,24. 2) übb. **trenne mich, gehe fort** od. **weg, scheide,** v. einzelnen, *A* 6, 545.

dis-cerno, crēvi, crētum, ĕre, 1) **sondere ab, trenne,** auro telas, **durchziehe** od. **durchflechte** das Gewebe mit Goldfäden, Golddraht, *A* 4,264. 11,75. 2) übtr., **unterscheide,** *a)* mit den Augen, diem noctemque caelo, *A* 3, 201. *b)* mit dem Geiste, **entscheide, schlichte,** dcht. v. Grenzstein, litem arvis, den Streit über die Äcker, *A* 12, 898.

discerpo, cerpsi, cerptum, ĕre (dis u. carpo), *a)* **zerreiſse, zerstückle,** alqm, *G* 4, 522. *b)* übtr. v. Winden, **zerstreuen,** omnia, vernichten (da die Abgehenden die Aufträge des Iulus nicht mehr hören), *A* 9, 313.

discessus, ūs, *m.* (discedo), das **Weggehen,** die **Abreise,** *A* 6, 464. 8, 215.

di-scindo, scĭdi, scissum, ĕre, **zerreiſse,** manu amictum, *A* 12, 602. artus, 'zerfleische', *G* 3, 514.

dis-cingo, cinxi, cinctum, ĕre, **gürte los** od. **auf,** discincti Afri (in den Augen der Römer ein Zeichen der Weichlichkeit), *A* 8, 724.

dis-clūdo, clūsi, clūsum, ĕre, eig. **schlieſse auseinander,** dah. **trenne, sondere,** Nerea ponto (*Abl. instr.*), den M. gesondert im M. einschlieſsen, *B* 6, 35. morsus roboris, aus den Bissen der Eiche den Schaft loswinden, *A* 12, 782.

disco, dĭdĭci, ĕre, **lerne, lerne kennen,** *a)* eig., v. Pers., veniendi causas, *A* 6,488. discit vitas et crimina (silentum), forscht nach Leben u. Schuld usw., *A* 6, 433. voltus venientium (um den einen von dem andern unterscheiden zu können), *A* 6, 755. virtutem ex me .. fortunam ex aliis, in der Tapferkeit u. Ausdauer nimm mich, im Glücke andere zum Beispiel u. Vorbild, *A* 12, 435. crimine ab uno disce omnes, lerne aus éinem Verbrechen, aus dem Verbrechen éines Griechen alle kennen (Sinn: lerne aus éinem Beispiele, wie treulos alle Griechen sind), *A* 2, 65. haec certis signis, erkennen, *G* 1, 351. mit doppelt. Konstr., näml. Objektsakk. u. Relativs., *A* 5, 737. m. Objektsakk. u. Inf., *A* 6, 620. mit bl. Inf., wie unser 'lerne', 'versuche', *A* 1, 630. 5, 222. *B* 10, 61. *G* 3, 232. m. Relativs., *G* 2, 160. *b)* übtr. v. sachl. Subj., wie von der Wolle, m. Inf., *B* 4, 42.

dis-cŏlŏr, ōris, **verschiedenfarbig, buntfarbig,** auri aura, Abglanz od. Wiederschein des Goldes, abstechend

od. verschieden von der übrigen Farbe des Baumes, *A* 6, 204.

discordĭa, ae, *f.* (discors), 1) **Uneinigkeit, Zwietracht, Zwist, Hader,** bes. als Ursache des Kriegs, *B* 1, 72. *G* 2, 496. 4, 68. *A* 7, 545. 10, 9. 2) personif., "Ἔρις, eig. Gefährtin des Mars, zum Kampfe erregende Kriegsgöttin, später Göttin der Zwietracht, *A* 6, 280. 8, 702.

discors, cordis (disu.cor), *a)* **uneinig, zwieträchtig,** venti, *A* 10, 356. arma, feindliche, Krieg, *G* 2, 459. animi, erbitterte Herzen, *A* 9, 688. *b)* übtr., **entgegengesetzt, verschieden,** m. Abl., 'durch etwas sich unterscheidend', ora sono discordia signant (näml.: illi), d. i. zeigen durch einen eigentümlichen Ton (Dialekt) eine gewisse Verschiedenheit in Rede u. Aussprache, durch welche die Troër, die ebenfalls griechisch sprachen, von ihren Gegnern geschieden werden konnten, *A* 2, 423.

dis-crĕpo, crĕpŭi, āre, **stimme nicht überein,** übtr., 'unterscheide mich', 'weiche ab', nec multum discrepat aetas, sie sind an Alter nicht sehr verschieden, *A* 10, 434.

discrīmĕn, mĭnis, *n.* (discerno), alles räuml. 'Scheidende' od. 'Trennende', 1) eig.: *a)* übh., discrimina costis quā spina dabat, d. i. einen Unterschied zwischen den Rippen machte, sie teilte, *A* 10,382. dcht., parvum oder tenue discrimen leti, gleichs. 'der schmale Rand des Todes', 'nur ein Haarbreit Raum bis zum Tode', d. i. kurzer Aufschub, kurze Frist des Verderbens, *A* 3, 685.-9, 143. 10, 511. *b)* Zwischenraum, Abstand od. Entfernung, aequum, *A* 5, 164. Dah. 'Intervall' in der Tonkunst, obloquitur numeris (Dat. v. 'obl.' abhängig) septem discrimina vocum, begleitet ihre Tänze u. Gesänge mit der siebensaitigen Leier, *A* 6, 646. 2) übtr.: *a)* durch die Sinne od. den Verstand angegebene **Unterschied,** *A* 6, 319. nullo discrimine, *A* 1,574. 10,108. 12, 498 u. 770. *b)* die von Umständen abhängende **Entscheidung,** bes. in wichtigen Dingen, Plur., *A* 10, 528. Dah. 'entscheidender Augenblick' od. 'Ausschlag', 'entscheidende oder gefahrvolle Lage', 'Bedrängnis', 'äuſserste Gefahr', *A* 9,210. Plur., rerum, *A* 1, 204.

discrīmĭno, āre (discrimen), **trenne, sondere,** agros (v. Feuerschein der Fackeln, sodaſs man die einzelnen Fluren mit ihren Rainen unterscheiden kann), *A* 11, 144.

dis-cumbo, cŭbŭi, cŭbĭtum, ĕre, **lege** od. **strecke mich nieder** (zu Tische), super ostro, *A* 1, 700. toris pictis, *A* 1, 708.

dis-cnrro, curri, cursum, ĕre, laufe auseinander, laufe hier- und dahin, zerstreue mich, *a*) v. Pers., *Á* 9, 164. discurrĕre pares, zogen sich, sprengten in gleichen Reihen auseinander (im Wettspiele zu Pferde), *Á* 5, 580. m. Angabe des Zieles, in muros, *Á* 11, 468. ad portas, *Á* 12, 577. *b*) von einem Flusse, laufend sich zerteilen, 'fliefsen', septem in ora, *G* 4, 292.

discŭtĭo, cussi, cussum, ĕre (dis u. quatio), 1) schlage auseinander, zerschlage, iubas capiti, zerfetze die Helmbüsche am Haupte, *Á* 9, 810. 2) übtr., *a*) zerteile, vertreibe, umbras (v. der Sonne), *G* 3, 357. *b*) geistig, verscheuche, umbras, *Á* 12, 669.

disĭcio (disĭĭcĭo), iēci, iectum (dis u. iacio), 1) werfe auseinander, zerschmettere, zertrümmere, reifse ein, muros, *Á* 8, 355. urbes, *Á* 8, 290. montes fulmine, *G* 1, 283. moles, *Á* 2, 608. 8, 191. 2) treibe zu einem Ganzen Verbundenes auseinander, sprenge auseinander, zerstreue, *a*) eig., rates, classem, *Á* 1, 43 u. 128. corpora ponto, *Á* 1, 70. duces, agmina, 'zersprenge', *Á* 11, 870. 12, 482. frontem securi, zerspalte, zerhaue, *Á* 12, 308. *b*) übtr., störe, vereitle, pacem compositam, *Á* 7, 339.

dis-jungo, iunxi, iunctum, ĕre, trenne, m. Abl., Italis oris, *Á* 1, 252.

dis-pār, păris, ungleich, verschieden, cicutae, *B* 2, 36.

dis-pello, pŭli, pulsum, ĕre, treibe auseinander, zerstreue, v. Winde, eos, *Á* 1, 512. v. Orion, per undas, *Á* 1, 538 (erg. 'nos'). umbras, *Á* 5, 839.

dispendĭum, ĭi, *n*. (dispendo), Verlust, Nachteil, dispendia morae, 'Zeitverlust', Verzug, *Á* 3, 453.

dis-perdo, dĭdi, dĭtum, ĕre, richte gänzlich zu Grunde, verderbe, miserum carmen, leiere ein erbärmliches Lied ab, *B* 3, 27.

dispergo, spersi, spersum, ĕre (dis u. spargo), 1) streue auseinander, zerstreue, rorem late, verspritze, *G* 4, 431. ossa cerebro permixta, zersplittere, zerschelle, *Á* 10, 416. incendia dispersa, zerstreute, einzelne, hier u. da, *Á* 10, 406. Part. Pass. v. Pers., dispersus, zerstreut, vereinzelt, *Á* 3, 197. 8, 321. 2) übtr., zerstreue, lasse verschwinden, vitam in auras, verhauche in die Lüfte, *Á* 11, 617. partem (voti) in auras, lasse ohne Erfolg, vereitle, *Á* 11, 795.

dispĭcĭo, spexi, spectum, ĕre (dis u. specio), sehe nach allen Seiten hin (nach etw.), um etw. zu erkennen, erblicke,

erkenne, nehme wahr, neque auras dispiciunt, sie vermögen den himmlischen Ursprung nicht mehr deutlich zu erkennen, *Á* 6, 734. *b*) betrachte etw. seinen einzelnen Teilen nach, 'schaue über etw. aus', aethere summo mare terrasque iacentes, *Á* 1, 224 (*Haupt* u. *Ribb.*; 'despexit' *Wagn.*, s. despicio). *c*) sehe, schaue klar u. deutlich, campum cavā montis convalle, *G* 2, 187.

displĭcĕo, plĭcŭi, ĕre (dis u. placeo), mifsfalle, alci, *G* 3, 56.

dis-pōno, pŏsŭi, pŏsĭtum, ĕre, stelle an verschiedenen Orten auf, lege hier und dahin bereit, enses, *Á* 3, 237.

dissensŭs, ūs, *m*. (dissentio), Uneinigkeit, Zwiespalt, dissensu vario, in der Meinung geteilt, *Á* 11, 455.

dissicio, s. disicio.

dissĭdĕo, sēdi, sessum, ĕre (dis u. sedeo), eig. auseinandersitzen, übtr. von Ländern, getrennt sein, mit Dat., quae dissidet sceptris nostris, 'entfernt liegt von unserem Reiche', *Á* 7, 370.

dissĭlĭo, sĭlui, īre (dis u. salio), *a*) zerspringe, berste, von Metall, *Á* 12, 741. vor Kälte, *G* 3, 363. *b*) 'trenne mich', von Italien u. Sicilien, *Á* 3, 416.

dis-sĭmĭlis, e, unähnlich, ungleich, m. Dat., *Á* 9, 282.

dis-sĭmŭlo, āre, verheimliche, verberge, heuchle, nefas, *Á* 4, 305. m. Relativs., *Á* 4, 291. abs., lasse mir nichts merken, quid dissimulo? warum habe ich meine Empfindungen, meinen Zorn hehl, halte damit zurück? *Á* 4, 368. dissimulant, sie unterdrücken ihr Verlangen, sie halten zurück, *Á* 1, 516.

dissulto, āre (Intens. v. dissilio), *a*) springe auseinander, übtr. v. Donnerschlägen, 'sich brechen', 'krachen', *Á* 12, 923. *b*) zerspringe, berste, *Á* 8, 240.

dis-tendo, tendi, tentum, ĕre, dehne mit etwas aus, fülle an oder aus, schwelle, m. Abl., ubera lacte distenta, d. i. strotzend von Milch, *B* 4, 21. distentae lacte capellae, *B* 7, 3. abs., distendunt ubera. *B* 9, 31. nectare cellas (v. Bienen), *G* 4, 164. *Á* 1, 433. ducem denso pingui, mit kräftiger Nahrung, *G* 3, 124.

distĭnĕo, ĕre (dis u. teneo), halte auseinander, trenne, hostem, *Á* 11, 381.

di-sto, āre, bin entfernt, nec longo distant cursu (näml. Gnosia regna), und die Fahrt dorthin ist nicht weit, *Á* 3, 116.

dis-trăho, traxi, tractum, ĕre, ziehe auseinander, zerreifse, turbatis distractus equis, *Á* 7, 767.

di-stringo, strinxi, strictum, ĕre, ziehe od. dehne auseinander, spanne aus, districti radiis rotarum, auf Radspeichen mit ausgerenkten Gliedern gespannt, *Ä* 6, 617.

dĭtĭo, s. dicio.

dĭū, Adv. (alter Abl. zu 'dies'), *a)* lange od. geraume Zeit, lange, *G* 1, 197. 2) seit langer Zeit, längst, *Ä* 2, 509.

dĭurnus, a, um (dies), zum Tage gehörig, horae, 'Tagesstunden', *G* 3, 400.

dīva, s. divus.

dī-vello, velli, volsum, ĕre, 1) reifse auseinander, corpus, zerhaue in Stükke, *Ä* 4, 600. nodos, trenne gewaltsam, löse, *Ä* 2, 220. 2) reifse los, trenne, Pass., divellor, 'reifse mich los', trenne mich', m. Abl., amplexu, aus den Armen, *Ä* 8, 568. abs., *Ä* 2, 434.

dī-verbĕro, āre, schlage auseinander, zerschlage, ferro umbras noctis, *Ä* 6, 294. v. Geschossen, 'durchsausen', 'durchschneiden', auras, umbras, *Ä* 5, 503. 9, 411.

dīversus, a, um (Part. v. diverto), nach entgegengesetzten oder verschiedenen Seiten gewendet oder gekehrt, 1) entgegengesetzt, getrennt, gesondert, einzeln, besonders, *a)* v. leb. Wesen, bes. in bez. auf Ort u. Zeit, diversi circumspiciunt, hier- und dorthin, rings umher, *Ä* 9, 416. age diversos, nach entgegengesetzten Seiten des Meeres, den einen hierhin, den andern dorthin, *Ä* 1, 70. diversae phocae, um ihn herum gelagert, *G* 4, 432. diversi explorant, nach verschiedenen Richtungen ausgehend, *Ä* 7, 149. *b)* v. Lebl.: *α)* nach entgegengesetzten oder verschiedenen Seiten gekehrt, einzeln, hier und da od. zerstreut liegend, diversa per litora diffugiunt, dem Ufer entlang in entgegengesetzten Richtungen, ringsum am Ufer sich zerstreuend, *Ä* 5, 676. ora (des Nils), *G* 4, 292. tecta, *Ä* 4, 163. dcht., caedes, d. i. das an verschiedenen Stellen angerichtete Blutbad, 'das viele Morden', *Ä* 12, 501. *β)* entgegengesetzt, nach oder in entgegengesetzter Richtung, auf der entgegengesetzten Seite oder gegenüber befindlich, liegend, diversa in parte, sodafs Feind vom Feinde getrennt war, *Ä* 11, 203. diversa parte, an ganz anderer Stelle, in ganz verschiedener Richtung (näml. in Etrurien, weit vom Lager des Äneas), *Ä* 9, 1. exsilia (mit dem Begr. des Entfernten), *Ä* 3, 4. litus, *Ä* 11, 261. hostis (kollekt.), *G* 3, 32. diversa ab urbe, *Ä* 12, 621. diversa bracchia ducens, die Arme nach beiden (entgegengesetzten) Seiten ausbreitend, erhebend, *Ä* 9, 623. tempora

quattuor (vom Wechsel der Jahreszeiten), *G* 1, 257. übtr., luctus, d. i. Klage oder Trauer, die fern in einem andern Teile od. übh. in verschiedenen Teilen der Stadt ausbrach, *Ä* 2, 298. Sbst., diversum, i, *n.,* 'entgegengesetzte Seite', m. Gen. caeli, *Ä* 3, 232. ex diverso, von od. auf der entgegengesetzten Seite, gegenüber, *Ä* 2, 716. diversa peto, gehe nach entgegengesetzten Richtungen, d. i. landeinwärts, *Ä* 7, 132. in diversa differo, *Ä* 8, 642. *γ)* ganz verschieden, räuml., partes, *Ä* 12, 521. aequora, *Ä* 1, 376. in anderer Bez., fata, *Ä* 12, 726. curae, 'widerstrebende Sorgen', *Ä* 12, 487. 2) nach der entgegengesetzten Seite gewendet oder gerichtet, von jmd. od. etw. abgekehrt od. abgewendet, quo diversus abis? nach welcher andern (falschen) Richtung fährst du?, *Ä* 5, 166; vgl. *Ä* 12, 726. v. Eurydike, fugit diversa, *G* 4, 500.

dīves, vītis, reich, *a)* v. Pers., reich, begütert, Dido, *Ä* 4, 263. m. Gen. 'an' etw., vestis et auri, equûm, opum, *Ä* 9, 26. *G* 2, 468. pecoris, *B* 2, 20. *b)* reich, gesegnet, fruchtbar, herrlich, v. Lebl., ramus, *Ä* 6, 195. ager, *Ä* 7, 262. Capua, *G* 2, 224. m. Abl., triumphis, *Ä* 4, 38. avis, *Ä* 10, 201. m. Gen., opum, *Ä* 1, 14. 2, 22.

dīvĭdo, vīsi, vīsum, ĕre, 1) teile auseinander od. nach verschiedenen Seiten hin, dcht., animum nunc huc nunc illuc, fasse bald diesen bald jenen Entschlufs, eile von einem Entschlusse zum andern, schwanke im Innern, *Ä* 4, 285. 8, 20. Bes. *a)* verteile, teile aus, vina, *Ä* 1, 195. *b)* teile zu, erteile, divisae arboribus patriae, jedes Land hegt seine eigenen Bäume, *G* 2, 116. 2) teile nach entgegengesetzten Seiten hin- od. voneinander, trenne, scheide, sondere, quem nunc maestum patria Ardea longe dividit, der fern von hier jetzt im heimischen Ardea trostlos weilet, *Ä* 12, 45. Bes. in geograph. Bez., toto divisi orbe Britanni, von dem ganzen Erdkreis (durch den Ocean) getrennt, *B* 1, 66. medium luci atque umbris dividit orbem, 'und zerteilt in der Mitte für Licht und Schatten den Umkreis', *G* 1, 209. quam (Italiam) longa procul longis via dividit invia terris (durch lang sich streckende Länder), *Ä* 3, 383. Bes. *a)* spalte, zerspalte, frontem securi, *Ä* 9, 751. muros, durchbreche, reifse ein, *Ä* 2, 234. *b)* mache, dafs etwas hervorsticht, gemma, fulvum quae dividit aurum, der in Gold gefafst ist, *Ä* 10, 134.

dīvīnĭtŭs, Adv. (divinus), von einer

Gottheit, durch göttliche Fügung verliehen, *G* 1, 415.

dīvīnus, a, um (divus), göttlich, 1) den Göttern gehörig oder zukommend, tela (von den Pfeilen im Köcher des Apollo), *Ä* 9, 659. rus (weil von Göttern besucht u. beglückt od. in bez. auf Ceres), *G* 1, 168. odor (Duft der Venus), *Ä* 1, 403. decor (der Iris), *Ä* 5, 647. ars, *Ä* 2, 15. Bes. *a)* die Götter oder den Gottesdienst betreffend, res, heilige Handlung, Opfer, *Ä* 8, 306. *b)* göttlich, göttergleich, trefflich, Alcimedon, *B* 3, 37. 2) göttlich, von den Göttern oder einer Gottheit abstammend, parens (v. Anchises), *Ä* 5, 47. stirps (v. Acestes), *Ä* 5, 711. mens, der nach den Lehren des Pythagoras u. der Platoniker als reinster Äther alle Wesen durchströmende Weltgeist, in welchen diese nach ihrer Auflösung wieder zurückkehren, *G* 4, 220. 3) von einer Gottheit ausgehend, von Gott erfüllt, gottbegeistert, poëta, *B* 5, 45. 10, 17. carmen, *B* 6, 67.

dīvitiae, ārum, *f.* (dives), Reichtum, Schätze, *Ä* 6, 610.

dīvortium, ii, *n.* (divorto), Scheideweg, Plur., Verzweigungen des Weges, Nebenwege, *Ä* 9, 379.

dīvus (od. **dīus**), a, um (*δῖος*), 1) von göttlicher Abstammung, göttlich, parens, *Ä* 4, 365. creatrix, *Ä* 6, 367. 8, 534. Camilla, *Ä* 11, 657 (wo 'dia'). Laurens, *Ä* 12, 768. 2) Sbst.· *a)* divus, i, *m.*, Gott, von Äneas, *Ä* 12, 797. seit der Kaiserzeit, 'vergöttert', 'unter die Götter versetzt' (auch '*Divus*' geschr.), divi genus, Oktavian, als Adoptivsohn des unter die Götter versetzten Julius Cäsar, *Ä* 6, 793. Plur.: 'divi', ōrum (gew. 'divûm' od. 'divom'), *m.*, Götter, *B* 3, 72. *Ä* 2, 602. verb., divique hominesque, *Ä* 12, 28. hominum quisquam divomque, *Ä* 10, 65. *b)* diva, ae, *f.*, Göttin, v. Minerva, *Ä* 1, 482. 2, 425. diva deam adfata est, d. i. Juno redete die Juturna an, *Ä* 12, 139. von der Muse Erato, *Ä* 7, 41 (vgl. *Ä* 1, 8). Plur., von den Musen, *Ä* 7, 645. 9, 529. *c)* sub divo, unter freiem Himmel, *G* 3, 435.

dō, dēdi, dătum, dăre, 1) gebe (in weitester Bed., gew. freiwillig, ohne Verpflichtung od. Zwang), alqd alci, *Ä* 1, 196. 5, 352. fruges manibus salsas, mit den H. streuen (auf die Stirn des Opfertieres), *Ä* 12, 173. promissa, *Ä* 11, 152. veniam alci, *Ä* 4, 436. signum bello, zum Kriege, *Ä* 11, 474. poenas, eig. gebe Strafe, übh. leide, büfse Strafe, pro alqa re, *G* 1, 405. poenas dant sanguine, büfsen mit dem

Leben, *Ä* 2, 366. m. Dat. der Pers., erleide Strafe von jmd., werde bestraft von jmd., Teucris, *Ä* 10, 617. Bisw. im Präs. u. Imperf. vom Anfange oder Vorhaben der Handlung, 'biete an', *Ä* 12, 394. Bes. Präs. st. Perf. von der abgeschlossenen Handlung, deren Wirkung noch fortdauert, cratera antiquum (tibi dabo), quem dat Dido, der ein Geschenk der Dido ist, *Ä* 9, 266. hospitibus te dare iura loquuntur, man sagt, dafs du der Hüter (Gott) des Gastrechts seiest, *Ä* 1, 731; vgl. *Ä* 11, 172. Bes. *a)* gebe, übergebe (als Eigentum), alqd dono, zum Geschenk, *B* 2, 37. m. Part. Fut. Pass. zur Bezeichn. des Zweckes, datur ducenda Lavinia Teucris, zur Vermählung, *Ä* 7, 359. dcht. mit Inf. zur Angabe des Zweckes, bisw. durch 'lassen' zu übersetzen, *Ä* 1, 319 u. 529. 3, 77. 5, 248 u. 306. quem (cratera) dederat Anchisae Cisseus ferre sui monumentum, *Ä* 5, 538; ähnl. *Ä* 5, 572. *b)* gebe, reiche (dar), dextram alci, *Ä* 3, 611. dab. *α)* biete dar, übergebe, überlasse, latus undis, *Ä* 1, 105; vgl. *Ä* 1, 176. 7, 394. 10, 425. moenia, urbes, verleihe, bestimme, *Ä* 3, 501. 4, 225. terga, kehre den Rücken, fliche, *Ä* 9, 686; auch mit 'fugā' verb., *Ä* 12, 463. classibus austros, *Ä* 3, 61. Bes. 'dare se' sich darbieten, oft mit dem Nebenbegr. der Eile oder des Ungestüms, memet super ipsa dedissem (näml. in ignem), ich hätte mich selbst darüber geworfen, in die Flammen gestürzt, *Ä* 4, 606. *β)* dcht. m. sachl. Subj., von dem, was sich darbietet od. eintritt, multa melius se nocte dedere, manches geschieht vorteilhafter, wird vort. gethan bei Nacht, *G* 1, 287. quocumque tempore vires se dabunt, wenn nur immer die Kraft sich findet, es gestattet, *Ä* 4, 627. Pass., *Ä* 4, 158. quā data (est) porta, wo sich eröffnete ein Thor, *Ä* 1, 83; vgl. *Ä* 9, 720. 11, 248. *c)* gebe, übertrage, imperium, *Ä* 1, 139; vgl. 9, 160. *d)* gebe, gewähre, verleihe, erlaube, gestatte, alqd petenti, *Ä* 9, 83. iter datum, der ihm vom Schicksal verstattete Weg, *Ä* 6, 477. fugam caelo, am H. entweichen (v. Wolken), *Ä* 7, 24. tempus, *Ä* 6, 537. vires, *Ä* 5, 415. animos, munterer machen, *Ä* 7, 383. genti nomen (näml. Teucrorum), *Ä* 1, 248. datis ventis, nachdem mir günstiger Wind verliehen, bei günstigem Winde, *Ä* 3, 705 (*Ribb.* 'velis'), 'hāc arte responsa dabat (näml. 'Nautes'), vermöge dieser Kunst gab Nautes Auskunft über das, was der Zorn der Götter in Aussicht stelle, und über das, was der Gang des Fatums mit sich bringe, *Ä* 5, 706. im Gegs. zu 'adimo', *Ä* 4,

244; vgl. *Ä* 4, 486. 8, 150. Bes. zur Umschreib., quietem scram per membra dedit, gönnte erst spät sich Ruhe, *Ä* 8,30.
do amplexus, umarme, *Ä* 1, 687. tortus
corpore, mache Windungen mit dem Körper, d. i. krümme mich, *Ä* 5,276. do locum, cig. mache Platz, d. i. weiche (zurück), flammae dant locum (nachh. re-
cedunt), *Ä* 2, 633. silva locum dat euntibus, macht Platz, d. i. die vorstehenden
Zweige der Bäume zerbrechen bei ihrem
stürmenden Laufe, *Ä* 7, 676. quem das
finem laborum, wann machst du den Mühen ein Ende, endest du die Mühsal?
Ä 1, 241. Häuf. v. Göttern, 'geben', 'gewähren', 'verleihen', 'gönnen', *Ä* 1, 306.
3, 460. Bes. m. Akk. u. Inf., 'gebe' od.
'lasse zu', 'lasse', 'erlaube', *Ä* 6, 66. da
iungere dextram, *Ä* 6, 697. dedit esse
deas, gewährte uns, daſs wir usw., *Ä* 10,
235; vgl. *Ä* 5, 689. mit Konj. zur Bezeichn. der Absicht, date, volnera lymphis abluam, gebt zu, daſs ich die W.
mit Wasser abwasche, *Ä* 4, 683. manibus date lilia plenis, purpureos spargam
flores, *Ä* 6, 884 flg. mit Part. Prät. Pass.,
te mea dextera bello defensum dabit,
meine Rechte wird dir Schutz gewähren
im Kriege, *Ä* 12, 437. Pass., sat patriae
Priamoque datum, genug ist geschehen
für das Vaterland u. Pr., *Ä* 2, 291. sat fatis
Venerique datum, die Versprechungen
der Venus sind schon hinlänglich erfüllt,
Ä 9,135. nulla potestas datur, es ist nicht
verstattet, *Ä* 3, 670. 'datur' m. Inf., es
ist verstattet, erlaubt, man kann od. darf,
Ä 1, 409 u. 553. 3, 70. 6, 140 u. 688. 9,
116. ellipt., *Ä* 11, 293. *e*) gebe, gebe
hin, gebe preis, überlasse, übergebe, arces excidio, *Ä* 12, 655. ora capistris, lege den Kappzaum an, *G* 3,188.
collo bracchia circum, schlinge die Arme
um den Hals, *Ä* 6, 700. ulmos igni, *G* 3,
378. vitam iaculo, *Ä* 9, 704. sese fluvio,
Ä 11, 565. aequo me campo, vertraue
mich an, *Ä* 9, 56; vgl. 7, 247. 12, 328. funera campis, strecke dahin, zu Boden,
Ä 11, 646. 12, 383. alqm leto, neci (Neci),
töte, erlege, *Ä* 5, 806. 12, 341. quos dat
tua dextera leto, *Ä* 11, 172. abs., unum
pro multis dabitur caput, nur éin Haupt
(Palinurus) wird büſsen für viele, für
alle, *Ä* 5,815. dcht., canibus data praeda
iaces, preisgegeben als Beute, *Ä* 9, 485.
do lora, gebe die Zügel hin, lasse schieſsen,
Ä 1, 156. *G* 3, 107. habenas laxas, gebe
die Zügel schlaff, verhänge, *Ä* 1, 63. 11,
263. manus, gebe die Hände hin, lasse
mich binden, dah. übh. ergebe mich, gebe nach, unterwerfe mich, *Ä* 11, 568.
Bes.: do vela (mit u. ohne ventis), span-

ne die Segel (auf), segele od. fahre (ab),
Ä 1,35. 3, 191 u. 705. 4, 546. 5, 797. 12,
264. oft mit näherer Angabe des Zieles
usw., vela in altum, *Ä* 1, 35. 3, 191. lintea
retro, die Segel wenden, *Ä* 3, 686. tuta
per undas vela, *Ä* 5,796. vela pelago patenti, fahre mit vollen Segeln, bildl. v. Mäcenas, *G* 2, 41. penitus profundo (Dat.) vela, fahre (segele) zum fernen Meere, *Ä* 12,
264. vela fatis, vertraue dem Geschicke an,
G 3, 9. *f*) mit Angabe des Zieles, gebe
übh., richte, bringe, bewege wohin,
me in acies, trete unter die Reihen der
Krieger, in das Heer, *Ä* 12, 227. me in
bella, *Ä* 12,633. me iactu in aequor, stürze
mich, *Ä* 4, 528. cursum in medios, eile,
Ä 10, 870. saltum arvis (*Dat.*), mache
einen Sprung, springe hinab auf den Boden, *Ä* 12, 681.
2) gebe von mir, prolem partu, gebäre, *Ä* 1, 274. lacrimas, vergieſse, *Ä* 4,
370. 9, 292. gemitum, seufze, *Ä* 1, 485.
cantus, erhebe, beginne, *Ä* 1, 398. ähnl.,
clamorem, sonum, *Ä* 3, 566. *G* 3, 83. sonitus, *Ä* 5, 435. modos canoros per colla,
'lasse ertönen', v. Schwane, *Ä* 7, 701.
signa, gebe Merkzeichen von mir, bes.
Töne (von den Kranichen), *Ä* 10, 265.
responsa, gebe, *Ä* 2, 376. *B* 1, 45. data
fata, das nach der Bestimmung des Schicksals von den Göttern, bes. Juppiter, Ver-
hängte, 'der Wink des Geschickes', *Ä* 1,
382. Bes. dicta, verba, ore voces, spreche,
Ä 5, 852. 10, 640. 11, 840. dah. Imper.
'da', 'gieb an', 'sag an', 'sprich', mit indir.
Frages., *B* 1, 19.
3) gebe, d. i. bringe hervor, colorem, lasse strahlen, *Ä* 12, 69. lucem, er-
leuchte (den Pfad), *Ä* 2,569. cuneum, bilde, *Ä* 12,575. ruinam dant, strecken einander zu Boden (im Zweikampf), *Ä* 11,
614. sonitum, errege, *Ä* 3,584. finem his
(malis), mache ein Ende, ende, *Ä* 1, 199.
finem laborum, *Ä* 1, 241. fugam, flüchten
sich (v. Wolken), *Ä* 12,367.

dŏcĕo, dŏcŭi, doctum, ēre, 1) lehre,
unterweise, unterrichte, alqm, *Ä*
5, 705. alqd, *Ä* 1, 392 u. 741. mit Inf., *Ä*
5, 598. zugl. mit Akk. der Sache, reso-
nare doces Amaryllida silvas, *B* 1, 5;
vgl. *G* 2, 77 u. 3,116. Part. 'doctus' m. Gen.,
fandi, gewandt in der Rede, *Ä* 10, 225.
2) belehre, unterrichte, sage an,
zeige, sage, erzähle, *a*) v. Pers., alqm
alqd, *Ä* 6, 759. *G* 3, 440. docet Laurentes
populos urbemque Latini, macht ihn
(den Äneas) mit den Laurentinern und
der Stadt des Latinus bekannt, d. i. erwähnt, welche Kriege er (Äneas) mit den
Latinern bei der Stadt des Latinus zu
führen haben werde, *Ä* 6,891; vgl. *Ä* 6,565.

8, 346. 11, 249. Pass., doceri ne quaere, verlange nicht Belehrung, *Ä* 6, 614. m. Relativs., *Ä* 1, 332. 4, 116. paucis, *Ä* 8, 50. *b*) v. Lebl., lehren, zeigen, beweisen, abs., docuit post exitus ingens, *Ä* 5, 523.

Dōdōna, ae, *f.* (*Δωδώνη*), alte Stadt in Epirus, älteste Orakelstätte des Zeus mit berühmtem Eichenhaine, dcht. übtr. st. Eichenwälder, *G* 1, 149.

Dōdōnaeus, a, um (*Δωδωναῖος*), zu Dodona (dem Reiche des Helenus) gehörig, dodonäisch, lebetes, *Ä* 3, 466.

dŏlĕo, lŭi, lĭtum, ēre, *a*) empfinde Schmerz in geistiger Bez., bedaure, betrübe mich, beklage mich (Gegs. 'gaudeo'), abs. *Ä* 4, 393. 6, 733. *G* 2, 498. mit homogenem Abl., dolore alcjs, d. i. über oder wegen jmds. Betrübnis, *Ä* 1, 669. mit allgem. Akk. eines Neutr. im Sing., quidve dolens, oder vorüber (weshalb)im Herzen gekränkt, erzürnt, *Ä* 1, 9. *b*) gerate in Aufregung des Gemüts, bes. beim Kampfe, numquam doliturus, der weder vom Schamgefühl noch vom Zorn ergriffen wird, d. i. unempfindlich, gleichgültig, *Ä* 11, 732.

Dŏlĭchāōn, ŏnis, *m.*, Vater des Hebrus, *Ä* 10, 696.

dŏlŏ(n), ōnis, *m.* (*δόλων*, dolus), Stab mit eiserner (verborgener) Spitze, Pike, Lanze, *Ä* 7, 664.

Dŏlōn, ōnis, *m.* (*Δόλων*), Sohn des Eumedes, ein Troër, *Ä* 12, 347.

Dŏlŏpes, um, *m.* (*Δόλοπες*), thessal. Volksstamm am Enipeus, im trojan. Kriege von Pyrrhus (Neoptolemus) geführt, *Ä* 2, 7. 29. 415 u. 785.

dŏlŏr, ōris, *m.* (doleo), Schmerz, 1) physischer [dolór in der Cäsur, *Ä* 12, 422], *Ä* 11, 645. 12, 422. *G* 3, 457. 2) Schmerz der Seele, Leid, Gram, Kummer, Wehmut, auch innerer Grimm (der auf Rache sinnt), Unmut, Unwille, Groll, *a*) eig., oft Plur., *Ä* 1, 209. 2, 594 u. 776. 4, 474. 547. 5, 608. 6, 31. 8, 500. 9, 138. 216. 10, 64. 395. 11, 709. 12, 146. 801. 880. *G* 3, 102. m. 'cura' verb., *Ä* 6, 383. m. 'ira', 'Ingrimm', *Ä* 1, 25. 9, 66. m. 'doleo', *Ä* 1, 669. in dcht. Entgegenstellung, dolor atque decus, *Ä* 10, 507. m. subj. Gen., nati, *Ä* 12, 411. dolores Lausi, *Ä* 10, 863. Abl. 'dolore', 'vor Schmerz' od. 'Qual', *Ä* 7, 291. 11, 151 u. 644. *b*) meton., von dem, was Schmerz erregt, *Ä* 2, 3.

dŏlus, i, *m.* (*δόλος*), Täuschung, List, Hinterlist, Betrug, Verrat, oft Plur. 'Ränke', 'Ausflüchte', *a*) eig.: *α*) v. Pers., *Ä* 1, 130. 673. 682. 2, 62. 152. 196. 390. 4, 128. 296. 563. 8, 205. 11, 522.

704. 12, 26. *G* 4, 346 u. 400. listige Ränke, Ausflüchte (welche die Verbrecher ersinnen), *Ä* 6, 567. Abl. 'dolo', durch einen trügerischen Rat (den Thymöthes gab, um sich zu rächen), *Ä* 2, 34; adverbial, 'durch List', 'mit List', 'mit Arglist', 'auf listige Weise', *Ä* 1, 95. 5, 342. 11, 712. *β*) v. Tieren, *B* 5, 60. *b*) meton., jedes künstliche Mittel jmd. zu täuschen, v. trojan. Pferde, *Ä* 2, 264. v. den Irrgängen des Labyrinthes, *Ä* 5, 590. 6, 29 (m. 'ambages' verb.).

dŏmĭna, ae, *f.* (dominus), Herrin, Gebieterin, *Ä* 11, 805. bes. v. Göttinnen, v. Kybele, *Ä* 3, 113. v. Juno, *Ä* 3, 438. von der Gattin des Pluto, Proserpina, *Ä* 6, 397.

dŏmĭnor, āri [altert. Inf. 'dominarier', *Ä* 7, 70] (dominus), *a*) v. Pers., bin Herr, herrsche, gebiete, *Ä* 1, 285. 2, 327. 6, 766. summā arce, *Ä* 7, 70. *b*) v. sachl. Subj., v. Troja, *Ä* 2, 363. vom Unkraut, inter culta, die Oberhand gewinnen, wuchern, *G* 1, 154.

dŏmĭnus, i, *m.* (domus), 1) Herr, Eigentümer, Besitzer, *Ä* 12, 473 u. 534. 2) Herr, Beherrscher, Gebieter, *Ä* 4, 214. 12, 236. v. Remus (im Gegs. zu dessen 'armiger' und 'auriga'), *Ä* 9, 332. Plur., *Ä* 6, 613. domini rerum, Herren der Welt (von den Römern), *Ä* 1, 282.

dŏmĭto, āre (Intens. v. domo), zähme, bändige, boves, *G* 1, 285. dcht., currus, lenke das Gespann, *Ä* 7, 163.

dŏmĭtŏr, ōris, *m.* [domĭtŏr durch den Iktus verlängert, *Ä* 12, 550] (domo), Bezähmer, Bändiger, Bezwinger, equûm, Beiw. der Fürsten und Helden, der reißige Held, *Ä* 7, 189 u. 651. 9, 523. 12, 128 u. 550. übtr., maris, v. Neptun, *Ä* 5, 799.

dŏmĭtrix, trīcis, *f.* (domitor), Bändigerin, Zähmerin, dcht. v. Epidaurus, equorum, *G* 3, 44.

dŏmo, mŭi, mĭtum, āre, zähme, bändige, *a*) eig., Tiere, vitulos, *G* 3, 164. dcht. von abstr. Subj., acrior cura domat illum, bändigt, macht unschädlich, *G* 3, 539. 2) übtr., lebl. Obj., *a*) konkr. Obj., bewältige alles Harte od. Rauhe, bes. den Erdboden, terram rastris, gleichs. 'zwinge' (zum Ertrag), mache urbar, bebaue, *Ä* 9, 608. arbores, pflege emsig, *G* 2, 62. extremis domitus cultoribus orbis, die von den äußersten Pflanzern, d. i. die äußersten, entferntesten von Pflanzern bebauten Ländereien oder Gegenden, *G* 2, 114. ulmus vi flexa domatur in burim, wird zur Sterze des Pfluges mit Gewalt gebeugt, *G* 1, 169. dcht., mella durum Bacchi domitura saporem, Honig, der zum Weine gemischt diesem den herben Geschmack nehmen od. rauben soll, *G* 4, 102. *b*) abstr. Obj., zähme, bändige, fera corda, v. begeisterten Weissager, *A* 6, 80.

dŏmŭn, ūs (u. i), *f.* [bei Vergil Gen. Sing. nur 'domūs', *A* 1, 356. 4, 318 u. 645. 6, 27. 53. 81. 7, 371. *G* 4, 209. Vok. 'domus', *A* 2, 241. Abl. 'domo', *A* 10, 183; vgl. *A* 8, 414. Plur. Nom. 'domus', *G* 4, 481, zweifelh. *A* 10, 52. Gen. 'domorum', *A* 2, 445. 8, 98. 11, 882. 12, 132. *G* 4, 159. Dat. 'domibus', *G* 2, 443. Akk. 'domos', *A* 1, 139 u. ö. *G* 1, 182. 2, 115. 209. 511. 4, 446] (δόμος), Haus, 1) eig. u. meton.: *a*) eig., Haus, Behausung, Wohnung, *A* 1, 356 u. ö. oft Heimat, Vaterland, *A* 7, 122. 8, 144. 10, 183. Bes. Adverbialformen, domi, zu Hause, im Hause, daheim, *B* 3, 33. 7, 15. domum, nach Hause, ins Haus, *A* 2, 756. *B* 1, 36. unde domo? woher stammt ihr, wo seid ihr zu Hause? *A* 8, 114. *b*) meton., Haus, d. i. die zum Hause gehörigen Menschen, Geschlecht, Familie, Assaraci, Aeneae, *A* 1, 284. 3, 97; vgl. *A* 4, 318. 9, 448. Sergia, *A* 5, 121. scelus domūs, *A* 1, 356. origo domūs, *A* 7, 371. 2) übtr.: *a*) von der Wohnung der Götter und göttlichen Wesen, Palast, Olympi, des Juppiter, als Versammlungsort der beratenden Götter, *A* 10, 1. ähnl.: alta, *A* 10, 101. Idaliae, *A* 10, 52. vom Palaste oder der Grotte des Tibergottes, magna, *A* 8, 65. Volcani, die ganze Insel Aolia, *A* 8, 422. tenet ille (rex, d. i. Aolus) vestras domos, die felsige Insel Aolia, *A* 1, 139. *b*) Sitz, Nest der Tiere, bes. der Vögel, *A* 5, 214. 8, 235. *G* 2, 209. *c*) Irrsal, v. Labyrinth, *A* 6, 27.

dŏnārium, ĭi, *n.* (donum), Aufbewahrungsort für die Weihgeschenke, meton., Tempel, *G* 3, 533.

dōnĕc, Konjkt. (verkürzt aus 'donicum'), so lange bis, bis dafs, bis, *a*) in rein zeitl. Bez., mit Ind. Präs., Perf. od. Fut., *A* 1, 273. 2, 630. 5, 698. 10, 299. *G* 3, 558. 4, 313. *b*) zur Bezeichn. der Absicht, m. Konj., *A* 11, 860. ellipt., nec requievit enim donec Calchante ministro denn er ruhte nicht eher, als bis er mit Hilfe des Kalchas (seinen verbrecherischen Plan ausgeführt hatte), *A* 2, 100.

dōno, āre (donum), 1) schenke, verleihe, dcht., nubibus irrita (mandata), d. i. lasse in die Wolken verwehen, *A* 9, 313. mit Inf., zur Angabe des Zweckes, loricam donat habere viro, schenkt (zum Eigentum), *A* 5, 262. arma donat Lauso habere umeris et vertice figere cristas, bestimmt die Wehr zum Geschenk für

des Lausus Schultern u. den Busch zum Schmucke des Scheitels, *A* 10, 701. 2) beschenke, alqm alqā re, *A* 5, 268. 361. *B* 5, 85. alqm munere, *A* 5, 282. Part. abs., non donatus, 'unbeschenkt', 'ohne Ehrengeschenk', *A* 5, 305.

dōnum, i, *n.* (do), Gabe, Geschenk, Spende, *a*) übh., oft Plur., *B* 5, 81. *A* 1, 695. Baccheïa, Wein, *G* 2, 454. mit subj. Gen., Ledae, *A* 1, 652. Cereris (d. i. Brot u. dgl.), *A* 8, 180. dono noctis opacae, durch den Beistand, mit Hilfe der Nacht, *A* 8, 657. dcht. Plur. als Apposit. zum Nomen im Sing., *clipeus* Volcani, *dona* parentis, *A* 8, 729. m. obj. Gen. der Pers., der man ein Geschenk giebt, Minervae, Geschenk an od. für die Minerva, *A* 2, 31. ebenso dona Minervae, *A* 2, 189. od. der Sache, derentwegen man ein Geschenk giebt, iuvencus donum pugnae, Preis des Kampfes, für den Kampf, *A* 5, 477. Bes. *b*) Gabe für die Götter, Opfergabe, Opfer, *A* 3, 439. 4, 453. 7, 86. turea, 'Weihrauchopfer', 'Weihgeschenke', *A* 1, 447. 12, 768. tristia, 'Trauergeschenke' (weil für das Totenmahl bestimmt), *A* 3, 301.

Dōnūsa od. (*Schap.*) **Dōnȳsa,** ae, *f.*, (Δονοῦσα), kleine Insel im ägäischen Meere, östlich von Naxos, *A* 3, 125.

Dōrĭcus, a, um (Δωρικός), zu den Dorern gehörig, dorisch, dcht. st. griechisch, castra, *A* 2, 27. 6, 88.

Dōrĭs, ĭdis, *f.* (Δωρίς), Tochter des Okeanus u. der Tethys, Gattin des Nereus u. Mutter der Nereïden, dcht. st. Meer, amara, *B* 10, 5.

dormĭo, īre, schlafe, ruhe, m. Abl., Sarrano ostro, *G* 2, 506.

dŏrsum, i, *n.*, Rücken, 1) eig., der leb. Wesen, *A* 10, 226. *G* 3, 116. 2) übtr. v. Lebl., *a*) jede hervorragende Fläche, Rücken, nemoris (des waldigen Berges), *G* 3, 436. speluncae, der obere Teil, *A* 8, 234. bes. Felsrücken, Klippe, Riff im Meere, *A* 1, 110. vadi dorsum, von der kompakten Sandmasse, die durch allmähliche Anhäufung u. Verhärtung entsteht (nachh. 'pulvinus'), *A* 10, 303. Bes. *b*) Rükken, d. i. buckelartige Erhöhung, Schenkel des Scharbaumes, dentale, *G* 1, 172.

Dōrȳclus, i, *m.* (Δόρυκλος), Gatte der Beroë vom Berge Tmaros in Epirus, *A* 5, 620 u. 647.

dōs, dōtis, *f.* (δώς), Mitgabe, Mitgift, Aussteuer, Malschatz, Plur., *A* 7, 423.

dōtālis, e (dos), zur Mitgift (der Frau) gehörig, regia, 'bräutliche Burg', *A* 9, 737. 11, 369. Tyrii, das karthagische Reich als Aussteuer, *A* 4, 104.

dōto, āre (dos), **statte aus mit Hei-**
ratsgut, sanguine Troiano et Rutulo do-
tabere, du wirst das Blut der Troër u.
Rutuler gleichsam zur Mitgift erhalten,
Ä 7, 318.

Dōtō, ūs, *f.* (*Δωτώ*), Name einer Nereïde, in Verb. m. Galatea, *Ä* 9, 102.

drăco, ōnis, *m.* (*δράκων*), **Drache,**
gröfsere **Schlange,** *Ä* 2, 225. squamo-
sus, *G* 4, 408. als Wächter der Tempel,
Ä 4, 484.

Drancēs, is, *m.* [Vok. 'Drancē', *Ä* 11,
378 u. 384], ein Latiner, *Ä* 11, 122. 220.
336. 443. 12, 644.

Drĕpănum, i, *n.* (*Δρέπανον*), Vorgebirge u. Hafen an der Westküste Siciliens, j. 'Trapani', *Ä* 3, 707.

Drūmō, s. Drymo.

Drūsus, i, *m.*, röm. Beiname der Fa-
milie der Livier (gens Livia, welcher auch
Livia Drusilla, die Gemahlin des Augu-
stus, angehörte), in der bes. M. Livius
Salinator als Feldherr im zweiten pu-
nischen Kriege und Livius Drusus als
Volkstribun zur Zeit der gracchischen
Unruhen sich auszeichneten, dah. Plur.
'Drusi', *Ä* 6, 825.

Dryăs, ădis, *f.* (*Δρυάς*), Baumnymphe, die mit dem Baume, in dem sie
wohnte, lebte u. starb, gew. Plur. 'Drý-
ades', *G* 3, 40. 4, 460. adj. m. 'puellae', *G*
1, 11. *B* 5, 59.

Drymō (Drūmō *Ribb.*), ūs, *f.*, eine
Quellnymphe, Gefährtin der Kyrene, *G*
4, 336.

Dryŏpē, ēs, *f.*, eine Nymphe, Mutter
des Tarquitus, *Ä* 10, 551.

Dryŏpes, um, *m.* (*Δρύοπες*), alter pe-
lasgischer Volksstamm, urspr. zwischen
dem Parnafs u. Öta, dann in Messenien,
Ä 4, 146.

Dryops, ŏpis, *m.* (*Δρύοψ*), ein Troër
aus dem Gefolge des Äneas, von Klausus
getötet, *Ä* 10, 346.

dŭbĭto, āre (eig. 'duito' v. 'duo' u. 'ito'),
1) subj., **überlege od. erwäge nach
zwei Seiten hin, wanke od. schwanke im Urteilen und Handeln, zweifle,
hege Zweifel, bin ungewifs, bedenke mich,** in der abhängigen Frage, percipe, quid dubitem, *Ä* 9, 191. dicta
haud dubitanda, untrügliche Worte, *Ä* 3,
170. 2) obj., **trage Bedenken, bin
unschlüssig, stehe an, zaudere, mit**
Inf., *Ä* 6, 807. 7, 311. haud d., *G* 2, 28. ne
dubites, *Ä* 8, 614. in der Frage affirmativ, *Ä* 6, 806. abs., quid dubitas? *Ä* 9, 12.
ne dubita, *Ä* 3, 316.

dŭbĭus, a, um (duo), **schwankend,**
1) obj., *a*) **schwankend, unsicher,**
trügerisch, von der Witterung, aurae,

Ä 11, 560. caelum, wolkig, trübe, *G* 1, 252.
b) **schwankend, von dem, was sich**
nach zwei Seiten neigt, Mars (sodafs es
unsicher ist, wann u. von welcher Seite
aus der Angriff erfolgen wird), *G* 2, 283.
c) **schwierig, mifslich, infolge der**
Unsicherheit, **gefahrvoll,** res, mifsliche Lage, *Ä* 6, 196. sbst., dubia, ōrum,
n., bedenkliche Lage, *Ä* 7, 86. *d*) **schwankend,** von dem, was man in Zweifel zieht
oder ziehen kann, res, streitige Fragen
(schwankende Lage des Reichs), *Ä* 11,
445. Dah. 'non (nec) d.', 'haud d.', un-
zweifelhaft, sicher, gewifs, monstra, mors,
Ä 2, 171 u. 359. 2) subj., **schwankend,**
zweifelnd, ungewifs, Turnus, *Ä* 9,
797. inter spem metumque, *Ä* 1, 218. mens,
Bedenken, *Ä* 4, 55. m. Gen. 'animi' u.
abhäng. Satze, nec sum animi dubius,
quam sit magnum etc., ich fühle es, wie
schwierig es sei, *G* 3, 289.

dūco, duxi, ductum, ĕre, 1) **führe,
leite, bringe,** *a*) übh., alqm (manu) ad
limina, *Ä* 3, 347 u. 372. in tecta, *Ä* 1, 631.
ab urbe domum, *B* 8, 68. ad naves, *Ä* 5,
471. per omnia, durch alle Räume (der
Unterwelt), *Ä* 6, 565. per moenia, *Ä* 4, 74.
sub moenia, *Ä* 8, 165. alqm per singula,
führe jmd. umher, um ihm alles einzelne
zu zeigen, *Ä* 6, 889. alqm inter magna
praemia, wir 'zu grofsen Belohnungen',
Ä 12, 437. alqm ripis recto flumine, den
geraden Weg am Ufer des Tiber hinauf,
Ä 8, 57. pecudes, *Ä* 6, 153. ducente deo,
unter Leitung, durch Fügung der Gottheit (Venus), *Ä* 2, 632. übtr., v. sachl.
Subj., quo via ducit, wohin der Weg dich
führt, *B* 9, 1. *Ä* 1, 401. von Sonne u. Mond
(lumina), labentem annum caelo, das Jahr
in seinem durch Monate und Tage hin-
gleitenden Umlaufe am Himmel führen
od. leiten, *G* 1, 6. dcht., duri dolores . .
triste per augurium Teucrorum pectora
ducunt, eig.: der heftige Schmerz . . .
führt od. bringt die Gefühle (Gedanken)
der Teukrer zu einer unheilverkündenden Ahnung, erfüllt die Brust der Teukrer
mit einer unheilverkündenden Ahnung,
Ä 5, 7. *b*) **führe od. nehme mit,** *a*) übh.,
Aenean per media moenia secum ducit,
Ä 4, 74. capellam, bringe mit fort, *B* 1,
13. ducere dona iube (näml. me), lafs
mich den Preis wegführen, lafs mit dem
Preise mich ziehen, *Ä* 5, 385. übtr., v.
Flusse, alqm in aequora pinu, auf dem
Schiffe mit sich führen od. tragen, *Ä* 10,
206. Bes. *β*) **führe heim als Gattin,** tibi
ducitur uxor, wird dir (dem Bräutigam)
zugeführt, *B* 8, 29. abs., *Ä* 7, 359. *c*) **führe, führe an, befehlige,** Rutulos, *Ä*
11, 464. agmina, *Ä* 1, 490. aciem, *Ä* 5, 563.

turmas avo (dem Grofsvater zu Ehren), *Ä* 5, 550. *d*) führe an, geleite, begleite, Festzüge u. dgl., pompas ad delubra, *G* 3, 22. sacra per urbem in pilentis, durchziehe mit heiligem Geräte in Wagen die Strafsen der Stadt, *Ä* 8, 665. v. Tieren, funera, geleite den Leichenzug, folge dem L., *G* 4, 256. triumphos ad templa (von den weifsen mit Opferbinden bekränzten Stieren, die vor dem mit Rossen bespannten Triumphwagen feierlich geführt wurden), *G* 2, 148. *e*) führe fort oder weiter, series rerum ducta ab origine gentis, *Ä* 1, 641. *f*) führe herbei, bringe, equum (ecum), *Ä* 10, 858. übtr., diem (v. Lucifer), *Ä* 2, 801. noctem (von den Gestirnen), *G* 3, 156. *g*) führe od. leite her od. ab, progeniem Troiano a sanguine, *Ä* 1, 19. mit bl. Abl., genus Olympo, *Ä* 6, 835. mit 'unde', *Ä* 5, 568. nomen hinc, *Ä* 10, 145. *h*) führe oder trage im Geiste, 'animo', glaube, meine, ducebam animo (mit dem erklär. Zusatz 'rebar' u. Akk. u. Inf.), *Ä* 6, 690. abs. m. dopp. Akk., halte jmd. wofür, alqm dignum crimine, *Ä* 10, 669. 2) ziehe, *a*) ziehe heraus, *α*) übh., sortes (aus der Urne), *Ä* 6, 22. dcht., honores ('honorem' *Wagn.* u. *Haupt*, s. exsors), d. i. erhalte eine Belohnung, *Ä* 5, 534. übtr. v. Pers., sacerdos sorte ductus Neptuno (*Dat.*), d. i. der durchs Los zur Darbringung des Opfers für Neptun gewählte Priester, *Ä* 2, 201 (andere 'Neptuni'). Bes. *β*) ziehe das Schwert aus der Scheide, zücke, mucronem, *Ä* 12, 378. *b*) ziehe an mich, bracchia (des Bogens), *Ä* 9, 623. cornu, ziehe herab, *Ä* 11, 860. *c*) ziehe ein, cig. Flüssiges, übtr., somnos, schlafe, schlummere, *Ä* 4, 560. *d*) ziehe gleichs. herauf, hole herauf, dcht., gemitus imo de pectore, seufze tief aus der Brust auf, *Ä* 2, 288. *e*) ziehe od. dehne, longas voces in fletum, ziehe den Ton in ein langes Gewimmer aus, klage in lang sich ziehenden Tönen, *Ä* 4, 463. *f*) ziehe od. bringe hin, die Zeit, verbringe, vitam, verlängere das Leben, lebe länger, *Ä* 2, 641. aber: vitam per extrema omnia, schleppe hin, *Ä* 3, 315. horas flendo, bringe hin, verlebe, *Ä* 6, 539. noctem ludo, bringe die Nacht schlaflos mit Spiel hin, verkürze durch Spiel die Länge der Nacht, *Ä* 9, 166. *g*) ziehe hinaus od. in die Länge, dehne aus, bellum assidue cum alqo, führe ununterbrochen Krieg, lebe in beständigem Krieg mit jmd., *Ä* 8, 55. amores in longum, halte die Sehnsucht oder den Wunsch jmds. hin, *B* 9, 56. *h*) ziehe etw.(einen Wagen u. dgl.), fahre,

v. Tieren, iuga plaustris (*Dat.*), eig. das Joch zur Fortbewegung der Lastwagen ziehen, das sich mit dem Lastwagen zugleich fortbewegt, wir: 'belastete Wagen im Joche ziehen', *G* 3, 140. *i*) ziehe herbei, nehme allmählich an, bekomme, colorem, sich färben od. röten (v. der Traube), *B* 9, 48. Bes. von der neuen Gestaltung, die jmd. durch Verwandlung erhält, canentem senectam, durch weiches Gefieder mit der weifsgrauen Farbe des Alters sich bekleiden, *Ä* 10, 192. *k*) ziehe, d. i. *α*) bereite ziehend, 'bilde', 'forme', mit Abl. od. mit 'de' u. Abl. des Stoffes, thoraces, ocreas argento, *Ä* 7, 634. vivos de marmore voltus, *Ä* 6, 849. Dah. *β*) ziehe od. führe Mauern (auf) u. dgl. in fortlaufender Richtung, muros (näml. um die Burg), *Ä* 1, 423. *γ*) von Gestirnen, crinem, den Schweif hinter sich her od. nach sich ziehen, *Ä* 5, 528.

ductŏr, ōris, *m.* (duco), Führer, *a*) v. Pers., Anführer, Fürst, *Ä* 4, 37. 5, 56. 8, 6. 129 u. 470. 12, 562. Führer od. Herr der Schiffer beim Wettkampf, *Ä* 5, 133 u. 249. *b*) v. Bienen, 'Weiser', 'Königin', *G* 4, 88.

dūdŭm, Adv. (diu, d. i. die, u. dum), eben heute, vor kurzem, soeben, vorher, früher, *Ä* 2, 726. 5, 650. 10, 599. 12, 632. – 🕮 'iamdudum', s. bes.

dulcēdo, dĭnis, *f.* (dulcis), Süfsigkeit, übtr. Lieblichkeit, Reiz, Wonne, *G* 1, 412. 4, 55. *Ä* 11, 538.

dulcis, e, 1) süfs, lieblich von Geschmack, nectar, mustum u. dgl., *Ä* 1, 433. *G* 1, 295. 2, 215 u. 243. 3, 445. 4, 17. 61. 101. 417. 2) übtr.: *a*) v. Lebl., lieblich, angenehm, erfreulich, reizend, arva, *B* 1, 3. terrae, *Ä* 4, 281. limina, *G* 2, 511. nidi, 'freundlich', *Ä* 5, 214. aura, *G* 4, 417. umbra, *Ä* 1, 694. somnus, *Ä* 4, 185. quies, *Ä* 6, 522. amores, *B* 3, 110; vgl. *Ä* 4, 318. 12, 682. Neutr. als Subst., dulce (est) satis umor, etwas Liebliches für die Saaten ist usw., *B* 3, 82. *b*) von Pers., süfs, lieblich, freundlich, hold, in bez. auf das Verhältnis der Liebe u. Freundschaft, coniunx, *Ä* 2, 777. nati, *Ä* 2, 138 (*Ribb.* 'duplices'). *Ä* 4, 33. Musae, *G* 2, 475.

Dūlĭchĭum, ĭi, *n.* (*Δουλίχιον*), echinadische Insel des ion. Meeres, südöstl. von Ithaka, zur Herrschaft des Odysseus gehörig, j. 'Curzolari', *Ä* 3, 271.

Dūlĭchĭus, a, um (*Δουλίχιος*), zu Dulichium gehörig, dulichisch, rates, des Odysseus, *B* 6, 76.

dŭm, Konjkt. der Zeit [nachgestellt, *Ä* 1, 453. 7, 71. 10, 381. 12, 570], *a*) während, indem, als, in Nebensätzen zur

Bezeichn. der Gleichzeitigkeit mit Ind. aller Tempora, bes. des Präs. auch bei einer vergangenen Handlung beim Imperf. od. Perf. des Hauptsatzes, *Ä* 1, 453. 2, 737. 6, 586. 12, 737. *G* 3, 487. 4, 348 u. 560. *B* 7, 6. *b*) so lange als, mit Ind. Präs., *Ä* 4, 52 u. 336. 10, 58. m. Imperf., *Ä* 2, 22 u. 88. 4, 651. 5, 415. 6, 661. m. Perf., *Ä* 1, 268. 3, 16. m. Fut., *Ä* 1, 607. *B* 5, 76. *c*) so lange bis, bis dafs, *a*) mit Konj. Präs. u. Imperf., *Ä* 1, 5. 2, 136. 4, 434. 11, 588 (wo *Ribb.* 'aptet' st. 'aptat'). 10, 809. 11, 739. Wenn mit der Absicht zugleich ein Wunsch nach Erreichung derselben ausgedrückt wird, wenn nur, dum .. cadat, *Ä* 11, 792. *β*) mit Ind. Präs., *G* 3, 296. pasce .. dum redeo, bis zu meiner Rückkehr, *B* 9, 23. mit Ind. des Fut. exact. beim ersten Fut. im Haupts., *Ä* 1, 265.

dūmētum, i, *n.* (dumus), Dorngebüsch, übb. wilde Hecke, *G* 1, 15.

dūmōsus, a, um (dumus), mit Dorngesträuch bewachsen, buschig, rupes, *B* 1, 76. arva, *G* 2, 180.

dūmus, i, *m.* [bei Verg. nur Plur.], verwachsenes Gestrüppe, bes. Dornengebüsch, *Ä* 4, 526. 8, 348. 9, 393. 11, 570. *G* 3, 315 u. 338. 4, 130.

dŭŏ, ae, o, Zahlw. [Akk. Mask. dŭŏ, *Ä* 11, 285. 'dŭŏ', *B* 5, 68 (*Ribb.*; 'duos' Haupt u. *Schap.*], zwei, *Ä* 10, 124. 11, 285 u. ö. *B* 3, 44. 5, 66 u. 68. von zwei bekannten od. genannten Pers., *Ä* 10, 124. auch distributiv, duo quisque coruscant gaesa manu, *Ä* 8, 661.

dŭŏ-dēnī, ae, a, distribut. Zahlw., je zwölf, zwölf, astra (in bez. auf den 'alljährlich erneuerten' Lauf der Sonne durch die zwölf Himmelszeichen), *G* 1, 232.

duplex, plĭcis (duo u. plico), 1) zweifaltig, zweifach, doppelt, eig. von Dingen, die doppelt zusammengefaltet oder zusammengeschlagen werden können, amictus, 'Doppelgewand', *Ä* 5, 451. 2) übtr.: *a*) von zwei verschiedenen Dingen od. Pers., die zu einem Ganzen gehören, doppelt, corona duplex auro gemmäque, 'aus gedoppeltem Stoff, Gold u. Edelstein', golden u. mit Edelsteinen besetzt, *Ä* 1, 655. Latonae genus, Apollo u. Diana, *Ä* 12, 198. duplices Caeloque Ereboque parentes, 'das Elternpaar im Himmel (d. i. Venus) u. in der Unterwelt' (d. i. Anchises unter den Schatten), *Ä* 7, 140. *b*) von zusammengehörigen gleichen Gegenst., *α*) doppelt, Maeander, Einfassung des Gewandes, die wegen der vielfachen Faltenwürfe u. Verschlingungen gleichsam doppelt erscheint, *Ä* 5,

251. dorsum, *G* 1, 175. spina, das breite und fette, gleichs. gefurchte Kreuz des Pferdes, so dafs man das Rückgrat kaum erkennt, *G* 3, 87. Thebae, neben '*geminus* sol', *Ä* 4, 470. auch v. Pers., duplices nati, *Ä* 2, 138 (*Ribb.*; andere 'dulces'). Dah. *β*) übh. 'beide' (ambo), palmae, manus, *Ä* 1, 93. 9, 16. 10, 667.

duplĭco, äre, 1) falte zusammen, krümme, hasta duplicat virum transfixa dolore (durch den Schm.), *Ä* 11, 645. duplicato poplite, mit gekrümmtem, brechendem Knie, *Ä* 12, 927. 2) übtr.: *a*) verdoppele der räuml. Dimension nach, umbras, vergröfsere (von der scheidenden Sonne, zur Bezeichn. des eintretenden Abends), *B* 2, 67. *b*) verdoppele, steigere, vota metu, *Ä* 8, 556.

dūresco, dūrŭi, ēre (Inch. v. duro), verhärte mich, werde hart, v. weichem Thon, Gegs. 'liquesco', *B* 8, 80. vom Boden, durch Brachliegen zu neuer Kraft erstarken, sich erholen, *G* 1, 72.

dūro, äre (durus), 1) trans.: *a*) härte, *α*) mache hart, terram, trockne od. dörre aus (v. Feuer), *G* 1, 91. *β*) übtr., härte ab, stäble, kräftige, natos gelu, *Ä* 9, 604. umeros ad volnera, unempfindlich machen gegen usw. (v. Eber), *G* 3, 257. *b*) härte mich gegen etw. ab, balte aus, ertrage, laborem, *Ä* 8, 577. 2) intr.: *a*) werde hart, fest (duresco), 'trockne aus', v. Boden, *B* 6, 35. *b*) dauere aus, dauere, halte mich, v. Wein, *G* 2, 100. von der Eiche, durando vincere (durch Dauer bestehen, überleben) multa saecula, *G* 2, 295. *c*) halte od. harre aus, v. Pers., abs., durate, *Ä* 1, 207.

dūrus, a, um, hart, hart (Gegs. 'mollis', 'weich'), 1) eig., wie Stein, Holz, Metall u. dgl., *Ä* 2, 479. 4, 366. 6, 471. 7, 524. 8, 315. 9, 510. 543. 11, 890. *G* 1, 161. 2, 65. 355. 540. 3, 315. v. Boden, *Ä* 3, 297. sedilia, cubile, *Ä* 5, 837. 9, 715. caestūs, *Ä* 5, 478. tergum (Stierhaut), *Ä* 5, 403. pellis, *G* 3, 502. duris dolor ossibus adert, *Ä* 9, 66. tremor cucurrit per dura ossa, durchrieselte die Gebeine, so dafs das Mark derselben verhärtete, *Ä* 6, 54. Bes. 'hart', 'steinig', 'felsig', colles, *Ä* 11, 318. vada, *Ä* 3, 706. glaebae, *Ä* 7, 747. 2) übtr., *a*) für das Gefühl hart, raub, streng, hiemps, *G* 4, 239. dem Geschmacke nach hart, herb, sapor, *G* 4, 102. *b*) hart, unempfindlich, genus, *G* 1, 63. *c*) hart, abgehärtet, gestählet, fest, stark, kräftig, agrestes, *Ä* 7, 504. *G* 1, 160. genus ab stirpe, *Ä* 9, 603. gens, *Ä* 5, 730. 11, 48; vgl. *Ä* 4, 247. 9, 468. 10, 317 u. 422. 11, 288. bello,

G 2, 170. Bes. von dem, der schon vielen Beschwerden sich unterzogen hat, 'geprüft', *A* 3, 94. 5, 730. 9, 468. *G* 3, 4. quid iam durae superat mihi? mir geprüften (die ich schon so viele Beschwerden u. Gefahren für dich übernommen), *A* 12, 873. *d*) hart im Benehmen gegen andere, vom Charakter, unbeugsam, hartherzig, gefühllos, herzlos, *A* 10, 44. 12, 873. arator, *G* 4, 512. Dis, *A* 12, 199. Fortuna, *A* 12, 677. Eurystheus, *G* 3, 4. Ulixes, *A* 2, 7. personifiziert, inclementia mortis, *G* 3, 68. ferrum, 'Mordstahl', *A* 6, 148. aures, *A* 4, 428. *e*) von dem, wodurch od. worin sich die Härte äufsert, schonungslos, imperium, *G* 2, 369. *f*) hart, drückend, schwer, beschwerlich, schwierig, labor, *G* 2, 412. iter, *A* 6, 688. potentia, *A* 10, 72. curae, *A* 4, 488. *g*) hart, heftig, hitzig, certamina belli, *A* 9, 726. 10, 146. proelia, *A* 7, 807. Mars, *A* 12, 410. discrimina,

A 10, 393. volnus, heftiger Hieb, *A* 5, 436. dolores, *A* 5, 5. *h*) hart, gefahrvoll, mifslich, schlimm, unglücklich, res, das Mifsliche der gegenwärtigen Lage, die Ungunst der Gegenwart, *A* 1, 563; hartes Geschick, *G* 1, 146. casus, *A* 6, 377. tumultus, *A* 8, 371. rudimenta belli, *A* 11, 157. amor, *A* 6, 442. *G* 3, 259. Sbst., multa dura, viele Gefahren, Leiden, *A* 8, 522.

dux, dŭcis, *m*. u. *f*., 1) Führer od. Führerin, Leiter od. Leiterin, abs., *B* 8, 38. *A* 6, 263. Achate duce, in des Achates Geleit, *A* 1, 696. facti, zur That, *A* 1, 364. v. 'Lenker' des Viergespanns, *A* 10, 574. Plur. 'duces', Geleiter für die Fahrt, 'Wegweiser', zur See, *A* 3, 470. 2) Führer, Anführer, Troianus, *A* 4, 124 u. ö. te duce, unter deinem Konsulate, *B* 4, 13. dcht., von den Bienen, *G* 4, 4.

Dўmãs, antis, *m.* (Δύμας), ein Troër, *A* 2, 340. 394. 429.

E.

ē, s. ex.

ěbĕnum, s. hebenum.

ěbŭlum, i, *n.*, Zwergflieder, Attich mit roten Beeren, *B* 10, 27.

ěbŭr, ŏris, *n.* (ἐλέφας), 1) Elefantenzahn, Elfenbein, Indum, *A* 12, 67. im Gleichnis mit menschlicher Schönheit, *A* 10, 137. 2) meton., das aus Elfenbein Verfertigte, 'Götterbild', *G* 1, 480. 'Opferflöte', *G* 2, 193.

ěburnus, a, um (ebur), elfenbeinern, aus od. von Elfenbein, pecten, *A* 6, 647. vagina, mit Elfenbein ausgelegt, *A* 9, 305. porta, *A* 6, 898. ensis, mit elfenbeinernem Griffe, *A* 11, 11. umerus (des Pelops), *G* 3, 7.

Ěbўsus od. (*Ribb.*) **Ěbŭsus**, i, *m.*, ein Troër, *A* 12, 299.

eccĕ, Adv. (eig. 'en-ce'), siehe, siehe da, schau, *a*) zur lebhaften u. nachdrucksvollen Hinweisung auf eine gegenwärtige Pers. od. Sache, gew. im Anschlufs an den flg. Satz, *A* 2, 403. 4, 152. *B* 9, 47. beim Subj. od. Zeitw. am Ende des Satzes, *B* 3, 50. *A* 6, 656 (mit 'conspicit' zu verb.). Bes. um eine Wichtigkeit auf das Gesagte zu legen, tortos incidere funes ecce iterum stimulat, zum zweiten Male, bedenke dir das recht od. und das will viel sagen, *A* 4, 576. Bisw. m. Akk., ecce duas aras (mit 'en' wechselnd), *B* 5, 66. *b*) bei Einführung eines plötzlichen, überraschen-

den od. seltsamen Umstandes, *A* 2, 270 u. 682. 8, 228. 11, 226. ubi .. ecce, *A* 3, 219. ecce autem, *A* 2, 302. 6, 255. et ecce, *A* 5, 167.

ecdūrus, s. edurus.

Echĭōnĭus, a, um (Ἐχιόνιος), eig. zu Echion gehörig, Vater des Pentheus, einem aus den Drachenzähnen des Kadmus erwachsenen Heros, Onites, nomen Ech., vom Echion benannt, d. i. ein 'Thebaner', *A* 12, 515.

1. **ec-quī** od. **ec-quĭs**, **ec-quae** od. **ecqua**, **ec-quŏd** (cc, d. i. en, ecce), adjekt. Fragepron., wohl irgend einer usw., in der dir. Frage, ecquis erit modus, *B* 10, 28. ecqua puero est cura parentis? sehnt sich der Knabe auch wohl nach seiner verlorenen Mutter? *A* 3, 341.

2. **ec-quĭs** od. **ecquī**, **ec-quĭd**, sbst. Fragepron., wohl irgend jemand, irgend etwas, in der dir. Frage, ecquis erit mecum, wird denn einer von euch mir folgen? *A* 9, 51. Bes. Adv. ecquid (numquid), etwa, wohl, in dir. Frage, *A* 3, 342.

ěcus, s. equus.

ědax, ācis (1. edo), gefräfsig, übtr., verzehrend, ignis, *A* 2, 758.

ěděra, s. hedera.

ē-dīco, dixi, dictum, ěre [Imper. 'edice', *A* 11, 463], sage an od. aus, mache bekannt, verordne, m. Akk. u. Inf.,

G 3, 295. Zugl. mit Dat. der Pers., tu armari Volscorum edice maniplis, lafs die Scharen der Volsker sich waffnen, *Ä* 11, 463. Mit Konjkt. u. Dat. der Pers. in der Aufforderung, *Ä* 3,235. 10, 258. m. Konj. u. Akk. u. Inf. zugleich, sociis arma capessant edico et bellum gerendum (esse) cum gente, *Ä* 3, 235.

ē-dĭsco, dĭdĭci, ĕre, eig. lerne auswendig, dcht. übtr., v. sachl. Subj., Eurotas iussit ediscere laurus, gebot den Lorbeerbüschen zu lernen, d. i. die Lieder des Phöbus nachzutönen, *B* 6, 83.

ē-dĭssĕro, dissĕrüi, ĕre, setze auseinander, gebe Auskunft, vera alci, gebe jmdm. getreuliche Auskunft, *Ä* 2, 149.

1. **ĕdo,** ĕdi, ĕsum, ĕre [Präs. 3. Pers. Sing. 'est', *Ä* 4, 66. 5, 683. Imperf. Konj. 'esset', *G* 1, 151] (ἔδω), 1) esse, amor edendi, Efslust, *Ä* 8, 184. edendi rabies, Frefsgier (v. Wolf), *Ä* 9,63. penuria edendi, 'Mangel an Speise', *Ä* 7, 113. 2) fresse an, zernage, verzehre, *a*) eig., v. Feuer, carinas, *Ä* 5, 683. von einem bösartigen Geschwür, *G* 3, 566. v. Brand des Getreides, culmos, *G* 1, 151. *b*) übtr., von der Liebe, medullas, *Ä* 4, 66. v. Schmerz, alqm, *Ä* 12, 801.

2. **ē-do,** dĭdi, dĭtum, ĕre, 1) gebe heraus, *a*) ziehe oder bringe ans Licht, alqm partu, gebäre, *Ä* 7, 660; u. so Electram, erzeuge (v. Atlas), *Ä* 8, 137. fetus nixibus, *G* 4, 199. dcht., im Präs. von einer abgeschlossenen, aber in ihrer Wirkung bis in die Gegenwart reichenden Handlung, puerum, erzeugt haben, dessen Eltern sein, *B* 8, 45. *b*) zeige eine Thätigkeit, verursache, richte od. stifte an, ferro strages, funera, *Ä* 9, 527 u. 785. 10, 602. *c*) gebe durch die Sprachorgane von mir, spreche, äufsere (Worte), haec ore, *Ä* 7, 194. haec, *Ä* 5,693 u. 799. haec gemitu (*Haupt; 'addidit' Ribb.* u. *Schap.*), *Ä* 11, 95. 2) hebe empor, bes. Perf. Pass., 'bin emporgehoben, hoch', quique (campus) austro (*Dat.*) editus (est), ein Feld, das gegen Süden sich erhebt, dem Südwinde ausgesetzt, offen ist, *G* 2, 188.

ē-dŏcĕo, dŏcŭi, doctum, ĕre, gebe genaue Auskunft, gebe genau an, vermelde, m. Akk. des Obj. u. Relativ- od. Frages. zugleich, *Ä* 5, 748. 10, 152. mit Akk. u. Inf., *Ä* 8, 13.

Ēdōnŭs, a, um (Ἠδωνικός), zu den Edonern (Ἠδωνοί), einem thrakischen Volke gehörig, edonisch, dcht. st. 'thrakisch', boreas, aus Thrakien wehend, *Ä* 12, 365.

1. **ē-dūco,** duxi, ductum, ĕre, 1) führe

heraus od. empor, *a*) führe heraus od. hinaus aus einem Orte, alqm castris, *Ä* 11, 20. *b*) führe empor, richte auf, errichte, turrim sub astra, *Ä* 2, 461. molem, aram caelo (*Dat.*), türme zum Himmel empor, *Ä* 2,186.6,178. moenia educta caminis Cyclopum, Mauern aus dem in den Werkstätten der Kyklopen geschmiedeten Eisen, *Ä* 6, 630. 2) ziehe heraus od. empor, *a*) ziehe heraus aus etw., telum corpore, *Ä* 10, 744. *b*) ziehe empor, übtr., ziehe auf, 'nähre', 'pflege', v. Tieren, fetus (der Bienen), *Ä* 1, 431. *G* 4, 163. v. Menschen, alqm (m. Abl. des Ortes), *Ä* 7, 763. 9, 584. 673. abs., *Ä* 8, 413. Bes. dcht., 'ein neugeborenes Kind aufziehen', von der Mutter, 'gebären', mit Dat. der Pers. u. Abl. des Ortes, *Ä* 6, 764. abs., alqm, *Ä* 6, 779.

2. **ēdūco,** āre (Intens. v. 1. educo), bringe hervor, erzeuge, ernähre, quos educat Ufens, deren Vater (Ernährer) U. ist, d. i. Söhne des U., *Ä* 10, 518.

ē-dūrus(ecdūrus *Ribb.*),a,um,ziemlich hart, pirus, kräftig, schon stark geworden, *G* 4, 145.

effero, extŭli, ēlātum, efferre (ex u. fero), 1) trage, schaffe od. bringe heraus, trage od. schaffe fort, *a*) übb., mit Abl. des Ortes (woher?), alqd adytis, *Ä* 2, 297. tectis, *G* 1, 379. Mycenis, *Ä* 1,650. m. 'ab', Penates a Troia mediisque ignibus, *Ä* 3,149. abs., 'hole (hervor)', 'trage herbei', clipeum, caestus, *Ä* 5, 359 u. 424. vestes, *Ä* 11, 73. dcht. v. Flusse, alqm undis, 'erhebe', *Ä* 9, 817. *b*) trage aus etw., pedem, entferne mich, ziehe fort, *Ä* 2, 657. ähnl., gressum (quā), komme woher, *Ä* 2, 753. me, m. Abl., tectis, 'gehe aus' etw., m. 'citus' verb. 'enteile', *Ä* 11, 462. portis, 'schreite aus dem Thor' (wir auch 'durch das Thor'), *Ä* 12, 441. *c*) übtr., bringe heraus od. hervor, erzeuge, dcht. v. Italien, genus acre virûm, *G* 2,169. 2) trage od. bringe herauf, *a*) v. Gestirnen, die beim Aufgang aus dem Meere das Tageslicht 'erscheinen lassen', 'bringen', lucem, *Ä* 11, 182. diem mortalibus, *Ä* 5, 64. primos ortus, *Ä* 4, 118. os caelo (*Dat.*), v. Lucifer, das Haupt zum Himmel erheben, aufgehen, *Ä* 8,591. *b*) hebe od. halte empor, erhebe, belli signum ab arce, *Ä* 8, 1. caput undā, *Ä* 1, 127. *G* 4, 352. me undis, *Ä* 3, 215. bracchia ad superas auras, *G* 5, 427. palmas caelo (*Dat.*), strecke zum Himmel empor, *Ä* 2, 688. dextram in iugulum, *Ä* 10, 414. alte dextram, *Ä* 5, 443. altius caput, *G* 3, 553. dextrā ensem, schwinge, *Ä* 2,552. clipeum sinistrā, halte empor, *Ä* 10, 262. flammas, stecke auf

(als Signal auf dem Schiffe), *A* 2,257. ora,
erhebe mein Haupt, trete vor, *A* 5, 368.
Part., elati sublime, hoch erhoben, *G* 3,
108. elatis naribus, aus erhobenen Nüstern, *A* 12,115. *c*) übtr., erhebe, caput
inter alias urbes, hervorragen, sich aus-
zeichnen (v. Rom), *B* 1,25. Part. 'elatus',
sich überhebend, sich brüstend, animis
superbis, 'hochmütig', *A* 11, 715.

efferus, a, um (exu. ferus), sehr wild,
ungestüm, v. Leb. u. Lebl., iuventus,
A 8,6. coeptis immanibus, gleichs. durchtobt, in Raserei versetzt durch den gräfs-
lichen Vorsatz (v. den Dido), *A* 4, 642. tri-
stibus flammis, 'wütend, rasend mit' (von
der Chimära), *A* 7, 787. vis animi, *A* 10,
898. facta tyranni, die wilden Verbrechen,
Gräuel des Wüterichs, *A* 8, 483.

effervo, ēre (ex u. fervo), hervor-
brausen, *a*) v. Atna, in agros, über die
Flur dahin brausen, *G* 1,471. *b*) von Bienen, in Menge hervorrauschen, brausend
herausstürmen, *G* 4, 556.

effetus, a, um (ex u. feo), eig. was geboren hat, übtr., durch Gebären geschwächt, übb. entkräftet, ermattet, erschöpft, vires, stumpfe, erstor-
bene, *A* 5, 396. saeculis, *A* 8, 508. agri,
'kraftlose', *G* 1,81. m. Gen., senectus effeta
veri, unfähig das Wahre vom Falschen
in einer Sache zu unterscheiden, 'stumpf
für Erkenntnis der Wahrheit', d. i. leicht-
gläubig, *A* 7, 440 u. 452.

efficio, fēci, fectum, ēre (ex u. facio),
bringe hervor, schaffe, dah. *a*) bringe
zu Ende od. zustande, mache fertig, antes, besorge durch Beschneiden
u. Anbinden, *G* 2,417. rem, setze ins Werk,
richte aus, *A* 11, 14. v. sachl. Subj., in-
sula portum efficit, bildet einen natürlichen Hafen, *A* 1, 160. *b*) bewirke,
bringe es dahin, m. flg. 'ne', *B* 3, 51.

effigies, ēi, *f.* (effingo), *a*) Abbild,
Ebenbild, Bild, Xanthi, *A* 3, 497. *b*)
Bild der plastischen Kunst, Bildwerk,
Bildsäule, *A* 2,183. 4, 507. *B* 8, 74. di-
vûm, *A* 3, 148. 7, 443. avorum, *A* 7, 177.
sacra, *A* 2, 167.

effingo, finxi, fictum, ēre (ex u. fingo),
1) bilde etw. in bildbaren Stoffen, präge,
stelle dar, casus in auro, *A* 6, 32. 2)
übtr., bilde od. ahme nach, gressus
euntis, *A* 10, 640.

efflagito, äre (ex u. flagito), fordere
dringend, verlange, ensem, *A* 12,
759.

efflo, äre (exu. flo), blase od. sprühe
heraus, hervor, ignes faucibus (von
der Chimära), *A* 7, 786. lucem naribus,
A 12, 115.

effluo, fluxi, ēre (ex u. fluo), ströme

aus, fliefse dahin, ergiefse mich,
in mare, *G* 4, 373.

effodio, fodi, fossum, ēre (ex u. fodio),
1) grabe aus, *a*) übb., signum loco, *A* 1,
443. lumen, d. i. reifse das Auge aus,
A 3, 663. *b*) prägn., bilde grabend,
grabe aus, portus, *A* 1, 427. effossae
latebrae, Erdlöcher (für den Bau der
Bienen), *G* 4, 42. 2) grabe auf, durchwühle, sepulchra, *G* 1, 497.

effor, fāri (exu. for), sage od. spreche
aus, spreche, alqd ore, *A* 3, 463. tantum, *A* 6, 262 u. 547. 10, 256 u. 877. *G* 4,
450. haec (bes. m. Part. 'effatus' od. 'effa-
ta'), *A* 4, 449. 7, 274 u. ö. talia, *A* 10, 298
u. 523. plura, *A* 8,443. 12,896. visum alci,
d. i. spreche gegen jmd. aus, erzähle
jmdm. od. teile mit, *A* 4, 456. sic ore, *A*
2, 524. sic, *A* 4, 30. 6, 197. mit flg. dir.
Rede, *A* 9, 736. abs., *A* 4, 76. 6, 560.

effrēnus, a, um (ex u. frenum), ent-
zügelt, übtr., zügellos, unbändig,
wild, gens virûm, *G* 3, 382.

effringo, frēgi, fractum, ēre (ex u.
frango), breche auf, erbreche, cerebrum, *A* 5, 480.

effugio, fügi, ēre (ex u. fugio), 1) intr.,
entfliehe, enteile, entkommn, abs.,
B 3, 49. ante alios, *A* 5, 151. ad delubra,
A 2, 226 *Ribb.* (*Haupt* u. *Schap.* 'diffugiunt). v. Pfeile, 'entfliegen', *A* 9, 632.
2) trans., entfliehe, entgehe, entkomme, entrinne, meide, alqm, *A*
3, 272 u. 635. oras, *A* 3, 396. telum, *A* 9,
747. mortem, *A* 11, 881. von lebl. Subj.,
A 7, 437. manus, entfliehe, entschlüpfe
den Händen, *A* 2,793. manus effugit imago,
wich den Händen aus, *A* 6, 701.

effugium, īi, *n.* (effugio), das Entfliehen, die Flucht, Plur., *A* 2, 140.

effulgeo, fulsi, ēre [Nebenf. 'effulgere',
A 8, 677] (ex u. fulgeo), erglänze,
leuchte hervor, flamme, auro et
ostro, *A* 5, 133. oculis, *A* 9, 731; vgl. *A* 8,
677. von Pallas, limbo, *A* 2, 616.

effultus, a, um (exu. fulcio), gestützt
auf etw., lagernd od. sich bettend auf
usw., m. Abl., tergo, *A* 7, 94. foliis, *A* 8,
368.

effundo, fūdi, fūsum, ēre (ex u. fundo),
1) giefse od. ströme aus, lasse ausströmen, *a*) v. Lebl., si (vis ulla) tellurem effundat in undas, wenn eine höhere
Macht das Erdreich mit Wasserschwall
durchwühlte und ins Meer schwemmte,
A 12, 204. se ex faucibus (aus den Schlün-
den), *A* 6,241. Pass., 'ergiefse mich', 'entlade mich', v. Regen, Schnee u. dgl., per
campos, *A* 7, 222. nubibus, *G* 4,312. Part.
'effusus' v. Flusse, 'aus-' od. 'überströ-
mend', *G* 4, 288. bildl., v. Kriegssturme,

tempestas effusa Mycenis, von Myk. aus sich ergiefsend, hervorbrechend, *Ä* 7,222. *b*) übtr. von leb. Wesen, *α*) von einer Menschenmenge, lasse herausströmen, Pass. ströme heraus od. herbei aus einem Orte wohin, ergiefse mich, m. Abl. des Ortes (woher), tectis agrisque, *Ä* 7,812. m. Angabe des Zieles, ad ripas (m. 'ruo' verb.), *Ä* 6, 305. abs., *Ä* 12,131. Bes. v. Kämpfenden, lasse herausbrechen od. -stürmen, lasse los, auxilium effundit castris apertis (*Abl.*) Ascanio (*Dat.*), *Ä* 7, 522. dcht., quae via Teucros effundat in aequum (neben 'excutiat vallo'), welchen Pfad er (Turnus) einschlagen müsse, um die Teukrer herauszutreiben auf die Fläche, *Ä* 9,68. *β*)(dcht.) strecke hin od. zu Boden, alqm solo (*Dat.*), *Ä* 11, 532. v. Pferden, currum et iuvcnem, stürzten den Wagen um u. warfen den Jüngling heraus *Ä* 7, 779. Dah. den Reiter gewaltsam niederwerfen, herabschleudern, 'abwerfen', ducem, *Ä* 10, 574. effusus eques, *Ä* 10, 893. von Pferden mit dem Wagen, sese carceribus, carcere, heraus- od. hervorstürzen od. stürmen, *G* 1, 512. 3, 104. *γ*) werfe Waffen heraus, 'entsende' od. 'schiefse in Menge ab', omne genus telorum, *Ä* 9, 509. *δ*) v. Reiter, 'lasse die Zügel schiefsen', habenas manibus, *Ä* 5, 818; bildl., irarum habenas, löse die Zügel der Rache, lasse dem Rachegefühle freien Lauf, *Ä* 12, 499. *ε*) 'ströme' od. 'hauche aus', animam, *Ä* 1, 98. bes. Laute od. Worte, 'lasse ausströmen', 'ergiefse mich', 'breche aus in' etw., voces, dicta pectore, *Ä* 5,482 u. 723. 7, 292. 2) giefse auseinander, nur übtr. 'strecke hin' od. 'aus', alqm arenā, solo u. dgl., in den Sand, auf den Boden, *Ä* 12, 276. 379. 532; vgl. *Ä* 11, 485. mediis effusus in undis, *Ä* 6, 339. 3) giefse weg, *a*) eig., vergiefse, lacrimas, *Ä* 3, 312. 10, 465. largos fletus, Ströme von Thränen, *Ä* 2, 271. sanguinem, *Ä* 7, 788. dcht. in bez. auf die Pers. selbst, effusi (sumus) lacrimis, in Thränen zerfliefsend beschwören wir ihn (den Vater), er möge nicht (dah. m. fig. 'ne'), *Ä* 2, 651. *b*) übtr., schütte aus od. weg, d. i. 'verschwende', 'verbrauche nutzlos', vires in ventum, v. Faustkämpfer, der sein Ziel verfehlend Lufthiebe thut, *Ä* 5, 446. effusus labor, vergebliche, *Ä* 4, 491. 4) lasse herabfliefsen, *a*) eig., Pass., fliefse herab, lacrimae effusae sunt genis, entrollten den Wangen, *Ä* 6,686. *b*)übtr., 'lasse herabwallen', das Haar, iubam cervice equinā, v. Saturnus, in ein Rofs sich verwandeln, *G* 3, 92. Part. Pass. von der Pers. selbst m. griech. Akk., effusus crinem, caesa-

riem, mit herabwallendem, aufgelöstem, fliegendem Haare, *Ä* 4, 509. *G* 4, 337.

ē-gĕlĭdus, a, um, eig., nicht mehr eiskalt, kühlig, laulich, flumen, *Ä* 8,610.

ĕgēnus, a, um (egeo), Mangel habend an etw., entbehrend, *a*) mit Gen., omnium, jeglicher Hilfe bedürftig, *Ä* 1,599. *b*) abs., dürftig, ratlos, mifslich, res (Lage), Not, Trübsal, *Ä* 6, 91. 8, 365. 10, 367.

ĕgĕo, gui, ēre, 1) bedarf, bin bedürftig, habe nötig, brauche, *a*) mit Gen., radicis, *G* 2, 28. res nostrae vocis egens, *Ä* 11,843. virtutis non egens, der Thaten u. des Ruhmes der Tapferkeit, 'tapfer', *Ä* 11, 27. animi nil magnae laudis egentes, Leute, in denen durchaus keine Ruhmbegierde war, *Ä* 5, 751. dcht., von den Schiffen (st. der Pers.), mit Gen. des Neutr. des Fragepron., quae causa rates aut cuius egentes . . vexit, welcher Grund oder welches Bedürfnis brachte die Schiffe (st. 'euch'), weshalb und wessen bedürftig schifftet ihr zum Ausonerstrand, *Ä* 7, 197. *β*) m. Abl., auxilio, defensoribus, *Ä* 2,521. Part. 'egens' abs. als Adj., dürftig, hilflos, *Ä* 1,384. 4,373. 2) entbehre, ermangele einer Sache, habe nicht, m. Gen., classis, *Ä* 9, 83. rationis non egens, d. i. ohne dafs jmd. die Besinnung verliert, durch Furcht entmutigt wird, *Ä* 8, 299.

Ēgĕrĭa, ae, *f.*, Nymphe mit einer Quelle von heiligender u. begeisternder Kraft und einem Haine bei Aricia oder vor Rom, bekannt durch ihre Liebe zu Numa, *Ä* 7, 763 u. 775.

ĕgĕstās, ātis, *f.* (egeo), Bedürfnis, Mangel, *G* 1, 146. quo minor est illis curae mortalis (Gen.) eg., je weniger sie der menschlichen Fürsorge oder Pflege bedürfen, *G* 3, 319. personif., Mangel, Not, als Schreckensgestalt im Vorhause zum Orkus, turpis, *Ä* 6, 276.

ĕgŏ (*ἐγώ*), Personalpron., unser betontes ich bei Gegenüberstellung od. Hervorhebung der Person, ego sum . . Thybris, *Ä* 8, 62. nam Polydorus ego', *Ä* 3, 40. Durch 'met' verstärkt, egomet, *Ä* 6, 505. noch nachdrücklicher m. 'ipse' verb., *Ä* 5,650. memet, *Ä* 4,606. doppelt, me, me, *Ä* 8,144. 9,427. 12,260. Bes. *a*)Gen. 'mei' wo gew. eine Possessivpron. gebraucht wird, imago mei, ein Schattenbild von mir, das mich darstellt (im Gegs. der wirklichen Person), *Ä* 4, 654. *b*) Dat. 'mihi', wie *μοί*, als ethischer Dativ, *a*) in der gemütlichen u. vertraulichen Rede, um im allgem. eine lebhafte Teilnahme der redenden od. angeredeten Person auszudrücken, *B* 8, 30. *G* 4, 354. *Ä* 1, 136.

261. 5, 162. 305. 9, 187. sov. als 'nach meiner Überzeugung od. Ansicht', *Ā* 11, 416. *G* 1, 191. *B* 3, 104. *β*) zum Ausdruck der herzlichen Freude, *B* 8, 6. *G* 2, 45. *γ*) der Besorgtheit, *G* 2, 252. *δ*) im herausfordernden od. drohenden Tone, *Ā* 12, 566. *d*) Akk. 'me' prägn., apud me, zu Hause bei mir, in meinem Hause, *B* 3, 62.

ē-grĕdĭor, gressus sum, grĕdi (ex u. gradior), gehe od. komme heraus, est urbe egressis tumulus, gleich vor der Stadt ist od. befindet sich, *Ā* 2, 713. abs., 8, 122. 2, 713. Bes. 'ziehe' od. 'rücke heraus' zum Kampfe, *Ā* 9, 314 (näml. 'e porta'). 'steige (aus dem Schiffe) ans Land', 'lande', *Ā* 1, 172. 3, 79. 8, 122. 10, 283.

ēgrĕgĭus, a, um (ex u. grex), auserlesen, ausgezeichnet, vorzüglich, herrlich, trefflich, *α*) abs., urbs, *G* 2, 155. *Ā* 8, 290. decus formae, *Ā* 7, 473. os, *Ā* 4, 150. genus, *Ā* 7, 213. stirps, *Ā* 5, 297. laus, *Ā* 4, 93. gens, *Ā* 11, 432. animae, *Ā* 11, 24. iuvenis, *Ā* 5, 361. gener, *Ā* 11, 355. Antor, *Ā* 10, 778. ironisch, coniunx, *Ā* 6, 523. Veneris genus (v. Ǎneas im Munde der Juno), *Ā* 7, 556. quid tam egregium, si etc., was so Ausgezeichnetes ist es, wenn usw., *Ā* 11, 705. *β*) mit näherer Bestimmung durch Abl., formā, *Ā* 6, 862. 10, 435. bello, *Ā* 1, 444. pietate vel armis, *Ā* 6, 769. virtute, *Ā* 7, 257. dcht., m. Gen. animi (an Mut), *Ā* 11, 417.

ei, eia, s. hei, heia.

ēĭcĭo, iĕci, iectum, ĕre (ex u. iacio), 1) werfe od. stofse heraus, *a*) ans Land, Pass., eiectus litore (am Ufer), 'gestrandet', *Ā* 4, 373. abs., eiectus, 'gestrandet', *Ā* 1, 578. *b*) aus der Heimat, verbanne od. vertreibe jmd., Pass., *Ā* 8, 646. 2) renke aus, ein Körperglied, verstauche, eiecto armo (v. Pferde), d. i. mit verrenktem Vorderbuge, *Ā* 10, 894.

ēĭecto, āre (ex u. iacto), werfe od. speie aus, cruorem ore, *Ā* 5, 470.

ē-lābor, lapsus sum, lābi, 1) entschlüpfe, entgleite, v. der Schlange als Sternbild, circum perque duas arctos, sich winden od. schlingen, *G* 1, 244. v. Pers., 'entziehe mich', 'entrinne', 'entkomme', telis, *Ā* 2, 318. inter caedem, *Ā* 8, 492. abs., *Ā* 5, 151. 325 u. 445. 9, 544. 2) gleite od. klimme, steige empor, v. Feuer, in altas frondes, *G* 2, 305.

Electra, ae, *f.* (Ἠλέκτρα), Tochter des Atlas u. der Pleïone, eine der sieben Plejaden, Mutter des Dardanus von Juppiter, *Ā* 8, 135 flg.

electrum, i, *n.* (ἤλεκτρον, d. i. goldähnlicher Glanz), 1) Bernstein (sucinum), *B* 8, 54. 2) eine Metallmischung aus Gold u. einem Fünfteile Silbers, *Ā* 8, 402 u. 624. amnis purior electro, 'silberrein', *G* 3, 522.

ĕlĕphantus, i, *m.* (ἐλέφας), Elefant, dcht., Elefantenzahn, Elfenbein, *Ā* 3, 464. *G* 3, 26. porta perfecta elephanto, *Ā* 6, 896.

Elēus, a, um (Ἠλεῖος), zur Landsch. Elis gehörig, in welcher Olympia lag, elēisch, campus, olympische Ebene, *G* 3, 202.

Eleusīnus, a, um (Ἐλευσίνιος), zu Eleusis (j. 'Lepsina') in Attika gehörig, ber. durch den Tempel u. Geheimdienst (Mysterien) der Ceres, eleusinisch, mater, Ceres, *G* 1, 163.

Elĭas, ădis, *f.*, elisch, dcht. st. 'olympisch', equae, *G* 1, 59; vgl. Elēus.

ēlĭcĭo, lĭcŭi, lĭcĭtum, ĕre (ex u. lacio), locke hervor od. herab, übtr., undam supercilio tramitis, leite herab, *G* 1, 109.

ēlīdo, līsi, līsum, ĕre (ex u. laedo), 1) schlage heraus, ango elisos oculos et guttur, schnüre od. würge jmds. Kehle, so dafs die Augen heraustreten, *Ā* 8, 261. 2) schlage empor, spuma elisa, der emporgespritzte Schaum, *Ā* 3, 567. 3) zerschlage, zerdrücke, erwürge, angues, *Ā* 8, 289.

ēlĭgo, lēgi, lectum, ĕre (ex u. lego), lese od. wähle aus, equos omni numero (equorum), *Ā* 7, 274. locum, *G* 4, 296.

Elis, ĭdis, *f.* (Ἦλις), Landschaft im westl. Teile des Peloponnes, worin Olympia lag, *Ā* 3, 694. Elidis urbs, Salmonia (s. Salmoneus), *Ā* 6, 588.

Elissa, ae, *f.*, anderer Name der Dido, *Ā* 4, 335 u. 610. 5, 3.

ellĕborus (hellĕborus), i, *m.* (ἐλλέβορος), Nieswurz, mit scharf narkotischer Wurzel, als Heilmittel gegen Krankheiten der Tiere, *G* 3, 451.

ēlŏquĭum, ĭi, *n.* (eloquor), Beredsamkeit, tona eloquio, donnere los mit dem Munde, *Ā* 11, 383.

ē-lŏquor, lŏcūtus sum, lŏqui, spreche aus, abs., 'sage aus', 'gehe mit der Sprache heraus' (Gegs. 'sileo'), *Ā* 3, 39.

ē-lūceo, luxi, ĕre, leuchte od. strahle hervor, dcht. v. Glanze der Bienen, *G* 4, 98.

ē-luctor, āri, arbeite mich heraus, übtr. vom Wasser, herausdringen (durch ein Geflechte), *G* 2, 244.

ē-lūdo, lūsi, lūsum, ĕre, *a*) entziehe mich (bes. im Kampfe) jmdm. durch eine geschickte Wendung od. durch verstellte Flucht, weiche aus u. 'täusche' so, alqm, *Ā* 11, 695. *b*) übtr., täusche übh., *Ā* 12, 755. *G* 1, 226. variae eludent (te) species ferarum, Proteus wird durch seine Verwandlungen dich zu täuschen suchen, *G* 4, 406.

ē-lŭo, lŭi, ĕre, w a s c h e od. s p ü l e
a u s, übtr., 'tilge', scelus, *Ä* 6, 742.

Ēlȳsĭum, ĭi, *n.* (Ἠλύσιον πεδίον), das
e l y s i s c h e G e f i l d e nahe dem Okeanus,
mit ewigem Frühling, Wohnsitz der Heroën als Liebling der Götter in der Unterwelt, *Ä* 5, 735. 6, 744.

Ēlȳsĭus, a, um (Ἠλύσιος), zu Elysium
gehörig, e l y s i s c h, des E l y s i u m, campi, *G* 1, 38. iter, der Weg nach dem Elysium, *Ä* 6, 542.

Ēmăthĭa, ae, *f.* (Ἠμαθία), eine Landschaft Macedoniens um Pella, zur Bezeichn. des ganzen Landes, *G* 1, 492. 4,
3 90.   [ein Troër, *Ä* 9, 571.

Ēmăthĭōn, Akk. 'ōna', *m.* (Ἠμαθίων),

ē-mētĭor, mensus sum, mētīri, 1) m e s s e
(a u s), spatium oculis, *Ä* 10, 772. 2) übtr.,
d u r c h m e s s e, d u r c h w a n d e r e,
d u r c h f a h r e, iter, *Ä* 7, 160. 11, 244.
freta, terras, sidera, *Ä* 5,628. Part. 'emensus' mit pass. Sinne, *G* 1, 450.

ē-mīco, cŭi, āre, *a)* s p r i n g e schnell
h e r a u s od. hervor, eile wohin, in
litus, *Ä* 6, 5. longe ante omnia corpora,
weithin vor den übrigen Kämpfern, *Ä* 5,
319.abs., *Ä* 9,735; vgl. *Ä* 5,337. *b)* s p r i n g e
e m p o r od. auf, saltu in currum, *Ä* 12,
327. solo, vom Boden empor, *Ä* 2, 175.
abs., *Ä* 12, 728. v. Pferde, *Ä* 11, 496.

ēmĭnŭs, Adv.(ex u. manus), v o n f e r u
od. a u s d e r F e r n e, bes. in bez. auf das
Werfen der Geschosse, *Ä* 10, 346 u. 645.
12, 921.

ē-mitto, mīsi, missum, ĕre, s c h i c k e
h e r a u s od. hinaus, s c h i c k e a b, e n t-
s e n d e, *a)* leb. Wesen, *α)* übh., alqm por-
tā, *Ä* 6, 898. tenebris in lucem, *G* 3, 551.
β) l a s s e aus der Haft u. dgl., e n t l a s s e,
dcht., von Bienen, iuventutem (Brut) fa-
vis, agmen, *G* 4, 22 u. 58. *b)* lebl. Obj., *α)*
übh., hiemps emissa, der losgelassene
Sturm, *Ä* 1,125. *β)* Geschosse, e n t s e n d e,
s c h l e u d e r e, w e r f e, s c h i e f s e a b,
spicula manu, *Ä* 11, 676. hastam, *Ä* 10,
474. iaculum, *Ä* 9, 52.

ēmo, ēmi, emptum, ĕre, n e h m e, bes.
durch Kauf, e r k a u f e, e r w e r b e, generum mihi alqā re, *Ä* 1, 31. magno cum
optaverit emptum intactum Pallanta, da
er viel darum gäbe, wenn er den Pallas
nicht berührt hätte, *Ä* 10, 503. honorem
bene vitā, erkaufe den Ruhm wohlfeil
od. billig, *Ä* 9, 206.

ē-mŏvĕo, mōvi, mōtum, ēre, 1) h e b e
e m p o r, e r s c h ü t t e r e, cardine postes,
hebe aus den Angeln, *Ä* 2, 493. fundamenta tridenti, *Ä* 2, 610. 2) e n t f e r n e,
übtr., curas, 'verscheuche', *Ä* 6, 382.

ē-mūnĭo, īvi, ītum, īre, v e r w a h r e,
postes fultos obice, 'versperre', *Ä* 8, 227.

ēn, Interj., s i e h e! s i e h e d a! s i e h e
d a i s t! *a)* um auf einen Gegenstand als
anwesend aufmerksam zu machen, gew.
mit Nom., en Priamus, siehe da den Priamus! *Ä* 1, 461. en dextra fidesque, *Ä* 4,
597; vgl. *Ä* 5, 639 u. 672. 8, 612. *B* 9, 42
(*Ribb.*). bisw. in höhnender Rede, *Ä* 7,
452. selt. m. Akk., en quattuor aras! *B*
5, 65 (wo m. 'ecce' abwechselnd). bei ganzen Sätzen, *Ä* 7, 545. 9, 7 u. 52. in der
Frage, en quid ago? *Ä* 4, 534. en haec
promissa fides est? *Ä* 6, 346. zur Schärfung des Imper., 'da'! 'wohlan'! en accipe, *B* 6, 69. en age, *G* 3, 42. *b)* zur Steigerung eines in eine Frage gekleideten
Wunsches, en umquam, wohl od. auch
jemals, *B* 1, 67. 8, 7.

ēnarrābĭlis, e(enarro), e r z ä h l b a r,
mit Worten d a r s t e l l b a r, textum clipei non enarrabile, d. i. (wegen seines
allzureichen Stoffes) undarstellbares Gefüge, *Ä* 8, 625.

Encĕlădus, i, *m.* (Ἐγκέλαδος), ein
Gigant, durch Juppiters Blitzstrahl unter den Atna geschleudert, *Ä* 3, 578. 4,
179.

ĕnĭm, Konjkt. [gew. an zweiter, nicht
selten jedoch auch an dritter Stelle, bes.
in parenthet. Sätzen, s. nachh.], zur Begründung u. Erklärung des Vorhergeh.,
d e n n, n ä m l i c h, bes. von dem, was sich
nicht anders erwarten läfst, 'natürlich',
'freilich', oft in parenthet. Sätzen, mit
enim, *G* 1, 76. miratus enim, *Ä* 6, 317. fabor enim, *Ä* 1, 261. nec requierit enim,
donec etc., *Ä* 2, 100. quid enim? (als Pa-
renthese), was wäre es denn? warum
nicht? *Ä* 5, 850. Zur Hervorhebung des
vorherg. Wortes, Aeneas tibi enim ma-
ctat, dir und keiner anderen Gottheit,
Ä 8, 84. Aeneas adguovit enim, *Ä* 10, 874.
geminatus enim, *G* 2, 509. mit iron. Färbung, o vere Phrygiae, neque enim Phryges, Phrygierinnen fürwahr, denn Phrygier kann man euch nicht nennen, *Ä* 9,
617. Oft geht der erklärende Satz dem
zu erklärenden voran, wo wir 'ja' gebrauchen, bes. nach einem Vokativ, *Ä* 1,
198. 4, 20. od. 'enim' bezieht sich auf
einen verschwiegenen Satz, neque enim
numero comprehendere refert, auch brauche ich nicht aufzuzählen, denn es frommt
nicht (wobei das begründende Satzglied
vorausgeht), *G* 2, 104. 'neque enim' st.
'non enim', *Ä* 4, 170. 8, 251. 9, 617. sed
enim, s. sed.

Ēnīpeus, ĕi, *m.* (Ἐνιπεύς), Nebenflufs
des Penēus in Thessalien, der auf dem
Othrys entspringt, j. 'Gura', *G* 4, 368.

ē-nĭtĕo, tŭi, ēre, 1) erglänze, vom Felde (in bez. auf die frisch aufgepflügten Erdschollen), *G* 2, 211. 2) übtr., glänze, leuchte od. strahle hervor, ore, *Ä* 4, 150.

ē-nĭtor, nixus sum, nīti, 1) intr., strebe empor, *G* 2, 360. 2) trans., bringe mit Anstrengung hervor, gebäre, ignes iugales, d. i. den Paris, *Ä* 7, 320. dcht. abs., 'enixae servitio', von Andromache, d. i. indem ich in meinem Sklavenstande (als Sklavin) dem Pyrrhus einen Sohn (den Molossus) gebar, *Ä* 3, 327. von Tieren, 'werfen', fetus, *Ä* 3, 391.

ē-no, āre, schwimme heraus, übtr., entfliege, ad arctos, *Ä* 6, 16.

ēnōdis, e (ex u. nodus), ohne Knoten, glatt, truncus, *G* 2, 78.

ensis, is, *m.*, Schwert (gerade u. zweischneidig), *Ä* 2, 393. 525. 7, 640. 8, 459. 9, 303. 431. 441. 10, 387. 568. 577. 682. 815. 896. 11, 11. 489. 12, 175. 458. 508. dcht., inferre se medios in enses, in die Mitte der Feinde, *Ä* 9, 400 (*Ribb.; 'hostes' Haupt u. Schap.*).

Entellus, i, *m.*, ein Sikuler, *Ä* 5, 387. 389. 437. 443. 446. 462. 472.

ē-nŭmĕro, āre, zähle her od. der Reihe nach auf, prolem, *Ä* 6, 717. fando plurima, *Ä* 4, 334.

ĕo, īvi od. ĭi, ĭtum, īre [Perf. ĭit, *Ä* 1, 376. 2, 174. ierit, *Ä* 7, 123. zusgez. 'ĭt' st. iit, *Ä* 9, 418] (St. *ι* in *εῖμι*, ῖmus), gehe, komme, gelange, 1) w. leb. Wesen, *a*) eig.: *α*) übh., a navibus, *Ä* 2, 375. e concilio, *Ä* 5, 75. de imis sedibus, *G* 4, 472. m. Angabe der Richtung od. des Zieles, in silvam, *Ä* 6, 179. in deserta, *G* 3, 342. dcht. ohne 'in' bei Länder- u. Völkernamen, Italiam, *Ä* 3, 254. Afros, *B* 1, 64. mit Dat. des Zweckes, belío, ziehe in den Krieg od. zum Krieg aus, *Ä* 7, 761. per urbem, *Ä* 6, 588. sub terras, *Ä* 4, 654. circum fruges, *G* 1, 345. ähnl. von den Seelen der Verstorbenen, ad caelum, in die oberen Lüfte, in die Oberwelt, *Ä* 6, 719; vgl. *Ä* 9, 308. mit einem Prädikat; superbus eo, gehe stolz einher, stolziere einher, *Ä* 5, 269. ibat in armis aureus, *Ä* 9, 269; vgl. *Ä* 1, 518. m. Dat., cui Achates it comes, begleitet, *Ä* 6, 159. 8, 466; vgl. *Ä* 12, 881. it iuxta comes, *Ä* 9, 179 (*Ribb.*). abs., *B* 1, 74. *Ä* 12, 903 (neben curro). certus eundi, entschlossen zur Abfahrt, *Ä* 4, 554. prägn., lange od. komme an, *Ä* 6, 392. Bes. Imperat. 'i', 'ite', m. zweitem Imperat. ohne 'et', ite, ferte citi, *Ä* 4, 593. mit höhnendem od. neckendem Tone in der Aufforderung etw. zu thun, dessen Unmöglichkeit oder Ungereimtheit vor Augen liegt, i nunc, offer te etc., thue

es nun, versuche es nun doch einmal, *Ä* 7, 425; vgl. *Ä* 4, 381. 9, 634. doppelt u. dann zwischen dem Subst. u. Adj. eingeschoben, i, decus, i, nostrum, *Ä* 6, 546. Bisw. m. homogenem Akk., viam, *Ä* 4, 468. primus ire viam audet (v. Füllen), im Wege vorauszurennen, *G* 3, 77. iter altum (v. Bienen), in die Höhe, in die Luft fliegen, *G* 4, 108. itque reditque viam, wandelt den Weg hin u. her, *Ä* 6, 122. *β*) gehe zu Wasser od. zu Schiffe, fahre, schiffe, segle dahin od. ab, mit dem Zusatz 'navibus', *Ä* 2, 254. abs., *Ä* 3, 130. 5, 769 u. 777. per altum, *Ä* 3, 374. auster terruit euntes, wenn sie abzufahren im Begriff waren, beim Aufbruch, *Ä* 2, 111. m. doppelt. Dat., subsidio Troiae, *Ä* 10, 213. *γ*) fahre zu Wagen, bigis in albis, *Ä* 12, 164. sitze, ziehe einher zu Pferde, equo, *Ä* 9, 269. abs., *Ä* 5, 554. 9, 369. *δ*) fliege in od. durch die Luft, von Iris, *Ä* 5, 607. *ε*) gehe in den Kampf, in certamina, *Ä* 12, 73. dcht., in volnera, renne gleichs. in die Wunden, in die verwundenden Waffen, *Ä* 12, 528. Dah. 'gehe', 'marschiere', portis (aus den Th.), *Ä* 4, 130. in hostem, gehe los, dringe ein auf usw., ziehe entgegen, *Ä* 6, 881. 9, 424. 11, 389. 12, 378. ad muros (um sie zu erstürmen), *Ä* 12, 555. *b*) übtr.: *α*) gehe, schreite, komme in einen Zustand, in lacrimas, überlasse mich den Thränen, *Ä* 4, 413. in casus omnes, ziehe allen Wechselfällen entgegen, *Ä* 9, 291. animae ad lumen iturae, die vom Schicksal bestimmt sind ans Licht zu treten, *Ä* 6, 680. animae in nomen nostrum iturae, die unseren Namen fortpflanzen werden, die Erben unseres Namens, *Ä* 6, 758. ad astra, *Ä* 9, 641. supra homines, supra deos pietate, übertreffe alle ohne Ausnahme an Fr., *Ä* 12, 839. *β*) gehe, schreite zu einer Thätigkeit, in poenas, zur Bestrafung, *Ä* 5, 668. talibus dictis it contra dicta tyranni, tritt mit solchen Worten dem König entgegen, erwidert ihm folgendes, *Ä* 10, 448. abs., contra (mala), *Ä* 6, 95. *γ*) gehe um einen Zustand od. eine Thätigkeit herbeizuführen. ins Werk zu setzen, m. Supin., gehe an etw., venatum, gehe jagen, auf die Jagd, *Ä* 4, 118. ibo servitum alci, gedenke zu dienen, *Ä* 2, 786. abs., von dem, der etw. anderes zu beginnen entschlossen ist, ibo et modulabor (franz. *j'irai chanter*), wohlan, ich will (gehen und) meinen Schmerz durch Hirtengesang lindern, *B* 10, 50. 2) von Lebl., *a*) v. Konkr., *α*) v. Schiffe, fahre, Portunus in pulit euntem (näml. 'navem'), *Ä* 5, 241. Bildl. in Verb. mit 'res', vom Lauf der Schiffe auf den Lauf menschl. Verhältnisse übtr.,

nutu Junonis eunt res, nach dem Winke
der J. verlaufen die Dinge, der Wink der
J. entscheidet, *A* 7, 592. *β*) v. Geschossen, fliegen, dahinfliegen, drin-
gen, per tempus utrumque alci, *A* 9, 418.
bild., v. Kriegssturme, 'dahin stürmen'
od. 'brausen', 'tosen', per campos, *A* 7,
223. tempestas telorum it caelo (*Dat.*),
d. i. dringt himmelan, *A* 12, 283. *γ*) von
flüssigen Gegenst., gehen, fliefsen,
rinnen, v. Schweifse, in artus, *A* 2, 174.
v. Blute, naribus, *G* 3, 507. v. Wasser-
tropfen, *G* 2, 245. bes. v. Flüssen, 'laufen',
'dahinströmen', per ora novem, *A* 1, 245.
auch v. Rauche, 'emporsteigen', in auras,
A 12, 592. *δ*) von Gestirnen, gehen, laufen, wandeln, per caelum (v. Monde),
G 1, 433. *ε*) von fast allen verschiedenen
Richtungen, gehen, laufen, tessera
signum it bello, die Parole als Zeichen
für den Aufbruch ergeht, wird bekannt
gemacht, *A* 7, 637. circulus auri it pectore
summo per collum, läuft, hängt herab
vom Halse auf die Brust, *A* 5, 558. *b*) in
abstrakten Beziehungen, gehen, laufen, Fama it per urbes, *A* 4, 137; vgl.
v. 175. timor it propius periclo, *A* 8,
557. si non tanta quies iret inter frigus
etc., herrschte, einträte, *G* 2, 344. Bes.
v. Tönen u. dgl., dringen, it clamor,
gemitus ad od. in alqd, *A* 9, 498. 12, 409;
totis muris per propugnacula, *A* 9, 664.
it clamor caelo (*Dat.*), zum Himmel, himmelan, *A* 5, 451.

ĕōdĕm, Adv. (idem), eben dahin,
glomerari, *A* 9, 689.

Eōus, a, um [erste Silbe bald kurz,
bald lang, auch b. Hor. u. a., wie *ἠῷος*
u. *ἐῷος*], *a*) morgendlich, am Morgen geschehend, Eoae Atlantides ab-
sconduntur, gehen des Morgens unter, *G*
1, 221. *b*) nach Morgen od. Osten gelegen, übh. aus Osten, östlich, domus Arabum, *G* 2, 115. acies, Scharen
aus morgenländischen u. südlichen Völkern bestehend, *A* 1, 489. equi (von den
Rossen des Eurus), *A* 2, 417. Sbst., *a*)
Eōi, ōrum, *m.*, Bewohner des Ostens,
Morgenländer, adversis instructus
Eois, von Pompejus (gener), der sein Heer
im Osten des röm. Reichs sammelte, *A*
6, 832. Bes. *β*) Eōus, i, *m.*, Morgenstern, *G* 1, 288. primo Eoo, mit Aufgang des Morgensterns, mit Anbruch des
Morgens, *A* 3, 588. 11, 4.

Epeōs, i, *m.* (*Ἐπειός*), Sohn des Pan-
opeus, Erbauer des trojanischen Rosses,
A 2, 264.

Ephyrē, ēs, *f.* (*Ἐφύρη*), eine Meernymphe, Tochter des Okeanus, *G* 4, 343.

Ephyrēïus, a, um (*Ἐφύρειος*), zu

Ephyra (dem alten Namen für Korinth)
gehörig, ephyrëisch, dicht. st. korin-
thisch, aera, kunstvolle Gefäfse von
korinth. Erz, *G* 2, 464.

Epĭdaurus, i, *f.* (*Ἐπίδαυρος*), Stadt
in Argolis am saronischen Meerbusen,
j. 'Pidauro', mit einem Tempel des Äskulap, ber. durch Pferdezucht, *G* 3, 44.

Epīrus (Epīrŏs), i, *f.* (*Ἤπειρος*),
Landsch. im nördl. Griechenland, ber.
durch die Zucht edler Rosse für die
olymp. Spiele, *A* 3, 292 u. 503. *G* 1, 59.
3, 121.

ĕpŭlae, ārum, *f.*, 1) Speisen (vorz.
kostbare mit besonderer Hervorhebung
des Weines), *A* 1, 216. 4, 484. 7, 110. *G* 3,
526. 4, 378. dcht., 'Frafs', *A* 6, 599. 2)
Mahl, Schmaus, Gastmahl, Fest-
mahl, *A* 1, 79. 6, 604. 7, 174. 8, 283. bes.
'Totenmahl', *A* 5, 63.

Epŭlō, ōnis (*Ribb.*) od. **Epŭlōn**, ontis (*Haupt* u. *Schap.*), *m.*, ein Rutuler,
A 12, 459.

ĕpŭlor, āri (epulae), 1) intr., halte
ein Mahl, schmause, speise, *A* 4,
206. 5, 762. *G* 2, 537. m. Abl., dapibus
opimis, halte ein leckeres Mahl, schwelge
im Schmause, *G* 3, 224; vgl. *G* 2, 537. 2)
trans., speise, verzehre, pono alqm
epulandum, setze zur Speise vor, *A* 4,
602.

Epytĭdēs, ae, *m.* (*Ἠπυτίδης*), Sohn
des Epytus, Periphas, Begleiter des Iulus, *A* 5, 547 u. 579.

Epytus, i, *m.* (*Ἤπυτος*), ein Troër
aus dem Gefolge des Äneas, *A* 2, 340.

ĕqua, ae, *f.* (equus), Stute, *A* 11, 494.
570 flg. *G* 3, 266. bes. der Schnelligkeit
u. Ausdauer wegen im Kriege wie im Wettrennen der Hengsten vorgezogen, *G* 1, 59.

ĕquĕs, ĭtis, *m.* (equus), *a*) Reiter,
Reisige zu Rofs, *A* 4, 132. 6, 859. 10,
893. *G* 3, 116. *b*) Plur., die Reiter, Reiterei, *A* 5, 560. 7, 804. 9, 48. 367. 379.
11, 504. 512. 598. 12, 408. Sing. kollektiv, Reiterei, *A* 11, 464. 517. Arcas
eques, *A* 10, 239.

ĕquĕster, stris, stre (eques), zum Reiter gehörig, Plur., cursus, Lauf der
Reisigen od. Geschwader, *A* 5, 667.

ĕquĭdĕm, Adv. (durch das demonstra-
tive 'e' verstärktes 'quidem'), sicher,
sicherlich, gewifs, fürwahr, doch
wohl, zur Bekräftigung eines Gedankens, selten eines einzelnen Begriffs,
gew. dem betonten Worte nachgestellt,
hoc equidem solabar u. dgl., *A* 1, 238. 2, 77.
3, 315. 4, 45. öft. jedoch auch vorangestellt, 'equidem .. dimittam' u. dgl., *A* 1,
576. 5, 26. 9, 207. 10, 29. 11, 111. 12, 931.
Mit Neg., 'non' od. 'haud equidem', im

Nachsatz eines Bedingungssatzes, *Ä* 4, 330. 5, 399.

ĕquīnus, a, um (equus), zum Pferde od. Rosse gehörig, pecus, Pferde, *G* 3, 72. cervix, *G* 3, 92. sanguis, Rofsblut, *G* 3, 463. nervus, Sehne aus Rofshaaren (am Bogen), *Ä* 9, 622. crista, *Ä* 10, 869.

ĕquĭtātŭs, ūs, *m.* (equito), Reiterei, Reiter, *Ä* 8, 585.

ĕquĭto, āre (eques), reite, trabe, circum alqm in orbes, *Ä* 10, 885.

ĕquus od. **ĕcus**, i, *m.* ['ecus' b. *Ribb.* u. *Haupt*, Sing. Nom., *Ä* 2, 113. 260. 329. 6, 515. 11, 89. Akk. 'ecum', *Ä* 2, 401. 10, 858. u. Gen. Plur. 'ecum' (*Ribb.*) od. 'equom' (*Haupt*) st. equorum, *Ä* 7, 189. 9, 26. 12, 128. *G* 2, 542 u. ö.] (*ἵκκος* Nebenf. von *ἵππος*), Pferd, Rofs, 1) eig., *a*) übh., *Ä* 5, 571 u. ö. von den Rossen des Phöbus, *Ä* 5, 105. 11, 914. equi currusque, *Ä* 12, 495. dem Phaëthon beigelegt, *Ä* 5, 105. der Aurora, *Ä* 7, 26. dcht. von den mit Rossen reitenden Winden, 'equi Eoi', *Ä* 2, 418. *b*) Plur.: *a*) im Gegs. zu 'vir', von der Reiterei, *Ä* 11, 607 u. 911. m. 'arma' verb. zur Bezeichn. der gesamten Kriegsmacht zu Fufs u. zu Pferde, *Ä* 8, 3. Bes. *β*) Gespann oder Wagen mit den Pferden, iuncti equi u. dgl., *Ä* 12, 735; vgl. *Ä* 6, 587. 9, 777. 10, 571. 2) übtr.: *a*) von den Flufspferden, bipedes, *G* 4, 389. *b*) von künstlichen Pferden, bes. dem trojanischen, *Ä* 2, 15. 32. 48. 113. 150. 260. 329. 401. 6, 515. 9, 152.

Erătō, *f.* (*Ἐρατώ*), Muse der lyrischen u. erotischen Gesänge, dcht. übh. 'Muse', *Ä* 7, 37 (in bez. auf die epische Poesie, wo man 'Calliope' erwartet).

Erĕbus, i, *m.* (*Ἔρεβος*), finsterer Erdengrund, die Tiefen des Totenreichs, Totengrund (Gegs. 'caelum'), *Ä* 4, 26. 510. 6, 247. 404. 671. *G* 4, 471. personif., Gott der Unterwelt, Sohn des Chaos u. Bruder der Nacht, *Ä* 4, 510.

Erĕtum, i, *n.*, alte Stadt der Sabiner am Tiber, j. 'Kretona', *Ä* 7, 711.

ergō, Adv. (Abl. v. *ἔργον*), 1) Schlufspart., *a*) um ein Urteil od. einen Gedanken als notwendige Folge aus dem Vorhergeh. zu bezeichnen, in Wirklichkeit, aus diesem Grunde, infolge dessen, folglich, daher, darum, deshalb, bei besonderer Hervorhebung auch noch durch ein vor- od. nachgesetztes eben od. also verstärkt, *Ä* 1, 663. 2, 26. 3, 62. 278. 4, 474. 5, 380. 6, 739. 12, 742. *B* 1, 47. Bei Wiederaufnahme der Erzählung an der Spitze, 'nun', *Ä* 6, 384. *Ä* 11, 799. 'darum', *B* 5, 58. zur Hebung des Affektes, *Ä* 2, 547. 9, 107. *B* 1, 59. 3, 28. *b*) zur Einführung des Hauptmomentes einer Handlung, also, denn, *Ä* 6, 456. *B* 3, 28. *c*) beim Imperat., also, auf denn, sodann, nun, ergo age, agite, *Ä* 2, 707. 3, 114 u. 250. *G* 1, 63. accipite ergo, *Ä* 3, 250. 10, 104. beim Konjunkt. der Aufforderung, *Ä* 4, 102. ähnl. beim Fut., ergo dicemus, *G* 2, 393. 2) Präp. mit vorausgeh. Gen., aus Anlafs od. Grund, (von) wegen, halber, illius (Anchisae) ergo, *Ä* 6, 670.

Erĭcētēs (**Erĭchaetēs** *Ribb.*), ae, *m.*, Sohn des Lykaon, ein Troër, *Ä* 10, 749.

Erĭchthŏnĭus, ĭi, *m.* (*Ἐριχθόνιος*), Sohn des Hephästus od. Vulkan von der Erde, uralter König von Athen, der Sage nach Erfinder des Viergespanns, *G* 3, 113.

Erĭdănus, i, *m.* (*Ἠριδανός*), griech. u. dcht. Name des Flusses Padus in Italien, *Ä* 6, 659. fluvium rex, *G* 1, 482. auratus cornua (weil er Goldsand mit sich führen sollte), *G* 4, 372.

ērĭgo, rexi, rectum, ĕre (ex u. rego), richte od. strecke empor, erhebe, crinibus angues (v. Allekto), *Ä* 7, 450. manu mālum de nave, *Ä* 5, 487. fluctus sub auras, in die Lüfte schleudern od. speien, *Ä* 3, 421. undas, auftürmen, *Ä* 7, 530. alnos sŏlo, vom Boden emporwachsen lassen, *B* 6, 63. scopulos et viscera montis (v. Ätna), mit 'eructans' verb., auswerfen u. auftürmen, *Ä* 3, 576. Pass., 'sich erheben', 'aufsteigen', erigi ad sidera (v. Rauch), *Ä* 9, 239. sub auras (v. zitternden Wasserlichte), *Ä* 8, 25. Bes. *a*) richte etw. zu einem bestimmten Zwecke auf, errichte, pyram ad auras, *Ä* 4, 494 u. 504. *b*) Pass. erigi, v. Örtlichkeiten, wie von einer Insel, sich erheben, *Ä* 8, 417.

Erĭgonē, ēs, *f.* (*Ἠριγόνη*), Tochter des Ikarius, die aus Betrübnis über die Ermordung ihres Vaters sich tötete u. zur Verherrlichung als 'Jungfrau' unter die Sterne versetzt wurde, *G* 1, 33.

ĕrīlis, s. herilis.

Erīnỹs, ỹos, *f.* (*Ἐρινύς*), 1) Rachegöttin, Furie, *Ä* 7, 447 u. 570. bes. die 'Kriegsfurie' als die Unglücksgöttin Trojas, tristis, *Ä* 2, 337. 2) übtr., von Pers., die Fluch od. Verderben bringen, wie Helena, Geifsel, Verderben, Troiae, *Ä* 2, 573.

Erĭphŷlē, ēs, *f.* (*Ἐριφύλη*), Gattin des Amphiaraus, die ihn, von Polynikes durch ein Armband bestochen, zum verderblichen Zuge gegen Theben nötigte, und dafür von ihrem Sohne Alkmäon getötet wurde, *Ä* 6, 445.

ērĭpĭo, rĭpŭi, reptum, ĕre (ex u. rapio), 1) reifse heraus (eig. aus dem Innern einer Raumes), reifse ab od. weg, entreifse, *a*) übh., *a*) eig., ensem, fer-

9*

·rum vaginā, *Ā* 4, 579. 6, 260. arundine
telum, *Ā* 12, 387. viscera vivis, *Ā*12,214.
caelum diemque ex oculis alcjs (von den
Wolken), *Ā* 1, 88. Bes. 'eripio me', entfliehe, entrinne, *Ā* 12, 917. Pass., tune
hinc eripiare mihi, du solltest mir entrinnen? *Ā* 12, 948. β) übtr., entreiſse
jmd. einer Sache, rette etw., befreie
(von), Pers. u. Sachen, alqm flammis,*Ā*
2, 289. ruinis, *Ā* 3, 476. pugnae, *Ā* 5,463.
periclis, *Ā* 3, 711. fatis, morti, *Ā*10,426.
12, 157. me leto, *Ā* 2, 134. res Teucrûm
leto, *Ā* 5, 690. alqm umeris (*Abl. instr.*)
per flammas et tela, *Ā* 6, 110. alqm vi,
armis, *Ā* 9, 400. eripite (näml. 'nos' od.
'naves'), *Ā* 3, 560. b) entreiſse, ént-
ziehe, nehme, raube, α) sachl. u.
abstr. Obj., mit Dat. der Pers. od. Sache
od. abs., ensem (Turno), *Ā* 12, 799. thalamum Teucris, *Ā* 7, 388. mortalem formam, den Schiffen die sterbliche Gestalt
nehmen, *Ā* 9, 101. prospectum oculis, *Ā*
8, 254. mentem, *Ā* 2, 735. auxilium, *Ā* 9,
128. honorem, *Ā* 5, 342; vgl. *Ā* 12, 141.
β) Pers., virginem, *Ā* 2, 413. coniugem,
Ā 3, 330. 6, 341. coniugem genero, *Ā* 12,
31. natum, *Ā* 10, 878. ereptus fato, dahingerafft durch das Schicksal, *Ā* 2,738.
primā erepta iuventā est (in frühester
Jugend),*Ā* 7,51. c) reiſse weg von jmd.
od. etw., entreiſse od. entziehe jmd.
od. etw., alqm ab undis, aus od. von den
Wellen weg dem Untergange, *Ā* 1, 596.
ensem a femine, *Ā* 10, 788. abs., nubem,
Ā 2, 606. übtr., vocem ab ore loquentis,
eigne mir das Wort sogleich an, nehme
selbst das Wort (gleichs. aus des Redenden Mund), *Ā* 7, 118. d) reiſse aus oder
ab, pellem iuvenco, *Ā* 11, 679. alas re-
gibus(der Bienen),*G* 4,106. 2) ergreife
mit Gewalt od. schnell, dcht. übtr.,
fugam, ergreife schleunig die Flucht, *Ā*
2, 619.

errābundus, a, um (erro), hin- und
herirrend, umherschweifend, vestigia bovis, *B* 6, 58.¹

erro, āre (ἔρρω), 1) irre, streife,
schweife umher, v.Lebl., α)v.Pers.,*Ā*
1, 322 u.332. 2,569. 3,101.6,68. per silvas
iugis, *Ā* 11, 134. circum maria, circum
litora, *Ā* 1, 32, 3, 75. in silva, *Ā* 6, 450.
in finibus, *Ā* 4, 211. in undis, *Ā* 3, 200.
mediis in armis (v. Mars), *G* 2, 283. super auras,*Ā* 7,557. dcht. m. bl. Abl.(ohne
'in'), dumis, *Ā* 9, 393. silvis et urbibus,
Ā 1, 578. tectis, *Ā* 2, 480. omnibus terris
et fluctibus, *Ā* 2, 756. pelago, *Ā* 3, 203.
β) v. Tieren, *B* 1, 9. procul, *Ā* 7, 493. von
dem schwerfälligen Gang trächtiger Rin-
·der, 'hin und her wanken', *G* 3, 139. in
montibus, per montes, *B* 2, 21. 6, 40. m.

Abl., litore, silvis, *Ā* 1, 185. 7, 491. campis, campo, *G* 3, 245. 4, 11. membris, an
den Teilen des Körpers dahingleiten, die
Glieder durchirren, *Ā* 7, 353. γ) Pass.
unpers., male erratur solis in agris, man
irrt umher, *G* 3, 249. δ) prägn., m. Akk.
in transit. Bed., durchirre, durchwandere, errata litora,*Ā*3,690.b)übtr.,
v. Lebl., irre, schweife, wandle
(umher), v.Gewässern, tardis flexibus,
langsam sich winden, *G* 3, 14. v. Fahr-
zeugen, 'herumtreiben', *Ā* 5, 867. dcht.
von der Insel Delos, errans tellus, *Ā* 3,
76. von der Bewegung od. dem Lauf der
Gestirne, *Ā* 1, 742. in orbes, *G* 1, 237. v.
Epheu, weit sich ausbreiten, weithin ranken, *B* 4, 19. von den Farben des Mor-
genrotes, wechseln, schillern, *G* 1, 452.
von der Faust beim Cästuskampfe, errat circum aures et tempora, schwirrt
um Ohren u. Schläfe hin und her, *Ā* 5,
435. von den unstäten Augen der Sterbenden, *Ā* 5, 691. v. letzten Atemzuge,
'schweben', supra, *Ā* 4, 684. von den Seelen der Unbeerdigten, *Ā* 6, 329. 2) irre
ab, komme vom rechten Wege ab, viā,
Ā 2, 739. v. Lebl., 'das Ziel verfehlen',
errans dextra, d. i. unstäte, unsichere
Hand (beim Zielen), *Ā* 7, 498.

errōr, ōris, *m.* (erro), 1) das Umherirren oder Umherschweifen, Plur.,
'errores', 'Irrfahrten', *Ā* 1, 755. m. obj.
Gen., pelagi, auf dem Meere, *Ā* 6, 532.
Dah. a) Irrgang, wie im Labyrinth, *Ā*
5, 591. 6, 27. b) das Abirren, Irrege-
hen, Fehlgehen, m. obj. Gen., viae,
vom od. auf dem Wege, *Ā* 7,199. 2) übtr.:
α) Irrtum, Wahn, Täuschung, ma-
lus, schlimmes Versehen (durch falsche
Auslegung der Orakel),*Ā* 10,110. m. obj.
Gen., veterum locorum, in bez. auf die
Verwechselung der alten Gebiete oder
Wohnsitze,*Ā* 3,181. Graiarum iubarum,
durch die griech. Helmbüsche erzeugt,
Ā 2, 412. auch in bez. auf den Gegenstand der Täuschung oder des Truges,
gratus parentibus(von Zwillingen),*Ā* 10,
392. in bez. auf die im Bauche des troj.
Rosses versteckten Krieger, *Ā* 2, 48. b)
Geistesverwirrung, α) Wahnsinn,*G* 3,
513. β) Liebeswahn, malus,*B* 8, 41.

ērŭbēsco, būi, ēre (Inch. v. 'erubeo'),
1) intr., erröte, bes. aus Scham, schäme mich, m. Akk. u. Inf., *B* 6, 2. 2)
trans., habe Scheu vor etw., scheue
mich vor jmd., iura fidemque supplicis,
achte, ehre das Vertrauen, mit dem sich
der Feind übergiebt, und dessen Rechte,
Ā 2, 542.

ē-ructo, āre, gebe etwas gewaltsam
von mir, speie od. werfe aus, v. Pers.,

Ä 3, 632. v. Ätna, scopulos, *Ä* 3, 576. v. Acheron, harenam Cocyto (*Dat.*), rollt Sand zum Kok., *Ä* 6, 297.

ĕrŭdĭo, īvi, ītum, īre (ex u. rudis), **bilde, lehre**, alqm, *Ä* 9, 203.

Ĕrŭlus, i, *m.*, Sohn der Feronia, Führer der Pränestiner, mit drei Körpern (wie Geryones), die in der Gegend des Bauches zusammengewachsen, sich von da ab wieder trennten, *Ä* 8, 563.

ē-rumpo, rūpi, ruptum, ĕre, 1) trans., *a*) **lasse ausbrechen**, v. Flüssen, se, hervorbrechen, *G* 4, 368. *b*) **durchbreche**, nubem, *Ä* 1, 580. 2) intr., **breche hervor, stürze heraus**, *Ä* 10,604 u. 890. von dem in Schlachtordnung gestellten Heere, mache einen Angriff, dringe ein, *Ä* 11, 609. v. Bienen, portis (aus dem geschlossenen Raume), *G* 4, 78 u. 313.

ē-rŭo, rŭi, rŭtum, ĕre, *a*) **wühle, reiße** od. **grabe heraus, entwurzele**, segetem ab radicibus, *G* 1, 320. pinum radicibus, *Ä* 5, 449. ornum, *Ä* 2, 628. quercum, *Ä* 4, 443. *b*) **verheere, vernichte, zerstöre**, urbem (a sedibus), *Ä* 2, 612. 12, 569. Argos, *Ä* 6, 839. Pergama, *Ä* 11, 279. Troianas opes et regnum, *Ä* 2, 5. avium domos, *G* 2, 210. silvas, *G* 4, 329.

ĕrus, s. herus.

ervum, i, *n.*, **die Erve**, eine mit der Wicke verwandte Hülsenfrucht, *B* 3,100.

Ĕry̆cīnus, a, um ('*Ἐρυκῖνος*), zum Berge Eryx gehörig, **erycinisch**, des Eryx, vertex, litus, *Ä* 5, 759. 10, 36.

Ĕry̆manthus, i, *m.*('*Ἐρύμανθος*), Gebirge Arkadiens an der Grenze von Elis, j. 'Xiria', ber. durch den von Herkules erlegten Eber, *Ä* 5, 448. 6, 803.

Ĕry̆mās, antis, *Akk.* anta, *m.*, ein Troër, Gefährte des Äneas, *Ä* 9,702 (*Ribb.*).

1. **Ĕry̆x**, y̆cis, *m.* ('*Ἔρυξ*), Berg und Stadt auf der Westküste Siciliens, jetzt Kastell 'San Giuliano', mit einem Tempel der Venus, *Ä* 1,570. 5, 24 flg., 12, 701.

2. **Ĕry̆x**, y̆cis, *m.* ('*Ἔρυξ*), Sohn des Butes u. der Venus, König der Elymer am Berge Eryx, ber. im Faustkampfe, in dem er von Herkules erschlagen ward, *Ä* 5, 392. 402. 412. 419. 483. 630. 772.

esca, ae, *f.* (edo), **Speise, Nahrung, Futter**, bes. für Tiere, *Ä* 12, 475. *G* 4, 17.

essĕdum, i, *n.* (kelt. Wort), der zweiräderige **Streitwagen** der Gallier, Belgica, *G* 3, 204.

ĕt, Konjkt. [nachgestellt, *Ä* 1, 36. 2, 433. 2, 73. 3, 276. 430. 668. 4, 166. 5, 349 u. 410. 6, 620. 8, 517. 11, 367. umgestellt, *Ä* 9, 277], 1) **und**, *a*) zur Verb. einzelner Wörter u. Sätze, in der Aufzählung usw.,

Ä 1, 70. turres et tecta (*Ribb.* 'ac'), *Ä* 12, 132; vgl. 5, 619. 7, 87. 450. 800. 8, 343. 373. 9, 113 u. ö. v. Verschiedenartigem, dah. 'im andern Falle', et ripā territus, *Ä* 12, 752. Zur Einleitung eines Satzes, der mit dem vorhergeh. ein Ganzes bildet, *Ä* 9, 786 flg. 10, 609 flg. 12, 801. Zur Einleitung des logischen Vordersatzes, *Ä* 2,781. 5,721. 10,256. Zur Verknüpfung der Ursache od. Wirkung mit der Folge od. dem (raschen) Eintritt der zweiten Handlung, *Ä* 1, 721. 3, 155. 5, 171. 374. 748. 8, 218. 9, 106. 10, 115. 191. 11, 824. Dah. häuf. nach 'haec (sic) ait', 'dixit', 'dixerat', um durch 'et' die auf die Worte folgende (rasche) That zu bezeichnen, *Ä* 1, 297. 2, 296. 621. 3, 189. 607. 4, 630. 704 u. ö. Zur Anreihung eines neuen Gedankens, wo man ein Particip erwartet, et.. discreverat st. discernens, *Ä* 4,264. 11, 75. et.. populat st. populans, *Ä* 12, 262 flg. *b*) doppelt od. in Verbindung mit andern Kopulativpartikeln, et.. et, sowohl.. als auch, teils.. teils, *Ä* 1, 3 u. 47 u. ö. auch: et.. que, *Ä* 1, 142 u. 200. et.. et.. atque, *Ä* 1, 146. et.. que.. que, *Ä* 1, 221. 2, 744. et.. que.. et, *Ä* 3, 349. ähnl.: simul.. et, *Ä* 11, 908 flgg. *c*) zur Anknüpfung eines positiven Satzes an einen vorausgeh. negativen, der dadurch eig. nicht entgegengestellt, sondern nur vervollständigt wird, nec tacui demens, et me promisi ultorem, *Ä* 2, 94. *d*) zu Anfange der Sätze, um der Rede Leben u. Nachdruck zu geben, *Ä* 2, 299. et iam, *Ä* 1, 223 u. 302. 2, 124 u. ö., 'und dennoch', 'und gleichwohl', 'dessenungeachtet', et dubitamus adhuc, *Ä* 6, 806. beim nachdrucksvollen Übergange, et nunc, *Ä* 2, 180. *e*) zur Fortsetzung der Einteilung, 'multi... et', *Ä* 2, 125. 'pars ... et ... et', *B* 2, 66 flg. alii ... aut ... et, *Ä* 12, 287. Dageg. 'et' mit Fortwirkung der Negat. 'nec', *Ä* 4,236. *f*) zur Verknüpfung von zwei grammatisch koordinierten Sätzen, deren erster dem zweiten logisch untergeordnet ist, audieras; et fama fuit, freilich hattest du es gehört, denn es ging das Gerücht, *B* 9, 11; vgl. *Ä* 3, 366. *g*) bei Einführung einer nachdrucksvollen Frage der Verwunderung oder des Unwillens, et quisquam praeterea adorat? kann da noch irgend jemand anbeten? *Ä* 1, 48; vgl. 4, 215. 12, 645. *G* 2, 433. Ebenso in der Frage der Neugier, et quae tanta fuit etc., *B* 1,27. *h*) an der Spitze solcher Sätze, die irgend eine Zeitbestimmung enthalten, um auf das bes. hinzuweisen, was in dieser Zeit sich zugetragen hat od. noch zutragen soll, et terram Hesperiam venies (wozu

der Nachsatz: 'illic res laetae'), wenn du
in das Westland Italien kommst ... dann
wird dir manches Erfreuliche begegnen,
Ä 2, 781 flgg. et nox atra (mit dem Nachsatz: visa dehinc), *Ä* 5, 731 flg.; vgl. *Ä*
10,256 flgg. Ebenso nach vorausgeh.'vix',
'ubi', 'iam', 'nondum', zur Einleitung des
zweiten Satzes, der wegen des darin liegenden Zeitverhältnisses ein *cum* od. *tum*
erwarten läfst, um die schnelle Aufeinanderfolge zweier Handlungen zu bezeichnen, wo wir meist als oder da gebrauchen, *Ä* 3, 8 flg. 356. 5, 764 u. 857.
ϊ) zur Ergänzung, Erweiterung u. übh.
näheren Erklärung oder Verdeutlichung
eines vorhergehenden Begriffs (explika-
tiv), und, und zwar (et quidem), penatibus *et* magnis dis, *Ä* 3, 12. 8, 679.
domum *et* tantas sedes, *Ä* 7, 52. lacus et
Averna, *Ä* 3, 442; vgl. *Ä* 1, 93. 2, 590. 231.
269. 743. 3, 449. 627 u. ö. zur Begründung eines parenthetischen Satzes, 'und
zwar', 'denn', et saeva Jovis sic numina
poscunt, *Ä* 11, 901; vgl. *Ä* 1, 60 u. 111. 6,
734. *B* 3, 104. bei Auszeichnung des einzelnen unter vielen od. allen, omnige-
nûm deùm monstra *et* latrator Anubis,
Ä 8. 698. 2) auch, *a)* zur Hervorhebung
od. Steigerung (st. etiam), *Ä* 1, 203 u. ö.
et ipse, *Ä* 6, 90. et tum, *Ä* 7, 92 u. 616.
sed non et filius contentus arvis, aber
nicht auch (nicht ebenso) der Sohn, *Ä* 7,
736. fecerat et viridi fetam Mavortis in
antro procubuisse, 'auch' (ferner) hatte
er dargestellt usw., *Ä* 8, 630. beim Part.,
et dona ferentes, 'auch' od. 'selbst wenn
sie' usw., *Ä* 2, 49. *b)* nach einem Particip
beim Verb. fin., das dadurch besonders
betont u. als Hauptbegriff hervorgehoben werden soll, tantum effatus *et* ...
torsit, nachdem er diese Worte gesprochen, wandte er sich mit dem (letzten)
Worte auch anderwärts hin, *Ä* 6, 547;
vgl. 10, 877. c) nach 'quoque', 'auch noch',
Ä 1, 5. *d)* nec non et, 'und auch', *Ä* 1, 707.
7, 521.

ĕt-ĕnĭm, Konjkt. (gew. zu Anfang
des Satzes), denn, *Ä* 7, 390. getrennt,
et meministis enim, *Ä* 7, 645.

ĕtĭăm, Konjkt. [vor dem Hauptbegriff
oder bei schärferer Betonung desselben
nachgestellt] (et u. iam), 1) auch nun,
a) zur Anknüpfung eines Begriffs, der zu
dem bereits Genannten meist mit hervor-
hebender Kraft hinzugefügt wird, auch
nun, gleichfalls auch, eben auch,
etiam hâc (dextrā) defensa fuissent (Pergama), *Ä* 2, 291. *b)* nun auch, noch,
auch, noch dazu, noch aufser dem
(mit Steigerung), *Ä* 2, 79. 5, 793. ipse
etiam, *Ä* 7, 496. Bes. bei Fragen des Un-

willens, auch noch, *Ä* 4, 305. heus,
etiam mensas consumimus? *Ä* 7, 116. in
der ironischen Frage, tune etiam telis
moriere Dianae? *Ä* 11, 857. 2) von der
Dauer in der Zeit, 'auch in diesem Augenblicke', noch, noch immer, *Ä* 6, 485.
etiamque tremens, etiam inscius aevi, *G*
3, 189. etiam nunc, 'noch jetzt', *B* 3, 95.

ĕtĭăm-nŭm, Adv., noch, noch immer, *G* 4, 135.

Etrūrĭa, ae, *f.*, Landschaft in Mittelitalien, j. 'Toskana', *Ä* 8, 494. 12. 232. *G*
2, 533.

Etruscus, a, um (Etruria), zu Etrurien gehörig, etrurisch, acies, *Ä* 8,
503. pinus (sofern der den Feuerbrand
tragende Mezentius ein Etrusker war),
Ä 9, 521. urbs, *Ä* 10, 180. duces, *Ä* 11,
598. castra, *Ä* 10, 148. iuga, *Ä* 8, 480.
Sbst., Etrusci, ōrum, *m.*, Etrusker, *Ä* 9,
150. 10, 439. Sing. st. des Plur., *Ä* 10,
238.

et-sī, Konjkt., auch wenn, wenn
gleich, obgleich, mit Ind., *Ä* 2, 583.
9, 44.

Euadnē od. (*Ribb.* u. *Haupt*) **Euhadnē**
ēs, *f.* (*Εὐάδνη*), Tochter des Iphis, Gattin des Kapaneus, eines der sieben Helden vor Theben, die sich bei der Verbrennung des Leichnams desselben mit in
die Flammen des Scheiterhaufens stürzte,
Ä 6, 447.

Euandĕr, dri, *m.* [öft. griech. Nebenf.
Euandrus, *Ä* 8, 100. 185. 313. 545. 548.
Vok. Euandre, *Ä* 11, 55] (*Εὔανδρος*),
Sohn des Merkur u. der Karmentis, Vater des Pallas, ein alter myth. Heros von
Arkadien, der vor dem trojan. Kriege
eine Kolonie Pelasger nach Italien führte
u. Pallanteum gründete, *Ä* 8, 52. 119. 360.
455. 9, 9. 10, 148. 370. 420. 492. 780. 11,
26. 31. 45. 140. 148. 394. 12, 184. 551.

Euandrius, a, um (Euander), zu
Euander gehörig, ensis, des Pallas,
des Sohnes des Euander, *Ä* 10, 394.

euans od. (*Ribb.* u. *Haupt*) **euhans**,
antis (gleichs. Part. von einem Zeitw.
'euo'), unter dem bacchischen Zuruf (*εὐοῖ*), unter Jubel feiernd, m.
Akk., orgia, *Ä* 6, 517.

Euanthēs, is, Akk. 'en', *m.* (*Εὐάν-
θης*), ein Phrygier im Gefolge des Aneas,
Ä 10, 702 (*Haupt* u. *Schap.*).

Euboïcus, a, um (*Εὐβοϊκός*), zu Eubŏa
gehörig, einer im ägäischen Meere von
Böotien nur durch den Eurípus getrennten Insel, euböisch, orae, litus u. dgl.,
Ä 6, 2. u. 42. 9, 710. 11, 260.

euhans, euhoe, s. euans, euoe.

Eumēdēs, is, *m.* (*Εὐμήδης*), ein Troër,
Sohn des Dolon, *Ä* 12, 346.

Eumēlus, i, *m.* (*Εὔμηλος*), ein Troër, *Ä* 5, 665.

Eumĕnĭdes, um, *f.* (*Εὐμενίδες*), eig. die Gnädigen, Huldvollen, euphemist. Name der Furien, *Ä* 6, 250. 280. 375. *G* 1, 278. 4,483. auch in bez. auf Pentheus, *Ä* 4, 469.

Eunēus, i, *m.* (*Εὔνηος, Schiefner*), Sohn des Klytius, ein Troër, von Kamilla getötet, *A* 11, 666.

euoe (zweisilb.) od. **euhoe** (*Ribb.* u. *Haupt*), *εὐοῖ*, jubelnder Anruf od. Zuruf der Bacchantinnen bei der wilden Feier der Orgien (dah. Bacchus 'Euius' oder 'Euhius' biefs), etwa juchhei! 'euoe Bacche', *Ä* 7, 389.

Euphrātes,is, *m.*(*Εὐφράτης*),Hauptflufs im westl. Asien, der in Armenien entspringt u. mit dem Tigris vereint in den pers. Meerbusen fällt, Grenzstrom des parthischen Reiches, j. 'Fûrat', *Ä* 8, 726. dcht. st. der Anwohner des E., *G* 1, 509. 4, 561.

Eurōpa, ae, *f.* (*Εὐρώπη*), bek. Erdteil, *Ä* 7, 224. 10, 91. *m.* 'Asia' verb., *Ä* 1, 385.

Eurōtas, ae, *m.* (*Εὐρώτας*), Hauptflufs in Lakonien, j. 'Iri', *Ä* 1, 498. *B* 6,83.

eurōus, a, um (eurus), östlich, ab euroo fluctu, von der östl. Flut her, nach Osten gekehrt, *Ä* 3, 533.

eurus, i, *m.* (*εὖρος*), Südostwind, *G* 2, 107. Plur., *Ä* 2, 339 u. 441. 'Ostwind', *Ä* 3, 382. übh. heftiger Sturm (im Mittelmeere),*Ä* 1,110. Personif., *Ä* 1, 85. 110.140.317. 2, 418. *G* 1, 371. im Gleichnisse, fugit ocior euro, *Ä* 12, 733.

Eurўălus, i, *m.* [-ús, *Ä* 5, 537] (*Εὐρύαλος*), ein Troër, Sohn des Opheltes, Freund des Nisus, bei einem nächtlichen Überfalle im Lager der Rutuler getötet, *Ä* 5, 294flg. 322. 334. 337. 343. 9,179u.ö.

Eurўdīce, ēs, *f.* (*Εὐρυδίκη*), Gattin des Orpheus, die nach Vergil auf der Flucht vor Aristäus durch den Bifs einer Schlange umkam, worauf Orpheus den Aristäus mit dem Verluste seiner Bienen bestrafte u. seine Gattin auf die Oberwelt zurückzuführen suchte, die jedoch, da Orpheus gegen das Verbot sich nach ihr umsah, wieder in die Unterwelt zurückkehren mufste, *G* 4, 486. 490. 519. 525 flgg. 547.

Eurypўlus, i, *m.* (*Εὐρύπυλος*), ein Thessalier, *Ä* 2, 114.

Eurystheus, ĕi, *m.* (*Εὐρυσθεύς*), Sohn des Sthenelus, Enkel des Perseus, König von Mykenä, der dem Herkules die zwölf Arbeiten auferlegte; erhielt durch List der Juno die Herrschaft über Argos, die dem Herkules zugedacht war,

G 3, 4. *Ä* 8, 392 (wo Abl. Eurysthēo durch Synizesis dreisilb.).

Eurўtĭdes,ae, *m.*, Sohn des Eurytus, d. i. Klonus, *Ä* 10, 499.

Eurўtĭōn, ōnis, *m.* (*Εὐρυτίων*), ein Troër, Bruder des Pandarus, berühmter Bogenschütze, *Ä* 5, 495. 514 u. 541.

Evadnē, s. Euadne.

ē-vādo, vāsi, vāsum, ĕre, 1) intr.: *a*) gehe heraus, verlasse, m. Abl., silvā opacā, *Ä* 11, 905. *b*) entgehe oder entkomme (eilendsod.mitMühe), rette od. entziehe mich, m.Dat.,pugnae, *Ä* 11, 702. abs.,*Ä* 2, 531. v. Schiffe, undis, *Ä* 9, 99. *c*) klimme empor, erklimme, ad fastigia culminis,*Ä* 2,458. ad auras, *Ä* 6,128. 2)trans.: *a*) komme od. gelange(schnellod.mitMühe)über etw.hinaus, lege zurück, lasse hinter mir, viam, *Ä* 2, 730. tot urbes, entkomme glücklich aus usw., *Ä* 3, 282. von Lebl., wie von einem Stein, spatium, durchfliegen, *Ä* 12,907. *b*)entkomme, entgehe od. entrinne schnell od. mit Mühe, ripam, *Ä* 6, 425. hostes atque locos,*Ä* 9, 386. manus, *Ä* 9, 560. übtr., pestem belli, *Ä* 10, 55. casus omnes, *G* 4, 85. casus ferri, *Ä* 10, 316. von Lebl., da flammam evadere classi, verleihemeiner Flotte, dem Feuer zu entkommen, *Ä* 5, 689. *c*)ersteige, erklimme,altosgradus, *Ä* 4, 685.

ē-vălesco, vălŭi, ĕre, eig. erstarke, dcht. vermag, nur im Perf. m. Inf., *Ä* 7, 757.

Evandĕr, Evandrĭus, s. Euander, Euandrius.

ē-vānesco, vānŭi, ĕre, entschwinde, verschwimme, in tenuem ex oculis auram,*Ä* 4, 278. 9, 658.

evans,Evanthes,s. euans,Euanthes.

ē-vĕho, vexi, vectum, ĕre, führe od. trage empor, übtr., alqm ad aethera, in den Himmel emportragen, d. i. unter die Götter versetzen, *Ä* 6, 130.

ē-vĕnio, vēni, ventum, īre, vorgehen, eintreten, geschehen, von Ereignissen,*Ä* 2, 778.

eventus, *m.* (evenio), Ausgang, Erfolg, Entscheidung, pugnae,*Ä* 8, 15. ducis, die erfolgreiche, entscheidende That, *Ä* 11, 758. Plur., caeci, *Ä* 6, 158. varii, Wechselgeschicke des Krieges, *Ä* 10, 160. morbi, *G* 4, 396.

ē-verbĕro,āre,schlage heftig etw. od. an etw., clipeum alis, *Ä* 12, 866.

eversor, ōris, *m.* (everto), Zerstörer, regnorum Priami (v. Achilles), *Ä* 12, 545.

ē-verto, verti, versum, ĕre, 1) kehre von unterst zu oberst, *a*) wühle

auf, aequora ventis, *Ä* 1, 43. *b*) werfe
od. stürze um, fälle, pinum,*Ä*11,136.
G 1, 256. nemora, 'haue um', *G* 2, 208.
2) zerstöre, zertrümmere, *a*) eig.,
urbem, Pergama, *Ä*2, 571u.746. Troiam,
Ä 10, 45. *b*) übtr., untergrabe, zerrütte, vernichte, richte zu Grun-
de, opes,*Ä*2, 603. res Asiae,*Ä*3,1. ever-
sum saeclum, eig. das an den Rand des
Verderbens gebrachte Jahrhundert, d. i.
der zerrüttete Zustand des röm. Reichs,
G 1,500.

é-vĭncĭo, vinxi, vinctum, īre, umbinde, umwinde (eig. nach oben), bei
Vergil nur Part. Prät. Pass., evinctae
palmae (näml. mit dem Cästus),*Ä* 5, 364.
v. Pers., viridi evinctus olivä, bekränzt,
Ä 5, 494. m. griech. Akk., evinctus foliis
olivae caput, das Haupt mit einem Olivenkranz umwunden, *Ä* 5,774. tempora taeniis, *Ä* 5, 269, ramis, *Ä* 8, 286. suras co-
thurno, die Wade umschnürt, bedeckt
mit dem Kothurn, *B* 7, 32.

é-vĭnco, vīci, victum, ĕre, *a*) überwinde siegreich,dcht. v. Flusse, 'gewaltsam durchbrechen', moles gurgite, *Ä* 2,
497. *b*) übtr., im Pass., werde überwältigt, erliege, volneribus, dolore,
Ä 2, 630. 4, 474. lacrimis, *Ä* 4, 548.

é-vĭscĕro, äre, zerfleische, columbam (v. Habicht), *Ä* 11, 723.

é-vŏco, äre, rufe heraus od. hervor, bes. Verstorbene aus der Unterwelt,citiere, erwecke, häc(virgä)ani-
mas Orco, aus dem Orkus, *Ä* 4, 242. has
(animas) ad fluvium, *Ä* 6, 749.

é-vŏlo, äre, fliege hinaus, übtr.,
eile wohin, in silvas, *Ä* 7, 387. abs.,
'enteile', 'eile davon', *Ä* 9, 477.

é-volvo, volvi, vŏlūtum, ĕre, 1) wälze hervor od. hinaus, se, entströmen,
in mare (v. einem Gewässer), *Ä* 5, 807. 2)
rolle auseinander od. auf, übtr., *a*) überlege od. überdenke etw. ins einzelne
gehend, haec (sein Geschick), *G* 4, 509.
b) entrolle, enthülle, ingentis oras
belli (ein umfassendes Bild des gewaltigen Kampfes), *Ä* 9, 528.

é-vŏmo, mŭi, mĭtum, ĕre, speie aus,
fumum faucibus, *Ä* 8, 253.

ex u. é, Präp. m. Abl. ['é' nur vor
Konson., 'ex' vor Vokal.u. Konson.,durch
ein Sbst. von seinem Kasus getrennt,
'ipsis ex vincula sertis', *B* 6, 19] (ἐx, ἐξ),
aus, 1) räuml., *a*) bei Zeitw. der Bewegung, aus, aus .. heraus (urspr. aus
der Mitte von etw.), bei den Zeitw. der
Bewegung, wie digredior, procedo etc.,
Ä 2, 718. 3, 590 u. ö. ex quo, von dort
aus, *Ä* 8, 47. dicht., mittere humum ex
se, *G* 2, 218. e conspectu, *Ä* 1, 34. pro-

spicere soles ex imbri, aus dem Regen,
in dem man sich befindet, mitten im Regen, *G* 1, 393. canere ex ore divino, mit
göttlichem Munde, *Ä* 3, 373. *b*) aus der
Höhe herab, aus, aus .. herab, von,
prospicio e summo, *Ä* 12, 134. iaculor
ignem e nubibus, *Ä* 1, 42. saltum do e
curru, *Ä* 12, 681; vgl. 5, 35 u. 44. 7, 288.
10, 263. 12, 134. *c*) aus der Tiefe hervor,
aus, e fluctu, *Ä* 3, 554; vgl. *G* 2,31. *Ä* 3,
176. dcht. übtr., corpus corripio ex somno, *Ä* 4, 572. *d*) übh. von etw. weg, revolsus e populo, *Ä* 5, 270. e foliis legere
ore natos, *G* 4, 200. *e*) vom Boden empor, corripio corpus e stratis,*Ä* 3, 176.
2) von der Zeit: *a*) von einem Zeitpunkte
an, od. eine gewisse Zeit hindurch, von
.. an, seit, militia ex illa, *Ä* 11, 261. ex
illo tempore, 'seit jener Zeit', *B* 7, 70.
auch bl. 'ex illo', *Ä* 2, 169. ex quo, 'seitdem', *Ä* 2, 648. 5, 47; mit entsprech. 'ex
illo', *Ä* 2, 163. ex longo, seit langer Zeit,
'lang', *Ä* 9, 64. *b*) bei einem innern notwendigen Zusammenhange, nach, auf,
residere ex ira, *Ä* 6, 407. 3) übtr. auf
andere Verhältnisse, *a*) zur Bezeichnung
des Ursprungs, der Abstammung, aus,
esse ex Ithaca, *Ä* 3, 613. *b*) von jmd. od.
einem Punkte ausgehend, von .. her,
umbrae ex hostibus, *Ä* 10, 593. ex diverso, auf verschiedenen Wegen, *Ä* 2, 716.
c) bei Zeitw. des Nehmens, Empfangens
usw., aus, von, disco virtutem ex alqo,
Ä 12, 435. *d*) zur Bezeichnung des Ganzen, zu dem etw. als Teil gehört, aus,
unter, unus ex vobis, *B* 10, 35. unus e
classibus, *Ä* 3, 602. pauca e multis, *Ä* 3,
377; vgl. *Ä* 5, 115. 7, 29. 9, 217. 11, 533.
e) zur Angabe des Stoffes, woraus etwas
gemacht ist, von, aus, effigies e cedro,
Ä 7, 168; vgl. *Ä* 5, 129 u. 266. *f*) zur Angabe des Überganges aus einem Zustande
in einen andern, von der Verwandlung,
aus, nymphas e navibus esse iusserat,
dafs sie aus Schiffen Nymphen werden
sollten, *Ä* 10, 221. *g*) zur Angabe der Gemäfsheit, nach, zufolge, gemäfs, ex
more, *Ä* 5, 244. 8,186. ex ordine, s. ordo.

ex-ăcŭo, ăcŭi, ăcūtum, ĕre, 1) schärfe, wetze, v. Eber, dentes (die Hauer),
G 3, 255. von den Bienen, spicula, *G* 4,
74. 2) spitze zu, vallos, *G* 1, 264.

ex-aestŭo, äre, *a*) walle od. brause empor, v. Wasser, verticibus, *G* 3,
240. *b*) v. Feuer des Ätna, aufkochen,
auftoben, imo fundo, *Ä* 3, 577. übtr.,
mens exacstuat irā, kocht von Ingrimm,
Ä 9, 798.

exămĕn, mĭnis, *n*. (ex u. agmen), 1)
Schwarm, v. Bienen, *G* 2, 452. 4, 21 u.
103. *B* 7, 13. v. traubenförmigen Klum-

pen, den der Schwarm beim Festsitzen
an einem Baume bildet, *Ä* 7, 67. 2) das
Zünglein der Wage, aequato examine,
von gleichem Gewicht, *Ä* 12, 725.

exanguis, s. exsanguis.

exănimis, e, u. exănĭmus, a, um
(ex u. anima od. animus), 1) leblos, entseelt, tot, α) Form ʻexanimisʼ, *Ä* 5, 517
u. 481. 10, 841. β) Form ʻexanimusʼ, *Ä* 1,
484. 9, 444. 11, 30. 51. 110. 2)(Form ʻexanimisʼ) atemlos, halbtot, ent-
setzt, *Ä* 4, 672. 5, 669.

exănĭmo, āre (ex u. anima od. animus), ʻentatmeʼ, entsetze, versetze
in Todesangst, exanimata agmina, *Ä*
5, 805.

ex-ardesco, arsi, ēre, entbrenne,
erglühe, übtr., *a)* von pers. Subj,, in
iras, werde zum Zorne hingerissen, entbrenne in Zorn, *Ä* 7, 445. *b)* von abstr.
Subj., entbrennen, auflodern, mit
Ungestüm hervorbrechen, ignes
(Zorn) exarsere animo, *Ä* 2, 575. exarsit
ʻiuveni dolor ossibus ingens, *Ä* 5, 172. Alcidae (*Dat.*) furiis (ʻvor Wutʼ) exarserat
atro felle dolor, *Ä* 8, 219. violentia Turni talibus exarsit dictis, *Ä* 11, 376.

exătŭr ..., s. exsatur...

ex-audio, īvi od. ĭi, ītum, īre, 1) höre aus etwas heraus, bes. leise od. im
geheimen Gesprochenes, vernehme,
vocem per lucos, *G* 1, 476. aus der Ferne,
voces et verba vocantis viri, *Ä* 4, 460. gemitus, *Ä* 6, 557. 7, 15. von Toten, nec iam
exaudire vocatos, und dafs sie, wenn sie
gerufen würden, es nicht mehr hörten,
Ä 1, 219. 2) erhöre, gebe Gehör,
vota precesque, *Ä* 11, 157.

ex-cēdo, cessi, cessum, ēre, gehe
heraus oder fort, entferne mich,
verlasse einen Ort, *a)* v. Pers., mit
Abl., regione, *Ä* 2, 737. patriā, *Ä* 1, 357.
terrā, *Ä* 3, 61. terris, *G* 2, 473. urbe, *Ä* 11,
540. caelo, *Ä* 12, 842. abs., *Ä* 2, 351. cum
alqo, wandere aus, *Ä* 9, 286. bes. v. Kämpfenden, castris, pugnā, *Ä* 9, 366 u. 789.
palmā, verzichte auf den Siegespreis, trete den S. ab, *Ä* 5, 380. *b)* v. abstr. Subj.,
weiche, verschwinde, excedunt pe-
stes, *Ä* 6, 737.

excellens, entis (Part. v. ex-cello),
prächtig, cycnus, *Ä* 12, 250.

excepto, āre(Intens. v. excipio), nehme auf, atme ein, auras, *G* 3, 274.

ex-cerno, crēvi, crētum, ēre, scheide aus, sondere ab, haedos, *G* 3, 398.

excĭdĭum, ĭi, *n.*(ex-scindo), Zerstörung, Zertrümmerung, Verwü-
stung, Troiae, *Ä* 5, 626. Libyae, *Ä* 1, 22.
excidio dare, *Ä* 12, 655. Plur., peto exci-
diis urbem, bedrohe mit Verheerung,

G 2, 505. una vidimus excidia, die Zerstörung Trojas durch Herkules unter
Laomedon, *Ä* 2, 643. fumantia Troiae,
rauchender Schutt, Trümmer, *Ä* 10, 46.
v. Pers., ʻUntergangʼ, ʻVerderbʼ, meorum,
Ä 8, 386.

1. **excĭdo,** cĭdi, ēre (ex u. cado), 1)
falle heraus od. herab, entfalle,
puppi, *Ä* 6, 339. v. Geschofs (näml. aus
dem Körper), *Ä* 12, 423. ignis excidit pa-
storibus (bei unvorsichtigem Umgehen
mit Feuer), *G* 2, 303. 2) übtr.: *a)* ent-
wische, entschlüpfe, vinclis(v. Proteus), *G* 4, 410. *b)* v. Worten, entfallen,
vox excidit ore (Anchisae), er brach
plötzlich in die Worte aus, *Ä* 6, 686. tantum nefas excidit ore, *Ä* 2, 658. vox excidit per auras, drang, *Ä* 9, 113. *c)* entfalle, entschwinde jmdm. aus dem
Gedächtnisse, animo (v. Schmerzen), *Ä*
1, 26.

2. **excĭdo,** cĭdi, cīsum, ēre (ex u. caedo), 1) haue heraus, *a)* übh., trabem,
einen Balken aus dem Mauerwerk, *Ä* 2,
481. *b)* prägn., zerstöre, zertrümmere, verwüste, Troiam, *Ä* 2, 637. urbem, *Ä* 12, 762. 2) meton., bereite durch
Aushauen, haue aus, rupibus colum-
nam (zum Baue), *Ä* 1, 429. latus rupis in
antrum, bilde durch Aushauen zur Höhle,
haue in den Fels eine Grotte, *Ä* 6, 42.

ex-cĭĕo, cīvi od. ĭi, cĭtum, ēre u. **ex-
cĭo,** cīvi od. cĭi, cĭtum, īre [excierit, *Ä*
5, 789. excierat, *Ä* 5, 107. excĭtus, *Ä* 4,
301. 7, 376. 12, 445. excītus, *Ä* 3, 676. 7,
642. 10, 38], 1) rufe schnell heraus
od. herbei, finitimos, *Ä* 5, 107. bes. ʻci-
tiereʼ Verstorbene, animas imis sepul-
chris, *B* 8, 98. ʻbiete zum Kampfaufʼ, reges
bello, *Ä* 7, 642 (*Ribb.*). 2) wecke auf,
scheuche auf, erwecke, errege,
a) Pers., Cyclopes e silvis, *Ä* 3, 676. abs.,
excita Thyas, *Ä* 4, 301. ingentibus excita
monstris, *Ä* 7, 376. *b)* Lebl., molem, Sturm
erregen, *Ä* 5, 790. ventos Aeoliā, *Ä* 10, 38.
excita tellus, aufgeschreckt u. gleichs.
aufspringend, erschüttert, *Ä* 12, 445.

excindo, s. exscindo.

excĭpĭo, cēpi, ceptum, ēre (ex u. capio), 1) nehme aus od. weg, *a)* eig.,
clipeum cristasque sorti, entziehe dem
Lose (als besondere Belohnung neben
dem Beuteanteil), *Ä* 9, 271. *b)* übtr., nehme aus, schliefse aus, excepto corpore Turni, den Turnus ausgenommen,
mit Ausnahme des T., *Ä* 7, 650. 2) neh-
auf, empfange, *a)* eig., v. Pers., α)
übh., alqm servatum ex undis, *Ä* 3, 210.
alqm eiectum, *Ä* 4, 374. alqm plausu, *Ä*
5, 575. clamore excipiunt, jubeln über
das zum Kampfe gegebene Zeichen, *Ä* 9, 54.

exceptus tergo equi, vom Rücken des Rosses aufgenommen, nachdem er auf den R. des R. sich geschwungen hatte, *Ä* 10, 867. alqm manu, reiche jmdm. die H., *Ä* 8, 124. gentem, weiterführen oder fortpflanzen, *Ä* 1, 276. *β*) 'bewirte' gastlich, reduces gazā agresti, *Ä* 5, 40. *b*) übtr., von lebl. Subj., nehme auf, si non . . . exciperet caeli indulgentia terras, wenn nicht die Milde des Himmels des Landes sich annähme, das Land erquickte, *G* 2, 345. angusti terminus aevi excipit alqm, eine kurze Lebensfrist erwartet jmd., *Ä* 4, 207. quis te casus excipit? trifft dich, widerfährt dir? *Ä* 3, 318. 3) nehme auf im feindl. Sinne, *a*) fange weg, Tiere (durch List), lauere auf, stelle nach, caprum insidiis, *B* 3, 18. Pers., 'überfalle', alqm incautum, *Ä* 3, 332. Pass., *Ä* 6, 178. traicit exceptum, *Ä* 11, 684. *b*) greife an, alqm collatis signis, messe mich im Kampfe mit jmd., *Ä* 11, 517. dcht., 'verwunde', 'erlege', alqm, *Ä* 9, 763. in latus, stofse den Mordstahl in die Seite, *Ä* 12, 507. 4) nehme auf der Reihenfolge od. Zeit nach, bes. im Sprechen, dah. abs., 'beginne' unmittelbar nach jmd. zu sprechen, hebe an, *Ä* 4, 114. 9, 258. 5) fange auf, *a*) mit der Hand, alqm ruentem, *Ä* 10, 387. *b*) mit den Ohren, 'erlausche', motus futuros, *Ä* 4, 297.

ex-cĭto, āre, 1) rufe heraus oder hervor, übtr., *a*) fache an, erzeuge, errege, sopitas ignibus aras, *Ä* 8, 543. mit abstr. Obj., iras, *Ä* 2, 594. *b*) scheuche auf, sonus excitat omnis suspensum, ich fahre bei jedem Geräusch auf, stets in Spannung, *Ä* 2, 728. *c*) rufe auf, wecke, vigiles, *Ä* 9, 221. übtr., erwecke, reize an, alqm (näml. zum Kampfe, zur That), *Ä* 12, 440. viros, urbes, *Ä* 8, 434. in virtutem (zu männlichem Sinn), *Ä* 3, 343. 2) richte auf, bes. Bauten, errichte, aras, *G* 4, 549.

ex-clāmo, āre, rufe laut aus, in die dir. Rede eingeschoben, *Ä* 2, 733. abs., 'schreie laut auf', *Ä* 12, 730.

exclūdo, clūsi, clūsum, ĕre (ex u. claudo), *a*) schliefse od. sperre aus, 'lasse nicht zu', alqm moenibus (aus der Feste), *Ä* 9, 726. exclusus (näml. aus der Feste), *Ä* 11, 887. *b*) übtr., beschränke, hemme, alqm spatiis, *G* 4, 147.

ex-cŏlo, cŏlŭi, cultum, ĕre, bearbeite, pflege sorgfältig, übtr., 'veredle', 'verfeinere', vitam per artes, *Ä* 6, 663.

ex-cŏquo, coxi, coctum, ĕre, koche heraus, übtr., 'dörre aus', 'mache mürbe' (durch die Sonne), terram, *G* 2, 260.

vitium per ignem, reinige durch das Verbrennen der Stoppel den Acker von allen schädlichen Stoffen, *G* 1, 88.

excŭbĭae, ārum, *f.* (excubo), 1) das Wachehalten, Wachen, dcht. v. Feuer, das zu Ehren einer Gottheit beständig unterhalten wurde, aeternae divûm, *Ä* 4, 201. 2) meton., Wache, Wachposten, *Ä* 9, 159.

ex-cŭbo, bŭi, bĭtum, āre, wache, halte Wache, per muros, *Ä* 9, 175.

ex-cūdo, cūdi, cūsum, ĕre, 1) schlage heraus, entlocke durch Schlagen, scintillam silici, *Ä* 1, 174. ignem silicis venis, *G* 1, 135. 2) bereite, bilde durch Schlagen, spirantia mollius aera, beseele das Erz mit weicherem Atem, *Ä* 6, 848. übtr., v. Bienen, ceras recentes, Zellen kunstreich aus frischem Wachs bilden, *G* 4, 57.

excurśŭs, ūs, *m.* (excurro), Ausflug der Bienen, *G* 4, 194.

excŭtĭo, cussi, cussum, ĕre (ex u. quatio), 1) schüttele, schleudere od. werfe heraus, herab, *a*) übh., alqm (curru), *Ä* 10, 590. 12, 470. alqm praecipitem solo (auf die Erde), *Ä* 12, 532. excutitur, aus dem Schiffe (durch den Stofs), *Ä* 1, 115. dcht., navis excussa magistro, des Lenkers beraubt od. verlustig, *Ä* 6, 353. cristas vertice, reifse vom Scheitel herab, *Ä* 12, 493. *b*) treibe hinaus, alqm cursu, verschlage von der Bahn (zur See), *Ä* 3, 200. übtr., magnum pectore deum, die Begeisterung des mächtigen Gottes von sich abwehren, *Ä* 6, 79. Iuno excussa est pectore, der böse Entschlufs, zu dem sie Iuno verleitet hatte, wurde aus der Brust verbannt, *Ä* 5, 679. foedus, stofse um, vernichte, *Ä* 12, 158. *c*) rüttele, schrecke auf, alqm somno, *Ä* 2, 302. *d*) werfe, treibe etwas aus, herab od. hinab, quae via clausos excutiat Teucros vallo (st. des gew.: quā viā excutiantur od. excuti possint Teucri), *Ä* 9, 68 (*Ribb.* 'qua vi'). bes. den Reiter vom Pferde, volvitur excussus humi, *Ä* 11, 640. excussus praecipitat (se), *Ä* 11, 615. Pass., stürze, 'entfalle', radii manibus excussi, *Ä* 9, 476. 2) rolle od. spanne auseinander, spanne auf, rudentes, *Ä* 3, 267 u. 683. 3) schüttele tüchtig, cervice toros, *Ä* 12, 7 (v. Löwen). 4) schüttele ab od. weg, crinem flagrantem, *Ä* 2, 686. securim cervice, *Ä* 2, 224. hasta clipeo excussa est, wurde abgeschlagen, prallte ab vom Schilde, *Ä* 10, 777.

exĕco, execror. s. exseco, exsecror.

ex-ĕdo, ĕdi, ēsum, ĕre, *a*) esse od. fresse aus, zernage, creta chelydris

exesa, *G* 2, 214. v. Rost, *G* 1, 495. Bes.
Part., 'exesus', 'zerklüftet', 'hohl', antra
caminis, *Ä* 8,418. arbor, mons, *G* 4, 44 u.
419. *b*) übtr., vertilge, vernichte,
urbem odiis, *Ä* 5, 785.

exemplum, i, *n.* (eximo), Beispiel,
Vorbild zur Nachahmung, ducis, *Ä* 11,
758. Plur., exempla tuorum, *Ä* 12, 439.
m. 'signa' verb., Erfahrungen, Beweise,
G 4, 219.

ex-ěo, ii, ĭtum, Ire [zusgez. Perf.
'exīt' st. 'exiit', *Ä* 2, 497. *G* 2, 81], 1) intr.,
a) gehe, komme heraus od. hervor,
saeptis, *B* 1, 34. v. Lebl., *α*) v. Lose, *Ä* 5,
492. *β*) von Flüssigkeiten, komme od.
fliefse hervor, entspringe, solo,
Ä 8, 75. celsis urbibus, *Ä* 8, 65. *γ*) von
Pflanzen, hervorspriefsen, ausschlagen, ab imis stirpibus, *G* 2, 53.
b) gehe hinaus od. fort, ziehe aus,
α) v. Pers., *Ä* 1, 306. e conspectu, *Ä* 2, 903.
portis apertis, *Ä* 8,585. ad pugnam, *G* 4,68.
übtr., servitio, *B* 1, 40. prägn., 'entkomme', *Ä* 9, 739. *β*) v. Flüssen, austreten,
G 1, 116. *Ä* 2, 497. *c*) gehe empor od.
in die Höhe, steige empor, erhebe
mich, übtr., v. Bäumen, ad caelum, *G* 2,
81. abs., v. Weinreben, *G* 2,368. 2) trans.,
entziehe mich, entgehe einer Sache,
weiche aus, tela, *Ä* 5,438. vim viribus,
wehre ab, 'vertreibe' Gewalt mit Gewalt,
Ä 11, 750.

exěquiae, exěquor, s. exsequiae, exsequor.

exercěo, cŭi, cĭtum, ēre (ex u. St. 'arc'
in 'arceo'), 1) bringe in heftige Bewegung, bewege stark, treibe,
tummele, equos aequore campi (auf
der Ebene), *Ä* 7, 782. turbinem, 'treibe'
od. 'schlage', *Ä* 7,380. exercet Diana choros, setzt die Schwärme der sie begleitenden Nymphen in stete Bewegung, *Ä*
1, 499. labor exercet apes per rura, *Ä* 1,
431. exercita cursu flumina, durch den
Lauf gleichs. fortwährend in Atem erhalten, 'des rührigen Flusses Strömun-
gen', *G* 3, 529. Pass. medial, 'tummele
mich', 'streife umher', exercentur equis,
Ä 7,163. agris (v. den Bienen), *G* 4, 159.
2) handhabe od. betreibe tüchtig,
ferrum, schmiede, *Ä* 8, 424. Bes. *a*) bearbeite, bestelle, tellurem, *G* 1, 99.
humum, *G* 1,220. solum sub vomere, 'be-
ackere', 'pflüge', *G* 2, 356. colles vomere,
Ä 7, 798. pinguia culta, *Ä* 10, 142. terram, 'bebaue', *Ä* 7, 748. *b*) betreibe irgend eine Beschäftigung, beschäftige
mich eifrig mit etw., cantus (von der
Eule), übe, erhebe, *G* 1, 403. balatum,
blöke, *Ä* 9, 62. vices (eius), quod cuique
tuendum est, versehe den Dienst, der

mir obliegt, *Ä* 9, 175. *c*) wende wiederholt od. eifrig an, gebrauche, übe
(aus), übe mich in etw., palaestras,
übe mich in usw., veranstalte, *Ä* 3, 281.
arma, stelle Waffenübungen an, *Ä* 4, 87.
imperia, *G* 2, 370. poenas, verhänge Strafen, *Ä* 6, 543. *d*) hege eifrig, unterhalte, pflege, pacem et hymenaeos,
Ä 4, 100. iras, lasse den Zorn aus, *G* 3,
152. 3) setze jmd. od. etw. in eifrige
Thätigkeit, *a*) eig.: *α*) treibe zu etw.
an, strenge an, beschäftige eifrig,
bemühe, famulas longo penso, *Ä* 8,412.
tauros, *G* 1, 210. alqm, *Ä* 8, 378. membra
palaestris, *Ä* 6, 642. v. abstr. Subj., cura
salicti exercet (näml. 'rusticum'), *G* 2,415.
β) bringe eine Zeit mit Arbeit hin,
diem, vollende das Tagewerk, *Ä* 10, 808.
b) übtr.: *α*) übe, versuche, vires, *G* 3,
229. *β*) strenge an, ermüde, plage,
ängstige, quäle jmd., alqm curis, *Ä* 7,
440. poenis, *Ä* 6, 739. odiis, *Ä* 4, 623. v.
abstr. Subj., non te nullius exercent numinis irae, verfolgt, *G* 4, 453. Iliacis exercitus fatis, durch Trojas Geschicke geprüft, *Ä* 3, 182.

exercĭtŭs, ūs, *m.* (exerceo), Heer,
a) Kriegsheer, Kriegsvolk, Mannschaft, *Ä* 7, 39. 11, 171 u. 598. *b*) übtr.,
Heer für Schar, Schwarm, Phorci,
Ä 5, 824. corvorum, *G* 1, 382.

exěro, exerto, s. exsero, exserto.

ex-hālo, āre, hauche od. dünste
aus, nebulam, *G* 2, 217. mephitim, *Ä* 7,
84. vitam, *Ä* 2, 562.

ex-haurĭo, hausi, haustum, īre, 1)
schöpfe ganz aus; sauge od. leere
aus, uber, *G* 3, 309. dcht., quo magis
exhaustae fuerint (apes), je mehr man
den Bienen den Vorrat an Honig entzieht,
G 4,248. 2) übtr.: *a*) wie unser erschöpfe,
d. i. ermüde, schwäche, reibe auf, v. Pers.,
omnibus exhausti casibus, *Ä* 1,599 (*Haupt*
u. *Schap.*). *b*) führe etw. vollständig aus
od. durch, poenarum exhaustum satis
est, 'Strafe genug ist verhängt', *Ä* 9, 356.
labor, cui numquam exhausti satis est,
eine Arbeit, die (vom Winzer) nie genü-
gend erschöpft od. vollendet werden kann
(wo 'exhaustum' subst.), *G* 2,398. *c*) überstehe, erdulde, ertrage Mühen od.
Gefahren, omnes casus, *Ä* 1, 599 (*Ribb.*
u. *Kapp.*). pericula, *Ä* 10, 57. bella, *Ä* 4,
14. alqd bellando, *Ä* 11, 256.

ex-horresco, horrŭi, ĕre, entsetze
mich od. erschrecke vor etw., mit
Akk., voltus amicos, *Ä* 7, 265.

ex-hortor, āri, ermuntere, sporne
an, alqm, m. flg. 'ne', *Ä* 8, 510. equos
furentes, *Ä* 11, 610. se in bella, *Ä* 7, 472.

exīgo, ēgi, āctum, ĕre (ex u. ago), 1)

eig. treibe heraus, übtr., *a*) suche durch Fragen herauszubringen, f r a g e od. k u n d s c h a f t e a u s, e r f o r s c h e, **exacta** refero, berichte das Ereignis der Erforschung, genaue Kunde, *Ā* 1, 309. *b*) bringe durch Prüfung heraus, p r ü f e, e r w ä g e, ü b e r l e g e, tempus modumque mecum, *Ā* 4, 476. 2) t r e i b e h i n a u s, *a*) übh., lupos, *Ā* 2, 357. *b*) s t o f s e eine Waffe hindurch, ensem per costas, per medium iuvenem, *Ā* 10, 682 u. 815. *c*) bringe eine Zeit durch, v e r b r i n g e, d u r c h l e b e, v e r l e b e, annos, *Ā* 1, 75. aevum, *Ā* 7, 777. 11, 569. *d*) bringe od. führe zu Ende, führe aus, alqd, *Ā* 6, 637. bes. ein Zeitraum, b e e n d i g e, v o l l e n d e, menses u. dgl., *Ā* 5, 46. *G* 1, 435. 3, 190.

exĭgŭus, a, um (exigo), 1) k l e i n, ge- ring, m ä f s i g, *a*) der räuml. Ausdehnung od. dem Umfange nach, locus, *G* 4, 295. rus, *G* 2, 413. haud exigua pars montis, ein ziemliches Stück vom Gebirge, *Ā* 10, 128. sedes, ein Plätzchen, *Ā* 7, 229. urbs, ein Städtchen, *Ā* 4, 211. Ceres (d. i. Unterlage von Brot), *Ā* 7, 112. mus, *G* 1, 181. *b*) der Zahl nach w e n i g, gering, numero, *Ā* 5, 754. u. der Menge nach w e - n i g, u n b e d e u t e n d, pulvis (Sand), *G* 4, 87. umor, *G* 1, 70. *c*) der Zeit nach k u r z, nox (Gegs. 'longi dies'), *G* 2, 202. 2) der Beschaffenheit nach, *a*) g e r i n g, sbst. exiguum, i, *n.*, ein Weniges (geringe Kost), *G* 2, 472. *b*) s c h w a c h, u n b e d e u t e n d, vires, *Ā* 8, 473. ignis, *G* 1, 196. vox, dünn, fein, *Ā* 6, 493. solatia, *Ā* 11, 63.

exīlĭo, exīlĭum, s. exsilio, exsilium.

exim, s. exinde.

exīmĭus, a, um (eximo), 'ausnehmend', a u s g e z e i c h n e t, laus, *Ā* 7, 496.

exĭmo, ēmi, emptum, ēre (ex u. emo), n e h m e h e r a u s, übtr., *a*) b e s e i t i g e, famem (epulis), stille, *Ā* 1, 216. 8, 184. labem, tilge, *Ā* 6, 746. *b*) n e h m e h e r a u s aus einer Liste, streiche aus, alqm memori aevo, raube das Andenken bei der Nachwelt, *Ā* 9, 447.

ex-indĕ u. apokop. **exim**, Adv., unmittelbar darauf od. nachher, *Ā* 6, 743. 12, 92, 'exim', *Ā* 6, 891. 8, 306.

exītĭālis, e (exitium), Untergang bringend, v e r d e r b l i c h, u n h e i l v o l l, donum, *Ā* 2, 31. scelus, *Ā* 6, 511.

exītĭum, ĭi, *n.* (exeo), schlimmer Ausgang, Z e r s t ö r u n g, V e r n i c h t u n g, U n - t e r g a n g, V e r d e r b e n, Unheil, *Ā* 2, 131. 190. 5, 625. 9, 316. 10, 13 u. 850. 12, 761. 924. *G* 3, 503 u. 511. 4, 534. *B* 3, 101. neben 'mors', *Ā* 12, 924. Plur., die mit den Irrfahrten verbundenen harten Leiden (s. 6, 84), *Ā* 7, 129 (*Ribb.* 'exiliis'). Bes. euphemist. von der Verbannung mit allen ihren Leiden, nunc misero mihi demum exitium infelix! jetzt erst wird mein Unglück mir zur Qual! *Ā* 10, 850.

exĭtūs, ūs, *m.* (exeo), 1) A u s g a n g (für die Träume, 'umbrae'), *Ā* 6, 895. 2) übtr.: *a*) L e b e n s e n d e, E n d e, *Ā* 2, 554. gravis, *Ā* 10, 630. *b*) A u s g a n g, E r f o l g, *Ā* 5, 523.

exolvo, exomnis, s. exsolvo, exsomnis.

exoptātus, a, um (exopto), e r - w ü n s c h t, e r s e h n t, parens, *Ā* 2, 138. stagna, *Ā* 6, 330.

ex-ordĭor, orsus sum, ordīri, f a n g e an, beginne, Part. exorsus, a, um, m. pass. Sinne, sbst. 'exorsa', ōrum, *n.*, A n - f a n g, longa exorsa, Länge des Eingangs (in der Erzählung), 'Einleitungen', *G* 2, 46. sua cuique exorsa laborem fortunamque ferent, eigenes Beginnen wird jedem Verderben und Heil (Niederlage oder Sieg) bringen, *Ā* 10, 111.

exordĭum, ĭi, *n.* (exordior), Anfang, B e g i n n e n, U r s p r u n g, bei Verg. nur Plur., exordia pugnae, *Ā* 7, 40; vgl. *Ā* 4, 284. exordia omnia, alle Anfänge, erste Entstehung der Dinge, *B* 6, 33.

ex-ŏrĭor, ortus sum, ŏrīri [Präs. orĭ- tur nach der dritten Konjug.], k o m m e hervor od. zum Vorschein, *a*) übh., e n t s t e h e, h e b e a n, b r e c h e h e r v o r, v. Geschrei (bei Freude u. Jammer), *Ā* 2, 313. 3, 99 u. 128. 5, 765. 12, 756. übtr., von der Zwietracht, inter cives, *Ā* 12, 583. *b*) v. Pers., e r s t e h e, e r h e b e m i c h, exoriare aliquis . . . ultor, möge sich erheben aus meinem Gebein usw., *Ā* 4, 625. *c*) von Gestirnen, a u f g e h e n, a u f - s t e i g e n, erscheinen, *Ā* 4, 130. *G* 1, 438.

ex-ŏro, āre, e r b i t t e, e r f l e h e, pacem (Gnade) divom, *Ā* 3, 370.

exors, s. exsors.

exōsus, a, um (ex u. odi), jmd. od. etw. hassend, Troianos, *Ā* 5, 687. bella, *Ā* 12, 517. abs., 'voll Hafs', *Ā* 11, 436. 'voll Abscheu', *Ā* 12, 818.

expecto, s. exspecto.

expĕdĭo, dīvi od. dĭi, dītum, īre (ex u. pes), urspr. in bez. auf das Freigeben gefesselter Füsse, 1) eig.: *a*) w i c k e l e h e r a u s, ziehe aus einer verwickelten Lage heraus, b e f r e i e, Pass. 'expedior', entkomme, rette mich, *Ā* 2, 633. *b*) hole etw. heraus od. hervor, s c h a f f e od. h o l e h e r b e i, Cererem canistris, Brot aus den Körben (um es an die einzelnen Gäste zu verteilen), *Ā* 1, 702. Cererem Cerealiaque arma, *Ā* 1, 178; vgl. *Ā* 5, 209. 6, 219. *c*) übh. s e t z e i n s t a n d od. B e r e i t s c h a f t, arma, manus, mache mich schlagfertig, rüste mich zum Kampfe, *Ä* 4, 592. 12, 258. 2) übtr.: *a*) entwickele, setze auseinander, erkläre, erzähle, teile mit, gebe an, omnem famam, *G* 4, 286. causam morbi, *G*4,397. pauca e multis dictis, 'enthülle' (in bez. auf Orakel), *Ä* 3, 379. alqd carmine, *Ä* 12, 503. m. vorausgeh. od. flg. Relativs.,*G*4,150.*Ä*7,40.11,315.m.Obj. u. Relativs. zugleich, *Ä* 3, 460; vgl. *Ä*6, 759(mit 'dictis'verb.). *b*)wickele(Schwieriges)ab, führe zu Ende, quod instat, *Ä* 8, 50.

ex-pello, pŭli, pulsum, ĕre, 1) eig.: *a*) treibe od. stofse hinaus, segetem ab radicibus imis sublimem, herausreifsen u. in die Lüfte mit fortführen (v. den Winden), *G* 1, 320. *b*) treibe weg, *α*)verdränge(aus einerStellung imKampfe), alqm, *Ä* 10, 354. *β*) vertreibe, alqm finibus patriis, verbanne, *Ä* 1, 602. 2) übtr., vertreibe, verscheuche, somnum, *Ä* 8, 408.

ex-pendo, pendi, pensum, ĕre, wäge ab, *a*) als Strafsumme, dah. übtr., poenas, verhänge Strafe, *Ä* 10, 669. supplicia et scelerum poenas,zahle,büfseStrafen als Bufse der Schuld, *Ä* 11, 258. supplicia,*Ä*6,789. scelus, büfse für den Frevel, *Ä* 2, 229. *b*) wäge geistig ab, erwäge, prüfe, omnes casus, *Ä* 12, 21.

expergo, s. exspergo.

expĕrientĭa,,.ae, *f.* (experior), Versuch, den man anstellt, nova, *G* 4, 316. Bes. 'erfahrungsmäfsigeSorgfalt', quanta experientia sit apibus (näml. habendis), welche Pflege der Bienenzucht betreibende Landmann auf die Bienen zu verwenden habe, *G* 1, 4.

expĕrĭor,pertus sum,pĕrīri,1)stelle aufdieProbe,erprobe,prüfe,alqm dictis, *Ä* 7, 373. procos priores, bemühe mich um die früheren Freier, *Ä* 4, 535. 2) versuche, *a*) mache einen Versuch mit etw., carmina,*B*5,15. dextram bello et armis, *Ä*7,235. m.indir.Frages., *B* 3, 29. m. Inf., *B* 8, 67. *b*) versuche es mit jmd., messe mich mit jmd., alqm in armis, lasse es auf die Waffen ankommen, *Ä* 7, 434. 3) lerne aus Erfahrung kennen, *a*)übh., Cyclopiasaxa,*Ä*1,202. illam (terram) et facilem et patientem (als usw.), *G* 2, 222. alqm, erfahre jmds. Macht od. Stärke, *Ä* 11, 396. mit indir. Frages., experto credite, quantus etc., *Ä* 11, 283. abs., expertus, 'durch Erfahrung belehrt', *Ä* 2, 676. dcht., 'expertus' m. Gen. 'belli', im Kriege erfahren, bewährt, *Ä* 10, 173. *b*) lerne etw. Unangenehmes kennen, erfahre, dulde, habe zu ertragen, laborem, 'bestehe',

G 4, 157; vgl. *G* 1, 119. 4, 340. amores, *B* 3, 110.

expersͶ, pertis ('ex' u. 'pars'), unteilhaftig, einer Sache ledig, frei von etw., ohne, thalami, von der Liebe unberührt, *Ä* 4, 550. haud exp. virtutis, beseelt von Mut, *Ä* 10, 752.

expīro, s. exspiro.

explĕo, plēvi, plētum, ēre (St. *πλε* in *πλέος, πίμπλημι,* 'plenus'),1)fülle aus od. voll, *a*)eig.: *α*)übh., oras fuco,*G*4, 40. *β*) prägn., fülle den Magen voll, füttere, sättige, m. Abl., ingluviem piscibus, den Wanst mit Fischen, *G* 3, 431. Pass., expletus dapibus, *Ä* 3, 630. *b*) übtr., erfülle, sättige, befriedige, stille, Pass., expleri (tuendo) nequit, kanu seinen Blick nicht sättigen, *Ä* 8, 618. m. griech. Akk., mentem (im Herzen) expleri nequit, *Ä* 1, 713. Bes. in bez. auf Gemüt u. Leidenschaften, *Ä* 8, 265. poenas patrias sanguine, büfse den Fluch des Vaters mit dem Blute u. stille so dessen Zorn, *Ä* 7, 766. m. Gen., animumflammaeultricis,befriedige dasHerz mit brennender Rachgier, od. die brennende Rachgier, *Ä* 2, 586. 2) in bez. auf numerische Verhältnisse, mache voll od. vollständig, numerum (näml. 'umbrarum'), kehre zur Zahl der Schatten wieder zurück, *Ä* 6, 545. 3) fülle eine Thätigkeit aus, bringe zustande, vollende, quinque orbes cursu, durchkreise fünfmal im Laufe der Bahn, *Ä* 12, 763. triginta orbes imperio, vollende herrschend dreifsigSonnenkreise(Jahre), *Ä* 1, 270.

ex-plĭco, plĭcŭi,plĭcĭtum, āre, v.1)falte auseinander, entfalte, v. Weinstock, frondes, *G* 2, 335. 2) übtr.: *a*) 'entfalte', breite aus, cohortes (von der Legion), *G* 2, 280. *b*) entwickle geistig etw., beschreibe, schildere, fando funera, *Ä* 2, 362.

explōrātŏr,ŏris,*m.*(exploro),Kundschafter, Späher, *Ä* 11, 512.

ex-plōro, āre,1)erforsche, kundschafte aus, erspähe, locos, *Ä*1,307. urbem et fines, *Ä* 7, 150. ventos, *Ä* 3,514. 2) übtr.: *a*) spähe aus, mache ausfindig, ermittle, insidias circum oviͰa, die Schafe in den Hürden beschleichen (v. Wolf), *G* 3, 537. m. Relativs., *Ä* 1,77. *b*)untersuche, prüfe, erprobe der Beschaffenheit nach, portas,*Ä*9,170. robora, *G* 1, 175.

ex-pōno, pŏsŭi, pŏsĭtum,ĕre [synkop. Part.'expostus',*Ä*10,694],1)eig.: *a*)setze od. stelle hinaus, scalas, lege an,*Ä*10, 654. *b*)setze aus,bes.setze ansLand, lasse landen, alqm de puppibus altis pontibus ('auf Brücken'), *Ā* 10,288. limo glaucaque in ulva,*Ä* 6,416. 2)übtr.,setze aus, gebe preis, rupes exposta ponto (den Fluten), *Ā* 10, 694.

ex-porto, äre, trage, schaffe hinaus od. fort, alqd calathis (in K.), *G* 3, 402. corpora luce carentum tectis (aus den Stöcken), *G* 4, 256.

ex-posco, pŏposci, ĕre, *a*) fordere od. verlange dringend, m. Inf., *Ä* 4, 79. m. Akk. u. Inf.,*Ā* 9,193. Bes. *b*) erflehe etw. von den Göttern, pacem votis precibusque, *Ā* 3, 261. pacem Teucris (für die T.), *Ā* 7, 155.

ex-prōmo, prompsi, promptum, ĕre, hole hervor, übtr., maestas voces, 'spreche', *Ä* 2, 280.

ex-pugno, äre, erstürme, erobere, turrim, *Ä* 9, 532. übtr., Spartam, in Sparta sich buhlerisch einschleichen (v. Paris), *Ä* 10, 92.

exquīro, quīsīvi, quīsītum, ĕre (ex u. quaero), 1) forsche od. spähe aus, suche auf, alqm od. alqd, *Ä* 3, 96. 7, 239. *G* 2, 266. 3, 331. frigus (des Erdbodens), *G* 2, 256. 2) übtr.: *a*) frage jmd. nach etw. aus, erkundige mich nach etw., alqd, *Ä* 8, 312. *b*) verlange dringend, iuvenem (equum), *G* 3, 119. Bes. erflehe, erbitte, pacem per aras (Gnade bei den Altären), *Ä* 4, 57.

ex-sanguis (*Haupt* **exanguis**), e, 1) blutlos, umbrae, *Ä* 6, 401. 2) übtr.: *a*) tot, entseelt, corpus, *Ä* 2, 542. v. Pers., *Ä* 9,453. 11,818. *b*) totenblaſs, bleich, v. Pers., visu, *Ä* 2, 212.

ex-sătŭrābĭlis (*Haupt* **exătŭrăbĭlis**), e, ersättlich, neque exs. pectus, 'unersättliche Rachgier', *Ä* 5, 781.

ex-sătŭro (*Haupt* **exătŭro**), äre, ersättige, übtr., mea numina odiis exsaturata, *Ä* 7, 298.

exscindo (*Haupt* u. *Ribb.* **excindo**), scĭdi,scissum,ĕre,zerstöre,verwüste, Pergama telis,*Ā* 2,177. domos,*Ā* 12,643. columnas bello (*Haupt* ferro), *Ä* 6, 553. gentem (ferro), 'rotte aus', 'vertilge', *Ä* 4, 425. 9, 137.

ex-sĕco (*Haupt* **exĕco**),sĕcui,sectum, äre, schneide heraus (näml. aus dem Mutterleibe), alqm, *Ä* 10, 315.

exsĕcror (*Haupt* u. *Ribb.* **exĕcror**), äri (ex u. sacer), verfluche, verwünsche, terram, *Ä* 3, 273. bellum, *Ä* 11, 217.

exsĕquĭae (*Haupt* **exĕquĭae**), ärum, *f.*(exsequor), Leichenfeier, Bestattung, *Ä* 7, 5.

ex-sĕquor (*Haupt* **exĕquor**), sĕcūtus sum,sĕqui, verfolge, übtr., *a*)vollstrecke, vollziehe, führe aus, iussa,

praecepta, *Ā* 4,396. 6,286. *b*)verrichte od. thue etw., hoc unum exsequere mihi, thue das éine mir zu Liebe, *Ä* 4, 421. annua vota et pompas ordine, begehe jährl. Feste mit Gelübden u. festlichen Aufzügen, *Ä* 5, 54. *c*) führe mit Worten etw. aus, behandle ausführlich, mellis caelestia dona, *G* 4, 2.

ex-sĕro (*Haupt* u. *Ribb.* **exĕro**), sĕrŭi, sertum, ĕre, entblöſse, mammam, papillam, *Ä* 1, 492. 11, 803. mit griech. Akk., unum latus exserta pugnae (*Dat.*), die eine Seite (Brust) entblöſst für den Kampf, *Ä* 11, 649.

exserto(*Haupt* u.*Ribb.* **exerto**), äre, strecke heraus, ora, *Ä* 3, 425.

exsĭlĭo (*Haupt* **exĭlĭo**), sĭlŭi, īre (ex u. salio), springe hervor od. heraus, in siccum, *G* 3, 433 (*Ribb.* 'exsulit'). v. Baume, 'aufstreben', ad caelum, *G* 2, 81 (*Ribb.* st. exiit).

exsĭlĭum od. **exĭlĭum**, ĭi, *n.* (exsul), 1) Aufenthalt im Auslande, Verbannung, *Ā* 2, 638. *G* 2, 511. pubes collecta exsilio (*Dat.*), zur Flucht aus dem Vaterlande versammelt,*Ä* 2, 798. Plur., longa (von den auf die Flucht des Aneas aus dem Vaterlande folgenden Irrfahrten auſserhalb des Vaterlandes), *Ä* 2, 780; vgl. *Ä* 7, 129 (*Ribb.*). 2) übtr., Ort der Verbannung, Zufluchtsstätte, exsilia diversa (entfernte), *Ä* 3, 4.

ex-solvo (*Haupt* **exolvo**), solvi, sŏlūtum, ĕre, 1) löse od. ringe los aus etw., paulatim se toto corpore(von einem Sterbenden),*Ä* 11,829. 2)übtr., erlöse, befreie, alqm curis, *Ä* 4, 652.

exsomnis (*Haupt* **exomnis**), e (ex u. somnus), schlaflos, wach (von dem, der nicht schlafen will), *Ä* 6, 556.

exsors (*Haupt* **exors**), sortis, 1) dem Lose nicht unterworfen, auſser der Reihe, *Ä* 5, 534 (*Ribb.* u. *Schap.*). 2)übtr.: *a*) auserwählt, equus, das schönste, *Ä* 8, 552. honos,Ehrenpreis auſser der Reihe, Ehrengeschenk, *Ä* 5,534 (*Haupt*). *b*)unteilhaft, 'beraubt', m. Gen., vitae, *Ä* 6, 428.

exspecto (expecto), äre, sehe gespannt auf jmd. od. etw. hin, dah. warte od. harre auf jmd. od. etw., erwarte, *a*) v. Pers., alqm, *Ä* 4, 134. 9, 46. fugam ventosque, *Ä* 4, 430. praemia, *Ä* 5, 70. sinum lactis et liba, *B* 7, 33. dapes et pocula, *Ä* 11,738. signum, *Ä* 5,137. poenam, *Ä* 6, 614. non tela neque ignes Rutulos, *Ä* 9, 130. mit einem Objektsatz, m. 'dum' u. Konj., warte ab, warte, bis usw., *Ä* 12, 570. abs., warte, säume, zögere, Tyriä Carthagine, in Karthago, *Ä* 4, 225. Part. Pass., exspectatus solo Laurenti (*Dat.*), erwartet von (in) dem Laurentin. Lande, *Ä* 8, 38. quibus Hector ab oris exspectate venis? *Ä* 2,283. vonSachen u. abstr. Begriffen, 'erwünscht', 'ersehnt', reges, *G* 1, 226. triumphi, *Ä* 11, 54. dies, *Ä* 5, 104. pietas parenti exspectata, dem Vater bewährte, erprobte, *Ä* 6,687. Neutr. Sing. subst., ante exspectatum, *G* 3, 348. *b*) v. lebl. Subj., 'erheischen', 'verlangen', v. Bäumen, arcus, *G* 2, 26. falcem, *G* 2, 420.

 exspergo (*Ribb.* **expergo**), spersi, spersum, ĕre (ex u. spargo), bespritze über und über, limina sanie, *Ä* 3, 625; vgl. Ovid. met. 11, 367 *Merkel.*

 ex-spĭro (*Haupt* u. *Ribb.* **expiro**), āre, 1) trans., hauche od. schnaube aus, *a*) v. Pers., fulmen pectore, *Ä* 1, 44. bes. v. Sterbenden, animas, *Ä* 11, 883. *b*) v. lebl. Subj., wie v. Ätna, ausspeien, von sich geben, flammas, *Ä* 3, 580. 2) intr., hauche den Geist aus, sterbe, verschcide, *Ä* 10, 731 u. 739. 11, 820 u. 865.

 exstinguo(extinguo), tinxi, tinctum, ĕre [synkop. Formen: exstinxti st. exstinxisti, *Ä* 4, 682. exstinxem st. exstinxissem, *Ä* 4, 606], 1) lösche aus, ignem, *Ä* 8,267. 2) übtr.: *a*) lösche das Lebenslicht jmds. aus, töte, vertilge, vernichte, alqm, *Ä* 4, 606. 6, 457. 7, 662. 12,599. *G* 1,466. populum, patres urbemque, *Ä* 4,682. exstinctus funere, vom Tode dahingerafft, *B* 5, 20. *b*) tilge, vernichte, unterdrücke, nefas, *Ä* 2, 585. famam, *Ä* 6, 527. pudorem, entsage der Scham, *Ä* 4, 322.

 ex-sto od. **exto**, (s)tĭti, āre, stehe, rage hervor od. empor, umeris(mit den Sch.), *Ä* 6, 668. v. Hirsche, summis vix cornibus (nämlich aus dem Schnee), *G* 3, 370.

 ex-strŭo, struxi, structum, ĕre, schichte auf od. übereinander, türme od. führe auf, errichte, erbaue, montes, *G* 1, 283. toros, *Ä* 3,224. urbem, *Ä* 4,267. consessus exstructus, erhöhter, *Ä* 5, 290. dcht., exstructus altis tapetibus, liegend od. gebettet auf hohen Teppichen, *Ä* 9, 326.

 ex-sūdo(*Haupt* u. *Ribb.* **exūdo**), āre, schwitze aus, exsudat inutilis umor, *G* 1, 88.

 ex-sŭl od. **exŭl**, ŭlis, *c.* (ex u. solum), landflüchtig, heimatlos, ein Verbannter, *B* 1, 61. *Ä* 3, 11. 5, 51. 8, 320. Plur., exsules Teucri, *Ä* 7, 359.

 exsŭlio, s. exsilio.

 exsŭlo od. **exŭlo**, āre, lebe im Auslande, in der Verbannung, bin verbannt, *G* 3, 225. dcht., 'bin (zur See)

verschlagen', Protei adusque columnas, *Ä* 11, 263.

 exsulto (*Haupt* u. *Ribb.* **exulto**), āre (Intens. von 'exsilio'), 1) springe schnell od. wiederholt auf, in die Höhe od. empor, *a*) v. leb. Wesen, *Ä* 2,470. 8, 663. 11, 648 u. 663. contra, springe entgegen, *Ä* 10,550. v. Tieren, *G* 4,431. *b*) von Lebl,, v. Gewässern, 'aufsprudeln', *Ä* 3,557. aestu, aufwallen, aufbrausen, *Ä* 7, 464. v. Felsblock, solo, vom Boden zurückprallen, *Ä* 12, 688. v. Herz, 'klopfen', *G* 3, 105. 2) übtr., springe vor Freude auf, frohlocke, jubele, bin ausgelassen, *Ä* 10, 813. m. Abl., laetitiä (vor Freude), *Ä* 12,700. animis, *Ä* 11, 491. successu exsultans animisque, d. i. fortgerissen in der Freude durch Erfolg u. seinen kecken Mut, *Ä* 2, 386. abs., *Ä* 5, 398.

 ex-sŭpĕrābĭlis (*Haupt* **exŭpĕrābĭlis**), e, überwindlich, bezwingbar, non exs. saxum, *G* 3, 39.

 ex-sŭpĕro (**exŭpĕro** *Haupt*; 'ecsupero', *Ä* 2, 311 *Ribb.*), āre, 1) intr.: *a*) von den Flammen, schlage od. steige empor, *Ä* 2, 759. Volcano ecsuperante, *Ä* 2, 311 (*Ribb.*). *b*) übtr., rage hervor, zeichne mich aus, 'erhebe mich selbst', virtute, *Ä* 12, 20. im üblen Sinne v. Ungestüm des Turnus, 'tobe' od. 'brause auf', *Ä* 12, 46. 2) trans.: *a*) räuml., komme über etw. hinaus, übersteige, iugum, *Ä* 11, 905. solum Helori, steure od. lenke herum um usw., *Ä* 3, 698. *b*) übtr., überwinde, bewältige, consilium, *Ä* 7, 591. moras, *Ä* 10, 658.

 ex-surgo (*Haupt* **exurgo**), surrexi, surrectum, ĕre, erhebe mich, richte mich auf, *Ä* 6, 607. altior exsurgens (um einen desto kräftigeren Hieb zu versetzen), *Ä* 11, 697.

 exta, ōrum, *n.*, Eingeweide, bes. die edleren (Herz, Lunge, Leber), bei Weissagungen u. Opfern, *Ä* 4, 64. 5, 237 u. 775. 6, 254. 8, 183. *G* 1, 484. 2, 194 u. 396.

 extemplō, Adv. ('ex' u. 'templum', Dem. v. tempus), unverzüglich, sofort, *Ä* 2,376. 4,173. 5,426. 8,4. 11,863.

 ex-tendo, tendi, tentum, ĕre) dehne, spanne od. strecke aus, *a*) räuml., Pass. medial, 'strecke mich aus' (v. Cerberus), toto antro, *Ä* 6, 423. v. Lebl., se, 'sich ausbreiten', in vacuum (v. Ästen), *G* 2, 287. plaga extenta in medio quattuor plagarum, die (fünfte) heiße Erdzone, *Ä* 7, 226. extenditur una per latos acies Volcania campos, breitet sich aus, *Ä* 10, 407. dcht., sementem ad medias pruinas, verteile bis in usw., *G* 1, 230. *b*) zeitl., dehne od. schiebe hinaus, curas venientem in annum, d. i. richte od. lenke meine Sorge auf das folg. Jahr, *G* 2, 405. 2) **strecke hin** od. **hinaus,** *a*) **strecke** jmd. **hin,** d. i. 'töte', alqm harenā, *Ä* 5, 374; ähnl. 9, 589. *b*) **dehne aus,** cursus, 'verlängere', beschleunige den Lauf, *Ä* 12, 909. virtutem (den Ruhm der Tapferkeit) factis, 'erweitere', 'vergröfsere', *Ä* 6, 807 (*Ribb.* 'virtute ext. *vires*'). famam factis, *Ä* 10, 468.

extĕr od. **extĕrus,** tĕra, tĕrum (ex), 1) aufsen befindlich, übtr., **auswärtig,** regna, *Ä* 4, 350. Bes. 2) Superl. **extrēmus,** a, um, *a*) räuml., *α*) **äufserster,** orbes, der äufserste Rand des Schildes, *Ä* 12, 925. dcht., vinitor, der mit seiner Arbeit bis an die äufserste Grenze des Weinbergs gekommen, der am Ende seiner Arbeit ist, *G* 2, 417. Bes. verb. mit Sbst., um die Grenze, den Rand, die Schranke anzugeben, spatium, *Ä* 5, 327. litus, *G* 3, 542. amnis, *G* 4, 319. harena, *Ä* 11, 626. cauda, Spitze, äufserstes Ende, *G* 3, 423. Olympus, 'östl. Rand des Ol.', *Ä* 7, 218. Neutr. Plur. als Sbst., extrema pelagi, *Ä* 8, 333. *β*) **äufserster,** d. i. entferntester, entlegenster, letzter (Gegs. proximus), tellus, *Ä* 7, 225. urbs, *Ä* 9, 10. dcht., cultor, an den entferntesten Teilen der Erde befindlich, *G* 2, 114. *γ*) **äufserster** in der Reihenfolge, **hinterster, letzter,** sbst., extremi addensent acies, die Letzten pressen den Zug, die hintersten Schlachtreihen drängen auf die vordersten, *Ä* 10, 432. mit partitiv. Gen., extremi hominum Morini, die im Westen am fernsten wohnenden, *Ä* 8, 727. Oft prädikat. st. des Adverbialbegr., 'als letzter', d. i. 'zuletzt', *Ä* 5, 196. 498. 544. 570. *b*) zeitlich, *a*) **letzter** (Gegs. primus), labor, *Ä* 3, 714. *B* 10, 1 (wo *Ribb.* 'labor*um*' als partitiver Gen. st. 'labor*em*'). finis laborum, *G* 4, 116. munus (Dienst), *Ä* 4, 429. venia (Bitte), *Ä* 4, 435. soror, *Ä* 4, 179. imber, das Ende des Regens, *G* 1, 211. ignis, das verglimmende Wachtfeuer, *Ä* 9, 351. manus, *Ä* 7, 572. Bes. in bez. auf Tod und Sterbende, fila (der Parzen), *Ä* 10, 814. gemitus, *G* 3, 517. halitus, *Ä* 4, 684. vox, *Ä* 4, 621. flammae meorum, die Leichenflamme der Meinen (v. Brande Trojas), *Ä* 2, 431. munus, *B* 8, 60. dona, *Ä* 3, 488. Neutr. sbst., extremum fato, quod te adloquor, hoc est, die letzte Anrede, die mir das Schicksal verstattet (da ich lebend die Unterwelt nicht wieder betreten werde), *Ä* 6, 466. Plur. extrema, ōrum, *n.*, 'Lebensende', 'Tod', *Ä* 6, 457. Sing. 'extremum' adverb., 'zum letzten Male', *Ä* 9, 484; u. so dcht. Plur. 'extrema', *Ä* 11, 865. Bes. *β*) partit., zur Bezeichn. des

letzten Abschnittes eines Zeitraums, hiemps, Ende des Winters, *G* 1, 340. annus, *G* 3, 304. mors, 'letzte Stunde des Todes', 'Rand des Grabes', *Ä* 2, 447. 11, 846. *c*) dem Grade nach, *α*) **äufserster, höchster, letzter, schlimmster, härtester,** fata, äufserste Not, *Ä* 9, 204. Sbst., audeo extrema, 'das Äufserste', entschliefse mich zum letzten, *Ä* 2, 349. extrema patior, erleide den Tod (Gegs. 'vivo'), *Ä* 1, 219. per omnia extrema, durch alles Elend, durch jegliche Not, *Ä* 3, 315. extrema ferro sequor, falle durch das eigene Schwert, *Ä* 6, 457. *β*) **letzter,** d. i. geringster, schlechtester, Ligurum, *Ä* 11, 701.

externus, a, um (exter), **auswärtig, ausländisch, fremd,** sedes, orae, terra, *Ä* 7, 255. 270. 370. thalami, eines Fremden, *Ä* 6, 94. v̇. Leb., *Ä* 3, 43. dux, *Ä* 10, 156. gens, *Ä* 7, 367. fernher, aus fremdem Lande (kommend), *Ä* 7, 98 ü. 424.

ex - terrĕo, terrŭi, terrĭtum, ēre, **schrecke, scheuche** od. **jage auf,** setze in Schrecken, bringe ausser Fassung, bes. Part. exterritus, 'aufgeschreckt', 'erschüttert', 'bestürzt', *α*) v. Pers., *Ä* 8, 370 (mit dem Zus. 'animo'). 9, 424. 11, 806. 12, 660. m. Abl., monstris, *Ä* 3, 307. umbris, *Ä* 4, 571. strepitu, *Ä* 6, 559. monitis, *Ä* 8, 504. gemitu, *G* 4, 353. fatis, *Ä* 4, 450. v. Tieren, *Ä* 5, 505. *Ä* 3, 149 u. 417. aestu, von der Glut gepeinigt, zur Wut entflammt, *G* 3, 434. auch v. Triton, amnis, *Ä* 8, 240. tellus, *Ä* 3, 673.

extĕrus, s. exter.

ex-tĭmesco, tĭmŭi, ĕre, **gerate in Furcht,** m. flg. 'quod', *Ä* 8, 129.

extingo, exto, s. exstinguo, exsto.

ex-tollo, ĕre, **hebe empor,** übtr., **erhebe** mit Worten (Gegs. 'premo'), vires gentis, *Ä* 11, 401.

ex-torquĕo, torsi, tortum, ēre, **entwinde,** mucronem dextrae, *Ä* 12, 357.

extorris, e ('ex' u. 'terra'), **aus der Heimat vertrieben, verbannt,** m. Abl., 'finibus', *Ä* 4, 616.

extrā (eig. 'exterā', näml.: parte), Präp. m. Akk., **aufserhalb, über etw. hinaus,** me extra tecta ferebam, 'eilte aus der Wohnung hinaus, *Ä* 2, 672. iacet extra sidera tellus, extra anni solisque vias, *Ä* 6, 796.

extrēmus, s. exter.

extrŭo, s. exstruo.

ex-tundo, tŭdi, ĕre, **schlage heraus,** *a*) eig., vom Künstler, 'bilde' in Relief, Salios . . . et lapsa ancilia caelo, *Ä* 8, 665. *b*) übtr., *a*) 'bringe etw. zustande', 'erfinde', artes, artem alci, *G* 1, 133. 4, 315. *b*) erringe, erwerbe, honorem alci, *G* 4, 326.

exŭbĕro, āre, 1) ströme über, von kochendem Wasser, 'aufwallen', 'emporschäumen', *Ä* 7, 465. 2) übtr.: *a*) bin in reicher Fülle vorhanden, wuchere, v. Schatten, luxuriā foliorum, *G* 1, 191. *b*) bin überfüllt mit etw., habe Überfluſs an etw., m. Abl., pomis, *G* 2, 516.

exūdo, s. exsudo.

exŭlĭo, exŭl, exulto, s. exsilio, exsul, exsulto.

exŭo, ŭi, ūtum, ĕre (vgl. *ἐχ-δύω*, Gegs. 'induo'), 1) eig. ziehe od. nehme heraus, dah. *a*) entblöſse, mache frei, artus, *Ä* 5, 423. *b*) befreie durch Aus- od. Abziehen, entledige mich einer Sache, lege etw. ab, m. Abl., palmas vinculis, *Ä* 2, 153. Pass. m. griech. Akk., unum pedem exutus vinclis, den einen Fuſs entblöſst (wie bei magischen Ceremonieen üblich war), *Ä* 4, 518. *c*) beraube jmd. einer Sache, nehme jmdm. ab, alqm armis (Abl.), *Ä* 8, 567. 11, 395. 2) ziehe etw. aus, nehme od. lege ab, *a*) eig., caestus, *Ä* 5, 420. alas (v. Amor), *Ä* 1, 689.

ensem umero, *Ä* 9, 303. torvam faciem et feralia membra, entledige mich, *Ä* 7, 415. *b*) übtr., lege ab, entferne, beseitige, gebe auf, mentem (Gesinnung), *Ä* 4, 318. dcht., silvestrem animum, die wildere Natur (v. Gepfropftem), *G* 2, 51.

exŭpĕro, exurgo, s. exsupero, exsurgo.

ex-ūro, ussi, ustum, ĕre, 1) brenne aus, übtr., scelus igni, tilge, reinige, *Ä* 6, 742. 2) verbrenne, *a*) eig., classem, *Ä* 1, 39. 10, 36. puppes, *Ä* 5, 794. carinas, *Ä* 7, 431. maria ante quam pinus, *Ä* 9, 115. *b*) übtr., trockne aus, agros, *Ä* 3, 141. *G* 1, 107. paludem, *G* 3, 432.

exŭvĭae, ārum, *f.* (exuo), 1) alles was ein anderer am Leibe od. übh. als Eigentum getragen u. abgelegt hat, *a*) übh., exuviae dulces (als Andenken an Aneas), 'Liebesgeschenke', *Ä* 4, 651. ähnl. *B* 8, 91. Bes. *b*) 'Kleid', 'Gewand', *Ä* 4, 596 u. 507. *c*) dem Feinde abgenommene Kriegsrüstung, Beute, *Ä* 2, 275 u. 446. 4, 507. 10, 423. 11, 7. 12, 946. 2) (abgezogene) Haut, Hülle der Schlange, *G* 3, 437. *Ä* 2, 473. des Löwen, Tigers, *Ä* 9, 307. 11, 577.

F.

făba, ae, *f.*, Bohne, bes. Buff- od. Saubohne, *G* 1, 215.

Făbăris, Akk. 'im', *m.*, kleiner Nebenfluſs des Tiber im Sabinerlande, *Ä* 7, 715.

Făbĭus, ĭi, *m.*, röm. Geschlechtsname, bes. berühmt Q. Fabius Maximus, mit dem Bein. Cunctator, der im zweiten punischen Kriege durch grofse Vorsicht u. Bedachtsamkeit die Macht des Hannibal schwächte, *Ä* 6, 845 flg.

făbrĭcătŏr, ōris, *m.* (fabrico), Werkmeister, Verfertiger, übtr., 'Urheber', doli, der die List ausgeführt hat, d. i. des trojan. Rosses, *Ä* 2, 264.

Făbrĭcĭus, C., mit dem Bein. 'Luscinus', ein durch seine Einfachheit u. Unbestechlichkeit ber. röm. Konsul (282 v. Chr.), *Ä* 6, 844.

făbrĭco, āre (faber), zimmere, baue, machinam, *Ä* 2, 46. moenia, *Ä* 9, 145.

făbrīlis, e (faber), zum Handwerker gehörig, opera, Geschäft, Arbeit des Schmiedens, *Ä* 8, 415.

făcesso, ĕre (Intens. v. facio), betreibe etw. eifrig, führe aus, iussa, *Ä* 4, 295. praecepta, 'befolge', *Ä* 9, 45. *G* 4, 548.

făcĭēs, ēi, *f.* (facio), 1) äuſsere Erscheinung, *a*) äuſsere Gestalt (oft von den Schreckensgestalten der Unterwelt), *Ä* 1, 658. 683. 2, 622. 3, 310. 426. 5, 619 u. 722. 6, 575. 7, 19. 8, 194 u. 298. 10, 234 u. 636. 12, 416. 623. 865. Anchisae, Schattenbild, *Ä* 5, 722. hostilis (von übler Vorbedeutung bei Opfern), *Ä* 3, 407. Plur. zur Umschr., variae comitum, *Ä* 5, 822. saevae (der Allekto), *Ä* 7, 329; vgl. *Ä* 9, 122. in bez. auf Lebl., in montis faciem, wie ein Berg, einem Berge gleich, *G* 4, 361. Bes. *b*) Antlitz, Angesicht, m. 'os' verb., *Ä* 10, 699. mit 'membra', *Ä* 5, 337. 7, 415. 9, 734. 2) äuſsere Beschaffenheit, *a*) Aussehen, Anblick, Erscheinung, v. Leb., *Ä* 2, 407. faciem tauro propior, dem Aufsern, dem Ansehen nach, *G* 3, 58. v. Lebl., arbos faciem simillima lauro, *G* 2, 131. armorum, maris, *Ä* 2, 411. 5, 768. prägn., schönes Ansehen, Schönheit, *Ä* 2, 601. 9, 336 u. 583. *b*) Art, Gestalt, laborum, scelerum, *Ä* 6, 104 u. 560. *G* 1, 506.

făcĭlĕ, Adv. (facilis), leicht, ohne Mühe, *G* 4, 404. *Ä* 11, 721.

făcĭlis, e [Superl. 'facillimus'] (facio), eig. von dem, was sich leicht handhaben od. behandeln läfst, 1) leicht nachgebend, geschmeidig, *a*) eig., fiscina, *G* 1, 266. *b*) übtr., gefügig, nachgiebig, willig, geneigt, v. Nymphen, *B* 3, 9. *G* 4, 535. v. Lebl., wie von einem Zweige, der leicht nachgiebt, m. 'volens' verb., *Á* 6, 146. v. Boden, m. Dat. 'pecori', *G* 2, 223. dcht., animi, der jungen Stiere, *G* 3, 165. 2) beweglich, schnell, oculi, muntere Augen, 'schweifender Blick', *Á* 8, 310. tornus, mit leichter, kundiger Hand geführt, *B* 3, 38. 3) thunlich, bequem, mühelos, leicht, via, *G* 1, 122. trames, sicherer, *Á* 6, 676. descensus, *Á* 6, 126. exitus, *Á* 6, 895. übtr., fuga, *Á* 4, 430. labor, *G* 1, 79. m. Dat., quaerentibus, leicht zu finden, *G* 4, 272. m. Abl. (in Ansehung), gens f. victu, im Erwerben der Lebensmittel, gesegnet od. gedeihend an allem Lebensgut, *Á* 1, 444. m. Supin., f. visu, gefahrlos anzuschauen, *Á* 3, 621. Bes. *a*) leicht, schwach, gering, iactura sepulchri, leicht zu ertragen, *Á* 2, 646. *b*) leicht, günstig, glücklich, via, glückliche Fahrt (durch günstigen Wind), *Á* 3, 529. fortuna, *Á* 11, 761.

făcĭo, fēci, factum, ĕre, u. dazu Pass. **fīo**, factus sum, fīĕri [dcht. Form 'faxo' st. 'fecero', *Á* 9, 154. 12, 316], 1) mache, thue, der allgemeinste Ausdruck der schaffenden Thätigkeit, dah. *a*) gründe, erbaue, errichte, verfertige, tumulum, *B* 5, 42. arma (viro), *Á* 8, 441. 11, 439. ensem, *Á* 9, 304. 12, 90. munera, webe, *Á* 4, 264. horrea, bilden, anlegen, *G* 1, 182. Bes. v. Künstler, 'bilde (ab)', 'stelle dar', pugnam ex auro, *G* 3, 27. res Italas (v. Vulkan), *Á* 8, 628. alqm marmoreum, *B* 7, 35. effigiem, *Á* 3, 498. aurum factum, bearbeitetes, geprägtes, *Á* 10, 527. geistige Produkte, 'verfasse','dichte', carmina, *B* 3, 86. *b*) übh. v. Hervorbringen, *α*) mache, thue, verrichte, *αα*) m. allgem. Obj., hoc, id u. dgl., *Á* 1, 676. 2, 395. 5, 73. 9, 228. iussa, führe aus, *Á* 1, 302. Bes.: 'quid faciam?' was soll ich anfangen, beginnen? was bleibt mir übrig? *Á* 9, 399. quid facerem? *B* 1, 40. quid faceret? *G* 4, 504 (vgl. nachh. *no.* 3). *ββ*) mit speciellem Obj., vestigia extrema per illos (agricolas) fecit, von der Justitia, zuletzt floh sie durch jene Fluren (d. i. dort unter den Landleuten finden sich noch Spuren der zuletzt abgeschiedenen Gerechtigkeit), *G* 2, 474. nomen facio (mit Attrakt. des Namens, den man eine Sache giebt, im Dat.), cui (flori) nomen fecere amello, d. i. welche Blume man Amellus nannte, *G* 4, 272. auch mit

appositioneller Beifügung des Namens im Akk., numeros et nomina stellis fecit, Pleïadas, Hyadas etc., d. i. bestimmte Zahl und Namen der Sterne, *G* 1, 137. Bes. v. feierlichen Handlungen, vota, bringe Gelübde dar (den Göttern), *Á* 11, 50. m. Dat. der Pers., vota Caesari, den C. mit Gelübden anflehen (um den Segen der Feldfrüchte), *B* 5, 80. meritos honores, *Á* 8, 189. *β*) mache, bereite, verursache, veranlasse Lagen u. Zustände, otia alci, *B* 1, 6. tum facta silentia tectis, Schweigen trat ein in den Gemächern, die Gemächer verstummten, *Á* 1, 730. facta silentia linguis, es wird Stillschweigen geboten, *Á* 11, 241. *γ*) mache, bilde, von räuml. u. zeitl. Verhältnissen und übtr., viam per hostes, breche Bahn, *Á* 9, 356. fit via vi, *Á* 2, 494. pedem, richte die Segel nach dem Winde, brasse die S., *Á* 5, 830. v. Schiffen, vela, spanne, *Á* 5, 82. agmine facto, in geschlossenen Reihen od. Gliedern, mit vereinter Macht, *Á* 8, 595; übtr., v. Bienen, *G* 4, 167; v. Winden (m. 'velut'), wie zum Kampfe, *Á* 1, 82. ähnl. 'factā nube (v. Vögeln)', dicht zur Wolke geballt, 'in dichtem Gewölke', *Á* 12, 254. finem, endige, *Á* 3, 718. haud fit mora, ohne Verzug, augenblicklich, *Á* 10, 153. fieret vento mora nequa ferenti, damit der günstige Wind nicht versäumt werde, *Á* 3, 473. foedus manu, bekräftige mit der Hand, *Á* 12, 316. factā pace feruntur, reiten im friedlichen Zuge dahin, *Á* 5, 587. *δ*) mache, schaffe, gewähre, umbram nepotibus, *G* 2, 28. moram, *B* 10, 11. v. Lebl., indicium, anzeigen, *G* 2, 246. *ε*) mache, erzeuge, bringe hervor, segetes, *G* 1, 1. Pass., fit sonitus, es entsteht, ertönt ein Geräusch, *G* 4, 79 u. 188. *Á* 2, 209. strepitus, *Á* 1, 725. gemitus, *Á* 6, 220. murmur, *Á* 11, 298.

2) m. doppelt. Akk.: *a*) mache jmd. od. etw. irgendwie, mache zu etw., m. prädikat. Adj., alqm memorem, *Á* 6, 664. certum, *Á* 3, 179. facis (me) potentem, zum Gebieter, *Á* 1, 80. utramque Troiam unam, vereinige zu einem gemeinsamen Tr., *Á* 3, 504. honores bello profanos, entweihe od. entheilige die schuldigen Ehren durch Krieg, *Á* 12, 779. haec facietis maxima Gallo, ihr werdet den Gesang, zu dem ihr mich begeistert, dem Gallus lieb u. wert machen, *B* 10, 72. m. prädikat. Sbst., alqm parentem pulchrā prole, zum Vater schöner Kinder, *Á* 1, 75. omnes Latinos, alle zu Latinern, *Á* 12, 837. tertia dona lebetas, bestimme Becken als drittes Geschenk, *Á* 5, 266. alqd telum, 'mache zur Waffe', d. i. gebrauche als

fallo 147

Waffe, *Ä* 7, 508. *b*) prägn., mache zu
etw., d. i. 'verwandle in' etw., Circe (Pi-
cum) fecit avem, *Ä* 7, 191. bes. Pass. 'fio',
werde etw. od. zu etw., d. i. 'werde verwandelt' od. 'verwandle mich in' etw.,
fit Beroë (Iris), *Ä* 5, 620. fiet sus horridus, *G* 4, 407. coluber ingens fit aurum,
Ä 7, 351. fit sacerdos, *Ä* 7, 419. von lebl.
Subj., omnia vel medium fiant mare, alles
werde offenes Meer, *B* 8, 58 (*Ribb.* Sing.
'*fiat*' in bez. auf das Prädikat 'mare'),
auch v. Abstr., sua cuique deus fit cupido,
Ä 9, 185.

3) mit Objektssätzen, *a*) mache, bewirke, mit tig. ut u. Konj., quid non faciebat Amyntas, ut etc.? welche Mühe gab
sich nicht Am., um meine Fertigket zu erreichen? *B* 2, 35. m. bl. Konj., haud sibi
cum Danais rem faxo esse putent, ich
will sie schon glauben machen, sie sollen sehen, dafs usw., *Ä* 9, 154. tu facito
sis memor, bleibe du meiner eingedenk,
Ä 12, 438. *b*) m. Akk. u. Inf., *α*) bilde
ab, stelle dar, wie usw., v. Künstler,
Ä 8, 630 u. 709. *β*) nehme an, setze
den Fall, fac (me) velle, nimm an od.
denke dir, ich wollte es, *Ä* 4, 540. *γ*) lasse,
d. i. bewirke, dafs, fecisti me cernere
letum nati, *Ä* 2, 539.

4) mache, bewerkstellige, bes. abs.,
bringe ein Opfer, opfere, m. Abl.
der Sache, die man opfert, vitulā, bringe
mit einem Kalbe ein Opfer, bringe ein
Kalb als Opfer, *B* 3, 77.

factum, i, *n.* (facio), That, Handlung, Unternehmen, vetus, *Ä* 4, 539.
tantum, *Ä* 7, 232. audax, *Ä* 11, 812. insigne, *Ä* 12, 322. abs., *Ä* 1, 351. 364. 367.
4, 109. 9, 79 u. 299. Plur., facta fortia,
Ä 1, 641. 10, 369. tristia, *Ä* 2, 548. 4, 596.
clara, *Ä* 7, 747. praeclara, *Ä* 10, 397. magna, *Ä* 10, 281. abs., *Ä* 3, 462. 6, 823. 8,
516. 10, 468. 11, 792.

facultas, ätis, *f.* (facio), Vermögen
etw. zu thun, *G* 4, 437.

Fadus, i, *m.*, ein Rutuler, *Ä* 9, 344.

faenilia, ïum, *n.* (faenum), Heubo-
den, *G* 3, 321.

faginus, a, um (fagus), aus Buchen-
holz, buchen, axis, *G* 3, 172. poculum,
B 3, 37.

fagus, i, *f.* (φηγός), Buche, *B* 1, 1.
2, 3. *G* 1, 173. 2, 71. als Grenzzeichen der
Fluren, veteres fagi, *B* 9, 9.

falcatus, a, um (falx), sichelarti'g
gekrümmt, enses, *Ä* 7, 732.

Falernus, a, um, zum Falernischen,
einem hügeligen Gefilde in Kampanien
gehörig, ber. durch den edelsten Wein
Italiens, falernisch, cellae, der darin
aufbewahrte 'Falernerwein', *G* 2, 96.

Falisci, örum, *m.*, Bew. der Stadt
Falerii u. deren Umgegend in Etrurien,
die Falisker, *Ä* 7, 695.

fallacia, ae, *f.* (fallax), Täuschung,
Trug, *G* 4, 443.

fallax, ācis (fallo), *a*) betrügerisch,
listig, ränkevoll, v. Pers., *Ä* 6, 343.
11, 717. *b*) trügerisch, täuschend,
v. Lebl., aurae, *Ä* 5, 850. silva, *Ä* 9, 391.
G 1, 195. herba veneni, Giftpflanze (die
nicht giftig erscheint u. es doch ist), *B*
4, 24.

fallo, fefelli, (falsum), ĕre (σφάλλω),
eig. bringe zum Fallen, übtr., 1) lasse
nach u. nach entgleiten, *a*) entziehe etw.
der Wahrnehmung, mache unbemerk-
bar od. unkenntlich, vestigia, *Ä* 5, 590.
b) entziehe der Wirksamkeit, mache un-
wirksam, unterdrücke, beschwichtige, amorem (das Gefühl der Liebe für
den Augenblick), *Ä* 4, 85. 2) mache, dafs
jmd. etw. nicht wahrnimmt, *a*) entziehe mich unbemerkt od. nach u. nach
den Augen od. der Kenntnis jmds., täusche, comites natumque virumque, *Ä*
2, 744. Bes. mit Particip nach griech.
Weise (wie λανθάνω), wo wir das Haupt-
zeitw. durch Adv. im Stillen, heimlich oder unvermerkt ausdrücken,
fallit furentem viperam spirans animam,
flöfst heimlich der Wütenden das Vipern-
gift ein, *Ä* 7, 350. occultum inspires ignem
fallasque (inspirans) veneno, hauche od.
flöfse ihr heimlich das Gift ein, *Ä* 1, 688.
Pan te fefellit vocans, lockte dich heimlich, *G* 3, 392. nequiquam fallis dea, vergeblich suchst du mir zu verbergen, dafs
du eine Göttin bist, *Ä* 12, 634. nec mise-
ros fallunt aconita legentes, wer Feld-
kräuter sammelt, pflückt nicht aus Versehen Giftpflanzen, *G* 2, 152. *b*) unpers.,
m. Akk. u. Inf., nec fallit me, te etc., d. i.
es ist od. bleibt mir nicht unbekannt, es entgeht mir nicht, *Ä* 4,
96. 3) führe jmd. irre, hintergehe,
täusche, betrüge, *a*) v. Pers., alqm,
Ä 4, 296. *G* 4, 447. spem alcjs, *Ä* 8, 218.
fallere dominorum dextras, die ihrem
Herrn gelobte, verheifsene Treue brechen, *Ä* 6, 613. abs., *Ä* 11, 701. *B* 2, 27.
m. Abl. der Sache, durch die jmd. täuscht,
visco, *G* 1, 139. mentes monstro, *Ä* 12,
246. faciem alcjs dolo, nehme jmds. Gestalt an u. täusche dadurch, ahme täuschend nach, *Ä* 1, 684. *b*) v. sachl. u.
abstr. Gegenst., alqm, *Ä* 6, 347. 9, 243.
10, 608 u. 812. *G* 1, 425. 4, 447. nec nos
via fallet euntes (im Gehen), *Ä* 9, 243. nec
sidus litusve fefellit regione viae, noch
täuschte uns Gestirn oder Ufer in der
Richtung, d. i. noch brachte uns Unkunde

der Gestirne oder Ufer von der Richtung täuschend ab, *Ä* 7, 215. fallit timor regione viarum, die Furcht vor dem Feinde brachte ihn vom rechten Wege ab, *Ä* 9, 385. nec fallunt (me) iussa Jovis, es entgeht mir nicht, dafs dies alles auf Juppiters gewaltiges Geheifs geschieht, *Ä* 12, 877. m. 'decipio', verb., *Ä* 4, 17. abs., sagitta longe fallens, der weithin, aus weiter Ferne, aber seines schnellen Fluges wegen das Auge täuschende u. unbemerkt treffende Pfeil, *Ä* 9, 572. 10, 754. vita fallere nescia, das frei ist von Täuschungen, 'ein harmlos gleitendes Leben', *G* 2, 467. *c*) Pass. fallor, täusche od. irre mich, nisi fallor, *Ä* 5, 49.

falsus, a, um (fallo), 1) falsch, unwahr, erlogen, erdichtet, *a*) v. Lebl., *α*) übh., proditio, *Ä* 2, 83. crimen, *Ä* 6, 430. gaudia, *Ä* 6, 513. Simois (weil nach dem echten benannt), *Ä* 3, 302. *β*) leer, eitel, formido, *Ä* 7, 442. insomnia, *Ä* 6, 897. *b*) v. leb. Wesen, nicht wirklich, erdichtet, unecht (Gegs. verus), genitor, *Ä* 1, 716. 2) trügerisch, voll Trug, Sol od. sol, *G* 1, 463.

falx, falcis, *f.*, *a*) Hippe zum Beschneiden der Zweige, bes. des Weinstockes (sichelartiges Winzermesser), *B* 3, 11. 4, 40. *G* 1, 157. 2, 365 u. 416. *Ä* 7, 179. *b*) Sichel zum Abmähen der Pflanzen, *Ä* 4, 513. bes. des Getreides, *G* 1, 348 u. 508. 2, 420. *Ä* 7, 635. saligna (als Attribut des Priapus), *G* 4, 110.

fama, ae, *f.* (φήμη), dor. φάμα), A) appell., 1) in bez. auf Thatsachen, Gerücht, Kunde, Sage, Nachricht, *Ä* 10, 510 (Gegs. 'certior auctor'). 11, 511. conscia, *Ä* 10, 679. obscurior aunis, *Ä* 7, 205. vera, *G* 4, 42. infelix, *Ä* 12, 608. aura famae, *Ä* 7, 646. fama volat, *Ä* 7, 392. 'fama est', es geht die Sage, *B* 9, 11. ut fama (est), *Ä* 6, 14. *G* 4, 418. ea fama vagatur, *Ä* 2, 17. fama venit, *Ä* 4, 387. fama volgatur per urbem, *Ä* 12, 608. häuf. m. Akk. u. Inf., *Ä* 1, 532. 3, 578. 12, 735. ähnl. bei fama volat per urbem, *Ä* 8, 554. fama occupat aures, *Ä* 3, 294. fama secuta est, *B* 6, 74. mihi fama tulit, *Ä* 6, 502. ferunt famā, *Ä* 7, 765. 2) Ruf, in dem jmd. od. etw. steht, *a*) übh., melior, *Ä* 4, 220. *b*) prägn., *α*) guter Ruf, Name, Ruhm, prior, *Ä* 4, 323. neben 'nomen' od. 'honos', *Ä* 5, 106. 7, 332. gloria incluta famā, *Ä* 2, 82. veniens, *Ä* 6, 890. obscura, *Ä* 5, 302. levis, *Ä* 7, 231. perennis, *Ä* 9, 79. aeterna, *Ä* 7, 2; vgl. *Ä* 1, 379. 457. 463. 2, 21. 4, 91 u. 170. 7, 79. 564. 745. 8, 132. 9, 195. 10, 468. 11, 124 u. 368. 12, 234. *G* 2, 40. 3, 47. dcht., fama nepotum, v. Schilde, auf dem die rühmlichen Thaten der Enkel

abgebildet waren, *Ä* 8, 731. *β*) im schlimmen Sinne, übler Ruf, üble Nachrede, veterum malorum, *Ä* 6, 527. aut (d. i. neque) famam patieris inultae, man soll dir nicht nachreden, dafs du ungerächt geblieben seist, *Ä* 11, 847. inanis, nichtiger Ruhm, eitle Meinung, *Ä* 4, 218. *B*) personif., Fama, ae, *f.*, als Göttin, jüngste Tochter der Erde, nach Besiegung der Titanen von ihr geboren, um sich an den Göttern durch Verbreitung ihrer ärgerlichen Handlungen zu rächen, mit Flügeln u. vielen Stimmen versehen, *Ä* 3, 121. 4, 173 flg. 298. 666. 7, 104 u. 392. 9, 474. 11, 139.

fames, is, *f.* [Abl. 'fame', *Ä* 3, 218. 6, 421. *G* 4, 318], Hunger, 1) appell., *Ä* 1, 216. 3, 256 u. 366. 7, 124 u. 128. 8, 184. 9, 340. 10, 724. übtr., Hunger, d. i. heftige Begierde, m. obj. Gen., auri, *Ä* 3, 57. 2) personif., m. 'Egestas' verb., *Ä* 6, 276.

famula, ae, *f.* (famulus), *a*) Sklavin, Dienerin, *Ä* 1, 703. 4, 391. 8, 411. von der freigeborenen, durch Krieg in Knechtschaft geratenen Andromache, 'Leibeigene', *Ä* 3, 329. Bes. *b*) von den dem Tempeldienst einer Gottheit (wie der Diana) geweihten Jungfrauen, die ewige Keuschheit gelobten, *Ä* 11, 558.

famulus, i, *m.* [Gen. Plur. 'famulûm', *Ä* 11, 34] (oskisch 'fam-el', archaist. 'famul'), Sklave, Diener, Gehilfe der Menschen, *Ä* 2, 712. 3, 329. 5, 95. 11, 34. im Kriege, *Ä* 5, 263.

fandus, s. for.

far, farris, *n.*, *a*) Dinkel, Spelt, *G* 1 101 u. 185 u. 185. *Ä* 4, 402. Plur., farra, *G* 1, 73 u. 219. 3, 126. *b*) Mehl, Korn zum Opfern, pium, *Ä* 5, 745.

farrago, ginis, *f.* (far), Mengfutter fürs Vieh, Mengsel, *G* 3, 205.

fas, *n.* (Indekl.), *a*) höhere Weltordnung, göttliches und menschliches Gesetz oder Recht, m. 'iura' verb., *G* 1, 268. im Gegs. 'nefas', *G* 1, 505. fas omne, *Ä* 3, 55. Bes. 'fas est', es ist heilige Pflicht, es gebührt sich, es ziemt sich, es ist erlaubt, man darf, m. Inf. u. Dat. der Pers. (der oft zu ergänzen), *G* 1, 127. 4, 358. *Ä* 1, 77. 4, 113. 6, 265 u. 563. 8, 397 u. 502. Auch der Inf. ist bisw. zu ergänzen, nec fas (vereri), non (verebor), denn das wäre ja gegen alles Recht, ruchlos wäre es, *Ä* 9, 208. nec fas (quaerere gaudia vitae), *Ä* 11, 180. mit Akk. u. Inf., *Ä* 2, 402. 5, 800. 6, 63. 7, 692. *b*) göttliche Satzung, Schicksal, Verhängnis, Los, *Ä* 6, 438. 9, 96. nec fas (sinit) aut ille sinit regnator Olympi m. Akk. u. Inf., weder gestattet es das Schicksal noch Juppiter,

dafs usw., *Ä* 2, 779. fas est m. Akk. u.
Inf., es ist vom Schicksal bestimmt, *Ä* 1,
206. 4, 350. 12, 28.

fascino, äre, beschreie, behexe
(βασκαίνω), bes. durch neidischen Blick,
agnos, *B* 3, 103.

fascis, is, *m.*, *a)* Bündel, Bürde,
Last, v. Kriegsgepäck, *G* 3, 347. von einem Böckchen, *B* 9, 65. der Bienen, *G* 4,
204. Bes. *b)* fasces, ium, *m.*, Liktor-
stäbe, Rutenbündel mit einem aus der
Mitte hervorragenden Beile, das die Liktoren den röm. Magistraten als Zeichen
der höchsten Macht über Leben u. Tod
vorantrugen, *Ä* 6, 819. 7, 173. dcht.,
'Machtstäbe', d. i. hohe Ehrenstellen od.
Ämter, populi, *G* 2, 495.

fastīdīo, īvi, ītum, īre (fastidium),
verschmähe stolz, alqm, *B* 2, 73.

fastīdīum, īi, *n.* (fastus), *a)* Ekel,
Widerwille, Plur., longa, *B* 4, 61. *b)*
übtr., Geringschätzung, Verachtung, *B* 2, 15.

fastīgīum, īi, *n.* (bei Verg. immer
Plur.), 1) die spitz auslaufenden Seiten-
flächen eines Gegenstandes, u. zwar *a)*
nach oben, Giebel, übh. Dach, Zinnen, tecti, *Ä* 2, 302. 8, 366. culminis,
oberster First, *Ä* 2, 438. der Thürme, *Ä*
9, 568. Bes. Giebel, Fronton bei
Prachtgebäuden, wie beim Tempel der
Diana, *Ä* 9, 408. *b)* Neigung od. Senkung
nach unten, dcht. Tiefe, der Gruben
(scrobes), *G* 2, 288. 2) übtr., Haupt-
punkt, das Wesentlichste, die wichtigsten, erheblichsten Züge, summa fastigia rerum, *Ä* 1, 342.

fastūs, ūs, *m.*, Hochmut, Stolz, Plur.
v. Gegenst. des Stolzes (Pyrrhus), *Ä* 3, 326.

fātālis, e (fatum), *a)* die Aussprüche
einer göttlichen Macht betreffend, weis-
sagerisch, responsa, 'Schicksalsspruch', *Ä* 9, 133. *b)* durch den Ausspruch einer göttl. Macht 'bestimmt', 'ver-
heißen', arva, *Ä* 4, 355. 5, 82. *c)* mit dem
Ausspruch einer göttl. Macht behaftet,
von dem, woran das Schicksal einer Sache od. Person geknüpft ist, verhängnisvoll, verhängnisreich, Palla-
dium, *Ä* 2, 165. virga, *Ä* 6, 409. crustum,
Ä 7, 115. manus, die 'Schicksalsschar'
(der Etrusker, die nach der Bestimmung
des Schicksals ihren Rachezug gegen
Turnus, der den von ihnen vertriebenen
Mezentius aufgenommen hatte, so lange
aufschoben, bis sie in Äneas den Führer
gefunden), *Ä* 12, 232. *d)* verhängnisvoll im übeln Sinne, unglücklich,
Verderben bringend, verderb-
lich, machina, *Ä* 2, 237. equus, *Ä* 6, 515.
telum, *Ä* 12, 919.

fāteor, fassus sum, fatēri, räume ein,
bekenne, cuncta vera alci, *Ä* 2, 77. m.
Akk. u. Inf., *Ä* 11, 344. ohne Subjektsakk., *Ä* 3, 603. 7, 433. 12, 568 u. 794. ohne
Objektsakk., *Ä* 6, 567. 8, 470. m. Relativs., *Ä* 3, 609. abs., parenthet. eingeschoben, fateor, 'ich gestehe es', *Ä* 2, 134.
12, 813. auch im Fut., fatebor enim, 'ich
will es (nur) gestehen', *Ä* 4, 20. *B* 1, 32.

fātīdīcus, a, um (fatum u. dico), den
Ausspruch eines göttlichen Wesens verkündend (wie χρησμολόγος), weissagend, prophetisch, genitor (Faunus),
Ä 7, 82. Manto, *Ä* 10, 199. vates, begei-
sterte Seherin, *Ä* 8, 340.

fātīfer, fĕra, fĕrum (fatum u. fero),
todbringend, tödlich, ensis, *Ä* 8, 621.
arcus, *Ä* 9, 631.

fātīgo, äre (fatim u. ago), setze bis
zur Ermüdung in Bewegung, *a)* ermüde, hetze (ab), treibe an, tummle,
quadrupedem calce, *Ä* 11, 714. cervos
iaculo cursuque, verfolge mit dem Wurfspieß und hetze im Laufe ab, *Ä* 5, 253.
armenta sole, *G* 3, 132. equos, *Ä* 1, 316.
mit lebl. Obj., os rabidum, bändigen, *Ä*
6, 79. *b)* dränge jmd. hastig od. zur
Hast, beunruhige, setze zu, α) v.
Pers., terga iuvencûm hastâ, stachle an,
Ä 9, 610. socios, *Ä* 4, 572. mare terrasque caelumque metu, verbreite Entsetzen über Meer u. Land usw., *Ä* 1, 280.
Martem, verlange stürmisch den Krieg,
Ä 7, 140. β) v. lebl. u. abstr. Subj., v.
Schiffe, fluctus, den ungestümen Wogen mit aller Macht widerstehen, *Ä* 10,
304. v. Heißhunger, 'peinigen', 'quälen',
lupum, *Ä* 9, 63. quos nulla fatigant proelia, *Ä* 11, 306. quae te fortuna fatigat, ut
etc., drängt, zwingt dich, *Ä* 6, 533. *c)*
beunruhige eine Örtlichkeit, durch-
jage, durchstreife, silvas (bei der
Jagd), *Ä* 9, 605. *d)* verbringe eine Zeit
unablässig mit etw., noctemque diemque remigio, mühe mich Tag und Nacht
hindurch mit dem Ruder ab, rudere angestrengt u. rastlos, *Ä* 8, 94.

fātīsco, ĕre (fatim), zerlechze, bekomme Ritze, spalte mich, von der
Tanne (infolge von Hitze u. Staub), *G* 1,
180. v. Erdreich, in Staub sich auflösen,
'zerkrümeln', *Ä* 2, 249. v. Schiffen, rimis,
'klaffen von Spalten zerrissen', *Ä* 1, 123.
v. Erz, 'zerspringen', *Ä* 9, 809.

fātum, i, *n.* (for; vgl. fas), 1) Geschick, Schicksal, Verhängnis,
Los, deûm (divom), *Ä* 2, 257. 3, 717 u.
375. 6, 375. 7, 50 u. 239. Iovis, *Ä* 4, 614.
Iunonis, *Ä* 8, 292. m. 'deus' verb., *Ä* 4,
651. m. 'sors', *Ä* 10, 501. m. 'imperium
Iovis', *Ä* 5, 784. neben 'divinitus', *G* 1,

416. sortes arcanaque fata, die sibyllinischen Bücher, *Ä* 6, 72. arcana fatorum, *Ä* 1, 262. 7, 123. contra fata deûm, *Ä* 7, 584. sunt mea contra fata mihi, m. Inf., es ist mir vom Sch. bestimmt, *Ä* 9, 137. si fata deûm (näml. *fuissent*), wenn es die Götter, das Schicksal gewollt hätten, *Ä* 2, 54. si fata fuissent, ut caderem, *Ä* 2, 433. fata docens, die Notwendigkeit dieses Kampfes zeigend, *Ä* 12, 111. frangi fatis, durch die Tücke der Geschicks, *Ä* 7, 594. nec fato meritâ nec morte perire, weder durch das Geschick (d. i. einen natürlichen Tod) noch durch einen verschuldeten Tod umkommen, *Ä* 4, 696. Bes. *a*) die vom Schicksal jmdm. zuerteilte Lebensaufgabe, verb. m. 'fortunae', d. i. die einzelnen Wechselfälle des Lebens, die sich an die Erfüllung jener Aufgaben reihen, 'künftiges Glück und Geschick', *Ä* 6, 683; vgl. *Ä* 1, 2. 18. 32. 39 u. ö. *G* 1, 199. 4, 322. 452. 455. 495. *b*) mit Rücksicht auf Glück u. Unglück, Leben u. Tod der Menschen, *α*) günstiges Geschick, Glück, fatis Italûm, durch ein den Italern günstiges Geschick, *Ä* 10, 173. *β*) Unglück, unglückliche Lage, Iliaca, *Ä* 3, 182; vgl. *Ä* 2, 653. 4, 450. *c*) Bestimmungen der Lebenszeit, *α*) übh., fata profero, verlängere das Leben, *Ä* 12, 395. *β*) Tod, *G* 2, 491. post fata alcjs, *Ä* 4, 20. coniugis, *Ä* 12, 610. quâ fata celerrima, wo die Verwundung am ersten tödlich ist, der Tod am schnellsten erfolgt, *Ä* 12, 507; vgl. 2, 121. 10, 438 u. 472. 11, 160. 2) von Sachen, an die das Schicksal einer Person geknüpft, aus denen es zu erkennen ist, fata diversa duorum, die Schicksalslose, *Ä* 12, 726. nepotum, der 'Schild', auf dem die Geschicke der Enkel dargestellt waren, *Ä* 8, 731.

Faunus, i, *m.* (faveo), Sohn des Pikus, Enkel des Saturnus u. durch Marīka Vater des Latinus (*Ä* 7, 48), ein alter myth. König Latiums, welcher Ackerbau u. mildere Sitte seinem Volke lehrte u. nach seinem Tode von den Latinern als weissagender Feld- u. Waldgott verehrt wurde, *Ä* 7, 81. Dah. auch mit der Diana befreundet, *Ä* 8, 314. Latinische Schiffer brachten ihm nach überstandenen Gefahren Weihgeschenke, *Ä* 12, 766 flg.; vgl. *Ä* 7, 102. 213. 254. 368. 10, 551. 12, 777. Später wurde er mit dem Pan verwechselt und, wie dieser, gehörnt u. mit Ziegenfüßen dargestellt, als Vater der 'Fauni', d. i. der Wald- u. Feldgötter niederer Ordnung, denen man allerlei gespenstische Erscheinungen und Rufe zuschrieb, *B* 6, 27. *G* 1, 10 flg.

faux, faucis, *f.*, bei Vergil stets Plur.

fauces, Ium, *f.*, 1) Schlund, Kehle, *Ä* 2, 774. 3, 48. des Kakus, *Ä* 8, 252. 'Rachen' der Chimära, *Ä* 7, 786. der Wölfe, *Ä* 2, 358. 9, 64. *G* 3, 508. der Schweine, *G* 3, 497. 2) übtr.: *a*) Schlund, Tiefe, Kluft, Krater, atrae, *Ä* 6, 240. pestiferae, *Ä* 7, 570. Bes. als Eingang zur Unterwelt, Orci, *Ä* 6, 273. Averni, *Ä* 6, 201. Taenariae, *G* 4, 467. *b*) Engpafs, Pafs, Hohlweg, angustae, *Ä* 11, 525. *c*) Meerenge, Sund, Abydi, *G* 1, 207. *d*) Mündung des Flusses (infolge der Sonnenglut), *G* 4, 428.

fáveo, fāvi, fautum, ēre, neige mich zu jmd. od. etw. hin, *a*) bin gewogen, geneigt, fördere, schütze, abs., favens, 'geneigt', gnädig', bes. von Göttern, *B* 4, 10. *G* 1, 18. v. sachl. Subj., wie von der Erde, mit Dat., frumentis, *G* 2, 228. *b*) schenke einer feierlichen Handlung meine Aufmerksamkeit, schweige, ore favete, bei Opfern, als Formel der Aufforderung von seiten des Priesters, *Ä* 5, 71. abs., 'favens', günstigen Sinnes, gleichs. 'in geweihter, heiliger Stimmung', *Ä* 1, 735. 8, 173. *c*) bezeige meine Gunst durch ermunternden Zuruf od. Beifall, studia faventum 'ermunternder Zuruf', neben 'plausus fremitusque', *Ä* 5, 148.

fávilla, ae, *f.*, die mit Feuer vermischte, noch glimmende Asche, 'Glutasche', candens, *Ä* 3, 573. atra, *Ä* 5, 666. bes. 'Totenasche', *Ä* 6, 227.

fávor, ōris, *m.* (faveo), Zuneigung, Gunst, *Ä* 5, 343.

fávus, i, *m.* [bei Vergil nur Plur.], *a*) Honigscheibe mit den Zellen, Wabe, *G* 4, 141. 161. 179. 214. zur Bezeichnung des ganzen 'Stockes' od. 'Korbes', *G* 4, 22 u. 104. *b*) meton., Honigseim, Honig, *G* 1, 344.

fax, fácis, *f.*, 1) Fackel aus Kienholz, Kienbrand, für häusliche Zwecke, wie zur Beleuchtung der Räume des Hauses, *G* 1, 292. Bes. bei feierlichen Gelegenheiten, wie bei Hochzeiten zur Abholung der Braut, *B* 8, 29. bei Leichenbegängnissen, funereae, *Ä* 11, 143. als Attribut der Furien, *Ä* 7, 337. 2) übtr., feuriger od. glänzender Schweif, als Lufterscheinung, *Ä* 2, 694.

fébris, is, *f.*, Fieber, *G* 3, 458.

fécundo, āre (fecundus), mache fruchtbar, befruchte, Aegyptum nigrā harenā, *G* 4, 293.

fécundus, a, um (St. 'fe' in feo, fetus), 1) fruchttragend, fruchtbar, von der Erde, *G* 1, 67. v. Bäumen, 'ergiebig', 'reich an' usw., viminibus, *G* 2, 446. dcht., fecunda poenis viscera, das zur ewigen Strafe stets wieder nachwachsende Eingeweide (des Tityos), *Ä* 6, 598. v. Abstr., pectus, 'fruchtbares Herz', d. i. erfinderischer Geist, *Ä* 7, 338. 2) befruchtend, imbres, *G* 2, 325.

fĕl, fellis, *n.*, Galle, *a*) dcht. übh. galliger Saft, ätzende Flüssigkeit zur Vergiftung der Pfeile, veneni, *Ä* 12, 857. *b*) übtr., wie unser Galle, d. i. Zorn, atrum, *Ä* 8, 220.

1. **fēlix**, īcis (St. 'fe'infeo), 1) fruchttragend, *a*) fruchtbar, wie unser gesegnet, ramus, *G* 2, 81. oliva, *Ä* 6, 230. *Ä* 7, 751. silvae, Pflanzungen von edlen Obstbäumen, *G* 4, 329. m. Abl., Massica felicia Baccho, gleichs. 'gesegnet von Bacchus', d. i. die weinreichen massischen Berggegenden, *Ä* 7, 725. dcht. v. Rom, prole virûm, gesegnet, reich an usw., *Ä* 6, 784. *b*) befruchtend, limus, *G* 2, 188. 2) glücklich, *a*) vom Glücke begünstigt, glückselig, *α*) übh., v. Pers., *Ä* 3, 321. 4, 394. 11, 429. *G* 2, 490. pecus, *B* 1, 75. m. flg. 'si', *Ä* 9, 337. m. Abl., morte (suā), *Ä* 11, 159. pietate, *Ä* 3, 380. dcht. m. Gen., operum, geeignet zur Verrichtung der Feldarbeit, *G* 1, 277. m. Inf., quo non felicior alter ungere tela, den keiner in der Kunst und Fertigkeit die Pfeile mit Gift zu bestreichen übertraf, *Ä* 9, 772. übtr. auf den Gegenstand selbst, septima (dies) post decimam felix ponere vitem, ist heilsam Reben zu pflanzen, *G* 1, 284. v. Lebl., funus, *Ä* 7, 599. animae, *Ä* 6, 669. *β*) glücklich geführt, ausgeführt, arma, 'Waffenglück', *Ä* 7, 745. tela non felicia, unheilbringende, *Ä* 11, 196. *b*) beglückend, Glück, Heil od. Segen bringend, *α*) v. Pers., sis felix! sei gnädig! *Ä* 1, 330. sis bonus o felixque tuis! *B* 5, 65. *β*) v. Lebl., hostia (weil den Göttern angenehm), *G* 1, 345. auspicia, günstige, *Ä* 11, 32. zephyri, *Ä* 3, 120. conubia, *Ä* 12, 821. *c*) heilkräftig, heilsam (für die Gesundheit), mālum, *G* 2, 127.

2. **fēlix**, līcis, s. filix.

fĕmĕn, mĭnis, s. femur.

fēmĭna, ae, *f.* (St. 'fe-o' in 'fecundus'), Weib, Frau, *Ä* 1, 364. 4, 569. 5, 6. auch von Tieren, wie von der 'Kuh' (Gegs. des Stieres), *G* 3, 216.

fēmĭnĕus, a, um, weiblich, 1) eig.: *a*) subj., *α*) von Frauen, Weibern herrührend oder ausgehend, clamor, *Ä* 11, 878. plangores, *Ä* 2, 487. nubes (weil Äneas in eine solche von seiner Mutter gehüllt war), *Ä* 12, 53. *β*) Frauen gehörig, eigentümlich, manus, *Ä* 7, 806. curaeque iraeque, *Ä* 7, 345. ululatus, 'Weibergeheul', *Ä* 4, 667. *b*) obj., Frauen od. Weiber betreffend, genus, *Ä* 9, 142. ag-

mina, *Ä* 11, 663. poena, an einer Frau verübt, 'Bestrafung einer Frau', *Ä* 2, 584. 2) übtr., weibisch, amor, *Ä* 11, 782.

fĕmŭr, mŏris (u. mĭnis), *n.*, der obere Schenkel, die Hüfte, *Ä* 10, 344 u. 857. 12, 926. Abl. 'femine', *Ä* 10, 788.

fĕnestra, ae, *f.*, 1) Öffnung in der Wand od. Mauer eines Hauses, um Licht u. Luft einzulassen, insertae, *Ä* 3, 152; vgl. *G* 4, 298. 2) übtr., Öffnung übh., dare fenestram, d. i. ein Loch machen, *Ä* 2, 482. cavae, Höhlung der Fenster, *Ä* 9, 534.

fĕra, ae, *f.* (θήρ; vgl. φήρ, ferus), wildes od. reißendes Tier, Wild, *Ä* 4, 551. 9, 551. oft Plur., *B* 10, 52. *G* 1, 330. 2, 471 u. ö. *Ä* 1, 308. 3, 647 u. ö. v. wildem Geflügel, 'Vögel', *G* 1, 139. v. zahmen Tieren, wie v. Pferde, *Ä* 5, 817.

fĕrālis, e, zu den Toten od. zur Unterwelt gehörig, cupressus, Trauercypresse, *Ä* 6, 216. carmen, Klagegestön, *Ä* 4, 462.

fĕrax, ācis (fero), tragbar, lebensfrisch, kräftig, planta, *G* 2, 79. 4, 114. von der Erde, 'fruchtbar', 'ergiebig, oleo (an Öl), *G* 2, 222.

fĕrē, Adv., 1) fast, ziemlich, *Ä* 5, 327. 2) ziemlich oft, gewöhnlich, meist, *G* 2, 203.

fĕretrum, i, *n.* (φέρετρον), Trage, Bahre für Tote, *Ä* 6, 222. 11, 64 und 149.

fĕrīnus, a, um (ferus), von einem wilden Tiere, lac, 'Milch von den Stuten in der Wildnis', *Ä* 11, 571. Sbst., ferīna, ae (caro), *f.*, 'Wildbret', *Ä* 1, 215.

fĕrĭo, īre, 1) schlage etw., stoße an, auf, gegen etw., pede, fronte terram, *G* 3, 500. *Ä* 10, 349. abs. v. Stiere, cornu, *B* 9, 25. Bes. von Rudernden, mare, peitsche das Meer, *Ä* 3, 290. 5, 778. vom Meere selbst, unam (navem) pontus ferit a vertice in puppim, eines (der Schiffe) trifft die Meeresflut von oben gerade auf den Spiegel, *Ä* 1, 115. litora, *B* 9, 43. v. Sturme, velum, *Ä* 1, 103. Prägn., *a*) schlage, öffne, venam, *G* 3, 460. *b*) schlage, durchsteche, durchbohre, verwunde, töte, *α*) übh., alqm, *Ä* 10, 315. alqm hastā, telo, cuspide, ense, *Ä* 10, 346. 12, 294. 458. 510. ense latus, *Ä* 12, 304. saxo ora alcjs, *Ä* 10, 415. *β*) schlachte, opfere, vaccam ense, *Ä* 6, 521. Dah. übtr., foedus (cum alqo), schließe ein Bündnis (wobei man den Göttern ein Opfer brachte), *Ä* 10, 154. *c*) zerhaue, retinacula stricto ferro, *Ä* 4, 580. 2) schlage auf od. an etw., d. i. treffe, erreiche, v. Geschrei, sidera, aethera, dringe bis an od. zu, *A* 2, 488. 5, 140. v. zitternden Wasserlichte, laquearia, umschweben, *A* 8, 25.

fĕrĭtās, ātis, *f.* (ferus), Wildheit (v. Menschen), *A* 11, 568.

fermentum, i, *n.* (ferveo), gegorener Trank aus Gersten- oder Weizenmalz, *G* 3, 380.

fĕro, tŭli, lātum, ferre [Perf. tŭlĕrunt, *B* 4, 61] (φέρ-ω; 'lātum 'zum St. τλα, s. tollo), I) **trage,** 1) mit od. in der Hand, auf der Schulter u. dgl., truncos, *A* 11, 84. saxum, *A* 10, 127. cupressum, *G* 1, 20. frena, *A* 3, 542. draconem, *A* 11, 751. Bes. 'sacra', Opfergeräte (bei feierl. Processionen), *A* 6, 809 u. 8, 84. Waffen u. Rüstung, hastilia u. dgl., *A* 5, 557. 9, 133. 11, 91. telum, *A* 11, 552. parmam, loricam, *A* 2, 175. 5, 263. tropaea, *A* 11, 172. faces, flammas, ignes, *A* 4, 604. 8, 282. 9, 570. arma virumque, *A* 11, 747. alqm super arma (auf dem Schilde), *A* 10, 841. mit Angabe des Körperteiles, pharetram umero, *A* 1, 501. esseda collo, *G* 3, 204. escam ore (von Bienen), *G* 4, 16. Bes. im Kriege, signa, bewege tragend, breche auf, *A* 7, 628; 'gehe los', 'greife an', *A* 8, 498. urbes arma ferunt, ergreifen die Waffen, bewaffnen sich (um sich gegenseitig zu bekämpfen), *G* 1, 511. tela infesta tulere, drangen mit den Waffen aufeinander ein, bekämpften sich, *A* 5, 582. aber 'tela ferentes', indem sie den Speer erhoben, *A* 12, 465. Pass. 'feror' von jeder schnellen Fortbewegung, equis, equo, reite, *A* 5, 574. 11, 678. per hostes, jage durch die F., *A* 12, 478. rapidis passibus, m. 'festino' verb., *A* 7, 156. pronā aquā, fahre stromabwärts, *A* 8, 549. saltu supra venabula, springen (v. Wilde), *A* 9, 553.

2) **trage, hole, schaffe** woher od. wohin, *a)* v. Pers., *α)* eig., thymum de montibus, *G* 4, 112. corpora huc, *A* 11, 186. alqd domum, *G* 4, 10. dona ad naves, *A* 3, 465. alqm in castra, *A* 9, 451. dcht., clamorem ad litora, *G* 1, 362. ludum in lucem, dehne aus, *A* 9, 338. m. Dat. des Zieles, corpus et arma tumulo, zum Grabhügel, *A* 11, 594. ignem stabulis, werfe in die Ställe, *G* 4, 330. *β)* übtr., nomen alcjs ad sidera, erhebe, *B* 9, 29. nomen in astra, versetze unter die Götter, verewige, *A* 7, 99. alqm ad astra, verherrliche, *B* 5, 52. ad aethera, *A* 3, 462. 6, 130. alqm ad sidera caeli, *A* 1, 259. alqm insigni laude, *A* 1, 625. quae sibi quisque timebat unius in miseri exitium conversa tulere, liefsen zum Verderben eines einzigen sich wenden oder ausschlagen,

A 2, 131. *b)* v. lebl. Subj., wie v. Winde, Meere, classem, *A* 5, 832 u. 843. sonitum ad litora, *A* 12, 455. alqm gurgite mersum, *A* 10, 560. ponto, *A* 9, 122.

3) **führe, treibe, leite, lenke, richte,** rates, treibe fort (durch kräftiges Rudern), *A* 10, 295. alqm, v. Pfade, *A* 11, 524. ad alqd, *A* 6, 295. iter per mare, den Weg od. Lauf über das Meer nehmen, *A* 7, 810. v. Spuren, ad speluncam, *A* 8, 212. v. Geschick, *A* 3, 7. 5, 356. ventus ferens, günstiger Wind, 'Fahrwind', *A* 3, 473. 4, 430.

4) **trage mich oder ein Glied von mir,** *a)* 'fero me', begebe mich, gehe, komme, renne, *α)* eig., *G* 4, 504. *A* 2, 457. 5, 290. 11, 762. domum, *A* 7, 492. ad auras, *G* 1, 408. ad litora, ad portum, *A* 3, 599. 6, 901. ad alqm, *B* 9, 22. extra tecta, *A* 2, 672. per medios, *A* 1, 503. verb., se pestis fertque refertque ob ora, d. i. umfliegt od. umschwirrt hin u. zurück, bald hier bald da, bald nahe bald fern das Gesicht, *A* 12, 866. abs., 'gehe oder 'stürme', *A* 8, 199; fliege, entschwinge mich, *A* 12, 860. *β)* übtr., trage mich irgendwie, zeige mich, *A* 8, 199. 12, 860. bes. vom Stolzen, 'stolz auftreten', 'sich brüsten', ore, *A* 4, 11; vgl. 9, 597. 11, 779. qui se Bebrycia veniens de gente ferebat, der als Bebrycier stolz auftrat, *A* 5, 373. v. Lebl., *B* 6, 57. *A* 6, 241. *b)* **trage ein Glied,** wie Augen, Fufs, Hand u. dgl., **hebe, erhebe,** oculos per cuncta, circum omnia, wende, richte den Blick, die Augen auf alles, *A* 2, 570. 8, 310. oculos ad alqm, *A* 11, 800. ora huc et illuc, *A* 8, 228. gressum in castra, *A* 11, 99. gressum ante, gehe voraus, *A* 6, 677. manum in proelia (von dem mit dem Cästus gerüsteten Faustkämpfer), *A* 5, 403. pectus in hostem, *A* 11, 370. m. Dat., caput, animum caelo (zum Himmel), *A* 3, 678. 10, 548. si forte tulisset (pedem), ob sie (Krëusa) dorthin geflüchtet, gegangen wäre, *A* 2, 756. ferte pedem, kommet heran, nahet euch, d. i. unterstützt mich in meinem Vorhaben (Gesange), *G* 1, 11. fletus fertque refertque, weint und weint immer wieder, *A* 4, 437. *c)* **trage** den Körper od. ein Glied desselben irgendwie, **zeige,** sic oculos, manus, *A* 3, 490. pariter cum matre caput, *A* 9, 628. *d)* Pass. 'feror', trage mich, d. i. gehe, komme, begebe mich, eile, stürze dahin, *α)* v. leb. Wesen, *A* 5, 587. 11, 530. v. Schiffen, *A* 5, 157. quo feror? wohin gerate ich? wohin soll ich mich wenden? *A* 10, 670. mit näherer Best. des Zieles, feror huc, hierlande ich, *A* 3, 16. per opaca locorum, *A* 2, 725. bes. feindl., 'stürze

mich', 'stürme', in flammas et arma, in proelia, *Ä* 2,337. 655. 12, 346. in hostem u. dgl., *Ä* 2, 511. *G* 3,236. solus ego in Pallanta feror, ich will allein den Kampf mit dem P. aufnehmen, *Ä* 10, 442. ad muros, *Ä* 11, 906. 12, 575. inter arma, sprenge daher, tummle mich, *Ä* 7, 673. von der Taube, volans fertur in arva, entfliegt, enteilt, *Ä* 5, 215. vom Pferde, per aëra, dahinjagen, *G* 3, 109. von der Furie, ad terram, *Ä* 12, 855. *β*) von Lebl., getragen werden, übh. schnell sich bewegen, gehen, eilen, fliefsen, strömen, fahren, segeln, v. der Flotte, classis fertur, eilt dahin, *Ä* 5, 863. fertur gurgite, durchfährt den Strudel, 'fliegt auf eilenden Wogen', *Ä* 5, 33. v. Kreisel, sich drehen, rollen, tanzen, *Ä* 8, 381. v. Flusse, in arva, in die Ebene stürzen, *Ä* 2, 498. v. Felsblock, in abruptum, stürzen, entrollen, *Ä* 12, 687. vom dünnen Gewölk, per caelum, ziehen, schweben, *G* 1, 397. von der Stimme, ad aures, dringen, schallen, *Ä* 3, 40. v. Schrecken, ad moenia, sich verbreiten, *Ä* 11, 900.

5) trage etw. im Innern, überdenke, betrachte, sehe an als od. für etw., utcumque ferent ea facta minores, was immer die Nachwelt von dieser Handlung denken mag, *Ä* 6, 823.

6) v. Geiste od. Gemüte u. dessen Eigenschaften, jmd. wohin tragen, führen, leiten, treiben, dolor fert alqm in hostem, *Ä* 8, 501. impetus fert volantem navem, ipsum, treibt od. reifst fort, *Ä* 5, 219. 12, 369. Pass. 'feror', werde fort- od. hingerissen von einem Gemütszustand od. einer Leidenschaft, furiis incensus, *Ä* 4, 376. furiatā mente, 'mit rasenden Sinnen', *Ä* 2, 588. caede atque cupidine, *Ä* 9, 354.

7) trage od. führe etw. im Munde, *a*) verbreite, carmine laudes, verherrliche, preise, *Ä* 8, 288. prägn. m. Akk. u. Inf., faxo haud sibi cum Danais et pube Pelasga rem esse ferant, die Troër sollen nicht sagen, dafs sie es mit Griechen zu thun haben, *Ä* 9, 155 (*Ribb.*; *Haupt* u. *Schap.* 'esse putent'). Pass., fama fertur, verbreitet sich, *Ä* 7, 231. v. Pers., vivus per ora feror, lebe im Munde des Volkes fort, *Ä* 12, 235. *b*) spreche aus, *α*) äufsere, erzähle, sage, vera, *Ä* 2, 161. m. flg. 'ut' ('wie') m. Konj. 'penetrarit' (*Ribb.* 'penetravit'), *Ä* 7, 206. Bes. 'ferunt', man sagt (erzählt), od. durch sollen zu übers., von alten Überlieferungen, Sagen u. dgl., *Ä* 2, 230 u. 284. 3, 416. 10, 189. ferunt famā, *Ä* 7, 765. ähnl. im Pass. 'fertur' mit Nom. u. Inf., *Ä* 1, 15. 5, 588. 6, 894. 7, 735. 9, 82. *β*) gebe

für etw. aus, erkläre, id horrendum ferri, *Ä* 7, 78. *γ*) nenne irgendwie, quae nunc Samothracia fertur, *Ä* 7, 208.

8) trage fort, nehme mit, *a*) im guten Sinne, alqd, *Ä* 5, 248. 307. quem (cratera) Anchisae genitori in magno munere Cisseus ferre sui dederat monumentum et pignus amoris, welchen C. einst meinem Erzeuger als grofses Geschenk zum Pfand und Erinnerungszeichen der Liebe mit auf den Weg gegeben hatte, *Ä* 5, 538. pedum, bekomme, erhalte als Geschenk, *B* 5, 89. übtr., hanc sine me spem ferre tui, lafs mich diese Hoffnung auf dich mitnehmen, gewähre mir diese Bitte, *Ä* 9, 291. incertum (genus) de patre ferebat, 'sein väterliches Haus war dunkler Herkunft', *Ä* 11, 341. secum ferat omina mortis nostrae, mein Tod begleite ihn als unheilbringendes Zeichen, *Ä* 4, 662. *b*) trage od. schleppe gewaltsam fort, raffe dahin, entführe, reifse fort od. dahin, entreifse, von lebl. u. leb. Subj. u. Obj., wie v. Winde, alqm, *Ä* 10, 665. maria ac terras secum, mit 'verro' verb., *Ä* 1, 59. von der Flamme, *Ä* 2, 600. v. Wasser, armenta, *G* 1, 483. alqm, *Ä* 6, 665. alqm, v. Schicksal, 'wegtreiben', 'entreifsen' (vom Ziel des Sieges), *Ä* 5, 356. bes. v. Todesgeschick, fatorum hic exitus illum sorte tulit, diesen Ausgang hatte od. fand er, *Ä* 2, 555. *B* 5, 34. omnia fert aetas, animum quoque, vergilt die Zeit, *B* 9, 51; vgl. *Ä* 10, 652. 11, 747. 12, 493. *G* 1, 321. 2, 311 u. 411. Bes. m. 'rapio' verb., völlig ausplündern, indem man Lebendes u. Lebloses als Beute gierig an sich reifst und fortschleppt, *Ä* 2, 374. Pass., ferri equis, *Ä* 1, 476. *G* 1, 514. undis, *Ä* 8, 710. procellā, ins Verderben gestürzt werden, *Ä* 7, 594.

9) trage, ertrage, dulde, erdulde, leide, halte aus, bestehe, non digna, *Ä* 2, 144. omnes casus, *Ä* 9, 514. pelagi caelique minas, *Ä* 6, 113. dolorem, *Ä* 6, 664. laborem, *Ä* 3, 459. fastus, *Ä* 3, 324. speciem (Erscheinung), *Ä* 2, 407. lumina, *Ä* 10, 578. m. Part., alqm iactantem, *Ä* 9, 622. furentes, *Ä* 10, 578. non tulit instantem, d. i. hielt nicht stand, *Ä* 12, 371. abs., non tulit Alcides animis (im Innern), länger hielt sich nicht der Grimm des Alkiden, *Ä* 8, 256; vgl. 5, 710. dicht. von lebl. Subj., wie v. Bäumen, calores, auras, *G* 2, 271 u. 422. lumina morientia ferant me victorem, er möge noch mit sterbendem Blicke als Sieger mich erkennen, *Ä* 10, 463.

II) bringe, 1) bringe herbei, alqd alci, *Ä* 3, 483. 7, 155. *B* 2, 46. manum ad volnus, fahre mit der Hand nach der

Wunde, *A* 9, 578. abs., dona u. dgl., *A* 1, 480. 679. 2, 49 u. 668. 4, 377 u. 594. 5, 101. 8, 114. 180. 284. 609. 9, 37. 12, 119. 573. 586. Bes. *a*) bringe (dar), bei religiösen und andern Feierlichkeiten, preces alci, richte Gebete an jmd., *A* 8, 60. dona (Opfer), *G* 3, 22. *A* 7, 87. 9, 408 u. 626. 11, 479. munera templis, *A* 4, 214. sacra alci, *A* 3, 19. 5, 60. 9, 86. 12, 13. *G* 2, 476. honorem, *A* 8, 102. lances et liba, *G* 2, 394. crinem Diti, weihe, *A* 4, 702. munus, *A* 6, 142. suprema cineri, erweise die letzte Ehre, *A* 6, 213. inferias absenti, *A* 9, 215. *b*) bringe, überbringe, übermittle, *α*) übh., mandata, iussa per auras, *A* 4, 270 u. 378. responsa, iussa alci, *A* 7, 105. 9, 369 u. 804. mandata, dicta alcjs, *A* 10, 480. 11, 330. omnia sub auras, verkünde öffentlich, *A* 2, 158. *β*) bringe, überbringe, hinterbringe, teile mit, verkünde, melde, alqd alci, *A* 1, 645. 3, 145. 11, 897. vera, *A* 2, 161. finem laborum, *A* 7, 118. quidque ferat, oder was er noch zu berichten habe, *A* 2, 75. fama fert (m. Akk. u. Inf.), *A* 6, 502. *c*) bringe mit, tela, *A* 2, 216. quidve petat, quid ipse ferat (näml. 'auxilii'), wie stark seine eigene Macht sei, *A* 10, 150. Bes. von lebl. Subj., *α*) mit sich bringen, *G* 2, 454. *β*) abs., mit sich bringen, erheischen, zulassen, verstatten, fors si qua tulisset, *A* 2, 94. Troiae sic fata ferebant, *A* 2, 34. si fert ita corde voluntas, *A* 6, 675, quid fortuna ferat populi, zu thun gebiete, *A* 11, 345.

2) bringe entgegen, reiche, biete (an), gewähre, verleihe, gebe, victum, *G* 3, 320. praemia alci, *A* 1, 605. ferte viam vento, fördert durch den Wind die Fahrt, *A* 3, 529. sidera alci caelo, lenke die Sterne am Himmel zum Heil, *A* 4, 579. auxilium alci, *A* 2, 344. signa (v. Tauben), *A* 6, 198. v. lebl. Subjj., casum, *A* 8, 533. salutem, *A* 1, 463. laudem, 11, 708 (*Haupt, Ribb.* u. *Schap.* 'fraudem') u. 792.

3) bringe bei, im übeln Sinne, veranlasse, bereite, volnus, versetze den tödlichen Stofs, *A* 11, 749. plagam alci, hole zum Schlag aus, *A* 10, 797. 12, 299. vim Latinis, thue den Latinern Gewalt an, verheere Latium, *A* 10, 77. von lebl. Subj., vim, Gewalt drohen (v. Geschossen), *A* 6, 400. casus apibus, *G* 4, 252.

4) bringe hervor, erzeuge, gebäre, *a*) eig.: *α*) leb. Wesen, non me tibi Troia tulit, *A* 3, 43. quae te tam laeta tulerunt saecula? *A* 1, 605. monstra (v. Meere), *A* 6, 729. vollständig, alqm partu, *A* 12, 847. *β*) Lebloses (v. lebl.

Subj.), tragen, bringen, hervorbringen, erzeugen, fructus, *G* 2, 501. res, *G* 2, 178. omnia, *B* 4, 39. *G* 1, 53. 2, 109. ebenum, *G* 2, 117. sucos, *A* 2, 126. pirum, pruna, *G* 2, 34. 4, 145. māla, *B* 8, 53. amomum, *B* 3, 89. noctem, lumen, *A* 3, 195. 9, 45. abs. v. Baume, ferens, wenn er Früchte tragen will, Fr. verspricht, *G* 2, 56. *b*) übtr.: *α*) 'bringe', 'erzeuge', exitium, *A* 12, 924. laborem fortunamque, *A* 10, 112. *β*) führe herbei, wecke, errege, verursache, bereite, sitim morbosque, *A* 10, 274. scabiem, *G* 3, 299. fastidia alci, *B* 4, 61. alci discessu dolorem (Kummer), *A* 6, 464. animos et pectora (Entschlossenheit u. Mut), *A* 9, 249.

Fērōnĭa, ae, *f.*, eine altital. Gottheit des Frühlings, der Quellen und Haine, Gattin des Juppiter Anxurus, mit einem Hain u. Tempel in der Nähe der Stadt Anxur, urspr. Quellnymphe des Ortes, *A* 7, 800. 8, 564.

fĕrox, ōcis (St. 'fer' in 'ferus', fero, eig. 'vorwärts stürzend'), wild, unbändig, wütend, trotzig, ungestüm, v. Tieren, *A* 4, 135. 5, 277. 10, 711. v. Pers., *A* 12, 895. populi, *A* 7, 384 u. 724. v. Abstr., corda, wilder Sinn, Wildheit, *A* 1, 302. virtus, Mut und Kühnheit, *A* 12, 20.

ferrātus, a, um (ferrum), mit Eisen beschlagen od. versehen, eisern, trudes, *A* 5, 208. calx, *A* 11, 714. orbes (der Räder), *G* 3, 361. capistra, *A* 3, 391. postes (das Bild vom Eröffnen des Janustempels in Kriegszeiten entnommen), *A* 7, 622.

ferrĕus, a, um [ferrei zweisilb., *A* 6, 280; vgl. aureus] (ferrum), 1) eisern, aus Eisen, stählern, turris, *A* 6, 554. mucro, *A* 11, 817. thalami, *A* 6, 280. dcht., imber, 'eiserner Regen' (v. Geschossen), *A* 12, 284. ähnl.: seges telorum, 'eiserne Saat', *A* 3, 45. 12, 664. ager, *A* 11, 601. 2) übtr.: *a*) eisern, hart, gefühllos, hartherzig, grausam, gens (Gegs. 'aurea'), *B* 4, 8. *b*) eisern, fest, stark, vox, *A* 6, 626. iura, unabänderliche, *G* 2, 501. somnus, 'ewiger Schlaf', 'Todesschlaf', *A* 10, 745. 12, 309.

ferrūgĭnĕus, a, um (ferrugo), rostfarbig, dunkel, schwärzlich, cymba (des Charon, wie für die Unterwelt passend), *A* 6, 303. hyacinthus, stahlblaue, *G* 4, 183.

ferrūgo, gĭnis, *f.* (ferrum), Eisenfarbe, Stahlbläue, bes. von der mehr in ein dunkles Violett übergehenden Farbe des Purpurs, peregrinā ferrugine clarus et ostro, glänzend in fremdländischem Purpur u. Scharlach, *A* 11, 772. clarus ferrugine Hiberā, glänzend im Schmucke iberischen Purpurs, *A* 9, 582. dcht., obscura, 'dunkle Röte' der umnebelten Sonne (als unheilvolles Anzeichen), *G* 1, 467.

ferrum, i, *n.*, Eisen, 1) eig., als Metall, *A* 4, 175. 5, 306. 7, 609. 8, 424. 700. 10, 482. 12, 414. *G* 1, 143. 2, 220. 2) meton., alles aus Eisen Gefertigte, *a*) wie unser Eisen, Stahl, d. i. Schwert, *A* 1, 350. 2, 233. 510. 614. 671. 4, 547. 580. 601. 679. 6, 260. 290. 8, 385. 9, 37. 331. 493. 526. 678. 750. 10, 396. 545. 11, 102. 276. 646. 253. 862. 12, 16. 124. 260. 737. 950. von den in den Cästus eingegenäheten Eisenstücken, *A* 5, 405. dah. wie unser Schwert, d. i. 'Waffengewalt', 'Gewalt', 'Kampf', *A* 1, 527. 2, 504. 7, 525. 694. 8, 648. 9, 137. 609. 620. 10, 372. 11, 218. 255. 282. 367. 12, 695. 709. verb., wie unser 'Feuer und Schwert', zur Bezeichnung gewaltsamer Zerstörung von Städten, 'ferro flamāque', *A* 10, 232. doch auch 'face ferroque', *A* 4, 626. 'nec igni nec ferro', *A* 7, 692. *b*) v. Waffen zum Kampf in der Nähe oder Ferne, Eisen, Pfeil, Speer, Lanze, Wurfspiefs, *A* 1, 355. 2, 55. 3, 222 u. 241. 4, 71. 8, 694. 9, 410. 427. 633. 701. 773. 10, 421. 11, 637. 864. 893. 12, 50. 278. 360. 540. 578. 774. telisque volatile ferrum spargitur, 'der Geschosse geflügeltes Eisen schwirrt', *A* 8, 694. Bes. 'Spitze' der Lanze, *A* 1, 313. 10, 479. 11, 748. 12, 165. des Pfeiles, *A* 11, 862. *c*) von Werkzeugen zu andern Zwecken, wie unser Stahl, dah. *α*) 'Messer, zum Beschneiden, Opfern u. dgl.', *G* 1, 292. 2, 301 u. 450. 3, 463. 468. 489. *A* 10, 316. 12, 173 u. 209. *β*) 'Pflug', *G* 1, 50. *γ*) 'Axt', 'Beil', *A* 2, 627. 11, 135. *δ*) 'Meissel', *G* 2, 450. *ε*) 'Brenneisen' (für die Haare), *A* 12, 100. *ζ*) 'Riegel', *A* 1, 293. *η*) 'Fesseln' od. 'Ketten', *A* 6, 558.

fertĭlis, e (fero), ertragsfähig, fruchtbar, ergiebig, v. Boden, *G* 2, 252. *A* 9, 136. von Bäumen, *G* 4, 142. mit Abl., campus ubere, reich an Frucht, *G* 2, 185. m. Gen., fertilis uvae, reich an Trauben, *G* 2, 191. nec fertilis illa iuvencis, nicht einträglich für Rinder, d. i. mit Ertrag nicht lohnend die Mühe der Rinder, *G* 4, 128.

fĕrŭla, ae, *f.*, Ferulstaude, Pfriemen- oder Gertenkraut, eine hochwachsende Doldenpflanze (νάρθης), als Attribut des Silvanus, *B* 10, 25.

fĕrus, a, um (verw. m. fero, θήρ, s. fera), 1) wild, ungezähmt, unbändig, von Tieren, capra, *A* 4, 152. 12, 414. alites, *A* 10, 559. von Früchten, wild-

wachsend, *G* 2, 36. dcht., montes, wilde, öde (in bez. auf den Aufenthalt wilder Tiere), *B* 5, 28. Sbst., ferus, i, *m.*, das wilde Tier, v. Pferde, *A* 2, 51. 5, 818. v. Hirsche, *A* 7, 489. häufig 'fera', w. s. 2) übtr., wild, grausam, Juppiter, *A* 2, 326. Aeneas, *A* 4, 466. Carthago, 'ergrimmt', *A* 10, 12. corda, *A* 6, 49.

fervĕo, būi, ēre [archaist. Inf. 'fervēre', *G* 1, 456. *A* 4, 409 u. 567. 8, 677], 1) glühen, *a*) eig., ferventes rotae, eig. durch schnelle Bewegung und Reibung erhitzte Räder, dah. 'rollende', 'rasselnde', *A* 11, 195. *b*) übtr.: *α*) entbrenne, glühe, erglühe, von einer Leidenschaft, caede, von Mordlust, *A* 9, 693. *β*) glühe, glänze, flammis, *A* 4, 566. *γ*) v. Orte, wo etwas von Menschen eifrig betrieben wird, 'wogen', 'wimmeln', late, *A* 4, 409. v. Leukate, m. Abl., 'instructo Marte, von der aufgestellten Flotte gleichs. in wallender Bewegung sein, gleichs. 'brausen', 'wogen', *A* 8, 677. semita fervet opere, 'hart geht auf dem Wege das Geschäft her', der Pfad wimmelt von geschäftigen Ameisen, *A* 4, 407. *δ*) eifrig od. mit Feuer betrieben werden, opus fervet, 'heifs ist die Arbeit', *A* 1, 436. *G* 4, 169. 2) wallen, brausen, v. Wogen u. Stürmen, fretis spirantibus, *G* 1, 327. vento nimbisque, *G* 1, 456.

fervĭdus, a, um (ferveo), 1) heifs, glühend, *a*) eig., axis, *G* 3, 107. *b*) übtr., feurig, glühend (zornglühend), hitzig, m. Abl., irā, *A* 8, 230. 9, 736. spe, *A* 12, 325. abs., *A* 9, 72 u. 350. 12, 748 u. 951. 'wütend' (infolge der bacchischen Begeisterung), *A* 7, 397. v. Abstr., dicta, hitzige, übermütige, *A* 12, 894. 2) brausend, brandend, vada, *A* 7, 24.

fervor, ōris, *m.* (ferveo), wallende Hitze, Glut, *a*) eig., fervoribus mediis, in den heifsen Stunden des Tages, in der Schwüle des Mittags, *G* 3, 154. *b*) übtr., leidenschaftliche Hitze, *A* 10, 578.

Fescennīnus, a, um, zu Fescennia gehörig, einer Stadt in Etrurien, fescenninisch, acies, *A* 7, 695.

fessus, a, um (eig. Part. von 'fatiscor'), mürbe, dah. ermattet, matt, müde, erschöpft, kraftlos, *a*) von Pers., *A* 2, 109. 3, 78. 85. 276. 568. 710. 5, 41. 327. 615. 717. 6, 846. 8, 26. 232. 489. 607. 12, 593. *G* 4, 180. *B* 5, 46. m. Abl., aetate, *A* 2, 596. aequore, *A* 5, 715. aestu, *B* 2, 10. caede, *A* 6, 503. quaerendo, *B* 8, 86. m. Gen., rerum, erschöpft von den Ereignissen oder Leiden, *A* 1, 178. m. Präp. 'ab', fessus ab undis, *G* 4, 403. *b*) von Lebl., bes. v. Körperteilen,

Ä 3, 581. 4, 522. 5, 845. 9, 814. *G* 4,190.
v. Schiffen, *Ä* 1, 168. mea numina etc.,
d. i. meine Thätigkeit als Göttin, meine
Hoheit und Macht, *Ä* 7, 298. res, mifsliche Verhältnisse, Not, Unglück, *Ä* 3,
145; v. zerrütteten Staate od. Lande, *Ä*
11, 335.

festīno, āre (festinus), 1) intr., eile,
beeile mich, *Ä* 2, 373.7,156. 2) trans.,
beeile, beschleunige, fugam, *Ä* 4,
575. iussa, vollziehe ohne Verzug, *Ä* 6,
177. m. Inf., *G* 4, 117.

festīnus, a, um (fero), eilend, eilig,
Ä 9, 488.

festus, a, um, festlich, feierlich,
bes. von den den Göttern geweihten Tagen, dies, *Ä* 6, 70. *G* 1, 268. 2, 527. frons
(da Tempel u. Altäre an Festtagen mit
Laub- u. Blumengewinden geschmückt
wurden), *Ä* 2, 249. 4, 459.

fētūra, ae, *f.* (feo), 1) Fortpflanzung, Zucht, *G* 3, 62. 2) junge Zucht
der Tiere, Nachwuchs, *B* 7, 36.

1. **fētus**, a, um (St. fe-o, wov. 'fecundus), 1) schwanger, trächtig, *a*) eig.,
pecus, *B* 3, 83. apes, Mutterbienen, *G* 4,
139. *b*) dcht. übtr., angefüllt mit etwas,
reich an etw., armis (v. trojan. Pferde),
Ä 2, 238. austris, *Ä* 1, 51. 2) von einem
Tiere, das eben geboren hat, säugend,
lupa, *Ä* 8,630. vacca, *G* 3, 176. sbst., graves fetae, die noch von dem Gebären
her schwachen od. kranken Mutterschafe,
B 1, 49.

2. **fētus**, ūs, *m.* (feo), eig. das Hervorbringen; dah. 1) Trieb des Holzes, Wachs-
tum, dcht. Plur. (nicht von den Früchten selbst), *G* 2, 56. 2) meton., Leibes-
frucht, Junges, *a*) v. wilden u. zahmen Tieren, suis, Frischling, Ferkel,
Ä 12, 170; vgl. *Ä* 3, 391. 8, 44 u. 82.
ovium, 'Lämmer', *B* 1, 22. *G* 2, 196. pecorum, *G* 2, 517. v. Vögeln, *G* 4, 512. bes.
junge Brut der Bienen, *G* 4, 199. aber
'fetus gravidi', 'voller, reichlicher Ertrag'
(des Honigs), *G* 4, 231. *b*) v. Lebl., *a*) v.
Pflanzen, Frucht, Saat, *G* 1, 82.
'Frucht', 'Ertrag' des Weinberges, *G* 2,
390. Plur., arborei, Früchte, Obst des
Baumes, *G* 1, 55. ähnl. *G* 2, 521. der Boh-
nen, *G* 1, 195. Blüte u. Frucht des Man-
delbaumes (nux), *G* 1, 189. Ertrag der
Wälder an Holz, *G* 2, 442. *β*) Sprofs,
Zweig, Laubsprosse, croceus, der
Mistel wegen ihrer grünen Farbe, *Ä* 6,
207. auricomi, *Ä* 6,141. nucis, Propfreis
der Wallnufs, *G* 2, 69.

fibra, ae, *f.*, 1) Faser der Pflanzen,
Wurzelfaser, *G* 1,120. 2) an lebenden
Wesen, im Plur., Fibern der Eingeweide,
bes. der edleren, wie 'Leber' usw., aus

denen man die Zukunft voraussagte, mi-
naces, *G* 1,484. pecudum, *Ä* 10,176. dcht.
übh. als Opfer für die Götter, *Ä* 6, 600.
G 3, 490.

fībula, ae, *f.* (figo), Heftel, Schnalle, Spange, mit der das weibl. Gewand
durchstochen u. über einer od. beiden
Schultern oder auf der Brust befestigt
ward, *Ä* 4, 139. 5, 313. am Gürtel, *Ä* 12,
274. Bes. Stachel der Spange (*περόνη*),
'Nadel' zum Durchstechen u. Befestigen
der Haare, *Ä* 7, 815.

fictōr, ōris, *m.* (fingo), Bildner, übtr.,
fictor faudi, Meister in täuschender Rede, *Ä* 9, 602.

fīdēlis, e (1. fides), treu, zuverlässig, übtr. v. Sachen, 'fest', 'dauerhaft', lorica, *Ä* 9, 707.

Fīdēna, ae, *f.*, Stadt in Latium am
Tiber, Kolonie von Alba u. mit diesem
in Verkehr, *Ä* 6, 773.

1. **fīdēs**, ēi, *f.* (fido), 1) subjektiv in
ethischer u. intellektueller Hinsicht, *a*)
Zutrauen, das man gegen jmd. oder
etw. hat, Vertrauen, tibi (erit) maxima rerum verborumque fides, auf dich
will ich vertrauen, du magst reden od.
handeln, *Ä* 9, 280. ubi prima fides pelago, sobald man der See vertrauen konnte,
Ä 3, 69. m. subj. Gen., supplicis, *Ä* 2,541.
b) Zuversicht, Aussicht, Hoff-
nung, quaecumque mihi fortuna fidesque est, was mir an Glück u. Hoffnung
noch übrig ist, *Ä* 9, 260. *c*) Glaube,
Überzeugung, vana, *Ä* 4, 12. si qua
fides Heleno (st. mihi), wenn ich Glauben verdiene, *Ä* 3, 434. prisca fides facto, glaubwürdig erschien die That dem
Altertume, *Ä* 9, 79. fidem fero, gewähre
od. schenke Glauben, *Ä* 10, 792. 'si qua
fides tellure sub ima est' als Schwur-
formel, wenn in der Unterwelt etwas
giebt, bei dem man schwören, die Wahrheit seiner Rede beteuern kann, *Ä* 6,
549. *d*) Treue, Gewissenhaftig-
keit, Biederkeit, Redlichkeit, in-
temerata, *Ä* 2, 143. 3, 375. tuta, *Ä* 4,
373. prisca, *Ä* 6, 873. 7, 235. neben 'pietas', *Ä* 6, 879. fides promissa, die versprochene Treue, d. i. treue Erfüllung
dessen, was das Orakel geweissagt hat,
Ä 6, 346. 'Beständigkeit', *Ä* 5, 604. 2) objektiv, *a*) Versprechen (sofern es zuverlässig erfüllt werden soll), Wort, das
man giebt, Eid, Schwur, *Ä* 2, 161. 4,
552. magna, 'heiliges Wort', *Ä* 11, 55.
fidem accipio et do, empfange u. gebe
Versprechen, verbinde mich gegenseitig,
Ä 8, 150. m. 'dextra' (s. d.) verb., *Ä* 4,
597. *b*) der auf Zusicherung u. Eid be-
ruhende Vertrag und die daraus ent-

springende Verbindung, Bund, *G* 4,
213. Tyrrhena, *Ä* 10, 71. *c)* Glaubwür-
digkeit, Zuverlässigkeit, manife-
sta, *Ä* 2, 309. übtr. 'glaubwürdige oder
zuverlässige Nachricht', *Ä* 11, 511. 3)
personif. als Göttin, die Treue, cana,
Ä 1, 292.

2. **fīdēs**, ĭum, *f.* (findo), Saiten,
Saitenspiel, canorae, *Ä* 6, 120.

fīdo, fīsus sum, fīdĕre (Wurz. πιϑ in
πείϑω), traue, vertraue, verlasse
mich auf etw., mit Dat. od. Abl., *Ä* 5,
398. 7, 290. 10, 345. gladio, *Ä* 12, 789.
equis et armis, *Ä* 10, 181. forti equo (auf
die Schnelligkeit des Rosses), *Ä* 11, 706.
fugā, von den Parthern, die durch verstellte Flucht sich plötzlich wendend
den Bogen gegen die Feinde richteten,
G 3, 31. m. Inf., 'getraue mir', 'wage',
Ä 5, 69. Dav. Part. 'fidens' abs., eig.
sich selbst vertrauend, dah. 'mutig', *Ä*
11, 370. m. Gen. 'animi', entschlossenen
Mutes, *Ä* 2, 61.

fīdūcia, ae, *f.* (fido), Verlafs, Vertrauen, Zuversicht, m. obj. Gen.,
belli, auf den Krieg, *Ä* 2, 162. rerum
(näml.: suarum), auf ihr Glück, *Ä* 9, 188.
mei, zu mir, *Ä* 8, 395. sui, Selbstvertrauen, *Ä* 11, 502. generis vestri, Vermes-
senheit, *Ä* 1, 132. quae sit fiducia capto,
worauf er als Gefangener vertraue, was
er zu seiner Rettung zu sagen habe, *Ä*
2, 75. humanis quae sit fiducia rebus, wie
unzuverlässig menschliche Dinge seien,
Ä 10, 152. abs., *Ä* 8, 395. 9, 188. fiducia
est alci, *Ä* 2, 75. 11, 502.

fīdus, a, um (fido), 1) treu, zuverlässig, redlich, sicher, ergeben,
von Pers., *Ä* 1, 113 u. 188. 5, 468. 6, 158.
9, 307 u. 648. 12, 271. penates (sofern
ihre *Ä* 3, 147 flg. enthaltene Verheifsung
in Erfüllung gegangen), *Ä* 7, 121. m. Dat.,
Ä 11, 821. dcht. m. Gen., tui, gegen dich, *Ä*
12, 659. 2) übtr., von Dingen u. Abstr.,
treu, zuverlässig, sicher, fest,
dem man trauen kann, auris (des
treuen Dieners), *Ä* 5, 547. litus, *Ä* 2, 399.
litora (in Rücksicht die getreuen Achates), *Ä* 5, 24. ensis, *Ä* 6, 524. 7, 640. spes
fidissima, *Ä* 2, 281. responsa, *Ä* 2, 377.
m. Dat., hinc fida silentia sacris, von
hier aus stammte der Geheimdienst der
Kybele, *Ä* 3, 112. statio male fida carinis, 'tückisch', *Ä* 2, 23.

fīgo, fixi, fixum, ĕre, hefte, 1) eig.:
a) hefte, stecke, hänge, befestige
an etwas, clipeum postibus, *Ä* 3, 287.
inimica nomina truncis, die Namen der
Feinde, denen die Rüstung gehörte, *Ä*
11, 84. dona ad fastigia, *Ä* 9, 408. ramum
in limine, *Ä* 6, 636. cristas vertice (als

Schmuck), *Ä* 10, 701. taedas sub pectore,
Ä 7, 457. plantas humo, *G* 4, 115. dona
divo, weihe die Schiffsgeräte, *Ä* 12, 768.
arma viri, thalamo quae fixa reliquit, *Ä*
4, 495. prägn. u. abs., figo arma, als Zeichen des erlangten Friedens mit den
Nachbarn, d. i. stelle Frieden u. Ruhe
her, *Ä* 1, 248. leges (weil die in Erz ge-
grabenen Gesetze zu Rom im Kapitol
ausgehängt wurden), verb. m. 'refigo',
verkaufe das Recht für Geld, *Ä* 6, 622.
dcht. v. Anchises, fixus manebat, d. i.
blieb unbeweglich an derselben Stelle,
Ä 2, 650. *b)* werfe, schleudere Geschosse, aliud super aliud (telum), *Ä* 10,
883. Part. Perf. Pass., fixus, 'haftend',
'fest steckend' im Körper, sagitta, *Ä* 5,
518. telum, *Ä* 12, 7. impetus fixam (hastam) tenebat, *Ä* 12, 773. *c)* durchsteche, viscera veribus trementia, wir
'stecke an Bratspiefse', *Ä* 1, 212. prägn.,
treffe, durchbohre, durchsteche,
verwunde, erlege, alqm telo, cuspide, *Ä* 10, 343 u. 382. 11, 691; vgl. *Ä* 10,
343 (näml. 'Aenean iaculo'). cervam telis, *Ä* 4, 70. abs., alqm, *Ä* 9, 493. alqm
inter latus et ilia, *Ä* 10, 778. cervos, *B*
2, 29. cervam, *Ä* 6, 803. dammas (mit
der Schleuder), *G* 1, 308. columbam, *Ä* 5,
516. auch Lebl., cerebrum, *Ä* 12, 537.
mālum arundine, treffe den Mast, *Ä* 5,
544. dcht., fixus acri dolore, *Ä* 7, 291. 2)
übtr.: *a)* hefte gleichs. auf od. an etw.,
oscula, 'drücke auf' (den Mund), 'gebe',
Ä 1, 687; bes. 'bedecke mit Küssen', *Ä*
2, 490. *b)* hemme etw. in der Bewegung,
'halte ein', vestigia, schreite als Begleiter jmds. bedächtig einher, *Ä* 6, 159. *c)*
hefte, senke, versenke, richte,
wende meine Blicke fest wohin, voltus
in virgine, *Ä* 12, 70. oculos solo (*Dat.*),
auf den Boden, *Ä* 1, 482. 6, 469. mit
griech. Akk., oculos fixus in virgine, 'die
Augen geheftet auf' usw., *Ä* 11, 507. *d)*
senke Worte, Gedanken od. Neigungen
in die Seele, präge tief ein, dicta alcjs,
Ä 3, 250. 10, 104. sedet mihi fixum immotumque animo, m. flg. 'ne' etc., es
steht fest und unabänderlich in meiner
Seele, *Ä* 4, 15.

fīgūra, ae, *f.* (fingo), Gebilde, Bild,
Gestalt als äufserer Umrifs, v. leb. Wesen, *Ä* 6, 449. alitis, *Ä* 12, 862. dcht., luftige 'Gestalt', 'Erscheinung', Schatten
eines Verstorbenen (εἴδωλον), *Ä* 10, 641.

fīlia, ae, *f.* (filius), Tochter, *Ä* 7, 11
u. 52. 8, 383. 12, 605.

fīlius, ĭi, *m.* (fio, fieri), Sohn, *Ä* 1,
325 u. 751. 7, 50 u. 649. 9, 581. 10, 199.
11, 700.

fīlix od. (*Ribb.*) **fēlix**, ĭcis, *f.*, Farn,

Farnkraut, invisa, *G* 2, 189. Plur., als
Streu benutzt, *G* 3, 297.

fīlum, i, *n.* (findo), Faden, *Ä* 6, 30.
Bes. 'Lebensfaden' der Parzen, Plur.,
extrema, *Ä* 10, 815.

fīmum, i,*n.*u. **fīmus**, i,*m.*,*a*)Dünger,
G 1, 80. 2, 347. *b*) übh. Kot, Unrat,
Schmutz, *Ä* 5, 333 u. 358.

fīndo, fīdi, fissum, ĕre, spalte, zerspalte, lignum, *Ä* 9, 413. vom Hundsstern, arva, *G* 2, 353. dcht., inimicam rostris hanc terram, mache mit den Schiffsschnäbeln einen Einschnitt in das feindl.
Land, *Ä* 10, 295. übtr., viam cuneis in
solidum, durch Keile in den Kern od.
das Mark sich den Eingang öffnen, *G* 2,
79. via se findit in ambas partes, trennt
sich, *Ä* 6, 540.

fīngo, fīnxi, fictum, ĕre (St. 'fig' in
'figulus'), 1) gestalte, bilde, *a*) übh.,
v. Tieren, die ihren neugeborenen Jungen durch Belecken u. Reinigen mit der
Zunge erst 'die rechte Gestaltung geben',
corpora linguā, *Ä* 8, 634. mit dem Nebenbegr. des Ordnens, 'mache zurecht', 'ordne', vitem putando, *G* 2, 407. crinem, *Ä*
4, 148. *b*) 'stutze zu', 'dressiere', bildl.,
os rabidum (der Sibylle), zwinge zum Gehorsam, *Ä* 6, 80. *c*) gestalte, bilde,
schaffe, stelle dar, v. Künstler, Afros,
Lelegas etc., *Ä* 8, 726. v. Bienen, mella,
tecta, *G* 4, 57 u. 179. in Rede u. Schrift,
Aeneadas meo nomen de nomine, benenne das Volk, *Ä* 3, 18. dcht., v. Schlafe,
vana, täuschen, *Ä* 8, 42. 2) übtr.: *a*) mit
doppelt. Akk., gestalte um, mache
jmd. zu etw., alqm miserum, vanum men-
dacemque, *Ä* 2, 79 flg. finge te dignum
deo, zeige des Gottes selbst dich wert,
Ä 8, 364. se pavidum fingit, stellt sich
feig, *Ä* 11, 406. *b*) gestalte, schaffe,
bereite (vor), metus alci, mache jmdm.
etw. zum Gegenstand der Furcht, spie-
gele vor, *Ä* 7, 438. *c*) gestalte im Geiste,
α) stelle mir vor, gedenke, bilde
mir ein, m. doppelt. Akk., alqm invisum
mihi, halte jmd. für meinen Feind, *Ä* 11,
364. abs., ne finge, denke das nicht, dichte
mir solches nicht an, *Ä* 4, 338. *β*) ersinne, erdenke, erdichte, somnia
mihi, täusche mich, *B* 8, 108. bes. Part.,
carmen fictum, 'eitle Dichtung', *G* 2, 45.
ficto pectore, mit falschem (tückischem)
Sinn, *Ä* 2, 107. sbst., fictum pravumque,
'Lug u. Trug', *Ä* 4, 188.

fīnīo, īvi, ītum, īre (finis), beendige,
beschliefse, bellum, dolores, *Ä* 11,
116. 12, 880.

fīnīs, is, *m.* [dcht. *f.*, doch nur im
Sing., *Ä* 2, 554. 3, 145. 5, 328 u. 384. 12,
793] Grenze, 1) dem Raume nach, *a*)

eig.: *α*) übh., Oceani, *Ä* 4, 480. Plur.,
Grenzen, Grenzgebiet, Gebiet,
Land, patriae, *B* 1, 3. patrii, *Ä* 1, 620.
Libyci, *Ä* 1, 339. Corythi, *Ä* 10, 719. Sicani, *Ä* 11, 317; vgl. *Ä* 1, 299. 546. 570.
620. 3, 440 4, 616. 5, 82. 139. 630. 6, 345.
7, 149. 159. 334. 469. 8, 602. 11, 588. Bes.
β) äufserste Schranke, Ziel, Ende
in der Rennbahn, *Ä* 5, 225 u. 328. auch
von den im öffentl. Schiffskampfe den
einzelnen Schiffen durchs Los erteilten
Plätzen, 'Standörter', 'Bezirk', *Ä* 5, 139
('funibus' *Ribb.*). *b*) übtr., Ende, End-
zweck, Zweck, Absicht, m. Gen.
Ger., quae finis standi? zu welchem Ende,
weshalb stehe ich hier? *Ä* 5, 384. 2) zeitl.,
Ende, Ausgang, Schlufs, fatorum
(von *Ribb.* zu 'exitus' gezogen), *Ä* 2, 554.
belli et aevi, *Ä* 10, 582. laborum, *Ä* 1, 241.
7, 717. *G* 4, 116; vgl. *Ä* 1, 199. 2, 619. 3,
145. 5, 463. 10, 106. quae iam finis erit?
wo ist das Ende zu sehen? *Ä* 12, 793. sine
fine, 'ohne Ende', 'unaufhörlich', 'unab-
läfsig', *Ä* 2, 771; zugleich mit räuml. Bez.
'unbegrenzt', imperium sine fine, *Ä* 1,
279. Bes. im Sprechen, fandi, Ende der
Rede, *Ä* 10, 116. facto fine, nachdem er
zu Ende war, seine Rede geendet hatte,
Ä 3, 718. et iam finis erat, näml. ihrer
Webklagen, 'sie liefsen nun ab', *Ä* 1, 223.

fīnītīmus, a,um(finis), angrenzend,
benachbart, urbes, *Ä* 7, 549. agri, *Ä* 11,
206. finitimo huic capiti insultans, d. i.
mich, dieses benachbarte Haupt (deinen
Nachbar) verspottend, *Ä* 8, 569 (*Haupt*
u. *Schap.*; *Ribb.* 'finitimos' als aliter.
Nomin. Sing.). Sbst. finitimus, i,*m.*,Grenz-
fīo, s. facio. [nachbar, *Ä* 5, 106. 6, 378.

fīrmo, āre (firmus), 1) mache fest,
a) befestige, vestigia pinu, sichere den
Tritt mit usw., *Ä* 3, 659. *b*) befestige,
stütze, aditus urbis, *Ä* 11, 466. 2) übtr.:
a) befestige, stärke (physisch), vires,
G 3, 209. firmata aetas, das kräftige Alter,
B 4, 37. *b*) stärke, stäble, animum
pignore, omine, *Ä* 3, 611. *G* 4, 386. *c*) bekräftige als wahr, bestätige, be-
glaubige, numina (Verheifsung), *Ä* 8,
78. haec omina, *Ä* 2, 691. foedera (dictis),
Ä 11, 330. 12, 212. pacem foedere, *Ä* 11,
356 (*Haupt* u. *Schap.*; *Ribb.* 'iungas').
alqd numine, *Ä* 12, 188.

fīrmus, a, um, 1) fest, stark, robora (Bohlen), *Ä* 2, 481. 2) übtr.: *a*) der Zeit
nach dauerhaft, dauernd, vinum, *G*
2, 97. *b*) fest, standhaft, entschlossen, pectus, *Ä* 6, 261. *c*) fest, sicher,
zuverlässig, foedus, *Ä* 12, 316.

fīscella, ae, *f.* (Demin. v. fiscina),
Körbchen (aus Binsen od. Weiden geflochten), *B* 10, 71.

fiscīna, ae, f. (fiscus), Korb (aus Binsen od. Weiden geflochten), G 1, 266.

fissilis, e (findo), spaltbar, robur, Ä 6, 181. lignum, G 1, 144.

fistŭla, ae, f., Rohrpfeife, Hirtenod. Pansflöte (aus mehreren, meist sieben, neben einander verbundenen u. stufenweis abnehmenden Röhren von ungleicher Dicke u. Länge bestehend, σῦριγξ), B 2, 37. 3, 22 u. 25. 7, 24. 8, 33. 10, 34; vgl. 'avena' u. 'calamus'.

flābrum, i, n. (flo), das Wehen, Blasen des Windes, meton., flabra, 'wehende Winde', G 2, 293. 3, 199.

flăgellum, i, n. (m. 'fligo' verw.), 1) Geifsel, Peitsche (zum Antreiben), Ä 5, 579. als Attribut der Furien (aus Schlangen geflochten od. damit umwunden), Ä 6, 570. 2) übtr.: a) Riemen am Wurfspiefs (ammentum), Ä 7, 731. b) Schöfsling, junger Sprofs, des Weinstocks, flagella, die obersten 'Gäbelchen', G 2, 299.

flăgito, āre (Intens. v. flagro), verlange dringend zu wissen, m. Relativs., Ä 2, 124.

flăgro, āre [wie auch bei Hor. stets 'ā', nur éinmal flăgrans, Ä 2, 685] (St. 'flag', φλέγ-ω), 1) flackere, lodere, brenne, a) eig., bei Verg. nur Part. 'flagrans', 'brennend', 'lodernd', pinus, Ä 7, 397. arae, Ä 12, 171. crinis (das Haupt des Iulus), Ä 2, 685. b) übtr., bin von Leidenschaften entflammt, Part. flagrans, 'heifs', 'leidenschaftlich', 'hitzig', tumultus, Ä 11, 225. 2) brenne, a) glühe, genae flagrantes, heifse, glühende, Ä 12, 65. b) erglänze, glänze, Part. flagrans, 'erglänzend', 'funkelnd' v. Pers., clipeo et armis, Ä 12, 167. voltus dei, 'funkelnd' 'strahlend', in bez. auf die Augen, Ä 1, 710.

flāmĕn, ĭnis, n. (flo), das Wehen od. Säuseln des Windes, übh. Wind, rapidum, Ä 4, 241. Plur., Ä 5, 832. 10, 97.

flamma, ae, f. (Wurz. φλε in φλέγω, φλέγμα), 1) Flamme, a) aufloderndes Feuer, Lohe, Ä 1, 176. 2, 304 u. 632. 5, 689 u. 752. 6, 6 u. 154. 7, 74 u. 462. 8, 694. 12, 672. G 2, 308. 3, 560 (Gegs. 'undae'). 4, 409. öft. Plur., Ä 1, 79. 213. 679. 2, 37. 289. 759. 4, 605 u. 670. 5, 680 (neben 'incendia'; Ribb. Sing. 'flamma'). 6, 218 u. 559. 10, 119 u. 409. G 1, 85. mit 'arma', 'ensis', 'ferrum' u. dgl. verb., Ä 2, 337. 600. 633. 6, 110. Bes. des Blitzes, Ä 1, 44. 6, 586. 8, 432. der feuerspeienden Berge, Ä 3, 574 u. 580. G 1, 471 flg. des Scheiterhaufens, Ä 4, 640. 10, 520. 11, 82. der Opfer, B 8, 105. G 4, 385. Ä 1, 704. 6, 253. 11, 199. 12, 214. von einem feuerspeienden Ungeheuer (Chimära), Ä 7, 787. als wunderbare Erscheinung, Ä 2, 72 u. 682. 8, 60. b) Flamme, Feuerglanz, Schein, Ä 6, 300. 8, 620. 10, 270. c) Feuer, Glanz der Sonne (wie φλόξ), Ä 4, 607. der Meteore, Ä 5, 526. von Sternschnuppen, G 1, 367. d) Flamme als Feuerbrand, Fackel (fax), Ä 2, 256 u. 478. 4, 567 u. 594. 6, 518. 9, 536. 11, 144. 12, 573. bei der Leichenbestattung, Ä 2, 431. 2) übtr., Feuer, Glut der Leidenschaften, bes. 'Liebesglut', Ä 1, 673. 4, 23 u. 66. 8, 389. von dem verderblichen od. verzehrenden Feuer der Eifersucht, od. Rachgier, Ä 2, 587.

flammĕus, a, um (flamma), flammend, feurig, lumina, Ä 7, 448.

flammo, āre (flamma), 1) intr., flamme, brenne, flammantia lumina (der Schlange), G 3, 433. 2) trans., entflamme, flammato corde, von Zorn entbrannt, Ä 1, 50. flammatus amore, Ä 3, 330 (Ribb.).

flātŭs, ūs, m. (flo), 1) das Blasen od. Wehen des Windes, Ä 7, 28. flatus (Plur.) boreae, Ä 4, 442. dah. 'Wind', 'Sturm', hiberni flatus, G 2, 339. b) das Blasen, d. i. das 'Schnauben' des Rosses, Ä 11, 911. G 3, 111. 2) übtr., Aufgeblasenheit, prahlender Stolz, Ä 11, 346.

flāvĕo, ēre (flavus), werde gelblich, gelb, bes. im Part., v. Sande, G 3, 350. v. reifenden Getreidefeldern ('anreifen', 'sich gilben'), G 4, 126. Ä 7, 721. v. Haare, flaventes comae, 'blonde', Ä 4, 590. mit griech. Konstr., flavens primā lanugine malas, 'welchem der keimende Flaum erst färbte die Wange', Ä 10, 324.

flāvesco, ēre (Inch. v. flaveo), werde gelb, v. Fluren, aristā, B 4, 28.

Flāvīnius, a, um, zu Flavina, einer Stadt in Etrurien, gehörig, flavinisch, arva, Ä 7, 696.

flāvus, a, um, gelb, goldgelb, aurum, Ä 1, 593. farra, G 1, 73. oliva, 'gelblich', Ä 5, 309. arva, G 1, 316. Ceres (ξανθή Θημήτηρ, Hom. Il. 5, 500, wegen der Farbe der reifenden Ähren), G 1, 96. multa harena, trübe vom Sande, den die reifsenden Strudel (vorticibus rapidis) stets aus dem Grunde emporwirbeln, Ä 7, 31. u. so flavus gurges, Ä 9, 816. Arethusa, G 4, 352. v. Haar, 'blond', crinis, Ä 4, 559 u. 698.

flecto, flexi, flexum, ĕre, 1) beuge, biege, krümme, a) eig., ulmum in burim, G 1, 169. acanthum, G 4, 123. salignas crates, winde, flechte, Ä 7, 632. arcum, ziehe an, spanne, Ä 5, 500. b) übtr., beuge, stimme um, erweiche, rühre, gewinne, superos (neben 'moveo'), Ä 7,

312. aegram, *Ä* 4, 35. alqm lacrimis, *Ä* 8, 384. alqm precibus, *Ä* 2, 689. alqm orando, *G* 4, 399. fata deûm precando, *Ä* 6, 376. animum alcjs, *G* 4, 516. violentiam, *Ä* 12, 46. alqm cunctantem, *Ä* 12, 940. von der Rede, *Ä* 12, 490. von der Pracht u. Macht, alqm, *G* 2, 496. 2) drehe, wende, lenke, richte, *a*)übh., equos, *Ä* 1, 156. iuga (Tigergespann) habenis, *Ä* 6, 805. acies (die Augen) huc, *Ä* 6, 789. *b*) prägn., kehre od. wende um, lumina (die Augen), *Ä* 4, 369. dcht. reflexiv, laevo limite, wende mich linkshin nach dem Fuſspfade, *Ä* 9, 372. *c*) kehre ab, wende ab, lenke ab, iter, lenke seitwärts den Lauf, *Ä* 7, 35. viam velis, durch veränderte Richtung der Segel, *Ä* 5, 28.

flĕo, flēvi, flētum, ēre [zsgez. Inf. Perf. 'flesse sibi', *G* 4, 509 *Ribb.*], 1) intr., weine, *Ä* 2, 279. 6, 427 u. 539. 11, 454. *G* 4, 509. von der Nachtigall, 'klagen', noctem (Nächte hindurch), *Ä* 4, 514. 2) trans., beweine, beklage weinend, alqm, *Ä* 5, 614. 6, 213. laborem, weine über usw., *Ä* 8, 380. m. Akk. u. Inf., *B* 3, 78. v. sachl. Subj. (Pflanzen u. Steinen), *B* 10, 13 u. 15. Part. fletus, 'beweint', *Ä* 6, 481.

flētŭs, ūs, *m.* [alter Dat. 'fletu' st. 'fletui', *Ä* 4, 369] (fleo), das Weinen, der Jammer, ingens, *Ä* 5, 765. von der Eule, voces in fletum ducere, *Ä* 4, 463. Bes. 'Klagen', 'Thränen', largus, *Ä* 6, 699; vgl. *Ä* 9, 498. *G* 4, 505. Plur., *Ä* 2, 271. 4, 337. *G* 4, 375. m. 'preces' verb., *Ä* 3, 599.

flexĭlis, e (flecto), biegsam, 'gewunden' (στρεπτός), circulus obtorti auri, goldene Kette, *Ä* 5, 559.

flexŭs, ūs, *m.* (flecto), Biegung, Krümmung, Windung, der Flüsse, *G* 3, 14. longi, *Ä* 8, 95. der Schlange, sinuosus, *G* 1, 244.

flictŭs, ūs, *m.* ('fligo' dcht. st. 'adfligo'), das Anschlagen (der Geschosse an die Helme), *Ä* 9, 667.

flōrĕo, ŭi, ēre (flos), blühe, stehe in Blüte, 1) eig., v. Pflanzen, *G* 4, 32. *B* 1, 79. 9, 19. florentes herbae, saftige, fette, *G* 3, 126. 2) übtr.: *a*) v. Lebl.: *α*) glänze, schimmere von etw., aere, *Ä* 7, 804. 11, 433. *β*) erblühe, prange, strotze, von Fluren, *G* 2, 6. v. Bäumen, *B* 8, 52. von den Pforten der Tempel, sertis, *Ä* 4, 202. dcht., viris (zugleich zu viam 'alma' gehörig), kräftig od. stark sein, *Ä* 7, 644. *γ*) blühe, bin in Wohlstand, bin angesehen odor mächtig, v. Städten, *Ä* 8, 481. *b*) von Leb.: *α*) stehe im blühenden (jugendlichen) Alter, blühe, aetatibus, *B* 7, 4. *β*) blühe, bin angesehen oder glücklich, studiis otii, *G* 4, 564.

flōrĕus, a, um (flos), blumig, blumenreich, rura, *Ä* 1, 430.

flōrus, a, um (flos), blühend, glänzend, strahlend (von Farbe), *Ä* 12, 605.

flōs, ōris, *m.*, 1) Blüte der Pflanzen, Blume, *G* 1, 188. 2, 72 u. 134. 4, 54. 109. 142. 205. *B* 1, 55. 2, 48. 6, 68. *Ä* 1, 694. 5, 79. 6, 707. 885. 9, 435. 11, 68. 12, 413. prägn., v. 'Kelch' der Blume, *G* 4, 274. dcht., fucus et flores (Hendiadyoin), Blumensaft der Bienen, 'Blumentünche', *G* 4, 39. 2) übtr.: *a*) Blüte. v. ersten Barthaare, 'Flaum', *Ä* 8, 160. *b*) Blüte der Lebenszeit, bes. der Jugend, primaevus, *Ä* 7, 162. *c*) Blüte, Stärke, virûm, 'Kern', *Ä* 8, 500.

fluctŭo, āre (fluctus), eig. v. Meere, wallen, bildl., von einer mit einem gerüsteten Heere dicht besetzten Fläche, 'in wellenförmiger' od. 'zitternder Bewegung sein', 'wogen', aere renidenti, bei der Bewegung der Waffen schimmern, blitzen, *G* 2, 281. 2) übtr.: *a*) walle, woge gleichs. von etw., vario irarum aestu, *Ä* 4, 564. magno curarum aestu, *Ä* 8, 19. vario aestu, *Ä* 12, 486. auch von starker Gemütsbewegung, wie v. Zorn, *Ä* 12, 527. von der Liebe, *Ä* 4, 532. *b*) 'schwanke' im Entschlusse, animo nunc huc nunc illuc, *Ä* 10, 680.

fluctŭs, ūs, *m.* (fluo), das Fliefsen, Wogen, bes. der offenen See, *a*) meton., Flut, Welle, Woge, oft Plur., *Ä* 1, 66. 86. 103. 106 flg. 109. 116. 129. 135. 270. 333. 535. 584. 755. 3, 270. 422. 533. 605. 662. 665 671. 5, 2. 125. 182. 222. 237. 848. 7, 213. 528. 718. 870. 8, 672. 10, 304. 683. 12, 366. *G* 2, 160. 3, 200. 237. 4, 195 u. 429. *B* 9, 3 u. 43. m. 'aestus' verb., Bruch der Wellen am Ufer, *Ä* 10, 687. Plur., dcht. v. wogenden 'Meer', *Ä* 10, 207. Sicani, *B* 10, 4. im Gleichnisse, Ionii, *G* 2, 108. *b*) übtr., von leidenschaftl. Gemütszuständen, irarum, 'Wogen des Zornes', *Ä* 12, 831.

fluentum, i, *n.* (fluo), Strömung, das fliefsende Wasser, nur Plur., Fluten, Gewässer, Xanthi, *Ä* 4, 143. Tiberina, *Ä* 12, 35. Aniena, *G* 4, 369. rauca (des Kokytus), *Ä* 6, 327.

flŭĭdus, a, um (fluo), fliefsend, flüssig, cruor, *Ä* 3, 663. liquor, *G* 3, 484.

flŭĭto, āre (Intens. v. fluo), treibe umher, vom Schiffe u. dessen Teilen, *Ä* 5, 867. 10, 306.

flūmĕn, mĭnis, *n.* (fluo), Fluſs als im Fliefsen befindliche Flüssigkeit, 1) im allg.: *a*) Flut, Gewässer, Strömung, Strom, *Ä* 2, 305. 719. 4, 250. 6, 8. 8, 72. 713. 9, 31. 104. 414. 11, 594. *G* 2, 199. 4, 288. 366. Plur., exercita cursu, *G* 3, 529.

liquida, *A* 7, 699 (*Ribb.*; 'nubila' *Haupt*
u. *Schap.*). in bez. auf die Flufsgötter
selbst, *B* 8, 4. *b*) von andern Flüssigkeiten, largum, Thränenstrom, *A* 1,465. ca-
lidum, heifs strömendes Blut, *A* 9, 414.
piceum, Schweifs wie rinnendes Pech,
A 9, 814. larga flumina, Milchströme, *G*
3, 310. 2) in geograph. Bez., Flufs,
Strom, *A* 6, 293. 388. 7, 33. 8, 57. 69.
9, 679. 12, 139. 749. *G* 1, 310. 2, 11. 157.
3, 144. 310. 360. 530. 4, 54. 383. 427. *B*
5, 84. 7, 52 u. 57. mit dem Namen des Flusses als Appos., *A* 5, 38. Gen. st. der Appos., flumina Hebri, *A* 12, 331. Thermodontis, *A* 11, 659. Lernae, *A* 12,518. Mel-
lae, *G* 4, 278. flumen Himellae, *A* 7, 714.
mit näher bestimmendem Adj., Symae-
thia, *A* 9, 583. Lethaeum, *A* 6, 714. Tibe-
rinum, *A* 10, 833. Tyrrhenum, *A* 7, 663.
in der Unterwelt, *A* 9, 369. abs. vom
Tiberstrom, *A* 3, 389. Plur., von den Kanälen und Bergströmen, *G* 1, 326. vom
Mincius allein, *B* 1, 51. dcht., von der
Gegend um die Flüsse, *G* 2, 110; vgl.
A 7, 714.

fluo, fluxi, fluxum, ĕre (Wurz. φλύ in
φλυ·ω, ἀνα-φλύ·ω), fliefse, ströme,
1) eig.: *a*) v. Flüssigkeiten, wie v. Flüssen,
A 2, 782. magnus fluens, gewaltig dahinströmend, *G* 3, 28. v. Honig, *B* 3, 89. v.
Schweifs, *A* 5, 200. *b*) von Dingen, welche
Flüssigkeit enthalten, fliefsen, strömen, triefen, übertriefen, m. Abl.,
multo Baccho, überaus ergiebig sein am
Wein (v. Reben), *G* 2, 190. auro (von der
Erde), *G* 2, 166. abs., von der Traube,
tantum, so reichlich strömen, so ergiebig
sein (unter der Presse) *G* 2, 100. v. Pers.,
fluens in madida veste, in seinem nassen
Kleide, *A* 5,179. v. Gliedern des Körpers,
tabo, *A* 3, 626. 9, 472. 2) übtr.: *a*) v. Leb.,
bes. von einer gröfseren Menschenmenge,
wohin strömen, *A* 12, 443. ad regia
tecta, *A* 11, 236 ('ruuntque' *Haupt* u. *Schap.*). *b*) fliefse, d. i.
α) gleite, falle, sinke herab (sanft
und langsam), ad terram (von einem Sterbenden), *A* 11, 828. v. Nacken, *G* 3, 524.
β) w alle od. hänge herab,Part.'fluens',
vom Haare, *A* 4, 147. vom Gewande, sinus, *A* 1, 320. *c*) fliefse auseinander,
zerfliefse, schmelze, *α*) eig., v. Erz,
A 8, 445 (mit dem Zusatz 'rivis', in Bächen). *β*) übtr.: *αα*) breite mich aus,
verbreite mich, v. Zweigen, 'wuchern',
G 2, 370. *ββ*) zerrinne, schwinde,
von der Hoffnung, *A* 2, 169.

fluviālis, e (fluvius), *a*) zum Flufs
gehörig, lympha, Flufs-od. Quellwasser
(bes. zu heiligen Reinigungen gebraucht),
A 4,635. undae, Wellen (Wogen) des Flus-

ses, *A* 9, 70. *b*) am Flufse wachsend,
arundo, *G* 2, 414.

fluvius, ii, *m.* ['fluviorum' dreisilb.,
gleichs. 'fluvjorum', *G* 1, 482] (fluo), fliefsend es Wasser, Gewässer, Flufs,
Strom, *A* 1, 272. 4, 489. 6, 384 u. 415
(vom Styx). 8, 31. 56. 93. 651. 9, 790.
816. 11, 565. 12, 142. 256. 886. *G* 3, 77 u.
142. 301. Lethaeus, 'Strom der Lethe',
A 6,749. v. künstlichen Kanälen zur Bewässerung, *G* 1, 106.

fluxus, a, um (fluo), schwankend,
unsicher, res (Herrschaft, Macht), *A*
10, 88.

focus, i, *m.* (St.'fo'in'foveo'), 1) Feuerstätte, Herd, *a*) übh., *A* 5, 660. 7, 680.
9, 75. *G* 1, 175. 3, 378. *b*) Opferherd,
A 3, 178. 5, 660. 12, 118. *B* 5, 70. *c*) dcht.,
Herd,'Brandstätte' des Scheiterhaufens,
A 11,212. 2) tragbare Feuerstätte, Koh-
lenpfanne, Feuerbecken, *A* 12,285.

fodio, fodi, fossum, ĕre, 1) eig.: *a*)
grabe (um), bearbeite durch Graben,
humum, *G* 2, 408. *b*) mache durch
Graben, v. Maulwurf, 'auswühlen', cubilia, *G* 1, 183. 2) dcht. übtr., stofse,
steche, equi armos calcaribus, *A* 6,881.

foedē, Adv. (1. foedus), gräulich,
schmählich, *A* 5, 794. 10, 498.

foedo, āre (1. foedus), verunstalte,
entstelle, richte übel zu, zerschlage, beflecke, entweihe, m.
Abl. (mit od. durch), ora unguibus et pectora pugnis, *A* 4, 673. 11, 86. 12, 871.
ignes (des Altars) sanguine, *A* 2,501. omnia contactu, *A* 3, 227. patrios voltus funere, *A* 2,539. latebras (des trojan. Pferdes) ferro, durch Zerhauen entstellen,
A 2, 55. volucres ferro, *A* 3, 241. crines,
A 12, 99. voltus, *A* 2, 286. dcht., ora foedati Galaesi, 'der im Gesichte mit Blut
befleckte Galaesus', *A* 7, 575.

1. foedus, a, um, entstellt, grauenhaft, scheufslich, entsetzlich, tempestas, *G* 1, 323. proluvies, vestigia, *A* 3,
216 u. 244. ministeria, *A* 7, 619. Sbst.,
foedissime,schändlicher,schnöderBube!
A 11, 392.

2. foedus, dĕris, *n.* (fid-o, fid-us, πεί-
θω, πέποιθα), Bündnis, Bund, 1) in
polit. Hinsicht, *A* 4, 112. 624. 5, 465. 7,
546. 8, 56. 169. 540. 641. 10, 15. 91. 105.
154. 902. 11, 129. 292. 321. 330. 356. 12,
13. 109. 158. 190. 200. 212. 242. 289. 496.
573. 582. 632. 650. m. 'leges' verb., *A* 12,
822. 2) in anderen Verhältnissen: *a*) eheliche Verbindung, Ehebündnis,
A 4,339. *b*) Grundlage einer Verbindung,
Vertrag,Übereinkommen, *G* 4,158.
Ungew. Plur., mussat rex ipse Latinus,
quos generos vocet aut quae sese ad foe-

11

dera flectat, der König Latinus schwankt nun, **wen** er zum **Eidam** sich wählen und an **wessen Vertrag** er sich halten (auf **wessen** Seite er sich neigen) soll, *Ä*12,658. *c*)übtr.,**Gesetz,Satzung, Bedingung**, m. 'leges' verb., *G* 1, 60. Plur. (in bez. auf éinen, weil meist an ein gegenseitiges Verhältnis,Versprechen zu denken ist), immitis rupta tyranni foedera, Geheifs, Verbot des Pluto, *G* 4, 493. foedere certo, infolge eines bestimmten Gesetzes, *Ä* 1, 162. non aequo foedere amantes, unglücklich Liebende, wo Liebe u. Gegenliebe nicht gleich sind, *Ä* 4,520. foedera solvere furto, das bisher friedlicheVernehmen(zwischen den Griechen u. Troërn), *Ä* 10, 91.

foemĭnn, s. femina.

foenĭlĭn, s. faenilia.

foctūra, foctūs, s. fetura, fetus.

fölĭum, ĭi, *n.* (φύλλον), **Blatt der** Pflanzen, oft Plur., *Ä* 5, 774. 6, 137. 309. 8, 277. 12, 413 u. 766. *G* 2, 121. 133 u. 214. 3, 21. 4, 274. Plur., 'Blätter u. Zweige', *G* 1, 413. 4,473. *Ä* 6, 284. Blätter als Unterlage einer Ruhestätte, *Ä* 8,368. 'dürre Blätter' als Zündstoff, *Ä* 1,175. Auf Palmenblätter schrieb die Sibylla ihre Orakelsprüche, *Ä* 3, 444. 6, 84. Blätter zum Bestreuen des Bodens bei feierl. Handlungen, *B* 5, 7.

follĭs, is, *m.*, **Blasebalg**, folles ventosi, *Ä* 8, 449. taurini, *G* 4, 171.

fömĕs, mĭtis, *m.* (fo-veo), **Brenn - od.** Zündstoff,Zunder(aus dürremLaub), *Ä* 1, 176.

fons, fontis, *m.*, 1) **Quell, Born**, neben 'flumen', *Ä* 7, 84 u. 489. *G* 3, 529. *B* 1, 52. neben 'stagna', *G* 4, 18; vgl. *G* 2, 200. 3, 131. 4, 32. *B* 2, 59. 3, 97. 7, 45. 9, 20. 10, 42. die Dichter begeisternd, sancti, *G* 2, 175. m. Gen. des Namens, Timavi, *Ä* 1, 244. Numici, *Ä* 7, 150 u. 242. Velini, *Ä* 7, 517. m.Adj., Avernus, *Ä* 4, 512. Stygius, *Ä* 12, 816. Plur., *G* 3, 428. 2)Quellwasser, *G* 4, 432. Plur., *G* 4, 376. *Ä* 2, 686. beim Abschliefsen von Bündnissen, *Ä* 12, 119.

for, fātus sum, fāri [altert. Inf. farier st. fari, *Ä* 11, 242] (Wurz. φα in φημί), **sage, spreche, verkünde**, m. Akk. 'talia', 'haec', od. Adv. 'sic', 'ita' u. dgl., *Ä* 1, 131 u. 256. 2, 6. 76. 107. 147. 3, 309. 380. 485. 612. 5, 382. 6, 36. 46. 321. 398. 8, 115. 394 659. 10,556. 11, 240. 242. 685. 12, 434. 564. 888. vix ea fatus eram, *Ä* 1, 586. 2, 323. 12, 650. im Part., sic, haec fatus, als er so (dieses) gesprochen hatte, *Ä* 1, 610. 4,635. haec ita fatus, *Ä* 10, 594. talia fatus, *Ä* 6, 53. abs., fatus, *Ä* 10, 451. alci, 'zu' jmd., *Ä* 5, 847. 6, 36 u. 321. ad

alqm, *Ä* 10, 459. ad aurem, 'rauue ins Ohr', *Ä* 5, 547. contra alqm, *Ä* 9, 280. m. Relativs., *Ä* 2, 74. mit iudir. Frages., *Ä* 6, 389. abs., fabor enim, *Ä* 1, 261. age fare, *Ä* 6, 531. fare age .. quae prima pericula vito? *Ä* 3, 362. copia, tempora, finis fandi, *Ä* 1, 520. 4, 293. 10, 116. 11, 346 u. 378. fandi fictor, fandi doctissimus (in der Rede), *Ä* 9, 602. 10, 225. fando, durch Erzählen, beim Erzählen, *Ä* 2, 361. 3, 481. 4, 333; durch Hörensagen, durch die Sage, *Ä* 2, 81. haud mollia fatu, *Ä* 12, 25. Part. sbst., fandum, i, *n.*, das Recht (Gegs. 'nefandum'), *Ä* 1, 543.

föräs, Adv. (v. foris), **hinaus, heraus**, *B* 8, 101.

forceps, cĭpis, *c.*, **Zange**, bes. der Schmiede, tenax, *Ä* 8, 453. *G* 4, 175. zum chirurgischen Gebrauche, *Ä* 12, 404.

föri, s. forus.

föris, is, *f.*, bei Vergil nur Plur. 'fores', ĭum, *a*) die beiden **Thürflügel**, **Flügelthür**, *Ä* 1, 449. 505. 2, 450. 8, 195. 262. 11, 36. *G* 2, 246 u. 461. dcht., divae, die durch Stufen erhobene geräumige Vorhalle des Tempelhauses, *Ä* 1, 505. *b*) übh., **Pforte, Eingang, Zugang, Öffnung**, der Unterwelt, *Ä* 6, 286. der Höhle, *Ä* 6, 47. zu den Wohnungen der Bienen, *G* 4, 280.

forma, ae, *f.*, **Gestalt, Äufseres** (von Natur od. durch Kunst geschaffen), 1) in bez. auf leb. Wesen, *a*) abstr., *Ä* 6, 293. 8, 203. 9, 101. 10, 188. 12, 224. *G* 3, 51. 4, 411. neben 'iuventa', *Ä* 5, 295. 7, 473. prägn., **schöne Gestalt**, **Schönheit**, *Ä* 1, 27. 8, 393. vollst., pulcher formā, *Ä* 1, 72 u. 496. 5, 570: vgl. *Ä* 5, 295. 6, 681. 10, 435. *b*) konkr., **Gestalt**, m. Gen., f. dei. ein Gott(deus), *Ä* 4,557. f. viri, *Ä* 8, 591. f. tricorporis umbrae, Geryon, *Ä* 6, 289. formae luporum st. lupi, *Ä* 7, 18. abs., v. Pers., *Ä* 6, 277. 2) in bez. auf Lebl.: *a*) **Äufseres, Gestalt**, einer Blume, *Ä* 11, 70. Plur., rerum, *B* 6, 36. aratri, *G* 1, 170. oris, *Ä* 9, 646. abs., accipere formam(von künstl. Holzarbeiten), *G* 2, 450. *b*) **Gestalt, Erscheinung, Beschaffenheit, Art**, quae forma viros fortunave mersit, welche Art des Verbrechens, *Ä* 6, 615. Plur., scelerum, *Ä* 6, 626.

formĭcn, ae, *f.*, **Ameise**, *G* 1, 186. *Ä* 4, 402.

1. **formīdo**, ārc, **empfinde Grausen vor etw., fürchte etw.**, formidatus nautis Apollo, der von den Schiffern gefürchtete Apollotempel, *Ä* 3, 275.

2. **formīdo**, dĭnis, *f.*, **Grausen, bange Furcht, Angst, Schrecken, Entsetzen**, 1) eig.: *a*) appell.: *α*) übh., *Ä* 2,

76 u. 400. 3, 47 u. 259. 7, 24 u. 453. 10, 631. 12, 676 u. 867. *G* 4, 357. neben 'horror', *Ä* 3, 30. trepida, *Ä* 9, 756. trepidus (subitā) formidine, *Ä* 6, 290. 9, 169. *β*) als religiöses Gefühl, 'Ehrfurcht', 'Scheu', Martis, *Ä* 7, 608. 'heiliger Schauer', den ein Gegenstand in uns erweckt, caligans nigrā formidine lucus, *G* 4, 468. *b*) personif., atra, Schrecken, Entsetzen (wie *Φόβος*), in Begleitung des Mars, *Ä* 12, 335. 2) meton., Schreckbild, dah. Wildscheuche, Federlappen, *Ä* 12, 750. *G* 3, 372.

formo, āre (forma), 1) bilde aus etw., classem, baue, *Ä* 9, 80. 2) übtr., bilde, richte ab, bestimme zu od. für etw., vitulos ad studium atque usum agrestem, *G* 3, 163.

formōsus od. (*Ribb.*) **formonsus**, a, um (forma), schön gestaltet, reizend, *a*) von Menschen u. Göttern, *B* 1, 5. 2, 17. 4, 57. v. Tieren, *B* 5, 44. *G* 3, 219. *b*) v. Lebl., pedum, *B* 5, 90. v. Frühling, formosissimus annus, *B* 3, 57.

fornax, nācis, *f.*, Ofen, *Ä* 7, 636. 8, 446. *G* 4, 263. in der Schmiede des Vulkan, *Ä* 8, 421. v. der Werkstätte der Kyklopen, Esse, *G* 1, 472.

fornix, nĭcis, *m.*, Wölbung, Schwibbogen, portae adverso fornice, die vorn sich wölbenden Pforten, *Ä* 6, 631. dcht., saxi, Wölbung od. Grotte der Felswand, *Ä* 10, 806.

fors, fortis, *f.* [doch nur im Nom. u. Abl. gebräuchl.] (fero), Zufall, I) als Sbst., *a*) Zufall, Ungefähr, *Ä* 2, 94. 7, 554. 8, 476. 12, 714. *b*) Fügung, Geschick, forte suā, *Ä* 1, 377. personif., als göttliche Macht, die ohne Zuthun der Menschen etwas herbeiführt, *Ä* 12, 41. *B* 9, 5. II) als Adv.: 1) Abl. **fortĕ**, von od. durch Zufall, von ungefähr, zufällig, gerade, eben, etwa, *Ä* 3, 22. 6, 682. 12, 397. nach 'cum' od. 'dum' m. Ind., *Ä* 3, 301. 6, 171. nach 'ut' ('wie'), mit Ind., *Ä* 5, 329; vgl. *Ä* 7, 112. nach 'si' m. Ind., *Ä* 1, 151 u. 375. sic f. precatur, *Ä* 6, 186. wiederholt, si f. pedem, si f. tulisset, *Ä* 2, 756. mit Relativs., qui f. exstructus etc., 'gerade', d. i. zum Unglück, *Ä* 9, 325. m. flg. Konj., *Ä* 5, 291. 486. 2) **fors**, vielleicht, *Ä* 5, 232. 6, 537. 12, 183. vor 'et' (sogar), *Ä* 2, 189. 11, 50.

forsän, Adv. (fors u. an), vielleicht, etwa, *Ä* 1, 203. 4, 19. 12, 153.

forsĭtän, Adv. (st. fors sit an), wohl möglich dafs, vielleicht, m. Konj., *B* 6, 58. m. flg. 'et', *Ä* 2, 506. *G* 2, 288. 4, 118.

fortassĕ, Adv., vielleicht, wohl, *Ä* 10, 548.

fortĕ, s. fors *no.* II, 1.

fortis, e (fero), 1) physisch stark, kräftig, gesund, von Menschen und ihren Gliedern, coloni, *G* 3, 288. umeri, *Ä* 9, 364. armi, *Ä* 4, 11. v. Tieren, wie v. Stieren, *G* 1, 65. 3, 50. v. Rennpferde, *Ä* 11, 705. v. Lebl., wie v. Bäumen, dauerhaft, kraftvoll, *G* 2, 48. 83. 296. 2) übtr., geistig kräftig, tüchtig, brav, wakker, tapfer, unerschrocken, v. Pers., *Ä* 1, 96. 510. 579. 729. 5, 389. 808. 6, 169. 7, 151. 752. 8, 154. 513. 10, 238. 562. 865. 11, 502. 12, 513. 538. 550. 561. mit dem Zusatz 'manu', *Ä* 9, 592. Etruria, Mycenae, *G* 2, 533. 3, 121. *b*) v. Lebl., corpora, 'Heldenleichen', *Ä* 1, 101. 8, 539. pectus, *Ä* 4, 11. 8, 150. corda, *Ä* 5, 729. arma, offener, ehrlicher Kampf (Gegs. zu 'furtum'), *Ä* 10, 735. facta, tapfere Thaten (im Kriege), *Ä* 1, 641. 10, 369; blofs 'fortia', *Ä* 8, 509. ausa, *Ä* 9, 281.

fortūna, ae, *f.* (fors), eig. Zufall, Fügung, dah. 1) appell.: *a*) eig., Schicksal, Schickung, Geschick, Verhängnis, Los, *Ä* 1, 240. 6, 62. 8, 333. 9, 214. 10, 107. 11, 253. 12, 677. quae fortuna viris, *Ä* 1, 517. Bes. in bez. auf Glück od. Unglück, inimica, *Ä* 5, 356. indigna, *Ä* 11, 108. tantum fortuna secunda haud adversa cadat, möge nur das Geschick, das jetzt mir günstig ist, nicht umschlagen, *Ä* 9, 282. dah. *α*) in bez. auf das Zusammentreten günstiger Umstände, Glück, glückliche Schickung od. Fügung, günstiges Geschick, glücklicher od. günstiger Fall, *Ä* 3, 16. 9, 240. 10, 43. 11, 180. 12, 436. sed fortuna fuit (v. Ardea), ihr Glanz, ihr Glück ist dahin (Gegs. 'nomen', d. i. der blofse Name, der noch übrig ist), *Ä* 7, 413. quae iam fortuna dabatur? welche Mittel od. Wege zur Rettung blieben mir noch übrig? *Ä* 2, 656. m. Gen. der Pers., populi, *Ä* 11, 345. quae sit f. facillima, welches der leichteste Weg des Gelingens sei, *Ä* 11, 761. *β*) Unglück, unglückliches Geschick, Mifsgeschick, Unfall, *Ä* 5, 710. 6, 62. 12, 593. fortuna tua, dein widriges Geschick, das dich auch jetzt noch verfolgt (Troiana f., *Ä* 6, 62, von Äneas genannt), *Ä* 6, 96. *b*) übtr.: *α*) was jmdm. durch das Schicksal zufällt od. zugefallen ist, Schicksal, Geschick, Los, Stellung, Lage, Zustände, Verhältnisse, in bez. auf Pers., *Ä* 1, 454. 2, 350. 3, 493. 4, 434. 9, 723. 12, 694. mansissetque utinam fortuna! meine väterliche Armut, *Ä* 3, 615. objektiv, si qua fortuna laborum est, alles, was an Arbeit noch das Geschick mir bringt, *Ä* 7, 559. Plur. von den Wechselfällen des

Lebens, *Ä* 6, 683. β) von Handlungen, Schicksal, Erfolg, Ausschlag, *Ä* 4, 109. 10, 422. v. Erfolg des Geschosses, *Ä* 12, 920. anceps pugnae, *Ä* 4, 603. laborum, Erfolg, Mittel gegen die Krankheit, *G* 3, 452. 2) personif., Fortuna, ae, *f.*, Göttin des Schicksals, *Ä* 4, 653. 5, 22. 604. 8, 127. 10, 49 u. 435. 12, 405. 637. bes. in bez. auf Glück od. Unglück, *Ä* 2, 79 (*Ribb.* appell.) u. 385. 3, 53. 5, 625. 6, 533(*Schap.*appell.).8,15 (*Schap.*appell.). 11, 413. 12, 694. neben 'Parcae', 12, 147. Sprichw., 'audentes Fortuna iuvat', unser 'Frisch gewagt ist halb gewonnen', *Ä* 10, 284.

fortūnātus, a, um (eig. Part. v. 'fortuno'), gesegnet, glücklich, beglückt, glückselig (bes. in bez. auf Gut u. Vermögen), v. Pers., *Ä* 1, 437. 9, 446. 11, 252. *G* 2, 458. 493. 4, 287. *B* 1, 47. 52. 5, 49. m. Gen., laborum, glücklich in seinen Lebensmühen, d. i. nachdem er diese glücklich überstanden, *Ä* 11, 416. auch: nemora (in bez. auf die Inseln der Seligen), *Ä* 6, 639.

Fŏrŭli, ōrum, *m.*, Flecken im Sabinerlande bei Amiternum, *Ä* 7, 714.

fŏrum, i, *n.*, öffentl. Platz, Marktplatz, Markt, bes. f. Romanum, freier Platz zwischen dem palatin. u. kapitolin. Hügel, das älteste Forum während der Zeit der Könige u. der Republik, *Ä* 8, 361. Bes. wurden die Staats- u. gerichtlichen Verhandlungen dort abgehalten, dah.: insanum, *G* 2, 502. indicit forum, er bestimmt Zeit u. Ort für die Gerichtssitzungen, *Ä* 5, 758.

fŏrus, i, *m.*, abgeteilter Raum auf dem Verdecke eines Schiffes, durch den man hin- und hergehen konnte, Gang, nur Plur., übh. 'Verdeck', *Ä* 4, 605. 6, 412. dcht., die noch ungefüllten Zellen der Bienen, *G* 4, 250.

fossa, ae, *f.* (fodio), 1)Graben, 'Rinne', a) zur Aufnahme u. Ableitung des Wassers, *G* 1, 326 u. 372. b) zum Schutze u. zur Befestigung, *Ä* 9, 143. 314. 470. 506. 567. 10, 24 u. 236. 11, 382 u. 888. 2) Furche, zur Bezeichn. des Umfangs einer zu gründenden Stadt, *Ä* 7, 157.

fossŏr, ōris, *m.* (fodio), Gräber, bes. des Weinberges, 'Winzer', *G* 2, 264.

fŏvĕa, ae, *f.*, Grube, zum Verscharren toter Tiere, *G* 3, 558.

fŏvĕo, fōvi, fōtum, ēre (St. 'fo' in 'fomes'), 1) wärme, erwärme, a) übh., alqm gremio, *Ä* 1, 692 u. 718. sinu alqm, schmiege od. drücke an den Busen, *Ä* 4, 686. alqm lacertis molli amplexu, umschlinge jmd. in zärtlicher Umarmung, umarme sanft, *Ä* 8, 688. Bes. b) bähe zur Heilung, 'wasche', 'bade', 'heile', volnus lymphā, *Ä* 12, 420. olentia ora illo (flore), *G* 2,135. haustu sparsus aquarum ore fove, besprenge sie aus dem M., *G* 4, 230 (*Schap.* 'fave'). 2) übtr.: a) halte gleichs. warm, halte mich unausgesetzt wo auf, castra, halte mich im Lager verschanzt, *Ä* 9, 57. von der Natter, f. humum, das Innere des Erdbodens lieben, *G* 3, 420. von Bienen, larem sub terra, unter der Erde die Wohnung sich wählen, *G* 4, 43. verb., progeniem nidosque, die Brut u. das Nest hüten od. bewahren, *G* 4, 56. Aber: hiemem inter se luxu, quam longa (est), 'sich gütlich thun (schwelgen) den langen Winter hindurch', *Ä* 4, 193. b) pflege, warte kranke Körperteile u. dgl., colla, d. i. stütze, lasse ruhen, *Ä* 10, 888. rimosa cubilia (der Bienen), *G* 4, 46. c) hege od. nähre etw. in der Seele, im Gemüt, famam inanem, hege die unbegründete (eitle)Meinung (über jmds. göttl. Macht), *Ä* 4, 218. m. Akk. u. Inf., tenditque fovetque (Iuno), erstrebt (mit Eifer) und sorgt (mit Liebe), dafs usw., *Ä* 1, 18. d) nähre od. pflege, begünstige, schütze, unterstütze, fördere, alqm, *Ä* 1, 281. *B* 3, 4. Cupidine bella, 'den Krieg nähren', d. i. in die Länge ziehen, *Ä* 10, 93.

fraenum, s. frenum.

frăgilis, e (frango), 1) zerbrechlich, ramus, *B* 8, 40. calamus, *G* 1, 76. culmus, dürr, *G* 1, 317. 2) übtr., knisternd, knatternd (beim Brennen), laurus, *B* 8, 82.

fragmĕn, mĭnis, *n.* (frango), Bruchstück, Trümmer, montis, Felsstück (von einem Berge losgerissen), *Ä* 9,569. 10, 698. des Dolches, *Ä* 12, 741. Plur., remorum, *Ä* 10, 306.

fragmentum, i, *n.* (frango), Bruchstück, Stück, Plur., ramea, abgebrochene Äste, 'Reisholz', *G* 4,304.

frăgŏr, ōris, *m.* (frango), das Zerbrechen, dah. das Krachen, Getöse, *Ä* 2, 692. 8, 527. v. Dröhnen der Erde, *G* 4, 493. vom Dröhnen, Tosen od. Brausen des Meeres, 'Brandung', *Ä* 1, 154. von den an die Felsen schlagenden Wogen, *Ä* 7, 590. 7, 587. v. 'Krachen' der vom Sturm gepeitschten Wälder, *Ä* 7, 677. aridus, wegen der dürren Bäume, *G* 1, 358. 'Gebrüll', 'Gestöhn', der kämpfenden Stiere, *Ä* 12, 724. übh. 'Lärm', 'Getöse' der Klagenden, *Ä* 11, 214. der Rufenden, *Ä* 5, 228.

frăgōsus, a, um (frango), tosend, brausend, torrens, *Ä* 7, 566.

frăgro, āre, dufte, nur Part. 'fragrans', v. Honig, *Ä* 1, 436. *G* 4, 169.

frägum, i, *n.*, gew. Plur., Erdbeere, *B* 3, 92.

frango, frēgi, fractum, ĕre (Wurz. ϝραγ in ῥήγνυμι), 1) breche, zerbreche, zerschlage, zermalme, zerschmettere, telum (manu), *Ä* 11, 484. 12, 8. arcum et calamos, *B* 3, 13. puppim, *Ä* 10, 297. fruges saxo, zerstampfe mit einer Keule im Mörser, *Ä* 1, 179. *G* 1, 267. glandem (näml. 'dentibus', von den Schweinen), *G* 2, 72. glaebas (rastris), *G* 1, 94. 3, 161. duo corpora manu ad saxum (am Felsen), *Ä* 3, 625. silvas (von den Stürmen), *G* 2, 441. Pass. 'frangi', zerbrechen, von Waffen, *Ä* 9, 413. 12, 732. v. Rudern (beim Schiffbruche), *Ä* 1, 104. 5, 209 u. 222. v. Bäumen, *B* 9, 9. 2) übtr.: *a)* breche etw. im Zustande der Bewegung Befindliches, unterbreche im Laufe, teile brechend, Pass. v. Wellen, 'sich brechen', *Ä* 1, 161. 10, 291. *b)* breche oder schwäche die Kraft von etw., *α)* übh., Pass. 'sich brechen', von Tönen, fractae voces ad litora, die Töne, die von den am Ufer sich brechenden Wellen entstehen, *Ä* 5, 556. fracti sonitus tubarum, gebrochen, *G* 4, 72. *β)* breche die Macht od. das Vermögen, Pass., 'verschwinde', 'werde vereitelt', doli frangentur circa haec (vincula), *G* 4, 400. vires, opes fractae (sunt), die Macht oder Kraft brach zusammen, *Ä* 2, 170. 3, 53. dcht. von den Bienen, res fractae (durch die Unfälle im Sommer), geschwächte Macht des Reiches, *G* 4, 210. *γ)* breche, bezwinge, demütige, Pass., frangor fatis, werde gebeugt, bewältigt vom Geschick, *Ä* 7, 594. fracti bello, *Ä* 2, 13.

fräter, tris, *m.* (φρά-τηρ), Bruder, *a)* eig., Stygius, *Ä* 9, 104. fratres coniurati, 'das Riesengeschlecht der verschworenen Himmelsstürmer', *G* 1, 280. Aetnaei (von den Kyklopen), *Ä* 3, 678. *b)* (Plur.) übtr., Blutsverwandte, *G* 2, 496. von Mitbürgern, *G* 2, 510.

fräternus, a, um (frater), 1) brüderlich, litora Erycis, 'Brudergestade des Eryx', *Ä* 5, 24. fines Erycis, 'das verbrüderte Land', Reich des E., *Ä* 5, 630. mors, Ermordung des Bruders, *Ä* 9, 736. caedes, vom Bruder verübt, *Ä* 4, 21. übtr., v. Tieren, mors, 'Tod des Genossen', *G* 3, 518.

fraudo, āre (fraus), eig. betrüge jmd. um etw.. beraube, m. Abl., alqm regno, *Ä* 4, 355.

fraus, fraudis, *f.*, 1) objektiv: *a)* eig.: *α)* böswillige Täuschung eines andern, Betrug, List, Hinterlist, Tücke, *Ä* 6, 609. 7, 552. 9, 428. 11, 522. *G* 1, 465.

dcht. in bez. auf Örter usw., loci et noctis, *Ä* 9, 397. caeli, *Ä* 5, 851. v. Zauberkünsten, *Ä* 11, 717. *β)* Hintergehung, Verletzung des Rechts, Vergehen, Verbrechen, prisca, *B* 4, 31. *b)* übtr., durch List oder Betrug entstandener Schaden, Nachteil, *Ä* 11, 708 (*Ribb.* u. *Schap.*; laudem *Haupt*). 2) subj., Selbsttäuschung, Verblendung, Irrtum, *Ä* 10, 72.

fräxīnĕus, a, um (fraxinus), von Eschenholz, eschen, trabes, sudes, *Ä* 6, 181. *G* 2, 359.

fräxīnus, i, *f.*, Esche, *Ä* 11, 136. *B* 7, 65.

frĕmĭtŭs, ūs, *m.* (fremo), jedes dumpfe Geräusch, *a)* leb. Wesen, *α)* der Tiere, equorum, Gewieher, Schnauben, *Ä* 11, 607. der Bienen, d. i. Rauschen, Summen, densus, *G* 4, 216. *β)* der Menschen, Lärmen, Toben, neben 'clamor', *Ä* 2, 338. 9, 54. m. 'turba' verb., lärmender Schwarm, *Ä* 5, 152. Bes. als Zeichen des Beifalls, 'Jauchzen', neben 'plausus', virûm, *Ä* 5, 148. secundus, 'Jubel des Beifalls', *Ä* 5, 338. *b)* des Meeres, Brausen, Rauschen, marinus, *G* 2, 160.

frĕmo, mŭi, mĭtum, ĕre, Naturlaut (wie βρέμω) zur Bezeichn. eines dumpfen Getöses, 1) intr.: *a)* v. leb. Wesen, u. zwar *α)* v. Tieren, 'knirschen', 'brüllen', v. Löwen, *Ä* 9, 341. 12, 8. v. Wolf, 'heulen', *Ä* 9, 60. v. Pferde, 'schnauben', 'wiehern', *G* 1, 12. 4, 7, 638. 11, 496 u. 599. 12, 82. bes. v. Streitrosse, *G* 3, 85 (*Haupt* u. *Schap.*; 'premens' *Ribb.*). von der Chimära, brausen, zischen, *Ä* 7, 787. *β)* v. Menschen, *αα)* als Zeichen des Unwillens oder Zornes, der Unzufriedenheit, knirsche, animis, vor Grimm, *Ä* 9, 703. 12, 371. magno clamore, erhebe ein grofses Geschrei, lautes Wehklagen, *Ä* 6, 175. m. Neutris v. Adj. adverbial, dira, erhebe grimmig die Stimme, *Ä* 10, 572. acerba, knirsche vor Schmerz, murre in bitterem Groll, *Ä* 12, 398. ähnl. von der personif. 'Furor', ore cruento, schnaube mit blutendem Munde, *Ä* 1, 296. Bes. *ββ)* 'murmele' beifällig, ore, *Ä* 1, 559. 5, 385. adsensu, *Ä* 10, 96. laetitiā, 'jauchze vor Freude', *Ä* 9, 637. abs., 'jubele', *Ä* 5, 555. rufe jauchzend, *Ä* 7, 389. *γγ)* tummele mich, circa altaria, *Ä* 4, 146. *b)* v. Lebl., *α)* dumpf rauschen, brausen, tosen, sausen, v. Sturme, magno cum murmure, *Ä* 1, 56; abs., *Ä* 5, 19. 10, 98. von den Schiffen, ungestüm toben oder drängen, *Ä* 8, 497. von Felsen, erdröhnen, *Ä* 7, 590. v. abgeschleuderten Steinen, sausen, *Ä* 12, 922. *β)* mit Abl., brausen, dröhnen, erschallen, tönen, wiederhallen von etw., v. Gebirge, ilicibus, *A* 12, 702. v. Gestade, undis, *A* 11, 299. v. Italien, bello, *A* 4, 229. von Gebäuden, lamentis, *A* 4, 668. von den Strafsen, laetitiā, *A* 8, 717. 2) trans.: *a*) lasse murmelnd, beifällig ertönen od. erschallen, eadem uno ore, *A* 11, 182. *b*) verlange etw. tobend, hastig, arma, *A* 7, 460. 11, 453.

frĕmŏr, mōris, *m.* (fremo), Murmeln, Gemurr (der Menschen), varius, *A* 11, 297.

frendo, ēre, knirsche vor Wut, graviter frendens, *G* 4, 452.

frēno, āre(frenum), 1) zäume (auf), equos, *A* 5, 554. 2) übtr., halte im Zaum od. in Schranken, bändige, zügele, v. Aolus, ventos tempestatesque vinclis et carcere, *A* 1, 54. v. Dido, gentes iustitiā, *A* 1, 523. v. lebl. Subj., glacie cursus aquarum, durch Eis hemmen (v. Winter), *G* 4, 136.

frēnum, i, *n.*, Plur. auch freni, ōrum, *m.* [Sing. nur *A* 12, 568. Plur. Akk. 'frenos' nur *G* 3, 184] (frendo), 1) Gebifs, Zaum, bes. der Pferde, concordia, *A* 3, 542; vgl. *A* 4, 135.5, 817. 8, 168. 11, 195. 719. 889. 12, 372. *G* 3, 115. 184. 252. v. Löwen, *A* 10, 253. 2) übtr., Zügel als Mittel jmd. im Zaume zu halten, 'Herrschaft', *A* 6, 100. 12, 568.

frĕquens, quentis, häufig, in grofser Anzahl od. Menge, zahlreich, 1) von Pers., zur Bezeichnung des Zahlenverhältnisses, *a*) im Raume, oft prädikat., *A* 1, 107. 6, 486. *G* 4, 216. *b*) in der Zeit, von einer Pers., die 'häufig' etw. thut, *G* 1, 99. 2) neben a. Subst.: *a*) m. Abl., reich an etw., angefüllt oder bewachsen mit etw., campos fr. herbis, *G* 2, 185. *b*) räuml. häufig, zahlreich od. in grofser Zahl vorhanden, lotus, *G* 3, 394. tela, *A* 10, 692. cultus, *G* 2, 51.

frĕquento, āre (frequens), besuche zahlreich, arva, *A* 6, 478.

frĕtum, i, *n.* (m. 'ferveo' verw.), 1) Brandung, Flut, Wogenmasse, gew. Plur., *G* 3, 327. 356. 386. 2) übtr.: *a*) Meerenge, Meerbusen, Sund, Plur., Sicaniae, *A* 1, 557. v. Hellespont, *G* 3, 260. v. Hafen, Sigea, *A* 2, 312. *b*) übh. Meer (gew. Plur.), *A* 1, 607. 3, 127. 5, 627. 10, 147 u. 210. *G* 2, 503. *B* 1, 61.

frĕtus, a, um, auf etw. sich stützend od. bauend, vertrauend, im Vertrauen auf, m. Abl., illā virgā, *A* 4, 245. procellis (v. Juno), *A* 5, 791. armis, auf die Tapferkeit (mit der man die Waffen führt), *A* 9, 676 (*Ribb.* 'animis'). citharā, *A* 6, 120. pietate, *A* 11, 787. his,

im Vertrauen auf diese Verwandtschaft, *A* 8, 143. iuventā, trotzend auf, *A* 5, 430.

frĭco, āre, reibe, arbore costas, am Baume, *G* 3, 256.

frīgĕo, ēre(ῥιγέω), 1) friere, bin vor Kälte starr, erstarre, dah. frigens der Erstarrte (von einem Toten), *A* 6, 219. 2) bin kalt od. starr, vires (die Nerven) frigent, *A* 5, 396.

frīgĭdus, a, um (frigeo), 1) kalt, frostig, kühl, *a*) eig.: imber, *G* 1, 259. 3, 441. aquilo, auster, *G* 2, 404. 4, 261. glacies, *G* 3, 298. vesper, *G* 3, 336. umbra, *B* 8, 14. rura, 'bereift', *G* 3, 324. Tempe, *G* 2, 469. Nursia, *A* 7, 716. bruma, *A* 2, 472. annus, 'die kalte Jahreszeit', Winter, *A* 6, 311. Bes. kalt für das Gefühl beim Berühren, anguis, *B* 3, 93. 8, 71. dcht., tecta, kühle Behausung (v. Bienenstock, den die Bienen verlassen, also nicht mehr wärmen), *G* 4, 104. Bes. *a*) in bez. auf Sterbende, kalt, starr, v. Pers., *A* 9, 415. 11, 828. *G* 4, 506. v. Körperteilen usw., lingua, *G* 4, 525. lumina frigida leto, im Tode gebrochen, *A* 11, 818. sudor, *G* 3, 501. *β*) in bez. auf Furchtsame u. Erschreckende, sanguis, *G* 2, 484. *A* 10, 452. *b*) übtr., kalt, starr, schlaff, leblos, dextera, *A* 11, 838. bes. in bez. auf Liebende, in Venerem, *G* 3, 97. 2) kalt, d. i. Kälte, Frost bringend oder erregend, eisig, *a*) eig., aquarius, *G* 3, 303. Saturni stella (weil Regen u. Hagel bringend), *G* 1, 336. *b*) übtr., mors, *A* 4, 385. horror, 'eisiger Schauer', *A* 3, 29.

frīgus, ŏris, *n.* (ῥῖγος), Kälte, Frost, Gegs. 'calor', *G* 4, 35. brumale, *A* 6, 204. pluvium, *G* 3, 279; vgl. *A* 6, 309. *G* 2, 256. 4, 259. Plur., wie unser 'Fröste', *G* 1, 47 (Gegs. 'sol') u. 352 (Gegs. 'aestus'). *B* 10, 47 (neben 'nives'); vgl. *G* 1, 93. 2, 113 u. 321. *B* 7, 51. v. Erdboden, wie bei uns 'kaltes Land', *G* 2, 256. Bes. *a*) kalte Witterung, Winterkälte, Winter, *B* 2, 22 (Gegs. 'aestas'). *G* 1, 300. 2, 344 u. 376. *B* 10, 65. *b*) Frische, Kühle des Schattens, *B* 1, 52. *c*) Kälte, Frost des menschl. Körpers, *A* 12, 905 u. 951. *d*) Schauer, eisiger Schrecken, Entsetzen (durch heftige Furcht erzeugt), *A* 1, 92.

frondātŏr, ŏris, *m.* (frons), Laubscherer, Baumscherer, v. Winzer, *B* 1, 56.

frondĕo, ēre(1. frons), bin belaubt, grüne, v. Bäumen u. Wäldern, *G* 2, 15. *B* 3, 57. oft Part. frondens, 'belaubt', 'grünend', ilex, *A* 5, 129. arbuta, *G* 3, 300. acanthus, *G* 2, 119. ramus, *A* 3, 25. 7, 67 u. 135. remi, die noch grünen, belaubten, *A* 4, 399. dcht., aurum, der goldene Zweig, das goldene Laub, *Ä* 6,208. hospitia, das einladende Laubdach der Bäume (für Bienen), *G* 4, 24.

frondesco, ĕre (frondeo), bekomme Laub, übtr., simili frondescit virga metallo, es schlägt ein Reis von demselben Metall aus, *A* 6, 144.

frondĕus, a, um (1. frons), belaubt, laubig, nemora, 'Laubwälder', 'belaubte Büsche', *Ä* 1, 191. tecta, eig. 'Laubdächer', dcht. st. 'belaubte Bäume', *G* 4, 61.

frondōsus, a, um (1. frons), laubreich, belaubt, ulmus, *B* 2, 70. mit dem Begr. des Schattigen, mons, *Ä* 7, 387. vertex, *Ä* 8, 351. Ida, Olympus, *Ä* 5, 252. *G* 1, 281. lucus, *G* 4, 543. aestas, *G* 3, 296.

1. **frons**, frondis, *f.*, Laub, mit u. ohne Zweig, Laubwerk, oft auch Plur. 'frondes' neben 'rami', *G* 2, 55. neben 'folia', *Ä* 3, 449. neben 'virgulta', *Ä* 5, 661; vgl. *Ä* 4, 444. 5, 134. 6, 205 u. 215. 11, 66. 523. 12, 206. *G* 1, 368. 2, 13. 55. 82. 305. 323. 335. 362. 365. 400. 403. 3, 175. 229. 352. 372. *B* 1, 80. 9, 60. Bes. als Nahrung für die Herde, *G* 2, 435. 3, 131. 175. 231. 528. *B* 10, 30. zu 'Kränzen' od. übh. als 'Schmuck', *A* 2, 249. 4, 148. 459. 506. 5, 134. 7, 751. 8, 274. Auf Baumblättern verzeichnete Sibylla ihre Weissagungen, *Ä* 3, 449.

2. **frons**, frontis, *f.*, Stirn, 1) eig.: *a*) des Menschen, *A* 7, 417. 9, 750. 10, 211 u. 349. 11, 238. 12, 307. als Sitz der Gemütsstimmung, zum Ausdruck der Gefühle, *Ä* 4, 477. parum laeta, *Ä* 6, 863. torva, *A* 6, 636. *b*) der Tiere, *Ä* 4, 515. 5, 567. 6, 244. 9, 627. *B* 6, 51. Plur., *Ä* 12, 717. 2) übtr., Vorderseite, *Ä* 1, 166. Plur., der Schiffe, *Ä* 5, 158. der Bühne, *G* 3, 24.

fructus, ūs, *m.* (fruor), Frucht, Plur. Früchte, als Ertrag von Bäumen u. Feldern, *G* 2, 36 u. 500.

früges, s. frux.

frūmentum, i, *n.* (fruor, frux), Getreide, u. zwar *a*) das noch entstehende, als Saat, *G* 1, 134. Plur., *G* 1, 150 u. 315. 2, 228. sata, junge Saat, *G* 3, 176. *b*) geerntetes Getreide, Plur. 'Körner', grandia, *Ä* 4, 406.

fruor, früi, habe Genufs od. Freude an etw., erfreue mich einer Sache, geniefse, m. Abl., urbe, *Ä* 3, 352. parto, *G* 1, 300. luce, *Ä* 4, 619. conloquio, *Ä* 7, 90.

frūstrā, Adv. (fraus, fraudo), erfolglos, vergeblich, umsonst, *G* 1, 158. *Ä* 1, 392. 5, 346. 6, 701. 9, 536. 'fortissi-

ma fr. pectora', die ihr ohne Erfolg tapfer seid, *Ä* 2, 348. heroum quondam fortissime fr., der du umsonst als der tapferste einst galtest, *Ä* 5, 389.

frūstror, āri (frustra), täusche, vereitle, vocatūs (v. Speere), *Ä* 12, 95. dcht., clamor frustratur hiantes, die Stimme versagt dem geöffneten Munde, *Ä* 6, 493.

frūstum, i, *n.* (fruor), Stück, Brokken, bes. Plur., Fleischstücke, *Ä* 3, 632. frusta secant, zerstücken das Fleisch, *Ä* 1, 212.

frūtex, ticis, *m.*, Strauch, Staude, Gesträuch, Plur. neben 'silvae', *G* 2, 21.

frux, frūgis, *f.* [bei Vergil nur Plur. **frūges**, um] (fruor), Frucht, Plur. bes. Erd- oder Feldfrüchte, 'Hülsenfrüchte' 'Getreide', *G* 1, 22. 27. 69. 298. 345. 2, 143. 423. 3, 535. *Ä* 6, 420. salsae, *Ä* 2, 133. 12, 173.

fūat, altert. st. 'sit', s. 'sum' zu A.

Fūcīnus, i, *m.*, der gröfste See in Latium im Gebiete der Marser (j. 'Lago Fucino' od. 'Lago di Celano'), *Ä* 7, 759.

fūco, āre (1. fucus), färbe, bes. Wolle, m. Abl., alqā re, *G* 2, 465. 4, 335.

1. **fūcus**, i, *m.* (φῦκος), eig. Seetang, zum Rotfärben benutzt, übtr., der rötliche harzige Blumensaft, mit dem die Bienen ihre Fluglöcher verkleben, Tünche, Bienenharz, *G* 4, 39.

2. **fūcus**, i, *m.*, Drohne im Bienenstock, *Ä* 1, 435. *G* 4, 168 u. 244.

fūga, ae, *f.* (φυγή), das Fliehen, die Flucht, 1) appell.: *a*) eig., *Ä* 1, 360. 2, 619. 3, 160. 243. 422. 4, 155. 281. 328. 338. 543. 575. 5, 658. 11, 815. 12, 252. alci fugam dare, jmdm. die Flucht verstatten, jmd. entfliehen lassen, *Ä* 7, 24. von den Wolken, fugam dare caelo, am Himmel fliehen, flüchtig ziehen, *Ä* 12, 367. konkret, nona dies fugae melior, begünstigt den Flüchtling, den auf die Flucht bedachten Sklaven (da der Mond schon leuchtet), *G* 1, 286. Bes. im Kriege, oft mit dem Nebenbegr. der Verwirrung oder Bestürzung, *G* 2, 108. 176. 640. 3, 283. 4, 399. 5, 586. 9, 131 u. 781. 10, 121. 378. 556. 624. 757. 800. 11, 350. 547. 706. 815. 12, 463. 484. 733. 742. *G* 3, 31. 120. dcht. Plur. (im Kampfspiele), *Ä* 5, 593. *b*) übtr. von Leb. u. Lebl., *α*) in räuml. Bez. (ohne jeden Nebenbegr. der Verfolgung), flüchtige Eile, Schnelligkeit, angestrengter od. schneller Lauf, *Ä* 1, 317. 5, 218. 9, 660. Abl. 'fugā', schleunig, eilend, *Ä* 4, 281. 9, 15. v. Tieren, *Ä* 10, 5. 10, 592. acris (der Stuten), *G* 3, 142. v. Schiffen, 'schnelle, rasche Fahrt', *Ä* 3, 480. 5, 218. 7, 24. v. Nordwind, fugā, auf der Flucht,

im Fliehen, *G* 3, 201. *β*) das Fliehen aus
od. vor etw., m. obj. Gen., pericli, Flucht
aus der Gefahr od. Not, *A* 8, 251. malorum, *A* 9, 538. 2) personif., **Flucht**, m.
Timor verb., *A* 9, 719.

fūgax,ācis(fugio),**flüchtig**, **schnell**
fliehend od. dahin eilend, v. feigen Kriegern, *A* 10,697. 11, 37. 12, 52. v. Tieren,
A 9, 591. 10, 724. *G* 3, 539. v. Lebl., pedes, *A* 11, 390.

fūgĭo, fūgi, ĕre (Wurz. *φυγ* in *φεύ-
γω*), 1) intr., **fliehe**, **entfliehe**,
**flüchte mich, entferne mich flie-
hend** (um Mühen u. Gefahren zu entgehen), *a*) v. leb. Wesen, *α*) übh., *A* 1,406.
2, 289 u. 733. 3, 639. 4, 565. 8, 223. 9,
17. 10, 649 u. 665. 11, 541. ex oculis, *G*
4, 500. ad salices, *B* 3, 65. in auras, *A* 5,
740. v. nomadischen Völkern, 'rasch u.
unstät umherziehen', in Rhodopen, *G* 3,
462. *β*) v. Kämpfenden, **fliehe**, **ergreife die Flucht, entweiche**, *A*
1, 467 u. 474. 9, 763. 10, 369. 399. 733.
11, 623. 664. 803. 863 flg. 12, 230. 645.
758. per tela, per hostes, *A* 2, 528. per
ignes, *A* 10, 56. super amnem, *A* 11, 563.
γ) v. Tieren, *G* 1, 330 u. 406. *A* 5, 276. in
nubila, *A* 5, 512. in flumina, *G* 3, 543. *b*)
v. Lebl., *α*) übh., **fliehen, eilen, da-
hineilen, enteilen**, von Wolken, vasto aethere, *A* 5, 821. von Geschossen,
'dahinfliegen' od. 'fahren', *A* 10, 430. 11,
654. von Bächen, 'strömen', 'fliefsen',
per gramina, *A* 4, 19. vom brandenden
Meere, *A* 11, 628. v. Schiffen, ad terram,
A 5, 243. per undas, *A* 10, 247. vom Le-
benshauche od. Leben, 'entfliehen', *G* 4,
526. sub umbras, *A* 11,831. 12, 952. dcht.
v. Örtlichkeiten, die sich, je näher wir
kommen, scheinbar mehr entfernen, Italia fugiens, *A* 5, 629. 6, 61. *β*) von der
Zeit, **fliehe**, **eile dahin**, **vergehe
schnell**, *G* 3, 284. 2) trans., **fliehe jmd.
od. etw., vor jmd. od. etw., meide,
verlasse, entgehe, entziehe mich**,
a) v. leb. Wesen, *α*) v. Menschen, alqm,
A 1, 341. 4, 314 u. 473. 5, 742. 11, 109.
G 4, 457. *B* 3, 53. bes. im Kampfe, *A* 10,
403. 11, 558. alqd (terras, undas u. dgl.),
A 3, 44 u. 413. 4, 388. 7, 202. 12, 660. *G*
1, 277. 3, 385. 4, 317. patriam (von den
aus dem Vaterlande Vertriebenen), *B* 1,
4. enses, *A* 2, 155. arma Iovis (v. Saturnus), *A* 8, 319. laborem, *A* 3, 459. 6, 893.
m. Inf., 'vermeide' (mit Absicht), 'hüte
mich' (mehr als 'nolo'), *A* 9, 200. *β*) v.
Tieren, aram, *A* 2, 223. notos, *A* 10, 266.
praesepia, *A* 11, 492. imbrem surgentem
vallibus imis, *G* 1, 375. caelum (das Tageslicht), *A* 3, 417. *b*) v. lebl. Subj. u.
Abstr., v. Flüssen, retro undas (v. Aufi-

dus), den **Lauf umkehren, rückwärts
wenden**, *A* 11,405. v. Gestirnen, *G* 4, 234.
von der Stimme, 'versagen', fugit vox
Moerim, *B* 9, 54. haud ulla viros vigi-
lantia fugit, der Landmann achtet mit
Sorgfalt auf alles, *G* 2, 265.

fūgo, āre (fuga), **schlage in die
Flucht, verscheuche, vertreibe**,
v. Äolus, nubes, *A* 1, 143. v. lebl. Subj.,
wie vom Tage, stellas, *A* 3, 521. 5, 42.
noctem, *A* 10, 257.

fulcĭo, fulsi, fultum, īre, *a*) **stütze,
halte aufrecht** od. **empor, trage,
v. Atlas, caelum vertice, *A* 4, 247. *b*) **verwahre, versperre**, postes obice, *A* 8,
227. *c*) **stütze oder lehne auf**, Part.
'fultus', gestützt (näml. auf den Pfühl),
caput fultum, *A* 11, 39. latus molli fultus hyacintho, die Seite gestützt, gebettet auf usw., *B* 6, 53.

fulcrum, i, *n.* (fulcio), **Gestell des
Speisesofas**, *A* 6, 604.

fulgĕo, fulsi, ēre [dcht. Nebenf. 'fulgĕ-
re', *A* 6, 827], 1) **blitze**, *A* 4, 167. 2) übtr.,
blitze, glänze, leuchte, strahle, *A*
7, 26. m. Abl., 'von' etw., murice, *A* 9, 614.
bullis, *A* 12, 942. aurato Apolline (v. Schiffe), *A* 10, 171. bes. v. Erz, Waffen, *A* 2, 749.
6, 217 u. 490. 7, 526. 8, 593. 10, 475. 550.
588. v. Pers., die im Waffen- od. Klei-
derschmuck prangen, *A* 5, 562. 8, 593.
11, 490. armis, *A* 11, 854 (*Ribb.* 'laetan-
tem animis'). iuvenis fulgentibus armis,
A 6, 861. mit griech. Akk., aere caput
fulgens, glänzend am Haupte vom Erze,
d. i. mit dem Helme bedeckt, *A* 10, 869.
in armis, *A* 6, 826. 11, 769.

fulgor, ōris, *m.* (fulgeo), 1) **Blitz,
Blitzstrahl**, *A* 8, 524. Plur., *A* 8, 431.
2) übtr., **Schimmer, Glanz**, bes. der
Farbe, *A* 5, 88. 14, 70. *G* 4, 93.

fulgur, gŭris, *n.* (fulgeo), **Blitz** (sofern er leuchtet), *G* 1, 488.

fūlĭca, ae, *f.*, **Wasserhuhn, Blesse**,
G 1, 363.

fūlīgo, gĭnis *f.*, **Rufs**, *B* 7, 50.

fulmĕn, mĭnis, *n.* (fulgeo), 1) **Blitz**
(sofern er einschlägt; vgl. fulgur), **Wetterstrahl, Donnerkeil**, *A* 1, 230. 2,
649. 3, 578. 4, 208. 5, 319 u. 691. 6, 581
u. 590. 7, 773. 8, 427 u. 524. 10, 177 u.
567. 12, 200 u. 922. *G* 1, 283. 4, 170 u.
328. 2) übtr.: *a*) zur Bezeichnung der
grofsen Schnelligkeit, *A* 9, 706. 11, 616.
b) zur Versinnlichung der unwidersteh-
lichen od. zerschmetternden Kraft eines
Kriegshelden, duo fulmina belli (von den
beiden Scipionen als Überwindern des
Hannibal und Zerstörern Karthagos), *A*
A 6, 843.

fulmĭnĕus, a, um (fulmen), **blitzend**

d. i.dem Blitze ähnlich anGewalt und Heftigkeit, Mnestheus, *A* 9, 812. ensis, zerschmetternd, mörderisch, *A* 4,580. 9,442.

fulmĭno, āre (fulmen), 1) blitze, schleudere Blitze, unpers., fulminat, 'es blitzt', *G* 1, 370. 2) übtr., drohe blitzend, tobe wie ein Ungewitter, armis (von Äueas), *A* 12,654. Caesar fulminat bello, donnert wuchtig im Krieg, *G* 4, 561.

fulvus, a, um (fulgeo), eig. feurig, brandrot, brandfarben, dah., wie αἴθων, gelb in den verschiedensten Abstufungen vom Hellen bis zum Dunkeln, gelblich, falb, bräunlich, rostfarben, v. Tieren in bez. auf die Farbe, v. Adler, *A* 11, 751. 12, 247. v. Löwen, *G* 4, 408. *A* 2, 722. 4,159. 8, 552. galerus (weil vom Felle des Wolfes verfertigt), *A* 7, 688. saetac, *G* 3,383. lupae tegmen, *A* 1, 275. v. Haare, blond, hochgelb, *A* 11, 642. v. Pers. in bez. auf das Haar (ξανθος), 'blondlockig', *A* 10,562. v. Sande, gelblich, *A* 5, 374. 6, 643. *G* 3,110. v. Edelsteinen, gelblich, gelbbraun, iaspis, *A* 4, 261. v. Metallen, in bezug auf den Glanz, funkelnd, blinkend, blank, aurum, *A* 7, 279. von einer goldenen Agraffe, *A* 11, 776. v. Lichte, funkelnd, rötlich schimmernd, lumen, *A* 7, 76. nubes, *A* 12, 792.

fūmĕus, a, um (fumus), rauchig, qualmend, fumea taedis lumina (von K.), *A* 6, 593.

fūmĭdus, a, um (fumus), rauchend, dampfend, qualmend, taeda, *A* 9,75. dcht. v. Lavinia, fumida lumine fulvo involvi (visa est), in Rauch und rötliche Flamme gehüllt werden, *A* 7, 76. amnis, *A* 7, 465.

fūmĭfer, fĕra, fĕrum (fumus u. fero), Rauch bringend, dampfend, qualmend, ignis, *A* 9, 522. nox, Dampf verbreitend, *A* 8, 255.

fūmo, āre (fumus), rauche, dampfe, *a*) von brennbaren Gegenst., bes. v. Örtlichkeiten, feuerspeienden Bergen, Häusern, Städten, Altären, aus denen Rauch (Qualm) od. Dampf aufsteigt, *A* 2, 698. 3, 3 u. 572. 4, 756. 12, 569. *B* 1, 43. summa villarum culmina fumant (bei Zubereitung des Mahles), *B* 1, 83. übtr., fumantes pulvere campi, von Staub aufwallend od. dampfend, 'umdunstet', *A* 11, 908. 2) von flüssigen Dingen, aus denen Rauch od. Dunst emporsteigt, wie v. Blut, *A* 8, 106. in bez. auf Tiere u. deren Körperteile selbst, equus sudore fumans, *A* 12, 338. abs., taurus fumans sub vomere, *G* 3, 515. fumantia exta, fumantia colla, *G* 2, 194 u. 542.

fūmōsus, a, um (fumus), voll Rauch, rauchig, tecta, 'rußige Decke', *G* 2,242.

fūmus, i, *m.*, *a*) Rauch, Qualm, Dampf, *A* 2, 609. 3, 582. 5, 682. 8, 252 u. 258. 9, 239. 12, 588 u. 592. *G* 1, 175. Plur., *G* 4, 230 (s. praetendo). Aufsteigender Rauch als Zeichen einer bewohnten Gegend, *A* 3, 206. *b*) nebelartiger Dunst od. Dampf, der von der Erde aufsteigt, Plur., *G* 2, 217.

fūnālĕ, is, *n.* (funis), Fackel oder Kerze von Wachs, Plur., *A* 1, 727.

funda, ae, *f.* (σφενδ-όνη), 1) Schleuder, *A* 9,586. 11, 579. *G* 1, 309. 2) übtr., trichterförmiges Wurfnetz, Zugnetz, unten am breiten Rande umher mit Bleikugeln beschwert, *G* 1, 141.

fundāmĕn, mĭnis, *n.* (1. fundo), Grundlage, Grund, Plur., *G* 4, 161.

fundāmentum, i, *n.* (1. fundo), Grundlage, Grund, Plur., *A* 1, 428. 2, 611. 4, 266.

fundātŏr, ōris, *m.* (1. fundo), Gründer, urbis, *A* 7, 678.

fundĭtŭs, Adv. (fundus), von Grund aus, gänzlich, völlig, *A* 6, 736. 11, 413. 12, 594.

1. fundo, āre (fundus), gebe einer Sache Grund u. Boden, 1) eig.: *a*) gründe, erbaue, lege an, urbem colonis (für die Ansiedler u. natürlich auch mit diesen), *A* 7, 410. arcem, *A* 4, 260. sedem urbis saxo vetusto, *A* 8, 478. sedem Veneri (für die V., ihr weihen), *A* 5,760. *b*) befestige am Grunde, naves, näml. am Meeresgrunde, v. Anker, *A* 6, 4. 2) übtr., befestige, legibus urbem, *A* 6, 811.

2. fundo, fūdi, fūsum, ĕre, gieße, 1) im engern Sinne, gieße, schütte, lasse fließe nod. strömen, Wasser u.dgl., m. Abl., 'aus' etw., amnem urnā, *A* 7, 792. vina pateris, *A* 5, 98. Pass. m. *Dat.* des Zieles 'wohin', hoc(*Abl.* 'damit', näml. dictamno) inficit amnem, macht damit an das 'in den Kessel' gegossene Wasser, *A* 12, 418. Bes. *a*) gieße aus (zum Opfern), sprenge, spende, vina, *A* 5, 238 u. 776. Pass., fusa vina, *A* 4, 455. dcht. die Gefäße selbst, die darin enthaltene Flüssigkeit, duo carchesia Baccho humi, *A* 5, 78. pateram inter cornua, *A* 4, 61. fuso cratere olivo, Olivenöl aus vollen Krügen gespendet, *A* 6, 225. *b*) vergieße, lasse fließen, multum lacrimas, vergieße häufig, viele Thränen, weine heftig, *A* 3, 348. cruorem, *A* 11, 646. caesis ut forte iuvencis (sanguis) fusus (erat) humum, *A* 5, 330. 2) im weitern Sinne, nicht flüssige Gegenst.,

a) werf eod. schiefse ab, schleudere, undique tela, *Ä* 11, 610. *b*) lasse herabwallen, bes. das Haar, gew. Part. Pass., fusus, 'tief herabwallend', 'fliegend', crines, *Ä* 10,137. dcht. in bez. auf die Pers. mit griech. Akk., fusus in pectore barbam, mit herabhängendem od. herabwallendem Barte, sodafs er auf der Brust lag, *Ä* 10, 838. *c*) lasse hervorspriefsen, bringe hervor, erzeuge (reichlich u. ohne Beschwerde), bes. Gewächse, v. Erdboden, hederas, *B* 4, 20. flores, *B* 9, 41. victum, *G* 2,460. dcht., tibi fundent cunabula flores, Blumen werden um deine (des neugeborenen Götterkindes) Wiege wachsen od. erblühen, *B* 4, 23. *d*) giefse, schütte, werfe (in Menge) wohin, breite aus, verbreite, lumen, *Ä* 2, 683. lumina, *G* 2, 432. flammam, *Ä* 10, 271. umbras, *Ä* 12, 207. f. se, v. Mondlichte, sich ergiefsen, *Ä* 3, 152. Pass., 'fundi circum', von den Blättern, welche die Scheibe einer Blume einfassen oder umgeben, *G* 4, 275. fusis circum armis, in (mit) vollem Waffengeschmeide, *Ä* 12, 433. campi in omnem partem fusi, sich ausdehnend, *Ä* 6, 440. *e*) lasse ausströmen, *α*) Töne, Worte u. dgl., lasse ertönen oder hören, breche aus in etw., gebe von mir, spreche aus, vocem extremam cum sanguine, gleichs. 'lasse hinströmen mit' usw., *Ä* 4, 621. preces ab imo pectore, *Ä* 6, 55. has loquelas ore, spreche folgende Worte, *Ä* 5, 842. talia, *Ä* 3, 344. dicta, *Ä* 8, 584. *β*) lasse das Leben ausströmen, hauche aus, verhauche, vitam cum sanguine, *Ä* 2, 532. *f*) vergeude, verschwende, incassum fusi labores, *Ä* 7, 421. *g*) schütte gleichs. aus, lasse los, equus fundit armatos, *Ä* 2, 329. Bes. Pass. von einer gröfseren Menge, sich ergiefsen, strömen, stürzen, sich verbreiten, m. Abl. ('aus'), plenis portis, *Ä* 12, 122. una undique circum, losstürzen (auf den Polyphemus), *Ä* 3, 635. v. Bienen, circum lilia, *Ä* 6, 709. *h*) werfe oder strecke hin, Pass., strecke mich nachlässig hin, lagere mich, bes. Part. 'fusus', humi, *Ä* 6, 423. humum, ausgleitend auf dem Boden, *Ä* 5, 330. sub remis per sedilia, auf den Bänken, *Ä* 5, 837. per herbam od. herbas, *G* 2, 527. *Ä* 1, 124. Oft mit dem Nebenbegr. der Sorglosigkeit, per moenia, *Ä* 2, 252. per herbam, *Ä* 9, 164. corpora fusa per herbam (mit dem Zus. 'somno vinoque'), *Ä* 9, 317. *i*) im feindl. Sinne, werfe od. strecke hin, schlage in die Flucht, erlege, alqm manu, *Ä* 9, 591. alqm insidiis, *Ä* 2, 421. corpora

humi, *Ä* 1, 193. 11, 665. Pass., corpora fusa ferro, *Ä* 11, 102. abs., fuso corpore, am (zu) Boden gestreckt, *Ä* 9, 722. fusi, geschlagen, besiegt, *Ä* 11, 366. *k*) gebe von mir, gebäre, erzeuge, alqm, *Ä* 8, 139. equum (von der Erde), *G* 1, 13.

fundus, i, *m.*, Grund, 1) eig.: *a*) Grund, Boden eines Gegenstandes, Tiefe, des Ätna, *Ä* 3, 577. 6, 581. imus, der tiefste Abgrund des Meeres, *Ä* 2, 419. 5, 178. 7, 530. *b*) Grund, Grundlage einer Fläche, übtr., fundo, von Grund aus, *Ä* 10, 88. 2) meton., Grund und Boden, Grundstück, Landgut, Plur. 'fundi lati', *G* 2, 468.

funereus, a, um (funus), zur Leiche oder Leichenbestattung gehörig, faces, 'Totenfackeln', *Ä* 11, 143; als Zeichen des Unheils und Blutvergiefsens (v. Allekto), *Ä* 7, 337. frons, 'Totenkranz' (aus Cypressenzweigen), *Ä* 4, 507.

funestus, a, um (funus), Unheil verkündend, Verderben bringend, unheilvoll, taeda, *Ä* 7, 322.

fungor, functus sum, fungi, verrichte, mit Abl., munere, *Ä* 6, 885.

fungus, i, *m.* (σπόγγος), eigentl. Erdschwamm, übtr., schwammähnliche Schnuppe am Dochte, *G* 1, 392.

funis, is, *m.*, Seil, Strick, Leine, zum Herablassen, *Ä* 2, 262. um das Schiff stromaufwärts zu ziehen, *Ä* 2, 239. zum Anbinden, *Ä* 5, 488. Bes. Tau, Schiffseil, womit man die Schiffe vom Hinterteile aus an das Ufer befestigte, *Ä* 3, 266. 639. 667. 4, 575. 5, 773. 10, 659. *G* 1, 457.

funus, neris, *n.*, 1) der Tote als Körper, Leiche, Leichnam, *Ä* 2, 284 u. 361. 4, 618. 6, 150. 510. 874. 8, 570. 9, 491 u. 526. 10, 602. 11, 53. 189. 366. 646. 12, 383 u. 629. *G* 3, 263. v. Tieren, *G* 3, 246. dcht. Plur., von einem, nec te, tua funera mater produxi, 'ich habe dich, deine Leiche (vielmehr) sollte ich sagen, nicht besorgen, zur Bestattung führen können, *Ä* 9, 486 (*Ribb.*; *Haupt* u. *Schap.* 'tua funere produxi'). 2) abstr.: *a*) Leiche, Leichenbestattung od. -feier, Begräbnis, *Ä* 3, 62. 9, 486. 11, 169. v. Bienen, *G* 4, 256. *b*) übtr., Tod, felix (nach einem ruhigen Greisenalter), *Ä* 7, 599. Bes. gewaltsamer Tod, Mord, übb. Untergang, Grab, Ende, Verderben, v. Lebl., *Ä* 2, 539. 4, 308. 6, 429 u. 458. 7, 42. 11, 27 u. 57. *B* 5, 20. Plur. 'funera' von einer Pers., wie v. 'Selbstmord' der Dido, *Ä* 4, 500. tot funera patior, betrauere so viele Tote, *Ä* 1, 232.

fur, furis, *m.*, Dieb, nocturnus, *G* 3, 407. 4, 110. Bes. von diebischen Sklaven, 'Schalksknecht', *B* 3, 16.

furca, ae, *f.*, zweizinkige **Gabel**, dah. gabelförmige Stütze der Reben, 'Gaffel', *G* 1, 264. 2, 359.

furia, ae, *f.* (furo), Wut, 1) appell.: *a)* Wut, rasende Leidenschaft, Raserei, nur Plur., *A* 4, 376 u. 477. 8, 205 u. 219. 12, 101 u. 946. iustae, gerechteWut, Entrüstung, gerechter Zorn, *A* 8, 494. Aiacis, *A* 1, 41. von Tieren, *G* 3, 511. *b)* Liebeswut, Brunst der Tiere, *G* 3, 244. *c)* Verzückung, Begeisterung, Raserei, der Bacchantinnen, *A* 7, 392. der Wahrsager, furiae Cassandrae, *A* 10, 68. 2) personif. 'Furia', meist Plur., Furien oder Rachegöttinnen, auch 'Erinyes', 'Eumenides' od. 'Dirae' genannt (s.d.), nach Hesiod (Theog. 185) Töchter der Erde, nach Äschylus (Eum. 321; vgl. *A* 6, 250) Töchter der Nacht, drei an Zahl, Allekto, Tisiphone und Megära, geflügelt (*A* 7, 408) u. mit Fackeln (aus Taxusholz, das man für giftig hielt) in den Händen und schlangendurchflochtenen Haaren dargestellt, die nicht nur an dem Frevler in der Unterwelt die Strafen vollzogen, sondern auch den schon verruchten Sinn des Menschen zu immer schrecklicherer That verwirrten, *G* 3, 37. scelerum Furiis agitatus Orestes, von den Furien, welche die Verbrecher verfolgen u. Rache an ihnen nehmen, *A* 3, 331 (*Haupt* u. *Ribb.* 'furiis'). Furiarum maxima, Allekto od. Megära, *A* 6, 605. Ihren Sitz versetzen die Dichter in der Unterwelt an den Eingang des Tartarus, obgleich nach einer andern Vorstellung, der Vergil (*A* 12, 845) folgt, nur Megära daselbst als Dienerin des Hades wohnte, während die anderen beiden im Vorhofe des Juppiter als Dienerinnen desselben wachten und dessen Gebote unterworfen waren, *A* 6, 280 u. 572. 7, 324. 8, 699. In der späteren Sage auch mit den Harpyien identifiziert, Furiarum maxima, d. i. Celäno, *A* 3, 252.

furiālis, e (furia), zu den Furien gehörig, membra, 'Furienglieder', *A* 7, 415. übtr., malum, das entsetzliche (grausige) Übel, *A* 7, 375.

furiātus, a, um (furio), in Wut versetzt, wütend, rasend, mens, *A* 2, 407 u. 588.

furibundus, a, um (furo), wütend, rasend, v. Dido, *A* 4, 646. v. Amata, *A* 7, 348.

furo, rŭi, ĕre, rase, wüte, tobe, schwärme, 1) v. leb. Wesen, *a)* intr., *α)* v. Pers., *A* 4, 464. per urbem, *A* 7, 377. v. wilden u. ungeordneten Umherschweifen roher Völker, *A* 4, 42. vom unge-

stümen Lauf, 'eile' od. 'rase dahin' (zu Pferde, Gegs. 'ire' u. 'pedes'), *A* 7, 625. Bes. v. Zustande der Begeisterung, in welchen Weissagende versetzt werden, wie von Kassandra usw., *A* 1, 491. 2, 345. 3, 313. 6, 100 u. 662. 11, 838 u. 901. v. Kämpfenden od. Streitenden, *A* 2, 499. 3, 100. 9, 691. 10, 386. 545. 578. 604. 11, 486 u. 762. m. Gen. 'animi', in wildem Eifer, mit ungestümem Mut, *A* 5, 202. zur Bezeichn. eines hohen Grades der Erregtheit u. Leidenschaft, furens, 'bethört', *A* 4, 65; 'empört', *A* 4, 298. Bes. im Zorne, 'wüte', 'tobe', *A* 2, 595 u. 613. 10, 802. animis furens, 'von Zorn entbrannt', *A* 8, 228. in Liebe, *A* 4, 69. 283. 465. 5, 6. incendere reginam furentem, durch Geschenke zur Liebesglut entflammen, *A* 1, 659. in od. von Schmerz, *A* 3, 313. 10, 386. 11, 709. 12, 607. tectis urbis, durch die Wohnungen u. Strafsen der Stadt, *A* 2, 771 (wo *Ribb.* 'ruenti' st. 'furenti'). *β)* v. Tieren, *A* 11, 638. *G* 3, 458. contra tela, *A* 9, 552. *b)* trans., mit homogenem Akk., hunc sine me furere ante furorem, lafs mich diese Wut, von der ich entbrannt bin, noch auswüten oder austoben (meine Kampfgier gegen Äneas noch einmal stillen), *A* 12, 680. 2) v. Lebl., wie v. Sturme u. dgl., *A* 1, 51. 2, 304. 5, 694. 10, 37. *G* 3, 150. vom siedenden Wasser, *A* 7, 464. vom brandenden Meere, arenis, d. i. mit dem Sande (s. insequor), den Sand gewaltsam mit sich herumtreiben, *A* 1, 107. v. Feuer, *A* 4, 670. 5, 662.

1. furor, āri (fur), stehle, entwende, übtr., 'nehme heimlich weg', 'entziehe', patri furata creavit (equos), zog diese Rosse ohne Vorwissen des Vaters auf, *A* 7, 283. oculos labori, entziehe, *A* 5, 845.

2. furor, ōris, *m.* (furo), Raserei, Wut, Ausbruch des Wahnsinns, Wahnsinn, Wahnwitz, 1) appell.: *a)* v. leb. Wesen, *α)* als Eigensch. dessen, der seines Verstandes nicht mächtig ist, *A* 4, 697. 5, 659. Plur., *A* 7, 406. *β)* als Eigenschaft dessen, der sich wie ein Rasender benimmt, Raserei, bei der Bacchusfeier, *A* 7, 386. bei Weissagungen, *A* 6, 102. im Kampfe, 'Kampfwut', *A* 2, 355. 12, 680. des Zornigen, 'Wut', 'Grimm', 'Hafs', 'Erbitterung', *A* 1, 348. 2, 316. 10, 63 u. 905. 'Liebesglut', *A* 4, 91 u. 101. *B* 10, 60. v. Tieren, 'Brunst', 'Geilheit', *G* 3, 266. übtr., v. Gegenstand leidenschaftlicher Liebe, *B* 10, 38. *b)* v. Lebl., Wut, Rasen, Toben der Stürme wie des Meeres, Plur., *A* 5, 801. 2) personif., 'Furor', in bez. auf die Kriegswut, im Gefolge des Mars, *A* 1, 294.

furtim, Adv. (fur), verstohlener

Weise, heimlich, unvermerkt, *Ä* 3, 50. 9, 546.

furtīvus, a, um (furtum), verstohlen, heimlich, geheim, amor, *Ä* 4, 171. dcht. v. Pers., alqm furtivum partu edere, in verstohlener Geburt, *Ä* 7, 660.

furtum, i, *n.* (fur), 1) Diebstahl, *B* 6, 42. *G* 1, 286. 2) geheimer Trug, Hinterlist, List, Verrat, bes. im Gegs. zum offenen u. ehrlichen Kampfe, *Ä* 10, 735. belli, *Ä* 11, 515. feige Entwendung, Palladii, *Ä* 9, 150. hinterlistige Tötung, *Ä* 9, 350. versteckte Bosheit, *Ä* 6, 568. Bes. von heimlicher, ungesetzlicher Liebe, *Ä* 4, 337. 6, 24. 'geheimer

Raub' (in bez. auf die Entführung der Helena), *Ä* 10, 91. Plur., dulcia furta Martis, verstohlene Buhlschaft, *G* 4, 346.

fuscus, a, um, dunkel, braun, alae, der Nacht, *Ä* 8, 369; der Furien, *Ä* 7, 408. v. Pers., von der Sonne gebräunt, sonnverbrannt, Amyntas, *B* 10, 38.

fūsus, i, *m.*, Spindel, *G* 4, 348. bes. der Parzen, *B* 4, 46.

fūtīlis od. (*Ribb.*) **futtīlis**, e (St. 'fu'in 'fundo'), leicht auslaufen lassend, übtr., *a*) zerbrechlich, glacies, *Ä* 12, 740. *b*) unzuverläfsig, unsicher, consiliis non f. auctor, nicht ohne Gewicht sein Rat bei den Beratungen, *Ä* 11, 339.

G.

Gābī̆i, ōrum, *m.*, alte Stadt in Latium, *Ä* 6, 773.

Gābīnus, a, um (Gabii), zu Gabii gehörig, gabinisch, Iuno, in G. verehrt, *Ä* 7, 682. cinctus, *Ä* 7, 612.

gaesum, i, *n.* (gall. Wort), schwerer gallischer Speer, Alpina, *Ä* 8, 662.

Gaetūlus, a, um, zu den Gätulern (*Γαιτοῦλοι*) gehörig, einem wilden Volke am Nordsaume der grofsen Wüste in Afrika, das teilweise bis zur Küste an den Syrten sich ausbreitete, gätulisch, der Gätuler, Iarbas, *Ä* 4, 326. leo, *Ä* 5, 351. Syrtes, *Ä* 5, 51 u. 192. urbes, *Ä* 4, 40.

1. **Gālaesus**, i, *m.*, ein Latiner, *Ä* 7, 535 u. 575.

2. **Gālaesus**, i, *m.* (*Γαλησός*), Flufs in Unteritalien, der bei Tarent mündete, j. 'Gelaso', *G* 4, 126.

Gālātēa, ae, *f.* (*Γαλάτεια*, Lactea), 1) ein Nereïde, *Ä* 9, 103. *B* 7, 37. 9, 39. 2) Name eines Landmädchens, *B* 1, 31. 4, 64 u. 72.

galbănĕus, a, um (galbanum, *χαλβάνη*), aus Galbanum, dem harzigen Safte einer Pflanze (des kretischen Stekkenkrautes?), der getrocknet u. in Dampf aufgelöst als Mittel zur Räucherung der Ställe gegen das Eindringen von Schlangen wie der Bienenstöcke gegen faulige Dünste diente, nidor, *G* 3, 415. odores, *G* 4, 264.

gālĕa, ae, *f.* (*γαλέη*, 'Wiesel'), Helm aus Leder (eig. Wieselfell), mit einem Federbusch u. mit Erz beschlagen, 'Pikkelhaube', *Ä* 1, 101. 2, 392. 3, 468. 5, 367 u. 471. 7, 785. 8, 539. 9, 50. 365. 667. 809. 10, 330. 535. 836. 11, 91. 194. 692. 12, 381 u. 537. als Preis, *Ä* 5, 314. Auch

zur Aufnahme der Lose benutzt, *Ä* 5, 491 u. 498.

gālērus, i, *m.* (galea), Kappe aus rohem Leder, 'Pelzkappe', *Ä* 7, 688.

galla, ae, *f.*, Gallapfel, *G* 4, 267.

1. **Gallus**, i, *m.*, gew. Plur. 'Galli', Gallier, grofse Völkerschaft (im jetzigen Frankreich und in Oberitalien), *Ä* 6, 858. S, 656 flg.

2. **Gallus**, i, *m.*, Cornelius, geb. 66 v. Chr. zu Forum Julium, ber. Elegiendichter (Nachahmer des Euphorion, s. Chalcidicus), Freund des Vergil u. Augustus, endete 26 v. Chr. als Statthalter von Ägypten sein Leben durch Selbstmord, *B* 6, 64. 10, 2 flg.

Gangărīdae, ārum, *m.*, mächtige Völkersch. in Indien jenseit des Ganges (im j. Bengalen), *G* 3, 27 (wo der Gen. 'Gangaridûm').

Gangēs, is, *m.* (*Γάγγης*), Hauptflufs Indiens, der auf dem Berge Hemodes entspringt u. nach Aufnahme von sieben Nebenflüssen (amnes) mit diesen ein Ganzes bildend ruhig dahinströmt, tacitus, *Ä* 9, 31. pulcher, *G* 2, 137.

Găny̆mēdēs, is, *m.* (*Γανυμήδης*), Sohn des Königs Tros in Troja, von Juppiter wegen seiner Schönheit durch einen Adler in den Olymp entführt u. zum Mundschenk statt der Hebe erhoben (vgl. Ov. met. 10, 135 flg.), worüber Juno erzürnte, *Ä* 1, 28. ausführl., *Ä* 5, 252 flg.

Gărămantēs, um, *m.* (*Γαράμαντες*), Volk im Innern Libyens oberhalb Gätuliens, südlich von der grofsen Syrte (j. 'Fezzan'), das den entlegensten Teil der damals bekannten Erde bewohnte, dah. 'extremi', *B* 8, 44. m. 'Indi' verb., *Ä* 6, 794.

Gărămantis, tĭdis, *f.* (Garamantes), zu den Garamanten gehörig, nympha, eine libysche Nymphe, Mutter des Iarbas vom Zeus, *Ä* 4, 198.

Gargānus, i, *m.*, ein Zweig der Apenninen im nördl. Apulien, *Ä* 11, 247.

Gargăra, ōrum, *n.* (*Γάργαρον*), südlicher Vorsprung des quellreichen Idagebirges in Mysien, dessen fruchtbare Umgegend sprichwörtlich, *G*1,103.3,269.

garrŭlus, a, um (garrio), geschwätzig, zwitschernd, hirundo, *G* 4, 307.

gaudĕo, gāvīsus sum, gaudēre, freue od. erfreue mich, empfinde od. finde Freude, Gefallen, Vergnügen, äufsere meine Freude (Gegs. 'doleo'), *α*) abs., *Ä* 6, 733. v. Löwen, *Ä* 10, 726. bes. Part. 'gaudens', freudig, vergnügt, *Ä* 1, 690. 8, 702. *β*) m. Abl., 'an' od. 'über etw.', *Ä* 5, 757. 6, 383 u. 817. 7, 219 u. 800. 8, 730. *B* 8, 75. equo, reite freudig dahin, *Ä* 4, 157. v. Pferden, *G* 3, 185. v. lebl. Subj., wie v. Örtlichkeiten, Pflanzen, *B* 6, 29 u. 48. *G* 2, 181. 4, 120. *γ*) mit Part., 'habe meine Freude, wenn' usw., 'freue mich' od. 'liebe es' mit Inf., bisw. durch 'mit Freuden' u. das Verb. fin. zu übers., gaudet tuens, betrachtet mit Freuden, *Ä* 12, 82. gaudent tuentes, freuen sich des Anblicks, *Ä* 5, 575. quo spolio gaudet potitus, er freut sich, frohlockt über die gewonnene Beute, *Ä* 10, 500. gaudent perfusi sanguine fratrum, freuen sich Bruderblut zu vergiefsen, über das vergossene Br., *G* 2, 510. v. Löwen, gaudet excutiens cervice toros, schüttelt froh (und stolz) die Mähnen, *Ä*12, 6. vom Apenninus, gaudet nivali vertice se attollens, erhebt mit dem Scheitel sich froh in die Luft, *Ä* 12, 702. *δ*) m. Inf., *Ä* 2, 239, od. m. Akk. u. Inf., *Ä* 12, 109.

gaudĭum, ĭi, *n.* (gaudeo), 1) Freude, freudige Stimmung, bei Vergil nur Plur., *Ä* 1, 502. 5, 827. m. Gen., vitae (am L.), *Ä* 12, 180. m. Adj., blanda u. dgl., *Ä* 5, 827. 6, 278 u. 513. personif., mala mentis Gaudia, hämische Fr. des Herzens, *Ä* 6, 279. 2) meton., Gegenst. der Freude od. des Wohlgefallens, 'Liebling', *Ä* 10, 325. sua gaudia, seine Hoffnung, *Ä* 10, 652.

gāza, ae, *f.* (*γάζα*, eig. persisches W.), königlicher Schatz, übh. Schätze, Reichtum, *Ä* 1, 119. 2, 763. agrestis, v. Vorräten, *Ä* 5, 40.

Gĕla, ae, *f.* (*Γέλα*), Stadt auf der Südwestküste Siciliens, am reifsenden Flufs Gelas, *Ä* 3, 702.

gĕlĭdus, a, um (gelu), 1) eiskalt, kalt, aether, *Ä* 8, 28. arctos, *Ä* 6, 16. um-

bra, *Ä* 11, 210. antrum, *G* 4, 509. rupes, *Ä* 8, 343. v. Gebirgen, *Ä* 8, 138. v. Wolken, *Ä* 12, 796. valles, durch Kühle erfrischend, *G* 2, 488. v. Wasser, *G* 1, 43. *B* 10, 42. *Ä* 7, 682 u. 801. 8, 597 u. 610 ('et gelido' *Wagn.* u. *Haupt*; 'egelido' *Ribb.* u. *Schap.*). 12, 331. pruinae, *G* 2, 262. sanguis, *Ä* 3, 30. 259. 395. 12, 905. sudor, 'Angstschweifs', *Ä* 3, 175. 2) übtr., als Wirkung der Furcht, kalt machend, erstarrend, eisig, eiskalt, tremor, *Ä* 2, 120. 6, 54. 12, 447.

Gĕlōni, ōrum, *m.* (*Γελωνοί*) [Sing. 'Gelonus', *G* 3, 461], skyth. Nomadenstamm (auch zu den Thrakiern gezählt) am Borysthenes, in der j. 'Ukraine', mit den Arabern gew. als Grenzvölker der Erde genannt, *Ä* 8, 725. *G* 2, 115.

Gĕlōus, a, um (*Γελῷος*), zur Stadt Gela gehörig, geloisch, campi, *Ä* 3, 701.

gĕlŭ, ūs, *n.*, 1) Eisdecke, Eis, *G* 3, 355. 2) Eiskälte, Kälte, *α*) eig., *G* 2, 317. gelu et undae, eiskalte Flut, *Ä* 9, 604. *b*) übtr., Kälte, Erstarrung als Folge des Alters, *Ä* 8, 508.

gĕmellus, a, um (Dem. v. geminus), der Geburt nach doppelt, sbst., gemelli, ōrum, *m.*, 'Zwillinge' von Tieren, *B* 1, 14.

gĕmĭno, āre (geminus), mache doppelt (zweifach), plausus geminatus plebisque patrumque, der zweifach erscholl von seiten des Volkes u. der Senatoren, *G* 2, 509.

gĕmĭnus, a, um, 1) zugleich geboren, zwillingsgeboren, nati, pueri, Zwillingspaar, Zwillinge, *Ä* 5, 285. 8, 631. proles, Zwillingsgeschlecht, *Ä* 1, 274. pestes, unheilvolle Zwillingsschwestern (Allekto u. Tisiphone), *Ä* 12, 845. Sbst., gemini, ōrum, *m.*, 'Zwillinge', *Ä* 10, 390. 2) der Zahl nach, *α*) doppelt, zweifach, zwei, sol, 'Doppelsonne', *Ä* 4, 470. scopuli, *Ä* 1, 162. murus, *Ä* 3, 535. arae, *Ä* 3, 305. portae Belli, zwei einander gegenüberstehende, *Ä* 7, 607. portae Somni, *Ä* 6, 894. quercus, *Ä* 9, 681. biremes, *Ä* 8, 79. bonos (Geschenk), *Ä* 5, 365. lebetes, *Ä* 5, 365. tripodes, *Ä* 9, 265. caestus, *Ä* 5, 401. vestes, *Ä* 11, 72. cristae, 'Helm mit doppeltem Federbusch', *Ä* 6, 780. flammae, *Ä* 8, 680. pestes (von den Furien), *Ä* 12, 845. custodes, *Ä* 8, 461. angues, *Ä* 2, 203. 8, 288; bes. der Furien, *Ä* 7, 450. dracones, *Ä* 2, 225. columbae, *Ä* 6, 190. bes. doppelgestaltet, arbos, 'doppelgestaltet' (mit gewöhnlichen Zweigen u. einem goldenen Zweige), *Ä* 6, 203. *b*) beide, zwei (als verbunden gedacht), meist Plur., Atridae, *Ä* 2, 415 u. 500. 8, 130. Aloidae, *Ä* 6, 582. Scipiadae, *Ă* 6, 843. parentes, Teuker u. Dardanus, *Ă* 3, 180. iugales, *Ă* 7, 280. triones, *Ă* 1, 744. 3, 516. tempora ('Schläfe'), *Ă* 5, 416. 9, 750. cornua, *G* 4, 371. nares, *G* 4, 300. acies ('beide Augen'), *Ă* 6, 789.

gĕmĭtŭs, ūs, *m.* (gemo), 1) das Ächzen, Stöhnen, Wehklagen, Gestöhn, Seufzer, *a*) der Menschen, *Ă* 10, 505 (m. 'lacrimae' verb.). 4, 667 (mit 'lamenta' u. 'ululatus'). 2, 486 (m. 'miser tumultus'). maestus, *Ă* 9, 498. lacrimabilis, *Ă* 3, 39. ingens, *Ă* 1, 485. 11, 37. m. subj. Gen., cadentum, morientum, *Ă* 10, 674. 11, 633. m. obj. Gen., ereptae virginis, Schmerz, Betrübnis über usw., *Ă* 2, 413; vgl. *Ă* 2, 73. 323. 679. 3, 664. 4, 687. 6, 220. 11, 95. 377. 831. 12, 928 u. 952. *G* 4, 353. v. dumpfen Ächzen des Erzürnten, *Ă* 3, 664. Plur., *Ă* 2, 288. 4, 409. 6, 557 u. 873. *b*) der Tiere, 'Ächzen' des kranken Pferdes, *G* 3, 506. 'Gebrüll' der Stiere, *Ă* 12, 722. *G* 3, 223; Plur., *G* 3, 517. des Löwen, m. 'irae' verb., *Ă* 7, 15. 2) lebl. Gegstde., Stöhnen, Ächzen, Tosen, Dröhnen, Getöse, der Erde, *Ă* 3, 577. gemitum dare, erdröhnen, *Ă* 2, 53. 9, 709. 12, 713. des Meeres, *Ă* 3, 555. der Schläge auf den Ambos, *Ă* 8, 420 (wo *Haupt* 'gemit*um*').

gemma, ae, *f.*, 1) Knospe, Auge des Weinstocks, *B* 7, 48. *G* 2, 74 u. 335. 2) Edelstein (bes. geschnittener oder eingefafster), Juwel, *a*) eig., *Ă* 1, 655. 7, 76. m. 'aurum' verb., *Ă* 1, 728. fibula tereti gemmā, Schnalle aus rundlichem Edelstein, *Ă* 5, 313. im Gleichn. mit menschl. Schönheit, *Ă* 10, 134. *b*) meton., das daraus verfertigte Trinkgeschirr, 'Edelgeschirr', *G* 2, 506.

gĕmo, gĕmŭi, gĕmĭtum, ĕrc, 1) intr., seufze, ächze, stöhne, klage, *a*) v. Menschen, *Ă* 11, 150. m. Akk. des Neutr. Adj. Plur., multa, *Ă* 1, 465. 4, 395. 5, 869. 12, 886. extrema, stofse den letzten Seufzer aus, *Ă* 11, 865. *b*) v. Tieren, wie v. verwundeten Hirsch, 'ächzen', *Ă* 7, 501. v. Tauben, 'girren', *B* 1, 59. *c*) v. Lebl., wie unser seufzen, wimmern, 'dumpf tönen', 'dröhnen', von einer Höhle in bez. auf die Schläge auf den Ambos, *Ă* 8, 451. von Thrakien, pulsu pedum (vom Hufschlag), *Ă* 12, 334. von der Tenne, tunsis frugibus, *G* 3, 133. v. Nachen des Charon, sub pondere, *Ă* 6, 413. v. Wagen, 'knarren', *Ă* 11, 138. v. Rade, *G* 3, 183. von den mit erschlagenen Feinden angefüllten Flüssen, 'seufzend strömen', *Ă* 5, 806. 2) trans., beseufze, beklage etw., klage über etw., ignominiam victoris, *G* 3, 226. Amyci casum, *Ă* 1, 221.

gĕnae, ārum, *f.* (St. 'gen', γένυς, γε-

νείας, *Kinn*), *a*) Wangen mit den darunter liegenden Kinnbacken, in bez. auf den sprossenden Bart, *Ă* 8, 160. *b*) übh. Wangen (auch als Sitz des Zornes wie der Freude), *Ă* 4, 463. 5, 173. 12, 65. 221. 605. effusae genis lacrimae, von den Wangen herab, über die W. rollen ihm Thränen, *Ă* 6, 686.

gĕnĕr, nĕri, *m.* (St. 'gen' in 'gigno'), 1) Tochtermann, Schwiegersohn, Eidam, *Ă* 6, 832. 7, 57. 98. 256. 367. 11, 472. 12, 31. *G* 1, 31. Gegs. 'socer', *Ă* 7, 317. 2) übtr., der zukünftige Schwiegersohn, Bräutigam der Tochter, *Ă* 2, 344; vgl. *Ă* 12, 658.

gĕnĕrātim, Adv. (genus), nach Geschlechtern od. Gattungen, g. discite cultus (die Pflege jeder Baumgattung), *G* 2, 35.

gĕnĕrātŏr, ōris, *m.* (genero), Erzeuger, dcht., v. Berge Akragas, equorum, *Ă* 3, 704.

gĕnĕro, āre (genus), erzeuge, zeuge, bringe hervor, *a*) v. Menschen, alqm, *Ă* 7, 734. 8, 141. Part. 'generatus' m. Abl., 'abstammend', 'entsprossen von', 'Spröfsling', Anchisā, *Ă* 6, 322. Troiā, *Ă* 5, 61. *b*) v. Tieren, mel (v. Bienen), *G* 4, 205. generando, durch Zeugung, Zucht, *G* 3, 65.

gĕnĕrōsus, a, um (genus), edel, adelig der Geburt nach, Maeoniā domo, 'edler Sprofs vom mäonischen Stamme', *Ă* 10, 141. der Art od. Raçe nach, pecus, *G* 3, 75. dcht., der Beschaffenheit nach, von einer Insel, 'gepriesen', 'berühmt', m. Abl., 'metallis', *Ă* 10, 174.

gĕnĕsta od. (*Ribb.*) **gĕnista**, ae, *f.*, Ginster, *G* 2, 12 u. 434.

gĕnĕtrix, īcis, *f.* (gigno), Erzeugerin, Mutter, *Ă* 9, 284. v. Venus als M. des Äneas, *Ă* 1, 590. 4, 227. 8, 383. 12, 412 u. 554; des Amor, *Ă* 1, 689. magna deûm, Kybele, *Ă* 2, 788. 9, 82. abs., *Ă* 9, 95 u. 117. 10, 234.

gĕnĭālis, e (genius), dem Genius heilig od. geweibt, 'ergötzend', 'einladend', tori, 'festlich erhöhte Polster', 'Festkissen', wie man sie an Festtagen seinem Genius aufstellte, *Ă* 6, 603. hiemps, zur Freude od. Lust einladend (da man bes. an den Saturnalien seinem Genius etwas zu gute that), *G* 1, 302.

genista, s. genesta.

gĕnĭtālis, e (St. 'gen' in 'gigno'), zur Zeugung gehörig, befruchtend, semina, *G* 2, 324. arvum, für die Empfängnis geeignet, *G* 3, 136.

gĕnĭtŏr, ōris, *m.* (St. 'gen' in 'gigno'), Erzeuger, Vater, bes. von Göttern u. Heroën, deûm, caeli, v. Juppiter, *Ă* 7,

305. 9, 630. omnipotens, *Ä* 10, 668. abs., *Ä* 8, 427. 10, 466. 11, 727. 12, 200 u. 843. v. Neptun, *Ä* 1, 154. 5, 817. v. Faunus, *Ä* 7, 82. v. Thybris, *Ä* 8, 72. v. Peneus, *G* 4, 355. v. Belus, *Ä* 1, 621. v. Sychäus, *Ä* 2, 560. 4, 84. v. Achilles, *Ä* 2, 548. v. Anchises, *Ä* 3, 709. 5, 536. 7, 122. 12, 133; vgl. *Ä* 1, 716. 2, 635. 657. 699. 717. 6, 108 u. 364. v. Latinus, *Ä* 7, 360. v. Mezentius, *Ä* 10, 833. genitore Adamasto paupere (*Abl. abs.*), da mein Vater Ad. arm war, *Ä* 3, 614; vgl. *Ä* 2, 732. 3, 614. 7, 360. 8, 583. 9, 201. 264. 272. 10, 320. 466. 703. 800. 11, 158.

gĕnĭus, ĭi, *m.* (St. 'gen' in 'gigno'), ein göttlicherGeist(Dämon), der in demMenschen von der Geburt an schaffend u. gestaltend fortwirkt und ihm meist schützend zur Seite steht, auch auf die Örtlichkeiten übertragen, deren Geschicke die Genien bestimmen, loci, *Ä* 5, 95. 7, 136.

gens, gentis, *f.* (St. 'gen' in 'gigno'), 1)Geschlecht,Stamm,*a*)v.Menschen, bes. der röm.Familie, Claudia, *Ä* 7, 708. Dah. mit Bez. auf röm. u. andere Verhältnisse, wie v. Aneas, satus de gente deûm (wegen Venus), *Ä* 8, 36. Iovis de gente suprema, *Ä* 7, 220. von den Latinern, Saturni, *Ä* 7, 203. von den Stammältern des julischen Geschlechts, nomina demissae ab Iove gentis, *G* 3, 35; vgl. *Ä* 3, 105. 9, 284 u. 643. 10, 350 u. 388. 11, 331. dah. *α*) von éinem Individuum einer Gesellschaft, Sprofs, Sprösfling, deûm od. deorum, 'Göttersohn', d. i. Aneas (wegenVenus), *Ä* 10, 228. 11, 305. gentis honos (v. Aneas), *Ä* 4, 4. *β*) übh. 'Menschengeschlecht', 'Geschlecht', aurea, *B* 4, 9. inpia, *G* 2, 537. *b*) v. Tieren, Geschlecht, Stamm, Art, umida ponti, Robben, *G* 4, 430. v. Pferde, *G* 3, 122. v. Kälbern, *G* 3, 158. v. Schafen, *G* 3, 473. v. Bienen, 'Schwarm', 'Volk', *Ä* 1, 431. *G* 4, 4. 2)Volksstamm, Volk, Völkerschaft in bez. auf gemeinsame Abstammung, m. 'populus' verb., *Ä* 6, 706. 10, 202. m. näher bestimmendem Adj., Romana, Herculea, togata u. dgl., *Ä* 1, 33. 273. 282. 445. 523. 602. 641. 2, 78. 3, 235 u. 653. 4, 320. 425. 483. 541. 5, 624 u. 730. 6, 60. 63. 92. 359. 757. 767. 7, 85. 304. 367. 746. 750. 803. 8, 102 u. 722. 9, 137. 10, 139 u. 155. 11, 246. 252. 402. 432. 12, 191 u. 340. *G* 3, 33 u. 382. mit näher bestimmendem Gen., Danaûm, Priami u. dgl., *Ä* 1, 96. 3, 1. 5, 785. 6, 91. 7, 304. 11, 432; vgl. *Ä* 1, 248. 543. 642. 8, 13 u. 502. 11, 13 u. 324. dcht. m. Bez. auf den Namen eines Landes od. einer Stadt, 'Land', in welchem ein Volk wohnt, *Ä* 1, 533.

von der Stadt Tibur, *Ä* 7, 671. Plur., dcht. übh.'Völker',Menschheit,Menschen, *Ä* 1, 17. 11, 846.

gĕnŭ, ūs, *n.* [Plur. 'gŏnŭa' zweisilb. gleichs. 'genva', *Ä* 5, 432. 12, 747 u. 905] (*γόνυ*), Knie, *Ä* 1, 320. 12, 303. Plur., *Ä* 3, 38 u. 607. 5, 468. 10, 523.

gĕnŭs, nĕris, *n.* (St. 'gen' in 'gigno', *γένος*), 1) Geschlecht, *a*) der Zeit und Abstammung nach zusammengehörend, Volksstamm, Stamm, Nation, Latinum, *Ä* 1, 6. Nomadum, *Ä* 8, 724. Cyclopum, *Ä* 4, 675; vgl. *Ä* 8, 51. Cressa genus, von kretischer Abkunft, *Ä* 5, 285. *b*) Geschlecht, ausschliefsl. der Abstammung nach zusammengehörend, *α*) Stamm, Haus, Familie, futurum, *Ä* 4, 622. omne futurae stirpis ab Ascanio, *Ä* 8, 628. durum ab stirpe, *Ä* 9, 603; vgl. *Ä* 1, 526. 3, 184. 4, 230. 365. 606. 6, 766. 7, 219. 8, 142. 12, 530. mit einem Attribut, Aemilium, *Ä* 6, 27. Aencadûm, *Ä* 1, 565. Memmi, Gracchi (des Tib. Sempronius Gracchus), *Ä* 6, 842. antiquum Terrae, Teucri, *Ä* 6, 580 u. 648. *β*) ein einzelner aus dem Geschlecht, Sprofs, Abkömmling, Sohn, divi, d. i. Augustus als Adoptivsohn des vergötterten Julius Cäsar, *Ä* 6, 793. Fauni, *Ä* 7, 213. duplex Latonae, Apollo u. Diana, *Ä* 12, 198. deorum (wegen Venus),Veneris, Aneas, *Ä* 4, 12. 7, 556. Achilli, *Ä* 6, 840; vgl. *Ä* 6, 500. 12, 127 u. 514. *γ*) das weibliche und männliche Geschlecht (zur Fortpflanzung), femineum, *Ä* 9, 141. mixtum, *Ä* 6, 25. c) Gesamtheit gleichartiger leb. Wesen, *α*) Geschlecht, Raçe,.humanum, hominum, Menschengeschlecht, *Ä* 1, 542 u. 743. hominum pecudumque, *Ä* 6, 728. omne in terrishominumque ferarumque, jedes Erdengeschöpf usw., *G* 3, 242 flg. inmortale (von den Bienen), *G* 4, 208. *β*) Geschlecht, Gattung, Raçe, Klasse, Stand, Schlag v. Menschen, hominum, *Ä* 1, 539. virûm, *G* 2, 167. durum, *G* 1, 63. intractabile, *Ä* 1, 339. v. Tieren, 'Gattung', 'Raçe', percudum, *G* 3, 480. alituum pecudumque, *Ä* 8, 27. natantum, *G* 3, 541. apium, *G* 4, 92. vipereum, *Ä* 7, 753. abs. v. Bienen, *G* 4, 282. *γ*) von Lebl., Gattung, Art, telorum, *Ä* 2, 467. 9, 509. tormenti, *Ä* 8, 487. silvarum fruticumque, *G* 2, 20. vitis, *G* 2, 262. 2) Geburt, Geschlecht, Abstammung, Herkunft, Stand (in bez. auf Geburt), *a*) übh., *Ä* 5, 568 u. 737. 6, 123. 10, 149 u. 201. 11, 340. 12, 225. qui genus? unde domo? wer seid ihr in bezug auf das Geschlecht? *Ä* 8, 114. genus indecores, *Ä* 12, 25. Italia, genus ab Iove summo, Italien, die Wiege meiner Vorfahren, die ihre Abkunft auf Juppiter zurückführen, *Ä* 1, 380. unde est g. amnibus, woher (von denen) die Flüsse stammen, *Ä* 8, 71. auch von den Winden, *Ä* 1, 132. Bes. *b*) 'hohe' od. 'edle Geburt', *Ä* 5, 621.

Germānĭa,ae,*f*.,Land der Germanen, Germanien, *B* 1, 63.*G* 1, 474 u. 509.

germānus, a, um (germen),demselben Stamme (denselben Eltern) entsprossen, leiblich, recht, sbst., *a*) germanus, i, *m.*, 'leiblicher Bruder', *Ä* 1,341 u. 346. 2, 479. 4,44. 9, 722. 10,125. 12,152. auch nur von derselben Mutter abstammend, 'Halbbruder', *Ä* 5, 412. *b*) germana, ae, *f.*, 'leibliche Schwester', *Ä* 1, 350. 4, 478. 492. 500. 9, 593 u. 803. 10,607. 13,872.*G* 4,377. es germana Iovis, von Juno, du bewährst dich als eine echte Schwester des Juppiter (da beide leicht in heftigen Zorn gerieten', *Ä* 12, 830.

germĕn, mĭnis, *n.*, Keim, Auge, Knospe, *G* 2, 76 u. 332.

gĕro, gessi, gestum, ĕre, 1) führe, trage etw., *a*) übh., *α*) mit u. ohne Abl. des Körperteiles, mit dem man etw. trägt, sceptrum (dextrā), *Ä* 1, 653. 12,206. arma, *Ä* 1, 315. 5, 412. 12, 472. pharetram, *Ä* 7, 816. insigne umeris, *Ä* 12, 944. telum manu, *Ä* 11, 552 (*Schap.* 'ferebat'). tela dextris, *Ä* 1, 188. 11, 735 (aber: tela gerunt, tragen od. schaffen herbei, *Ä* 9, 171). pila manu, *Ä* 7, 664. ancilia, hastilia laevā, *Ä* 7, 188. 12, 488. hastas, *Ä* 7, 396. bella manu letumque (von der Furie), *Ä* 7, 455. dcht. v. lebl. Subj., dextra Turni gerit te(hastam), *Ä* 12,97. *β*) trage auf einem Teile des Körpers od. übh. an dem Körper, vittas, *Ä* 2, 156. regis insigne, *Ä* 12, 289. virgineum os habitumque gerens et arma virginis, jungfräulich an Gesicht und Gestalt u. an Waffen, *Ä* 1, 315. squalentem barbam et concretos sanguine crines volneraque illa gerens,mit wüstem Bart u. blutigem Haar und den Wunden 'bedeckt', *Ä* 2,278. cuncta gerens vocemque et corpus et arma Metisci, an Stimme, Gestalt u. Waffen ganz gleich dem Met., *Ä* 12,472. od. 'trage' einen Teil des Körpers mit Attribut., tempora umbrata quercu, *Ä* 6,772. *b*) trage, bringe hervor, mālos (durch Pfropfung), *G* 2, 70. lucos (v. Indien', *G* 2, 122. 2) trage in mir, habe, zeige (v. Eigenschaften usw.), aliquod nomenque decusque, geniefse einige Ehre, einiges Ansehen, *Ä* 2, 90. curam pro alqo, 'trage Sorge', *Ä* 12, 48. animumque gerens curamque virilem,kriegerischen Sinn u. Umsicht zeigend, 'voll männlichen Sinns und bedachtsam', *Ä* 9,311. 3)führe etw. aus, thue, verrichte, alqd, *G* 4, 305. nec

tecum talia gessi, noch habe ich solches gethan, was dein Mifstrauen gegen mich erwecken könnte, *Ä* 9,203. bes. von kriegerischer Thätigkeit, 'führe', bellum (in) Italiā, *Ä* 1, 263. bellum ad Troiam pro alqo, *Ä* 1, 24. bellum, bella (cum alqo), *Ä* 1, 48. 3, 235. 6,891.11,113u.305. bella pacemque, bereite Krieg u. Frieden, entscheide über Krieg und Frieden, *Ä* 7, 444. ähnl., seu pacem seu bella, *Ä* 9, 279. mit allgem. Obj., res, dah. Pass., rebus bene gestis, nach wohl od. glücklich vollbrachtem Werke, *Ä* 9,157. ea aequo dum Marte geruntur, während dieses unentschiedenen Gefechtes, *Ä* 7,540. übb. von dem, was 'geschieht' od. 'sich ereignet', ea diversā dum parte geruntur, während dies in entgegengesetzter Richtung vorging, *Ä* 9, 1.

Gēryŏnēs, ae, *m.* (*Γηρυόνης*), ein Riese mit drei Köpfen u. drei von den Hüften an aufwärts getrennten Leibern, König der Insel Erythīa bei Gades, *Ä* 7, 662. 8, 202. dah. durch 'forma tricorporis umbrae' bezeichnet, *Ä* 6, 289.

gestāmĕn, mĭnis, *n.* (gesto), Gegenstand zum Tragen am Körper, Priami, Tracht (v. den königl. Insignien), *Ä* 7, 246. als Appos. zu 'clipeus', Abantis, 'Schild', den Abas getragen, *Ä* 3, 286.

gestĭo, īvi, ītum, īre (gero, gestus), geberde mich vor ausgelassener Freude, v. Schwänen, studio lavandi (aus Lust sich zu baden), *G* 1, 387.

gesto, āre (Intens. v. 'gero'), *a*) trage, führe mit od. bei mir, sceptrum, *Ä* 12, 211. pharetram, *Ä* 1, 336. spicula manu, *Ä* 7,687. *b*) übtr., trage in mir, habe, non obtusa adeo gestamus pectora Poeni, uns Puniern ist das Herz nicht so abgestumpft, *Ä* 1, 567.

Gĕtae, ārum, *m.* (*Γέται*), ein thrakisches Volk an den Ufern der Donau, *G* 3, 462. 4,463. von den Römern wiederholt bekämpft, *Ä* 7, 604.

Gĕtĭcus, a, um (Getae), zu den Geten gehörig, getisch, arva, *Ä* 3, 35.

gigno,gĕnŭi,gĕnĭtum,ĕre(Wurz.'gen', *γεν* in *ἐγενόμην*), zeuge, erzeuge, gebäre, bringe hervor, v. Vater u. Mutter, alqm, *Ä* 1, 618. 5, 39. 7, 47. 10, 597.*G* 4,324. Bes. Part.'genitus'm.Abl., dis genitus et genituros deos (v. Iulus), *Ä* 9, 642. genitus Maiā, Sohn der Maja, *Ä* 1, 297. Volcano, *Ä* 7, 679. geniti dis, 'Göttersöhne'(*διογενεῖς*),*Ä* 6,131.diversis partibus orbis, stammend aus usw., *Ä* 12, 708. übtr., v. lebl. Subj., wie vom Kaukasus, alqm, *Ä* 4, 366.

gilvus,a,um, gelblich, blafsgelb, equus, 'isabell', 'isabellfarbig', *G* 3, 83.

glăcĭālĭs, e (glacies), cisig, eiskalt, hiemps, *A* 3, 285.

glăcĭēs, ēi, *f.*, Eis, *A* 4, 251.!12, 740. *G* 1, 236 u. 310. 3, 289 u. 365. 4, 135. *B* 10, 49. Plur., Hyperboreae, gleichs. 'Eismassen', 'Eisfelder', *G* 4, 517.

glădĭus, ĭi, *m.* (m. 'clades' verw.), Schwert, *A* 10, 313 u. 513. 12, 278.

glaeba (glēba), ae, *f.*, *a*) Erdklumpen, Scholle, *G* 1, 44. 65. 94. 2, 236. 261. 399. 3, 161. neben 'sölum', *G* 1, 65. 2, 399. *b*) dcht. übtr., Acker, Feld, Boden, uber glebae, Fruchtbarkeit des Bodens, *A* 1, 531. 3, 164. Plur., duris Aequicula glaebis, 'mit rauhem Boden' (zur Bezeich. der Sitten eines Volkes), *A* 7, 747.

glans, glandis, *f.*, 1) Eichel, *G* 1, 148 u. 305. 2, 72 u. 520. 4, 81. Plur., quernae, *G* 1, 305. Sing. st. Plur., hiberna, *B* 10, 20. Chaonia, *G* 1, 8. 2) übtr., Kugel aus Blei zum Schleudern gegen die Feinde, liventis plumbi, *A* 7, 686.

glārĕa, ae, *f.*, Kiessand, Kies, *G* 2, 212.

glaucus, a, um (γλαυκίς), grau, ins Blaue od. Graue schiefsend, blaugrau, dunkelgrün, v. Schilf, *A* 6, 416. 10, 205. vom meergrünen, unterhalb weifslichen Laube der Weiden, *G* 2, 13. 4, 182. v. Gewande der Meergottheiten, *A* 8, 33. 12, 885. vom Auge derselben, *G* 4, 451. v. Pferde, 'Blauschimmel', *G* 3, 82.

Glaucus, i, *m.* (Γλαῦκος), 1) Sohn des Sisyphus, dessen zu Potniä erzogne Stuten von der Venus (aus Grimm über ihre Vernachlässigung bei den Leichenspielen des Pelias) in Raserei versetzt wurden, so dafs sie ihren Herrn zerrissen, *G* 3, 267. 2) ein böotischer Fischer aus Anthedon, der sich nach dem Genufse eines betäubenden Krautes ins Meer stürzte u. in einen wahrsagenden Meergott verwandelt wurde, *A* 5, 823. 6, 36 (wo Gen. 'Glauci' ellipt., näml. 'filia'). *G* 1, 437. 3) ein Troër, *a*) Sohn des Antenor, *A* 6, 483. *b*) Sohn des Imbrasus, *A* 12, 343.

glēba, s. glaeba.

glisco, ĕre, eig. v. Feuer, entglimme, übtr., wachse, v. Grimm, *A* 12, 9.

glŏbus, i, *m.*, 1) Kugel, lunae, 'Scheibe', *A* 6, 725. 2) übtr.: *a*) Ballen, Knäuel, 'Masse', flammarum, *A* 3, 574. b) Haufe dichtgedrängter Menschen, Schwarm, Rotte, Schar, Knäuel, *A* 10, 373. ingens, *A* 9, 515; vgl. *A* 9, 36 u. 409.

glŏmĕro, āre (glomus, ĕris, *n.*, 'Knäuel'), 2) mache zu einem Ball od. Knäuel, balle (zusammen), incendia (v. Winde, der eine grofse Feuersbrunst erzeugt), *G* 2, 311. tempestatem (v. den Wolken), auftürmen, *G* 1, 123. noctem (v. Kakus),

A 8, 254. saxa sub auras (v. Ätna), wirbelnd in die Lüfte schleudern oder wälzen, *A* 3, 577. Pass. v. Staubwolken, sich zusammenballen, *A* 9, 33. Bes. dcht., gressus glomero superbos, lasse das Pferd im stolzen Trabe od. Trotte gehen, *G* 3, 117. *b*) übtr., leb. Obj., schare, rotte, dränge oder ziehe knäuelförmig zusammen, manum bello (*Dat.*), sammle oder häufe Scharen zum Kampfe, *A* 2, 315. blofs manum, *A* 9, 792. cervi agmina fugā glomerant, drängen sich in Haufen (Rudeln) auf der Flucht zusammen, *A* 4, 155. Pass. 'glomeror', balle oder dränge (rotte) mich zusammen, in orbem (von Bienen), *G* 4, 79. ad terram ab alto gurgite, in wimmelndem Knäuel landeinwärts ziehen (v. Vögeln), *A* 6, 311. eodem, *A* 9, 689. glomerati ex agmine adverso, *A* 2, 727. circum alqm, *A* 9, 440. hinc atque hinc (von den Oreaden), *A* 1, 500.

glōrĭa, ae, *f.*, Ruhm, Ehre, 1) obj.: *a*) eig., *A* 2, 325. 7, 4. 9, 278. 10, 143. 11, 431. neben 'honos', *A* 12, 135. neben 'decus', *A* 11, 154. *G* 4, 6. m. subj. Gen., *A* 6, 767. 11, 336. m. obj. Gen., *A* 4, 232 u. 272. Turni pulsi (den Turnus zurückgedrängt zu haben), *A* 10, 144. facti, *A* 12, 322. dcht., palmae, Stolz über den errungenen Sieg, *G* 3, 102. auch abs., Siegesruhm, Sieg, *A* 11, 421 u. 444. *b*) übtr., v. Pers., 'Ehre', 'Zierde' od. 'Stolz', Troianae gentis, *A* 6, 766. v. Lebl., 'Zierde', 'Schmuck', ruris (von Erdfrüchten), *G* 1, 168. 2) subj., Ruhmgierde, Ehrsucht, Ehrgeiz, neben 'laudis amor', *A* 5, 394. dcht. von den Bienen, 'Begierde', 'Eifer', generandi mellis, *G* 4, 205. bisw. 'Ruhmredigkeit', 'Prahlerei', jam nosces, ventosa ferat cui gloria fraudem, du wirst bald sehen, wem windiges Prahlen Nachteil bringt, *A* 11, 708 (*Haupt* u. *Wagn.* laudem, Siegesruhm).

glŭtĕn, tĭnis, *n.* (γλοιός), klebrige Masse, Kitt, bes. Bienenleim, Vorstofs, *G* 4, 40 u. 160.

gnātus, a, um (ältere u. dcht. Form st. 'natus'), geboren, sbst. gnatus, i, *m.*, 'Sohn', *A* 2, 663. 3, 12. 6, 616 u. 869. 10, 470. 11, 167.

Gnōsĭus od. (*Ribb.*) **Cnōsĭus**, a, um (Κνώσιος), zu Gnosus gehörig, Hauptstadt von Kreta, Residenz des Minos (j. Ruinen südl. von 'Canea'), gnosisch, aus Gnosus, Lycaon, *A* 9, 305. Rhadamanthus, *A* 6, 566. dcht. st. 'kretisch', tellus, *A* 6, 23. regna, *A* 3, 115. spicula, *A* 5, 306. dcht., stella coronae, die Krone der Ariadne (einer Tochter des Königs Minos, von Bacchus unter die Sterne versetzt), *G* 1, 222.

12

Gorgō, ŏnis, Akk. 'ŏna', *f. (Γοργώ)*, ein grauenhaftes Ungeheuer mit schrekkenerregendem Haupte in der Unterwelt, nach Hesiod u. den Späteren drei Töchter des Phorkys, dah. Plur. 'Gorgones', in Verb. m. 'Harpyiae', *A* 6,289. vorzugsw. 'Medusa' als die furchtbarste Gorgo so genannt, bes. von dem Medusenhaupte auf dem Schilde der Minerva, *A* 2, 616. 8, 438.

Gorgŏnĕu, a, um *(Γοργόνειος)*, zu den Gorgonen gehörig, gorgonisch, Gorgoneis Alecto infecta venenis, mit giftgeschwollenen Schlangen umgeben (wie sie auf dem Haupte der Medusa waren), *A* 7, 341.

Gortȳnĭu, a, um *(Γορτύνιος)*, zur Stadt Gortyna auf Kreta (j. Trümmer bei 'Hagios Dheka') gehörig, gortynisch, dcht. st. 'kretisch', spicula, *A* 11, 773. stabula, *B* 6, 60.   [*A* 10, 169.

gŏrȳtu, i, *m. (γωρυτός)*, Köcher,

Gracchu, i, *m.*, Familienname des sempronischen Geschlechts, Gracchi genus, bes. in bez. auf Ti. Sempronius Gracchus, der sich im zweiten punischen Kriege auszeichnete, *A* 6, 842.

grăcĭlĭ, e, schlank, dünn, hibiscum, *B* 10, 71.

grădĭor, gressus sum, grădi, schreite, gehe (einher), per aequor u. dgl., *A* 3, 664. 6, 633. ad naves. ad bellum, *A* 8, 546. 11, 535. iugis Cynthi, *A* 4, 147. m. 'comes' verb., *A* 9, 223. longe, *A* 10, 572. abs., *A* 1, 312. 411. 501. v. Tieren, *G* 3, 59.

Grādīvu, i, *m.* (zusgez. aus 'gravidivus', nicht v. 'grădīor', 'der Schreitende', v. Sturmschritt der Schlacht entlehnt, obwohl Ov. met. 6, 427 Grādīvus), der Gewaltige, Furchtbare, Beiname des Mars *(Θοῦρος ''Αρης* Hom.), pater, rex, *A* 3, 35. 10, 542.

grădu, ūs, *m.* (gradior), 1) Schritt, Tritt, anilis, *A* 4, 641. abs., *A* 3, 598. 6, 128. 465. 488. *G* 3, 169. 2) Stufe der Treppe, Plur., alti, *A* 4, 685. abs., *A* 1, 448.

Graecĭa, ae, *f.*, Griechenland st. des Volkes, *A* 11, 287. *G* 1, 38. 3, 20.

Grāĭŭgĕna, ae, *m.*, Gen. Plur. 'genûm', *m.* (Graius u. gigno), Grieche (von Geburt), *A* 3, 550. 8, 127.

Grāĭu, a, um *(Γραικός)*, griechisch, homo, *A* 10, 720. poëtae, *G* 3, 90. urbs, Pallanteum, *A* 6, 97. urbes, *A* 3, 295. acies, *A* 2, 598. iubae, *A* 2, 412. matres, *A* 2, 768. nomen, *A* 3, 210. Sbst., Graius, i, *m.*, Grieche, *A* 3, 594. Plur. 'Graii' od. 'Grāi', Dat. 'Graiis' od. 'Grāis', *A* 1, 467 u. 530. 2, 148 u. 727. 3, 163. 398. 499. 6, 242 u. 529. 8, 135. 10, 430. Gen. Graiorum, *A* 2, 157; Graiûm, *A* 4, 228. 6, 588. 10, 81 u. 334. 11, 289. 12, 538.

grāmĕn, mĭnis, *n.*, *a*) Gras, 'Rasen', *G* 2, 219 u. 525. 3, 144. *A* 3, 537. 9, 352. 12, 644. herba graminis, 'Grasspitze', 'aufgeschossenes Gras', *B* 5, 26. Plur. oft 'grasige Flächen', 'Wiesen', 'Auen', *B* 10, 29. *G* 2, 200. 3, 174 u. 325. 4, 19. *A* 6, 684. 7, 655. *b*) Gewächs, Kraut, *G* 4, 63. Plur., *A* 12, 414. segetis, die noch grasartige Saat, das Grün der Saaten, *A* 7, 809. mala, Giftkräuter, *A* 2, 471.

grāmĭnĕu, a, um (gramen), grasicht, mit Gras besetzt od. bewachsen, caespes, *A* 11, 566. campus, *A* 5, 287. agger, *A* 7, 106. palaestrae, *A* 6, 642. arae, aus Rasen errichtet, *A* 12, 119. sedile, 'Rasenbank', *A* 8, 176.

grandaevu, a, um (grandis u. aevum), hochbetagt, bejahrt (mit dem Nebenbegr. des Ehrwürdigen), v. Pers., *A* 1, 121. *G* 4, 392. v. Bienen, *G* 4, 178.

grandi, e, grofs, *a*) der Ausdehnung nach, von Feldfrüchten, 'grofskörnig', frumenta, *A* 4, 405. hordea, *B* 5, 36. fetus, *G* 1, 195. lilia, *B* 10, 25. notae (Flekken), *G* 3, 427. *b*) dem Umfange nach, 'grofs', 'umfangreich', saxa, 'gewaltige', *G* 4, 26. *A* 11, 529. ossa, *G* 1, 497. guttae, *G* 2, 245. *A* 11, 90.

grando, dĭnis, *f.*, Hagel, Schlofsen, Hagelwetter, *A* 4, 120. 5, 458. im Gleichn. mit dem Hagel von Geschossen, *A* 9, 669. 10, 803. *G* 1, 449. 4, 80.

grātĕ, *f.* (gratus), Dank, grates dico, refero, *A* 11, 508 flg. persolvo, *A* 1, 600; auch sarkast., *A* 2, 537.

grātĭa, ae, *f.* (gratus). eig. alles, was uns angenehm berührt od. erfreut, dah. *a*) dankbare Gesinnung, Dankbarkeit, Erkenntlichkeit, *A* 9, 298. m. obj. Gen., 'für' etw., facti, *A* 7, 231. veteris facti, für die empfangene Wohlthat, *A* 4, 539. dcht. v. Lebl., m. subj. Gen., terrae inaratae, *G* 1, 83. *b*) freundliche Gesinnung, Zuneigung, Wohlwollen, Liebe, m. obj. Gen., Amatae, gegen od. zu A., *A* 7, 402. dcht. m. lebl. Obj., Lust od. Freude an etw., curruum armorumque, *A* 6, 653.

grātŏr, āri (gratus), bezeige glückwünschend Freude, wünsche Glück, m. Dat., sorori, *A* 4, 478. m. Akk. u. Inf., reduces (verst. eos esse), wünsche Glück den Wiedergekommenen, bewillkomme die W., *A* 5, 40.

grātu, a, um, 1) subjekt., gut gesinnt, wohlwollend, dankbar, *A* 11, 127. 2) objekt., lieb, erwünscht, erfreulich, willkommen, angenehm, v. Pers. u. Sachen, öft. m. Dat., dona, *A* 8, 283. gratissima quies (näml. mortalibus), *A* 2, 269. Ida profugis gra-

tissima Teucris (wegen der Erinnerung
an die heimatliche Gegend), *Ä* 10, 158.
caelo gratissimus amnis, ein Lieblings-
strom der Himmlischen (v. Tiberstrom),
Ä 8, 64. gratior veniens in pulchro corpore virtus, die Tugend, die am schönen Körper desto mehr hervortritt, *Ä* 5,
344. als Oxymoron, gratus parentibus
error, *Ä* 10, 392; vgl. *Ä* 5, 28 u. 128. 9,
327. 10, 606. 12, 142. *G* 3, 326. 4, 402. *B*
6, 11. 8, 15.

grävesco, ĕre (gravis), w e r d e
s c h w e r, übtr. v. Walde, fetu, von Früchten belastet werden, strotzen, *G* 2, 429.

grävĭdus, a, um (gravis), 'beschwert',
bes. *a)* s c h w a n g e r, t r ä c h t i g, v. Tieren, matres, *G* 3, 139. pecudes, pecus, *G*
2,150.3,155. vento, vom Winde geschwängert (den die Stuten nach altem Glauben
gierig einatmeten, um durch diese Abstammung die aufserordentliche Schnelligkeit zu bezeichnen), *G* 3, 275. *b)* übh.
g e s c h w ä n g e r t, b e s c h w e r t von etw.,
s c h w e r od. v o l l von etw., r e i c h an
etw., m. Abl., pampineo autumno, *G* 2,
5. imperiis (v. Italien), 'das einst mächtige Reiche und Völker erzeugen wird',
Ä 4, 229. urbs (Latini) gravida bellis, zu
zahlreichen Kämpfen gerüstet (die bevorstehen), *Ä* 10, 87. ungew., armatus
nodis stipitis gravidi, mit einer knotigen
Keule,' *Ä* 7, 507. abs., fruges, *G* 2, 424.
fetus, der volle Ertrag des Honigs, *G* 4,
231. seges, *G* 1, 319. uber, strotzend, *G*
3, 317.

grävis, e (βαρύς), 1) s c h w e r dem
Gewichte nach, *a)* eig., v. Lebl., rastrum,
G 1, 496. arma, *Ä* 10,856. plaustrum, *G*
3, 140. remus, *Ä* 5,114. robur aratri,*G* 1,
162. volema (pira),*G* 2, 87. Bes. *α)* v. Boden, s c h w e r, f e t t, h a r t, tellus, *G* 2,
254. terrae,*G* 3,526. *β)* v. Pers., s c h w e r
in bez. auf den gröfseren Umfang des
Körpers, grofs, stark, Entellus, *Ä* 5,
437. Osiris,*Ä* 12,458. Menoetes,*Ä* 5,178.
Aulestes (in bez. auf das schwere Schiff,
das Aul. führte), *Ä* 10, 207. in der Paro-
nomasie, ipse gravis graviterque concĭdit, er stürzte, da er selbst schwer war,
schwer auf den Boden hin, *Ä* 5, 447. *b)*
übtr., in bez. auf die Schwere als charak-
teristische Eigenschaft od. deren Einflufs
auf Lebende u.Leblose,*α)*v.Tone,s t a r k,
t i e f, d u m p f, sonus,*G* 4, 260. *β)* g e -
w i c h t v o l l, e h r w ü r d i g, e r h a b e n,
v. Pers., pietate, *Ä* 1, 151. *γ)* s c h w e r,
l ä s t i g, d r ü c k e n d, h e f t i g, s t a r k,
aestas, die drückende Schwüle des Som-
mers, *G* 2, 377. v. körperl. Zuständen,
veternus,*G* 1, 124. volnus, *Ä* 12, 5. v. Gemütszuständen, ira,*Ä* 5, 781. furor,*Ä* 10,

62. cura, *Ä* 4, 1. v. Pers., victor, vordrän-
gend, gewaltig, *G* 4, 84. gravis ictu, eig.
schwer od. kräftig im Schlage, mit kräftigem Schlage, *Ä* 5, 274. gravis castigat
dictis, tadelt heftig mit Worten, mit har-
ben Worten, *Ä* 5, 387. *δ)* in bez. auf die
Sinne, bes. den Geruch, a u f f a l l e n d,
e m p f i n d l i c h, w i d e r l i c h, elleborus
(wegen des betäubenden Geruchs), *G* 3,
451. odor caeni gravis, 'Modergeruch',
G 4, 49. Dah. oft mit dem Nebenbegriff
des für die Gesundheit Schädlichen od.
Nachteiligen,'schädlich','ungesund','betäubend',chelydri,*G* 3,415. umbra,*B* 10,
75. grave olens,*G* 4, 270. *Ä* 6, 201. *ε)* von
Thätigkeiten,s c h w e r, b e s c h w e r l i c h,
h a r t, Martisopus, *Ä* 8,516. labores, 'Leiden','Not',Troiae, *Ä* 6, 56; Mühen, Kämpfe (des Herkules), *Ä* 10, 321. v. Zuständen, graviora näml. 'pericula'), *Ä* 6, 84;
auch abs. als Subst., 'Schlimmeres', 'gröfsere Leiden', *Ä* 1,199. 4, 502. Bisw. 'betrübend', gravior nuntius, schlimmere
Botschaft, *Ä* 8, 582. 2) passiv., *a)* eig.,
s c h w e r od. w u c h t i g von etw., mit etw.,
dextra aere, schwer von Geld, *B* 1, 36.
gemmis auroque, auro, reich besetzt od.
ausgelegt mit usw.(und dadurch schwer),
Ä 1,728. 3,464. *b)* übtr.: *α)* s c h w a n g e r
(gravidus), Marte, vom M., *Ä* 1,274. dcht.
geschwängert mit etw.,'schwer' von etw.,
equus (vom trojan. Rosse), schwer von
den Kriegern, die es barg, *Ä* 6, 516. *β)*,
b e s c h w e r t, s c h w e r f ä l l i g, b e l a d e n,
aevo, annis, hoch an Jahren, hochbetagt,
Ä 2, 435. 9, 246. bes. mit Krankheit u.
dgl., morbo, *G* 3, 95. gemitu (v. Atem),
G 3, 506. abs., fetae, d. i. die schwachen
Mutterschafe vor u. nach der Geburt, *B*
1,50. oculi, im Todeskampfe gebrochene,
Ä 4, 688.

Grävĭscae, ārum, *f.*, kleine Stadt in
Etrurien, *Ä* 10, 184.

grävĭtĕr, Adv.(gravis),s c h w e r,übtr.,
a) s t a r k, d u m p f, sono,*G* 3, 88. *b)* heftig, g e w a l t i g, ferio, *Ä* 12,295. concĭdo,
Ä 5, 447. *c)* s c h ä d l i c h, v e r d e r b l i c h,
graviter spirantes hydrae, *Ä* 7, 753.

grävo, āre (gravis), m a c h e s c h w e r,
1) b e s c h w e r e, b e l a s t e, Pass., gravari
pluviā (v. Mohnhaupte), *Ä* 9, 437. robur
gravatum nodis, knotige, schwere Keule,
Ä 8, 220. madida cum veste gravatus,
mit nassem Gewande und dadurch beschwert,*Ä* 6,359. 2)übtr.:*a)* b e s c h w e r e,
b e l ä s t i g e, d r ü c k e, labor gravat alqm,
Ä 2, 708. gravatus somno, vom Schlummer bewältigt, *Ä* 6,520. *b)* Pass. 'gravor'
medial, fühle mich beschwert, g e h e
s c h w e r an etw., t h u e u n g e r n, m. Inf.,
quae (dare) voce gravaris, was du (zu

geben) mit dem Munde dich weigerst,
Ä 10, 623.

grĕmĭum, ĭi, *n.*, Schoſs, 1) eig., *Ä* 8,
406. 11, 744. *G* 2, 326. Oft bildl., in ve-
stris pono gremiis, lege in euren Schoſs,
überlasse eurer Fürsorge, *Ä* 9, 261. gremiis abducere pactas, 'aus den Armen'
(der Eltern od. Mütter), *Ä* 10, 79; vgl.
Ä 1, 685 u. 692. 4, 83. 5, 31. 7, 233. 2) übtr.,
a) Schoſs, bes. als Zeichen des Schutzes,
telluris, *Ä* 3, 509. *b)* das Innere, die
Tiefe, caeruleum (eines Flusses), *Ä* 8,
713.

gressŭs, ūs, *m.* [bei Vergil im Sing. uur
Nom., Akk. u. Abl., im Plur. nur Akk.]
(gradior), das Schreiten, der Gang,
Schritt, Lauf, *Ä* 1, 401. 410. 690. 2,
753. 5, 649. 6, 389 u. 677. 8, 462. 11, 29.
99. 855. Plur., *Ä* 10, 640. 12, 386. *G* 3, 117.
4, 360. übtr., Lauf des Schiffes, *Ä* 5, 162.

grex, grĕgis, *m.*, Herde, Haufe,
Rudel v. Tieren, neben 'armenta', *Ä* 7,
538. lanigeri, *G* 3, 287. balantum, *G* 7,
338. bes. von Ziegen, *G* 2, 378. *B* 1, 14.
vir gregis (v. Bock), *B* 7, 7. v. Schweinen,
Ä 8, 85. v. Rindern, *Ä* 6, 38. übh., *G* 2,
146 u. 200. 3, 329.

grūs, grŭis, *f.*, Krauich, *Ä* 11, 580.
G 1, 120 u. 375. im Gleichnisse, *Ä* 10, 265.
Bei den Römern als leckere Speise betrachtet, dah. man ihnen eifrig nach-
stellte, *G* 1, 307.

Grȳnēus, a, um (*Γρύνειος*), zu Gry-
nia gehörig, einer Stadt an der Küste
Äoliens in Kleinasien, mit einem Tempel u. Orakel des Apollo, grynēisch,
Apollo, *Ä* 4, 345. nemus, *B* 6, 72.

gryps, grȳpis, *m.* (*γρύψ*, *Gen. γρυ-
πός*), Greif, ein fabelhafter vierbeiniger
Vogel, der mit den beritten en skythischen
Arimaspen und deshalb mit den Pferden
übh. in steter Feindschaft lebte, sprichw.,
iungentur grypes equis, das Unmöglichste
wird möglich werden, *B* 8, 27.

gŭbernāclum, i, *n.* [synkop. st. gu-
bernaculum] (guberno), Steuerruder,
Steuer, *Ä* 5, 176 u. 859. 6, 349.

gŭbernātŏr, ōris, *m.* (guberno),
Steuermann, *Ä* 3, 269. 5, 12. 6, 337.

gurges, gĭtis, *m.* (Naturlaut wie in

γαργαλίζω, gurgeln), kreiselnde u. stru-
delnde Bewegung der Wogen, Strudel,
eig. 'Wirbel', v. Tiber, *Ä* 9, 816. v. Scylla
u. Charybdis, *Ä* 3, 421 u. 564. *B* 6, 76. von
der Ebbe u. Flut, *Ä* 11, 624. Bes. *a)* von
den mit Stromschnellen versehenen, tiefen u. breitströmenden Flüssen, v. Acheron, *Ä* 6, 296. v. Hebrus, *G* 4, 524. v. Penēus, *G* 4, 321. übh. 'Strömung', 'Flut',
Ä 2, 497. 9, 23 u. 816. 11, 298. *G* 3, 446.
b) von dem strudelnden, sturmbewegten
Meere, 'Tiefe' od. 'Abgrund' des Meeres,
Ä 11, 913. 12, 114. *G* 4, 387 u. 395. übh.,
Ä 1, 118. 3, 197. 5, 33. 160. 209. 814. 6,
310 u. 741. 7, 704.

gusto, āre, koste, schmecke, von
Tieren, pabula, *Ä* 1, 473.

gutta, ae, *f.*, 1) Tropfen, bes. des
Wassers, *G* 2, 245. m. Abl. der Eigenschaft, atro sanguine, schwarze Blutstropfen, *Ä* 3, 28. v. Thränen, *Ä* 11, 90.
2) übtr., Tropfen, d. i. Tupfen, Flekken an Tieren, *G* 4, 99.

guttŭr, tŭris, *n.*, Gurgel, Kehle,
Schlund der Menschen, *Ä* 7, 533. 8. 261.
10, 348. der Tiere, *G* 1, 410 u. 423. Plur.,
v. Cerberus, *Ä* 6, 421.

Gȳărus, i, *f.* (*Γύαρος*), eine der ky-
kladischen Inseln im ägäischen Meere,
j. 'Giura', *Ä* 3, 76.

Gȳas, ae, *m.* (*Γύης*), 1) ein Troër im
Gefolge des Äneas, fortis, d. i. das trau-
rige Geschick des tapfern Gyas, *Ä* 1, 222.
612; vgl. *Ä* 5, 118. 152. 160. 167. 169. 184.
223. 12, 460. 2) ein Latiner, *Ä* 10, 318.

Gȳgēs, ae, *m.* (*Γύγης*), ein Troër, *Ä*
9, 762.   [kadier, *Ä* 12, 272.

Gȳlippus, i, *m.* (*Γύλιππος*), ein Ar-

gȳrus, i, *m.* (*γυρός, krumm*), Kreis,
a) den lebende Wesen bilden, v. Reiter,
eludit gyro interior, *Ä* 11, 695. volat ingenti gyro, tummelt sich (um ihn) in ge-
waltigem Kreise, *Ä* 10, 884. frena gyros-
que dedere, lehrten das Pferd sich lenken zu lassen und im Kreislauf sich zu
bewegen, *G* 3, 115. von der Schlange,
gyros trahere, Windungen machen, *Ä* 5,
85. von Pferden, gyrum carpere, im Kreise
laufen, *G* 3, 191. *b)* v. Lebl., wie v. Kreisel, *Ä* 7, 379.

H.

hăbēna, ae, *f.* (habeo, eig. 'Halter'),
1) Zügel, bes. der Pferde, gew. Plur., *Ä* 5,
818. 6, 805. 10, 576. 11, 600. 623. 670. 765.
827. 12, 327. 471. 622. *G* 1, 514. 3, 89 u.

194. 2) übtr.: *a)* Riemen der Schleuder,
Ä 9, 587. 11, 579. 'Riemen' od. 'Schnur'
(wie *ἱμάς*) der Peitsche, womit der Kreisel geschlagen wurde, *Ä* 7, 380. *b)* Zügel,

a) in bez. auf die Leitung der Schiffe, *A* 6, 1. in bez. auf das Feuer, *A* 5, 662. in bez. auf den Wuchs der Pflanzen, bes. des Rebschosses, *G* 2, 364. *β*) in bez. auf die Leitung der öffentl. Angelegenheiten von seiten des Herrschers (Aolus), et premere et laxas dare habenas, die Zügel teils straffer anziehen, teils lockern od. schiefsen lassen, *A* 7, 600. irarum, *A* 12, 499.

häbĕo, bŭi, bĭtum, ēre, I) mit einfachem Obj.: 1) von leb. Wesen, *a*) h a b e einen Raum in n e, n e b m e ein, b e s i t z e, b e w o h n e, campum, *A* 9, 274. tecta urbis, *G* 4, 154. moenia, *A* 9, 782. arces arvaque, *A* 7, 696. sedem, *A* 5, 576. stabula, *A* 9, 388. fines Latinos, *A* 8, 602. quae loca quive habent (loca) homines, welche Orte es seien u. welche Menschen sie bewohnten, d. i. Land u. Bewohner, *A* 7, 131. hi Fescenninas acies aequosque Faliscos, hi Soractis habent arces, unter diesen betin den sich die Bewohner (Scharen) von Fescennium u. Aequum Faliscum, die, welche die Spitzen von Sor. bewohnen, *A* 7, 695 flg. Bes. *b*) militär., h a b e einen Platz in n e od. g e w o n n e n, h a l t e b e s e t z t, h a b e etw. im B e s i t z, culta novalia, *B* 1, 70. muros, *A* 2, 290. cetera, *A* 11, 92. *c*) prägn. abs., h a b e im B e s i t z, im V e r m ö g e n, habens, der Besitzende, Wohlhabende, Reiche (Gegs. inops), *G* 2, 499. amor habendi, 'Habgier', *A* 8, 327. *d*) h a b e etw. aufser od. an m i r, b e k o m m e, e m p f a n g e, b e s i t z e; e s i s t m i r etw. zu t e i l g e w o r d e n, g e h ö r t m i r, habes, quod petisti, *A* 4, 100. res inopes, *A* 8, 100. arma, 'behalte' (als Anerkennung der Tapferkeit), *A* 10, 827. loricam, *A* 5, 262. cingula, *A* 9, 362. equum (als Preis), *A* 5, 310. munus, *A* 5, 535. arma umeris, *A* 10, 701. auch Pers., Phyllida solus habeto, die Ph. soll allein dein sein, *B* 3, 107. quem mox quae sint habitura deorum concilia, incertum est, von dem es ungewifs ist, welche Versammlungen der Götter ibn bald als den Ihrigen besitzen werden, *G* 1, 24. dah. *α*) abs., aus der Fechtersprache entlehnt, 'habe einen Hieb (od. Stofs) bekommen', hoc habet, d. i. das (diesen Hieb) hat er weg, der (Hieb) traf od. sitzt, *A* 12, 296. *β*) m. leb. Obj., 'habe' der Stellung nach auf meiner Seite, vix hostem habemus, kaum bleibt jedem (von beiden Seiten) ein Gegner, *A* 12, 233. pecus, halte, unterhalte, warte, *G* 1, 3. *e*) h a b e, h a n d h a b e etw., im Dat. od. Abl. des Gerundiums, simul aptat habendo ensemque clipeumque, pafst sich an zum haudlichen Gebrauche, *A* 12, 88. tellus lentescit habendo, da-

durch dafs einer die Erde in den Händen hält, kuetet, *G* 2, 250. *f*) h a b e etw. in m i r (geistig), spem in armis, setze die Hoffnung auf die Waffen, *A* 11, 308. si quid Martis habes, wenn du etwas Kraft besitzest, *A* 11, 374. si quid habes, incipe, wenn du etwas zu singen in Vorrat hast od. weifst, *B* 3, 52. 9, 32; ähnl. *B* 5, 10. m. flg. Relativs. u. Konj., zur Angabe der Bestimmung, nec habebit, unde genus revocetur, wird vergebens einen neuen Stamm (von Bienen) zu erlangen suchen, *G* 2, 282. m. indir. Frages., nec quid speraret habebat, hatte nichts zu hoffen, *B* 2, 2. *g*) h a b e eine Thätigkeit, ü b e eine Pflicht, ein Amt u. dgl., tu quoque magnam partem opere in tanto haberes, für dich auch wäre in dem grofsen Kunstwerke ein Platz, *A* 6, 31. regressum, *A* 11, 413. consilium de alqa re, halte od. pflege Rat, *A* 9, 227. regna, habe die Obergewalt, herrsche (mit Gewalt), *A* 1, 346. 6, 566. imperium, *A* 9, 449. arma, den Oberbefehl, *A* 12, 192. numen maris, beherrsche das Meer, *A* 10, 221. 2) von lebl. Subj.: *a*) mit lebl. Obj., h a b e, e n t h a l t e, s c h l i e f s e e i n, b e w a h r e, von einem Lande, artus avolsaque membra, 'bergen', *A* 9, 491. v. Bienenwohnungen, aditus (Zugänge), *G* 4, 35. von einer Eiche, arma exuviasque (als Schmuck), *A* 10, 423. v. Gewande, manicas, versehen sein mit, *A* 9, 616. vom Schiffe Pristis, locum priorem, einen Vorsprung haben, voran sein, *A* 5, 156. von Fruchtbäumen, vires suas, *G* 2, 427. vom Labyrinth, dolum (Irrgänge), *A* 5, 590. von einem Orte, nomen Pilumni, *A* 6, 381. v. entstehenden Weltall, non alium tenorem, in ununterbrochener Folge Frühling haben od. gewähren, *G* 2, 337. *b*) mit leb. Objekten, *α*) h a b e, h a l t e jmd. zu r ü c k, h a l t e g e f a n g e n od e r g e b a n n t, bes. v. Örtlichkeiten, alqm, *A* 1, 556. 5, 734. 6, 521. *A* 10, 706. *B* 10, 9. unam me fluctus habet, jetzt bin ich ein Raub der Wellen, *A* 6, 362. suam (nutricem) patriā antiquā cinis ater habebat, denn ihre Amme deckte in der frühern Heimat Staub, *A* 4, 633. quae regio Anchisen, quis habet locus? wo und in welcher Gegend weilt A.? *A* 6, 670. *β*) übtr., von Gemütszuständen, Eigenschaften, Empfindungen, jmd. e i n g e n o m m e n od e r e r g r i f e n, s i c h jmds. b e m ä c h t i g t h a b e n, jmd. b e h e r r s c h e n, b e s e e l e n, f e s s e l n, animalia (v. Schlafe), *A* 3, 147. 6, 27. Rutulos (v. Vertrauen auf ihr Glück), *A* 9, 188. omnes (v. Eifer), *A* 4, 581. si qua cura tui Corydonis habet te, wenn dir dein Kor. noch am Herzen liegt, *B* 7, 40.

amor unus habet omnes, m. Inf., *A* 12,
282. mentes et pectora (v. Schrecken),
11, 357.

II) mit doppeltem Obj.: 1) **habe** od.
besitze etw. als od. zu etw., *a*) übh.,
tegmen capitis galeros, trage als Kopfbedeckung, *A* 7, 689. alqm medium (von
einer zahlreichen Menge), habe jmd. in
die Mitte genommen, umgebe, *A* 6, 668.
mit Part. (zur Bezeichn. der vollendeten
Thätigkeit),paratum agmen habet secum,
hat um sich versammelt, in Bereitschaft,
A 5, 549. dcht. v. lebl. Subj., te nunc habet ista (fistula) secundum, du bist jetzt
der zweite Besitzer, *B* 2, 38. *b*) prägn.,
habe od. bekomme jmd. in meine Gewalt, aut habeat victos', oder er siege
über uns, *A* 12, 17.

2) **halte** etw. od. jmd. **für** etw., **betrachte oder sehe** etw. od. jmd. **als**
etw. an, diem acerbum, honoratum, begehe, feiere als usw., *A* 5,49. Pass., **gelte**
als od. **für** etw., qui (tumulus) nunc Albanus habetur, der jetzt der albanische
heifst, *A* 12, 134. habitae Graiis oracula
quercus, *G* 2, 16. habitus non futtilis auctor, *A* 11, 389.

3) **habe, halte, behandle** jmd. irgendwie, nullo discrimine habebo, will
beide ohne allen Unterschied behandeln,
A 10, 108. Achivos uno ordine, nehme
gleich, jeder Ach. gilt mir gleich, *A* 2,
102. m. Dat. des Zweckes, alqm curae,
sorge für jmd., *A* 4, 521.

hǎbĭlĭs, e (habeo) 1) **handlich, bequem, passend,** wie Bogen, Schwert,
Helm usw., *A* 1, 318. 9,305 u. 365. dcht.
v. Pers., zum Schwunge 'bequem', *A* 11,
555. m. Dat., lateri, bequem sitzend an
der S. (v. Schild und Panzer), *A* 12, 432.
pinguibus terris, für fetten Boden geeignet, *G* 2, 92. feturae, d. i. tauglich
zur Zucht, *G* 3, 62. 2) aktiv, leicht oder
gelenkig machend, **belebend,** vigor,
G 4, 418.

hǎbĭto, āre (Frequ. v. habeo) 1) intr.,
wohne, hause, hic, *A* 7, 151. mit Abl.
des Ortes, *A* 3, 110. 6, 673. 11, 265. übtr.,
vom Geier des Tityos, sub pectore, *A* 4,
599. von den personif. Krankheiten, primis in faucibus Orci, *A* 6, 273. 2) trans.,
bewohne, casas, silvas, *B* 2, 29 u. 60.
urbes, *A* 3, 106. nemus, *A* 8, 352. Pass.,
hab tantur moenia Graiis (von Griechen),
A 3, 398. m. Abl. des Ortes, raris habita-
ta mapalia tectis, die zerstreut bewohnt
werden (liegen), *G* 3, 340.

hǎbĭtŭs, ūs, *m.* (habeo), Haltung,
1) äufsere Beschaffenheit, *a*) das Äus-
sere, die Gestalt des menschl. Körpers, virginis, m. 'os' verb., *A* 1, 315.

b) **Tracht, Kleidung,** mit Gen., vestis,
A S, 723. Plur. abs., Dardanii, *A* 3, 596.
2) natürliche Beschaffenheit des Bodens, habitus (Plur.) locorum, *G* 1, 52.

hāc, Adv. (verst. 'parte' oder 'viā'),
hier, auf dieser Stelle, auf od. von
dieser Seite, *A* 6, 542. 12, 565 (s. sto).
auch bei Zeitw. der Bewegung, hac iter
Elysium nobis, *A* 6, 542. hac iter est,
hier ist der Weg (den wir einzuschlagen
haben), *A* 9, 321. hac agebat tauros, trieb
hier vor sich hin, *A* 8, 203. hac detor-
quet, *A* 11, 765. hac . . . hac, hier . . .
dort, *A* 1, 467.

hāc-tĕnŭs, Adv., 1) zur Angabe des
räuml. Zieles, **bis zu diesem Punkte,
bis hierher, so weit,** hac Troiana
tenus fuerit fortuna secuta, *A* 6, 62 (in
der Tmesis). 2) übtr., *a*) beim Abschlufs
eines Gegenstandes in der Darstellung,
um auf einen andern überzugehen, *G* 2,
1. *b*) zur Angabe des Zieles in der Zeit,
A 5, 603 (in der Tmesis). *A* 11, 823.

Hadrĭăcus, a, um, zur Stadt Hadria
in Etrurien und dem gleichnam. Meere
gehörig, undae, Hadrias Wogen (das adriatische Meer), *A* 11, 405.

haedus, i, *m.,* 1) **Geifs, Böckchen,**
Zicklein, *B* 2, 30. 5, 2. *G* 2, 256. 3, 398.
4, 10. 2) Plur. Haedi, 'die Böcke', zwei
Sterne im Zeichen des Fuhrmanns, deren
Auf- u. Untergang Sturm u. Regen ver-
kündete, *G* 1, 205. pluviales, *A* 9, 668.

Haemōn, ŏnis, *m.* (Αἵμων), ein Rutuler, *A* 9, 685.

Haemŏnĭdēs, ae, *m.* (Αἱμονίδης),Prie-
ster des Apollo u. der Trivia bei den Latinern, *A* 10, 537.

Haemus, i, *m.* (Αἷμος), hohes Gebirge
im nördl. Thrakien (j. 'Balkan'), *G* 1, 492.
2, 488.

haerĕo, haesi, ēre, 1) v. Lebl., *a*) **klebe, hänge oder stecke (fest), bin**
befestigt, sitze, m. Dat. (od. Abl.), *A*
9, 537. 11, 751. v. Leitern, parietibus,
angelegt sein an, *A* 2, 442. haeret pede
pes densusque viro vir, d. i. Fufs stemmt
sich an (gegen) Fufs, Mann drängt sich
an Mann, *A* 10, 361. scopulis (von der
Eiche), *A* 4, 445. arvis (v. Ölbaum), wurzeln, *G* 2, 422. sub foliis (von den Träumen), *A* 6, 284. Bes. von Geschossen,
'haften', 'sitzen', m. Dat. od. Abl., *A* 4,
73. 7, 533. 9, 419. 10, 384. 12, 415. in
corpore, *A* 11, 864. vulnus haesit sub
gutture, safs, *A* 7, 533. abs., *A* 11, 804.
dcht. übtr., hic terminus haeret, dieses
Ziel der Seefahrt (näml. Italien) ist unabänderlich bestimmt, steht fest, *A* 4,
614. haerent infixi pectore voltus verbaque, Mienen u. Worte (des Aneas) sind

fest ihr ins Herz geprägt, *Ä* 4, 4. *b*) von
dem, was in seiner Bewegung 'gehemmt'
od. 'gelähmt' wird, victoria Graiûm haesit manu, der Siegeslauf der Griechen
wurde aufgehalten, gehemmt durch usw.,
Ä 11, 290. Bes., vox faucibus haesit,
stockte, *Ä* 2, 774. 3, 48. 4, 280. 12, 868.
2) v. lcb. Wesen, *a*) hänge oder hafte
an etw., *a*) übh., m. Dat. (od. Abl.), curru, *Ä* 1, 476. visceribus (v. Löwen), sich
einbeifsen in usw., *Ä* 10, 726. in saxis,
Ä 5, 204. quä spe gelidis in nubibus hae-
res, 'welche Hoffnung bannt dich an das
kalte Gewölk', *Ä* 12, 796. abs., *Ä* 5, 852
(m. 'adfixus' verb.). haeret hians (von
einem umbrischen Hunde), läfst lechzend
nicht ab vom Verfolgen, *Ä* 12, 754. *β*)
hänge an jmd., d. i. halte umschlossen,
lasse nicht los (von jmd.), umarme, *Ä* 2,
674. 11, 150. m. Dat., 'genibus', umfasse,
Ä 3, 608. oculis, pectore (näml. in puero),
hänge mit Augen u. Herzen an dem Knaben, *Ä* 3, 608. Euandro, schliefse mich
an E. an, folge dem E., *Ä* 10, 780. *b*)
werde festgehalten in einer Thätigkeit, 'verharre' bei etw., eodem incepto
et sedibus in isdem, *Ä* 2, 654. Bes. vor
Staunen od. Furcht, 'werde gebannt' od.
'gefesselt', 'rege mich nicht', m. Dat., solo, *Ä* 7, 250. abs., 'stutze', *Ä* 3, 597, *Ä* 1,
495. 11, 699. attonitis animis, staune,
wie vom Donner gerührt, *Ä* 5, 529.

haerēs, s. heres.

Hălaesus, i, *m.*, Sohn eines Priesters
u. Verwandter des Agamemnon, nach
dessen Tode er in Italien Zuflucht suchte
und fand, als Führer der Aurunker und
Osker, *Ä* 7, 724. 10, 352 411. 417. 422. 424.

hālĭtŭs, ūs, *m.* (halo), 1) Hauch,
Atem, Atemzug, *Ä* 4, 684. 2) Dunst,
Dampf, *Ä* 6, 240. tenuis, Windhauch,
Luftzug, *G* 2, 350.

Hălĭus, ĭĭ, *m.* ('Άλιος), ein Troër,
Gefährte des Äneas, *Ä* 9, 767.

hālo, āre, hauche, dufte, m. Abl.
('von' etw.), floribus, *G* 4, 109. sertis, *Ä*
1, 417.   [9, 765.

Hălўs, Akk. 'ym', *m.*, ein Troër, *Ä*

Hămādrўăs, ădis, *f.* ('Αμαδρυάς),
Baumnymphe, die mit dem Baume lebt
u. stirbt, *B* 10, 62.

Hammōn, ōnis, *m.* ('Άμμων), Beiname
des in Gestalt eines Widders verehrten
libyschen Zeus oder Juppiter, mit einem
Tempel und Orakel auf einer Oase, *Ä*
4, 198.

hămus, i, *m.*, Haken od. Häkchen,
lorica conserta hamis, aus Häkchen, deren jedes in drei Ringe eingriff, oder aus
Maschen bestehend, 'Kettenpanzer', *Ä*
3, 467. 5, 259.

hărēna (ărēna), ae, *f.*, 1) eig.: *a*) Sand,
bibula, *G* 1, 114. sicca, *G* 1, 389. lokat. Gen.
'harenae', im S., *Ä* 12, 382. Plur., 'harenae', zur Bezeichn. der gröfseren Masse, *Ä* 3, 550. 'Sandkörner', *Ä* 2, 106.
'Kies', 'Grant', *Ä* 2, 232. im Gleichn. mit
einer zahllosen Menge, *G* 2, 106. *b*) (dcht.)
Körner jeder Erdart, Erdreich, Erde,
G 1, 105. nigra, Schlamm (des Nils), *G* 4,
293. übh. 'Boden', 'Plan' der Rennbahn
(vorh. *v.* 287 u. 330 als 'grasreich' bezeichnet), *Ä* 5, 336 u. 371. 2) übtr., san-
diger Ort, 'Sandplan' der Palästra, fulva,
Ä 6, 634. dcht. 'Meeresküste', 'Gestade',
Ä 1, 172 u. 540. 5, 34. 6, 316 u. ö.

hărēnōsus, a, um (harena), sandig,
litus, *Ä* 4, 257.

Harpălўcē, ēs, *f.* ('Αρπαλύκη), Toch-
ter des Amymnäerfürsten Harpalykus in
Thrakien, berühmt als schnelle Jägerin,
Ä 1, 317.

Harpălўcus, i, *m.* ('Αρπάλυκος), ein
Troër, *Ä* 11, 675.

Harpўĭa, ae, *f.*, gew. Plur. 'Harpyiae'
[bei Verg. u. Hor. nur dreisilb. gemessen
Härpyïa; Sing. nur *Ä* 3, 365] ('Αρπυιαι),
die Harpyien, bei Hom. personifizierte
Stürme oder Sturmgöttinnen und Genien eines plötzlichen Todes, später von
scheufslicher Gestalt, *Ä* 3, 212 flg. u. 6,
289 flg.

hărund . . ., s. arund . . .

hărūspex, spĭcis, *m.*, Opferschauer
aus den Eingeweiden der Tiere, übh.
Seher, Weissager aus Blitzen u. andern Naturerscheinungen, *Ä* 8, 498. 11,
739.

hasta, ae, *f.*, 1) der Stab, Stock,
bes. Thyrsusstab des Bacchus, *B* 5, 31.
Ä 7, 396. 2) Spiefs, Wurfspiefs, Speer,
Lanze, als Waffe, mit einer eisernen
Spitze am untern Ende des Schaftes, um
die Lanze beim Ruhen usw. in die Erde
stofsen zu können, *Ä* 1, 478. 2, 175. 230.
530. 6, 652 u. ö. *G* 2, 142. als Zepter,
Ä 6, 760. als Stütze gebraucht, *Ä* 10, 736.
12, 398. zum Aufstecken eines Kopfes,
Ä 9, 465. als Treibstachel (stimulus) für
Stiere, versa, *Ä* 9, 610.

hastīlě, is, *n.* (hasta); schaftförmiges
Holz, *a*) Stab od. Pfahl zum Stützen
der jungen Reben, 'Stütze', *G* 2, 358. zur
Bereitung der Speerschafte, *G* 2, 447. *Ä*
Ä 3, 23. *b*) Speer, Lanze, *Ä* 3, 37. 5,
557. 9, 402 u. ö. lato ferro, mit breiter
Schneide, 'breitschneidige', *Ä* 1, 313. 12,
165.

haud od. **haut** (*Ribb.*, auch **hau** vor
t, *Ä* 10, 737), Adv., zur Verneinung eines
Begriffes od. Urteils mit Rücksicht auf
die gegebenen Verhältnisse (vgl. 'non'),

nicht eben, nicht gerade, meist verstärkt gar nicht, durchaus nicht, dah. gew. vor attributiven Begriffen u. nur dcht. bisw. nach diesen gestellt od. durch ein anderes Wort von diesen getrennt, bei Adj., h. facilis, *G* 1, 122. h. ignarus, h. nescius, *A* 4, 508. 9, 552. h. ignotus, *A* 2, 91; vgl. *A* 1, 672. 2, 396. 3, 214 u. 513. 4, 149. 5, 592. 7, 654.10,128 u. 752. 12, 25. *G* 2, 52 u. 428. 3, 41. haut ullus, *G* 4, 439 (*Ribb.*). neben Adv., haud umquam, *G* 2, 249. *A* 12, 649. h. dudum, *A* 10, 599. h. secus, *A* 2, 382. 3, 236. 4, 447. 12, 9. h. tcmere, *A* 9, 375. h. aliter, *A* 1, 399; vgl. *A* 3, 561 u. 610. 6, 343. bei Zeitw., wie credo, dubito u. dgl., *G* 1,415. 2, 29. 124. 265. h. fit mora, *A* 10, 153; öft. ellipt. 'h. mora', *A* 3, 207. 5, 140. *G* 4, 548; vgl. *A* 9, 154. 10, 276 u. 437. Bes. in Gegens., bei flg. 'sed', *A* 10, 735. m. 'nec', *A* 1, 327 flg., 3, 214. 7, 203.

haud-quāquăm, Adv., auf keine Weise, durchaus nicht, *A* 12, 45. *G* 4, 455.

hauri͞o, hausi, haustum, īre [Part. Fut. 'hausurus' st. hausturus, *A* 4, 383] 1) schöpfe Wasser mit der Hand, *a*) eig., lymphas de gurgite, *A* 9,23. *b*) übtr., schöpfe gleichs. aus, mit dem Schwerte, 'durchhaue', 'durchbohre', latus apertum gladio, *A* 10, 314. vom Schwerte selbst, 'wegraffen', 'töten', *A* 2, 600. 2) schöpfe aus mit dem Munde etw. in langen Zügen, *a*) eig., leere, pateram, *A* 1, 738. *b*) übtr., schöpfe gleichs. mit dem äußeren od. inneren Sinne, *α*) mit den Augen, verschlinge etw. gleichs. mit den Augen, ignem oculis, *A* 4, 661. monumenta doloris exuviasque oculis, 'fasse ins Auge', 'erblicke', *A* 12, 946. caelum (näml. oculis), blicke zum Himmel, *A* 10, 899. lucem, eig. nehme die ersten Lichtstrahlen auf, strebe ans Licht (erblicke das Licht der Welt), *G* 2, 340. *β*) mit den den Ohren, 'vernehme', 'höre', vocem auribus, *A* 4, 359. strepitum hausit, lauschte auf das Geräusch, *A* 6, 359. *γ*) mit Herz u. Geist, alqd animo, nehme zu Herzen, beherzige, *A* 12, 26. spem inanem animo, schöpfe, schnell die eitle Hoffnung, *A* 10, 648. bes. große Leiden und Kümmernisse, supplicia scopulis, büße zwischen den Felsen (Klippen) die Schuld, *A* 4, 383. *δ*) v. Lebl., ganz in sich aufnehmen, orbem medium, von der Sonne, die Hälfte der Laufbahn (von Osten nach Westen) vollenden, *G* 4, 427. corda, erschöpfen, tief durchdringen, *G* 3, 105. *A* 5, 137.

haustŭs, ūs, *m.* (haurio), 1) das Schöpfen, konkr., 'Trunk', aquarum, geschöpftes

(reines) Wasser, *G* 4, 229. 2) übtr., das Atmen, Einatmen der Luft, aetherii, 'ätherischer Hauch', *G* 4, 220.

haut, hautquāquăm, !s. haud, haudquaquam.

hĕbĕnum (*Ribb.* u. *Haupt*) od. **ĕbĕnum** (*Wagn.* u. *Schap.*), i, *n.* (ἔβενος), Ebenholz, nigrum, *G* 2, 117.

hĕbĕo, ēre (hebes), bin stumpf, übtr., vom Blute, 'stocken', *A* 5, 396.

hĕbĕto, āre (hebes), mache stumpf, übtr., stumpfe ab, schwäche, visus alci, *A* 2, 605. alqm, *A* 6, 732.

1. **Hēbrus**, i, *m.* (Ἕβρος), Fluss Thrakiens mit vielen Stromschnellen, j. 'Marizza', *G* 4, 463 u. 524. *B* 10, 65. zur Bezeichn. von ganz Thrakien als Lieblingsaufenthalt des Mars, *A* 12, 331. als Bild großer Schnelligkeit, *A* 1, 317 (*Ribb.* 'Eurum').

2. **Hēbrus**, i, *m.* (Ἕβρος), Sohn des Dolichaon, ein Troër, *A* 10, 696.

Hĕcătē, ēs, *f.* (Ἑκάτη), Tochter des Perses, Schwester der Latona, später mit der Diana u. Proserpina identifiziert, dah., 'tergemina' u. 'caeloque (als Mondgöttin) Ereboque (als Proserpina) potens', *A* 6, 247. Als mystische Göttin bei Beschwörungen u. Zaubereien angerufen, wobei sie von Schlangen u. Höllenhunden umgeben aus der Unterwelt heraufstürmte, *A* 4, 511 u. 609. 6, 118, 247 flgg. 564.

Hectŏr, ŏris, *m.* [griech. Akk. 'Hectora', *A* 1, 483. 6, 166] (Ἕκτωρ), ältester Sohn des Königs Priamus u. der Hekuba, Bruder der Krëusa und Oheim des Askanius (avunculus, *A* 3, 343. 12, 440), Gemahl der Andromache, der tapferste Held im trojan. Kriege, von Achilles getötet, *A* 1, 99. 750. 2, 270. 275. 282. 522. 3, 312. 5, 371. 9, 155. 11, 289. ellipt. (verst. 'uxor'), Hectoris Andromache, Hektors Gattin A., *A* 3, 319.

Hectŏrĕus, a, um (Ἑκτόρεος), zu Hektor gehörig, hektorisch, des Hektor, corpus, tumulus, *A* 2, 543. 3, 304. coniunx, *A* 3, 488. socii, *A* 5, 190. dcht. st. 'troisch', gens, *A* 1, 273. amnes, *A* 5, 634.

Hĕcŭba, ae, *f.* (Ἑκάβη), Tochter des Dymas, Gattin des Priamus, Mutter des Paris, *A* 2, 501 u. 515.

hĕdĕra (**ĕdĕra**), ae, *f.*, Epheu, von hellerer (pallens, *B* 3, 39) und von dunklerer Farbe, eig. dem Bacchus heilig u. bei dessen Feier gebraucht, aber auch dem Apollo und den Musen geweiht, dah. Ehrenkranz für ausgezeichnete Dichter, *B* 7, 25. 8, 13. Plur., nigrae, *G* 2, 258.

hei od. (*Haupt* u. *Ribb.*) ei, Interj.

($\varepsilon \tilde{\iota} \alpha$), ach! weh! Ausruf der Furcht od. des Schreckens, hei mihi! 'wehe mir'! *A* 2, 274.

heiä, Interj., zum Ausdruck der Anregung od. Aufforderung anderer, auf! 'heda!' *A* 9, 38. h. age, wohlan denn! auf denn! *A* 4, 569.

Hĕlĕna, ae, *f.* (Ἑλένη), Tochter des Juppiter und der Leda, Schwester des Kastor u. Pollux, Gattin des Menelaus in Sparta, von Paris entführt, *A* 1, 650. 7, 364.

Hĕlēnŏr, ŏris, *m.*, ein Troër, Sohn eines mäonischen Königs Helenor u. der Sklavin Likymnia, *A* 9, 544.

Hĕlĕnus, i, *m.* (Ἕλενος), Sohn des Priamus u. der Hekuba, ber. Seher, als Gefangener von Neoptolemus nach Epirus gebracht (Hom. Il. 6, 76), der ihm nach seiner Vermählung mit Hermione die Andromache zur Gattin gab und ihn aus Dankbarkeit dafür, dafs er ihm bei der Rückkehr von Troia das Leben gerettet hatte, zum Erben und Herrscher von Epirus einsetzte, *A* 3, 295. 334. 346. 369. 380. 433. 546. 559. 684. 712.

Hĕlĭcōn, ōnis, Akk. 'ōna', *m.* (Ἑλικών), Waldgebirge in Böotien, dem Apollo u. den Musen heilig (j. 'Sagara'), wohin sich die Dichter in ihrer Begeisterung entrückt dachten, *A* 7, 641. 10, 163.

Hellespontĭăcus, a, um (Ἑλλησποντιακός), zum Hellespont gehörig, der Meerenge der Dardanellen u. dem an der Küste gelegenen Lande, Priapus, weil in Lampsakus, einer Stadt Mysiens am Hellespont, vorzüglich verehrt, *G* 4, 111.

Hĕlōrus (Ĕlōrus), i, *m.* (Ἕλωρος), Flufs an der Ostküste Siciliens, oberhalb des Vorgeb. Pachynum, j. 'Atellaro', der bei seinem häufigen Austreten üppige Marschen bildete, *A* 3, 698.

Hĕlўmus, i, *m.* (Ἕλυμος), ein Troër, Sieger im Wettlauf, *A* 5, 73 u. 300.

herba, ae, *f.*, 1) jedes halmartig emporsprossende Gras, Grün, Kraut, *a*) übh., oft Plur., *G* 1, 180 u. 494. 2, 251. 3, 126. 326. 352. 4, 12. 121. 200. 402. *B* 6, 54. 57. 59. 7, 45. 8, 15. 9, 19. *A* 3, 142. 236. mit dem Zusatz 'graminis', Halm des Grases, *B* 5, 26. 'Unkraut', *G* 1, 69. 2, 411. Als Nahrung für Tiere, *B* 8, 2 u. 15. *G* 3, 162. 216. 295. 326. 395. 465. 498. auch für Menschen (im frühesten Kulturzustande oder aus Not), *G* 3, 528. *A* 3, 650. Bes. als magisches od. medizinisches Mittel, *A* 2, 219. 4, 272 u. 514. 7, 19. 753. 769. 12, 396 u. 402. giftiges Kraut der Giftmischerinnen (s. misceo), *G* 2, 129. 3, 283. *b*) als Sitz od. Lager,

'Gras', 'Rasen', *A* 1, 214. 5, 388. 6, 656. 9, 146 u. 316. als Platz bei der Opferfeier, *G* 1, 339. 2) Halm des Getreides, junge, grasartige Saat, *G* 1, 112. mit dem Zusatz 'frumenti', *G* 1, 134.

Herbēsus, i, *m.*, ein Rutuler, *A* 9, 344.

herbōsus, a, um (herba), grasreich, flumen, an den Ufern dicht mit Gras bewachsen, *G* 2, 199.

Hercŭlēs, is, *m.* (Ἡρακλῆς), Sohn des Juppiter u. der Alkmene, ber. durch die Ausführung der von Eurystheus ihm auferlegten bek. zwölf Arbeiten u. als Besieger des Eryx u. Kakus, *A* 5, 410. 7, 656. 10, 313 u. 779.

Hercŭlĕus, e, um (Hercules), zu Herkules gehörig, herkulisch, des Herkules, amictus, *A* 7, 669. corona, Kranz von der dem H. heiligen Silberpappel, *G* 2, 66. umbra, der Silberpappel, *A* 8, 276. sacrum, dem H. zu Ehren von Euander dargebracht, *A* 8, 270. Tarentum, von H. gegründet, *A* 3, 551. ignes, des H. Glut (d. i. das auf dem Altare des H. noch glimmende Feuer), *A* 8, 542. laudes, *A* 8, 288.

hērēs, ēdis, *m.*, Erbe, *A* 4, 274. 7, 424.

hērīlis (ĕrīlis), e (herus), zum Hausherrn gehörig, des Herrn, mensa, gressus, *A* 7, 490. 8, 462.

Hermĭnĭus, ĭi, *m.*, ein Etrusker, *A* 11, 642.

Hermĭŏnē, ēs, *f.* (Ἑρμιόνη), Tochter des Menelaus u. der Helena, Gattin des Pyrrhus (Neoptolemus) u. später des Orestes, *A* 3, 328.

Hermus, i, *m.* (Ἕρμος), goldführender Hauptflufs Lydiens, j. 'Sarabad', *A* 7, 721. *G* 2, 137.

Hernĭcus, a, um, zu den Hernikern gehörig, einem Volke in Latium auf den Höhen des Apenninus, dah. von ihren Wohnsitzen, Hern. saxa, der Herniker, *A* 7, 684.

hērōs, rōis, Akk. Plur. 'rōas', *m.* (ἥρως), Halbgott (durch Vater od. Mutter von göttl. Abstammung), Heros, *B* 4, 16. 26. 35. u. überh. von dem durch Mut u. Ausdauer ausgezeichneten Männern, Held, Edler, oft v. Aneas, *A* 4, 447. 5, 289. 6, 103. 169. 192. 451. 649. 8, 530. v. Priamus, *A* 8, 18. v. Helenus, *A* 3, 345. v. Entellus, *A* 5, 389. 453. 459. v. Misenus, *A* 6, 169. v. Turnus, *A* 12, 902. auch v. Musäus, *A* 6, 672.

Hĕrŭlus, s. Erulus.

hĕrus (ĕrus), i, *m.*, Hausherr, Herr, *A* 3, 324.

Hēsĭŏnē, ae, *f.* (Ἡσιόνη), Tochter des Troërkönigs Laomedon, Schwester des Priamus, mit Telamon, Beherrscher von Salamis, vermählt, *Ä* 8, 157.

Hespĕrĭa, ae, *f.* (verst. terra), eig. Abendland, im Sinne der Griechen 'Italien', *Ä* 1, 530 u. 569. 3, 163. 185 flg. 503. 4, 355. 7, 4. 44, 543. 8, 148. 12, 360.

Hespĕris, rĭdis, *f.* (*Ἑσπερίς*), 1) adj., abendlich, dcht. st. 'italisch', aquae, *Ä* 8, 77. 2) sbst., Hesperĭdes, um, *f.* (*Ἑσπερίδες*), Töchter des Atlas und der Hesperia (Ägle, Arethusa), welche auf einer Insel des Oceans jenseit des Atlas herrliche Gärten mit goldenen Äpfeln besafsen, die von einem Drachen bewacht wurden, *Ä* 4, 484. *B* 6, 61.

Hespĕrĭus, a, um (*Ἑσπέριος*), zum Abend oder Abendlande gehörig, westlich, d. i. (im Sinne der Griechen) 'italisch', terra, *Ä* 2, 781. Latium, das westliche alte Latium (im Gegs. der spätern östlichen Ausdehnung), *Ä* 7, 601. litus, *Ä* 6, 6. latus, *Ä* 3, 418.

Hespĕrus, i, *m.* (*Ἕσπερος*), Abendstern (Lucifer), nach der Mythe Sohn des Kephalus und der Aurora, *B* 8, 30. 10, 77.

hesternus, a, um (heri), gestrig, von gestern, Iacchus, gestern genossen, *B* 6, 15. Lar, dem schon gestern geopfert wurde, *Ä* 8, 543.

heu, Interj., Ausdruck der Wehklage u. des Schmerzes, wehe! ach! leider! *Ä* 2, 289. 3, 44 u. 317. 4, 65. 283. 376. 657. 5, 13. 6, 149. 827. 878. 7, 293. 8, 537. 9, 485. 10, 849. in der Mitte der Wehklage eingeschoben, *Ä* 3, 708. 6, 188 u. 458. doppelt, heu heu, *B* 2, 58.

heus, Interj., bei lebhaftem Ausrufe, um von jmd. Auskunft über etw. zu erlangen, hört! heh! *Ä* 1, 321. im warnenden Tone, heus! etiam mensas consumimus (*Haupt* als Frage: heus, ... consumimus?), *Ä* 7, 116.

hiātus, ūs, *m.* (hio), Öffnung, Schlund einer Höhle, vastus, *Ä* 6, 237. der Tiere, ingens oris (des Wolfes), *Ä* 11, 680. Plur., atri hiatus (der Hydra), *Ä* 6, 576.

hibernus, a, um (hiemps), zum Winter od. zur rauhen Jahreszeit übh. gehörig, winterlich, stürmisch, rauh, kalt, 1) adj., lumen, *G* 1, 291. noctes, *Ä* 6, 255. cori, *Ä* 5, 126. flatus, *G* 2, 239. imber, *Ä* 4, 474. undae, *Ä* 7, 719. *G* 4, 235. soles, *G* 2, 481. *Ä* 1, 745. pulvis, staubiger, trockener Winter, *G* 1, 101. hiemali sidere, beim Wintergestirne, zur Zeit des Winters, *Ä* 4, 309. glans (Sing. st. des Plur.), 'Wintereicheln,', d. i. die ungesammelt im dichten Bergforste 'den Winter hindurch' gelegen, *B* 10, 20. Lycia, wo Apollo den Winter zu

Patara zugebracht, *Ä* 4, 143. 2) sbst., hiberna, ōrum, *n.* (näml. 'castra'), 'Winterlager', terna, übh. der dritte Winter, *Ä* 1, 266.

Hibērus, a, um (*Ἴβηρος*), zu Iberien oder Spanien gehörig, spanisch, ferrugo, *Ä* 9, 582. gurges, der westliche Ocean, *Ä* 11, 913. boves, die von Herkules in Spanien erbeuteten Rinder des Geryon, *Ä* 7, 663. sbst., Hibēri, ōrum, *m.*, 'Spanier', *G* 3, 408.

hibiscum, i, *n.* (*ἰβίσκος*), Eibisch, vorzügliches Futterkraut, *B* 2, 30. zum Flechten von Körbchen, gracile, *B* 10, 71.

1. **hīc, haec, hōc** [urspr. aus 'hi-ce' abgeschwächt, dah. bisw. ältere Femininform im Plur. 'haec' st. 'hae', *G* 3, 305 (*Ribb.*), 'hae' dagegen, *Ä* 3, 167. 6, 853. 7, 175. 12, 849]. Demonstrativpron., dieser, diese, dieses, od. unser betontes der, die, das, 1) allein, auf das nächst Vorhergehende oder Gegenwärtige oder Folgende, übh. das dem Redenden zunächst Vorliegende oder als vorliegend Gedachte, dann auch auf etw. allen Bekanntes oder Besprochenes hinweisend, *Ä* 1, 81 u. 253. 2, 550. 3, 49 u. ö. haec lumina, dieses Licht, das allen Lebenden gemeinsam ist, *Ä* 12, 63. effundere hanc animam, das ich nicht achte, *Ä* 1, 98. non lacrimis hoc tempus (est), jetzt ist nicht die Zeit für Thränen, zum Weinen, *Ä* 12, 156. Bisw. in bez. auf ein weiter vorausgehendes Nomen, wie 'hae', d. i. caprae, *G* 3, 305. Zur Wiederaufnahme eines durch einen längeren Zwischensatz in Vergessenheit geratenen Nomens, 'has' (näml. 'portas', *Ä* 7, 611. um das frühere Nomen wieder in Erinnerung zu bringen, mit Trennung u. späterer Andeutung desselben, 'huic ... donat habere viro', *Ä* 5, 259–262. als Neutr. mit Ergänzung des Begriffs aus dem Zusammenhang, hoc, dadurch, hierdurch (durch dieses Versprechen), *Ä* 1, 238. quibus hoc dedisti (näml. 'vincere'), *Ä* 5, 195. hoc mihi de te refers? bringst od. giebst du blofs dies von dir zurück? *Ä* 9, 491. hoc sum terrāque marique secuta? bin ich deshalb zu Wasser und zu Lande gefolgt? *Ä* 9, 492. haec, diese Veränderungen der Witterung, *G* 1, 351. haec, sein Schicksal, *Ä* 4, 509. In bez. auf Personen, die in dem Vorhergehenden nur dem Sinne nach angedeutet, wie: hi, die auf diesen Schiffen befindlichen Personen, *Ä* 1, 106. Mit Nachdruck wiederholt, *Ä* 3, 559. 5, 73 flg. 7, 173. haec ... his ... his, *Ä* 5, 412 flg. 'hoc' in bez. auf ein vorherg. Wort, hoc sibi ferri munus instituit (diesen goldenen Zweig als Opfer), *Ä* 6, 142.

Bes. *a*) 'hoc' als Akk. der Beziehung, aspice nos hoc tantum, sieh (gnädig) nur in soweit auf uns u. unsere Lage, *Ä* 2, 690. *b*) emphat., dieser da, der da (gleichs.hinweisend, οὑτοσί), hic tibi . . . bellum geret, gerade dieser Mann, *Ä* 1, 161; ähnl. *Ä* 4, 347. 12, 231. *B* 3, 29. 10, 70. ebenso 'hāc dextrā', *B* 12, 48. *c*) oft unbestimmt als Subj. (das, dies) mit dem folg. Subst., das dann prädikatisch steht, im Genus u. Numerus verb., hoc caput, haec belli summa, dies ist der Quell u. Sitz usw., *Ä* 12, 572. hoc decus illi, hoc solamen erat, das war Zier ihm u. Trost, *Ä* 10, 859; vgl. *Ä* 5, 756. mit nachdr. Wiederholung, hic vir, hic est, *Ä* 6,791. zugl. in bez. auf das Örtliche mit Adv. hic wechselnd, hic domus, haec patria est, *Ä* 7, 122. zur Bezeichn. der blofsen örtl. Nähe, hic locus urbis erit, da (dort) ist der Ort für die Stadt, *Ä* 8, 46. *d*) in der Bedeutung eines Possessivpron., hāc (manu), durch diese meine Hand, *Ä* 2, 292. culpam hanc piabunt, was ich verbrochen habe, *Ä* 2, 140. huic capiti, mir, *Ä* 8, 570. hanc animam, mein Leben, *Ä* 3, 654. 4, 652. his auribus, *Ä* 4, 359. *e*) verkürzt st. eines Genet., um das Verhältnis zu einem andern Begriff anzugeben (st. huius rei), hic nuntius, die Nachricht davon, *Ä* 4, 237. has poenas, die Strafe für diesen Frevel, *Ä* 7, 595. hanc versa in faciem, in die Gestalt dieses Vogels, *Ä* 12, 865. his manibus, durch ihre (der Kyklopen) Hände, *Ä* 8, 426. *f*) im Gegs. von ille, *Ä* 8, 287 u. 358. nunc hic nunc ille, bald dieser, bald jener, *Ä* 5, 441. mit lokaler Beziehung, hic iuvenum chorus, ille senum, d. i. hier . . . dort, *Ä* 8, 287. dcht., hic . . . hic, st. hic . . . ille, dieser . . . jener, der eine . . . der andere, *Ä* 7, 506 flg. 9, 572. 10, 9 flg. 12, 526 (wo 'hic' auf Äneas, 'hunc' *v.* 532 auf Murranus sich bezieht). hi (d. i. Kloanthus u. seine Genossen) . . . hos (d. i. Mnestheus u. die Seinen), *Ä* 5, 229 u. 231. huic (dem Orpheus) . . . huic (dem Linus), *B* 4, 56. dreifach, hic . . . hic . . . hic, dieser . . . jener . . . jener, *Ä* 7, 703 flg.; vgl. *Ä* 3, 558 flg.

2) in enger Verbindung, *a*) mit andern Pron., 'hic ille', zu näherer Bestimmung einer bereits angekündigten Person od. Sache, hunc illum . . . portendi generum, dies sei der Eidam, der usw., *Ä* 7, 255. hunc illum poscere fata, dies sei der, welchen usw., *Ä* 7, 272. hoc illud fuit, dieses hattest du also im Sinne, *Ä* 4,675. hunc ego te aspicio? mufs ich so dich sehen? *Ä* 9, 481. Bes. von dem, was infolge einer frühern Andeutung nun wirk-

lich eintritt od. erscheint, haec illa Charybdis (est), dies od. da ist die (berüchtigte, gefürchtete) Charybdis, *Ä* 3, 558. mit 'ipse', hoc ipsum, eben od. gerade dieses, *Ä* 2, 60. mit 'tantus', *Ä* 4, 419. 6, 464. *b*) mit Adj., haec tam dira cupido, *Ä* 6, 373. hoc unum, *Ä* 4, 420.

2. **hic**, Adv., 1) räuml., hier, an diesem Orte, an dieser Stelle, in die'ser Gegend, *Ä* 5, 331 u. 484. 9, 242. *B* 1, 42. mit näherer Bestimmung im flg., hic, inter flumina etc., *B* 1, 52. Oft mufs aus dem Vorherg. das örtliche Verhältnis entnommen werden, hic, in diesem Hafen, *Ä* 1, 168. hic, d. i. im Gebiete von Bruttium, *Ä* 3, 99 u. 401. hic, d. i. in Oberitalien, *Ä* 1, 247. hic, d. i. in den Sümpfen (Gegs. zu *v.* 433), *G* 3, 430. in starkem Affekte, hic est (indem Euryalus auf seine Brust zeigt) animus, *Ä* 9, 205. Dah. *α*) wiederholt, hic . . . hic, *Ä* 1, 16 flg. 1, 427. 2, 19 flg. *β*) hic . . . illic, *G* 1, 54. 2) übtr.: *a*) hier, dabei, da, bei dieser Gelegenheit, unter diesen Umständen, während dieser Zeit, *Ä* 1, 728. 1, 122 u. 199. 3, 718. 9, 246. emicat hic, 'da nun', *Ä* 12, 728. *b*) im Fortgang der Erzählung, bei Einführung eines neuen Momentes, hier, jetzt, *Ä* 1, 187. 5, 353. 387. 473. 522. 604. 827. 7, 141. 9, 110.

Hĭcĕtāŏnĭus, a, um, zu Hiketaon gehörig, des Hiketaon, Thymoetes, Sohn des Hiketaon, eines Troërs, *Ä* 10, 123.

hĭemps od. (*Haupt*) **hĭems**, hyĕmis, *f.*, 1) appell.: *a*) Regenzeit, Regen od. Schneewetter, übh. rauhes od. stürmisches Wetter, Unwetter, Ungewitter, Sturm, *G* 1, 321 u. 391. 3, 470. *Ä* 1, 122. 2, 111. 3, 195. 4, 52. 5, 11. 7, 214. 9, 671. 10, 634. Plur., *G* 2, 293 u. 373. *b*) vorzugsw. Winterzeit, Winter, *G* 1, 302 u. 340. 2, 317. 519. 3, 356 u. 403. 4, 36. 51. 135. 156. *B* 10, 66. *Ä* 3, 285. 4, 193 u. 403. Plur., *G* 1, 100. dcht. die Gestirne des Tierkreises, in welche die Sonne zur Winterzeit eintritt, *G* 2, 322. 2) personif., als Gott der Stürme u. Ungewitter, *Ä* 3, 120.

hĭlăro, āre (hilaris), mache heiter, erheitere, convivia, *B* 5, 69.

Hĭmella, ae, *f.*, kleiner Flufs im Sabinerlande, j. 'Imele', *Ä* 7, 714.

hinc, Adv. (hic), von hier, 1) räuml., vom Standpunkte des Sprechenden od. von der in dessen Bereich liegenden Gegend aus, von hier, von da, von dort, dorther, *Ä* 8, 511. 10, 204. 11, 193. 12, 947. *G* 4, 446 u. 449 (*Ribb.* auch *Ä* 1, 427 u. 2, 728). mit näherer Bestimmung, hinc . . . Tyrrhena ab sede, *Ä* 7, 209. 'h. vicino ab limite' u. 'h. alta sub rupe', *B*1, 54 u. 57. m. Angabe des Zieles (ad), *Ä* 1, 389. 7, 408. hinc ... hinc, (von) 'hier ... dort', *Ä*12, 745. hinc atque hinc, 'von hier und dort', 'von dieser u. jener Seite', 'von beiden Seiten', *Ä* 12, 431; 'auf beiden Seiten (der Bai)', *Ä* 1, 162. tundor vocibus h. atque b., von allen Seiten, *Ä* 4, 447. 2) übtr.: *a*) zur Bezeichn. des Ursprungs od. der Abstammung von jmd., hinc ... hinc, *Ä* 234 flg. hinc, von ihm (aus dem Stamme), *Ä* 1, 21. *b*) in bez. auf den Ursprung von etwas her, hinc, von hier (infolge dieser reichlichen Nahrung u. guten Pflege der Ziegen), *G* 3, 308. in bez. auf den Stoff, 'von hier an', *G* 1, 5. 3, 300. *c*) v. Anfang in der Zeit (mit dem Nebenbegr. des örtl. od. sachlichen Verhältnisses), von jetzt an, von nun an, von da an, hierauf, dann, *Ä*1, 194. 2, 148 u. 671. 4, 253. 5, 504 (*Ribb*.). *G* 3, 202. 494 u. 496. doppelt, hinc ... hinc, *G* 2, 514. 4, 55 flg. dreifach, zuerst ... dann ... hierauf', *Ä* 2, 97.

hinnītŭs, ūs, *m.* (hinnio), das Wiehern, *G* 3, 94.

hĭo, āre, 1) gähne, klaffe, stehe offen, *G* 1, 91. 2) sperre den Mund auf, *a*) schnappe, *Ä* 6, 493. v. Hunden, jappen, 'lechzen', *Ä* 12, 754. v. beutegierigen Löwen, 'den Rachen öffnen', *Ä* 10, 726. *b*) übtr., halte vor Staunen den Mund offen, gaffe, staune, *G* 2, 508.

Hĭppŏcŏōn, ontis, *m.* (Ἱπποκόων), Sohn des Hyrtakus, ein Troër, *Ä* 5, 492.

Hĭppŏdămē,ēs,*f.*(Ἱπποδάμεια),Hippodamīa, Tochter des Königs Onomaus in Elis, Gattin des Pelops, der sie als Preis im Wagenrennen erhielt, *G* 3, 7.

Hĭppŏlўtē, ēs, *f.* (Ἱππολύτη), Tochter des Mars, Königin der Amazonen, *Ä* 11, 661. [des Theseus, *Ä* 7, 761 flgg.

Hĭppŏlўtŭs, i, *m.*(Ἱππόλυτος), Sohn **hĭppŏmănēs**, is, *n.* (ἱππομανές, eig. Roßwut), 1) Brunstschleim rossiger Stuten,*G*3,280. 2) Pferdegift, Pferdemilz, ein kleines Fleischgewächs auf der Stirn des neugeborenen Füllen, als Zaubermittel zu Liebestränken benutzt, *G* 3, 282.

Hĭppŏtădēs, ae, Akk. 'en', *m.* (Ἱπποτάδης), Nachkomme des Hippotes, *Ä* 11, 674.

hircus od. (*Haupt.* u. *Ribb.*)**hĭrquus**, i, *m.*, Ziegenbock, Bock, *B* 3, 8. *G* 2, 395. 3, 312. Sprichw., hircos mulgere, zur Bezeichnung verkehrter Handlungen, *B* 3, 91.

hĭrsūtŭs, a, um (Participialform zu hirtus), struppig, stachelig, rauh,.

v. Gewächsen, *G* 3, 231 u. 444. *B* 7, 53. von den Augenbrauen, *B* 8, 34. dcht. von der Pers., cristā hirtus equinā, mit buschigem Roßschweif, *Ä* 10, 869.

hĭrtŭs, a, um, rauh, struppig, zottig, aures, capella, *G* 3, 55 u. 287.

hĭrŭndo, dĭnis, *f.*, Schwalbe, *G* 1, 377. 4, 307. *Ä* 12, 474.

Hĭsbo, ōnis, *m.*, ein Rutuler, *Ä* 10, 384.

hĭsco, ĕre (hio; eig. hiasco), thue den Mund auf, raris vocibus, bringe stotternd hervor, stammle wenige Worte, *Ä* 3, 314.

hĭspĭdŭs, a, um, rauh, struppig, borstig, frons, *Ä* 10, 210.

Hĭstĕr, stri, *m.* (Ἴστρος), griech. Name der Donau (bei den Römern bes. die untere Donau bis zur Mündung ins schwarze Meer), *G* 3, 350. dcht. von den am Ausfluß der Donau wohnenden Völkerschaften, coniuratus, *G* 2, 497.

hĭulcus, a, um (hio), klaffend, spaltig, rissig, arva, *G* 2, 353.

hōc, Adv.(1.hic), 1) räuml., hierher, an diese Stelle, *Ä* 8, 423. 2) kausal, dadurch, demnach, deshalb, *G* 2, 425. *Ä* 1, 238. 9, 492.

hŏdĭē, Adv. (eig. 'hoc die'), an diesem Tage, heute, *Ä* 2, 670. *B* 3, 49.

hoedus, s. haedus.

hŏlus, s. olus.

hŏmo, mĭnis, *m.*, Mensch, *a*) als Gattungsbegr., meist Plur., im Gegs. zum Tiere, *Ä* 1, 308 und 743. 6, 728. 7, 19. 10, 211. *G* 3, 242. im Gegensatz zu den Göttern, *Ä*1, 229. 2, 745. 3, 80. 4, 671. 10, 65 u. 175. 12, 28. bes. divom pater atque hominum rex, v. Juppiter *Ä*1, 65. 2, 648. 10, 2 u. 743. ähnl. hominum sator atque deorum, *Ä* 1, 254. 11, 725. im Gegs. zu Örtern, *Ä* 1, 332. 2, 284. 7, 131. zu 're', *Ä* 10, 18. 12, 829. *b*) als Spezies, Mensch, Mann, Plural Menschen, Leute, *Ä* 1, 328. 3, 426. 8, 727. 10, 720. *G* 4, 445. auch in bezug auf eine Göttin (Venus), *Ä* 1, 328. bisw. mit Rücksicht auf die menschl. Schwäche u. dgl., im verächtlichen Tone, *Ä* 1, 539. 10, 501. 12, 900. *G* 1, 504. 3, 606. 4, 316.

Hŏmŏlē, ēs, *f.*(Ὁμόλη), Berg in Thessalien bei Tempe, Sitz der Kentauren, *Ä* 7, 675.

hŏnestŭs, a, um (honos), dem Äußern nach 'anständig' und als Folge schön, herrlich, edel, caput, *G* 3, 392. *Ä* 10, 133. os, *G* 4, 232. pectus, *Ä* 12, 155. vom edlen Rosse (in bezug auf die Farbe), *G* 3, 81.

hŏnōro, āre (honos), ehre, verherrliche, quem (diem) semper honoratum habebo, (durch Opfer) feiern werde, *Ä* 5, 50.

hŏnŏs, ōris, *m.* Ehre, 1) Ehre, die man jmdm. von aufsen her zukommen läfst, Auszeichnung, Huldigung, Verehrung, Achtung, Scheu, *A* 1, 335 u. 609. 3, 484. 5, 541. 8, 339 u. 617. 11, 23. *B* 5,78. multo honore, mit ehrenden Worten, *A* 3, 474. m. Gen. der Pers., rapti Ganymedis honores, die Gunstbezeigungen (des Juppiter) gegen den ger. G., *A* 1, 28. der Sache, von der man Auszeichnung erwartet, pugnae, 'Kriegsruhm', '*A* 12,630. Bes. α) Ehre, Ehrenstelle, Ehrenamt, Würde, Plur., primos sibi poscere honores, *A* 11, 219. β) Ehre, Verehrung od. Verherrlichung, bes. der Götter durch Opfer, 'Fest', 'Opferfest', 'Opfer', *A* 1, 49. 335. 3, 178. 547 (s. adoleo). *A* 5, 94. 97. 762. 7, 3. 8, 16 u. 188. Lenaeus, Opferwein, *A* 4,207. Plur., debiti, dankbare Gelübde, *A* 3,264. tui, geheiligte Stätte, *A* 12,778. von den Opfertieren (hostiae) selbst, *A* 3, 118. m. Gen., laticum, ehrende Spende des Trankes, Weihegufs, *A* 1, 736. deorum, *A* 3, 406. *G* 3, 486. bisw. 'Dankfest' für Rettung aus grofser Gefahr, *A* 8, 268; für Erhaltung eines fernen Gastfreundes bei dessen Ankunft, *A* 1, 632. von einem feierlichen Liede, dicere honorem Baccho, das Lob des Bacchus singen, den Bacchus durch Gesänge verherrlichen, *G* 2, 393. γ) Ehre der Bestattung, letzte Ehre, Totenfeier (inferiae), tumuli, *A* 10, 493. mortis, *A* 6, 633. supremus, *A* 11, 61 u. 76. vanus, *A* 11, 51. laetus, Ehrenfest, *A* 5,58. Plur., *A* 5, 653. 11, 208. δ) Siegespreis, Preis, Belohnung, pugnae, *A* 5, 365; vgl. *A* 5, 201. 229. 272. 342. 534. Plur., *A* 5,347. 'Ehrengeschenk' in den Kampfspielen, *A* 5, 249. u. 308. ε) übh. 'Ehre', 'Ruhm', vitae mortalis, *G* 4, 326. b) in bezug auf Lebl., Ehre, Achtung, Verehrung, *A* 4, 458. 12, 135. *G* 1, 507. *B* 2, 35. regius, königlicher Schmuck (v. Purpurgewand), *A* 7, 815. patrius (v. Trojaspiele), *A* 5,601. angustis hunc addere honorem, einem dürftigen Stoffe würdigen Schmuck verleihen, *G* 3, 290. m. Gen., vomeris et falcis, *A* 7, 635. pietatis, *A* 1, 253. 2) Ehre, die jmd. oder etwas äufserlich an sich trägt, gleichsam sich selbst erweist, Ansehen, Glanz, Ruhm, gentis (des Geschlechts), *A* 4, 4. in bezug auf Lebl., 'Schmuck', 'Zierde', v. grünen Laube der Wälder, *G* 2, 404. laeti, Reiz, holde Anmut (der Augen), *A* 1, 591.

hōra, ae, *f.* (ὥρα), 1) Stunde, a) übh., *A* 4,679. 5,844. crastina, der kommende Morgen, *G* 1,426. extrema, 'letzte Stunde' im Leben, *B* 8, 20. Plur., *A* 6, 539. in horas, von Stunde zu Stunde, stündlich, *B* 10, 73. b) bürgerliche Stunde des Tages, den die Römer, mochte er kurz oder lang sein, in zwölf Stunden teilten, quarta, *G* 3,327. Plur., diurnae, *G* 3,400; vgl. *G* 1, 208. — 2) Horae, ārum, *f.*, die Horen, Stunden, von Vergil als pers. Wesen gedacht, durch welche die Nacht in Bewegung gesetzt u. erhalten wird, *A* 3, 512.

Horcus, s. Orcus a. E.

hordĕum, i, *n.*, Gerste, bei Vergil nur Plur. (eig. 'Gerstenkörner'), *B* 5, 36. *G* 1, 210 u. 317.

horrendus, a, um (horreo), Schauer erregend, schauerlich, grauenvoll, furchtbar, entsetzlich, a) v. leb. Wesen, v. Polyphem, *A* 3, 658. Sibylla, *A* 6, 10. Charon, *A* 6, 298. concilium, *A* 3, 679. monstrum, *A* 4, 181. Iuno, *A* 7,323. Mezentius, *A* 9,522. v. Kamilla, *A* 11, 507. b) v. Lebl.: α) übh., v. Örtern saxa u. dgl., *A* 3, 559. 6, 327. 7, 568. ora, fratzenhafte Larven, *G* 2, 387. vox, *A* 9, 112. clamores, *A* 2, 222. ambages, *A* 6, 98. m. Supin., visu, *A* 9,521. dictu, *A* 4,454. 8. 565; vgl. *A* 7, 78. Neutr. Sing. als Adv. bei Zeitw. wie 'strideo' u. dgl., *A* 6,288. 9, 632 u. 731. 12, 700. β) von dem, was einen ehrfurchterregenden Eindruck macht, tectum, ehrwürdig, *A* 7, 172.

horrĕo, horrŭi, ēre, 1) starre od. stehe empor, strotze, bin dicht erfüllt mit oder von etw., urspr. von allem, was eine rauhe oder spitze Aufsenseite hat, a) m. Abl., squamis, *A* 11, 754. colubris, *A* 6, 419. cautibus, *A* 4,366. culmo, *A* 8,654. bildl. vom Gefilde, ferreus hastis horret ager, 'starrt' gleichs. (von den mit Lanzen bewaffneten Kriegern), *A* 11,602; ähnl. *G* 2,142. strictis seges mucronibus horret ferrea, die eiserne Saat der gezückten Schwerter starrt empor, *A* 12, 663. von d. Personen selbst, aënis squamis, *A* 11,488. b) abs., starre od. stehe empor, v. Disteln, *G* 1, 151. v. Bienen, *G* 4,96. Bes. Part. horrens, 'starrend', 'starr', 'rauh', 'struppig', hastae, *A* 10, 178. rupes, *A* 7, 718. rubi, 'stachlichte', *G* 3,315. terga suum, borstig, sich sträubend, *A* 1, 634. lustra, *A* 11,570. campus, starrend von Disteln u. Gestrüpp, *G* 3,161. dcht., umbra, 'düster', 'schauerlich', *A* 1, 165. umbrae, *A* 1,311. 2) übtr. (weil sich die Haut beim heftigen Schrecken ungleich zusammenzieht), a) fahre zusammen, erschrecke, infolge von etwas, m. Abl., responsis, *A* 6, 799. b) schaudere, erzittere, entsetze mich vor jmd. od. etwas aus Furcht od. Abneigung, m. Akk., alqm, *A* 4, 208.

G 3, 403. mortem, *Ä* 10, 880. v. Pferde,
strepitus, d. i. scheuen, scheu werden vor
usw., *G* 3, 79. dcht. m. *Inf.*, *Ä* 2, 12. 11, 636.

horresco, ĕre (Inch. v. horreo), 1) werde
uneben od. starr, dcht. v. Saatfelde, leni-
bus flabris, infolge des Windes gleichs.
'erzittern', 'sich kräuseln', *G* 3, 199. seges
horrescit ensibus, starrt, *Ä* 7, 526. 2) übtr.:
a) gerate in Zittern, erbebe, schaudere, *Ä* 2, 204. subito visu, *Ä* 6, 710;
vgl. *Ä* 12, 453. *b*) schaudere vor etw.,
entsetze mich vor etw., m. Akk., morsus futuros *Ä* 3, 394.

horrĕum, ĕi, *n.*, Scheuer, Speicher,
G 1, 49. 2, 518. dcht. der Mäuse, *G* 1, 182.
auch der Bienen, *G* 4, 250.

horribĭlis, e (horreo), schauerlich,
grauenvoll, entsetzlich, fera, *G* 4,
442. visus, *Ä* 11, 271. irae, *G* 3, 152.

horrĭdus, a, um (horreo), 1) starrend,
strotzend, voll von etw., von Leb. u.
Lebl., m. Abl., vom Walde, dumis, *Ä* 8,
348. 9, 382. von der Myrte, hastilibus, *Ä*
3, 23. v. Juppiter, austris, *Ä* 9, 670. vom
Winter, gelu, *G* 3, 442. dcht. v. der Biene,
desidiä, 'von Trägheit rauh und entstellt',
G 4, 93. 2) übtr.: *a*) struppig, borstig,
sus, *G* 4, 407. arbutus, *G* 2, 69. barba, *Ä*
4, 251. macies, *G* 2, 254. *b*) rauh, hart,
'wild', gens, *Ä* 7, 746. v. Pers., *B* 7, 42.
c) schauerlich, graus, grausig,
furchtbar, schrecklich, v. Pers., *Ä*
7, 669. in iaculis, *Ä* 5, 37. v. Lebl., furor,
Ä 1, 296. acies Volcania, *Ä* 10, 408. grando,
G 1, 449. castra, *B* 10, 23. bellum, *Ä* 6,
86. 7, 41. proelia, *G* 2, 282. iussa, *Ä* 4, 378.
fata belli, *Ä* 11, 96.

horrĭfĕr, fĕra, fĕrum (horreo u. fero),
Entsetzen verbreitend, aegis, *Ä* 8,
435.

horrĭfĭco, āre (horrificus), errege
Schauer, schrecke, abs., terribili monitu, *Ä* 4, 465.

horrĭfĭcus, a, um (horreo und facio),
grausenerregend, entsetzlich,
schrecklich, ruinae, *Ä* 3, 571. lapsus,
Ä 3, 225. letum, *Ä* 12, 851.

horrĭsŏnus, a, um (horreo u. sono),
schauerlich tönend, cardo, 'grauenhaft kreischend', *Ä* 6, 573. fremitus, *Ä*
9, 55.

horror, ōris, *m.* (horreo), eigentl. das
Emporstarren, übtr., *a*) Schauer (vor
Kälte), Frost, frigidus, *Ä* 3, 29. *b*)
Schrecken, der gleichsam das Blut
stocken macht, Schauder, Entsetzen,
Grausen, saevus, *Ä* 2, 559. 12, 406. ar-
morum, das grausige Klirren, *Ä* 2, 301.
abs., *Ä* 2, 755. 4, 280. 12, 868.

hortātŏr, ōris, *m.* (hortor), Aurater
zu etw., Anstifter, scelerum, *Ä* 6, 529.

Hortīnus, a, um, zu Horta (j. 'Orta'),
einer Stadt in Etrurien, gehörig, horti-
nisch, classes, Bürger von Horta, *Ä* 7, 716.

hortor, āri, ermuntere, ermutige,
ermahne, treibe od. feure an, alqm,
Ä 5, 177. 6, 184. 11, 13. alqm in proelia
dictis, *Ä* 11, 521. vitulos, lehre gehorchen,
zähme, *G* 3, 164. mit flg. bl. Konj., *Ä* 3,
129. mit Inf., *Ä* 2, 74. 3, 133. 144. 608.
10, 69. mit Akk. u. Inf., *Ä* 2, 33. mit direkter Rede, *Ä* 5, 189; vgl. *Ä* 11, 13. dah.
von der direkt. Aufforderung, hortantur
socii, Cretam proavosque petamus, rufen
sich mahnend zu: 'Auf nach Kreta!' *Ä* 3,
129.

hortus, i, *m.* (χόρτος, Gehege), Garten, bes. Plur., 'Blumen- od. Ziergarten',
G 4, 109 u. 118.

hospĕs, pĭtis, *m.* (stammverwandt mit
'hostis'), 1) der gastlich aufgenommene
Fremde, Gastfreund, Gast, *Ä* 1, 731.
4, 10 u. 323. 8, 123. 346. 364. 463. Troianus, v. Aneas *Ä* 8, 188. 2) der jmd. freundlich aufnimmt u. bewirtet, Gastfreund
(wie ξένος), *Ä* 5, 63 u. 630.

hospĭtĭum, ii, *n.* (hospes), 1) Gastfreundschaft, gastliche Aufnahme,
Gastrecht, *Ä* 4, 51. 7, 264. 9, 361. 10,
460. 11, 164. hospitio, nach altem Brauche
der Gastfreunde, *Ä* 3, 83. Plur. in bezug
auf das Verhältnis zwischen zwei Personen (Aneasu. Dido), *Ä* 1, 671; vgl. *Ä* 10,
495. übh. 'Bündnis, Freundschaft', *Ä* 11,
114. 2) gastliche Stätte, *a*) für Menschen, Wohnung, Herberge, *Ä* 1, 299.
3, 15 u. 61. 7, 202. 10, 460. dcht., arenae,
gastliche Küste, *Ä* 1, 540. *b*) für Tiere,
Obdach, Lager, *G* 3, 343. 4, 24 (s.
frondeo).

hospĭtus, a, um (hospes), als Gast wohin
kommend, gastlich aufgenommen, coniunx, hospita Teucris, Gastfreundin der
Teukrer (v. Lavinia, der Tochter des Latinus), der seine bereits dem Rutulerfür-
sten Turnus versprochene Tochter dem
Aneas verlobte, *Ä* 6, 93. 2) gastlich aufnehmend, wirtlich, *a*) eig., terra, *Ä*
3, 539. aequora, *Ä* 3, 377. *b*) dcht. übtr.,
von Wasser im Winter, unda hospita
plaustris, Wagen aufnehmend od. tragend
(weil gefroren), *G* 3, 362.

hostĭa, ae, *f.* (v. veralteten 'hostio',
d. i. schlage, eigentl. 'geschlagenes Tier'),
Schlachtopfer, Opfertier, Opfer,
Ä 1, 334. 11, 740. *G* 1, 345 u. 3, 486. dcht.
v. Pers., wie v. Sinon, *Ä* 2, 156.

hostīlis, e (hostis), dem Feinde gehörig, feindlich, des Feindes, der
Feinde, *Ä* 3, 407. 10, 489 u. 847. 11, 83
u. 393. tumulus, des Achilles, *Ä* 3, 322.

hostis, is, *m.*, der Feind, *a*) in polit.

Bez., auswärtiger, bewaffneter Feind, *Ā* 1, 378. 625. 2, 43. 358. 377. 390. 508. 511. 527. 541. 632. 645. 665. 3, 123. 283. 4, 669. 5, 632. 671. 6, 111. 881. 7, 469 u. ö. *G* 3, 32. *B* 10, 45. von Tieren, wie von Bienen, *G* 4, 76. v. Stier, *G* 3, 236. v. Adler, *Ā* 12, 253. *b*) in privat. Bezieh., Feind, Gegner, Widersacher, v. Juppiter, *Ā* 12, 895. Troiani nominis, *Ā* 7, 723. v. Äneas in den Augen der Dido, *Ā* 4, 424.

hūc, Adv. (eig. 'huic' von 1. hic), hierher, 1) räumlich, *a*) übh., an diesen Ort, hierhin, dahin, *Ā* 1, 170 u. 333. *G* 4, 62. mit Angabe der näheren Bestimmung, huc... ad Thybrim, *Ā* 7, 241. von einem in der Erzählung bereits angedeuteten Punkte od. Gegenstand, huc, d. i. hunc in portum, *Ā* 7, 86. huc, d. i. in equum, *Ā* 2, 18. huc ades, hierher komme, *B* 2, 45. 7, 9. huc atque huc lustrat equos, hierhin und dorthin eilt er u. besichtigt, nach allen Seiten hin besichtigt er, *Ā* 9, 57. huc.. calcentur, 'dahin', d. i. in diese Körbe, *G* 2, 243. *b*) huc illuc, 'dahin und dorthin', 'nach dieser und jener Seite', *Ā* 4, 363. 5, 408. 12, 764. 2) in andern Verhältnissen, huc falcis honos, huc cessit .. amor, diesem Zwecke (der Bereitung der Waffen) mufsten Sichel und Pflug dienen, *Ā* 7, 635. nunc huc nunc illuc dividit animum, *Ā* 4, 285.

hūmānus, a, um (homo), menschlich, zu dem Menschen gehörig, den Menschen betreffend, dem Menschen eigen, vom Menschen ausgehend, genus, *Ā* 1, 542. vis, *G* 1, 198. labores, *Ā* 5, 689. opes, *Ā* 12, 427. preces, *G* 4, 470. res, 'irdische Dinge', *Ā* 1, 152.

hūmecto, s. umecto.

hūmĕo, s. umeo.

hūmĕrus, s. umerus.

hūmĭdus, s. umidus.

hŭmĭlis, e, (humus) 1) an der Erde befindlich, niedrig, casa, *B* 2, 29. tectum, *Ā* 8, 455. Italia, niedrig gelegen, *Ā* 3, 522. fossa, nicht tief, seicht, *Ā* 7, 157. bes. v. Pflanzen, 'niedrig' wachsend, *G* 2, 213 u. 434. *B* 4, 2. dcht. v. Vogel, tief fliegend, *Ā* 4, 255. 2) übtr., niedrig der Gesinnung nach, demütig, v. Pers., humilis supplexque, demütig flehend, *Ā* 12, 930. dcht. von der Furcht selbst, das Gemüt gleichs. zu Boden schlagend, entmutigend, *G* 1, 331.

hŭmo, āre (humus), bedecke mit Erde, beerdige, bestatte, corpus, *Ā* 6, 161. socios, *Ā* 11, 2. abs., *Ā* 10, 493.

hŭmor, s. umor.

hŭmus, i, *f.*, Erdreich, Erdboden, Boden, Erde, *a*) übh., pinguis, dura u. dgl., *G* 2, 184. 3, 297. *Ā* 10, 730. 11, 668. abs., *B* 9, 19 u. 40. *G* 1, 219. 2, 408

u. 231. 3, 297 u. 419. 4, 114 u. 558. *Ā* 3, 3. 6, 196. 8, 196. 9, 669. 10, 731 u. 904. 11, 418. m. Präp. 'ab', *Ā* 3, 24. 5, 452. m. 'per', *G* 2, 153. dcht., Troia fumat humo, eig.: vom Boden aus (indem der Dampf vom Boden aufsteigt), aus Schutt u. Asche, *Ā* 3, 3. bildl., vom Dichter, tollere se humo, aus dem Staube, zum Himmel aufwärts, *G* 3, 9. Bes. *b*) lokative Form 'humi', bei Zeitw. der Bewegung 'wohin?' (wie *χαμαί* st. *χαμᾶζε*) zur Erde, auf den Boden, zu Boden, bei 'sterno', *Ā* 9, 754. 10, 697. bei fundo od. fundor, *Ā* 1, 193. 6, 423 (doch auch: fusus humum, *Ā* 5, 330). bei premo, *Ā* 2, 380. bei procumbo, *Ā* 5, 481. bei volvor (wälze mich), *Ā* 11, 640. bei Zeitw. der Ruhe, 'wo?' am Boden, in der Erde, nascor, *B* 3, 92. condo, *Ā* 10, 558.

hўăcinthus, i, *m.* (*ὑάκινϑος*), 1) unsere violettblaue Schwertlilie od. Iris mit ihren verschiedenen Spielarten, suave rubens, *B* 3, 63; vgl. *G* 4, 137. 2) der an Farbe und Zeichnung ähnliche blaue Gartenrittersporn, auch 'vaccinium' gen., *B* 6, 53. *G* 4, 183.

Hўădes, um, Akk. 'as' *f.* (*Ὑάδες*), die Hyaden, 'Siebengestirn', Sternbild am Haupte des Stieres, dessen Aufgang die Regenzeit andeutet, pluviae, *Ā* 1, 744. *G* 1, 138.

hўălus, i, *m.* (*ὑαλος*), jeder glasartig durchsichtige Stein, color hyali, glasgrüne Farbe, *G* 4, 335.

Hybla, ae, *f.* (*Ὕβλα*), Stadt u. ein an Thymian reicher Berg auf der südöstl. Küste Siciliens, j. 'Paterno', *B* 7, 37.

Hyblaeus, a, um (*Ὑβλαῖος*), zum Berge Hybla gehörig, hybläisch, apes, d. i. würzigen Honig tragend, *B* 1, 54.

1. **Hўdaspēs,** is, *m.* (*Ὑδάσπης*), ein Troër, Gefährte des Äneas, *Ā* 10, 747.

2. **Hўdaspēs,** is, *m.* (*Ὑδάσπης*), Nebenflufs des Indus, j. 'Behat', *G* 4, 211.

Hўdra, ae, f. (*Ὕδρα*), Wasserschlange, als myth. Ungeheuer im lernäischen See mit sieben Köpfen, die, nachdem sie abgehauen, doppelt hervorwuchsen, von Herkules erlegt, als Wahrzeichen auf einem Schilde, *Ā* 7, 658. von Vergil auch mit fünfzig Köpfen als Wächterin in den Vorhof der Unterwelt versetzt, *Ā* 6, 576.

hўdrus, i, *m.* (*ὕδρος*), Hyder, Wasserschlange, dcht. übh. Schlange, *Ā* 7, 753. *G* 2, 141. 4, 458. neben 'vipera', *G* 3, 545. im Haar der Furien, *Ā* 7, 447.

Hўlaeus, i, *m.* (*Ὑλαῖος*, 'Waldmann'), Name eines arkadischen Kentauren, welcher bei der Hochzeitsfeier des Pirithous im Weinrausche groben Ausschweifungen sich überliefs und durch Herkules getötet wurde, *A* 8, 294. Mit dichterischer Belebung Bacchus selbst als Überwältiger desselben dargestellt, *G* 2, 457.

1. Hȳläs, ae, Akk.'an', *m.* (῾Ύλας᾿), der Sage nach ein schöner Jüngling aus Öchalia, Begleiter u. Liebling des Herkules auf der Argonautenfahrt, wurde an der Küste Mysiens beim Wasserschöpfen von den Nymphen geraubt, *G* 3, 6. *B* 6, 43.

2. Hȳläs (*Ribb.*) od. **Hȳlax** (*Haupt* u. *Schap*), *m.* (ὑλάω, belle), Name eines Hundes, *B* 8, 107.

Hyllus, i, *m.* (῾Ύλλος), ein Troër, Gefährte des Aneas, *A* 12, 535.

hȳmēnaeus, i, *m.* (ὑμέναιος), *a)* Brautgesang, Hochzeitslied (bei der Einführung der Braut unter Saitenklang u. Tanz in das Haus des Bräutigams), *A* 4, 127 (vgl. *v.*168). Plur., *A* 7, 398. *G* 4, 516. *b)* Brautzug, Hochzeitsfeier, Vermählung, gew. Plur., *A* 1, 651. 4, 99. 6, 623. 10, 720. 11, 217. 12,805. Lacedaemonii, *A* 3,328. Phrygii

(in bez. auf die Vermählung der Lavinia mit Äneas), *A* 7, 358. mit 'conubia' oder 'coniugia' verb., *A* 4, 316. 7, 555. v. Tieren, *G* 3, 60.

1. Hȳpänis, is, *m.* (῾Ύπανις), ein Troër, *A* 2, 340 u. 428.

2. Hȳpänis, is, *m.* (῾Ύπανις), Fluſs im europ. Sarmatien, j. 'Bug', *G* 4, 370.

hȳperbŏrěus, a, um (ὑπερβόρεος), jenseit des Boreas, d. i. im äuſsersten Norden befindlich, dcht. nördlich, orae u. dgl., *G* 3, 196 u. 381. 4, 517.

Hyrcāni, ōrum, *m.* (῾Ύρκάνιοι), Bewohner der Landsch. Hyrkania am kasp. Meere, nebst den Parthern von den Römern oft bekämpft, *A* 7,605. Dav. **Hyrcānus**, a, um, zu Hyrkania gehörig, hyrkanisch, tigres, *A* 4, 367.

Hyrtăcīdēs, ae, *m.*(῾Υρτακίδης), Sohn des Hyrtakus, d. i. Hippokoon, *A* 5, 492 u. 503. Nisus, *A* 9, 177. 234. 319.

Hyrtăcus, i,*m.*(῾Ύρτακος),ein Troër, Vater des Nisus, *A* 9, 406.

I.

Iachus, i, *m.* (῎Ιακχος), *a)* Festname des mystischen Bacchus in Athen und Eleusis, *G* 1,166. *b)* st. Bacchus übh., *B* 7,61. übtr. st.'Wein', hesternus, *B* 6, 15.

iācěo, iācŭi, ēre, liege (da), 1) von leb. Wesen (oft mit dem Nebeubegr. der Ruhe u. Bequemlichkeit), 'ruhe', in antro, *B* 6, 14. per antrum, *A* 3, 631. sub rupe, *B* 10,14. ad undam, *A* 11,327. inter tela, *A* 9,329. m. bl. Abl., litore, cubili u. dgl., *A* 2,557.3,230. 7,94.9, 436. 10, 750. abs., *A* 3,391. 8,44. v. Schlafenden, somno, in somnis u. abs., *A* 3, 150. 6, 521. 7, 427. 9, 336. *G* 4, 404 u. 439. v. Verwundeten, Sterbenden, im Kampfe Gefallenen (wie κεῖμαι), *A* 1, 99. 5, 336 u. 871. 10, 327. 557.737. 12,360. ähnl. v. Körper u. dessen Gliedern, *A* 2, 557. 6,149. 11, 102. 2) v. lebl. Gegenst.: *a)* liegen, unherliegen, offen od. frei liegen, *A* 9, 318 u. 771. 10, 526. *B* 6, 16. 7, 54. ad undam, *A* 11, 327. campo, *A* 12,897. *b)* v. Örtlichkeiten, liegen, sich erstrecken, *G* 2,512. *A* 3, 689 und 692. 6, 796. 7, 801. 11, 527. late, *G* 3, 354. medio ponto, *G* 3, 104. tantum campi iacet, eine so grofse Fläche liegt da, dehnt sich aus, *G* 3, 343. prägn. v. Lande, das unbenutzt liegt, *G* 2, 37. von dem, was vom höheren Standpunkte aus gesehen unterwärts liegt, terrae iacentes, 'tiefliegende', *A* 1, 224. *c)* v.

Schnee, *G* 1, 310. *d)* übtr., *α)* v. Dingen, die vernachlässigt daliegen, wie v. Barte, der ungeordnet herabhängt (mit 'incultus' verb.), *A* 6, 300. *β)* von dem, was kraftlos daliegt, mea numina fessa iacent, mein göttlicher Geist liegt ermattet und träg da, *A* 7, 298.

iăcĭo, iēci, iactum, ěre, 1) werfe, schleudere hin, zu, auf usw., me per ignem praecipiti saltu, stürze mich usw., *A* 8, 257. m. Dat. des Zieles, me fluctibus mediis, stürze mich in, *A* 10, 683. cineres rivo fluenti trans caput iace, wirf da (vom Altar genommene) Asche rückwärts in das Fluſswasser, *B* 8, 101. ancoram de prora, *A* 3, 277. mit bl. Akk., lapides, *B* 6, 41. bes. Geschosse, *A* 10, 264. 336. 733. 783. 11, 893. ignem, *A* 5, 643. semen, streue aus, *G* 1, 104. 2, 57. flores, streue hin oder darauf, *A* 5, 79. 2) prägn., werfe den Grund zu einem Bau hinab, senke ein, dcht. m. Dat., pilam ponto (ins Meer), *A* 9, 712. muros, 'gründe', errichte, *A* 5, 631. übtr., certam salutem in hac arte, setze meine ganze Hoffnung auf usw., *G* 4, 294.

iactans, antis (eig. Part. v. iacto), sich überhebend, Komp., 'ein wenig prahlerisch', *A* 6, 815.

iacto, āre (Int. v. iacio), 1) werfe, schleudere wohin (mit Kraft, wieder-

holt od. in Menge), *a*) eig., *α*) v. Pers.,
lapides in orbem, *G* 1, 62. flammam, ignem
ad alqd u. dgl., *Ä* 2, 478. 8, 491. 9, 568.
cinerem per agros, streue, *G* 1, 81. tela
manu, *Ä* 2, 459. volnera, versetze Hiebe,
Ä 5, 433. *β*) v. lebl. Subj., wie v. ehernen Waffen, lucem sub nubila, 'werfen',
Ä 7, 527. v. Bäumen, odorem, ausstreuen,
verbreiten, *G* 2, 132. *b*) übtr., lasse ertönen, erschallen od. hören, spreche aus, voces per umbram, erhebe die
Stimme im Dunkel der Nacht, *Ä* 2, 768.
laetitiā voces ad sidera (v. Bergen), Jubeltöne erheben od. anstimmen zu usw.,
B 5, 62. inertes voces, prahle mit eitlen
Reden, *Ä* 10, 322. iurgia, suche Händel,
Ä 10,95. incondita montibus et silvis (*Dat.*),
rufe zu, *B* 2, 5. talia dictis, rufe solche
prahlende Worte aus, *Ä* 9, 621. talia, *Ä* 1,
102. 2, 588. 9, 621. 2) werfe, schwinge, schleudere, bewege hastig hin
und her, *a*) eig., caput utroque, *Ä* 5,
469. bracchia, *Ä* 5, 376. crura, *Ä* 11, 638.
tellurem manibus, *G* 2, 249. duros bidentes, 'schwinge', d. i. gebrauche eifrig, *G*
2, 355. ore solutos maniplos, v. Eber, *G*
1, 400. fluctu iactante (näml.: cymbas),
wenn die Woge sie schleudert umher, *G*
4, 195. Pass. 'iactor', 'fliege' od. 'flattere hin u. her', von der wallenden Mähne,
G 3, 86. von der Spreu, *G* 3, 134. häuf. v.
Pers., 'werde umhergetrieben', bes. durch
Sturm u. Wogen, 'irre' od. 'schweife umher', in oris, *Ä* 1, 332. in undis, *Ä* 10, 48.
pelago, *Ä* 1, 668. terris et alto, *Ä* 1, 3.
m. Abl. instr., vento, *Ä* 1, 182. undis et
turbine, *Ä* 1, 442. gurgite vasto (m. 'dispersus'), *Ä* 3, 197. *b*) übtr.: *α*) treibe,
werfe hin und her, tales curas, werde
bedrängt von solcherlei Sorgen, *Ä* 1, 227.
Bes. Pass., v. Pers., iactor per multos labores, *Ä* 1, 629. fatis, *Ä* 4, 14. periclis,
werde von Gefahren bestürmt, *Ä* 6, 693.
β) iacto me od. prae me, 'werfe mich in
die Brust', 'mache mich breit', prahle
mit etw., rühme mich einer Sache, mit
kausal. Abl., *Ä* 6, 878. 12, 323. *B* 6, 73.
G 1, 103. prae me responsa deorum, *Ä*
9, 134. Vgl. auch 'iactans'.

iactūra, ae, *f.* (iacio), Verlust, sepulchri, *Ä* 2, 646.

iactŭs, ūs, *m.* (iacio), das Werfen,
Schleudern, der Wurf, pulveris, *G* 4,
87. sagittae, *G* 2, 124. intra teli iactum,
innerhalb der Schufsweite, auf Speerwurfweite, *Ä* 11, 608. iactu se dedit in aequor,
stürzte sich hinab, *G* 4, 528.

iăcŭlor, āri (iaculum), werfe, schleudere, ignem e nubibus, *Ä* 1, 42. ignes
puppibus (Dat.), *Ä* 2, 276.

iăcŭlum, i, *n.* (iacio), Wurfspiefs,

Wörterbuch zu Vergil. 6. Aufl.

Speer, *Ä* 3, 46. 5, 37. 68. 253. 9, 52. 698
u. ö. *G* 2, 530. mit 'sagittae' verb. zur Bezeichn. des Bogenschiefsens (also nur von
einer Kampfart), *Ä* 5, 68; vgl. *Ä* 9, 178
u. 572. 10, 754. im Gleichnis, *Ä* 10, 248.

Iacra, ae, *f.* (*Ἴαιρα*), Berg- od. Waldnymphe (Oreade) auf dem Ida, Amme des
Pandarus u. Bitias, *Ä* 9, 673.

iăm, Adv., 1) in bez. auf das Zusammentreffen zweier Verhältnisse dem Gedanken nach, *a*) übh., eben, gerade,
schon, *Ä* 1, 396 u. 457. 5, 331. 7, 53. bei
Kompar., 'eben', 'schon', 'noch', iam magis atque magis, *Ä* 12, 239. iam magno
magis, *Ä* 12, 940. bei Negat., *G* 3, 548. *Ä*
1, 219. 7, 523. mit Adversativsatz ohne
'sed', *Ä* 4, 431. *b*) bei Anreihung od. Anknüpfung von Gedanken ähnlichen Inhaltes od. beim Übergang zu etw. Neuem,
nun, ferner, dann, iam vero, *Ä* 11,
213. 12, 704. bes. wenn das Angeknüpfte
gewichtvoller ist, iam .. Pallas insedit,
schon ist es so weit gekommen, dafs selbst
Pallas usw., *Ä* 2, 615. *c*) in der Reihenod. Schlufsfolge, nun, also, so, *Ä* 2, 70.
12, 793 u. 890. iamque, *Ä* 1, 419. 2, 789.
2) in Bez. auf Zeitverhältnisse, die zusammentreffen, *a*) übh., eben, gerade,
schon, *Ä* 5, I. *G* 1, 450. 3, 337. 4, 402.
iam tum, *Ä* 1, 18. 7, 643 u. 737. *G* 2, 405.
iamque, *Ä* 2, 801. 3, 356. 5, 327. 7, 160.
10, 257. iam (que) .. iam (que), 'bald ..
bald', *Ä* 1, 157. 12, 479. *b*) mit Rücksicht
auf die Schnelligkeit des Eintreffens einer
Handlung od. eines Zustandes in irgend
einem Zeitpunkte, eben, gleich, sofort, bald, schon, *Ä* 3, 41. 4, 566. 6,
89. 629. 799. 11, 708. iam primum, *Ä* 8,
190. *G* 3, 187. iam tum, *G* 1, 45. iam iam,
Ä 6, 602. iamque, *Ä* 1, 150. *c*) beim erwarteten (zu erwartenden) od. unerwarteten (noch nicht zu erwartenden) Eintritt, nun, nun endlich (erst), bereits, schon, *Ä* 5, 633 u. 638. 6, 304.
11, 139. *G* 3, 252. 4, 252. iam iam, *Ä* 2,
701. 4, 371. 12, 676. 754. 875. iam olim,
G 2, 403. iam nunc, *Ä* 6, 799. iam pridem,
B 2, 43. iam tandem, *Ä* 6, 61. et iam, *B*
1, 83. iamque, *Ä* 1, 150. 3, 588. 6, 81 u.
477. 7, 637. 8, 24. 9, 25. 11, 766. 12, 391.
nec iam, doch nicht mehr, *Ä* 9, 515. Bes.
'iam iamque' od. 'iam (iamque) adeo' m.
flg. 'cum' u. Ind., um anzudeuten, dafs
etw. bis zu einem Punkte gekommen,
wo etw. Unerwartetes od. näher Bestimmendes eintritt, *Ä* 2, 567. 5, 268 u. 864.
8, 585. 11, 487. 12, 940. auch bl. 'iam',
Ä 1, 223. 3, 135.

iam-dūdŭm od. (*Haupt* u. *Ribb.*) **iam-
dūdŭm**, Adv., 1) schon lange oder
längst, seit einiger od. geraumer

13

Zeit, *Ä* 1, 580. 4, 1. 5, 513. 2) jetzt gleich, sofort, ohne Verzug, ohne Säumen, iamd. sumere poenas, *Ä*2,103. tempus (est) iamd. incumbere aratris, *G* 1, 213.

Ĭănĭcŭlum, i, *n.*, einer der sieben Hügel Roms jenseit des Tiber, mit einer von Janus erbauten Burg, *Ä* 8, 358.

ĭănĭtŏr, ōris, *m.*(ianua), Thürhüter, Pförtner, v. Cerberus, *Ä* 6, 400. Orci, *Ä* 8, 296.

ĭănŭa, ae, *f.*, *a)* Thür, Eingang, *Ä* 2, 493. 3, 449. 6, 106 u. 127. *b)* übtr., Thor, Zugang, patet isti ianua leto, das Thor ist geöffnet für den Tod (den du wählst), *Ä* 2, 661.

Ĭānus, i, *m.*, altital. Lichtgott, der Sage nach alter König Latiums (*Ä*8,357), mit einem Doppelgesicht dargestellt, dem alten Symbol von Sonne u. Mond, dab. 'bifrons', *Ä* 7, 180. 12,198. Ihm war aufser andern Tempeln in Rom bes. auf dem Forum eine Kapelle (auch 'Janus geminus' od. 'Quirinus' gen.) od. vielmehr ein Durchgang geweiht mit zwei gegenüberstehenden Thüren, die im Frieden geschlossen, im Kriege geöffnet wurden, um gleichsam den darin eingeschlossenen Krieg über das Land herauszulassen, u. mit einer Statue des Gottes, die vor dem Eingang gleichsam als Hüter stand, dah.: nec custos absistit limine Ianus, *Ä*7,610.

Ĭăpĕtus, i, *m.* (*Ἰαπετός*), ein Titan, Sohn des Uranus u. der Gäa, Vater des Atlas, Epimetheus u. Prometheus, *G*1,279.

Ĭăpĭs, s. 1. Iapyx.

Ĭăpȳs, pўdis, zu den Japyden gehörig, einem Volke Illyriens, iapydisch, Timavus (weil in der Nähe strömend), *G*3,475.

1. **Ĭăpyx**, pȳgis, *m.* od.(*Haupt*)**Ĭăpĭs**, pĭdis, *m.*, ein Troër, Sohn des Iasus, der unter geheimem Beistand der Venus den verwundeten Äneas heilt, *Ä*12, 391. 420. 425.

2. **Ĭăpyx**, pȳgis (*Ἰάπυξ*), 1) zu den Japygiern gehörig, einem Volke im südl. Italien, japygisch, dcht. st. 'kalabrisch' od. 'apulisch', Garganus, equus, *Ä* 11, 247 u. 678. 2) sbst., Ĭăpyx, *m.*, *Ἰάπυξ* (*ἄνεμος*), Nordwest od. Westnordwestwind, weil aus dem den Griechen westnordwestlich gelegenen LandeJapygia wehend, *Ä* 8, 710.

Ĭarbas, ae, Akk. 'an', *m.*, angebl. Sohn des Juppiter Hammon und der Nymphe Garamantis, König von Gätulien in Afrika, *Ä* 4, 36. 196. 326.

Ĭăsĭdēs, ae, *m.*, Sohn od. Nachkomme des Iasius, Königs von Argos, eines Sohnes der Atalante, Palinurus, *Ä*5, 843. Iapyx, *Ä* 12, 392.

Ĭăsĭus, ĭi, *m.* (*Ἰάσιος*), ein Troër, Bruder des Dardanus, *Ä* 3, 168.

ĭaspĭs, pĭdis, *f.* (*ἴασπις*), Jaspis, eine undurchsichtige Edelsteinart von allerlei Farben, fulva, *Ä* 4, 261.

Ĭbērus, s. Hiberus.

ĭbĭ, Adv. (St. in 'is'), 1) räuml., da, daselbst, dort, *Ä*9,412. *B*2,4. 2)übtr., zeitlich, da, damals, dann, *Ä* 2, 40 u. 792.

ĭbīdĕm, Adv. ('ibi' u. 'dem'), eben da od. dort, eben daselbst, *Ä* 1,116. *G* 3, 500.

Ĭcărus, i, *m.* (*Ἴκαρος*), Sohn des Dädalus, der auf der Flucht von Kreta ins Meer stürzte, *Ä* 6, 31.

īco (īcĭo), īci, ictum, ĕre, *a)* schlage, treffe, verwunde, ilex icta securibus, *Ä* 6, 180. abs., ictus, von Turnus, getroffen (vom Stofse), *Ä* 12, 926. *b)* meton., schliefse, foedus ictum *est*, *Ä* 12, 314.

ictŭs, ūs, *m.* (ico), Schlag, Streich, Hieb, Stich, Stofs, m. subj. Gen., cuspidis, *Ä* 7, 756. abs., mit dem Schwerte, *Ä* 9, 770. 12, 713. 740. mit der Lanze od. dem Speere, *Ä* 7, 165. 10, 484. 11, 638. mit dem Cästus, *Ä* 3, 377. 428. 457. 5, 377. 444. 457. 459. certo ictu, mit sicherem Wurfe, *Ä*12, 490. mit einem Steine, *Ä* 5, 444. 12, 907. mit dem Hammer auf dem Ambos, *Ä* 8, 419. mit dem Stocke, *Ä* 5, 274. 'Stofs' mit den Rudern, *Ä* 5, 199; mit den Hörnern (v. Stiere), *G*3,234. sine ictu, ohne zu treffen, ohne Erfolg, *Ä* 2, 544.

1. **Ĭda**, ae, *f.* (*Ἴδα*), Mutter des Nisus, Nymphe u. Begleiterin der Diana, *Ä* 9, 177.

2. **Ĭda**, ae, Akk. 'an', *f.* (*Ἴδα*), 1)hoher Berg auf der Insel Kreta, wo Juppiter erzogen, *Ä*12, 412. 2) Berg in Phrygien an der Grenze Mysiens (j. 'Kas-dag'), Lieblingsaufenthalt der Kybele, *Ä* 2, 801. 5, 252 u. 449. 9, 575. 12, 546. *G*4, 41. Phrygia, *Ä* 3, 6. 9, 80. Bes. als Wahrzeichen am Vorderteil des Schiffes, *Ä* 10, 158.

1. **Ĭdaeus**, a, um (*Ἰδαῖος*), 1) zum Ida in Kreta gehörig, idäisch, vom Ida, mons, Ida, *Ä* 3, 105. cyparissus, *G* 2, 84. 2)zum Ida in Phrygien gehörig, idäisch, vom Ida, auf dem Ida, dcht. meist 'phrygisch', 'troisch', *Ä* 2, 696. 3, 112. 7, 139. 207. 222. 620 u. 672. 11, 285. *G* 3, 450. pinus, *Ä* 10, 230. parens deûm, Kybele, weil auf dem Berge Ida verehrt, *Ä* 10, 252. chori, Chöre von Priestern der Kybele, *Ä* 9, 112.

2. **Ĭdaeus**, i, *m.* (*Ἰδαῖος*), 1) ein Troër, Herold u. Wagenlenker des Priamus, *Ä* 6, 485. 2) ein anderer Troër, *Ä* 9, 500.

Ĭdălĭa, s. Idalius.

Idălĭum, ĭi, *n.* (Ἰδάλιον), Vorgeb. u. Stadt auf der InselKyprus mit einemTempel u. Haine der Venus, *Ā* 1, 681. 10, 86.

Idălĭus, a, um (Idalium), zu Idalium gehörig, idalisch, Venus, *Ā* 5, 760. domus, *Ā* 10, 52. Sbst., Idalia, ae, *f.* (terra), waldige Gegend auf Kyprus, *Ā* 1, 693.

Idās, ae, Akk. 'an', *m.* (Ἴδας), 1) ein Troër, *Ā* 9, 575. 2) ein Thrakier, *Ā* 10, 351.

idcircō, Adv., darum, deshalb, *Ā* 5, 680. *G* 1, 231.

īdĕm, ĕădĕm, ĭdĕm [eōdemque, dreisilb. durchSynizesis,*B*8,81. u. eādemque, *Ā* 10, 487. Plur. 'īdem' st. īīdem, *Ā* 3, 158. īsdem st. īīsdem, *Ā* 2, 554. 7, 70] (isdem), eben der, eben derselbe, eben dieser, der nämliche, *a*) übh., *B* 3, 44. Dah. 'unverändert', 'gleich', nisus, *Ā* 5, 437. animus, *Ā* 3, 60. amor omnibus idem, *G* 3, 244. rex Juppiter omnibus idem, Juppiter ist (st. 'ich bin') ein allen gleicher, gegen alle gleich gerechter König,*Ā*10,112. partes petere agmen easdem, sein Heer ziehe nach derselben Richtung od. Gegend, partibus ex isdem, ebendaher, *Ā* 7, 69 flg. m. 'unus' verb., *B* 8, 81. *Ā* 10, 487. Bes. *b*) zur Bezeichn. der Einheit des Subj., eadem, d. i. Dido, *Ā* 4, 77. mit Personalpron., idem ego, ich, für den der Sohn starb, *Ā* 10, 851. Oft durch ebenso, zugleich zu übers., *Ā* 3, 158. idemque, idem et, d. i. und zugleich, *Ā* 5, 371. 9, 327.

īdĕō, Adv., deswegen, darum, *Ā* 4, 228. *G* 2, 96.

Idmōn, ŏnis, *m.* (Ἴδμων), ein Rutuler, Bote des Turnus, *Ā* 12, 75.

Idŏmĕneūs, ĕi, Akk. 'ēa', *m.* (Ἰδομενεύς), Sohn des Deukalion u. Enkel des Minos, König in Kreta, setzte sich nach seiner Heimkehr aus dem trojanischen Kriege in Kalabrien fest, *Ā* 8,122 u. 401. 11, 265.

Idūmaeus, a, um (Ἰδουμαῖος), zu Idumäa, einer an Palmenwäldern reichen Landsch. in Judäa, gehörig, idumäisch, palmae, d. i. vorzügliche, ausgezeichnete, *G* 3, 12.

iĕcŭr, iĕcŏris, *n.* (ἧπαρ), Leber, *Ā* 6, 598.

iēiūnĭum, ĭi, *n.* (ieiunus), das Fasten, Plur. übtr., Abmagerung, *G* 3, 128.

iēiūnus, a, um, nüchtern, übtr. 'mager', glarea, *G* 2, 212. sanies, kärglich, wenig, *G* 3, 493.

igĭtŭr, Konjkt., bei einer Folgerung, also, demnach, daher, *a*) in der lebhaften Frage des innerenUnwillens,mene igitur socium . . fugis, mich, der ich in kleinen Dingen zum Gehilfen dir gut war,

Ā 9,199. Mit iron. Beimischung, Iliacas igitur classes . . sequar, wenn dies nicht, so (dann) sollte ich also, *Ā* 4, 537. '*b*) in einf. fortschreitender Rede, *B* 7, 18.

ignārus, a, um ('in' u. 'gnarus'), 1) aktiv, der keine Kenntnis od. Ahnung von etw. hat, unerfahren, unkundig, unbekannt, *a*) v. Pers. u. deren Geist, m. Gen., mit etw., *Ā* 1, 630. 8,187 u. 627. abs., *Ā* 6, 361. 9, 766. 10, 25. 228. vatum ignarae mentes, *Ā* 4, 65. ignaros subit, ohne dafs sie es merken, unvermerkt, *Ā* 9, 345. quisnam deus ignarum (te) adpulit, ohne dein Wissen, ohne dafs du es merktest, *Ā* 3,338. in der Anrede, ignare, 'du Verblendeter', *Ā* 3, 382. *b*) v. Lebl., montes (sofern die Berge vorher noch keine Tiere gesehen hatten), *B* 6, 40. 2) passiv, ungekannt u. insofern unbekannt, fremd, Fremdling, Mimas, *Ā* 10, 706.

ignāvē, Adv. (ignavus), träge, langsam, Komp., *G* 3, 465.

ignāvĭa, ae, *f.* (ignavus), Feigheit, Mutlosigkeit, *Ā* 11, 733.

ignāvus, a, um ('in' u. 'gnavus'), unthätig, träge, lässig, *a*) v. Pers., *Ā* 12, 12. *b*) v. Tieren, pecus, *Ā* 1, 435. *G* 4, 168u. 259. *c*) dcht. v. Lebl., nemora mul- tos ignava per annos, träge, d.i.unfruchtbare,*G*2,208. hiemps ignava colono,Ruhe von der Arbeit verschaffend, 'arbeitslos', *G* 1, 299.

ignesco, ĕre (ignis), entbrenne, vom Zorn, *Ā* 9, 66.

ignĕus, a, um (ignis), 1) feurig, glühend, sol, *Ā* 8, 97. *G* 4, 426. rima, *Ā* 8, 392. astra, 'flammend', *Ā* 4, 352. dcht.: sitis,'brennender Durst',*G*3,482. 2)übtr.: *a*) von der Farbe, brennend, glänzend, color, *G*1,453. *b*)von der Lebenskraft, feurig, glühend, vigor (sofern der beseelende Weltgeist selbst feuriger Natur ist), *Ā* 6, 730. *c*) v. Pers., 'feurig', in bez. auf den Lauf (vgl. unser 'blitzschnell'), *Ā* 11, 718 u. 746.

ignĭpŏtens, entis (ignis u. potens), feuergewaltig,feuerbeherrschend, deus, v. Vulkan, *Ā* 12, 90. personif., *Ā* 8, 414. 628. 710.

ignis, is, *m.* [Abl. Sing. gew. 'igni', *B* 8, 81. *G* 1, 234. 267. 454. *Ā* 2, 581 u. 649. 7, 577 u. 692. neben 'igne', *Ā* 8, 255], 1) Feuer, Flamme, oft auch Plur., *G* 1, 135 u. 454. 2, 303. 4, 263 u. 330. *Ā*1, 525. 2, 505. 525. 581. 624. 758. 3, 99. 5, 726. 8, 256. 9, 78. 12, 521. prägn., v. brennenden Troja,*Ā* 2, 664. 7,296. v. mythischen Geschöpfen, wie Chimära, *Ā* 7, 786. Cacus, *Ā* 8,199 u. 304. Aegaeon, *Ā* 10, 566. v. feurigen Meteoren, *Ā* 4,209. bes.'Blitz',

Ä 1, 42 u. 90. 3, 199. 4, 167. 10, 177. Licht der Gestirne, Cyllenius, Stern 'Merkur', *G* 1, 337. Plur., ignes recedentes (des Mondes), *G* 1, 427. aeterni, *Ä* 2, 154. astrorum, *Ä* 3, 585. 8, 590. Bes. *a)* zum Gebrauch bei religiösen Ceremonien, bes. Opfern, *Ä* 3, 406. 4, 200 u. 676. 6, 246 u. 686. 11, 189. 209. *G* 4, 379. aeternus, *G* 2, 297. *b)* zum Gebrauch im gewöhnl. Leben, *Ä* 1, 175. 5, 743. 8, 403 u. 421. *G* 1, 196. 263. 267. bes. zur Beleuchtung, 'Kienfackel', *G* 1, 291. 2, 432. zum Kochen, *G* 3, 378. *Ä* 5, 660. v. Feuerherd, *G* 2, 528. *c)* im Kriege, 'Wachfeuer', *Ä* 9, 166 u. 239. bes. 'Feuerbrand' (mit Werg umwunden und mit Pech beschmiert, 'malleolus'), *Ä* 2, 276. 8, 375 u. 491. 9, 153 u. 522. 10, 130. 12, 595. 2) übtr.: *a)* mit Bez. auf Glanz od. Farbe, wie v. Feuerglanz der Augen der Schlange, *Ä* 2, 210. 'Röte' od. 'Glut' der Scham auf den Wangen, *Ä* 12, 65. von den entzündeten Körperteilen, *G* 3, 566. *b)* von dem feurigen u. dampfenden Schnauben der Rosse durch die Nüstern, als Zeichen des Mutes, *Ä* 7, 280. *G* 3, 85. *c)* von leidenschaftl. Erregtheit des Geistes od. Gemütes, bes. vom Feuer der Liebe, *Ä* 1, 660 u. 688. 4, 2. 7, 355. *G* 3, 244 u. 258. *B* 5, 10. von Zorn od. Rache, *Ä* 2, 575. 7, 577. 12, 102. *d)* von einer heifsgeliebten Person, wie unser 'Flamme', *B* 3, 66. im üblen Sinne, ignes jugales, ehelicher Brand, v. Paris (als Veranlasser des trojan. Krieges durch den Raub der Helena), *Ä* 7, 320.

ignōbĭlĭ, e (in u. nobilis), 1) unbekannt, *Ä* 7, 776. v. Abstr., otium, die ruhmlose Mufse (im Vergleich mit den Thaten des Kriegers und Staatsmannes), *G* 4, 564. 2) übtr., unbekannt (oft mit dem Nebenbegr. des Verächtlichen), gering, gemein, volgus, 'der niedere Pöbel', *Ä* 1, 149. gramen, *G* 4, 63. neque est ignobile carmen, *B* 9, 38.

Ignōmĭnĭa, ae, *f.* (in u. nomen), Schimpf, Schmach, *G* 3, 226.

Ignōro, āre, kenne nicht, *a)* v. Pers., mene salis placidi voltum fluctusque quietos ignorare iubes? heifst du mich nicht zu trauen usw., *Ä* 5, 849. m. dopp. Akk., neve ignorateLatinosSaturni gentem, und verkennet nicht die Latiner als ein Geschlecht des S., *Ä* 7, 202. abs., ignorans (näml. die Kraft des Heilmittels), *Ä* 12, 421. *b)* dcht. v. sachl. Subj., mutatam ignorent subito ne semina matrem, eig. damit die Pflänzlinge beim Wechsel (Versetzen) nicht ihre Mutter verleugnen, d. i. damit die Pfl. auch in der neuen Erde ihre gewohnte Nahrung wieder finden, *G* 2, 268.

Ignōsco, nōvi, nōtum, ĕre (in u. gno-

sco), verzeihe, habe Nachsicht mit etw., m. Dat., nec turpi ignosce senectae, habe nicht N. mit dem entstellenden Alter, d. i. brauche das Rofs nicht mehr als Zuchthengst, *G* 3, 96. ignoscenda (dementia), die verzeihlich, zu entschuldigen ist, *Ä* 4, 489.

ignōtus, a, um (in u. notus), unbekannt, fremd, *a)* v. Sachen, *Ä* 4, 312. 5, 795 u. 871. 7, 124. 137. 167. 8, 113. 9, 485. 10, 48. 11, 527 u. 866. *G* 1, 50. 3, 78 u. 225. capulus, *Ä* 12, 734 flg. bella, d. i. deren Schwierigkeit man noch nicht kennt, *Ä* 11, 254. ignotis armis, in ungewöhnlicher, auffallender Rüstung, *Ä* 11, 678. Neutr. Plur. sbst., haud ignota loquor, was ich erzähle ist bekannt, *Ä* 2, 91. *b)* von leb. Wesen, *Ä* 1, 384. 2, 59. 3, 591. ignotus adedit, ohne dafs jmd. es wufste, unbemerkt, *G* 4, 242.

īlex, lĭcis, *f.*, Stecheiche, Steineiche, dcht. übh. Eiche, *Ä* 3, 390. 4, 505. 5, 129. 6, 180 u. 209 u. ö. *G* 2, 153 u. ö. *B* 6, 54. 7, 1. 9, 15.

Īlĭa, ae, *f.*, dcht. Name der Rhea Silvia, Mutter des Romulus u. Remus, weil sie von Ilium abstammte, *Ä* 1, 274. 6, 778.

īlĭa, ĭum, *n.*, Weichen, Unterleib, Eingeweide, *Ä* 7, 499. 9, 415. 10, 778. *B* 7, 26. *G* 3, 507.

Īlĭăcus, a, um (*Ἰλιακός*), zu Ilium od. Troja gehörig, troïsch, orae, pugnae u. dgl., *Ä* 1, 97. 456. 483. 647. 2, 117. 431. 3, 280. 336. 603. 4, 46. 78. 537. 648. 5, 607. 6, 875. 10, 62. 335. 635. 11, 255. 393. 12, 861. fata, *Ä* 8, 182. 5, 725. urbs, d. i. Ilium, *Ä* 8, 134.

Īlĭăs, ădis, *f.* (Ilium), Troërin, gew. Plur., *Ä* 1, 480. 2, 580. 3, 65. 5, 644. 7, 248. 11, 35.

īlĭcĕt, Adv., sogleich, sofort, alsbald, auf der Stelle, *Ä* 2, 424 u. 758. 7, 583. 8, 223. [eichen, *G* 3, 330.

īlignus, a, um (ilex), von Steineiche,

Īlĭŏnē, ēs, *f.* (*Ἰλιόνη*), älteste Tochter des Priamus, Gattin des Polymnestor, *Ä* 1, 653.

Īlĭŏnĕus, ĕi, *m.* [Akk. Ilĭŏnĕă, *Ä* 1, 611. Gen. Ilĭŏnĕī, *Ä* 1, 120. 7, 249. 9, 501] (*Ἰλιονεύς*), ein Troër im Gefolge des Äneas, *Ä* 1, 521 u. 559. 7, 212. 9, 569.

Īlĭum, ĭi, *n.* (*Ἴλιον*), Stadt Ilium od. Troja, zwischen dem Simoïs u. Skamander, mit der Burg Pergamos, superbum, *Ä* 3, 3; vgl. *Ä* 1, 68. 2, 241. 325. 625. 3, 109. 5, 261. 6, 64. in Verb. m. Troia, d. i. die Gegend um Ilium, *Ä* 5, 756.

Īlĭus, a, um (*Ἴλιος*), troïsch, tellus, *Ä* 9, 285. 11, 245. res, *Ä* 1, 268.

illābor, **illacrĭmo**, s. inlabor, inlacrimo.

illĕ, ă, ŭd, [Gen. ‘illīus’, aber ‘illĭus’, *B* 1, 7. *Ä* 1,16. 6,670u.ö.], jener, jene, jenes, 1)Demonstrativprou., inBez. auf das im Raume, in der Zeit u. in der Vorstellung Entferntere (Gegs. ‘hic’), von den epischen Dichtern gern st. des tonlosen ‘is’ in der oratio obliqua verwendet, *Ä* 1, 683. 2, 52 u. 548. 3, 53. 10, 202. 11, 257. Bes. *a)* in bez. auf ein Objekt, das in den Nachsatz des Hauptsatzes als Subj. gezogen ist, illum (näml. arietem), quamvis aries sit candidus ipse, *G* 3, 387. *b)* bei meist nachdrücklicher Wiederaufnahme des vorher angedeuteten Begriffes des Subjekts, *Ä* 1, 3. 4, 227. 6, 593. 9, 479. 11, 494. *G* 2, 435. 3, 217. si bracchia forte remisit, atque illum in praeceps prono rapit alveus amni, für ‘atque quem’, *G* 1, 203. auch erst im zweiten Satzgliede, um das Gesagte eindringlicher zu machen, *Ä* 3, 490. 5, 334 u. 457. ellipt., ille velut rupes etc.,näml. ‘inmotusmanet’, *Ä* 10,693. Mit ‘quidem’ verb., *G*3,217. illa quidem, *G* 4,457. in bez. auf ein Adj. od. Part., *Ä* 1, 3. 5, 547. 9, 796. 10, 274. 12, 5. in bez. auf die genannte Hauptperson, ille, d. i. Turnus, *Ä* 12, 894. d. i. Gallus, *B* 10, 31. d. i. der Sohn des Pollio, *B* 4, 15. d. i. Amor, *B* 10, 61 u. 64. in bez. auf ein vorherg. mit ‘ille’ verb. Nomen, illius, d. i. segetis, *G* 1, 49. *c)* auf das flg.Nomen hinweisend, nec sopor illud erat, st. ‘ille sopor’, *Ä* 3, 173. 2) prägn.: *a)* zur Bestimmung od. Hervorhebung einer Person od. Sache, dah. von einer allgem. bekannten od. berühmtenPers.od.Sache, illeAeneas, *Ä* 1, 617. ille interpres Asilas, *Ä* 10, 175. ille Ocnus, *Ä* 10,198. in bez. auf Vergangenes, doch stets mit schärferer Hinweisung, Juppiter ille, *Ä* 7,110. ille .. victor (v. L. Mummius), *Ä* 6, 836. in bez. auf L. Ämilius Paulus, *Ä* 6,838. illae animae, d. i. Cäsar u. Pompejus, *Ä* 6, 826. quis (est) ille, in bez. auf M. Klaudius Marcellus, *Ä* 6,863. illa fames (näml. von der der Vater sprach), *Ä* 7,128. thalami (weil schon von Homer verherrlicht, z. B. Il. 6, 248), *Ä* 2,503. bes. in Gleichnissen, die sich auf ein früheres Ereignis beziehen, ille . . . aper, *Ä* 10, 707. ac velut ille . . . lupus, *Ä* 11,809 flgg.; vgl. *Ä* 2,540. 4, 215. 5, 391. 393. 6, 27 u. 872. *B* 1, 7. *b)* an der Spitze des Satzes mit dem zugehörigen Nomen am Schlusse desselben, um die Handlung als das Werk der genannten Person besonders hervorzuheben, illa . . . virgo, *Ä* 5, 609 flg., ille . . . heros, *Ä* 12, 901 flg. ähnl.: illa . . . puella (d. i. Eurydice), *G* 4, 457 flg. *c)* verb., ‘hic ille’ (s. hic), *Ä* 7, 255 u. 272.

illīc, Adv. (illi-ce), an jenem Orte, dort, *Ä* 1, 206. *G* 2, 471.

illīdo, illīgo, s. inlido, inligo.

illinc, Adv. (illim-ce), von jener Seite her, von dort, hinc . . illinc,von hier . . von dort, *Ä* 4, 442. *G* 1, 509. hinc atque illinc, von hier und von dort, d. i. auf der rechten u. linken Seite, *G* 3, 257.

illūc, Adv.(ille),dorthin (Gegs.huc), *Ä* 4, 285. huc illuc, s. huc.

illūdo, s. inludo.

Illȳrĭcus, a, um (Illyri) zu den Illyriern (den Bew. von Illyrien, d. i. zur Römermerzeit dem Lande zwischen dem adriat. Meere, Epirus und Dalmatien) gehörig, illyrisch, sinus, das adriatische Meer, *Ä* 1, 243. aequor, *B* 8, 7.

1. **Ilus,** i, *m.* (Ἶλος), ein Troër, Sohn des Tros, Vater des Laomedon, Erbauer von Ilium, *Ä* 1, 268. 6, 650.

2. **Ilus,** i, *m.,* ein Rutuler, *Ä* 10, 400 u. 401.

Ilva, ae, *f.* (Αἰθάλη), Insel im mittelländ. Meere, westl. von Etrurien, reich an Metallen, j. ‘Elba’, *Ä* 10, 173.

imāgo, gĭnis, *f.* (St. ‘im’ in ‘im-itor’), 1) Bild, Darstellung, *a)* als Werk der Nachahmung in der Plastik, *Ä* 8, 730. *b)* in der Natur, Bild auf einer Wasserfläche als ‘Wiederschein’, *Ä* 8, 23. übtr., vocis, Wiederhall, Echo, *G* 4,50. *c)* von Menschen, Bild, Abbild, *Ä* 3, 489. 2) als Inbegriff der Merkmale, an denen ein Gegenstand erkannt wird, *a)* Bild, Gestalt, Umrifs, Abrifs, das Äufsere, genitoris, *Ä* 4, 84. Turni, *Ä* 10, 456; vgl. *B* 2, 27. maris, *Ä* 8,671. rerum, *Ä* 12,665. pugnae, *Ä* 12,560. *b)* als Werk des menschl. Geistes, *a)* Bild als Vorstellung, Gedanke von etw.,Martis, *Ä* 8,557. plurima mortis, ‘der Tod in tausend Gestalten’, *Ä* 2, 369. pietatis, *Ä* 6, 405. 9, 294. 10, 824. *β)* Bild einer abwesenden od. verstorbenen Person, Gestalt, Schatten, Schattenbild, Schemen, εἴδωλον, *Ä* 2, 560. 773. 793. 4, 654. 6, 293 u. 480. von dem Bilde, das einem andern in menschl. Gestalt erscheint, *Ä* 10,643.656. 663. maior notā (näml. Creusā) Krëusa in gröfserer, übermenschlicher Gestalt, *Ä* 2,773.falsa, *Ä* 1,408. von einem Traumgesicht, *Ä* 1, 353. 4, 353. 5, 636.

Imāōn, ŏnis, Akk. ‘ŏna’, *m.,* ein Arkadier, *Ä* 10, 424.

imbellis, s. inbellis.

imbĕr, bris, *m.* [Abl. ‘imbri’, *Ä* 4, 249. *G* 1, 393] (ὄμβρος), 1) heftiger Regen, Regengufs, bes. der mit Sturm u. Gewitter verbundene Platzregen, Sing., *G* 1, 23. 157. 259. 333. 373. 413. 429. 2, 334. 4, 312 u. 474. *Ä* 1, 743. 5, 696. 11, 548.

12, 685. extremus brumae, Eintritt des
Winters, *G* 1, 211. Plur. 'imbres', 'Regen-
schauer', 'Ströme von Regen', 'Regengufs', *G* 1, 236. 2, 293. 325. *B* 6, 38. *Ä* 5,
693. 9, 60 u. 669. Bes. *a*) von regenähn-
licher Flüssigkeit, tortus, d. i. Hagel,
Schlofsen, *Ä* 8, 429. *b*) Regen- od. Wetterwolke, 'Unwetter', *Ä* 3, 194. 5, 10. *c*)
Regenwasser zur Bewässerung, Plur.,
G 4, 115. 'Wasser' übh. (Gegs. zum Trocknen), inimicus, *Ä* 1, 123. 2) übtr., von
Nichtflüssigem, das wie Regen, d. i. in
Masse, geworfen wird od. herabfällt, ferreus telorum, 'Hagel' von Geschossen,
Ä 12, 284.

Imbräsïdës, ae, *m.* (*Ἰμβρασίδης*),
Sohn des Imbrasus, d. i. Asius, *Ä* 10, 123.
Plur., Glaucus u. Lades, *Ä* 12, 343.

Imbräsus, i, *m.* (*Ἴμβρασος*), ein Lykier, Vater des Glaucus, *Ä* 12, 343.

imbrex, brïcis, *c.* (imber), Hohlziegel
zur Ableitung des Regens, *G* 4, 296.

imbrïfër, fëra, fërum (imber u. fero),
Regen bringend, regnerisch, ver,
G 1, 813.

imbüo, büi, bütum, ëre (Kausativ von
inbibo), 1) feuchte an, benetze, befeuchte, sanguis novus imbuit arma,
immer neu zuströmendes Blut weiht die
Waffen (für den Kampf), *Ä* 7, 554. abs.,
benetze mit Blut, aram, v. Opfertier, *B*
1, 8. 2) übtr., weihe etw. ein, d. i. mache
mit etw. den Anfang, bellum sanguine,
beginne den Krieg mit Blutvergiefsen,
Ä 7, 542.

imïtäbïlïs, e (imitor), nachahmbar,
non im., 'unnachahmbar', *Ä* 6, 590.

imïtor, äri, ahme nach, d. i. mache
ähnlich, gleich, *a*) v. Pers., alqm od. alqd,
quam (reginam) tota cohors imitata, *Ä* 11,
500. flammam Iovis, *Ä* 6, 586. putre solum arando, lockere auf, *G* 2, 204. Bes.,
alqd alqäre, gebrauche etw. als etwas, ersetze etw. durch etw. anderes, ferrum stipitibus sudibusque, *Ä* 11, 894. pocula vitea
fermento atque sorbis, ersetze den Trau-
benwein durch ein Gemisch von Malz u.
Speierlingen (durch eine Art Obstwein),
G 3, 380. *b*) v. lebl. Subj., vox imitata
sonitüs tubarum, nachahmend, *G* 4, 72.

immänïs, **immätürus** etc., s. inmanis, inmaturus etc.

immïnëo, ëre ('in' u. altert. 'mineo'),
1) rage od. hänge über etw. herüber,
desuper, *Ä* 1, 165. super, *Ä* 10, 158. m.
Dat., urbi, eig. weit über die Stadt hin
ragend sich erheben (von einem Hügel),
Ä 1, 420. antro, *B* 9, 42. super alqm (v.
Felsen), herabzustürzen drohen, *Ä* 6, 603.
2) übtr., v. Feinde, bedrohe durch die
Nähe, bedränge hart, m. Dat., urbi,

Ä 10, 26. abs., 'dränge heran', *Ä* 9,
515.

immö, Adv., umgekehrt, im Gegenteil, vielmehr (meist zu Anf. des
Satzgliedes), *a*) bei Einführung des reinen Gegenteils, *B* 7, 41. *Ä* 9, 98. Bes. *b*)
zur Verstärkung einer entgegengesetzten
Ansicht oder Berichtigung, nein, vielmehr, *B* 5, 13. immo haec, *B* 9, 26. immo age et dic etc., *Ä* 1, 753. immo ego
vos obtestor, *Ä* 9, 257. ironisch, immo . . .
cogite concilium, recht so! *Ä* 11, 459.

immölo, äre, opfere hin, töte, alqm,
Ä 10, 519 u. 541. 12, 949.

immünïs, e ('in' u. St. 'mun' in 'munus', 'munia'), *a*) frei von Leistungen,
dah. unthätig, 'arbeitslos', fucus, *G* 4, 244.
b) übtr., frei, befreit, m. Gen., belli,
vom Kriege verschont, *Ä* 12, 559.

impëdïo, s. inpedio.

impërïto, äre (Int. v. impero), gebiete, herrsche, m. Dat., nemori, *Ä*
12, 719.

impërïum, ïi, *n.* (impero), 1) Befehl,
Gebot, Machtspruch, der Götter,
bes. des Juppiter, *Ä* 4, 239 u. 282. 5, 726.
747. 784. Plur., *Ä* 8, 381. 9, 716. von den
Geboten od. Orakelsprüchen des Schicksals, *Ä* 7, 240. der Menschen, *Ä* 4, 295 u.
577. patria, 'des Vaters' gegen den Sohn
(Gegs. 'obsequium'), *Ä* 7, 654. adsuetus
(cervus) imperiis, *Ä* 7, 487. bes. im Kriege,
ducis, *Ä* 9, 675. 2) das Befehlen, d. i. Recht
od. Macht zu befehlen, Gewalt, Macht,
Herrschaft, *a*) eig., im Staate, consulis, *Ä* 6, 820; vgl. *Ä* 3, 159. 6, 852. 8, 482.
12, 193. Italia gravida imperiis, das herr-
schaftschwangere, d. i. das einst viele
mächtige Völker erzeugen wird, *Ä* 4, 229.
im Privatleben, *G* 2, 370. der Götter, *G* 1,
54. m. obj. Gen., über etw., pelagi, *Ä* 1,
138. animarum, *Ä* 6, 264. abs., Plur., *Ä*
1, 230. 6, 463. *b*) meton., Herrschaft,
Reich, Gebiet, Staat, *Ä* 1, 279. 287.
340. 2, 352. 6, 782. 795. 812. 9, 449. 11,
47. 12, 58.

impëro, äre (in u. paro), befehle,
gebiete, heifse, m. Akk. u. Inf., *Ä* 3,
465. 11, 60. m. Dat. der Pers. u. Inf., *Ä* 7,
36. dcht. abs. m. Dat., arvis, *G* 1, 99.

impëtüs, üs, *m.* (in u. peto), Andrang,
1) Schwung beim Werfen, *Ä* 12, 772. sic
illam fert impetus ipse volantem, treibt
die Schwungkraft, *Ä* 5, 219. 2) übtr.,
Drang, Ungestüm, d. i. Kampfwut,
Ä 2, 74. 12, 369.

impïus, a, um (in u. pius), pflicht-
vergessen, gottlos, frevelhaft,
ruchlos, verrucht, lieblos, 1) von
Göttern u. Menschen, Mars, v. Bürgerkrieg, *G* 1, 511. Fama, *Ä* 4, 298. Furor

(bes. in bez. auf die Bürgerkriege), *Ä* 1, 294. Pygmalion, hartherzig (gegen Götter u. Menschen), *Ä* 1, 349. Tydides, *Ä* 2, 163. miles, *B* 1, 70. gens, *G* 2, 537. sbst., impius, 'Frevler', *Ä* 4, 496. 2) v. Lebl., *a)* von Örtern u. Zeiten, in denen Gottlose sich befinden, Tartara, *Ä* 5, 733. 6, 543. saecula, *G* 1, 468. v. Sachen, die Gottlosen gehören, arma (die man im Bürgerkrieg gegen das Vaterland ergreift), *Ä* 6, 613; weil gegen den Götterwillen ergriffen, *Ä* 12, 31. *b)* von dem, was von Gottlosen ausgeht, facta, 'Schandthat', *Ä* 4, 596.

imus, a, um (Superl. zu 'inferus'), unterster, tiefster, niedrigster, *a)* Adj., örtl., zur Bezeichn. des untersten Teiles eines Gegenstandes, tellus, *Ä* 4, 24. 10, 675. terra, *Ä* 12, 863. fundus, *Ä* 2, 419. 5, 178. 7, 530. vada, *Ä* 1, 125. valles, *Ä* 3, 110. 7, 801. *G* 1, 374. tumulus, *Ä* 3, 39 u. 443. 5, 92. aequora, *Ä* 9, 120. fluctus, *Ä* 5, 239. unda, *G* 3, 240. gurges, *Ä* 3, 421. radices, *Ä* 8, 237. *G* 1, 319. adyta, *Ä* 5, 84. stirpes, *G* 2, 53 u. 209. muri, *Ä* 12, 706. fores, *Ä* 2, 449. currus, die zwei niedrigen vorn an der Deichsel befindlichen Räder des Pfluges, *G* 1, 174. thorax, *Ä* 12, 381. orae clipei, *Ä* 10, 588. inguen, *Ä* 10, 785. ossa, *G* 4, 457. *Ä* 2, 120. 12, 447. ilia, *G* 3, 506. cauda, 'Spitze' od. 'Wedel' des Schweifes, *G* 3, 59. volnus, *Ä* 12, 422. pectus, *Ä* 1, 485. 2, 288. 6, 55. 11, 377. cor, *Ä* 10, 464. sensus, *B* 3, 54. Bes. in bez. auf die Unterwelt, *Ä* 4, 387. 6, 404 u. 458. 7, 91. 11, 23 u. 182. 12, 884. *G* 4, 471. sepulchra, *B* 8, 98. *b)* Sbst., imum, i, *n.*, das Unterste, die Tiefe, 'tiefster Grund', ab imo, von Grund aus, *Ä* 5, 810. bes. Plur., ima, ōrum, *n.*, wie ima peto, senke mich, verschwinde in die Tiefe des Flusses (v. Flußgott), *Ä* 8, 67; v. Nebel, herabsinken (auf den Boden), *G* 1, 401. m. Gen., ima pedis, Klauen des Fußes, *G* 3, 460. gurgitis, *G* 4, 322.

1. **in,** Präp. [dcht. nachgestellt, corpus in Aecacidae, *Ä* 6, 58. erst im zweiten Satzgliede, *Ä* 2, 654. 5, 512. 6, 416] (ἐν, I) m. Akk.: 1) zur Bezeichn. der Richtung od. Bewegung in das Innere eines Gegenstandes oder nach einem Gegenstande hin (εἰς), in, nach, auf, zu, hin, bei Zeitw. der Bewegung, *Ä* 1, 205. 472. 162. 5, 446. 12, 524. *B* 9, 1. im feindl. Sinne, auf jmd. los, gegen, bei 'eo' u. dgl., *Ä* 9, 424 u. ö. Bisw. mit einer Verkürzung, wobei ein Zeitw. der Bewegung zu ergänzen, in lucem ... convolvit, nachdem sie an das Licht gekommen (v. der Schlange), *Ä* 2, 471.

2) von der Zeit, u. zwar zur Angabe

eines Zieles, bis zu, auf, in venientem annum, *G* 2, 405. od. des Zeitpunktes, auf, bei, in adventum huius, *Ä* 6, 799. auch der Zeitdauer, auf, für, adspirant aurae in noctem, eig. in die Nacht hinein, wir, 'in', 'bei' od. 'während der Nacht', *Ä* 7, 8. in dies, 'Tag für Tag', 'täglich', *G* 3, 553. in horas, 'stündlich', *B* 10, 73.

3) in andern Verhältnissen, *a)* zum Ausdruck des Übergangs aus einem ins andere, in, verto me, vertor in alqd u. dgl., *Ä* 4, 455. 9, 646 u. ö. *b)* der Teile (bei Einteilungen), in, scindi in studia, *Ä* 2, 39. partiri in socios, *Ä* 1, 194. *c)* des Zweckes od. der Bestimmung, zu, für, in ingens antrum, *Ä* 6, 42. mitto alqm in imperium magnum, um ein großes Reich zu erwerben, *Ä* 6, 813. 11, 47. in hos usus, in regnum, *Ä* 4, 647. 7, 424. consurgo in arma, *Ä* 10, 90. itur in volnera, *Ä* 12, 528. audeo in proelia, *Ä* 2, 347; in prima proelia, *Ä* 12, 735. ardeo in arma, *Ä* 12, 71. peto alqm in vincula, *Ä* 6, 395. in bella gero dolones, *Ä* 7, 664. iusse in volnera, gegen die Wunde, für die Heilung der W., *Ä* 7, 757 (*Ribb.;* 'in volnere' Haupt u. *Schap.*). servor in dolorem, *Ä* 11, 159. uro cedrum in lumina, zur Erleuchtung, *Ä* 7, 13. in omen, zum Unheil, *Ä* 12, 853; vgl. *Ä* 2, 131. 3, 494. 4, 339 u. 647. 7, 322. *G* 1, 127. 3, 313. *d)* des Zieles od. Gegenst., worauf eine Handlung od. Gemütsbewegung gerichtet ist, gegen, wider, *Ä* 1, 304. 2, 190. 8, 386; vgl. *Ä* 2, 498. *e)* der Art u. Weise, gemäs, auf, nach Art, in morem, nach Sitte, *Ä* 5, 556. in plumam, federartig, wie ein Gefieder, *Ä* 11, 771. in numerum, nach dem Takte, im Takte, *B* 6, 27. *G* 4, 175 u. 227. umbram in faciem Aeneae ornat telis, ein der Gestalt des Äneas nachgebildetes Phantom, *Ä* 10, 637. *f)* zur Angabe der Beziehung od. Rücksicht, in Beziehung od. Hinsicht auf (wie εἰς), in vota precesque, *Ä* 6, 51. *g)* zur Umschreib. adverb. Ausdrücke, in obliquum schräg, *G* 1, 98.

II) mit Abl., 1) zur Bezeichn. des Seins, des ruhigen Verweilens in, an od. auf einem Gegenstande (ἐν), *a)* räuml., in, an, auf, *Ä* 2, 512. 4, 358. *B* 7, 66 u. ö. bes. innerhalb eines Raumes, saepibus in nostris, *B* 8, 37. in dumis, innerhalb der Umzäunung mit Dornhecken, *G* 4, 130. dcht. zu einer näheren Bestimmung od. zum Teile des Ganzen gesetzt, limoso lacu in ulva, *Ä* 2, 135. Bisw. in den Hdschrn. schwankend, *in* luce, *Ä* 8, 247 (*Ribb.* bloſs 'luce'). caeli *in* regione (*Ribb.* bloſs 'regione'), *Ä* 8, 528. *b)* von der bloſsen Nähe (wie ἐν), an, bei, in litore, *B* 1, 61. populus in fluviis, *B* 7, 66. v. Pers., zwischen, unter, in Teucris, in populo, *Ä* 1,148; vgl. *Ä* 12, 125. *c*) v. Umgebensein mit einer Sache, in, mit, d. i. angethan, bekleidet mit, in armis, *Ä* 2, 317. 3, 595. 12,938. Turnus in armis st. armatus (wie ἐν ὅπλοις ἄν st. ἔνοπλος), *Ä* 7, 434. quibus ibat in armis aureus, *Ä* 9, 269; vgl. *Ä* 10, 769. saevus in armis, *Ä* 12, 107. horridus in iaculis et pelle, *Ä* 5, 37. in veste recincta, *Ä* 4, 518. fluens in madida veste, *Ä* 5,179. in weiterer Bed., in equis, 'zu Pferde', *Ä* 5, 578. 11, 190.

2) von der Zeit, zur Angabe der Dauer, während, auf, bei, an, extrema in morte, *Ä* 2, 447; vgl. *Ä* 12, 598. *G* 3, 486 u. 519.

3) in andern Verhältnissen, *a*) zur Bezeichn. von Umständen od. Zuständen, in denen sich etw. befindet, in, bei, unter, *Ä* 2, 67. 4, 358. 7, 577 u. ö. *G* 1, 328. in voluere, bei der Wunde, *Ä* 7,757. Bisw. zur Angabe des näheren Umstandes, unter dem etwas stattfindet, tantarum in munere laudum, zum Preis so herrlicher Thaten, *Ä* 8, 273. quem (cratera) Anchisae in magno munere ferre sui dederat monumentum et pignus amoris, als grofses Geschenk zum Andenken an usw., *Ä* 5, 537. *b*) zur Hervorhebung des Obj., an dem sich etw. zeigt od. bethätigt, gegen, non ille Achilles talis in hoste Priamo fuit, *Ä* 2, 541.

2. **in**, als Adv., 1) in der Zusammensetzung m. Zeitw., bei Dcht. bisw. von dem zugehörigen Worte getrennt, *inque ligatus* (s. inligo), *Ä* 10, 794. 2) als negatives Präfix vor attributiven Begriffen, bisw. getrennt, *inque salutatus*, d. i. et insalutatus, *Ä* 9, 288.

inaccessus, a, um (in u. accedo), unzugänglich, *Ä* 7, 11. radiis solis, nie vom Lichte der Sonne bestrahlt, spelunca, *Ä* 8, 195.

Inachius, a, um ('Ινάχιος), zu Inachus gehörig, inachisch, des Inachus, iuvenca, d. i. Io, Tochter des Inachus, *G* 3, 153. Argi, von Inachus erbaut, *Ä* 7, 286. übh. st. 'argivisch', 'griechisch', urbes, *Ä* 11, 286.

Inachus, i, *m.* ('Ίναχος), Sohn des Okeanus u. der Tethys, König von Argos und Flufsgott (des Inachus in Argolis), *Ä* 7, 372 u. 792.

in-amabilis, e, nicht liebenswürdig, herzlos, palus, d. i. Styx, *Ä* 6, 438. *G* 4, 479.

inanis, e, leer, ledig, 1) eig.: *a*) Adj., *a*) übh., galea, Helm ohne Haupt, *Ä* 10,639. *G* 1, 496. Helm nur für Spiele, nicht für

ernsten Kampf, Turnierhelm, *Ä* 5, 673. currus, ohne Lenker, *Ä* 1, 476. cerae, ohne Honig, *G* 4,241. zeitl., tempus, leere Frist, *Ä* 4,433. Bes. *β*) körperlos, wesenlos, eitel, leer, v. Wolken, nubila, 'Windwolken', *G* 4, 196. v. Luft u. Winden, *Ä* 7, 593. venti, *Ä* 6, 740. häuf. von der Unterwelt u. dem dort Befindlichen, regna Ditis, Schattenreich, *Ä* 6,269. currus, 'schattenhaft', *Ä* 6, 651. pictura, *Ä* 1, 464. tumulus, 'leer', d. i. ohne Körper (κενοτάφιον), *Ä* 3, 304. 6, 505. *b*) Subst., inane, is, *n.*, leerer Raum, das Freie, die Luft, mit Adj. 'vacuum' verb., *Ä* 12, 906. magnum, der unermefsliche leere Raum (nach Epikurs Ansicht vor der Entstehung der Welt), *B* 6, 31. longum per inane, weithin, in weiter Entfernung, *Ä* 12, 354. 2) übtr.: *a*) leer, eitel, nichtig, gehaltlos, wertlos, paleae, *G* 3, 134. munus, *Ä* 6, 885. *b*) dem Grunde u. der Wahrheit nach, eitel, grundlos, nichtig, vergeblich, 'causae, Scheingründe', *Ä* 9,219. furtum, eitle Täuschung, *Ä* 6, 568. *c*) der Wirkung od. dem Erfolge nach, nutzlos, erfolglos, vergeblich, eitel, nichtig, morsus, *Ä* 12, 755. studium, *B* 2, 5. cura, *G* 4, 345. venti (sofern Achilles mit ihnen nichts anfangen konnte), *Ä* 10, 82. ludus, *G* 4, 105. lacrimae, *Ä* 4, 449. 10, 465. fletus, Klagen, denen leicht abzuhelfen war, leicht zu stillende, *G* 4, 375. doli, *G* 4, 400. ira, *Ä* 10, 758. spes, 'eitle', 'betrügliche', *Ä* 10, 627 u. 648. 11, 49. murmura, *Ä* 4, 210. verba, nichtssagende, *Ä* 10, 639. *d*) dem Wesen od. Charakter nach leer, nichtig, animus, *G* 2, 285. fama (Ruhm), *Ä* 4, 218.

inarätus, a, um (in u. aro), ungepflügt, terra, *G* 1, 83.

in-ardesco, arsi, ēre, erglühe, radiis von den Sonnenstrahlen erleuchtet werden, *Ä* 8, 623.

Inarime, ēs, *f.*, Insel an der Westküste Italiens, j. 'Ischia', *Ä* 9, 716.

inausus, a, um (in u. audeo), ungewagt, unversucht, *Ä* 7, 308. 8, 205.

inbellis (imbellis), e (in u. bellum), unkriegerisch, mutlos, Indus, *G* 2, 172. cervi, *G* 3, 265. telum inbelle sine ictu coniecit, warf den Speer unkriegerisch und ohne Erfolg, *Ä* 2, 544.

in-candesco, candui, ēre, erglühe, von der Witterung, aestu, *G* 3, 479.

in-canesco, cānui, ēre, ergraue, verfärbe mich weifs, albo flore, *G* 2, 71.

in-canus, a, um, graulich, menta, *Ä* 6, 809. *G* 3, 311.

in-cassum, Adv. (in u. cassus), frucht-

los, zwecklos, ohne Erfolg, vergeblich, Ä 3, 345. 7, 421. 8, 378. G 1,
387.

in-cautus, a, um, unvorsichtig,
unbedachtsam, sorglos, 'ohne dafs
jmd. etw. ahnt', v. leb. Wesen, G 2, 303.
3, 469. 4, 488. Ä 1, 332 u. 350. 4, 70. 10,
812. 11, 781. m. Abl., 'morte', Ä 10, 386.

in-cēdo, cessi, cessum, ĕre, 1) gehe
od. schreite einher, Ä 4, 141. per socios, Ä 5, 188. ordine, Ä 8, 722; vgl. Ä 9,
308. 10, 764. incedunt pueri (verst. equis),
ziehen auf, reiten einher, Ä 5, 553. Bes.
dcht. von dem feierlichen Gange der Gottheiten, quae divom incedo regina, die ich
einherschreite als K. der Götter, Ä 1, 46.
qui iaculo incedit melior, wer noch tüchtiger als Wurfschütze (mit Bewufstsein)
auftritt, Ä 5, 68; vgl. Ä 1, 690. mit Ang.
des Zieles, incessit ad templum, Ä 1, 497.
2) übtr., v. Lebl., jmd. ergreifen, be-
fallen, beschleichen, mit Dat., discordia regibus incessit magno motu, G 4, 68.

incendium, ĭi, n. (incendo), Brand,
Feuersbrunst, a) eig., bes. Plur., Ä
2, 329 u. 706. 5, 680. 9, 71. 10, 406. G 2,
311. vomere incendia, Feuer, Glut, Ä 8,
259. b) übtr., belli, 'Brand' od. übh. 'Greuel
des Krieges', Ä 1, 566.

incendo, cendi, censum, ĕre (in u. candeo), 1) eig.: a) setze od. stecke in
Brand, zünde an, entzünde, Ä 1,
727. 2, 327. 353. 374. Ä 2, 555. 3, 156.
325. 5, 665. 7, 295. 8, 562. G 1, 84. 271.
4, 264. B 8, 82. altaria, d. i. zünde Feuer
auf dem A. an, opfere, Ä 8, 285. aras votis (Dat.), für das, was man gelobt hat,
für die angelobten Opfer, Ä 3, 279. b) als
Folge: a) in Glut versetzen, er-
hitzen, incensi aestus, die glühende
Hitze (des Blutes), G 3, 459. β) in Glanz
versetzen, erhellen, erleuch-
ten, squamam, Ä 5, 88. 2) übtr.: a) entflamme, feure an, reize auf, erhitze, jmd. od. jmds. Gemüt, Ä 1, 660.
3, 298 u. 343. 5, 719. 6, 889. 12, 238. bes.
'versetze in Zorn', 'erbittere', animum
dictis, Ä 4, 197. incensus, 'wutentbrannt',
Ä 4, 300. b) rege auf, versetze in
Aufregung, caelum, urbem clamore,
Ä 10, 895. 11, 147. alqm querellis, 'quäle',
Ä 4, 360. c) fache an, errege, luctus,
Ä 9, 500. Martem cantu, Ä 6, 165. d) erhebe, vocem cornu, lasse mit dem Horne
die dröhnende Stimme ertönen, Ä 7, 514
(*Wagn.* u. *Haupt*; 'intendit' *Ribb.* u.
Schap.).

inceptum, i, n. (incipio), Beginnen,
Vorsatz, Vorhaben, Unternehmen,
Ä 1, 37. 2, 654. 4, 452. 5, 678 u. 714. 9,
694. 12, 566. Plur., incepta nostra, Ä 7, 259.

in-certus, a, um, eig. ungesichtet,
dah. 1) v. Lebl., unbestimmt, unstät, unsicher, schwankend, umbrae, B 5, 5. sudor, wechselnd, bald
warm, bald kalt, G 3, 500. luna, nicht völlig sichtbar, verdunkelt, Ä 6, 270. incerti
caecā caligine soles, Tage, an denen man
wegen der Dunkelheit zweifeln konnte,
ob es Tag od. Nacht sei, trübe, düstere
Tage, Ä 3, 203. menses, die veränder-
lichen Frühlings- u. Herbstmonate, G 1,
115. orbes (sofern Turnus nicht weifs,
wohin sie führen), Ä 12, 743. securis,
nicht sicher, d. i. nicht tödlich treffend,
Ä 2, 224. genus incertum de patre, von
seiten des nicht ebenbürtigen Vaters, Ä
11, 341. pericula, Ä 9, 96. spes futuri, Ä
8, 580. abs., im Neutr., incertum (est,
erat u. dgl.), in indir. Frages., Ä 12, 320.
quem mox quae sint habitura deorum
concilia, incertum est, von dem es ungewifs ist, wie bald er unter den Göttern
sein werde, G 1, 25. Creusa substitit erravitne viā seu lassa resedit, incertum,
Ä 2, 740. im parenthet. Satze, quis deus
incertum est, Ä 8, 352. Sbst. im Plur.,
haud incerta, Sicheres, Unfehlbares, Ä
8, 49. 2) v. leb. Wesen, unentschie-
den, unentschlossen, schwan-
kend, m. indir. Frages., Ä 3, 7. 5, 95. m.
flg. 'si', d. i. 'ob', Ä 4, 110. abs., Ä 12, 160.
volgus, Ä 2, 39. von den Bienen, ohne
einen bestimmten Ruhepunkt (wie einen
Baum) zu suchen, G 4, 103.

incesso, ĕre (eig. in-cedso, Int. v. incedo), dringe ein auf etw., falle od.
greife an, muros, 'erstürme', Ä 12,
596.

incessus, ūs, m. (incedo), das Einher-
gehen, der Gang, Ä 12, 219. Bes. von
dem über den Boden leicht dahinstrei-
fenden Gang der Göttinnen, 'das Hin-
schweben', Ä 1, 405.

incesto, āre (incestus), beflecke,
schände, entheilige, classem funere (durch die Nähe des Leichnams), Ä
6, 150. bes. durch Unzucht, thalamos,
Ä 10, 389.

inchŏo, s. incoho.

1. **incido**, cĭdi, ĕre (in u. cado), 1)
falle od. stürze in oder auf etw., a)
von einem Verwundeten, incidit ad terram duplicato poplite, Ä 12, 926. b) von
Lebl., late super agmina (von einem
Turme), Ä 2, 467. von der Lanze, eindringen, Ä 10, 477. dcht. v. Sturme, mit
Dat., navigiis, gegen die Schiffe losbrechen, lostürmen, G 2, 107. v. Feuer, in
segetem, Ä 2, 305. 2) übtr., stofse auf
jmd., treffe od. begegne jmdm., Ä 11,
699. dcht., bellator animo deus incidit,

der Kriegsgott bemächtigt sich der Seele, d. i. begeistert sie, *Ä* 9, 721.

2. incīdo, cīdi, cīsum, ēre (in u. caedo), 1) schneide ein, zerschneide, zerhaue, *a*) eig., arbustum atque malā vitis incidere falce novellas, *B* 3, 11. funem, *Ä* 3, 667. 4, 575. *b*) übtr., schneide ab, 'verhüte', novas lites, *B* 9, 14. 2) schneide etw. in einen Gegenstand hinein, amores arboribus, *B* 10,53.3) schneide, d. i. verfertige schneidend, faces (aus Kien), *B* 8, 29.

in-cingo, cinxi, cinctum, ēre, umgürte, incinctus pellibus, umgürtet (bekleidet) mit F., *Ä* 7, 396. *G* 4, 342.

incĭpĭo, cēpi, ceptum ēre (in u. capio), nehme in Angriff, fange an, beginne, *a*) m. Obj., laborem, *G* 2, 39. iter, *Ä* 6, 384. 8, 90; vgl. *G* 4, 414. *Ä* 2, 269. 4, 316 u. 638. 5, 94. 6, 493. *B* 8, 21. haec dictis u. bl. 'haec', beginne also (mit Worten), *Ä* 8, 373. 11, 705. incepto sermone, bei der begonnenen Rede (nachdem er schon einiges gesprochen), *Ä* 6, 470. inceptus frustra furor, der vergebens gefasste, umsonst sich regende Ingrimm, *Ä* 12, 832. mit Inf., *Ä* 1, 721. 4, 76. 6, 751. 10, 876. *G* 1, 5. 45. 367. *B* 4, 12. (ut) incipiant in corpora velle reverti, dass sie sich entschliefsen, gern auf die Oberwelt zurückzukehren, *Ä* 6, 751. *b*) abs.: *α*) beginne zu sprechen, hebe an, *Ä* 6, 103. 10, 5. ore, *Ä* 12, 692. sic, *Ä* 11, 13. incipio super (st. insuper) his (verbis), ergreife das Wort, *Ä* 2, 348. *β*) beginne zu singen od. zu dichten, *Ä* 5, 10. 9, 32. *G* 3, 295. *γ*) beginne zu erzählen od. zu berichten, *Ä* 2, 13. *δ*) 'beginne den Kampf', 'rüste mich', *Ä* 9, 741.

in-cĭtus, a, um (in u. cieo), in heftige Bewegung gesetzt, schnell, rasch, hasta, ungula, *Ä* 12, 492 u. 534.

in-clēmentĭa, ae, *f.*, Ungnade, Härte, divûm, *Ä* 2, 602. durae mortis, der strenge u. grausame Tod, *G* 3, 68.

in-clīno, āre, neige mich nieder, sinke, domus inclinata, *Ä* 12, 59.

inclĭtus, s. inclutus.

inclūdo, clūsi, clūsum, ēre (in u. cludo, d. i. claudo), 1) eig.: *a*) schliefse od. sperre ein, verschliefse, m. 'in' u. Abl. od. m. bl. Abl., *Ä* 2, 45 u. 258. 6, 680. 8, 248. 11, 399. 12, 749. m. Dat., *Ä* 2, 19. 9, 729. abs., *Ä* 6, 614. 8, 225. huc . . . caeco lateri, *Ä* 2, 19. undique coronā, *Ä* 12, 744. alqm mecum, *Ä* 9, 727. v. Sachen, huc germen, pfropfe ein, *G* 2, 77. *b*) schliefse od. fasse ein, lasse ein in etw., ebur auro, durchwirke mit Goldfäden, *G* 2, 464. ebur buxo, umrahme mit

B., *Ä* 10, 136. alqd aere, fasse mit Erz ein, *Ä* 12, 211. *c*) umschliefse, umgebe mit etwas, suras auro (mit goldenen Schienen), *Ä* 11, 488. Bes. Örter, 'schliefse ein', 'begrenze', nemus, *Ä* 8, 599. litora inclusa (näml. von den bewaldeten Höhen), *Ä* 5, 149. 2) übtr., schneide ab, versperre, vocis iter vitamque (von der Wunde), *Ä* 7, 534.

inclŭtus, a, um (in u. clu-eo), vielgepriesen, berühmt, ruhmreich, v. Pers., Mavors, *Ä* 12, 179. Roma, *Ä* 6, 782. armis, *Ä* 6, 479. bello, *Ä* 2, 241. famā, *Ä* 2, 82.

in-cognĭtus, a, um, unbekannt, gramina non incognita capris, *Ä* 12, 414. sagitta, 'ungeahnt', *Ä* 12, 859. res, die Neuheit der Sache, Unkunde, *Ä* 1, 515.

incŏho, āre, *a*) nehme in Angriff, errichte, aras alci, *Ä* 6, 252. *b*) v. menschl. Geiste, bereite vor, beginne (ohne zu beendigen), nil altum, *G* 4, 42.

in-cŏlo, cŏlŭi, ēre, bewohne, prata, *Ä* 6, 675. Pass., haud procul hinc incolitur urbis Agyllinae sedes, *Ä* 8, 478.

incŏlŭmis, e (verw. m. 'cello', stofse), unverletzt, unversehrt, wohlbehalten, gesund, heil, noch am Leben, *Ä* 2, 88. 577. 6, 345. 415. 8, 575. 10, 47. 616. 11, 717. 12, 39. *G* 4, 212.

in-cōmĭtātus, a, um, unbegleitet, ohne Geleit, *Ä* 2, 456. 4, 467.

in-commŏdum, i, *n.*, das Unbequeme, Unangenehme, Plur., Ungemach, Leiden, *Ä* 8, 74.

in-compŏsĭtus, a, um, ungeordnet, kunstlos, motus (Tänze), *G* 1, 350.

in-comptus, a, um, schmucklos, versus, kunstlose, *G* 2, 386.

inconcessus, a, um (in u. concedo), unerlaubt, unrechtmäfsig, hymenaei, *Ä* 1, 651.

incondĭtus, a, um (in u. condo), ungeordnet, schmucklos, Plur. im Neutr. subst., incondita, kunstlose Ergüsse der Leidenschaft od. Liebesklage, *B* 2, 4.

inconsultus, a, um (in u. consulo), unberaten, ratlos, *Ä* 3, 452.

in-cŏquo, coxi, coctum, ēre, *a*) koche etwas ein, alqd Baccho, in Wein, *G* 4, 279. *b*) dcht., 'tauche ein', 'färbe', incoctus Tyrios rubores, mit Purpur getränkt, *G* 3, 307.

in-crēbresco, brŭi, ēre, werde häufiger, nehme zu oder überhand, verbreite mich, *G* 1, 359. late Latio (weithin in Latium), *Ä* 8, 14.

in-crēdĭbĭlis, e, unglaublich, wunderbar, fama rerum, *Ä* 3, 294.

incrēmentum, i, *n.* (incresco), Wachstum, konkr., 'Nachwuchs', Spröfsling, Pflegling, Iovis, *B* 4, 49.

incrĕpĭto, āre (Int. v. increpo), mache ein starkes Geräusch; dah. 1) rufe laut zu, alqm, *Ä* 10, 810; 'fordere laut auf', 'ermuntere zum Trinken', *Ä* 1, 738. 2) lasse hart an, schelte, verhöhne, alqd, *G* 4, 138. scheinbar abs., *Ä* 3, 454 (näml. 'te'). *Ä* 10, 900 (erg. 'me').

in-crĕpo, crĕpŭi, crĕpĭtum, āre, 1) intr.: *a*) lasse schallend hören od. ertönen, sonitum (von der Tuba), *Ä* 9, 504. *b*) fordere od. muntere auf, vom Klang der Tuba, morantes, *G* 4, 71. *c*) lasse hart an, schelte, schmähe, tadle, alqm, *Ä* 9, 560. 12, 758. alqm dictis, *Ä* 6, 387. cunctantes, *Ä* 10, 830. m. flg. dir. Rede, *Ä* 10, 278. 2) intr., rassele, clipeo (v. Mars, durch Schlagen mit der Lanze auf den Schild), *Ä* 12, 332 (*Ribb.*; *Haupt* u. *Schap.* 'intonat'). fragor (des Donners) increpat, erschallt krachend, *Ä* 8, 527. alis, mit den Fittigen schlagend daherrauschen (v. Raben), *G* 1, 382. mälis, mit den Zähnen 'schnappen' (v. Hunde), *Ä* 12, 755.

in-cresco, crēvi, ēre, wachse auf od. empor, dcht., telorum seges iaculis increvit acutis (*Dat.*), schofs auf (aus meinem Körper unter diesem Hügel) zu spitzigen Lanzen, *Ä* 3, 46. *b*) übtr. v. Ingrimm, wachse, nehme zu, *Ä* 9, 688.

in-cŭbo, cŭbŭi, cŭbĭtum, āre, 1) v. Pers., liege od. lagere, lege mich hin, strecke mich aus oder hin, *a*) eig., m. *Dat.*, stratis, *Ä* 4, 83. pellibus stratis, *Ä* 7, 88. *b*) übtr., liege gleichs. auf od. über einem (unrechtmäfsig) erworbenen Besitztum, bewahre, hüte dasselbe, m. *Dat.*, auro, *G* 2, 507. divitiis, *Ä* 6, 610. 2) v. Lebl., auf od. über etw. liegen, lagern, m. *Dat.*, ponto (von der Nacht), *Ä* 1, 89.

in-cŭdo, cŭdi, cūsum, ĕre, schmiede, übh. bearbeite, lapis incusus, geschärft (für die Handmühle), *G* 1, 275.

in-cultus, a, um (in u. colo), 1) unangebaut, wild, salictum, ungepflegt wieder wachsend, *G* 2, 415. sentes, *G* 4, 29. aviarium, öde, *G* 2, 430. Sbst., inculta, ōrum, *n.*, öde Stätten, Einöden, *Ä* 1, 308. 2) übtr., ungepflegt, canities, struppig, unsauber, *Ä* 6, 300.

in-cumbo, cŭbŭi, cŭbĭtum, ēre, 1) lege, lehne, stütze mich an od. auf etw., *a*) v. Leb., m. Dat., toro, *Ä* 4, 650. olivae, *B* 8, 16. abs., 'beuge mich darüber', *Ä* 12, 774. super, v. Löwen, sich darüber strecken, *Ä* 10, 727. v. Schlangen, pelago, auf dem Meere herschwimmen, sich nahen, *Ä* 2, 205. v. Pferde, armo, *Ä* 10, 894. *b*) v. Lebl., neige,

beuge mich nach od. auf etw. hin, von einem Baume, m. Dat., arae, *Ä* 2, 514. v. Felsen, ad amnem, *Ä* 8, 236. 2) lege oder stemme mich an oder auf etw., *a*) v. Leb., remis, werfe mich mit Macht auf die Ruder, rudere eifrig, *Ä* 5, 15. 10, 294. remis tacitis, stemme mich auf die Ruder, ohne dafs diese auf dem ruhigen Strome ein Geräusch machen, *Ä* 8, 108. aratris, *G* 1, 213. umero, *Ä* 5, 325. abs., betreibe die aufgetragene Arbeit eifrig, strenge mich an, *Ä* 4, 397. Dah. übtr., *α*) fördere, beschleunige, m. Dat., urguenti fato, *Ä* 2, 653. dcht. m. Inf., 'lasse mir etw. angelegen sein', 'strebe' od. 'trachte', sarcire ruinas, *G* 4, 249. abs., 'strenge mich an', 'mache mich an die Arbeit', acrius, *Ä* 8, 444. *β*) im feindl. Sinne, setze meine Kraft gegen etwas ein, stelle mich kräftig entgegen, dränge, greife an, *Ä* 9, 73. acrius, *Ä* 9, 791. hastā, *Ä* 11, 674. *b*) von Lebl., bes. v. Naturkräften, wie v. Sturme und Ungewitter, gewaltsam eindringen, hereinbrechen, bedrängen, *G* 3, 197. *Ä* 12, 367. m. Dat., mari, von den Winden, sich auf das Meer werfen, *Ä* 1, 84. ähnl., silvis, *G* 2, 311. von der Sonnenglut (unser aufliegen), scopulis, *G* 2, 377.

in-curro, curri, cursum, ĕre, renne, feindlich gegen jmd. an, gehe los auf jmd., greife an, *Ä* 11, 613. 759. 834. densis armis, 'mit dichten Waffen', in gedrängten Reihen, *Ä* 2, 409. von Stieren, die zum Kampf 'gegen einander anrennen', *Ä* 12, 717.

incursŭs, ūs, *m.* (incurro), Anlauf, luporum, Angriff, *G* 3, 407.

in-curvo, āre, krümme, arcus flexos, spanne, *Ä* 5, 500.

in-curvus, a, um, gekrümmt, gebogen, aratrum, *G* 1, 494. 2, 513.

incūs, cūdis, *f.* (incudo), Ambos, *Ä* 7, 629. 8, 419 u. 451. *G* 2, 540. 4, 173.

incūso, āre (in u. causa), mache Vorwürfe, beschuldige, klage an, verklage, alqm, *Ä* 1, 410. 2, 745. 11, 312. 12, 146 u. 580. mit allgem. Obj. 'multa' u. relativ. Kausalsatz, multaque se incusat, qui non acceperit etc., klagt sich wiederholt (heftig) selbst an, dafs er nicht usw., *Ä* 11, 471. 12, 612.

incūtĭo, cussi, cussum, ĕre (in u. quatio), jage ein, bringe mit Gewalt bei, errege, vim ventis (*Dat.*), d. i. erhöhe die Kraft der Winde (v. Äolus), *Ä* 1, 69. stimulis haut mollibus iras, sporne zur Wut an, *Ä* 11, 728 (*Ribb.*).

indāgo, gĭnis, *f.*, Einschliefsung oder Umstellung des Waldes (bei der

Treibjagd), saltus indagine ciugunt, umstellen mit Netzen, *Ä* 4, 121.

indĕ, Adv., 1) örtl., von da (aus, her, weg), *A* 8, 642. inde Stygia ab unda, von der stygischen Flut fernher, *Ä* 6, 385. 2) übtr. : *a*) in bez. auf sachl. Verhältnisse, von da, daher, daraus, davon, *Ä* 3,663. 6, 728. *G* 3, 490. auch in bez. auf Pers., *Ä* 10, 54. *b*) von der Zeit, von da an, inde a teneris, von zarter Jugend an, *G* 3, 74. *c*) von der Reihenfolge in der Zeit, darauf, hierauf, *Ä* 1, 275. 2, 2. primum ... inde, *Ä* 5,223. inde ubi, *Ä* 6, 201.

in-dēbĭtus, a, um, nicht schuldig, nicht gebührend, non indebita regna meis fatis, durch das Schicksal mir gebührend, verheifsen, *Ä* 6, 66.

indĕcŏris, e (in u. decus, cŏris), ungeehrt, unrühmlich, ruhmlos, v. Pers., *Ä* 11, 423 u. 845, 12, 679. esse regno (*Dat.*) indecores, zur Schande gereichen, *Ä* 7, 231. mit Akk. der Bez., genus, unedel von Geschlecht, *Ä* 12, 25.

in-dēfessus, a, um, unermüdet, unermüdlich, v. Pers., *Ä* 11, 651.

indēprensus, a, um (in u. deprendo), unentdeckbar, error, *Ä* 5,591.

Indi, ōrum, m., s. Indus.

India, ae, *f.* ('Ἰνδία), Land im Südosten Asiens (von den Alten in diesseit u. jenseit des Ganges geteilt), *G* 1,57. 2, 116 u. 122.

indĭcĭum, ĭi, *n.* (index', 1) Anzeige, Angabe, nefandum, schändl. Zeugnis, schnöde Verleumdung, *Ä* 2, 84. 2) übh. Kennzeichen, Merkmal, *G* 2,182u. 246. viarum, Spur des Weges, *Ä* 8, 211.

in-dīco, dixi, dictum, ĕre, sage, ordne od. kündige an, bestimme, honorem templis (*Dat.*), *Ä* 1, 632. honores, *Ä* 3, 264. choros, *Ä* 11, 737. forum, rufe das Volk auf den Marktplatz, *Ä* 5, 758. iter ad regem Latinum indicit primis iuvenum, kündigt den ersten der J. einen Kriegszug an gegen den K. L., *Ä* 7, 468. bella, 7, 616.

indictus, a, um (in u. dico), ungesagt, ungenannt, non indictus carminibus nostris, nicht unbesungen, *Ä* 7,733.

indĭgĕna, ae, *c.* ('indu', altert. st. 'in', u. St. 'gen'in 'gigno'), im Lande geboren, einheimisch, inländisch, *A* 8, 314. 12, 823.

indĭgĕo, gŭi, ēre ('indu', altert. st. 'in', u. 'egeo'), habe Mangel, bedarf, brauche, m. Gen., *B* 2,71.

indĭgĕs, gĕtis, *m.* ('indu', altert. st. 'in', u. St. 'gen' zu 'gigno', ἐγγενής), eingeboren, einheimisch, bes. Plur. 'indigetes', einheimische Heroën (ἥρωες

ἐγχώριοι), die nach ihrem Tode als örtliche Schutzgeister an einem bestimmten Orte u. im engsten geschichtlichen Zusammenhange mit diesem Orte verehrt wurden, neben 'di patrii' im Gebete angerufen, *G* 1, 498. Sing., indiges Aeneas, Äneas der Halbgott (Gottmensch), *Ä* 12, 794.

in-dignor, āri, halte etw. für unwürdig od. schimpflich, bin ungehalten, unwillig od. entrüstet über etw., mifsbillige etw., *a*) eig., v. Pers., m. Akk., casum amici mecum, *Ä* 2, 93. m. 'quod', *Ä* 5, 651. m. Akk. u. Inf., *Ä* 7, 770. 12, 786. m. 'ni' u. Konj., *Ä* 5, 229. abs., *Ä* 8, 649. *b*) übtr., v. Lebl., m. Akk., pontem, nicht tragen wollen, nicht dulden (v. Flufs Araxes), *Ä* 8, 728. abs. v. Winden, *Ä* 1, 55. v. Meere, sich empören od. aufbrausen, *G* 2, 162. v. Leben od. Geiste, indignata, unwillig, zürnend, *Ä* 11, 831. 12, 952.

in-dignus, a, um, 1) von Dingen, die sich nicht ziemen, unangemessen, unwürdig, unverdient, entehrend, schmachvoll, bes. von dem, was jmd. unverdienter Weise erleidet, amor, *B* 8, 18. 10, 10. mors, *Ä* 6, 163. fortuna, *Ä* 11, 108. funera suorum (des Pallas und der übrigen), *Ä* 4, 617. causa, *Ä* 2, 285. dolor, *Ä* 12, 411. dcht., hiemps, zu hart, *G* 2, 373. indignum est, m. Akk. u. Inf., es ist nicht recht, es ist verwerflich, *Ä* 10, 74. nec fuit indignum superis (*Dat.*), m. Akk. u. Inf., *G* 1, 491. Sbst., digna indigna, Glimpf u. Unglimpf, *Ä* 12, 811. m. zweitem Supin., digna atque indigna relatu, Glimpfliches und Unglimpfliches, alle möglichen Schmähungen, *Ä* 9, 595. 2) v. Pers., unwürdig oder unwert einer Sache, dcht. m. Gen., avorum, *Ä* 12, 649.   [m. Gen., *G* 2, 428.

indĭgus, a, um (indigeo), bedürftig, **indiscrētus**, a, um (in u. discerno), ununterscheidbar, nicht leicht zu unterscheiden, v. Zwillingen, m. Dat., 'suis parentibus', *Ä* 10, 392.

in-dŏcĭlis, e, ungelehrig, roh, genus, *Ä* 8, 321.

in-doctus, a, um, ungelehrt, ungeschickt, sbst., 'Stümper', 'Pfuscher', *B* 3, 26.

indŏlēs, is, *f.* ('indu' st. 'in' u. oleo), natürliche, Gemütsart, Gesinnung, *Ä* 10, 826.

indŏmĭtus, a, um (in u. domo), *a*) ungezähmt, ungebändigt, wild, pubes (v. Stieren), *G* 3, 174. v. Menschen, *Ä* 7, 521. 8, 728. *b*) unzähmbar, unbändig, Mars, *Ä* 2, 440. irac, *Ä* 2, 594. vires, 'entfesselte', *Ä* 5, 681.

in-dŭbito, āre, zweifle an etw., mit *Dat.*, *Ä* 8, 404.

in-dūco, duxi, ductum, ĕre, 1) führe od. bringe jmd. wohin, *a*) eig., dcht. m. Dat., messorcm arvis, *G* 1, 316. abs., turmas, führe an, 'befehlige',*Ä*11,620. *b*) übtr., bringe od. bewege jmd. zu etw., verleite, verlocke, alqm pretio, *Ä* 5, 399. 2) m. lebl. Obj.: *a*) führe herbei, ortus (von der Morgenröte), emporsteigen, sich erheben, *G* 4, 552. *b*) leite wohin, m. Dat., fluvium satis, *G* 1, 106. *c*) führe etw. neues ein, bringe in Aufnahme, *B* 5, 30. *d*) führe über etw., überziehe mit etwas, *α*) übh., mit Dat., umbras fontibus, *B* 5,40. m. Abl., quis fontes induceret umbrā? wer besänge dann die von Bäumen umschattetenQuellen? *B* 9,20. *β*) Waffen od. Kleidungsstücke, m. Dat., caestus manibus, umgürte mit dem C., *Ä* 5,379. Pass. pers. m. griech. Akk., Euandrus inducitur tunicā artus, zieht das Untergewand an (über die Glieder), bekleidet sich damit, *Ä* 8, 457.

indulgentĭa, ae, *f*. (indulgeo), Milde, caeli, *G* 2, 345.

indulgĕo, dulsi, dultum, ēre (in u. dulcis), *a)* zeige Nachsicht, bin nachsichtig od. gewogen, mit Dat., hospitio, *Ä* 4, 51. alcjs et annis et generi fata indulgent, das Schicksal begünstigt jmds. Jahre, d. i. paſst zu jmds. Alter und Geschlecht,*Ä* 8,512. *b)* gebe mich ganz hin, überlasse mich einer Sache, bin ergeben, pflege, m. Dat., vino, thue mir gütlich in Wein, 'zeche', *Ä* 9,165. choreis, finde Behagen an Tänzen, *Ä* 9, 615. concubitu (*Dat.*), v. Bienen,*G* 4, 198. dolori, *Ä* 2, 776. labori, bestehe eine Unternehmung, *Ä* 6, 145. ordinibus, gestatte den Reihen Raum, erweitere sie, *G* 2, 277. abs., hactenus indulsisse vacat, soviel zu verstatten ist vergönnt, so weit gebe ich dir nach, *Ä* 10, 625.

indŭo, dŭi, dūtum, ĕre, 1) verhülle in etw., bekleide mit etw., m. 'in' u. Akk., eos ex facie hominum in voltus ferarum, verwandle ihren menschlichen Leib in einen tierischen Körper,*Ä*7,20. se in florem (v. Mandelbaum), in Blüten sich hüllen od. kleiden, *G* 1, 188. 2) legean, ziehe an, bekleide mich mit etw., *α*) eig., vestem, *G* 3, 364. arma, *Ä* 9, 180. galeam, setze auf, *Ä* 9, 366. bes. bei Verwandlungen, crines cum vitta (v. Allekto),hülle den Schleier um das weiſse Haar, *Ä* 7, 417. voltus pueri, nehme an, *Ä* 1, 684. auch m. Dat. der Pers., harum (vestium) unam inveni supremum hono-

rem induit, eines davon zog er dem Jüngling an für die letzte Ehre, *Ä* 11, 77. Pass., m. Abl., indutui hostilibus armis, *Ä* 11, 83. indutus spoliis, *Ä* 12, 947. dcht. v. Baume, se pomis, *G* 4, 143. Pass. medial, bekleide od. bedecke mich mit etwas, lege an, mit griech. Akk., clipeum, galeam u. dgl., *Ä* 2, 393. 7,640. bes. Part., indutus thoraca, *Ä* 11, 487. exuvias Achillis, *Ä* 2, 275. abs., indutus, in dieser Rüstung, *Ä* 5, 264. mit *Dat.*, des Körperteiles,tegumen tergusque immane leonis cum dentibus albis indutus capiti, um das Haupt gezogen des Löwen riesiges Fell mit dem weiſsen Gebiſs, *Ä* 7, 668. *b*) übtr., umgebe mit etw., cratera coronā, bekränze, *Ä* 3,526. induere sese mucrone, sich in das Schwert stürzen, *Ä* 10, 682.

in-dūresco,dūrŭi,ĕre, werde hart, gerinne, stiria inpexis induruit horrida barbis, *G* 3, 366.

1. **Indus**,i,*m*. ('Ινδός), Bewohner von Indien, Plur., Indi, ōrum, *m*., die Inder, *G*2,138.*Ä*8,705. von den Äthiopiern, colorati,*G*4,292. von allen am westl.Ocean wohnenden Völkern, *G* 4, 425. als die allerentferntesten Völker in bez. auf die von Dichtern oft gepriesene Eroberung des Orients durch Augustus, *Ä* 6, 794.

2. **Indus**, a, um (1.Indus), zu den Indern gehörig, indisch, ebur (als das vorzüglichste u. weiſseste), *Ä* 12, 67.

industrĭa, ae, *f*. (industrius), emsiger Fleiſs, *G* 3, 209.

in-ĕluctābĭlis, e, unüberwindbar, unabwendbar, tempus, fatum, *Ä* 2, 324. 8, 334.

inemptus, a, um (in u. emo), ungekauft, dapes, selbstgebaut, selbsterzeugt, *G* 4, 133.

in-ĕo, ĭi, ĭtum, īre, gehe in etwas hinein, trans. betrete, dcht. proscaenia, unser 'über die Bretter gehen', ein- u. aufgeführt werden, *G* 2, 381. 2) übtr., trete in eine Thätigkeit, in ein Amt u. dgl., trete an, beginne, munus, versehe, übernehme,*Ä* 5, 846. decus aevi (die glänzende Zeit, das goldene Zeitalter), *B* 4, 11. somnum, schlummere, *B* 1, 56. bes. in bez. auf Wettkämpfe od. Kämpfe übh., certamina, beginne den Wettkampf, *Ä* 5, 114. proelia, *Ä* 11,912. *G* 4, 314. cursus, *Ä* 5, 583. bellum, *Ä* 7, 647.

inermis, e (in u. arma), unbewaffnet, wehrlos, v. Pers., *Ä* 2,67. manus, *Ä* 11, 672.

inermus, a, um (in u. arma), unbewaffnet, wehrlos, pectus, volgus, *Ä* 10, 425. 12, 131.

iners, ertis (in u. ars), untüchtig, unthätig, thatlos, kraftlos, schwach, matt, schlaff, feig, a) v. Pers., *Ā* 11, 414. *B* 1, 28. Tyrrheni, d. i. mutlose, verzagte, *Ā* 11, 732. corpora, Wehrlose (wie Frauen, Kinder, Greise), *Ā* 2, 364. v. Tieren, pecora, schwaches, schüchternes Wild, *Ā* 4, 158. 9, 730. b) v. Lebl., manus, wehrlose, *Ā* 10, 595. oculi, matte, hohle, *G* 3, 523. corda Teucrûm, die zagenden, mutlosen Herzen der Teukrer, *Ā* 9, 55. umor, stehendes Gewässer, *G* 4, 25. glaebae, unfruchtbare, *G* 1, 94. voces, eitle, prahlerische Reden, *Ā* 10, 322. furta, von Feigheit zeugend, 'feiger Diebstahl', *Ā* 9, 150.

inexcitus, a, um (in u. excio), unerregt, friedlich, Ausonia, *Ā* 7, 623.

inexhaustus, a, um (in u. exhaurio), unerschöpflich, metalla, *Ā* 10, 174.

in-exōrābĭlis, e, unerbittlich, fatum, *G* 2, 491.

inexpertus, a, um (in u. experior), unversucht, *Ā* 4, 415.

inexplētus, a, um (in u. expleo), unersättlich, inexpletus lacrimans, unaufhörlich, unmäfsig weinend, *Ā* 8, 559.

in-extrīcābĭlis, e, unentwirrbar, error (v. Labyrinth), *Ā* 6, 27.

infābrĭcātus, a, um (in u. fabrico), unbehauen, ungezimmert, robora, *Ā* 4, 400.

infandus, a, um (in u. for), unaussprechlich, unsäglich, entsetzlich, gräfslich, verrucht, a) v. Pers., Cyclopes, *Ā* 3, 644. coniunx (d. i. Klytämnestra), *Ā* 11, 267. dcht., caput (v. Áneas), *Ā* 4. 613. b) von konkr. u. abstr. Gegenst., ignes, *Ā* 1, 525. bellum, *Ā* 7, 583. mors, grausamer Tod od. übh. grauses Verderben, *Ā* 10, 673. labores, *Ā* 1, 597. casus, *Ā* 8, 578. dolor, *Ā* 2, 3. amor, *Ā* 4, 85. supplicia, *Ā* 11, 257. caedes (Mordthaten), *Ā* 8, 483. Plur. im Neutr. adverbial, infanda furens, abscheulich wütend, der entsetzliche Wüterich, *Ā* 8, 489. Neutr. Sing. als Ausruf, infandum! o Schmach! o Greuel! *Ā* 1, 251; o Schrecken! entsetzlich! *G* 1, 479.

infans, fantis, *m.* (in u. for), Kind, *Ā* 6, 427 (wo Gen. 'infantum'). *Ā* 11, 541. 549. 573.

in-faustus, a, um, unglückselig, ungünstig, unheilvoll, leidig, puppes, *Ā* 5, 635. omen, *Ā* 11, 589. nomen, *Ā* 7, 717. auspicium, *Ā* 11, 347.

1. infectus, a, um (in u. facio), 1) ungethan, unvollbracht, unausgeführt, hymenaei, *Ā* 10, 720. foedus, *Ā* 12, 243 u. 286. Neutr. Plur. Sbst., pariter facta atque infecta, Wahres wie Erdich-

tetes, Thatsachen u. Erlogenes, *Ā* 4, 190. 2) unbearbeitet, aurum, gediegenes Gold in Barren (Gegs. 'factum', kunstvoll zu Geschmeiden u. dgl. verarbeitetes), *Ā* 10, 528.

2. infectus, a, um, s. inficio.

in-fēcundus, a, um, unfruchtbar, *G* 2, 48.

in-fēlix, fēlīcis, 1) unfruchtbar, oleaster, *G* 2, 314. lolium, tauber, *B* 5, 37. *G* 1, 154. 2) übtr.: a) akt., keinen Segen, kein Glück bringend, unheilvoll, m. Dat., frugibus, *G* 2, 239. abs., vates, unheilverkündend, Unglücksprophetin, *Ā* 3, 246. monstrum, *Ā* 1, 245. thalamus, *Ā* 6, 521. balteus (näml. für Turnus), *Ā* 12, 941. vates, *Ā* 3, 246. fama, *Ā* 12, 608. Invidia, *G* 3, 37. b) neutral, keinen Segen oder kein Glück habend, unglückselig, armselig, elend, unglücklich, α) von leb. Wesen, *Ā* 1, 475. 712. 2, 485. 3, 618. 691 u. ö. Priamus, *Ā* 3, 50. Dido, *Ā* 1, 749. m. Gen. 'animi', *Ā* 4, 529. mit Relativs. (qui) im Konj. zur Angabe des Grundes, infelix, qui... non audierit, der Unglückselige, der (dafs er) nicht vernahm, *Ā* 2, 345. v. Tieren, pecus, *B* 3, 3. m. Gen., studiorum (v. Pferde), dem jetzt seine Anstrengungen, die errungenen, Siegespreise nichts helfen, unglücklich trotz seiner errungenen Siege, *G* 3, 498. β) v. Lebl., simulacrum, *Ā* 2, 772. patria, *Ā* 9, 786. Mantua, *G* 2, 198. victus, *Ā* 3, 649. nunc mihi demum exitium infelix, jetzt erst fühle ich mein Jammergeschick, *Ā* 10, 850.

infensus, a, um, feindlich, feindselig, erzürnt, erbittert, a) v. Pers., *Ā* 2, 72. 4, 321. 5, 587. 11, 859 u. 899. m. Dat., Turno, *Ā* 11, 123. 12, 232. b) v. Lebl., ignis, *Ā* 5, 641. tela, hasta, *Ā* 9, 793. 10, 521.

infĕriae, ārum, *f.*, Opfer für die Abgeschiedenen (Manen), Totenopfer (aus Mehl, Milch, Honig u. Wasser), *Ā* 9, 215. *G* 4, 545. übtr., 'Sühnopfer', inferias quos immolet umbris (den Manen des Pallas), *Ā* 10, 519. quos mitteret umbris inferias, zur Sühne der Schatten, *Ā* 11, 82.

infĕrĭŏr, ŭs, Gen. 'ōris' (Komp. v. inferus), geringer, non inferiora secutus, der nach dem Tode des Hektor keinen geringeren Helden, näml. den Aneas, als Begleiter sich wählte, *Ā* 6, 170. der Kraft u. Macht nach 'geringer' od. 'schwächer', nec numero (näml. der Erschlagenen) inferior nec pugnae honore, *Ā* 12, 630.

infernus, a, um, unterirdisch, zur Unterwelt gehörig, rex, Pluto, *Ā* 6, 106. Iuno, Proserpina, *Ā* 6, 138. tenebrae,

sedes, Unterwelt, *Ä* 7, 325. 8, 224. umbrae, *Ä* 7, 771. lacus, Avernersee, *Ä* 3,
386. vis deûm, die göttlichen Mächte der
Unterwelt, *Ä* 12, 199.

In-fĕro, intŭli, illătum, inferre, 1)
trage, schaffe oder bringe etw. in,
nach oder auf etwas, *a*) übh., m. Dat.
deos Latio, *Ä* 1, 6. rates arvis Latinis,
Ä 10, 300. mella canalibus, leite in die
Rinnen(fürBienen),*G*4,265.abs.,penates,
bringe mit, führe ein (in das Land), *Ä* 8,
12. Bcs. in feindl. Absicht, faces tectis,
in die Wohnung, *Ä* 7, 337. abs., ignes,
werfe Feuerbrände empor,*Ä*9,522.arma,
greife an, bekriege, *Ä* 11, 467. acies pe-
destres,kämpfe zu Fuſs,*Ä*10,364.bellum
alci, bereite jmdm. Krieg, bedrohe jmd.
mit Krieg, *Ä* 3, 248 ; m. d. Zusatz 'manu'
Ä 7,604. *b*) von Opfern od. Weihegüssen
(inferiae)auf das Grab der Verstorbenen,
bringe dar, opfere, cymbia, *Ä* 3, 66.
honores Anchisae, *Ä* 5, 652. 2)übh. mit
dem Ausdr. rascher Bewegung, gressus,
mache Schritte, schreite cinher, *G* 4,360.
Bes. 'inf.se', sich wohin begeben, gehen,
se foribus, zur Thür hineingehen, durch
das Portal treten, *Ä* 11, 36. se socium,
sich zum Gefährten anbieten, *Ä* 4, 142.
se per medios (viros), mitten hineindringen, *Ä* 1, 439. se medium matribus Dardanidûm, sich mischen, eintreten in den
Kreis dardanischer Mütter, *Ä* 5, 622.
Pass.'inferor', 'geselle mich, dränge mich
jmdm. zu', an.. inferar (näml.: Troianis)?
soll ich mich zu den Troërn begeben?
Ä 4, 545. abs., se inf., einherschreiten,
Ä 10, 768. Bes. in feindl. Absicht, hostem
regi se inf. Latino, feindlich nahen, als
Feind begegnen, *Ä* 10, 66. se adversum
Venulo, entgegenstürmen, sich entgegen-
werfen,*Ä*11,742.(*Ribb*; *Haupt* u. *Schap.*
se offert). se campo,in die EbenezuPferde
sprengen od. jagen, *Ä* 9,53; v.Schlacht-
roſs, in die Ebene traben, *G* 2, 145. se in
medios, sich mitten hineinstürzen, *Ä* 10,
575. sese in medios enses, *Ä* 9, 401.

Infestus, a, um, feindlich angreifend
od. bedrohend,feindlich,feindselig,
a) v. Pers., *Ä* 2, 571. 7, 299. *b*) v. Lebl.,
feindlich, verderblich,pondus,*Ä* 9,
512. fulmen, *Ä* 5, 691. tela, *Ä* 5, 582.
hasta,*Ä* 10, 877. pinus (als Kriegsschiff),
Ä 10, 206. volnus, tödliches Geschoſs, *Ä*
2, 529.

Inficĭo,fēci, fectum,ēre (in u. facio), 1)
eig.: *a*) mache an mit etw.,versetze,
mische mit etw., hoc (näml. dictamno)
amnem fusum labris (*Dat.*) inf., das in
den Kessel gegossene Wasser,*Ä* 12,417.
b) tränke, benetze, färbe mit etw.
Flüssigem, arma sanguine, *Ä* 5, 415. Al-

lecto infecta venenis, mit vergifteten
Schlangenhaaren angethan,*Ä* 7,341. dah.
nach dem Zushg. 'vergifte', pabula tabo,
G 3, 481. abs., pocula, *G* 2,128. 2)übtr.,
stecke an, beflecke, scelus infectum,
'der schmutzige Fleck', 'Schandfleck der
Sünde', *Ä* 6, 742.

in-fīdus, a, um, ungetreu, treu-
los, *a*) v. Pers., fratres, *G* 2, 496. *b*) v.
Lebl., marmor (d. i. Meer), *G* 1, 254.

in-fīgo, fixi, fixum, ēre, *a*) hefte,
stecke od. stoſse in, an od. auf etw.,
m. Dat. od. Abl., alqm scopulo, spieſse
auf eine Klippe, *Ä* 1, 45. Pass., v. Speere,
infigi stomacho, *Ä* 9, 699. portae, *Ä* 9,
746. arbore mâli, am Mastbaume haften
od. stecken bleiben, *Ä* 5, 504. manus in-
figitur laevo lateri, die Hand wird(durch
den Pfeil) an die linke Seite geheftet, *Ä*
9, 579. abs., cornua, v. Stieren, die Hörner gegenseitig sich einbohren, mit den
Hörnern sich stoſsen, *Ä* 12, 721. dcht.,
infixum volnus, durch den Stoſs geschla-
gene od. beigebrachte 'tiefe' Wunde, *Ä*
4, 689. *b*) übtr., hefte in etw., haerent
infixi pectore voltus verbaque, tief sind
in das Herz ihr die Mienen und Worte
dauernd geprägt, *Ä* 4, 4.

in-findo, fĭdi, fissum, ēre, schneide
in etw. ein, sulcos telluri, *B* 4,33. übtr.,
sulcos (mari), *Ä* 5, 142.

in-fit, Def., er (sie) macht sich
daran, fängt an, bes. beginnt, hebt
an zu sprechen, mit Inf. 'fari' u. flg. dir.
Rede, *Ä* 11, 242. his vocibus, talibus, *Ä*
5, 708. 10 860. sic, *Ä* 12, 10. abs., *Ä* 10,
101. 11, 301.

in-flammo, āre, entflamme, übtr.,
animum incensum amore, *Ä* 4, 54 (*Ribb.*
'flammavit'). Pass.v. Pers.,magno inflam-
matus amore,*Ä* 3,330(*Ribb.* 'flammatus').

in-flecto,flexi,flexum, ēre, 1)beuge,
krümme, inflexum aratrum (in bez. auf
das Krummholz),*G* 1, 162. cervicem in-
flexam posuit, bog den Nacken (das Genick) rückwärts oder zurück, *Ä* 3, 631.
2) übtr., lenke um, beuge, sensus, ändere jmds. Sinn, bringe jmd. auf andere
Gedanken,*Ä* 4, 22. precibus inflectere
nostris, laſs dich bewegen durch unsere
Bitten, *Ä* 12, 800.

inflētus, a, um (in u. fleo), unbe-
weint, turba, *Ä* 11, 372.

in-flīgo, flixi, flictum, ēre, schlage,
(schleudere) an od. auf etw., Pass.
v. Schiffe, infligi vadi dorso, *Ä* 10, 303.

in-flo, āre, 1) blase in etw., bes. in
ein Blasinstrument, blase auf usw.,
spiele (blasend), calamos, *B* 5, 2. ebur
(die Flöte),*G* 2, 193. Pass., classica in-
flantur, die Kriegstrompeten schmettern,

G 2, 539. 2) blase in oder auf etw., v.
Winde, carbasum, *Ä* 3, 357. Part. Pass.
dcht. m. griech. Akk., inflatus venas
Iaccho, 'dieAderngeschwelltvomWeine',
B 6, 15.

in-födïo, fōdi, fossum, ĕre, grabe
od. scharre ein, vergrabe in etw.,
m. Dat., corpora terrae, *Ä* 11, 205. abs.,
alqd, *G* 2, 262 u. 348. 3, 535.

informis, e (in u. forma), ungestaltet,
übtr., häfslich, graus, gräfslich, widrig, *a*) v. Leb., *B* 2, 25. Scylla, *Ä* 3,
431. monstrum (d. i. Polyphemus), *Ä* 3,
658. ursus, *G* 3, 247. cadaver (Caci), *Ä*
8, 264. *b*) v. Lebl., in bez. auf den uner-
freulichen Anblick, terra (m. Abl. aggeribus niveis), *G* 3, 354. limus, 'wüster
Morast', *Ä* 6, 416. letum, 'entstellender
Tod' (eines Erhängten), *Ä* 12, 603.

in-formo, āre, gestalte bildend,
forme, clipeum, *Ä* 8, 447. his infor-
matum manibus fulmen crat, *Ä* 8, 426.

infrā, Adv. (st. 'inferā', verst. 'parte'),
unten, v. unteren, d. i. tyrrhen. Meere
(Gegs. 'supra', w. s.), *Ä* 8, 149. *G* 2, 158.

in-frĕmo, frĕmŭi, ĕre, grunze auf,
v. Eber, *Ä* 10, 711.

in-frendĕo, frendŭi, ēre, knirsche
mit etw., dentibus, *Ä* 3, 664. 8, 230. 10,
715 (718).

infrēnis, e (in u. frenum), ohne Zaum,
entzäumt, equus, *Ä* 10, 750.

in-frēno, āre, lege Zügel auf, zäume auf, dcht., currus, bespanne die Wagen, spanne die Pferde vor den Streitwagen, *Ä* 12, 287.

infrēnus, a, um (in u. frenum), zügellos, Numidae, auf ungezäumten Pferden, *Ä* 4, 41.

infringo, frēgi, fractum, ĕre (in u.
frango), 1) zerbreche, breche ab, infracta tela, *Ä* 10, 731. infracta arundo,
Ä 12, 387. 2) übtr., breche, schwäche,
lähme, infractae vires, *Ä* 9, 499. infracta fama (jmds. Ehre u. Namen), *Ä* 7, 332.
v. Pers., infractus, 'gebrochen', 'geknickt',
d. i. 'gebeugt, gedemütigt', *Ä* 5, 784. 12, 1.

infūla, ae, *f*, breite wollene Binde
mit Bändern, die zu beiden Seiten des
Kopfes herabfielen, der Kopfputz der
Priester als Zeichen religiöser Weihe, *Ä*
2, 430. 10, 538. auch als Zeichen heiliger Weihe dem Opfertiere um den Kopf
gebunden, *G* 3, 487.

in-fundo, fūdi, fūsum, ĕre, 1) giefse
in od. auf etw., m. Dat., superne oleum
extis (um das Brennen zu befördern), *Ä*
6, 254 (*Ribb*. 'fundens', *Schap*. 'super
fundens'). rores umeris, benetze die Schultern mit Tau, *G* 1, 385. abs., latices in-
serto cornu, flöfse ein mittelst eines Hor-

nes, *G* 3, 509. desuper nimbum, giefse,
schütte aus von oben herab (über das
Haupt) eine Gewitterwolke, *Ä* 4, 122. 2)
übtr.: *a*) lasse in Menge gleichs. einströmen, leb. Wesen, abs., infusus populus, das zahlreich versammelte Volk,
Ä 5, 552. dcht. v. Sachen, infuso sole,
als die Sonnenstrahlen sich ergossen
hatten, das Sonnenlicht sich verbreitet
hatte, *Ä* 9, 461. nix infusa, dicht gefalle-
ner Schnee, *Ä* 4, 250. Abstr., mens infusa
per artus, der aller Glieder durchströmende, durch alle Glieder ergossene
(ätherische) Weltgeist, *Ä* 6, 726. *b*) neige mich sanft hin, infusus gremio
coniugis, hingesunken, geschmiegt an
den Busen der Gattin, *Ä* 8, 406.

in-fusco, āre (in u. fuscus), *a*) sprenkele dunkel, vellera maculis pullis, *G*
3, 389. *b*) übtr., beflecke, färbe, are-
nam sanie, *G* 3, 493.

in-gĕmino, āre, 1) verdopple, wiederhole, vocem, *G* 3, 45. voces quater,
G 1, 411. Creusam nequiquam ingemi-
nans iterumque vocavi, rief zweimal
hintereinander immer wieder 'Krëusa!'
Ä 2, 770. andere Gegenst., ictus, *Ä* 5,
457. multa volnera lateri, führe viele
verwundende Hiebe od. Schläge gegen
die Seite, *Ä* 5, 434. übh. 'vermehre', ter-
rorem, *Ä* 7, 578. 2) reflex., sich wiederholen od. verdoppeln, sich steigern od. vermehren, *a*) v. Pers., ingeminant Troes hastis, schleudern Speer
auf Speer, *Ä* 9, 811. ingeminant plausu
Tyrii, klatschen doppelten Beifall, *Ä* 1,
747. *b*) v. Lebl., v. Wind, Feuer u. dgl.,
G 1, 333. *Ä* 3, 199. 4, 531. 5, 227.

in-gĕmo u. ingĕmisco, gĕmŭi, ĕre,
1) intrans., seufze laut auf, *Ä* 1, 93.
4, 692. 6, 483. 11, 838. genitoris amore,
aus Liebe zum Vater, *Ä* 10, 789. ingemuit
repertā (luce), seufzte aus Schmerz, das
Leben verlassen zu müssen, *Ä* 4, 692. m.
Dat., 'bei' od. 'über' etw., fletu (*Dat.*)
nostro, *Ä* 4, 369. dcht. v. Stiere, aratro,
'unter dem Pfluge', *G* 1, 46. 2) trans.,
beseufze, beklage etwas, interitum
alcjs, *B* 5, 27.

ingĕnïum, ïi, *n*. ('in' u. 'gen' in gigno),
a) natürliche Beschaffenheit, Art,
v. Lebl., ingenia arvorum, *G* 2, 117. *b*)
natürliche Anlage, Verstand, Denk-
kraft, von leb. Wesen, *G* 1, 416. Plur., wie
unser 'Geister', d. i. Männer von Geist,
bes. 'Dichter', *G* 2, 382.

ingens, gentis ('in' u. St. 'gen' in 'gigno'),
gleichs. 'anwachsend'), ungeheuer,
überaus od. sehr grofs, stattlich,
gewaltig, geräumig, 1) eig.: *a*) v.
Lebl., in bez. auf Umfang od. Ausdehnung

im Raume, *Ä* 1, 114. 365. 446. 453. 485.
2, 50. 217. 400. 482. 513. 557. 3, 62. 462.
570. 579. 636. 4, 89. 402. 505. 619. 5,118.
216 u. ö. *G* 1, 65. 178. 184 u. ö. Bes. in
bez. auf Heroën, an denen alles gröfser
u. stattlicher erscheint, telum, wuchtig,
Ä 12, 888. manus, starke, kräftige, *Ä* 5,
487. dextra, *Ä* 11, 506. barba, *Ä* 12, 300.
pectus, *Ä* 10, 485. Nachdrücklich wiederholt von derselben Sache, saxum, *Ä* 12,
896. in numerischer Hinsicht, pondus,
Ä 9, 752. argentum, *Ä* 3, 466. *b*) v. leb.
Wesen (mit dem Nebenbegr. der physischen u. äufseren Macht), grofs, riesig u. dgl., *a*) übh., Centaurus, *Ä* 5,156.
10, 195. monstrum, *Ä* 3, 658 (von den
Kyklopen) u. 4, 181 (von der Fama). *β*)
v. Pers., *Ä* 1, 99. 2, 476. 5, 423. 7, 167.
8, 367. 9, 735. 10, 428 u. 842. m. Abl.,
animis, corpore, *Ä* 11, 641. hastā, *Ä* 10,
579. wiederholt in bez. auf Pers. u. Sachen, ingens atque ingenti volnere victus, *Ä* 12,644. in numerischer Hinsicht,
populus, *Ä* 8, 475. cohors, *Ä* 7, 710. glo-
bus, *Ä* 9, 515. acervus, *Ä* 10, 509. Lydia
(v. Volke), *G* 4, 210. acervi caedis (d. i.
caesorum), *Ä* 10, 245. unda salutantum,
G 2, 462. *γ*) v. Tieren, *Ä* 2, 202. 3, 390. 5,
85. 8, 204. *G* 3, 413. v. Cerberus, *Ä* 6,400.
417. 423. corpora (v. Hirschen), *Ä* 1,192.
terga boum, *Ä* 5, 404. m. Abl., cornibus,
Ä 7, 483. 2) übtr., von ethischen u. geistigen Zuständen u. Thätigkeiten, grofs,
gewaltig, riesig, hart, stark, heftig, aufserordentlich, bisw. zu
grofs, übermäfsig, *Ä* 1, 208 u. 263.
2, 325 u. 438. 3, 99. 5,172. 523 u. ö. *G*
2, 279 u. 476. 3, 307. 4, 83.

in-gĕro, gessi, gestum, ĕre, werfe
od. schleudere nach etw., hastas fu-
gientibus (in tergum), *Ä* 9, 763. 12, 330.

inglōrĭus, a, um (in u. gloria), ruhm-
los, unrühmlich, bes. in bez. auf
Kriegsthaten, thatenlos, v. Pers., *Ä*
10, 52. 12, 397. parmā albā, *Ä* 9, 548. v.
Aneas, d. i. ohne den Ruhm von dieser
That zu haben, *Ä* 11, 793. verzichtend
auf den Ruhm eines Naturphilosophen,
G 2, 486. von Bienen, *G* 4, 94.

inglŭvĭes, ēi,*f.*(in u. gula), Schlund,
Rachen der Schlange, *G* 3, 431.

in-grātus, a, um, unfreudig,
1) keine Freude, keine Anerkennung
bringend, d. i. *a*) unerfreulich, unangenehm, widrig, lästig, labor,
G 3, 98. Neutr. Plur. als Sbst., von dem,
woran man sich nicht gern erinnert, *Ä*
2, 101. *b*) nutzlos, vergeblich, pe-
ricla, *Ä* 7, 425. 2) undankbar, nicht
erkenntlich, m. Gen., salutis, für die
Rettung, *Ä* 10, 666. urbs, *B* 1, 35. cinis,

die danklose, d. i. die den Dienst nicht
vergelten kann, *Ä* 6, 213. cubile, das
danklose, d. i. wofür man keinen Dank
zu erwarten hat, *Ä* 12, 144.

in-grăvo, āre, verstärke, steigere, haec (diese Klagen), *Ä* 11, 220.

ingrĕdĭor, gressus sum, grĕdi (in u.
gradior), 1) intr.: *a*) schreite, gehe,
trete in etw. hinein, mit Dat., castris,
Ä 10, 148. *b*) gehe od. schreite einher, wandle dahin, in arvis, einhertra-
ben, *G* 3, 76. m. bl. Abl., solo (auf dem
Boden), von der Fama, *Ä* 4, 177; v. Orion,
Ä 10,767. Bes. v. Helden (zum Ausdruck
des Würdevollen), *Ä* 6,157 u. 857. 8, 309.
campo (im Gefilde), *Ä* 10, 763. v. Sieger,
Ä 5, 543. 2) trans.: *a*) schreite oder
dringe in etw., betrete, lucum, *G* 4,
469. saltus apertos, *Ä* 11, 904. ingressus
(näml. Thraciam), nachdem er dort an-
gekommen, gelandet, *Ä* 3, 17. Bes. Imper. abs., ingredere, komme denn! *Ä* 8,
513; 'wandle' od. 'schreite voran', *G* 1,
42. *b*) übtr., nehme in Angriff, fange an, beginne, alci res antiquae laudis, lehre jmd., teile jmdm. mit, *G* 2,175.
m. Inf., versare dolos, *Ä* 11, 704. Dah.
abs., 'beginne', 'hebe an' zu sprechen, m.
flg. dir. Rede, *Ä* 4,107. 6, 868.

ingressūs, ūs, *m.* (ingredior), das
Hineingehen, übtr., der Eingang, unde
nova ingressus hominum experientia cepit? woher erwarb sich Eingang die neue
Erf. der M.? *G* 4, 316.

ingrŭo, grŭi, ĕre ('in' u. St. 'gruo',
verw. m. 'ruo'), stürze auf jmd. ein
od. los, bedränge, *a*) eig., m. Dat.,
Italis, *Ä* 12,628. abs., v. Feinde, stürme
daher od. vorwärts, *Ä* 11, 899. *b*) übtr.,
v. konkr. u. abstr. Gegenst., bedränge,
m. Dat., vitibus (vom wuchernden Laube), *G* 2, 410. abs., von einem Hagel von
Geschossen, hineindringen od. brechen,
sich ergiefsen, *Ä* 12, 284. v. Krieg und
Kriegslärm, *Ä* 2, 301. 8, 535.

inguĕn, gŭinis, *n.*, Weichen, Unterleib, *Ä* 10,589 u. 786. *G* 3,281. Plur.,
B 6, 75.

in-haerĕo, ēre, hänge fest an etw.,
m. Abl., corpore (am Körper), *Ä* 10,845.
abs., *Ä* 8, 260.

in-haeresco, haesi, ĕre, bleibe an
etwas hangen, dextram amplexus in-
haesit (verst. 'ei'), umfafste die Hand
und hielt sie (traulich) fest, *Ä* 8, 124.

inhĭbĕo, bŭi, bĭtum, ēre (in u. habeo), halte zurück, hemme, tela, *Ä*
12, 693.

in-hĭo, āre, 1) sperre den Mund
auf, v. Cerberus (ohne zu bellen, vor
Staunen), *G* 4, 483. von der Menge, atto-

nitis inhians animis, staunend mit offenem Munde, *Ä* 7, 814. 2) übtr., **schaue begierig nach etw.**, **verlange gierig nach etw.**, m. Akk., postes, *G* 2, 463. m. Dat., pecudum reclusis pectoribus, durchspähe eifrig die geöffnete Brust der Tiere (beim Opfern), *Ä* 4, 64.

in-hŏnestus, a, um, entehrend, **häfslich**, volnus, *Ä* 6, 497.

in-horresco, horrŭi, ĕre, a) **starre empor**, v. spitzen Gegenst., vom Ährenfelde (messis), *G* 1, 314. vom Eber', m. griech. Akk., armos, den borstigen Rükken emporsträuben, *Ä* 10, 711. b) vom Meere, aufschauern, **sich kräuseln**, tenebris, *Ä* 3, 195. 5, 11.

in-hospĭtus, a, um, **ungastlich**, **unwirtbar**, Syrtis, *Ä* 4, 41. saxa, *Ä* 5, 627.

inhŭmātus, a, um (in u. humo), **unbeerdigt**, v. Pers., *Ä* 1, 353. 4, 620. 6, 374. corpora, *Ä* 11,22. inhumata infletaque turba, *Ä* 11, 372.

inĭcĭo (inĭĭcĭo), iēci, iēctum, ĕre (in u. iacio), 1) **werfe od. stürze in etw.**, a) eig., se praecipiti saltu in ignem, *Ä* 8, 257. sese medium in agmen, *Ä* 2, 408. m. Dat., sese morti (v. Wild), *Ä* 9, 553. abs., 'schleudere','werfe',tela, *Ä* 2,726. b) übtr., **flöfse ein, errege, iras** stimulis, sporne zur Wut an, *Ä* 11, 728 (*Ribb.* 'incutit'). 2) **werfe od. schütte auf od. über jmd.** m. Dat., terram alci, beerdige, *Ä* 6, 366. vincula ex sertis (näml. 'Sileno'), lege an, *B* 6, 19. Bes. manum, **lege Hand an** jmd., raffe jmd. fort, von den Parzen, *Ä* 10, 419.

inĭmīcus, a, um (in u. amicus), 1) **feindlich gesinnt oder gestimmt, feindselig, abgeneigt**, übh. **verderblich, verhängnisvoll**, v. Pers. u. Völkern, *G* 1,407. *Ä* 4,235. 656. 6,472. turba, *Ä* 11,880. terra, *Ä* 10, 295. m.Dat., *Ä* 1, 67. 2, 662. v. Sachen u. Abstr., hastile, *Ä* 10, 795. tela, 'Todesstofs', *Ä* 11, 869. castra, *Ä* 9, 315. lux, d. i. das ihren Unternehmungen jetzt ungünstige od. hinderliche Tageslicht, *Ä* 9, 355. ignis, *G* 3, 330. *Ä* 8, 374. imber, *Ä* 1, 123. proelia, *Ä* 12, 716 u. 812. fortuna, *Ä* 5, 356. pectus, *Ä* 10, 556. m. Dat., *Ä* 2, 622. 8, 117. b) dcht., dem **Feinde gehörig**, **des Feindes** (st. hostilis), ensis, *Ä* 12, 600. castra, *Ä* 5,671. nomina, die Namen der Feinde od. feindl. Völker, *Ä* 11, 84. insigne (als Beute des erlegten Feindes), *Ä* 12, 944. sanguis, *Ä* 11, 720.

inīquus, a, um (in u. aequus), **uneben, ungleich**, dah. 1) **ungünstig**, a) gefahrvoll, nachteilig, dorsum, *Ä* 10,303. spatium, enge, *Ä* 5,202. b) **ungünstig, abgeneigt, feindlich**, luno,

Ä 1, 668. 8, 292. fata, *Ä* 10, 380. fata deûm (näml. den Troërn), *Ä* 2, 257. iniquis fatis, gegen den Willen (die Bestimmung) des Geschickes, *Ä* 3, 17. sors, *Ä* 6, 332. 12, 243. animus, *Ä* 10, 7. 2) **das rechte od. gehörige Mafs überschreitend**, a) **unpassend, nicht entsprechend**, pondus, zu schwer, *G* 1,164. pugna, ungleich an Kraft, *Ä* 10, 889. sol, zu heifs, unerträglich, *Ä* 7, 227. spatia, zu enge Grenzen, *G* 4,147. b) **unbillig, ungerecht, hart**, pax, *Ä* 4, 618. sors, *Ä* 6,332. 12, 243. casus, *Ä* 6, 475.

iniūria, ae, *f.* (in u. ius), **ungerechtes Gebahren, Unrecht, Beleidigung, Kränkung**, m. Gen. zur Angabe des Inhaltes der Beleidigung, spretae formae, 'Schmach der beleidigten Schönheit', *Ä* 1, 27. sceleris, *Ä* 3, 604. caedis, das Unrecht des an uns versuchten Mordes, *Ä* 3, 256. m. subj. Gen., Priami, *Ä* 9, 108. mit obj. Gen., capitis cari, *Ä* 4, 354. abs., *Ä* 1, 341.

iniussus, a, um (in u. iubeo), **ungeheifsen, ungerufen**, *Ä* 6, 375. dicht., iniussa virescunt gramina, von selbst, *G* 1, 55. Neutr. Plur.sbst., non iniussa cano, nicht ohne (Apollos) Geheifs, *B* 6, 9.

in-iustus, a, um, 1) **ungerecht, hart, streng**, v. Pers., noverca, *B* 3, 33. 2) dcht. von dem, was jmds. Kräfte übersteigt, drückend, fascis, *G* 3, 347.

in-lābor, lapsus sum, lābi, **gleite, gelange unbemerkt in etw.**, m. Dat., urbi (v. troj. Rosse), *Ä* 2, 240. übtr., animis inlabere nostris, ziehe in unsern Geist ein, *Ä* 3, 89.

in-lăcrĭmo, āre u. **in-lăcrĭmor**, āri, **weine bei etw.**, *Ä* 9, 303. 11, 29. übtr., v. Götterbildern, 'thränen', *G* 1, 480.

in-laetābĭlis, e, unerfreulich, **unwillkommen**, murmur, *Ä* 12, 619. ora, *Ä* 3, 707.

inlaudātus, a, um (in u. laudo), **ungelobt**, Busiris, *G* 3, 5.

inlautus, s. inlotus.

inlĕcĕbra, ae, *f.* (inlicio), **Anlokkung, Reiz**, Plur., dulces, *G* 3, 217.

inlīdo, līsi, līsum, ĕre (in u. laedo), **schlage od. stofse mit Gewalt an od. gegen etw.**, m. Dat., scopulis, *G* 3, 261. lateri, *Ä* 7, 590. abs. (näml. an den Fels), v. Schiffe, *Ä* 5,206. 2) **schlage od. stofse in etw. hinein**, m. Dat., pilam vadis, d. i. schmettere in die Untiefen, in den Abgrund, *Ä* 9, 713. naves vadis, *Ä* 1, 112. m. 'in' u. Akk., *Ä* 5, 480.

in-līgo, āre, binde fest, übtr., **hemme**, in der Tmesis, inque ligatus, *Ä* 10, 794.

inlōtus, a, um (in u. lavo), **unab-**

gewaschen, d. i. schmutzig, sudor, *G* 3, 443 (*Ribb.* 'inlautus').

in-lūcesco, luxi, ĕre (Inch.), fange an zu leuchten, breche an, v. Tage, *G* 2, 337.

in-lūdo, lūsi, lūsum, ĕre, treibe mein Spiel mit etw., *a*) dcht., v. Künstler, verfertige gleichs. spielend od. tändelnd, inlusaeaurovestes, mitGold leicht durchwebte, mitGoldfäden gestickteTeppiche, *G* 2, 464 (*Haupt; Ribb.* u. *Schap.* 'inclusas'). *b*) treibe mein Spiel mit jmd., verspotte, verhöhne, m. Dat., capto, *Ä* 2, 64. regnis, *Ä* 4, 591. m. Akk., virtutem verbissuperbis,*Ä*9,634.*c*)täusche,abs., variae inludunt pestes, mancherlei Übel vereiteln die Arbeit, *G* 1, 181. *d*) spiele einer Sache übel mit, beschädige, m. Dat., frondi (v. Tieren), *G* 2, 375.

inlustris (in u. lustro), strahlend, glänzend, übtr., animae, *Ä* 6, 758. v. Pers., famā fatisque, *Ä* 7, 79.

inlŭvĭēs, ēi, *f.* (in u.lavo),Schmutz, Unrat, *Ä* 3, 593. *G* 3, 561.

inmānis od. (*Ribb.*) **immānis**, e, das gewöhnliche od. rechteMaſs überschreitend, dah. 1) im guten Sinne, *a*) räuml. od. dem Umfange nach,unmäſsig, ungewöhnlich od. ungeheuer grofs, gewaltig, v. Lebl., *Ä* 1, 110. 139. 428. 2, 150. 4, 199. 5, 351 u. 372. 6, 11. 237. 422. 582. 7, 666. 8, 225. 9, 708 u. 751. 10, 196 u. 887. 11, 173. 12, 442 u. 904. *G* 3, 39. *b*) der Kraft u. Wirkung nach, ungeheuer, gewaltig, sehr stark, furchtbar, v. Sachen, *Ä* 5, 401. 6, 594. 10, 496. turbo, reiſsend, *Ä* 5,594. fluvius, *Ä* 3, 702. v. Abstr., ira, *Ä* 9, 694. Neutr. Sing. 'inmane' als Adv., inm. spirans, fremens,schwer keuchend,'wild schnaubend' vor Unmut, *Ä* 7, 510. 12, 535; vgl. *Ä* 10, 726.*G*3,239. 2)im übeln Sinne, mit Hervorhebung des ungewöhnlichen od. rohenWesens,ungeheuer,wild,roh,unmenschlich, bestialisch,scheuſslich, v. wilden Tieren, *Ä* 5, 822. 6, 576 u. 597. 9, 730. *G* 2, 141. 4, 294 u. 458. v. mythischen Wesen u. Menschen, Cerberus, *Ä* 6, 418. Gyas, *Ä* 10, 318. gens Lapithûm, *Ä* 7, 305. Triton, *Ä* 10, 209. v. Pygmalion, inmanior scelere, ein ganz abscheulicher Frevler, *Ä* 1, 347. v. Lebl., orae (von der Nordküste Afrikas, die im Besitze wilder libyscher Stämme war), *Ä* 1, 616. monstra, *Ä* 3, 583. coepta (der Dido), *Ä* 4, 642. nefas, *Ä* 6, 624.

in-mātūrus, a, um, unzeitig, zu früh, mors, *Ä* 11, 166.

in-mĕdĭcābĭlis,e,unheilbar,dcht., telum, dessenWunde nicht heilt, *Ä* 12, 858.

in-mĕmŏr, ŏris, uneingedenk, *a*) 'ohne sich zu erinnern', achtlos, m. Gen., non inm. meriti tanti, *Ä* 9, 256. non inm. artis, *G* 4,440. abs., *Ä* 6, 750. *G* 4, 491. *b*) der Gegenwart u. Zukunft uneingedenk, unbekümmert, unbesorgt, sorglos, m. Gen., regnorum inmemores, *Ä* 4, 194. inm. nostri, *Ä* 7, 439. veterum non inm. parentum, *Ä* 5, 39. herbae, herbarum, des Futters nicht achtend, d. i. nicht fressend, *G* 3, 498. *B* 8, 2. abs., d. i. ohne Erinnerung an den früheren Zustand,*Ä* 6,750; ohne auf die durch die Anzeichen gegebeneWarnung zu achten, *Ä* 2, 244. Euryalus, der nicht daran dachte, daſs ihn der Helm verraten würde, *Ä* 9,374. verst. 'mei', *Ä*3,617.

inmensus, a, um (in u. metior), unermeſslich, *a*) räumlich unermeſslich, grenzenlos, übh. 'ungeheuer (grofs)', v. Sachen, *Ä* 2, 185. 204. 208. 5, 408. 6,355. *G* 1, 29. 2, 153 u. 541. 4, 555. urbs, *Ä*7,377 (*Ribb.* 'inmensum' als Adv. 'weithin'). v. Pers., 'weit hingestreckt', *Ä* 3, 632. *b*) der Menge nach unermeſslich, endlos, agmen aquarum,*G*1, 322. messes, reiche, *G* 1, 49. *c*) der Kraft und Wirkung nach maſslos, ungeheuer, clamor,*Ä*11,832. laudum cupido, gewaltige, *Ä* 6, 823.

in-mergo,mersi,mersum,ĕre, tauche ein, versenke wohin, mit Abl., alqm ponto, undā, *Ä* 3, 605. 6, 174. Neptuno (d. i. mari), *G* 4, 29.

in-mĕrĭtus,a,um, der etwas nicht verdient hat,schuldlos,gensPriami,*Ä*3,2.

in-mĭnĕo, s. immineo.

in-miscĕo (immiscĕo *Ribb.*), miscŭi, mixtum, ĕre ('inmiscerier' altert. Inf. st. 'inmisceri',*G*1,454],mischeod.menge etw. in od. mit etw., manus manibus (im Kampfe), werde handgemein, *Ä* 5, 429. rutilo inmiscerier igni (v. Flecken), *G* 1, 454. abs., preces, füge Bitten hinzu, vereinige B. damit,*Ä*10,153. Bes., se inm., nocti, entrinne in dieNacht,verschwinde im Dunkel (v. einer Gottheit), *Ä* 4, 570. nubi (v. Bilde des Äneas), *Ä* 10, 664; armis, in den Kampf, unter die Streiter, *Ä* 10, 796. 11, 815. inmixti Danais, unter die D. gemischt, *Ä* 2, 396. abs., von Tieren, imparibus se armis (mit ungl. W.), *G* 4, 245.

in-mītis,e,unmild,unfreundlich, hart, grausam, Achilles, *Ä* 1, 30. tyrannus, v. Pluto, *G* 4, 492. nidi, Jungen der den Bienen feindlichen Schwalben, *G* 4, 17.

in-mitto,mīsi,missum,ĕre,1)schicke od. sende in etw. hinein, *a*) leb.Wesen, *α*) übh., m. Dat., alqm terris, *Ä* 6, 312

14*

superis, auf die Oberwelt, Ä 10, 40. se antro, sich stürzen in die Gr., Ä 6, 262. quo, Ä 9, 421. Pass. abs., 'dringe' oder 'stürme ein', Ä 2, 495. β) 'lasse ein', m. Dat., socios portis, Ä 9, 758. apros fontibus, B 2, 59. b) Lebl., a) eig., schicke, schleudere od. werfe in etw. hinein, ignes in silvam, Ä 12, 521. m. Dat., incendia silvis, in die Waldtriften, Ä 10, 406. ratem vadis, Ä 10, 678. abs., hastile, Ä 11, 562. plantas, füge hinein (in den Spalt), G 2, 80. Pass. inmitti, v. Gewässern, einströmen in etw., sich vereinigen mit etw., fretis Av., G 2, 164. v. Lichte, einströmen, eindringen, Ä 8, 246. β) übtr., bringe bei, errege, veranlasse, fugam Teucris, Ä 9, 719. curas alci, Ä 4, 488. exitium magnum atque Alpes apertas arcibus Romanis, ein Kriegsheer über die geöffneten Schluchten der Alpen schicken und Rom dadurch grofses Verderben bereiten, Ä 10, 13. 2) lasse gehen od. laufen, lasse freien Lauf, furentes equos, Ä 12, 333. inmissa iuga, das losgelassene Gespann, Ä 5, 146. inmissis frenis, mit verhängtem Zügel, Ä 11, 889. übtr., habenas classi, eig. lasse die Zügel schiefsen, fahre mit vollen Segeln, Ä 6, 1. rudentes velis, spanne die Segeltaue an u. so die Segel selbst auf, Ä 10, 229. laxos funes, lasse die gelösten Taue lang schiefsen (damit die Segel vom Winde gebläht werden), Ä 8, 708. furit inmissis Vulcanus habenis, 'im entzügelten Laufe', mit ungebändigter Kraft, Ä 5, 662. palmes laxis inmissus habenis, ungehindert u. rasch, in voller Freiheit emporwachsend, G 2, 364. barba inmissa, wachsen gelassener, langzottiger, Ä 3, 593.

in-mŏbĭlis, e, 1) unbeweglich, v. Pers., Ä 7, 250. 2) übtr., unthätig, ruhig, still, Ausonia, Ä 7, 623. lacrimis, d. i. unbewegt durch Thränen, ungerührt, Ä 12, 400.

in-mortālis, e, unsterblich, a) eig., v. Pers., Ä 12, 882. b) übtr., unsterblich, unvergänglich, ewig, genus, G 4, 208. iecur, Ä 6, 598. votum, Ä 8, 715. fas, hochheiliges Recht, unsterbliches Los, Ä 9, 95.

inmōtus, a, um (in u. moveo), 1) unbewegt, unerschüttert, ruhig, v. Pers., Ä 5, 437. v. Lebl., Ä 3, 77. 447. 5, 127. 7, 586. 10, 696. G 2, 294. ab accessu ventorum inmotus, geschützt vor den Winden, Ä 3, 570. praesepia, die lange Zeit nicht berührt, nicht gereinigt worden sind, G 3, 416. 2) unverändert, unwandelbar, sicher, fest, v. Pers., Ä 7, 314. v. Lebl., Ä 1, 257. 4, 449. animo

fixum inmotumque sedet, es steht unabänderlich fest, m. flg. 'ne', Ä 4, 15.

in-mūgĭo, gïi, ïre, brülle, erdröhne in etw., cavernis (v. Ätna), Ä 3, 674. dcht., maesto inmugit regia luctu, 'erschallt', 'hallt' von usw., Ä 11, 38.

in-mulgĕo, ēre, melke in etw., ubera labris, Ä 11, 572.

in-mundus, a, um, unrein, unsauber, schmutzig, cinis, G 1, 81. fimus, Ä 5, 333. pulvis, Ä 12, 611. sudor, ekelhaft, widrig, G 3, 564. contactus, Ä 3, 228.

inmūnis, s. immunis.

in-murmŭro, āre, murmele oder rausche in etw., silvis, G 4, 261.

in-nāto, āre, schwimme, gleite auf etw., m. Akk., undam, G 2, 451.

innātus, a, um (eig. Part. v. innascor), angeboren, natürlich, amor, G 4, 177.

in-necto, nexŭi, nexum, ēre, 1) knüpfe an od. in etw., umschlinge, umwinde, verflechte, mit Dat. od. Abl., colla auro (mit goldener Kette), Ä 8, 661. palmas paribus armis (Kampfriemen), Ä 5, 425. comas (auro), d. i. als goldene Kette das natürl. Haar durchflechten, durch dasselbe sich winden (v. der Schlange der Furie), Ä 7, 353. ramum olivae, schlinge einen Olivenkranz um das Haupt, Ä 7, 418. Part. m. griech. Akk., crinem innexa vittis cruentis, die sich ihr Schlangengelock durchflochten hat mit usw., Ä 6, 281. Herculeo umeros innexus amictu, bekleidet an den Schultern mit usw., Ä 7, 669. populus foliis innexa (comas), der mit dem Laube in das Haar geflochtene Pappelzweig, Ä 8, 277. quis (d. i. quibus vinculis) innexa pedem pendebat (columba), mit denen die Taube an den Füfsen gebunden war (näml. an den Mast), Ä 5, 511. 2) übtr.: a) umstricke jmd. mit etw., fraudem clienti (in bez. auf den patronus), Ä 6, 609. b) füge an etw. od. hinzu, causas morandi (hospitio), bringe nach und nach vor, suche Vorwände des Verzugs, Ä 4, 51.

in-no, āre, 1) schwimme auf od. in etw., mit Dat., Ä 8, 93 u. 691. m. Akk., Ä 8, 651. fluvios (v. Tieren), durchschwimme, G 3, 142. abs., 'schwimme', Ä 10, 222. 11, 549. 2) prägn., schiffe auf etw., befahre, Stygios lacus, Stygiam paludem, Ä 6, 134 u. 369.

in-nŏcŭus, a, um, 1) unschädlich, litus, durch dessen Besitz ein anderer nicht beeinträchtigt wird, wie unser unschuldig, harmlos, Ä 7, 230. 2) unbeschädigt, unversehrt, carinae, Ä 10, 302.

in-noxĭus, a, um, unschädlich, ohne zu schaden, v. leb. Wesen, Ä 5,

92. v. Lebl., tactu innoxia flamma, die man ohne Nachteil berühren kann, *Ä* 2, 683. verba non innoxia, verderbliche, verruchte, *G* 2, 129. 3, 283.

in-nŭmĕrus, a, um, unzählig, zahllos, gentes, *Ä* 6, 706. pyrae, *Ä* 11, 204.

innuptus, a, um (in u. nubo), unverheiratet, unvermählt, puellae, Jungfrauen, Mädchen, *G* 4, 476. *Ä* 2, 238. 6, 307. Minerva, jungfräulich, *Ä* 2,31. Sbst., innupta, ae, *f.*, 'Jungfrau', *Ä* 12, 24.

ĭnoffensus, a, um (in u. offendo), ungehindert, frei, mare, *Ä* 10, 292.

ĭnŏlesco, ŏlēvi, ēre, wachse in etw. hinein, verwachse mit etw., m. Dat., libro (Bast), *G* 2,77. übtr., penitus, *Ä* 6,738.

ĭnŏpīnus, a, um (in u. opinus v. opinor), unvermutet, wider Erwarten, plötzlich, *Ä* 5, 857. 6, 104. 8, 476.

in-ops, ŏpis, hilflos, dürftig, verlassen, *a)* v. Pers., turba, *Ä* 6, 325. m. Gen. 'animi', ratlos, *Ä* 4, 300. sbst., *G* 2, 499. *Ä* 9, 209. *b)* v. Lebl., res, ärmliche Besitzung, ärmliches Reich, *Ä* 8,100. senecta, *G* 1, 186.

Inŏus, a, um (*Ἰνῷος*), zur Ino gehörig, Tochter des Kadmus, Gattin des Athamas (welche von Juno in Wahnsinn versetzt mit ihrem Sohne Melicertes sich ins Meer stürzte, worauf beide in Meergottheiten verwandelt wurden), inoisch, der Ino, *G* 1, 437. *Ä* 5, 823.

in-pācātus, a, um, unfriedsam, unruhig, Hiberi, *G* 3, 408.

in-pār (impār), păris [Abl. Sing. 'inpare', *B* 8,75], 1) ungleich, ungerade, numerus, *B* 8, 75. uri, näml. an Gröfse u. Farbe, *G* 3,533. 2) 'ungleich' der Kraft nach, nicht gewachsen, Achilli, *Ä* 1, 475. auch von dem, worin man nicht gewachsen ist, ungleich, arma, *G* 4, 245. vires, *Ä* 10, 459. pugna, v. Zweikampf, *Ä* 12, 216. fata (da durch Göttersprüche dem Aeneas Sieg, dem Turnus Tod verheifsen war), *Ä* 12, 149.

in-pastus, a, um, ungefüttert, hungrig, gefräfsig, v. Tieren, *Ä* 9, 339. 10, 560.

in-pătĭens, entis, der etw. nicht ertragen kann od. will, m. Gen., volneris, 'gegen die Wunde sich sträubend', *Ä* 11, 639.

in-păvĭdus, a, um, unerschrocken, furchtlos, *Ä* 8,633. v. Tieren, *Ä* 10,717. 12, 8.

inpĕdĭo (impĕdĭo), īvi, ītum, īre (in u. pes), eig. behindere jmds. Füfse an der freien Bewegung, dah., wie *ἐμποδίζω*, 1) verwickle, verstricke, verwirre, v. Troërspiele, alternos orbes orbibus inpediunt, umschlingen sich wech-

selnd in Kreislinien, Kreis um Kreis, *Ä* 5,585. haud alio vestigia cursu inpediunt, ihre Bewegungen verschlingen sich in einander, verwickeln im Laufe die Spur, *Ä* 5, 593. v. Schilde, septem orbes orbibus inpediunt, schmieden od. fügen Scheiben auf Scheiben siebenfach, sieben Lagen von Erz fest an einander, *Ä* 8, 449. loricam clipeique ingens onus inpedit hastā, spiefst Panzer u. Schild ihm fest zusammen, *Ä* 10, 553. 2) übtr., verhindere, hindere, hemme, halte auf, alqm, *Ä* 9, 385. 10, 307. genua inpediunt, 'die Kniee versagen ihm', *Ä* 12, 747. m. Inf., *Ä* 11, 21.

in-pello, pŭli, pulsum, ēre, 1) stofse, schlage, klopfe an etw., portas manu, *Ä* 7, 621. turrim, *Ä* 2, 465. cuspide montem in latus, stofse in die Seite des Windberges (so dafs er wankt und den Winden ein Thor öffnet), *Ä* 1, 82. marmor (Meeresfläche) remis, *G* 1, 254. v. lebl. Subj., maternas aures, d. i. berühren, treffen, *G* 4,349. arrectas aures, die Aufmerksamkeit immer mehr spannen, *Ä* 12, 618. 2) setze durch Schlagen od. Stofsen in Bewegung, stofse fort, treibe an od. fort, *a)* eig., navem, *Ä* 5,120 u. 242. puppim, *Ä* 10, 246. remos, greife zu den Rudern, *Ä* 4, 594. silicem, stofse hinab, *Ä* 8,239. arma, mache die Waffen erklirren, *Ä* 8,3. sagittam nervo, schnelle ab, *Ä* 12,856. v. lebl. Subj., undas, *G* 4, 305. saxa, hinwälzen, *Ä* 10, 363. folia, aufrühren, auftreiben, *Ä* 3, 449. vomere inpulso, unter der furchenden Pflugschar, *G* 2, 211. *b)* übtr., errege, rege an, treibe od. reize (an), alqm ad pugnas, *Ä* 11, 278. m. (Akk. u.) Inf. zur Bezeichn. der Absicht, *Ä* 1, 11. si .. fuisset, inpulerat etc., 'er hatte das Seine gethan sie zu bewegen', *Ä* 2,55. quae mens inpulit his cingi telis? d. i. trieb dich zu solcher Bewaffnung? *Ä* 2,520. abs., animum labantem, bewege, rühre, *Ä* 4, 23.

in-pendĕo, ēre, hange herein, übtr., drohe, stehe bevor, v. Wind, Regen, *G* 1, 365. 4, 191.

in-pendo, pendi, pensum, ēre, eig. wäge für etw. ab, wende auf, verwende, opfere, laborem omnibus, *G* 2, 61. laborem praecipuum, *G* 3, 74. curam, *G* 2, 433. omnes curas, m. Inf., *G* 3, 124.

inpensa, ae, *f.* (inpendo), Aufwand, m. Gen., tantorum operum inpensae, *Ä* 11, 228.

inpensē, Adv. (inpensus), mit Aufwand grofser Mühe, Kompar. 'inpensius', sorgfältiger, bedächtiger, *Ä* 12, 20.

inpensus, a, um (eig. Part. v. inpendo), eig. reichlich verwendet, übtr., dem

Grade nach heftig, stark, amor, *Ä* 4, 54 (*Ribb.*).

inperdĭtus, a, um (in u. perdo), nicht vernichtet, corpora Grais, vom Schwerte der Griechen noch verschont, *Ä* 10, 430.

in-perfectus, a, um, unvollendet, pars, *Ä* 8, 428.

inperterrĭtus, a, um (in u. perterreo), unerschrocken, *Ä* 10, 770.

inpexus, a, um (in u. pecto), ungekämmt, wild, barba, *G* 3, 366. terribili inpexum os saetā, von entsetzlicher Mähne wild umstarrt, *Ä* 7, 667.

in-pĭgĕr, gra, grum, unverdrossen, *Ä* 1, 738.

inpingo, pēgi, pactum, ĕre (in und pango), werfe zurück gegen etw., agmina muris (*Dat.*), *Ä* 5, 805.

in-plācābĭlis, e, unversöhnlich, v. Pers., *Ä* 12, 3. caput, *Ä* 12, 816.

inplācātus, a, um (in u. placo), unversöhnt, trotzig, Charybdis, *Ä* 3, 420.

in-plecto, plexum, ĕre, flechte in etw. hinein, verflechte, m. griech. Akk., caeruleos inplexae crinibus angues Eumenides, das Haar durchflochten mit bläulichen Schlangen, *G* 4, 482.

inplěo, plēvi, plētum, ēre [synk. inplessem st. inplevissem, *Ä* 4, 605] (St. pleo, plenus), 1) fülle an od. aus, erfülle mit etw., a) übb., alqd alqā re, *Ä* 1, 729. 3, 526. 4, 605. vela ventis secundis, schwelle, *Ä* 7, 23. sinum lacrimis, *Ä* 4, 30. abs., sinus secundos (mit günstigem Winde), *Ä* 3, 455. fossas, *Ä* 9, 506. v. lebl. Subj., sinum, *Ä* 10, 819. Pass. inplentur super puppes (näml. 'imbre' od. 'aquā'), *Ä* 5, 697. inplentur fossae (näml. imbribus), *G* 1, 326. abs., fruges .. inplevere, Früchte füllen das Land (Obj. 'haec loca' aus *v.* 140), *G* 2, 144. m. Abl. abstr. Gegenstände, caelum questibus, *Ä* 9, 480. locum clamore, *Ä* 3, 313; vgl. *Ä* 2, 769. 5, 341. 8, 216. 11, 274 u. 488. *G* 3, 94. 4, 461. *B* 6, 48. dcht., manum pinu, fasse die Fichte mit der Hand, *Ä* 9, 72. inplet dextram scyphus, er erfaſst den Becher, *Ä* 8, 278. Bes. b) fülle, sättige mit Trank, Pass. medial 'inpleor', sättige mich, m. Gen. veteris Bacchi, mit altem Wein, *Ä* 1, 215. 2) übtr., erfülle den Geist, das Gemüt, animum veris, *Ä* 7, 475. abs., amorem, stille, *Ä* 1, 716. Turnum saevissimus inplet nuntius, die schreckliche Kunde erfüllt den T. ganz, d. i. nimmt ihn so in Anspruch, daſs er darüber alles andere vergiſst, *Ä* 11, 896.

in-plĭco, plĭcŭi, plĭcĭtum, āre, verflechte, umwickle, umschlinge,

m. Abl. od. Dat., a) eig., natam telo, *Ä* 11, 555. comam laevā, *Ä* 2, 552 ('comā laevam' *Ribb.*). tempora ramo, *Ä* 7, 136. crinem auro, fasse ein, *Ä* 4, 148. me dextrae, schmiege mich an jmds. Hand, erfasse diese, *Ä* 2, 724. m. Präp., acies inter se, *Ä* 11, 632. abs., pedes, *Ä* 11, 752. corpora, *Ä* 2, 215. equitem (v. Pferde), verwickeln, verwirren, *Ä* 10, 894. orbes, mache im Laufe allerhand Krümmungen od. Wendungen, *Ä* 12, 743. b) übtr., ossibus ignem, errege im Innern das Feuer verderblicher Leidenschaft, erfülle mit Glut, *Ä* 1, 660. 7, 355. alqm bello, verwickle in Krieg, *Ä* 11, 109.

in-plōro, āre, a) rufe jmd. unter Thränen od. flehentlich, alqm nomine, *Ä* 12, 652. b) rufe flehentlich an um Mitleid oder Schutz, deos, *Ä* 7, 576. mit sachl. Obj., *Ä* 7, 311. 10, 19. auxilium alcjs, *Ä* 4, 617. abs., flehe, *Ä* 7, 502.

inplūmis, e (in u. pluma), unbefiedert, fetus, *G* 4, 513.

inpōno, pŏsŭi, pŏsĭtum, ĕre [Part. synk. 'inpostus' st. inpositus, *Ä* 9, 716], lege, setze, stelle jmd. od. etw. auf od. in etw., 1) eig., m. Dat., alqm rogis, *Ä* 6, 308. *G* 4, 477. scuto, *Ä* 10, 506. enses incudibus, *G* 2, 540. Pelio Ossam, *G* 1, 281; vgl. *Ä* 6, 246 u. 253. 9, 716. *G* 3, 116. coronas puppibus, mit Kr. umwinden, *Ä* 4, 418. *G* 1, 304. honorem, dona aris, niederlegen auf dem A., *Ä* 1, 49. 4, 453. arces montibus, Türme (Burgen) auf den Bergen errichten, *Ä* 6, 774. ingenti mole sepulchrum viro, ein gewaltiges Grabmal über dem Mann errichten, *Ä* 6, 233. fata (lancibus), die beiden Todeslose in die Wagschale legen, *Ä* 12, 726. bildl., extremam manum bello, 'lege die letzte Hand an', d. i. vollende (eig. v. Künstler), *Ä* 7, 573. Pass. mit medialer Bed., cervici inponere (*Imperat.*) nostrae, setze dich auf meinen Nacken, *Ä* 2, 707. abs., insuper, *Ä* 1, 62. 3, 580. *G* 3, 491. Pass., incudes inpositae, die (bei der Arbeit) auf den Block gesetzten Ambose, *Ä* 8, 451. *G* 4, 173. 2) übtr., a) lege jmdm. eine Notwendigkeit auf, morem pacis, den Brauch (die Gesetze) des Fr., *Ä* 6, 853. von abstr. Subj., sollemnia, dapes alci, verlange von jmd. (v. der 'superstitio'), *Ä* 8, 188. leges locis (von der Natur), bestimme für usw., *G* 1, 61. Dah. inpositum est alci m. Inf., es ist jmdm. bestimmt, die Not zwingt jmd., *Ä* 8, 410. b) setze fest, finem labori, pugnae, setze ein Ende, beendige, *Ä* 2, 619. 5, 463. c) setze jmd. über etw., setze ein, dominum potentem, einen Tyrannen (dem Vaterlande), *Ä* 6, 622.

inportūnus, a, um ('in' u. St. 'port', verw. m. porto, portus, gleichs. 'schwer zu befahren'), widrig, verderblich, unheilvoll, bellum, *Ä* 11, 305. volucres, *G* 1, 470. ales (Eule), *Ä* 12, 864.

in-prĕcor, āri, wünsche etw. Böses, litora litoribus contraria inprecor, möge sich Strand mit Strand, so flehe ich, befehden, *Ä* 4, 629.

inprīmo, pressi, pressum, ĕre (in u. premo), drücke in od. auf etw., *a*)übh., m. Dat., aut pecori signum aut numeros inpressit acervis, drückte Schafen das Zeichen auf und steckte auf Kornhaufen die Zahl (der Scheffel, die sie enthalten), *G* 1, 263. os toro, *Ä* 4, 659. pedem collo, setze den Fuſs auf den Hals, *Ä* 12, 357. abs., genu, stemme auf, *Ä* 12, 303. Bes. *b*) drücke gleichs. auf od. in etw., präge auf etw., crater inpressus signis, mit Bildern von getriebener Arbeit, *Ä* 5, 536. cui (balteo) inpressum erat nefas, 'mit dem Gepräge der Greuelthat' (der Danaïden), *Ä* 10, 497.

in-prŏbus, a, um, das gewöhnliche Maſs überschreitend, der Gröſse od. Beschaffenheit nach, 1) v. Lebl., maſslos, ungeheuer, unbändig, mons, Berg von gewaltiger Wucht, *Ä* 12, 687. rabies, *Ä* 2, 356. labor, rastlose Thätigkeit, *G* 1, 146. 2) v. leb. Wesen in bez. auf Eigenschaften, *a*) v. Pers., zudringlich, schamlos, frech, puer (v. Amor), *B* 8, 49. Fortuna, herrisch, ungewillig, *Ä* 2, 80. advena (v. Äneas), *Ä* 12, 161. v. Äneas, unersättlich (der immer nach neuen Kämpfen strebt), *Ä* 11, 512. ähnl. v. Arruns, *Ä* 11, 767. sbst., inprobus iste, 'vermessener Prahler', *Ä* 5, 397. inprobe! 'Verräter'! *Ä* 4, 386. *b*) v. Tieren, aquila, 'boshaft', 'raubgierig', *Ä* 12, 250. cornix, 'unheilvoll', *G* 1, 388. anser (Wildgans), 'gefräſsig', *G* 1, 119. anguis, *G* 3, 431. lupus, *Ä* 9, 62. auch 'ora' (des Löwen), gierig, *Ä* 10, 727.

inprŏpĕrātus, a, um (in u. propero), unbeschleunigt, d. i. langsam, vestigia, *Ä* 9, 798.

in-prŏvĭdus, a, um, nichts voraussehend, betroffen, erschrocken, pectora, *Ä* 2, 200.

inprōvīsō, Adv. (improvisus), unversehens, unvermutet, urplötzlich, *Ä* 8, 524. 12, 576.

inprōvīsus, a, um (in u. provideo), unvermutet, unerwartet, *Ä* 1, 395. 2, 182. 7, 506. 9, 49. anguis, *Ä* 2, 379.

in-prūdens, dentis, 1) unwissend, d. i. unbekümmert um Euryalus, *Ä* 9, 386. numquam inprudentibus imber obfuit, nie schadet der Regen, ohne daſs man

gewarnt wäre, *G* 1, 373. 2) übtr., unkundig, m. Gen., laborum (der Beschwerden), v. jungen Weinstock, *G* 2, 372.

in-pūbĕs, is, jung, *Ä* 5, 546. manus, Schar der Knaben, *Ä* 7, 382. dcht., malae, bartlos, *Ä* 9, 751.

inpulsūs, ūs, *m.* (inpello), Sturz (eines Felsens), *Ä* 8, 239.

inpūnis, e (in u. poena), straflos, inpune putans, *Ä* 12, 728. Neutr. 'inpūnĕ' als Adv., straflos, ohne Gefahr, sicher, *Ä* 6, 239. 9, 653. *G* 2, 32. 'harmlos', *Ä* 11, 134. Dah. bei Adj., inp. quieta (urbs), in noch ungefährdeter, straflos friedlicher Ruhe, *Ä* 12, 559.

inquăm, is, it, Def., sage, spreche, meist der dir. Rede eingeschaltet, *Ä* 1, 321. 5, 353. 8, 362. 12, 931. Auch am Schluſs einer kürzeren Rede mit nachgestelltem Subj., *Ä* 7, 116. Nach der Ankündigung der dir. Rede durch ein *Verb. dicendi* (haec 'fatur') der dir. Rede noch eingeschoben, *Ä* 2, 78.

in-rĕmĕābĭlis, e, unrückgänglich, unda (d. i. Styx, über den man nie wieder zurückkehren kann), *Ä* 6, 425. error, Irrweg, der jede Rückkehr, jeden Ausgang abschneidet, *Ä* 5, 591.

in-rĕpărābĭlis, e, unersetzlich, tempus, *Ä* 10, 467. *G* 3, 284.

in-rīdĕo, rīsi, rīsum, ēre, verlache, verhöhne, verspotte, alqm, *Ä* 7, 435. bes. Part. Pass. 'inrisus', *Ä* 4, 534. 7, 425. von Sachen, ratis, *Ä* 5, 272.

in-rĭgo, āre, 1) eig.: *a*) leite eine Flüssigkeit wohin, imbres (näml. plantis), zu den Pflanzen, bewässere, *G* 4, 115. übtr., 'gieſse aus' über jmd., quietem per membra alci, *Ä* 1, 692. *b*) benetze, bewässere, auro culta (v. Paktōlus), *Ä* 10, 142. 2) übtr., 'erquicke', v. Schlummer, fessos artus, *Ä* 3, 511.   [fons, *G* 4, 32.

in-rĭgŭus, a, um, bewässernd,

in-rīto, āre, reize (an), bes. zum Zorne, alqm telis, *Ä* 10, 644. Terra inritata irā deorum, aufgebracht über die Götter, 'den Göttern grollend', *Ä* 4, 178.

inritus, a, um (in u. ratus), erfolglos, wirkungslos, nutzlos, vergeblich, *a*) v. Lebl., tela, *Ä* 2, 459. iurgia, dicta, *Ä* 10, 95 u. 244. dona, *G* 4, 519. vestigia sceleris, *B* 4, 14. mandata, *Ä* 9, 313. 2) von Pers., vergeblich, ohne etw. zu bewirken, *Ä* 5, 442.

in-rōro, āre, betaue, 1) befeuchte mit Tau, terras, *G* 1, 288. 2) bringe Tau od. Regen, *G* 3, 304.

in-rumpo, rūpi, ruptum, ĕre, breche, stürze, steige, dringe hinein, m. Akk., *Ä* 4, 645. 11, 879. m. Dat., thalamo, *Ä* 6, 528. abs., *Ä* 9, 683 u. 729.

in-rŭo, rŭi, ĕre, stürze, stürme od.
dringe in od. durch, in hostes, *Ä* 9,
555. abs., *Ä* 2, 383. 6, 294. 10, 589. näml.
in das Haus, *Ä* 2, 757. ferro (d. i. mit dem
Schwerte gerüstet), *Ä* 3, 222.

insălūtātus, a, um (in u. saluto), un-
gegrüſst, ohne Abschiedsgruſs, *Ä*
9, 288 (in der Tmesis).

insānĭa, ae, *f.* (insanus), Tollheit,
Raserei, Wut, in bez. auf leidenschaft-
liches Gebahren, *Ä* 2, 42. 4, 595. 10, 871.
12, 37 u. 667. m. obj. Gen., belli, Begierde
nach Krieg, 'Kriegswut', *Ä* 7, 461.

insānĭo, īvi, ītum, īre (insanus), rase,
tobe, bes. bin von blinder Leidenschaft
(der Liebe) ergriffen, *B* 10, 22. von dichterischer Begeisterung, *B* 3, 36.

in-sānus, a, um, eig. 'ungesund', übtr.,
1) tobend, gewaltig der Kraftäuſse-
rung nach, vertex, *G* 1, 481. fluctus, *B* 9,
43. 2) in geistiger Bez., *a*) v. Pers., rasend, verzückt, in Rücksicht auf weis-
sagerische Begeisterung, vates (von der
Sibylla), *Ä* 3, 443. *b*) v. Orte, wo, od. vom
Gegenstande, worin sich ein leidenschaft-
liches Gebahren äuſsert, tobend, rasend, forum, *G* 2, 502. cupido, *Ä* 9, 760.
amor, *Ä* 2, 343. Mars, *Ä* 7, 750. dolor, *Ä* 2,
776. labor, 'unsinnige Kühnheit', *Ä* 6, 135.

inscĭus, a, um (in u. scio), nicht wissend, ohne zu wissen, unkundig,
a) v. leb. Wesen, haud inscius, mit vollem Bewuſstsein, *Ä* 10, 907. abs., *Ä* 2, 307
u. 372. m. Gen., haud futuri inscius aevi,
der Zukunft nicht unkundig (v. Vulkan),
Ä 8, 627. inscius aevi, seiner Jugendkraft
sich noch nicht bewuſst (v. Füllen), *G* 3,
189. m. folg. Relativs., inscia Dido, in-
sidat quantus miserae deus, die nicht
weiſs, welch ein Gott usw., *Ä* 1, 718. *b*) v.
Lebl., manus, die noch unkundige, un-
erfahrene Hand, *Ä* 7, 381. m. Gen., anima istius inscia culpae, sich dieser Schuld
nicht bewuſst, *Ä* 12, 648.

in-scrībo, scripsi, scriptum, ĕre,
schreibe in od. auf etw., beschreibe
mit einer Inschrift, Part. Pass. mit griech.
Akkus., flores inscripti nomina regum,
mit Königsnamen bezeichnet, *B* 3, 106.
dcht. übtr., versā pulvis inscribitur hastā,
wird gezeichnet, gefurcht von usw., *Ä* 1,
478.

in-sector, āri, verfolge, übtr., herbam rastris, suche das Unkraut auszu-
rotten, *G* 1, 155.

in-sĕquor, sĕcūtus sum, sĕqui, 1) folge
unmittelbar oder auf dem Fuſse nach,
a) v. Pers., abs., *Ä* 5, 321. 7, 793. m. Akk.,
arva semine iacto, durchwandele, begehe
(v. Landmanne), *G* 1, 105. m. Inf., 'mache
mich ohne Verzug daran', versuche, *Ä* 3,

32. *b*) v. lebl. Subj., *Ä* 1, 87. 1, 105. 4, 161.
m. Akk., mea quem spatiis propioribus
aetas insequitur, dem mein Alter im näheren Schritte sich anschlieſst, *Ä* 9, 276.
2) verfolge im feindl. Sinne, setze
nach, abs., *Ä* 12, 748. *G* 1, 408. m. Akk.,
alqm, *Ä* 12, 466. alqm infesto volnere,
Ä 2, 530. bello, *Ä* 8, 147. cineres atque
ossa alcjs, *Ä* 5, 788.

1. in-sĕro, sēvi, sĭtum, ĕre, pfropfe
in od. auf etw., *G* 2, 50. māla, *G* 2, 33.
piros, *B* 1, 73. 9, 50. m. Abl., truncos
oleā, *G* 2, 302. arbutum fetu nucis, *G*
2, 69.

2. in-sĕro, sērŭi, sertum, ĕre, füge
etw. hinein in etw., fenestrae insertae,
Ä 3, 152. cornu, stecke hinein (näml.
'faucibus'), *G* 3, 509.

insĭdĭae, ārum, *f.*, 1) Hinterhalt,
Versteck des Feindes zum Auflauern,
a) eig., *Ä* 11, 783. für Tiere (s. exploro),
G 3, 537. Dah. *α*) jede List, die man
anwendet, Nachstellung, Falle, *Ä* 2,
195 u. 421. 'heimlicher Durchgang', *Ä* 9,
237; vgl. *Ä* 6, 399. 7, 326. 12, 336. v. trojan. Rosse, *Ä* 2, 36. zum Fangen der
Tiere, *Ä* 7, 478. *B* 3, 18. 'Wildscheuche'
(formido), *Ä* 12, 752. Netze u. Schlingen
für die Vögel, *G* 1, 271. *β*) übh., Hinterlist, Verrat, *Ä* 1, 754. 2, 65 u. 310. 10,
754. *b*) übtr., v. Lebl., noctis, Tücke, ver-
führerischer Glanz, *G* 1, 426. 2) personif.,
Insidiae, 'Nachstellung', im Gefolge des
Mars, *Ä* 12, 336.

insĭdĭor, āri (insidiae), stelle nach,
laure auf, m. Dat., *Ä* 9, 59.

in-sīdo, sēdi, sessum, ĕre, 1) setze
mich nieder, Perf., habe mich gesetzt, sitze auf etw., mit Dat., *Ä* 6, 708.
dcht. m. Akk., *Ä* 2, 616. 2) prägn.: *a*) lasse
mich irgendwo nieder, bewohne, m.
Dat., *Ä* 8, 480. m. Akk., cineres patriae
(urbis) atque solum, *Ä* 10, 59. übtr., von
der Gottheit, *Ä* 1, 719. *b*) militär., nehme
in Besitz, besetze, m. Dat., silvis, *Ä*
11, 531.

insignĭo, īvi, ītum, īre [altert. Imperf.
'insignibam' st. 'insigniebam', *Ä* 7, 790]
(insignis), ziere, zeichne aus, tropaeis agros, *Ä* 11, 386. clipeum auro, *Ä* 7,
790.

insignis, e (in u. signum), 1) durch
ein Abzeichen vor anderen erkennbar
od. erkenntlich, auffallend, abs.,
alae, *G* 4, 82. furor, *G* 3, 266. m. Abl., *G*
3, 7 u. 56. 2) prägn., *a*) hervorstechend,
ausgezeichnet, glänzend, präch-
tig, stattlich, *α*) v. Lebl., abs., *Ä* 1, 625.

3, 468. 5, 367. 8, 166. 10, 449 u. 539. 12, 322. m.Abl.,*Ä* 7, 75. 655. 745. *β*) von leb. Wesen, *Ä* 7, 762. m. Abl.,*Ä* 1, 10. 4, 134. 5, 254. 310. 705. 6, 167. 403. 808. 855. 7, 612. 10, 21 u. 354. 11, 291. in armis, *Ä* 11, 769. *b*) Sbst., insignĕ, is, *n.*, Zeichen, Kennzeichen, Abzeichen, bes. als Auszeichnung, Zierde, Schmuck, paternum, 'Wahrzeichen' auf einem Schilde,*Ä* 7, 657. inimicum, *Ä* 12, 944. mit Gen., formae paternae, *Ä* 10, 188. clipei, reich verzierter Schild, *Ä* 2, 392. belli, Kriegsschmuck, Siegeszeichen, *Ä* 8, 683. regis, Diadem oder Zepter, *Ä* 12, 289. Plur., *Ä* 2, 389. 8,'505. alba, weifser Ornat (von der toga praetexta der höheren Priester, als nähere Erkl. zu 'vestis', *Ä* 10, 539 (*Ribb.*). regni, Kleinodien(näml.Mantel u.Thron), *Ä* 11, 333.

in-sincērus, a, um, unrein, verdorben (durch Fäulnis), cruor, 'verwesendes', 'modernes',*G* 4, 285.

in-sinŭo,äre,sich einschleichen, per pectora cunctis insinuat pavor,durchdringt aller Herzen, *Ä* 2, 229.

in-sisto, stĭti, ĕre, 1) stelle mich, trete auf etw., *a*) eig., m. Dat., rotis, *G* 3, 114. dcht. mit Akk., limen, 'betrete',*Ä*6,563. vestigia pedum plantis, stehe fest auf den Füfschen, trete fest auf, *Ä* 11, 574. *b*) übtr.: *α*) betrete, viam domandi, 'schlage ein', *G* 3, 164. *β*) bestehe auf etw., betreibe etw. eifrig, abs., sic institit ore, also begann er zu sprechen, *Ä* 12, 47. 2) bleibe stehen, mache Halt, übtr., sic adeo insistit, gerade bei diesem Gedanken beharrt sie, *Ä* 4, 533.

in-sŏlĭtus, a, um, *a*) ungewohnt, phocae, gegen ihre Natur, *G* 3, 543. *b*) nie empfunden, motus,*G* 1, 475.

insomnis, e (in u. somnus), schlaflos, nox, *Ä* 9, 167.

insomnĭum, ĭi, *n.* (in u. somnus), Traum, Traumgesicht, Plur.,*Ä* 4, 9. 6, 897.

in-sŏno, sŏnŭi, ăre, 1) erschalle, ertöne, erdröhne, v. Walde,*Ä* 7,515. insonuere cavae cavernae, gaben einen hohlen Klang od. Ton von sich,*Ä* 2, 53. v. Sturme, Aegaeo, daher brausen auf dem äg. Meere, *Ä* 12, 366. abs. v. Opis, im schnellen Fluge 'daher rauschen', 'schwirren',*Ä*11,596. 2) kausativ, lasse erschallen, verbera (die Peitsche), *Ä* 7, 451.

in-sons, sontis, unschuldig, schuldlos, unsträflich, *Ä* 2, 84 u. 93. 3, 249. 5, 350 u. 841. 6, 435. 10, 630.

in-spērātus, a, um, *a*) ungehofft,

unverhofft, tellus, *Ä* 3, 278. *b*) gegen jmds. Hoffnung ausfallend, unvermutet, unerwartet, lux, *Ä* 8, 247.

in-spĭcĭo, spexi, spectum, ĕre ('in' u. 'specio'), schaue in etwas hinein, domos, *Ä* 2, 47.

in-spĭco, äre, spitze röhrenförmig zu, ferro faces acuto, *G* 1, 292.

in-spiro, äre, blase, hauche oder flöfse ein, vipeream animam,*Ä* 7, 351. venenum morsibus(durchStiche),*G* 4,237. übtr., mentem animumque, *Ä* 6, 12. occultum ignem, *Ä* 1, 688.

in-spŏlĭātus, a, um (in u. spolio), unberaubt, arma, vor Plünderung bewahrt, *Ä* 11, 594.

in-stăbĭlis, e, 1) nicht feststehend, schwankend, cumba,*G* 4,195. 2) übtr., unbeständig, animi, *G* 4, 105.

instăr, *n. indecl.*, Ebenbild, dcht. quantum inst. in ipso, wie würdevoll, majestätisch ist sein Antlitz, 'wie stattlich ist er selbst', *Ä* 6, 866. Bes. Akk. mit adverbial. Sinne u. Gen. (wie *δέμας*), nach Art, ähnlich od. gerade wie, *a*) in Rücksicht der Beschaffenheit, turbinis inst.,*Ä* 12, 928. *b*) in Rücksicht des Umfanges, wie, so grofs wie, inst. montis,*Ä* 2, 15. Phoebeae lampadis inst., *Ä* 3, 637. *c*) in Rücksicht des Wertes, wie, so gut wie, statt, magni ipse agminis inst.,*Ä* 7, 707.

instauro,äre, 1) stelle an, veranstalte, choros,*Ä* 4,145. 2)mit dem Begr. der Wiederholung,*a*) veranstalte, von neuem, stelle wieder her, wiederhole, erneuere, honores inceptos, *Ä* 5, 94. funus alci (die Leichenfeier), *Ä* 3, 62. epulas, *Ä* 7, 146. 8, 283. diem donis, wiederhole an demselben Tage Opfer, *Ä* 4, 63. acies, *Ä* 10, 543. proelia, *Ä* 2, 669. talia Grais instaurate, gebt solches den Griechen zurück, vergeltet den Gr. die Schuld, *Ä* 6, 530. *b*) übtr., stelle wieder her, frische auf, instaurati (sunt) animi, m. flg. Inf., unser Mut wächst neu, *Ä* 2, 451.

in-sterno, strävi, strätum, ĕre, 1) bedecke, überdecke, mit etw.,m.Abl., *Ä* 7, 277. Pass. medial, 'bedecke mich', pelle leonis, *Ä* 2, 722. 2) breite (lege) darüber hin, pontes altos, *Ä* 12, 675.

instigo,äre, stachele, sporne an, m. Abl. instr.,*Ä* 5, 228. 11, 730.

instĭtŭo, stĭtŭi, stĭtūtum, ĕre (in u. statuo), 1) setze od. stelle hin, *a*)übh., vestigia nuda sinistri pedis, trete mit dem linken entblöfsten Fufse fest auf, *Ä* 7, 690. *b*) prägn., errichte, baue, templum Phoebo, *Ä* 6, 70. 2) übtr.: *a*) bereite, ordne an, dapes, *Ä* 7, 109.

b) setze fest, bestimme, verordne, mit Akk. u. Inf., *Ä* 6, 143. *c)* unterweise, unterrichte, lehre, mit Inf., *B* 2, 33. 5, 30. *G* 1, 48.

in-sto, āre (Perf. 'instĭti', zugl. zu 'insisto'), 1) stehe auf etw., m. Dat., iugis, besetze die Höhen, *Ä* 11, 529. ille instat aquae, beugt sich (ragt) in das Wasser, *Ä* 10, 196. 2) übtr., *a)* bestehe oder dringe auf usw., betreibe eifrig eine Sache, strenge mich an, harre aus, dränge heran, beeile mich, abs., *Ä* 1, 423. 2, 244. 9, 171. 12, 783. *G* 3, 123. m. Dat., operi, ich bin bedacht auf das Werk, *Ä* 1, 504. furto, *Ä* 9, 350. solis aristis, *G* 1, 220. m. Akk., currum alci, betreibe eifrig den Bau eines Wagens für jmd., *Ä* 8, 434. m. Inf., bemühe mich, bestrebe mich, *G* 2, 627. 10, 118. *b)* sitze auf dem Nacken, bedränge, bedrohe, verfolge, stürme ein, abs., *G* 3, 154. m. Abl. instr., verbere torto, *G* 3, 106. bes. im Kampfe, abs., *Ä* 9, 441. 10, 433 u. 657. 11, 703. 12, 371. 762. 887. m. Abl. instr., *Ä* 1, 468. 8, 250. 10, 713. 12, 751. m. Dat., *Ä* 5, 168. 8, 693. 10, 645. 692. 788. *c)* der Zeit nach drängen, nahe bevorstehen, drohen, v. Lebl., *Ä* 8, 537. 10, 624. 12, 916. *G* 1, 464. quod instat, *Ä* 8, 49. *B* 9, 66; 'das Vorhaben', 'der Beschlufs', *Ä* 4, 116.

1. **instrātus,** s. insterno.

2. **in-strātus,** a, um (negat. 'in' u. 'sterno'), unbestreut, unbedeckt, cubile, blofser Boden, *G* 3, 230.

in-strĕpo, strĕpŭi, strĕpĭtum, ĕre, ächze, knarre, von der Axe, *G* 3, 173.

in-strŭo, struxi, structum, ĕre, 1) richte od. baue auf, ordne (wieder), *a)* übh., mensas, *Ä* 3, 231. *b)* militär., stelle geordnet auf, ordne, Teucros acie, *Ä* 11, 449. instructis navibus ire, mit gerüsteten Schiffen, *Ä* 2, 254. 2) versehe mit etw., rüste aus, wappne mit etw., alqm armis, *Ä* 3, 471. 6, 832. 8, 80. übtr., dolis, *Ä* 2, 152.

in-suētus, a, um, 1) nicht gewohnt, ungewohnt einer Sache, v. Pers., m. Inf., *Ä* 10, 364. 2) pass., ungewohnt, ungewöhnlich, v. Sachen, *Ä* 6, 16. *B* 1, 49. 5, 56. nemus, *Ä* 8, 92. Neutr. Plur. als Adv., insueta rudens, aufbrüllend wie sonst niemals, *Ä* 8, 248.

insŭla, ae, *f.*, Insel, Eiland, *Ä* 1, 22 u. 159. 3, 104. 211. 386. 692. 8, 416. 10, 174.

insulto, āre (Int. v. insilio), 1) springe herum auf etw., tummle mich, solo (auf dem Felde, durch das Gefilde), *G* 3, 117. floribus, *G* 4, 11. hostibus, 'fahre auf der Feinde Leichen daher', *Ä* 12,

339. abs., v. Rossen, 'stampfen', *Ä* 11, 600. dcht. m. Akk., nemora, im wilden Taumel od. Tanz durch die Wälder springen, *Ä* 7, 581. 2) übtr., mit dem Nebenbegr. der Verhöhnung, verhöhne, höhne, spotte, m. Dat., finitimo huic capiti insultans, mich, seinen Nachbar verhöhnend, *Ä* 8, 570. abs., *Ä* 2, 330. 6, 571. 10, 20.

in-sŭm, fūi, esse, bin od. befinde mich darin, abs., *Ä* 6, 26.

in-sŭo, sŭi, sūtum, ĕre, nähe ein, plumbum, *Ä* 5, 405.

in-sŭpĕr, Adv., 1) räuml., oben darauf od. darüber, impono, *Ä* 1, 61. 3, 579. 2) übtr., überdies, noch dazu, obendrein, *Ä* 2, 593. 9, 274. 11, 107. 12, 358.

in-sŭpĕrābĭlis, a, um, unüberwindlich, unbezwingbar, bello, *Ä* 4, 40.

in-surgo, surrexi, surrectum, ĕre, richte mich auf od. empor, erhebe mich, *a)* v. leb. Wesen, remis (sich stemmend auf etc.), rudere angestrengt, *Ä* 3, 207 u. 560. 5, 189. bes. zum Kampfe, *Ä* 5, 443. Part. m. 'arduus' oder 'altior' verb., *Ä* 11, 755. 12, 902. *b)* übtr., v. Felsen, speluncae dorso, *Ä* 8, 234. v. Staubgewölk, campis, aufsteigen von den F., sich erheben über die F., *Ä* 9, 34.

intactus, a, um (in u. tango), 1) unberührt, *a)* übh., seges (näml. von der Sichel), noch voll stehend, *Ä* 7, 808. iuvenca intactā cervice, vom Joche noch unberührt, noch nicht eingespannt, *G* 4, 540. ähnl. 'grex', *Ä* 6, 38. im Bilde, saltus, eig. noch unbetreten, d. i. noch unbesungen, *G* 3, 41. Bes. *b)* rein, keusch, virgo, als jungfräuliche Braut, *Ä* 4, 345. 2) ungetroffen, unversehrt, unverletzt, Pallas, *Ä* 10, 504. iuventus, d. i. noch kräftig, frisch, *Ä* 11, 419.

intĕger, gra, grum ('in' u. Wurz. 'tag' in 'tango'), unangetastet, physich unversehrt, kräftig, gesund, frisch, m. Gen., aevi, in der Blüte der Jahre, *Ä* 9, 255. integer aevi sanguis, jugendlich frisches, *Ä* 2, 638. im Neutr. adverbial, ab integro, 'von frischem', 'von neuem', *B* 4, 5.

intĕgro, āre (integer), erneuere, beginne von neuem, carmen, *G* 4, 515.

in-tĕmĕrātus, a, um, unbefleckt, unverletzt, *a)* v. Pers., Camilla, *Ä* 11, 584. *b)* v. Lebl., fides, *Ä* 2, 143. munera, lautrer, 'reiner Wein', *Ä* 3, 178.

intempestus, a, um (in u. tempestas), *a)* ungesund, Graviscae, 'Graviskas Maremmen', *Ä* 10, 184. *b)* öde, düster, nox, die tote Stille der Nacht, die tiefe Nacht (wo alle Geschäfte ruhen), *Ä* 3, 587. 12, 846. *G* 1, 247.

intemptātus (intentātus), à, um (in u. tempto od. tento), unangetastet, unberührt, haec intemptata manebat sors rerum, nur dieses Gebiet des Weltraumes näml. die Manen, d. i. die Unterwelt) blieb übrig, *Ä* 10, 39.

in-tendo, tendi, tentum, ĕre, 1) strecke od. spanne nach etwas hin aus, *a*) eig., m. Dat. des Zieles, intenta (sunt) bracchia remis, die Leute haben die Arme ausgestreckt zum Rudern, halten sich zum Rudern bereit, *Ä* 5, 136. sagittam bello, sende od. schnelle zum Kampf ab, *Ä* 9, 590. telum nervo, lege den Pfeil an die Sehne (u. richte ihn), *Ä* 9, 623(*Ribb.*). vela ventis secundis, segle dahin, wohin der Wind treibt od. bläst, *Ä* 3, 663. bracchia ventis, drehe die Segelstangen nach den Winden, *Ä* 5, 829. v. Winde selbst, vela secundi intendunt zephyri, schwellen die Segel, *Ä* 5, 32. oculi intenti, die auf éinen Punkt scharf gerichteten, starrenden Augen, *Ä* 7, 251. *b*) übtr., richte od. lenke mein Augenmerk auf etw., spanne auf etw., bes. Part. 'intentus', gespannt, aufmerksam, achtsam auf etw., m. Dat., ludo, *Ä* 7, 380. abs., *Ä* 2, 1. 3, 716. 5, 137. 2) spanne, *a*) eig., arcum, arcus, *Ä* 8, 704. 9, 665. *b*) übtr., spanne od. strenge an, steigere, vocem, *Ä* 7, 514 (*Ribb.*). 3) spanne, ziehe an od. auf etw., *a*) m. Dat., vincula collo, winde um den Hals, *Ä* 2, 237. numeros nervis, stimme die Saiten melodisch, *Ä* 9, 776. *β*) m. Abl., überspanne od. überziehe, 'umgebe mit' etw., locum sertis, bekränze mit Gewinden den Ort, *Ä* 4, 506. bracchia duro tergo, lege den Kampfriemen an, *Ä* 5, 403.

intento, āre (Int. v. intendo), *a*) strekke hin, halte (drohend) entgegen, angues, *Ä* 6, 572. *b*) übtr., drohe jmdm., mortem alci, bedrohe jmd. mit dem Tode, *Ä* 1, 91.

in-tĕpesco, tĕpŭi, ĕre, werde warm, *Ä* 10, 570.

intĕr, Präp. m. Akk. [Stellung häufig zwischen Adj. u. Subst., *Ä* 6, 513. 7, 442. zwischen zwei Subst., *Ä* 2, 632 u. 681. 9, 202. nach seinem Subst., spemque metumque inter, *Ä* 1, 218. bes. häufig nach dem Pron. relat., quos inter, *Ä* 1, 348. nach zwei durch eine Kopula verb. Subst., *Ä* 3, 685. *G* 2, 345. Wiederholt, *Ä* 12, 318. bei 'et' . . . 'et' u. diesem nachgestellt, inter et hostes inter et arma, d. i. inter hostes eosque armatos, *Ä* 9, 556 flg. in

der Tmesis, s. interlabor, interlego etc.], 1) eig.: *a*) räuml., in bez. auf einen Gegenstand, in dessen Mitte oder Bereich sich etwas befindet oder etwas vorgeht, zwischen, unter, mitten in od. unter, *B* 1, 52. *G* 2, 345. 3, 459. *Ä* 2, 632. 3, 646. 4, 256. 5, 479. 6, 658. 7, 349. 8, 608. 9, 556. prima inter limina, *Ä* 11, 267 (*Ribb.*). Bes. 'inter manus', sie (die Mutter) an den Armen fassend (nehmend) *Ä* 9, 502. inter manus oraque parentum, zwischen (unter) den Händen u. im Angesicht der Eltern, *Ä* 2, 681. ante oculos interque manus sunt omnia vestras, und ist mit Händen zu tasten, *Ä* 11, 311. Bes. *b*) prolept. bei den Zeitw. in bez. auf Pers. od. Sachen, in deren Mitte jmd. od. etw. gelangt, wie wir bisw. auch unter in Verbindung mit den Zeitw. 'kommen', 'geraten' u. dgl. gebrauchen, inter medias sese conicit (Troadas), stürzt sich mitten unter sie, *Ä* 5, 618. ventum est inter retia, unter od. in die Garne, *Ä* 10, 710. inter densas, umbrosa cacumina, fagos adsidue veniebat, unter die schattigen Wipfel der Buchen, *B* 2, 3. ducet te inter magna praemia, zu grofsen Belohnungen, *Ä* 12, 437. decurrunt inter valles, mitten durch Thäler hinab (v. Flüssen), *B* 5, 84. 2) übtr.: *a*) zeitlich, in bez. auf eine Handlung, mit der man eben beschäftigt ist, oder auf Zustände, unter denen etwas geschieht, unter, während, bei, oft m. 'medius' verb., media inter proelia, mitten im Kampfe, *Ä* 12, 469. inter arma regum, bei dem Waffengewühle, den kriegerischen Unternehmungen der Könige, *Ä* 7, 442. inter sacra deûm, *G* 4, 521. inter mensas, während der Tafel, *Ä* 1, 686. media inter lora, während er die Zügel führt, mitten im Fahren, *Ä* 12, 469. inter caedes, im Gemetzel, *Ä* 8, 709. inter gaudia, *Ä* 6, 513. Bes. in bez. auf Sprechende, inter singula verba, bei jedem (einzelnen) Worte, *Ä* 3, 348. has inter voces, media inter talia verba, während er spricht, selbst mitten im Worte, in der Rede, *Ä* 12, 318. media inter talia, d. i. mit diesen Worten, *Ä* 4, 663. Selt. beim Gerundium, inter agendum, während des Treibens, *B* 9, 24. *b*) zur Angabe zweier Zustände, zwischen denen man schwankt, ambiguae miserum inter amore praesentis terrae fatisque vocantia regna, zweifelhaft, ob sie ihrem Wunsche, einen ruhigen Wohnplatz zu haben, oder dem Rufe nach dem vom Schicksal verheifsenen Reich (in Italien) folgen sollten, *Ä* 5, 655. *c*) mit dem Reflexivpron., von der Wechselbeziehung der Thätigkeit mehrerer Subj. auf einander, 'inter se', einander, unter einander, gegenseitig, bellum ciere, *Ä* 6, 829; vgl. *Ä* 9, 457. ruptis inter se legibus, nachdem sie das unter sich bestehende, gegenseitige Verhältnis gebrochen, *G* 1, 510. mit Auslassung des Obj. 'se' beim Zeitw., *Ä* 4, 193. 5, 766.

intercĭpĭo, cēpi, ceptum, ĕre (inter u. capio), **fange auf**, hastam, *Ä* 10, 402.

inter-clūdo, clūsi, clūsum, ĕre, hemme, alqm, *Ä* 2, 111.

inter-dŭm, Adv., **zuweilen, bisweilen, manchmal**, *Ä* 1, 718. 12, 747. *G* 2, 258. 3, 506. wiederholt, *Ä* 3, 572 u. 575.

intĕr-ĕā, Adv., *a*) **unterdessen, inzwischen**, *Ä* 1, 124 u. 180. 3, 568. 9, 41. 10, 287. 11, 1. 12, 791 u. 842. *B* 10, 55. *b*) **indessen, doch**, *G* 1, 83. 2, 429. nec tamen interea, *B* 1, 58.

intĕr-ĕo, ĭi, ĭtum, īre, **gehe unter** oder **zu Grunde, komme um, verderbe**, v. Saaten, *G* 1, 152. v. Tieren, *G* 3, 368 u. 544.

interfĭcĭo, fēci, fectum, ĕre (inter u. facio), **richte zu Grunde, vernichte**, messes, *G* 4, 330.

inter-for, fāri, **unterbreche** jmd. im Reden, *Ä* 1, 386.

inter-fundo, fūdi, fūsum, ĕre, eig. **giefse dazwischen**, Pass. von dem Styx, **mitten in, zwischen** od. **durch etw. sich ergiefsen** od. **strömen**, noviens, *G* 4, 480. *Ä* 6, 439. übtr., m. griech. Akk., maculis interfusa genas, die Wangen unterlaufen, *Ä* 4, 644.

intĕrĭmo, ēmi, emptum, ĕre (inter u. emo), **räume aus dem Wege, töte**, alqm, *Ä* 10, 428.

intĕrĭŏr, ĭūs, Gen. 'ōris' (Komp. vom ungebr. 'interus' zu 'intra'), 1) Komp., **im Innern befindlich, der innere**, domus, *Ä* 1, 637. 2, 486. oft prädik. v. Pers. im adverb. Sinne, interior radit iter, hält mehr nach innen (einwärts) die Bahn, *Ä* 5, 170; vgl. *Ä* 5, 203. 11, 695. interius, Adv., 'im Innern', *G* 3, 137. 2) Superl. **intĭmus** od. (*Ribb.*) **intŭmus**, a, um, **der innerste, ganz innen befindlich**, bes. partitiv vom Innersten, cunabula, *G* 4, 66. Tartara, der innerste Bezirk des Tartarus, das Reich des Todes, *G* 4, 481. regna, *Ä* 1, 243. praecordia, *Ä* 7, 347.

inter-lābor, lābi, **gleite** od. **fliefse dazwischen hin**, *G* 2, 349 (in der Tmesis).

inter-lĕgo, ĕre, **breche hier und da ab**, frondes, *G* 2, 366 (in der Tmesis).

inter-lūcĕo, luxi, ĕre, **scheine** od. **schimmere dazwischen durch**, *Ä* 9, 508.

inter-lŭo, ĕre, **durchströme, durchflute**, arva et urbes, *Ä* 3, 419. quos (populos) secans interluit Alia, *Ä* 7, 717.

inter-miscĕo, miscŭi, mixtum, ĕre, **mische zwischen** oder **unter etwas**, tibi suam undam, *B* 10, 5.

inter-necto, ĕre, **durchflechte, durchschlinge**, crinem auro, *Ä* 7, 816.

interprĕs, prĕtis, *c.*, **Deuter, Ausleger**, übh. **Vermittler, divûm** (der Götterorakel), *Ä* 3, 359. v. Merkur als **Boten der Götter**, *Ä* 4, 356. hominum divûmque, 'Mittler', der den Menschen den Willen der Götter verkündet, *Ä* 10, 175. Phoebi, *Ä* 3, 474. curarum, v. Juno als 'Vermittlerin dieser Liebe', *Ä* 4, 608.

interrĭtus, a, um (in u. terreo), **unerschrocken, furchtlos, kaltblütig**, v. Pers., *Ä* 5, 427. 11, 711 u. 837. dcht., classis, ohne Schreck vor Gefahr, ohne Unfall, *Ä* 5, 863.

inter-rumpo, rūpi, ruptum, ĕre, **unterbreche**, interrupti ignes, zwischen den Feuern ist ein Raum, *Ä* 9, 239. übtr., opera interrupta, **unterbrochen, stokkend**, *Ä* 4, 88.

inter-sŭm, fŭi, esse, **nehme teil** an etw., m. Dat., patris lacrimis, *Ä* 11, 62.

inter-texo, texŭi, textum, ĕre, **webe mitten hinein**, intertextus auro, golddurchwirkt, *Ä* 8, 167.

intervallum, i, *n.* (inter u. vallus), **Zwischenraum**, *Ä* 5, 320.

in-texo, texŭi, textum, ĕre, *a*) **webe** od. **flechte in etw. hinein**, Part. Pass. 'intextus','eingewirkt','gestickt',puer regius, *Ä* 5, 252. intextiBritanni(näml.in den Vorhang) *G* 3, 25 (s. aulaeum). *b*) m. Abl., **flechte durch etw. ein, umflechte, umwebe, umschlinge, umgebe mit** etw., alqd alqā re, *Ä* 7, 488. 10, 785. *G* 2, 221. *B* 5, 31. costas abiete (vom 'Einfügen' der innen gekrümmten Seitenhölzer, an denen die äufsere Holzbekleidung befestigt war), *Ä* 2, 16. vaccinia casiā atque aliis suavibus herbis, *B* 2, 49. cui (pyrae) frondibus atris intexunt latera, bekleiden dem Scheiterhaufen die Seiten mit dunklem Laube, *Ä* 6, 216.

intibus, i, *m.*, bei Vergil nur heterogen. Plur. **intĭba**, ōrum, *n.*, **Cichorie**, mit bitterer Wurzel, teils wildwachsend, teils kultiviert (Endivie), *G* 1, 120. 4, 120.

intĭmus, s. interior.

in-tŏno, tŏnŭi, āre, **donnere**, 1) eig., v. Juppiter, (ad)laevum, 'zur Linken', bei den Römern günstiges Zeichen, *Ä* 2, 693.

9, 631. ebenso v. Blitz und Donner aus
unbewölktem Himmel, *A* 7, 141. 2) übtr.,
d o n n e r e, r a s s e l e, e r d r ö h n e, k r a -
c h e, von der Furie, ore (mit der Stim-
me), *A* 6, 607. v. Mars, clipeo, *A* 12, 332.
v. Äneas, armis, *A* 12, 700. v. Lebl., in-
pulsu quo maximus intonat aether, *A*
8, 239. clipeum super intonat ingens, *A*
9, 709.

intonsus, a, um (in u. tondeo), un-
geschoren, bidens, *A* 12, 170. ora, das
noch bartfreie Kinn, jugendliche Gesicht,
A 9, 181. dcht. übtr., capita (der Eichen),
dicht belaubt, *A* 9, 681. montes, dicht
bewaldet, *B* 5, 63.

in-torquĕo, torsi, tortum, ēre, 1) drehe einwärts, übh. v e r d r e h e, oculos, *G*
4, 451. 2) d r e h e, *a*) b o h r e in etw., m.
Dat., hastam equo, *A* 11, 637. tergo, *A*
2, 231. *b*) w e r f e schwingend, s c h l e u -
d e r e, tela per fenestras, *A* 9, 534. hastam, *A* 9, 744. iaculum, *A* 10, 323. telum, *A* 12, 921.

intrā, Präp. m. Akk. (eig. Abl. zum
ungebr. 'interus'), *a*) räuml., i n n e r -
h a l b, im i n n e r n B e r e i c h von etw.,
intra iactum teli, *A* 11, 608. intra prima
limiua, an der Schwelle der Burg, gleich
beim Eingang od. Eintritt in den Palast,
A 11, 267 (*Ribb.* 'inter). intra tuta domorum, *A* 11, 882 (*Haupt*). intra se, in seinem Innern, *A* 1, 455 (*Schap.*). *b*) bei
Zeitw. der Bewegung, in etw. h i n e i n,
A 2, 33. 6, 525. 7, 168 u. 500. 11, 235.

in-tractābĭlis, e, schwer zu behandeln, u n b ä n d i g, wild, genus intr. bello, *A* 1, 339. bruma, hart, rauh, *G* 1, 211.

intractātus, a, um (in u. tracto), un-
a u s g e f ü h r t, u n a u s g e ü b t, aliquid
sceleris, *A* 8, 206.

intrĕme(l)sco, trĕmŭi, ĕre (Inch. v.
intremo), e r b e b e, iutremuit mālus, *A*
5, 505.

in-trĕmo, ĕre, e r z i t t e r e, e r b e b e,
murmure, *A* 3, 581.

intro, āre, 1) g e h e h i n e i n in etw.,
portus, segle od. fahre ein in, *A* 3, 219.
5, 57. ripas fluminis, laufe ein, übh.
lande, *A* 7, 201. maria, befahre, durchfahre, *A* 6, 59. Thybrim vicinaque Thybridis arva, gelange zu, *A* 3, 501. 2) übtr.,
vom Feuer der Liebe, d u r c h d r i n g e,
medullas, *A* 8, 390.

introgrĕdĭor, gressus sum, grĕdi (intro u. gradior), s c h r e i t e h i n e i n, b e -
t r e t e, den Raum des Tempels, *A* 1, 520.
den Palast, *A* 11, 248.

intūba, s. intibus.

intŭs, Adv. (ἐντός), im I n n e r n, dar-
i n, *G* 4, 422. *A* 1, 167. 6, 726. 9, 538. näher bestimmend beim Abl. des Ortes, tali

templo, *A* 7, 192. 'daheim', d. i. im Win-
terstalle u. Sommergehege, *G* 3, 214.

inultus, a, um (in u. ulciscor), ungerächt, o h n e V e r g e l t u n g, ohne
Rache genommen zu haben, *A* 2, 670. 4,
659. *G* 3, 227. me inulto, ohne dafs man
mich gerächt hat, 'ungestraft', *A* 10, 739
(vgl. *A* 2, 587). aut (neque) famam patieris inultae, man soll von dir nicht sagen, dafs du n i c h t gerächt worden seist,
A 11, 847.

in-umbro, āre, u m s c h a t t e, be-
s c h a t t e, v. Bäumen, alqd, *G* 4, 20. v.
Pers., toros obtentu frondis, *A* 11, 66.

in-undo, āre, 1) intr.: *a*) s t r ö m e,
woge d a h i n od. h e r a n, übtr., v. Menschen, *A* 12, 280. *b*) s t r ö m e ü b e r von
etw., m. Abl., sanguine, *A* 10, 24 (s. nachb.).
A 11, 382. 2) trans., ü b e r s c h w e m m e,
sanguine fossas (*Ribb.*), *A* 10, 24.

in-uro, ussi, ustum*, ēre, b r e n n e
ein, notas et nomina gentis, *G* 3, 158.

in-ūtĭlis, e, u n n ü t z, u n t a u g l i c h,
u n b r a u c h b a r, v. Anchises, *A* 2, 647.
bes. untüchtig für den Kampf, kraftlos,
A 10, 794. v. Sachen, ferrum, *A* 2, 510.
umor, schädliche, *G* 1, 88.

Inŭus, i, *m.* (ineo, 'Bespringer'), Name des Faunus bei den ital. Hirten, dah.
Castrum Īnūi, altlatinische Hirtensta-
tion an der Küste von Ardea in Latium,
A 6, 775.

in-vādo, vāsi, vāsum, ĕre, 1) g e h e
in etw. h i n e i n, *a*) eig., g e l a n g e wohin, m. Akk., portus, *A* 3, 382. viam,
trete an, betrete, *A* 6, 260. *b*) dcht. übtr.,
g e h e a n etw., u n t e r n e h m e, b e g i n -
n e, b e s t e h e, bes. Gefahrvolles, Martem (den Kampf) clipeis, *A* 12, 712. pugnam aut aliquid magnum, *A* 9, 186. 2)
g e h e schnell, kühn od. mit Gewalt auf
jmd. od. etw. l o s, g r e i f e od. f a l l e a n,
ü b e r f a l l e, *a*) eig., m. Akk., hostes, *A*
9, 799. 12, 497. turmas, *A* 10, 310. Teucros, *A* 10, 690. (me) gravatum etc., *A* 6,
361. urbem, *A* 2, 265. castra, *A* 8, 147.
thalamum, *A* 6, 623. abs., *A* 2, 414. 3,
240. 9, 71 u. 567. *b*) übtr., von einer heftigen u. vorwerfenden Anrede an jmd.,
l a s s e od. f a h r e jmd. an, abs., *A* 4, 265.

in-vălĭdus, a, um, s c h w a c h an
Kraft, k r a f t l o s, v. Pers., *A* 6, 114. 12,
132. auch 'palmae' (Hände), *G* 4, 498.
quidquid invalidum (in bez. auf Pers.),
wer sonst kraftlos, *A* 5, 716. v. Tieren, *G*
3, 128 u. 189. *A* 12, 282.

in-vĕho, vexi, vectum, ĕre, f a h r e
h i n e i n oder übh. d a h i n, e i n h e r, bei
Vergil nur Pass. 'invehor', mit näherer
Bestimmung, curru per urbes, *A* 6, 785.
rotis (in) caelo, mit dem Wagen am

Himmel (v. Aurora), *Ä* 12, 77. equis (v. Sonnengott), *G* 3, 358. quattuor equis, *Ä* 6,587. equo, 'reite' einher, *Ä* 5,571. Centauro (dem Schiffe), *Ä* 5, 122. abs., von Neptun, aperto caelo, nach Zerteilung der Wolken, *Ä* 1, 155. v. Juno, *Ä* 7, 287. mit Akk., moenia triumpho, ziehe im Triumphe, triumphierend in die Mauern ein, *Ä* 8, 714. von Schiffen, 'einlaufen in', Thybridis undam, *Ä* 7, 436.

in-vĕnĭo, vēni, ventum, īre, 1) komme auf od. zu etw., finde, treffe, stoſse od. gerate auf jmd. od. etw., treffe an, finde vor (gew. zufällig), alqm, *B* 2, 73. *Ä* 9,742. suem sub ilicibus, *Ä* 3,390. 8, 43. regem inventum (esse) focis (Abl.), *Ä* 7, 680. alqd, *G* 1, 495. *Ä* 7, 61 u. 297. von dem, was man absichtlich sucht, flumina, *Ä* 6, 8. mortem manu (durch feindliche Hand), *Ä* 2, 645. 2) übtr.: *a*) komme auf etw. mit dem Geiste, finde, erfinde, mache ausfindig, entdecke, viam, Mittel u. Wege, *Ä* 4, 478. dcht., fata viam invenient, eig. den vom Orakel bestimmten Weg, d. i. das Schicksal wird in Erfüllung gehen, sich vollziehen, *Ä* 3, 395.10,113. Bes. in bez. auf Erfindungen für das äuſsere Leben, artes, *Ä* 6, 663. *b*) finde, gewahre, sehe, m. Akk. u. Inf., *Ä* 2, 797. Pass., inventum (est), m. Inf. als Subj., man lernte, *G* 1, 140.

inventōr, ōris, *m.* (invenio), Erfinder, scelerum, 'Anstifter', v. Ulixes, *Ä* 2, 164.

inventrix, trīcis, *f.* (Femin. zu 'inventor'), Erfinderin, 'Schöpferin', oleae, v. Minerva, *G* 1, 19.

inventum, i, *n.* (invenio), Erfindung, Plur., magistri, *G* 4, 288.

in-vergo, ĕre, eig. neige etw. zu etw. hin, in der Opferspr., gieſse auf od. über etw., begieſse mit etw., m. Dat., vina fronti (des Opfertieres), *Ä* 6, 244.

in-verto, verti, versum, ĕre, 1) kehre od. wende um; dah. pflüge um, stürze, terras graves vomere, *G* 3, 526. pingue solum, *G* 1,65. glaebas (rastris), *G* 3, 161. von den Stieren, loca satis dentibus hydri (für die Aufnahme der gesäten Zähne), *G* 2, 141. 2) prägn., kehre od. drehe um, caelum, von der Nacht, *Ä* 11, 202.

invictus, a, um (in u. vinco), unbesiegbar, unbezwingbar, *a*) v. Pers., *Ä* 11, 305. 12, 191. m. Abl., viribus (an Kräften), *Ä* 6, 394. sbst., *Ä* 6, 365. Bein. des Herkules, *Ä* 8, 293. *b*) v. Lebl., bello dextera, *Ä* 6, 878. clipeus, *Ä* 10, 243.

in-vĭdĕo, vīdi, vīsum, ēre, sehe, blicke scheel od. neidisch auf jmd. od. etw. hin, *α*) m. Dat. der Pers. u. Akk. der Sache

od. Pers., beneide jmd. um etw., gönne nicht, miſsgönne jmdm. etw., *Ä* 8, 509. 11, 43 (m. flg. 'ne'). *G* 1, 504. abs., *B* 1, 11. *Ä* 11, 269 (erg. 'mihi'). dcht. m. Dat. u. Akk. der Sache zugleich, 'versage', 'entziehe', umbras collibus, *B* 7, 58. *β*) m. bl. Dat., praelato honori, *Ä* 5, 541 (*Ribb.* 'praelato honore'). paribus non invidet armis, gönnt dir das Lob gleich trefflicher Waffen, *Ä* 9, 655.

invĭdĭa, ae, *f.* (invideo), 1) Scheelsucht, Miſsgunst, Miſsfallen, Neid. m. subj. Gen., Ulixi, *Ä* 2, 90. abs., *Ä* 10, 852; vgl. *Ä* 11,337 (obliqua). *B* 7, 26. pulsus ob invidiam, aus Haſs, *Ä* 11,539. *b*) übtr., v. einem mit Miſsgunst angesehenen Gegenstand, quae tandem invidia est, m. Akk. u. Inf., warum siehst du scheel, daſs usw., *Ä* 4,350. 2) personif., 'Invidia', der von den Furien in die Unterwelt verstossene Neid, als die Quelle aller bürgerlichen Zerwürfnisse u. der gehässigen Gesinnungen gegen Augustus bildlich dargestellt, *G* 3, 37.

in-vĭgĭlo, āre, wache bei od. über etw., übtr., sorge für etw., m. Dat., victu, *G* 4, 158. venatu, bin auf die Jagd bedacht, betreibe die Jagd eifrig, *Ä* 9,605.

in-vĭŏlābĭlis, e, unverletzlich, pignus, *Ä* 11, 363.

in-vīso, vīsi, vīsum, ĕre, sehe nach etw. hin, besichtige, 'besuche' einen Ort, *Ä* 4,144. 8, 159. 11, 588. Bes. in bez. auf den vergötterten Oktavian, urbisne invisere terrarumque velis curam, ob du über die Stadt (Rom) und die Länder (des Römerreiches) die sorgende Aufsicht führen (Rom und das Römerreich in deine Obhut nehmen) willst, *G* 1, 25.

invīsus, a, um (eig. Part. von 'invideo'), 1) verhaſst, *a*) v. Pers., *Ä* 2, 574. 4, 541. numen (von den Erinnyen), *Ä* 7, 571. genus (der Troër), *Ä* 1, 28. stirps, *Ä* 7, 293. m. Dat., divis (v. Anchises), *Ä* 2, 647. caelestibus, *Ä* 1, 387. fatis, *G* 4, 324. auch v. Tieren, colubris (v. Storch), *G* 2, 320. Minervae (v. der Spinne, s. aranea), *G* 4, 246. *b*) v. Lebl., caput, *Ä* 9, 496. facies, *Ä* 9,734. amictus, *G* 3, 563. lumina, *Ä* 12, 62. lux, *Ä* 4, 630. vita, *Ä* 11,177. m. Dat., *Ä* 2, 601. dis (v. Totenreich), *G* 2,189. 2) mit aktivem Sinne, gehässig, feindlich gesinnt, tibi (gegen dich), *Ä* 11, 364. abs., fratres, d. i. einander grollende Brüder, *Ä* 6, 608.

invīto, āre, 1) lade ein, alqm, *Ä* 5, 486. dcht. m. Dat. des örtl. Zieles, alqm solio, auf den Thron sich zu setzen, *Ä* 8, 178. hostem moenibus, in die Mauern, *Ä* 9, 676. 2) übtr., fordere auf, locke an, alqm, *Ä* 5, 486. pretiis animos, reize

den Mut (zum Wettlauf), *Ä* 5, 292. dcht.
v. sachl. Subj., v. Ufer, m. Inf., *G* 4, 23.
abs., v. Winter (näml. zur Lust, sich gütlich zu thun), *G* 1, 302.

invītus, a, um, der etw. nicht gern
thut od. erträgt, ungern, gegen Willen od. Wunsch, *a*) v. Leb., *Ä* 4, 493.
invito numine (Abl. abs.), deinem Winke
zuwider, ohne deinen Willen, *Ä* 10, 31.
heu nihil invitis fas quemquam fidere divis! d. i. ach! dafs nie doch ein Mensch
ungnädigen Göttern vertrauen darf! *Ä* 2,
402. Bes. im Nom. neben dem im Zeitw.
enthaltenen Subj., *Ä* 6, 460. 12, 809. Plur.,
Ä 10, 233. *b*) dcht. v. Lebl., terra', *G* 1,
224. Olympus, *B* 6, 86.

invïus, a, um (in u. via), unwegsam,
ungangbar, unzugänglich, saxa, *Ä*
1, 537. lustra, *Ä* 4, 151. via, *Ä* 3, 383. m.
Dat. der Pers. 'für' jmd., *Ä* 6, 154. 9, 130.

in-vŏco, āre, rufe an, flehe an,
alqm, *Ä* 7, 140.

in-volvo, volvi, völūtum, ĕre, 1)rolle,
wälze, schleudere auf od. über etw.,
a) übb., m. Dat., Olympum Ossae (auf
den Ossa), *G* 1, 282. Pass., oppositis a
tergo involvitur aris, in caput inque umeros, stürzt auf Haupt u. Schulter nieder
rücklings, auf den hinter ihm stehenden
Altar, *Ä* 12, 292. *b*) wälze od. reifse
im Sturze dahin, fort, v. Felsen, alqd
secum, *Ä* 12, 689. 2)wickle od. hülle
ein in etw., umhülle, *a*) eig., alqd alqā
re, *Ä* 2, 251. 6, 336. 8, 253. *G* 2, 308. abs.,
diem, v. Unwetter, *Ä* 3, 198. Pass., lumine
fulvo involvi, *Ä* 7, 77. *b*) übtr., v. Abstr.,
obscuris vera, hülle die Wahrheit in
dunkle (rätselhafte) Worte, *Ä* 6, 100.

ĭō, Interj. (*ἰώ*), als Ausdr. starker Ge-
mütsaufregung, ioh! ah! der Bacchantinnen, *Ä* 7, 400.

Ĭō, ūs u. ōnis, *f.* (*Ἰώ*), Tochter des
Königs Inachus von Argos, von Juppiter
in eine Kuh verwandelt und durch eine
von Juno gesandte Bremse (s. *G* 3, 152 figg.)
über den ganzen Erdkreis bis an den
Nil gejagt, wo sie nach Versöhnung der
Juno erlöst wurde, *Ä* 7, 789.

Ĭollās, ae, Akk. 'an', *m.* (*Ἰόλλας*),
1) ein Troër, *Ä* 11, 640. 2) der Herr des
Korydon, *B* 2, 57. Nebenbuhler des Damon in der Liebe zu Phyllis, *B* 3, 76 u. 79.

Ĭonius, a, um (*Ἰόνιος*), ionisch, in
bez. auf das ionische Meer, d. i. den südl.
Teil des adriat. Meeres zwischen Italien,
Sicilien u. Griechenland, mare, *Ä* 5, 193.
fluctus, aus dem ion. Meere kommend,
Ä 3, 671; vgl. *G* 2, 108. dcht. sbst., Ĭŏnĭum,
ĭi, *n.*, 'das ionische Meer', *Ä* 3, 211.

Ĭŏpās, ae, *m.*, ein Zitherspieler in
Karthago, *Ä* 1, 740.

Iphĭtus, i, *m.* (*Ἴφιτος*), ein Troër aus
dem Gefolge des Äneas, *Ä* 2, 435.

ipsĕ, a, um, Pron. [Gen. gew. 'ipsīus',
doch 'ipsīus', *Ä* 1, 114. 5, 535. *G* 1, 452],
selbst, in den obliquen Kasus (wie
αὐτός) auch ihn, sie, es, *a*) zur Bezeichn. der Identität in allen denkbaren
Gegensätzen, bes. der Hauptperson, *Ä* 1,
145. 2, 479. 4, 517. 5, 406. 6, 29. 7, 397.
zur Hervorhebung einer Pers. od. Sache,
Ä 3, 322. 12, 19 u. 725. 8, 111. *G* 1, 121
u. 328. auch durch die Wortstellung zugleich gehoben, ad cineres 'ipsius' et ossa
'parentis', *Ä* 5, 55. caestus 'ipsius' et
'Herculis' arma, *Ä* 5, 410. ipsa Pristis(das
Schiff im Gegs. zu Mnestheus), *Ä* 5, 218.
wiederbolt, ipsum armis ipsumque etc.,
Ä 11, 218. ipsi Laurentes ipsique Latini, *Ä*
12, 240. Nachdrucksvoll, selbst, 'in eigner Person', *B* 1, 12; mit eigner Hand,
B 3, 69. *Ä* 1, 42 (Gegs. 'ast ego' v. 46.); vgl.
B 5, 54. *Ä* 8, 31 u. 111. vollst. ipsa dextrā suā, *Ä* 12, 660. ipsa armenta, Stuten
u. Kühe, *G* 3, 129. Iuppiter par, 'der leib-
haftige', *Ä* 4, 356. ipsa sus (im Gegs.
zu dem v. 248 erwähnten wilden Eber),
G 3, 255. Mit einem Personalpron. verbunden, wie 'egomet', 'ego' etc., *Ä* 5, 650.
846 u. ö. *B* 2, 51. Oft zur Wiederaufnahme
des durch einen Zwischensatz in Vergessenheit geratenen Subj., ipsa (näml.
'aetas', die jungen Laubsprossen, wobei
aber Vergil 'vitis', d. i. die Rebe selbst
im Gedanken hat), *G* 2, 365. ipsi (reges),
G 4, 82. ipse (näml. flos), der Kelch der
Blume, *G* 4, 274. ipsa (mater), im Gegs.
zu den Göttern, die das omen geben, *G*
4, 386. ipse (Gegs. zu Juno u. Juturna),
Ä 12, 843. ipse . . . consul, *Ä* 7, 612 flg.
Häufig zur Hervorhebung des Ganzen
vor den einzelnen Teilen od. eines vor-
züglicheren Teiles vor den übrigen, bes.
um eine Person dem ihr Zugehörigen
entgegenzustellen oder davon zu unterscheiden, *Ä* 1, 42. 3, 457. 4, 147. 5, 861.
6, 76. 7, 816. 12, 303. *G* 3, 387. 4, 274. 433.
543. ipsaque dorso eminet, mit dem Ober-
leibe ragt sie über das Schiff empor (im
Gegs. zu 'dextrā manu'), *Ä* 10, 226. ipsa,
der Stamm od. Baum selbst im Gegs. der
schattenden Zweige, *G* 2, 297. *b*) steigernd, selbst, ja selbst, sogar auch,
ipse gubernator, *Ä* 5, 12. ipsi caelicolae,
Ä 6, 553. ipsius Herculis arma, *Ä* 5, 410.
wiederbolt, ipsi montes, ipsae rupes, ipsa
arbusta, *B* 5, 62 flg. ipsas volantes (apes)
ferunt, sogar im Fluge, *G* 4, 16. *c*) et
ipse, auch, gleichfalls od. ebenfalls
(wenn man einem zweiten Subj. dasselbe
Prädikat beilegt), *Ä* 5, 499. 6, 90. 8, 161.
9, 342. *d*) zur scharfen Markierung eines

örtl. Punktes, vestibulum ante ipsum, unmittelbar, gerade vor dem Eingange, *A* 2, 469. sub ipsa Antandro, gleich am Fuſse des Berges von Ant., *A* 3, 5. sub ipsam finem, *A* 5, 327. hoc ipso in litore, auf eben diesem Gestade, *A* 5, 411. in bez. auf Pers., sub quo ipso, d. i. unmittelbar hinter diesem, *A* 5, 323. ipsa sub ora, gerade, unmittelbar vor seinen Augen, *A* 6, 191. *e)* von selbst, aus eigenem Antrieb, ohne äuſsere Veranlassung, freiwillig, ungeheiſsen, *A* 7, 492. *B* 4, 21. ipsi invenci venient, *B* 7, 11; vgl. *G* 3, 316. 4, 65. auch v. Lebl., wie v. Meere, *A* 5, 843. von den Bäumen, m. 'sponte' verb., *G* 2, 10. von den Fluren, m. 'volens' verb., *G* 2, 500. v. Boden, ohne Pflege, *G* 1, 127. 2, 459; vgl. *G* 2, 423. *B* 4, 23. 8, 106. *f)* einschränkend u. anderes ausscheidend, an od. für sich selbst, allein, *A* 5, 201. 8, 111. 11, 218. *G* 4, 201. impetus ipse, der einmal erhaltene Schwung selbst, für sich, ohne weiteren Gebrauch von Rudern u. Segeln, *A* 5, 219. Dah. 'bei sich selbst' od. 'allein', ipse suo cum corde, ipse secum volutat etc., *A* 6, 185. 12, 843. *g)* derselbe, von derselben Art, ipsis e torquibus, von derselben Art (vimen), aus denselben weidenen Reifen, *G* 3, 168.

ira, ae, *f.*, 1) leidenschaftl. Aufwallung des Gemütes, Zorn, Unwille, Groll, Erbitterung, Ingrimm, Wut, *a)* leb. Wesen, *α)* der Menschen u. Götter, *A* 2, 534. 5, 454. 706. 781. 6, 407. 7, 462. 8, 230 u. 501. 9, 44. 62. 604. 795. 798. 10, 714. 742. 758. 12, 108 u. 527. bei 'sum' m. Dat. der Pers. u. Dat. des Zweckes zugleich, bin für jmd. ein Gegenstand des Zornes, errege jmds. Zorn, *A* 10, 716. m. subj. Gen., deûm, *A* 3, 215. 5, 706. 8, 40. numinis, *G* 4, 453. Iunonis, *A* 1, 4 u. 130. 5, 781. m. obj. Gen., 'wegen' oder 'über', mortis fraternae, *A* 9, 736. ereptae virginis irā, erzürnt wegen der (durch Koröbus) wieder entrissenen Jungfrau, *A* 2, 413. Häuf. Plur. (um die verschiedenen Äuſserungen und Erscheinungen des Zornes auszudr., oft auch nur als verstärkter Ausdruck), *A* 1, 11. 125. 130. 2, 316. 380. 572. 594. 3, 366. 4, 197. 532. 5, 461. 7, 15. 305. 326. 345. 445. 755. 8, 40. 9, 65. 464. 688. 10, 813. 11, 342. 452. 728. 12, 314. 494. 499. 590. 946. *B* 2, 14. *G* 3, 152. 4, 453 u. 536. irae deûm, die Äuſserungen des Unwillens der Götter, *A* 8, 40. tristes, *A* 3, 366. dcht., ira deûm (von den Harpyien), 'ein Fluch, eine Geiſsel der Götter', 'von den Göttern im Zorne geschaffen', *A* 3, 215. Bisw. 'Kampfeswut', *A* 10, 263. *β)* v. Tieren, wie von

einer Schlange, Wut, *A* 2, 381. 7, 755. Plur., leonum, wütende Stimme, Wutgeschrei, *A* 7, 15. *b)* v. Lebl., wie v. Winde, *A* 1, 57. von der Flamme des Blitzes, Wut, *A* 8, 432. 2) personif. 'Irae', im Gefolge des Mars, *A* 12, 336.

īrascor, īrātus sum, īrasci, zürne, gerate in Zorn, wüte, dcht. v. Jäger, trete mit kühnem Mute, beherzt entgegen, *A* 10, 712. auch v. Stiere, in cornua, gleichs. Wut u. Kraft in die Hörner drängen, die Hörner mit niedergebeugtem Kopfe zum Stoſse auslegen, *G* 3, 232. *A* 12, 104. Part. īrātus, a, um, 'erzürnt', 'zornig', *G* 2, 207.

Īris, rĭdis, Akk. 'rim', *f.* (Ἶρις), Tochter des Thaumas u. der Elektra, Dienerin u. Botin der Gottheiten, bes. der Juno, *A* 4, 694 u. 700. 5, 606. 9, 2. 18 u. 803. 10, 38 u. 73. Als Göttin des Regenbogens spannt sie diesen als ihren Pfad aus, auf dem sie vom Himmel zur Erde gelangt, *A* 5, 610. 9, 15; vgl. Ov. Met. 11, 590 u. 632.

irreměābĭlis, irrīděo, irrĭtus etc., s. inremeabilis, inrideo, inritus etc.

ĭs, ĕă, ĭd, Demonstrativpron., 1) der, die, das od. derjenige, diejenige, dasjenige, *a)* auf einen schon bezeichneten Gegenstand hinweisend od. die Bezeichnung desselben einleitend, *A* 1, 413. 5, 229. 7, 63. quae mihi reddat *eum* vel *eo* me solvat amantem, *A* 4, 479. nachdrücklich 'isque', *A* 2, 115. *b)* nach einer Art von Attraktion in attributiver Form mit dem Sbst. verb., wo man es im Verhältnis der Abhängigkeit im Gen. erwartet, ea signa, Zeichen hiervon, *A* 2, 171. ea cura, die Sorge dafür, *A* 3, 505. ea pugna, deren (ihr) K., *A* 12, 216; vgl. *A* 4, 237. 7, 595. 12, 468. *c)* isque et is, und zwar, zur näheren Bestimmung eines Begriffs, *A* 5, 704. 7, 48. idque, *A* 2, 103. 2) prägn., ein solcher, von der Art, non ea vis animo etc., nicht so trotziger Mut, *A* 1, 529. is vertitur ordo, so ist es geordnet, so ist die Reihe der Schicksale, *A* 3, 376. ea frena furenti concutit, so reizte Apollo die Sibylle in Wut (Begeisterung), *A* 6, 100; vgl. *A* 4, 34.

1. **Ismărus**, i, *m.* (Ἴσμαρος), ein Lydier, *A* 10, 139.

2. **Ismărus**, i, *m.* u. dcht. Nebenform **Ismăra**, ōrum, *n.* (Ἴσμαρος), Berg in Thrakien, ber. durch Weinbau, *B* 6, 30. *G* 2, 37; Stadt daselbst, *A* 10, 351.

ĭstĕ, ă, ŭd, Demonstrativpron. (is-te), dieser, diese, dieses; der, die, das (da); jener, jene, jenes, 1) zur Bezeichn. alles dessen, was im Bereich des Angeredeten liegt, von diesem herrührt, auf diesen Bezug hat od. dem Redenden

übh. nahe od. gegenwärtig ist, *Ä* 2, 708.
4, 318. 9, 94. mecum erit iste labor, *Ä* 4,
115. iste dolor, *Ä* 9, 139. 2) prägn., solcher, von der Art, deus, *B* 1, 19. inprobus, *Ä* 5, 397. spectacula, *Ä* 6, 37. de-
fensores, *Ä* 2, 521.

Istēr, s. Hister.

istī od. **istīc**, Adv. (iste), da, dort
(von einem dem Angeredeten näheren
Orte), *Ä* 10,557 ('isti'*Ribb.; 'istic'*Haupt*
u. *Schap.*). patet isti ianua leto, *Ä* 2, 661
(wo andere 'isti' als Pron. m. 'leto' verbinden).

istinc, Adv. (iste u. hinc), von dort,
von da, fare ... istinc, *Ä* 6, 389.

ĭtă, Adv., 1) s o, auf die (diese)
Weise, unter diesen Umständen
(um auf eine vorausgeh. Bestimmung
der Art u. Weise einer Thätigkeit oder
eines Zustandes zurückzuweisen), *Ä* 2,
182 u. ö. non ita me genitor ... erudiit,
Ä 9, 201. haud ita me experti, *Ä* 11, 396.
ita ferre ... ut (wie),*Ä* 7,206. ellipt., non
ita, nicht also! *Ä* 2, 583. 2) prägn.: *a*) s o,
in dém Grade, dermafsen, um auf
den durch 'ut' u.Konj. eingeführten Grad
eines Zustandes hinzuweisen, *Ä* 8, 88. *b*)
bei einer Beteuerung od. Versicherung
m. Konj., s o w a h r, d. i. so wahr ich
wünsche, dafs usw., ita me referat tibi
Juppiter, *Ä* 9, 208.

Ĭtălĭa, ae, *f.* (*Ἰταλία*), I t a l i e n, urspr.
der südöstlichsteTeilderHalbinsel, einer
einheimischen Volkssage nach, welcher
auch Vergil (*Ä* 1, 530. 3,163; vgl. *Ä* 7,85)
folgt, von den unstät umherziehenden
Önotrern(Sabinern)bewohnt,welche Italus (s. d.), von dem das Land dann sei-
nenNamen erhielt,an dasselshafteLeben
des Ackerbauers u. durch weise Gesetze
an geordneteVerhältnisse gewöhnte,*Ä* 1,
2. 13. 38. 68. 233. 263. 380. 533. 553 flg.
3, 166. 253 flg. 364. 381. 458. 507. 523.
674. 4, 106. 230. 275. 345 flg. 361. 381.
5, 18. 629. 730. 6, 61. 357. 718. 7, 469.
563. 9, 267. 601. 10, 8. 32. 67. 11, 219 u.
508. 12, 41. *G* 2, 138.

Ĭtălis, lĭdis, *f.*, aus Italien gebürtig,
sbst. Italerin, Plur. Ítălĭdes, *Ä* 11,657.

1. **Ĭtălus**, i, *m.*, ein alter Heros Italiens, als vergötterter Stier (*ἰταλός*) mit
einem Menschenantlitz auf südital. und
sicil. Münzen dargestellt, *Ä* 7, 178.

2. **Ĭtălus**, a, um [dageg. -ᴗᴗ gemessen
nur *Ä* 3,185. 7, 643. 9,698 (695), wieHor.
carm. 2, 13, 18 u. ö.], 1) zu Italien gehörig, italisch, orae, regna u. dgl., *Ä* 1,
252. 3,185. 396. 440. 5,82 u. 703. 6,757
u. 762. 7, 85. 334. 643. 776. 8, 715 u. 626.
9, 133 u. 698. 10, 780. 11, 326 u. 420. 12,
35. 246. 827. 2) Sbst., Ítăli, ōrum, *m.*

(zusgez.Gen. 'Italûm', *Ä* 6, 92. 8, 513. 10,
41 u.109), I t a l e r, *Ä* 1,109 u.565. 8, 502.
331. 678. 9, 532. 10, 74. 11, 592. 12, 189.
202. 251. 237. 582. 628. mox Italus Mnestheus, d. i. Mnestheus, der bald ein Italer werden und als solcher seinen griechischen Namen (von *μεμνῆσθαι*) in den
lateinischen 'Memmius'(von 'meminisse')
umsetzen sollte, *Ä* 5, 117.

ĭtĕm, Adv., e b e n s o, auf gleiche
Weise, *G* 1, 187.

ĭtĕr, ĭtĭnĕris, *n.*(ire), 1)eig.: *a*) konkr.,
v. Orte, P f a d, G a n g, Weg, B a h n,
Strafse, *Ä* 5, 589. 7,160. 9,321. 11,244.
G 1, 380. m. Akk., hāc iter (est)Elysium,
Ä 12, 542. m. Gen., silvae, *Ä* 9, 391. auf
dem Wasser, Meere (*πόρος*), *Ä* 5, 170.
7, 802. 12, 525. über die Erde, *Ä* 5, 217.
6, 16. *b*) von der Handlung, der Gang,
Weg, die Reise, *α*) in bez. auf Pers.,
Ä 1,370 u.656.6,384u.477. 9,377. m.ad,
Ä 7,467. 11,17. auf dem Wasser, 'Reise',
'Fahrt', *Ä* 5, 2. 23. 35. 7, 7 u. 811. 8, 90.
9, 112. m. bl. Akk. des Landes, iter (*est*)
Italiam, führt nach It., *Ä* 3, 507. *β*) von
Lebl., *Ä* 5, 862. m. Gen., opacae noctis,
Ä 10, 162. vocis, *Ä* 7, 534. 2) übtr.,W e g,
M i t t e l (*ὁδός*), m. Gen., salutis (zum
Heile), *Ä* 2, 387.

ĭtĕrŭm, Adv., wieder, wiederum,
a b e r m a l s, *Ä* 3, 297. 5, 166. 6, 720. *G* 4,
454. iterum atque iterum, wieder u. wieder, mehrmals, *Ä* 8, 527. iterumque iterumque, *Ä* 2, 770. 3, 436.

Ĭthăca, ae, *f.* (*Ἰθάκη*), kleine Insel
des ion. Meeres, Vaterland u. Reich des
Ulixes (j. 'Theaki'), *Ä* 3, 613. zum Teil
gebirgig u. felsig, dah. 'scopuli Ithacae',
Ä 3, 272.

Ĭthăcus, i, *m.* (dcht. st. Ithacensis,
Ἰθαχήσιος),Bewohner von Ithaka, I t h a -
ker, v. Ulixes,*Ä* 2,104. 122 u. 128.3,629.

Ĭtūraeus,a,um,zu Ituräa, einerLand-
schaft in Cölesyrien gehörig (deren Bew.
als Bogenschützen ber.), i t u r ä i s c h, arcus, *G* 2, 448.

Ĭtys, Akk. 'ȳn', *m.* (*Ἴτυς*), ein Troër,
Gefährte des Äneas, *Ä* 9, 574.

iŭba, ae, *f.*, 1) eig.: *a*) Mähne des
Löwen, Pferdes, *Ä* 11, 497. *G* 3, 86 u. 92.
b) K a m m am Kopfe der Schlange, *Ä* 2,
206. 2)übtr., H e l m b u s c h imKegel des
Helmes,H a a r b u s c h aus Pferdehaaren,
Ä 2, 412. 9, 810. triplex (*τριλοφία*, als
besondere Auszeichnung der Helden),
Ä 7, 785. Plur. st. des ganzen Helmes,
Ä 10, 638.

iŭbăr, ăris, *n.*(iuba), G l a n z desMor-
gensterns, iubare exorto, mit demFrüh-
rot, *Ä* 4, 130.

iŭbĕo, iussi, iussum, ēre [altert. 'iusso'

st. 'iussero', *Ä* 11, 467] (ius habeo), eig.
halte u. erkläre für recht, dafs etw. ge-
schehe, befehle, gebiete, heifse,
bisw. lasse, 1) v. Pers., m. Akk. u. Inf.,
Ä 3, 101. 5, 552 u. 757. 6, 632. 7, 428. 9,
233. 10, 222. 11, 218. 240. 12, 111 u. 854. *G*
3, 329. 4, 325 u. 359. mene ... ignorare
iubes? soll ich die Winde unbeachtet
lassen? *Ä* 5, 849. mit Inf. Pass. wechselnd (vgl. nachh. *β*), *Ä* 11, 583 flg. 12,
824 flg. Pass. 'iubeor' m. Inf., man be-
fiehlt mir, es wird mir gebeifsen, ich erhalte Befehl, ich soll, *Ä* 6, 21. 7, 617. bes.
Part. Perf. m. Inf., iussi (a Minoë) pen-
děre poenas,*Ä* 6, 21. iussi mori, den Opfer-
tod zu leiden, *Ä* 3, 323. iussi discumbere
toris, man hiefs jeden seinen Platz an
der Tafel einnehmen, *Ä* 1, 708. abs. ohne
Inf. (dessen Ergänzung der Zusbg. leicht
bietet), haud secus (minus) ac iussi faciunt, so wie ihnen befohlen (von mir),
Ä 3, 236 u. 561; vgl. *Ä* 1, 63. 3, 697. 4,
703. 7, 156. *β*) m. Inf. Akt., ohne Subjektsakk. (der dann entw. allgemeiner
Art u. durch man zu übers. od. aus dem
Zusbg. leicht zu entnehmen ist\, *Ä* 1, 377
u. 648. 2, 3. 37. 186. 3, 9. 85. 146. 261.
267. 289. 472. 4, 270 u. 546. 5, 15. 385.
773. 8, 646. 12, 584. auch mit dem Inf.
Akt. u. Pass. zugleich, donec Hesperus
iussit (nos, d. i. uns Hirten) cogere oves
numerumque referri, *B* 6, 85; vgl. *Ä* 5,
773. Bisw. mit Auslassung des ganzen
Objektssatzes, genetrix iubet (vos ire),
Ä 9, 117. *γ*) m. Inf. Pass. ohne Subj. der
befohlenen Thätigkeit, *Ä* 2, 147. 5, 359.
386. 828. 7, 276 u. 468. 8, 175. 10, 242 u.
858. 11, 79 u. 353. *δ*) m. 'ut' u. flg. Konj.,
B 5, 15. m. bl. Konj. der Aufforderung,
Ä 10, 53. *ε*) m. Akk. der Sache, bes. im
Part. Pass. 'iussus', anbefohlen, geboten, verordnet, vorgeschrieben,
honores, *Ä* 3, 547. sacra, *Ä* 6, 41. loca,
Ä 10, 238. sapores, *G* 4, 62 (*Ribb.* mit
mit *Reiske* 'tussus'). cedere aequore iusso,
von dem Teil des Kampfplatzes, deu zu
verlassen ihnen geboten worden war, *Ä*
10, 444. 2) von lebl. Subj., v. Eurotas,
B 6, 83. v. Hesperus, *Ä* 8, 498. v. Abstr.,
Ä 4, 346. 7, 432.

iûcundus, a, um (eig. 'iuvicundus' v.
iuvo), erfreulich, lieblich, lumen
caeli, *Ä* 6, 363.

iûdex, dĭcis, *m.*, Richter, in der Unterwelt, *Ä* 6, 431. übb. 'Schiedsrichter',
iudice te, vor deinem Richterstuhl, *B* 2, 27.

iŭdĭcĭum, ĭi, *n.* (iudex), *a*) Richterspruch, entscheidendes Urteil, Ausspruch, Paridis, *Ä* 1, 27. *b*) übb. 'Be-
dünken', 'Urteil', iudicio nostro, nach
unserem U., *B* 5, 18.

iŭgālis, e (iugo), 1) zum Anknüpfen
oder Anspannen gehörig, sbst., iugales
(equi) gemini, Gespann von zwei Pferden,
Doppel- od. Zweigespann, *Ä* 7, 280. 2)
übtr., zur Hochzeit od. Vermählung
gehörig, vinclum, Ehebund, *Ä* 4, 16 u.
59. lectus, Ehebett, *Ä* 4, 496. nox, 'Braut-
nacht', *Ä* 10, 497. dcht., ignes, 'ehelicher
Feuerbrand', v. Paris, *Ä* 7, 320.

iŭgĕrum, i, *n.* (iŭgis, iungo, eig. zu-
sammenhängende Flur), *a*) ein Juchert
od. Morgen Landes (eig. 240 *F.* lang
u. 120 *F.* breit), Plur., *Ä* 6, 596. relicti
iugera ruris, *G* 4, 128. *b*) das nach diesem
Mafse abgeteilte Quartier oder Feld
der Weinpflanzungen, *G* 2, 264.

iŭgo, āre (iugum), joche an, dcht. übtr.,
vereheliche, vermähle, *Ä* 1, 345.

iŭgŭlo, āre (iugulum), kehle ab,
steche ab, 'schlachte', pecudes in flammam, 'weihe den Flammen', *Ä* 11, 199.
12, 214.

iŭgŭlum, i, *n.*, Kehle, *Ä* 10, 415 u.
907. 11, 750. 12, 358. Plur., *G* 4, 542.

iŭgum, i, *n.* (Wurz. ζυγ in ζεύγνυμι,
'iungo'), 1) bindendes Werkzeug, bes.
Zugbaum od. Querholz am Vorderende
der Deichsel, woran die Zugtiere ge-
schirrt wurden, Joch, *a*) eig., *G* 1, 173.
der Rinder, *B* 2, 66. Plur., *G* 3, 57 u. 140.
B 4, 41. der Pferde, *Ä* 3, 542. Plur., *Ä* 7,
639. 12, 374. *b*) meton., Joch mit den
Tieren (Pferden), Gespann, *Ä* 5, 147.
10, 594. der Tiger (des Bacchus), *Ä* 6, 804.
2) übtr.: *a*) wegen der Ähnlichkeit der Gestalt, Bank, Sitzbank eines Kahnes
für die Mitfahrenden, Plur., longa, *Ä* 6,
411. *b*) zwei in die Erde gesteckte Lanzen, über die man eine dritte legte, unter welche die Besiegten hinweggehen
mufsten, bildl. zur Bezeichn. der Unter-
werfung oder Knechtschaft, dah., mitto
sub iuga, premo iugo, unter joche,
knechte, unterdrücke, *Ä* 8, 148. 10,
78. *c*) in geograph. Bez., Bergrücken,
Bergkette, Höhenzug, übh. Gebirge, Höhe, *Ä* 6, 676. 8, 236. 11, 905.
Plur., *Ä* 2, 631. 3, 125 u. 336. 4, 153. 11,
134. 514. 529. *G* 3, 292. mit näherer Bestimmung, Circaeum, *Ä* 7, 799. Etrusca,
Ä 8, 480. Idae, *Ä* 2, 801. Cynthi, *Ä* 1, 498.
Parnasi, Pindi, *B* 10, 11. montis, *B* 5, 76.
silvarum, nemorum, waldige Gebirge,
Hügel, *Ä* 6, 256. 11, 544.

Iûlius, a, um, Name eines röm. Geschlechts, das sich durch Iulus von Äneas
abzustammen rühmte, dah. 'Julius', der
von seinem Grofsoheim C. Julius Cäsar
adoptierte Oktavius, der dadurch unter
dem Namen Oktavianus Cäsar (später
Augustus) in die gens Julia kam, *Ä* 1, 288.

Dav. 'Iulia unda', der von Oktavianus zwischen Bajä u. Puteoli in Kampanien zur Aufnahme der Kriegsflotte (37 vor Chr.) angelegte Hafen (portus Iulius), durch Verbindung des Lukriner- u. Avernersees gebildet u. durch Dämme (claustra) gegen den Andrang des Meeres geschützt, *G* 2, 163. '

Iūlus, i, *m.* (Ἴουλος), Sohn des Äneas, Beiname des Askanius, Stammvater des julischen Geschlechtes, der in der Gründungsgeschichte Roms bei den Dichtern meist als ein schöner, unbärtiger Knabe erscheint, *Ä* 1, 546 u. 570. 9, 293. 10, 133; vgl. *Ä* 1, 267. 288. 556. 690. 709. 2, 563. 674. 677. 682. 710. 723. 4, 140. 274. 616. 6, 364 u. 789. 7, 107. 116. 478. 493. 9, 232. 310. 501. 640. 652. 10, 524. 534. 11, 58. 12, 110. 185. 399.

iunctūra, ae, *f.* (iungo), Verbindung, Fuge des Gebälkes, *Ä* 2, 464. laterum iuncturae, die beiden Enden des Gürtels, die durch eine Schnalle zusammengehalten wurden, *Ä* 12, 274.

iuncus, i, *m.* (σχοῖνος), Binse, bes. zu Flechtwerk verwendet, *B* 1, 49. 2, 72.

iungo, iunxi, iunctum, ēre (Wurz. ζυγ in ζεύγνυμι), 1) verknüpfe, verbinde, füge (binde) zusammen od. aneinander, m. Abl. instr., fistulam cerā, *B* 3, 26. m. Dat., mortua corpora vivis, *Ä* 8, 485. narcissum et florem anethi, *B* 2, 48. pontes et propugnacula, verbinde die Bollwerke (Türme) durch Brücken (mit der Mauer), *Ä* 9, 170. Bes. *a)* spanne Tiere an od. zusammen, schirre an, tauros, *Ä* 8, 316. pares (iuvencos), *G* 3, 169. equos, *Ä* 1, 568. 12, 735. currūs et quattuor equos, bespanne den Wagen mit vier Rossen, *G* 3, 114. m. Dat., equos curru, *Ä* 7, 724. equos auro, mit dem goldenen Wagen (*Ribb.* 'curru'), *Ä* 5, 817. iuncti leones, 'Löwengespann', *Ä* 3, 113. Sprichw. s. grypus u. vulpes, *B* 3, 91. 8, 27. *b)* vereinige, verbinde übh., schliefse an, populos et castra regis, *Ä* 8, 476. agmina, *Ä* 2, 267. 11, 145. agmina iungit (näml. sibi), er schliefst die Züge der Phrygier und Tyrier sich an, *Ä* 4, 142. opes (Macht), *Ä* 10, 154. iunctis frontibus, Bug an Bug, in einer Linie, *Ä* 5, 157. abs. mit reflexiv. Bed., ne iungant (se) castris, *Ä* 10, 240. 2) übtr.: *a)* verbinde, vereinige durch Liebe u. Ehe, vermähle, m. Dat., natam viro, *Ä* 7, 268. se viro, *Ä* 4, 192; vgl. *Ä* 4, 28. alqam conubio, *Ä* 1, 73. 4, 126. *b)* vereinige durch Freundschaft u. Bündnisse, m. Dat., alqm alci, *Ä* 11, 129. dextram dextrae, lege Hand in Hand, *Ä* 1, 408. dextras hospitio, bekräftige die Gastfreundschaft durch Handschlag, *Ä* 3, 83.

11, 165. iungi hospitio, *Ä* 7, 264. cum iungeret absens (näml. 'hospitium'), sie (die Gastfreundschaft) abwesend schlofs, *Ä* 9, 361. pacem aeterno foedere iunges, schliefse, *Ä* 11, 356 (*Haupt.* u. *Schap.* 'firmes'). foedera, foedus, vereine mich zu einem Bündnis, gehe ein Bündnis ein (mit jmd.), *Ä* 4, 112. 7, 546. 8, 56 u. 641. dextram, reiche jmdm. die Hand (als Ausdruck zärtlicher Vertrautheit), *Ä* 6, 697. dextras, durch Handschlag sich begrüfsen, *Ä* 8, 467. iuncta est mihi foedere dextra, durch die Gastfreundschaft mit Anchises stehe ich mit euch bereits in freundschaftlichen Verhältnissen, *Ä* 8, 169. *c)* vereinige ordnend, carmina, ordne und reihe die Sprüche wieder in die vorige Lage, *Ä* 3, 451.

iūnǐpěrus, i, *f.*, Wachholderstrauch, *B* 7, 53. 10, 76.

Iūno, ōnis, *f.* (eig. 'Iovino' als Femin. von 'Iovis'), Ἥρα, 1) Tochter des Saturnus u. der Rhea, Schwester u. Gemahlin Juppiters (*Ä* 1, 23 u. 46), oberste Göttin der Römer, bes. zu Samos u. Argos verehrt (*Ä* 1, 15 flg. 7, 286; vgl. Hom. Il. 4, 51 flg.), urspr. eine weibliche Macht des Himmels u. des himmlischen Lichtes, bes. des Mondes, dah. Geburtsgöttin (vgl. Lucina), auch Beschützerin der Ehen (pronuba, *Ä* 4, 166), begünstigte Karthago (*Ä* 1, 15), eine erbitterte Feindin der Troër u. des Äneas, *Ä* 5, 606 flgg. 7, 286 flgg.; vgl. *Ä* 1, 4. 36. 130. 279. 443. 446. 662. 668. 734. 2, 612. 761. 3, 380. 437 flg. 547. 4, 45. 59. 114. 166. 371. 608. 693. 5, 679. 781. 7, 330. 419. 438. 544. 552. 592. 683. 8, 60. 84. 292. 9, 2. 745. 764. 802. 10, 62. 73. 96. 606. 611. 628. 685. 760. 12, 134. 156. 791. 841. *G* 3, 153 u. 532. Über den Wagen derselben, *Ä* 1, 17. 2) Iuno inferna, d. i. Proserpina, als Gattin des Juppiter der Unterwelt (s. *Ä* 4, 638 u. Stygius), *Ä* 6, 138.

Iūnōnǐus, a, um (Iuno), zur Juno gehörig, junonisch, hospitia, Gastfreundschaft, die Äneas in dem der Juno heiligen Karthago genofs, *Ä* 1, 671.

Iuppǐter, Iŏvis, *m.* (aus der alten Form 'Diuvis', 'Diovis', 'Iovis' u. 'pater' verschmolzen: 'Dju- od. 'Iupater'), 1) Sohn des Saturnus und der Rhea, Bruder und Gatte der Juno, Oberherr der Götter u. Menschen (*Ä* 2, 689. 10, 112), dah. die Dichter nach uralter Sitte ihre Gesänge mit dem Lobe desselben begannen, 'ab Iove principium musae', *B* 3, 60. Er wägt die Schicksalslose der Menschen ab (*Ä* 12, 725 flg.), vermag jedoch nach Vergil nicht über das Schicksal selbst zu gebieten, *Ä* 9, 94 flg. Seinem Zeitalter wird das frühere goldene Zeitalter des Saturnus entgegengesetzt (*G* 1, 125 flgg.). Als Lichtgott,Beherrscher desHimmels, bes. der Luft u. der Witterung als befruchtender Regengott, der nach alter Vorstellung selbst mit dem Regen zur Erde steigt(*B*7,60.*G*2,325.), aber auch Hagelwetter schickt, *G* 2, 419. Urheber der Lufterscheinungen usw.,*Ä*9,670.12,141. *G* 1, 418. Später als Sinnbild des alles beherrschendenWeltgeistes,Jovisomnia plena,*B*3,60.Schwört stets bei den Flüssen der Unterwelt, *Ä* 9, 104. 10, 113 flg. Bei dem Nicken seines Hauptes erzittert der ganzeOlymp,*Ä* 9,106. Als kräftigstem Helfer werden ihm Sühnopfer gebracht,*Ä* 3, 279; vgl. *Ä* 1, 42. 46. 78. 223. 380. 394. 522. 731. 2, 326. 3, 104. 116. 171. 223. 681. 4, 91. 110. 199. 205. 206. 331. 377. 590. 614. 5, 17. 255. 689. 747. 784. 6, 123. 130. 272. 584. 586. 7, 110. 133. 139. 219 flg. 287. 308. 799. 8, 301. 320. 353. 381. 560. 573. 640. 9, 83. 128. 209. 564. 624 flg. 673. 716. 803. 10, 16. 116. 567. 606. 689. 758. 11, 901. 12, 144. 247. 496. 504. 565. 806. 809. 830. 849. 854. 878. 895. *G* 2, 15. 3, 35. 181. 332. 4, 149. *B* 4, 49. 2) Iuppiter Stygius, d. i. Pluto, *Ä* 4, 638.

iurgīum, ī,*n.*,Streit,Hader,Händel, Plur.,*B*5, 11. *Ä*10, 95. 'Vorwürfe', 'Verweise', *Ä* 11, 406.

iūro, āre (ius), eig. mache Rechtens od. rechtsgültig, dab. 1)schwöre,versichere, gelobe eidlich od. feierlich, m. Inf. Präs.,*Ä*4, 426. 2)schwöre, leiste einen Schwur od.Eid bei jmd. od. etw., rufe mit einem Schwur als Zeugen an, per sidera etc.,*Ä* 6, 458. fata per Aeneae et dextram,*Ä*7,234. per caput, beim eigenenHaupte(gew.Schwurformel),*Ä*9,300. m. bl. Akk., terram etc., *Ä* 12, 197. numen (Stygiae paludis, s. Styx),*Ä* 6, 324. maria aspera, mit flg. Akk. u. Inf., *Ä* 6, 352.

iūs, iūris, *n.* (zur Wurz. v. 'iubeo' gehörig), was angemessen od. recht ist, *a*) Recht, Gesetz, maternum, *Ä* 7, 402. proprium, *Ä* 11, 359. oft Plur., *Ä* 2, 157. *G*2,501.fas et iura,göttliches und menschliches Recht, *G* 1, 269. iura (näml. des Königs u.Vaters) fidesque (d. i. Uuverletzbarkeit des Überwundenen und supplex),*Ä* 2,541. Bes., iura do, mache und gehe Gesetze, übe das Amt eines Gesetzgebers, *Ä* 1, 293. 5, 758 (aber auch 'sitze zu Gericht', *Ä* 8,670). iura do per populos,*Ä*4,562. do iura domosque, gebe Gesetze u. verteile Häuser, *Ä* 3, 137. iura do alci, spreche jmdm. Recht, *Ä* 7, 246. do iura legesque viris, *Ä* 1, 507. übtr.,

hospitibus dare iura, die G. schützen, (v. Juppiter als Schirmer des Gastrechts), *Ä* 1, 731. dcht., 'iura', m. 'magistratus' verb., st. iudices, *Ä* 1, 426. *b*) übh. was recht, billig od. zulässig ist, mihi ius est, d. i. mir allein ist verstattet, mir allein nur steht es zu, m. Inf., *Ä* 12, 315.

iussum, i, *n.* (iubeo) Befehl, Geheiſs, Gebot, Beschluſs, Verordnung, oft Plur., *Ä* 1, 77 u. 302. 2, 607. 3, 114. 4, 295. 378. 396. 503. 538. 6, 176. 7, 241. 9, 804. 10, 35. 445. 866. *B* 8, 11. bisw. das, wozu jmd. aufgefordert worden ist, 'Auftrag', *Ä* 5,749. von den Aussprüchen der Seher, *Ä* 3, 684. m. subj. Gen., deûm od. divûm, *Ä* 6, 401. 7, 388. 10, 155. 12, 877. m. Adj., mollia alcjs, *Ä* 9, 804. tua haud mollia, *G* 3, 41.

iussūs, ū, *m.* (iubeo) Befehl, Gebot, iussu dei, *Ä* 2, 247.

iustitia, ae, *f.* (iustus), 1) Gerechtigkeit, Billigkeit, *Ä* 1, 523 u. 604. 6, 620. 11,126. 2)personif., *Δίϰη,* die unerbittlich strenge Göttin der Gerechtigkeit und des Sittengesetzes, *G* 2, 474 (s. virgo *no.* 2).

iustus, a, um (ius), 1) subj., v. Pers., gerecht, Gerechtigkeit übend, an das Recht streng sich haltend, numen, *Ä* 4, 520. quo iustior alter nec pietate fuit, als welcher keiner gerechter war noch frommeren Sinnes, *Ä* 1, 544. iustissimus unus,*Ä* 2, 426. 7, 536. auch 'tellus' (persönl. gedacht, sofern die Erde das Anvertraute treu und gleichs. mit Wucher zurückgiebt), *G* 2, 460. 2) obj.: *a*) dem strengen Rechte angemessen,gebührend, gerecht, billig, partes, *Ä* 1, 508. tempus, die gemessene Zeit, rechte Stunde, *Ä* 10,11. dolor, *Ä* 8, 500. querelae haud iustae, 'unbegründete,*Ä* 10, 94. Veneris iustissima cura, 'der Venus würdigster Liebling', *Ä* 10, 132. iustae quibus est Mezentius irae, denen M. mit Recht ein Gegenstand des Hasses war, *Ä* 10,714. Scorpios caeli plus iustā parte relinquit, der seine Scheren weiter (mehr) als er schuldig war zurückzieht, *G* 1, 35. Neutr. Sing. im Abl. zur Schärfung des Kompar., ipsa (tellus) iusto laetior, zu üppig,*G*2,251. *b*)von dem, was auf Recht u. Gesetze beruht, gesetzlich,gebührend, hymenaei, *G* 3, 60.

Iūturna, ae, *f.* (eig. 'Diuturna', d. i. die nicht versiegende Quelle), Fluſs in Latium mit heilender Kraft, dann als Nymphe personif., deren Sage von den röm. Dichtern vielfach ausgeschmückt wurde, daher sie nach Vergil und Ovid Juppiter mit seiner Liebe verfolgt und zuletzt mit Unsterblichkeit u. der Herr-

schaft über die Ströme und Seen beschenkt, von Vergil sogar zur Schwester
des Turnus gemacht und in dessen Ge-
schichte verflochten wird, *Ä* 12, 138 flg.
870 flgg.; vgl. *Ä* 12, 146. 154. 222. 244.
448. 468. 477. 485. 798.813.844.845.870.
iüvěnālis, e (iuvenis), der Jugend
angemessen, jugendlich, corpus, *Ä*
5, 475. 12, 221. arma, *Ä* 2, 518. amor
(Verlangen), *Ä* 8, 163.
iüvenca, ae, *f.* (iuvenis), *a)* junge
Kuh, Färse, *B* 8, 2. *G* 2, 375. 3, 219.
Ä 8, 208. 12, 718. *b)* die in eine Kuh verwandelte Jo, Inachia, *G* 3, 153.
iüvencus, i, *m.* [Gen. Plur. 'iuvencûm',
Ä 9, 609](iuvenis), junger Stier, Farre, *Ä* 3, 247. 5, 247. 366. 399. 477. 6, 38.
243. 8,719. 9,626. 11,680. *G* 1,15. 2,206.
237. 357. 515. 537. 3, 22. 50, 518. 4, 28.
B 6, 46. 7, 11.
iüvěnis, is, *m.* (iuvo, Sanskr. 'iuvan'),
1) Jüngling, junger Mann, im röm.
Sinne bes. jeder streitbare od. kampf-
fähige Mann von 20 bis 40 Jahren, das
von Turnus, *Ä* 9, 16. von den Neuvermählten der Danaïden, *Ä* 10, 498. von
den Wagenlenkern in den Wettkämpfen,
G 3, 105. verb. 'iuvenesque senesque',
Ä 9, 309. von dem damals 23jährigen
Cäsar Oktavian, *B* 1, 42. sehr häufig bei
Vergil (in der Än. über hundertmal), *Ä* 1,
321. 627. 2, 57. 348 u. ö. 2) adjektiv.,
jung, *Ä* 2, 341. 5, 503. 9, 335. 12, 517.
dcht., v. Tieren, wie v. jungen Rosse, *G*
3, 119. v. Stier, animi iuvenum (vitulo-
rum), *G* 3, 165.
iüventa, ae, *f.* (iuvenis), Jugend,
jugendliches Alter, *Ä* 1, 190. 2, 473.
4, 32 u. 559. 5, 295 u. 480. 7, 51. *G* 4,
565. prima, der Flaum der beginnenden
Mannheit, *Ä* 9, 181. formae atque iuventae decus, *Ä* 7,743. dcht. übtr., der Schlange, *G* 3, 437.
iüventās, tātis, *f.* (iuvenis), Jugend,
jugendliches Alter, *Ä* 5, 398. *G* 3,
63. prima, der Flaum der beginnenden
Mannheit, *Ä* 8, 160.
iüventūs, tūtis, *f.* (iuvenis), Jugend,
bei Vergil nur konkr., junge Mannschaft, bes. die waffenfähige, rüstige,
Ä 1, 467. 2, 394. 3, 136. 4, 86 u. 130. 5,
134. 7, 162. 340. 822. 8, 5. 151. 606. 9,
226. 10, 605. 11, 419 u. 453. *G* 2, 472. als
Kollekt. mit den Sing. u. Plur. des Zeitw.
wechselnd, iuventus ruit ... certantque,
Ä 2, 64. m. subj. Gen., *Ä* 5,555. 8,499. dcht.
übtr., 'junge Brut' der Bienen, *G* 4, 22.

iüvo, iūvi, iūtum, āre, 1) fördere,
unterstütze, helfe, nütze, *a)* persönl., *a)* v. leb. Subj., mit Akk. der Pers.
u. näherer Bestimmung durch Abl., alqm
opibus, *Ä* 1, 571. 8, 171. auxilio, stehe
bei, leiste Beistand, *Ä* 10, 33. mit dem
Neutr. eines Pronom. od. Adj. im Akk.
des Sing. als Adv., alqm aliquid, helfe
jmdm. etwas, ein wenig, *Ä* 10, 84. quid,
in welcher Hinsicht, *Ä* 12, 872. nihil, *Ä*
10, 320. multum arva, befördere sehr die
Ergiebigkeit der Fluren, *G* 1, 95. abs.,
adsis . . . iuves, stehe bei (in der Bitte
an einen Gott), *Ä* 4, 578. *β)* von lebl.
Subj., cantus iuvant alqm in volnere
(*Ribb.* volnera), *Ä* 7, 757. audentes (v.
Fortuna), *Ä* 10, 284. quid labor aut be-
nefacta iuvant? *G* 3, 525; vgl. *Ä* 4, 66.
10, 411. *b)* unpers., iuvat, es nützt,
hilft, frommt, m. Inf., quid iuvit . . .
fugisse? *Ä* 10, 56. (gnatum) ducentem
. . . cecidisse iuvabit, es soll (wird) ein
Trost in meinem Unglücke sein, *Ä* 11,
168. 2) erfreue, ergötze, erheitere,
v. sachl. Subj., alqm, *B* 4, 2. 5, 83. Bes.
'iuvat' m. Inf. (als Subj.), 'es erfreut', es
beliebt, es sagt zu, es gefällt, be-
hagt mir, quiane iuvat (eos) levatos
(esse a me), *Ä* 4, 538. cum tamen (Vols-
cos) iuvat omnes casus ferre etc., obgleich sie entschlossen sind, allen Gefahren zu trotzen, *Ä* 9, 514; vgl. *Ä* 1,203.
2, 27. 586. 661. 776. 3, 582 u. 606. 4, 498
u. 660. 6, 135. 7, 628 u. 749. 9, 615. 11,
131. *G* 1, 413. 2, 37 u. 437.
iuxtā, 1) Adv., nebenan, dicht daneben, in der Nähe, *Ä* 2, 513. 666.
713. 6, 22 u. 516. 7, 605. 7, 649. 8, 308.
9, 329. 11, 479. 12, 168. ellipt., et iuxta
comes, d. i. neben ihm stand, *Ä* 9, 179
(*Ribb.* 'it iuxta'). 2) Präp. m. Akk. (bei
Vergil meist nachgestellt), *a)* nebenan,
an der Seite, *Ä* 4, 255 u. 517. 6, 430
u. 816. 7, 72 u. 727. 8, 416. *b)* nach Zeitw.
der Bewegung, bis in die Nähe von,
bis nahe an, *Ä* 3, 506.
Ixīōn, önis, Akk. 'öna', *m.* ('Ιξίων), ein
thessal. König, der wegen seines frevel-
haften Beginnens gegen Juno von Juppiter in den Tartarus gestürzt und ein
mit Schlangen umwundenes u. sich
stets drehendes Rad gefesselt wurde, *G*
3, 38. leidet nach Vergil auch die dem
Tantalus zuerteilte Strafe, *Ä* 6, 601.
Ixīōnĭus, a, um ('Ιξιόνιος), zu Ixion
gehörig, orbis Ixionii rota, das kreisende Rad des Ixion, *G* 4, 484.

K.

Karthāgo, s. Carthago.

L.

lăbĕfăcĭo, fēci, factum, ĕre (labo u. facio), mache wankend, erschüttere, bei Vergil nur Part. Perf. Pass., labefacta iugera moveo, grabe das Feld tief um, *G* 2, 264. ossa, *Ä* 8, 390. übtr. m. griech. Akk., labefactus animum amore, von der Liebe Glut und Gewalt erschüttert, *Ä* 4, 395.

lăbellum, i, *n*. (Dem. v. labrum), kleine Lippe, *B* 2, 34.

lābēs, is, *f*. (1. labor), Schaden, Unheil, *Ä* 6, 746. prima mali, die erste Quelle des Unglücks, *Ä* 2, 97.

Lăbīci, cōrum, *m*., Einwohner der alten Stadt Labīkum in Latium, nahe bei Tuskulum, *Ä* 7, 796.

lăbo, āre, beginne zu fallen, bin dem Fallenahe, wanke, schwanke, 1) eig., von der Thür, crebro ariete, *Ä* 2, 492. vom Balkengefüge, *Ä* 2, 463. von den Knieen, 'schlottern', *Ä* 5, 432. 12, 905. dum egressis labant vestigia prima, *Ä* 10, 283. 2) übtr., wanke, corda labantia (näml. zwischen Hoffen u. Verzagen), *Ä* 12, 223. animum labantem impulit, bringt den Vorsatz zum Schwanken, *Ä* 4, 22.

1. lābor, lapsus sum, lābi [in der Tmesis, *G* 2, 349, s. interlabor], 1) eig.: *α*) gleite, schlüpfe, schwebe, schleiche dahin, v. d. Schlange, per aras, *Ä* 5, 86. inter vestes et pectora, *Ä* 7, 349. von den Harpyien, sub sidera celeri fugā, *Ä* 3, 243. v. Schiffe, undis, *Ä* 8, 91. v. Schiffenden, fluctu aestuque secundo, *Ä* 10, 687. v. Gestirnen, caelo (am Himmel), *Ä* 3, 615. v. Gewässern, sub magna terra, *G* 4, 366. v. Kokytos, atro sinu, *Ä* 6, 132. vado labente, 'mit sinkender Flut', 'beim Sinken des Gewässers', *Ä* 11, 628. v. Schlangengifte, in viscera, eindringen, sich verbreiten, *Ä* 7, 374. dcht. v. Schmerz, ad ossa, *Ä* 8, 457. *b*) von der Richtung nach unten, gleite, schwebe, falle herab, per funem, *Ä* 2, 262. von Opis, polo (vom Himmel), *Ä* 11, 588. v. Vögeln, aëre (aus der Luft), *Ä* 5, 216. aetheriā plagā, *Ä* 1, 394. von den 'ancilia', lapsa caelo, vom Himmel gefallen, *Ä* 8, 664. v. Sternschnuppen, caelo, *G* 1, 366. v. Meteoren, stella lapsa de caelo, Feuerkugel, *Ä* 2, 693. v. Blät-

tern, folia labentia, *G* 2, 133. folia lapsa cadunt, sinken u. fallen hinab auf den Boden, *Ä* 6, 130. silex iamiam lapsura, der jeden Augenblick herabzustürzen droht, *Ä* 6, 602. oleo labente, während das Öl beim Ringkampfe abgleitet, zerfliefst, *Ä* 3, 281. *c*) gleite ab od. aus auf dem Boden, strauchle, lēvi sanguine, *Ä* 5, 329. 2) übtr.: *a*) entgleite, entfalle, entschwinde, pectore, *B* 1, 64. *b*) von der Zeit, dahingleiten, entschwinden, enteilen, *Ä* 1, 283. 2, 14. 4, 77. 11, 914. *G* 1, 6. *c*) sinke, hin, schwanke, werde hinfällig, *α*) v. Pers., *Ä* 3, 309. 11, 818. ne te labentem tua pietas texit, schützte dich nicht vor dem Falle od. Untergange, *Ä* 2, 430. dcht. v. Bienen, lapsum genus, das gesunkene Volk, der Verfall des Volkes, *G* 4, 249. *β*) v. Lebl., wie v. Auge, leto (Dat. des Zieles), brechen, sich schliefsen (zum Tode), *Ä* 11, 818. lapsa domus, das sinkende Haus, *Ä* 4, 318. lapsis rebus, in Bedrängnis, im Unglück, *G* 4, 449.

2. lăbŏr (lăbōs), bōris, *m*., I) appell.: 1) eig., *a*) Arbeit, Anstrengung, Mühe, Mühsal, Beschwerlichkeit, *Ä* 1, 241. 3, 459. 10, 111. *G* 1, 79 u. 145. 2, 412. 343. 372. *B* 10, 64. mutabilis aevi, wechselnde, der wechselnden Jahre Mühe od. Thätigkeit, *Ä* 11, 425. neben 'fortuna', bald Niederlage, bald Sieg, Verderben od. Heil, *Ä* 10, 111. in tenui labore, *G* 4, 6. neque enim labor (est), denn leicht ist die Arbeit, es ist nicht schwer, *Ä* 11, 684. labor tuus est, deine Sache oder dein Beruf ist es, dir ziemt es, m. Inf., *Ä* 1, 77. mecum erit iste labor, mein ist dieses Geschäft, *Ä* 4, 115. m. Gen., operum, mühevolle Arbeit, *Ä* 1, 455 u. 507. *G* 2, 155. domūs, mühevoller Bau, *Ä* 6, 27. hominumque boumque labores, mühsamer Fleifs, *G* 1, 118. mecum partire laborem, die Mühe (des Oberbefehls), *Ä* 11, 510. *β*) Kriegsarbeit, 'Krieg', 'Kampf', *Ä* 2, 385 u. 619. v. Wettkampf, *Ä* 5, 99. Plur., belli labores, Kriegsmühen, Kriegsthaten, *Ä* 11, 126. abs., bes. von bevorstehenden Kämpfen, *Ä* 7, 481. *b*) prägn., Mühsal, Ungemach, Drangsal, Gefahr, Not,

Leid (bes. in bez. auf Krieg, μόχϑος), Ä 1, 10 u. 460. 7, 117. 481. 559. supremus Troiae,Zerstörung von Tr.,Ä2, 11. labores Troiae,Ä 9, 202. Iliaci,Ä 4, 78. abs., Lebensmühen, Ä 11, 416. Lucinae, Geburtsschmerzen, Wehen,G4, 340. von 'Krankheiten' der Tiere, G 3, 452. dcht. in bez. auf die Feldfrüchte, G 1, 150. labores solis, mühevoller 'Sonnenlauf', Ä 1, 742. lunae, Mondfinsternisse, G 2,478. 2) meton., das durch Arbeit Erworbene od.Hervorgebrachte (πόνος), anni, mühsamer Jahresertrag, G 2, 514. labores boum, die (durch die Tiere) bestellten Äcker od. Felder, ähnl. 'facta boum' neben 'hominum', G 1, 325. Ä 2, 306. Iliadum, wie wir: 'Frauenarbeit', bes. in bez. auf Weben u. Sticken, als nähere Bestimmung zu 'vestes', also 'kunstreiche Gewänder', Ä 7, 248. II) personif., 'Labos', am Eingange des Vorhofes zur Unterwelt, 'Mühsal', Ä 6, 277.

lăbŏro, āre (2. labor), 1) intr., arbeite, strenge mich an, G 3, 193. 2) trans., arbeite, verfertige etw., vestes auro, durchwirke, sticke, Ä 1, 639. dona laboratae Cereris, das zu Brot od. Kuchen verarbeitete Getreide, 'der Ceres bereitete, fertige Gabe', Ä 8, 181.

1. lăbrum, i, n., Lippe, Ä 11, 572. B 3, 43 u. 47.

2. lăbrum, i, n., a) Becken, Kessel, Ä 8, 22. 12, 417. b) Kufe zum Austreten der Trauben, G 2, 6.

lăbrusca, ae, f., wilder Wein, B 5, 7.

Lăbўrinthus, i, m.(Λαβύρινϑος), das Labyrinth, ein grofses aus vielen sich vielfach verschlingenden u. kreuzenden Gängen gebildetes Bauwerk, bes. bei Knosus (s. Gnosius) in Kreta (der Sage nach von Dädalus angelegt), Ä 5, 588; vgl. 6, 27.

lăc, lactis, n. (γάλα), 1) Milch, B 1, 81. 2, 22. G 3, 308. zum Weihegufs bei Opfern gebraucht, Ä 3, 66. 5, 78. B 5, 67. 2) Milch, Saft der Pflanzen, veneni, Saft von giftigen Kräutern, Ä 4, 514.

Lăcaena, ae, f. (Λάκαινα), Lakonierin, Spartanerin, d. i. Helena, Ä 2, 601. 6, 511. adj., virgines, spartanische Jungfrauen, G 2, 487.

Lăcědaemōn, ŏnis, Akk. 'ŏna',f.(Λακεδαίμων), Hauptstadt von Lakonika im Peloponnes, auch 'Sparta' gen.,Königssitz des Menelaus, Ä 7, 363.

Lăcědaemŏnĭus, a, um (Λακεδαιμόνιος), zu Lakedämon gehörig, lakedämonisch, hymenaei (wegen Hermione, w. s.), Ä 3, 328.

lăcěr, cěra, cěrum, zerrissen, verstümmelt, Ä 5, 275. funus, Ä 9, 491. dcht. m. griech. Akk., lacer crudiliter ora (im Antlitz), Ä 6, 495.

lăcěro, āre (lacer), zerreifse gliedweise, verstümmele, alqm,Ä 3,41. 12, 98. B 6, 77. loricam manu revolsam, Ä 12, 98.

1. lăcertus, i, m., muskulöser Teil des Oberarms, übh. Arm, Ä 5, 141 u. 422. 7, 503. 9, 402. dcht. der Bienen, G 4, 74. [G 4, 13.

2. lăcertus, i, m., Eidechse, B 2, 9.

lăcesso, īvi, ītum, ěre (Int. v. lacio) 1) locke, reize, fordere heraus, alqm voce, clamore, Ä 10, 644 u. 718. bes. m. Abl., durch etw. u. zugleich zu etw., Teucros bello, zum Kampfe, Ä 11, 842. voce, zum Gesange, B 3, 51. cursu ictuque, auf Lauf u. auf Speerwurf,Ä 7,165. ferro regna, bedrohe, bekämpfe mit dem Schwerte, Ä 12, 186. abs., alqm, wage mich an jmd., greife an, Ä 11, 585. 2) fordere gleichs. heraus, rege auf, beginne, veranlasse, versuche, a) eig., pugnam, Ä 5, 429. bella, Ä 11, 254. ferrum, ergreife die Waffen, Ä 10, 9. b) übtr., v. Stiere, ventos ictibus, die Winde mit Stöfsen gleichs. zum Kampf reizen, vor dem wirkl. Kampfe Hiebe in die Luft thun, G 3, 233. Ä 12, 105. pectora plausa cavis manibus, klopfe od. schlage mit hohler Hand die Brust (der Pferde) dafs es einen Schall giebt (um sie mutig zu machen),Ä 12, 85. aera sole lacessita, von der Sonne bestrahlt, getroffen, im Scheine der Sonne, Ä 7, 527.

Lăcīnĭa, ae, f., Beiname der Juno vom Vorgebirge Lacinium in Bruttium (j. 'Capo della Colonne'), wo sie in der Nähe von Kroton einen berühmten Tempel hatte, dcht. v. Tempel selbst, diva, Ä 3, 552.

lăcrĭma, ae, f. (δάκρυ, δάκρυμα), 1) Thräne, Ä 1, 228. 2, 8. 196 (s. coago). 651. 3, 348 u. 492. 4, 413 u. 370. 6, 345 u. 686. 9, 251. 10, 790. B 10, 29. his lacrimis, infolge dieser Thr., Ä 2, 145. lacrimis evicta meis, durch meine Liebesklagen, Ä 4, 548. prosequor lacrimis, Ä 6, 476. mit obj. Gen., d. i. um jmd. etwas, Creusae, Ä 2, 784. rerum, um Vorfälle, welche Thränen erregen,Ä 1,462. 2)übtr., Thräne der Pflanzen, d. i. die tropfenförmig aus dem Innern des Blumenkelches hervorquellende zähe Feuchtigkeit, G 4, 160.

lăcrĭmābĭlis, e (lacrimo), a) Thränen erregend,thränenreich,beweinenswert, bellum, Ä 7, 604. b) Thränen vergiefsend, weinerlich, kläglich, gemitus, 'Jammergetön', Ä 3, 39.

lăcrĭmo, āre (lacrima), weine, ver- giefse Thränen, *Ä* 1,459. multa, mul- tum, heftig, sehr, *Ä* 7, 358. 9, 501. m. 'gemo' verb., *Ä* 11, 150.

lăcrĭmō̆ʉʉ, a, um (lacrima), kläg- lich,wimmernd,voces(Töne),*Ä*11,274.

lactĕo, ēre (lac), enthalte Milch, frumenta lactentia, die nochmilchichten Körner des Getreides, *G* 1, 315.

lactĕuʉ, a, um (lac), 1) milchreich, ubera, von Milch 'strotzende', *G* 2, 525. 2) meton., milchweifs, colla, *Ä* 8, 660. cervix, *Ä* 10, 137.

lăcŭārĭa, s. laquear.

lăcūna, ae, *f.* (lacus), Vertiefung, Graben, Lache, *G* 1, 117 u. 3, 365.

lăcūʉ, ūs, i, *m.*, Vertiefung, bes. 1) stehendes Gewässer mit Ab- u. Zuflufs, *a)* Lache, Sumpf, See, Teich, *Ä* 2, 135. niger (Avernersee), *Ä* 6, 238. Cimini (j. 'Lago di Vico'), *Ä* 7, 697. Tri- viae, *Ä* 7, 515. v. Styx, *Ä* 6, 393. Plur., Stygii, *Ä* 6, 134. *b)* übh. Gewässer, al- tus, tiefeFlut, unterster Grund desStro- mes, *Ä* 8, 66. quo te cumque lacus tenet fonte, wo nur immer dieQuelle desFlus- ses in deiner Wohnung sein mag, *Ä* 8, 74. lacus speluncis clausi, *G* 4, 364. 2) Wasserbehälter, Kühltrog zum Löschen des Eisens, *Ä* 8, 451. *G* 4, 173.

Lădēʉ, ae, *m.*, ein Troër, Sohn des Imbrasus, von Turnus getötet, *Ä*12,343.

Lădōn, ŏnis, Akk. 'ōna', *m.*, ein Troër im Gefolge des Aeneas, von Halāsus ge- tötet, *Ä* 10, 413.

laedo, laesi, laesum, ĕre,1) verletze, beschädige, alqd (alqd re), ferrum ro- bigine, *G* 2, 220. semina ferro, *Ä* 3, 301. aristas cursu, *Ä* 7, 809. bes. Geweihtes, numen (v. Palladium), *Ä* 2, 183. robur sacrum cuspide, *Ä* 2, 231. alqm, von der Kälte, *B* 10, 48. minus via laedit, wird uns leichter, minder beschwerlich, *B* 9, 64. 2) übtr., verletze, entweihe, foe- dus, *Ä* 12, 496. numen, *Ä* 1, 8.

laena, ae, *f.* (χλαῖνα), weites Ober- kleid, Mantel, über das Pallium u. die Toga der Römer geworfen, *Ä* 4, 262.

Laērtĭuʉ, a, um (Λαέρτιος), zu Laër- tes, des Odysseus Vater, gehörig, laër- tisch, des Laërtes, regna, v. Ithaka, *Ä* 3, 272.

lactītĭa, ae, *f.* (lactus), Freude (bes. dieäufserlich sichoffenbart), Fröhlich- keit, Frohsinn, *Ä* 1, 788. 3, 100, 8, 717. 12, 700. *B* 5, 62. dii (st. diei), Er- heiterung des Tages, *Ä* 1, 636.

lactor, āri (laetus), freue mich, empfinde Freude, m.Abl. (über, we- gen), *Ä*6, 568 u. 718. *B* 4, 52. armis, *Ä*10, 827. ut vidit lactantem animis, ihn, der

frohlockt im Geiste, *Ä* 11, 854. nec me- mini laetorve malorum, und es ergötzt mich nicht die Erinnerung an frühere Leiden, *Ä* 11, 280. mit Akk. u. Inf., nec Alciden me sum laetatus euntem acce- pisse lacu, nicht viel Freude hatte ich daran oder davon, dafs usw., *Ä* 6, 392. abs., nec longum laetabere, die Freude wird dir bald verleidet werden, *Ä*10,740. v. Schwänen, laetantes, *Ä* 1, 393. Part. Praet. 'laetatus', 'froh', 'in freudige Stim- mung versetzt', *Ä* 12, 841.

laetus, a, um, 1) vergnügt, freu- dig, fröhlich, heiter, v. Pers., *Ä* 1, 416 u. 685. 3, 347 u. 524. 4, 295. 6, 863. *G* 2, 383. m. Abl. (über, wegen), auxilio, *Ä* 8, 171. cognomine, *Ä* 3, 133. duce Achate, *Ä*1, 696. deorum partu, stolz auf der Götter Geburt, *Ä* 6, 787; vgl. *Ä* 1, 275. 7,147. dignus, patriis qui laetior es- set imperiis, der eine mildere Behand- lung des (tyrannischen) Vaters verdien- te, *Ä* 7, 653. dcht. m. Gen., laborum, im frohen Genusse der Arbeit, 'froh der Arbeit', *Ä* 11, 73. ob navem servatam, *Ä* 5, 283. Oft prädikat. mit adverbialem Sinne, bes. in der Aufforderung zum un- gesäumten, fröhlichen Handeln, 'freudi- gen Herzens', ' mit frischem Mute', 'in guter Hoffnung', 'gern', *Ä* 1, 35. 4, 295. 5, 304 u. 515. 7, 130. 8, 544. 9, 89. 2) er- freulich, erfreuend, heiter, an- genehm, fröhlich, *a)* v. Sachen u. Abstr., *α)* übh., paean,*Ä*6,657. clamor,*Ä* 3,524. frons, *Ä* 6,862. honos, Ehrenfest, *Ä* 5,58. honores, *Ä*1,591. flumina, reich- lich,*G*3,310. res, erfreuliche Lage, glän- zendes od. blühendes Glück, *Ä* 2, 783. dies (Nacht), *Ä* 1, 732. saecula, glück- liche, *Ä* 1, 605. mentes, *Ä* 5, 304. Bes. *β)* von dem, was durch sein Äufseres ei- nen freuudlichen Anblick gewährt, von Pflanzen, palmes, üppig, *B* 7, 48 (*Ribb.* u. *Schap.* 'lcnto'). vitis genus, *G* 2, 262. m. Gen., von einem Haine, laetissimus umbrae, reich au erquickendem Schat- ten, *Ä* 1, 441. von Früchten u. Saaten, die Gedeihen versprechen, fette, üppige, farra, *G* 1, 101. fruges, *G* 1, 69. sata, *G* 1, 325. *Ä* 2, 306. segetes laetas facere, das Gedeihen der Saaten begünstigen, *G*1,1. vonFluren (ähnl. wir 'lachende Fluren'), ager, *G* 1, 102. arva, 'Wonne- gefilde', v. Elysium, *Ä* 6, 744. ähnl. 'lo- ci', *Ä* 6,638. herbae (Rasenplatz), *G* 1, 339. v. Boden, fett, geil, tellus,*G* 2,252. v. Weidefutter, pabula, *G* 3, 385. übh., aestas, *G* 3, 322. *b)* von Tieren in bez. auf das äufsereAnsehen,wohlgenährt, feist, armenta, *Ä* 3, 220.

laevuʉ, a, um, 1) link, zur linken

Hand befindlich, cautes, *Ä* 5, 163 (*Ribb.* u.*Schap.*laev*ā*\. itcr,*Ä*5,170. via, zur Unterwelt, Ggs. dextera, zum Elysium, *Ä* 6, 542. Sbst., *a*) 'laeva' (verst. 'manus'), Linke, 'linke Hand', *Ä* 1, 611. 2, 552. 5, 382. 7, 188. Plur., *Ä* 7, 732. *β*) laeva (verst. 'pars'), 'linke Seite', laevam peto, fahre links, *Ä* 3, 563. dextrā laevāque, rechts u. links, *Ä* 6, 486. *γ*) laeva, ōrum, *n.* (verst. 'loca'), linke Gegend od. Seite, laeva teneo, halte mich links, *Ä* 5, 825. Neutr. Sing. 'laevum' als Adv., zur Linken, 'intonare' (als günstiges Zeichen, weil der röm. Augur gegen Mittag gewendet die günstigen Zeichen vom Morgen, der ihm zur Linken war, als dem Ursprunge alles Lichtes,erhielt),*Ä* 2,693. 9, 631. 2) übtr.: *a*) in der Zeichendeutung, ungünstig, schädlich, lumen (v. Sirius),*Ä* 10, 275. numina, feindliche, *G* 4, 7. *b*) linkisch, d. i. verkehrt, bethört, mens,*Ä* 2,54. *B* 1, 16.

lăgĕŏs, ei, *f.* (verst. vitis, *λάγειος*, *λαγῷος*), eine griech. Rebenart mit feurigem Gewächs, *G* 2, 93.

Lăgus, i, *m.,* ein Rutuler, *Ä* 10, 381.

lambo,lambi,lambĭtum, ĕre (*λάπτω*), 1) lecke, belecke, v. Tieren, ora, *Ä* 2, 211. volnera, *Ä* 10, 560. v. Romulus u. Remus, matrem, an der Mutter (der grimmigen Wölfin) saugen, *Ä* 8, 632. 2) dcht. übtr. v. Lebl., belecken, d. i. leicht berühren, comas, *Ä* 2, 684. sidera, *Ä* 3, 574.

lāmentābĭlis, e (lamentor), beklagenswert, mitleidswert, regnum (wegen seines Unterganges), *Ä* 2, 4.

lāmentum, i, *n.,* das Wehklagen, nur Plur., m. 'gemitus' verb., *Ä* 4, 667.

lāmĭna od. (*Ribb.*) **lammĭna,** ae, *f.,* dünnes Stück (von Holz oder Metall), serrae, 'Blatt', *G* 1, 143.

lampăs, pădis, Akk. 'păda', *f.* (*λαμπάς*), 1) Leuchte, Fackel, *Ä* 6, 587. 9, 535. 2) übtr., Licht, Strahl, Phoebea, *Ä* 3, 637. 4, 6. prima, *Ä* 7, 148.

Lămus, i, *m.* (*Λάμος*), ein Rutuler, *Ä* 9, 334.

Lămўrus, i, *m.,* ein Rutuler,*Ä* 9,334.

lāna, ae, *f.* (*λάχνη*), *a*) Wolle des Schafes, *G* 2, 465. *B* 4, 42. vellera lanae, *G* 1,397.*b*) Wollartiges,'Wolle' der Baumwollenstaude, *G* 2, 120.

lancĕa, ae, *f.,* Lanze, Speer, *Ä* 12, 375.

lānĕus, a, um (lana), aus Wolle, wollen, *G* 3, 487.

languĕo, ēre, 1) bin schlaff, matt, schwach od. abgespannt, morbo, *G* 4, 252. 2) übtr., v. Lebl., bin schlaff, matt, languentes umeri, *Ä* 11, 874.

flos languentis hyacinthi, der welkenden H., *Ä* 11, 69. pelagus languens, das ebbende Meer, *Ä* 10, 289.

languesco, langŭi, ĕre (Inch. v. langueo), werde matt, welke hin, von Blumen, *Ä* 9, 436.

languĭdus, a, um (langueo), matt, quies, einschläfernde, *Ä* 12,908.

lānĭgĕr, gĕra, gĕrum (lana u. gero), *a*) Wolle tragend, wollig, oves, *Ä* 3, 660. 7, 93. pecudes, greges, 'Schafe', *Ä* 3,642.*G*3,287. *b*) (dcht.)aus Wolle, wollen, apex, *Ä* 8, 664.

lānĭo,āre,zerreifse, zerfleische, artus dentibus,*G*3,514. laniatus toto corpore,*Ä*6,494. Part. m. griech.Akk., laniata manu genas, mit der Hand sich die Wange zerfleischend, *Ä* 12, 606.

lānĭtĭum, ĭi, *n.* (lana), Wolle (sofern sie verarbeitet wird), *G* 3, 384.

lānūgo, gĭnis, *f.* (lana), 1) das Wollichte, die Wolle (an Früchten), tenera, wollichte Schale, *B* 2, 51. 2) übtr., Milchhaar, Flaum, der erste sprossende Bart, *Ä* 10, 324.

lanx, lancis, *f.,* 1) flache Schüssel, Schale (gew. von Metall), bes. zum Opfern, Plur., pandae, *G* 2, 194. oneratae, mit Speisen u. Weihungen für den Gott angefüllte, *Ä* 8, 284; oder mit den Eingeweiden der Tiere, um sie auf dem Altar zu verbrennen, *Ä* 12, 215. mit 'liba' verb., die mit verschiedenen Erstlingsfrüchten am Dankfeste dem Bacchus dargebracht, *G* 2, 394. 2) Wagschale, *Ä* 12, 725.

Lāŏcŏŏn, ontis, *m.* [in der medic. Hdschr. 'Laucoon'] (*Λαοχόων*), Priester des Neptun zu Troja, der das der Minerva geweihte hölzerne Rofs mit der Lanze durchbohrte und für diesen Frevel bei einer Opferhandlung nebst seinen zwei Söhnen von zwei ungeheuren Schlangen getötet wurde, *Ä* 2, 40 flg. 201 flg.

Lāŏdămīa, ae, *f.* (*Λαοδάμεια*), Tochter des Akastus, tötete sich aus tiefem Schmerz über den Tod ihres von Hektor erschlagenen Gatten Protesilaus,*Ä*6,447.

Lāŏmĕdontĕus, a, um(Laomedon), zu Laomedon gehörig, dem Vater des Priamus u. König von Troja, der dem Poseidon u. Apollo den für Erbauung der Mauern Trojas u. das Weiden der Herden verheifsenen Lohn verweigert hatte; dah. die Römer als Nachkommen der Troër den Zorn der Götter wegen dieser Treulosigkeit noch büfsen mufsten, laomedontëisch, des Laomedon, Troia, *G* 1, 502. gens, *Ä* 4, 542.

Lāŏmĕdontĭădēs, ae, *m.* (*Λαομε-*

δοντιάδης), Nachkomme oder Sohn des Laomedon, der **Laomedontiade**, v. Priamus, *A* 8, 158 u. 162. Plur. dcht. st. Troër, *A* 3, 248.

Lāŏmĕdontīus, a, um (*Λαομεδόντιος*), zu Laomedon gehörig, laomedontisch, dcht. st. 'troisch', heros, v. Aneas, *A* 8,18. pubes, dieTroër (welche die Treulosigkeit von ihrem Stammvater Laomedon her gleichs. als Erbgut besafsen, s. Laomedonteus), *A* 7, 105.

lăpĭdōsus, a, um (lapis), steinig, corna, steinhart, *G* 2, 84. *A* 3, 649.

lăpillus, i, *m.* (Demin. v. lapis), Steinchen, dergl. die Bienen bei heftigem Winde, um sich im Fluge gegen den Wind halten zu können, nach der Ansicht der Alten als Ballast bei sich trugen, *G* 4, 194.

lăpis, pĭdis, *m.* (vgl. St. *λας* in *λᾶας*), *a*) Stein jeder Art, *B* 6, 41 u. ö. als Waffe der Kämpfenden, m. Gen., viri, der von dem Manne geworfene Stein, *A* 12, 906. für die Handmühle, *G* 2,274. bibulus, Bimsstein, *G* 2,348. *b*) Marmor, Parius, *A* 1, 593. *G* 3, 34.

Lăpĭthae, ārum, *m.* [Gen. Lapithûm *A* 7, 305] (*Λαπίθαι*), ein wilder u. kriegerischer Volksstamm in Thessalien,welchem Mars, weil Pirithous ihn zu seiner Vermählungsfeier nicht eingeladen hatte, einen Kampf mit den Kentauren erregte, *A* 6, 601. 7, 305 u. 307. *G* 2, 457. lehrten zuerst die Reitkunst, *G* 3, 115.

lappa, ae,*f.*, Klette, *G* 1,153. 3,385.

lapso,āre(Frequ.v.1.lābor),schwanke, gleite aus, *A* 2, 551.

lapsus, ūs, *m.* (1. lābor), jede allmähliche Bewegung, das Gleiten, 1) übb., medius, 'Bahn', 'Lauf' der Sterne, *A* 4, 524. lapsu effugere, von Schlangen, entschlüpfen, *A* 2, 225. horrificus, 'Flug' od. 'Schwung' der Harpyien, *A* 3, 225. dcht., rotarum, die gleitenden Räder, *A* 2, 236. 2) das Ausgleiten nach unten, Fall, Sturz, equi, *A* 10, 750.

lăquĕăr, āris, *n.* (laqueus), Getäfel, vertiefte Felder in der Zimmerdecke mit Einfassungen, die gezogenen Seilen (laquei) ähnlich waren, Plur., aurea, *A* 1, 726. tecti, *A* 8, 25 (*Ribb.* 'lācŭārĭa'.)

lăquĕus, i, *m.*, Strick, Schlinge, *G* 1, 189.

Lār, Lăris, *m.*, 1) gew. Plur. 'Lărcs', die Laren, eine Art Schutzgötter bei den Römern u. Etruskern, bes. der Häuser, deren jedes seinen eigenen Schutzgott hatte (am Herde in einem kleinen Schranke od. in einer eigenen Kapelle), *A* 5, 744. 8, 543. 9, 259. *G* 3,344. 2) übtr., Herd,v.Stockeder Bienen,*G* 4,155.4,43.

largĭor, ītus sum, īri, teilezu, gewähre gern, gestatte, *A* 10,494.

largus,a, um, 1) reichlich, ergiebig, fetus (Ertrag), *G* 2, 390. imber, *G* 1, 23. fletus (Sing. u. Plur.), reichliche Thränen, Ströme von Thränen, *A* 2,271. 6, 699. flumen (der Thränen), *A* 1, 465. aether, *A* 6,640. copia fandi, ergiebiger Stoff zumReden,*A*11,378. m.Gen.,opum, d. i. reich an Gütern, *A* 11, 338. 2) der gerne giebt,freigebig,manus,*A*10,619.

Lārīdēs, ae, *m.*, ein Rutuler, Sohn des Daukus, *A* 10, 391 u. 395 (wo Vok. 'Laridē').

Lārīna, ae, *f.*, virgo, Gefährtin der Kamilla, *A* 11, 655.

Lārīsaeus od.(*Schap.*) **Lārissaeus**, a, um (*Λαρισ[σ]αῖος*), zur Stadt Larissa (j. 'Larza') in Thessalien gehörig, larissäisch, dcht. st. thessalisch, Achilles, *A* 2, 197. 11, 404.

Lārius, ĭi, *m.*, See im cisalp. Gallien (Oberitalien), j. 'Komersee', *G* 2, 159 (wo Vok. 'Lari').

lascīvus, a, um, mutwillig, ausgelassen, capella, *B* 2, 64. puella, *B* 3, 64.

lassus, a, um, müde, matt,*A* 2,739. dcht. übtr.v. Lebl., 'erschlafft',·'sinkend', collum (des Mohnes), *A* 9, 436. res, mifsliche Lage, *G* 4, 449 (*Ribb.*).

Lătăgus, i, *m.*, ein Troër, *A* 10, 697.

lātē, Adv. (latus), breit, weithin, weit und breit, weit umher,*A*1, 21. 2, 466. 495. 698. 4, 526. 6, 265. 7, 486. 525. 631. 8, 24 u. 598. 12, 929. *G* 4, 359.

lătĕbrae, ārum, *f.* [Sing. 'latebram' nur *A* 12, 389 *Ribb.* aus cod. Pal.] (lateo) verborgener Aufenthalt, Schlupfwinkel, Versteck, *A* 10, 663. *G* 3, 544. 4, 423. caecae, *A* 3, 424. cavae uteri, die Höhle des Bauches, *A* 2, 38; ähnl. 'Argolicae', *A* 2,55. teli, Stelle, wo der Pfeil im Körper haftet, 'verborgener Gang', *A* 12,389.dcht.,animae,innersterSitz,'Kammer' des Lebens, *A* 10, 601.

lătĕbrōsus, a, um (latebrae), voll Schlupfwinkel, versteckt, flumina, d. i. 'bergende', Schlupfwinkel des Stromes (in bez. auf die Buchten), *A* 8, 713. pumex, zerklüftet, durchlöchert (porös), *A* 5, 214. 12, 587.

lătĕo, ēre, *a*) bin verborgen oder versteckt, v. Pers., post carrecta, *B* 3, 20. silvis, *A* 7, 505. in herba, *B* 3, 93. v. Lebl., latet sub classibus aequor, das Meer war mit Schiffen bedeckt, *A* 4, 582. saxa latentia, die vom Meere wenigstens zum teil bedeckten, *A* 1, 108. scuta latentia, *A* 3, 237. Bes. mit dem Begr. des Schutzes, 'bin geborgen', v.

Hafen, sicher liegen (vor den Winden), *Ä* 3, 535. von der Flotte, *Ä* 9, 69. *b*) bin oder bleibe verborgen oder unbekannt, m. Akk., nec latuere doli fratrem Junonis et irae, sofort erkannte der Bruder (Neptun) usw., *Ä* 1, 130. abs., causa latet, m. flg. Relativs., *Ä* 5, 5. causae latentes, *Ä* 3, 32.

lătex, tĭcis, *m.*, jedes Nafs, Flüssigkeit, Wasser, meistPlur., *Ä* 1, 686. 6, 218 u. 715. fontis Averni, *Ä* 4, 512. laticum honos, des Trankes Ehrenspende, d. i. der zu Ehren der Götter ausgegossene Wein, *Ä* 1, 736; vgl. *G* 2, 192 (wo Sing. neben 'vitis' u. 'uva').

1. Lătīnus, a, um (Latium), zu Latium gehörig, latinisch, *Ä* 1,6. 5, 568. 6, 875. 7, 96. 313. 400. 716. 8,38. 55. 602. 9, 367 u.485. 10, 4. 300. 360. 11, 17. 100. 331. 518. 588. 12, 211 u. 530. Sbst., *a*) Latinus, i, *m.*, Latiner, Bewohner von Latium, bei Verg. nur Plur., *Ä* 5, 598. 7,150. 160. 202. 367. 426. 432. 470. 8,117 u. 448. 9, 717. 10, 77. 237. 311. 895. 11, 108. 134. 193. 229. 302. 402. 603. 618. 621.745.12,1.15. 240. 448. 548. 556. 593. 656. 693. 823. 837. *b*) Latinae, ārum, *f.*, Latiuerinnen, latinische Jungfrauen, Frauen, *Ä* 12, 143 u. 604.

2. Lătīnus, i, *m.*, Sohn des Faunus u. der Marcia, Gemahl der Amata u. König zu Laurentum in Latium, der den Äneas gastlich aufnahm u. ihm seine Tochter Lavinia zur Gattin gab, *Ä* 6, 891. 7, 45. 62. 92. 103. 192. 249. 261. 284. 333. 373. 407. 467. 556. 576. 585. 616. 8, 17. 9, 247. 388. 10, 66. 11, 128. 213. 231. 238. 440. 469. 12, 18. 23. 58. 111. 137. 161. 192. 195. 285. 567. 580. 609. 657. 707. 730.

Lătium, ĭi, *n.*, Landschaft Italiens vom Tiber bis über den Liris hinaus, *Ä* 1, 6. 31. 205. 265. 554. 4, 452. 5, 731. 6, 67. 89. 793. 7, 38. 54. 271. 342. 601. 709. 8, 5. 10. 14. 18. 322. 10, 365. 11, 141. 168. 361. 431. 12, 24. 820.826. st. der Bewohner (Latini), *Ä* 12, 148.

Lătōna, ae, *f.* (*Λητώ*, dor. *Λατώ*), Tochter des Titanen Cöus u. der Phöbe, Mutter des Apollo u. der Diana von Juppiter, *Ä* 12,198. freut sich über die Schönheit u. Pracht ihrerTochterDiana, *Ä* 1, 502.

Lătōnius,a, um (Latona), zur Latona gehörig, latonisch, der Latona, Delos, weil Latona den Apollo u. die Diana dort gebar, *G* 3, 6. custos, virgo, d. i. Diana, *Ä* 9, 405. 11, 557. dieselbe blofs 'Latonia', *Ä* 11, 534.

lătrātŏr, ōris, *m.*(1. latro), Beller, Kläffer, Anubis(weil mit einemHundskopfe dargestellt), *Ä* 8, 698.

lātrātus, ūs, *m.* (1. latro), das Bellen, Gebell, *Ä* 5,257. 6, 417. *G* 3,412. Plur., *Ä* 12, 751.

1. lātro, āre, kläffe, bläffe, belle, vom Hunde, *B* 8, 107. von Cerberus, *Ä* 6, 401. übtr. v.Wogen,toben, *Ä* 7, 588.

2. lătro, ōnis, *m.*, Räuber, v. Jäger (weil das Wild belauernd und beschleichend), *Ä* 12, 7.

1. lātus, a, um, *a*) breit, freta, *Ä* 2, 312. amnis, flumen, *G* 1, 141. 3, 213. umeri, *Ä* 5, 376. 9, 725. armi, *Ä* 11, 644. aurum, *Ä* 5,312. hastae lato ferro, breitschneidigeSpeere, *Ä* 12, 165. lato limite, auf weiter, breiter Bahn, *Ä* 9, 323. os (fenestrae),weit klaffende Öffnung, *Ä* 2,482. *b*) weit ausgedehnt, umfangreich, agri, *Ä* 8, 8. campi, *Ä* 6, 888. *G* 1, 492. fundi, *G* 2, 468. regna, *Ä* 4, 199.

2. lătus, ěris, *n.*, 1) Seite des tierischen Körpers, *Ä* 1, 125. 2, 393. 3, 581. 4, 73. *G* 3, 54. *B* 6, 53. Plur., *G* 3, 523. *Ä* 3, 665. 2) örtl. Seite eines Gegenstandes, cavum (des troj. Pferdes) *Ä* 5, 434. eines Landes, *Ä* 8, 416. des Scheiterhaufens, *Ä* 6, 216. Plur., *Ä* 12, 274. 'Planken' od. 'Wände' des Schiffes, *Ä* 1, 122.

laudo, āre (laus), lobe, rühme, preise, alqd, *B* 3, 48. Pass. m. persönl. Konstr. desNom. u. Inf., laudabor sumpsisse poenas, man wird von mir rühmen, dafs ich usw., *Ä* 2, 586. abs., ego laudabor spoliis raptis, werde mir Ruhm od. Preis erwerben durch usw., *Ä* 10, 449. Bes. prägn., laudato ingentia rura, exiguum colito, 'du sollst ausgedehnteFluren loben (d. i. Gefallen oder Freude daran finden), eine kleine (aber nur) bebauen', *G* 2, 412.

laurěa, ae, *f.* (laureus), Lorbeer, Lorbeerbaum, *B* 7, 62 u. 64.

Laurens, rentis(Laurentum), zu Laurentum gehörig,einer Küstenstadt in Latium zwischen Ostia u. Lavinium,demKönigssitze desLatinus,laurentisch, populi, *Ä* 6, 891. Thybris, *Ä* 5, 797. tyrannus, v. Latinus, *Ä* 7, 342. arx, solum, v. Laurentum, *Ä* 8, 1 u. 38. 12, 547. divus, Faunus, von den Latinern als Landesgottheit verehrt, *Ä* 12, 769; vgl. *Ä* 7, 47. 171. 650. 661. 8, 38 u. 71. 9, 100. 10, 635. 671. 709. 11, 78. 431. 851. 909. 12, 24 u. 547. Sbst., Laurentes, um, *m.*, Volk, das die Seeküste von Latium bis an den Flufs Numicius inne hatte, bes. Bewohner von Laurentum, *Ä* 7, 63. 8, 371. 537. 613. 12, 137. 240. 280. 542.

Laurentius, a, um (Laurentum), zu Laurentum gehörig, laurentisch, palus, *Ä* 10, 709. arva, *Ä* 7, 661.

Laurentum, i, *n.*, Küstenstadt in Latium, *Ä* 8, 1.

laurus, i, *f.* [nach der 4. Dekl. bei Verg. nur im Akk. Plur., *B* 6, 83 (*Ribb.* 'lauros)].*B* 8, 13 u. 81. *Ä* 3, 360], 1) Lorbeer, Lorbeerbaum (dem Apollo heilig), *B* 3, 63. *G* 1, 306. *Ä* 2, 513. im freien Mittelraume des röm. Hauses (impluvium), *Ä* 7, 59. Plur., v. Lorbeerhain des Apollo, sofern in dem Rauschen desselben die Gottheit sich ankündigte, *Ä* 3, 360. 2) Lorbeerzweig, Lorbeerkranz, der Priester des Apollo, sacra, *Ä* 9, 57. als Siegespreis, *Ä* 5, 246 u. 539. bes. bei Triumphen, *B* 8, 13.

laus, laudis, *f.*, Lob, Ruhm, Ehre, *Ä* 11, 791. *G* 2, 174. magna, *Ä* 5, 751. ventosa, *Ä* 11, 708 (*Haupt; Ribb.* u. *Schap.* 'fraudem'). durch die That berühmte od. anerkannte Tüchtigkeit, *Ä* 1, 461. res antiquae laudis et artis, Gegenstände, denen die Vorwelt Ehre und Thätigkeit od. Fleifs schenkte, *G* 2, 174. bes. Kriegsruhm (neben 'spolia'), *Ä* 4, 93. laude, durch erprobten Mut, übb. 'rühmlich', *Ä* 5, 355. Häuf. Plur. 'laudes', Lob, Ruhm, *G* 2, 138. 3, 186. *B* 6, 6. laudum cupido, amor, Ruhmbegierde, *Ä* 5, 138. 6, 823. 9, 197. *G* 3, 112. bes. ruhmvolle Thaten, Verdienste, *Ä* 8, 273 u. 287. 9, 252 u. 197. 10, 282 u. 825. neben 'honos' u. 'nomen', *Ä* 1, 609.

Lausus, i, *m.*, ein Etrusker, Sohn des Mezentius, *Ä* 7, 649 u. 651. 10, 426. 434. 439. 700. 775. 790. 810. 839. 841. 863. 902.

lautus, a, um (Part. v. lavo), eig. 'gewaschen', übtr., schmuck, prächtig, Carinae (weil zu Vergils Zeit mit den prachtvollsten Palästen geziert), *Ä* 8, 361.

Lāvīnĭa, ae, *f.*, Tochter des Latinus, *Ä* 6, 764. 7, 72. 314. 359. 11, 479. 12, 17. 54. 80. 194. 605. 937.

Lāvīnĭum, ii, *n.* [Gen. 'Lāvīni', *Ä* 1, 258 u. 270], Stadt in Latium, von Äneas erbaut und nach seiner Gattin Lavinia benannt, *Ä* 6, 84.

Lāvīnĭus, a, um [Neutr. Plur. dreisilb. 'Lavinja' oder 'Lavina', *Ä* 1, 2] (Lavinium), zu Lavinium gehörig, lavinisch, arva, *Ä* 4, 236. litora, *Ä* 1, 2.

lāvo, lāvi, lăvātum (lautum), āre u. ĕre [Präs. lăvit, *Ä* 3, 663. 10, 727. *G* 3, 221 u. 359, lavant, *Ä* 6, 219], 1) wasche (ab), bade, *a)* trans., corpus, *Ä* 6, 219. ferum in fonte, boves in flumine, *Ä* 7, 489 u. 663. capellas in fonte, *B* 3, 97. cruorem, volnera, *Ä* 3, 663. 4, 487. v. Sonnengott, currum aequore, d. i. untergehen, *G* 3, 359. *b)* reflex., bade mich, *G* 1, 387. 2) (dcht.) benetze, begiefse, giefse auf etw., vino favillam, *Ä* 6, 227.

v. Blute, ora, *Ä* 10, 727. *G* 3, 221. alqd sanguine, *Ä* 12, 722.

laxo, äre (laxus), 1) mache auf, öffne, erweitere, foros, räume das Verdeck (durch Fortjagen der auf den Bänken Sitzenden), *Ä* 6, 412. zephyri (*Gen.*) tepentibus auris laxant arva (*Nom.*) sinus (*Acc.*), die Fluren öffnen den Schofs durch das laue Gesäusel des Westwindes (für das 1. Ges. des W.), *G* 2, 331. via vix tandem laxata est voci dolore, kaum öffnete sich vor Schmerz (der dies bisher verhindert hatte) ein Weg für die Stimme (näml. um das zu sagen, was er sagen wollte), *Ä* 11, 151. 2) mache locker, löse, *a)* eig., inclusos Danaos et pinea laxo claustra, lockere od. öffne den Verschlufs u. lasse die eingeschlossenen Danaër frei, *Ä* 2, 259. excussos rudentes, löse die Taue und wickle sie auf, *Ä* 3, 267. *b)* übtr., löse, erlöse, erleichtere, erquicke, membra quiete, artus, *Ä* 5, 836 u. 857. curas somno, entlade mich im Schlummer der Sorgen, *Ä* 9, 225.

laxus, a, um, 1) weit, geräumig, casses, *G* 4, 247. 2) nicht straff, schlaff, locker, habenae, *Ä* 1, 63; bildl., *G* 2, 364. funes, *Ä* 8, 708. arcus, schlaff, zurückgelassen, *Ä* 11, 874. conpages, gelockerte, die nachgeben, *Ä* 1, 122.

leaena, ae, *f.* (λέαινα), Löwin, *B* 2, 63. *G* 3, 245. auch v. Löwen (da die Dichter auch die Tiernamen oft ohne Unterschied des Geschlechts gebrauchen), *G* 4, 408.

lebēs, ētis, Akk. Plur. 'ētas', *m.* (λέβης), Becken, Kessel, *Ä* 3, 466. 5, 266.

lectŏr, ōris, *m.* (lego, ĕre), Leser, vitulam lectori pascite vestro, weidet u. lasset gedeihen das Kalb, das ich für die Erhaltung des Pollio opfern will, der euer (mein) Erzeugnis (Hirtenlied) zu lesen würdigt, *B* 3, 85.

1. **lectus,** a, um (Part. v. lego, ĕre), auserlesen, ausgewählt, v. Pers., *Ä* 5, 729. 6, 73. 8, 119. 10, 213 u. 294 Subst. Plur., lecti, 'erlesene Männer' (in bez. auf die Körperkraft), *Ä* 12, 899. o lecti, *Ä* 9, 146. m. partitiv. Gen., lecti equitum, *Ä* 9, 48. von Tieren, bidentes, *Ä* 6, 39.

2. **lectus,** i, *m.* (lego, ĕre), Bett, *Ä* 4, 496.

Lēda, ae, *f.* (Λήδα), Tochter des Thestius, Gattin des Königs Tyndareus in Sparta, Mutter der Helena, der Klytämnestra u. der Dioskuren, *Ä* 1, 652.

Lēdaeus, a, um (Leda), zur Leda gehörig, ledäisch, Helena (als Tochter der Leda), *Ä* 7, 364. Hermione (als Enkelin der Leda), *Ä* 3, 328.

lēgātus, i, *m.* (lego, āre), Gesandte, *Ä* 8, 143. 11, 227. 239 u. 296.

lēgĭfĕr, fēra, fērum (lex u. fero), gesetzgebend, Ceres, *ϑεσμοφόρος*, als Gründerin der Gesetze (infolge Einführung des Ackerbaues), *Ä* 4, 58.

lēgĭo, ōnis, *f.* (lego, ĕre), ausgewählte Mannschaft, bewaffnete Schar, Heer, *Ä* 9, 368. 10, 120. 12, 121. agrestis, *Ä* 7, 681.

lĕgo, lēgi, lectum, ĕre (*λέγω*), 1) lese auf od. zusammen, sammle, *a*) übh., pabula, *Ä* 12, 475. remos fractos, *Ä* 5, 209. ossa, *Ä* 6, 228. arma, *Ä* 10, 542. natos ore e foliis (weil nach der Meinung der Alten die Bienen aus Blütenstaub entstehen), *G* 4, 201. *b*) lese, pflücke od. breche ab, mala (ex arbore), *B* 2, 51. 3, 70. 8, 38. flores, *B* 3, 92. serta, Blumen zu einem Kranze, *B* 10, 41. frondes, *G* 2, 366. dcht., ore extremum halitum, fange den letzten Lebenshauch (küssend) auf, *Ä* 4, 685. *c*) übh. nehme etwas zusammen, wickle auf, vela, ziehe ein, reffe, *Ä* 3, 532. *G* 1, 373. dcht. von den Parzen, extrema fila Lauso, die letzten Fäden für den Lausus (gleichs. aufwickeln) spinnen (zur Bezeichn. des eintretenden Todes), *Ä* 10, 815. 2) wähle oder ersehe mir, *a*) verfolge einen Weg, schlage einen Weg ein, orbes tortos (verschlungene Nebenwege), *Ä* 12, 481. dcht., vestigia retro observata legit, verfolgt die von ihm bemerkten rückwärtsgehenden Spuren, *Ä* 9, 393. Bes. vom Befahren des Meeres, sofern man am Ufer sich hält u. dieses streift, oram aequoris, segle am Strande des Meeres hin, *B* 8, 7. vada, umfahre (streifend, vorsichtig) die Untiefen, *Ä* 3, 706. litora Epiri, gleite oder segle vorbei an den Gestaden von Ep., *Ä* 3, 292. dcht. übtr., oram litoris primi, streife am nächsten Gestade hin, d. i. berühre nur das Nächste od. Allgemeinste, die Hauptsachen, *G* 2, 44. Dah. übh. 'befahre', 'durchsegle', pontum, freta, *G* 2, 208. 3, 127. *b*) suche, wähle, lese mir aus, biremes de classe, *Ä* 8, 79. lecti navibus, *Ä* 1, 518. virtute praestantes de numero, *Ä* 8, 548. soceros, wähle od. nehme mir nach Gutdünken, *Ä* 10, 79. iura magistratusque legunt, wählen Richter usw., *Ä* 1, 426. Bes. im Kampfe, vir virum legit, jeder sucht od. wählt sich seinen Mann, Mann kämpft gegen Mann, *Ä* 11, 632. *c*) fasse forschend ins Auge, betrachte, mustere, omnes adversos, *Ä* 6, 755.

lĕgūmĕn, mĭnis, *n.* (lego, ĕre), jede

Hülsenfrucht, bes. Bohne, Erbse, *G* 1, 74.

Lĕlĕges, um, Akk. 'as', *m.* (*Λέλεγες*), alter in Griechenland wie in Kleinasien zerstreuter Volksstamm, *Ä* 8, 725.

lembus, i, *m.* (*λέμβος*), Boot, Kahn, *G* 1, 201.

Lemnĭus, a, um (*Λήμνιος*), zur Insel Lemnos (j. 'Stalimene im ägäischen Meere) gehörig (wegen des feuerspeienden Berges Moschylus von Vulkan bewohnt u. diesem heilig), lemnisch, pater, v. Vulkan, *Ä* 8, 454.

Lēnaeus, a, um (*Ληναῖος*, v. *ληνός*, 'Kelter'), zum Bacchus als Keltergott gehörig, lenäisch, pater, Bacchus, *G* 2, 4 u. 7; abs., 'Lenaeus', *G* 2, 529. dcht., honos, Wein, *Ä* 4, 207. ähnl. 'latices', *G* 3, 510.

lēnĭo, īvi, ītum, īre [arch. Imperf. 'lenibam' st. 'leniebam', *Ä* 4, 528. 6, 468] (lenis), lindere, mildere, besänftige, fluvium tumentem, zähme, halte die schwellende Flut an, *Ä* 8, 87. doleutem, *Ä* 4, 393. curas, schläfere ein, *Ä* 4, 528. timorem, *Ä* 1, 451. lenibat dictis animum, er suchte zu besänftigen oder zu beruhigen, *Ä* 6, 468.

lēnis, e, leise, gelind, sanft, v. Flusse, leni agmine, *Ä* 2, 782. bes. v. Winde, *Ä* 6, 209. *G* 3, 199. lenis crepitans auster, sanft rauschend, säuselnd, *Ä* 3, 70.

lens, lentis, *f.*, Linse, Saatlinse, als Gemüse od. Futterkraut, *G* 1, 228.

lentesco, ĕre (lentus), werde zähe od. klebrig, *G* 2, 250.

lento, āre (lentus), biege, remum in unda, *Ä* 3, 384.

lentus, a, um, 1) eig.: *a*) zähe, zach, im Gegs. zum Spröden, gluten, *G* 4, 41. radix, festhaltend, *Ä* 12, 773. stirps, *Ä* 12, 781. spicula, hastilia, harte, feste, *Ä* 7, 164. 11, 650. 12, 489. *b*) schwank, biegsam, wie Rute, Ast u. dgl., *G* 4, 34 u. 558. *B* 1, 25. 3, 38. 5, 31. *Ä* 3, 31. flagellum, dehnbar, schmächtig, *Ä* 7, 31. argentum, geschmeidig, *Ä* 7, 634. umor (weil das damit Behaftete zäh u. biegsam machend), *G* 1, 290. 2) übtr.: *a*) v. Lebl., langsam, marmor, das ruhige Meer (bei der Windstille), *Ä* 7, 28. palmes (weil in den kälteren Gegenden Italiens später treibend), *B* 7, 48 (*Haupt* mit *Voss* 'laeto'). vapor, langsam schwebender Dampf, *Ä* 5, 682. *b*) von Pers., langsam sich bewegend, unthätig, träge, *Ä* 12, 237. 'lässig', 'behaglich', *B* 1, 4.

lĕo, ōnis, *m.* (*λέων*), Löwe, Leu, *Ä* 3, 113. 5, 351. 9, 339. 12, 6. *B* 4, 22.

lĕpŭs, pŏris, *m.*, Hase, *Ä* 9, 563.

Lerna, ae, *f.* (*Λέρνη*), See u. Gegend in Argolis, *Ä* 6, 804. 12, 518. belua Lernae, die Hydra, *Ä* 6, 287.

Lernaeus, a, um (*Λερναῖος*), zu Lerna gehörig, lernäisch, anguis, die Hydra, *Ä* 8, 300.

Lesbos, i, *f.* (*Λέσβος*), Insel im ägäischen Meere, ber. durch Weinbau (j. 'Metelino'), *G* 2, 90.

lētālis, e (letum), tödlich, arundo, *Ä* 4, 73. volnus, *Ä* 9, 580. 11, 749. sonus, Todesruf (der Eule), *Ä* 12, 877.

Lēthaeus, a, um (*Λη&ai͂oς*), *a)* zum unterirdischen Flufs Lethe (*Λή&η*) gehörig, dessen Wasser den trinkenden Schatten die Erinnerung an das vergangene Leben u. Leid nahm, lethäisch, amnis, flumen, fluvius, Lethe, *Ä* 6, 705. 714 u. 749. *b)* dcht. zur Bezeichnung der Eigenschaft, Vergessenheit bringend, einschläfernd, papavera, betäubend, *G* 4, 545. ros, *Ä* 5, 854. somnus, *G* 1, 78.

lētĭfer, fĕra, fĕrum (letum u. fero), todbringend, tödlich, arcus, *Ä* 10, 869. lues et letifer annus, die tödliche Seuche des Jahres, ein Pestjahr, *Ä* 3, 139.

lētum, i, *n.* (St. 'le-o' in 'deleo'), 1) appell.: *a)* der Tod als Vernichtung, *Ä* 2, 134. 3, 654. 6, 434. 11, 872. 12, 727. 851. 916 (*Ribb.* 'telum'). milia leto dare, dem Tod überliefern, töten, *Ä* 5, 806. quo vergat pondere letum (das Todeslos), *Ä* 12, 727. *b)* übtr., Untergang, Vernichtung, *Ä* 5, 624. 2) personif., als Wesen in der Unterwelt, *Ä* 6, 277 u. 278. 8, 566. 10, 319. 11, 172. 12, 328. *G* 4, 481.

Leucaspis, pĭdis, Akk. 'pim', *m.* (*Λεύκασπις*), ein Troër, *Ä* 6, 334.

Leucātēs, ae, *m.* (*Λευκάτας*), Vorgebirge der Insel Leukas od. Leukadia in der akarnan. Küste mit einem Tempel des Apollo (j. 'St. Maura'), *Ä* 3, 274. 8, 677.

lĕvāmĕn, mĭnis, *n.* (2. lĕvo), Erleichterung, dcht. von der Pers., wie unser Trost, omnis curae casusque, 'Tröster in jeglicher Sorge', *Ä* 3, 709.

1. **lēvis,** e (*λεῖος*, *λέ&ιος*), 1) glatt, geglättet, *a)* übh. (im Gegs. des Rauhen oder Unebenen), marmor, *B* 7, 31. hami, *Ä* 5, 259. clipeus, *Ä* 7, 626 u. 789. Bes. 'blank geputzt', 'glatt poliert', 'glänzend', pharetra, *Ä* 5, 558. pocula, *Ä* 5, 91. ocreae, *Ä* 7, 634. *b)* glatt, schlüpfrig, sanguis, *Ä* 5, 328. limus, *G* 4, 45. 2) glatt, d. i. voll u. weich, glänzend, umeri, *Ä* 7, 815. pectus, *Ä* 11, 40. pectora (Busen), *Ä* 7, 349.

2. **lĕvis,** leicht, 1) eig.: *a)* nicht schwer dem Gewichte nach (Gegs. v. gravis), gorytus, *Ä* 10, 169. stipula, *G* 1, 85 u. 189. terra, magere, lockere, *Ä* 2, 22. rotae,

leicht u. schnell über die Wogen hingleitende, flüchtige, *Ä* 1, 147. aether, *G* 1, 406 u. 409. von Luftgebilden u. Traumerscheinungen (weil ohne Körpergehalt), apex, *Ä* 2, 682. somnus, *Ä* 5, 838. Bes. v. Pers., 'leicht bewaffnet', ense nudo, *Ä* 9, 548. ala (Schar), *Ä* 11, 868. dcht., arma, die leichte Reiterei, *Ä* 11, 512. *b)* leicht der Bewegung nach, schnell, behend, cervus, *B* 1, 60. levis cursu, in hurtigem Sprunge, *Ä* 12, 489. v. Winden u. Pfeilen, *Ä* 2, 794. 5, 68. 6, 702. Dah. v. allem, was in der Luft sich leicht u. rasch bewegt, von dieser gleichs. getragen wird, apes, leichten Fluges, *G* 4, 55. vom fliegenden Dädalus, *Ä* 6, 17. von dem auf dem Meere dahinfahrenden Neptun (mit 'volat' verb.), *Ä* 5, 819. *c)* leicht der Wirkung nach, schwach, leise, susurrus, *B* 1, 56. calami, die ländliche Flöte, *B* 5, 2. 2) übtr., leicht dem Werte od. der Bedeutung nach, gering (geachtet), unbedeutend, res, *G* 4, 3. ros, wenig, *Ä* 6, 230. praemium, *Ä* 12, 764. nomen, *Ä* 7, 581. fama, schwach, *Ä* 7, 232.

1. **lēvo,** āre (1. lēvis), glätte, polire, ferrum, *Ä* 5, 306.

2. **lĕvo,** āre (2. lĕvis), 1) mache leicht, erleichtere jmd. von etw., *a)* übh., alqm fasce, nehme ab u. trage, *B* 9, 65. nemus fronde, entblättere, *G* 2, 400. manicas alci, nehme ab, *Ä* 2, 146. dcht. von der Furie, die eine drückende Last für die Oberwelt war, terras caelumque, Erde u. Himmel gleichs. von einer Last befreien (indem sie von dort in die Unterwelt zurückkehrt), *Ä* 7, 571. Bes. *b)* hebe auf od. in die Höhe, naves tridenti, *Ä* 1, 145. me cubito, richte mich auf den Arm mich stützend empor, *Ä* 4, 690. corpus, stütze (an einen Baumstamm gelehnt), *Ä* 10, 834. 2) übtr.: *a)* erleichtere, *α)* helfe ab, morsus arte, lindere, *Ä* 7, 755. aestus ripā, suche vor der Sonnenglut Schutz am Ufer, *Ä* 7, 495. viam sermone, verkürze den Weg durch Gespräche, *Ä* 8, 309. omen, mache erträglicher oder weniger schrecklich, *Ä* 3, 36. *β)* prägn., befreie, alqm obsidione, *Ä* 10, 25. *b)* unterstütze, alqm auxilio, leiste Hilfe, *Ä* 2, 452. 4, 538.

lex, lēgis, *f.,* 1) Gesetz, gesetzliche Verordnung. Einrichtung, Plur., *Ä* 4, 231. 6, 622. 7, 203. 8, 322 (s. do). m. 'iura' verb., *Ä* 1, 507. auch in bez. auf die bürgerliche Verfassung der Bienen, *G* 4, 154. 2) Gesetz, *α)* gesetzliche Bestimmung, *Ä* 12, 190 u. 315. *G* 1, 60. Bes. 'Vertrag' od. einzelner Punkt desselben, 'Bedingung', gew. Plur., in Verb. mit 'foedus' od. 'foedera', *Ä* 12,

190 u. 315. foederis, *Ä* 11, 322. pacis, *Ä* 4, 618. 12, 112. leges et foedera, Vertrag u. Gesetze, rechtliche Bestimmungen des Vertrages, *Ä* 12, 822; übtr., *G* 1, 60. *b*) übh. Vorschrift, Bestimmung, *G* 4, 487. fati, Beschlufs, Satzung des Schicksals, *Ä* 12, 819.

libāmĕn, mĭnis, *n*. (libo), Opfergufs, Opfer, Plur., prima, die von der Stirn des Opfertieres abgeschnittenen Haare (die man ins Feuer warf, nachdem man zwischen die Hörner desselben Wein gegossen), *Ä* 6, 246.

libens, s. libet.

1. **lībĕr**, bĕra, bĕrum, *a*) frei von etw., ohne etw., ledig, m. Abl., habenis, *G* 3,194. sceptris, *Ä* 7,369. abs.,equus, *Ä* 11, 493. colla, *G* 3, 167. dcht. m. Gen. (wie unser 'ledig'), fati, des Schicksalsspruches entbunden, *Ä* 10, 154. *b*) frei von Zwang, ungehindert, neque Turno (st. mihi) mora libera mortis, *Ä* 12, 74.

2. **lībĕr**, bri, *m*., Bast, 'innere Rinde' des Baumes, *G* 2, 77. *Ä* 11, 554. dcht. st. des Baumes, *B* 10, 67.

lībĕrē, Adv. (1. liber), frei, freiwillig, liberius ferre omnia, von der Erde, *G* 1, 128.

libertās, ātis, *f*. (1. liber), 1) Freiheit, 'Unabhängigkeit' (im Gegs. der Sklaverei), *B* 1, 27 u. 33. *Ä* 6, 822. 8, 648. 2) übtr., Freiheit, Erlaubnis, fandi, *Ä* 11, 346.

lĭbĕt od. **lŭbĕt**, bŭit, ēre, unpers., es gefällt, es beliebt, m. Dat. der Pers. u. Inf., *Ä* 12, 570. *B* 3, 36. Part. 'libens', 'gern', 'willig', *Ä* 3, 438. 12, 145.

Lĭbēthrĭs, ĭdis, *f*. (*Λειβηϑρίς*), Plur. 'Libethrides nymphae', die libethrischen Nymphen, deren Wohnsitz, der Berg Libethrus (*τὸ Λειβήϑριον ὄρος*) mit einer Quellgrotte, zum Berge Helikon in Böotien gehörte, dcht. st. der helikonischen Musen, *B* 7, 21.

lĭbo, āre, 1) tröpfele, *a*) sprenge od. giefse aus, bes. ein Trankopfer zu Ehren der Götter (in das Herdfeier od. auf den Opferflammen), opfere, munera focis, *Ä* 3, 177. laticum honorem in mensam, *Ä* 1, 736. Lenaeum honorem, *Ä* 4, 207. altaria pateris, besprenge, benetze (durch Ausgiefsen des Weines aus den Schalen), *Ä* 12, 174. abs., pateris et auro, aus goldenen Schalen, *Ä* 7, 245. in mensam, *Ä* 8, 279. dcht. pocula Bacchi, pateras, d. i. den in den Bechern, Opferschalen enthaltenen Wein, *Ä* 3,354. 7, 133. ähnl., 'carchesia Bacchi Oceano', *G* 4, 381. carchesia mero Baccho (Abl.), ungemischten Wein aus Bechern, *Ä* 5,77. Bes. Abl. abs., libato, 'nach dem Weihe-

gufs', nach der Spende, *Ä* 1, 737. *b*) übh. weihe, opfere, dapes et tristia dona cineri (Hectoris), *Ä* 3, 303. 2) übtr., nehme von der Oberfläche nur nippend weg, berühre leicht, koste, amnem, *B* 5, 26. summa flumina, koste im Fluge, schwebend, *G* 4, 54. dapes, koste vom heiligen Mahle, *Ä* 5, 92. oscula natae, küsse leise, *Ä* 1, 256.

lībra, ae, *f*., Wage, Gestirn des Tierkreises (in welchem zur Zeit der Herbstgleiche die Sonne, gleichweit von beiden Polen entfernt, Tag und Nacht in zwölf gleiche Stunden teilt), *G* 1, 208.

lībro, āre (libra), wäge, *a*) v. Pers., ein Geschofs mit der Hand beim Zielen od. Richten vor dem Abschleudern (vibrare), dah. m. 'iacio' verb., *Ä* 10, 479. dcht. übh. werfe, schleudere schwingend, missile (ferrum), *Ä* 10, 421. caestus dextrā inter cornua, *Ä* 5, 479. telum ab aure (ausholend von dem Ohre), *Ä* 9,417. *b*) v. Dingen, se per nubila, sich hoch schwingen, in der Luft sich leicht bewegen, *G* 4, 196.

lībum, i, *n*. (libo), Kuchen, Plur., bes. als 'Opfergebäck', *Ä* 7, 109.

Lĭburni, ōrum, *m*., Bew. der Landschaft Liburnia in Illyrien zwischen Istrien u. Dalmatien (j. Kroatien), *Ä* 1,244.

Lĭbўa, ae, *f*. (*Λιβύη*), teils das ganze den Alten bekannte Afrika, teils die nördliche Küste von Ägypten bis an den atlant. Ocean, *Ä* 1, 22. 158. 226. 301. 384. 556. 577. 4, 36. 173. 257. 6, 694 u. 843. *G* 1, 241. 3, 249.

Lĭbўcus, a, um (*Λιβυκός*), zu Libyen gehörig, libysch, cursus, Fahrt auf dem libyschen Meere, *Ä* 6, 338. aequor, die ebene Sandwüste Libyens, *G* 2, 105. marmor (Meer), *Ä* 7,718. abs., Libycum (mare), 'das libysche Meer', *Ä* 5, 595; vgl. *Ä* 1, 377. 399. 527. 4, 106. 271. 320. 348. 5, 789. 11, 265.

Lĭbўstis, tĭdis, *f*. (*Λιβυστίς*), libysch, ursa, *Ä* 5, 37. 8, 368.

lĭcentĕr, Adv. (licet), frei, Komp., licentius errare, zu keck, *Ä* 7, 557.

lĭcĕt, Perf. 'licuit' u. 'licitum est', ēre, unpers., 1) es ist erlaubt od. vergönnt, es steht frei, man kann, darf, m. Akk. u. Inf., *Ä* 5,350. *B* 1,40 flg. mit bl. Inf., *G* 4, 531. *Ä* 5, 796 u. 10, 14. m. Neutr. eines Adj. u. Inf., *Ä* 12,786. cui tantum de te licuit? wer durfte solches dir thun? *Ä* 6, 502. Bes. non licuit m. Inf. (näml. durch das Geschick) als Formel des Trostes bei traurigen Erlebnissen, deren Abhaltung nicht in unserer Macht stand), *Ä* 4, 550. 5, 82. non est licitum, *Ä* 10,344. m. Konj., experiare

licet, du kannst es erproben, leicht ist es
zu versuchen, *Ä* 11, 387. licet eamus, d. i.
wir können gehen, *B* 9, 64. licet . . . ter-
reat, mag er schrecken, *Ä* 6, 400. mit
Feierlichkeit an den Schlufs gestellt, vel
magnum praestet Achillem . . . licet, und
wäre er selbst der grofse Achilles, *Ä* 11,
440. Dah. 2) 'licet' als konzessiver Ausdruck bei Einleitung eines Nebensatzes
(nicht reine Konjunktion), w e n n g l e i c h,
s e l b s t w e n n, o b a u c h, m. Konj., *Ä* 6,
803. 11, 348.

Lichäs, ae, Akk. 'an', *m.*, ein Latiner,
Ä 10, 315.

licitus, a, um (licet), e r l a u b t, v e r-
g ö n n t, sermo, *Ä* 8, 468.

licium, ii, *n.*, *a*) das T r u m m, der W e-
b e r f a d e n (der Faden vom alten Gewebe,
an den die Fäden des neuen Aufzugs geknüpft werden), licia telae addo, d. i. bringe Garn auf den Webstuhl, beginne ein
neues Gewebe, *G* 1, 285. *b*) übh. F a d e n,
B 8, 74.

licor, s. 2. liquor.

Licymnia, ae, *f.*, Mutter des Helenor, eine Sklavin, *Ä* 9, 546.

Ligēa, ae, *f.* (*Λίγεια*), eine Nymphe,
G 4, 336.   [571. 10, 576. 580. 584.

Ligēr, gĕris, *m.*, ein Etrusker, *Ä* 9,

lignum, i, *n.*, 1) H o l z, *G* 1, 144. 2,
118. *Ä* 9, 544. 2) meton.: *a*) B a u m, *Ä* 12,
767. *G* 2, 218. *b*) das aus Holz Bereitete,
'Schaft' des Specres, *Ä* 9, 413. vom troj.
Rosse, *Ä* 2, 45.

ligo, āre [in der Tmesis 'inque ligatus', s. inligo], b i n d e, u m s c h l i n g e,
v. Schlangen, alqm spiris, *Ä* 2, 217.

Ligus, güris, Plur. L i g u r e s, um, *m.*
(*Λίγυς*), Bergvolkin Oberitalien im jetzigen südl. Teile von Piemont, durch die
Rauheit des Landes an Mühe u. Ungemach gewöhnt, *G* 2, 168. *Ä* 10, 185. standen im Rufe der Unehrlichkeit, *Ä* 11, 701
u. 715.

ligustrum, i, *n.*, L i g u s t e r, gemeine
R a i n w e i d e, Heckenstrauch mit trau-
bichten Blütenbüscheln, *B* 2, 18 (Plur.).

lilium, ii, *n.*, Pflanzenfamilie
mit vielerlei Arten (Liliaceen), bes. weifse
mit kelchförmiger Blume (*λείριον*), Plur.,
candida, *Ä* 6, 709. alba, *G* 4, 131; vgl. *B*
2, 45. 10, 25. mit purpurnen Blumen ('Tür-
kenbund'), *Ä* 6, 448. *Ä* 12, 68.

Lilybēïus, a, um (Lilybacum), l i l y-
bëisch, zu Lilybäum (j. 'Capo di Boco')
gehörig, dem westl. Vorgeb. Siciliens, das in
seiner ganzen Breite unter dem Meeresspiegel ins Meer sich hinauserstreckt,
wodurch teils Sandbänke und Untiefen,
teils Klippen entstehen, dah., vada dura
saxis Lilybeia caecis, *Ä* 3, 706.

limbus, i, *m.*, S a u m od. B e s a t z an
Frauengewändern, 'Falbel', 'Verbrämung', *Ä* 2, 616. pictus, *Ä* 4, 137.

limĕn, minis, *n.*, S c h w e l l e der Thür
od. Pforte, *Ä* 2, 453. 4, 473. domus, *Ä* 4,
645. Olympi, *B* 5, 6. Phoebi, *Ä* 8, 720. in
limine primo, vorn, sogleich am Eingange, *Ä* 6, 427. Plur., portae, *Ä* 2, 752.
portarum, *Ä* 3, 803. dura, *Ä* 4, 80. stri-
dentia, *Ä* 7, 613. bildl., von der Schwelle,
dem Eingang zum Hafen der Ruhe, *Ä* 7,
598. Dah. *a*) übh. H a u s, W o h n u n g,
W o h n s i t z, A u f e n t h a l t (wie S c h w e l l e
bei uns in gewissen Verb.), regis (des Juppiter), Vorhof, *Ä* 8, 49. meist Plur., *Ä* 3,
347. 6, 151. 7, 491. dulcia, *G* 2, 511. laeta,
Ä 1, 711. potentum, die Paläste der Vornehmen od. Grofsen, *Ä* 12, 520 (*Haupt*;
'munera' *Wagn.* u. *Ribb.*). Bes. 'Königssitz' od. 'Reich', *Ä* 7, 579. aulae et limina
regum, das Innere der Königspaläste, *G*
2, 504. custos ad limina, Thürhüter, *Ä* 9,
628. regis (des Pluto), *Ä* 12, 849. 'Tempel', deorum, *Ä* 2, 366. abs., *Ä* 10, 620.
von den Gefilden des Elysiums, *Ä* 6, 696.
sceleratum, im Tartarus, *Ä* 6, 563. crudelia
limina (von der Höhle des Polyphemus),
Ä 3, 616. von der Grotte der Sibylle, *Ä* 6,
115. *c*) Plur., Punkte des Auslaufens,
S c h r a n k e n od. S t a n d o r t in der Rennbahn, durch einen Strich mit Kreide bezeichnet, *Ä* 5, 316. *d*) S c h w e l l e als
Grenzmark, Ausoniae, 'Grenze', *Ä* 10, 355.

limĕs, mitis, *m.*, 1) G r e n z e zwischen
zwei Feldern (Weg od. Stein), G r e n z-
weg, R a i n, *G* 1, 126. *B* 1, 54. Grenzzeichen, *Ä* 12, 898. 2) übh. jede Weglinie,
W e g, P f a d zu den Feldern, sectus, *G*
2, 278. laevo limite, linksbin, *Ä* 9, 372.
'Weg', den man sich mit dem Schwerte
bahnt, *Ä* 9, 323. 10, 514. einer feurigen
Lufterscheinung, longo limite, in lang
sich streckendem Gleise, *Ä* 2, 697.

limösus, a, um (1. limus), *a*) s c h l a m-
mig, morastig, lacus, *Ä* 2, 135. *b*) an
morastigen oder sumpfigen Stellen wachsend, iuncus, *B* 1, 49.

1. limus, i, *m.*, *a*) S c h l a m m, *Ä* 6,
416. *G* 4, 478. lēvis, schlüpfriger Lehm
od. Kuhmist, zum Bestreichen der Bienenstöcke, *G* 4, 45. ad limum, bis auf den
Grund (eines Flusses), *G* 4, 428. *b*) 'Thon',
B 8, 80.

2. limus, i, *m.*, G ü r t e l od. S c h u r z
der halbnackten Opferschlächter, *Ä* 12,
120.

lineunt, s. linquo.

linĕus, a, um (linum), l e i n e n oder
l i n n e n, flächsen vincula, *Ä* 5, 510.
terga (des Schildes), *Ä* 10, 784.

lingua, ae, *f.*, 1) Z u n g e, *Ä* 2, 475.

625. 4, 183. 12, 911. *G* 2, 43. 3, 388. 439. 508. 4, 525. 2) übtr.: *a*) Zunge als Sprachwerkzeug, Stimme, Laut, Gesang, volucrum, *Ä* 3, 361. 10, 177. *b*) Rede, Sprache, *Ä* 11, 338 u. 390. mala, *B* 7, 28. Plur., gentes variae linguis, *Ä* 8, 723.

lino, līvi od. lēvi, lĭtum, ĕre, 1) beschmiere, bestreiche, alqd cerā, *G* 4, 39. 2) übh. überziehe, bedecke, paribus lita corpora (am K.) guttis, mit gleichen Flecken od. Tropfen am Leibe gesprenkelt, *G* 4, 99.

linquo, līqui, lictum, ĕre ['lincunt' *Ribb.* st. linquunt, z. B. *G* 4, 303], 1) eig.: *a*) lasse zurück (hinter mir), verlasse einen Ort usw., entferne mich von, alqd, *Ä* 1, 517. 3, 113. 300. 616. 7, 676. 12, 875. terras, *Ä* 10, 193. classem quo litore linquant, wir: 'wo sie die Flotte gelassen', *Ä* 1, 517. dcht., dulces animas, hauche das süfse Leben aus, scheide aus dem Leben, *Ä* 3, 140. *b*) lasse einen Gegenstand von mir, habenas, lasse fahren, *Ä* 11, 827. dcht., 'unterlasse', fugae ne linque laborem, vermeide nicht die Beschwerde eines langen Umherirrens, *Ä* 11, 827. *c*) lasse zurück, prägn. 'überlasse', socios ignotae terrae, *Ä* 5, 795. 2) übtr., lasse jmd. od. etw. irgendwo in einem gewissen Zustande, mit doppelt. Akk., *Ä* 3, 140. 4, 71. 5, 275. 9, 288 u. 726. 11, 866. nil in ausum, entziehe mich keinem Wagnis, *Ä* 7, 308.

lintĕr od. (*Ribb.*) **luntĕr,** tris, *f.*, Kahn, übh. (kahnförmiges) hölzernes Gerät, 'Mulde' od. 'Butte' zum Tragen der Trauben, *G* 1, 262.

lintĕum, i, *n.* (linum), das aus Leinwand Verfertigte, dcht., Segel, *Ä* 3, 686.

līnum, i, *n.* (λίνον), 1) Lein, Flachs, *G* 1, 212. seges lini, 'Leinsaat', *G* 1, 77. 2) meton., das aus Flachs Bereitete, Plur. 'lina', gröfseres Zuggarn (der Fischer), 'Wate', *G* 1, 142.

Līnus, i, *m.* (Λίνος), Sohn des Apollo u. der Muse Terpsichore, Dichter und Sänger der Heroënzeit aus Theben, *B* 4, 56 flg. 6, 67.

Lĭpărē, ēs, *f.* (Λιπάρα), die gröfste der äolischen oder vulkanischen Inseln, nördlich von Sicilien, j. 'Lipari', *Ä* 8, 417.

lĭquĕfăcĭo, fēci, factum, ĕre (liqueo u. facio), mache flüssig, schmelze, Part. Pass. lĭquĕfactus, 'flüssig', 'geronnen', mella, *G* 4, 36. plumbum, *Ä* 9, 588. saxa, Feuer- od. Lavaströme, *Ä* 3, 576. dcht., viscera, d. i. in Fäulnis geratene, *G* 4, 555.

lĭquens, entis [doch mit wechselnder Quantität 'līquens', *Ä* 1, 432. 9, 679] (eig. Part. von līquĕo), flüssig, fliefsend,

hell, lauter, vina, *Ä* 5, 238 u. 776. mella, *Ä* 1, 432. campi, Wassergefilde, *Ä* 6, 724. fluvius, flumina, sanft hinfliefsend, *G* 4, 442. *Ä* 9, 679.

lĭquesco, ĕre (Inch. von 'liqueo'), werde flüssig, schmelze, v. Metall, *Ä* 8, 446. v. Wachs, *B* 8, 80.

lĭquĭdus, a, um (liqueo), *a*) flüssig, fliefsend, 'durchsichtig', undae, *Ä* 5, 859. ignis, *B* 6, 33. dcht., liquidum iter, Bahn durch die Luft, *Ä* 5, 217. *b*) prägn., geklärt, ungetrübt, hell, klar, lauter, rein, aether, *Ä* 7, 65. fons, *G* 2, 200. *B* 2, 59. lacus, *Ä* 4, 526. 7, 760. olivum, *G* 2, 466. mella, *G* 4, 102. odor, *G* 4, 415. aër, *G* 1, 404. nubes, leichtes, dünnes Gewölk, *Ä* 5, 525. nubila ('flumina' *Ribb.*), *Ä* 7, 699. nox, hell (weil von Kometen erhellt), *Ä* 10, 272. aestas, lautere Lüfte des Sommers, *G* 4, 59. übtr., voces, helle Töne (des Raben), *G* 1, 410.

1. **lĭquŏr,** ōris, *m.* (liqueo), Flüssigkeit, fluidus, flüssiger Schleim (v. verdorbenen Säften), *G* 3, 484.

2. **lĭquor,** līqui, fliefse, rinne, *G* 1, 44. 2, 187. v. Schweifse, toto corpore, *Ä* 9, 813. arbori atro liquuntur (licuntur) sanguine guttae, dem Baume entfliefsen, von dem Baume perlen herab Tropfen von schw. Bl., *Ä* 3, 28.

Lĭris, is, Akk. 'im', *m.*, ein Troër, *Ä* 11, 670. [898. *B* 3, 108.

lis, litis, *f.*, Streit, Zwist, *Ä* 12,

līto, āre (λιταί, λίτομαι), 1) intr., opfere mit Erfolg, m. Abl., animā Argolicā, bringe ein Leben von Argos (Iphigenia) zum Opfer, *Ä* 2, 118. 2) trans., opfere, sacris litatis, nach (glücklich) vollendetem Opfer, *Ä* 4, 50.

lĭtŏrĕus, a, um (litus), am Ufer befindlich, aves, Sumpf- od. Wasservögel, *Ä* 12, 248. ilex, am Ufer wachsend, *Ä* 3, 390. 8, 43.

lītus, ōris, *n.*, *a*) Küste, Ufer, Gestade, Strand des Meeres, oft Plur., *Ä* 1, 157. 3, 16. 44. 122. 135. 404. 413. 418. 4, 257. 5, 43. 150. 177. 765. 7, 10. 22. 229. 9, 121. Bes. das Land am Ufer, 'Küstengegend', *Ä* 4, 212. *b*) Ufer des Flusses (gew. 'ripa'), *Ä* 8, 83. *G* 2, 112. *B* 5, 83. 9, 48. das Land am Flusse, *Ä* 7, 798.

lĭtŭus, i, *m.* (lito), 1) Krummstab der Auguren zur Bezeichnung der Räume des Himmels, auch Abzeichen der altital. Könige als der ersten Priester der Nation, Quirinalis, *Ä* 7, 187. 2) das oben etwas gekrümmte Signalhorn der Reiterei im Kriege, Zeichen, *G* 3, 183. auch des Misenus, *Ä* 6, 167.

livens, ventis (eig. Part. v. liveo), graulich, bläulich, plumbum, *Ä* 7, 687.

16

līvĭdus, a, um (liveo), bläulich, vada, dunkle Gewässer (des Styx), *Ä* 6, 320.

lŏco, āre (locus), 1) setze, stelle, lege wohin, *a*) übh., m. 'in' u. Abl., alqm in sede, *Ä* 2, 525. m. bl. Abl., viros sedili, lasse sich setzen auf usw., *Ä* 8,176. alqm stratis effultum foliis, lasse od. heifse jmd. auf dem Laube sich lagern, *Ä* 8, 367. exuvias toro, *Ä* 4, 508. dcht., membra tergo, setze, schwinge mich auf den Rücken des Pferdes, *Ä* 10, 867. mit dopp. Akk., se mediam locavit, legte sich in die Mitte, *Ä* 1, 698. abs., ordine alqd, stelle in Reihen hin od. umher, aëna, *Ä* 5, 102. aëna litore, *Ä* 1, 213. Bes. *b*) lege den Grund zu etw., fundamenta, *Ä* 4, 266. alta theatri fundamenta, *Ä* 1, 428 (*Haupt* u. *Schap.*; 'hinc alta theatr*is* fundamenta *petunt' Ribb.*). Dah. übh. 'gründe', 'errichte', 'erbaue', urbem sedesque, *Ä* 1, 247. moenia litore, *Ä* 3, 17. 2) übtr., bringe wohin, alqm in parte regni, d. i. lasse an der Herrschaft teilnehmen, *Ä* 4, 374. in parte caeli, gebe jmdm. Anteil am Himmel, nehme unter die Götter auf, *Ä* 12, 145.

Lŏcri, ōrum, *m.* (*Λοϰροί*), 1) Bew. der Landsch. Lokris in Hellas, die sich in zwei Stämme teilten, von denen sich die opuntischen Lokrer nach dem Tode ihres Fürsten, des Ajax, Sohnes des Oïleus, auf der afrikan. Küste niederliefsen, *Ä* 11, 265. 2) Stadt in Unteritalien, Kolonie der ozolischen Lokrer aus Naryx, dah. 'Narycii' (j. Ruine bei 'Motta di Burzano'), *Ä* 3, 399.

lŏcuntur, s. loquor.

lŏcus, i, *m.* [Plur. 'loci' bei Vergil bes. von einzelnen Punkten od. Stellen, heterogen. Plur. loca, ōrum, *n.*, v. Umfang od. Umkreis einer Räumlichkeit; vgl. *Ä* 1, 306 u. 365. 2, 28. 6, 638. 8, 24. 9, 190], Raum, 1) eig.: *a*) Raum, Ort, Platz, Stelle, *Ä* 1, 159. omnis, *Ä* 5, 442. deus loci, der einheimische Gott, *Ä* 8, 31. cui neque apud Danaos usquam locus, der keinen Ort oder Platz bei den Danaërn findet, von den Danaërn ausgestofsen ist, *Ä* 2, 71. locum dare, v. Lebl., Platz machen (v. Geschossen), *Ä* 2, 633; euntibus (Centauris), v. Walde, *Ä* 7, 676. Plur., 'loci' von bestimmten Örtlichkeiten, Stellen, Gefilde, *Ä* 9, 387 (*Ribb.*; 'ac lucos' *Haupt* u. *Schap.*). loca, 'Plätze', von wo aus der Kämpfer auf ein gegebenes Zeichen ausläuft, *Ä* 5, 132. cede locis, meide den Ort, weiche von dannen, *Ä* 7, 559. *b*) Wohnort, Wohnsitz, *Ä* 4, 481. 11, 112. laeti, Wohnsitze der Seligen, *Ä* 6, 638; vgl. *Ä* 6, 390. tacentia, Unterwelt, *Ä* 6, 265. 2) übtr.: *a*) Raum, Statt, precibus locus est,

Bitten gelten od. helfen noch etwas, *Ä* 4, 319; vgl. *G* 4, 226. bisw. 'Gelegenheit', meritis vacat hic tibi solus fortunaeque locus, nur das (dich an Turnus zu rächen) bleibt deinem Verdienste und Glücke zu thun noch übrig, ist das einzige, was deinem V. u. Gl. noch gebricht, *Ä* 11, 180. *b*) Platz, Stelle, die jmd. einnimmt, secundus, *Ä* 5, 258. Hippocoontis, Marke od. Zeichen (Los), das die Nummer der Aufeinanderfolge der Preisbewerber enthält, *Ä* 5, 492. *c*) Lage, Beschaffenheit, Umstände, quo res summa loco? wohin ist es gekommen mit dem Staate und der Herrschaft Trojas? *Ä* 2, 322. quo sit fortuna loco, wie es mit dem Glücke nun stehe, 'wie das Geschick sich gewendet', *Ä* 9, 723.

lŏlium, ii, *n.*, Lolch, Trespe, *B* 5, 37. *G* 1, 154.

Longa Alba, s. Alba.

longaevus, a, um (longus u. aevum), hochbetagt, bejahrt, 'im hohen Alter', *Ä* 2, 525. 3, 169. 5, 535 u. 620. 6, 764. sbst., 'Greis', *Ä* 9, 651.

longē, Adv. (longus), 1) von der Ausdehnung im Raume, *a*) lang, langhin, in die Länge, gradior, schreite weit aus, *Ä* 10, 572; vgl. *Ä* 5, 133 u. 318. *b*) übh. fernhin, weithin, resono, *G* 1, 358. do signum, *Ä* 5, 579. prosequor alqm euntem, eine weite od. lange Strecke, *Ä* 6, 476. nec litora longe (esse) reor, weit entfernt, *Ä* 5, 23. abduco retro longe, weit weg, *Ä* 5, 428. ex aethere longe prospicio, *Ä* 7, 288. longe arceo, *Ä* 1, 31. longe servet vestigia, folge von weitem, *Ä* 2, 711. custodi et consule longe, spähe mit Vorsicht hinaus in die Ferne, *Ä* 9, 322. longe recusat, weigert sich weithin zurücktretend, *Ä* 5, 406. longe fallens sagittā, mit weithin treffendem, aber seiner Schnelligkeit wegen unbemerktem Pf., *Ä* 9, 572. 10, 754. von der Welle, longius ex altoque sinum trahit, fern, auf hoher See, *G* 3, 238. übtr., longe illi dea mater erit, wird ihm nicht beistehen, *Ä* 12, 52. *c*) fernhin, von weitem, audio, *Ä* 3, 556. 7, 516. 2) von der Ausdehnung in der Zeit, lange, nec longe, nicht lange hernach, *Ä* 10, 317. longius volvens movebo arcana fatorum, bis in weitere Ferne, bis in spätere Zeit, *Ä* 1, 262. 3) zur Bezeichn. des Grades, weit, beim Komp., longe melior, *Ä* 9, 556.

longinquus, a, um (longus), *a*) räuml., weit entfernt, dah. sbst., longinqua, ōrum, *n.*, ferne Gegenden, *G* 2, 197. *b*) zeitl., entfernt, aevi vetustas, fortschreitendes Alter der Zeit, 'Zeitverlauf', *Ä* 3, 415.

longus, a, um, lang, 1) räuml., a) lang, weit hin sich erstreckend od. ausgedehnt (es sei in der Höhe oder Länge), Alba, *Ä* 1, 271. terrae, *Ä* 3, 383. vestis, *Ä* 6, 64. carina, *Ä* 5, 158. 10, 197. Olympus, der lang oder weit sich hinstreckende, ferne Himmel, *G* 3, 223. fluctus, fernher wogende, *G* 3, 200. exsilia, Irrfahrten, *Ä* 2, 780. voces, *Ä* 4, 463. singultus, langgezogenes krampfhaftes, *G* 3, 506. legio, sich weithin ausdehnende (entfaltende), *G* 2, 279. longum pascitur agmen, langhin, *Ä* 1, 186. Dah. b) übh. weit, grofs, breit, *Ä* 2, 528. 3, 382. Bes. longum adv., weithin (rufend), inquit, *B* 3, 79. 2) zeitl., lang, lang dauernd od. anhaltend, tempus, *G* 3, 565. bellum, *Ä* 2, 109. dolor, *Ä* 4, 693. labor, *G* 1, 293. fletus, *Ä* 3, 345. hiemem, quam longa (est), fovere, den ganzen langen Winter hindurch, *Ä* 4, 193. nocte, quam longa est, so lang sie währt, *Ä* 8, 86. dies, Länge, Dauer der Zeit, *Ä* 5, 783. anni, hohes Alter (m. 'canities' verb.), *Ä* 10, 549. mors, langsamer Tod, *Ä* 8, 488. longa est iniuria, d. i. über das Unrecht liefse sich vieles sagen, *Ä* 1, 341. longo tempore, nach langer Zeit, *Ä* 3, 309. auch bl. 'ex longo', seit langer Zeit, *Ä* 9, 64. prägn., 'lang ersehnt od. erwartet', 'endlich erscheinend', dies, *Ä* 6, 745. Neutr. Sing. 'longum' als Adv., 'lange Zeit', nec longum laetabere, nicht lange soll dich mein Tod erfreuen, *Ä* 10, 740.

lŏquax, ācis (loquor), geschwätzig, ranae, *G* 3, 431. übtr., stagna, vom geschwätzigen Lärm der Vögel ertönend, *Ä* 11, 458. nidus, Nest voll geschwätziger Jungen, 'zwitscherndes Nest', *Ä* 12, 475.

lŏquella, ae, *f.* (loquor), das Gesprochene, das Wort, *Ä* 5, 842.

lŏquor, lŏcūtus sum, lŏqui [locuntur *Ribb.* st. loquuntur, *B* 5, 28. *Ä* 1, 731], 1) intr., spreche, rede, *Ä* 1, 641. sic (m. flg. dir. Rede), *Ä* 6, 125. m. dem Zusatz 'ore', *Ä* 6, 76. ad alqm, *Ä* 9, 5. loquuntur, man sagt, mit Akk. u. Inf., *Ä* 1, 731. v. Tieren als unglückliche Vorbedeutung (bes. v. Ochsen), *G* 1, 478. dcht., v. Bergen u. Wäldern, *B* 5, 28. v. Bäumen, *B* 8, 22. 2) trans., spreche, sage, verkünde etw., haud ignota, *Ä* 2, 91. pauca, *Ä* 4, 337. audita, *Ä* 6, 266. simulata, *Ä* 4, 105. quid loquor? aber, doch was sage ich? *Ä* 4, 594. quid loquar? (m. flg. 'ut', 'wie') was soll ich erzählen, wie usw., *B* 6, 74.

lōrīca, ae, *f.* (lorum), Panzer, Brustharnisch, *Ä* 3, 467. 5, 260. 7, 639. 8, 621. 9, 707. 10, 485. 12, 88 u. 925.

lōrum, i, *n.*, 1) Riemen, mit dem das Zugvieh am Joche befestigt war, *Ä* 2, 273. 9, 318. 12, 532. 2) Zügel, Plur., *Ä* 1, 156 u. 477. 5, 146. *G* 3, 107. media inter lora, zwischen den Zügeln hinab, d. i. mitten im Fahren, *Ä* 12, 469.

lōtŏs, i, *f.* (λωτός), 1) eine stachlichte Baumart an der afrikan. Küste mit olivenähnlicher süfser Frucht, der Nahrung der Lotophagen u. noch jetzt der dortigen Bewohner unter dem Namen 'Jejuba', *G* 2, 84. 2) ein kleeartiges vorzügliches Futterkraut, Schoten- od. Hornklee (nach *Fraas* 'sicilischer Süfsklee'), *G* 3, 394.

lŭbens, s. libens.

lŭbrĭcus, a, um, 1) schlüpfrig, glatt, *Ä* 2, 474. von der Schlange, *Ä* 5, 84. 7, 353. Neutr. Plur. als Subst., schlüpfrige Stelle, 'Schlamm', *Ä* 5, 335. 2) übtr., geschmeidig, betrügerisch, von Pers., *Ä* 11, 716.

Lŭcăgus, i, *m.*, ein Etrusker, *Ä* 10 575. 577. 586. 592.

Lŭcăs, ae, *m.*, Anführer der Latiner, *Ä* 10, 561.

lūcĕo, luxi, ēre (lux), leuchte, strahle, glänze, v. goldenen Gestelle, genialibus toris, *G* 6, 603. v. Elfenbein, *Ä* 10, 137. v. Monde, *Ä* 6, 725. v. Pers., frenatis in equis, *Ä* 5, 554. v. Pfade, per occultos calles, durchschimmern, *Ä* 9, 383. v. Nacken od. Hals, der zwischen dem Helm u. Harnisch durchschimmert, *Ä* 11, 693.

lūcesco, ēre (Inch. v. luceo), beginne zu leuchten od. zu scheinen, von der Sonne, *B* 6, 37.

Lūcētĭus, ĭi, *m.*, ein Troër, *Ä* 9, 570.

lūcĭdus, a, um (lux), hell, lichtvoll, von der Sonne, *G* 1, 459. anguis (als Gestirn), *G* 1, 205. polus, erhellt, *Ä* 3, 585. v. Metalle, 'blinkend', 'glänzend', spicula, *Ä* 5, 306. 7, 626.

Lūcĭfěr, fěri, *m.* (Φωσφόρος), Morgenstern (Venus), der beständige Vorläufer des Morgens, nach der Mythe Sohn der Aurora u. Vater des Ceyx, *Ä* 2, 801. 8, 589. *B* 8, 17. *G* 3, 324.

lūcĭfŭgus, a, um (lux u. lux u. fugio), lichtscheu, blatta, *G* 4, 243.

Lūcīna, ae, *f.* (lux), a) die aus Licht bringende Geburtsgöttin (Εἰλείθυια), Bein. der Diana (u. der Juno) als Geburtsgöttin u. Beschützerin der neugebornen Kinder, casta, *B* 4, 10. b) meton., Gebären, Geburt, *G* 4, 340. v. Tieren, *G* 3, 60.

Lūcrīnus, i, *m.*, Lucrinersee bei Bajä in Kampanien, *G* 2, 161.

luctāmen, mĭnis, *n.* (luctor), das Ringen, übtr., Kampf, Anstrengung, *Ä* 8, 89.

16*

luctifĭcus, a, um (luctus und facio), Trauer oder Unheil bringend, Allecto, *Ä* 7, 324.

luctor, āri, 1) ringe, kämpfe, arenā, *Ä* 6, 643. cornibus inter se (v. Böcken), *G* 2,526. luctantes venti, widerspenstige, *Ä* 1, 53. 2) übtr., ringe, mühe mich ab, *Ä* 5, 220. 12, 781. v. Stiere, gleichs. 'sich sträuben', *G* 2, 357. mit Inf., versuche mit Gewalt, eripere, *Ä* 12, 387. dcht. v. Lebl., wie von Rudern, *Ä* 7, 28. v. Leben, das mit dem Tode ringt, *Ä* 4, 695.

luctŭs, ūs, *m.* (lugeo), 1) Trauer, Jammer (bes. äußerlich durch Geberden, Thränen usw.), mit subj. Gen., tuorum, *Ä* 6,868. m. obj. Gen., Phaëthontis, über (um) Ph., *Ä* 10, 189. abs., *Ä* 2, 12. 298. 369. 6, 868. 11, 38. 12, 277. m. 'tenebrae' verb., *Ä* 2, 92. 2) personif., Trauer, Jammer, in der Unterwelt, *Ä* 6, 274.

lūcus, i, *m.*, Hain, bes. 'Tempelhain', *Ä* 1, 441. 3, 681. 5, 761. 6, 13 u. 673. 7, 11. 29. 83. 763. 800. *G* 1,476. 4,468. übh. 'Wald', *Ä* 7, 697. 9, 387(*Haupt*). 11, 456. *G* 2, 122. *B* 8, 86. 10, 58.

lūdĭbrĭum, ĭi, *n.* (ludo), Spiel, Gegenstand des Spieles, der Winde, *Ä* 6,75.

lūdĭcrus, a, um (ludus), zum Spiel gehörig, neque enim levia aut ludicra petuntur praemia, zum Scherz nicht oder im Spiel ringt man um den Preis, *Ä* 12, 764.

lūdo, lūsi, lūsum, ĕre, 1) intr.: *a*) spiele, tändele, v. Kindern, *Ä* 4, 329. 8,632. v. Tieren, *G* 1, 363. *b*)vergnüge mich, bes. durch Tanz, in numerum, nach dem Takt des Gesanges, tauze, *B* 6, 28. *c*) beschäftige mich gleichsam spielend mit etw., treibe Kurzweil, scherze, versu Syracosio, versuche scherzhafte Lieder in Theokrits Tone, *B* 6, 1. versibus incomptis, *G* 2,386. plurimā nocte, belustige mich noch tief in der Nacht, *Ä* 9, 336. 2) trans.: *a*) treibe etw. zum Spiel, übe mich in etw., belustige mich, carmina, dichte spielend, *G* 4, 565. calamo (Abl. instr.), spiele auf dem Rohr, *B* 1, 10. *b*) übtr., treibe mein Spiel mit jmd., täusche, betrüge, alqm falsis imaginibus, *Ä* 1, 408. vanā spe, *Ä* 1, 352; vgl. *Ä* 7,442. 11,427. Pass. 'ludor' medial, 'ich täusche mich', *Ä* 10, 632.

lūdus, i, *m.*, *a*)Spiel, Zeitvertreib, *Ä* 7, 380. inanis (der Bienen), *G* 4, 105. ludus (est), m. Inf., *Ä* 9, 606. *b*) übh. Spiel, Scherz, *Ä* 9, 167. *G* 3, 379. *c*) Kampfspiel, Spiel, *Ä* 5, 113. 593 u. 674. 6,643. Iliaci, die gymnischen Spiele

zu Ilium, *Ä* 3, 280. *d*) v. dramat. Vorstellungen, *G* 2, 381.

lūēs, is, *f.*, ansteckende Krankheit, Seuche, *Ä* 3,139. Bes. Stoff der Ansteckung, giftiger Anhauch der Furie, 'Gift', *Ä* 7, 354.

lūgěo, luxi, luctum, ēre, 1) intr., trauere, *Ä* 11, 287. v. Lebl., campi lugentes, Trauer- oder Klagegefilde der Unterwelt, *Ä* 6,441. 2)trans., betrauere, alqm, *Ä* 2, 85.

lūgŭbris, e (lugeo), traurig, unheilvoll, Neutr. 'lugubre' als Adv., rubere, *Ä* 10, 273.

lumbus, i, *m.*, Lende, *G* 3, 87.

lūmĕn,minis,*n.*(eig. luc-men v. luceo), übh. alles Leuchtende, 1) eig.: *a*) Licht der Himmelskörper, oft Plur., solis, *Ä* 8, 68. primo cum lumine solis, mit dem ersten Strahl der Sonne, *Ä* 7,130. primi sub lumina solis, bald nach Mitternacht, *Ä* 6, 255. des Mondes, *Ä* 3, 615. 4, 80. 7, 9. der Sonne u. des Mondes, *Ä* 8,22. clarissima mundi, v. Sonne u. Mond, *G* 1, 6. der Aurora, *Ä* 4,584. des Abendsternes, sera, *G* 1, 251. purpureum, 'Lichtglanz' infolge der reinen Luft, *Ä* 6, 640. von einer elektrischen Erscheinung, *Ä* 2,683. *b*) Licht, Feuer oder Flamme von brennenden Gegenständen, fulvum, *Ä* 7, 76. der Leuchte oder Fackel, *Ä* 2, 432. piceum, *Ä* 9, 75. fumea, *Ä* 6,593. hibernum, *G* 1,291. ad lumina, 'beim Lichte', *Ä* 8, 411. nocturna in lumina, zur Erleuchtung der Nacht, *Ä* 7, 13. 'Wachtfeuer', *Ä* 9, 189. *c*) Licht der Augen, Augenlicht, 'Auge', *Ä* 2,754. 3,635 u. 658. 8, 153. torvum, *Ä* 3, 677. glaucum, *G* 4, 451. supremum, das Brechen oder Erlöschen des Auges, *Ä* 6,735. oft Plur., 'Augen', *Ä* 1, 226. 2, 173 u. 405. 4,185 u. 332. 5, 847 u. 856. 6, 156. 300. 862. 10, 746. 11, 819. 12, 172 u. 310. *G* 3, 433. 4, 414 u. 496. luminibus tacitis, mit schweigenden Blicken, *Ä* 4,364. *d*) Licht des Tages, caeli, *Ä* 6, 363. spirabile caeli, das himmlische Licht, d. i. die Luft, welche wir einatmen, *Ä* 3, 600 (*Haupt* und *Schap.*; 'numen' *Ribb.*). superûm, Licht der Oberwelt, *Ä* 6, 680. quartum, Tag, *Ä* 6,356. *e*)Lebenslicht, Leben, *Ä* 2, 85. 12, 935. sub luminis oras partu edidit, brachte ans Licht des Lebens, zur Welt, *Ä* 7, 660. Plur., invisa, *Ä* 12, 63. vollst. lumina vitae, *Ä* 6,828. Gegs. zur Unterwelt (umbrae inferae), *Ä* 7,771. 2) übtr., Glanz, Schimmer, iuventae, *Ä* 1, 590. v. Pers., als Vorbild, Zierde, lumina ducum, edelste Führer, *Ä* 11, 349.

lūna, ae, *f.* (st. luc-na v. luceo), 1)

Mond, *Ä* 2, 255. 3, 152. 587. 645. 4, 81.
6, 725. 8, 23. *G* 1, 276. 353 u. 427. 2, 478.
3, 337. errans, *Ä* 1, 742. per od. ad lunam, bei Mondschein, *Ä* 2, 340. 4, 513.
lunae sequentes ordine, 'Mondphasen',
G 1, 424. 2) personif., Mondgöttin, Tochter der Latona und Schwester des Sol,
B 8, 69. *G* 1, 396. 3, 392. *Ä* 7, 9. 9,
403.

lūnātus, a, um (luna), halbmond-
förmig, pelta, *Ä* 1, 490. 11, 663.

luntĕr, s. linter.

lŭo, lŭi, ēre, eig. wasche, reinige, übtr.,
1) büfse für etw. od. etw. ab, periuria,
G 1, 502. commissa, *G* 4, 454. commissa
poenā, *Ä* 1, 136. peccata, *Ä* 10, 32. foedus, für die Verletzung des Vertrags, *Ä*
12, 695. 2) büfse, leide, erdulde,
supplicium, *Ä* 11, 841. abs., morte, *Ä* 11,
443. morte meritā, *Ä* 11, 849.

lŭpă, ae, *f.* (lupus), Wölfin, *Ä* 1, 275.
8, 631.

lŭpāta, ōrum, *n.* (lupus), ein mit eisernen Stacheln in Gestalt der Wolfs-
zähne versehenes Gebifs, Wolfsgebifs,
Brechzaum, dura, *G* 3, 208.

Lŭpercăl, cālis, *n.* (Lupercus), eine
dem lykäischen Pan geweihte Höhle am
Fufse des palatinischen Berges, *Ä* 8, 343.

Lŭpercus, i, *m.*, gew. Plur., Priester
des Pan, die am Feste ihres Gottes (Lu-
percalia) im Februar nur mit den Fellen
der geopferten Böcke am Unterleibe umgürtet durch die Stadt liefen, *Ä* 8, 663.

lŭpīnus, i, *m.* (lupus), Vietsbohne,
Lupine, *G* 1, 75.

lŭpus, i, *m.* (λύκος), 1) Wolf, *Ä* 9, 59
u. 566. 11, 811. *G* 3, 264 u. 407. *B* 3, 80.
im Gleichnisse, *Ä* 9, 59 flgg. 11, 811. Das
Heulen der Wölfe in der Nähe von
Städten galt für das Anzeichen eines ver-
heerenden Krieges, *G* 1, 486. Sprichw.,
lupi Moerim videre priores, d. i. ich
schweige (weil nach altem Volksglauben
derjenige die Stimme verlor, der einem
Wolfe begegnete und von diesem zuerst
erblickt wurde), *B* 9, 54. tantum cura-
mus .. quantum lupus numerum (verst.
curat), so wenig der Wolf um die Zahl
der Herde sich kümmert (wir : 'Der Wolf
frifst auch die gezählten Schafe'), *B* 7,
52. lupus ultro fugiat oves, mag auch
die ganze Natur sich umkehren, *B* 8, 52.
2) Meerwolf, ein gefräfsiger Seefisch,
Ä 3, 428.

lustrālis, e (lustrum), zum Sühnopfer gehörig, exta (die nach homer.
Sitte bei den Opfern vor dem eigent-
lichen Opferschmause verzehrt wurden),
Ä 8, 183.

lustro, āre (verw. m. 'luceo'), 1) be-

leuchte, *α*) eig., vom Sonnengott, opera
omnia flammis, *Ä* 4, 607. von d. Aurora,
Phoebeā lampade terras, *Ä* 4, 6; vgl. *Ä*
7, 148. *b*) übtr.: *α*) betrachte, be-
schaue, besichtige, nehme in Au-
genschein, mustere, durchspähe,
prüfe, alqd lumine (mit dem Auge), *Ä*
2, 754. 8, 153. blicke umher, *Ä* 1, 453. 6,
681. 8, 231. 12, 467. singula sub ingenti
templo, die bildlichen Darstellungen (Re-
liefs) am innern Fries der Vorhalle, *Ä* 1,
453. vestigia alcjs, bemerke, *Ä* 11, 763;
verfolge, *B* 2, 12. mit Relativs., *Ä* 2, 564.
β) gehe herum, durchwandere,
durchgehe, atria u. dgl., *Ä* 2, 528. 5,
611. *G* 4, 519. *B* 10, 55. agros, umwandle (v. Feldumgange der Frühlings-
weihe od. dem Feste Ambarvalia), *B* 5,
75. aequor navibus, befahre, *Ä* 3, 385.
aequora, *Ä* 3, 377. muros equo, umreite
(spähend), *Ä* 9, 58. ignem in equis, umkreise den Scheiterhaufen zu Rofs, *Ä* 11,
190. metas Pachyni, umfahre, umschiffe,
Ä 3, 429. omnem consessum oculosque
suorum lustravere in equis, ritten vor
den Augen der Ihrigen um die ganze Versammlung herum, *Ä* 5, 578. alqm choro,
tanze um jmd. festlich im Reigen, *Ä* 7,
391. regem choreis, umgebe, umkreise
mit Reigen, *Ä* 10, 224. übtr., dum montibus umbrae lustrabunt convexa, so
lange noch Schatten auf den Bergen die
Abdachungen (d. i. die Berghöhen selbst)
durchziehen, *Ä* 1, 608. pericula, unterziehe mich, bestehe, *Ä* 9, 96. 2) mache
glänzend, bes. durch ein Reinigungsopfer, reinige, sühne, viros, *Ä* 6, 231.
lustrari Iovi, sich zu Ehren des (vor
dem) Juppiter reinigen, d. i. dem Juppiter ein Sühnopfer darbringen, *Ä* 3,
279.

1. **lustrum**, i, *n.*, eig. Morast; dah.
Aufenthalt u. Versteck des Wildes, 'Lager', 'Höhle', *Ä* 3, 647. 11, 570. *G* 2,
471.

2. **lustrum**, i, *n.*, eig. das alle fünf
Jahre von den Censoren für das ganze
Volk dargebrachte Sühnopfer; meton.,
Zeitraum von fünf Jahren, Jahre
übh., Plur., 'Lustren', *Ä* 1, 283.

lūtĕolus, a, um (Demin. v. luteus),
gelblich, gelb, caltha, *B* 2, 50.

lūtĕus, a, um (lutum), gelb, gelb-
glänzend, Aurora, *Ä* 7, 26.

lūtum, i, *n.*, Wau, Gelbkraut, cro-
ceum, *B* 4, 44.

lux, lūcis, *f.* (Wurz. λυκ), Licht, 1)
eig., *α*) Licht der Sonne und anderer
Himmelskörper, *Ä* 2, 694. 6, 270 u. ö. der
Aurora, *Ä* 5, 105. dcht., aestiva, Sommer,
G 4, 52. dah. *α*) übh. Licht, Glanz,

pura, nicht in eineWolkegehüllt,v.d.Ve-
nus, *Ä* 2, 590. des Feuers, *Ä* 2, 569. st.
Feuer, lucem efflare (von den Sonnenrossen), *Ä* 12, 115. *β*) Glanz, Schimmer des Metalls, *Ä* 2,470. 7,527. *b*) Tageslicht (bes. das anbrechende), Tag,
Ä 1, 306. 4, 586. 6, 761. 9, 355. luce, am
hellen Tage, *Ä* 9, 153. in lucem, bis zu
Tage, *Ä* 9, 338. von der Oberwelt, pro-
xima sorte tenet lucis loca, hat nach
dem Lose den dem Lichte nächsten Platz,
d. i. ist zuerst bestimmt, zum Leben zu
gelangen, *Ä* 6, 761. dah. Tag als Zeit-
abschnitt, *B* 7, 43. *Ä* 2, 668. 3, 117. 8,
170. 10,244. *b*) Lebenslicht, Leben,
Ä 3, 311. 4, 619. 5, 678 (s. piget). 6, 435.
9, 205. 12, 873; vgl. *Ä* 4, 31 u. 631. *G* 2,
255 u. 340. ultima, Tod, *Ä* 2, 668. 4, 472.
2) übtr., *a*) Licht, Klarheit des Geistes
(Gegs. umbrae), lux reddita menti, das
Licht des Geistes, die Entschlossenheit
kehrte zurück, *Ä* 12, 669. *b*) Schirm,
Schutz, v. Hektor, Dardaniae, *Ä* 2,
281.

luxŭrĭa, ae, *f*. u. **luxŭrĭēs**, ēi, *f*.
(luxus), Üppigkeit, üppigerWuchs,
segetum, foliorum, wuchernde Saaten,
üppiges Laub, *G* 1, 112 u. 191.

luxŭrĭo, āre (luxuria), 1) bin üppig,
strotze, m. Abl., toris, *G* 3, 81. 2)
springe mutwillig (v. Rosse), *Ä* 11,
497.

luxŭs, ūs, *m*., 1) üppige Fülle, nimius, zu fette Nahrung, *G* 3,135. 2) übtr.,
Pracht,Prunk,Üppigkeit,Schwel-
gerei, regalis, regificus, *Ä* 1, 637. 6, 605.
hiemem inter se luxu fovere, den W. ver-
schwelgen, *Ä* 4, 193.

Lyaeus, i, *m*. (*Λναῖος*), Sorgen-
löser, Bein. des Bacchus, 'pater' oder
abs., *Ä* 4, 58. *G* 2, 229. dcht. adj., latex,
das bacchische Nafs, d. i. Wein, *Ä* 1,686.

Lycaeus, i, *m*. (*Λύκαιον ὄρος*), Gebirge im südl. Arkadien, Hauptsitz des
Pan, j. 'Dhioforti', *G* 1, 16. 3, 2 u. 314.
4, 539. *B* 10, 15. Dav. **Lycaeus**, a, um,
lykäisch, Pan, *Ä* 8, 344.

Lycāōn, ŏnis, *m*. (*Λυκάων*), 1) König
in Arkadien, Vater der Kallisto, *G* 1,138.
2) Künstler aus Gnosus in Kreta, *Ä* 9,304.

Lycāŏnĭus, ĭi, *m*. (Lycaon), Sohn des
Lykaon, Eriketes, *Ä* 10, 749.

lychnus, i, *m*. (*λύχνος*), Leuchter,
Ä 1, 726.

Lycĭa, ae, *f*. (*Λυκία*), Landsch. in
Kleinasien, zwischen Karien und Pam-
phylien, *Ä* 7,721. 10, 126. 12, 344 u. 516.

zu Patara das. Aufenthaltsort des Apollo
im Winter, *Ä* 4, 143.

Lycĭdās, ae, *m*., Name eines Hirten,
B 7, 67. 9, 1 fig. (wo Vok. Lycidā).

Lycisca, ae, *f*., Name einer Hündin,
B 3, 18.

Lycĭus, a, um (*Λύκιος*), zu Lykien
gehörig, lykisch, *Ä* 6, 334. 7, 816. 8,
166. 11, 773. sortes, Orakelsprüche des
Apollo zu Patara in Lykien, *Ä* 4, 346 u.
377. Sbst., Lycius, 'Lykier', *Ä* 1, 113.
10, 751.

Lycōrĭās, ädis, *f*., eine Meernymphe,
Tochter des Nereus u. der Doris, *G* 4,
339.

Lycōris, ĭdis, *f*., treulose Geliebte des
Gallus, *B* 10, 2. 22. 42 (wo Vok.'Lycori').

Lyctĭus, a, um (*Λύκτιος*), aus der
Stadt Lyktus auf Kreta, lyktisch, dcht.
st. kretisch, Idomeneus, *Ä* 3,401. Aegon,
B 5, 72.

Lycurgus, i, *m*. (*Λυκοῦργος*), ein
alter König der Edonen in Thrakien, von
den Göttern geblendet, weil er den Bacchus vertrieb, *Ä* 3, 14.

1. **Lycus**, i, *m*. (*Λύκος*), ein Troër, *Ä*
1, 222. 9, 545 u. 556.

2. **Lycus**, i, *m*. (*Λύκος*), Flufs im Pontus, *G* 4, 367.

Lydi, ōrum, m. (*Λυδοί*), Bewohner
von Lydien, dcht. st. Etrusker (weil der
Sage nach von diesen abstammend), *Ä*
9, 11.

Lydĭa, ae, *f*. (*Λυδία*), Landschaft an
der Westküste Kleinasiens, *G* 4, 211.

Lydĭus, a, um (*Λύδιος*), zu Lydien
gehörig, lydisch, gens, *Ä* 8, 479. dcht.
st. etruskisch, Thybris, *Ä* 2, 781. gens,
Ä 10, 155. s. Lydi.

lympha, ae, *f*., klares Wasser, bes.
Quellwasser, *Ä* 4, 635. 12, 420. Plur., *Ä*
1, 701. 4, 683. 9, 23. 10, 834.

lymphātus, a, um (lympha), eig. von
den Nymphen berückt (*νυμφόληπτος*),
übh. besessen, *Ä* 7, 377.

Lyncēus, ēi, Akk. 'ea', *m*. (*Λυγκεύς*),
Gefährte des Aneas, *Ä* 9, 768.

lynx, lyncis, *f*. (*λύγξ*), Luchs, *Ä* 1,
323. *B* 8, 3. Bacchi (weil Bacchus auf
seinem indischen Triumphzuge mit ge-
zähmten Panthern, Tigern u. Luchsen
fuhr), *G* 3, 264.

Lyrnēsus, i, *f*. (*Λυρνησός*), Stadt Mysiens, Vaterstadt der Briseïs, von Achilles zerstört, *Ä* 12, 547. Dav. **Lyrnē-
sĭus**, a, um, aus Lyrnesus, Acmon,
Ä 10, 128.

M.

mācĕr, cra, crum, **mager,** v. Tieren (Gegs. pinguis), *B* 3, 100.

Măchāōn, ŏnis, *m.* (*Μαχάων*), Sohn des Äskulap, ber. Arzt u. Streiter vor Troja, *A* 2, 263.

māchĭna, ae, *f.* (*μηχανή*), übh. künstliche Vorrichtung, bes. für den Krieg, Bau, Werk, vom trojan. Rosse, *A* 2, 46 u. 237. belli, kriegerisches Rüstzeug, 'Kriegsgerät', *A* 2, 151. 'Gerüste', 'Basteien', *A* 4, 89.

măcĭēs, ēi, *f.* (macer), Magerkeit, horrida, *G* 4, 255. macie confectus supremā, ganz abgemagert vom Hunger, *A* 3, 590. Abmagerung, *G* 3, 129.

macto, āre, schlachte, *a)* ein Opfertier, opfere, taurum regi caelicolûm, *A* 3, 21; vgl. *A* 6, 38. 7, 93. 11, 197. honores, *A* 3, 118. *b)* eine Pers., schlachte hin, erschlage, alqm, *A* 2, 667. 8, 294. 10, 483.

mactus, a, um, eig. vergrölsert, verherrlicht, dah. bes. im Vok., sei gesegnet, beglückt, bei Beglückwünschung und Aufforderung zu einer That, m. Abl. des Grundes, macte novā virtute, Heil dir ob deiner ersten mutigen That, *A* 9, 641.

măcŭla, ae, *f.*, Fleck od. Flecken au Tieren, *A* 5, 566. 9, 49. *G* 3, 56. 4, 91. der Sonne, *G* 1, 141 u. 454. maculis interfusa genas, an den W. mit Flecken überlaufen (v. der Dido), *A* 4, 643.

măcŭlo, āre (macula), 1) beflecke, beschmutze, terram tabo, *A* 3, 29. 2) übtr., beflecke, entweihe, nomen alcjs crimine, *A* 10, 851.

măcŭlōsus, a, um (macula), fleckig, gefleckt, lynx, *A* 1, 323. anguis notis longam maculosus grandibus alvom (am langen Bauch), *G* 3, 427. dcht., fulgor, schillernder Glanz, *A* 5, 87.

mădĕfăcĭo, fēci, factum, ĕre (madeo u. facio), benässe, benetze, humum, *A* 5, 380.

mădĕo, mădŭi, ēre, *a)* bin nafs od. feucht, triefe von etw., m. Abl., cruore, sanguine, *A* 9, 334. 12, 691. vere udo et austris, *G* 3, 429. coma madens murrā, *A* 12, 100. abs., näml. 'von Salben tr.', *A* 4, 216. *b)* prägn., werde weich, *G* 1, 196.

mădesco, mădŭi, ēre (Inch. v. madeo), werde nafs, triefe, *A* 5, 697.

mădĭdus, a, um (madeo), nafs, feucht, vestis, *A* 5, 179.

Maeandrŏs, dri, *m.* (*Μαίανδρος*), eine künstlich in einander verschlungene Einfassung des Gewandes (die nach Art der vielfachen Krümmungen und Windungen des phrygischen Flusses Mäander um dasselbe herumlief), 'Besatz', 'Falbel', *A* 5, 251 (*Ribb.* appellat. 'maeandro').

Maecēnās, ātis, *m.*, vollst. C. Cilnius Maecenas, röm. Ritter, Vertrauter und Günstling des Augustus, der seine einflufsreiche Stellung zur Unterstützung und Aufmunterung der Dichter seiner Zeit, bes. des Vergil u. Horaz, benutzte, *G* 1, 2. 2, 41. 4, 2.

Maenăla, ōrum, *n.*, *B* 10, 55 u. *G* 1, 17. u. **Maenălus,** i, *m.*, *B* 8, 22 u. 10, 15 (*Μαίναλον*), Gebirge Arkadiens, j. 'Roïnon', dem Pan heilig.

Maenălĭus, a, um (*Μαινάλιος*), zum Gebirge Mänalon gehörig, mänalisch, dcht. st. 'arkadisch', versus, *B* 8, 21 flg.

Maeōn, ŏnis, *m.*, ein Rutuler, *A* 10, 337.

Maeōnĭa, ae, *f.* (*Μαιονία*), urspr. allgem. Name Lydiens, später eines Teiles desselben, dcht. st. Etrurien (weil die Etrusker von den Lydiern abstammen sollten), *A* 8, 499.

Maeōnĭdae, ārum, *m.* (Maeonia), die Mäoniden, dcht. st. Etrusker, *A* 11, 759.

Maeonĭus, a, um (Maeonia), zu Mäonien gehörig, mäonisch, dcht. st. 'lydisch', rex, *A* 9, 546. mitra, *A* 4, 216. domus, *A* 10, 141. Bacchus, lydischer Wein (bes. um den Tmolus in Mäonien wachsend), *G* 4, 380.

Maeōtĭus, a, um, zu den Mäoten (*Μαιῶται*) gehörig, einem skyth. Volke am schwarzen Meere, mäotisch, unda, der mäotische See, jetzt 'das asowsche Meer', *G* 3, 349. tellus, Gegend am mäot. See, *A* 6, 800.

maerĕo, maerŭi, ēre, bin betrübt, traure, jammere, m. Abl. (über 'etw.'), domo vacuā, *A* 4, 82. Part. maerens, 'trauernd', 'betrübt', *A* 1, 197. 4, 32. 8, 712.

maestus, a, um (maereo), 1) traurig, betrübt, trübe gestimmt, schwermütig, *a)* v. Pers., *B* 1, 36. *A* 2, 270 u. 769. 12, 514 u. 682. *b)* v. Sachen, traurig, kläglich, voltus, *A* 6, 156. gemitus, *A* 9, 498. vita, *A* 10, 820. timor, *A* 1, 202. luctus, *A* 11, 38. 2) übtr., mit Trauer verbunden, trauernd, trauerverkündend, arae caeruleis maestae vittis, mit dunkeln Binden als Zeichen der

Trauer verhüllt, Traueraltar, *A* 3, 64;
bl. arae m., *A* 5, 48. crinis, ignis, *A* 11,
35 u. 189. ebur, *G* 1, 480.

Maeviu, ii, *m.*, ein elender Dichter
zur Zeit Vergils u. dessen Tadler, *B* 3,90.

māgālĭa, ĭum, *n.* (punisches W., andere Form st. 'mapalia', w. s.), niedriges
u. leichtes Obdach der Nomadenvölker,
'Hirtenzelte', Hütten, *A* 1, 421. 4, 259.

māgĕ, Adv., st. magis, mehr, *A* 10,
481.

māgĭcu, a, um (μαγικός), magisch,
zauberisch, artes, *A* 4, 493. sacra, *B*
8, 66.

māgĭ, Adv. (mag-nus), *a*) mehr, in
höherem Grade, mit komparativi-
schem Abl. (wobei 'unam' zur Schärfung
des Komp. noch hinzutritt), m. omnibus
unam terris, vor allen anderen Ländern,
A 1, 15. hoc magis, um so mehr, *A* 5, 94.
meist abs., magis atque magis, mehr und
mehr, *A* 2, 299. *G* 3, 185. *A* 12,940. 'magis magis', *A* 4, 311. Seltene Verb., quam
magis... magis od. tam magis... quam
magis, *G* 3, 309 flg., *A* 7,787 flg. nec magis... quam si, eben so wenig... als,
A 6, 470. Zur Umschr. des Komp., magis tremendum malum, *A* 2,200. *b*) m ehr,
vielmehr, *B* 1, 11.

māgĭtĕr, stri, *m.* ('magis', der Höher-
gestellte, Gegs. minis-ter), *a*) Vorge-
setzter übh., bes. 'Führer', 'Leiter' im
Kriege, *A* 5, 669. 9, 173 u. 370. von den
Turniermeistern, welche ihre Knaben
im trojan. Wettrennspiele einübten, 'Be-
reiter', *A* 5,562. 'Aufseher' auf den Land-
gütern über Herden u. Gestüte, 'Vieh-
meister', *G* 3, 118. 185. 445. 549; vgl. *A*
7,485. 'Oberhirt', übh. 'Hirt', 'Hüter' der
Herden, *A* 12, 717. Bes. 'Schafhirt', *B*
3, 33. *b*) Lenker des Schiffes, Steuermann, Pilot, *A* 1, 115. 5,176. 224. 867.
6, 353. *c*) Lehrer, Meister in Spiel
u. Gesang, *B* 5, 48. im Kriegsdienste, *A*
8, 515. Arcadius, *G* 4, 283.

māgĭtrn, ae, *f.* (magister), Lehre-
rin, attrib., ars, Lehre, Hilfe der Heilkunst, *A* 8, 442. 12, 427.

māgĭtrātū, ūs, *m.*(magister), Obrigkeit, oberste Behörde, Plur. neben
'iura', *A* 1, 426.

magnănĭmu, a, um [Komp. Gen. Plur. st. -morum, *A* 3,704. *G* 4,476]
(magnus u. animus), hochherzig, er-
haben, Aeneas, *A* 1,260. 5, 407. heroes,
A 6, 649. duces, *G* 4,476. Juppiter, 'all-
gewaltig', *A* 12, 144 u. 878. duces (der
Bienen), *G* 4, 4. equi, edle, feurige, *A* 3,
704. Bes. 'kampfmutig', gentes, *A* 10,139.

magnu, a, um [Komp. **mālŏr**, Superl.
maximu] (μέγας), grofs, 1) eig: *a*)

dem Umfange od. der Ausdehnung nach,
hoch, weit, *α*) v. Ländern, Gebirgen,
Städten, v. Himmel usw., *A* 4, 345. 5, 449.
6, 873. 7, 4. artus... ossa, Knochen und
Muskeln von kräftigem Wuchs, von ge-
waltigem Bau, *A* 5, 422. aër, die weite
Luft, der unermefsliche Luftraum, *A* 1,
300. annus, der (volle) Kreislauf des
Jahres (im Vergleich mit kleineren Zeit-
teilen), *A* 3, 284. orbes (annorum), viel-
umfassende, der Monde Kreislauf, *A* 1,
269. talentum argenti, auri, ein grofses,
volles Talent, *A* 5, 248. 9, 265. tridens,
grofs, gewaltig, *A* 2, 610. dcht., magnus
fluens, d. i. gewaltig dahinströmend,
wasserreich, v. Nil, *G* 3, 28. *β*) v. Pers.,
grofs, stattlich, mit Inf. der näheren
Bestimmung, maior videri, *A* 6,49. *b*) der
Menge nach grofs, zahlreich, agmen,
A 8,700. populus, zahlreich versammelt,
A 1, 148. caterva, *A* 1, 497. moenia magna
para magnis, für deine grofsen Nachkommen, dein mächtiges Volk, *A* 3, 159
flg. nachdrücklich wiederholt, *A* 7, 706
flg. *c*) stark, kräftig, manus, *A* 5, 241.
2) übtr.: *a*) grofs, stark, bedeutend,
heftig, gewaltig, potentia, amor, irarum aestus, furor, *A* 1, 664 u. 716. 4, 532.
7, 386. sonor, *A* 7, 462. vox, stark, laut,
A 3, 68. 5, 245 u. 345. clamores, *A* 5,341.
murmur, *A* 5, 369. os, laute, starke
Stimme, *A* 12, 692. os, Ruhm, Lob, *G* 3,
294. augurium, *A* 5, 522. omen, bedeu-
tungsvolles, *A* 7,146. auspicia, *A* 3,374.
nomen, ruhmvoll, *A* 7, 412. pugna, *A* 12,
560. bellum, gefahrvoll, *A* 7, 80. 11,295.
res, grofses Unternehmen, *A* 9, 232. haec
facietis maxima Gallo, *B* 10, 72. Sbst.,
magnum, i, *n.*, 'etwas Grofses, Bedeuten-
des, Ruhmvolles', *B* 1, 24. *A* 4, 368. 10,
811. aliquid magnum, ein grofses Wag-
stück, *A* 9,186. Auch von dem, was über
das Verhältnis der Sterblichen hinausgeht u. die Götter beleidigt, dico aliquid
magnum, etwas Vermessenes, Verderb-
liches, *A* 10, 547. maiora audeo, *A* 12,
814. maiora, Schlimmeres, *A* 4, 368. *b*)
grofs (in seiner Art), erhaben, hoch,
mächtig, gewaltig, v. Göttern, Helden usw., rex, *A* 5, 533. Iuppiter, Apollo,
A 9, 82. 208 u. 654. 12, 808. *G* 3, 1. *B* 3,
104; vgl. *A* 5, 530. 5, 371. 6, 544. magni
di, die samothrakischen Schutzgötter
zur See, *A* 8, 679. maior deus, d. i. einer
der *dii maiorum gentium*, *A* 12, 429.
mater Eumenidum (d. i. Nox) magnaque
soror (d. i. Terra), *A* 6, 250. magna numina deûm, *A* 2, 623. Alcides, *A* 5, 414.
Acestes, *A* 9,218. maximus Ilioneus, der
erste an Jahren, Rang u. Würde, *A* 1,
521. maximus Hector, Aeneas, *A* 5, 371

u. 530. v. Lebl., ara, *Ä* 8, 271. honores,
die grofsen, erhabenen Würden, Ehrenstellen, *B* 4, 43. *c*) v. Alter, im Komp. u.
Superl., mit u. ohne 'natu', alt, maxima
natu, die älteste, *Ä* 5, 644. maximus
aevo, *Ä* 11, 233. abs., *Ä* 1, 654. *d*) zur
Bestimmung desWertes, im Abl. 'magno'
bei den Zeitw. des Kaufens usw., hoch,
teuer, mercari, *Ä* 2, 104. emere, *Ä* 10,
503. mutari, *G* 3, 306.

Mägus, i, *m.*, ein Latiner, *Ä* 10, 521.

Maia, ae, *f.* (*Μαῖα*), Tochter des Atlas
u. der Pleïone, Mutter des Merkur vom
Juppiter, *Ä* 8, 138. Maiägenitus, Merkur,
Ä 1, 297. occasus Maiae, der Plejaden,
zu denen Maja gehörte, *G* 1, 225.

mäiestäs, ātis, *f.* (maior), Gröfse,
Hoheit, Würde, *Ä* 12, 820.

mäla, ae, *f.* (*μάσσω*, mando), gew.
Plur., *a*) obere Kinnlade, Kinn-
backe, 'Zähne', *Ä* 3, 257. 5, 436. au-
daces, *Ä* 7, 114. des Wolfes, mit 'hiatus'
(Rachen) verb., *Ä* 11, 681. des Pferdes,
'Gebifs', 'Zähne', *G* 3, 268. des Hundes,
Ä 12, 755. *b*) übtr., Wange, Backen,
Ä 9, 751. 10, 324.

mälë, Adv. (malus), schlecht, übel,
'zum Nachteil', m. erratur, *G* 3, 249. Bes.
um anzudeuten, dafs die Eigenschaft
des Begriffs, mit dem es verbunden wird,
nicht im gehörigen (im zu starken oder
zu geringen) Mafse vorhanden ist, m.
sanus, wahnsinnig, verstörten Gemütes,
Ä 4, 8. numen m. amicum, ein unfreund-
licher, feindlicher Gott, *Ä* 2, 735. statio
m. fida, dem man nicht recht trauen
kann, unzuverlässig, 'tückisch', *Ä* 2, 23.
arena m. pinguis, nicht eben fett, mager,
G 1, 105. bei Zeitw. u. sachl. Subj., 'kaum
noch', tempero, *G* 1, 360. 'vergebens',
defendo, *G* 1, 443.

Mälëa, ae, *f.* (*Μαλέα, Μάλεια*), Vorgebirge in Lakonika, südöstl. Spitze des
Peloponnes, j. 'Kap Malia', *Ä* 5, 193.

mälësuädus, a, um (male u. suadeo),
zu Bösem ratend, 'übelberatend', Fames, *Ä* 6, 276.

mälïfër, féra, fĕrum (2. malum und
fero), Äpfel tragend, obstreich,
Abella, *Ä* 7, 740.

mälignus, a, um (malus u. gigno), 1)
bösartig, mifsgünstig, neidisch,
oculi, *Ä* 5, 654. dcht., aditus, verräte-
risch, *Ä* 11, 525. 2) übtr.: *a*) karg, unfruchtbar, colles, *G* 2, 179. *b*) gering,
schwach, lux, *Ä* 6, 270.

mälo, mälŭi, malle (mage, d. i. magis, u. volo), will lieber, ziehe vor,
m. Akk. u. Inf., *Ä* 8, 323. m. bl. Inf., *Ä*
10, 43. 12, 397. seu ... mavis reddere,
d. i. lieber tot als lebendig, *Ä* 12, 935.

1. mälum, i, *n.* (1. mälus), 1) Böses,
Übel, Unglück, Unheil, Leiden,
Ä 2, 97. 3, 661. 7, 375. von der Vertrei-
bung aus der Heimat, *B* 1, 16. von der
harten Arbeit, welche die Bestellung der
Acker erfordert, 'Mühe', 'Not', *G* 2, 168.
Plur. 'mala', *Ä* 1, 198. 5, 549. 6, 365. 12,
600. von den Leiden der Liebe, *B* 10, 61.
2) Übelthat, Verbrechen, Unrecht,
Ä 6, 527 u. 739.

2. mälum, i, *n.* (*μῆλον*), Apfel u.
jede apfelähnliche Frucht, bes. Quitten
u. Granaten, roscida, *B* 8, 37. felix, in
Medien, Limone (bei uns Citrone genannt), *G* 2, 127. cana, aurea, kydonische
'Quitten', *B* 2, 51. 3, 71. 8, 52. Der Apfel,
der Venus heilig, galt im ganzen Altertum für ein Liebessymbol u. das Schenken desselben, das Werfen damit usw.
als Zeichen besonderer Zuneigung, *B*
3, 64.

1. mälus, a, um, Komp. **pëïör**, Superl. **pessïmus**, 1) schlecht, untaug-
lich in seiner Art, gering, von Sachen,
ager (Erdreich), *G* 2, 243. Dah. subst., in
peius ruo, *G* 1, 200. *b*) v. Pers., sittlich
schlecht, bes. mit dem Begr. der Bosheit u. List, hinterlistig, tückisch,
Ä 1, 352. Graii, *Ä* 3, 398. sbst. mali,
ōrum, *m.*, die 'Bösen', 'Verruchten', 'Verbrecher', *Ä* 6, 542. Auch v. Tieren, tigris pessima, *G* 3, 248. 2) gleichs. objektiv, böse, boshaft, tückisch,
schädlich, *a*) v. Sachen, falx, *B* 3, 11.
gramina, schädlich, giftig, *Ä* 2, 471. virus, verderblich, *G* 1, 129. lingua, be-
schreiend, zauberisch, *Ä* 7, 28. v. Abstr.,
error, *Ä* 10, 110. *B* 8, 41. gaudia mentis, arge, frevelnde Lüste des Herzens
(Gegs. 'vera'), *Ä* 6, 278. *b*) v. Tieren, vipera mala tactu, mit Gefahr zu berühren, *G* 3, 243 u. 416.

2. mälus, i, *f.* (*μηλέα*), Apfelbaum,
G 2, 70.

3. mälus, i, *m.*, Mastbaum, Mast,
Ä 5, 487 u. 829. arbor mali, *Ä* 5, 504.

mamma, ae, *f.* (*μάμμα*), *a*) weibl.
Brust, *Ä* 1, 492. *b*) Plur., Zitzen od.
Euter der Tiere, wie der Ziegen, *G* 3,
310. der Stuten, *Ä* 11, 571.

mandätum, i, *n.* (1. mando), Auftrag, Bestellung, Befehl, Plur., *Ä*
4, 270. 7, 267.

1. mando, āre (viell. st. 'manui do'),
1) trage mündlich auf, befehle (an),
alqd, *Ä* 4, 222. m. Akk. u. Inf., bestelle,
verordne, *B* 5, 41. 2) übergebe, biete
an, vertraue an, überlasse, alqd
od. alqm m. Dat., *B* 5, 36. 8, 93. insignia
(alci), des Reiches Insignien, *Ä* 8, 806.
corpus terrae, bestatte zur Erde, *Ä* 11,

23. haec (diese Gewächse) scrobibus, verpflanze in usw., *G* 2, 50. carmina foliis, verzeichne od. schreibe auf Blätter, *A* 6, 74. notas et nomina foliis, *A* 3, 444. alqm alci alendum (zur Erziehung), *A* 3, 50.

2. mando, mandi, mansum, ĕre, 1) kaue, beifse in etw., frena, *A* 4, 135. sub dentibus aurum (das goldene Gebifs\, *A* 7, 279. dcht., humum, v. tödlich Verwundeten, in die Erde (unser 'ins Gras') beifsen, *A* 11, 669. 2) esse kauend, verzehre, membra, *A* 3, 627. pecus, zerfleische, *A* 9, 340.

mänĕ, *n. indecl.*, 1) der Morgen, novum, *G* 3, 325. 2) Adv., morgens, am Morgen, *G* 1, 440. 2, 462.

mänĕo, mansi, mansum, ēre (μένω), 1) intrans., *a*) bleibe, bleibe stehen, verbleibe, v. Pers., *A* 2, 650 (mit 'fixus' verb.), *A* 10, 770. v. Lebl., wie v. Felsen (m. 'inmotus' verb.), *A* 3, 447. inmota manens, *A* 10, 696. *b*) prägn.: α) bestehe fort, dauere, währe, bleibe, verbleibe (für die Zukunft), qui maneant (näml. 'tibi') nepotes, welche Enkel du von der Lavinia zu erwarten hast, *A* 6, 757. dum regna manebant, *A* 2, 22. manet Ardea nomen, *A* 7, 412 (*Ribb.*; 'tenet', *Haupt* u. *Schap.*). Troiaque nunc staret, Priamique urbs alta maneres, *A* 2, 56 (*Haupt* 'stares ... maneres). dum vita manebat, im Leben, bei Lebzeiten, *A* 6, 608 u. 661. terrae graviora (pericula) manent, verbleiben dir zu Lande, stehen dir zu L. bevor, *A* 6, 84. Bes. von Ehre u. Ruhm, nicht in Vergessenheit kommen, *A* 1, 609. *B* 5, 78. m. Dat. der Pers. (als *Dat. comm.*), munera vobis certa manent, *A* 5, 349. manent inmota tuorum fata tibi, *A* 1, 257. haec eadem matrique tuae generique manebunt, soll gesichert verbleiben, *A* 9, 302. β) bleibe, beharre in der Seele, mens inmota manet, *A* 4, 449. in religione, bei dem heiligen Dienste, *A* 3, 409. m. Dat. der Sache, promissis, bleibe der Verheifsung treu, *A* 2, 160. at tu dictis maneres! du hättest bei deinem Worte bleiben sollen! *A* 8, 643. 2) trans., erwarte jmd., alqm, bes. übtr. v. lebl. Subj., 'bevorstehen', supplicium manet te, *A* 7, 596. maneat nostros ea cura nepotes, diese Sorge (die Vereinigung) falle unsern Enkeln (Nachkommen) zu, *A* 3, 505. mors manet gnatum,*A* 11, 166. qui te cumque manent casus,*A* 12,61. gratia manet partum,*A* 9, 299. gloria manet te, *G* 1, 168.

Mänes, ium, *m.* (von altlatein. Adj. 'mānus', d. i. gut), Manen, nach einheimischem Glauben der Römer die Seelen, Geister oder genii der Abgeschiedenen in dem Zustande, in welchem sie sich bei der Trennung vom Körper befanden, bes. die gutartigen (Gegs. Lemures, Schreckgeister), *A* 4, 490. 5, 99. 6, 506 u. 897. 12, 646. parentum, *A* 10, 828. sepulti, *A* 4, 34 (in bez. auf Sychäus). Auch von der Seele éiner Person, Anchisae, *A* 4, 427. 10, 534. coniugis, *A* 6, 119. patrii, *A* 10, 524; vgl. *A* 3, 63. quisque suos patimur Manes, jeder von uns trägt seinen Anteil an den Strafen (der Unterwelt), *A* 6, 743. 2) durch Vermischung der einheimischen Vorstellungen mit den griechischen, die unterirdischen Götter oder Mächte (Pluto, Proserpina, Hekate), *A* 11, 181. 12, 646; vgl. *A* 6, 896. 10, 34. *G* 4, 469. 489 u. 505. dah. übh. 'Unterwelt', imi, *A* 4, 387. 11, 181. 12, 884. profundi, *G* 1, 243. dcht. von der 'Tiefe des Meeres' (Gegs. zu caelum'), imi, gleichs. 'die Manen des Abgrundes', *A* 3, 565.

mänica, ae, *f.* (manus), 1) langer Ärmel an der Tunika, der bis über die Hand herabhing, *A* 9, 616. 2) Handfessel, Handschelle, *A* 2, 146.

mänifestus od.(*Ribb.*) **mänüfestus**, a, um (manus u. fendo), handgreiflich, augenscheinlich, deutlich, lumen, 'hellstes Licht', *A* 4, 358. multo manifesti lumine, *A* 3, 151. amaror, *G* 2, 246. fides, der offene Beweis, *A* 2, 309.

mänipulus (synkop. st. 'mānipŭlus', v. manus u. St. 'pleo'), i, *m.*, 1) eig., eine Handvoll, ein Bündel, *G* 1, 400. 3, 297. 2) ein Fähnlein Soldaten, Manipel (eig. der vierte Teil einer Kohorte), dcht. übh. Haufe, Schar, *A* 11, 463 u. 870.

Manlius, ii, *m.*, Manlius, mit dem Beinamen 'Capitolinus', mutvoller Verteidiger des Kapitols gegen die eindringenden Gallier (390 v. Chr.), später (384 v. Chr.) des Hochverrats angeklagt u. verurteilt, *A* 8, 652.

māno, āre, rinne, fliefse, ströme, *G* 1, 485. 3, 310. *A* 3, 43 u. 175.

mansuesco, suēvi, suētum, ĕre (manus u. suesco, eig. werde an die Hand gewöhnt), werde zahm, übtr. v. Acker, 'milder werden', arando, *G* 2, 289. nescia humanis precibus mansuescere corda, Herzen, die nie ein menschliches Flehen erweichte, *G* 4, 470.

mantēle, is, *n.* od. **mantēlium**, ii, *n.* [bei Vergil nur Plur.] (manus), Handtuch, *A* 1, 702. *G* 4, 377.

Mantō, ūs, *f.* (Μαντώ), eine weissagende Nymphe, Mutter des Oknus, *A* 10, 199.

Mantŭa, ae, *f.*, Stadt im transpadan.

Gallien, nach Vergil Haupt von zwölf Völkerschaften, die drei Stämmen (den Griechen, Etruskern u. viell. den Umbrern) angehörten, *Ä* 10, 200 flg. *B* 9, 27 flg. *G* 2, 198. 3, 12.

mănŭs, ūs, *f.* [Gen. Plur. synkop. 'manûm', *Ä* 7, 490], 1) Hand des menschl. Körpers, oft Plur., *a)* eig., *Ä* 1, 424 u. 487. 2, 167 u. 220. 3, 177 u. ö. *G* 2, 365. 3, 455. 4, 405. *B* 8, 48. prägn., manu, durch eigene Hand, mit eigener Hand, *Ä* 2, 645. 6, 435. *G* 4, 329. dcht. von den 'Krallen' der Harpyien, uncae, *Ä* 3, 217. *b)* von dem, was man gleichs. mit Händen greifen kann, ante oculos interque manus sunt omnia vestras, die Überzeugung davon liegt ganz klar vor euch, *Ä* 11, 311. in manibus (sunt) terrae, die Fluren (die ich zum Gegenstande meines Gedichtes gewählt habe) liegen mir nahe, *G* 2, 45. *c)* Hand der Kämpfenden, ne qua manus se attollere nobis a tergo possit, damit keiner das Schwert erhebe, uns angreife, *Ä* 9, 321. manu, mit dem Schwerte (in der Hand), mit Gewalt, *Ä* 12, 23 u. 627; 'durch feindl. Hand', *Ä* 2, 645. Bes. 'Tapferkeit', tapfere Hand, manu, durch meine tapfere Hand, durch Thaten meiner Tapferkeit, *Ä* 2, 434. in manibus (est) Mars ipse, jetzt hängt der Erfolg des Kampfes ganz von eurer Tapferkeit ab, *Ä* 10, 280 (wo *Ribb.* 'in manibus Mars ipse viris'); vgl. *Ä* 5, 403. 11, 116. Werk der Hände, persönl. Tapferkeit, *Ä* 11, 116. Plur., tapfere Thaten, *Ä* 6, 683. *d)* Hand, sofern sie etw. bearbeitet, artificis, geschickte Hand, *Ä* 12, 210. Plur., artificum, Kunstarbeit, *Ä* 1, 455; abs., *Ä* 1, 592. Volcani, *Ä* 11, 436. Neptuni, *Ä* 9, 145. medica, *Ä* 12, 402. bildl., *Ä* 7, 573. übh. zur Bezeichnung der thätigen Teilnahme, manu, 'mit eigener Hand', *Ä* 4, 344. 2) übtr.: *a)* Z a h l , M a n n - s c h a f t , M e n g e , S c h a r , iuvenum, *Ä* 6, 5, 10, 498. inpubes, *Ä* 7, 382. agrestes, *Ä* 11, 682. Dolopum, *Ä* 2, 29. Ausonia, *Ä* 8, 328. omnis primorum, *Ä* 9, 309. Auruncae, ein Teil der Aurunker, *Ä* 7, 795. abs., *Ä* 2, 315. 3, 792. 6, 660. Bes. *b)* Plur., H a n d w e r k s l e u t e , A r b e i t e r zum Bau, *Ä* 11, 329.

mǎpǎlia, ĭum,*n.*(punisches W.), Z e l t e od. H ü t t e n der nomadisierenden Afrikaner, *G* 3, 340; vgl. 'magalia'.

Marcellus, i, *m.*, röm. Familienname des klaudischen Geschlechtes, bes. 1) M. K l a u d i u s M a r c e l l u s , Kons. 222 v. Chr., Sieger über den Gallier Viridomarus und über Hannibal, *Ä* 6, 855. tu Marcellus eris, du wirst ein zweiter M. sein, *Ä* 6, 883. 2) M. K l a u d. M a r c e l-

lu s, Sohn des C. Marcellus u. der Oktavia, Eidam des Augustus, der zu den schönsten Hoffnungen berechtigte, aber kaum 19 Jahre alt unerwartet zu Bajä starb, *Ä* 6, 861 flg.

mărĕ, is, *n.*, Meer, *Ä* 1, 84. 224. 245. 3, 196. 5, 768. 8, 671. 12, 197. *B* 2, 26. *G* 4, 262 u. 373. m. 'caelum' verb., *Ä* 5, 802. aequor maris, *Ä* 2, 780. Plur., *Ä* 3, 70. 5, 594. 6, 351. 10, 197. *G* 2, 479. terrāque marique, zu Wasser u. zu Lande, *Ä* 9, 492. Bes. vom etrurischen Meere, *Ä* 7, 32. Sprichw., maria omnia caelo miscere, eig. Himmel u. Erde vermischen, d. i. gewaltigen Sturm erregen, *Ä* 5, 790. omnia vel medium fiant mare, alles werde nun offenes Meer (um näml. den Tod darin zu finden, als Ausdruck der Verzweiflung des unglücklich Liebenden), *B* 8, 58.

Mărĕōtis, tĭdis, *f.* (*Μαρεῶτις*), mareotisch, zum See Mareōtis in Unterägypten gehörig, in dessen Nähe ein gewürzhafter Wein gebaut wurde, vites, *G* 2, 91.

Mărīca, ae, *f.*, eine Nymphe mit einem Hain bei Minturnä, am Flusse Liris, Gattin des Faunus u. durch diesen Mutter des Latinus, *Ä* 7, 47.

mărīnus, a, um (mare), z u m M e e r e g e h ö r i g , fremitus, brüllende Wogen, *G* 2, 160. fulicae, Wasserhühner, *G* 1, 362. monstra, Meerungeheuer, *Ä* 7, 780. canes, *B* 6, 77. casus, Unfälle, Stürme des Meeres, *G* 2, 68.

mărītus, i, *m.* (mas), *a)* G a t t e , G e - m a h l , *Ä* 3, 297. 4, 297. v. Tieren, *G* 3, 125. *b)* künftiger Gatte, Bräutigam, *B* 8, 30. *c)* F r e i e r , Bewerber, *Ä* 4, 35.

Mărius, ĭi, *m.*, röm. Geschlechtsname, bes. C. M a r i u s , Besieger des Jugurtha u. der Cimbern (gest. 87 v. Chr.), u. dessen Sohn (gest. 82 v. Chr.), dah. Plur., 'Marii', *G* 2, 169.

marmŏr, ŏris, *n.*(*μάρμαρος*), 1) M a r - m o r , *Ä* 4, 457. 6, 69. *B* 7, 31. 2) (dcht.) übtr., glänzende M e e r e s f l ä c h e , M e e - r e s s p i e g e l , *Ä* 7, 28 u. 718. 10, 208.

marmŏrĕus, a, um (*μαρμάρεος*), 1) a u s M a r m o r , marmorn, thalami, *Ä* 4, 392. facio alqm marmoreum, bilde jmd. aus Marmor, *B* 7, 35. 2) dem Mar- mor ä h n l i c h (an Weifse u. Glätte), cervix, *G* 4, 523. aequor, 'Spiegel des Mee- res', *Ä* 6, 729.

Marpēsius, a, um, zu dem an Marmor reichen Berge Marpessa auf Paros gehörig, m a r p e s i s c h , cautes, *Ä* 6, 471.

Marrŭvius, a, um, zu Marruvium, Hauptstadt der Marser in Latium (j. 'St.

Benedetto'), gehörig, m a r r u v i s c h ,
gens, Marser, *Ä* 7, 750.

Mars, Martis, *m.* (vgl. Mavors), 1) eig.,
M a r s ('*Ἄρης*), Sohn des Juppiter u. der
Juno, Vater des Romulus und dadurch
Stammvater der Römer, Gott des Krieges u. der Schlachten u. Symbol der ungestümen, rohen Tapferkeit, impius, *G*
1, 511. durus, *B* 10, 44. armipotens, *Ä* 9,
717; vgl. *Ä* 1, 274. 2, 335 u. 440. 7, 304. 540.
550. 582 u. ö. *G* 2, 283. 3, 91. 4, 346. 2)
meton., K r i e g , S c h l a c h t , K a m p f ,
M o r d , Martem accendo, feuere zum
Kampfe an, *Ä* 6, 165. Martem invado,
beginne den Kampf, *Ä* 12, 712. Mars secundus, *Ä* 10, 22. 11, 899. adversus, *Ä* 12,
1. patrius, vom Vater ererbter Kriegs-
mut, *Ä* 11, 374. noster, *Ä* 12, 187.

Marsi, ōrum, *m.*, kriegerisches Volk
in Latium am Fucinersee, durch die Kunde schädlicher Kräuter u. deren Gegengifte bekannt, *G* 2, 167. – Dav. M a r -
s u s , a, um, marsisch, montes, *Ä* 7, 758.

Martius, a, um (Mars), 1) zu Mars
gehörig, martisch, Penthesilea, *Ä* 11,
661. lupus, dem Mars heilig, *Ä* 9, 566.
2) meton., kriegerisch, aeris canor, *G*
4, 71. tela, *B* 9, 12. volnera, im Kampfe,
Ä 7, 182.

Marus, i, *m.*, ein Rutuler ('Tmarus'
Ribb.), *Ä* 9, 685.

mas, măris, *m.*, Männchen, Plur.,
von den Stieren, *G* 3, 64.

masculus, a, um (mas), männlich,
übtr. st. 'kräftig', tura, die vorzüglichste
Gattung des Weihrauchs, *B* 8, 65.

massa, ae, *f.*, M a s s e , K l u m p e n ,
picis, *G* 1, 275. v. Metall, *Ä* 8, 453. Plur.,
lentae, *G* 4, 170.

1. **Massicus**, a, um, zum Berg Massikus in Kampanien gehörig, mit vorzüglichem Weinbau, massisch, umor,
munera Bacchi (d. i. Wein), *G* 2, 143. 3,
526. Sbst., Massica, ōrum, *n.*, Gegend an
den Berg Massikus mit dem Falerner-
gebiete, *Ä* 7, 726.

2. **Massicus**, i, *m.*, Führer der Klu-
siner, *Ä* 10, 166.

Massyli, ōrum, *m.* [Gen. Plur. Massy-
lûm, *Ä* 6, 60] (*Μασσύλιοι*), ein Stamm
der Numidier in Afrika, *Ä* 6, 60. – Dav.
Massylus, a, um, zu den Massylern
gehörig, massylisch, gens, *Ä* 4, 483.
dcht. st. 'afrikanisch', equites, *Ä* 4, 132.

mater, tris, *f.* (*μήτηρ*, dor. *μάτηρ*),
M ü t t e r , 1) eig.: *a)* übb., *Ä* 1, 314. 2, 489.
7, 357. 9, 216. *B* 8, 47 u. 48. *G* 4, 321. als
ehrende Bezeichnung der röm. Frauen
(matronae), *Ä* 8, 666. 'ehrbare Frauen',
'Hausfrauen', 'Mütter', *G* 4, 475. *Ä* 6,
306. 9, 272. Plur. übh. 'Frauen', Graiae,

Ä 2, 786. bes. in Verb. mit 'viri', *Ä* 2, 797.
attonitae Baccho (von den Bacchantin-
nen), *Ä* 7, 580. spöttisch in der Anrede,
o mater, 'gute Alte', *Ä* 7, 441. Bes. *b)* v.
Göttinnen, Vesta, *G* 1, 198. abs. 'Mater'
(gew. 'M. magna'), Kybele, *Ä* 9, 108 u. 584.
G 4, 64. Idaea, *Ä* 9, 620. 2) übtr.: *a)*
von Tieren, wie vom Mutterschaf, *Ä* 1,
635. 9, 61. *G* 3, 398. v. d. säugenden Wölfin,
Ä 8, 632. *b)* der 'Mutterstamm' (im Gegs.
der Wurzelspröflinge), *G* 2, 19 u. 23. *Ä*
12, 209. *c)* 'Mutterstadt', Aricia, *Ä* 7, 762.
Populonia, *Ä* 10, 172. *d)* v. der Erde als
Ernährerin der Pflanzen, mater tellus, *Ä*
11, 71.   [*Ä* 11, 328.

materies, ēi, *f.* (mater), B a u h o l z ,

maternus, a, um), m ü t t e r l i c h , Delos (in bez. auf Apollo, wo er geboren),
Ä 4, 144. aves, die der Venus heiligen,
im Dienste derselben stehenden Tauben,
Ä 6, 193. arma, des Äneas, von dessen
Mutter Venus durch Vulkan verfertigt,
Ä 12, 107. myrtus, der Venus als Mutter
des Äneas heilig, *Ä* 5, 72. ebenso in bez.
auf Cäsar, der von Venus und Anchises
sein Geschlecht ableitete, tempora (Schläfe), *G* 1, 28. avus, Atlas, Vater der Maja,
der Mutter Merkurs, *Ä* 4, 258. nobilitas,
von seiten der Mutter, *Ä* 11, 340. ius,
der Mutter bei Verehelichung der Tochter, *Ä* 7, 402.

matrona, ae, *f.* (mater), F r a u in
ehrendem Sinne, matronae puerique, Mütter u. Kinder, 'jung u. alt', *Ä* 11, 476.

maturo, āre (maturus), 1) b e s c h a f f e
b e i g u t e r Z e i t (Gegs. propero), multa,
G 1, 261. 2) b e s c h l e u n i g e , maturate
fugam, macht euch schleunigst fort, packt
euch, *Ä* 1, 137.

maturus, a, um, 1) v o l l z e i t i g ,
r e i f , v. Früchten, *B* 3, 80. 10, 36. *G* 2,
419. 4, 143. dcht. übtr., lux, das gleichs.
reifende 'volle' Licht, *Ä* 10, 257. 2) r e i f ,
v o l l k o m m e n , die rechte Kraft habend,
kräftig, s t a r k , aetas, *Ä* 12, 438. soles,
G 1, 66. m. Dat., viro, mannbar, *Ä* 7, 53.
m. Gen., animi, reif an Einsicht, reifen
Verstandes, *Ä* 9, 246. aevi, bejahrt, *Ä*
5, 73.

matutinus, a, um, m o r g e n d l i c h ,
cantus, Morgengesang der Vögel, *Ä* 8,
456. matutinus se agebat, war früh auf,
Ä 8, 465.

Maurusius, a, um (*Μαυρούσιος*), zur
afrikan. Landschaft Mauritanien gehö-
rig, m a u r u s i s c h , dcht. st. 'afrikanisch',
Ä 4, 206.

Mavors, vortis, *m.*, M a r s , *Ä* 8, 630
u. 700. 10, 755. 11, 389. 12, 179 u. 332.
urbs Mavortis, Rom, *Ä* 6, 873.

Mavortius, a, um (Mavors), *a)* z u m

Mars gehörig, Romulus, Sohn des Mars, *Ä* 6, 778. moenia, Rom, *Ä* 1, 276. *b*) meton., streitbar, kriegerisch, Haemon, *Ä* 9, 685. terra, tellus, Thrakien, *Ä* 3, 13. *G* 4, 462.

Maxima, Beiname der 'ara' des Herkules, s. 'ara' a. E.

Maximus, d. i. Q. Fabius Maximus, *Ä* 6, 845. s. Fabius.

meātŭs, ūs, *m.* (meo), Gang, Lauf, Plur., meatus caeli, Bahnen der Gestirne am Himmel, *Ä* 6, 850.

mĕdĕor, ēri, 1) heile, *Ä* 12, 996. 2) übtr., heile, beruhige, violentia Turni aegrescit medendo, *Ä* 12, 46. nec sit mihi cura mederi, nicht kümmere mich, ob ich ihn heile, *B* 8, 88.

Mĕdi, ōrum, *m.*, s. Medus.

Mēdĭa, ae, *f.* (*Μηδία*), Landschaft in Asien, übh. zur Bezeichnung der den Alten wenig bekannten Teile Asiens östlich von Syrien, *G* 2, 126.

Mēdĭca od. (*Ribb.*) **mĕdĭca**, ae, *f.* (verst. 'herba', wie *Μηδικὴ πόα*), eine aus Medien stammende im Altertume als vorzügliches Futterkraut angebaute Kleeart, Schneckenklee, Luzerne *G* 1, 215.

mĕdĭcīna, ae, *f.* (medicus), 1) Arzneikunst, Heilkunde, *Ä* 7, 772. 2) Heilmittel, Mittel, furoris, *B* 10, 60.

mĕdĭco, āre (medicus), heile durch künstliche Mittel, bes. durch Besprengung mit würzhaften Kräutersäften, semina, kräftige künstlich, *G* 1, 193. medicatae fruges, magische oder Zauberkräuter, *Ä* 6, 420. medicatae sedes, würzige Plätze, duftendes Lager, *G* 4, 65.

mĕdĭcor, āri (medicus), heile, m. Dat. der Pers., senibus, *G* 2, 135. m. Akk. der Sache, ictum, *Ä* 7, 756. abs., *Ä* 12, 418.

mĕdĭcus, a, um, heiland, manus, *Ä* 12, 402. *G* 3, 455.

mĕdĭtor, āri, 1) denke od. sinne nach, abs., *G* 1, 133. 2) sinne od. denke etw., gehe um mit etw., mit Akk., amorem, ersinne, *Ä* 4, 171. pestem alci, *G* 3, 153. insidias pecori, *B* 5, 61. mit Inf., *Ä* 1, 674. 2) übe mich ein auf etwas, silvestrem Musam avenā, entlocke des Hirtengesanges Melodien der Hirtenpfeife, *B* 1, 2. arundine, *Ä* 6, 8. abs., 'singe', Phoebo meditante, *B* 6, 82. dcht. v. Stier, in proelia, zum Kampf sich üben od. rüsten, *Ä* 10, 455.

mĕdĭus, a, um (*μέσος*), mitten, 1) eig., räumlich, mitten, in der Mitte, der mittlere, dazwischen liegend od. befindlich, *a*) adj., spatium, Raum in der Mitte, *Ä* 6, 634. aedes, freier, nicht über-

bauter Platz im Mittelraum des Hauses, *Ä* 2, 512. 8, 467. vallis, *Ä* 5, 288. urbs, Stadt innerhalb der Mauern mit der Burg, *Ä* 2, 240. spatium, *Ä* 6, 634. mare, *B* 8, 58. cornua, die Mitte der Hörner, *Ä* 5, 479. Mycenae, das mitten in Griechenland liegt, *Ä* 7, 372. ignes, auf der Mitte des Altares brennend, *Ä* 12, 201. per medias urbes,mitten durch dieStädte, *Ä* 7, 384. medium per aequor, mitten durch das Meer, *Ä* 3, 665. in medio antro, in der Mitte der Höhle, *Ä* 3, 624. in media nocte nimborum, in der Mitte der Wolkennacht, *G* 1, 328; vgl. *Ä* 2, 328 u. 512. 5, 110. ohne Präp. 'in', medio ponto, campo, mitten im Meere, auf dem Felde, *G* 3, 237 u. 466; vgl. *Ä* 1, 314., 441. 505. 638. 2, 73. 104. 270. 5, 423. Oft von Pers., bes. prädikatisch, Achivi, die Mitte der Ach., *Ä* 5, 497; vgl. *Ä* 2, 123 u. 508. turmae, zwischen dem Platze an dem sie Halt gemacht u. dem trojan. Lager, *Ä* 10, 239. medii per maxima Nerei stagna, mitten durch des Nereus weite Gewässer, *Ä* 10, 764. medios delapsus in hostes, in die Mitte der Feinde, *Ä* 2, 377. media agmina, *Ä* 12, 683. elapsus mediis Achivis, dem Schwarme der Ach. entronnen, *Ä* 1, 242. quibus in mediis, mitten unter diesen, *Ä* 5, 303. amplector alqm medium, in der Mitte, *Ä* 2, 218. considit scopulo medius, auf der Mitte des Felsens, *G* 4, 436. Bes. von der Hauptperson als ehrende Auszeichnung, v. Ehrenplatze, medius (ibat) magnā comitante catervā, ging mitten im Schwarm des ihn begleitenden Volkes, *Ä* 5, 76. solo medius consedit avito, setzte sich in die Mitte der Seinen auf der Ahnen Thron (als Ehrensitz), *Ä* 7, 169. quo se tulit medium, *Ä* 5, 290. medium alqm habere, umgeben, umringen, *Ä* 6, 667. sedet in mediis, in der Mitte der Versammelten, der Versammlung, *Ä* 11, 237. mediam se locavit, setzte sich in die Mitte, *Ä* 1, 698. caelicolae medium quem (Iovem) ad limina ducunt, den Himmlischen Schar umringt und zur Schwelle geleitet, *Ä* 10, 117. discessere omnes medii, alle entfernten sich aus der Mitte, *Ä* 12, 696. medius stans aggere, *Ä* 12, 564. *b*) Sbst. medium, ii, *n.*, Mitte, Mittelpunkt, *α*) übh., proicere caestus in medium, in die Mitte des Raumes od. Kampfplatzes, *Ä* 5, 401. ad medium, in der Mitte des Leibes, im Unterleibe, *Ä* 12, 273. in medio, *B* 3, 40. medio, in der Mitte, d. i. im Impluvium, *Ä* 7, 59. medio aulae, im Atrium, *Ä* 3, 354. castrorum et campi medio, 'mitten im Lagergefilde', in der Ebene des Lagers, *Ä* 9, 230. *β*) von dem, was jmdm. gerade im Wege liegt, in medio, wie er sie trifft, *Ä* 9, 343. γ) (dcht.) von dem, was allen gehört, in medium, zu gemeinsamem Gebrauch, für alle zugleich, *G* 1, 127. 4, 157; bei 'consulo', berate gemeinsam, für das allgemeine Beste, *Ä* 11, 335. 2) übtr., von der Zeit, α) partitiv, mediā nocte, mitten in der Nacht, *Ä* 10, 147. torquet nox media cursus, Mitternacht, *Ä* 5, 738. mediae pruinae, Mitte des Winters, *G* 1, 230. medio aestu, in od. während der Hitze des Mittags, *Ä* 1, 297 flg. medii aestus, *Ä* 4, 401. frigoribus mediis, mitten im Frost, *B* 10, 65. in media morte, bei der ringsum drohenden Todesgefahr, *Ä* 2, 533. sbst., nec longum in medio tempus, cum etc., d. i. kurze Zeit verstrich dazwischen, *Ä* 9, 395. medius dies, dcht. 'Mittagsgegend', 'Süden' (meridies), *G* 3, 303. *b*) von dem, was man bereits begonnen hat, womit man eben beschäftigt ist, mitten in od. bei, während, carpo mediam quietem, liege mitten im Schlafe, im tiefen Schlafe, *Ä* 7, 414. media inter lora, mitten im Fahren, *Ä* 12, 469. in mediis conatibus, *Ä* 12, 910. medio dolore, *Ä* 1, 386. media inter proelia, *Ä* 11, 541. in honore deûm medio, eben am Feste, bei der Verehrung der Götter, *G* 3, 486. in medio ictu, mitten im Schlage, *Ä* 12, 732. medium iter classe tenebat, verfolgte im Reisen begriffen seinen Seeweg rückwärts, war mitten auf der Seereise, *Ä* 5, 1. medium sermonem abrumpo, breche mitten im Gespräche ab, *Ä* 4, 388. medio sermone, ohne eine Antwort od. Entgegnung abzuwarten, *Ä* 4, 277. 9, 657. media in voce resistit, *Ä* 4, 76. medio in crimine caedis et igni, mitten unter den leidenschaftlichen Beschuldigungen wegen des (begangenen) Mordes, *Ä* 7, 577. Sbst., medium, ii, *n.*, 'Mitte', medio fugae, mitten auf od. während der Flucht, *Ä* 11, 597. *c*) von dem, der etwas unterbricht, ne medius occurrere possit, damit er nicht störend dazwischen komme, nicht hindernd in den Weg uns trete, *Ä* 1, 682. quos inter medios venit furor, Wuth trat zwischen sie, trennte die Erbitterten, *Ä* 1, 348. *d*) von dem, der vermittelnd zwischen zwei Parteien tritt, medium paci se offert, als Mittler od. Vermittler des Friedens, *Ä* 7, 536.

Medon, dontis, Akk. 'donta', *m.* (*Μέδων*), ein Troër, natürlicher Sohn des Oïleus, *Ä* 6, 483.

medulla, ae, *f.*, Mark, *Ä* 4, 66. *G* 3, 271. neben 'ossa', *Ä* 8, 389.

Medus, i, *m.* (*Μῆδος*), Bewohner Mediens, *G* 2, 134 u. 136. – Dav. Medus,

a, um, medisch, Hydaspes, weil im medischen Gebirge Parapamisus entspringend, *G* 4, 211.

Megaera, ae, *f.* (*Μέγαιρα*), eine der Furien, *Ä* 12, 846.

Megarus, a, um (dcht. st. 'Megaricus'), megarisch, d. i. zu Megara gehörig, einer Stadt an der Ostküste Siciliens, nördl. von Syrakus, sinus, *Ä* 3, 689.

mel, mellis, *n.* (*μέλι*), Honig, *G* 4, 205. *Ä* 6, 420. öft. Plur. (in bez. auf die gröfsere Menge), *G* 4, 1. 35. 57. 101. 141. 163. 169. 213. *B* 3, 89. *Ä* 1, 432. 4, 486. Nach alter Vorstellung als Tau von den Blättern der Bäume träufelnd, *G* 1, 131. 4, 1. *B* 4, 30. Bei Totenopfern und im Dienste der unterirdischen Götter angewendet, *Ä* 4, 486. 6, 420.

Melampus, pŏdis, *m.* (*Μελάμπους*), 1) Sohn des Amythaon (s. Amythaonius) aus Pylos, ber. Seher, der zugleich durch übernatürliche und geheime Mittel die Heilkunst übte, *G* 3, 550. 2) Begleiter des Herkules, Vater des Gyas, *Ä* 10, 320.

1. **Meliboeus**, a, um, aus Melibōa (*Μελίβοια*), einer Küstenstadt der thessal. Landschaft Magnesia, dux Philoctetes (weil daher gebürtig), *Ä* 3, 401. purpura, zu Melibōa verfertigt, *Ä* 5, 251.

2. **Meliboeus**, i, *m.*, Name eines Hirten, *B* 1, 6. 19. 42. 73. 3, 1. 5. 87. 7, 9.

Melicertes, ae, *m.* (*Μελικέρτης*), Sohn der Ino, der nach seiner Verwandlung in einen Meergott den Namen 'Palaemon' erhielt, *G* 1, 437.

melior, s. bonus.

melisphyllum, i, *n.* (*μελισσόφυλλον*), Melisse, eine von den Bienen gesuchte Pflanze, *G* 4, 63.

Melite, ēs, *f.* (*Μελίτη*), eine Meernymphe, *Ä* 5, 825.

Mella, ae, *m.*, Flufs im cisalpin. Gallien, in der Nähe des Gebietes von Mantua (j. 'Mela), *G* 4, 278.

membrum, i, *n.*, Glied des tierischen Körpers, meist Plur., 'Glieder', 'Gliedmafsen', *Ä* 1, 92. 3, 30 u. 137. 4, 5. u. 559. 5, 358. 431. 836. 9, 490. 12, 951. *G* 4, 418 u. 438. verb., magni artus membrorum, gewaltiger Bau der Glieder, *Ä* 5, 422. dcht. st. 'Körper', 'Leib', *Ä* 6, 220; vgl. *Ä* 10, 558 u. 868.

me-met, s. ego.

memini, meminisse (Wurz. μεν in μέν-ω, μέ-μο-να), erinnere mich od. bin eingedenk einer Sache, besinne mich auf etw., m. Gen., *Ä* 1, 732. 11, 280. m. Akk., bes. in der Bed. 'habe im Gedächtnis', 'denke an' etw., haec, *Ä* 1, 203. *B* 7, 69 (vgl. nachh.). numeros, *Ä* 9, 45. m. Ausl. des Subjektsakk. beim

Akk. u. Inf., alternos (versus) Musae meminisse volebant, eig. die Musen wollten, dafs die beiden Wettsänger der von ihnen (den Musen selbst) empfangenen Wechselgesänge sich erinnerten, *B* 7, 19. m. Akk. u. Inf. Perf., *G* 4, 125. Präs., *A* 1, 619. *B* 1, 17. 9, 52. m. Objektsakk. (haec) u. Akk. u. Inf. zugleich, *B* 7, 69. m. bl. Inf., 'gedenke', 'denke daran' (etw. zu thun), *B* 8, 88. abs., *Ä* 2, 12. 7, 645. Bes. Imper. 'memento' m. Inf., 'gedenke', 'vergifs nicht', *Ä* 2, 549. 6, 852. 7, 126; spöttisch, wie unser 'vergifs ja nicht', *Ä* 2, 549.

Memmius, ii, *m.*, Name eines röm. Geschlechtes, von dem Griechen 'Mnestheus' abgeleitet (durch Umsetzung von μνησθῆναι in 'memini'), *Ä* 5, 117.

Memnōn, nŏnis, *m.* (*Μέμνων*), König der östl. Äthiopen, der den Troërn Hilfsscharen zuführte, *Ä* 1, 489.

memŏr, ŏris, 1) eingedenk, sich erinnernd an etw., *a*) übh., mit Gen., *Ä* 1, 23. 9, 480. 10, 280 flg. *G* 4, 156 (v. Bienen). nec aurae nec sonitus, nicht achtend auf, *Ä* 11, 802. abs., *Ä* 6, 377. memores mea dicta referte Euando, behaltet wohl (im Gedächtnisse) meine Worte, um sie dem Eu. zu überbringen, *Ä* 10, 491. numen, eine Gottheit, die ein Gedächtnis hat für Unrecht, das anderen zugefügt worden ist, *Ä* 4, 521. Bes. *a*) einer Wohthat eingedenk, dankbar, *Ä* 4, 539. sui memores alios facere merendo, andere durch sein Verdienst sich zu Dank verbinden, *Ä* 6, 664. von Rossen, nec memores domini, die ihres eigenen Herrn nicht achten, *Ä* 12, 534. *b*) prägn., vorsorgend, bedachtsam, sorgfältig, *G* 1, 167 u. 2, 347. 2) übtr., von Lebl., aevum, d. i. Andenken oder Erinnerung bei der Nachwelt, *Ä* 9, 447. ira, lang gedenkend, lang dauernd, *Ä* 1, 4.

memŏrābĭlis, e (memoro), ruhmwürdig, nomen, *Ä* 2, 583. numen, *Ä* 4, 94 (*Ribb.* 'nomen').

memŏro, āre (memor), bringe in Erinnerung, erwähne, sage, spreche, erzähle, alqd (alci), *Ä* 1, 8. 4, 109. 6, 601 u. 699. 7, 645. 10, 680. talia, *Ä* 2, 650. locus multis memoratus in locis, gepriesen, *Ä* 7, 564. Bei Einführung der direkten Rede, *Ä* 3, 182. mit dem Nebenbegriff des Ehrwürdigen, 'nenne', 'benenne', Carmentalem nomine portam, *Ä* 8, 339. quam te memorem? *Ä* 1, 327. nequiquam memoratus, dessen du dich ehemals gegen uns vergeblich rühmtest, *Ä* 5, 392. Part. mĕmŏrandus, a, um, erwähnenswert, preiswürdig, be-

kannt, berühmt, iuvenis, *Ä* 10, 793. pastor, *G* 3, 1.

Mĕnalcās, ae, *m.* (*Μενάλκας*), ein Hirte, *B* 2, 15. 3, 13. 58. 5, 4. 64. 90. 9, 16. 18, 55. 10, 20. Zur Bezeichnung des Vergil selbst, der sich als Dichter viele Gönner erworben hatte, durch deren Fürsprache er sein verlorenes Gut zurückerhielt, *B* 9, 10.

mendax, dācis, lügenhaft, lügnerisch, *Ä* 2, 80. 8, 644.

Mĕnĕlāus, āi, *m.* (*Μενέλαος*), Sohn des Atreus, Bruder des Agamemnon, Gemahl der Helena, der auf der Rückkehr von Troja bis an die Grenzen Ägyptens verschlagen wurde, *Ä* 11, 262; vgl. *Ä* 2, 264. 6, 525.

Mĕnestheūs, ĕi, *m.* (*Μενεσθεύς*), Sohn des Klytius, Bruder des Akmon, aus Lyrnesus, *Ä* 10, 129 (wo 'Menestheo' dreisilbig).

Mĕnoetēs, ae, *m.*, *Μενοίτας* (-της), 1) ein Troër, *Ä* 5, 161 flg. 166. 173. 179. 2) ein Fischer aus Arkadien, *Ä* 12, 517.

mens, mentis, *f.* (Wurz. μεν in μένω, μένος), 1) Denkart, *a*) Gemüts- od. Sinnesart, Sinn, Geist, Charakter, *Ä* 1, 304. 604. 2, 170. 317. 407. 519. 4, 105. 319. 595. 5, 828. 8, 203. 13, 841. mens omnibus una est, alle leben in Eintracht (v. den Bienen), *Ä* 4, 212. *b*) das Innere als Empfindungsart, Herz, Seele, Gemüt, Geist, *Ä* 1, 26. 643. 718. 3, 47. 4, 100. 5, 304. 6, 278. 8, 163. 9, 292 u. 798. 10, 824. 12, 160 u. 468. *G* 4, 357. mens agitat mihi, m. Inf., *Ä* 9, 187. dcht. Plur., *Ä* 9, 184 u. 234. *G*. 3, 3. Bisw. (leidenschaftlicher) Trieb, Verlangen, *G* 3, 267. 2) Das Geistige oder Denkende als höhere Seelenkraft, *a*) Verstand, Sinn, Vernunft, Geist, *Ä* 2, 406. 7, 273. 10, 843. 11, 3. 12, 37. *B* 1, 16. laeva (bethört, verkehrt), *Ä* 2, 54. *B* 1, 16. mens animusque (zur Bezeichn. aller Geisteskräfte des Menschen), *Ä* 6, 11. bes. als Teil des ätherischen 'Weltgeistes', der die erschaffenen Wesen durchströmt, *Ä* 6, 727. *G* 4, 220. Plur. in der Umschr., ignarae mentes vatum, *Ä* 4, 65. m. 'corda' verb. zur Bezeichn. des denkenden u. empfindenden Vermögens, *Ä* 5, 643. *b*) Überlegung, Einsicht, Geist, *Ä* 2, 736. 4, 449. 10, 899. neben 'animus', *Ä* 1, 304. 6, 11. Bisw. 'Rat', den man giebt, *Ä* 1, 676. *c*) Sinn, Gedanken, *Ä* 8, 440. 12, 554. Plur. v. mehreren, *Ä* 12, 609. Bes. 'Ansicht', *Ä* 1, 676. divûm, m. 'numen' verb., Wille und Macht, *Ä* 5, 56.

mensa, ae, *f.*, 1) Tisch, Tafel, bes. zum Essen, *a*) eig., *Ä* 1, 216. 686 u. 706.

3, 213. 7, 134. 176. 11, 738. auch von
dem als Unterlagen der Speisen dienenden Kuchen, *A* 7, 116 u. 125. *b*) meton.,
wie unser 'Tafel', 'Tisch', d. i. das Essen,
die Speisen, Plur., *A* 1, 686. 6, 606. bei
Opferschmäusen, *A* 8, 110. mit 'hospitium' verb., 'gastliche Tafel', *A* 10, 460.
secunda, Nachtisch, *A* 8, 283; Plur. 'mensae secundae', *G* 2, 101. mensā dignor,
würdige des Mahles, *B* 4, 63. 2) Opfertisch, deorum, *A* 2, 764.

mensis, is, *m.* (St. μηνς in μήν), Monat, 'Mond', *A* 1, 269. *G* 1, 32. 64. 115.
3, 139. magni menses, 'die grofsen Monden' als Teile des grofsen Weltjahres,
B 4, 12.

menstruus, a, um (mensis), monatlich, alle Monate wiederkehrend, luna,
der monatliche Gang od. Lauf des Mondes, *G* 1, 353.

mentior, mentitus sum, īri (mens),
lüge, *a*) eig., m. Akk. u. Inf., *A* 2, 540.
Part. 'mentitus' mit pass. Sinne, 'trügerisch' (weil nachgeahmt), tela, *A* 2, 422.
b) dcht. übtr., nehme das Ansehen von
etw. an, von der Wolle, varios colores
(durch künstliche Färbung), *B* 4, 42.

mentum, i, *n.*, *a*) Kinn der Menschen u. Tiere, *A* 4, 216. 6, 299. 12, 307.
G 3, 53. *b*) Kinnbart, Bart, Plur., crines incanaque menta regis, *A* 6, 810.
barbae incanaque menta hirci, 'das graubärtige Kinn', *G* 3, 311.

mephitis, is, Akk. 'im', *f.*, erstickender Dunst oder Qualm der Erde, saeva,
A 7, 84.

mercēs, cēdis, *f.* (mereo, merx), Lohn,
a) Belohnung, *B* 6, 26. *G* 4, 150. *b*)
Lohn, Preis für etw., multā mercede,
mit Aufwand von Mühe u. Kosten, *G* 2,
62. im übeln Sinne, hāc mercede suorum coëant, d. i. um diesen Preis der
Ihrigen mögen sie sich verbinden, *A* 7,
317.

mercor, āri (merx), handle, kaufe,
erkaufe etw., sōlum, *A* 1, 367. übtr.,
alqd magno (teuer), belohne reichlich,
A 2, 104.

Mercŭrius, ii, *m.* (merx, mercor),
Ἑρμῆς, Sohn des Juppiter u. der Maja,
Bote der Götter, der die Menschen auf
ihren Wegen geleitet u. ihre abgeschiedenen Schatten zur Unterwelt führt, ausgerüstet mit goldenen Schwungsohlen,
die ihn windschnell über Land u. Meer
tragen, und einem Wunderstabe, *A* 4,
222 flg. 8, 138. Als Schöpfer der redenden Künste mildert er die wilden Leidenschaften der Menschen, *A* 1, 303.

merĕo, merŭi, merĭtum, ēre, u. **merĕor**, merĭtus sum, ēri, 1) verdiene,

a) erwerbe mir einen Anspruch auf etw.,
mache mich einer Sache würdig, verdiene *a*) aktive Form, laude coronam, *A*
5, 355. caprum fistulā, *B* 3, 22. *β*) depon.
Form, pietate, *A* 2, 690. supplice sic merito, der es verdiente aufgenommen zu
werden, *A* 3, 667. Dah. merĭtus, a, um,
'verdient', nach Verdienst, würdig, palma, *A* 5, 70. tropaea, *A* 11, 224. honores,
die einem Gotte gebührenden, schuldigen Opfertiere, *A* 3, 118 u. 264. *b*) im
übeln Sinne, verdiene, d. i. 'verwirke',
'ziehe mir zu', verschulde, *a*) aktive
Form, merentis sumpsisse poenas, Strafe
an der Schuldigen genommen haben, *A*
2, 585. qualem meruit, wie er es verdiente (näml. 'remitti'), Pallanta remitto,
A 10, 492. scelus expendisse merentem
Laocoonta ferunt, dafs Laok. die Strafe
für den Frevel mit Recht verdiene, *A* 2,
229. Danaûm, si fata fuissent, ut caderem meruisse manu, dafs ich wohl durch
Danaërhand zu fallen verdiente, *A* 2,
434. prägn., scelus, Strafe für einen verschuldeten Frevel, *A* 7, 307. abs., merui, *A* 12, 931. *β*) depon. Form, morere,
ut merita es, *A* 4, 547. demitte, si mereor, *A* 5, 692. meritae urbes, die solche Strafen (des Krieges) verwirkt haben, straffällige, *A* 12, 854. morte meritā, Tod durch Verschuldung, *A* 4, 606.
2) prägn., mache mich verdient, si
bene quid de te merui, *A* 4, 317. abs.,
merendo (durch Verdienst), *A* 6, 664. meriti iuvenci, verdienstliche, nützliche, *G*
2, 515.

mergæ, gĭtis, *f.*, Garbe, *G* 2, 517.

mergo, mersi, mersum, ĕre, 1) tauche, versenke in etw., sub aequore,
A 6, 342. m. bl. Abl., alqm aequore, *A* 6,
348. gurgite, *A* 10, 559. res altā et caligine mersae, was tief mit Erde u. Finsternis (in der Unterwelt) bedeckt, umhüllt ist, *A* 6, 267. dcht., alqm funere
acerbo, versenke ins frühe Grab, *A* 6,
429. 2) übtr., versenke in etw., alqm
malis, *A* 11, 28. abs., viros, stürze ins
Unglück od. Verderben, *A* 6, 615.

mergus, i, *m.* (mergo), Taucher, ein
Wasservogel, *A* 5, 128. *G* 1, 361.

merĭtō, Adv. (meritus v. mereo) nach
Verdienst, mit Recht, billig, *A* 11,
392 u. 502. *G.* 2, 40.

merĭtum, i, *n.* (mereo), *a*) Verdienst,
A 1, 74 u. 151. 9, 256. 11, 179. *b*) im übeln
Sinne, Schuld, *G* 4, 455.

1. **Mĕrops**, rōpis, *m.* (Μέροψ), ein
Troër, *A* 9, 702.

2. **mĕrops**, rōpis, *f.* (μέροψ), Bienenspecht, Immenwolf, ein Vogel, *G* 4, 14.

merso, āre (Int. v. mergo), tauche

in etw., m. Dat., gregem fluvio salubri, schwemme, *G* 1, 272. arietem in gurgite, *G* 3, 447.

merus, a, um, rein, unvermischt, lauter, Bacchus, nicht mit Wasser vermischter Wein (wie er zum Opfern gebraucht wurde), *Ä* 5, 77. Sbst., merum, i, *n.*, 'reiner od. lauterer Wein', *Ä* 1, 729. 3, 526 u. 633.

merx, mercis,*f.*, Ware, Plur.,*B*4,39.

Messāpus, i, *m.*, ein Latiner, Sohn des Neptun, ber. Rossebändiger, *Ä* 7, 691. 8, 6. 9, 27. 124. 160. 351. 365. 458. 523. 10,354 u. 749. 11,429. 464. 518. 520. 603. 12,128. 289. 294. 488. 550. 661.

messis, is, *f.* (meto), 1) Ernte, *G* 1, 219. vom Einthun des Honigs, *G* 4,231. 2) meton., *a*) Ernte, d. i. Erntezeit, *B* 5, 70. *b*) Ernte, d. i. *a*) das eingeerntete oder noch zu erntende Getreide, spicea, 'Ahrenfeld', *G* 1, 314. Plur., 'der Felder Ertrag', *G* 1, 49. 103. 161. 4, 330. satae, 'reife Saat', *B* 8, 99. *β*) übh. das Eingesammelte, wie Heu u. andere Erzeugnisse, *G* 4, 330.

messor, ōris, *m.* (meto), Mäher, Schnitter, *G* 1, 316. *B* 2, 10 u. 3, 42.

mēt, s. ego.

mēta, ae,*f.*, die Spitzsäule als Ziel in der Rennbahn, um welches die Wettfahrenden herumlenken mufsten, dcht. *a*) Ort, wo man umlenkt, metae Pachyni, 'Spitze', *Ä* 3, 429; vgl. *Ä* 5, 171. *b*) Ziel beim Wettfahren, *Ä* 5,129. 159. *G* 3,202. *c*) übh. Ziel, Ende, Grenze, caeli, Mitte der Himmelsbahn (zur Bezeichn. der Mitternacht), *Ä* 5, 835. viarum, *Ä* 3, 714. Plur., metae rerum (der röm. Herrschaft), *Ä* 1, 278. 10, 472. mortis, *Ä* 12, 546.

Mētăbus, i, *m.*, König der Volsker, Vater der Kamilla, *Ä* 11, 540 u. 564.

metallum,i,*n.*(μέταλλον),1)Erz,bes. edles Metall, *Ä* 6, 144. m. Gen., auri, *Ä*8,445. aeris,*G*2,165. *b*)Plur.,Gruben, Bergwerk, Chalybum, *Ä* 10, 174.

Mēthymnaeus,a,um(Μηϑυμναῖος), zur Stadt Methymna (j. 'Molivo') auf Lesbos gehörig, methymnäisch, palmes, *G* 2, 90.

mētior,mensussum,mētīri, 1)messe aus od. ab, Hesperiam metire iacens (da jedem Kolonisten der Acker zugemessen wurde), *Ä* 12, 360. *b*) übtr., durchmesse, aequor curru, durchfahre, durchsteure, *G* 4, 389.

Mētiscus, i, *m.*, ein Rutuler, *Ä* 12, 469. 472. 623. 737. 784.

mēto, messŭi, messum, ĕre, 1) mähe (ab), herbas falcibus, *Ä* 4, 513. flores, aussaugen (v. den Bienen), *G* 4,54. dcht.

abs., sammle, 'halte Weinlese', *G* 2, 410. 2) übtr., mähe od. haue nieder, gladio, *Ä* 10, 513.

mētor, āri (meta), messe od. stecke ab, agros, wähle zum Bepflanzen aus, *G* 2, 274.

Mettus, vollst. Mettus Fufetius, albanischer Feldherr, der seinen Verrat während der Schlacht mit dem Tode büfste, *Ä* 8, 642.

mētŭo, mĕtŭi, ĕre (metus), 1) trans., fürchte jmd. od. etw., fürchte mich vor jmd. od. etw., alqm od. alqd, *Ä* 5, 716. *G* 4, 239. *B* 2, 27. 3, 110. abs., m. 'cupio' verb. (als Inbegr. der Leidenschaften), *Ä* 6, 732. dcht., Iuppiter metuendus (est) uvis, *G* 2,419. Bes. Part. *a*) metuens als Adj. m. Gen., quidquid metuens pericli est, scheu, bange vor Gefahr, *Ä* 5,716. *β*)metuendus,a,um, 'furchtbar, schrecklich', *Ä* 10, 557. 2) intr.: *a*) fürchte, bin besorgt od. bekümmert, m. Dat. ('für', 'um' od. 'wegen'), tuis, *Ä* 10, 94. senectae, *G* 1, 186. abs., *Ä* 9,346. metuens, 'ängstlich', *Ä* 12, 21. *b*) dcht. mit Inf., fürchte, scheue mich etw. zu thun, aequore tingui, *G* 1, 246.

mētŭs, ūs, *m.* [alter Dat. 'metu', st. 'metui', *Ä* 1, 257], Furcht, 1) appell.: *a*) Furcht als Erwartung eines bevorstehenden Übels u. Gedanke an dasselbe, Besorgnis, Angst, *Ä* 1, 362. m. 'timor' wechselnd, *Ä* 8, 556 flg.; vgl. *Ä* 4, 491. 12, 110. 316. 468. 850. neben 'spes', *Ä* 1, 218. non metus (est) m. flg. 'ne', es ist nicht zu befürchten, dafs, *Ä* 1, 548. metu, als Furcht, *Ä* 2, 685. 3,213. Plur., mehrfache 'Besorgnisse', *Ä* 1,463. 5, 420. *b*) (dcht.) religiöse Scheu, Ehrfurcht, *Ä* 7, 60. 2) personif., 'Furcht', *Ä* 6, 276.

mēus, a, um (St. με, ἐμός), mein, mir gehörig, quaecumque est Fortuna, mea est, *Ä* 12, 694. si fuit tibi dulce quicquam meum, wenn du etwas Liebes von mir erfahren hast, *Ä* 4, 318. Subst., *a*) mei, meorum, *m.*, die 'Meinigen', *Ä* 2, 431. 4, 342. 12, 947. *b*) mea, meorum, *n.*, das 'Meinige', *Ä* 4, 318. quicquam meorum, alles was mein ist, *Ä* 12, 882.

Mēzentĭus, ĭi, *m.*, Beherrscher der Etrusker zu Cäre od. Agylla, Vater des Lausus, flüchtete, wegen Grausamkeit aus seinem Reiche verjagt, zum König Turnus u. stand diesem gegen Äneas bei, der ihn tötete, *Ä* 8, 7. 482. 501. 569. 9, 522. 586. 10, 150. 204. 689. 714. 729. 742. 762. 769. 897. 11, 7 u. 16.

mī, dcht. zusgez. Form st. 'mihi', *Ä* 2, 738 (*Ribb.*). 6, 104 u. 123 (*Haupt, Ribb.* u. *Schap.*).

mico, mĭcŭi, āre, 1) zittere, zucke, von der Zunge der Schlange, *Ä* 2, 475. *G* 3, 439. von der abgehauenen Hand, *Ä* 10, 396. auribus, vom Rosse, rege, spitze die Ohren, *G* 3, 84. v. Feuer, *Ä* 9, 189. v. Blitze, *Ä* 1, 90. 2) übtr., zucke, blitze, funkele, strahle, oculis, v. Feuer, entsprühen, *Ä* 12, 102. v. Metall u. Edelsteinen, *Ä* 2, 734. 10, 134.

Micōn, cōnis, *m.* (*Μίκων*), fingierter Name eines Hirten, *B* 3, 10. 7, 30.

migro, āre, ziehe weg, wandere aus, *Ä* 4, 401. *B* 9, 4.

milĕs, lĭtis, *m.* (mile, mille), Soldat, Krieger (zu Fuſs), kollekt., *Ä* 2, 7 u. 20. 3, 400 u. ö. *B* 1, 70.

Milēsĭus, a, um (*Μιλήσιος*), zu Miletus, einer reichen Handelsstadt in Karien gehörig, milesisch, vellera (ber. wegen der Feinheit der Wolle), *G* 3, 306. 4, 334.

mīlĭtĭa, ae, *f.* (miles), Kriegsdienst, Dienst im Felde, *Ä* 8, 516. dcht. 'Krieg', 'Kriegszug', 'Feldzug', *Ä* 11, 216 u. 585.

mĭlĭum, ĭi, *n.* (*μελίνη*), Hirse, *G* 1, 216.

millĕ, Plur. mīlĭa, Zahlw., *a*) Sing. als indeklinables Adj. mit einem Subst. (meist im Nom. u. Akk.), tausend, übtr. als runde Zahl st. zahllos, unzählig, Oreades, *Ä* 1, 499. carinae, *Ä* 9, 148. agnae, *B* 2, 21. colores, *Ä* 4, 701. 5, 89. viae, *Ä* 12, 753. *b*) Plur. milia nur Subst., Tausende, mit einem Adj., multa, *Ä* 5, 75. 289. 806. als unbestimmtes Zahlw., mehrere Tausende, *Ä* 8, 496. mit einem andern Subst. in gleichem Kasus als Apposition, tot milia gentes Italae, so viele Tausende und Völker Italiens, *Ä* 9, 132. mit partitiv. Gen. eines Subst., avium, *G* 4, 473.

Mīmās, antis, Akk. 'anta', *m.* (*Μίμας*), ein Troër, *Ä* 10, 702 u. 706.

minae, ārum, *f.* (St. 'min' in 'mineo'), Drohungen, *Ä* 3, 265. 4, 44. 8, 60 u. 371. tollere minas, entfernen, sparen, *Ä* 10, 451; aber von der Schlange, 'drohend sich erheben', *G* 3, 421. dcht. v. Lebl., minae murorum, der Mauern drohender Bau, *Ä* 4, 88. 'Schrecken', caelique marisque, *Ä* 10, 695. pelagique caelique, *Ä* 6, 113. belli, *Ä* 8, 40.

minax, ācis (1. minor), 1) überragend, den Einsturz drohend, scopulus, *Ä* 8, 668. 2) trotzig, drohend, von Pers., *Ä* 10, 817. von Lebl., fibrae, Unheil drohend, *G* 1, 484. fluvii, *Ä* 3, 77 ('mina*n*tes' *Ribb.*).

Mincĭus, ĭi, *m.*, Nebenfluſs des Po in Oberitalien bei Mantua, j. 'Mincio', der in den Mittelalpen entspringt, u. durch

den Gardasee flieſst, *Ä* 10, 206. *B* 7, 13. *G* 3, 15.

Minerva, ae, *f.*, 1) entspr. der griech. '*Αθηνᾶ*, Tochter und Lieblingskind des Juppiter, Symbol der mit Kraft vereinten Klugheit, daher Schutzgöttin der Städte im Frieden und Schöpferin des friedlichen Ölbaumes, Vorsteherin der Künste, bes. der weiblichen Kunstfertigkeiten, doch auch Beschützerin der Städte im Kriege gegen äuſsere Feinde u. so Göttin des Krieges u. Beschirmerin der Helden, *Ä* 2, 31. 189. 404. 3, 531. 5, 284. 6, 840. 7, 805. 8, 699. 11, 259 u. 483. *G* 1, 18. 4, 246. 2) (dcht.) meton., Wollarbeit, tenuis, *Ä* 8, 409.

minĭmē, Adv. (minimus, s. parvus), am wenigsten, nimmer, *Ä* 6, 97.

Minĭo, ōnis, *m.*, kleiner Fluſs in Etrurien, j. 'Mignone', *Ä* 10, 183.

minĭstĕr, tri, *m.* (St. 'min' in minor, d. i. Geringerer, Untergebener, Gegs. 'magister'), Diener, Gehilfe, *Ä* 1, 705 u. 2, 580. *G* 3, 488. Calchante ministro, mit oder durch Hilfe des Kalchas, *Ä* 2, 100.

minĭstĕrĭum, ĭi, *n.* (minister), Dienst, Verrichtung, *Ä* 6, 223. 7, 619.

ministra, ae, *f.* (minister), Dienerin, Gehilfin, pacisque bellique, *Ä* 11, 658.

ministro, āre (minister), 1) diene, bediene, bes. in bez. auf die Schiffahrt, ratem velis, bediene mit Segeln, lenke, *Ä* 6, 302. 10, 218. 2) reiche dar, gewähre, verschaffe, alqd, *Ä* 5, 640. 8, 181. 9, 764. flammas aënis (Dat.), besorge Feuer für die Kessel, mache Feuer unter den Kesseln an, *Ä* 1, 213. von sachl. u. abstr. Subj., v. Wald u. Bäumen, taedas, umbras, *G* 2, 431. 4, 146. furor arma ministrat, *Ä* 1, 150.

minĭtor, āri (Freq. v. 1. minor), drohe, m. Akk. u. Inf., *Ä* 12, 762.

minĭum, ĭi, *n.* (spanisches W.), rotes Bleioxyd zum Färben, Mennige, *B* 10, 27.

Minōĭus, a, um (*Μινώιος*), zum König Minos gehörig, minoïsch, des Minos, regna, *Ä* 6, 14.

1. minor, āri (minae, mineo), 1) rage empor od. wohin, v. Felsen, in caelum, *Ä* 1, 162. von einem Baume, zu fallen drohen, *Ä* 2, 628. 2) drohe, m. Akk. der Sache (u. Dat. der Pers.), (jmdm.) etw. od. mit etw., *Ä* 3, 540. 8, 578. 10, 900. 11, 348. 12, 760. dcht., saxum undis immane minatur, droht den Fluten mit einem ungeheuren Felssteine, d. i. droht diesen in die Meeresflut zu werfen, *Ä* 10, 196. v. troj. Rosse, minans, Unheil drohend, *Ä* 2, 240. v. Helme, flammas, *Ä* 8,

260 (*Ribb.*). m. Akk. u. Inf., deiecturum (se esse), *A* 12, 654.

2. mĭnŏr, nōris, s. parvus.

Mīnŏs, ōis, *m.* (*Μίνως*), Sohn des Juppiter u. der Europa, weiser Kŏnig u. Gesetzgeber von Kreta, der mit Aakus u. Rhadamanthus auch in der Unterwelt das Richteramt verwaltete, *A* 6, 432 flg.

Mīnōtaurus, ī, m. (*Μινώταυρος*), ein Ungeheuer, der Sage nach von einem Meerstiere mit Pasiphaë, der Göttin des Meeres, erzeugt (dah. halb Mensch u. halb Stier) und von Minos in das Labyrinth eingeschlossen, dem die Athener jährlich sieben Jünglinge u. ebensoviele Jungfrauen als Opfer bringen mufsten, bis er von Theseus mit Hilfe der Ariadne getötet wurde, *A* 6, 26; vgl. Androgeos.

mĭnŭs, Adv. (minor, s. parvus), weniger, minder, *B* 9, 64. haud m., nicht weniger, eben so sehr, m. flg. 'atque', haud m. ac iussi faciunt, genau, wie ihnen es befohlen, thaten sie es, *A* 3, 561. m. atque m., 'minder u. minder', immer weniger, *A* 12, 616. Oft zur Verb. der Sätze, nec m., nicht minder, eben so wohl, *A* 1, 633. 6, 475.

mĭnūtātim, Adv. (minutus), stückweise, allmählich, *G* 3, 485.

mīrăbĭlĭs, e (miror), wunderbar, seltsam, erstaunlich, monstrum, *A* 3, 26. 8, 81. 9, 120. donum, *A* 1, 652. oculis, *A* 8, 81. mit zweitem Supin., visu, von Anblick, *A* 7, 78. 10, 637. 12, 252. dictu, *A* 1, 439. 2, 174 u. 631. 3, 26. 4, 182. 7, 64.

mīrācŭlum, ī, *n.* (miror), Wunder, Plur., rerum, wunderbare Erscheinungen, Wundergestalten, *G* 4, 441.

mīror, ātī, bewundere, schaue bewundernd an, staune an, *a*) übh., alqm od. alqd, *A* 1, 421. 456. 709. 5, 555. 6, 651. 7, 813. *B* 5, 56. neben 'stupeo', *B* 7, 382. *G* 3, 49. v. lebl. Subj., wie v. Bergen, Orphea, *B* 6, 30. v. Baume, novas frondes, *G* 2, 82. dcht., post aliquot mea regna videns mirabor aristas? werde ich meine sonst so gesegneten Fluren je wiedersehen, u. dann mit Befremden im verwilderten Zustande? *B* 1, 70. *b*) prägn. 'eifre jmdm. bewundernd nach', *A* 8, 517. iustitiaene prius mirer belline laborum (verst. te?), soll ich dich eher der Gerechtigkeit oder den Kriegsthaten wegen bewundern? *A* 11, 126. 2) wundere od. verwundere mich, staune, m. Akk. u. Inf., *G* 4, 60. *A* 9, 55. v. lebl. Subj., *A* 8, 92. mit indir. Frages. (quid), *B* 1, 37. abs., *B* 1, 11.

mīrus, a, um, wunderbar, erstaunlich, aufserordentlich, *A* 3, 298. 4, 458. 7, 57. miris modis, *A* 6, 738.

G 1, 477. animalia miris modis, Tiere von wunderlichen Gestalten, *G* 4, 309.

miscĕo, miscŭi, mixtum, ēre [Perf. miscŭĕrunt, *G* 2, 129. 3, 283] (Wurz. *μιγ* in *μίσγω*, *μίγνυμι*), 1) eig.: *a*) bringe unter einander, mische, vermische, menge, vina cum sanguine, *A* 9, 349. m. Abl., caeco pulvere campus miscetur, verhüllt sich in Staub, *A* 12, 445. se corpore magno, *A* 6, 727. m. Dat., fulgores operi, mische bei zum, *A* 8, 432. pocula inventis Acheloia miscuit uvis, würzte nach Pflanzung der Reben das Wasser mit Wein, *G* 1, 9. herbas et non innoxia verba, giftige Kräuter unter verruchten Wünschen zum tödlichen Tranke bereiten (v. Stiefmüttern), *G* 2, 129. 3, 283. prägn., von fleischl. Vermischung, mixta deo mulier, *A* 7, 661. genus Ausonio mixtum sanguine, *A* 12, 838. mixtus matre Sabellā, entsprossen von sabellischer Mutter, *A* 8, 510. mixtum genus, 'Zwittergeschlecht', halb Stier halb Mensch, *A* 6, 25. *b*) übh. zur Bezeichn. einer engeren Verbindung, vermische, vereinige, Pass. v. Völkern, *A* 4, 112. proelia, kämpfe wild (im Handgemenge), *A* 10, 23. *G* 2, 282. praegn., aeratas acies ex agmine tanto misceri, dafs aus einer so dichten Masse eherne Schlachtreihen 'sich entwirren', 'sich entwickeln', *A* 7, 704. dcht., volnera inter sese miscent (v. Stieren), versetzen sich Wunden auf Wunden, *A* 12, 720. Bes. 'misceo me', m. Dat., 'mische od. menge mich unter', infert se per medios miscetque viris, dringt hinein u. mischt sich unter der Männer Gewühl, *A* 1, 440. Oft Pass., misceri circa alqm, d. i. sich versammeln od. scharen um jmd., *G* 4, 76. Teucri mixtique Sicani, die Teukrer u. mit od. neben ihnen auch Sikuler, *A* 5, 293. fors et virtus miscentur in unum, vereinigen sich, *A* 12, 714. ungew., dentes mixti *in* sanguine, mit Blut vermischt, *A* 5, 470. Häuf. Part. Praet. Pass. m. Abl., wo wir eine andere Verbindung erwarten, mixtis lustrabo Maenala nymphis (wo man 'mix*tus*' erwartet), *B* 10, 55. vides mixto dentem pulvere fumum (st. mixt*um*), *A* 2, 609. laetitia exorta est mixto tumultu (st. mixt*a*), *A* 3, 99. mixtā cruor calcatur arenā (st. cruor mixtus arenā), *A* 12, 340. mixto insania luctu (st. mixta), ein Gemisch von Wut u. Trauer, *A* 10, 871. 12, 667. lactitiā mixtoque metu, doch mischte sich die Freude unter den Schreck, *A* 11; 807. subridens mixtā irā, mit des Unmuts bitterem Lächeln', *A* 10, 742. *c*) mische unter einander, bringe in Verwirrung od. Unordnung, ver-

wirre, turbam (der Hirsche), scheuche
unter einander, *A* 1,191. media agmina,
tummle mich in der Mitte der Schlachtreihen, *A* 10, 721. mixto agmine, in un-
geordnetemZuge,*A*11,880.Bes.v.Meere,
rühre mischend auf, errege, maria
omnia caelo, dasMeer gleichs. zumHim-
mel türmen, *A* 5, 791. v. Stürmen, caelum terramque, *A*1, 134; vgl.*A*1,124. 3,
557.4,160.9,714.tellurem diluviomiscens
(näml.: vis ulla), so dafs Erde u. Wasser
sich mischen, *A* 12, 205. litora miscentur, werden durchwühlt, verwüstet, *G*1,
359. 2) übtr.: *a*) bereite gleichs. durch
Mischung,errege, ignes(Subj.)miscent
murmura (v. Blitze, den der Donner begleitet), *A* 4,210. incendia miscet, erregt
durch Brand ringsum Verwirrung, *A* 2,
329. *b*) erfülle etw. mit etw. mischend,
domum gemitu, *A* 2,486. moenia miscentur luctu, *A* 2, 298. hymenaeos luctu, *A*
12, 805. vario misceri pectora motu, ihr
Herz wogte in wechselnder Wallung,
mannigfacher Regung, *A* 12, 217.

Misēnus, i, *m.*, 1) Sohn des Aolus,
ausgezeichnet im Kampfe, auch als Blä-
ser auf der Tuba, nach Vergil Begleiter
des Hektor u. nach dessen Tode Gefährte
des Aneas, *A* 3, 239. 6,162. 164.189. 212.
2) Misenus (mons), Vorgeb. bei Bajä in
Kampanien (gew. Misenum, j.'Kap di Mi-
seno'), südl. von Neapel, wo Misenus der
Sage nach begraben, *A* 6, 234.

miser, ěra, ěrum (μῖσος), 1) v. Pers.:
a) elend, beklagenswert, unglücklich, *A*1, 344 u. 630. 2, 70 u. 486. 12, 881
u. 932. bes.'miseri mortales', die dulden-
den, notbeladenenErdensöhne, *A* 11,182.
G 3, 66. *b*) thöricht, bethört, verblendet, o miseri! *A* 2, 42. 5, 671. 7,
596. 12, 813. 2) von Sachen: *a*) grausam, kläglich, jämmerlich, mors,
A 10, 829. caedes, *A* 2, 411. amor, Sehn-
suchtsqual, *A* 5, 655. usque adeone miserum est mori? ist denn so gar elend der
Tod? *A* 12,646. miserum!welch Unglück!
entsetzlich! *A* 6, 21. *b*) von einem
Liede, in bez. auf Vortrag u. Inhalt,
elend, kläglich, carmen, *B* 3, 27.

miserābilis, e (miseror), 1) beklagenswert, bedauernswürdig,
elend, unglücklich, *a*) v. Pers., frater,*A*12,881.parens, *A* 12,932.Orpheus,
G 4, 454. volgus, *A* 2, 798. *b*) v. Sachen,
exitium,*G*4,532. miserum visu, ein kläg-
licher Anblick, *A* 1, 111. als Adv. 'auf
eine jammervolle Art', *A*12,338. 2) kla-
gend, carmen, d. i. Klagelied, Jammer-
töne, *G* 4, 514.

miserandus, s. miseror.

misěrěor,ēri(miser),erbarme mich

jmds., fühle Mitleid mit jmd., 'habe
ein Herz für andere', m. Gen., sororis,
A 4, 435. casūs insontis amici, *A* 5, 350.
nostri, *B* 2, 7. tuorum, *A* 12, 653. senectae Dauni, *A* 12, 934; vgl. *A* 2, 143. 4,
318. 6, 117. abs., *A* 2, 645. 12, 777.

misěresco, ěre (Inch. v. misereor),
dcht., fühleMitleid, erbarme mich,
nehme mich jmds. an, m. Gen., regis,
A 8,573; vgl. *A* 2,145 (näml.'eius').*A*10,
676 (näml. 'mei').

misěrět,rŭit(miser),unpers., 'miseret
me alcjs,ich erbarme mich jmds.,be-
daure jmd., lapsorum, *A*5, 354. gnataeque tuique, *A* 7, 360.

misěror, āri (miser), 1) beklage,
bejammere, bemitleide, spreche
Mitleid aus, bedauere, alqm, *A* 5,
452. 6, 476. *G* 2, 499. labores, *A* 1, 597.
sortem Turni, *A* 12, 243. casus amici, *A*
5, 350 (*Ribb.* 'misereri', w. s.). m. Akk. u.
Akk. u. Inf., *A* 10, 758. 2) habe oder
empfinde Mitleid, Barmherzig-
keit mit jmd., erbarme mich, Troiae
labores, *A* 6,56. sortem iniquam (mit dem
Zus. 'animi' od. 'animo', im Herzen), *A* 6,
332. iuvenem animi, *A* 10, 686. incom-
moda, *A* 8, 74. res fractas, *G* 4, 240. amantem, *A* 4, 370. abs., *A* 5, 452. miserata,
aus Mitleid mit uns, *A* 10, 234. Bes. Part.
miserandus, a, um, 'beklagenswert',
'mitleidenswert', 'kläglich', 'elend', 'unglücklich', von Pers. u. Sachen, *A* 5, 509.
6, 883; vgl. *A* 3, 591. *G* 3, 478. manus vel
Priamo miseranda, *A* 11, 259. im Vok. in
der Attrakt. st. des Prädikates im Nom.,
tu quoque ... miserande iaceres st. miserandus, *A* 10, 327.

missilis, e (mitto), zum Werfen geeignet,ferrum,telum,Wurfwaffe,-spiefs,
A 10, 421 u. 773. Sbst., missile, is, *n.*, Geschofs, Plur., *A* 9, 520. 10, 802.

missūs, ū, *m.* (mitto), das Schicken,
Absenden, missu regis, vom K. gesandt,
A 7, 752.

mitesco, ěre (mitis), werde mild
(eig. v. Früchten), übtr., *a*) werde sanft,
A 1, 291. *b*) werde erweicht, fühle
Erbarmen, malis hominum (bei den
Leiden), *B* 10, 61.

mitigo, āre (mitis u. ago), mildere,
besänftige, iram, *A* 5, 783.

mitis, e, mild, zart, uva, *G* 1, 448.
poma, *B* 1, 81. Bacchus (Wein),*G*1, 344.
fluvius, sanft, ruhig, *A* 8, 88.

mitra,ae,*f.*(μίτρα),Kopfbund(Tur-
ban), eine Art von Kopfbinde mit Bändern an den Backen herunter, die man
unter dem Kinn zusammenband, von den
kleinasiat. Frauen, doch auch von wei-
bischenMännern getragen,*A*4,216.9,616.

mitto, mīsi, missum, ĕre, 1) s c h i c k e, s e n d e, s c h i c k e a b od. f o r t, e n t s e n d e, m. Präp. 'ad', 'in' u. dgl., *a*) eig.: *α*) übh., *Ä* 1, 633. 3, 155. 9, 361. *G* 3, 323. animas sub od. ad Tartara, geleite in den Tartarus (v. Mcrkur), *Ä* 4, 243. 6, 543. aber, alqm sub Tartara, töte, *Ä* 12, 14. mittimur per Elysium, schweben durch Elysiums Räume, *Ä* 6, 744. m. bl. Akk. des Zieles, Trinacriā relictā (in) fines Italos mittēre, du wirst nach Italien gesendet werden, gelangen, *Ä* 3, 440. mit Dat., exitium apibus, *G* 4, 534. mit Dat. der Pers. u. des Zweckes, dona Romulo hospitio, um sich der Gastfreundschaft des R. zu versichern, *Ä* 9, 361. m. Akk. der Pers. und Dat. des Ortes und Zweckes zugleich, alqm neci, eig. schicke in den Tod, töte, strecke hiu, *Ä* 12, 514. sollemnia tumulo, feierliche Opfer für den Hügel (um sie auf demselben darzubringen), *Ä* 6, 380. signum, *Ä* 8, 534. Eurypilum scitantem oracula mittimus, um Rat zu erholen vom Or., *Ä* 2, 114. *β*) ü b e r s e n d e, s c h i c k e z u, von lebl. Subj., v. Ländern u. Städten (mit Rücks. auf die Bewohner), India mittit ebur, liefert (im Handel), *G* 1, 57. Bes. 'entsende', schicke zum Kampfe, quos Nursia misit, als Krieger stellte, *Ä* 7, 715; vgl. *Ä* 7, 762 (mater Aricia). *Ä* 9, 177 (Ida). 12, 516 (Lycia). v. Bootes, signa, *G* 1, 229. Pass. v. Baumstämmen, m. Dat., alnus missa (inmissa) Pado, 'in den Po gelassen', 'dem Po vertraut', *G* 2, 452. *b*) übtr., s c h i c k e, d. i. b r i n g e wohin, Hesperiam sub iuga, beuge unter das Joch, unterjoche, *Ä* 8, 148. orbem sub leges, mache dienstbar, unterwerfe, *Ä* 4, 231. animas in pericula, gebe das Leben den Gefahren preis, *Ä* 9, 663. sub tanta pericula missus, mitten unter so grofsen Gefahren, *Ä* 9, 483. mittunt se in foedera, treten zu einem Bündnis zusammen, *Ä* 12, 190. mentem alci, d. i. gebe jmdm. einen Gedanken ein, erteile jmdm. einen Rat (mit flg. 'ut'), *Ä* 12, 554. 2) von jeder heftigen od. schnellen Bewegung, e n t s e n d e, w e r f e, s c h l e u d e r e, bes. Wurfgeschosse, hastam, *Ä* 10, 339 u. 457. corpus saltu ad terram, springe auf die Erde herab, *Ä* 2, 566. bes. v. Göttern, se misit ad undas, schwang sich herab auf die Meeresflut, *Ä* 4, 254. misit se ab aethere alto, schwebte vom Äther herab, *Ä* 9, 645. 3) s e n d e h e r v o r od. v o n e t w. a u s,' clipeo micantia fulmina mittit, entsendet vom Schilde strahlende Blitze, *Ä* 9, 733. 4) l a s s e f a h r e n oder l o s, übtr., *a*) g e b e a u f, e n t f e r n e, certamen, beende, schliefse, *Ä* 5, 286 u. 546. timorem, lasse ab von der Furcht,

Ä 1, 203. hanc curam de pectore, verscheuche diese Sorge aus dem Busen, *Ä* 6, 85. *b*) lasse etw. beiseite, s c h w e i g e von etw., ea, quae etc., *Ä* 11, 256.

Mnäs̄ylōs od. (*Ribb.*) **Mnäs̄yllōs**, i, *m.*, ein Faun od. Satyr, *B* 6, 13.

Mnestheᴜs, ĕi, Akk. 'ĕa', *m.* [Gen. Mnesthēi od. (*Ribb.*) Mnesthi, *Ä* 5, 184] (*Μνησθεύς*), ein Troër im Gefolge des Äneas, von dem die Familie der Memmier in Rom abzustammen sich rühmte, *Ä* 4, 288. 5, 116. 189. 194 u. ö.

mōbĭlis, e (st. movibilis, v. moveo), ‑beweglich, übtr., *a*) v e r ä n d e r l i c h, unbeständig, caelum, *G* 1, 417. *b*) b i e g s a m, lenksam, aetas, *G* 3, 165.

mōbĭlĭtäs, tätis, *f.* (mobilis), B e w e g l i c h k e i t, der Fama, *Ä* 4, 175.

mŏdŏ, Adv. [hachgestellt, *B* 9, 27] (modus), eig. 'mit Mafsen', 1) bei Beschränkung der Aussage oder eines einzelnen Begriffs auf ein Mafs, *a*) übh., n u r, a l l e i n, corpore m. atque oculis, *Ä* 5, 438. m. Konj. beim Wunsche, nur, *Ä* 2, 160. 7, 263. 9, 43. in der dringenden Aufforderung zur Eile beim Imper., n u r, d o c h, *B* 8, 78. übh. zur Schärfung des Imper., *Ä* 1, 389. 4, 50. *b*) in Bedingungssätzen, *α*) mit Indik., wenn man sich bei einem Ausspruch auf die vorausgesetzte Richtigkeit einer andern Behauptung beruft, si modo, w e n n n u r, w e n n a n d e r s, *G* 4, 323. *Ä* 5, 25. *β*) mit Konj., wenn der Sprechende etwas als die notwendige Bedingung aufstellt, unter welcher etw. Angekündigtes eintreten kann, si modo, w e n n n u r, s o f e r n n u r, *Ä* 4, 109. auch bl. 'modo', m. Juppiter adsit, *Ä* 3, 116; vgl. *B* 9, 27. 2) von der jüngsten Vergangenheit in der Zeit, s o e b e n, v o r k u r z e m, *B* 1, 14. *Ä* 5, 493 u. 9, 141.

mŏdŭlor, āri (modulus), m e s s e a b, bes. in der Musik rhythmisch oder harmonisch, carmina pastoris Siculi modulabor avenā, 'will mit dem Rohr des sicilischen Hirten melodisch begleiten, *B* 10, 51. carmina modulans alterna notavi, im Wechselgesang gesetzt, *B* 5, 14.

mŏdŭs, i, *m.*, M a f s, 1) v. Mafs, das eine Sache hat, nach Umfang, Gröfse, Länge od. Breite, *a*) übh., longo nullus lateri modus, *G* 3, 54. von der Bauart der Schiffe, m. 'numerus' verb., *Ä* 11, 328. *b*) Mafs der Töne, Weise, M e l o d i e, canoros modos dare per colla, aus den Kehlen melodische Klänge ertönen lassen (v. den Schwänen), *Ä* 7, 701. *c*) prägn., d a s r e c h t e M a f s oder M a f s h a l t e n, haud ignara modi, nicht unkundig der Richtung, *Ä* 10, 247. 2) M a f s, R i c h t s c h n u r, Z i e l, G r e n z e, quis enim modus adsit amori?

welches Maſs hätte die Liebe? *B* 2, 68. modum pono exitiis, setze ein Ziel, *Ä* 7, 129. servo modum, halte, bewahre das rechte Maſs, *Ä* 10, 502. modus dexter, glücklicher Ausgang, Erfolg, *Ä* 4, 294. supra modum, grenzenlos, ohne Maſs und Ziel, *G* 4, 236. 3) A r t u n d W e i s e, mit 'tempus' verb., *Ä* 4, 475. m. Ger., modus orandi qui sit, wie die Sühne geschehen muſs, *G* 4, 537. modus (est), m. Inf., *G* 2, 73. si quis modus (est), wenn irgend, wenn es noch möglich ist, *Ä* 12, 157. Abl. 'modo', nach Art, 'wie', delphinum, *Ä* 9, 119 u. 706. quo modo, *Ä* 3, 459. quocumque modo, so gut es geht, so gut ich es vermag, *B* 5, 50. Plur., miris modis, *Ä* 6, 738. *G* 1, 477. 4, 309.

moenĭa, ĭum, *n.* (munio; vgl. moerus st. murus), *a*) M a u e r n, *a*) Ringmauern der Stadt, *Ä* 1, 264 u. 437. 2, 328. 3, 345. 4, 325. 9, 39 (m. 'portae' verb.). *Ä* 12, 745. zur individuellen Bezeichnung der Stadt selbst, Romae, *Ä* 1, 7. Mavortia, *Ä* 1, 277. Tiburtia, *Ä* 7, 670. Acestae, *Ä* 9, 218. abs., *Ä* 2, 298 u. ö. *β*) von dem hinter den Mauern liegenden nächsten Stadtteile, von den als Schutzwehr aufgeführten Werken od. gröſseren Gebäuden der Stadt, neben 'muri', Ringwall, Bollwerke, urbis, *Ä* 2, 234. von der Burg, Pallantea (neben 'muri'), *Ä* 9, 196. übb. 'feste Plätze', *Ä* 3, 398 flg. neben 'muri', *Ä* 9, 782. *b*) dcht., in bez. auf die Unterwelt, B u r g, Ditis, *Ä* 6, 541. moenia lata triplici circumdata muro, v. Tartarus, *Ä* 6, 549.

moerĕo, s. maereo.

noeri, s. murus.

Moerĭs, is, Akk. 'im', Vok. 'i', *m.* (*Μοῖρις*), ein Hirte u. Zauberer, *B* 8, 96. 98. 9, 1. 53. 54. 61.

moeſtuſ, s. maestus.

mŏlɪ, ae, *f.* (*μύλη*), eig. Mühle; meton., 'geschrotenes Korn', bes. O p f e r s c h r o t (mit Salz vermischt, zum Bestreuen des Opfertieres gebraucht, gew. 'm. salsa'), *Ä* 4, 517. *B* 8, 82.

mŏlārɪ**s**, is, *m.* (mola), Mühlstein, dcht. übb. S t e i n, F e l s s t ü c k, Plur., vasti, *Ä* 8, 250.

mŏlēs, is, *f.*, 1) abstr., groſse Masse, *a*) eig., L a s t, S c h w e r e, Wucht, tota, rohe körperliche 'Masse' des Weltalls, *Ä* 6, 727. der ausgeworfenen Steine, *Ä* 3, 579. des Schnees, *G* 3, 370. bes. des Körpers, vasta, magna, *Ä* 3, 656. 8, 199. ingenti mole, von riesigem Körper, *Ä* 5, 223. 12, 161. ingens ingenti mole, *Ä* 5, 118. stat mole suä (v. Aeneas), steht fest und unbeweglich durch die eigene Wucht, *Ä* 10, 771. moles et montes alti, des hohen Gebirges Masse, *Ä* 1, 61. membris et

mole valens, durch wuchtigen Wuchs der Glieder, *Ä* 5, 431. *b*) übtr., groſse u. anhaltende M ü h e, A n s t r e n g u n g, tantae molis erat, ein so mühevolles Werk war es, mit Inf., *Ä* 1, 33. 2) konkr.: *a*) g r o ſ s e, s c h w e r e M a s s e, *a*) übh., von Steinmassen oder Felsblöcken, inmanis, *Ä* 9, 516. Plur., magnae (als Grundbau), *Ä* 9, 711. Dah. von einem gröſseren od. massenhaften Umfang des Baues (einer Stadt), *Ä* 1, 421. v. trojan. Rosse, *Ä* 2, 32. 150. 185. ingenti mole sepulchrum, *Ä* 6, 232. bes. Plur., 'Dämme' eines Flusses, *Ä* 2, 497. aus Steinmassen und Baumstämmen hoch aufgeschichtete Belagerungswerke, *Ä* 5, 439. Veste, Warte od. Turm, *Ä* 9, 35. tantä mole viri turritis puppibus instant, mit solchen Kolossen bedrängen sie die betürmten Schiffe, *Ä* 8, 693. Bes. *β*) sich auftürmende Wogenmasse, 'Sturmwoge', übh. 'Toben, Verwirrung' zur See, *Ä* 5, 790. Plur., *Ä* 1, 134. *b*) von Menschen, S c h a r, G e d r ä n g e, der Streitenden, densa, *Ä* 12, 575.

mŏlĭor, mŏlītus sum, īri (moles), 1) setze durch Anstrengung in B e w e g u n g, von kräftiger Handhabung eines Gegenstandes, bipennem in vites, d. i. schwinge, *G* 4, 331. fulmina dextrā, schleudere, *Ä* 1, 329, ignem (Feuerbrände, Brandpfeile), *Ä* 10, 131. habenas, lenke, *Ä* 12, 327. 2) prägn.: *a*) s e t z e i n s W e r k, n e h m e i n A n g r i f f, g r ü n d e, e r r i c h t e, e r b a u e (bes. gröſsere od. mit Anstrengung der Kräfte verknüpfte Bauten), arcem, *Ä* 1, 424. tecta, *Ä* 7, 290. muros, *Ä* 3, 132. classem, *Ä* 3, 6. locum, versehe mit Gebäuden, *Ä* 7, 158. aggere tecta, erbaue die Stadt, lege den Grund zur Stadt durch Aufführung eines Walles, *Ä* 7, 127. *b*) w ü h l e u m, a c k e r e u m, terram aratro', bearbeite, *G* 1, 494. *c*) b e t r e i b e, u n t e r n e h m e, beginne, laborem, bestehe Mühen, *Ä* 4, 233 u. 273. iter, verfolge den Pfad weiter, *Ä* 6, 477. viam clipei per oras, sich Bahn brechen (bohren) durch usw. (v. Speere), *Ä* 10, 477. insidias avibus, lege Schlingen, *G* 1, 271. fugam, suche zu fliehen, *Ä* 2, 109. moram, hemme jmdm. den Weg, *Ä* 1, 414. morbos, drohe mit usw., errege, *Ä* 12, 852. dcht., classem, denke an Wiederherstellung und Ausrüstung der Flotte, beginne die Seefahrt, *Ä* 4, 309. talia, treffe solche Anstalten, *Ä* 1, 564.

mollio, īvi, ītum, īre (mollis), *a*) m a c h e w e i c h od. mild, fructus, *G* 2, 36. *b*) übtr., mildere, besänftige, animos, *Ä* 1, 57.

mollis, e, 1) w e i c h, zart, leicht n a c h g e b e n d, g e s c h m e i d i g, schwank, biegsam, *a*) übh., v. Pflan-

zen, herba, *B* 7, 45. amaracus, *Ä* 1, 693.
hyacinthus, *B* 6, 54. *G* 4, 137. acanthus,
B 3, 45. viola, *Ä* 11, 69. *B* 5, 38. luteola,
B 2, 50. iuncus, *B* 2, 72. siler, *G* 2, 12.
arista, glatt, zarthalmig, *B* 4, 28. castaneae, der stachlichen Hülle beraubt u.
so geniefsbar, *B* 1,81. frons (Laub), *Ä* 4,
147. folia, *B* 5, 31. prata, schwellende
Wiesenmatten, *G* 2, 384. strata, *Ä* 8, 415.
thyrsi (weil mit geschmeidigem Epheu
u. Weinlaub umwunden), *Ä* 7, 390. stabula (in bez. auf die untergestreuten
Kräuter), *G* 3, 295. herba mollior somno,
Rasen (zum Ausruhen) sanfter als Schlummer, *B* 7, 45. von Federn, Haaren u. dgl.,
pluma, *Ä* 10, 192. comae (eines Kindes),
Ä 2, 683. lana, *G* 2, 120. pensa, *Ä* 4, 348.
von Gliedern des Körpers, crura, 'gelenke Füfse', *Ä* 3, 76. collum, *Ä* 3, 204.
colla, lenksame, *Ä* 11, 622. von andern
Gegenständen, aurum (vom gesponnenen
Golde), dehnbar, geschmeidig, *Ä* 10, 138
u. 818. oscilla, leicht bewegliche, *G* 2,
389. feretrum, elastisch (weil aus Flechtwerk bestehend), *Ä* 11, 64. pilenta, sanft
sich bewegend, *Ä* 8, 666. v. Wasser, Eu-
phrates mollior ibat, sanfter, nicht mehr
wild aufwogend, *Ä* 8, 726. Bes. von Örtlichkeiten, die sich ohne rauhe Uneben-
heit erheben od. senken, clivus, sanft ansteigend od. abfallend, *G* 3, 293. *B* 9, 8.
b) sanft od. mild für das Gefühl, aestas,
Spätsommer (wenn die Sommerhitze milder wird), *G* 1, 312. amplexus, *Ä* 8, 388.
für den Geschmack, mollissima vina, *G*
1,341. 2) übtr.: *a*) nicht abgehärtet, weich,
zart, Sabaei, verweichlichte, *G* 1, 57. v.
Schafe, schwach, furchtsam, *G* 3, 299.
Ä 9, 341. *b*) von dem, was einen sanften
Eindruck macht, behaglich, angenehm, umbra, *G* 3, 464. somni, *G* 2, 470.
haud mollia fatu, nicht angenehm, schwer
zu sagen, 'schmerzliche Wahrheit', *Ä* 12,
25. *c*) leidenschaftslos, gelassen,
sanft, mild, gelinde, haud molles
stimuli, scharfe, schmerzliche Stacheln
(des Zornes), *Ä* 11, 728. molles medullae,
das von der Flamme (der Liebe) sich
leicht verzehren läfst, *Ä* 4, 66. iussa, *Ä*
9, 804. iussa haud mollia, hartes, schwe-
res Gebot, *G* 3, 41. *d*) gleichs. sanft ge-
ebnet, nicht rauh, aditus et tempora,
leichter, bequemer Zutritt und gelegene
Zeit, *Ä* 4, 423. mollissima tempora fandi,
die günstigste, passendste Zeit zum An-
trage, *Ä* 4, 293.

molliter, Adv. (mollis), weich, übtr.,
a) übh., v. bildenden Künstler, aera mollius excudere, in weicherem Gusse, *Ä* 6,
847. *b*) sanft, gelind, quiesco, *B* 10,
33. mollius loquor, zärtlicher, *Ä* 7, 357.

Molorchus, i, *m.* (*Μόλορχος*), ein
armer Winzer zu Kleönä in Argolis, der
den Herkules auf dem Zuge gegen den
nemëischen Löwen gastlich aufnahm u.
nach dessen Erlegung mit allen Fluren
um Nemëa beschenkt wurde, dah. 'luci
Molorchi', die nemëischen Waldungen,
G 3, 19.

Molossus, a, um (*Μολοσσός*), zu den
Molossern, einem Volke im östl. Epirus,
gehörig, sbst., Molossus (canis), der Mo-
losser, eine Art Jagdhunde, *G* 3, 405.

mŏnĕo, mŏnŭi, mŏnĭtum, ēre (Wurz.
μεν in *μένω*, *μέμονα*, vgl. memini), *a*)
gebe zu bedenken, mahne, be-
deute, m. Akk. u. Inf., *Ä* 11, 47. *G* 1,465.
b) ermahne, ermuntere, rede zu,
fordere auf (etw. zu thun), alqm, *Ä* 12,
55 (*Ribb.*). m. Inf., *Ä* 10, 439. *c*) mahne,
gebe ein, belehre, bedeute, warne,
α) übh., v. Juppiter, *Ä* 7, 110. v. Merkur,
Ä 4, 557. v. Kalchas, *Ä* 2, 183. moniti, gewarnt durch mein (des Phlegyas) ab-
schreckendes Beispiel, *Ä* 6, 620. moniti
(näml.: a penatibus), *Ä* 3, 188. iussa Heleni
monent, ne etc., *Ä* 3, 684. *β*) von der
Muse, begeistere, vatem, *Ä* 7, 41. *d*)
verkünde warnend vorher, sage
vorher, v. Wahrsagern, multa horrenda,
Ä 3, 712. v. Weissagevögeln, m. Inf., novas incïdere lites, *B* 9, 15. auch v. Monde,
andeuten (in bez. auf die Witterung), *G*
1, 353.

mŏnīlĕ, is, *n.*, Halsband, *a*) als Geschmeide der Frauen (Collier), bacatum,
'Perlengehänge', *Ä* 1, 654. *b*) als Schmuck
der Pferde, von Hals u. Brust herabhängend, Plur., aurea, *Ä* 7, 278.

mŏnĭtum, i, *n.* (moneo), Mahnung,
bes. der Götter u. Wahrsager, Andeutung, Spruch, Wahrsagung, Plur.,
monita Iovis, *Ä* 4, 331. divûm, *Ä* 8, 504.
Carmentis, *Ä* 8, 336. sinistra, *Ä* 10, 110.

mŏnĭtus, ūs, *m.* (moneo), Mahnung,
Erinnerung, Rat, *Ä* 9, 501. 10, 397.
Plur. m. 'responsa' verb., *Ä* 7, 102. Bes.
b) Wille, Warnung der Götter, deo-
rum, *Ä* 4, 282. divûm, Geheifs der G.,
Ä 6, 533.

Mŏnoecus, i, *m.* (*μόνοικος*, d. i. all-
einwohnend), Bein. des Herkules, arx
Monoeci, Vorgeb. und Hafen mit einem
Tempel des Herkules in Ligurien, jetzt
'Monaco', *Ä* 6, 830.

mons, montis, *m.* (m. 'mineo' verw.),
a) Berg, *Ä* 3, 92. 644. 655. 6, 360. 12,
929. *B* 8, 59. Plur., *Ä* 11, 810. *G* 1, 43. 2,
11. 3, 270 u. ö. *B* 5, 28 u. 63. 6, 40. aquae
mons, hochaufgetürmte Masse, 'Wasser-
gebirg', *Ä* 1, 105; vgl. *G* 3, 240. 4, 361.
instar montis, *Ä* 2, 15. *b*) (dcht.) 'Fels-

stück', 'Felsmasse' eines Berges, *G* 3, 254. *Ä* 12, 687. Plur., 'Berglehnen' für Weinpflanzungen, *G* 2, 260.

monstrātŏr, ōris, *m.* (monstro), Lehrer, Erfinder, unci aratri, Triptolemus, Sohn des eleusin. Königs Keleus, den Ceres den Gebrauch des Pfluges lehrte, *G* 1, 19.

monstro, āre (moneo), 1) lasse sehen, zeige, weise, bezeichne, volnera nati, *Ä* 6, 446. viam, *Ä* 1, 382. flumina, *Ä* 6, 8. dcht. v. Pfade, via, quā semita monstrat, *Ä* 1, 418. Pass., *Ä* 6, 440. 7, 569. Bes. von Gottheiten, etw. Verborgenes 'nachweisen' od. 'verheifsen', signum, *Ä* 1, 444. hinc mihi Massylae gentis monstrata (est) sacerdos, ist mir bezeichnet, *Ä* 4, 483. 2) zeige mit Worten an, a) verordne, bestimme, befehle, bes. von Sehern u. Priestern, aras, *G* 4, 549. piacula, *Ä* 4, 636. monstrat sacerdos, m. Inf., *Ä* 4, 498. *b)* zeige ratend an, erinnere, bedeute, rate an, treibe (an) zu etw., pudor iraque monstrat, m. Inf., *Ä* 9, 44. abs. u. parenth., monstrat amor patriae (näml. 'tela iacēre'), *Ä* 11, 892. *c)* übb. gebe Auskunft über etw., *Ä* 1, 321.

monstrum, i, *n.* (moneo), 1) Wahrzeichen der Götter, als naturwidrige Erscheinung, Anzeichen, Plur., deûm, *Ä* 3, 59. 2) alles, was durch Seltsamkeit od. ungewöhnliche Gestalt auffällt, *a)* jede übernatürliche, vom Gewöhnlichen abweichende seltsame Erscheinung, Wundererscheinung, Wunder, *Ä* 2, 171 u. 680. 3, 26. 5, 659. 9, 120. v. Getöse des Ätna, *Ä* 3, 583. magno futurum augurio monstrum, *Ä* 5, 522 flg. Plur., monstra ingentia, *Ä* 7, 376. magna, *Ä* 3, 307. *b)* Ungeheuer, Scheusal, Ungetüm, Greuel, horrendum, von Polyphem, *Ä* 3, 658. von den Harpyien, *Ä* 3, 214. von der Furie, *Ä* 12, 874. von Kakus, *Ä* 8, 198. latrantia (die Hunde der Skylla), *B* 6, 75. deûm (von den ägypt. Gottheiten, weil mit Tierköpfen gebildet), *Ä* 8, 698. von der Furie Allekto, *Ä* 7, 328 u. 348. ferarum, *Ä* 6, 285. von gröfseren Meertieren, *Ä* 6, 729. marina, *Ä* 7, 780. v. Lebl., infelix (v. troj. Rosse), *Ä* 2, 245. mene huic confidere monstro? diesem Ungetüm (dem Meere), *Ä* 5, 849.

montānus, a, um (mons), auf Bergen befindlich, castellum, Bergschlofs, Bergveste, *Ä* 5, 440. dcht., rapidus montano flumine torrens, reifsender Bergstrom, *Ä* 2, 305.

montōsus, a, um (mons), gebirgig, Nersae, *Ä* 7, 744.

monŭmentum od. (*Ribb.*) **monīmen-**

tum, i, *n.* (moneo), Zeichen der Erinnerung, Andenken, Denkmal, mit obj. Gen., mon. et pignus amoris sui, *Ä* 5, 538 u. 572. doloris, *Ä* 12, 945. nefandi viri, 'an den Frevler', *Ä* 4, 498. illa haec monumenta reliquit, als Andenken an sich, *Ä* 6, 512. virûm monumenta priorum, Heldendenkmäler der Vorzeit, *Ä* 8, 312. veterum monumenta virorum, die Sagen (Berichte) von den Thaten und Schicksalen der alten Helden, *Ä* 3, 102.

Mopsus i, *m.* (*Μόψος*), ein Hirte, *B* 5, 1 u. 10. 8, 26 u. 29.

mŏra, ae, *f.*, 1) Verzögerung, Verzug, Aufschub, *a)* eig., *Ä* 1, 414. 3, 453. 4, 407. 12, 74. segnis, *G* 3, 42. neben 'requies', *Ä* 5, 458. mora obstat, *Ä* 1, 746. *G* 2, 482. spatium tantum morae, *Ä* 10, 400. quae nunc mora est? was doch zögerst du noch? *Ä* 12, 889. pretium morae fore, und lohnen werde die Störung (der Beratung), *Ä* 9, 232. nulla mora (est) in Turno (st. in me), *Ä* 12, 11. in me mora erat nulla, bei mir wird (soll) nimmer Verzug sein, *Ä* 3, 52. mora libera mortis, *Ä* 12, 74. ne qua esto dictis meis mora, d. i. keiner zögere meine Gebote zu vollziehen, *Ä* 12, 565. haud fit mora, Tarchon etc., ohne Verzug schliefst T. sich ihm an, *Ä* 10, 153. Bes. (dcht.) haud mora (est), 'ohne Verzug', 'sofort', *Ä* 3, 207. 5, 140. *G* 4, 548. nulla mora est, *Ä* 2, 701. nec mora (est), *Ä* 5, 368. *b)* meton., Plur. morae, die Säumigen, Lässigen, castigant moras, *Ä* 4, 407. 2) Hemmnis, Hindernis, pugnae nodusque moraque, *Ä* 10, 428. Bes. v. Sachen, clipei, *Ä* 12, 541. häuf. Plur., loricae, der Panzer, der den tödlichen Stofs aufhalten sollte, *Ä* 10, 485. fossarum, *Ä* 9, 143. abs., *Ä* 2, 282. 9, 13. 10, 888. 12, 699.

morbus, i, *m.*, Krankheit, *G* 3, 95. 440 u. ö. *Ä* 10, 274. 12, 850. übtr., caeli, kranke oder schädliche Luft, *Ä* 3, 478. Personif., pallentes Morbi, *Ä* 6, 275.

mordĕo, mŏmordi, morsum, ēre, 1) beifse (in etw.), dcht. v. krampfhaften Erfassen der Scholle od. des Grases mit dem Munde, wie es bei Sterbenden auf dem Schlachtfelde vorkommt, umum ore, 'zerknirsche den Staub mit den Zähnen', *Ä* 11, 418; vgl. mando u. peto. 2) übtr., v. Lebl., beifse od. greife in etw. ein, halte fest, iuncturas, von der Schnalle, *Ä* 12, 274.

mŏrĭbundus, a, um (morior), *a)* sterbend, im Sterben liegend, *G* 3, 488. *Ä* 5, 374. 10, 590. dcht., dextera, 'erstarrend', *Ä* 10, 341. *b)* dcht., *a)* st. moriturus, cui me moribundam deseris? wem läfst du zum Raub mich Sterbende? *Ä*

4, 323. *β*) 'sterblich' (mortalis), membra, *Ä* 6, 732.

**Mörïnl, ōrum, *m.*, Volk in Belgien, am Kanal (im j. Flandern), *Ä* 8, 727.

**mörïor, mortüus sum, möri[Part. Fut. 'moriturus', *Ä* 4,308. Gen. Plur. der Part. Präs. 'morientum', *Ä* 11, 633], 1) s t e r b e, finde den Tod, *Ä* 4, 678 u. ö. telis Dianae, *Ä* 11, 857. funere, durch gewaltsamen Tod, *Ä* 4, 308. bes. im Kampfe, pro moenibus, *Ä* 11, 895. prägn., suche den Tod, weihe mich dem Tode, *Ä* 12, 646. Häuf. nicht von dem Eintritte des Todes selbst, sondern von der dem Tode unmittelbar vorausgehenden Zeit, wie unser s t e r b e n, d. i. im Sterben liegen, bes. Part. *α*) 'moriens', *B* 2, 38. 8, 20. *Ä* 9, 362 u. 443. *G* 3, 510. *β*) Part. Fut. 'moriturus', von dem, der dem Tode nicht entgehen wird, durch das Schicksal demselben verfallen ist, 'dem Tode geweiht', moritura puella, *G* 4, 458. virgo moritura super funere, *G* 3, 263. ille (sudor) morituris frigidus, *G* 3, 501. der beschlossen hat zu sterben, zu sterben bereit, *Ä* 2, 511. 4, 308. 415. 519. 604. 9, 400. 554. 10, 811. 11, 741. 12, 55 (*Ribb.* 'monitura) u. 602. *γ*) Part. Prät. 'mortuus', tot, *Ä* 8, 485. 2) übtr., s t e r b e h i n, v. Gliedern des Leibes, morientia lumina, *Ä* 10, 463. v. Pflanzen, *B* 7, 57.

**möror, āri (mora), 1) trans., h a l t e a u f, v e r z ö g e r e, h i n d e r e, alqm, *Ä* 2, 287. 10, 798. alqm vocibus, *Ä* 1, 670. vitam, *Ä* 11,177. noctemque diemque, bringe hin, *Ä* 5, 766; vgl. *Ä* 6, 40. 11, 297. lucem alci arte, friste durch Kunst jmdm. das Leben, *Ä* 12, 874. taedas (die Ehe), *Ä* 7, 388. quidve moror? oder was halte ich euch auf (durch meine Erzählung)? *Ä* 2, 102. dcht., Sucronem haud multa morantem excipit in latus, ohne daſs S. gegen Äneas sich sehr wehrte, *Ä* 12, 506. non moror dona, lege keinen Wert auf Geschenke, *Ä* 5, 400. 2) intr.: *α*) z ö g e r e, h a r r e, w e i l e, z a u d e r e, s t e h e a n, meist ellipt., quid moror? was zögere ich (näml. zu sterben)? *Ä* 4, 325. 6, 528. absiste morari, halte mich nicht länger auf, *Ä* 12, 676. nec longo moranti tempore contactos artus sacer ignis edebat, und wenn er auch nur kurze Zeit zauderte (das verpestete Gewand abzulegen), *G* 3, 565. haud multa, nec plura moratus, ohne lange od. länger zu säumen, *Ä* 3, 610. 5, 381. nil moror esse (verst. 'invisus), Haſs ist mir gleichgültig, *Ä* 11, 365. paulum lacrimis et mente morata, da zögert sie ein wenig sinnend und weinend, *Ä* 4, 649. dcht., v. Lebl., morantes portae, *Ä* 7, 620. *b*) h a l t e m i c h a u f, v e r –

w e i l e, in stirpe, *Ä* 12, 781. inimica in gente, *Ä* 4, 235. abs., nautae magno clamore morantur, *Ä* 5, 207. übtr., in conubio natae, verweile sinnend bei der Vermählung der Tochter, *Ä* 7, 253.

**mors, mortis, *f.*, 1) T o d, *Ä* 12, 879 u. ö. extrema, Rand des Todes, *Ä* 2, 447. media, *Ä* 2, 533. in morte, im Tode, nach dem Tode, *Ä* 6, 570. Plur., Todesarten, omnes, 'jeglicher Tod', *Ä* 10, 854. meton., multā morte, mit strömendem Blute, *Ä* 9, 348. 2) personif., Todesgott, Tod, *Θάνατος*, *Ä* 4, 451 (*Haupt* u. *Ribb.* appellat.), *Ä* 5, 691. 11, 197. 12, 464.

**morsŭs, ūs, *m.* (mordeo), 1) das B e i s s e n, *a*) der Biſs, *G* 4, 237. *Ä* 2, 215. 7, 755. 10, 707. ad morsum signata in stirpe cicatrix, infolge des Bisses, *G* 2, 379 (*Ribb.* u. *Kapp.*). *b*) (dcht.) das B e i s s e n in etw., das V e r z e h r e n, mensarum, *Ä* 3, 394. 2) das, womit man beiſst, *a*) Z a h n, *Ä* 7, 112. v. Anker, uncus, der gebogene Zahn, gekrümmte Anker, welcher einbeiſst, *Ä* 1, 169. *b*) von der Baumwurzel, die einer Zange gleich die eingeklemmte Speerspitze festhielt, S p a l t e, Plur., roboris, *Ä* 12, 782.

**mortälis, e (mors), 1) dem Tode unterworfen, s t e r b l i c h, hostis, *Ä* 10, 375. visus, *Ä* 2, 605. Oft mit dem Nebenbegr. der Beschränktheit, Unvollkommenheit u. Hinfälligkeit, corda, *G* 1, 123 u. 230. Sbst., *α*) mortalis, is, *m.*, der Sterbliche, der Mensch, wie unser 'Menschenkind' (auch im Gegs. zu den seligen Göttern), *Ä* 7, 771. meist Plur., *Ä* 2, 268. 5, 64. 10, 274. 11, 182. *G* 1, 237. 3, 66. *β*) mortalia, von, *n.*, 'menschliche, irdische Dinge od. Angelegenheiten', *B* 8, 35 ; 'menschliches Geschick', 'Elend', *Ä* 1, 462. 2) den Sterblichen zukommend od. von einem Sterblichen herrührend, s t e r b l i c h, m e n s c h l i c h, manus, *Ä* 2, 95. arma, mucro, von Menschenhand verfertigt, *Ä* 1, 542. 12, 740. volnus, eines Sterblichen, von der Hand eines Menschen beigebracht, *Ä* 12, 797. cura, Pflege der Menschen, *G* 3, 319. haud 'mortale' , sbst., *Ä* 6, 50.

**mortïfĕr, fĕra, fĕrum (mors u. fero), todbringend, tödlich, bellum, *Ä* 6, 279.

**mörum, i, *n.*, Maulbeere, *B* 6, 22.

**mös, möris, *m.*, Sitte, 1) S i t t e, B r a u c h, G e w o h n h e i t, bellantis, *G* 3, 224. sacrorum, Opfergebrauch, *Ä* 3, 408. pacis, *Ä* 6, 853. m. 'sermo' verb., *Ä* 12, 834. m. 'ritus', *Ä* 12, 836. 12, 401. 'mos est' m. Inf., *Ä* 1, 336. 7, 721. mos erat in Latio, *Ä* 7, 601. in morem, nach Brauch, Art od. Sitte, wie es Sitte war, herkömmlich,

A 5, 556. 8, 262. 11, 616. 12, 401. in more picis, stagni, dem Peche, einem See gleich, wie Pech, wie ein See, *G* 2, 250. *A* 8, 88; vgl. *G* 1, 245. 3, 464. *A* 7, 617. ex od. de more, nach Sitte od. Brauch, *A* 3, 65. 5, 96 u. 244. 6, 38. 10, 832. 11, 241. auch bl. 'more', *A* 6, 223. 11, 186. more ferae, nach Art eines Waldtieres, ungesellig, *A* 4, 551. sine more, unbändig, ungestüm, *A* 5, 694. 7, 377. raptae sine more Sabinae, widerrechtlich, gegen das Völkerrecht, *A* 8, 635. supra morem, über Gebühr, ungewöhnlich, *G* 2, 227. 2) Sitte, *a*) Betragen, Charakter, bes. Plur., gentis, *G* 4, 5. virûm, *A* 6, 683. 9, 254. sinistri, *A* 11, 347. *b*) Beschaffenheit, Art, caeli, *G* 1, 51. quo more, 'wie', *G* 3, 461. *c*) Sitte, Gesetz, Verfassung, *A* 1, 264 u. 8, 316.

mŏto, āre (Int. v. moveo), bewege hin und her, umbras, cacumina, *B* 5, 5. 6, 28.

mŏtŭs, ūs, *m.* (moveo), 1) Bewegung, Erschütterung, der Erde, des Wassers, *G* 1, 329 u. 457. pedum, *A* 5, 430. Bes. *a*) taktmäfsige Bewegung, Tanz, *G* 1, 350. *b*) Bewegung zu etw., Aufbruch, Abreise, Plur., futuri, die Vorkehrungen zum Aufbruch, die bevorstehende Abreise, *A* 4, 297. *c*) prägn., 'Unruhe', 'Aufruhr', tanto, magno motu, *A* 12, 503. *G* 4, 68. 2) übtr., Wallung, Unruhe, Aufregung, *A* 12, 217. Plur., animorum, *G* 4, 86.

mŏvĕo, mōvi, mōtum, ēre, 1) bewege, setze in Bewegung, *a*) eig., saxum, *A* 12, 904. urnam, schüttle, *A* 6, 432. Bes. 'breche (mit dem Pfluge) um' od. 'lockere (mit dem Karst) auf', agros per artem (kunstgemäfs), *G* 1, 123. tellurem, lockere auf, bearbeite, *G* 2, 316. iugera, *G* 2, 264. übtr., terna arma, dreimal die Waffen ergreifen (v. Löwen), *A* 12, 6. Pass., moveor vultum, ändere die Miene, *A* 6, 470. abs., v. Gebirgen, erzittern, erbeben, *A* 3, 91. 6, 256. v. Meere, wogen, aufbrausen, *G* 1, 130. *b*) übtr.: *α*) bewege hin u. her, multa animo, bedenke, erwäge, *A* 3, 34. 10, 890. abs., *A* 5, 608. *β*) bewege, rühre, mache Eindruck auf jmd., *A* 4, 272. 6, 405. 7, 473. Manes fletu, *G* 4, 505. Acheronta, bestürme (mit Bitten), *A* 7, 312. animum dulcedine, *A* 11, 538. ungew. mit Inf., bewege zu usw., *G* 1, 457. Pass., nil super imperio moveor, *A* 10, 42. neque specie movetur, wird nicht mehr durch den Anstand bestimmt, *A* 4, 170. *γ*) im übeln Sinne, beunruhige, erschrecke, absiste movere, *A* 11, 408. absiste moveri, lafs ab dich zu fürchten, *A* 6, 399; vgl. *A* 9, 471. mota minis Venus,

A 8, 371. 2) bewege (weg), *a*) eig., bewege von seinem Orte, bringe fort, armenta stabulis, treibe heraus, *A* 8, 213; vgl. *A* 3, 656. v. Schiffe, se remigio, *A* 5, 280. castra, breche auf, ziehe fort, *A* 3, 519. aciem et castra, breche mit Heer u. Lager auf, *A* 11, 446. dcht., Martem in proelia, lasse zum Kampf gleichs. los, ziehe mit Kriegsmacht zum Kampfe aus, *A* 7, 603. v. Stiere, signa, ziehe oder breche zum Kampfe auf (das Bild vom Heere entlehnt), *G* 3, 236; vgl. *A* 4, 108. 5, 349. palmam ordine, verrücke die Ordnung, in welcher die Preise verteilt werden, *A* 5, 349. Pass., moveri portis in arma, zum Kampfe ausrücken, *A* 7, 429 (*Ribb.* 'in arva'). *b*) übtr., entferne, beende, bellum, *A* 10, 626. 3) setze in Thätigkeit, errege, bringe hervor, übtr., *a*) übb., odia verbis, *A* 2, 96. Manes, rufe hervor, citiere, *A* 4, 490. *b*) errege, fördere, unternehme, beginne, cantus, *A* 7, 641. 10, 163. opus majus, *A* 7, 45. bellum, *A* 12, 333. *G* 1, 569. nova bella, veranlasse, *A* 6, 821. *c*) lege an den Tag, erschliefse, enthülle, arcana fatorum, *A* 1, 262.

mox, Adv., bald, nachher, *A* 3, 274 u. 598. 5, 117. *G* 1, 24. 'schleunig', *G* 1, 260.

mŭcro, ōnis, *m.*, *a*) Degenspitze, Klinge, coruscus, *A* 2, 333. ferreus, der spitze Stahl, *A* 11, 817. Dah. *b*) meton., wie unser Klinge, Stahl, d. i. Dolch, Degen, *A* 2, 449. 7, 665. 10, 570. 12, 786 u. 740. strictus, *A* 10, 652.

mūgio, īi, ītum, īre (onomatopöet. v. Laute *mū* in *μυκάομαι*, *mu*, unser *muhen*), *a*) brülle, von Rindern, *A* 8, 218 u. 361. *b*) übtr., krache, erdröhne, donnere, vom Erdboden, *A* 4, 490. 6, 256. 'schmettere', v. Trompeten, *A* 8, 526. 'ertöne dumpf', vom Dreifufskessel zu Delphi, *A* 3, 92.

mūgītŭs, ūs, *m.* (mugio), das Brüllen, Gebrüll der Rinder, *G* 2, 470. *A* 2, 223. Plur., *A* 12, 103. *B* 6, 48.

mulcĕo, mulsi, mulsum, ēre, 1) streichele, belecke, alternos, *A* 8, 634. 2) übtr., mildere, besänftige, beruhige, fluctus, *A* 1, 66. Bes. durch magische Berührung mit den Händen, iras (der Schlange), *A* 7, 755. durch Gesang, durch die Kraft der Beredsamkeit, tigres carmine, *G* 4, 510. pectora (in bez. auf die Leidenschaften), *A* 1, 153 u. 197. alqm dictis, *A* 5, 464. dcht. v. Vögeln, aethera cantu, erfüllen mit lieblichem Gesang, *A* 7, 34.

Mulcībĕr, bĕris u. bĕri, *m.* (mulceo), eig. der das Metall flüssig macht oder

erweicht, altital. Bein. des Vulkan, *Ä* 8,
724.

mulco, āre, eig. richte übel zu, mifs-
handle, alqm tristi morte, *Ä* 11, 839
(*Ribb.*).

mulcto, s. multo.

mulctra, ae, *f.* (mulgeo), Kübel zum
Melken, Gelte, *B* 3, 30. *G* 3, 309.

mulctrārium, ĭi, *n.*(mulgeo), Gefäfs
zum Melken, Gelte, *G* 3, 177.

mulgĕo,mulsi,mulctum,ēre(*ἀμέλγω*),
melke, *B* 3, 5 u. 91. *G* 3, 400.

mŭlĭēbris, e (mulier), weiblich,
arma, *Ä* 11, 687.

mŭlĭĕr, ĕris, *f.*, Weib, *Ä* 7, 661.

multa, als Adv., s. multum.

multĭplex, plĭcis (multus u. plico), *a*)
vielfältig, vielfach, lorica, aus vielen Ringen zusammengesetzt, Ring- od.
Kettenpanzer, *Ä* 5, 264. *b*) übtr., übh.
mannigfach, sermo, *Ä* 4, 189.

multo (mulco), āre (multa), strafe,
bestrafe, alqm tristi morte, *Ä* 11, 839.

multŭm, Adv. (multus), viel, oft,
v. Grade, sehr, sehr heftig, stark,
iacto,*Ä*1,3. fleo, *Ä* 6,481. remitto, *Ä*10,
839. lacrimas fundo, *Ä* 3, 348. spe multum captus inani,*Ä*11,49. – Neutr. Plur.
multa,alsAdv.,viel,sehr,stark,bes.bei
Zeitw., reluctor, *G* 4, 301. gemo,*G*3,226.
haud m. moror, nicht lange, *Ä* 3,610. testor, *Ä* 7, 593. testor deos, *Ä* 12, 201 u.
495. oro, inständig, *Ä* 9, 24. incuso me,
Ä 12, 612.

multus, a, um [Komp. 'plus', Superl.
'plurimus', s. plus], viel, 1) der Zahl
u. Menge nach, viel, zahlreich, häufig (vorhanden), reichlich, oppida, *Ä*
12, 23. grando, dicht, *Ä* 5, 458. sanguis,
Ä 2, 532. lumen, *Ä* 3, 151. umbra, tiefer,
Ä 6, 340. Bacchus (Wein),*B*5,69. multo
deo victus, von vielem Weine trunken,
Ä 9, 336. labores,*Ä* 1, 628. merces, *G* 2,
62. dcht. beim Sbst. im Sing. (wo man
den Plur. erwartet), multa victima, 'manches Opfer', *B* 1, 34. hostia, *Ä* 1, 334.
pruna,*Ä*11,788. Sbst., multi, viele(*πολλοί*), *Ä*2, 124; die grofse Menge, der
grofse Haufe, die Mehrzahl (*οἱ πολλοί*),
unus e multis, *Ä* 5, 644. multa (vieles)
pati, *Ä* 1, 5. 4, 205. *b*) v. Stoffe, stark,
dicht, amictus, *Ä* 1, 412. 2) von intensiver Fülle und Kraft, *a*) viel, grofs,
stark, gewaltig, vis, *Ä* 1, 271. *G* 4,
450. lumen (des Mondes),*Ä*3,151. fama,
ausgebreitet, *Ä* 11, 223. numen, die gewaltige Macht (des Phöbus), *Ä* 3, 372.
multā nocte, spät am Abend, *Ä* 4, 180.
multā morte recepit ensem,mit strömendem Blute, *Ä* 9, 348. Bes. 'multum est',
es ist etwas wirksam, von Einflufs, m.

Inf., *G* 2, 272. *b*) in bez. auf die vielfache
Thätigkeit, eifrig, unablässig, vir-
tus . . . honos, der vielfach, häufig bewährte Heldenmut... Ruhm,*Ä*4,3. ars,
vielfache Kunst,Kenntnis,*Ä*5,705. multā
arte, mit allerlei Kunst, *Ä* 5, 270.

mundus, i, *m.*, *a*)Welt,Weltall als
wohlgeordnetes Ganzes (*κόσμος*, eig.
Schmuck), *B* 4, 50. Bes. der gestirnte
'Himmel', arduus, *G* 1, 240. sidera, lumina mundi, *Ä* 9, 93. *G* 1, 5. *b*) Erdkreis, *B* 4, 9.

mūnīmĕn, mĭnis,*n.*(munio),Schutz-
mittel, Schutz gegen etw., ad imbres,
G 2, 352.

mūnĭo, īvi, ītum, īre, *a*) befestige,
schütze, favos, *G* 4, 179. *b*) prägn.,
gründe, urbem multā vi, eine feste
Stadt, *Ä* 1, 271.

mūnŭs, nĕris, *n.*, 1) Leistung oder
Dienst, Hilfe, amici, *Ä*5, 337. 'Auftrag',*Ä*6,629 u. 637. dcht., von den Bienen, Art der 'Beschäftigung', 'Beruf', *G*
4, 178. Bes. *a*) letzter Dienst, 'Liebes-
dienst' gegen Verstorbene, extremum,
Ä 4, 429. extremum hoc munus morien-
tis habeto, nimm dies als letzten Liebes-
dienst des Sterbenden hin, *B* 8, 60.
b) 'letzte Ehre' ('Spende' od. 'Opfer'), inane, *Ä* 6, 886. Plur., *Ä* 3, 178. 4, 624. 11,
26. dcht., von der Liebe und Treue zu
einem Toten, quo munere spretae matres,
die sich durch diese Äufserung von Liebe,
durch dieses Übermafs ehelicher Zärtlichkeit zurückgesetzt fühlten, *G* 4, 520.
2) schuldige od. gebührende Ehre, die
jmdm. erwiesen wird, Ehrenbezei-
gung, *a*) übh., munera (Bacchi), *G* 2, 5.
potentum,Ehrenstellen,*Ä*12,520(*Wagn.*
u. *Ribb.*; 'limina' *Haupt* u. *Schap.*). *b*)
festliche 'Opfergabe', 'Geschenke', *Ä* 4,
217. 6, 142. von der damit verbundenen
ganzen Festfeier, 'Festlichkeit', tantarum in munere laudum, bei dem Feste
zum Dank für so viele Verdienste, *Ä* 8,
273. tale munus, ein solches Totenfest,
Ä 5,652. 3)Gabe, Geschenk, *a*)übh.,
*Ä*4,647u. ö. niveum lanae, schneeweifse
Pracht der Wolle,*G*3,391. Massica Bacchi, *G* 3, 527. totidem suo sibi munere
Pallas (dabit), als sein eigenes Geschenk,
Ä 8,519(*Ribb.*). *b*) 'Siegespreis',*Ä* 5,109
u. 247.

mūnuscŭlum, i,*n.*(Demin. v. munus),
kleines Geschenk, Plur.,*B* 4, 18.

mūrālis, e (murus), zur Mauer gehörig, tormentum, Mauergeschütz, *Ä*
12, 921.

mūrex, rĭcis, *m.*, 1) Purpurschnecke,
übtr.,Saft derselben zum Färben der Wolle, Purpur, Purpurfarbe, Tyrius,*Ä*

4, 262. fulgens, *Ä* 9, 614. *B* 4, 44. 2) von der Ähnlichkeit, spitziger Fels im Meere, Riff, *Ä* 5, 205.

murmŭr, mŭris, *n.* (μορμύρω), 1) Gemurmel, Gemurr, v. leb. Wesen, serpit per agmina murmur, 'das Gerede' (über den glücklichen Ausgang des Kampfes), *Ä* 12, 239. magnum virûm, lauter Beifall, *Ä* 5, 369. vom 'Summen' der Bienen (βόμβος), *Ä* 6, 709. 2) Gebrause, v. Lebl., Rollen des Donners, *Ä* 4, 160. Brausen, Getöse des Wassers, *G* 1, 109. Tosen, Sausen des Windes, *B* 9, 58. *Ä* 1, 55. beim Ausbruch des Ätna, intremit omnis murmure Trinacria, mit dumpfem Geräusch, 'grollend', *Ä* 3, 582. vastum montis, *Ä* 1, 245. Plur., caeca, das 'dumpfe Rauschen' der Waldbäume, *Ä* 10, 99.

murmŭro, āre (murmur), murmele, rausche, v. Wasser, *Ä* 10, 212.

murra, ae, *f.* (μύῤῥα, myrrha), Myrrhe, der balsamische Saft der arabischen Myrte (zum Salben der Haare), *Ä* 12, 100.

Murrānus, i, *m.*, ein Latiner aus königl. Stamme, *Ä* 12, 529 u. 639.

mŭrtētum, **murtĕus**, s. myrtetum, myrteus.

mūrus, i, *m.* [altert. Form in Gen. Plur. 'moerorum' st. mur. b. *Wagn.* u. *Ribb.*, *Ä* 10, 24 u. 144. 11, 382] (verw. m. 'mu-ni-o', moenia), 1) Mauer einer Stadt (vgl. moenia), oft Plur., *Ä* 1, 423. 2, 234. 6, 549. 9, 371. von der ganzen Stadt, Rutuli (des Latinus), v. Ardea, *Ä* 7, 409. 2) etw. Mauerähnliches, 'Wand', 'Wall', *Ä* 3, 535.

mūs, mūris, *m.* (μῦς), Maus, *G* 1, 181.

Mūsa, ae, *f.* (Μοῦσα), Muse, Göttin des Gesanges, der Ton- und Dichtkunst (schon bei Hom. mehrere, später neun an der Zahl, Töchter des Juppiter und der Mnemosyne, Sicelides, *B* 4, 1. Bes. angerufen zu Anfang eines epischen Gedichtes oder auch in der Mitte bei Hauptabschnitten, *Ä* 1, 8. 7, 37. 641. 10, 163. 2) dcht. appell., Gesang, Gedicht, Lied, silvestris, *B* 1, 2. agrestis, *B* 6, 8. rustica, *B* 3, 84. Damonis, *B* 8, 1.

Mūsaeus, i, *m.* (Μουσαῖος), ein alter athenischer Sänger, Seher und Priester, dem man nebst seinem Zeitgenossen Orpheus die Einführung und Verbreitung einer priesterlichen Poesie (Reinigungs- und Weihelieder, Hymnen und Wahrsagungen) zuschrieb, *Ä* 6, 667.

muscōsus, a, um (muscus), moosig, bemoost, fontes, *B* 7, 45.   [144.

muscus, i, *m.*, Moos, *B* 6, 62. *G* 3, 18 u.

musso, āre (onomatop. v. Laute μῦ,

μύω, *mu*), 1) eig., murmele, 'rede halblaut oder kleinlaut', *Ä* 11, 454. summe, v. Bienen, *G* 4, 188. 2) übtr.: *a*) v. Pers., bedenke mich, schwanke, scheue mich etwas zu sagen oder zu thun, m. Inf., dicere, *Ä* 11, 345. m. Relativs., *Ä* 12, 657. *b*) v. Tieren, 'zage' od. 'bange', *Ä* 12, 718.

mustum, i, *n.*, Most, *G* 1, 295. 2, 7.

mūtābĭlis, e (muto), veränderlich, wechselnd, varii labor mutabilis aevi, des bunten Lebens wechselnde Mühe, *Ä* 11, 425. mutabile semper femina, ein veränderliches, unbeständiges Wesen, *Ä* 4, 569.

mūto, āre (moveo, gleichs. movito), 1) bewege weg oder fort, dcht. 'versetze', 'verpflanze' in einen andern Boden (Bäume), *G* 2, 50. 2) drehe oder wende um oder nach einer anderen Seite hin, Pass. von den Winden, sich umsetzen, umschlagen, venti mutati, *Ä* 5, 19. Bes. *a*) vertausche etw. mit etw. anderem, verändere, wechsele, latus, *Ä* 3, 581. vocem, *Ä* 12, 825. nomen, *Ä* 12, 823. curas, *Ä* 5, 702. Pass. (mit griech. Akk.), flumina mutata cursus suos requierunt, nachdem sie ihren eigenen (natürlichen) Lauf geändert hatten, *B* 8, 4. von der Zeit, tantum aevi longinqua valet mutare vetustas, so viel kann die vieljährige Dauer der Zeit umwandeln, *Ä* 3, 415. *b*) wandle, verwandle, *α*) eig., socios Ulixi, *B* 8, 70. m. griech. Akk., faciem mutatus, verwandelt im Gesichte, *Ä* 1, 658. *β*) übtr., in bez. auf die Gesinnung, bes. im Pass., ipsi Laurentes mutati ipsique Latini, sogar Laurenter und Latiner wurden umgestimmt, *Ä* 12, 240. mutatae adgnoscunt, mit veränderter Gesinnung, reuig, *Ä* 5, 679. prägn., insania mutat mentem, verrückt den Verstand, *Ä* 4, 595. 3) tausche etwas gegen od. für etwas ein, vertausche, tausche um, exilio domos et limina, *G* 2, 511. dcht., glandem pingui aristā (v. der Erde), *G* 1, 8. vellera murice, die natürliche (weiße) Farbe des Vliefses mit der Farbe des Purpurs (v. Widder), *B* 4, 44. abs., merces, *B* 4, 39. mutari magno, im Tausche viel gelten, einen hohen Preis haben, *G* 3, 307.

mūtus, a, um, 1) stumm, metu, *Ä* 9, 341. 12, 718. 2) (dcht.) worüber nicht gesprochen wird, artes, stille Künste, d. i. über die man schweigt, die den Namen ihres Meisters nicht berühmt machen, *Ä* 12, 397.

Mŭtusca, ae, *f.*, Stadt im Sabinerlande, reich an Oliven, *Ä* 7, 711.

mūtŭus, a, um (muto), wechselseitig, gegenseitig, funera, *A* 10, 755. convivia, *G* 1, 301. per mutua, d. i. wechselsweise, 'unter' oder 'an einander', *A* 7, 66.

Mýcēnae, ārum, *f.* (*Μυκῆναι*), [selt. Sing. **Mýcēna**, *Μυκήνη*, *A* 5, 52], ber. Stadt in Argolis, Königssitz des Agamemnon, *A* 1, 284 u. 650. 2, 25. 180. 331. 577. 7, 372. Von *M.* ging der wilde Kampf gegen Troja aus, dah. 'saevae', *A* 7, 222. durch Pferdezucht berühmt, fortes, *G* 3, 121. st. der Bewohner, *A* 9, 139.

Mýcēnaeus, a, um (*Μυκηναῖος*), zu Mykenä gehörig, aus Mykenae, ductor, v. Agamemnon, *A* 11, 266.

Mýcŏnŏs, i, *f.* (*Μύκονος*), eine kykladische Insel westlich von Samos, j. 'Mykóno', *A* 3, 76.

Mygdŏnĭdēs, ae, *m.* (*Μυγδονίδης*), Sohn des Mygdon, Königs in Phrygien, der Mygdonide, *A* 2, 342.

mýrīca, ae, *f.* (*μυρίκη*), Tamariske, ein in südl. Gegenden häufiger Strauch, *B* 10, 13. dcht., humiles, zur Bezeichnung eines Hirtenliedes gewöhnlichen Inhaltes, *B* 4, 2; vgl. *B* 6, 10. Sprichw., 'sudant electra myricae', zur Bezeichnung des Widernatürlichen od. der verkehrten Welt, *B* 8, 54.

Myrmĭdŏnes, um, *m.* (*Μυρμιδόνες*),

ein achäischer Volksstamm in Thessalia Phthiotis, *A* 2, 7. 252. 785. 11, 403.

myrrha, s. murra.

myrtētum, i, *n.* (myrtus), Myrtengebüsch, *G* 2, 112.

myrtēus od. (*Ribb.*) **murtēus**, a, um, aus Myrten bestehend, silva, Myrtengebüsch, *A* 6, 443.

myrtum (**murtum**), i, *n.* (*μύρτον*), Frucht des Myrtenbaums, rote Myrtenbeere (als Gewürz gebraucht), *G* 1, 306.

myrtus (**murtus**), i u. ūs, *f.* (*μύρτος*), Myrte, Myrtenbaum (dessen Holz man zu Speeren verwendete), 1) eig., *G* 2, 447. *A* 3, 23. der Venus heilig, *A* 5, 72. 3, 23. *G* 1, 28. *B* 7, 62. Plur. Paphiae, *G* 2, 64. 2) metou., Stab aus Myrtenholz, pastoralis, *A* 7, 817.

Mýsĭa, ae, *f.* (*Μυσία*), Landschaft im nordwestl. Kleinasien am Hellespont, *G* 1, 102. [mysisch, Caicus, *G* 4, 370.

Mýsus, a, um, zu Mysien gehörig, **mystĭcus**, a, um (*μυστικός*), mystisch, geheimnisvoll, vannus Iacchi (weil eine mit Erstlingsfrüchten gefüllte Futterschwinge am eleusin. Feste beim feierlichen Aufzuge des Bacchus als Symbol der Reinigung vorausgetragen wurde), *G* 1, 166.

N.

n apokopiert aus 'nĕ', w. s.

Nāĭās, ădis, u. **Nāĭs**, ĭdis, *f.* (*Ναϊάς* u. *Ναΐς*), Wasser oder Flufsnymphe, Naiade, *B* 2, 46. 6, 21. Von den röm. Dichtern nach dem Vorgange der Griechen als Musen verehrt u. angerufen, puellae Naides, *B* 10, 10.

năm, Konjkt. [meist zu Anf., bisw. nach einem Worte, *A* 1, 444. 518. 731. 3, 379. 4, 421], denn, 1) denn, nämlich, zur Begründung od. Erklärung des Vorhergeh., *A* 1, 444. 10, 881. Nachdrucksvoll wiederholt, *B* 10, 11. Bes. zur Bekräftigung der Wahrheit des von einem andern Gesagten, freilich, allerdings, gewifs, *A* 3, 374. Oft geht der begründende Satz dem zu begründenden voran, bes. nach Anreden, wobei der durch diese Partikel eingeleitete Satz den Grund der Anrede enthält, Iuppiter, hospitibus nam te dare iura loquuntur, denn von dir ja sagt man, dafs usw., *A* 1, 731; vgl. *A* 2, 374. 5, 533. 6, 316. 366. 667; 2) in dringenden Fragen, wie unser denn, doch,

meist voranstehend, *G* 4, 445. *A* 2, 373. zur Rechtfertigung des folgenden harten Ausspruchs, *A* 4, 368. *B* 9, 39. nam quid ago? *A* 12, 637.

năm-quĕ, Adv. [bes. vor Vokal. u. gew. an die Spitze des Satzes, doch auch einem oder mehreren Worten nachgestellt, *A* 2, 583. 6, 72. 10, 614. *B* 3, 33. am Ende des Verses, *A* 5, 733. 7, 122], zur näheren Erklärung oder Begründung eines Gedankens (enger verknüpfend als das einfache 'nam'), denn, nämlich, *A* 1, 318 u. 390. 2, 583. 5, 525. 10, 189. *G* 4, 273. Bes. nach einer Anrede, *A* 1, 65 u. 327. 3, 366. 7, 195. 10, 614. *B* 1, 7.

nanciscor, nactus od. (*Ribb.*) nanctus sum, nancisci, 1) erlange, erreiche, 'erspähe', 'ersehe mir', tempus nocendi, *A* 7, 511. 2) finde, treffe an (bes. zufällig), alqm, *A* 9, 331. cervum, *A* 12, 749. alqd (v. Bieneu), *G* 4, 8.

Năpaeae, ārum, *f.* (*Ναπαῖαι*), Thalnymphen, Göttinnen der Bergthäler u. Weiden, faciles, *G* 4, 535.

Năr, āris, *m.*, Flufs an der Grenze des Sabinergebietes, in den Tiber mündend, j. 'Nera', *Ä* 7, 517.

narcissus, i, *m.* (νάρκισσος), Pflanze von mehreren Arten, zu denen auch unsere weifse Narcisse mit gelber Nebenkrone u. scharlachrotem Rande gehört, worein der Sage nach der schöne Jüngling Narcissus aus Thespiä in Böotien, der die Liebe der Echo verschmähte, von den Göttern verwandelt wurde, *B* 2, 48. 5, 38. *G* 4, 123. Narcissi lacrima, viell. mit Anspielung auf die Trauer des Narcissus, *G* 4, 160 (*Haupt* u. *Schap.* appell. 'narcissi').

năris, is, *f.*, eig. 'Nasenloch', Plur. nares, 'ium, Nase der Menschen und Tiere, *Ä* 6, 497. *G* 4, 300. der Pferde, 'Nüstern', *Ä* 2, 140. 3, 85.

narro, āre (gnarus, γνωρίζω), sage, erzähle, facta alci, *Ä* 2, 349. curam Volcani, *G* 3, 345. m. Akk. u. Inf., *Ä* 9, 742. *B* 6, 78. abs., *Ä* 4, 79.

Năry̆cĭus, a, um (Ναρύκιος), zur Stadt Naryx in Lokris gehörig, Locri, die in Bruttium in Unteritalien eine Kolonie gründeten, *Ä* 3, 399. Dah. 'pix', bruttisches (sehr geschätzt), *G* 2, 438.

nascor, nātus sum, nasci (St. γεν in γίγνομαι; vgl. γεννάω), 1) werde geboren, v. Menschen und Tieren, *Ä* 1, 286 u. ö. natus melioribus annis (Dat.), *Ä* 6, 649. nasci ab alqo, *Ä* 3, 98. m. Abl., natus deā, Sohn einer Göttin, *Ä* 1, 582. 5, 383. Sbst., *a)* natus, i, *m.*, *α*) v. Menschen, 'Sohn', v. Juppiter, *Ä* 9, 83. v. Iulus, *Ä* 2, 789. crudelis, v. Alkmäon, *Ä* 6, 446. Plur., nati, Söhne, *Ä* 5, 645; 'Kinder', *Ä* 2, 138. 6, 22. 7, 532. nati natorum et qui nascentur ab illis, *Ä* 3, 98. 'patres natique' zur Bezeichnung der ganzen Familie, *Ä* 2, 579. nati sub ubere, d. i. die an der Brust liegen, 'Säuglinge', *Ä* 5, 285. Plur. von éinem Sohne (aus der Zahl der übrigen *v.* 525 erwähnten), *Ä* 10, 532. *β*) v. Tieren, nati, 'die Jungen', v. Kühen, Kälber, *G* 3, 178. v. Wildschwein, nati circum ubera, Frischlinge, *Ä* 3, 392. 8, 45. v. der 'Brut' der Bienen, *G* 4, 153 u. 200. *b)* nata, ae, *f.*, 'Tochter', Plur., *Ä* 1, 654. 2, 615. 2) übh. entstehe, wachse, entspringe, *α*) eig., von Pflanzen, *B* 3, 107. *G* 2, 85. v. Gestirnen, 'aufgehen', *B* 8, 17. qui (dies) nascuntur ab illo, die nach ihm folgen, *G* 1, 434. v. Winde, *G* 3, 279. saeclorum ordo nascitur, beginnt, *B* 4, 5; vgl. *Ä* 10, 75. *b)* übtr., v. Pers., beginne, nascens poëta, der beginnende, werdende D., *B* 7, 25 (*Ribb.* 'crescentem').

nāta, ae, *f.*, nascor no. 1, *b*.

nātālis, is, *m.* (natūs, a) Geburtstag, *B* 3, 76.

năto, āre [Part. Praes. Gen. Plur. 'natantum', *G* 3, 541] (Intens. v. 'no'), 1) schwimme, *a)* eig., *Ä* 5, 181. v. Sachen, natat uncta carina, *Ä* 4, 398. dcht. m. Akk., freta, 'durchschwimme', *G* 3, 260. Partic. sbst., natantes, Fische, Seetiere, *G* 3, 541. *b)* meton., schwimme, werde mit Wasser bedeckt oder überschwemmt, rura natant, *G* 1, 372. natant limina, *Ä* 3, 625. 2) wanke hin und her, walle, woge, von den Saatfeldern, *G* 3, 198. von den halbgebrochenen matten od. schwimmenden Augen des Sterbenden, *Ä* 5, 856. *G* 4, 496.

nātūra, ae, *f.* (nascor), Natur, 1) Natur, natürliche Beschaffenheit eines Ortes, des Bodens, loci, *Ä* 10, 366. arvorum, *G* 3, 178. der Bäume, *G* 2, 9. v. geselligen Trieb der Bienen, *G* 4, 149. 2) Natur, d. i. zeugende od. schaffende Kraft, vernünftige Einrichtung des Weltganzen, *G* 2, 20 u. 49.

1. **nātus**, i, *m.*, s. nascor *no.* 1, *a*.

2. **nātūs**, ū, *m.* (nascor), Geburt, Alter, maxima natu, die älteste, *Ä* 5, 644.

naufrăgus, a, um (zusgez. aus 'navifragus' v. 'navis' u. 'frango'), schiffbrüchig, durch Schiffbruch umgekommen, ceu naufraga corpora, *G* 3, 542.

nauta, ae, *m.* (zsgz. aus 'navita', v. 'navis'), Schiffer, Seemann, *Ä* 3, 207 u. 275. 12, 767. *G* 1, 29. von den Argonauten, *B* 6, 43.

Nautēs, ae, *m.*, ein Troër, Seher u. Priester der Pallas, *Ä* 5, 704 u. 728.

nautĭcus, a, um (navis), zum Schiffe od. zur Schiffahrt gehörig, clamor, Zuruf der auf Schiffen befindlichen, *Ä* 3, 128. 5, 140. dcht., pinus, Schiff, *B* 4, 38.

nāvālis, e (navis), zu den Schiffen gehörig, 1) adj., certamen, Schiffskampf (als Wettkampf), *Ä* 5, 493. corona, Schiffskrone, als Auszeichnung für einen Seesieg, *Ä* 8, 684. aes, Erz (eherne Schnäbel) der eroberten Schiffe, *G* 3, 29. 2) sbst., navalia, ium, *n.*, Standort der Schiffe, Werft, Stapel, *Ä* 4, 593. *b)* alles zum Schiffsbau Nötige, bes. Segel, Taue u. dgl., Takelwerk, *Ä* 11, 329.

nāvifrăgus, a, um (navis u. frango), die Schiffe zerschellend, Scylaceum, *Ä* 3, 553.

nāvĭgĭum, ĭi, *n.* (navigo), Fahrzeug, Schiff, *Ä* 5, 753. *G* 2, 107 u. 443.

nāvĭgo, āre (navis u. ago), 1) intr., schiffe, segle, *Ä* 4, 237. 2) trans., beschiffe, befahre, durchsegle, aequor, *Ä* 1, 67.

nāvis, is, *f.* (ναῦς, Nachen), Schiff

(gröfseres od. kleineres), *Ä* 1, 120. 145.
168. 170. 184 u. ö.

nāvĭtn, ae, *m.*, dcht. st. 'nauta', S c h i f -
f e r, S e e m a n n, *G* 1, 137 u. 372. *Ä* 6,
315 u. 385.

Nnxŏn, i, *f.* (*Νάξος*), Insel im ägäischen
Meere, durch den Kultus des Bacchus berühmt, j. 'Naxiá', *Ä* 3, 125.

1. nĕ, 1) Adv., zur Negierung eines
Satzes, nicht, bei subj. Verneinungen,
dah. bei Aufforderung, Bitte, Befehl, *a*)
mit Imperat., *Ä* 2, 48. 3, 316. 6, 544 u. 698.
7, 438. 9, 114. 12, 565 flg. 875. 938. ˙m.
flg. 'neu' od. 'neve', *Ä* 8, 40. Bes. nachdrücklich wiederholt und mit 'vero' im
ersten Gliede verb., ne vero, hospes, ne
quaere profecto, ' o fragᴇ mich nicht,
nicht frage mich', *Ä* 8, 532. ne vero, ne
me inpellite, *Ä* 11, 278. *b*) mit Konjunktiv,
ne forte recuses, nicht darfst du etwa
verschmähen, *B* 3, 29. ne ... neu, *G* 3,
435 flg. (*Ribb.*; 'nec ... neu' *Haupt* u.
Schap.). ne ... neu ... aut ... aut, *Ä* 12,
823 flg. bei Wünschen, te ne frigora lae-
dant! dafs dich Frost nicht verletze! *B*
10, 48 und 49. 2) Konjunktion m. Konjunktiv, d a f s n i c h t, damit n i c h t
(nachgest. *Ä* 3, 473. *G* 1, 69. 2, 268), *a*) in
Absichtssätzen, ne finibus arceret, *Ä* 1,
299. *b*) nach den Zeitw. des Fürchtens
oder der Besorgnis mit d a f s zu übers.,
nach 'metuo' u. 'vereor', *Ä* 6, 694. *B* 9,
63. nach 'metus' *est*, *Ä* 1, 548.

2. nĕ, enklit. Fragpart. [gew. einem
Zeitw. angehängt, bisw. auch einem anderen Worte, als zu dem es gehört, 'su-
peret coniunxᴈe', *Ä* 2, 597. fatoᴈe erepta Creusa substitit, erraviǀne viā, seu
lassa resedit? *Ä* 2, 738 (*Ribb.* 'fato *mi*').
Apokopiert in 'n', wie vĭdĕᴈ ut etc. st.
videsne, *Ä* 6, 780 u. sogar vor Konson.,
wie Pyrrhĭn, *Ä* 3, 319. mortaliᴈ, *Ä* 12,
797. taliᴈ, *Ä* 12, 874. tantoᴈ me, *Ä* 10,
668. tantoᴈ pl., *Ä* 12, 503]. 1) in der direkten Frage, *a*) in der einfachen Frage,
ṭune ille Aeneas etc., bist du nicht jener
Aneas usw., *Ä* 1, 617. Oft mit milder-
der Färbung durch etwa, wohl, meist
gar nicht zu übers., vgl. *Ä* 1, 132. 3, 248
u. 311. 4, 32 u. 38. Mit dem Nebenbegr.
des Zweifels, Pyrrhin conubia servas?
Ä 3, 319. zugl. mit dem Begr. des Spot-
tes, rursusᴈe procos iurisa priores ex-
periar? ich sollte verspottet die früheren Bewerber selbst angehen? *Ä* 4, 534.
Ellipt. verkürzt der Partikel 'quia' angehängt, quiane iuvat etc., nicht wahr?
wohl deswegen, weil usw., *Ä* 4, 538.
Dem Relativpron. angehängt, wodurch
die rhetorische Frage den Charakter der
Heftigkeit od. des Unwillens bekommt,

'quosne ... reliqui' etc., d. i. sie, die ich
verlassen habe, *Ä* 10, 673. In der spöttischen Frage, tune etiam etc., *Ä* 11, 857.
in der leidenschaftlichen Frage des Unwillens, menc igitur ... fugis? *Ä* 9, 199.
mit Konj. dem Pron. angehängt, tune ...
eripiare mihi? d. i. du solltest usw., *Ä*
12, 947 flg. Bei leidenschaftl. Erregtheit
als Ausdruck der Verwunderung od. des
Unwillens m. Akk. u. Inf., mene incepto
desistere victam? ich sollte abstehen?
Ä 1, 37 u. 97. *b*) in der Doppelfrage, mit
flg. 'an', d. i. 'oder', wo es gew. unüber-
setzt bleibt, pelagine venis erroribus
actus an monitu divom? *Ä* 6, 532. dine
... an, *Ä* 9, 184 flg. pacemne huc fertis
an arma? *Ä* 8, 114. 2) in der indir. Doppelfrage, wenn man etwas als unentschie-
den hinstellt, o b ... o d e r ; m a g ...
o d e r, Tros Rutulusne fuat (*Ribb.* u.
Schap.; *Haupt* 'Rutulusve'), *Ä* 10, 108.
Siculisne resideret arvis ... Italasne ca-
pesseret oras, *Ä* 5, 702. casusne deusne,
Ä 12, 321; vgl. *Ä* 1, 308. 5, 95. Auch mit
Einschaltung zweier Kopulativsätze mit
'que' ... 'et' nach 'ne' u. flg. 'anne' nach
'an', *G* 1, 25 flgg.   [Ágon, *B* 3, 3.

Nĕnera, ae, *f.*, Geliebte des Hirten

Nĕnlcēs, is, *m.*, ein Troër, *Ä* 10, 753.

nĕbŭln, ae, *f.* (*νέφος, νεφέλη*), N e -
b e l, D u n s t, D a m p f, *Ä* 2, 356. 8, 258.
G 1, 401. 2, 217. 4, 424 u. ö. dcht. Wolke, Gewölk, *Ä* 1, 412 u. 439. 10, 82.

nĕc, meist vor Konson., u. **nĕquĕ**, ohne
Untersch. vor Vokal. u. Konson. [nach-
gestellt bes. nach vorausgeh. Negat., *Ä*
4, 365. 551. 696. 5, 783. 7, 115 u. 811. 9,
213. *G* 1, 397; in der Bed. 'auch nicht',
Ä 7, 261. 10, 297. an dritter Stelle, *Ä* 2,
159], u n d nicht, a u c h n i c h t, u n d
z w a r n i c h t, 1) im allg., *a*) zur Verb.
negativer Begriffe od. Gedanken, oft mit
bes. Bez. auf das Vorherg., dah. bald er-
klärend und begründend, bald folgernd,
Ä 1, 38 u. 130. 5, 368. 6, 869. 7, 438. 12,
877 u. 896. Als Fortsetzung von 'non',
Ä 5, 394 u. 453. Mit Ergänzung eines
Konditionalsatzes, nec tu me ... videres,
näml.: wenn dein Wille mir unbekannt
wäre, *Ä* 12, 810. Bisw. altertüml. als verstärktes 'non' in der Mitte des Satzes, *B*
9, 6 u. 26. Mit flg. 'aut' bei weiterer Fortführung des negativen Gedankens (jew.
bei jedes Satzglied sein eigenes Zeitw.
hat), nec ... concipit aut ... timet, *Ä* 4, 561.
nec te hinc portare fas (est) aut ille sinit etc., *Ä* 2, 778; vgl. *Ä* 2, 785. 3, 43. 10,
523. non ... non ... nec ... aut, *Ä* 12,
911 flg. Häuf. wird die Negation auch
durch 'non' fortgeführt, nec ... non, *Ä*
3, 712 flg., neque ... nec ... non ... non,

Ä 2, 197 flg., neque ... nec ... uec ... non ... non, *G* 1,395—399. *b*) in der Steigerung mit Hindeutung auf einen schon vorhandenen od. zu ergänzenden Begriff, auch nicht, nicht einmal, *B* 3,102. *c*) mit adversat. Kraft, nec tacui, doch nicht, nicht auch, *Ä* 2, 94. *d*) zur Einleitung eines Verbotes, *a*) beim Imperat. od. Konjunktiv, *G* 2, 96. 3, 96. 394. *B* 2, 34. 8, 89 u. 102. 10, 46. *Ä* 4', 618. 12, 801. *β*) beim Konjunktiv als *Mod. potent.*, nec paeniteat (*Ribb.* und *Schap.*; ne paen., *Haupt*), *Ä* 1, 548. nec ... neu libeat, *G* 3, 435 flg. (*Ribb.* 'ne ... neu). *e*) bisw. nach einem positiven Satze, und zwar nicht, so dafs die Negat. nur zum Nebensatze als einzelnen Begriffe, nicht zum Hauptsatze gehört, neque ultra, *Ä* 6, 869. nec procul, *Ä* 8, 635. bei Adj., duo nec tutä mihi valle reperti, und zwar in einem unsichern, schroffen Felsthale, *B* 2, 40. nec memor, uneingedenk, *Ä* 12, 534. nec exsaturabile, und nimmer ersättlich, *Ä* 5, 781. Bes. Verbindungen, *a*) einfach, nec non, d. i. 'auch' (zur Fortsetzung des Gedankens), *Ä* 6, 183. 9, 169. 12, 23. nec non et, und auch, noch dazu, *Ä* 1, 707 u. 748. 3, 352. 4, 39. 5, 100. 7, 521. 9, 310. *G* 1, 83. ellipt., nec non (näml.: interimit), *Ä* 9, 334. nec minus, 'auch', *Ä* 3, 482. 6, 212. nec tamen ... nihil (officit) anser, aber doch hindert usw., *G* 1, 118. nec nulla est gratia etc., *G* 1, 83. *β*) doppelt, nec (neque)... nec (neque) weder ... noch, *Ä* 1, 278 u. 545. 8, 316. 12, 907. neque ... nec ... ve ... ve, *Ä* 12, 903 flg. Doch nicht immer streng disjunctiv, sondern bisw. zur Einführung der Schattierungen desselben Gedankens, *Ä* 4, 33; vgl. *Ä* 3, 585. *G* 4, 198. Auch beim Vorausgehen einer Negation (haud), ohne dafs der negative Begriff aufgehoben wird, *G* 2, 83. haud ... nec, *Ä* 1, 328. bei vorhergeh. 'ne ... quidem', *G* 3, 562. bei 'nullus', *B* 5, 25.

nec-dŭm, Adv., (und) noch nicht, *G* 2, 282. *Ä* 4, 541. häuf. bei flg. 'etiam', *Ä* 1, 25. 5, 415. 11, 70. wiederholt, *G* 2, 539. In manchen Verb. st. der einfachen Negat. 'non', u. perfectus, 'noch unvollendet', *B* 9, 26.

nĕcĕннĕ, Adv. ('ne' u. 'cessum' von 'cedo'), un ausweichlich, n. est, 'es ist notwendig' od. durch 'müssen' zu übers., m. Akk. u. Inf., *Ä* 6, 737. m. Inf., *Ä* 4, 613. 6, 514. m. Konj., *Ä* 3, 478.

nĕco, äre (nex), töte, alqm longä morte, langsam durch Qualen, *Ä* 8, 488.

nectăr, äris, *n*. (νέκταρ), *a*) Nektar als Göttertrank mit übernatürlicher Kraft, eig. ein edler roter Wein mit duftendem

Geruche, dcht. übh. v. Wein, *B* 5, 71. *G* 4, 384. *b*) alles Süfse, Liebliche, wie Honig, *Ä* 1, 433. *G* 4, 164.

necto, nexŭi, nexum, ēre ('neo', νήϑω), 1) flechte in einander, binde zusammen, torques nexi (aus Sternblumen), *G* 4, 276. alqd nodis, *B* 8, 77. talaria pedibus, binde, befestige die Flügelschuhe an die Füfse, *Ä* 4, 239. nodum trabe ab alta, knüpfe hoch am Gebälk den Knoten (so dafs er von jenem herabhängt), *Ä* 12, 603. nexae aere trabes, eherne (aereae), *Ä* 1, 448 (*Ribb.* u. *Schap.*; 'nixae' *Haupt*). nexi artus, die gebundenen Glieder, *Ä* 4, 695; vgl. *Ä* 7, 66. Pass. mit medialreflex. Bed. u. Akk., nector caput olivä, d.j. umflechte mir das Haupt mit einem Ölzweig, *Ä* 5, 309. 2) übtr., ersinne, causas inanes, *Ä* 9, 219.

nĕfandus, a, um ('nĕ' u. 'for'), nicht auszusprechen, dah. verbrecherisch, unheilvoll, schmachvoll, verrucht, gens, *Ä* 3, 653. vir, *Ä* 4, 497. ensis, *Ä* 2, 155. partus, *G* 1, 278. odia, *Ä* 5, 785. bellum, *Ä* 12, 572. Venus (Liebe), *Ä* 6, 26. nefandum est, ist ein Verbrechen, m. Akk. u. Inf., *Ä* 10, 84. Sbst., fandum atque nefandum, Recht u. Unrecht, *Ä* 1, 543.

nĕ-fãs, *n. indecl.*, alles, was dem göttlichen Gesetze u. mithin auch dem sittlichen Gefühle widerstreitet, so dafs man es nicht denken oder sagen mag, 1) adj., unerlaubt, sündhaft, frevelhaft, *Ä* 2, 719. 6, 391. m. Supin. 'dictu', unnennbar, unsäglich, *Ä* 3, 365. n. est, m. Inf., *Ä* 8, 173. m. Akk. u. Inf., *Ä* 2, 719. 2) sbst., schändliche, grauenvolle That, Frevel, Greuel, Verbrechen, *a*) eig.: *a*) übh., *Ä* 2, 184. 4, 305. 4, 206 u. 563. *Ä* 5, 197. 6, 624. 7, 386. 10, 497. fas et nefas, 'Recht u. Unrecht', *G* 1, 505. prägn., Strafe für den Frevel, *Ä* 7, 596. Bes. ein kränkendes Wort, tantum nefas patrio excïdit ore, *Ä* 2, 658. *β*) als Ausruf des Unwillens eingeschoben, 'nefas!' o Grauen! o Schande! entsetzlich! abscheulich! *Ä* 7, 63. 8, 688. 10, 673. *b*) meton., von Helena, 'das frevelnde Weib', 'die Schmach', *Ä* 2, 585.

nĕgo, äre ('ne' u. 'aio'), 1) sage nein, verneine, leugne, dafs usw., sage oder behaupte, dafs nicht usw., m. Akk. u. u. Inf., *Ä* 2, 78. 3, 201. dcht. v. Lebl., *G* 2, 215 flg. 2) schlage ab, verweigere, versage, alqd alci, *B* 10, 3. *Ä* 3, 171. 10, 614. 12, 914. dcht. v. lebl. Subj., victum, von der Saat, *Ä* 3, 142; von Dodona (d. i. dem Eichenhaine Dodonas), *G* 1, 149. m. Neg. als Litotes, nec cursus Luna negat, fördert, *Ä* 7, 9.

m. flg. 'quin', non negares, quin ... possem, dann schlügst du mir sicher es nicht
ab, dafs ich ... dürfte, *A* 10, 615. in
freierer Verb. mit bl. Inf., 'weigere' od.
'sträube mich' etwas zu thun, *A* 4, 428;
dcht. v. lebl. Subj., *G* 2, 234.

Něměa, ae, *f.* (*Νεμέα*), Thal u. Ort in
Argolis mit einem Haine, bek. durch
die Feier der neměischen Spiele u. die
Erlegung des nem. Löwen durch Herkules, *A* 8, 295.

nēmo, mĭnis, *m.* u. *f.* (ne u. hemo, d. i.
homo), niemand, keiner, *A* 5, 349 u.
383. nemo divôm, *A* 9, 6. nemo ex hoc
numero, *A* 5, 305.

němŏrōsus, a, um (nemus), waldig,
A 3, 270.

nempě, Konjkt. ('nam' u. demonstra-
tiv. Suffix 'pe'), wodurch etwas als zugestanden hervorgehoben od. darauf hin-
gedeutet wird, nämlich, bes. bei Einführung einer bekannten Erzählung zur
Erregung der Aufmerksamkeit, wie unser 'siehe', *G* 3, 259.

němŭs, ŏris, *n.* (*νέμος*), Wald, Hain,
a) übh., als lieblicher durch Grün und
Schatten erquickender Ort, *A* 1, 165. 3,
112. *B* 8, 86. m. 'silvae' verb., *A* 7, 515.
nemorum saltus (Schluchten), *B* 6, 56.
als 'Trift', 'Weideplatz', *A* 12, 719. v.
künstl. Pflanzungen (Gegs. 'silvae'), *G* 2,
323. von einer Weinpflanzung, *G* 2, 401.
in weiterer Bed. übh. st. 'silvae', *A* 12,
929. aspera (Gegs. zur Ebene), *A* 11,902.
Bes. *b*) heiliger, einer Gottheit geweihter
Hain, *A* 7, 759. 8, 314.

něo, něvi, ēre (Wurz. *νε* in *νέω*), spinne, dicht. webe, tunicam, *A* 10, 818.

Něoptŏlěmus, i, *m.* (*Νεοπτόλεμος*),
Sohn des Achilles, auch Pyrrhus gen.,
Enkel des Peleus (*A* 2, 263), Beherrscher
von Phthia in Thessalien u. Epirus, *A* 3,
333; vgl. *A* 2, 500. 3, 469. 11, 264.

něpōs, pōtis, *m.*, 1) Enkel, *A* 2, 320
u. 702 u. ö. von Remulus *A* 9, 362. 2)
(dcht.) übh. Nachkomme, bes. Plur., *A*
2, 194. 3, 158 u. 409. 505. 4, 629 u. ö.

Neptūnĭus, a, um (Neptunus), zu
Neptun gehörig, neptunisch, des
Neptun, arva, das Meer, *A* 8, 695. pro-
les, *A* 7, 691. 9, 523. 10, 353. 12, 128.
Troia, weil von Neptun mit Mauern um-
geben, *A* 2, 625. 3, 3.

Neptūnus, i, *m.* (etrusk. 'Nethunus'),
Ποσειδῶν, 1) eig., Neptun, Sohn des
Kronos od. Saturnus u. der Rhea, Bru-
der des Juppiter u. der Juno, Gemahl der
Amphitrite, Beherrscher des Meeres u.
der übrigen Gewässer, domitor maris,
A 7 799. Der Dreizack (tridens) das Sym-
bol der Macht, *A* 1, 138. Erregt nicht

blofs Stürme, sondern beruhigt das Meer
auch wieder u. sendet günstigen Fahrwind, daher er auch von den Seefahrern
durch Opfer verehrt wird, *A* 1, 142 flg.
3, 119. Auch ist er der Schöpfer des
Rosses (als Symbol der Meereswogen u.
Stürme, dah. *ἵππιος* gen.), das er in
Thessalien durch einen Schlag mit dem
Dreizack aus einem Felsen hervorsprin-
gen liefs, *G* 1, 13 flg. Neptuni origo, v.
Rosse 'Arion', das von Neptun u. der
Ceres erzeugt das edelste von Abkunft
war, *G* 3, 122; vgl. *A* 2, 201. 610. 5, 14.
195. 360. 640. 679. 782. 863. 7, 23. 9, 145.
G 4, 387 u. 394. In der Schilderung der
Begleitung des Neptun (*A* 5, 822—826)
hat Vergil wahrscheinlich eine berühmte
auf dem Cirkus Flaminius zu Rom auf-
gestellte Gruppe des Skopas vor Augen
gehabt. 2)(dcht.)meton.,'Wasser',*G*4,29.

něquě, s. nec.

ně-quěo, īvi u. ii, ĭtum, ĭre, kann od.
vermag nicht, m. Inf., *A* 1, 713. 6, 507.
m. Neg., ne blando nequeat superesse
labori, damit er nicht unterliege dem
sanften Geschäfte, *G* 3, 127.

nēquīquǎm, Adv., vergeblich,
umsonst, ohne Erfolg od. Wirkung,
A 2, 101. 546. 770. 5, 81. 256. 392. 433.
7, 652. 9, 219 u. 364. 10, 122 u. 554. 12,
909. *G* 1, 96. nequ. seros exercet noctua
cantus (weil ihr Geächze doch kein neues
Unwetter bringt), *G* 1, 403. nequ. exerceo alqm curis, mache jmdm. unnötige
Sorgen, *A* 7, 441.

Nērēĭs, ĭdis, *f.* (*Νηρείς*, ion. *Νηρηίς*),
Tochter des Meergottes Nereus, 'Meernymphe', Plur., *A* 3, 74. 5, 240.

Nērēĭus, a, um (*Νήρειος*), zu Nereus
gehörig, neręisch, Doto, Tochter des
Nereus, *A* 9, 102.

Nēreūs, ĕi (ei) u. ĕos, Akk. 'ĕa', *m.*
(*Νηρεύς*,) eig., Nereus, Sohn des Pon-
tus und der Gäa, Gatte der Doris und Vater
der Nerĕiden, Beherrscher des ägäischen
Meeres unter Neptun, auch mit tiefer
Weissagekraft begabt, *A* 2, 419. 10, 764.
G 4, 392. Nerei filia, Thetis, *A* 8, 383. 2)
(dcht.) meton., 'Gewässer', *B* 6, 35.

Nērīnē, ēs, *f.* (*Νηρηίνη*), st. Nereïs,
v. Galatea, *B* 7, 37.

Nērītŏs, i, *f.* (*Νήριτος*), kleine Insel
in der Nähe von Ithaka, *A* 3, 271.

Nersae, ārum, *f.*, Stadt der Äquer
in Latium, *A* 7, 744.

nervus, i, *m.* (*νεῦρον*), 1) Nerv,
Sehne, Flechse des tier. Körpers, *A*
10, 341. 2) das daraus Bereitete, *a*) Saite
der Zither, *A* 9, 776. *b*) Sehne des Bogens, *A* 5, 502. 9, 622. 10, 131. 11, 862.
12, 856.

Nĕsaeē, ēs, *f.* (*Νησαῖα*, u. ion. *Νη-σαίη*), eine Nerëide, *Ä* 5, 826. *G* 4, 338.

ne-scĭo, īvi od. ĭi, ītum, īre, weifs nicht, 1) übh., *B* 3, 23. Bes.: 'nescio qui' od. 'quis' etc., eig., 'ich weifs (selbst) nicht welcher, wer' usw., gew. zu éinem adj. Begriff verschmolzen st. 'aliquis', irgend ein, ein gewisser (wenn man etwas nicht näher bezeichnen will oder kann), nescio quis oculus, eig., ich weifs nicht welches Auge, d. i. irgend ein Auge, ein Blick des Neides, *B* 3, 103. nescio quā dulcedine laetus, von einem gewissen, d.i. besonderen, unerklärlichen Gefühle der Wonne berauscht, *G* 1, 412; vgl. *Ä* 2, 735. nescio quid certe est, etwas, was es auch sei, d. i. etwas bedeutet es sicher, *B* 8, 107. 2) insbes., *a*) kenne nicht, habe keine Kunde von etwas, urbem Troiae, *Ä* 1, 565. urbem et genus, *Ä* 7, 195. alqm, *G* 3, 5. *b*) weifs nicht, d. i. vermag nicht, m. Inf., stare loco, *G* 3, 84.

nescĭus, a, um (nescio), 'unwissend', *a*) unkundig, m. Gen., fati, *Ä* 1, 299. fati sortisque futurae, *Ä* 10, 501. culpae, *Ä* 12, 648. haud nescia rerum, wohl kundig, *Ä* 12, 227. pastor liquit ferrum nescius, ohne zu wissen, dafs er das Tier getroffen, *Ä* 4, 72. fera sese haud nescia morti inicit, stürzt sich wohlbewufst in den Tod, *Ä* 9, 552. *b*) nicht kennend, nicht verstehend, m. Inf., nescia fallere vita, nicht vermögend zu täuschen, truglos, *G* 2, 467. nescia vinci pectora, unbezwingbar, unbiegsam, *Ä* 12, 527. Dah. 'keinen Sinn für etwas habend, 'unempfindlich', *G* 4, 470.

neū od. **nĕvĕ**, Konjkt., und (dafs) nicht, oder nicht, *a*) als negierende Fortsetzung eines vorausgeh. 'ne' od. übh. eines negativen Gedankens m. Konj., *Ä* 1, 413. *G* 2, 252 (*Ribb.* 'ne . . . nec' st. 'neu'); vgl. *Ä* 2, 188. 7, 22. 97. 333. neu . . . neu, *Ä* 9, 91 (*Ribb.* ne . . neu'). m. Imperat., *Ä* 2, 607. 6, 834. 7, 97. 202. 332. 8, 39. 9, 115. 12, 72. 565. 823. ohne vorherg. Neg., *Ä* 8, 582. wiederholt bei Verboten, *Ä* 9, 42. fünfmal, *G* 2, 298 flg. *b*) nach einem affirmativen Satze, adveniat, neve exhorrescat, *Ä* 7, 265. audite . . . neve haec etc., hört uns an, doch usw., *Ä* 9, 235.

nex, nĕcis, *f.* (*νέκυς*), 1) gewaltsamer Tod, Mord, Ermordung, *Ä* 8, 202. 12, 341. *G* 3, 480. 4, 90. 2) personif., Tod, d. i. Unterwelt, *Ä* 2, 85. 12, 513.

nēxŭs, ūs, *m.* (necto), Verschlingung, Windung, der Schlange, *G* 3, 423.

1. nī, Konjkt. (Grundform v. 'nisi', w. s.), wenn nicht, im Fall dafs

nicht, *a*) mit Indik., *Ä* 7, 433. m. Ind. Präs. in der Drohung nachdrücklich st. des Fut., *Ä* 12, 568. auch in der Anführung einer Beschränkung (wie 'nisi forte') 'wenn nicht vielleicht', 'es sei denn', *Ä* 1, 392. *b*) mit Konj., *Ä* 1, 58. 2, 178 u. 599 u. ö. Auffallend in hypothet. Sätzen mit Konj. Präs. im Vordersatz u. Imperf. im Nachsatz, *G* 4, 116 flg. Selbst bei lebhafter Vergegenwärtigung des Vergangenen, ni mea cura resist*at* . . . tulerint etc. (ni restitisset . . . tulissent etc.), *Ä* 2, 599 flg. Beim Indik. des Hauptsatzes, multa dura putabant . . . ni dedissent, sie überdachten bei sich und würden noch länger überdacht haben, wenn nicht usw., *Ä* 8, 522 flg. iam tuta tenebam, ni gens . . . invasisset, *Ä* 6, 358 flg.

2. nī, andere Schreibart st. 'ne', dafs nicht, zur Angabe der Absicht, *Ä* 3, 686.

nīdŏr, ōris, *m.*, Dunst, Dampf (von verbrannten Dingen), *Ä* 12, 301. *G* 3, 415.

nīdŭs, i, *m.*, Nest der Vögel, *Ä* 5, 214. 8, 235. *G* 4, 307. Plur. dcht., die 'Jungen' im Neste, loquaces, *Ä* 12, 475. inmites, *G* 4, 17. von den 'Zellen' der Bienen (mit der Brut), dulces, *G* 1, 414; vgl. *G* 4, 56.

nĭgĕr, gra, grum, schwarz, übh. dunkel, düster, dunkelfarbig, 1) von Lebl., *a*) eig., postes fuligine nigri, *B* 7, 50. areua, schwarzer, fetter Nilschlamm, *G* 4, 293. terra, *G* 2, 203. ebenum, *G* 2, 116. nubes, *Ä* 5, 516. nox, *Ä* 7, 414. abies, *Ä* 8, 599. bitumen, *G* 3, 451. nemus, dunkel, düster, *G* 3, 333. Galaesus, 'dunkelblau', *G* 4, 126. nigerrimus auster, ganz düster, finster, verdunkelnd, *G* 3, 278. turbo, *G* 1, 320. aër, *G* 1, 428. imber densis nigerrimus austris, geschwärzt von usw., *Ä* 5, 696. *b*) übtr., Tartara, *Ä* 6, 134. caligaus nigrā fomidine lucus (in der Unterwelt), *G* 4, 468. lacus (v. Avernersee), *Ä* 6, 238. 2) v. Leb., *a*) v. Pers., in bez. auf dunkle Hautfarbe, gebräunt, sonnenverbrannt (Gegs. 'candidus'), *B* 2, 16. v. Memnon als Fürsten der Äthiopier, *Ä* 1, 489. *b*) v. Tieren, schwarz, agmen (der Ameisen), *Ä* 4, 404.

nĭgrans, antis (eig. Part. v. 'nigro'), schwarz, dunkelfarbig, picea, *Ä* 9, 87. nimbus, *Ä* 4, 130. aegis, düster (weil Sturm erregend), *Ä* 8, 353. m. griech. Akk., nigrantes terga iuvenci, schwarz am Rücken, *Ä* 5, 97.

nĭgresco, grüi, ĕre (niger), schwärze mich, werde schwarz, *Ä* 4, 454. v. Todesdunkel, tenebris nigrescunt omnia circum, unser 'es wird jmdm. schwarz vor den Augen', *Ä* 11, 824.

nĭhĭl, zsgez. **nīl**, Indekl., 1) als Adj., nichts, nil tale, *Ä* 9, 207. nihil hīc nisi carmina desunt, an nichts als an (deinen) Beschwörungen fehlt es, *B* 8, 67. Ellipt., ille nihil, nichts erwiderte, er darauf, *Ä* 2, 287. Sbst. m. Gen., nil laudis, kein Lob, *Ä* 5, 751; vgl. *G* 2, 28. *Ä* 2, 659. Bes., nihil est, quod, m. flg. Konj., es ist kein Grund (vorhanden), es ist nicht nötig, dafs usw., n. est quod dicta retractent, *Ä* 12, 11. n. est quod pocula laudes, *B* 3, 48. 2) als Adv., in keiner Hinsicht, in keiner Weise, nicht (verstärktes 'non', wie οὐδέν), *B* 2, 6 u. 7; vgl. *B* 8, 103. *Ä* 2, 402. 5, 751. 9, 133. 12, 405. m. entsprech. 'nec', *Ä* 10, 419 flg.

Nilus, i, *m.* (Νεῖλος), der Nil, 1) Flufs Ägyptens, der sich, nachdem er ganz Ober- u. Unterägypten durchströmt, in Unterägypten zunächst in zwei Hauptarme, die das sogen. Delta bilden, und weiter hinab aber wieder in mehrere Nebenarme teilt, so dafs er sich im Altertume endlich in sieben Mündungen ins mittelländische Meer ergofs, dah. 'septemgeminus', *Ä* 6, 800. magnus, *G* 3, 29. Mit der Sonnenwende bis Ende September schwillt derselbe u. befruchtet durch Überschwemmung das Land, pingui flumine, *Ä* 9, 31. stagnans, *G* 4, 288. 2) personif. als Flufsgott, *Ä* 8, 711.

nimbōsus, a, um (nimbus), Regen bringend, stürmisch, Orion, *Ä* 1, 535. cacumina montis, 'dunstig', 'umnebelt', *Ä* 3, 274.

nimbus, i, *m.* (nubo, hülle ein), 1) eig.: α) mit ungestümem Regen verbundener Wind, Sturm, Orkan, *Ä* 1, 51. 2, 113. 3, 198. 5, 13. 'Platzregen', *Ä* 4, 120 u. 161. 'Windsbraut' od. 'Wasserhose', *Ä* 12, 451. Plur. 'Unwetter', *Ä* 5, 458. Im Bilde zur Bezeichnung der Schnelligkeit, nimbo similis, *Ä* 5, 317. Bes. schwarze Regen- od. Sturmwolke, *Ä* 3, 198 u. 587. im Gleichnisse mit dem Hagel von Geschossen, *Ä* 9, 669. 10, 803. b) 'Strahlengewölk', 'Lichtstreif', *Ä* 9, 111. c) Wolke od. Gewölk übh., bes. Nebel od. Dunst, worin die Götter zur Erde niederstiegen, *Ä* 12, 416; vgl. *Ä* 8, 392 u. 608. 10, 634. d) 'Wolke' von Staub u. Sand, harenae, *G* 3, 110. von Rauch, *Ä* 5, 666. 2) übtr., dichte Schar, peditum, *Ä* 7, 793.

ni-mirūm, Adv. ('ni', d. i. 'ne', u. 'mirum'), eig. man darf sich nicht wundern, in der That, fürwahr, *Ä* 3, 558.

nimis, Adv., zu sehr, notus, nur allzu bekannt, *Ä* 9, 472.

nimiūm, Adv. (nimius), 1) zu od. allzu sehr, zu, bei Adj., Adv. u. Zeitw., *B* 2, 17. 9, 28. *G* 2, 252. *Ä* 4, 657. 5, 871. 6, 189. 514. 816. 870. 11, 841. nim. me-

minisse necesse est, nur allzu sehr mahnet die Erinnerung, *Ä* 6, 514. 2) gar sehr, o fortunatos nim. agricolas! überglücklich, *G* 2, 458.

nimius, a, um (nimis), das rechte Mafs überschreitend, zu grofs, *G* 3, 135. nimiä caede atque cupidine ferri, zu sehr von Mordgier entbrennen, *Ä* 9, 354.

ninguit, ěre (νίφω), unpers., es schneit, *G* 3, 367.

Niphaeus, i, *m.*, ein Rutuler, *Ä* 10, 570.

Niphātēs, ae, *m.* (Νιφάτης, 'Schneekoppe'), ein Teil des Taurusgebirges in Armenien, dcht. st. der Armenier, *G* 3, 30.

Nisa, s. 2. Nysa.

ni-si, Konjkt., 1) wenn nicht, wofern nicht (mit Indik., wenn ein wirklicher, m. Konj., wenn ein möglicher Fall ausgedrückt wird), *Ä* 5, 49. *B* 9, 14. mit Konj. beim Indik. im Haupts., *Ä* 11, 112. 2) als, nach Neg., nihil n., 'nur', *B* 8, 67.

nisus, ūs, *m.* (nitor), a) das Anstemmen der Füfse gegen die Erde, idem, dieselbe straffe oder feste Stellung, *Ä* 5, 437. b) übtr., Anstrengung, maior, *Ä* 3, 37. rapidus, stürmischer Flug, *Ä* 11, 852. Vgl. 'nixus'.

Nisus, i, *m.* (Νῖσος), 1) Sohn des Pandion, König in Megara, Vater der Skylla, die ihm aus Liebe zu Minos eine purpurne Haarlocke, von welcher das Schicksal des Reiches abhing, wegschnitt und zum Minos brachte, um dadurch dessen Liebe zu gewinnen, von diesem aber mit Abscheu zurückgewiesen wurde, worauf beide, Vater u. Tochter, in Meervögel verwandelt wurden, *G* 1, 404 u. 408; vgl. *B* 6, 74 (wo sie, wie öfters bei Dichtern, mit der Tochter des Phorkys verwechselt wird). 2) Sohn des Hyrtakus, ein Troër, *Ä* 5, 294 flg. 318. 328. 353 u. 354. 9, 176. 179 u. ö.

nitens, entis (eig. Part. von 'niteo'), glänzend, a) schimmernd, blank, galea, *Ä* 9, 457. oculi, *Ä* 1, 228. porta candenti nitens elephanto, *Ä* 6, 895. b) glänzend, schön, von wohlgenährten Tieren, taurus, *Ä* 3, 20. equus, *Ä* 6, 654. v. Äckern, campi, 'lachende Fluren', *Ä* 6, 677. culta, *G* 1, 153.

nitesco, ěre (Inch. v. niteo), erglänze, oleo, *Ä* 5, 135.

nitidus, a, um (niteo), glänzend, schimmernd, blank, v. Haupte, Haare u. dgl., *G* 1, 467. 3, 437. 4, 337. bes. von Tieren, schön, stattlich, equi, *Ä* 7, 275. anguis od. coluber nitidus iuventä, 'verjüngt', im Glanze der Jugend', *G* 3, 437. *Ä* 2, 473.

nitor, nixus (nisus) sum, nĭti, 1) stütze, stemme mich auf od. an etw., hastä (auf den Speer), *Ä* 6, 760. pede et hastä,

Ä 10, 736. in adversum, stemme mich entgegen, *Ä* 8, 237. in hastam, *Ä* 12, 398. dcht., alternoslongā nitenscuspide gressus, welcher Tritt vor Tritt am langen Speere sich stützte, *Ä* 12, 386. abs., *Ä* 12, 783. nitens axis sub pondere, die unter der Last gleichs. sich sträubende Achse, *G* 3, 172. nixae aere trabes, durch eberne Säulen gestützt, *Ä* 1, 448 (*Wagner* und *Haupt*; 'nexae' *Ribb.* und *Schap.*). 2) stemme oder strenge mich an, pro se summā nituntur opum vi, drängen, jeder für sich, mit äufserster Kraft vor, *Ä* 12, 552. humi, trete hart, fest auf, *Ä* 2, 380. gradibus sub ipsos postes, klimme, steige ganz nahe den Pfosten (der Thür) die Stufen hinauf, *Ä* 2, 443. paribusalis, schwinge mich, *Ä* 4, 252. abs., mit 'insto' verb., mühe mich eifrig und strenge mich an, *Ä* 12, 783. von Bäumen, ad sidera vi propriā, aufstreben, *G* 2, 428.

nītrum, i, *n.* (νίτρον), Laugensalz, Natron, *G* 1, 194.

nĭvālĭs, e (nix), 1) eig.: *a*) schneeig, ventus, 'Schneesturm', *G* 3, 318. *b*) beschneit, mit Schnee bedeckt, Tanais, *G* 4, 517. von Bergen zur Bezeichn. der aufserordentlichen Höhe, Othrys, *Ä* 7, 675. vertex, *Ä* 12, 702. 2) übtr., schneeweifs, candor, *Ä* 3, 538.

nĭvĕus, a, um (nix), 1) aus Schnee bestehend, agger, *G* 3, 353. 2) übtr., schneeweifs, blendend oder glänzend weifs, lac, *B* 2, 20. munus lanae, *G* 3, 391. Paros, glänzend, schimmernd, *G* 3, 126. Pallas, totenbleich, *Ä* 11, 39. latus, *B* 6, 53. lacerti (der Venus), *Ä* 8, 387. iuvencus, *B* 6, 46. cycnus, *Ä* 7, 699. *G* 2, 199. vela, *Ä* 1, 469. vitta, *Ä* 6, 665. *G* 3, 487. mulctraria, *G* 3, 177. limen candentis Phoebi, *Ä* 8, 720.

nix, nĭvis, *f.*, Schnee, *Ä* 4, 250. *G* 1, 310. Bes. der fallende, flockende Schnee, *Ä* 11, 611. Plur., 'Schneemassen', *B* 10, 23. 47. 66. *Ä* 12, 84.

nixor, āri (Int. v. nitor), stemme od. stütze mich, nodis (v. der Schlange, bei der die abwechselnd sich gerade stellenden Gelenke oder 'nodi' Stützpunkte abgeben u. gewissermafsen die Füfse ersetzen), *Ä* 5, 279.

nixus, ūs, *m.* (nitor), das Anstemmen, bes. beim Gebären, das Kreifsen, Plur., 'Wehen', *G* 4, 199. Vgl. 'nisus'.

nō, nāre (νάω), 1) schwimme, auch v. Sachen, *Ä* 1, 118. 5, 594. 10, 210. 2) übtr.: *a*) von Bienen, die Luft 'durchschwimmen', hin und her wogen, *G* 4, 59. *b*) schwimme, fahre, cymbā, *G* 4, 506.

nōbĭlĭs, e (nosco), bekannt, ruhm-

voll, berühmt, locus, *Ä* 7, 564; vgl. *Ä* 8, 341.

nōbĭlĭtās, ātis, *f.* (nobilis), Adel der Geburt, materna, *Ä* 11, 341.

nŏcĕo, nŏcŭi, nŏcĭtum, ēre (noxa), schade, bringe (stifte) Schaden od. Nachteil (Unheil), alci, *Ä* 6, 694. *B* 10, 76. *G* 2, 78. abs., tempus nocendi, *Ä* 7, 511. nocendi artes, 'Künste des Unheils', *Ä* 7, 338. Part. nŏcens, 'schädlich', *G* 2, 257.

noctĭvăgus, a, um (nox u. vagus), des Nachts umherschweifend, currus (des Mondes), 'nächtlich', *Ä* 10, 216.

noctŭa, ae, *f.* (nox), Nachteule, Käuzchen, *G* 1, 403.

nocturnus, a, um (nox), nächtlich, zur Nachtzeit, bei Nacht, ignes, *G* 432. pensa, *G* 1, 390. nocturna in lumina, zur Erhellung der Nacht, *Ä* 7, 13; vgl. *Ä* 11, 736. *G* 4, 521. arae (in bez. auf die unterirdischen Götter, denen man bei Nacht opferte), *Ä* 6, 252. Cithaeron (auf dem nachts die Bacchanalien gefeiert wurden), *Ä* 4, 303. Dcht. prädikat. von leb. Wesen im Sinne eines Adverb. lupus gregibus nocturnus obambulat, bei einbrechender Nacht, *G* 3, 538.

nōdo, āre (nodus), knüpfe (in einen Knoten), binde, in aurum, *Ä* 4, 138.

nōdus, i, *m.*, Knoten, 1) eig. u. meton.: *a*) eig., *Ä* 5, 510. 6, 301. 8, 260. 11, 776. *B* 8, 77. in nodum conplector (von der Verschlingung der Arme), *Ä* 8, 260. von der Schlange, *Ä* 5, 279. Dab. 'Fessel', *Ä* 1, 296. leti, 'Schlinge' des Todes, *Ä* 12, 603. *b*) meton., v. Pers., Hemmnis, Hindernis (s. mora), pugnae, *Ä* 10, 428. 2) übtr.: *a*) Knoten od. Knorren am Holze, *Ä* 7, 507. 11, 553. *B* 5, 90. *b*) Auge an den Bäumen, *G* 2, 76.

Nŏēmōn, ŏnis, Akk. 'ŏna', *m.* (Νοήμων), ein Troër, *Ä* 9, 767.

Nŏmăs, ădis, *m.* (Νομάς v. νέμω), Plur. Nŏmădes, um, *m.*, wandernde Hirtenvölker, bes. die Bewohner der afrikan. Nordküste, 'Numidier', *Ä* 4, 320 u. 535. 8, 724.

nōmen, mĭnis, *n.* (von Wurz. γνω, eig. 'Erkennungszeichen'), Name, 1) übh., *a*) eig., mit näher bestimmendem Gen. od. abs., Acestae, *Ä* 5, 106. Turni, *Ä* 12, 697. maris, *Ä* 5, 768. sanctum (*Ribb.*), *Ä* 4, 94; vgl. *Ä* 5, 621. 8, 358. 12, 823. alqm nomine voco, *Ä* 11, 731. alqd appello nomine, *Ä* 5, 718; vgl. *Ä* 1, 624. totidem (equites) suo tibi nomine Pallas (dabit), in se'nem Namen, seinerseits, *Ä* 8, 519 (*Ribb.* 'suo sibi *munere*). Bisw. Name, um daran erkannt zu werden, 'Kennzeichen', 'Merkmal', sine nomine corpus, *Ä* 2. 558.

Mit einem Adj. verbunden zu einem Ei-
gennamen als Apposit. gesetzt, um dessen Eigenschaft hervorzuheben, infaustum Allia nomen, *Ä* 7, 717. et nunc
magnum manet (*Ribb.*; 'tenet' *Wagn.* u.
Haupt) Ardea nomen, der Name der
einst berühmten Stadt Ardea lebt noch
jetzt im Munde des Volkes fort, *Ä* 7, 412.
Auch steht bei trans. Zeitw. 'nomen'
selbst mit der Prädikatsbestimmung im
Akk., Aeneadas meo nomen de nomine
fingo, *Ä* 3, 18. nomen dico Ortygiam, *Ä*
3, 693. Plur. m. 'notae' (Zeichen) verb.,
Wörter, *Ä* 3, 444. aber eigentl., *G* 3, 158.
b) meton., Name, Geschlecht, Troia-
num, *Ä* 7, 717; vgl. *Ä* 6, 758. als Umschr.
des einzelnen Individuums, Silvius, Al-
banum nomen, *Ä* 6, 763. Echionium, ein
Thebaner, *Ä* 12, 515. Amatae, *Ä* 7, 581;
vgl. *Ä* 1, 288. 10, 618. 2) prägn., Name,
d. i. Ruhm, Ruf, m. 'honos' u. laudes
verb., *Ä* 1, 609. 11, 688. m. 'decus' verb.,
Ä 2, 89. sine nomine plebs, ein Haufen
unbekannter, geringer Leute (im Gegs.
zu den Edlen des Volkes), *Ä* 9, 343. sine
nomine letum, ruhmlos, *Ä* 11, 846. Dcht.
von Dingen, nec (tellus) pomis sua nomina servat, noch bewahrt es (das Land)
dem Obste seinen Namen, d. i. Reben u.
Obstbäume arten auf solchem Boden
aus, *G* 2, 240.

Nōmentum, i, *n.*, Stadt im Sabinerlande, *Ä* 6, 773. 7, 712.

nōn, Verneinungspartikel, nicht, 1)
bei objekt. od. unbedingter Verneinung,
a) in selbständigen wie in abhängigen
Sätzen, *Ä* 1, 136. 8, 376. *B* 4, 40. bisw.
mit Nachdruck wiederholt, *Ä* 5, 334. non
tamen (suasi) ut . ., non ut, *Ä* 12, 815.
Auch so, dafs 'non' einen Satz für sich
bildet, nec fas, non (verst. verebar),
Ä 9, 208. non, si ipse adforet . . . Hector,
Ä 2, 522; vgl. *Ä* 5, 17. Von zugehörigen Zeitwort getrennt und mit Hervorhebung voraufgestellt, *Ä* 1, 527. Bes.
in Verb. mit 'nec' od. nec . . . nec, *Ä* 7,
231. 9, 180. *B* 4, 55. non . . . sed, nicht
etwa . . . sondern, *Ä* 1, 138; vgl. *Ä* 5, 194
u. 394. non, si mihi Iuppiter auctor spon-
deat, hoc sperem, selbst nicht, wenn
usw., *Ä* 5, 17. Mit flg. 'aut' bei Fortführung des negativen Gedankens, so dafs
jedes Satzglied sein besonderes Zeitw.
hat, non ego aspiciam . . . aut ibo, *Ä* 2, 785.
non me tulit aut . . . manat, *Ä* 3, 42 flg.
non hic vertitur . . . aut dabit, *Ä* 10, 588
flg. *b*) zur Verneinung eines einzelnen
Begriffes, der bisw. dadurch ins Gegenteil verwandelt wird, non ullus, d. i. nullus, *Ä* 1, 169 u. 460. non aequus, d. i. iniquus, *Ä* 1, 479. non digna, d. i. indigna,

Ä 2, 144. non tractabilis, d. i. intracta-
bilis, *Ä* 4, 53. non temno, *Ä* 6, 620. 10,
737; vgl. *Ä* 1, 479. 5, 334. 11, 639. 2) in
der Frage (wo man eine Bejahung erwartet), *Ä* 4, 565 u. 600. *B* 3, 26. 3) in
der Antwort, nein, *οὐκ*, wobei jedoch
das Zugehörige aus dem Vorhgh. zu ergänzen, non, verum Aegonis, d. i. non
Meliboei (est), verum etc., *B* 3, 2.

non-dům, Adv., noch nicht, *Ä* 3,
109 u. ö. *G* 2, 322 u. 365.

nōnus, a, um, der neunte, dies, *G*
1, 286. Aurora (in bez. darauf, dafs das
Leichenfest am neunten Tage nach der
Bestattung gefeiert wurde), *Ä* 5, 64 u.
104. *G* 4, 544 u. 552.

non-ně, nicht (in Fragen, wo man
eine bejahende Antwort erwartet), *B* 2,
14 u. 15.

Nōrĭcus, a, um, zu Norikum gehörig,
einem der röm. Süddonauländer zwischen der Donau u. den Alpen (einem
Teil des jetzigen Österreich, Steiermark
und Kärnthen), norisch, castella, *G* 3,
474.

nōs, Personalpron., wir, oft von éiner
Pers. st. 'ego', *Ä* 1, 250 u. 253. 3, 325.
Bes. *a*) Gen. 'nostri', als objekt.
Gen., cura nostri, die Sorge für mich,
Ä 2, 595. cupido nostri, Sehnsucht nach
uns, *Ä* 7, 263. inmemor nostri, meiner,
Ä 7, 439. miserere nostri, *B* 2, 7. spes
et solatia nostri, für mich, den Vater, *Ä*
8, 514. Bisw. subjektiv, nuntius nostri,
von mir od. meiner Seite, *Ä* 4, 237. *b*)
'nobis' als ethischer Dativ, *Ä* 5, 391.

nōsco, nōvi, nōtum, ĕre [norunt st.
noverunt, *Ä* 6, 641. ˙norint st. noverint,
G 2, 458] (St. 'gno', *γνω* in *γιγνώσκω*),
1) lerne kennen, in den histor. Tempp.
kenne, weifs, *a*) übh, penates, omnia,
G 4, 155 u. 391. solem suum, sua sidera,
Ä 6, 641. m. Inf., verstehe, conponere
opes, *Ä* 8, 317. mit Relativs., *Ä* 6, 514.
Bes. Part. Perf. Neutr. 'notum' als Subst.
u. Subj. des Satzes, 'die Erfahrung', mit
Relativs., notum, furens quid femina
possit, *Ä* 5, 6. *b*) prägn., sehe, erfahre,
mit indir. Frages., *Ä* 11, 708. 2) kenne,
erkenne wieder, alqd, *Ä* 6, 809. 12,
876.

nostĕr, stra, strum, unser, uns angehörend, in unserer Gewalt befindlich,
von uns gethan u. dgl. (oft auch von
éiner Person), *Ä* 1, 300. 10, 72. prägn.,
quisquis es, noster eris, einer der Unsrigen, unser Freund, *Ä* 2, 149. reditus
noster, von uns verheifsen, *Ä* 11, 54.
Thalia, mir und anderen meinesgleichen
gewogen, *B* 6, 2. Mars, für uns günstige
Entscheidung des Kampfes, Kriegsglück,

Ä 12, 187. nostrā origine, von unserem (göttlichem)Geschlecht, *Ä* 10,618. proelia nostra, Kämpfe mit uns (mir), *Ä* 12, 571. nostra caedes, von uns begangen, *Ä* 3, 265. conubia nostra, die Ehe mit mir, *Ä* 4, 213. haud numine nostro, dich nicht, indem die Gottheit die unsrige, d. i. für uns (uns günstig) war, *Ä* 2, 396. Subst., nostri, die Unseren, *Ä* 8, 222 (*Ribb.*; *Haupt* u.*Schap.* nostri ... oculi). haec nostra, meine Worte, mein Gesang, *B* 5, 50.

nŏta, ae, *f.* (nosco), 1) Merkmal, Malzeichen, Zeichen, notas inuro, *G* 3, 156. von den'Flecken' od. 'Streifen' der Schlange, *Ä* 5, 87. *G* 3, 427. 2) Schriftzeichen, Plur. m. 'nomina' verb., *Ä* 3, 444.

nŏthus, a, um (νόϑος), unecht (der Geburt nach), Bastard, *Ä* 9, 697. von Tieren, Mischling, *Ä* 7, 283.

nŏto, āre (nota), 1) bezeichne, versehe mit einem Zeichen, locum, *B* 3, 68. tempora ferro summa pecudum notant (durch Abschneiden der Stirnhaare), *Ä*, 12, 174. 2) übtr.: *a)* zeichne mir auf, merke (an), alterna, *B* 5, 14. m. Objektsakk. u. indir. Frage., oculos, qui spiritus (sint) illi etc., *Ä* 5, 648. *b)* beobachte; sidera, *Ä* 3, 515.

1. **nŏtus**, a, um (eig. Part. v. nosco), *a)* bekannt, *Ä* 2, 21. 12, 808 u. 942. imago Creusae maior notā (imagine), ihr Bild in mehr als bekannter, gewöhnlicher Gröfse, *Ä* 2, 773. famā super aethera notus, bis zum Äther genannt, *Ä* 1, 379. usque ad sidera notus, *B* 5, 43; vgl. *B* 3, 67. sic notus Ulixes? so wenig, so schlecht kennt ihr den Ul. (dessen Verschlagenheit)? *Ä* 2, 44. Bes. von dem, was man schon erfahren od. empfunden hat, odor, *G* 3, 251. *Ä* 7, 480. voces, bekannte, freundliche Worte, *Ä* 6, 499. velamina, die bekannten (von ihm im Leben getragenen), *Ä* 6, 221. ensis, das (ihnen u. den Rutulern) bekannte, 'sein Schwert', *Ä* 12, 759. vires, die sonst ihm bekannten (wie sie jmd. im wachen Zustande hat), *Ä* 12, 911. Plur. im Neutr., nota tibi, das sind dir bekannte Dinge, *Ä* 1, 669. *b)* gewöhnlich, cubile, *Ä* 4, 648. flumen, *Ä* 11, 495.

2. **nŏtus**, i, *m.* (νότος), *a)* Südwind, stürmisch u. Regen bringend, violentus, *Ä* 1, 85. 6, 355; vgl. *G* 1, 444. *b)* (dcht.) übh. Wind, Sturm (bes. im Mittelmeere), Plur. 'Lüfte', *Ä* 1, 108 u. 575. 3, 268. 5, 512. 11, 798.

nŏvālis, e, (novus), neu gepflügt, daher sbst., novalis, is, *f.* (verst. terra), der nach einjähriger Ruhe aufgebrochene

Acker, Brachacker, Neubruch, *G* 1, 71. ebenso Plur., novalia, ium, *n.*, *B* 1, 71.

nŏvellus, a, um (Demin. v. 'novus'), jung, frisch, vitis, *B* 3, 11.

nŏvěm, Zahlw. (ἐν-νέα), neun, *Ä* 1, 245 u. ö.

nŏverca, ae, *f.*, Stiefmutter, *Ä* 7, - 765. 8, 288. 10, 390. Plur., saevae, malae, *G* 2, 128. 3, 282.

nŏvĭens, Adv. (novem), neunmal, neunfach (als heilige Zahl), noviens Styx interfusa, *Ä* 6, 439. *G* 4, 480.

nŏvĭtās, ātis, *f.* (novus), Neuheit, regni, *Ä* 1, 563.

nŏvo, āre (novus), 1) mache neu, erneuere, transtra, *Ä* 5, 752. tecta, baue neue Häuser auf, *Ä* 4, 260. tela, schmiede neueWaffen, *Ä* 7, 630. honores, *Ä* 8, 189. 2) ändere, res, *Ä* 4, 290. fidem, wandle die Treue, werde treulos, v. der Fortuna, *Ä* 5, 604.

nŏvus, a, um (νέος, eig. νέϝος), 1) neu, *a)* neu, jung, frisch, herbae, *G* 1, 90. frondes, *G* 2, 82. lac, *B* 2, 22. 5, 67. *Ä* 5, 78. sanguis, frisch strömend, *Ä* 7, 554. aestas, Vorsommer, *Ä* 1, 430. sole novo, beim Beginn der Sonnenhitze, beim Eintritt des Sommers, *Ä* 7, 720. novi soles, *G* 2, 333. gaudia, neue Wonne (d. i. die neue Geliebte), *Ä* 10, 325. vires, *Ä* 12, 424. Zur Hebung des Gegs. von 'vetus', novo veterum deceptus errore locorum, getäuscht durch die Verwechslung der alten Gebiete, *Ä* 3, 181. *b)* neu, wie etw. früher noch nicht dagewesen ist od. gehört wurde (im guten u. übeln Sinne), nie gekannt, ungewöhnlich, befremdend, seltsam, hospes, *Ä* 4, 10. nectar, *B* 5, 71. forma, *Ä* 3, 591. facies, *Ä* 6, 104. lux, *Ä* 9, 731. proelia, *Ä* 3, 240. res, *Ä* 1, 450. prodigium, *Ä* 3, 365. carmina, vortreffliche, *B* 3, 86. furor, *Ä* 5, 670. torpor, *Ä* 12, 867. pavor, *Ä* 2, 228. Dah. *α)* von dem, was zum ersten Male geschieht oder sich zeigt, oft nur zum Ausdr. des Anfangs einer Thätigkeit, novas incide faces, fange an Kienfackeln zu schneiden, *B* 8, 29. arva novā Neptunia caede rubescunt, fangen an sich vom Blute zu röten, *Ä* 8, 695. virtus, erste Probe des Mutes, 'Erstlingsthat', *Ä* 9, 651. *β)* neu, erneuet, d. i. ein anderer, novus nitidusque iuventā, im erneuten Glanze der Jugend, *Ä* 2, 473. *G* 3, 437. 2) übtr., der Reihenfolge nach, nur Superl. novissimus, der letzte, verba (beim Scheiden) *Ä* 4, 650. mandata (als Letztes, letzter Auftrag eines Sterbenden), *Ä* 11, 825.

nox, noctis, *f.* (νύξ), Nacht, 1) appell.,

a) eig., atra, umida, *Ä* 2, 360. 3, 198.
pura, *B* 9, 44. sera, nächtliche Kälte, *Ä*
8, 87. nocte, zur Nachtzeit, bei Nacht,
Ä 12, 864. Die Nacht wird zum Zeugen
angerufen (weil die Handlung zur Nachtzeit geschieht), *Ä* 9, 288. Schilderung
der Nacht, *Ä* 4, 522 flgg. *b)* übtr.: *a)*
nächtliche Ruhe, *Ä* 4, 530. 8, 67. *β)*
Todesnacht, Todesdunkel, *Ä* 6,
828. aeterna, *Ä* 10, 764. 12, 310; vgl. *G*
1, 468. *γ)* Dunkelheit, Finsternis
eines Ortes, *Ä* 6, 272. der Unterwelt, *Ä*
6, 265 u. 866. infolge des Sturmes, atra,
Ä 1, 89. des Regens, *Ä* 3, 195. fumifera,
Ä 8, 255. 2) personif., Tochter des Chaos,
Ä 6, 450. Mutter des Äther u. der Furien, *Ä* 2, 250. 5, 835. 6, 250 u. 390. 7,
138. 12, 846 u. 860; vgl. *Ä* 6, 867. Nach
alter dicht. Vorstellung legte sie auf ge-
stirntem Zweigespann, aus dem Meere
aufsteigend, den Weg des Sol, aber von
Westen nach Osten zurück, und sank
nach vollendetem Lauf in das Meer zu-
zurück, *Ä* 5, 721 u. 738; vgl. *Ä* 2, 250
(wo 'nox' jetzt appellativ).

noxa, ae, *f.* (noceo), Vergehen, Frevel, *Ä* 1, 41.

noxius, a, um (noceo), *a)* schädlich,
corpora, die schädlich (d. i. schwäch-
lichen, dem Geiste nachteiligen) K., *Ä* 6,
731. *b)* Schaden anrichtend, verderblich, crimina, *Ä* 7, 326.

nūbēs, is, *f.* ('nubo', d. i. hülle ein),
Wolke, 1) eig.: *a)* Wolke, Gewölk,
G 2, 309. Bes. von der Wetterwolke, die
Juppiter aus heiterem Himmel erregt,
Ä 7, 143. 'Regenwolke', *Ä* 1, 88. *G* 1, 364.
4, 312. sub nube, in der Luft, *Ä* 5, 516.
per nubem, durch die Luft, *Ä* 12, 856.
b) Wolke, Dunst, Nebel, worein die
Götter sich od. andere hüllen, v. Apollo,
Ä 9, 640. v. der Juno, *Ä* 12, 792 u. 842; vgl.
Ä 1, 516 u. 580. *c)* alles, was wolken-
artig in die Luft steigt, pulverulenta,
Staubwolke, *Ä* 8, 593. nubes nigro pulvere, *Ä* 9, 33. vom Rauch, *Ä* 3, 572. 2)
übtr.: *a)* Wolke, d. i. dichtgedrängte
u. fast undurchdringliche Menge, factā
nube, zur Wolke geschart, *Ä* 12, 254.
volucrum, *Ä* 7, 705. immensae nubes (von
den wolkenähnlichen Schwärmen der
Bienen), *G* 4, 557. *b)* v. Schlachtengetüm-
mel, 'Wetterwolke des Krieges', *Ä* 10, 809.

nūbĭgĕna, ae, *m.* ('nubes' u. St. 'gen'
in 'gigno') von einer Wolke geboren,
Wolkensohn, Bein. der Kentauren
(weil von einem Wolkengebilde geboren,
das Juppiter statt der Juno dem Ixion
sendete), *Ä* 7, 674. nubigenae bimembres,
Ä 8, 294.

nūbĭlis, e (nubo), heiratsfähig,

plenis nubilis annis, volljährig zur Ehe,
Ä 7, 53.

nūbĭlus, a, um (nubes), wolkig, bei
Vergil nur sbst., nubila, ōrum, *n.*, Gewölk, Wolken, *Ä* 3, 586. 4, 177. 5, 512.
inania, regenlose, 'Windwolken', *G* 4,
196. ähnl. 'arida', *G* 3, 198. liquida, *Ä* 7,
699 (*Ribb.* 'flumina').

nūdo, āre (nudus), 1) lege blofs, 1)
entblöfse, enthülle, viscera, caput,
Ä 1, 211. 12, 312. umeros, *Ä* 5, 135. nudati (von den Ringkämpfern, die bis auf
eine Leibbinde entblöfst waren), *Ä* 3, 282.
mit Dat. des Zweckes, corpora agresti
praedura palaestrae, *G* 2, 531. 2) übtr.,
entblöfse, stelle blofs, gebe preis,
terga fugā, *Ä* 5, 586. In eig. und übtr.
Bed. oder als Zeugma mit 'aras' u. 'pectora' verb., er enthüllte das am Altar von ihm begangene Verbrechen und
(zeigte) die durchbohrte Brust, *Ä* 1, 356.

nūdus, a, um, nackt, *a)* nackt, blofs,
unbekleidet, *α)* v. Leb., Luperci, *Ä* 8,
663. Chalybes, *G* 1, 58. sere nudus, säe
leicht gekleidet (in der blofsen Tunika),
G 1, 299. mit griech. Akk., nudus (nuda)
genu, membra, tempora, mit entblöfstem
Knie, mit entblöfsten Gliedern, Schläfen,
Ä 1, 320. 8, 425. 11, 489. vom Fische, *B* 1,
61. *β)* v. Lebl., vestigia, *Ä* 7, 689. vertex, kahl, *Ä* 11, 642. dentes, 'bleckende
Zähne' (als Zeichen der Wut), *G* 3, 514.
ensis, *Ä* 9, 548. aetheris axis, freies Ge-
wölbe des Himmels, *Ä* 2, 512. m. griech.
Akk., lapis omnia nudus, ringsum nack-
tes Gestein, *B* 1, 48. *b)* nackt, unbeerdigt, *Ä* 5, 871.

nullus, a, um, Gen. 'nullīus', Dat.
'nulli' ('ne-ullus', wie οὐϑ-είς), keiner,
1) adj., *Ä* 4, 624. *B* 5, 25 u. ö. Oft nachdrucksvoll prädikat. mit einem Subst.
verb., 'in keiner Weise', 'durchaus nicht',
'nicht mehr', *G* 4, 516. *Ä* 4, 282. nullis
ille movetur fletibus, wird auf keine
Weise erweicht durch usw., *Ä* 4, 438.
nulla viam Fortuna regit, keinerlei Aus-
weg zeigt ihm das Glück, *Ä* 12, 405. Bes.
Abl. abs., nullo custode, ohne irgend
einen Hüter, *Ä* 3, 221. nullo cultu, ohne
alle Pflege, *B* 4, 18. *G* 1, 102. nullo attac-
tu, ohne alle Berührung, *Ä* 7, 350. nullo
certamine, ohne irgend einen Kampf, *Ä*
5, 390. nullo discrimine, ohne irgend einen Unterschied, *Ä* 1, 574; rücksichts-
los, *Ä* 12, 770. Als Litōtes, non te nullius
exercent numinis irae, nicht der Zorn
einer machtlosen Gottheit drängt dich,
G 4, 453. im absol. Abl., non nullis oculis observo, mit nicht geringen, d. i. nicht
unachtsamen Blicken, aufmerksam, *Ä*
11, 725. 2) sbst. keiner, niemand,

nullo cogente, ohne dafs jemand zwang, zwanglos, *Ä* 12,423. nullo poscente, ohne dafs jemand es verlangte, *G* 1, 128. Plur., *Ä* 2, 439. m. partitiv. Gen., nullis hominum cogentibus, *G* 2, 10.

nŭm,Fragepart. in der direkten Frage, wo man eine verneinende Antwort erwartet, w o h l, e t w a, *Ä* 4, 369 flg. 7, 294 flg. 10, 68 u. 70.

Nŭma, ae, *m.*, 1) ein Rutuler, *Ä* 9,454. 2) ein anderer Rutuler, *Ä* 10, 562.

Nŭmānus, i, *m.*, ein Rutuler mit dem Bein. 'Remulus', *Ä* 9, 592 u. 653.

nŭmĕn,mĭnis, *n.* (nuo), eig. dasNicken, Winken mit dem Haupte, übtr., 1) abstr.: *a)* W i n k, W i l l e, B e f e h l, G e h e i fs der Götter, *Ä* 1, 8 u. 133. divûm, *Ä* 2, 777. 6, 368. numine vestro, mit eurer Bewilligung, *Ä* 6,266. Bes. Andeutung od. 'mahnender Spruch', der Götter, 'Orakel', *Ä* 3, 363 u. 372. 7, 119. gew. Plur., divûm, *Ä* 2, 123. Phoebi, *Ä* 3,359. abs., *Ä* 8,512. *G* 4, 7. *b)* das W a l t e n, die M a c h t od. E i n w i r k u n g der Gottheit, *Ä* 1, 48. 2, 703. dei, *Ä* 6, 50. divae, *Ä* 1,447. Bacchi, bacchische Raserei, *Ä* 7, 385. Stygiae paludis, *Ä* 6, 324. multo suspensus numine, vom gewaltigen Schauer erbebend, *Ä* 3, 372. stupefactus numine, durch die göttliche Warnung erschreckt, *Ä* 7, 119. magnum et memorabile numen (erit), eine herrliche Grofsthat (v. Amor mit spöttischem Sinne; *Ribb.* 'nomen'), *Ä* 4, 94. Plur., numina deûm, mächtige, erhabene Götter, *Ä* 2, 623. mea numina, meine göttliche Thätigkeit oder Macht, *Ä* 7,297. *c)* G o t t h e i t, G ö t t l i c h k e i t, M a j e s t ä t, Plur., Palladis, *Ä* 3, 543; vgl. *Ä* 1, 666. 2) konkr., G o t t h e i t, G o t t oder G ö t t i n, *Ä* 2, 183. haud numine nostro, indem die Gottheit nicht auf unserer Seite, andern zugethan ist, *Ä* 2, 396; vgl. *Ä* 2, 735. 3, 634. 4, 521. 7, 571. laeva, *G* 4, 7. v. Palladium (indem das Bild der Minerva mit der Göttin selbst zu éinem Begriff verschmolzen wird), *Ä* 2, 178.

nŭmĕro, äre (numerus), 1) zähle, pecus, *B* 3, 34. avos avorum, *G* 4, 209. 2) übtr., zähle auf, übh. e r z ä h l e, amores, *G* 4, 347.

nŭmĕrus, i, *m.*, 1) Z a h l, *a)* übh., *B* 6, 85. impar, *B* 8, 75. neque est numerus, quam multae etc., man kann nicht zählen, wie viele usw., *G* 2, 104. Plur., 'Zahlen' der Getreidehaufen, *G* 1, 263. Abl., 'numero', 'an Zahl', bei Angabe der bestimmten Zahl noch hinzugefügt, *Ä* 5, 560. Sprichw., numerum lupus non curat, *B* 7, 52. *b)* eine bestimmte A n z a h l, M e n g e Menschen, *Ä* 1, 193. comitum,

Ä 2, 797; vgl. *Ä* 2, 424. 5, 305. 6, 682. 7, 574. näml. der Erschlagenen, *Ä* 12, 630. compositi numero in turmas, nach der Zahl, d. i. in geordnete Züge gereiht od. gestellt, *Ä* 11, 599. altaribus divorum addit (auget) numerum, fügt den Altären der Götter einen neuen hinzu, *Ä* 7, 211. dcht., numerum expleo, kehre wieder zur Menge zurück, *Ä* 6, 545. 2) übtr.: *a)* Ordnung, *Ä* 3, 446. pares numeri viarum, gleich, in gleichen Zwischenräumen abstehende Gänge, *G* 2, 284. *b)* das abgezählte Mafs der Bewegung, abgemessene Bewegung, *a)* T a k t, in numerum, 'nach dem Takte', *Ä* 8,453. *B* 6,27. *G* 4, 175. ibant aequati numero, in gleichem Takte (Schritte), *Ä* 7, 698. *β)* Plur., Gesangsweisen, Melodien, melodische Klänge, *B* 9,45. der Sänger u. Tänzer, *Ä* 6,646. der Zither, *Ä* 7,698. 9,776.

Nŭmīcus, i, *m.*, Küstenflufs in Latium, der Vesta u. den Penaten geweiht, j. entweder 'Rio di Turno' od. 'Rio Torto', *Ä* 7,150. 242. 797.

Nŭmīda, ae, *m.* (*Νομάς*), Plur., Nŭmīdae, ārum, *m.*, N u m i d i e r, nordafrik. Volk zwischen Mauretanien u. Karthago, ber. als Reiter auf ungezäumten Pferden, *Ä* 4, 41.

Nŭmītŏr, ōris, *m.*, 1) König von Alba Longa, Grofsvater des Romulus u. Remus, *Ä* 6, 768. 2) ein Rutuler, *Ä* 10, 342.

numquăm (n u n q u ä m), Adv., 1) n i e, niemals, *Ä* 3, 450 u. 700. 12, 921. *B* 6, 45. 2) mit n i c h t e n, n i m m e r, *Ä* 2,670. *B* 3, 49.

nunc, Adv. (*νῦν*), j e t z t, in der Gegenwart, n u n (Gegs. von 'tum'), *Ä* 1, 249. 6, 776. 12, 2 u. 872. Im kräftigen Gegs. zum Vorhergeh. (in Prosa 'nunc vero', 'nunc autem'), 'jetzt', *Ä* 1, 240 u. 267. Nachdrückl. wiederholt, *Ä* 5,189. nunc, nunc o liceat etc., *Ä* 8, 570. verb., nunc primum, *Ä* 2, 375. 'nunc demum' und blofs 'nunc', jetzt erst, *Ä* 10, 849 flg. nunc, olim, quocumque tempore, jetzt und dereinst und zu jeglicher Zeit, *Ä* 4, 627. Bes. *a)* verb. mit Perf. od. Fut., wenn die Gegenwart mit der vergangenen od. zukünftigen Zeit (Vorsatz u. Ausführung, Geschehenes u. dessen Folgen od. Fortsetzung) vereint gedacht wird, *Ä* 1, 365. 4, 345 u. 356. 8, 381. 10, 393. 12, 210 u. 238. *B* 7, 35. 9, 53. Lebhaft versinnlichend bei der Darstellung des Vergangenen, *Ä* 5, 339. *b)* bei aufeinanderfolg. Dingen od. Handlungen, n u n m e h r, bereits, *Ä* 2, 34. 11, 17. *c)* beim Übergang auf etw. anderes, huc geminas nunc flecte acies, *Ä* 6, 788. *d)* d a r a u f, s o dann, *Ä* 8, 431. Zur Einleitung eines

Satzes, der die schroffe Wirklichkeit ersehnten Verhältnissen entgegengestellt, nun aber, so aber, *B* 10, 44. *G* 2, 55. *Ä* 10, 630. *e*) nunc ... nunc, bald ... bald, *Ä* 1, 220. 4, 74. 77 u. 285. 5, 441 u. 457. 11, 625. nunc huc ... nunc illuc, *Ä* 4, 285. 8, 20. nunc huc ... inde huc, *Ä* 12, 743. nunc ... iam, jetzt ... schon, *Ä* 1, 395 flg. Auch im ersten Satzgliede erspart, pariter (nunc) dextros, nunc sinistros, *Ä* 5, 830 flg.

nuntia, ae, *f.* (nuntius), Verkünderin, Botin, *Ä* 8, 550. von der Fama, *Ä* 4, 188.

nuntio, āre (nuntius), melde, sage an, verkünde, alqd alci, *Ä* 1, 391. sacra, *Ä* 11, 740.

nuntius, ii, *m.*, 1) Bote, Verkünder, *Ä* 2, 547. verus, *Ä* 6, 456. 2) Botschaft, Kunde, Anzeige, Nachricht, *Ä* 7, 437. 8, 582. 9 , 692. 11, 447 u. 897. hic nostri nuntius esto, dies sei ihm zur Nachricht von uns, *Ä* 4, 237.

nūpĕr, Adv. (zusgez. aus 'noviper'), neulich, jüngst, unlängst, erst vor kurzem, *Ä* 5, 789. 6, 338. *B* 3, 2 u. ö.

Nursia, ae, *f.*, Stadt im nördl. Sabinerlande, j. 'Norcia', in einer rauhen Gebirgsgegend, frigida, *Ä* 7, 716.

nŭrŭs, ūs, *f.*(*νυός*), Schnur, Schwiegertochter, *Ä* 11, 582. Veneris, *Ä* 2, 787. Plur., Töchter u. Schwiegertöchter, übh. durch Heirat verwandte 'Frauen', *Ä* 2, 501. 11, 215.

nusquăm, Adv., nirgends, *Ä* 2, 620. 4, 373. 5, 633 u. ö. *G* 4, 185. ceu cetera bella nusquam forent, als wäre wo anders gar kein Krieg, *Ä* 2, 438.

nūto, āre (nuo), nicke herab, wanke, von Bäumen, vertice, *Ä* 9, 682. concusso vertice, *Ä* 2, 629. dcht. vom Weltall,

aspice convexo nutantem pondere mundum, schau, wie freudig erbebt des Weltalls lastende Wölbung, *B* 4, 50.

nūtrīmentum, i, *n.* (nutrio), Nahrung, dcht. Plur. als 'Brennstoff', arida (aus dürrem Laube), *Ä* 1, 176.

nūtrio, īvi od. ii, ītum, īre [arch. Imperf. 'nutribat', *Ä* 11, 572. 'nutribant', *Ä* 7, 485], nähre, ziehe auf, natam mammis et lacte, *Ä* 11, 572. cervum, *Ä* 7, 485. – **nūtrĭor**, dcht. Medialform st. 'nutrio', erziehe für mich, pflege, 'pflanze', olivam, *G* 2, 425.

nūtrix, trīcis, *f.* (nutrio), Amme, Erzieherin, Sychaei, *Ä* 4, 632 u. 634. natorum, *Ä* 5, 645. Aeneïa, *Ä* 7, 1. lupa, *Ä* 1, 275.

nūtŭs, ū, *m.* (*νεύω*, nuo), 1) das Nicken mit dem Haupte (zur Bekräftigung einer Verheifsung), *Ä* 9, 106. 10, 115. 2) Wink, Befehl, Iunonis, *Ä* 7, 592.

nux, nŭcis, *f.*, 1) Nufs, bes.'Wallnufs', *B* 8, 30. *G* 2, 69. 2) übtr.: *a*) jede Frucht mit harter Schale, castaneae, Kastanien, *B* 2, 52. *b*)(dcht.) Mandelbaum, *G* 1, 187.

nympha, ae, *f.* (*νύμφη*), Nymphe, weibl. Gottheit von niederem Range in Flüssen, Quellen, Bergen, Wäldern usw., nach dem Volksglauben mit weihender und begeisternder Kraft, v. der Opis, *Ä* 11, 588. v. der Juturna, *Ä* 12, 142 u. 786. Plur., *Ä* 3, 34. 4, 168. 8, 71. *B* 10, 55. Schwestern des Okeanos, *G* 4, 382. Libethrides, Musen, *B* 7, 21.

1. **Nȳsa**, ae, *f.* (*Νῦσα*), ein heiliges Waldgebirge, wo Bacchus von den Nymphen erzogen sein soll, von den Alten bald nach Böotien, bald nach Äthiopien od. Indien verlegt, *Ä* 6, 805.

2. **Nȳsa**, ae, *f.*, treulose Geliebte eines Hirten, *B* 8, 18 u. 26 (*Haupt* Nisa).

O.

ō, Interj. [vor einem Vokale verkürzt: ŏ Alexi, *B* 2, 65. aber: ō ŭbĭ, *G* 2, 486] (*ὤ*), 1) als verstärkender Zuruf, oft mit dem Ausdruck des Schmerzes oder der Freude, o! ach! *Ä* 1, 94. 96. 98. 522. 7, 97. auch vor Relativen, o qui res hominum ... regis, *Ä* 1, 229. egredere o quicumque es, *Ä* 8, 122. o, si qua fides etc., *Ä* 6, 194. in der Apposit. wiederholt, *Ä* 2, 281. 10, 18. *G* 2, 40. dcht. bisw. von dem zugehörigen Worte getrennt, *Ä* 1, 735. 2, 281. 638. 644. 6, 196. 2) beim Ausdruck des Wunsches, m. Konj., o mihi maneat etc., o möchte doch usw., *B* 4,

53. ellipt., o ... si, 'o dafs doch', *Ä* 8, 560. In der Aposiopesis, *Ä* 5, 195. 11, 415.

Ŏaxēs, is, *m.* (*Ὀάξης*) oder (*Schap.*) Oxus, i, *m.* (*Ὦξος*), Strom im innern Asien (j. 'Amu Darja'), rapidus cretae, *B* 1, 66. Dagegen *Wagn.* u. *Haupt* 'Cretae', d. i. Flufs Oaxes in Kreta.

ŏb, Präp. m. Akk., 1) eig., gegen ... hin, vor, ob ora Turni, *Ä* 12, 866. 2) übtr., zur Angabe des Grundes, ob, wegen, *Ä* 1, 4. 6, 660. 10, 681 u. 852. *G* 2, 380. 4, 455.

ŏb-ambŭlo, āre, umwandle, beschleiche, m. Dat., gregibus, *G* 3, 538.

ob-dūco, duxi, ductum, ĕre, 1) ziehe vor od. über jmd. etw., m. Dat., nubem alci,*Ā*2,604. 2) überziehe, bedecke, pascua iunco, *B*1, 49. limum, *G*1, 116. segetem,*G*2,411. übtr., dolor obductus, verdeckter, verharschter Schmerz, *Ā* 10, 64.

ŏb-ĕo, ĭi, ĭtum, īre, 1)gehe zu od.an etw.heran, nehme teil an etw.,m.Akk., pugnas, ziehe in den Kampf,*Ā*6;167. übtr., unterziehe mich einer Sache, mortem, d. i. sterbe, dah. obitā morte, nach demTode,*Ā*10,641. 2)durchwandere,durchreise,besuche, tantum telluris, *Ā*6, 801. dcht., omnia curru, 'umkreise', m. 'volans', umfliege, *Ā*12, 478. omnia visu, messe mit dem Auge, betrachte, *Ā*10, 447. 3) umgebe, schliefse ein, clipeum, *Ā*10, 483. terras (v. Meere), *Ā*6, 58. pellis obit alqm totum, *Ā*8, 553.

ŏbēsus, a, um (obedo), feist, fleischig, terga, *G*3, 80. fauces, geschwollen, *G*3, 497.

ŏbex, Gen. ŏbĭcis od.ŏbīcis,*f.*(gleichs. Nom. 'ŏbiex' v. obiĭcio), *a)* etw. Vorgeschobenes, Riegel, *Ā*8, 227. duri obice postes, Pfosten mit hartem Verschlufs, stark verriegelteThore,*Ā*11,890. *b)*etw. Vorgebautes ,Damm,Steinwall,Plur., *G*2, 480. saxi, durch eine Felswand gesperrte Wohnung, *Ā*4, 422. magna maris, gewaltiger Riegel, 'Damm' der Fluten, *Ā*10, 377.

obf. .., s. off. . .

ŏbĭcĭo, iēci, iectum, ĕre (ob u. iacio), werfe vor od. entgegen, 1) eig.: *a)* übh., offam Cerbero, *Ā*6,421. me ad currum, trete dem Gespann in den Weg, *Ā* 12, 372. oculis obici, plötzlich erscheinen, sich darbieten (m. 'subitus' verb.), *Ā*5, 522. Dah. 'obiectus', a, um, v. Örtlichkeiten, 'vorliegend', 'vorragend', cautes, *Ā*3, 534. palus (als Hindernis), *G*4, 503. Bes. *b)* werfe(halte)zum Schutze vor, clipeos sinistris, *Ā*2, 444. portas, werfe zu, schliefse, *Ā*9,45. me ad divortia,werfe mich auf den Seitenwegen entgegen,*Ā*9,379. 2) übtr.: *a)*bringe entgegen,rabiem canibus,versetze in Wut, *Ā*7, 480. *b)* setze aus, gebe preis, alqm, *Ā*10,90. alqm hosti, *Ā*4,549. caput, biete (der Gefahr) dar, *Ā*8, 145.

ŏbĭecto, āre (Iut. v. obicio), 1)werfe entgegen, caput fretis, tauche in die Flut, v. Schwane,*G*1,386. 2)übtr.,gebe preis, setze aus, corpora bello, *G*4, 217. caput periclis, *Ā*2, 751. pro cunctis talibus unam animam, setze éin Leben ein usw., *Ā*12, 230.

ŏbĭectŭ, ū, *m.* (obicio), das Entge-

gensetzen,laterum,das Vortreten der Seiten, *Ā*1, 160.

ŏbĭĭcĭo, s. obicio.

ŏbĭtŭs, ūs, *m.*(obeo), 1)Untergang der Gestirne, *G*1, 257. 2) prägn., Untergang,Tod,ducum,*Ā*12,501. Plur., difficiles, Qualen desTodes,Todeskampf, *Ā*4, 694.

oblīcus, s. obliquus.

oblīmo, āre (ob u. limus),überziehe mit Schlamm, verschlämme, sulcos, *G*3, 136.

oblīquo, āre (obliquus), richte seitwärts od. schräg, sinus (velorum) in ventum, *Ā*5, 16.

obliquus, in einigen Formen (*Haupt* u. *Ribb.*) **oblīcus**, a, um, 1)seitwärts, schräg, schief, *Ā*5, 274. ordo,*G*1, 239. lux, schräg einfallend, *G*4, 298. in obliquum, 'in die Quere', *G*1, 98. 2)übtr., scheel, invidia, Scheelsucht, *Ā*11,337.

oblīviscor,oblītussum,oblīvisci,vergesse, m. Gen., *Ā*4, 267. 5, 174 u. 334. oblitus est sui, seiner selbst, d. i. seiner Verschlagenheit od.Hinterlist, *Ā*3, 629. corda oblita laborum, *Ā*4,528. obliti linquunt, lassen ihn liegen,ohne sich um ihn zu bekümmern,*Ā*11,866.Selten m.Akk., amissos Graecos, den Verlust der Griechen, *Ā*2, 148. dcht., poma sucos oblita priores, entbehrend, *G*2, 59. Bes. Part. m. pass. Bed., nunc oblita mihi tot carmina, nun ist manches Lied bei mir in Vergessenheit, *B*9, 53.

oblīvĭum, ĭi, *n.* (obliviscor),Vergessenheit, Plur., *Ā*6, 715.

ob-lŏquor, lŏcūtus sum, lŏqui, rede darein, dcht., singe zu etw., numeris septem discrimina vocum, lasse zur Melodie die sieben verschiedenenTöne(d. i. die siebensaitige Leier) erklingen, *Ā*6, 646.

ob-luctor, āri, stemme mich mit etw. gegen od. auf etw., genibus harenae, mit den Knieen auf den sandigen Boden, *Ā*3, 38.

ob-mūtesco, mūtŭi, ĕre, verstumme, *Ā*4, 279. 6, 155.

ob-nītor, nixus sum, nīti, 1)stemme mich gegen etw., m. Dat., trunco arboris, *Ā*12, 105. *G*3, 233. umeris (Abl. instr.),*Ā*4, 406. 9, 725. m. Inf., obnixi non cedere, nicht zu weichen entschlossen, *G*4, 84. abs.,*Ā*5, 21. 12, 721. stant obnixa omnia contra, alles stemmt sich fest gegen einander, *Ā*10, 359. 2) übtr., strebe entgegen, obnixus curam sub corde premebat, schwer ringend, *Ā*4,332.

ob-noxĭus, a, um, jmdm.verpflichtet, mit Dat., arva hominum non ulli obnoxia curae, keiner Pflege der Mcnschen bedürftig, *G* 2,489. nec fratris radiis obnoxia Luna, nicht den Str. des Bruders (des Sol) verpflichtet, d. i. im eigenen Lichte hell strahlend, *G* 1, 396. **ob-nūbo**, ĕre, umhülle, umwinde, comas amictu (näml. mit dem andern Gewande), *A* 11, 77.

ŏb-ŏrĭor, ortus sum, ŏrīri, hervorbrechen, lacrimis obortis, Thränen vergiefsend, unter Thränen, *A* 3,492. 11,41.

obp..., s. opp...

ob-rŭo, rŭi, rŭtum, ĕre, 1) eig.: *a*) halte etw. so nieder, dafs es nicht mehr empor zu kommen vermag, submersas puppes, versenke od. schmettere in den Abgrund, *A* 1,69. *b*) überdecke, überschütte, stirpes arvo, *G* 2, 24. alqm telis, *A* 2,411.9,808. 2)übtr., werfe nieder, vertilge, vernichte, alqm dextrā, *A* 5, 692. v. Sturme, ergreifen, eos, *A* 6, 336. dcht. Pass., obruor numero, 'werde übermannt', erdrückt, *A* 2, 424.

obscēnus (obscaenus), a, um, greulich, ekelhaft (in bez. auf Gestalt), dah. abscheulich, gräfslich, unheildrohend, verderblich (seinem Wesen nach), volucres, v. den Harpyien, *A* 3, 241 u. 262; v. den Nachteulen, *A* 12, 876. canes, *G* 1,470. cruor, *A* 4,455.frons, *A* 7, 417. fames, *A* 3, 367.

obscūro, āre (obscurus), verdunkele, alqd alqā re, *A* 12, 253.

obscūrus, a, um, dunkel, 1) eig., dunkel, düster, dämmernd, finster, wie Nacht, Hain, Thal usw., *A* 2, 420. 3, 522. 6, 139. 9, 87 u. 244. ut primum adgnovit eam (die Dido) obscuram per umbras, als er zuerst sie durch den Schatten im Dunkel erkannte, *A* 6, 453. cornu (des Mondes), *G* 1, 428. luna, erblassend (gegen das Ende der Nacht), *A* 4, 80. nimbus, *A* 12, 466. nubes, *G* 4, 60. aër, *A* 1, 415. caelum, *A* 3,586. ferrugo, *G* 1, 468. Dcht. prädikat. v. Pers., die im Dunkel befindlich, m. adverbialem Sinne, obscuri ibant, im Dunkeln, *A* 6, 268. per noctem obscurus in ulva delitui, hielt die Nacht durch still mich versteckt, *A* 2, 135. Sbst., obscurum, i, *n.*, Dunkel, Finsternis, m. Gen., noctis, *G* 1, 478. 2) übtr.: *a*) dunkel, unbekannt, fama, *A* 5, 302. fama est obscurior annis, *A* 7, 205. res, *A* 11, 343. *b*) dunkel, undeutlich, sbst., obscura (Gegs. 'vera'), *A* 6, 100.

ob-sĕro, sēvi, sĭtum, ĕre, besäe, übh. bedecke, besetze mit etw., obsita saetis (v. Io), 'behaart', *A* 7, 790. übtr., obsitus aevo, vom Alter gebeugt, *A* 8,307.

ob-servo, āre, 1) beobachte mit den

Augen, habe auf etw. acht, alqd oculis, *A* 11, 726. vestigia, *A* 2, 754. 9, 393. fetus, laure auf, *G* 4, 513. 2) übtr., beachte, ehre, regem, *G* 4, 211.

obsĭdĕo, sēdi, sessum, ĕre (ob u. sedeo), *a*) sitze um od. an etw., halte besetzt, m. Akk., latus dextrum, *A* 3, 421. Bes. *b*) besetze, halte eingeschlossen, umstelle, umringe, belagere, *A* 7, 66. 10, 120 u. 286. obsessi colles, *A* 11, 902. obsessum limen, *A* 2, 441 u. 802. obsessi muri, *A* 10, 286. legio obsessa, *A* 10, 120. dcht., obsessae fauces, eingeengt, geschwollen, *G* 3, 508.

obsĭdĭo, ōnis, *f.*(obsideo), Besetzung, bes. Einschliefsung, Belagerung einer Stadt, *A* 3, 52. 8, 647. 9, 598.

ob-sĭdo, sēdi, sessum, ĕre, besetze, schliefse ein, belagere, campos milite u. dgl., *A* 3, 400. 9, 159. 11, 516. angusta viarum telis, *A* 2,332. 3,400. fines, *A* 7, 334. Vgl. 'obsideo'.

obstĭpesco, stĭpŭi, ĕre [st. 'obstupesco' jetzt nach den besten Hdschr.], werde sinnlos od. betäubt, übtr., erstarre, entsetze mich, erstaune, stutze, *A* 1, 513. 378. 560. 3, 48 u. 298. 8,121.12,665. *G* 4,351. animi obstipuere, *A* 2, 120. 5, 404. obstipuere animi Rutulis (*Haupt* u. *Schap.*; 'animis Rutuli' *Ribb.*), *A* 9,123. m. Abl. ('über'), primo aspectu, *A* 1, 613. visu, *A* 5, 90.

ob-sto, stĭti, āre [opstiterit' *Ribb.*, *G* 2, 484], stehe feindlich od. verbietend entgegen od. im Wege, widerstehe, bin hinderlich, verbiete, m. Dat., quae tardis mora noctibus obstet, *G* 2, 482. *A* 1, 746. nihil urbibus, *A* 10, 55. furori, hemme, *A* 4,91. quibus obstitit Ilium, im Wege stand, verhafst war, *A* 6,64. m. fig. 'ne', *G* 2, 484. abs., v. Geschick, *A* 4, 440. 6, 438.

ob-strŭo, struxi, structum, ĕre, verbaue, übtr., verstopfe, verschliefse, alci geminas nares et spiritum oris, *G* 4, 301. aures alcjs, mache jmd. taub gegen Bitten, *A* 4, 440.

obstŭpesco, s. obstipesco.

ob-sŭm, fŭi, esse, bin nachteilig, schade, alci, *G* 1, 374. abs., *G* 4, 89.

ob-tĕgo, texi, tectum, ĕre, bedecke, domum arboribus, umschatte, *A* 2, 300.

ob-tendo, tendi, tentum, ĕre, spanne od. ziehe etw. vor, nebulam et ventos inanes pro viro, *A* 10, 82. dcht., obtentā nocte, unter dem Zelte der Nacht, *G* 1, 248.

obtentūs, ū, *m.* (obtendo), das Vorziehen, frondis, Schutz des Laubdaches, *A* 11, 66.

ob-tĕstor, āri, bitte mit Anrufung eines

Gottes jmd. dringend, b e s c h w ö r e,
f l e h e a n, alqm, *Ä* 7, 576. alqm per penates, *Ä* 9,260. per excidia Troiae, *Ä* 10,
46. m. dopp. Akk., illud te ... pro Latio
obtestor, um das éine bitte ich dich für
Latium, *Ä* 12, 820.

ob-texo, texŭi, textum, ĕre, b e d e c k e
mit etw., h ü l l e i n etw., caelum umbrä,
Ä 11, 611.

ob-torquĕo, torsi, tortum, ēre, d r e h e
od. w i n d e h e r u m, Part. 'obtortus', *Ä*
5, 559.

ob-trunco, äre, h a u e i n S t ü c k e
od. n i e d e r, töte, alqm, *Ä* 2, 663. 3, 55
u. 332.8,491.10,747. cervos ferro, durchbohre, *G* 3, 374. 12, 459.

obtunsus (obtūsus), a, um (Part. von
'obtundo'), 1) s t u m p f, vomer, *G* 1, 262.
2) übtr.: *a*) s c h w a c h, g e s c h w ä c h t,
acies, matt (vom Sternenlicht), *G* 1, 395.
cornua (des Mondes), *G* 1, 433. nimio ne
luxu obtunsior usus sit genitali arvo,
dafs nicht durch übermäfsige Nahrung
der zu befruchtende Acker geschwächt
werde, *G* 3, 135. *b*) s t u m p f, v e r h ä r-
t e t, g e f ü h l l o s, pectora, *Ä* 1, 567.

obtūtūs, ū, *m.* (obtueor), H i n b l i c k,
Blick, *Ä* 1,495.7,250. tacitus, *Ä* 12,666.

ŏb-umbro, äre, 1) b e s c h a t t e, v e r-
d u n k e l e, aethera telis, *Ä* 12, 578. 2)
übtr., d e c k e, s c h ü t z e, nomen reginae,
Ä 11, 223.

ŏb-uncus, a, um, einwärts g e b o g e n,
gekrümmt, rostrum, *Ä* 6, 597. 11, 755.

ŏbustus, a, um (ob u. uro), a n g e-
b r a n n t, d. i. durch Feuer gehärtet, ge-
glüht, torris, *Ä* 7, 506. sudes, *Ä* 11, 894.

ob-verto, verti, versum, ĕre, w e n d e
od. kehre gegen etw. hin, m. Dat.,
proras pelago, *Ä* 6, 3. cornua antenna-
rum (pelago), *Ä* 3, 549. terga axi, *G* 2,
271. Part. o b v e r s u s, a, um, e n t g e g e n-
g e w a n d t, herantretend u. sich gegenüber stellend, *Ä* 9, 622. huc et huc, bald
dahin bald dorthin sich drehend, *Ä* 11,
601.

obvius, a, um (ob u. via), 1) entgegen-
kommend, dcht., v. Baume, freundlich
aufnehmend, *G* 4, 24. Bes. prädikat. m.
'fero' od. 'offero me', 'fio' verb., gehe
entgegen, begegne, *Ä* 1, 314. 10, 380 u.
734. im feindl. Sinne m. 'eo', 'fero me',
'occurro' u. dgl. verb., trete entgegen,
Ä 6, 880. 8, 111. 10, 770 u. 877. 11, 498.
2) prägn., a u s g e s e t z t, p r e i s g e g e b e n,
ventorum radiis, *Ä* 10, 694. Graiis, *Ä* 3,
499.

occāsus, ūs, *m.* (occīdo), U n t e r g a n g,
1) eig. u. meton.: *a*) eig., U n t e r g a n g
der Gestirne, *G* 1, 402. 3, 336. Maiae, *G* 1,
225. *b*) meton., Gegend, wo die Sonne

untergeht, A b e n d, W e s t e n, ab occasu,
Ä 9, 668. in occasum, *Ä* 11, 317. 2) übtr.,
U n t e r g a n g, Fall, Troiae, *Ä* 1, 238.
vester, *Ä* 2, 432.

1. occĭdo, cĭdi, cāsum, ĕre (ob u. cado),
1) s i n k e h i n od. n i e d e r, gehe unter, v. Gestirnen, *G* 1, 218. 2) prägn.: *a*)
f a l l e, k o m m e u m (im Kampfe), ferro,
Ä 2, 581. dextrā suā, *Ä* 12, 660. arte no-
vercae, *Ä* 7, 766. abs., *Ä* 10, 470. 12, 641.
b) g e h e u n t e r od. z u g r u n d e, funditus occidimus, *Ä* 11, 413. von Troja u.
dessen Namen, 'fallen', 'dahinsinken', 'verschwinden', *Ä* 12, 828. von der Schlange
u. dem Giftkraute zugleich, *B* 4, 24.

2. occīdo, cīdi, cīsum, ĕre (ob u. caedo), h a u e n i e d e r, töte, alqm, *Ä* 10,
312. 11, 193.

occŭbo, äre (ob u. cŭbo), l i e g e, r u h e
(im Grabe), m. Abl., tumulo, *Ä* 5, 371.
urbe, *Ä* 10, 706. m. Dat., umbris, erliege,
unterliege dem Tode, *Ä* 1, 547.

occŭlo, cŭlŭi, cultum, ĕre, *a*) v e r-
d e c k e, b e d e c k e, virgulta terrā, *G* 2,
347. *b*) berge, v e r s t e c k e, classem sub
rupe, *Ä* 1, 312. me umbris, *Ä* 12, 53.

occultē, Adv. (occultus), v e r b o r g e n,
heimlich, *Ä* 12, 418.

occulto, äre (Int. v. occulo), b e r g e,
v e r s t e c k e, tauros saxo, *Ä* 8, 211. spi-
neta occultant lacertos, die Eidechsen
verkriechen sich unter die D., *B* 2, 9.
Pass. 'occultor', bin verborgen, *Ä* 2, 45.

occultus, a, um (occulo), v e r b o r g e n,
geheim, viae, calles, *Ä* 3, 695. 9, 383.
ignis, *Ä* 1, 688. sapor salis, leiser Geschmack des Salzes, *G* 3, 397.

occumbo, cŭbŭi, cŭbĭtum, ĕre (ob u.
cumbo), f a l l e n i e d e r, sinke tot hin,
s t e r b e, *Ä* 10, 865. m. Abl., campis, *Ä* 1,
97 u. 7, 294. m. Dat., certae morti, erliege
dem sicheren Tode, *Ä* 2, 62.

occŭpo, äre (ob u. capio), 1) eig.: *a*)
b e m ä c h t i g e m i c h einer Sache, nehme einen Ort ein od. in B e s i t z, urbem
viribus (mit Gewalt), *Ä* 7,258. dcht., aditum, gewinne od. erreiche den Zugang,
Ä 6, 424 u. 635. Bes. *b*) f a l l e, g r e i f e
a n, alqm gladio, *Ä* 9, 770. alqm saxo os
faciemque (auf Mund und G.), *Ä* 10, 699.
alqm, überrasche, *Ä* 10, 384. alqm mani-
cis, fefsle jmdm. die Hände, *G* 4, 440. os
flammis alci, schlage jmdm. den lodern-
den Brand (torris) ins Gesicht, *Ä* 12, 300.
2) übtr., n e h m e e i n, e r g r e i f e, ü b e r-
f a l l e, ora, überziehe (von der Blässe),
Ä 4, 499. artus, v. Schlafe, *Ä* 4, 190; v.
Schrecken, *Ä* 7,446. aures, k o m m e, d r i n g e
zu Ohren, v. Gerücht, *Ä* 3, 294.

occurro, curri, cursum, ĕre (ob u.
curro), 1) eig.: *a*) l a u f e, eile e n t g e g e n,

begegne, alci, *Ä* 1, 682. 3, 82. 5, 36. 10,
220. 12, 854. v. Lebl., 'begegne', 'trete
entgegen', 'erscheine', *Ä* 3, 407. 5, 9. 6,
696. *b)* gehe feindlich entgegen, auf
jmd. los, greife an, m. Dat., *Ä* 10, 734.
11,499. turmae, *Ä* 11, 503. pugnae, *Ä* 11,
528. ad undam, empfange den Feind am
Strande, *Ä* 10, 282. 2) übtr., entgegne
(mit Worten), erwidere, dictis, *Ä* 12,
625.

occurso, āre (Int. v. occurro), begegne, capro, *B* 9, 25.

Ōcĕānītis, ĭdis, *f.* (Ὠκεανῖτις), Tochter des Okeanos, *G* 4, 341.

Ōcĕănus, i, *m.* (Ὠκεανός), 1) appell.:
a) der grofse Weltstrom, der nach anti-
ker (homerischer) Vorstellung die Erdscheibe rings einschliefst, *Ä* 4, 480. dcht.,
uterque, die Völker desMorgen- u. Abend-
landes, *Ä* 7, 101. Oceani amnes, *G* 4, 232.
b) übb. Meer, *G* 1, 246. 2, 122 u. 481.
3, 359. *Ä* 1, 287 u. 745. 2, 249. 2) personif., Sohn des Uranos u. der Gäa, Gemahl der Tethys, pater rerum (weil die
alten Naturphilosophen das Wasser als
den Grundstoff aller Dinge annahmen),
G 4, 382.

ōcĭor, ōcĭus (ὠκύς, ὠκίων), *a)* schneller, geschwinder, ventis, euro, *Ä* 5,
319. 8, 223. 12, 733. iaculo, *Ä* 10, 248. *b)*
übb. zur Bezeichn. eines hohen Grades,
schnell, rasch, straks, gern, *Ä* 4,
494. 8, 101 u. 555. 12, 556 u. 681.

Ocnus, i, *m.*, Sohn des Tiberinus u.
der Manto, Erbauer von Mantua, *Ä* 10,198.

ŏcrĕa, ae, *f.*, Beinschiene, Bein-
harnisch (aus Metall), Plur., lēves, *Ä* 7,
634. 8, 624.

ŏcŭlus, i, *m.*, 1) Auge, *Ä* 1, 591. 2, 570.
4, 661. 8, 222. 12, 483 u. 670. *G* 2, 230. m.
'ora' verb., *Ä* 12, 657. Dah. Bereich der
Augen, Angesicht, 'Gegenwart', ante
oculos alejs, vor jmds. Augen, *Ä* 1, 114.
esse in oculis, vor Augen liegen od. schweben, *Ä* 10, 516. 2) übtr., Auge, Knospe
der Pflanzen, *G* 2, 73.

ŏdi, odisse (v. veralteten 'odio'), 'habe
Hafs gefafst', hafse (Gegs. 'amo'), alqm
od. alqd, *Ä* 2, 158. 7, 327. *B* 3, 90. sedem
Sibyllae, verwünsche, *Ä* 3, 452.

ŏdīum, ĭi, *n.* (odi), Hafs, Abneigung, Feindschaft, Groll, *Ä* 1, 361.
odio sum alci, bin jmdm. verhafst, *B* 8,
33. Häuf. Plur. von den Ausbrüchen u.
Äufserungen des Hasses (bes. wenn von
mehreren die Rede ist), *Ä* 2, 96. 10, 692.
11,122. odiis certo, in od. mit Hafs, *Ä* 10,14.

ŏdŏr, ōris, *m.* (Wurz. ὀδin ὄζω, ὄδωδα,
ὀδμή), 1) Geruch, *a)* übb., *G* 2, 132. von
der Ausdünstung brünstiger Stuten, *G* 3,
251. gravis caeni, Modergeruch, *G* 4, 49.

taeter, *Ä* 3, 228. 'Witterung' der Jagdhunde, *Ä* 7, 480. *b)* prägn., Wohlgeruch,
Duft, ambrosiae, *G* 4, 415. gew. Plur.
v. wohlriechenden Kräutern, crocei, *G* 1,
56. galbanei, das duftende Harz des Gal-
ban, *G* 4, 264. 2) der Geruch erzeugende
Qualm, Dampf, *Ä* 12, 591.

ŏdōrātus, a, um (Part. v. odoro), wohlriechend, duftend, lignum, *G* 2, 118.
cedrus, *Ä* 7, 13. Bacchus (Wein), *G* 4, 279.
nemus lauri, *Ä* 6, 658.

ŏdōrĭfĕr, fĕra, fĕrum (odor u. fero),
wohlriechend, duftend, panacea,
Ä 12, 419.

ŏdōrus, a, um (odor), riechend, odora
canum vis, witternd, spürend, *Ä* 4, 132.

Oeăgrĭus, a, um (Οἰάγριος), zu Oagrus, dem Vater des Orpheus u. König
in Thrakien, gehörig, öagrisch, Hebrus
(als Stromgott, der aus Freundschaft für
den Oagrus das in den Strom geworfene
Haupt des Sohnes nicht untergehen liefs),
G 4, 524.

Oebălĭa, ae, *f.*, dcht. st. Tarent (der
Sage nach von Spartanern unter ihrem
alten König Öbalus gegründet), *G* 4, 125.

Oebălus, i, *m.* (Οἴβαλος), ein italischer
Heros, Sohn des Teleboërkönigs Telon,
Beherrscher von Kapreä, Eroberer von
Kampanien, *Ä* 7, 734.

Oechălĭa, ae, *f.* (Οἰχαλία), Stadt in
Euböa, von Herkules zerstört, weil deren
König Eurytus ihm seine Tochter Iole
verweigerte, *Ä* 8, 291.

Oenōtrĭus, a, um, zu Önotria, dem
südöstlichen Teile Italiens, gehörig, öno-
trisch, dcht. st. 'italisch', tellus, *Ä* 7,85.

Oenōtrus, a, um, dcht. st. Ocnotrius,
viri, *Ä* 1, 532. 3, 165.

oestrus, i, *m.* (οἶστρος), Bremse
(lat. asilus, w. s.), ein Insekt, welches das
Vieh durch Stechen u. Gesumme plagt
u. wütend macht, *G* 3, 148.

Oeta, ae, *f.* (Οἴτη), Gebirgskette an
der Grenze zwischen Thessalien u. Makedonien, j. 'Katavothra', *B* 8, 30.

offa, ae, *f.*, Bissen, Kügelchen,
melle soporata et medicatis frugibus offa,
ein aus magischen mit Honig getränkten
Kräutern bestehendes Gebäck, *Ä* 6, 420.

offendo, fendi, fensum, ĕre (ob und
fendo, stofse), stofse an an etw., dcht.,
vocis offensa imago, der anprallende
Schall des Echo, *G* 4, 50.

offĕro, obtŭli (optuli *Ribb.*), oblātum,
offerre (ob u. fero), 1) trage od. bringe
od. halte entgegen, *a)* übb., strictam
aciem alci, *Ä* 6, 291. Bes. *b)* offero me
alci, gehe entgegen, begegne (zu-
fällig), ultro, *B* 3, 66. 'erscheine', *Ä* 2, 61
u. 371. obtulit se mihi videndam, bot sich

meinem Auge dar, *Ä* 2, 590. iuveni se
offert ante oculos, tritt vor die Augen
des Jünglings, *Ä* 7,420. 8,611. Pass., res
oblata,'Erscheinung, *Ä* 1,450. Bes. 'offe-
ror'medial,'biete mich dar','zeige mich',
'begegne', per lunam, beim Lichte des
Mondes, *Ä* 2, 340. refl., off. se, von Dingen, *Ä* 4, 557. *c)* im feindl. Sinne, offero
me alci, 'werfe od. stürze mich jmdm.
entgegen', 'stelle mich in den Weg', *Ä* 10,
552. Venulo adversum se offert (*Haupt;*
'*infert*' *Wagn.* u. *Ribb.*), *Ä* 11, 472. 2)
übtr., trage an, biete an, foedus, *Ä* 12,
109. me medium paci, biete mich als Vermittler an, *Ä* 7,536. me venientibus, überliefere mich, *Ä* 2, 61. me periclis, setze
mich aus, *Ä* 7, 425.

officio, fēci, fectum, ĕre (ob u. facio),
eig. handle entgegen, im feindl. Sinne,
übtr., stehe entgegen, bin hinderlich, schade, m. Dat., *G.* 1, 69 u. 121.

officium, īi,*n.*(officio), eig. jede Handlung, mit der man einem andern freundlich entgegenkommt, Dienst, officio
prior certo, komme durch Dienste zuvor, *Ä* 1, 548.

offulgĕo(ob-fulgĕo),fulsi,ēre,glänze
od. strahle entgegen, oculis, *Ä* 9,110.

Oïleūs, ĕi, *m.* (*Ὀϊλεύς*), König in Lokris, Vater des Ajax, Aiax Oïlei, *Ä* 1, 41
(wo 'Oïlēī' dreisilb; *Ribb.* 'Oïli').

olĕa, ae, *f.* (*ἐλαία*), Ölbaum, Olive,
unter dem besondern Schutze der Minerva stehend, *Ä* 11, 101. *G* 1, 18 u. 306.
2, 63 u. 144.

olĕāgĭnus, a, um (olea), vom Ölbaum, radix, *G* 2, 31.

Olĕārŏs, i, *f.* (*Ὠλέαρος*), Insel im
ägäischen Meere, j. 'Antiparo', *Ä* 3, 126.

olĕastĕr, stri, *m.* (*ἐλαία ἀγρί*), wilder Ölbaum, Olive, mit härterem Laub
u. kleineren Beeren, *G* 2, 182 u. 314. 4,
20. Häufig vor die Thüren der Tempel
gepflanzt, um die Weihegeschenke daran
aufzuhängen, *Ä* 12, 766.

olĕo, olŭi, ēre (Wurz. *ὀδ* in *ὄζω*), rieche, Part. olens, entis, *a)* 'riechend',
bene olens,'wohlriechend','duftend',*B* 2,
48; abs., *Ä* 11, 137. *G* 4, 30. grave, stark
duftend, *G* 4,270. *b)*'übelriechend', Avernus, *Ä* 6, 201. ora, *G* 2, 134. membra, *G*
3, 564.

olĕum, i, *n.* (*ἐλαιον*), Olivenöl,
Baumöl, *G* 1, 273. 392. *Ä* 6, 254. bes.
'Salböl' beim Ringkampf, *Ä* 3,281. 5,135.

olim, Adv. (St. 'ol' in 'ollus' st. ille),
1) von einem unbestimmten Zeitpunkt,
*a)*der Vergangenheit,vor Zeiten,einst,
ehemals, sonst, *Ä* 1, 20. 3,502. 5,264.
8, 348; u. seit langer Zeit, längst,
G 4, 421. *b)* von der Zukunft, einst,

einmal, künftig (Gegs. 'nunc'), *Ä* 1,
203 u. 289. 4,627. 9,99. temptatura olim,
einst, wenn von diesem Weinstocke der
Wein geprefst wird, *G* 2, 94. *c)* in Bedingungssätzen, je, jemals, einmal,
B 10, 34. 2) von dem, was zu geschehen
pflegt, manchmal, zuweilen, *Ä* 5,
125. bes. in Vergleichungen, *Ä* 8, 391. *G*
4, 433.

olīva, ae, *f.*, 1) eig.: *a)* Olive als
Frucht, *G* 2, 85. *b)* Ölbaum, der Friedensgöttin heilig, *G* 2,425. dessen Zweige
zur Bekränzung der Priester u. Opfernden, *Ä* 5, 774. 7, 751 (wo 'frons et oliva'
als Hendiadyoin st. 'fr. olivae'). der Sieger in den gymnischen Spielen, *Ä* 5, 309
u. 494. als Symbol des Friedens u. friedlicher Botschaft, pacifera, *Ä* 8, 116. zur
Besprengung der Weggehenden bei Lustrationen, wozu man sich sonst eines
Lorbeerzweiges bediente, *Ä* 6, 230. 2)
(dcht.) meton., der aus Olivenholz verfertigte 'Hirtenstab', teres, *B* 8, 16.

olīvĭfĕr, fĕra, fĕrum (oliva u. fero),
oliven- od. ölbaumreich, Mutusca,
Ä 7, 711.

olīvum, i,*n.*(oliva),Olivenöl,pingue,
B 5,68. liquidum, *G* 2,466. fusum, *Ä* 6,225.

ollus, a, um, bei Vergil nur im Dat.
Sing. u. Nom. u. Dat. Plur. 'olli', 'ollis'
als altert. Form st. 'illi', 'illis', jedoch
blofs in der fortschreitenden ruhigen u.
ernsten Erzählung, nie wenn andere redend eingeführt werden, *Ä* 1, 254. 5, 10.
197. 284. 385. 6, 730. 7, 458 u. 505. 8, 659.
12, 18. 788. 829. 867.

olŏr, ōris, *m.*, Schwan, *Ä* 11, 580.
B 9, 36.

olōrīnus, a, um (olor), vom Schwan,
pinnae, 'Schwanenfedern', *Ä* 10, 187.

olus od.(*Haupt* u. *Ribb.*) **hŏlus**, ĕris,
n. (*χλόη*), Kohl, übh. Gemüsekraut,
G 4, 130.

Olympĭācus, a, um (*Ὀλυμπιακός*),
olympisch, zu Olympia gehörig, einer
Gegend in Elis Pisatis, wo die olymp.
Spiele gefeiert wurden, palma, d. i. übh.
'Siegeszeichen'(da der Preis in den olymp.
Spielen nicht eine wirkliche Palme, son-
dern ein Kranz vom wilden Ölbaum war),
G 3, 49.

Olympus, i, *m.* (*Ὄλυμπος*), hohes
Gebirge an der Grenze von Thessalien
u. Makedonien, j. 'Elimbo', nach den
ältesten Dichtern Wohnsitz der Götter,
G 1, 96. 282 u. 450. 3, 223. *Ä* 2, 779. 6,
586. *B* 5, 56. Bes. als Zeichen der göttl.
Verehrung od. Unsterblichkeit, da man
glaubte, dafs die Götter wie die vergötterten Heroën durch zwei Pforten am
Aufgang u. Untergang der Sonne, bes.

durch die westliche emporstiegen, viam adfectat Olympo (Dat.), *G* 4, 562. dah. dcht. v. 'Himmelsgewölbe', das auf zwei Säulen im Osten u. Westen ruhte, der obere Himmel mit den Sternen, *Ä* 9, 106. mit dem Zusatze 'caeli' (aetheris), *Ä* 6, 579. longus, *G* 3, 223. v. Sol, extremo veniens Olympo, vom äufsersten Rande des Ol. (zur Bezeichnung des ersten Aufganges der Sonne, wenn sie aus dem Meere auftaucht), *Ä* 7, 218. devexo propior fit Vesper Olympo, der Abend rückt heran, tritt ein, *Ä* 8, 280. diem clauso conponet Vesper Olympo (weil das westl. Thor nach der Einfahrt des Phöbus geschlossen wurde), *Ä* 1, 374. invito processit Vesper Olympo (weil der Ol. gern noch länger dem Gesange des Silenus würde zugehört haben), *B* 6, 86.

ōmĕn, mĭnis, *n.* (altlat. 'osmen', v. 'os'), 1) eig.: *a*) gutes od. schlimmes A n z e i - c h e n , Z e i c h e n , V o r b e d e u t u n g , *Ä* 2, 182. 5, 530. omine tanto, mit so banger Ahnung, *Ä* 12, 72. omina praepetis pinnae, aus dem Fluge der Vögel, *Ä* 3, 361. meliora omina, *G* 3, 456 (*Ribb.* 'omnia). Aeneas omen pugnae, 'ein (glückliches) Wahrzeichen für den Kampf', sofern er im ersten Kampfe mit den Latinern glücklich ist, *Ä* 10, 311. primum omen, *Ä* 3, 537. *b*) von einem unheildrohenden Zeichen, *Ä* 12, 854. contra omina, *Ä* 7, 583. sera canere omina, die Zeichen zu spät erklären, *Ä* 5, 524. 2) meton., was mit Beobachtung eines solchen Zeichens verbunden ist, primis ominibus, durch die erste Ehe (mit Rücksicht auf die nach röm. Sitte dem Ehebunde vorausgehenden Auspizien od. Opfer), *Ä* 1, 346. Dah. 'feierlicher Brauch', *Ä* 7, 174.

omnĭgĕna, ae, *m.* (omnis u. geno = gigno), v o n a l l e r l e i A r t o d . G e s t a l t , dii, *Ä* 8, 698 (wo omnigenūm st. omnigenarum).

omnīnō, Adv. (omnis), g a n z u n d g a r , durchaus, völlig, bei Vergil nur in negativen Sätzen, *Ä* 4, 330. 9, 248.

omnĭpărens, rentis (omnis u. pario), a l l g e b ä r e n d , 'Allmutter', Bein. der Erde (παμμήτωρ), *Ä* 6, 595.

omnĭpŏtens, tentis (omnis u. potens), a l l v e r m ö g e n d , allmächtig, Iuppiter, *Ä* 2, 689. ders. pater, *Ä* 1, 60. 3, 251. 7, 141. von Apollo, *Ä* 11, 790. v. d. Juno, *Ä* 7, 428. v. Ólympus (als Wohnsitz des allmächtigen Juppiter), *Ä* 10, 1. 12, 791. fortuna, *Ä* 8, 334.

omnis, e [Plur. omnĭa zweisilb. am Schlufs des Hexam., gleichs. 'omnja', *Ä* 6, 33. *G* 4, 221], 1) a l l e r , alle, alles, im Sing. j e d e r , semita, ager, *Ä* 4, 407

u. 525. morbus, *G* 4, 532. calor, *Ä* 4, 704. fortuna, *Ä* 5, 710. Sbst., *a*) ante omnes, vor allen voraus, *Ä* 2, 40. omnia, 'alles', *Ä* 1, 91. 2, 675. 3, 90. 7, 309. *G* 4, 328. 'per omnia', *G* 4, 221. per omnia duco, führe überall herum, *Ä* 6, 565. per omnia versat, nach allen Seiten hin, *Ä* 4, 285. 11, 550. *b*) Akk. im Neutr. Plur. (wie πάντα), omnia similis, in allem ähnlich, *Ä* 4, 558. 2) im vollsten Sinne, a l l e r , d. i. ungeteilt, g a n z , g e s a m t , locus, *Ä* 3, 312. dicio, 'uneingeschränkte Herrschaft', *Ä* 1, 236. Bes. zur Bezeichn. des Ganzen nach Teilen, Trinacria, *Ä* 5, 392. Latium, *Ä* 8, 4. portus, *Ä* 7, 598. tellus, chorus, *B* 6, 66. *Ä* 5, 239. iuventus, *Ä* 2, 394. ab omni litore, von allen den einzelnen Plätzen, wo sie am Ufer zerstreut sich befanden, *Ä* 5, 43; vgl. *Ä* 1, 170. *G* 3, 157. mea (est) fraus omnis, mein ist der ganze Betrug, d. i. aller Betrug (den wir zu eurem Verderben ersonnen haben) geht von mir aus, *Ä* 9, 428.

ŏnăgrus, *i*, *m.* (ὄναγρος), w i l d e r E s e l , W a l d e s e l , *G* 3, 409.

ŏnĕro, āre (onus), 1) eig.: *a*) b e l a d e , b e l a s t e , b e s c h w e r e , alqd alqā re, *Ä* 1, 363. 8, 284. 10, 620. 12, 215. *G* 1, 274. manum iaculis, bewaffne, *Ä* 10, 868. *b*) b e d e c k e mit etw., ossa aggere terrae, *Ä* 11, 212. membra sepulchro, *Ä* 10, 558. mensas dapibus, besetze, *Ä* 1, 706. *G* 4, 133. *c*) s c h ü t t e od. f ü l l e reichlich in etw., m. Dat., vina cadis, *Ä* 1, 195. dona canistris, 'häufe auf in' usw., *Ä* 8, 180. 2) übtr., ü b e r l a d e , ü b e r h ä u f e , aethera votis, ermüde, *Ä* 9, 24. alqm (Turnum) dictis, *Ä* 11, 342. alqm malis, *Ä* 4, 549.

ŏnĕrōsus, a, um (onus), l a s t e n d , s c h w e r , praeda, *Ä* 9, 384. m. Abl., villis, *Ä* 5, 352.

Ŏnītēs, ae, *m.* (Ὀνίτης), ein Rutuler, von Äneas getötet, *Ä* 12, 514.

ŏnŭs, nĕris, *n.*, Last, Bürde, *Ä* 1, 434. 2, 723 u. ö. ingens onus clipei, die Wucht des gewaltigen Schildes, *Ä* 10, 553.

ŏnŭstus, a, um (onus), b e l a d e n , b e s c h w e r t , spoliis, *Ä* 1, 289.

ŏpāco, āre (opacus), b e s c h a t t e , *Ä* 6, 195. *G* 2, 55.

ŏpācus, a, um, 1) s c h a t t i g , beschattend od. beschattet, ilex, *Ä* 6, 208. Bes. weil mit Bäumen dicht bewachsen, silva, *Ä* 11, 905. rus, *G* 1, 156. montes, *Ä* 3, 508. lucus, *Ä* 6, 673. dcht., frigus (der schattenden Bäume), *B* 1, 52. 2) d u n k e l , f i n s t e r , nox, *Ä* 4, 123. domus Cyclopis, *Ä* 3, 619. Neutr. sbst., opaca locorum, 'dunkele Gassen', 'finstere Wege', *Ä* 2, 725. 6, 633.

ŏpĕra, ae, *f.* (ŏpus, ĕris), Mühe, bes.

Dienst, hanc operam do alci, erweise jmdm. diesen Dienst, *A* 7, 332.

ŏpĕrĭo, pĕrŭi, pertum, īre (ob u. pario), bedecke, alqd alqā re, *A* 11, 680. dcht. von der Nacht, terras, *A* 4, 352. Part. ŏpertus, a, um, 'verborgen', bella, heimlich glimmende Kämpfe, Zwietracht, *G* 1, 465. Sbst., operta telluris, verborgene Räume, Tiefen der Erde, *A* 6, 140.

ŏpĕror, āri (opus), setze mich in Thätigkeit, *a*) beschäftige mich mit etwas, betreibe etwas, m. Dat., conubiis arvisque, denke an Abschliefsung von Ehen und Bestellung der Felder, *A* 3, 136. *b*) von heiligen Handlungen, opfere, Part. Perf. ŏpĕrātus, eig. in Thätigkeit befindlich, d. i. während du opferst, beim Opfern, *G* 1, 339.

ŏpĕs, s. ops.

Ŏpheltēs, ae, *m.* (᾿Οφέλτης), Vater des Euryalus, *A* 9, 201.

ōpĭlĭo (*Ribb.*) od. **ūpĭlĭo** (*Haupt* u. *Schap.*), ōnis, *m.* (eig. ovi-pilio, αἰπόλος), Schafhirt, *B* 10, 19.

ŏpīmus, a, um, 1) fett, üppig, fruchtbar, arva, *A* 2, 782. Cyprus, *A* 1, 621. 2) übtr., reichlich, herrlich, dapes, leckeres Mahl, *A* 3, 224. Bes., spolia, Waffenrüstung, die ein siegender Feldherr von dem andern erbeutet, 'Ehrenrüstung', *A* 6, 855. 10, 449.

Ōpis, is, Akk. 'im', *f.* (῏Ωπις), 1) eine thrakische Waldnymphe im Jagdgefolge der Diana, *A* 11, 532. 836 u. 867. 2) eine **ŏpis**, s. ops. [Najade, *G* 4, 343.

oppĕrĭor, pertus sum, pĕrīri, erwarte jmd., warte auf jmd., alqm,' *A* 1, 454. 10, 771.

oppĕto, īi, ītum, ĕre (ob u. peto), gehe feindlich entgegen, prägn., 'gehe in den Tod', 'finde den Tod', 'falle', *A* 1, 96. 11, 268. 12, 543. telis alcjs, *A* 9, 654.

oppĭdum, i, *n.*, Stadt, bes. aufser Rom, Plur., *A* 12, 20. *G* 2, 156. *B* 3, 33. m. Adj., Romana, *G* 2, 176. Tyrrhena, *A* 11, 581.

oppōno, pŏsŭi, pŏsĭtum, ĕre (ob u. pono), 1) eig.: *a*) setze entgegen, davor, stabula soli, baue gegen Süden, *G* 3, 302. Part. oppŏsĭtus, a, um, 'entgegenstehend', *A* 2, 497. 12, 292. *G* 3, 213. *b*) stelle feindlich entgegen, aciem, *A* 9, 469. turmas alci, *A* 10, 239. me alci, *A* 5, 335. 12, 874. me ponto, *A* 7, 300. Pass., *A* 2, 333. 2) übtr., gebe preis, setze aus, alqm, me morti, *A* 2, 127. 11, 115.

opportūnus, a, um, bequem, gelegen, günstig, geignet, m. Dat., *A* 8, 235. 9, 531. *G* 4, 129.

opprĭmo, pressi, pressum, ĕre (ob u. premo), 1) drücke nieder, fluctibus oppressi, von Wogen bedeckt, *A* 1, 129. 2) übtr., überrasche, oppressus fraude loci et noctis, durch die Täuschung der Gegend und der Nacht berückt, *A* 9, 398.

oppugno, āre (ob u. pugno), greife an, belagere, urbem molibus, *A* 5, 439.

ops, ŏpis, *f.* [Sing. nur 'opis', 'opem', 'ope'], 1) Macht, Kraft, Vermögen, *a*) Sing., non opis est nostrae, m. Inf., es steht nicht in unserer Macht, *A* 1, 601; vgl. *A* 8, 377 u. 685. *b*) Plur. 'opes (Gen.: opum)', übb. Mittel jeder Art zur Ausführung oder Unterstützung, 'Ansehen', 'Macht', 'Besitztum', 'Reichtum', humanae, menschliche Macht oder Kraft, *A* 12, 427. amicae, freundliche Gabe oder Gaben, *A* 5, 41; vgl. *A* 1, 14 u. 364. 2, 4. *G* 4, 132. Bes. alles zur Führung des Krieges Erforderliche, *A* 1, 571. 8, 171. 'Belohnungen' oder 'Geschenke' in den Kampfspielen, *A* 5, 268. von den Schätzen oder Früchten des Feldes, *A* 8, 317. auch von der notdürftigen Ausrüstung oder Habe, *A* 2, 799. 2) Hilfe, Beistand, *A* 2, 803. 12, 780. *G* 2, 428. konkr., 'Hilfstruppen', barbarica, *A* 8, 685.

optĭmus, s. bonus.

opto, āre (Wurz. ὀπ in ὄψομαι), 1) sehe od. wähle mir aus, suche od. lese aus, m. Dat. des Zweckes, locum tecto, einen Platz für das Haus, *A* 1, 425. locum regno, *A* 3, 109. ternos iuvencos in naves, für jedes der vier Schiffe je drei Stiere zur Verteilung unter das Schiffsvolk, *A* 5, 247. bl. alqm, *A* 8, 503. 11, 582. 2) wünsche, verlange (m. dem Nebenbegr. der Wahl u. des ausschließenden Vorzugs), alqd, *A* 2, 636. 5, 813. magno emptum intactum Pallanta, das Leben des P. teuer zu erkaufen wünschen, *A* 10, 503. verstärkt durch 'votis', wünsche lebhaft od. sehnlich, *A* 4, 159 flg. *A* 10, 279. m. Inf., strebe, trachte, begehre, *A* 1, 76. 2, 636. 6, 501. 12, 892. *G* 2, 42. m. Akk. u. Inf., *A* 4, 159. 7, 273. m. Konj., *A* 4, 24. Part. optātus, a um, erwünscht', 'ersehnt', 'lieb', *A* 1, 172. urbs, *A* 3, 132. conjugium, *A* 11, 270. lux, das teure Leben, *A* 4, 619. optato,, nach Wunsch, *A* 10, 405.

optŭmus, s. bonus.

ŏpŭlentĭa, ae, *f.* (opulentus), Überflufs an Mitteln, Reichtum, *A* 7, 262.

ŏpŭlentus, a, um (ops), reich, herrlich, prächtig, templum (zunächst in bez. auf 'donis'), *A* 1, 447. castra opulenta regnis, Lager zahlreicher mächtiger Völker, starkes Kriegsheer, *A* 8, 475.

1. **ŏpŭs**, pĕris, *n.*, 1) Arbeit, *a*) eig.,

Arbeit, Beschäftigung, *A* 1, 436 u.
504. 12, 699. Martis (μάχης ἔργον od.
πόνος, Hom.), Kriegsarbeit, Kampf, *A*
8, 516. omnibus tantorum inpensis operum, durch allen Aufwand so grofser
Mühen, *A* 11, 228. *b*) meton., das durch
Arbeit Hervorgebrachte, **W e r k , A r -
b e i t**, Alcimedontis, *B* 3, 37. von einem
Schilde, *A* 10,785. coepta opera, der Bau
der Mauern u. Stadt, *A* 3, 20. operum
labor, Arbeit der Werke (im Bauen), *A*
1, 507; 'Mühe der Arbeit', *A* 1, 455;
'Kunstwerke des Fleifses', *G* 2,155. dcht.
von einem Schiffskolofs, urbis, gleichs.
'eine schwimmende Stadt', *A* 5, 119. Minervae (ἔργα γυναικῶν, Hom.), Webe-
rei, *A* 5,284. fabrilia, 'Schmiedegeschäft',
A 8, 415. 2) übtr., übh. **W e r k , Hand-
l u n g**, That, maius, *A* 7, 45. virtutis,
A 10, 469. Plur., maiora, *A* 12, 429.

　　2. **ŏpŭs**, Indecl., **nötig, notwen-
d i g**, 'opus est', m. Abl. der Sache, **e s
bedarf**, armis Volcani, *A* 9, 149. verst.
'est'(wie δέον ohne ἐστί),animis, *A* 6,261.

　　ōra, ae, *f.* (os, öris), das Äufserste
einer Sache, 1) **Rand, Saum**, *a)* eig.,
des Schildes usw., *A* 10, 243 u. 477. litoris, *A* 3, 396; bildl., *G* 2, 44. Plur., loricae, der untere Teil des Panzers, *A* 12,
924 flg. bes. Mündung, Eingang der Bienenstöcke, Flugloch, *G* 4, 39 u. 188. *b*)
übtr. u. dcht., orae belli, die Einfassungen des Kriegsgemäldes, d. i. umfassendes Bild des Kampfes oder Schauplatz
des Krieges, *A* 9, 528. orae luminis, Bezirk oder Bereich des Lichts, d. i. Tageslicht, Sonnenlicht, *G* 2, 47. *A* 7, 660.
2) **Küste** eines Landes, Drepani, *A* 3,
707. aequoris, *B* 8, 7. Iliacae, *A* 2, 117.
übh. 'Land', v. Troja, *A* 2,788. 'Gegend',
bes. Himmelsgegend, *A* 3 , 97. Laurens,
'Gefilde von L.', *A* 10, 706.

　　ōrācŭlumu.synk.**ōracŭlum**(*A*3,143),
i, *n.* (oro), 1) **göttlicher Ausspruch,
Götterspruch, Orakel**, Phoebi, *A* 2,
114. divûm, *A* 8, 131; vgl. *G* 4, 449. 2)
meton., **Ort, wo Orakel erteilt werden,
'Orakel'**, Fauni, *A* 7, 81; vgl. *G* 2, 16.

　　ōrātŏr, ōris, *m.* (oro), **Sprecher, Ge-
s a n d t e r**, um Frieden zu vermitteln usw.,
A 7, 153. 8, 505. 11, 100 u. 331.

　　orbis, is, *m.*, 1) **Kreis**, *a)* eig., **Kreis**,
den jmd. im Laufe u. dgl. macht, *A* 12,
743. 12, 481 u. 763. equito in orbes, im
Kreise herum, *A* 10, 885. von der Schlange, *G* 3, 424. inmensi, unermefsliche Windungen, *A* 2,204. *G* 2,153. *b*) übtr., **Kreis**
der Zeit (als in sich geschlossen gedacht),
Kreislauf, annuus, *A* 5, 46. temporis,
A 6, 745. abs., *G* 1,231. orbes (annorum)
'Jahreskreise', 'Jahre', *A* 1, 269; vgl. *G*

2,401. 2) **zirkelrunde Fläche, Scheibe,
Rundung**, clipei, *A* 2, 227. crusti, *A* 7,
114. lucidus, Sonnenscheibe, *G* 1, 459.
aere cavus triplici, gewölbt von dreifachem Erz, *A* 10, 783. Dah. 'Platte' od.
'Lage' von Erz am Schilde, *A* 8,448. Plur.,
clipei, *A* 12, 925. des Rades, *G* 4, 484.
auch das Rad selbst, *G* 3, 173 u. 361.
ardentes, der Augen, *A* 12, 670. Bes. *a)*
Himmelsgewölbe, Himmel, medius
caeli, *A* 8, 97. mundi, *B* 6, 34; vgl. *G* 1,
209. *A* 3, 512. aetherii orbes, *A* 8, 137.
b) **Erdscheibe, Erdkreis, Weltall**, orbis terrarum, *A* 1, 233. abs., totus, *B* 3, 41. 8, 9. magnus, *G* 2, 338. vacuus, *G* 1, 62; vgl. *A* 4, 119. *B* 4, 17. *G*
2, 114. 'Erdteil', Europae atque Asiae,
A 7, 224. partes orbis, d. i. der Erde,
A 12, 708. per orbem, hierhin u. dahin
verschlagen, *A* 11, 257.

　　orbĭta, ae, *f.* (orbis), eig. **Fahrgeleise**,
dcht. übh. **Bahn, Pfad**, *G* 3, 293.

　　orbus, a, um (ὀρφανός), **verwaist**,
parentibus, 'elternlos', *A* 11, 216.

　　orchăs, ădis, *f.* (ὀρχάς), eine Olivenart von eirunder Gestalt, *G* 2, 86.

　　Orcus, i, *m.* (verw. m. ὄρχος), 1) **Unterwelt, Schattenreich**, *A* 2, 398.
4, 242 u. 699. 6, 273. 8, 296. 9, 527 u. 785.
G 4, 502. 2) **Gott der Unterwelt, 'Pluto'**,
pallidus, *G* 1, 277 ('Horcus' *Ribb.*).

　　ordĭor, orsus sum, ordīri (orior), **fan-
g e an, beginne**, mit Akk., furorem, *A*
7, 386. m. Inf., loqui, *A* 6, 125 u. 561.
abs., beginne zu reden, sic orsus, *A* 1,
325. 9, 656. auch am Schlufs der Rede,
sic Iuppiter orsus, so sprach J., dies
waren Juppiters Worte, *A* 12, 806. Part.
sbst., orsa, örum, *n.*, 'Anfang', 'Beginn'
(des Beschlossenen), *A* 10, 632. bes. 'Rede', 'Worte', orsa ore refero, *A* 7, 435.
11, 124.

　　ordo, dĭnis, *m.* (orior), 1) **Reihe**, *a)*
Reihe, Ordnung von Dingen, *A* 5,349.
ordine ponere vites, nach der Reihe, im
Quincunx, *B* 1, 73. indulge ordinibus
(verst.: vitium), verteile die Ranken in
geordnete Gänge, *G* 2, 277. signorum,
Reihe, Bahn der Himmelszeichen, *G* 1,
239. ternus, Reihe der Ruder, *A* 5, 120.
debilis uno ordine, an éiner, der linken
Seite, am linken Borde des Schiffes der
Ruder beraubt, *A* 5, 271. dcht., flammarum, Zug, Reihe der Fackeln, *A* 11,144.
b) Reihe von auf einander folgenden leb.
Wesen, *α*) eig., 'Zug', *A* 1, 395. 2, 766.
8, 722. Bes. Reihe zusammengehörender
Menschen, 'Zug', 'Schar', comitum, *A* 11,
94. *β*) übtr., 'Stand', 'Rang', *A* 7, 152. si
omnes uno ordine habetis Achivos, wenn
jeder Achäer euch gleich gilt, *A* 2, 102.

2) gehörige Aufeinanderfolge, Reihenfolge od. Beschaffenheit, Ordnung, neque ab ordine cedunt (von Blättern), kommen nicht aus der Ordnung, *Ä* 3, 447. in ordine, nach der Reihe, hintereinander, einer um den andern, *Ä* 6,723. 8,629. *B* 7,20. ordo saeclorum, *B* 4,5. fatorum, 'Gang' des Schicksals, *Ä* 5, 707. ähnl. *Ä* 3, 376. rerum, Folge von Thaten, *Ä* 7, 44. Bes., ex ordine, nach der Reihe, nach einander, in éinem fort, *Ä* 7, 139. *G* 4, 507. solvere funem ex ordine, eines nach dem andern, *Ä* 5, 773. Häuf. blofs adverbial (*Abl. modi*), ordine, 'in' od. 'nach der Ordnung', 'wohlgeordnet', 'gehörig', *Ä* 1, 703. 3, 548. 5, 102. 7, 276. 11, 241. ordine dico, schildere wie alles auf einander folgt, ohne etwas zu übergehen, *G* 4, 4.

Ŏrēäн, ădis, *f.* (Ὀρειάς), Bergnymphe, als Jägerin im Gefolge der Diana, Plur., *Ä* 1, 500.

Orestēн, ae u. **is**, *m.* (Ὀρέστης), Sohn des Agamemnon und der Klytämnestra, rächte den Tod seines Vaters durch die Ermordung seiner Mutter und ihres Buhlen Ägisthus, verfiel nach der That in Raserei und wurde von den Furien verfolgt, *Ä* 4, 471. Einer nachhomer. Sage zufolge entrifs Orestes dem Pyrrhus die diesem von ihrem Vater Menelaus vermählte Hermione, da sie früher von den Grofseltern derselben ihm selbst versprochen worden war, und erschlug den Pyrrhus an dem von diesem errichteten Altar des Aehilles zu Delphi, *Ä* 3, 331.

orgĭa, ōrum, *n.* (ὄργια, vom St. ἐργ in ἐργάζομαι), geheime religiöse Gebräuche, Geheimdienst, bes. Bacchusdienst mit seinem wilden nächtlichen Schwärmen unter Fackelschein, Tanz u. Musik, 'Orgienfeier', *Ä* 4, 303. 6, 517. 7, 408. *G* 4, 521.

ŏrĭchalcum, i, *n.* (ὀρείχαλκος), eig. 'Bergerz', bes. das künstlich daraus Bereitete, ähnl. unserm Messing, album, *Ä* 12, 87.

Ŏricĭuн, a, um (Ὠρίκιος), zu Orikus, Seestadt in Epirus (j. 'Eriko') gehörig, orikisch, *Ä* 10, 136.

Ŏriѳнн, entis, *m.* (eig. Part. v. orior), 1) personif., Gott des Morgens, 'Sonnengott', mit Rossen fahrend, *G* 1, 250. *Ä* 5, 739. Oriente primo, mit dem ersten Erscheinen des Morgensternes, mit Anbruch des Tages, *Ä* 5, 42. 2) meton., Morgenland, Osten, *Ä* 1,289. 8,687.

ŏrīgo, gĭnis, *f.* (orior), 1) Ursprung, *Ä* 1, 642. bei 'repeto', *Ä* 1, 372. 7, 371. ab origine reges, d. i. Herrscher der Urzeit, uralte Könige, *Ä* 7, 181. ab origine,

dem Ursprunge nach (als Kolonie, Gegs. 'solo', der Lage nach), *Ä* 10, 170 (*Haupt* u. *Ribb.* blofs 'origine', dann mit dem in der Aussprache verkürzten Endvokale *ae* in 'Alpheae'). 2) Stamm, Geschlecht, Familie, a) eig., *Ä* 1, 286. 10, 618. v. Tieren, cuncta ab origine gens, das gesamte Geschlecht von den jüngsten Tieren bis zu den ältesten, *G* 3, 473. b) Stammvater, Urheber, stirpis, *Ä* 12, 166.

Ŏrīŏn, ŏnis, Akk. 'ŏna', *m.* [**Ŏrīŏn**, *Ä* 3, 517. 7, 719] (Ὠρίων), 1) ein riesenhafter Jäger, dessen Haupt u. Schultern selbst beim Durchschreiten des tiefsten Meeres über das Gewässer emporragten, *Ä* 10, 763. 2) ein Sternbild, dessen Auf- und Niedergang (jener um die Sommer-, dieser um die Wintersonnenwende) Stürme erregt, *Ä* 1, 535. 4, 52. 7, 719. armatus auro (wegen der goldglänzenden hellen Sterne im Gürtel u. im Schwerte des Orion), *Ä* 3, 517.

ŏrĭor, ortus sum, ŏrīri (Wurz. ὀρ in ὄρ-νυμι), 1) eig.: a) erhebe mich, von Gestirnen, 'aufgehen', *Ä* 7, 138 u. 149. 8, 68. *G* 3, 156. b) entstehe, werde geboren, stamme ab, *Ä* 3, 167. 7, 240. a stirpe Teucrorum, *Ä* 1, 626. c) wachse, von Bäumen, *Ä* 9,92. 2) übtr.: a) erscheine, *Ä* 2, 680. b) entstehe, v. Blutbade, *Ä* 2, 411.

Ŏrīthyïa, ae, *f.* [viersilb.] (Ὠρείθυια), Tochter des Erechtheus, Königs von Athen, Gattin des Boreas, *Ä* 12, 83. *G* 4, 463.

ornātûн, ūs, *m.* (ornо), Schmuck, von einem prachtvollen Gewande, *Ä* 1, 650. vom Schmuck des Hauptes (also die Haarbinden, die Nestnadeln, u. bes. das mit Edelsteinen geschmückte Diadem), *Ä* 7, 74.

orno, āre, 1) rüste oder statte aus, alqm telis, armis, *Ä* 10, 638. 12, 344. 2) schmücke, ziere, cornua sertis, *Ä* 7, 488. poëtam hederā, *B* 7, 25. hortos, verschönere, *G* 4, 119. dcht. mit griech. Akk., caput foliis ornatus, *G* 3, 21.

ornuн, i, *f.*, Esche, wilde Bergesche, *Ä* 2, 626. 6, 182. 10, 766. *G* 2, 71 u. 111. *B* 6, 71.

Ornӯtŏн, i, m., ein Etrusker, *Ä* 11,677.

ōro, āre (ōs, ōris), 1) rede, spreche, *Ä* 7, 446. 10, 96. causas, spreche, vertedige vor Gericht, *Ä* 6, 850. 2) bitte dringend, begehre, ersuche, flehe an, mit Akk., numina divae, erflehe den Schutz der Gottheit (Minerva), *Ä* 2, 232. m. Akk. der Pers. u. Sache, multa deos, flehe die Götter mit heifsen Gebeten an, *Ä* 9, 24. (alqm) pacem, jmd. um Frieden, *Ä* 10, 80.

verkürzt, quod te oro ... miserere etc.,
was ich von dir erbitte, ist das, erbarme dich so grofsen Jammers, *Ä* 2,
141. od. mit bl. Akk. der Pers., alqm, *Ä*
2, 143. 6, 364. der Sache, coniugium, *Ä*
4, 431. vitam, *Ä* 8, 577. unum, *Ä* 12, 60.
zweifelh., mortem, erflehe den Tod, *Ä* 4,
451. m. bl. Konj., *Ä* 5, 796. 6, 76. 11, 442.
m. Inf., zur Bezeichnung der Absicht, a
me illos adducere Thestylis orat, *B* 2,
43. (se) admittier orant, *Ä* 9, 231. Nach
griech. Konstr. mit Prädikatsnom. neben dem Inf., stabant orantes primi transmittere cursum, *Ä* 6, 313. parenthetisch
in die Rede eingeschoben, *Ä* 9, 289. 10,
61 u. 905. 12, 680 u. 933.

Ŏrŏdēs, is, *m.* ('Ορώδης), ein Troër,
Ä 10, 732 u. 737.

Ŏrontēs, is, *m.* [Gen. 'Oronti', *Ä* 1, 220]
('Ορόντης), Führer der Lykier, Gefährte
des Äneas, *Ä* 1, 113 u. 220. 6, 334.

Orpheūs, ĕi, *m.* [gr. Dat. 'Orphei',
'Ορφεῖ, *B* 4, 57. *G* 4, 545 u. 553. Akk.
'Orphĕä', *B* 3, 46. zweisilb. 'Orphea', *B*
6, 30. Vok. 'Orpheu', *G* 4, 494] ('Ορφεύς),
ber. Sänger der Heroënzeit aus Thrakien (Threicius sacerdos, *Ä* 6, 645), Sohn
des Apollo und des thrak. Sturmgottes
Öagrus und der Muse Kalliope, Gemahl
der Eurydike, die er nach ihrem Tode
aus der Unterwelt zurückführte, aber
wieder verlor, da er sich gegen sein Gelübde nach ihr umsah, *Ä* 6, 119. *B* 3, 46.
4, 55 u. 57. 6, 30. 8, 55. *G* 4, 454 flg. Von
thrak. Weibern, die sich durch seine un-
ablässige Trauer um Eurydike zurückgesetzt fühlten, wurde er in der Wut bei
den von ihm selbst eingesetzten Orgien
zerrissen, *G* 4, 520 flg. Um die Macht
seines Gesanges zu bezeichnen, liefs ihn
die Sage und Dichtkunst wilde Tiere, bes.
Löwen und Tiger, durch seinen Gesang
zähmen (*G* 4, 510), Felsen und Wälder
in Bewegung setzen und mit seiner Leier
noch im Elysium die Melodien der Sänger begleiten, *Ä* 6, 645.

orsa, ōrum, *n.*, s. ordior.

Orsēs, ae, *m.*, ein Troër, *Ä* 10, 748.

Orsĭlŏchus, i, *m.* ('Ορσίλοχος), ein
Troër, *Ä* 11, 636. 690 u. 694.

ortŭs, ūs, *m.* (orior), Aufgang der
Gestirne, *B* 9, 46. *G* 1, 257 (m. 'obitus'
verb.). 3, 277. *Ä* 6, 255; vgl. *G* 4, 441. ortu
quarto, beim vierten Aufgang od. Lauf
(v. Monde), *G* 1, 432.

Ortўgĭa, ae, *f.* ('Ορτυγία), 1) alter
Name der Insel Delos, *Ä* 3, 124. 143 u. 154.
2) Insel u. zugleich ein Teil von Syrakus, *Ä* 3, 694.

Ortўgĭus, ĭi, *m.*, ein Rutuler, *Ä* 9, 573.

1. **ōs**, ōris, *n.*, 1) Mund, *a)* eig., *Ä* 1,

296 u. 614. 2, 593. der Sibylle, *Ä* 6, 80.
'ora rabida' (weit geöffneter, grofser), *Ä*
6, 102. der Fama, *Ä* 4, 183. dcht., ore
loquor, addo alqd, *Ä* 1, 559. 2, 593.
Sprichw., ora centum, 'hundert Kehlen',
Ä 6, 625. *G* 2, 43. *β)* von Tieren, Maul,
Rachen, *Ä* 12, 8 u. 373. *G* 3, 439. 4, 200.
439. 489. Plur. von den Drachenköpfen
der Skylla, *Ä* 3, 425. iuvenci, Stirn, *Ä* 5,
477. *b)* meton., wie στόμα (bei uns 'loser
Mund', 'Mundwerk'), Rede, Sprache,
faciam omnes uno ore Latinos, werde
alle (die Teukrer) zu Latinern machen
von einer und derselben Sprache, *Ä* 12,
837. uno ore, einstimmig, einhellig, *Ä* 11,
132. 2) übtr.: *a)* Mündung, Öffnung,
Eingang, fenestra lato ore, *Ä* 2, 482.
ulceris, *G* 3, 454. Bes. 'Quelle' des Flusses, *Ä* 3, 696. Plur., septem, *Ä* 4, 292.
novem, *Ä* 1, 245. 'Zugang', 'Thür', 'Pforten', ora domūs, *Ä* 6, 53. *b)* Vorderseite, bes. Antlitz, Gesicht, *a)* übh.,
oft Plur., *Ä* 1, 315. 3, 218. 4, 11 u. 673.
5, 369. 6, 495 flg. 688. 11, 86. 12, 335.
652. 871. ora voltusque, 'Wangen und
Antlitz', *Ä* 9, 251. m. 'facies' verb., *Ä* 1,
658. dcht., foedati ora Galaesi, der im
Gesicht entstellte Gal., *Ä* 7, 575. ora prima patrum, eig. der Väter (Vornehmen),
welche, wie die Senatoren in Rom, die
ersten Sitzreihen in der cavea inne hatten, st. des Platzes, wo die Vornehmen
safsen, *Ä* 5, 340. ante ora, vor den Augen, im Angesicht od. Anblick, *Ä* 5, 553.
6, 604. ante ora frementes, die vor seinen Augen wieherten, *Ä* 12, 82. m. 'oculi' verb., *Ä* 11, 887. 12, 656. ob ora, vor
dem Antlitz, *Ä* 12, 865. manus inter mae-
storumque ora parentum, unter den Händen und Augen, *Ä* 2, 681. *β)* prägn., 'Gesichtszüge', 'Mienen', parentum, *Ä* 5, 576.
'Aussehen', 'Gestalt', *G* 4, 92. *Ä* 7, 328.
'Gesichtsmaske', 'Larve', *G* 2, 387.

2. **ōs**, ossis, *n.* (ὀστέον), Knochen,
Bein, Gebein, *a)* eig., *Ä* 10, 416. *B* 3,
101. m. 'lacerti' verb., *B* 5, 422. Bes. die
'Gebeine' eines verbrannten Leichnams
(Asche), *Ä* 5, 31. 6, 228. st. Leichnam,
Ä 7, 3. dcht. v. Städten, cineres atque
ossa Troiae, *Ä* 5, 787. *b)* übtr., Inner-
stes oder Mark der Gebeine, das bei
leidenschaftlichen Aufregungen, bei Kummer, Schmerz, Liebe usw. durchdrungen
wird, *Ä* 3, 308. 4, 101. 5, 172. 6, 55.
9, 66. *G* 3, 258. v. Schrecken, currit per
ima, dura ossa, durchdringt mir Mark
und Bein, *Ä* 6, 55. 12, 448.

Osci, ōrum, *m.*, die Osker, alte Völ-
kerschaft in Kampanien, ein Zweig der
Ausoner, der in den Kriegen mit den
Römern unterging, *Ä* 7, 730.

oscillum,i,n.(Dem.v.1.os),eig.Münd-
chen,Plur.kleineausWachs(dah.*v.*392
caput honestum) oder Baumrinde verfer-
tigteBacchusbilder oder -masken,
dergleichen man namentlich bei derFeier
der latinischen Ferien an eine Fichte der
Feldgrenze als Abwehr gegen Beschädi-
gung des Weinstockes aufhing, G 2, 389.
osculum,i, n.(Dem. v. 1. os), Münd-
chen, Mäulchen, A 1, 256. 12, 434.
oscula dulcia figo,zärtlicheKüsse,A1,687.
Osinius, ii, m., Fürst von Klusium,
Anführer eines Teiles der Etrusker unter dem Oberbefehle des Massikus, A
10, 655.　　　　　　　　　　[12, 458.
Osiris, Akk. 'im', m., ein Latiner, A
Ossa, ae, f. ('Οσσα), Gebirge in Thessalien, j. 'Kissabos', das die Giganten
auf den Pelion u. auf den Ossa, dann auf
den Olymp türmten, G 1, 281 flg.
ostendo, tendi, tentum, ĕre (ob u.
tendo), 1)strecke oder halte entgegen, zeige, lasse sehen, umeros,
dextram (dem Gegner), A 5, 376 u. 443.
nubem, A 7, 143. alqm terris, v. Schicksal, auf Erden wallen, unter den Sterblichen wandeln lassen (in bez. auf Marcellus),A6,869. me, zeige mich, erscheine, in armis,A5,550. v. Boden, se prae-
validam primis aristis, das Wachstum
der sprossenden Saat zu gewaltig för-
dern, G 2, 253. von etwas Unerwartetem, A 6,188. v. Gestirnen, os terris,
G 4, 232. v. Morgenrot, ortus suos, emporsteigen, sich zeigen, A 4,544. dcht.,
glaebas aquiloni,'dem Nordwinde aussetzen, G2,261. caelo ostendere, ins Freie
führen, A 8,264. 2) übtr., zeige, weise, viam alci, A 6, 368; vgl. A 1, 206.
2, 388. 6, 869.
ostento, āre (Freq. v. ostendo), zeige, bes. mit Absicht und Wohlgefallen,
lasse sehen,trage zur Schau, alqd,
A4,75. 5, 357. frontem, 'die Stirne stolz
emporwerfen', A 5, 567. currum victo-
resque equos, prunke mit usw., A7,656.
artem arcumque sonantem, bewähre die
Kunst, den Pfeil so abzuschiefsen, dafs
der Bogen noch nachklingt, A 5, 521.
alqm, A 12, 479. salutem, A 8,477.
ostium, ii, n. (1. os), 1) Öffnung,

Thor, Pforte, gew. Plur., A 8, 667.
von den Öffnungen der Höhle der Sibylle,A 6, 43 u. 81. 'Zugang' des Hafens,
A 1, 400. alta ostia Ditis, 'Pforte des Abgrundes', des tief unter der Erde liegenden Reiches des Pluto, A 8, 667. G 4,
467. 2) Mündung eines Flusses, ostia
Tiberina, A 1, 14. Nili, A 6, 800.
ostrifer, fĕra, fĕrum (ostrum u. fero),
muschelreich, Abydus, G 1, 207.
ostrum, i, n. (ὄστρεον), 1) Meer-
schneckenblut, Purpurfarbe, sangui-
neum, A 12, 67. 2) meton., mit Purpur
gefärbter Stoff, stratum, 'purpurne Dek-
ke', A 1, 700. ostrum pictaque tapeta,
purpurne Decken, A 7, 277. m. 'gemma'
verb., G 2, 506. m. 'aurum', A 11, 72.
Purpurgewand, A 4, 134. 5, 133. als
fürstl.Schmuck,A 7,814.10,722. m. 'ferrugo' verb., dunkler Purpur, Purpur u.
Scharlach, A 11, 772. Tyrium, mit Purpur verbrämtes Gewand(togapraetexta),
wie die höheren obrigkeitl. Personen
Roms beim Vorsitze in den Spielen trugen, G 3, 17.
Othryades, ae, m. ('Οθρυάδης),Sohn
des Othrys, d.i. Panthus,A 2,319 u. 336.
Othrys,Akk.'ym',m.('Οθρυς),Gebirge
in Thessalien, Sitz der Kentauren, j. 'Ka-
tavothry', A 7, 675.
otium,ii, n., freie Zeit, Muse, studia ignobilis oti (d. i. otii), ruhmlos ge-
schäftige Muse, Treiben unrühmlicher
Muse,G4,564. 2) Ruhe, ruhige Zeit,
Friede, B 1, 6. 5, 61. A 6, 813. G 3,377.
ovile, is, n.(ovis), Schafstall, A 9,
59. gew. Plur., B 1, 8. G 3, 537.
ovis, is, f. (ὄϊς), Schaf, B 1, 21. 2,
33 u. ö. G 2, 375 u. 3, 296. A 3, 660.
ovo,āre (verw. m.εὐοῖ, εὐάζω), frohlocke, jubele, jauchze, m. 'gaudeo'
verb., A 10, 500 (wo Abl. 'spolio' zu 'potitus' gehört). Häuf. Part. Praes., ovantes quiter corvi, aus jubelnden Kehlen
schreiende, G 1, 423. abs., A 3, 544. 4,
543. 5, 331 u. 563. 9, 71. 10, 690. 12, 479.
G 1, 346. zur Bezeichnung der Lust und
Willigkeit, womit man etwas thut, A 3,
189. 4, 577. flammae ovantes, die lustig
prasselnden, A 10, 409.
ovum, i, n. (ᾠόν), Ei, G 1,379.3,438.

P.

pabulum, i, n. (pasco), Nahrung,
Futter, bei Verg. nur Plur., A 1, 473.
12, 475. G 1, 86. 2, 436 u. ö.
Pachynum, i, n.(Πάχυνος), südöstl.
Vorgebirge Siciliens, j. 'Capo di Pas-
saro', A 3, 429 u. 699. 7, 289.

pacifer, fĕra, fĕrum (pax u. fero),
Frieden bringend, friedlich, oliva,
A 8, 116.
paciscor, pactus sum, păcisci (paco),
1) schliefse einen Vertrag, foedere
pacto, nach einer bestimmten Ordnung

oder Übereinkunft (von den Bienen), *G* 4,158. Meist Part. **pactus**, a, um, 'festgesetzt', 'verabredet', hymenaei, 'Ehebund', *Ä* 4, 99. thalami, *Ä* 10, 649. coniunx, Verlobte, Braut, *Ä* 10, 722; auch bl. 'pacta', ae, *f.*, *Ä* 10, 79. hoc pacto, d. i. auf folgende Art oder Weise, *G* 2, 248. 2) **bedinge mir** etwas **aus**, vitam pro laude, erkaufe den Ruhm mit dem Leben, *Ä* 5, 230. letum pro laude, ziehe einen ruhmvollen Tod dem Leben vor, *Ä* 12, 49.

paco, āre (pax), **bringe zur Ruhe** od. **zum Frieden, beruhige**, orbem (den Erdkreis), *B* 4, 17. nemora (durch Säuberung von wilden Tieren, wie vom verwüstenden Eber), *Ä* 6, 803.

pacta, pactum, s. paciscor *no.* 1.

Pactŏlus, i, *m.* (Πακτωλός), kleiner Flufs in Lydien mit Goldsand (j. 'Sarabat'), *Ä* 10, 142.

Pādus, i, *m.*, Flufs Po in Oberitalien, der in den kottischen Alpen entspringt und in das adriatische Meer mündet, *Ä* 9, 680. *G* 2, 452.

Pādūsa, ae, *f.*, eine der sieben Mündungen des Padus (Po), von Schwänen häufig besucht, *Ä* 11, 457.

Paeān, ānis, Akk. 'āna', *m.* (Παιάν), Beiname des heilenden Apollo, übtr., *a*) Festgesang auf den Apollo, übh. **Jubelgesang, Lobgesang**, *Ä* 6, 657. *b*) **Siegesruf**, *Ä* 10, 738.

paenĕ, Adv., **beinahe, fast**, *B* 9, 18.

paenĭtĕt, tŭit, unpers., **es gereut mich, es mifsfällt mir, ich bereue** etwas, m. Akk. des affizierten Obj. u. Gen. des Gegenstandes der Gemütsbewegung, nostri nec paenitet illas (oves) nec te paeniteat pecoris, *B* 10, 16 flg. m. Akk. der Pers. u. Inf., *Ä* 1, 549. *B* 2, 34.

Paeōn, ŏnis, *m.* (Παιών, der Heilende), Päon, der Götterarzt, Plur. Paeones appell., Ärzte wie Päon, Paeonum mos, *Ä* 12, 401 *Schap.*

Paeōnĭus, a, um (Παιώνιος, v. Παιών), päonisch, des Päon, herbae, *Ä* 7, 769 (wo gleichs. 'Phaeōnjis' dreis.). mos, Weise der Ärzte, wie Päon, *Ä* 12, 401 (wo gleichs. 'Phaeōnjum' dreis.).

Paestum, i, *n.*, Stadt in Lukanien, ber. durch ihre zweimal (im Frühling und Herbst) blühenden Rosen, j. 'Pesto', *G* 4, 119.

Pŏgāsus, i, *m.*, ein Etrusker, *Ä* 11, 670.

pāgĭna, ae, *f.* ('pag', pango), **Seite, Blatt** eines Buches, übh. **Gedicht**, *B* 6, 12.

pāgus, i, *m.*, **Dorf**, *G* 2, 382.

Pălaemōn, mŏnis, *m.* (Παλαίμων), 1) ein Meergott, *Ä* 5, 823. 2) ein Hirte, *B* 3, 50 u. 53.

pălaestra, ae, *f.* (παλαίστρα), **Ringschule, Turnplatz** für Faustkämpfer u. übh. gymnastische Spiele, agrestis, *G* 2, 531. graminea (im Elysium), *Ä* 6, 642. dcht., palaestras exerceo, übe mich in den Ringkämpfen, *Ä* 3, 281.

pălăm, Adv., **offen, vor aller Augen**, *Ä* 7, 428. 9, 153.

Pălămēdēs, is, *m.* (Παλαμήδης), Sohn des Königs Nauplius von Euböa, Nachkomme des ägypt. Königs Belus, ein durch Klugheit und Rechtlichkeit ausgezeichneter Held des troischen, aber erst nachhomer. Sagenkreises, Begleiter des Agamemnon auf dem Zuge gegen Troja, erregte später den Neid der Griechen, bes. des Odysseus, und wurde auf dessen Betrieb fälschlich der Verräterei beschuldigt und von den Griechen gesteinigt, *Ä* 2, 82.

Pălātīnus, a, um (Palatium), **palatinisch**, zum Palatium gehörig, Euander, *Ä* 9, 9; vgl. 'Pallanteus'.

Pălātĭum, ĭi, *n.* (mit 'Pales' verw., eig. 'Nähr'- od. 'Weideplatz'), einer der sieben Hügel Roms, zuerst angebaut, wo auch Oktavianus Augustus seinen Wohnsitz hatte, Plur., Romana, *G* 1, 499.

pălātum, i, *n.*, **Gaumen**, *G* 3, 388.

pălĕa, ae, *f.* (παι-πάλη, Mehlstaub), **Spreu**, *G* 1, 192 u. 368. Plur., *G* 3, 134.

pălĕar, āris, *n.*, **Wamme** od. **Wampe** (am Halse des Stieres), *G* 3, 53.

Pălēs, is, *f.* (Wurz. 'pa' in πάομαι, πέπαμαι, pasco, eig. 'Nährerin'), altital. Schutzgöttin der Hirten, zu deren Ehren das Palilienfest am 21. April, dem Gründungstage Roms, unter Gebeten gefeiert wurde, *G* 3, 1 u. 294. *B* 5, 35.

Pălĭcus, i, *m.*, Plur. **Pălĭci**, Söhne des Zeus und der Thalia (einer Tochter des Vulkan und der Nymphe Ätna), die bei der Stadt Palika (Παλική) auf Sicilien zwischen Henna und Syrakus in der Nähe des Symäthus als vulkanische Dämonen durch Menschenopfer, später durch mildere Sühnopfer verehrt wurden, als Sing., ara Palici, *Ä* 9, 585.

Pălīnūrus, i, *m.*, Steuermann des Äneas, der vom Schlaf überwältigt samt dem Steuerruder ins Meer fiel (*Ä* 5,833 flg.) u., wie er in der Unterwelt dem Äneas erzählt, an die Küste Italiens getrieben von den Einwohnern getötet wurde. Beim Ausbruch einer Pest in Lukanien befahl das Orakel, dem Palinurus ein Grabmal zu errichten und ein Vorgebirge nach ihm zu benennen, *Ä* 3, 202. 513. 562. 5,

12. 833. 840. 843. 847. 871. 6, 387. 341. 373. 381.

păliūrus, i, *f.* (παλίουρος), ein Art Dornstrauch, Kreuzdorn, zu Hecken verwendet, *B* 5, 39.

palla, ae, *f.*, ein vom Kopf bis auf die Fülse reichendes faltenreiches Obergewand, bes. der Frauen, *Ä* 11, 575. der Furien, *Ä* 1, 711. 6, 555. der Discordia, *Ä* 8, 702.

Pallădĭum, ĭi, *n.* (Παλλάδιον), das unter der Herrschaft des Ilus in Troja vom Himmel gefallene und in der Burg daselbst aufbewahrte Pallasbild, von welchem das Schicksal des Staates abhing, von Odysseus und Diomedes geraubt, fatale, *Ä* 2, 166 u. 183. * 9, 151.

Pallădĭus, a, um (1. Pallas), zur Pallas gehörig, palladisch, silva, Olivenwald (weil der Pallas heilig), *G* 2, 181.

Pallantēus, a, um (2. Pallas), zu Pallas, dem Ahnherrn des Euander gehörig, pallantëisch, moenia, Stadt Pallanteum in Italien, *Ä* 9, 196 u. 241. Sbst., Pallantēum, i, *n.*, Stadt, welche Euander auf dem aventinischen, nachher palatinischen Hügel erbaute, *Ä* 8, 54 u. 341. Vgl. 'Palatium'.

1. **Pallăs**, ădis, *f.* (Παλλάς, eig. Schwingerin des Speeres), Name der Minerva, *Ä* 1, 39 u. 479. 2, 15 u. 163. 5, 704. 7, 154. 8, 435, 11, 477. Tritonia, *Ä* 2, 615. armisona, *Ä* 3, 544. steht als Tochter des Juppiter in der engsten Gemeinschaft der Macht und Gewalt mit diesem, *Ä* 1, 39 fig. Erbauerin und Beschützerin der Städte, *B* 2, 61.

2. **Pallăs**, antis, Akk. 'anta', *m.* (Παλλάς), 1) ein Arkadier, Ahnherr des Euander, Erbauer der Stadt Pallanteum in Arkadien, *Ä* 8, 51 u. 54. 2) Sohn des Euander, Bundesgenosse des Äneas, von Turnus getötet, *Ä* 8, 104. 110. 121. 163. 466. 515. 519. 575. 587. 10, 27 u. ö. Vok. 'Palla', *Ä* 10, 411, 11, 97. 152. 169.

Pallēnē, ēs, *f.* (Παλλήνη), westliche Landspitze der maked. Halbinsel Chalkidike, j. 'Kassandhra', *G* 4, 391.

pallens, entis (eig. Part. v. palleo), glanzlos, blafs, bleich, *a*) übh., ora, *Ä* 10, 822. umbrae (von der Dunkelheit der kurzen umwölkten Tage), *G* 3, 357. m. kausal. Abl., morte futurā, als Folge des nahenden Todes, *Ä* 8, 709. Oft von den Schatten der Unterwelt, animae, *Ä* 4, 243. umbrae Erebi, *Ä* 4, 26. dcht., Morbi, *Ä* 6, 275. Bes. *b*) von der blassen, matten oder dunklen Farbe mancher Pflanzen, viola, *B* 2, 47. herbae, *B* 6, 54. hedera, oliva, mattgrün, fahlgrün, *B* 3, 39 u. 5, 16.

pallĭdus, a, um (palleo), blafs, bleich, *Ä* 3, 217. 4, 644. 8, 197. Aurora, *G* 1, 446. von der Unterwelt, Orcus, *G* 1, 277. Tisiphone, *Ä* 10, 761.

pallŏr, ōris, *m.* (palleo), Blässe, bleiche Farbe, *Ä* 4, 499. 12, 221.

palma, ae, *f.* (παλάμη), 1) Hand (sofern man etwas mit ihr fafst oder verrichtet), oft Plur., *Ä* 1, 93 u. 481. 5, 364 u. 425. 7, 503. 8, 69. 9, 16. *G* 4, 498. 2) Palme, Palmbaum (φοῖνιξ), ardua, *G* 2, 67; vgl. 4, 20. dah. *a*) Palmenzweige oder Kranz von Palmenzweigen, als Schmuck oder Belohnung der Sieger, *Ä* 5, 111. übh. 'Siegeszeichen', 'Sieg', *Ä* 5, 70 u. 346. *G* 3, 49; vgl. *Ä* 5, 472 u. 519. dcht., palmae equarum, siegreiche Rosse (da in den olymp. Spielen Kämpfer u. Rosse mit Palmenzweigen gekrönt wurden), *G* 1, 59. ähnl. 'currus insignis palmā', *Ä* 7, 655. *b*) von der Person selbst, die um den Sieg sich bewirbt, subit tertia palma Diores, D. naht als dritter Gekrönter, zum dritten Preise, *Ä* 5, 339.

palmĕs, mĭtis, *m.*, Rebschofs, Schöfsling, *G* 2, 90 u. 364. *B* 7, 48.

palmŏsus, a, um (palma), palmenreich, Selinus, *Ä* 3, 705.

palmŭla, ae, *f.* (Dem. v. palma), eig. flache Hand, übtr., der unterste breite Teil (Schaufel) des Ruders, dcht. Ruder, *Ä* 5, 163.   u. 699.

Palmus, i, *m.*, ein Troër, *Ä* 10, 697

pălor, āri, schweife oder streife herum, zerstreue mich, *Ä* 5, 265. 9, 780. 10, 674. polo (von den Gestirnen, da nach alter Vorstellung der Sternenhimmel mit einer weidenden Herde verglichen wird), *Ä* 9, 21. dcht., terga dabant palantia Teucri, zerstreut flohen die Teukrer, *Ä* 12, 738.

pălumbēs, is, *c.* (πελειάς), Holztaube, wilde Taube, *B* 1, 58. 3, 69.

pălūs, ūdis, *f.* (πηλός), jedes stehende Wasser, Sumpf, Pfuhl, Weiher, *G* 1, 363. 2, 110. *Ä* 7, 801. 12, 745. Asia, Teich, *Ä* 7, 701. oft vom Styx, als schlammigem Sumpfstrom, Sumpfwasser, *Ä* 6, 323. 369. 414. 438. *G* 4, 479 u. 503. vom Avernus, *Ä* 6, 107.

pălustĕr, tris, tre (palus), sumpfig, ulva, Schilf des Sumpfes, *G* 3, 175.

pampĭnĕus, a, um (pampinus), von Weinlaub, von Reben (herrührend), umbra, *B* 7, 58. hastae, mit Epheu und Weinlaub umwundene Stäbe der Bacchantinnen, *Ä* 7, 396. habenae, *Ä* 6, 804. autumnus, Traubenfülle des Herbstes, *G* 2, 5.

pampĭnus, i, *m.* u. *f.*, *a*) Weinranke, *G* 2, 333. *b*) Weinlaub, *G* 1, 448.

Pān, Pānos, Akk. Pāna, *m.* (*Πάν*), Sohn des Hermes, Gott der Hirten, Herden, Felder u. Wälder, urspr. in Arkadien (*B* 10, 26. Tegeaeus, *G* 1, 17 u. 3, 392), bes. auf dem Berge Lykäus verehrt (*Ä* 8, 344), Erfinder der Syrinx od. Pansflöte, *G* 2, 494. *B* 2, 31. 4, 58. 8, 24. Der Sage nach verlockte er als schneeweifser Widder die Mondgöttin in einen Wald, *G* 3, 392.

pănăcēa, ae, *f.* (*πανάκεια*, v. *πᾶν* u. *ἀκέομαι*), ein erdichtetes Wunderkraut von allgemeiner Heilkraft, Panacee, *Ä* 12, 419.

Panchaeus, a, um (Panchaia), zu Panchäa gehörig, ignes, Opferflamme, in welche panchäischer Weihrauch geworfen ist, *G* 4, 379.

Panchāīa, ae, *f.* (*Παγχαία*), fabelhafte Insel des südl. Oceans in der Nähe Arabiens, reich an Weihrauch, dcht. st. Arabien, *G* 2, 139.

Pandărus, i, *m.* (*Πάνδαρος*), 1) Sohn des Lykaon, Anführer der Lykier aus Zeleia, trefflicher Bogenschütze, der durch Verwundung des Menelaus das Übereinkommen der Troër u. Griechen, ihre Sache durch einen Zweikampf zwischen Menelaus u. Paris zu entscheiden, hinderte, *Ä* 5, 496. 2) ein Troër, Sohn des Alkanor, *Ä* 9, 672 flg. 11, 396.

pando, pandi, passum, ĕre, 1) breite od. spanne aus, α) übh., palmas de litore, strecke aus (v. Flehenden), *Ä* 3, 263. pinnas ad solem, *G* 1, 398. alas, *G* 4, 28. *Ä* 3, 520. sinus (Bausch des Gewandes), *Ä* 8, 712. aliae (animae) panduntur inanes suspensae ad ventos, schweben ausgespannt in wehenden Winden, *Ä* 6, 740. passi crines, aufgelöstes, fliegendes Haar (als Zeichen der Trauer und des Schmerzes), *Ä* 1, 480; der Kassandra, als einer begeisterten Wahrsagerin, *Ä* 2, 403. von Bäumen, ramos, *Ä* 6, 282. ramos et bracchia, *G* 2, 296 (*Ribb.*; *Haupt* u. *Schap.* 'tendens'). vestigia (frigoris), Spuren des Frostes anzeigen, *G* 2, 258. Bes. *b*) breite etwas aus zum Trocknen, dah. Part. passus, a, um, 'gedörrt', 'getrocknet', racemi, 'Rosinen', *G* 4, 269. sbst., passum, i, *n.*, Wein aus getrockneten Trauben, Sekt, *G* 2, 93. 2) übtr.: *a*) thue auf, öffne, eröffne, moenia, ostia u. dgl., *Ä* 2, 234 u. 267. 6, 525. 12, 584. Pass., öffne mich, *Ä* 2, 27. 8, 262. dcht., pandite Helicona, öffnet die Pforten des Musentempels auf dem Helikon, gestattet dem Dichter den Zutritt zum Musenberg, *Ä* 7, 641. 10, 163. viam salutis, *Ä* 6, 97. *b*) eröffne, erzähle, thue kund, melde, rem ordine, *Ä* 3, 179.

res, *Ä* 6, 267. singula ordine, *Ä* 6, 723. inventa magistri, *G* 4, 284. Bes. v. Weissagenden, wie v. Apollo, *Ä* 3, 479. v. Keläno, *Ä* 3, 252.

pandus, a, um, geschweift, bauchig, lances, carina, *G* 2, 194 u. 445.

Pangaea, ōrum, *n.* (sonst 'Pangaeus mons', *Πάγγαιον ὄρος*), Gebirge Thrakiens an der Grenze Makedoniens, j. 'Pirnari', *G* 4, 462.

pango, pĕpĭgi, pactum, ĕre (St. *παγ* in *πήγνυμι*), eig. schlage ein, befestige, übtr., bestimme, setze fest, alqd, *Ä* 12, 12. dies, bedinge mir aus, *Ä* 11, 133. prima per artem temptamenta alcjs, suche zuvor jmds. Herz auf künstliche Art (schlau) zu erforschen, *Ä* 8, 144. foedus, schliefse, *Ä* 10, 902. übtr., v. Bienen, bestimme eine Ordnung, *G* 4, 158.

Pănŏpēa, ae, *f.* (*Πανόπη*), eine Nereïde, *Ä* 5, 240 u. 825. *G* 1, 437.

Pănŏpēs, is, *m.*, ein Sikuler, Gefährte des Akestes, *Ä* 5, 300.

Pantăgiās, ae, *m.*, kleiner Flufs auf der Ostküste Siciliens, bei seiner Mündung ins Meer von Felsen eingeschlossen, *Ä* 3, 689.

Panthus, zusgez. st. **Panthŏus**, i, *m.* (*Πάνθοος* oder *Πάνθους*), Sohn des Othrys, Vater des Euphorbus, Priester des Phöbus in Troja, dessen Tempel auf der Burg stand, *Ä* 2, 318 flg. 322 u. 429 (wo griech Vok. 'Panthu', *Πάνθου*).

păpăvĕr, vĕris, *n.*, Mohn (der wilde Feldmohn wie der kultivierte bei den Alten als Heilmittel gebr.), *G* 1, 212. soporiferum, *Ä* 4, 486. vescum, *G* 4, 131. Plur., 'Stauden des Mohns, *G* 1, 78. 'Mohnkörner', *G* 4, 545. 'Blüten des Mohns', *B* 2, 47. im Gleichnis, *Ä* 9, 436.

Păphĭus, a, um (*Πάφιος*), zur Stadt Paphos gehörig, paphisch, myrtus (Plur.), der Venus heilig, *G* 2, 64.

Păphos, i, *f.* (*Πάφος*), Stadt auf der Westseite der Insel Cypern, mit einem berühmten Tempel der Venus, j. 'Kukla', *Ä* 1, 415. 10, 51 u. 86.

păpilla, ae, *f.*, Warze der Brust, dcht. Brust, *Ä* 11, 803 u. 862.

păpŭla, ae, *f.*, bösartiger, hitziger Ausschlag, Blatter, Plur., ardentes, 'Pestbeulen', *G* 3, 564.

pār, păris, 1) gleich, arma, *Ä* 5, 425. 9, 655. spirae, *Ä* 12, 847. guttae (d. i. goldene), *G* 4, 99. alae, gleichmäfsige Bewegung der Schwingen, gleichschwebende, *Ä* 4, 252. 9, 15. tempestas, mit gleicher Verheerung, *Ä* 11, 422. aetas, *Ä* 11, 174. magistri, von gleicher Zahl, 'ebenso viele', *Ä* 5, 562. annus (weil in vier gleiche Jahreszeiten geteilt), *G* 1,

258. paribusauspiciis,mitgleicherMacht oderGewalt, *A* 4, 102. 7, 256. paribus legibus,*A*12,190. paribus curis,in gleiche Gedanken versunken, *A* 6, 159. pares discurrere, in gleicherAnzahl, gleich an Zahl (näml. 'je drei', terni),*A* 5, 580. m. Abl. der näheren Bestimmung, *A* 1, 705. 5,114. dcht. m.Inf., 'cantare',sich gleich, gleich fertig im Gesange, *B* 7, 5. 2) vergleichbar, neben 'similis',*A*6, 702. m. Dat.,*A* 2, 794.

Parcae, ārum, *f.* (St. 'par' in 'pars', 'partior', wie *Moῖραι* v. Wurz. *μερ* in *μείρομαι*), Parzen, Schicksalsgöttinnen u. -mächte, welche den Menschen das Geschick des Lebens, bes. das nicht vom eigenen Willen abhängige (wie Geburt, Tod, Glück u. Unglück) zuteilen, nach späterer Vorstellung drei, Klotho, Lachesis und Atropos, von denen die erste den Lebensfaden anknüpft, die zweite dessen Länge bestimmt, die dritte denselben abschneidet, *A* 1, 22. 5, 798. 9, 107. 10, 418. *B* 4, 47. werden neben dem Schicksal erwähnt, weil Turnus sterben soll,*A*12,147. als Wesen, die das Schicksal vorher wissen und den Menschen offeubaren, *A* 3, 379.

parcē, Adv. (parcus), s p a r s a m , Komp. 'parcius', schonender, *B* 3, 7.

parco, pĕperci, parcītum, ĕre (parcus), 1) gehe mit etw. sparend um, s p a r e , futuro, für die Zukunft, *G* 4, 238. dcht. m. Akk., talenta gnatis parce tuis, spare für deine Kinder auf, *A* 10, 532. 2) schone, *a*) beweise Schonung, verschone, e r h a l t e , m. Dat., subiectis, *A* 6, 854. genti, *A* 6 , 63. hospitibus quondam socerisque vocatis, schonen die, welche er einst Gastfreunde u. Verwandte nannte, *A* 11, 105. quadris, *A* 7, 115. nulli divûm, frage nach keinem der Götter etwas, *A* 10, 880; vgl. *A*3,41. 8,317. abs.,*B* 8,109. prägn., parcite, d. i. schonet des Gegners Leben! halt! lasset ab! *A* 12, 693. *b*) s c h o n e , d. i. mäfsige mich in etw., e n t h a l t e m i c h , u n t e r l a s s e (wie *φείδομαι*),metu (Dat.), *A* 1, 257. voci iraeque, *A* 2, 234. parce bello, für jetzt lafs ab von dem Kriege,*A*9,656. flatibus (vom Winde), nicht wehen, ruhen, *G* 2, 339. abs., parcite, carmina, hemmet, ihr Zaubersprüche, den von mir gegen Daphnis beschlossenen Todeszauber, *B*8, 108. dcht. m.Inf.,bes.im Imperat.,als Ausdruck des Verbotes,parcite nimium procedere,wagt euch nicht zu weit vor! *B* 3 , 94. wiederh., iam parce sepulto , parce pias scelerare, *A* 3, 41 flg.

parcus,a,um(m.*παῖρος*,'parum'verw.),

spärlich, wenig, sal, *G* 3, 403. apibus quanta experientia parcis (näml. sit habendis), 'welche Erfahrung erfordert werde zur Erhaltung der sparsamen od. haushälterischen Bienen', *G* 1, 4.

1. **pārens**, entis, *m.* u. *f.* (pario), 1) E r z e u g e r , V a t e r , M u t t e r , *A* 1,646. 2, 299. 9, 84 u. ö. primus, v. Anchises, *A* 3, 58. v. Euander (Vater des Pallas), *A* 10,443. cura amissae parentis, um den Verlust seiner Mutter (Krëusa), *A*3,341. von Gottheiten, alma deûm (Kybele), *A* 10,252. Terra, *A* 4,178. Plur., E l t e r n , *A* 1, 392 u. 606. 5 , 553. 2) übb. V o r fahr, Ahnherr, v. Pilumnus (dem Urgrofsvater des Turnus), *A* 9, 3. v. Tros (von dem die Troër benannt), *G* 3, 36; vgl. *A* 10, 76 u. 619. Plur., V o r e l t e r n, V o r f a h r e n (*πατέρες*), *A* 3 , 94. 7, 127. veteres, *A* 2, 448. 5, 39. more parentum, nach hergebrachter Sitte, *A* 6, 223.

2. **pārens**, s. pareo *no.* 2.

pārĕo,pārŭi,pārĭtum,ēre,erscheine, bin sichtbar od. offenbar (gew. 'adpareo'), bes. v. Gestirnen u. Anzeichen, die dem Wahrsager erscheinen, cui sidera parent (um näml. den Willen der Götter daraus zu erklären), *A* 10, 176. 2) erscheine auf jmds. Befehl, ·*a*) g e horche, bin gehorsam, parens dictis, dicto, dem Worte oder Auftrage jmds. Folge leistend,gehorsam, *A*1,689u.695. 11, 242; dem Befehle gemäfs, *A*11, 242. imperio parent, *A* 4, 295. consiliis pare, *A* 5 , 728. *b*) prägn., bin unterthan, u n t e r w e r f e mich, cui parent armenta, *A* 7, 485. abs. neben 'frenum accipio', *A* 12, 568.

pārĭēs, ĕtis, *m.* [Dat. u. Abl. Plur. gleichs. 'parjĕtĭbus' viersilb.], W a n d , *A* 2, 442. 5, 589. *G* 4, 297.

pārĭo, pĕpĕri, partum, ĕre, 'gebäre', übtr.,bringe hervor,erwerbe,verschaffe, alqd (mihi), *A* 2, 578. 11, 25. manu letum mihi, gebe mir den Tod, *A* 6, 435. Pass., 'zu teil werden',*A* 2, 784. *B* 3, 68. vobis quies parta, ist verliehen, beschert, *A* 3, 495. 7, 598. Part. partus, a, um, 'erlangt', 'erworben', honos, *A*5, 229. Sbst., partum, i, *n.*, das Erworbene, der Vorrat, *G* 1, 300.

Pāris, rĭdis, *m.* [Akk. 'Parĭdem', *A* 5,370. 'Parin'(*Ribb.*)od. 'Parim'(*Schap.*), *A* 10, 705] (*Πάρις*), Sohn des Priamus, wurde wegen eines verhängnifsvollen Traumes seiner Mutter Hekuba, dafs sie einen Feuerbrand geboren habe, dessen Flammen über die ganze Stadt sich verbreiten würden (*A* 7, 320. 10, 704 flg.), ausgesetzt und auf dem Ida als Hirt erzogen (Phrygius pastor, *A* 7, 363. *B* 2,

61) und erkannte hier in dem Streit zwischen Juno, Minerva und Venus der letztern den Preis der Schönheit zu (*Ä* 1, 27), wofür ihm diese die Helena versprach, deren Entführung die Veranlassung zum trojan. Kriege gab, *Ä* 2, 602; vgl. *Ä* 4, 215. 5, 370. 10, 702. tötete durch einen Pfeilschuſs den Achilles und wurde von Philoktetes durch einen vergifteten Pfeil vor Troja tödlich verwundet, *Ä* 10, 705. P. alter, Aneas, *Ä* 7, 321.

părĭtĕr, Adv. (par), 1) auf gleiche Weise, *a*) ebenso, lucent, eig. einer wie der andere, d.i. mit gleichem Schmukke, *Ä* 5, 553. in bella ruebant, mit gleichem Eifer, *Ä* 9, 182. Mit flg. 'et', 'que' od. 'atque', 'wie', *Ä* 1, 714. 4, 190. 5, 142. auch 'que ... que', *Ä* 2, 729. m. flg. 'vel', *Ä* 6, 769. m. Präp. 'cum', p. cum flamine, schnell wie der Wind, *Ä* 4, 241. p. cum matre caput ferens (von einem jungen Stier), der Mutter gleich, also 'herangewachsen', ἰσομήτωρ, *Ä* 9, 628. p. mecum, gleich mir, so wie ich, *Ä* 1, 572. dcht., par. ... par., so wie ... so auch, *Ä* 8, 545. *b*) zusammen, vereint, *Ä* 2, 205. 5, 587 u. 830. 2) zu gleicher Zeit, zugleich, *Ä* 3, 560. 5, 508. 7, 729.

Părĭus, a, um (Πάριος), zur Insel Paros gehörig, parisch, lapis, Marmor, *Ä* 1, 593. *G* 3, 34. Vgl. 'Paros'.

parma, ae, *f.* (πάρμη), Schild (bes. der leichtere runde Schild der Fuſstruppen u. der Reiter), *Ä* 2, 175. 9, 548. 10, 817.

Parnăsĭus, a, um (Παρνάσιος), zum Parnaſs gehörig, parnasisch, des Parnaſs, rupes, *B* 6, 29. laurus, *G* 2, 18.

Parnăsus, i, *m.* (Παρνασός), hohes Gebirge in Phokis mit zwei Gipfeln (biceps, δικόρυφος, δίλοφος), dem Apollo und den Musen heilig, an dessen Fuſs Delphi und die kastalische Quelle lag, *B* 10, 11. *G* 3, 291.

păro, āre, 1) setze in Bereitschaft, *a*) bereite, treffe Vorbereitungen, Anstalten für oder zu etwas, moenia magna magnis, zu einer groſsen Stadt (näml. Rom, nicht Lavinium) für deine groſsen Nachkommen, *Ä* 3, 160. arcum, *Ä* 5, 513. convivium, epulas, *Ä* 1, 638. 6, 604. thalamos, *Ä* 7, 97. campum, mache kampfgerecht, ebne, *Ä* 12, 117. retinacula viti, *G* 1, 265. arma animis, halte zum Kampf mich bereit, bin kampfgerüstet, *Ä* 11, 18. me pugnae, rüste mich zum Kampfe, *Ä* 10, 259. pugnam sperate parari, harret gerüstet des Kampfes, *Ä* 9, 158. furta in tramite, lege Hinterhalt, *Ä* 11, 515. auch mit zwei verschied. Obj. verb., fugam sociosque, treffe Anstalten zur Flucht und bringe

Teilnehmer dafür zusammen, suche die Flucht und Genossen dafür zu gewinnen, *Ä* 1, 360. paratus opibus animisque, ausgerüstet, wohlversehen mit usw., *Ä* 2, 799. dcht., dicta contra, erwidere, *Ä* 10, 585. iussa, vollführe, *Ä* 4, 503. *b*) bereite vor, rüste mich od. schicke mich an zu etw., abitum, zur Abreise, *Ä* 8, 214. abs., cui fata parent, wem sie (d. i. die Führer des Heeres) den Tod bereiten, *Ä* 2, 121. *c*) mit Inf., stehe im Begriff (etw. zu thun), habe vor, gedenke, multa dicere, *Ä* 4, 390 (wo *Haupt* u. *Schap.* 'volentem' st. 'parantem'). *Ä* 10, 554; vgl. *Ä* 1, 179 u. 678. 3, 382. 6, 369. 7, 605 u. 624. 9, 248. 10, 554. 11, 509. 12, 844. allitterierend, parēre parabat, *Ä* 4, 238. 2) Part. paratus, a, um, bereit, gerüstet, wie Schiffe, Heer usw., *Ä* 1, 362. zum Wettrennen zu Pferde, *Ä* 5, 578. urbs (verst. zur Aufnahme des heimatlosen Aeneas u. seiner Troër), *Ä* 4, 75; vgl. 1, 557. m. Inf., *Ä* 2, 799 u. 5, 108. *B* 7, 5. m. Dat., acies parata neci, zum Morde, *Ä* 2, 334. in utrumque (m. flg. erklär. Inf.), *Ä* 2, 61.

Păros, i, *f.* (Πάρος), kykladische Insel im ägäischen Meere (j. 'Paro'), ber. durch weiſsen Marmor, dah. 'nivea', *Ä* 3, 126.

Parrhăsĭus, a, um (Παῤῥάσιος), zur Stadt Parrhasia in Arkadien gehörig, parrhasisch, dcht. st. 'arkadisch', *Ä* 8, 344. 11, 31.

pars, partis, *f.*, Teil (eines Ganzen), *a*) übh., cetera, *Ä* 2, 207. altera, *G* 3, 286. regnorum, pacis, *Ä* 3, 334. 7, 266. altera rerum, ein Teil der Mittel oder der Hilfe, d. i. der Weg über dàs Meer, *Ä* 9, 131. certae partes, gewisse Abschnitte der Zeit (wie Monate, Jahre), *G* 1, 231. partes diversae, Gegenden, *Ä* 12, 708. ähnl., partes eaedem, *Ä* 7, 69. Bes. in Distributivsätzen, pars .. pars, ein Teil .. ein anderer Teil; einige ... andere, oft m. Plur. des Zeitw., *Ä* 4, 405. 6, 642 flgg. *G* 4, 378. auch, 'alii ... pars', *Ä* 2, 399 u. 400. 11, 193 u. 195. alii ... pars ... m. flg. 'et' in der Dreiteilung, *B* 1, 65 flgg. illi ... pars, *Ä* 1, 212. im Kasus wechselnd, parte ferox (zum Teil, an dem einen Teile des Körpers) ... pars ... retentat, *Ä* 5, 277 flgg. als Kollektivbegr., mit Sing. u. Plur. des Zeitw. wechselnd, pars stupet ... mirantur, *Ä* 2, 31; vgl. *v.* 63 flg. m. Part. Prät. Pass. im Plur., pars grandia trud*unt* obnix*ae* frumenta umeris (in bez. auf den Hauptbegr. 'formicae'), *Ä* 4, 405. im Plur. m. Mask. (in bez. auf die Personen), pars et certare parati, *Ä* 5, 108. Teucri ... pars ... pars aver*si*, *Ä* 6, 212. 218 u. 222. Auffallend mit dem Mask. des Attributes u. Prädik. im Sing., pars pedes ire parat, pars arduus altis equis pulverulentus furit (in bez. auf den im folg. 'arduus altis equis' enthaltenen Begr. 'eques'), *A* 7, 624 flg. Als Teilungsbegriff mit dem Ganzen in gleichem Kasus, fratres . . . pars . . . pars, *A* 12, 277 flg. *b*) T e i l, S e i t e, in omnem partem, nach allen Seiten, *A* 6, 440. in partem, *A* 9, 540; vgl. *A* 1, 474. sinistra, *A* 9, 468. serena caeli, *A* 9, 630. bildl., s. rapio u. verso. 2) T e i l, A n t e i l an etw., magnam partem habeo in opere, habe grofsen Anteil an dem Werke, *A* 6, 31. in partem praedamque voco, *A* 3, 223. in partem do alqd alci, teile jmdm. etwas zu, *A* 7, 709. dcht., pars mihi pacis erit, m. Inf., es wird für mich ein grofses Zeichen, ein bedeutender Anfang für den Frieden sein, wenn ich usw., *A* 7, 266. Bes. als Prädik. od. Apposit. zu einer Pers., quorum pars magna fui, woran ich selbst sehr teil nahm, worein ich selbst sehr verwickelt war, *A* 2, 6. Lausus pars ingens belli (d. i. der Kämpfenden), ein gewaltiger Hort des Krieges, *A* 10, 427. pars belli haud temnenda, kein verächtlicher Teil im Kampfe, *A* 10, 737.

1. **Parthĕnĭus**, a, um, zu Parthenius gehörig, einem Berge Arkadiens an der Grenze von Argolis (j. 'Roino'), p a r t h e - n i s c h, saltus (Παρϑένιον ὄρος), *B* 10, 57.   [ein Troër, *A* 10, 748.

2. **Parthĕnĭus**, ĭi, *m.* (Παρϑένιος), **Parthĕnöpaeus**, i, *m.* (Παρϑενοπαῖος), Sohn des Meleager und der Atalante, einer der sieben Fürsten vor Theben, *A* 6, 480.

Parthĕnŏpē, ēs, *f.* (Παρϑενόπη), alter Name der Stadt Neapel (von einer dort begrabenen Sirene dieses Namens), *G* 4, 564.

Parthus, i, *m.* (Πάρϑος), ein P a r - t h e r, Plur. Parthi, ōrum, *m.*, die P a r - t h e r, ein mutiges und kriegerisches Volk nördlich von den kaspischen Pässen, als Bogenschützen berühmt, *A* 12, 857 flg. *B* 1, 63. *G* 4, 211 u. 314. Die Partber, bes. durch die verstellte Flucht ihrer Reitcrei, wobei sie schnell sich umwendend den Bogen gegen den Feind richteten (*G* 3, 31), gefürchtet, besiegten die Römer wiederholt (zuletzt 36 v. Chr.), mufsten aber, von Augustus 20 v. Chr. unterworfen, die früher erbeuteten röm-Feldzeichen wieder ausliefern, *A* 7, 606. – Dav. **Parthus**, a, um, st. Parthicus, p a r t h i s c h, cornu (zur Bezeichnung eines vortrefflichen Bogens), *B* 10, 59.

partim, Adv. (eig. Akk. v. 'pars'), z u m T e i l, t e i l w e i s e, *A* 5, 187. partim .. partim, teils . . . teils, *A* 10, 330 flg. 11, 204.

partĭor, tītus sum, tīri (pars), 1) t e i - l e a b, limite campum, *G* 1, 126. partito agmine, im gesonderten Zuge (indem die zwölf Knaben jeder Abteilung oder turma zwei Mann hoch und sechs Mann tief ritten), *A* 5, 562. 2) t e i l e . v e r t e i - l e, m. 'in' u. Akk., in socios, unter usw., *A* 1, 194. laborem cum alqo, curas, *A* 11, 510 u. 822.

partŭrĭo, ĭi, īre (Desid. v. pario), eig. 'gebäre', dcht. von der Flur, d. i. Blätter u. Blumen hervortreiben od. entfal- *G* 2, 330. v. Baume, 'treiben', 'ausschlagen', *B* 3, 56.

partŭs, ūs, *m.* (pario), 1) das G e b ä - r e n, die G e b u r t, partu dare (gew. 'edere'), ferre od. creare alqm, *A* 1, 274. 9, 298. uno, nefando partu, *A* 12, 847. *B* 1, 278. nec partum gratia talem parva manet, die welche einen solchen Sohn geboren, hat keinen geringen Dank zu erwarten, *A* 9, 293. 2) meton., L e i b e s - f r u c h t, K i n d, *A* 7, 321. deûm, *A* 6, 787.

părŭm, Adv. (parvus), z u w e n i g, laeta frons, düstere, *A* 6, 862.

părum-pĕr, Adv., a u f k u r z é Z e i t, e i n e W e i l e (um dann wiederzukehren), *A* 6, 382.

parvŭlus od. (*Haupt* u. *Ribb.*) **par- vŏlus**, a, um (Demin. v. parvus), s e h r klein, n o c h j u n g, Aeneas, *A* 4, 328.

parvus, a, um, dazu Komp. **mĭnŏr** u. **mĭnus**, ōris, u. Superl. **mĭnimus**, a, um, 1) k l e i n an Ausdehnung, *a*) eig., v. Lebl. u. Leb., wie Stadt, Geschenk, *A* 3, 276 u. 349. 7, 243. ales, *A* 12, 862. *b*) übtr., gering, *A* 9, 143. gloria, *A* 11, 430. parva metu primo (von der Fama), *A* 4, 176. Bes. 'gering' oder 'wenig' dem Werte nach, nec genitore minor, seinem Vater an Gröfse gleich, ebenso tapfer als sein Vater, *A* 10, 129. haud parvo stare, teuer zu stehen kommen, *A* 10, 494. Sbst., parvum, i, *n.*, weniges, *A* 9, 607. parvo potens, mächtig bei kleinem Besitz, *A* 6, 843. Plur., parva (Gegs. magna), *G* 4, 176. 2) k l e i n, j u n g, v. Pers., *A* 2, 677. 5, 563 u. 569. *G* 2, 514. Quirites (von Bienen), *A* 4, 200. Sbst., parvus, i, *m.*, das Kleine, das Kind, *A* 10, 317. minores, die Jüngeren, Enkel, Nachkommen, Nachwelt (Gegs. zu 'maiores', was jedoch Verg. in diesem Sinne nicht gebraucht), *A* 1, 532 u. 733. 6, 823.

pasco, pāvi, pastum, ĕre, 1) f ü h r e auf die W e i d e, weide, *a*) v. Hirten, armenta, *G* 3, 155. boves, *B* 1, 45. equos, *A* 6, 655. pingues oves, *B* 6, 5. oves ad flumina, *B* 10, 18. Pass., *B* 7, 39. *b*) pass. u. medial v. Tieren, pasci, w e i d e n,

grasen, per valles, *Ă* 1, 186. per herbas, *G* 3, 162. frondibus, sich nähren von
usw., *G* 3, 528. thymo, rore, von den Bienen u. Cikaden, *B* 5, 77. *Ă* 6, 653. *G* 2,
375. Óft. Part. 'pascens' in dieser Bed.,
B 3, 96. 4, 45. 5, 12. *G* 3, 143 u. 467. *Ă*
6, 199. dcht. m. Akk. der Beziehung (wie
βόσκομαί τι), pasci silvas etc., die Wälder usw. abweiden, *G* 3, 314. arbuta, *G*
4, 181. mala gramina pastus (von der
Schlange), von giftigen Kräutern genährt,
Ă 2, 471. 2) übh. lasse gedeihen, nähre,
unterhalte, ziehe auf od. grofs, *a*)
eig., von Menschen u. Tieren, *Ă* 7, 684.
G 4, 152. equos, *G* 3, 50. vitulam, taurum, *B* 3, 85 flg. von Kräutern, die jmd.
ernähren, *Ă* 3, 650. v. Gegenden, v.
Walde, *Ă* 7, 684. silvā pastus arundineā,
Ă 10, 710; vgl. *G* 2, 189 u. 199. dcht.,
crinem, d. i. lasse wachsen, frei herabhängen, *Ă* 7, 391. polus dum sidera pa-
scet, so lange der Himmel die Gestirne
nährt, d. i. so lange Sterne am Himmel
sind, *Ă* 1, 608. von der Kienfackel, ignes,
unterhalte, *G* 2, 432. Pass. von der Flamme selbst, circum tempora pasci, sich
verbreiten, sich fortpflanzen, *Ă* 2, 684.
cui pineus ardor pascitur acervo, dem
ein Fichtenfeuer auf dem Holzstofs unterhalten wird, *Ă* 11, 787. *b*) übtr., weide, ergötze, animum picturā inani, *Ă*
1, 464. spes inanes, nähre, hege, *Ă* 10,
627. prospectus pascit animum, erfreut,
blendet, *G* 2, 285.

pascŭum, i, *n*. (pasco), Weide, bei
Vergil nur Plur., *B* 1, 49. *G* 3, 213 u. 323.

Pāsĭphăē, ēs, *f*. (*Πασιφαη*), Tochter
des Sol und Gattin des Minos auf Kreta,
die auf Anstiften des auf Minos erzürnten Neptun von Liebe zu einem von ihm
geschaffenen weifsen Stier entbrannte,
B 6, 46. *Ă* 6, 25 u. 447.

passim, Adv. (pando), weithin od.
weit umher, allenthalben umher,
Ă 2, 384 u. 570. 3, 510. 6, 652. *B* 4, 19.
G 1, 132.

passum, i, *n*., s. pando *no*. I, *b*.

passŭs, ūs, *m*. (pando), Schritt,
Plur., *Ă* 2, 724. 7, 157. nec longis inter
se passibus absunt, nur wenige Schritte,
in geringer Entfernung, *Ă* 11, 907.

pastŏr, ōris, *m*. (pasco), Hirt, *Ă* 2,
308 u. ö. *B* 2, 1 u. ö. *G* 3, 2 u. ö.

pastŏrālis, e (pastor), zum Hirten
gehörig, myrtus, Hirtenstab, *Ă* 7, 817.
signum, Hirtenruf, *Ă* 7, 513.

pastŭs, ūs, *m*. (pasco), Fütterung,
Weide, bes. als Ort, *Ă* 11, 494. *G* 1, 381.
der Schwäne, *Ă* 7, 700.

Pătăvĭum, iī, *n*., Stadt in Oberitalien, j. 'Padua', *Ă* 1, 247 (Gen. 'Patavi').

pătĕfăcĭo, fēci, factum, ĕre (pateo u.
facio), öffne, erschliefse, *Ă* 2, 259.

pătĕo, tŭi, ēre, 1) bin od. stehe offen, v. Thüren, *Ă* 2, 661. ut terrae atque novae pateant Carthaginis arces hospitio (*Dat.*) Teucris, dafs die Landung
gestattet sei, sich Gebiet und Burg den
Teukrern zur gastlichen Aufnahme öffne, *Ă* 1, 298. Dah. Part. 'patens', offen,
geöffnet, v. Thore, *Ă* 9, 693. von der
Wunde, *Ă* 1, 40. 2) prägn., *a*) von ebenen
Flächen oder Gegenden, sich öffnen,
sich ausbreiten oder ausdehnen,
sich erstrecken, *Ă* 6, 127. 9, 238. 12,
710. *B* 3, 105. Bes. Part. 'patens', offen,
frei, campi, *Ă* 4, 153. 5, 552; dcht., der
freie, unbewölkte Himmel (gleichs. als
Tummelplatz, Schlachtfeld für die Bienen), *G* 4, 77. pelagus, für die Schifffahrt offene, hohe See, *G* 2, 41. unda
auraque patens cunctis, allen zugänglich, gemeinsam, *Ă* 7, 230. *b*) übtr.: *α*)
bin ausgesetzt, stelle mich blofs
in arma (den Waffen), *Ă* 11, 644. *β*) bin
offenbar, sichtbar, vera patuit dea,
ganz als Göttin erschien sie, verriet sie
sich im Gange, *Ă* 1, 405.

pătĕr, tris, *m*. ['patér' m. verläng.
Ends. in der Cäsur, *Ă* 5, 521. 11, 469.
12, 13] (*πατήρ*), 1) Vater, *a*) übh., *Ă* 3,
168 u. ö. prägn., von dem, dem allein als
Vater die Entscheidung über etwas zu-
steht (v. Latinus), *Ă* 11, 356. in bez. auf
das hohe Alter, 'Greis', *Ă* 5, 241 u. 533.
b) als Ehrenname, v. Aneas, *Ă* 1, 155 u.
580. v. Dardanus, *Ă* 8, 134. v. Göttern,
wie v. Juppiter, *Ă* 2, 617. 3, 251. 6, 781.
7, 558. pater Romanus, v. kapitolin.
Juppiter (nach andern v. Augustus), *Ă*
9, 449. v. Neptun, *Ă* 5, 14. v. Flufsgöttern, *Ă* 7, 685. 8, 540. v. Okeanos (weil
nach den ältesten Naturphilosophen das
Wasser als der Grundstoff aller Dinge
galt), *G* 4, 382. v. Benakus (in bez. auf
den Flufs Mincius, der gleichs. der Sohn
des Benakus war), *Ă* 10, 205. v. Appenninus, *Ă* 12, 703; vgl. 'Gradivus, Lenaeus,
Quirinus'. 2) Plur. patres, 'Väter', 'Vor-
ältern', 'Vorfahren', *Ă* 1, 641. 2, 715. 7,
172. 8, 598. 10, 282. 11, 185 flg. 688. Bes.
in bez. auf die durch Erfahrung weise-
ren Alten (*γέροντες*), die den Senat
bilden sollten, *Ă* 5, 758. in Verb. m. populus, *Ă* 9, 192.

pătĕra, ae, *f*. (pateo), flache Schale, Opferschale, meist mit einem Hen-
kelgriff, *Ă* 1, 729. 3, 67. paterae et aurum, goldene Schalen, *G* 2, 192. dcht., von
dem darin befindlichen Wein, *Ă* 1, 738.
4, 60. 7, 133.

păternus, a, um (pater), väterlich,

des Vaters, vom Vater ererbt (πα-τρῷος), regna, *A* 3, 121. insigne, *A* 7, 657. ars, *A* 8, 226. nomen, *A* 12, 225.

pătesco, pătŭi, ĕre (Inch. v. pateo), *a*) werde geöffnet, öffne mich, *A* 2, 483. 3,530. 6, 81. *b*)übtr., werde offenbar, erscheine, *A* 2, 309.

pătĭens, entis (eig. Part. v. patior), 1) ausdauernd, geduldig bei etw., m. Gen., operum, bei schwerer Feldarbeit, *G* 2, 472. *A* 9,607. pericli, *A* 10,610. manûm, an die Hand sich schmiegend, zahm, *A* 7, 490. Phoebi, noch nicht bewältigt, noch ungebeugt von des Phöbus Gewalt (von der Sibylle), *A* 6,77. dcht. v. Boden, vomeris, leicht zu bearbeiten (mithin geeignet zum Anbau), *G* 2, 223. 2) geduldig, von dem, der etw. ruhig geschehen läfst, *A* 5, 390.

pătĭor, passus sum, păti (πάσχω), 1) leide, *a*) stehe aus, überstehe, erdulde, ertrage, graviora, extrema, *A* 1, 199 u. 219. funera, *A* 1, 232. proelia, bestehe, *A* 7,807. 12,571. volnera, setze mich Wunden aus, trage W. davon, *A* 6, 660. famam (übeln Ruf), *A* 11,847. digna indigna, *A* 12, 811. quidquid acerbi est, *A* 12,679. dcht.,rastros,v.Acker,*B* 4,40. Lucinam justosque hymenaeos, ʻsich begatten', ʻgebären', ʻkalben' (von der Kuh), *G* 3,60. *b*) übh., bin einer Sache ausgesetzt, leide, erfahre etw., monstra (d. i. Verwandlung in solche Ungeheuer), *A* 7, 21. *c*) dcht. abs., dulde, führe ein karges Leben, *B* 10,53. 2) leide, ertrage, lasse mir gefallen, iussa et dominos Teucros(die Herrschaft der Teukrer), *A* 10, 866. exilium, gehe in die Verbannung, *A* 2, 638. m. Inf., quemvis durare dolorem, erdulde gern jedes Ungemach, *A* 8,577. v. Schicksal, ʻvergönnen', ducere vitam, *A* 4,340; vgl. *A* 5, 462. 9, 795. 10, 904. 12, 480. tot incassum fusos(esse)patiere labores? siehst du in Geduld es an, dafs du so viele Mühen vergeudet hast? *A* 7,421. nec plura querentem passa Venus, ertrug nicht, dafs Dido weiter klagte, *A* 1, 386.

pătrĭa, ae, *f.* (patrius), 1) Vaterland, Geburtsort, Heimat, Wohnsitz, *A* 1, 380 u. 540. 2, 241. 3, 613. alta, *A* 11,797. übtr., nimborum, Gebiet der Stürme, *A* 1, 51. v. Bäumen, *G* 2, 116. 2) Vaterstadt, *A* 3, 325 (v. Troja).

pătrĭus, a, um (pater), 1) väterlich, zum Vater gehörig, vom Vater überkommen, des Vaters (πάτριος), manus, *A* 6, 33. mucro, *A* 12, 736. vultus, *A* 9,539. amor, des Vaters (Äneas) zum Sohne, *A* 1, 643. pietas, Liebe der Eltern zu den Kindern und der Kinder

zu den Eltern, *A* 9, 294; vgl. *A* 10, 824. poenae, Strafe wegen des Vaters (von Hippolytus, welchen Theseus wegen seines angeschuldigten Frevels verfluchte), *A* 7, 766. vi patriä, mit der Gewalt des Vaters, so gewaltig wie einst sein Vater Achilles, *A* 2, 491. cultus, die frühere, bei den Vorfahren übliche Art der Bebauung, *G* 1, 52. 2) vaterländisch, heimisch, urbs, *A* 11, 793. terra, *A* 6, 508. Italia, *A* 1,380. Argi, *A* 2,95. fines, *A* 1, 68. maritus (weil aus demselben Vaterlande), *A* 3, 297. penates, *A* 2,717. di patrii (θεοὶ πατρῷοι), die Götter der Heimat, die Stamm- oder Staatsgottheiten, bei deren Verehrung der Staat als éine grofse Familie erscheint, *A* 2, 702. 9, 247; eig. die von den Voreltern überkommenen Götter, im Gegs. zu denen, die man später von Fremden annahm (di communes), *G* 1,498. abietes (weil am Ida gewachsen), *A* 9,673. arma (im Gegs. der Waffen der Feinde des Vaterlandes), *A* 3, 595. palaestra, in der Heimat gebräuchlich od. üblich, *A* 3, 281. sermo, Mutter- od. Landessprache, *A* 12,834.

Pătrōn, ōnis, *m.*, ein Arkadier aus Tegea, *A* 5, 298.

pătrŭus,i,*m.*(pater),Vatersbruder, Oheim, v. Pluto (Bruder des Juppiter), *A* 6, 402.

pătŭlus, a, um (pateo), 1) offen, offenstehend, nares,*G* 1,376. 2)ausgebreitet, fagus,weitastig, *B* 1,1. *G* 4, 566. quadra, breit, flach, *A* 7, 115. plaustra, grofse u. schwere, *G* 3, 362.

paucus, a, um (St. παυ in παύω, παῦρος), gering, wenig, Plur. sbst., pauci, wenige, *A* 1, 538. 6, 129. pauca, wenige Worte, weniges, *A* 3, 313. 4, 116. 333. 337. pancis, mit wenigen Worten, kurz, *A* 6, 672. 8, 50.

paulātim od. (*Haupt*) **paullātim**, Adv., allmählich, nach und nach, *A* 1, 724. 6, 358. 7, 529. *G* 3, 215. *B* 4, 28.

paulispĕr od. (*Haupt*) **paullispĕr**, Adv., ein Weilchen, auf kurze Zeit, *A* 5,846.

paulō od.(*Haupt*) **paullō**, Adv. (eig. Abl. von ʻpaulus'), ein wenig, etwas, beim Komp., *B* 4, 1.

paulŭm od.(*Haupt*) **paullŭm**, Adv., ein wenig, kurze Zeit, *A* 3, 597. 4, 649.

paupĕr,ĕris(verw.m.paucus),*a*)arm, dürftig, der nur sein dürftiges Auskommen hat, v. Pers., *A* 2, 87. 3, 615. 8, 360. *b*) arm, v. Dingen, ärmlich, armselig, tugurium,*B* 1,69. hortus, *B* 7,34. domus, *A* 12, 519. terra, *A* 6, 811.

paupĕrĭēs, ēi, *f.* (pauper), Armut, Dürftigkeit, *Ā* 6, 437.

pausĭa, ae, *f.* (verst. oliva), eine Olivenart von herbem Fleische, welche unreif geprefst u. eingemacht wurde, *G* 2,86.

păvĭdus, a, um (paveo), vor Furcht zitternd, bang, scheu, schüchtern, ängstlich, *Ā* 2, 489. 685. 766. 5, 575. 8, 592. 9, 473. 12, 717. formidine, *G* 3,372. monstris marinis, scheu gemacht, erschreckt durch usw., *Ā* 7, 780.

păvĭto, āre (Freq. von paveo), bebe heftig, zittere, fürchte od. ängstige mich, *Ā* 2,107. 6,498. dcht., cauda pavitans, zitternd, *Ā* 11, 813.

păvŏr, ōris, *m.* (paveo), *a*) das Beben, Zittern, die Beklemmung(bei grofser Erwartung), *Ā* 3, 57. pulsans, gleichs. 'pochende, beklemmende Angst', *Ā* 5, 138. *G* 3, 106. *b*) Beben, Angst, Schrecken, *Ā* 2, 229 u. 369. 7, 458. *G* 1, 331.

pax, pācis, *f.* (pango), 1) appell.: *a*) friedlicher Vergleich, Vertrag, *Ā* 7, 155. 11, 133. pacis leges, *Ā* 12, 112. bes. Friede(zwischen Streitenden, Feinden), *Ā* 3, 543. 4, 618. 6, 852. *b*) übh. freundschaftl. Verhältnis, *Ā* 7, 266. Ruhe, *Ā* 1, 249. *c*) Gnade, Beistand (v. Göttern), *Ā* 3, 261 u. 370. 2) personif., Pax, 'Friedensgöttin' (*Εἰρήνη*), mit einem Ölzweig in der Hand dargestellt, *G* 2, 425.

peccātum, i, *n.* (pecco), Vergehen, Frevel, *Ā* 10, 32.

pecco, āre, fehle, frevle, *Ā* 9, 140.

pectĕn, ctĭnis, *m.* (pecto), 1) Kamm für die Haare, übtr., *a*) in der Webekuunst, 'Kamm', Weberlade, Blatt (ein Rahmen mit Rohrstäbchen, welche die Fäden des Aufzugs auseinander halten), *Ā* 7, 14. *G* 1, 294. *b*) Stab, womit die Saiten der Laute geschlagen werden (*πλῆκτρον*), Kiel, Schlägel, *Ā* 6, 647.

pecto, pexi, pexum, ĕre (*πέκω*), kämme, colla, *Ā* 12, 86. ferum (den Hirsch), *Ā* 7, 489.

pectŭs, ŏris, *n.* ['pectoribús' mit verläng. Endsilbe, *Ā* 4, 64], 1) Brust der Menschen u. Tiere, oft Plur., *Ā* 1, 44 u. 355. 2, 474. 4, 673. 5, 434. 10, 387. 11, 86. 12, 871. als Wohnsitz der Seele, *Ā* 10, 601. übh. Oberteil des Körpers, *Ā* 9, 103. Bes. dcht. Umschr. st. der Person, sororum pectora, *Ā* 11, 216. 2) übtr.: *a*) Brust als Sitz der Empfindungen, Herz, Seele, Gemüt, *Ā* 5, 153. 7, 338. pectore toto, von ganzem Herzen, *Ā* 9,276. Plur., Gesinnung u. Charakter, mit 'animi' verb., d. i. Mut und Entschlossenheit, *Ā* 9, 50; vgl. *Ā* 1, 36. 153. 502 u. 521. 3, 298. 4, 67. 6, 261. 12, 888. dcht.

von einem einzelnen, pectora Turni, *Ā* 10, 151. *b*) Geist, Verstand, *Ā* 1, 657. 4, 563.

pĕcŭārĭus, a, um (1. pecus), zum Vieh gehörig, sbst., pecuaria, ōrum, *n.*, 'Viehherden', *G* 3, 64.

pĕcūlĭum, ĭi, *n.* (1. pecus), Vermögen, Besitztum, bes. durch eigenen Fleifs erspartes (wie der Sklaven, womit sie sich von ihrem Herrn die Freiheit erkaufen konnten), 'Spargut', *B* 1, 33.

1. **pĕcŭs**, cŏris, *n.*, 1) Vieh (als Gattung, dagegen 'pecus', cŭdis, ein Stück Vieh), omne (v. Kühen), *Ā* 12, 718. equinum, Rosse, Gestüt, *G* 3,72. caprigenum, *Ā* 3, 221. Plur., inertia, feiges, schüchternes Wild, *Ā* 4, 158. dcht. v. Bienen, ignavum, Drohnen, Hummeln, *G* 4, 168. 2) das kleine Vieh, bes. 'Schafe', molle, *Ā* 9,341. balatus pecorum, *G* 3,554. coge pecus, *B* 3, 20.

2. **pĕcŭs**, cŭdis, *f.*, *a*) ein einzelnes Stück Vieh, Tier, *G* 3, 243. Plur. 'Herden', m. 'volucres' od. 'alites' verb., *Ā* 4, 525. 8, 27. v. den Bienen, *G* 4, 327. Bes. *b*) ein Schaf, nigra, *Ā* 3, 120 u. 642. 5, 736. 6, 728.

pĕdĕs, dĭtis, *m.* (Wurz. *πεδ* in *πέδιος*, d. i. *πεζός*), zu Fufse, mit einem Zeitw. des Gehens, *Ā* 6, 880. 7, 624 u. 666. 12, 453 u. 510. Sbst., Streiter zu Fufs, *Ā* 10, 751. kollektiv, armatus, *Ā* 6, 516. Plur., 'Fufsvolk', *Ā* 7, 793.

pĕdĕstĕr, stris, stre (pedes), zu Fufse, acies, pugna, Kampf zu Fufse, *Ā* 10, 364. 11, 707.

pĕdĭca, ae, *f.* (pes), Schlinge (um Vögel zu fangen), *G* 1, 307.

pĕdum, i, *n.*, Hirtenstab, von knotigem Holze, oben gekrümmt u. unten mit einem längern ehernen Stachel, *B* 5, 88.

pĕiŏr, ŭs, s. malus.

pĕlăgus, i, *n.* (*πέλαγος*), Meer, *a*) die See (bes. die hohe im Gegs. der Küstengegend), *Ā* 1, 138. 2, 36. 800. 3, 555. 4, 212. 5, 8 und 870. 9, 81. *b*) dcht. übh. 'Wasserschwall', von den brausenden Wogen eines Flusses, *Ā* 1, 246.

Pĕlasgi, ōrum, *m.* (*Πελασγοί*), Pelasger, Ureinwohner Griechenlands, bes. Arkadiens u. Thessaliens, die von ihren ursprünglichen Sitzen um Dodona in Epirus aus über den Peloponnes, Attika usw. sich verbreiteten, dcht. übh. st. 'Griechen', *Ā* 2,83. 6, 503. 8, 600. Dav. **Pĕlasgus**, a, um, pelasgisch, dcht. st. 'griechisch', reges, *Ā* 1, 624. ars, *Ā* 2, 106 u. 151. pubes, *Ā* 9, 154.

Pĕlĕthrŏnĭus, a, um (*Πελεθρόνιος*), zu Pelethronium gehörig, eiuer Berggegend Thessaliens, dem Wohnorte der Lapithen, peletLronisch, Lapithae, *G* 3, 115.

Pēliäм, ae, *m.* (*Πελίας*), ein Troër, *A* 2, 435.

Pēlīdēм, ae, *m.* (*Πηλείδης*), 1) Sohn des Peleus, d. i. Achilles, *A* 2, 548. 5, 808. 12, 350. 2) Enkel des Peleus, d. i. Neoptolemus, *A* 2, 263.

Pēliön, ĭi, *n.* (*Πήλιον*), Gebirge an der Küste Thessaliens, südl. vom Ossa, j. 'Zapora', *G* 1, 281. 3, 94.

Pellaeuм, a, um(*Πελλαῖος*), zur Stadt Pella in Makedonien gehörig, pelläisch, dcht. st. ägyptisch' (weil Ägypten makedon. Königen gehorcht hatte), Canopus, *G* 4, 287.

pellax, ācis (pellicio`, verführerisch, ränkevoll, verschmitzt, Ulixes, *A* 2, 90.

pellм, is, *f.*, abgezogene Haut, Fell, *B* 2, 41. *A* 2, 722. 7,688. 10,483. m. 'exuviae' verb., *A* 9, 306. Bes. 'Hirschfell', *νεβρίς* (Umwurf der Bacchantinnen), *A* 7, 396.

pello, pĕpŭli, pulsum, ĕre, 1) eig.: *a*) stofse, schlage, arma pulsa, *A* 8, 529. dcht., palus pulsa sonat (cantu), hallt wieder, ertönt vom Gesange, *A* 7, 702; vgl. *B* 6, 84. volnere pulsos, getroffen, *A* 11, 56. *b*) stofse, setze in Bewegung, sagittam manu, schnelle fort, drücke ab, *A* 12, 320. *c*) stofse fort, vertreibe, verjage, verdränge, alqm Europā, *A* 1, 385. regno, regnis, *A* 3, 121 u. 249. vallo, *A* 9, 519. aggere, terrā, *A* 10, 143 u. 277. patriā, *A* 8, 333. limine, *A* 7, 579. Bes. 'schlage (in die Flucht)', 'besiege', *A* 3, 121. 11, 790. *G* 3, 30. pulsus abi, *A* 11, 366. pulsus ego? *A* 11, 392. dcht., pulsam hiemem agere sub terras, unter die Erde verscheuchen, bannen, von der Sonne (denn nach der Vorstellung der Alten war das Innere der Erde im Winter warm, im Sommer kalt), *G* 4, 51. 2) übtr.: *a*) treibe jmd. an zu etw., saeva Iovis sic numina pellunt(*Ribb.*st. 'poscunt), *A* 11,901. *b*)vertreibe, verscheuche, timorem, *A* 5, 812. lacrimas Creusae, beweine die Kreusa nicht mehr, *A* 2, 784. nec gloria cessit pulsa metu, Furcht hat mir den Mut nicht geraubt, *A* 5, 395. pulsus corde dolor, wurde aus dem Herzen verdrängt, *A* 6, 382. quo tibi nostri pulsus amor? wohin entschwand dir die Liebe zu mir? *G* 4, 325.

Pĕlŏpēuм, a, um (*Πελόπειος*), zu Pelops gehörig, pelopëisch, moenia, d. i. Argos, *A* 2, 193.

Pēlopм, ŏpis, *m.* (*Πέλοψ*), Sohn des

Tantalus, Vater des Atreus, König von Mykenä in Argolis, ward als Kind von seinem Vater zerstückt den Göttern zum Mahle vorgesetzt, die jedoch mit Ausnahme der Ceres, die im tiefsten Schmerze über den Verlust ihrer Tochter Proserpina ein Schulterstück verzehrte, das Mahl nicht berührten und dem Pelops mittelst Zauberkräuter Gestalt u. Leben wiedergaben, wobei die fehlende Schulter durch eine elfenbeinerne ersetzt wurde, *G* 3, 7.

Pĕlöruм, i, *m.* (*Πέλωρος*, gew. *Πελωρίς*), nordöstl. Spitze Siciliens, j. 'Faro di Messina', claustra, angusta sedes Pelori, Meerenge von Sicilien (fretum Siculum), *A* 3, 411 u. 687.

peltа, ae, *f.* (*πέλτη*), ein kleiner und leichter mondförmiger Schild, *A* 1, 490. 7, 743. 11, 663.

Pēlūsiäcuм, a, um (*Πηλουσιακός*), zu Pelusium gehörig, einer Stadt an der östl. Nilmündung Ägyptens (j. 'Tineh'), pelusisch, lens, *G* 1, 228.

pĕnāteм, um, *m.* (St. 'pen' in 'penus', 'penitus'), Penaten, 1) eig., röm. Schutzgottheiten der einzelnen Familien wie des Staates, patrii, *A* 2, 717. 4, 21. miseri, *G* 2, 505. certi, neben 'domus' (zur Bezeichn. eines festen und sicheren heimatlichen Wohnsitzes), *A* 8, 39. Von den Römern als 'magni di' verehrt, als Schirmer des Reiches, das sie zu solchem Glanze gebracht, *A* 3, 12. 8, 679. Auch von den Schutzgöttern der Troër, *A* 1, 68. 2, 293. 3, 148 u. 603. 8, 11. 9, 258. 2) übtr.: *a*) der den Penaten geheiligte Herd, *A* 1, 704. *b*) meton., Wohnung, Haus (durch die Hausgötter geheiligt), *A* 1, 527. 8, 123. parvi (in bez. auf den geringen Umfang des Wohnhauses der Familie), *G* 2, 514. *A* 8, 543. dcht. von den Bienenzellen, 'Behausung', *G* 4, 155.

pendĕo, pĕpendi, ēre, 1) hange an etw. od. von etw. herab, m. Präp. 'ab', mit bl. Abl. od. abs., per dorsum a vertice, *A* 11, 577. ab alto malo, *A* 5, 511. iugis, *A* 12, 374. umbone, *A* 2, 546. in arbore, arboribus (v. Früchten), *G* 1, 38. 2, 89. pectoribus (v. Geschmeide), *A* 7, 278. von Zweigen od. Kränzen, die das Haupt umschliefsen, *A* 8, 277. scopulo, am Felsen angeheftet oder schwebend sein (v. Katilina in der Unterwelt), *A* 8, 669. ramo (v. Bienenschwarme), *A* 7, 67. v. Romulus u. Remus, pendentes (näml. an den Zitzen der Wölfin, wie in bildl. Darstellungen), *A* 8, 632. conplexu Aeneae colloque, am Halse des umarmten Än., *A* 1, 715. v. Kindern, circum oscula, am Munde des Vaters hangen, den Vater

küssend umhalsen, *G* 2, 523. bes. von
Weihgeschenken, pinu, *B* 7, 24. tectis
(vom Gebälke herab), *Ä* 5, 393. in postibus, *Ä* 7, 184. ähnl. von Menschenschä-
deln (mit dem Zus. 'adfixa foribus'), *Ä* 8,
8, 197. pendentia pumice tecta, eine
durch herabhängende Bimssteine gewölbte u. gebildete Grotte, *G* 4, 374. scopulis pendentibus antrum, gebildet durch
herabhängende Felsen, zwischen herab-
hängenden Felsen, *Ä* 1, 166. 2) übtr.:
a) hange gleichs. in der Luft, schwebe, v. Wolken, *G* 1, 214. v. Vorderteil
eines Schiffes (vorh. 'haerere'), *Ä* 5, 206.
v. Schiffe, dorso iniquo, schräg auf der
Sandbank aufsitzen, *Ä* 10, 303. v. Pers.,
in summo fluctu, *Ä* 1, 106. abs., hangen,
schweben, *Ä* 6, 617. v. Ziegen, de rupe,
'am Felsen hangen', *B* 1, 77. dcht. von
den Wagenlenkern, proni in verbera pendent, beugen sich vorwärts zum Schlage,
Ä 5, 147. *b*) hange irgendwo, verweile
(mit dem Nebenbegr. der Unentschie-
denheit des Ausspruchs, den jmd. erwartet), *Ä* 6, 151. *c*) hange mit dem
Blicke an jmds. Munde, d. i. höre eifrig
zu, ab ore narrantis, *Ä* 4, 79. *d*) im Gegs.
der Bewegung, von dem, was in seinem
Fortgange unterbrochen wird, 'ruhen',
'unvollendet liegen bleiben', v. Bauwer-
ken, *Ä* 4, 88.

pendo, pĕpendi, pensum, ĕre, wäge
etw. zu (urspr. das Geld vor der Aus-
prägung desselben), zahle, übtr., poenas, leide Strafe, *Ä* 6, 20. abs., 'büfse',
sanguine, *Ä* 7, 595.

pĕnĕ, s. paene.

Pēnēïus, a, um, zum Penēus (s. d.)
gehörig, penēisch, Tempe, *G* 4, 317.

Pēnĕlĕus, ĕi, *m.* (*Πηνέλεως*), ein
Grieche, Heerführer der Böoter vor
Troja, *Ä* 2, 425.

pĕnĕs, Präp. m. Akk., bei, in jmds.
Besitz, Gewalt, nachgest., te p. (verst.
'est'), ruht auf dir, *Ä* 12, 59.

pĕnĕtrābĭlis, e (penetro), durchdringend, telum, *Ä* 10, 481. frigus, *G*
1, 93.

pĕnĕtrāle, is, *n.* (penetro), der innerste Teil, das Innere eines Hauses, bei Vergil nur Plur., Priami, *Ä* 2,
484 u. 508. alta, *Ä* 7, 59. eines Tempels,
ἄδυτα, 'Kapelle', 'Heiligtum', Vestae, *Ä*
5, 744. 9, 259. v. Tempel des palatin.
Apollo, *Ä* 6, 71.

pĕnĕtrālis, e (penetro), innerster,
inwendig, adyta, *Ä* 2, 297. sedes, *Ä* 4,
504. foci, häusliche Herde (der am Ufer
stehenden Häuser), *Ä* 5, 660. tecta, verborgene Behausung, innere Gänge (der
Ameisen), *G* 1, 379.

pĕnĕtro, āre (St. 'pen', wie in 'penitus' etc.), 1) trans., dringe od. komme
in etw. hinein, betrete, m. Akk., *Ä*
1, 243. 7, 363. *G* 2, 504. 2) intr., dringe
(ein), ad urbes, *Ä* 7, 207. 9, 10.

Pēnēus, i, *m.* (*Πηνειός*), Hauptflufs
Thessaliens, der auf dem Pindus entspringt, durch das Thal Tempe fliefst u.
in den thermäischen Meerbusen mündet
(j. 'Salambria'), *G* 4, 355 (wo Pēnēī zweisilb. durch Synizesis).

pĕnĭtus, Adv. (St. 'pen', wie in penetro), 1) tief hinein, bis in das Innerste, übh. weit hin, fern, defigo
u. dgl., *G* 2, 290. *Ä* 1, 512. 6, 59 u. 679.
7, 374. 9, 713. 10, 526. 12, 256 u. 390. *B*
1, 66. p. profundo (*Dat.*) vela dabit, wird
weithin, fernhin über das Meer segeln,
Ä 12, 263 (in bez. auf *v.* 256). pen. per
undas perque invia saxa dispulit, zerstreute uns durch den unbändigen Südwind weithin über usw., *Ä* 1, 536. scopuli
pen. sonantes, eig. die tief ins Innere
hinein, d. i. weithin stark hallen, *Ä* 1,
200. pen. reperio alqd, tief drinnen, im
Innern, *G* 4, 43. causae pen. latentes, die
im Innern, in der Tiefe verborgenen
Gründe, *Ä* 3, 32. 2) übtr.: *a*) im Innersten, von Grund (des Herzens) aus,
m. 'perosus' verb., *Ä* 9, 141. *b*) gänzlich, völlig, pen. diversā parte, *Ä* 9, 1.

penna, s. pinna.

pennātus, s. pinnatus.

pensum, i, *n.* (pendo), die den Sklavinnen als Tagesarbeit zugewogene 'Wolle', Plur., nocturna, *G* 1, 390. mollia, die
weichen Fäden der Wolle, das zarte Gespinnst, *G* 4, 348. ähnl. *Ä* 9, 476. dah. die
den Sklavinnen aufgegebene Arbeit,
Ä 8, 412.

Penthĕsĭlēa, ae, *f.* (*Πενθεσίλεια*),
Tochter des Mars, Königin der Ama-
zonen, mit den Troërn verbündet u. von
Achilles besiegt, *Ä* 1, 491. 11, 662.

Pentheus, ĕi u. ĕos, *m.* (*Πενθεύς*),
Sohn des Echion u. der Agave, König
von Theben, wegen seines trotzigen Wi-
derstrebens gegen die Verehrung des
Bacchus in Raserei versetzt u. von seiner
Mutter u. den Bacchantinnen auf dem
Kithärongebirge zerrissen, *Ä* 4, 469.

pĕnūrĭa, ae, *f.*, Mangel, edendi, an
Speise, *Ä* 7, 113.

pĕnūs, ūs u. i, *f.* (St. 'pen' in 'penetro'), im Innern des Hauses aufbewahrter Vorrat an Lebensmitteln, Speisen,
Ä 1, 704.

pēplum, i, *n.* (*πέπλος*), Umwurf,
Obergewand, bes. Prachtgewand, welches athen. Jungfrauen der Minerva für
die Prozession bei den Athenäen, und

ähnl. die Troërinnen in Troja, um die
Gunst der Götter zu gewinnen, webten,
A 1, 480.

pĕr, Präp. m. Akk. [seinem Nomen
nachgestellt, *A* 4, 671. 7, 234. zum zweiten Nomen gestellt, medias acies medios-
que per ignes, *A* 7, 296. non (*per*) legatos
neque prima per artem etc., *A* 8, 143. bes.
im Relativs., (*per*) quas terras, *A* 6, 692]
(παρά, πάρ), 1) zur Bezeichn. der Verbreitung oder Ausdehnung des Sich-
erstreckens über einen Raum, *a*) d u r c h,
ü b e r, über . . hin, auf (umher), per
aequor, per urbes u. dgl., *A* 3, 126 u.
631. 4, 313 u. 670. 5, 102. 392. 502. 6, 30
u. 588. 7, 222 u. 655. 8, 18. 9, 174. 11,
297. *G* 2, 509. 3, 162. per aras, eig. in
den Räumen od. hier u. da, wo Altäre
für die verschiedenen Gottheiten standen, d. i. an den Altären, am Altar, *A* 2,
501. 4, 56. per lubrica, da, wo der Boden schlüpfrig war, *A* 5, 335. per terras,
auf Erden, auf der Erde ringsum, *A* 4,523.
ähnl., per gentes, *G* 1, 331. per membra
(v. Schlafe, der sich gleichsam durch od.
über die Glieder ergiefst) *A* 1, 691. 830.
per flumina, längs dem Flusse, *G* 4, 457.
caelo conversa per auras adfatur, redet
durch die Lüfte hin die Juno so an, *A*
7, 543. totum per agmen, im ganzen
Heere, *A* 11, 781. per medias acies, inmitten der Schlacht, *G* 4, 82. *b*) u m, a n,
n a c h (in der Nähe eines Gegenstandes),
mitti per Elysium, in das weite Elysium,
nach Elysium, *A* 6, 744. triste per augurium ducunt, führen zu traurigen Deu-
tungen, erfüllen mit unheilvollen Ahnun-
gen, *A* 5, 7. possem comes ire per umbras, könnte in die Unterwelt dich begleiten und dort unzertrennlich mit dir
vereint sein, *A* 12, 881. 2) zur Angabe
des Zeitraums, durch welchen eine Handlung sich erstreckt, d u r c h . . . hin,
d u r c h . . . hindurch, während, mille
per annos u. dgl., *A* 6, 748. 7, 60, 8, 399.
12, 826. Bes. zur Angabe der Zeit, in
welcher eine Handlung vorgeht, während, in, per noctem, *A* 2, 754. per
aestum, in der Hitze des Mittags, *B* 5,
46. per somnum, im Traume, *A* 5, 636.
3) in andern Verhältnissen, *a*) zur Bezeichnung des Mittels od. Werkzeuges,
d u r c h, v e r m i t t e l s t, *A* 6,663. 10,290.
per carmina, in Gesängen, *G* 2, 388. *b*)
zur Bezeichn. der Art u. Weise, per furorem, in Wut, *A* 12, 601. per artem, auf
kunstvolle Weise, kunstvoll, *A* 8, 143.
10, 135. Bes. bei Adj. im Neutr. zur
Umschr. eines Adverbialbegr., per tacitum, still, in Stille, d. i. in stillem Laufe,
A 9, 31. *c*) zur Bezeichn. der Rücksicht

od. Ursache, dah. bei Bitten, Beteue-
rungen, Schwüren usw., b e i, um . . .
w i l l e n, per sidera, per superos u. dgl.,
A 3, 599 u. 600. 4, 314. 6, 364. 9, 260 u.
300. 10, 46 u. 370. quod te per superos
. . . oro, *A* 2, 141. In den Schwurformeln
wird 'per' nicht selten von seinem Kasus
(des Gegenstandes, bei dem man schwört)
durch Einschiebung des Pronom. der
Person, welche schwört oder die beim
Schwure angerufen wird, getrennt, per
ego has lacrimas . . . oro, *A* 4, 314. per
vos et fortia facta . . . fidite ne pedibus,
A 10, 369 (wo 'oro' aus dem Vorhergeh.
'nunc prece nunc dictis' etc. zu erg.).
Auch wird der von 'per' regierte Kasus
in einen Zwischensatz gezogen, per si
qua est, quae restet . . . fides, bei der
Treue, wenn ein Rest sich noch rührt,
A 2, 142. per si quis Amatae tangit honos animum, und wenn dir die Ehre
Amatas irgend das Herz noch rührt, *A*
12, 56; vgl. *A* 6, 459. 10, 597 u. 902.

pĕr-ăgo, ēgi, actum, ĕre, *a*) f ü h r e
d u r c h oder aus, v o l l b r i n g e, vollende, alqd, *A* 6, 136. caedem, *A* 9, 242.
cursum, *A* 4,653. iter inceptum, *A* 6,384.
dona, vollende die Austeilung der Geschenke, teile aus, *A* 5, 362. in der Verkürzung, quo magis inceptum peragat . . ,
vidit, zur rascheren Ausführung ihres
Vorhabens wird sie dadurch veranlafst,
dafs sie sieht usw., *A* 4, 452. dcht., fortunam, erfülle, überstehe das Geschick,
A 3, 493. *b*) übtr., alqd animo mecum,
ü b e r l e g e, e r w ä g e etw. bei mir, *A* 6,105.

pĕr-ăgro, āre (per u. ager), d u r c h-
w a n d e r e, d u r c h z i e h e, deserta, *A* 1,
384. silvas saltusque, *A* 4, 72. saltus sil-
vasque, *G* 4, 53. stabula, *A* 10, 723.

per-cello, cŭli, culsum, ĕre (per u.
cello, κέλλω), s c h l a g e zu B o d e n od.
n i e d e r, alqm, *A* 5,374. cetera perculsa
iacent rerum ruinā, alles Übrige (aufser
den Hoffnungen, mit welchen wir uns
schmeicheln) liegt in ärgster Zerrüttung
umher, *A* 11, 310.

percĭpĭo, cēpi, ceptum, ĕre (per u.
capio), *a*) n e h m e auf in mich, flammam pectore, *A* 7, 356. *b*) übtr., v e r-
n e h m e, h ö r e (verst. 'auribus'), *A* 9, 190.

per-curro, curri, cursum, ĕre, 1)
d u r c h l a u f e, d u r c h e i l e, beim Weben, pectine telas, durchfahre, durch-
schiefse, *A* 7, 14. *G* 1, 294. lumine nimbos, v. Blitzstrahl, durchschlängeln, *A* 8,
392. 2) übtr., g e h e in der Rede d u r c h,
z ä h l e a u f, nomina, *A* 6, 627.

percŭtio, cussi, cussum, ĕre (per u.
quatio), 'durchstofse', 1) s c h l a g e heftig,
e r s c h ü t t e r e, tellurem tridenti, *G* 1,13.

alqm virgā, 'berühre' mit usw., *A* 7, 190. litora percussa fluctu, von den Wogen gepeitscht, *B* 5, 83. Bes. als Zeichen des Schmerzes, von Frauen, pectus manu, *A* 4, 589. 12, 155. Part. Praet. Pass. mit griech. Akk., percussa (Silvia) palmis lacertos, mit den Händen die Arme sich zerschlagend, *A* 7, 503. percussae pectora matres, mit den Händen an die Brust sich schlagend, *A* 11, 877. 2) übtr., bewege heftig od. aufs tiefste, ergreife, rühre, bes. Pass. (πλήσσομαι), percuti laetitiā metuque, *A* 1, 513. amore laudum (von Ruhmgier), *A* 9, 197. ingenti amore, *G* 2, 476. tanto nomine (von der Gröfse des Namens), *A* 8, 121. casu iniquo, *A* 6, 475. m. griech. Akk., percussus mentem formidine, mit Schrecken erfüllt in der Seele, *G* 4, 357. percussa mente, tief gerührt, *A* 9, 292.

per-do, dĭdi, dĭtum, ĕre, 1) richte zu Grunde, verderbe, vernichte, gentem, *A* 7, 304. 10, 879. alqm miserum, *G* 4, 494. Part. perdĭtus, a, um, 'hoffnungslos', 'unglücklich', 'verloren', *A* 4, 541. bes. von Liebe verblendet, thöricht, sinnlos, *B* 2, 59. auch v. Tieren, *B* 8, 88. 2) verliere (unwiederbringlich), praesidium, *A* 11, 58.

per-dūco, duxi, ductum, ĕre, 1) führe od. bringe zu einem Ziele, bovem ad stabula, *B* 6, 60. 2) überstreiche, corpus ambrosio odore, salbe, *G* 4, 416.

pĕr-ĕdo, ēdi, ēsum, ĕre, verzehre, zerfresse, morbo peresa vellera, *G* 3, 561. übtr., von Liebe, alqm tabe, *A* 6, 442 (*Haupt* 'peremit').

pĕrĕgrīnus, a, um (peregre), fremd, ausländisch, ferrugo, *A* 11, 772.

pĕrennis, e (per u. annus), dauernd, übtr., fama, alte, noch bestehende Sage, *A* 9, 79.

pĕr-ĕo, ĭi, ĭtum, īre, 1) komme um, gehe zu Grunde, verschwinde, Part. 'periturus', dem Untergange geweiht, zerfallend, Troia, *A* 2, 660. regna, *G* 2, 498. 2) prägn.: a) komme um, sterbe, hominum manibus, *A* 3, 606. meritā morte, *A* 4, 696. abs., *A* 2, 428. 3, 606. 9, 140. 10, 617. b) übtr., schmachte hin, amore, vor Liebe, *B* 10, 10.

pĕr-erro, āre, durchirre, durchschweife, locum, *A* 5, 441. omnem undique circuitum, kreise in der Runde umher, *A* 11, 766. Pass., *A* 2, 295. *B* 1, 62. dcht. v. Gifte, durchdringen, *A* 7, 375. alqm totum luminibus, messe, durchmustere jmd. von Haupt bis zu Fufs mit den Augen, *A* 4, 363.

per-fĕro, tūli, lātum, ferre, 1) bringe, trage (bis an ein bestimmtes Ziel),

a) übh., dcht. v. lebl. Subj., lapis nec pertulit ictum, trug den Wurf nicht (d. i. gelangte nicht) bis ans Ziel, *A* 12, 907. v. Speer, vires haud pertulit, verlor die Kraft, *A* 10, 786. hasta perlata haesit, langte am Ziele an und safs fest, *A* 11, 803. Refl., me ad limina, begebe mich, gehe weiter bis usw. (nach vorausgeh. 'perge modo'), *A* 1, 389. b) prägn., überbringe (als Nachricht), melde, gaudia, *A* 11, 181. mit Akk. u. Inf. (v. Boten), *A* 5, 665. Pass. v. der Nachricht selbst, m. Dat. der Pers., *A* 9, 692. 2) ertrage geduldig, erdulde, überstehe, vim cunctam, *A* 10, 695. laborem, *A* 5, 769. sortitus, *A* 3, 323.

perfĭcĭo, fēci, fectum, ĕre (per u. facio), von jeder äufserl. Thätigkeit, 1) mache etw. fertig, verfertige, munera, *A* 8, 612. m. Abl. des Stoffes (woraus?), cymbia, pocula (u. dgl.) argento, *A* 5, 267. 9, 263 u. 357. porta perfecta elephanto, *A* 6, 895. 2) in bez. auf die Vollendung einer Handlung oder eines Zustandes, bringe zustande, vollende, führe aus, bes. 'bringe dar', v. Opfern, *A* 3, 178. 4, 639. 6, 637. orbe temporis perfecto, nach Ablauf der (für die Reinigung bestimmten) Zeit, *A* 6, 745. munus (Auftrag), führe aus, vollziehe, *A* 6, 629 u. 637. perfecta tibi bello discordia tristi, durch grausigen Krieg ist die Zwietracht dir gereift, *A* 7, 545.

per-fĭdus, a, um, treulos, wortbrüchig, *A* 4, 305. 7, 362. *B* 8, 91. Rutulus, *A* 10, 231. dcht., ensis, 'verräterische Klinge', *A* 12, 731.

per-flo, āre, durchwehe (v. Winde), terras, *A* 1, 83.

per-fŏdĭo, fōdi, fossum, ĕre, durchbohre, thoraca, *A* 11, 10.

per-fŏro, āre, durchbohre, pectus, inguen, *A* 10, 485 u. 589.

perfringo, frēgi, fractum, ĕre (per u. frango), durchbreche, zerbreche, zerschmettere, pectora, *A* 11, 614. dextrā, zermalme (verst. die feindlichen Schlachtreihen, wo Mann gegen Mann ficht), *A* 10, 279.

per-fundo, fūdi, fūsum, ĕre, 1) übergiefse, begiefse, benetze, alqd alqā re, *A* 10, 520. *G* 3, 446. 4, 384; vgl. *A* 7, 459. Pass., perfundi flumine, sich baden, *A* 11, 495. *G* 2, 147. sanguine, bespritzt werden, *A* 11, 88. aequoris aestu (von der Küste), von brandenden Wogen bespült werden, *A* 3, 397. Oceani perfusus undā, 'umspült', *A* 8, 589. ostro perfusae vestes, mit Purpur gefärbt, *A* 5, 112. m. griech. Akk., lacrimis flagrantes perfusa genas, 'die heifsen Wangen mit Thränen benetzt', *Ä* 12, 65. perfusus vittas sanie, 'an den Binden übergossen', *Ä* 2, 221; vgl. *Ä* 12, 65. nudatos umeros oleo perfusa, gesalbt, *Ä* 5, 135. 2) überschütte, bedecke mit trockenen Dingen, pulvere canitiem, 'bestreue', *Ä* 12, 611. dcht., Lethaeo perfusa papavera somno, getaucht in, getränkt mit Lethes Schlummer, *G* 1, 78.

pĕr-fŭro, ĕre, rase dahin, *Ä* 9, 343. **Pergăma**, ōrum, *n.* [mehr dichter. Form st. Pergamus, i, *f.*, *Πέργαμος*, später *Πέργαμον*], 1) Burg von Troja, *Ä* 1, 466 u. 651. 2, 177. 291. 375. 556. 571. 3, 87. 4, 344. 426. 6, 516. 7, 322. 8, 37. 374. 10, 58. 11, 280. 2) Stadt in Epirus, von Helenus nach dem Vorbilde des troischen Pergama gegründet, *Ä* 3, 336. simulata, *Ä* 3, 349.

Pergăměa urbs, Stadt Pergamus auf Kreta, der Sage nach von Äneas gegründet, *Ä* 3, 133.

Pergăměus, a, um, zur Burg Pergama in Troja gehörig, pergameïsch, dcht. st. troisch, arces, *Ä* 3, 110. gens, *Ä* 6, 63. Lar, *Ä* 5, 744. ruinae, *Ä* 3, 476.

pergo, perrexi, perrectum, ĕre (per u. rego), 1) eig.: *a*) gehe vorwärts od. fürbafs, *Ä* 1, 389 u. 401. gehe voran, *Ä* 4, 114. gehe (feindlich) entgegen, in hostem, *Ä* 11, 521. *b*) mache mich auf, beeile mich, m. Inf. (um zu usw.), *Ä* 12, 586. 2) übtr.: *a*) fahre fort, m. Inf., *Ä* 12, 586; vgl. *Ä* 6, 198 u. 'tendo'. Ellipt. (verst. 'narrare'), si prima repetens ab origine pergam, wollte ich vom ersten Beginn anhebend erzählen, *Ä* 1, 372. *b*) Imper. in der Aufforderung, perge, wohlan! so thue es! *Ä* 12, 153. pergite, auf ans Werk! *B* 6, 13.

pĕrhĭběo, bŭi, bĭtum, ĕre (per u. habeo), biete dar, bes. mündl., dah. sage, erzähle, ut perhibent, wie man erzählt, wie die Sage geht, *Ä* 4, 179. *G* 1, 247; vgl. *Ä* 8, 324. m. Akk. u. Inf., *G* 4, 507. Pass., tellus, quae perhibetur amara, Boden, den man für bitter erklärt, *G* 2, 238.

pĕrīcŭlum, i, *n.* [oft zsgz. **pĕrīclum**, *Ä* 2, 709. 9, 479], Versuch, bes. der mit Risiko verbundene, Gefahr, *Ä* 1, 615. 2, 751 u. ö. belli, *Ä* 11, 505.

Pĕrĭdīa, ae, *m.*, Mutter des Onites, *Ä* 12, 515.

pĕrĭmo, ēmi, emptum, ĕre (per u. emo), nehme ganz weg, dah. vernichte, reibe auf, töte, *Ä* 5, 787. 10, 315 u. 533. alqm tabe (*Ribb.* u. *Schap.* 'peredit'), *Ä* 6, 442. morte peremptus, vom Tode hingerafft, *Ä* 6, 163.

Pĕrĭphās, antis, *m.* (*Περίφας*), Heerführer der Argiver, *Ä* 2, 476.

pĕrītus, a, um, erfahren, kundig, m. Inf., cantare, *B* 10, 32.

periūrĭum, ĭi, *n.* (periurus), Meineid, Eidbruch, Plur., *Ä* 4, 542. *G* 1, 502.

periūrus, a, um (per u. iuro), meineidig, eidbrüchig, Sinon, *Ä* 2, 195. Troia, *Ä* 5, 811.

per-lābor, lapsus sum, lābi, 1) durchgleite schnell, durcheile, undas rotis, *Ä* 1, 147. 2) übtr., dringe od. gelange wohin, ad alqm (v. Gerücht), *Ä* 7, 646.

per-lĕgo, lēgi, lectum, ĕre, durchmustere, omnia oculis, durchforsche, *Ä* 6, 34.

Permessus, i, *m.* (*Περμησσός*), Flufs Böotiens, den Musen heilig, auf dem Helikon entspringend u. in den Kopaïssee mündend, *B* 6, 64.

per-mētĭor, mensus sum, mētīri, durchmesse, dcht., 'durchfahre', aequor, *Ä* 3, 157.

per-miscĕo, miscŭi, mixtum, ĕre, 1) mische durcheinander, vermische, alqd alqā re, *Ä* 10, 416. Bes. Pass. 'permisceor', werde vereint mit usw., *Ä* 10, 238. 11, 634. *B* 4, 16. dcht. mit Dat. der Pers., werde handgemein, kämpfe mit jmd., *Ä* 1, 488. 2) verwirre, bringe in Unordnung, omnem domum permiscere, *Ä* 7, 348.

per-mitto, mīsi, missum, ĕre, 1) überlasse, übergebe, rogum flammae, *Ä* 4, 640. übtr., alqm dextrae alcjs, *Ä* 4, 104. potestatem alci, *Ä* 9, 97. 2) lasse zu, erlaube, gestatte, morem, *Ä* 1, 540. nomen, *Ä* 5, 718. m. Inf., *Ä* 9, 240. *B* 1, 10.

per-mulcĕo, mulsi, mulsum, ĕre, streichle, übtr. besänftige, dictis pectora, *Ä* 5, 816.

per-mūto, āre, tausche um, vertausche, galeam (näml. mit dem Helme des Euryalus), *Ä* 9, 307.

pernix, nīcis (per u. nitor), eig. sich anstrengend weiter zu kommen, dah. *a*) behend, schnell, rasch, Saturnus, *G* 3, 93. alac, *Ä* 4, 180. *b*) mit Anstrengung ausharrend, beharrlich, vom Stiere (der nur magere Kost zu sich nimmt, um sich nicht durch fettere zum Kampfe zu schwerfällig zu machen), *G* 3, 230 (*Ribb.* u. *Schap.*).

pernox, noctis, die Nacht hindurch (ausdauernd), *G* 3, 230 *Haupt* (*Ribb.* u. *Schap.* 'pernix').

pēro, ōnis, *m.*, eine Art Fufsbekleidung, 'Gamaschen' aus rohem Leder, die manche Völker am rechten Fuſse trugen, während sie den linken unbedeckt lieſsen od. umgekehrt, *A* 7, 690.

pĕrōᴋuᴋ, a, um (per u. odi), sehr od. im Innersten hassend, lucem, des Lebens überdrüssig, müde, *A* 6, 435.

perpĕtĭor, pessus sum, pĕti (per u. patior), erdulde standhaft, halte aus, ventos et imbres, *A* 9, 60. m. Akk. u. Inf., 'ertrage', exscindi domos, *A* 12, 644.

perpĕtŭuᴋ, a, um (per u. peto), 1) an einander hangend, mensae, 'langgereiht', *A* 7, 176. bovis tergum, lang gestreckt, das ganze Rückenstück, *A* 8, 183. 2) übtr., beständig, ganz, formido, *B* 4, 14. iuventa, *A* 4, 32.

perplexuᴋ, a, um (per u. plecto), verflochten, verworren, iter silvae, *A* 9, 391.

per-rumpo, rūpi, ruptum, ĕre, durchbreche, limina, *A* 2, 480. tectam aciem, *A* 9, 513. terram aratro, reiſse auf, *G* 1, 98.

per-ᴋentĭo, sensi, sensum, īre, empfinde oder fühle tief, curas pectore, *A* 4, 448. m. Akk. u. Inf., 'nehme wahr', *A* 4, 90.

per-ᴋĕquor, sĕcūtus sum, sĕqui, 1) folge jmdm. eifrig nach, alqm, *A* 9, 218. übtr., betreibe etw. eifrig, persequor vitem attondens, die Beschneidung der Ranken, *G* 2, 407. 2) verfolge feindlich, alqm, *A* 10, 562.

per-ᴋīdo, sēdi, ĕre, lasse mich nieder, dcht. v. Regen, eindringen, altius ad vivum, *G* 3, 442.

Perᴋiᴋ, sĭdis, *f.* (Περσίς), Persien, Landsch. im östl. Asien, zur Bezeichn. der den Alten wenig bekannten Teile Asiens östl. und südöstl. von Syrien, *G* 4, 290.

per-ᴋolvo, solvi, sŏlūtum, ĕre, bezahle, übtr. trage ab (gleichs. als Schuld), grates alci, statte Dank ab, *A* 1, 600. sarkast. von den Göttern, grates dignas (neben 'debita praemia reddo'), zahle würdigen Dank u. Lohn, d. i. bestrafe, *A* 2, 537. honorem alci, durch Opfer die gebührende Ehre, *A* 8, 62. meliorem animam pro morte Daretis, opfere lieber das Leben eines Stieres (als besseres Geschenk), *A* 5, 484. calido sanguine poenas amborum, leide Strafe für beide, *A* 9, 423.

per-ᴋŏno, sŏnŭi, sŏnĭtum, āre, 1) trans., erfülle mit Getön, durchtöne, aequora conchā, *A* 6, 171. regna latratu, *A* 6, 418. 2) intr., lasse mich hören, citharā, singe zum Saitenspiel, greife in die Saiten, *A* 1, 741.

per-ᴋto, stĭti, stāre, beharre fest

dabei, talia perstabat memorans fixusque manebat (und blieb unerbittlich), *A* 2, 650. nunc quoque mens eadem perstat mihi, *A* 5, 812.

per-ᴋtringo, strinxi, strictum, ĕre, streife etw. oder an etw. hin, femur (v. Geschosse), *A* 10, 344.

per-ᴋuādĕo, suāsi, suāsum, ēre, rede jmdm. etw. ein, bewege od. berede zu etw., m. Dat. d. Pers. u. Inf., movere, *G* 2, 315 (*Ribb.* moveri).

per-taedĕt, taesum est, unpers., m. Akk. der Pers. u. Gen. der Sache, me, bin einer Sache überdrüssig, thalami, *A* 4, 18. incepti, *A* 5, 714.

per-tempto, āre, betaste überall; dah. *a*) beschleiche, greife an, sensus (von der Seuche), *A* 7, 355. *b*) durchdringe heftig, durchzucke, durchbebe, von der Freude usw., pectus, animum, *A* 1, 502. 5, 828. corpora, *G* 3, 250.

per-terrĕo, terrŭi, terrĭtum, ēre, erschrecke jmd. heftig, caede perterrita (Pallas), *A* 10, 426.

per-vĕnĭo, vēni, ventum, īre, 1) komme od. gelange wohin, m. 'ad' od. 'in' u. Akk., *A* 2, 634. *G* 475. vivi pervenimus (verst. 'eo'), ut etc., wir haben es erleben müssen, dafs usw., *B* 9, 2. 2) übtr., gelange, ad metas aevi, *A* 10, 472. v. Lebl., ad aures alcjs, *A* 2, 81. 9, 396.

perverᴋuᴋ, a, um (perverto), verkehrt, übtr., 'mifsgünstig', *B* 3, 13.

per-verto, verti, versum, ĕre, kehre od. werfe um, übtr., perverso numine, gegen den Willen der Götter, *A* 7, 584.

per-vĭgĭlo, āre, durchwache (die Nacht), bleibe wach, ad ignes, *G* 1, 292.

pervĭuᴋ, a, um (per u. via), gangbar, usus tectorum inter se Priami, ein üblicher Durchgang, der die Häuser des Pr. verband, *A* 2, 453.

per-vŏlĭto, āre (Intens. v. pervolo), durchfliege, übtr. v. Lichte, loca, *A* 8, 24.

per-vŏlo, āre, durchfliege, aedes, *A* 12, 474.

pēᴋ, pĕdis, *m.* (πούς, ποδός), 1) Fuſs der Menschen und Tiere, *A* 6, 644. 10, 587. 'Huf' des Pferdes, *G* 3, 499. Plur., 'Krallen' der Raubvögel, unci, *A* 3, 233. 11, 723. Bes. der Fuſs mit Bezieh. auf seine Thätigkeit, Schritt, Tritt usw., *A* 2, 756. 10, 794. *G* 1, 11. pede congredior, d. i. kämpfe zu Fuſs, *A* 12, 465. Dah. 'Lauf', 'Schnelligkeit' der Füſse, pedibus melior, *A* 9, 556. pedibus fido, *A* 10, 372. ellipt., quo te, Moeri, pedes (näml. ducunt)? wohin gehst du? *B* 9, 1. Oceani pede repello amnes, stoſse mit dem Fuſs die Wogen des Oceans ab, *G* 4,

233. Oft bildl. v. Gottheiten, pede secundo, helfend, gnädig, *Ä* 8,302. 10, 255. revocare pedem ab alto, vom Meere sich rückwärts ziehen(v. Tiberinus), *Ä* 9,125. ähnl., retrahere pedem (v. Wasser), *Ä* 10, 307. 2) übtr.: *a*) zur Bezeichn. der Unterwürfigkeit, *G* 2, 492. *Ä* 7, 100. *b*) in der Schifferspr. (wie πούς), das Untere, d. i. das an dem unteren Zipfel des Segels u. dann am Bord des Schiffes befestigte Tau, die S c h o t e, womit die Segel nach den Winkeln des einfallenden Windes gewendet u. gestellt werden, pedem facere, nur éinen Winkel spannen, mit halbem Winde segeln, 'lavieren', *Ä* 5, 830.

pessĭmus, s. malus.

pestĭfĕr, fĕra, fĕrum (pestis u. fero), Pest hauchend, verpestend, fauces, *Ä* 7, 570.

pestis, is, *f.*, 1) Pest, Seuche, *G* 3, 471. 2) übtr.: *a*) Pest, Verderben, Untergang, Verwüstung, belli, *Ä* 10, 55. v. Tode, *Ä* 9, 328. v. Feuer, *Ä* 5, 683 u. 699. von dem verderblichen od. verzehrenden Feuer der Liebe, *Ä* 1, 712. 4, 90. Plur., pestes, Gebrechen, Versündigungen des Körpers, *Ä* 6, 737. *b*) von leb. Wesen, wie unser P e s t, von Polyphem, *Ä* 3, 620. von den Harpyien, 'Unholdinnen', 'Scheusale', *Ä* 3, 215. von den Furien, *Ä* 12, 845 u. 865; bes. v. Allekto, *Ä* 7, 505 (vgl. *v.* 476 flg.). auch v. Kamilla, 'unseliges, unheilvolles Geschöpf', *Ä* 11, 792. v. schädlichen Tieren, *G* 1, 181. bes. von der Schlange, *G* 3, 419.

Pĕtēlĭa, ae, *f.*, Stadt in Bruttium, angeblich von Griechen unter Philoktetes gegründet, *Ä* 3, 402.

pĕto, īvi od. ĭi, ītum, ĕre, 1) bewege mich nach jmd. od. etw. hin, *a*) g e h e los auf jmd., greife od. falle jmd. an, alqm, *Ä* 2, 213. 10, 313. penates bello, bekriege, *Ä* 3, 603. 12, 359. alqm malo, werfe mit dem Apfel, *B* 3, 64. v. Stiere, cornu, stofse, *Ä* 3, 87. dcht., vom Somnus, überfallen, *Ä* 5, 840. *b*) übh. r i c h t e m i c h od. s t r e b e wohin, alta. ziele in die Höhe, *Ä* 5, 508. altum, fliege in die Höhe, *G* 2, 210. terram, falle od. stürze zur Erde, *Ä* 3, 93. viam virtute, suche, versuche einen Weg od. eine Bahn zum Siege durch Tapferkeit, *Ä* 12, 913. *c*) eig. vom Fechter, der es auf jmd. anlegt od. absieht, übtr. auf Vorbedeutungen, 'auf jmd. zielen', jmdm. 'gelten', Troianos, *Ä* 9, 128. 2) im weiteren Sinne, *a*) g e h e a u f einen Ort l o s, s u c h e i h n z u e r r e i c h e n od. z u i h m z u g e l a n g e n, g e h e od. z i e h e h i n n a c h usw., templum, Pergama, *Ä* 1, 651; vgl. *Ä* 1,479. antrum, *Ä* 6, 11. cursu ardua montis, laufe nach den Berghöhen,

Ä 8,224. muros atque agmina cursu prima, eile auf die Mauern u. zu den vordersten Reihen des Heeres, *Ä* 9, 479. aequora diversā fugā, entfliehe auf der Ebene bald hierhin bald dorthin, *Ä* 12, 742. partes easdem partibus ex eisdem, d. i. wende mich aus derselben Gegend (kommend) nach derselben Gegend (wie die Bienen), *Ä* 7, 69. Italiam cursu, segle nach Italien, *Ä* 3, 253. Mycenas vento, steuere mit den Winden nach M., *Ä* 2, 180. Cretam, *Ä* 3, 129. arva aliena, Troiam classibus, *Ä* 4, 312 flg. laeva tibi tellus et longo laeva petantur aequora circuitu, dann segle links am Lande hin u. links in weitem Umkreise im Meere hin, *Ä* 3, 413. alta, fahre auf das hohe Meer, suche die hohe See zu erreichen, *Ä* 7, 362. 8, 691. 9, 81. *G* 1, 142. hunc (Apollinem, d. i. Tempel des A.) petimus, zu diesem steuern wir, *Ä* 3, 278. aequora ima, tauche unter, *Ä* 9, 120. aethera pinnis, entschwebe zum Äther, *Ä* 11, 272. campum, der Ebene zueilen (v. Flusse), *G* 3, 522. Dah. 'alqm', gehe zu jmd., *Ä* 1, 558 u. 717. 2, 636. 9, 646; vgl. *Ä* 6, 115. 8, 119. *b*) wünsche od. trachte etwas zu erlangen, e r s t r e b e, trachte nach etw., suche auf, nova regna, *Ä* 1, 620. stationem apibus, *G* 4, 8. sedes (v. Bienen), *G* 4, 62. mortem, *Ä* 11, 647. *G* 4,218. terram hostilem ore cruento, erfasse mit blutigem Munde die Erde, *Ä* 10, 489. amplexus nati, umarme den Sohn, *Ä* 8, 615. auxilium ducto mucrone, suche Hilfe mit (bei) dem gezückten Schwerte, *Ä* 12, 378. alqm dextrā, reiche die Rechte hin, *Ä* 1, 611. sceptra, *Ä* 9, 9. exuvias, *Ä* 2, 646. si quenr petitur Latinis (für die Latiner), *Ä* 7, 367. placidum soporem, sinke in süfse Betäubung, *Ä* 8, 405. somnos, suche den Schlaf auf, der Schlaf empfängt mich, *Ä* 7, 88. prospectum, *Ä* 1, 181. tempus inane, *Ä* 4, 433; vgl. *Ä* 4, 100. 5, 798. 11, 791. 12, 764. *c*) verlange bittweise, e r b i t t e, b i t t e u m etw., pacem, *G* 4, 535. pacem Troiano ab rege petend*um*, man müsse von Aueas Frieden erbitten, *Ä* 11,230. aliquam, gehe an, bewerbe mich um jmd. (als Freier), *Ä* 7, 54. natam et conubia, *Ä* 12, 42. conubia, *Ä* 4, 535. responsa, *Ä* 7, 86 u. 92. quid petis istis ? für jene (Schiffe), zu Gunsten jener, *Ä* 9, 94. *d*) prägn., h o l e langend weg od. h e r b e i, manu alqm in vincla, bole od. ziehe herbei, um ihn zu fesseln, *Ä* 6, 395. hinc fundamenta theatri (um sie einzusenken), *Ä* 1, 428 (hinc . . . petunt *Ribb.*; 'hic . . . locant' *Haupt* u. *Schap.*). übtr., causas ex alto, hole weit her, *Ä* 8, 395. [willig, haedi, *G* 4, 10.

pĕtulcus, a, um (peto), s t ö f s i g, m u t-

Phaeāces, um, *m.* (*Φαίακες*), mythisches Volk in Scheria od. Korkyra, arces Phaeacum, die Berge Korkyras, *A* 3, 291.

Phaedra, ae, *f.* (*Φαίδρα*), Tochter des Königs Minos in Kreta, Gattin des Theseus, die, da ihr Stiefsohn Hippolytus ihre Liebe nicht erwiderte, durch ihre Verleumdung die Ursache seines Todes wurde, *A* 6, 445.

Phaēthōn, thontis, *m.*(*Φαέϑων*, eig. der Leuchtende), 1) Beiw. der Sonne, *A* 5, 105. 2) Sohn des Sol u. der Klymene, der unglückliche Lenker des Sonnenwagens, von Juppiters Blitz erschlagen, *A* 10, 189.

Phaëthontïäs, ädis,*f.*(*Φαεϑοντιάς*), nur Plur., Phaëthontïädes, um, Akk. 'as', *f.*, Schwestern des Phaëthon, Töchter des Helios, auch 'Heliades' gen., bei der Trauer um den Tod ihres Bruders in Erlen verwandelt, *B* 6, 62; vgl. *A* 10, 189 flg.

phalanx, angis, *f.* (*φάλαγξ*), dichtgedrängte Schlachtreihe, Schar, Geschwader, *A* 2, 254. 6, 489. 11, 92. 12, 551 u. 662.

phalārīca, ae, *f.*, ein längerer mit eiserner Spitze u. Brennstoff versehener Wurfpfeil, durch armbrustartige Maschinen geschleudert, *A* 9, 705.

phalĕrae, ārum, *f.* (*τὰ φάλαρα*), 1) Schmuck an verschiedenen Teilen des Geschirres des Pferdes, bes. an Stirn u. Brust, der aus mehr oder weniger verzierten dünnen Platten aus Gold, Silber, Bronze od. Edelsteinen meist von runder, zum Teil auch länglicher od. quadratischer Form, bestand, equus phaleris insignis, *A* 5, 310. 2) eine ähnliche an Riemen befestigte militärische Auszeichnung der Reiter u. Krieger überhaupt, die man wohl nur bei festlichen Gelegenheiten, bes. bei Triumphen, wie bei uns etwa die Verdienstmedaillen, an der Brust trug, *A* 9, 359 u. 458.

Phalĕris, is, Akk. 'im', *m.*, ein Troër, *A* 9, 762.

Phānaeus, a, um, phanäisch, zu Phanä (*Φαναί*), einem Vorgeb. der Insel Chios(j. 'Massico')gehörig, berühmt durch trefflichen Wein, *G* 2, 98.

pharetra, ae, *f.*(*φαρέτρα*),Köcher, *A* 1, 323 u. 500. 4, 138. 5, 511 u. 558. 11, 590. des Apollo, *A* 9, 660.

pharetrātus, a, um (pharetra), mit einem Köcher versehen od. bewehrt, *A* 11, 649. *G* 4, 290.

Phārus, i, *m.*, ein Rutuler, *A* 10, 322.

phasēlus, i, *m.* (*φάσηλος*), 1) eine eſsbare Bohnenart, Schwertbohne, *G* 1, 227. 2) übtr., ein leichtes Fahrzeug,

Kahn, von den Ägyptern während der Überschwemmungen des Nils zum gegenseitigen Verkehr gebraucht, pictus, *G* 4, 289.

Phāsis, Akk. 'sim', *m.* (*Φᾶσις*), Fluſs in Kolchis, j. 'Rion', *G* 4, 367.

Phēgeūs, Akk. 'ea', *m.*(*Φηγεύς*), 1) ein Troër, *A* 5, 263. 2) ein anderer Troër, *A* 9, 765. 3) ein dritter Troër, *A* 12, 371 flg.

Phēnĕŏs, ĕi, *f.* (*Φένεος*), Stadt in Arkadien, früherer Sitz der Euander, j. 'Phonea', *A* 8, 165.

Phērĕs, ētis, Akk. 'eta', *m.* (*Φέρης*), ein Troër, *A* 10, 413.

Phīlippi, ōrum,*m.* (*Φίλιπποι*),Stadt im makedon. Thrakien, ber. durch den Sieg des Antonius u. Oktavian über Brutus u. Kassius (42 v. Chr.), *G* 1, 490.

Phīlyrīdēs, ae,*m.*(*Φιλυρίδης*),Sohn der Philyra, d. i. Chiron, *G* 3, 550.

Philoctētēs,ae,*m.*(*Φιλοκτήτης*),Sohn des Pöas aus Meliböa in Thessalien, gelangte einer späteren Sage zufolge bei der Rückkehr von Troja od. bei einem Aufruhr aus seiner Vaterstadt vertrieben nach Bruttium in Unteritalien, wo er Petelia gründete, *A* 3, 402.

phīlŏmēla, ae, *f.*, Nachtigall, *G* 4, 511 u. 514 flg.

Phīlŏmēla, ae, *f.* (*Φιλομήλα*), Tochter des Königs Pandion in Athen, Schwester der Prokne, wurde mit ihrer Schwester in Vögel, erstere in eine Nachtigall, Prokne in eine Schwalbe verwandelt, *B* 6, 79.

Phīnēïus, a, um, zum Phineus, einem blinden Weissager in Thrakien, gehörig, dem wegen der Blendung seines Sohnes auf Geheiſs der Götter von den Harpyien die Speisen stets geraubt od. verdorben wurden, domus, *A* 3, 212.

Phlĕgĕthōn, thontis, *m.*(*Φλεγέϑων*, gew.*Πυριφλεγέϑων*,'Feuerstrom'),Fluſs in der Unterwelt, *A* 6, 265 u. 551.

Phlĕgyās, ae, *m.* (*Φλεγίας*), Sohn des Mars, König der Lapithen, rächte sich an Apollo wegen des Raubes seiner Tochter durch Verbrennung des Tempels desselben in Delphi, büſste aber in der Unterwelt seinen Frevel dadurch, daſs ihn eine Furie am Genuſs des vorgesetzten Mahles hinderte, *A* 6, 618.

phōca, ae, *f.* (*φώκη*), Seehund, Robbe, Plur., *G* 3, 543. 4, 395 u. 432.

Phoebē, ēs, *f.* (*Φοίβη*), Diana als Mondgöttin, Schwester des Phöbus Apollo, *A* 3, 371 u. ö. *G* 1, 431.

Phoebēus, a, um (*Φοιβεῖος*), den Phöbus betreffend, phöbëisch, lampas, d. i. Sonne(weil in der späteren Fortbildung des Mythus Apollo u. Helios in éine Person verschmolzen), *Ā* 3, 637. 4, 6.

Phoebīgēna, ae,*m.*(Phoebus u.geno, d. i. gigno), Sohn des Phōbus od. Apollo, d. i. Askulap, Schüler des Chiron, *Ā* 7, 773.

Phoebus, i, *m.*(*Φοῖβος*,eig.derStrahlende), Bein. des Apollo, 1) eig.: *a*) als Gott der Weissagung u. der Orakel, daher er auch die Gabe des Gesanges, der Dichtkunst u. des Saitenspieles besitzt, *Ā* 1, 329. 2, 114 u. 319. 3, 80. 99. 101. 143. 188. 359. 371. 470. 4, 58. 6, 18. 29. 35. 56. 69. 70. 77. 82. 347. 628. 662. 7, 62. 9, 661. 10, 537. 11, 794 u. 413. 12, 391 u. 402. *B* 3, 62. 5, 9 u. 66. 6, 11 u. 66. 7, 22. 62. 64. auch 'Phoebus Apollo' (*Φοῖβος Ἀπόλλων* bei Hom.), *Ā* 3, 251. *b*) als Sonnengott, roseus, *Ā* 11, 913. als Gott der Heilkunde, unter dessen Schutz die unter Schmerzen geborenen Kinder standen, *Ā* 10, 316. 2) übtr., der palatinische Apollotempel, *Ā* 8, 720.

Phoenīces, um, *m.* (*Φοίνικες*), Bewohner der Landschaft Phönikien an der Westküste Asiens, ber. durch Handel, Purpurfärbereien u. Schiffahrt, *Ā* 1, 344.

Phoenissa, ae, *f.*(*Φοίνισσα*), Phoenikierin, 'Punierin od. Karthagerin', Dido, *Ā* 1, 670. 6, 450; abs., *Ā* 1, 714. 4, 348 u. 529.

Phoenīx, īcis, *m.* (*Φοῖνιξ*), Sohn des Amyntor u. Begleiter des Achilles nach Troja, *Ā* 2, 762.

Phōlōē, ēs, *f.* (*Φολόη*), eine Sklavin aus Kreta, *Ā* 5, 285.

Phōlus, i, *m.* (*Φόλος*), 1) ein Kentaur, auf der Hochzeit des Pirithous erschlagen, *Ā* 8, 294. *G* 2, 456. 2) ein Troër, *Ā* 12, 341.   [*Ā* 5, 842.

Phorbās,antis,*m.*(*Φόρβας*),einTroër,

Phorcus, i, *m.*(*Φόρκυς*), 1)Sohn des Pontus u. der Gäa, ein Meergott, Phorci chorus, exercitus,Meergottheiten,Nereiden, *Ā* 5, 240 u. 824. 2) ein Latiner, *Ā* 10, 328.

Phrȳges, um, *m.* (*Φρύγες*), *a*) Bew. vonPhrygien,standen imRufe derWeichlichkeit, *Ā* 2, 190 u. 344. 7, 294. 9, 134. 599. 617. 635.10,255.11,145u.170. Sing. 'Phryx', d. i. Aneas mit dem Nebenbegr. eines weichlichen Menschen, *Ā* 12, 99. *b*) dcht. st. 'Troër', *Ā* 1, 468. 5, 785.

1.**Phrȳgia**,ae,*f.*(*Φρυγία*),westlichste Landschaft des innern Asiens, mit Einschluſs vonTroas, *Ā* 7,207. 10, 88 u. 582.

2. **Phrȳgia**, s. Phrygius a. E.

Phrȳgius, a, um, zu Phrygien gehörig, phrygisch, oft st. 'troisch', *Ā* 1, 182. 381. 618. 2, 68. 276. 580. 3, 6. 148. 545. 4, 140. 6, 785. 7, 430. 579 (s. ad-

---

misceo). 9, 80. 10,157u. 702. 11,403. 484. 677u.796. 12,75. *G* 4,41. mater,Kybele, *Ā* 7, 139. chlamys, kunstreich gestickt, *Ā* 3, 481. pastor, Paris, *Ā* 7, 363. maritus, Aneas, *Ā* 4, 103. hymenaeus (in bez. auf Aneas), *Ā* 7, 358. Sbst., Phrygia, ae, *f.*, Phrygierin, *Ā* 6, 518. 9, 617.

Phthīa, ae, *f.* (*Φθία*), Stadt u. Landschaft in Thessalien, Reich des Achilles, *Ā* 1, 284.

Phyllis, ĭdis, Akk. 'Ida', *f.*, Name einer Hirtin, *B* 3, 76. 78. 107. 5, 10. 7, 14. 59. 63. 10, 37 u. 41.

Phyllodŏcē, ēs,*f.*(*Φυλλοδόκη*),eine Meernymphe, Tochter des Nereus, *G* 4, 336.

pīācŭlum, i, *n.* (pio), 1) Sühn- oder Reinigungsmittel, Sühnopfer, Sühnung, um eine Gottheit zu versöhnen oder sie bei einer wichtigen Unternehmung um Schutz anzuflehen, Plur., *Ā* 6, 153. von magischen Mitteln, die von der Liebe befreien sollten, *Ā* 4, 636. 2)Verschuldung od. Vergehen, das der Buſse bedarf, Plur., piacula commissa, Sühne für begangene Frevel, *Ā* 6, 569.

pīcěa, ae, *f.* (pix), Kiefer, Föhre (*πεύκη*), *Ā* 6, 180. *G* 2, 257.

pīcěus, a, um (pix), 1) aus Pech, flumen, rinnendes Pech, *Ā* 9,813. 2)übtr., pechschwarz, turbo, *Ā* 3, 573. caligo *Ā* 2, 309. dcht., lumen, qualmende Glut, *Ā* 9, 75.

pictūra,ae,*f.*(pingo),'Malerei',konkr. Gemälde, inanis (totes), *Ā* 1, 464.

pictūrātus, a, um (pictura), eig. 'gemalt', picturatae auri subtegmine vestes, mit goldenem Einschlag durchwirkte Gewänder, *Ā* 3, 483.

pīcus, i, *m.*, Specht, s. Picus.

Pīcus, i,*m.*, Sohn desSaturnus, Groſsvater des Latinus, König von Laurentum u.Wahrsager,wurde vonKirke,deren Liebe er verschmäht hatte, in einen Buntspecht verwandelt, *Ā* 7, 48 flg. 7, 189 flg.

Pīěrĭdes, um, *f.* (*Πιερίδες*), Töchter des Pieros, d. i. die 'Musen', *B* 3, 85. 6, 13. 8, 63. 9, 33. 10, 72.

pīětās, ātis, *f.* (pius), Milde, Güte des Herzens (mit Einschluſs der Frömmigkeit), *Ā* 1, 10. vir pietate gravis, ein wegen seiner Herzensgüte geachteter Mann, mit der Zus. 'ac meritis', d. i. dessen Güte das Volk schon oft erprobt hatte, *Ā* 1, 151. von seiten der Feinde, 'Mitleid', 'Erbarmen', *Ā* 9, 493. von seiten der Götter, 'Gerechtigkeit', 'Mitleid', *Ā* 1, 151. 2, 536. 5, 688. 6, 878. Bes. *a*) Frömmigkeit als schuldige Pflicht gegen die Götter, *Ā* 1, 10 u. 253. 2, 690. 5, 783. 12, 839. schützt jedoch gegen den

Tod nicht, *Ä* 2, 430. *b*) Liebe, Zärtlichkeit gegen Eltern u. Kinder, *Ä* 3, 480. 6, 688. 9, 293.

pĭgĕr, pĭgra, pĭgrum, verdrossen, träge, frigore, *G* 4, 259.

pĭgĕt, gŭit, ĕre, unpers., es verdriefst, es reuet mich, ich schäme mich, m. Gen., incepti lucisque (verst. 'eos'), es reut sie die That und sie schämen des Lichts (Lebens) sich, *Ä* 5, 678. m. Inf., *Ä* 8, 232. *G* 1,177. m. Akk. u. Inf., me meminisse, *Ä* 4, 335.

pĭgnŭs, nŏris, *n.*, 1) Pfand, v. Gegenstand der Wette, pignore certo, ich setze einen Preis dagegen, *B* 3, 31. 2) übtr., Pfand, Unterpfand, amoris, *Ä* 5, 538 u. 572. pacis, *Ä* 11, 363. Plur., *B* 8, 91 flg.

pĭla, ae, *f.* (piso, pinso), Pfeiler, dergl. man im Meerbusen von Bajä als feste Grundlage für die zu errichtenden Häuser ins Meer hinabliefs, saxea, *Ä* 9, 711.

pĭlātus, a, ŭm (pĭlum), mit Wurfspiefsen bewaffnet, agmina, *Ä* 12, 121.

pĭlentum, i, *n.*, ein offener u. reich verzierter Wagen, auf welchem die röm. Matronen zu den Opferhandlungen fuhren, *Ä* 8, 666.

pĭlum, i, *n.* (piso, pinso), Wurfspeer, Wurfspiefs des röm. Fufsvolks, mit einem etwa drei Ellen langen Schaft u. mit einem gleichlangen hakenförmigen Eisen vorn beschlagen, beim Beginn des Kampfes auf den Feind geschleudert, *Ä* 7, 664. *G* 1, 495.

Pĭlumnus, i, *m.*, ein altital. ländlicher Dämon, Gott des ehelichen Kindersegens, nach Vergil Ahnherr des Turnus, *Ä* 9, 4. 10, 76 u. 619. 12, 83.

Pīnārĭus, a, um, Name eines röm. Geschlechtes, bei dem die Aufsicht und Verwaltung der Ara maxima im Opferdienste des Herkules erblich war, pinarisch, domus, *Ä* 8, 270.

Pindus, i, *m.* (*Πίνδος*), hohes Gebirge im nördl. Griechenland, *B* 10, 11.

pīnĕus, a, um (pinus), von Fichten, fichten, silva, 'Fichtenwald', *Ä* 9, 85. plaga montis, Fichtenwaldung der Berghöhen, *Ä* 11, 320. claustra (des hölzernen troj. Rosses), *Ä* 2, 258. ardor, Glut durch fichtene Scheiter (erzeugt), *Ä* 11, 786.

pingo, pinxi, pictum, ĕre [altlat. Gen. Sing. des Part. 'pictaï' st. 'pictae', *Ä* 9, 26], 1) male, mache bunt, dcht., mollia luteolā pingit vaccinia calthā, sie mischt in bunter Abwechselung zarte Vaccinien unter goldgelbe Ringelblumen, *B* 2, 50. acu, sticke, *Ä* 9, 582. Bes.

Part. pictus, a, um, gestickt, bunt durchwirkt, buntgestreift, mit u. ohne 'acu', *Ä* 1, 711. 4, 137. 7, 252 u. 277. 9, 26 u: 614. dcht. auf die Pers. selbst übtr., m. griech. Akk., pictus acu tunicas, zierlich gestickt seine Tunika, in zierl. gest. T., *Ä* 11, 777. pictus acu chlamydem, in einem gestickten Mantel, *Ä* 9, 582. 2) bemale, bestreiche, tempora moris, *B* 6, 22; dah. Part. pictus, a, um, *a*) bemalt, bunt, v. Waffen, die mit edlen Metallen ausgelegt waren, bes. v. Schilden, *Ä* 8, 588. 11, 660. 12, 281. dcht., m. griech. Akk., picti scuta Labici, die Labiker mit bemalten Schilden, *Ä* 7, 796. puppes, *Ä* 5, 663. carinae, *Ä* 7, 431. 8, 93. Bes. v. Völkern, die sich zu tättowieren pflegten, picti Agathyrsi, *Ä* 4, 146. Geloni, *G* 2, 115. *b*) übh. bunt, farbig, scheckig, pelles, *G* 4, 342. volucres, buntgefiederte, *G* 3, 243. *Ä* 4, 525. auch in bez. auf die lebenden Wesen selbst mit griech. Akk., picti squalentia terga lacerti, die auf dem Rücken bunt geschuppten Eidechsen, *Ä* 4, 13.

pĭnguesco, ĕre (pinguis), werde fett, dcht., sanguine, werde mit Blut gedüngt, v. Erdboden, *G* 1, 492.

pĭnguis, e, fett, 1) eig.: *a*) fett, feist, v. leb. Wesen, *G* 2, 193. *Ä* 1, 635 u. ö. proleptisch, pascere pingues oves, sich fett weiden, *B* 6, 4. Dah. sbst., pingue, is, *n.*, Fett, densum, *G* 3, 124. *b*) fett, fettig, v. Sachen, ferina, saftig, feist, *Ä* 1, 215. oleum, *Ä* 6, 254. olivum, *B* 5, 68. arvina, *Ä* 7, 627. caseus, *B* 1, 35. igni pinguia multo defruta, an starkem Feuer, durch Feuer verdichtet, *G* 4, 268; vgl. *G* 1, 80. cerae pingues unguine, Wachs, das viele Fettteile enthält u. deshalb der Salbe Geschmeidigkeit giebt, *G* 3, 450. dcht., ara, d. i. vom Fette (der Opfertiere) triefend, *Ä* 4, 62. 7, 764. 9, 585. pinguis taedis pyra, triefend von K., *Ä* 6, 214. stabula apum, honigreiche Zellen, *G* 4, 14. 2) übtr.: *a*) fett, fimus, *G* 1, 80. bes. v. Boden, fruchtbar, ergiebig, üppig, culta, *Ä* 8, 63. 10, 141. solum, *G* 1, 64; vgl. *G* 2, 139. humus, *Ä* 6, 195. horti, *G* 4, 118. flumen (v. Nil wegen des befruchtenden Schlammes), *Ä* 9, 31. culmi pingues paleā, an Spreu nur ergiebig (nicht an Körnern), *G* 1, 192. dcht., tilia, reich an Nahrung für die Bienen, *G* 4, 183. *b*) von Kräutern, saftig, verbena, giftig, *B* 8, 65.

pĭnĭfĕr, fĕra, fĕrum (pinus u. fero), fichtenbewachsen, mit Fichten bekränzt, caput (des Atlas), *Ä* 4, 249. Maenalus, *B* 10, 14. Vesulus, *Ä* 10, 708.

pinna, ae, *f.* [von Vergil ausschliefslich gebrauchte Nebenf. st. 'penna'], 1)

Feder der Vögel, punicea (von den an Leinen befestigten bunten Federn bei der Jagd), *G* 3, 372. *Ä* 12, 750. dah. *a*) (Plur.) Flügel, Fittige, Schwingen der Vögel, *Ä* 5, 215. 10, 187. 11, 722. 12, 474 u. 892. *G* 1, 398. der Bienen, *G* 4, 73. v. Merkur, *Ä* 4,223. v.d.Iris, *Ä* 4, 700. v. Dädalus, *Ä* 6, 15. *b*) (dcht.) das Fliegen, der **Flug**, praepetis omina pinnae, die Zeichen des Fluges (der Weissagevögel), *Ä* 3, 361. 2) übtr., Mauerspitze, Zinne, Plur., *Ä* 7, 159.

pinnātu«, a, um (pinna), mit Flügeln versehen, geflügelt, *Ä* 9, 473.

pīnū«, ūs, u. i, *f.* [Akk. Plur. 'pin*os*' *Haupt* u. *Schap.*, 'pin*ūs*' *Ribb. G* 2, 443. *Ä* 11,136],1)eig.:*a*)Fichte,Föhre,*Ä* 9, 116. sacra (weil dem Pan heilig), *B* 7,24. kollektiv, *G* 4, 112. im Gleichn.,*Ä* 5,449. *b*) die in Gärten gezogene Pinie, Zirbelbaum, *B* 7, 65. 2) meton., das aus dem Holze der Fichte Bereitete, dah. *a*) Bauholz, *G* 1,256. bes. 'Schiff', nautica, *B* 4,38. abs.,*Ä*5,153. 10,206. Plur., sacrae, *Ä* 9,116. *b*) Kienbrand, Kienfackel, flagrans, *Ä* 7, 397. 9, 72.

pīo, āre (pius), 1) versöhne durch ein Opfer, sühne, ossa,*Ä*6,379. 2)übtr.: *a*) mache etw. wieder gut, sühne, nefas, *Ä* 2, 184. *b*) entsündige etw., culpam morte, räche, bestrafe, *Ä* 2, 140.

Pīrĭthŏu«, i, *m.* (*Πειρίθοος*), Sohn des Ixion od. Juppiter, König der Lapithen, Freund des Theseus, mit dessen Hilfe er die Proserpina aus der Unterwelt entführen wollte, dafür aber daselbst büsen musste, *Ä* 6, 393 u. 601.

pīrum, i, *n.*, Birne, *G* 2, 88.

pīrus, i, *f.*, Birnbaum, *B* 1, 73. 9, 50. *G* 2, 34 u. 72.

Pīsa, ae, *f.* (*Πίσα*), alte Stadt in Elis bei Olympia, in deren Nähe die olympische Rennbahn, *G* 3, 180.

Pīsae, ārum, *f.*, Stadt in Etrurien, j. 'Pisa', Alpheae origine, weil der Sage nach eine Gründung der gleichnamigen Stadt in Elis am Flusse Alpheus, *Ä* 10, 179.

pi«ci«, is, *m.*, 1)Fisch,*Ä*10,560.*G*4, 388. *B* 1,60. 2)Gestirn im Tierkreise,'die Fische', im Winter die ganze Nachtzeit hindurch sichtbar (zur Bezeichn.der stürmischen Regenzeit), Sing. kollekt., sidus Piscis aquosi, *G* 4, 234.

pi«cō«u«, a, um (piscis), fischreich, *Ä* 4, 255. 11, 457. 12, 518.

pi«frix, trīcis, *f.* (Nebenf. zu pristis, w. s.), Seetier, Walfisch, *Ä* 3, 427.

piu«, a, um, urspr. (wie das altdeutsche fromm) rücksichts- oder liebevoll von Gesinnung od. im Benehmen gegen an-

dere, gütig, mild, v. Göttern, wie von Apollo, dankbar (in bez. auf Delos, wo er geboren war), *Ä* 3,75. numina,gütige, gerechte, *Ä* 4, 382. amor, zärtliche, *Ä* 5, 296. Bes. *a*) von Liebe u. Ehrfurcht gegen die Götter erfüllt, fromm, gottesfürchtig, v. Aneas, *Ä* 1,220 u.305. concilia (von den Seligen im Elysium), *Ä* 5, 734. vates, heilige, 'glaubhafte', *Ä* 4,464. 6, 662. *b*) von Sachen, in bez. auf religiöse Gebräuche, vitta, heilige, *Ä* 4,637. far, Opfermehl, *Ä* 5, 745. manus, rein, *Ä* 4, 517. os, fromm, nicht ruchlos (in bez. auf die Bitte an die Götter), *Ä* 6, 530. sanguis, 'rein', *Ä* 10, 617.

pix, pĭcis, *f.* (*πίσσα*, *πίτυς*), Pech, bes. flüssiges, *Ä* 9,105. 10,114. zum Verpichen der Gefässe u. Würzen des Weines, *G* 1, 275. 2, 438. Idaea, 'Teer' vom phrygischen Ida, *G* 3, 450. Idae, *G* 4, 41.

plācābili«, e (placo), versöhnlich, versöhnbar, ara (der Diana im Haine von Aricia, sofern ihr hier nicht, wie in Tauris, Menschen geopfert wurden), *Ä* 7, 764. ähnl. viell. in bez. auf die Palici, *Ä* 9, 585.

plācĕo, cŭi, cĭtum, ēre, *a*) gefalle, bin angenehm, alci, *B* 2, 62. 10, 63. *G* 2, 485. dicta non placitura, Worte, die jmdm. nicht gefallen werden, unwillkommene, *Ä* 12, 76. Bes. *b*) unpers., 'placet', m. Dat. der Pers., es gefällt, beliebt, ich finde für gut, beschliefse, m. Akk. u. Inf., *Ä* 2, 659. 11, 332. sic placitum (est), *Ä* 1, 283.

plācĭdē, Adv. (placidus), sanft, ruhig, *Ä* 5, 86.

plācĭdu«, a, um (placeo), ruhig, sanft, still, friedlich, *a*) übh., nox, *Ä* 4, 427. quies, behaglich, *Ä* 1, 691. 5, 836. 9, 187. sal, aequor (Meer), *Ä* 5, 848. 8, 96. venti, *Ä* 5,763. aequora, *Ä* 10, 103. sopor, *Ä* 4,522. pectus, *Ä* 1,521. caput, friedlich, *Ä* 1, 127. mors, *Ä* 6, 521. pax, *Ä* 1, 249. domus, *Ä* 6, 705. urbs, *Ä* 7, 46. v. Delos, *Ä* 3, 78. sedes,Wohnungen des Friedens(Elysium),*Ä*6,371. placidiventi, die Winde, nachdem sie sich gelegt,*Ä* 5, 763. aures viri, *Ä* 4, 440. *b*) v. Göttern, gütig, huldvoll, versöhnt, *Ä* 3,266. 4, 578.

plācĭtu«, a, um (placeo), gefällig, angenehm, amor, foedus (näml. beiden Parteien), *Ä* 4,38. 10,15. sbst.,ultra placitum, über Gebühr, gegen seine Überzeugung, *B* 7, 27.

plāco, āre (Kausativ v. 'placeo'), 1) besänftige, beruhige, stille, maria, *Ä* 3,69. aequora, *Ä* 1,142. Bes. 'versöhne' durch Gebet u. Opfer, ventos (sanguine), *Ä* 2, 116. 3, 115. 2) übtr., beschwichtige, placatam Eurydicen vitulā veneror caesā, bringe der Eur. ein Kalb zur Sühne dar, *G* 4, 547. animos, *Ä* 11, 300.

1. plăga, ae, *f.* (πληγή), Streich, Schlag, plagam fero, führe einen Hieb od. Streich gegen jmd., *Ä* 10, 797. 12, 299. dant animos plagae, *Ä* 7, 383. plagis perimor, erliege den Streichen, *G* 4, 301.

2. plăga, ae, *f.*, Gegend, pinea, *Ä* 11, 320. aetheria, Luftraum, *Ä* 1, 394. 9, 638. quattuor plagae, die vier Erdstriche od. Zonen, *Ä* 7, 226.

3. plăga, ae, *f.*, Netz od. Garn der Jäger, Plur., *Ä* 4, 131.

plango, planxi, planctum, ĕre, 1) schlage (mit Getöse) an, intr., tose, branse (v. den Wellen am Gestade), ingenti vento, *G* 1, 334. 2) schlage an Brust, Kopf usw. (als Zeichen der Trauer), dah. abs. 'wehklage', *Ä* 11, 145.

plangŏr, ōris, *m.*, das Schlagen, bes. an Brust, Kopf usw. (als Zeichen der Trauer), lautes 'Geheul', 'Wehklagen', 'Jammern', ad auras, *Ä* 6, 561 (*Ribb.* u. *Schap.* 'clangor ad aures'). Plur., *Ä* 12, 607. feminei, *Ä* 2, 487. magni, *Ä* 4, 668.

plānĭtĭēs, ēi, *f.* (planus), Ebene, *Ä* 11, 527.

1. planta, ae, *f.*, Pflänzling, Sprößsling, Setzling (durch Natur od. Kunst erzeugt), *G* 2, 23. 65. 80. 4, 115.

2. planta, ae, *f.* (πλατύς, πλάτη, planus) ,Sohle des Fusses, pedis, *Ä* 8, 458. 11, 573. abs., *Ä* 4, 259. 7, 811.

plantāris, e (1. planta), zu den Sprossen gehörig, sbst., plantarĭa, ĭum, *n.*, Ableger, Absenker, exspectant viva suā plantaria terrā, treiben lebendige (mit dem Mutterstamme noch in Verbindung stehende) Sprossen im eigenen Boden (im Lande um den Mutterstamm), *G* 2, 27.

plānus, a, um, eben, sbst., planum, i, *n.*, 'Ebene', 'Fläche', *G* 2, 273.

plătănus, i, *f.* (πλάτανος), morgenländische Platane, wegen ihres schönen Wuchses u. Schattens gepflegt, *G* 2, 70. 4, 146.

plaudo, plausi, plausum, ĕre, schlage, mit den Flügeln, *Ä* 5, 516. cervicem, klopfe, *G* 3, 186. pectora plausa, die hallende Brust (der Pferde), so daß es einen Schall giebt, *Ä* 12, 86. dcht., pedibus plaudunt choreas, stampfen den Reigen, schwingen die Füße zum Tanz, *Ä* 6, 644.

plaustrum, i, *n.*, Wagen, bes. Lastwagen, *Ä* 11, 138. *G* 1, 163. 2, 206 u. 444.

plausŭs, ūs, *m.* (plaudo), *a)* das Klatschen, 'Geräusch' infolge des Schlagens mit den Flügeln, *Ä* 5, 215. Bes. *b)* das Klatschen als Zeichen des Beifalls, *Ä* 1, 747. 5, 338. 506. 575. 8, 717. *G* 2, 508.

Plēăs (*Ribb.*) od. (*Haupt* u. *Schap.*) **Plīăs** od. **Plēïăs**, ădis, *f.* (Πλειάς, ion. Πληιάς), eine der Plejaden, Taygete, *G* 4, 233. Plur., Plēïădes, um, *f.*, Plejaden, der Sage nach sieben Töchter des Atlas (vgl. *G* 1, 221) u. der von Juppiter unter die Sterne versetzten Pleïone, die das Siebengestirn am Halse des Stiers (sonst Vergiliae) bildeten u. mit ihrem Auf- u. Untergang Sommer u. Winter, mithin Beginn und Ende der Schiffahrt brachten, *G* 1, 138 (Akk. 'ădas').

plebs, plēbis, *f.*, urspr. das gemeine od. niedere Volk, 1) im edleren Sinne von der Bürgerschaft in Rom (Gegs. zum Senat u. Ritterstande), dah. in Verb. m. 'patres', *G* 2, 509. 2) übh. Volk, Menge, *Ä* 9, 343. v. Bienen, *G* 4, 95.

Plēmўrĭum od. (*Ribb.*) **Plēmūrĭum**, ĭi, *n.* (Πλημύριον), Vorgeb. an der Ostküste Siciliens bei Syrakus, j. 'Punta di Gigante', *Ä* 3, 693.

plēnus, a, um (πλέως, πλήρης), 1) voll, erfüllt oder reichlich versehen mit etw., m. Abl., *Ä* 5, 311. 9, 456. *G* 2, 4. mit Gen., Jovis omnia plena, *Ä* 3, 60. abs. (wobei das Nähere leicht zu erg.), aurum (Becher), *Ä* 1, 793. poculum, *G* 4, 495. canistri, *G* 4, 280. acerra, *Ä* 5, 745. flumen, volle Flut (als Vorzug des Flusses), *Ä* 8, 62. flumina, *G* 3, 143. praesepia, reichlich mit Futter gefüllt, *G* 3, 495. mensa, reich besetzt, *Ä* 11, 738. campus, von den Herden angefüllte Trift, *G* 3, 390. velum, vela, *Ä* 1, 400. 5, 281. mit griech. Akk., apes crura thymo plenae, reich beladen an den Sch. mit Th., *G* 4, 181. Neutr. als Subst., undae ad plenum calcentur, bis den äußersten Rand, *G* 2, 244. 2) übtr.: *a)* reich der Menge od. Zahl nach, m. Gen., regio plena laboris, *Ä* 1, 460. plenis annis, volljährig, m. 'maturus' verb., *Ä* 7, 53. *b)* der Stärke nach, vox, volltönend, *G* 1, 388. *c)* vollständig, ganz, luna, Vollmond, *Ä* 3, 152.

plērumquĕ, Adv., meistenteils, meist, *G* 1, 300.

Plīăs, s. Pleas.

plīco, āre (πλέκω), rolle, falte zusammen, se in membra sua (von der Schlange), *Ä* 5, 279.

plūma, ae, *f.*, Flaumfeder, Flaum, *Ä* 3, 242. 4, 181. mollis, *Ä* 10, 192. in plumam, federähnlich, *Ä* 11, 771.

plumbum, i, *n.*, 1) Blei als Masse, *Ä* 7, 687. 2) meton., Bleikugel, *Ä* 9, 588. im Cästus, *Ä* 5, 405.

plŭo, plŭi, ĕre, gew. unpers., pluit,

es regnet, *Ā* 10,807. dcht., tantum glandis pluit, fällt herab, *G* 4, 81.

plūrĭmus, s. plus.

plūs, plūris, Komp. zu ‘multus’ (πλέων), 1) Komp. plus, *a*) mehr, zur Bezeichn. des quantitativen Verhältnisses, Plur. ‘plures’, Neutr. ‘plura’. mehr, mehrere Worte, effari, *Ā* 11, 98. nec plura his (verst. dixit), mehr sprach sie nicht, *Ā* 6, 408. *b*) weiter, länger, nec plura moratus, *Ā* 5, 381; vgl. *Ā* 1, 385. 2) Superl. **plūrĭmus**, a, um, *a*) der meiste, sehr viel od. zahlreich, ignis, ein reichliches, starkes Feuer, *B* 7, 49. folia, in reicher Fülle, *G* 4, 274. turba, dicht umdrängender Schwarm, *Ā* 6,667. plebs, zahlreich, *Ā* 9, 343. canities, sehr dicht, *Ā* 6, 299. terra, d. i. der gröfste Teil des Erdbodens, *Ā* 12,690. purpura, *Ā* 5,250. cervix, sehr starker, *G* 3, 52. corpora, *G* 2, 278. monstra, *G* 1, 184. mortis imago, *Ā* 2,369. flamma plurima vento, vom Winde angefacht u. vergröfsert, *Ā* 9, 536. Iuppiter plurimus imbri, in reichlichem Regen, *B* 7, 60. amnis Eridani, in voller, gewaltiger Masse, *Ā* 6, 659. oleaster m. ‘surgens’ verb., reichlich sprossend od. wachsend, *G* 2, 183. cum se nux plurima induet in florem, wenn der Mandelbaum in zahlreiche Blüten sich hüllt, *G* 1, 187. collis, qui plurimus urbi imminet, der weit über die Stadt ragt, *Ā* 1, 419. Sbst., plurima, ‘sehr vieles’, volvo, *Ā* 1, 305. conor, *Ā* 9, 398. Neutr. Plur. im Akk. als Adv., illā qui plurima nocte luserat, welcher sich in jener Nacht am meisten dem Spiele hingegeben hatte, *Ā* 9, 335. *b*) übtr., von intensiver Stärke, grofs, stark, tua plurima pietas, *Ā* 2, 429.

Plūtōn, ōnis, *m.* (Πλούτων), Sohn des Saturnus, Gemahl der Proserpina, Bruder des Juppiter u. Neptunus, Fürst der Unterwelt, *Ā* 7, 327.

plūvĭa, ae, *f.* (pluo), Regen, *Ā* 9,437. *B* 9, 63. *G* 1, 325 u. 453. 4,191. Plur., tenues, *G* 1, 92.

plūvĭālis, e (pluvia), regnerisch, regnicht, auster, *G* 3, 429. haedi, *Ā* 9, 668.

plūvĭus, a, um (pluo), regenbringend, regnerisch, Hyades, *Ā* 1, 744. 3, 516. frigus, kalter Regen, *G* 3, 279.

pōcŭlum, i, *n.*, 1) Trinkgefäfs, Becher, *Ā* 1, 706. 2, 738. 3, 354. 5, 91. 9,264. *G* 4,379. *B* 3,36. 44. 5, 67. inficere pocula, *G* 2, 128. 2) das Trinken, der Trunk, *G* 3,529. *B* 8,28. Acheloia, Wasser, *G* 1, 9. vitea, ‘Rebentrank’, *G* 3,379. laeti inter pocula, von den Freuden des Bechers berauscht, *G* 2, 383.

pŏdāgra, ae, *f.* (ποδάγρα), gichtische Lähmung, Geschwulst der Füfse, *G* 3, 299.

Pŏdălīrĭus, ĭi, *m.* (Ποδαλείριος), ein Troër im Gefolge des Äneas, *Ā* 12, 304.

poena, ae, *f.* (ποινή, dor. ποινά), eig. Lösegeld, Bufse für einen Fehler, dah. 1) Strafe, Rache, do poenas alci, zahle jmdm. Genugthuung, d. i. büfse es jmdm., *Ā* 4,386. 8,538; sanguine, mit dem Blute, *Ā* 2, 366. poenam od. poenas sumo, lasse büfsen, *Ā* 12, 949. 2, 576. poenas recipio ab alqo, züchtige jmd., *Ā* 4, 656. poenae deûm, die von den Göttern (über die Schuldigen) verhängten Strafen, *Ā* 6,565. Vgl. exerceo, exhaurio, expendo, pendo, persolvo. 2) übtr., Marter, Qual, crudeles, *Ā* 6, 501. poenam trahere per omnem reliquias Troiae, aufs höchste peinigen, *Ā* 5, 786.

Poenī, ōrum, *m.*, die Punier, Karthager, *Ā* 1,302. 442. 567. 4,134. 6,858. 12, 4. Dav. **Poenus**, a, um, punisch, leo, *B* 5, 27.

poenĭtĕt, s. paenitet.

Poenus, s. Poeni.

pŏëta, ae, *m.* (ποιητής), Dichter, *G* 3, 90.

pŏlĭo, īvi, ītum, īre [archaïst. Imperf. polibant, *Ā* 8, 436], glätte, fulmen, *Ā* 8, 426. aegida squamis, verziere mit usw., *Ā* 8, 436.

Pōlĭo od. (*Wagn.*) **Pollĭo**, ōnis, *m.*, röm. Familienname, bes. C. Asinius Polio, ber. Staatsmann, Redner, Dichter und Geschichtschreiber, Freund u. Gönner des Vergil u. Horaz, *B* 3, 84 flg. 4, 12.

Pŏlītēs, ae, *m.* (Πολίτης), Sohn des Priamus, *Ā* 2, 526. 5, 564.

pollex, licis, *m.*, Daumen, übh. Finger, *Ā* 11, 68.

pollĭcĕor, cĭtus sum, ēri (pro u. liceor, d. i. biete), sage zu, verspreche, verheifse, alqd alci, *Ā* 9, 301. pollicitus (verst. ‘es’) m. flg. Akk. u. Inf., *Ā* 1, 237.

Pollĭo, s. Polio.

pollŭo, ŭi, ūtum, ĕre (pro u. luo), beflecke, entweihe, verletze, ore dapes, *Ā* 3, 234. bes. das was für heilig gehalten wird, hospitium, *Ā* 3, 61. pacem, *Ā* 7, 467. amorem, *Ā* 5, 6.

Pollux, ūcis, *m.* (Πολυδεύκης), Sohn des Juppiter und der Leda, Bruder des Kastor, war unsterblicher Natur, erhielt aber auf seine Bitte von Juppiter die Erlaubnis, mit seinem Bruder die Unsterblichkeit zu teilen (*Ā* 6, 121); ausgezeichnet als Faustkämpfer u. Rossetummler, *G* 3, 89.

pŏlus, i, *m.* (πόλος), 1) Pol, das éine Ende der Erdachse, Plur., *Ā* 1, 90. 2)

(dcht.) der über uns sichtbare H i m m e l,
H i m m e l s g e w ö l b e, *Ä* 1, 398 u. 608. 3,
586 u. 589. 5, 721. 11, 588. m. 'terra' verb.,
Ä 2, 251.

Pŏlȳbōteʜ, s. Polyphoetes.

Pŏlȳdōruʜ, i, *m.*(*Πολύδωρος*), Sohn
des Priamus, wurde von seinem Vater bei
der Belagerung von Troja der Sicherheit wegen dem thrak. König Polymestor
übergeben, der ihn aber nach der Kunde
von der Zerstörung Trojas seiner Schätze
beraubte u. umbringen liefs, *Ä* 3, 45. 49.
55. 62.

Pŏlȳphēmuʜ, i, *m.* (*Πολύφημος*),
Sohn des Neptunus, ein einäugiger Kyklop am westlichen Vorgebirge Siciliens,
nach Späteren am Ätna, von Odysseus
geblendet, *Ä* 3, 641 u. 657.

Pŏlȳphoetēʜ, ae, *m.*(*Πολυφοίτης*),
ein Troër, Priester der Ceres, *Ä* 6, 484
(*Ribb.* aus *cod. Med.* 'P o l y b ō t e s', *Πολυ-
βώτης*; viell. 'Polypoetes'? *Πολυποί-
της* b. Hom. u. a.).

Pōmětĭī, ōrum, *m.*, Stadt in Latium
(sonst 'Suessa Pometia'), *Ä* 6, 775.

pompɑ, ae, *f.* (*πομπή*), eig. Geleite,
beʜ. feierlicher A u f z u g bei Spielen,
'Prozession', Plur., *G* 3, 22. sollemnes,
Ä 5, 53. bei Leichenbestattung, Trauer-
geleit, *Ä* 11, 163.

pōmum, i, *n.*, 1) geniefsbare Baum-
frucht jeder Art, O b s t, Plur., *Ä* 7, 111.
B 1, 38. 9, 50. *G* 1, 274. 2, 59. 150. 516.
2) Obstbaum, *G* 2, 426.

pondŭʜ, děris, *n.*, *a*) S c h w e r e, G e-
wi c h t, W u c h t eines Körpers, *Ä* 5, 401
u. 447. 9, 512 u. 540. 6, 413. *G* 1, 164. 3,
172. *B* 4, 50. 5, 10. der Wagschale, *Ä* 12,
727. argenti, auri, grofse Menge, *Ä* 1,
359. 3, 49. *b*) lastende Sache, L a s t, *Ä* 5,
153 u. 407. Plur., baltei, *Ä* 10, 496.

pōně, Adv. (m. 'post' verw.), örtl. h i n-
ten, hintennach, hinterher, *Ä* 2,
208 u. 725. *G* 4, 487. sequens, d. i. nach-
schwimmend, *Ä* 10, 226.

pōno, pŏsŭi, pŏsĭtum, ĕre (zusgez. aus
'pŏ-sīno'), 1) s e t z e, s t e l l e od. l e g e
(hin), *a*) übh., incudes, *Ä* 7, 629. saxum
limitem agro (*Dat.*), *Ä* 12, 898. 1, 173.
pedem, *Ä* 10, 736. caput (nämlich zum
Schlummer), *Ä* 5, 845. colla et caput,
neige, *Ä* 11, 830. arma sub quercu, *Ä* 8,
616. praemia, stelle hin, *Ä* 5, 292. m. bl.
Abl., alqm stramine, lege, bette auf, *Ä*
11, 67. castris simulacrum, *Ä* 2, 172. vestigia summā arenā, mit dem Hufe den
Boden kaum berühren (v. Pferde), *G* 3,
195. me his posuere locis, gaben mir
dieses Gebiet zum Wohnsitz, *Ä* 8, 335.
dcht., positus somno (*Dat.*), zum Schlummer gelagert, *Ä* 4, 527. Reflexiv, von den

Winden, 'sich legen', 'nachlassen', venti
posuere omnisque repente resedit flatus,
Ä 7, 27. zephyri posuere, *Ä* 10, 103. *b*)
setze, p f l a n z e od. s t e c k e, vites
ordine (neben 'insere piros'), *B* 1, 73. arbores, *G* 2, 278. semina, säe, *G* 2, 354. *c*)
von dem letzten Ordnen u. Zurechtlegen
des Leichnams auf dem Totenbette, corpus, *Ä* 2, 644. alqm terrā, beerdige, *Ä* 4,
681. 6, 508. *d*) übtr., setze, gründe,
spem in armis, *Ä* 2, 676. 11, 309. alqd in
gremiis alcjs, *Ä* 9, 261. 2) stelle etw.
hin od. auf, *a*) übh., aram, *Ä* 3, 404.
castra, schlage auf, *G* 3, 348. cubilia, *Ä* 6,
274. prima favis fundamina (von den Bienen), *G* 4, 161. *b*) gründe, errichte,
führe aus, erbaue, urbem in montibus, *Ä* 8, 53. moenia, m. 'mores' verb.,
Ä 1, 264. aras, urbem, *Ä* 4, 200 u. 212.
domum, *G* 1, 182. bes. als Weihgeschenk
für die Götter, templum, *Ä* 6, 19. *c*) verfertige, stelle dar, Orphea in medio,
B 3, 46. *d*) übtr.: *α*) mache zu etw., culmina aequa solo, dem Boden gleich, *Ä*
12, 569. *β*) lege bei, gebe, partem alci,
Ä 6, 611. nomen colonis (mit Akk. des
Namens, den man giebt) Laurentes, *Ä* 7,
63. 3) setze jmdm. etw. hin od. vor,
a) übh., pocula, *Ä* 1, 706. fetus (v. Herbst),
G 2, 521. alqm epulandum mensis, *Ä* 4,
602. *b*) setze aus, praemia, *Ä* 5, 486
(*Ribb.* 'dicit'). pocula (als Pfand bei einem
Wettstreite gegen eine Kuh), *B* 3, 36.
c) setze fest, stelle od. ordne an,
certamina (wie *τίθημι* od. *προτίθημι
ἀγῶνα*), *Ä* 5, 66. *G* 2, 530. metas rerum,
Ä 1, 278. modum exitiis, setze ein Ziel,
Ä 7, 129. 4) lege von mir weg od. ab,
a) eig., v. Bäumen, frondes, verlieren, *G*
2, 403. comas et bracchia ferro, *Ä* 12, 209.
positum semen, von selbst (von den Bäumen) herabgefallener Samen, *G* 2, 14. *b*)
übtr., lege ab, bella, beendige, *Ä* 1, 291.
nomen, den früheren Namen (um einen
neuen anzunehmen), v. Italien, *Ä* 8, 329.
vitam in limine portae, *Ä* 9, 687. ferocia
corda, *Ä* 1, 302. animos (den Trotz), *Ä*
11, 360. vires, seine Kraft verlieren (vom
Feuer), *Ä* 5, 681.

ponʜ, pontis, *m.*, B r ü c k e, *Ä* 8, 650.
bes. der Belagerungstürme, 'Tabulat', *Ä*
9, 530. 12, 675. bewegliche Brücke zur
Verbindung des Schiffes mit dem Ufer,
durch Auswerfen von Brettern gebildet,
Ä 10, 288 u. 654. auf einer schmalen Mauer
zwischen zwei Türmen, um von dem
einen Turme zum andern zu gelangen,
Ä 9, 170.

pontuʜ, i, *m.*(*πόντος*), M e e r (in Rücksicht der Tiefe), das 'hohe Meer', die
'offene See' (Gegs. der Meeresküste), *Ä* 10,

103. *B* 6, 35. Dah. mit 'mare' (wie πόν-τος ἁλός, Hom. Il. 21, 59), *Ä* 1, 556. 10, 377. dcht., 'Meeresflut' (Hom. Od. 5, 313), *Ä* 1, 114.

Pontus, i, *m.* (Πόντος), Pontus, Landschaft Kleinasiens am schwarzen Meere, zwischen Bithynien u. Armenien, berüchtigt durch Zauberkräuter, bes. wegen Kolchis, der Heimat der Medea, *B* 8, 95 flg. *G* 1, 58.

poplēn, plītis, *m.*, Kniekehle, übh. Knie, *Ä* 9, 762. 10, 699. 12, 492 u. 927.

pŏpŭlārĭs, e (1. populus), vom Volke ausgehend, des Volkes, aurae, *Ä* 6, 816.

pŏpŭlĕus, a, um (2. populus), von Pappeln, umbra, *G* 4, 511. frons, *Ä* 5, 134. frondes, Pappelgebüsch, *Ä* 8, 32. 10, 190. rami, *Ä* 8, 256.

pŏpŭlo, āre (1. populus), verheere, verwüste, litora vi, *Ä* 12, 263. penates ferro, vertilge, *Ä* 1, 527. farris acervum (v. Kornwurm), *G* 1, 185; von den Ameisen, plündernd 'wegschleppen', 'forttragen', *Ä* 4, 403. dcht., tempora populata auribus raptis, verstümmelt an beiden Ohren, die ihm an den Schläfen abgehauen waren, *Ä* 6, 496.

Pŏpŭlōnĭa, ae, *f.*, Stadt in Etrurien, *Ä* 10, 172.

pŏpŭlor, āri (1. populus), verwüste, verheere, iter suum (die eigene Bahn), *Ä* 12, 525.

1. **pŏpŭlus**, i, *m.*, 1) Volk, *a*) im weiteren Sinne, Volk, Völkerschaft, als Gesamtheit der Bewohner eines Landes u. Teil eines Volksstammes (gens), magnus, *Ä* 1, 148. Plur., *Ä* 3, 458. m. 'terrae' verb., *Ä* 2, 556. m. 'gentes', *Ä* 6, 706. 7, 236. 10, 202. m. 'gens', *Ä* 6, 706. 7, 236. 10, 202. *b*) im engeren Sinne, Volk als selbständige freie Gesamtheit einesStaates, 'Gemeinde', im Gegs. zur höchsten Obrigkeit, dah. Sing. m. 'patres' verb., *Ä* 9, 192. dcht. von dem geselligen Zusammenleben der Bienen, auch bei uns Volk gen., *G* 4, 5. *c*) in bez. auf das Land (δῆμος), Latini, *Ä* 7, 716. 2) übh. Menge, Masse, bes. 'Kriegsvolk', 'Heer', *Ä* 5, 750.

2. **pŏpŭlus**, i, *f.*, Pappel, bes. Weifs-, Silberpappel, dem Herkules heilig, bicolor, *Ä* 8, 276. *G* 2, 13. *B* 7, 61.

porca, ae, *f.*, Schwein, *Ä* 8, 641.

porgĭte, s. 'porrigo' zu Anfang.

porrĭcĭo, rectum, ĕre (in der alten Religionsspr. st. 'proicio'), eig. werfe vorwärts, streue aus, bes. den Göttern als Opfer, exta in fluctus, *Ä* 5, 238 u. 776 (*Ribb.* 'proiciam' u. 'proicit').

porrĭgo, rexi, rectum, ĕre ['porgite'

synkop. st. porrigite, *Ä* 8, 274] (pro und rego), strecke aus, reiche dar, dextris pocula, erhebe, *Ä* 8, 274. Pass., porrigi in novem iugera, sich erstrecken über usw., *Ä* 6, 597. Part. porrectus, a, um, v. Örtern, 'sich erstreckend', 'sich ausdehnend', sub axem, *G* 3, 351. v. Pers., 'hingestreckt' (im Sande), *Ä* 9, 589.

porrō, Adv. (πόρρω aus προ), 1) örtl., weithin, in die Ferne, quae sint ea flumina porro, was da für ein weithin strömendes Gewässer sei, *Ä* 6, 711. 2) übtr., beim Fortschritt zu einem andern Gedanken od. Punkt in der Erzählung, ferner, weiter, sodann, *Ä* 5, 600. 9, 190.

Porsenna, ae, *m.*, König in Etrurien, der den aus Rom vertriebenen König Tarquinius Superbus bei sich aufnahm u. ihn mit Waffengewalt wieder einzusetzen suchte, *Ä* 8, 646.

porta, ae, *f.*, 1) Pforte, Thor, bei einer Stadt, *Ä* 2, 187. 3, 351. 8, 585. Belli, des Janustempels, *Ä* 1, 294. 7, 607. Plur., von einem Thore (wegen der doppelten Flügel), *Ä* 9, 309. 2) übh. Zugang, Ausgang, Thor (πύλη), caeli (denn nach Hom. Il. 5, 749 flg. war ein von Wolken gebildetes Thor in der Götterwohnung auf dem Olymp, welches die Horen als Thürhüterinnen öffnen und schliefsen), *G* 3, 261. Somni, *Ä* 6, 893. des Windberges, *Ä* 1, 83.

portendo, tendi, tentum, ĕre (pro u. tendo), eig. strecke hervor, zeige, übtr., weissage, verkünde (bes. Unheilvolles), v. Göttern, alqd, *Ä* 3, 184. 5, 706. bellum populo, *Ä* 7, 80. m. Akk. u. Inf., *Ä* 7, 256.

portentum, i, *n.* (portendo), aufserordentliches Anzeichen, Vorzeichen, Wundererscheinung, *Ä* 7, 58. 8, 533. 11, 271.

portĭcŭs, ūs, *f.*, Säulengang, Halle, Gallerie, Plur., *Ä* 2, 761. 3, 353 u. ö.

portĭtŏr, ōris, *m.* (portus), Fährmann, Schiffer, bes. v. Charon, *Ä* 6, 298 u. 326. *G* 4, 502.

porto, āre (Wurz. πορ in πόρος), 1) trage, führe, *a*) übh., praedam ex agmine, *Ä* 11, 758; vgl. *Ä* 4, 241. v. Pferde, alqm, *Ä* 5, 566. 9, 50. zu Wagen, nehme od. führe mit mir fort, capita, *Ä* 12, 512. 'trage', 'fahre', opes pelago, *Ä* 1, 363. penates mecum, *Ä* 4, 598. Bes. v. Verlegen der früher bewohnten Stadt an den neuen Wohnsitz, Ilium in Italiam, *Ä* 1, 68. *b*) nehme mit mir, alqm comitem hinc, *Ä* 2, 778 ('nec te hinc com. *asportare* '*Ribb.*). errantem omnibus terris et fluctibus (über [durch] alle Länder

u. Meere), *Ä* 1, 755. 2) **bringe, führe
zu**, dona alci, *Ä* 1, 696. 16, 881. munera
ad alqm, *Ä* 11, 281. multa patri mandata
dabat portanda, *Ä* 9, 312. dcht., bellum,
Ä 3, 539.

Portūnus, i, *m.* (portus), Schutzgott
der Seehäfen, später mit Palämon identifiziert, *Ä* 5, 241.

portūs, ūs, *m.* [alter *Dat.* portu, *Ä* 3,
292] (*πόρος, πορϑμός*), Hafen, *a*) eig.,
G 1, 303. *Ä* 1, 194 u. 427. 3, 298. 7, 201.
Plur., Ausonii, *Ä* 9, 98. *b*) übtr., wie unser Hafen der Ruhe, **Zufluchtsort,**
Ä 7, 598.

posco, pŏposci, ĕre, **fordere,** *a*) **fordere, verlange, bitte mir aus,** alqd
(mihi), *Ä* 6, 66. 11, 219. *G* 1, 127. tibi
quae posco, *Ä* 9, 194. qui conubia nostra sibi poscunt bello, *Ä* 9, 600. arma
manu, *Ä* 11,453. mit Angabe des Zweckes,
alqm in proelia, fordere zum Kampfe
auf oder heraus, *Ä* 8, 512 u. 614. 10,661.
in certamina, *Ä* 10, 661. 11, 221 u. 434.
12, 467. scalas in moenia, Leitern zum
Sturme, *Ä* 9, 524. bl. equos (näml. zum
Kampfe auf dem Streitwagen), *Ä* 9, 12.
12, 82. m. Akk. u. Inf., *Ä* 5, 342. 6, 589.
8, 12. Pass. m. Inf., qui doceat Aenean
fatis posci se dicere regem, *Ä* 8, 12. m.
doppelt. Akk. der Pers. u. Sache, 'verlange', 'fordere von' jmd. etw., 'erbitte
von' jmd., 'bitte jmd. um' etw., quod parens te poscit, *Ä* 9, 84. pacem te poscimus omnes, *Ä* 11, 362. socios incendia,
fordere zur Brandstiftung auf, *Ä* 9, 71.
deos veniam, erflehe den Segen der Götter (zu einem Vorhaben), *Ä* 4, 50. deos
meliora omnia, 'flehe die Götter um Besserung an', *G* 3, 456. auch bl.: oracula
precibus (näml.: vatem Sibyllam), *G* 3,
456. tua numina, bitte dich um deinen
Beistand, *Ä* 1, 666. Bes. in bez. auf Beschlüsse des Schicksals, der Götter und
Orakel, saeva Iovis sic numina poscunt,
Ä 11, 901 ('*pellunt Ribb.*). fata Iovis poscunt, *Ä* 4, 614. poscere fata tempus
(est), das Schicksal zu befragen (das
durch Orakel erteilt wird), *Ä* 6, 45. quem
poscat Apollo, *Ä* 2, 121; vgl. *Ä* 5, 707.
7, 272. 8, 477. *b*) fordere auf, dafs man
sage, **verlange zu wissen,** causas veniendi, erforsche, *Ä* 1,414. mit Relativs.,
Ä 3, 59. *c*) **verlange,** rufe gleichsam
herbei, ventos (zur glücklichen Fortsetzung der Fahrt), *Ä* 5,59. poscit equos,
er ruft seinen Wagenlenker Metiskus
heran, *Ä* 12, 326. ego poscor Olympo,
eig., ich werde vom Olymp gerufen, jene
Erscheinung am Himmel ruft mich zum
Kampfe, *Ä* 8, 533 (*Haupt* u. *Schap.* interpung.: ego poscor [ich werde zum

Kampfe gerufen]; Olympo ... missuram
etc.). *d*) von sachl. Subj. in bez. auf das,
was den Naturgesetzen nach, also regelmäfsig und zu einer bestimmten Zeit
geschieht, **fordere,** terrae poscunt semina, *G* 2, 324.

possessŏr, ōris, *m.* (possideo), **Besitzer,** agelli, *B* 9, 3.

possum, pŏtŭi, posse (pot-is sum), 1)
bin imstande, kann, vermag, v.
Pers., m. Inf., *Ä* 7, 645. 8, 401 u. 402. 9,
421. *G* 3, 562. ellipt., quid Troës potuere
(committere), *G* 1,232. Oft im Indik., wo
man den Konj. erwartet, weil die Möglichkeit unbedingt stattfindet, hanc mecum poteras requiescere noctem, könntest du ja, *B* 1, 79. non potui, konnte ich
ihn oder hätte ich ihn damals nicht in
Stücke zerreifsen können? *Ä* 4,600. huic
uni forsan potui succumbere culpae, hätte ich vielleicht können, *Ä* 4, 19. Auch ist
der Bedingungssatz aus dem Zushg. zu
ergänzen, possem tantos finire dolores,
Ä 12,880. *b*) mit Andeutung des inneren
Kampfes, den man bei Ausführung eines
Entschlusses besteht, 'gewinne es über
mich', 'bringe es übers Herz', *G* 3, 453.
Ä 4, 19. 7, 309. 11, 307. 2) prägn., als
Ausdruck des Vermögens zum Können,
'bin beschaffen, geeignet, fähig etw. auszurichten', **vermag, kann,** gew. mit
Objektsakk. eines Pron. od. Adj. Neutr.,
quod potui, misi, *B* 3, 70. furens quid
femina possit, *Ä* 5, 6; vgl. *Ä* 7, 335. von
abstr. Subj., si quid mea carmina possunt, *Ä* 9, 446. possit quid vivida virtus,
Ä 11, 386. quantum nova gloria posset,
Ä 11,155. abs., hactenus potui, bis hierher reichte meine Kraft, ging es, *Ä* 11,
823. possunt quia posse videntur, sie können wirklich, weil sie aus dem Erfolge
Vertrauen zu ihrem Können erlangen, *Ä*
5, 231. Sprichw., non omnia possumus
omnes, *B* 8, 63. Bes. als Formel der Zutraulichkeit und des Ergebens in Bitten
und Ermahnungen, qui potes, in dessen
Macht es steht, *Ä* 10, 632. potes namque omnia, *Ä* 6, 117; vgl. *v.* 119 u. 366.
9, 90. v. sachl. Subj., quod fieri potest
ferro, was aus E. bereitet werden kann,
Ä 8, 402. – ☞ Das zu zwei Infin. gehörige 'possum' wird meist nur einmal
und zwar dem Infin. im zweiten Satzgliede voran gestellt, *Ä* 2, 362. 3, 562.
8, 384. 413. 9, 426. 10, 256 u. 616.

post, 1) Adv., *a*) örtl., **hinter, hinterher,** *Ä* 5, 339. *b*) zur Bezeichnung der
Aufeinanderfolge, **hernach, nachher,**
Ä 1, 136. 5, 507. 8, 546 (dem vorherg.
'incipiens' entspr.). *G* 3, 300. *c*) übh.
künftig, später einmal, später-

hin, *Ä* 5, 523. das vorherg. 'longo post tempore' wieder aufnehmend, *B* 1, 70. Nach vorausgeg. 'primum', *Ä* 2, 216. 5, 339. longo post tempore, lange Zeit hernach, *Ä* 6, 409. *B* 1, 30 u. 68. verb., post deinde, *Ä* 5, 321. 2) Präp. m. Akk., *a)* räuml., hinter, *B* 3, 20. *Ä* 2, 57. 11,81. *b)* von der Zeit, nach, post excidium Troiae, *Ä* 5, 626; vgl. *Ä* 1, 612. 9, 363. alii post me, die Dichter nach mir, *G* 4, 148.

posterus, a, um [Komp. 'posterior', Sup. 'postremus' u. 'postumus', w. s.] (post), folgende, der Zeit nach, dies, *Ä* 3, 588. 5, 42. 7,148. 12, 113. Prädikat., Aurora, wieder durchzog Aur. usw., *Ä* 4, 6.

post-hăbĕo, bŭi, bĭtum, ēre, setze nach oder hintan, alqd alci, *Ä* 1, 16. seria ludo, *B* 7, 17.

post-hāc, Adv., hernach, hinfort, *B* 1, 76. 3, 51.

postis, is, *m.*, Pfoste der Thür, meist Plur., *Ä* 2, 442. 480. 490. 493. 504. *B* 7, 50. die ganze 'Thür', *Ä* 2, 454 u. 480. 7, 622. 8, 227. sacer, des Tempels, *Ä* 5, 360.

post-quăm, Konjkt. [ans Ende des Verses gestellt, *Ä* 1, 154. 3, 212. 10, 298], nachdem, seitdem, als, da, mit Perf., *Ä* 1, 216. 2, 90. 5, 577. 7, 765. 12, 739 u. 245. m. Ind. des Präs., *B* 1, 31; des histor. Präs., *Ä* 1, 154. 12, 861. des Imperf., von der öftern Wiederholung u. dem bleibenden Zustande, *B* 1, 28.

postrēmus, a, um (Superl. zu 'posterus'), der äuſserste, letzte, übtr., nec tibi cura canum fuerit postrema, *G* 3, 404. prädik. st. Adv. (Gegs. 'primus'), postremus metito, mit der Weinlese mache den Schluſs, *G* 2, 410. postrema inmani corpore pistrix, zuletzt (unten) ein gräſsliches Meertier, *Ä* 3, 427. 11, 664. Sbst., postrema, ōrum, *n.*, der 'hintere Zug', das 'Hintertreffen', *Ä* 9, 27.

postŭmus, a, um (Superl. zu 'posterus'), der letzte, bes. der zuletzt od. spät geborene, proles, 'Spätling', *Ä* 6, 763.

potens, entis (eig. Part. v. possum), 1) vermögend, mächtig, gewaltig, *a)* eig., von Göttern u. Menschen, *Ä* 2, 296. 3, 438. 6, 247. dominus, 'Tyrann', *Ä* 6, 621. dextra, *Ä* 7, 234. dcht., parvo potens, *Ä* 6, 843. Sbst., potentes, die 'Mächtigen', 'Reichen', *Ä* 12,519. *b)* übtr., wirksam, kräftig, herbae, *Ä* 7, 19. sol, *G* 2, 373. 2) mächtig in etwas, *α)* waltend in usw., Herrscher, Gebieter, Gebieterin, m. Abl., caelo Ereboque, *Ä* 6, 247. m. Gen., nimborum

tempestatumque, *Ä* 1, 80; vgl. *Ä* 3,523. *G* 1, 27. *b)* (dcht.) der etwas ausgeführt, erfüllt hat, m. Gen., potens facta promissi, *Ä* 7, 541.

potentĭa, ae, *f.* (potens), *a)* erlangte Geltung, Macht, Gewalt (nicht an Gesetze geknüpft), Herrschaft, *Ä* 8, 99. 10, 72. dcht. konkr., 'mea potentia', von Amor, *Ä* 1, 664. *b)* übtr., Kraft, Gewalt, solis, *G* 1, 92.

potestās, ātis, *f.* (possum), 1) eig.: *a)* Vermögen, Macht etwas zu thun, Möglichkeit, potestas est, mit Inf., es ist gestattet od. vergönnt, man kann oder darf, *Ä* 4, 565. 9, 739. potestas nulla datur, es ist jmdm. nicht verstattet, es liegt auſser jmds. Macht, *Ä* 3, 670. 7, 591. *b)* Machtvollkommenheit, Gewalt, Herrschaft, *Ä* 9, 97. 10, 100. dcht. konkr., 'Machthaber', 'Herrscher', hominum divûmque, *Ä* 10, 18. 2) übtr., Kraft, Wirkung, herbarum, *Ä* 12,396.

1. potĭor, potītus sum, potīri [potītur nach 3. Konj. gemessen, *Ä* 3, 56. 4, 217], *a)* bemächtige mich einer Sache, 'erlange' etw., mit Abl., vi auro, *Ä* 3, 56. rapto, *Ä* 4, 217. corpore et armis, erbeute, *Ä* 12, 642. spoliis, spolio, *Ä* 9,450. 10, 500. coniugio Pyrrhi sceptroque, gewinne Gattin u. Reich des P., *Ä* 3, 296. auso, vollbringe ein Wagnis, *Ä* 6, 624. *b)* erreiche, gelange wohin, m. Abl., arenā, *Ä* 1, 172. tellure, *Ä* 3, 278. campo, *Ä* 11, 393.

2. potĭor, ius, Gen. 'ōris' (Komp. v. potis), kräftiger, vorzüglicher, suboles, *G* 4, 100. übtr., sententia, bessere, *Ä* 4, 287. Neutr. **potĭus** als Adv., eher, lieber, vielmehr, *Ä* 4, 654. 10, 676. 11, 443. 12, 188. verstärkt 'quin potius', *Ä* 4, 99.

potis, e, imstande, vermögend, bes. v. Pers., potis (est) st. 'potest', meist in negativ. Sätzen, *Ä* 3, 671. 9, 796. 11, 148.

Potĭtĭus, ĭi, *m.*, einer aus dem alten Priestergeschlecht der Potitier, das nebst den Pinariern beim Gottesdienst des Herkules der Opferhandlung selbst vorstand und den priesterlichen Ehrenanteil an den Opfern erhielt, *Ä* 8, 269 u. 281. Vgl.

potĭus, s. 2. potior. ['Pinarius.'

Potnĭăs, ădis (*Ποτνιάς*), zu Potniä, einem Flecken in Böotien gehörig, potnisch, quadrigae (der Stuten des Glaukus), *G* 3, 268.

pōto, āre (Sup. auch 'pōtum' u. Partic. Prät. Pass. pōtus unmittelbar von der Wurzel po gebildet, getrunken) (Wurz. *πο* in *πίνω, ποτέον*), 1) trinke, undam currentem, lac, *G* 3, 330 u. 463. potum venio, ago, komme, treibe zur Tränke, *B* 7, 11. 9, 24. dcht., oblivia ad undam Lethaei fluminis, schlürfe ein, *A* 6, 715. 2) übtr., von Pflanzen, in sich saugen, intiba gaudent potis rivis, die Endivien wachsen fröhlich heran vom Tranke des Flußwassers, *G* 4, 120.

pōtus, s. poto.

prae, Präp. mit Abl., räuml. vor, prae se, *A* 11, 544; bildl., zur Schau, öffentlich, *A* 9, 134.

praebĕo, bŭi, bĭtum, ēre (prae u. habeo), eig. halte hin, dah. gewähre, biete, portas patentes, *A* 9, 693. latebras, *G* 2, 216. capris fluvios recentes (frisches Stromwasser), *G* 3, 301. v. Lebl., dum terra labores praebuit, *A* 10, 322.

prae-cēdo, cessi, cessum, ēre, gehe voraus, agmen, m. 'ante volans verb., reite im Fluge, eile dem Zuge voraus, *A* 9, 47. abs., longe, *A* 11, 94 (*Ribb.*; *Haupt* u. *Schap.* 'processerat').

prae-celsus, a, um, ragend, schroff, rupes, *A* 3, 245.

praeceps, cĭpĭtis [Abl. Sing. 'praecipiti', *A* 2, 460] (prae u. caput), eig. mit dem Kopfe voran, kopfüber, dah. 1) v. Leb., jählings, vorwärts, *a*) eig., inpello alqm praecipitem, so daß er vorwärts hinstürzt, *A* 12, 379; vgl. *A* 12, 531. praecipitem alqm premo ferro flammaque, dränge, verfolge jmd. mit Feuer u. Schwert zu jähem Verderben, *A* 10, 232; vgl. *A* 5, 175 u. 860. 7, 627. *b*) übtr.: *α*) wie unser über Hals und Kopf, d. i. schleunig, eilig, schnell, bei Zeitw. der Bewegung, wie 'fero me', 'feror' (stürze mich) u. dgl., *A* 3, 593. 4, 253 u. 546. 11, 673 u. 895. *G* 3, 236. 4, 457. *B* 8, 60. von Vögeln, jählings herabstürzend (aus der Luft), *G* 3, 547; tempestate, zur Erde gescheucht, *A* 2, 516. *β*) v. plötzlichen Schrecken, praecipitem alqm agit, jagt od. treibt vorwärts, *A* 3, 682. Dah. 'zu rasch', 'hitzig', *A* 11, 895. 12, 735. m. 'animi', hastigen Mutes, *A* 9, 685. 2) von Lebl.: *a*) eig., *α*) mit der Spitze voran, jäh, abschüssig, fossa, *A* 11, 888. sbst., 'praeceps', *n.*, jäher oder abschüssiger Ort, stare in praecipiti, v. Turme, *A* 2, 460. rapere in praeceps, v. Flusse, in die Tiefe, abwärts, *G* 1, 203 (*Ribb.* ohne 'in'); vgl. *A* 6, 578. *β*) sich schnell ab- od. vorwärts bewegend, currus, dahineilend, *A* 5, 144. *G* 3, 359. *b*) übtr., jäh, rasch, schnell, saltus (Sprung), *A* 8, 257. certamen, Wettlauf, Wettrennen, *G* 3, 103. v. Winden, vorwärts stürmend, *A* 7, 411. *G* 4, 29. saxum, *A* 12, 684. praecipites traho silvas, reiße fort in den Abgrund, *A* 2, 307.

praeceptum, i, *n.* (praecipio), *a*) Vorschrift, Lehre, veterum, *G* 1, 176. *b*) Gebot, Geheiß, Befehl, *A* 6, 236. 9, 45. *G* 4, 448 u. 548. bes. der Götter, Wille des Schicksals, *A* 6, 632.

praecĭpĭo, cēpi, ceptum (prae u. capio), 1) nehme vorher od. voraus, litora, gewinne, besetze vorher, *A* 10, 277. dcht., si lac praeceperit aestus, wenn die Mittagshitze die Milch verzehrt (ehe sie gemolken wird), *B* 3, 98. übtr., spe praecipit hostem, sieht im Geiste den (besiegten) Gegner schon vor sich, *A* 11, 491. omnia (verst. animo), alles sehe ich (im Geiste) voraus, *A* 6, 105. 2) befehle, ordne an, modum carinis, *A* 11, 329. abs., *A* 9, 40.

praecĭpĭto, äre (praeceps), 1) trans.: *a*) stürze hinab, alqd pelago (*Dat.*), versenke in des Meeres Tiefe, *A* 2, 37. *b*) übtr., räume aus dem Wege, beseitige schleunigst, hemme, moras, *A* 8, 443. 12, 699. von der Wut, mentem, hinreißen, verwirren, *A* 2, 317. mit Inf., dränge gewaltig, treibe, dare tempus sociis, *A* 11, 3. 2) intr.: *a*) stürze mich herab od. hinab, *A* 6, 351. 11, 617; vgl. *A* 4, 251. 9, 670. v. Hagel, *A* 10, 804. *b*) übtr., v. eiliger Bewegung abwärts, fliehe schleunig, *A* 4, 565 (vorh. 'praeceps fugio'). dcht., nox caelo praecipitat, sinkt vom Himmel jählings herab (in den Ocean), *A* 2, 9.

praecĭpŭē, Adv. (praecipuus), vornehmlich, vorzüglich, vorzugsweise, *A* 1, 220 u. 712. 2, 112 u. ö. dem Adj. nachgestellt, *A* 7, 746.

praecĭpŭus, a, um (praecipio), besonder, vorzüglich, labor (Pflege), *G* 3, 74. *A* 11, 214. honores (Ehrengaben), *A* 5, 249. in bez. auf die Pers., was mehr der Sache zukommt, praecipuum toro accipit Aenean, wies dem An. den Ehrenplatz auf einem Polster an, *A* 8, 177.

praecīsus, a, um (praecīdo), eig. vorn abgeschnitten, dah. abschüssig, schroff, saxum, *A* 8, 233.

prae-clārus, a, um, sehr berühmt, ruhmvoll, bello, *A* 8, 480. urbs, *A* 4, 655. stirps, *G* 4, 322. facta, *A* 10, 397.

praeco, ōnis, *m.*, Herold, bei feierlichen Spielen, *A* 5, 245.

praecordĭa, ōrum, *n.* (prae u. cor), eig. 'Zwerchfell', übtr., 1) Eingeweide, Weichen, *A* 9, 413. 2) Herz, Brust, *A* 10, 452. dah. Herz, Gemüt, als Sitz der Gefühle u. Leidenschaften, *A* 2, 367. 7, 347. 9, 596. *G* 2, 484.

praeda, ae, *f*, Beute, Raub, *a*) im Kriege, auch Plur., *A* 2, 763. Plur. m.

'spolia' verb., *A* 9, 450. *b*) übb., auf der Jagd, *A* 4, 210. 3, 223. der Ameisen, *A* 4,404. in partem praedamque voco alqm, lasse an dem Raube teilnehmen, *A* 3, 223. v. Palinurus (den man für einen Schiffbrüchigen im Besitze kostbarer Habe hielt), *A* 6, 361. praeda data canibus, *A* 9, 485.

prae-dīco, dixi, dictum, ēre, 1) sage etwas vorher, verkünde, unum illud, *A* 3, 436. 2) sage voraus, weissage, prophezeihe, alqd alci, *A* 3, 252 u. 713. malum, *B* 1, 18.

praedictum, i, *n.* (praedico), Vorhersagung, Weissagung, Plur., *A* 4, 464.

prae-dīsco, dīdĭcī, ēre, erkenne vorher, erforsche, ersehe, ventos u. dgl., *G* 1, 51 u. 252. 2, 255.

prae-dīvĕs, vītis, reich, *A* 11, 213.

praedo, ōnis, *m.* (praeda), Plünderer, Räuber, *A* 7, 362. 10, 774. 11, 484.

praedor, āri (praeda), mache Beute, raube (v. Wölfen), *G* 1, 130.

prae-dulcis, e, sehr süfs, übtr., lokkend, decus, *A* 11, 155.

prae-dūrus, a, um, sehr hart, übtr., stark, v. Pers., viribus, *A* 10, 748. corpus, *G* 2, 531.

prae-ĕo, īre, gehe voran, komme zuvor, *A* 5, 186.

prae-fĕro, tŭli, lātum, ferre, 1) eig.: *a*) trage vor mir her etw. (um es zuerst zu übergeben), biete dar, munera, *A* 11, 249. zeugmatisch, vittas ac verba precantia, nahe od. spreche als Schutzflehender, *A* 7, 237. *b*) trage zur Schau, zeige, cui praefert nanti frons hominem, der schwimmend von der Stirn bis an die Hüften als Mensch sich zeigt, *A* 10, 211. 2) übtr., ziehe vor, gebe den Vorzug, alqm alci, *A* 12, 145. *B* 2,4. praelatus honos, Ehre des Vorzugs, *A* 5,541.

praefĭcĭo, fēci, fectum, ēre (prae u. facio), setze jmd. über etwas, übergebe jmdm. etwas zum Schutz oder zur Pflege, alqm lucis, *A* 6, 118 u. 563.

prae-fīgo, fixi, fixum, ēre, 1) hefte od. befestige vorn, arma puppibus, *A* 10, 80. capita in hastis, stecke auf die Lanzen, *A* 9, 466. praefixa cuspis, schneidige Spitze, *A* 7, 817. 2) hefte vorn an, *a*) beschlage mit etwas, hastilia, robur ferro, *A* 5, 557. 10, 479. *b*) übb. umgebe, umschliefse mit etw., ora capistris, *G* 3, 398.

prae-fŏdĭo, fōdi, fossum, ēre, umziehe (verschanze) mit Gräben, portas, *A* 11, 473.

prae-for, fāri, rufe vorher an, divos, *A* 11,301.

prae-fulgĕo, fulsi, ēre, glänze, schimmere vorn, unguibus aureis, *A* 8, 553.

praegnans, antis, oder (*Haupt* u. *Ribb.*) **praegnās,** ātis (prae u. St. 'gna' in 'gnascor'), schwanger, mit Abl., face, v. Hekuba (die, als sie mit Paris schwanger war, träumte, sie werde eine verheerende Fackel gebären), *A* 7, 320. 10, 704.

· prae-lābor, lapsus sum, lābi, gleite vorbei, m. Akk., Alphea flumina rotis, fahre am Alphēus vorüber, *G* 3, 180.

prae-mĕtŭo, mĕtŭi, ēre, fürchte im voraus, Teucros, *A* 2, 573.

prae-mitto, mīsi, missum, ēre, schikke oder sende voraus, alqm, *A* 6, 34. 9, 367. 11, 513. alqm ad naves, m. folg. Konj. zur Angabe des Zweckes, *A* 1, 644.

praemĭum, ĭi, *n.* (prae u. emo), Belohnung, Preis für Verdienste, als Auszeichnung, *A* 1, 461. 5, 232 u. 308. praemium pono, d. i. setze aus, *A* 5, 292 u. 486. Plur., praemia magna, *A* 12, 437. Laurentis praemia pugnae, *A* 11, 78. praemia Veneris, Kinder, *A* 4, 33. Bes. v. Siegespreis der umherziehenden Dichter u. Schauspieler, *G* 2, 382.

prae-năto, āre, eig. schwimme vorbei, übtr., fliefse vorüber; domos (an den Häusern), *A* 6, 705.

Praenestē, is, *n.* [dcht. als *f.* m. Abl. Praenestē als reinlat. Endung gleichs. von 'Praenestis', *A* 8, 561], alte Stadt in Latium östl. von Rom, mit einem Tempel und Orakel der Fortuna, j. 'Palestrina', altum, *A* 7, 682.

Praenestīnus, a, um, zu Präneste gehörig, praenestiniscĬ, urbs, Präneste, *A* 7, 678.

prae-nuntius, a, um, vorher verkündend, sbst., praenuntia, ae, *f.*, Verkünderin, Vorbote, luctūs (von der Fama), *A* 11, 139.

praepĕs, pĕtis (prae u. 'pes' vom St. 'pet' in 'peto'),voraus eilend, schnell fliegend, schnell, pinna (Flug der Vögel), *A* 3, 361. 6, 15. armiger Iovis, v. Adler (weil hochfliegend), *A* 5, 254.

prae-pinguis, e, sehr fett, üppig, sōlum, *A* 3, 698.

praerĭpĭo, rīpŭi, reptum, ēre (prae u. rapio), reifse weg, entreifse gleichs. vor dem Munde, coniugem, *A* 9,138. amorem (das Liebesgewächs, s. hippomanes matri, *A* 4, 516.

praeruptus, a, um (eig. Part. von 'praerumpo'), abgerissen, jäh, steil, saxa, *G* 2, 156. mons aquae, ein sich jäh auf das Schiff stürzender Wasserberg, *A* 1, 105.

praesāgus, a, um, *a)* vorher merkend, m. Gen., praesaga mali mens, unheilverkündend,*Ā* 10,843. *b)* übtr., woraus man den Willen der Götter erkennen kann, weissagend, fulmen,*Ā* 10, 177.

prae-scisco, scivi, scitum, ere, merke vorher, animos volgi et corda,*G* 4, 70.

prae-scius, a, um, vorher wissend oder ahnend, venturi,*Ā* 6, 66. abs.,*Ā* 12, 452.

prae-scrībo, scripsi, scriptum, ere, schreibe od. setze vor, nomen sibi, *B* 6, 12.

praesens, sentis (eig. Part. v. praesum), 1) gegenwärtig, jetzig, terra, *Ā* 5, 656. pignus, Handschlag,*Ā* 3, 611. 2) übtr.: *a)* entschlossen, fest, animus (Sinn od. Mut),*Ā* 5, 363. *b)* 'beistehend' (durch seine Gegenwart), sichtbar waltend, hilfreich, dea,*Ā* 9, 404. divi,*B* 1, 41. numina,*G* 1,10. *c)* offenbar, sichtbar, ora,*Ā* 3, 174. *d)* sogleich eintretend, bevorstehend, augenblicklich, schnell, mors,*Ā*1, 91. letum,*Ā* 10,622. exitium,*Ā* 12, 760. Mars (Krieg),*Ā* 8,495. *e)* schnellwirkend, wirksam, auxilium,*G* 1, 127. signum,*Ā* 12,245. fortuna laborum,wirksames Mittel gegen die Krankheit,*G* 3, 452. si quid praesentius audes, 'wenn du etwas Gelegeneres, Erspriefslicheres(für den Bruder) wagen willst,*Ā* 12, 152.

praesentĭa,ae,*f.*(praesens), Gegenwart,*Ā* 9, 73.

prae-sentĭo, sensi, sensum, īre, bemerke zeitig, ahne, dolos,*Ā* 4, 297.

praesēpĕ, is, *n.*, bei Vergil nur Plur. 'praesepia', Krippe,*Ā* 7, 17 u. 275.11, 492. *G* 3, 214. 416. 495. *B* 7, 39. v. den Honigzellen der Bienen,*G* 4, 168.*Ā* 1, 435.

praesertim, Adv., besonders, zumal, m. flg. 'si',*G* 1, 115 u. 2, 310.

praesĕs, sĭdis, *f.* (praesideo), Vorsteherin, belli, Herrin, 'Göttin des Kriegs', v. Minerva,*Ā* 11, 483.

praesĭdĕo, sēdi, sessum, ēre (prae u. sedeo), eig. sitze voran, übtr., beherrsche, gebiete, beschütze, m. Dat. (v. Gottheiten), arvis,*Ā* 3, 35, 7, 800. stagnis,*Ā* 12, 140. quibus (arcibus) altus Apollo praesidet,wo der h. A. thront, *Ā* 6, 10.

praestans, stantis (eig. Part. v. praesto), vorzüglich, vortrefflich, ausgezeichnet, von Sachen,*Ā* 1, 71. 5, 361. 7, 483 u. 783. 8, 207. v. Pers., virtute,*Ā* 8, 548. m. Gen. 'animi', an Mut, mutvoll,*Ā* 12, 19. quo non praestantior

alter, ausgezeichnet, wie kein anderer, m. flg. Inf., ciere viros,*Ā* 6, 164.

prae-sto, stiti,stitum, stāre, 1) intr., stehe voran, übtr., bin vorzüglicher, dah. 'praestat', 'es ist besser', m. Inf.,*Ā* 1, 135. 6, 39. m. Akk. u. Inf.,*Ā* 3, 429. 2) trans., zeige mich als, vel magnum praestet Achillem, und wäre Äneas der grofse Achilles,*Ā* 11,438.

prae-sūmo, sumpsi, sumptum, ēre, nehme vorher, übtr., fasse vorher, stelle mir im voraus vor, spe praesumite bellum, machet die Herzen zur Kampflust bereit,*Ā* 11, 18.

prae-tendo, tendi, tentum, ēre, 1) strecke od. halte vor, *a)* eig., hastas dextris,*Ā* 11, 606. ramum manu, ramos manu,*Ā* 8, 116. 11, 332. fumos manu,*G* 4, 230. *b)* übtr., 'trage' gleichs. 'zur Schau', nec coniugis umquam praetendi taedas, ich habe nie Ansprüche auf die ehelichen Fackeln gemacht, d. i. ich habe nie behauptet,dein wirklicher Gatte zu sein,*Ā* 4, 339. 2) mache od. ziehe vor etwas, saepem segeti,*G* 1, 270. dcht., muros morti, fliehe hinter die Mauern,*Ā* 9, 599. Pass., von Gegenden, vor etwas sich ausstrecken, ausdehnen, m.Dat., Sicanio sinu,*Ā* 3,692. Syrtibus, vor den Syrten, d. i. am Rande der S.,*Ā* 6, 60.

praetĕr, Präp. m. Akk., 1) räumlich, vor od. an etw. vorbei, pr. vada,*Ā* 7, 24. 2) übtr., v. Hinausgehen über ein Mafs, über … hinaus, pr. solitum, wider Gewohnheit, ungewöhnlich,*G* 1, 412.

praetĕr-ĕā, Adv., 1) aufserdem, überdies,*Ā* 1, 647. 5, 302. 12, 569. 2) aufser den Fällen, wo es bis jetzt geschehen ist, hinfort, noch ferner, in Zukunft,*Ā* 1, 49. *G* 4, 502.

praetĕr-ĕo, ĭi, ĭtum, īre, *a)*gehe vor jmd. vorüber, alqm cursu, d. i. eile jmdm. voraus, überhole jmd.,*Ā* 4, 157. victam,*Ā* 5, 156 u.171. *b)* übtr.: *α)* übergehe etwas, alqd,*G* 4, 148. *β)* lasse vorübergehen, die Zeit, dah. Part. Pass. 'praeteritus', vergangen, anni,*Ā* 8, 560. 2) intr., vergehe (von der Zeit), *G* 2, 322.

praeter-fūgĭo, ēre, fliehe vorbei oder vorüber (mit Trennung u. Nachstellung der Präpos.),*Ā* 10, 399.

praeter-lābor, lapsus sum, lābi, gleite oder fliefse vorbei, tumulum, *Ā* 6, 874. v. Pers., tellurem pelago, gleite (schiffe) am Strande vorbei,*Ā* 3, 478.

praeter-vĕhor, vectus sum, vēhi, schiffe(segle)an etwas vorbei, ostia,*Ā* 3, 688.

prae-texo, texŭi, textum, ĕre, eig. webe vorn an, dab. 1) bedecke vorn, pr. litora, reihen sich dem Gestade entlang, *A* 6, 5. ripas arundine, *G* 3, 15. *B* 7, 12. 2) übtr., verstecke, verhülle, funera novis sacris, den eigenen Tod unter diesen ungewöhnlichen Gebräuchen, *A* 4,500. culpam nomine, 'verbräme', beschönige, *A* 4, 172.

praetōrium, ĭi, *n.* (praetor), Feldherrnzelt, dcht. der Bienenkönigin, *G* 4, 75.

prae-ustus, a, um ['prae' bei folg. Vokal verkürzt] (eig. Part. von praeuro), vorn gebrannt, durch Feuer gehärtet, sudes, *A* 7, 524.

prae-vălĭdus, a, um, sehr stark od. kräftig, vitis, *G* 2, 190. v. Boden, *G* 2, 253.

prae-vĕhor, vectus sum, vĕhi, reite voran od voraus, equo, *A* 7, 166.

prae-vĕnĭo, vēni, ventum, īre, komme vorher, in der Tmesis, praeque diem veniens, Vorläufer des Tages (Lucifer), *B* 8, 17.

prae-verto, verti, versum, ĕre, 1) kehre vor, dab., *a*) komme zuvor, thue es jmdm. in etw. zuvor, übertreffe, cursu ventos pedum, *A* 7, 807. equo ventos, *A* 12,345. *b*) mit dicht. Freiheit bei Vergil auch pass. Form als Depon. 'praevertor' mit trans. Sinne, fugā praevertitur Hebrum, *A* 1, 317 (*Ribb.* 'Eurum', d. i. nimmt es im Fluge mit dem Ostwinde auf). 2) übtr., nehme vorher ein, vivo amore resides animos, im voraus zu fesseln suchen, *A* 1, 721.

prae-vĭdeo, vīdi, vīsum, ĕre, sehe voraus od. früher, ictum, *A* 5,445.

prātum, i, *n.*, Wiese, Aue (bei Vergil nur Plur.), *A* 6,674 u. 707. *G* 1,289 u. 384. 2, 384. 4, 306 u. ö. *B* 3, 111. 4, 43 u. ö.

prāvus, a, um, verkehrt, Neutr. sbst., übtr., fictum pravumque, 'Lug u. Trug', *A* 4, 188.

prĕces, s. prex.

prĕcĭae, ārum, *f.* (verst. 'vites'), eine Art Weinreben, *G* 2, 95.

prĕcor, āri ['precantia' durch Synizesis dreisilb., *A* 7, 237], 1) rufe bittend an, bete zu einer Gottheit, flehe an, superos u. dgl., *A* 5, 529. 7, 137. *G* 4,381. Iovem per vota, *A* 9,624. socios, ermahne bittend, fordere auf, m. flg. dir. Rede, *A* 10, 293. abs., ante precatus, *A* 10,420. verba precantia, flehende Worte, Gebete (preces), *A* 7, 237. 2) bitte etw. od. um etw., erflehe etw, alqd, *A* 4, 621. veniam (um Gnade, d. i. um grädige Antwort), *A* 3, 144. foedus infectum, das B. gern rückgängig zu machen suchen, *A*

12, 242. alqm per hospitium, *A* 10, 460. per Manes, *A* 10, 525. m. Dat. der Pers., flehe zu jmd., nahe jmdm. flehend, *A* 8, 127. parenth. in die Rede eingeschoben, *A* 6, 117. 9, 525. 12, 48 u. 777.

prĕhendo, prēhendi, prēhensum, ĕre, u. synkop. **prendo**, prendi, prensum, ĕre [erstere und zugleich ältere Form, *A* 2, 592. 11, 719], 1) fasse (an), ergreife, nehme, alqm dextrā, *A* 2, 592. tecta manu, *A* 9,558. frena, *A* 11, 719. folia, *A* 3,450. boves, fange ein, *G* 1,285. dcht., alqm cursu, d. i. erreiche, hole ein, *A* 12, 775. oras Italiae, erreiche, *A* 6,61. quam prendimus arcem? von welcher Burg ergreifen wir Besitz? d. i. welches Bollwerk nimmt schirmend uns noch auf? *A* 2,322. 2) ergreife gewaltsam, corpora, *A* 3, 624.

prēlum, i, *n.* (premo), Presse, Kelter, *G* 2, 242.

prĕmo, pressi, pressum, ĕre, 1) drücke, presse, *a*) eig., laevo pede alqm, trete mit dem linken Fufse auf jmd., *A* 10,495. anguem, *A* 2, 380. natos ad pectora, *A* 7,518. prägn., mammas (die Euter beim Melken), *G* 3, 310. fauces, verenge (von der Zunge, weil sie selbst anschwillt), *G* 3, 508. caseum, presse, verfertige pressend (unter einem Gewichte), *B* 1, 34; vgl. *G* 3, 401. pressi copia lactis, frischer 'Käse', *B* 1, 81. favos, presse, *G* 4, 140. partem rostro premit (v. Schiffe), legt mit der Spitze an einen Teil sich an, *A* 5,187. Häuf. in weiterer Bed., vestigia medium per ignem, schreite hin mitten durch das Feuer, *A* 11, 788. solum, betrete den Boden, *A* 5, 331. *b*) übtr., dränge, bedränge, setze zu, verfolge, alqm telis, *A* 8, 249. 9, 793. bl. alqm, *A* 11, 880; 'setze nach', *A* 1, 467. cervum ad retia, treibe ins Netz, *G* 3,413. cursum apri, verfolge jagend, *A* 1, 324. urbem obsidione, bedränge, *A* 8,647. Ausoniam (dicione), erobere, nehme in Besitz, *A* 6, 80. 10, 54. populos, *A* 7,737 (*Haupt* 'tenebat'). alqm ferro flammāque, *A* 10, 232. servitio, unterjoche, knechte, *A* 1,285. prägn., 'schlage jmd. zu Boden', 'töte', *A* 9, 380. ventos imperio ac vinclis, zähme, halte nieder, *A* 1,54. pelago premit arva sonanti, umbraust, bedeckt mit Brandung die Flur (v. Timavus), *A* 1, 246. premit placida acquora pontus, das Meer zähmt die oberen Fluten, dafs sie sanfter strömen, d. i. das Meer schlägt sanftere Wellen, *A* 10, 103. auch von Abstr., Fauni premunt te iussa parentis, drängen, beunruhigen dich, *A* 7, 368. formidine premor, werde von Angst bewäl-

tigt, *Ä* 3, 47. sub imo corde gemitum, presse zurück, erdrücke den Seufzer in der Brust, *Ä* 10, 465. dolorem alto corde, *Ä* 1, 209.
2) drücke, bedecke drückend, *a*) eig., crinem fronde, *Ä* 4, 148. canitiem galeā, *Ä* 9, 612. carinas, befrachte, *G* 1, 303. oculos nocte (v. Schlafe), *Ä* 12, 908. coma pressa coronā tonsā, *Ä* 5, 556. *b*) übtr., iacentem, v. Schlafe, jmd. aufs Lager gebannt fesseln, *Ä* 6, 521. premor nocte, werde von Nacht bedeckt, *Ä* 6, 827. Dah. 'verberge', lumen, *Ä* 4, 81. curam sub corde, verschliefse, *Ä* 4, 332. alqd ore, verschweige, *Ä* 7, 103. pressa est gloria facti, ist in Dunkel gehüllt, *Ä* 12, 322.
3) drücke, stofse hinein, hastam sub mentum, *Ä* 10, 347. hastā alqm, durchbohre mit, *Ä* 2, 530. pressus vomer, tief einschneidend, *G* 2, 356. virgulta, papaver, senke in die Erde ein, pflanze, *G* 2, 346. 4, 131. pressi propaginis arcus, d. i. niedergebogene und in die Erde eingedrückte Senker, *G* 2, 26. In freierer Verb., arva aliena iugo, unterjoche, knechte, *Ä* 10, 78.
4) drücke herab od. nieder, *a*) eig., mundus premitur Libyae devexus in austros, senkt sich Libyen zu nach Süden, *G* 1, 241. *b*) übtr., 'drücke in den Staub', setze herab, verkleinere (Gegs. 'extollo'), arma, *Ä* 11, 402.
5) drücke od. presse zusammen, *a*) übh., os, *Ä* 6, 155. oculos (eines Gestorbenen), drücke zu, *Ä* 9, 487. guttur, presse, *G* 1, 410. ignem (v. Rosse), *G* 3, 85 (*Ribb.*). *b*) drücke zusammen, mache kürzer, habenas, halte kurz, ziehe straff an, *Ä* 1, 63. 11, 600. os rabidum fingere premendo, durch Zügeln, Zusetzen u. Drängen dressieren, *Ä* 6, 80.
6) unterdrücke, hemme, *a*) eig., vestigia (die Schritte), *Ä* 6, 197 u. 331. umbram falce, beschränke, beschneide den üppigen Wuchs, *G* 1, 157. *b*) übtr., vocem, dämpfe die St., d. i. spreche leise, *Ä* 9, 324, od. 'schweige', *Ä* 1, 324. vocem alcjs, heifse jmd. schweigen, *Ä* 7, 119.

prendo, s. prehendo.

prenso, āre (Int. v. prendo), fasse an, ergreife, fastigia dextris, *Ä* 2, 444. ferrum forcipe, *Ä* 12, 404; vgl. *Ä* 6, 360. *G* 4, 501.

presso, āre (Freq. v. premo), drücke, presse aus, ubera (palmis), melke, *Ä* 3, 641. *B* 3, 99.

prětium, ĭi, *n.*, Preis, Wert einer Sache, dah. 1) Geld, *Ä* 4, 212. 6, 622. bes. 'Lösegeld', *Ä* 9, 213. 2) Preis, Belohnung, victoribus (für die Sieger), *Ä* 5,

111 u. 399. pretio afficio, belohne, *Ä* 12, 352. pretium est, es lohnt sich etwas, m. Gen., morae, *Ä* 9, 232. Plur., *Ä* 5, 292.

prex, prēcis, gew. Plur. **prēces**, um, *f.* [Sing. b. Verg. nur im Abl. 'prece', *Ä* 3, 437. 10, 368], Bitte, Gebet, *Ä* 2, 689. 3, 261. 5, 234. 7, 133. 8, 60. 10, 153.

Priămēïus, a, um (Priamus), zu Priamus gehörig, priamëisch, sceptra, *Ä* 7, 252. virgo, Tochter des P., Kassandra, *Ä* 2, 403; Polyxěna, von den Griechen am Grabe des Achilles geopfert und deshalb glücklich gepriesen, weil sie so der Sklaverei entging, *Ä* 3, 321.

Priămīdēs, ae, *m.* [erste Silbe durch Arsis verlängert] (Πριαμίδης), Sohn des Priamus, d. i. Helenus, *Ä* 3, 295 u. 246. Deïphobus, *Ä* 6, 494.

Priămus, i, *m.* (Πρίαμος), 1) Sohn des Laomedon, König in Troja, Gatte der Hekuba, 1, 458. 461. 487. 750. 2, 22. 56. 147 u. ö. Wurde bei der Zerstörung Trojas durch Pyrrhus am Altare des Ζεὺς ἑρκειος getötet, *Ä* 2, 550 flgg. Hatte nach Homer fünfzig Söhne, tot Priami natorum regia nutrix, *Ä* 5, 645. Priami natae, *Ä* 1, 654. 2) Sohn des Polites, Enkel des Königs Priamus, Gefährte des Äneas, *Ä* 5, 564.

Priāpus, i, *m.* (Πρίαπος), Gott der Gärten u. Feldfrüchte, dessen aus Holz geschnitztes, rot bemaltes Bildnis mit einer Sichel in der Hand als Vogelscheuche in den Gärten u. auf den Feldern diente, *B* 7, 33. Als Beschützer der Gärten vor Dieben u. Vögeln gewährte er auch den Bienen Schutz, *G* 4, 111.

prīděm, Adv. (Sf. 'pri' in 'prior'), längst, vor langer Zeit, iam pr., *Ä* 1, 722 u. ö. *G* 1, 501 u. 503. *B* 2, 43 u. 55.

primaevus, a, um (primus u. aevum), dcht., in den ersten Jahren, jugendlich, Helenor, *Ä* 9, 545. flos, erste Blüte, *Ä* 7, 162. fidens primaevo corpore, trotzend auf die Frische der Jugend, *Ä* 10, 345.

prīmītiae, ārum, *f.* (primus), Erstlinge der Früchte, übtr., *a*) spolia et prim., Erstlinge des Sieges, 'Erstlingsbeute', *Ä* 11, 16. *b*) (dcht.) Erstlingsversuch, erste Waffenthat, *Ä* 11, 156.

prīmō, Adv. (primus; verst. 'tempore'), anfangs, zuerst, im Entstehen, *Ä* 9, 576. m. flg. 'deinde', *Ä* 1, 613. m. flg. 'mox', *Ä* 4, 176.

prīmōris, e (primus), der vorderste, sbst., Plur. primores, um, *m.*, 'die Fürsten', 'Vornehmsten', 'Edelsten' (m. näher bestimmenden 'iuvenesque senesque'), *Ä* 9, 309.

prīmŭm, Adv. (primus), 1) zuerst, anfangs, erstlich, fürs erste, *a*) bei der Aufzählung von Gegenst., *Ä* 3, 58. 4, 677. mit fig. 'deinde', *Ä* 3, 369. 'tum', *Ä* 1, 189. 2, 410. 9,110 flgg. 'post', *Ä* 2, 213. in bez. auf einen fig. Gedanken, *G* 2, 475 (in bez. auf *v.* 463). Abs., von dem, was zum ersten Male geschieht od. erscheint, *Ä* 1, 174. 3, 205. hic pr., *Ä* 5, 604. Mit Nachdruck wiederholt, *Ä* 1, 450. iam pr., *Ä* 8, 190. tum pr., *Ä* 9, 590. quam primum, sobald als möglich, *Ä* 4, 631. *b*) bei relativen Zeitbestimmungen zur Hervorhebung dessen, was bei einer Sache das erste ist od. womit sie anfängt, zuerst, vor allen andern, *Ä* 3, 437. vollst., pr. ante omnes, *Ä* 5, 540. 2) mit den Konjnkt. 'ut', 'cum', sobald als, s. 'ut' *no.* 1, *d* u. 1. 'cum'; ähnl.: quo tempore primum, *G* 1, 61.

prīmus, a, um (Superl. zu 'prior', προ-τερος, πρῶτος), 1) der erste nach Raum, Ordnung u. Zeit, u. zwar: *a*) dem Raume nach der vorderste, vorn befindlich, pes, der vorderste Teil des Fußes, Fußspitze, *Ä* 5, 566. urbs, der vorderste Teil der Stadt, die ersten Häuser, *Ä* 9,244. pr. puppis, *Ä* 3,527 (*Ribb.*). prima hominis facies ... postrema pistrix, am obersten Teil des Körpers, oben Menschengestalt, unten (am Ende des Leibes) Seeungeheuer (von der Skylla), *Ä* 3, 426. ora patrum, die vordersten Sitze oder Reihen der Edlen, *Ä* 5, 340. primā consistere terrā, auf dem Rand des Ufers, *Ä* 1, 541. primo limine, vorn am Eingange, *Ä* 6, 427. primam ante aciem (ἐν προμάχοις), vor dem Vordertreffen, unter den vordersten, *Ä* 7, 531 u. 673. Bes. in bez. auf leb. Wesen, primi, die ersten Posten (am Thore zur Verteidigung des Eingangs), *Ä* 2, 494. 12, 577. inter primos, *Ä* 7,830. prima (v. der Iuno), sie vor allen, in den vordersten Reihen, *Ä* 1, 24; vgl. *Ä* 2, 613. 12, 33. primus ire viam audet (v. Fohlen), 'voraus, vorzurennen im Wege', *G* 3, 77. Sbst., prima, õrum, *n.*, der erste Platz, *Ä* 10, 157.

b) der Zeit nach, *α*) übh., prima deorum (von der Tellus), die erste, die älteste und zugleich auch die mächtigste Göttin, *Ä* 4, 166. 7, 137. nachdrucksvoll wiederholt, *Ä* 4,169; vgl. *Ä* 7, 118. Oft prädikatisch mit adverbial. Bed. von dem, der etw. 'zuerst' thut od. bemerkt usw., od. was 'zuerst' geschieht, primi cuneis scindebant fissile lignum, sie spalteten zuerst mit K. den spaltbaren Baumstamm, *G* 1,144. primus ego, ich zuerst (der erste Römer), *G* 3, 10. primi clipeos mentitaque tela adgnoscunt, erkannten zuerst,

Ä 2, 422; vgl. *G* 1, 12. *Ä* 6, 820. ea vox audita prima, dieses Wort, sobald es gehört ward, *Ä* 7, 118. prima dignata est nostra Thalia, hat zuerst versucht, *B* 6, 1. Bes. bei Konjkt. der Zeit, durch 'sobald als' zu übers. (vgl. primum), ubi concubitus primos sollicitat, *G* 3,130. ubi prima fides pelago, *Ä* 3, 69. bei 'postquam', *Ä* 1, 723. bei 'cum', *Ä* 7, 61. bei 'ut', *Ä* 4, 586 (*Ribb.*) u. 11, 573. bei 'vix', *Ä* 5, 857. primo depulsus ab ubere, sobald es der Mutter entwöhnt ist, *G* 3, 187. primis cadentibus astris, sobald die Sterne verschwinden, *Ä* 8, 59. Auch bei relativen Zeitbest., nicht um anzudeuten, dafs etwas zuerst u. nachher wieder geschehen, sondern um das hervorzuheben, was bei einer Sache das Erste ist u. womit sie anfängt, 'gerade zu der Zeit, wo', 'sobald als', *Ä* 12, 114. ubi prima quies etc., *Ä* 8,408. Bisw. 'zuerst', ehe du etw. anderes unternimmst, sofort (näml. nach Anbruch des Morgens), *Ä* 10, 242. *β*) vom ersten Eintritt od. Anfang einer Sache, proelia, Beginn des Kampfes, *Ä* 5, 375. 7, 118 u. 601. 12,135. urbs, die neue, werdende Stadt, *Ä* 6,810. aristae, die sich entwickelnden od. entstehenden, *G* 2, 253. iuventa, *Ä* 9, 181. lues, die beginnende Seuche, *Ä* 7, 354. somnus, der erste Schlaf u. zugleich der tiefste, *Ä* 1, 470. primo vento, *Ä* 7, 528. quies, *Ä* 2, 268. sol, die aufgehende Sonne, *Ä* 6, 255. primo aquilone, mit od. bei dem ersten Wehen des Nordwindes *Ä* 7, 361. primo mense, im Anfang des Monats, *Ä* 6, 453. Sbst., prima, õrum, *n.*, die einfachsten Urstoffe der Dinge, Elemente, *B* 6, 33.

c) zur Bezeichn. der Reihenfolge od. Ordnung, oft mit adverbialem Sinne, prima certamina classis, *Ä* 5,66. primum omen, *Ä* 3,537. primam effodire signum, gruben zuerst ein Zeichen (Omen) heraus, *Ä* 1, 442. visa est satis primos acuisse furores, hinlänglich für den Anfang (dafs daraus nämlich eine entschiedene That würde), *Ä* 7,406. cum primis, zuvörderst, vorerst, *G* 1, 178. *d*) v. Urheber, pr. Saturnus, da war der erste, der dies zum Bessern änderte, Saturnus, *Ä* 3, 319; vgl. *Ä* 4, 548. 5, 596. *B* 8, 24.

2) übtr., der erste vor allen andern, dem Range nach, v. der Juno als erbittertster Feindin der Troër, *Ä* 1,24. v. Aneas, *Ä* 1, 1. von den Siegern im Kampfspiele, *Ä* 5, 308. primi Poenorum, die Edelsten, Vornehmsten (primores), *Ä* 4, 133. pr. potestas, von der Macht, die Juppiter vor den andern Göttern voraus hat, als der erste und entscheidende Gott, *Ä* 10,

100; vgl. *Ä* 3, 437. 4, 133. 5, 540. 9, 226
u. 785. 12, 33. Sbst., prima, ōrum, *n.*, der
erste Platz, *Ä* 5, 338. ad prima, *G* 2, 134.

princeps, cĭpis, *m.* u. *f.* (primus u. capio), 1) der erste (der Ordnung u. Zeit
nach), pr. ante omnes, zuerst vor allen,
Ä 5, 833; vgl. *Ä* 5, 160. 9, 535. 10, 166.
2) übtr.: *a)* der erste (dem Range nach),
vornehmste, principes Achivi, *Ä* 1,
488. *b)* der jmd. zu etw. antreibt, pugnae,
Führerin (Beistand) im Kampfe (v. Kybele), *Ä* 10, 254. *c)* Urahn, Ahnherr,
Ä 3, 168.

principĭum, ĭi, *n.* (princeps), Anfang, Ursprung, generis, *Ä* 7, 219.
pugnae, als Losung zum Kampfe, *Ä* 9,
53. a Iove pr., *B* 3, 60. a te principium,
tibi desinam, du sollst der Anfang und
das Ende sein, d. i. dein Ruhm soll in
allen meinen Gedichten verherrlicht werden, *B* 8, 11. Abl., 'principio', 'anfangs',
anfänglich, 'zuerst', 'erstens', *Ä* 2, 752.
3, 381. 10, 258. *G* 2, 9; prägn., 'erstlich',
'um damit zu beginnen', *Ä* 6, 724.

prĭŏr, ŭs, Gen. 'ōris' (St. 'pris', πρίν),
a) der frühere, erstere oder erste
(v. zweien), oft prädikat., prior inquit,
zuerst, *Ä* 1, 321; vgl. *Ä* 1, 581. 6, 341 u. ö.
b) früher, vorig, mensae, *Ä* 3, 213. fortuna, *Ä* 7, 243. proci, *Ä* 4, 534. vates, *Ä*
4, 464 (*Ribb.*). viri, die Vorfahren, *Ä* 8,
312; auch bl. 'priores', um, *m.*, *Ä* 3, 693.
nulla priorum orbita, kein Pfad, den vorher jemand betreten, ein noch unbetre-
tener Weg, *G* 3, 292.

prĭscus, a, um (St. pris, πρίν), alt,
was vor Alters da war, vormalig, sanguis, Quirites, *Ä* 7, 706 u. 710; vgl. *Ä* 5,
598. 6, 878. 8, 339. 9, 79. *B* 4, 31.

pristĭnus, a, um (St. pris, πρίν), vormalig, ehemalig, vorig, coniunx, *Ä*
6, 473. gloria, *Ä* 10, 143. sbst., in pristina redeo, in den früheren od. vorigen
Zustand, *Ä* 12, 424.

pristis, is, Akk. 'im', *f.* (πρίστις, πρί-
στης; vgl. pistrix), Seeungeheuer,
Walfisch, Hai, *Ä* 10, 211. Personif.,
Pristis, is, *f.*, Name eines Schiffes des
Aeneas, *Ä* 5, 116. 154. 187 u. 218.

prĭus, Adv., 1) eher, früher, *Ä* 2,
190 u. 596. *G* 4, 396. prius ... quam,
eher ... als, bevor, mit flg. Ind., *Ä* 2,
741; m. Konj., *Ä* 1, 192 u. 472. 2) eher,
vielmehr, lieber, *Ä* 2, 596. prius ...
ante ... quam, *Ä* 4, 24 flg.

Prĭvernum, i, *n.*, Stadt in Latium,
früher den Volskern gehörig, *Ä* 11, 540.
Prĭvernus, i, *m.*, ein Rutuler, *Ä* 9, 576.

1. prō (πρό), Präp. m. Abl., vor, 1)
eig., vom Raume, pro portis, *Ä* 12, 661.
pro templo, *Ä* 8, 653. summis pro turri-

bus, 'auf der Zinne des Turmes', *Ä* 9, 575.
2) übtr.: *a)* von einer Stellvertretung,
an Stelle, für, anstatt, pro auro, *Ä*
11, 575. pro qua mercede, *G* 4, 150; vgl.
Ä 5, 230 u. 483. 9, 252. 10, 81. zur Bezeichn. der Gleichstellung, des gleichen
Wertes, für, unus pro cunctis, so dafs
'einer für alle' gelten soll, *Ä* 12, 229.
unum pro omnibus, das eine vor allem,
Ä 3, 435. ipsi pro turribus adstant,
'stehen gleich zwei Türmen', 'wie zwei
Türme' zur Schutzwehr am Eingange zu
beiden Seiten, *Ä* 9, 677. *b)* zum Schutze,
für, zu Gunsten, zum Besten, zum
Vorteil, *Ä* 1, 24. 4, 153; vgl. *Ä* 6, 352
u. 821. 9, 406. 12, 48. 814. 820. pro re
loquor, zur Rechtfertigung meines Vorhabens, *Ä* 4, 337. tantum timorem capere pro se, 'wegen', *Ä* 6, 352. *c)* für,
nach, gemäfs, nach Verhältnis, pro
se quisque, jeder an seinem Teile, nach
Mafsgabe seiner Kräfte, *Ä* 5, 501. 12, 552.

2. prō (prō h), Interj., o! ach! Ausruf
der Verwunderung od. Klage, pro Iuppiter! *Ä* 4, 590.

prō-āvus, i, *m.*, *a)* Ältervater,
Ahnherr, *Ä* 8, 54. *b)* übh. Vorfahr,
Ahn, *Ä* 3, 129. 12, 225.

prŏbo, āre (probus), *b)* eifse etw. gut,
halte für gut, billige, *Ä* 5, 418. m.
Akk. u. Inf., *Ä* 4, 112. 12, 814.

Prŏcās, ae, *m.*, König von Albalonga,
Ä 6, 767.

prŏcax, ācis, frech, 'wild tobend',
v. Winde, *Ä* 1, 536.

prō-cēdo, cessi, cessum, ĕre, 1) eig.:
a) gehe, komme od. trete hervor, e
silvis, *Ä* 3, 592. ab limine, *Ä* 8, 462. in
aequor, *Ä* 10, 451. m. bl. Abl., castris,
Ä 12, 169. von Gestirnen, zum Vorschein
kommen, sich zeigen, *B* 6, 86. 9, 47. *b)*
gehe od. ziehe vorwärts, *Ä* 2, 760.
3, 349. 12, 121. *B* 3, 94. longe, *Ä* 11, 94
(*Ribb.* 'praecesserat'). von der Flotte,
velis aequata, vorwärts segeln, abziehen,
Ä 4, 587. 2) übtr.: *a)* vergehen, ver-
streichen, von der Zeit, *Ä* 3, 356. *b)* vor-
schreiten, (weiter) sich steigern, v.
Zorne, longius, *Ä* 5, 461.

prŏcella, ae, *f.* (pro u. cello), gleichs.
alles niederschlagender, heftiger
Wind, Sturm, Wirbel, *Ä* 1, 85 u. 102.
5, 791. in notos vocem vertere procellae,
der stürmische Süd entführte, verwehte
die Worte, *Ä* 11, 798. in bez. auf die
Gährung des Volkes, *Ä* 7, 594.

prŏcĕr, cĕris, *m.*, einer der Vornehmsten, gew. Plur., proceres, um, *m.*, die
Grofsen, Häupter, Fürsten (prin-
cipes), *Ä* 1, 740. 3, 58 u. 103. 6, 489. 8, 587.
9, 659. 10, 213. 11, 403. 12, 213.

prŏcērus, a, um (pro u. cello), hoch-
gewachsen, schlank, alni, *B* 6, 63.

prŏcessus, ūs, *m.* (procedo), der
Fortgang, von der Krankheit, *G* 3, 504.

Prŏchy̆ta, ae, *f.* (eig. προχύτη, d. i.
angeschwemmtes Land), kleine Insel
dem Vorgeb. Misenum in Kampanien
gegenüber, j. 'Procida', *A* 9, 715.

prŏ-clāmo, āre, rufe laut, magnā
voce, *A* 5, 345.

Procnē, ēs, *f.* (Πρόκνη), Tochter des
Königs Pandion von Athen, Schwester
der Philoméla (s. d.), in eine Rauchschwalbe mit braunrötlicher Kehle verwandelt, *G* 4, 15.

Procris, Akk. 'crim', *f.* (Πρόκρις),
Tochter des athen. Königs Erechtheus,
Gattin des phokischen Königs Kephalus,
zog sich durch Eifersucht den Tod selbst
zu, *A* 6, 445.

prŏ-cŭbo, āre, liege vorwärts hingestreckt, saxea procubat umbra, der
Fels wirft weithin Schatten, *G* 3, 145.

prŏ-cŭdo, cūdi, cūsum, ĕre, bereite
durch Hämmern od. Schmieden, schmiede, schärfe, dentem vomeris, *G* 1, 261.

prŏcŭl, Adv. (pro u. cello), weit, *a*)
fern, in der Ferne, von fern, *A* 2,
42. 3, 206. 8, 112. 12, 869. pr. secreta
Sibyllae petit, *A* 6, 10. 'in weite Ferne
hin' (Gegs. 'propinquus'), *A* 3, 383. Bes.:
'procul o, procul este, profani', haltet
euch, bleibet fern, *A* 6, 258. *b*) prägn.,
von einer nur geringen Entfernung, in
einiger Entfernung, in der Nähe,
daneben, *B* 6, 16. *G* 4, 424. *A* 10, 521
u. 835.

prŏcŭlco, āre (pro u. calco), trete
gewaltsam nieder, stampfe, v. Hufe
des Rosses, alqm crebro pulsu, *A* 12,
534.

prŏ-cumbo, cŭbŭi, cŭbĭtum, ĕre, 1)
falle od. lege mich nieder, *a*) eig.:
α) falle nieder od. zu Boden, stürze
oder sinke nieder, v. Verwundeten,
Sterbenden, *A* 2, 426. 6, 504. super alqm,
A 11, 150. humi, *A* 5, 481. v. Lebl., *A* 2,
493. 9, 541. *G* 1, 111. 3, 240. *β*) lege
mich nieder, lagere mich, m. 'in' u.
Abl., in ulva, *B* 8, 87. Perf. 'lagere' od.
'liege da', in ripa, *A* 8, 30. per silvam, *A*
8, 83. abs., *A* 9, 190. *b*) übtr., falle nieder, gehe zu Grunde, *A* 2, 505. 11,
395. 2) werfe mich vorwärts (auf die
Ruder, um eine desto gröfsere Kraft zu
entwickeln), *A* 5, 198.

prŏ-cūro, āre, besorge, warte ab,
corpus, pflege des Leibes (durch Schmau-
sen u. Schlaf), *A* 9, 158.

prŏ-curro, curri, cursum, ĕre, 1)
laufe od. springe hervor oder vor-

wärts, contra alqm, *A* 12, 280. longius,
gehe weiter vor, *A* 9, 690. abs., *A* 12, 267
u. 785. 2) (dcht.) v. Lebl., wie v. Meere,
'vorwärts stürzen (schiefsen)', *A* 11, 624.
v. Felsen im Meere, 'hinausragen', saxa
procurrentia, die Felsausläufe, *A* 5, 204.

prŏcursus, ūs, *m.* (procurro), *a*) das
Vorwärtslaufen, procursu concitus
axis, getrieben von schleunigem Schwung,
d. i. vorwärts stürmend, *A* 12, 379. *b*) im
Kampfe, Angriff, *A* 12, 711.

prŏ-curvus, a, um, vorwärts gekrümmt, falx, *G* 2, 421. litus, gebogen,
A 5, 765.

prŏcus, i, *m.*, Freier, Bewerber,
A 4, 534. 12, 27.

prŏd-ĕo, ĭi, ĭtum, īre, 1) gehe od.
komme hervor, tantum volando, 'fliege,
schwinge mich vorwärts', *A* 6, 199. 2)
(dcht.) übtr., v. Felsen, hervortreten
od. vorspringen, in aequor, *A* 10, 693.

prŏdĭgĭum, ĭi, *n.* (eig. prodicium' v.
'prodico' mit Veränderung der Quantität),
1) Weissagung, Anzeichen, Wunderzeichen, *A* 5, 639. caelestia, *A* 6,
379. 2) übh. etw. Seltsames, Grau-
senhaftes (res prodigiosa), *A* 3, 366.
Cresia, 'Ungeheuer', 'Schrecken', *A* 8, 295.

prŏdĭgus, a, um (pro u. ago), ver-
schwenderisch, *G* 4, 89.

prŏdĭtĭo, ōnis, *f.* (prodo), Verrat, *A*
2, 83.

prŏ-do, dĭdi, dĭtum, ĕre, 1) gebe hervor, verrate, zeige an, *a*) übh., alqm,
A 9, 374. ventos nautis, *A* 10, 99. se alqā
re, *G* 2, 254. *b*) in treuloser Weise, überliefere, gebe preis, verrate, alqm,
A 1, 252. 2, 127. coniugium, *A* 4, 431.
nulla tuos currus fuga segnis equorum
prodidit (mihi), *A* 10, 593. ad mortem,
überliefere, weihe dem Tode, *A* 12, 42.
2) gebe weiter, führe od. pflanze fort,
genus ab alqo, *A* 4, 231.

prŏ-dūco, duxi, ductum, ĕre, 1) führe
vorwärts, *a*) eig.: *α*) geleite jmd. zur
Gruft, nec te, tua funera (nachdr.: dich,
deine Leiche), *A* 9, 487. *β*) bringe
hervor, erzeuge, qualia nunc hominum producit corpora tellus, jetzt (schwä-
chere gegen früher) erzeugt, *A* 12, 900.
b) übtr., führe, bringe od. verleite
zu etw., *B* 1, 73. 2) führe weiter fort,
vitam, lebe ferner noch, *A* 2, 637.

proelĭum, ĭi, *n.*, Gefecht, Kampf,
Streit, *A* 2, 334 u. 397. 3, 240. Plur.,
vom gegenseitigen Kampfe, *A* 7, 335.
dcht. v. Stieren u. Hirschen, *G* 3, 220 u.
265. v. Bienen, *G* 4, 5. auch v. Winden,
G 1, 318. *A* 10, 356.

Proetĭdes, um, *f.* (Προιτίδες), drei
Töchter des Prötus, Königs von Tiryus

in Argolis, die wegen Verschmähung des
Bacchusdienstes in Raserei versetzt sich
für Kühe hielten, *B* 6, 48.

prŏfānŭs, a, um (pro u. fauum), un-
geweiht, unheilig, *Ä* 6, 258. profa-
num facio alqd, entheilige, entweihe, *Ä*
12, 779.

prŏfectō, Adv. der Beteuerung, in
Wahrheit, fürwahr, *Ä* 8, 532 *Ribb.*
(doch s. proficiscor).

prŏ-fĕro, tŭli, lātum, ferre, 1) trage
vorwärts, dehne aus, erweitere, imperium super Indos, *Ä* 6, 795. 2) übtr.,
verlängere, friste, fata (das Leben)
parentis, *Ä* 12, 395.

prŏfīcĭo, fēci, fectum, ĕrc (pro u. facio),
bringe vorwärts, richte aus, bewirke,
nil, *B* 8, 20.

prŏfīcīscor, fectus sum, fĭcisci (pro
u. facio, facesso), 1) mache od. begebe
mich auf den Weg, komme, ziehe
(bes. in den Kampf), Troiam, *Ä* 3, 615.
mit 'ab' od. bl. Abl., reise ab, verlasse, Tyrrhena ab sede, externa ab
sede, *Ä* 7, 209 u. 255. urbe Tyriā, Troiā,
Ä 1, 340 u. 732. abs., ne quaere, profecto
quem casum portenta ferant, frage nicht,
welches Unheil ihn treffen werde, wenn
er in den Krieg gezogen sein wird, *Ä* 8,
532 *Schap.* (*Ribb.* 'profecto' als Adv.).
2) übtr., komme her, stamme ab, a
Pallante, *Ä* 8, 51.

prŏ-flo, āre, blase hervor, dcht.,
toto pectore somnum, eig. blase aus der
vollen Brust den Atem des Schlummers
aus, 'schnaube', 'schnarche', *Ä* 9, 326.

prŏ-fluo, fluxi, ĕre, fliefse vorwärts (Gegs. zum stehenden Wasser),
G 4, 25.

prŏ-for, fāri, sage, spreche, m.
flg. dir. Rede, *Ä* 1, 561. 4, 364.

prŏfŭgŭs, a, um [mit verl. Endsilbe,
Ä 10, 720] (profugio), landflüchtig,
fato, *Ä* 1, 2. 'vertrieben', 'verbannt' (φυ-
γάς), *Ä* 8, 118. 10, 158. sbst., 'Flüchtling',
Ä 7, 300.

prŏ-fundo, fūdi, fūsum, ĕre, vergiefse, lacrimas, *Ä* 12, 154.

prŏfundŭs, a, um (pro u. fundus), 1)
tief (zunächst von der Ausdehnung nach
innen, mit dem Nebenbegr. der unbestimmten, nicht sichtlichen Grenze des
Unermefslichen), a) übh., pontus, *Ä* 5,
614. prägn., 'tief unten befindlich', Manes, 'die Geister der Tiefe', *G* 1, 243.
Sbst., profundum, i, *n.*, Tiefe des Meeres, Meer, *Ä* 12, 263. b) (dcht.) tief,
tief hinein sich ziehend, mit dem
Nebenbegriff des Dichten, dah. 'dicht',
saltus, *G* 2, 391. silvae, 'Tiefen der Waldung', *Ä* 7, 515. nox, 'dicht', 'finster', *Ä*

6, 462. 2) von der Ausdehnung im Raume übh., dah. hoch, caelum, wie auch
wir 'des Himmels Tiefen', *Ä* 1, 58. *G* 4,
222.

prōgĕnĭēs, ēi, *f.* (progigno), Abstammung, konkr., 1) Stamm, Geschlecht,
terrea, *G* 2, 341. 2) Nachkommen-
schaft, Nachkommen, a) von Men-
schen, *Ä* 1, 19. Iuli, *Ä* 6, 790. nova, *B* 4,
7; vgl. *Ä* 10, 50. 329. 471. Auch von einem Einzelnen, 'Spröfsling', 'Kind' (Sohn,
Tochter, wie τόκος, τροφή), *Ä* 1, 250. 5,
565. 7, 97. b) (dcht.) v. Tieren, 'Brut', *G*
1, 414. 4, 56.

prō-gigno, gĕnŭi, gĕnĭtum, ĕre,
bringe hervor, erzeuge, von der
Erde, *Ä* 4, 180.

prōgrĕdĭor, gressus sum, grĕdi (pro
u. gradior), 1) gehe vorwärts, schreite
voran, *Ä* 8, 337. 'trete hinan' (zum Altar), *Ä* 12, 219. übh. 'nähere mich', 'gelange', intra teli iactum, *Ä* 11, 608. 2)
gehe heraus, verlasse einen Ort, m.
Abl., portu, *Ä* 3, 300. abs., trete heraus
od. hervor (aus dem Hause), *Ä* 4, 136.

prōhĭbĕo, bŭi, bĭtum, ĕre (pro u. habeo), 1) halte fern od. ab, wende ab,
alqm, *Ä* 9, 662. ignes a navibus, *Ä* 1, 525.
a matribus haedos, *G* 3, 398. alqm regnis,
verdränge aus dem Reiche, *Ä* 7, 313.
hospitio arenae (vom gastlichen Ufer), *Ä* 1,
540. animos (der Bienen) ludo inani, *G*
4, 105. minas, *Ä* 3, 265. 2) verhindere,
verbiete, verwehre, mit (Akk. u.) Inf.,
Ä 3, 379. 5, 631. 6, 606 u. 807. *G* 1, 501.
4, 10.

prōĭcĭo, iēci, iectum, ĕre (pro u. iacio),
1) werfe vorwärts, a) eig., pedem, setze vor,
Ä 10, 587. übtr., Part. 'proiectus', her-
vortretend, vorspringend, saxa, *Ä* 3, 699.
2) werfe etw. wohin, caestus in medium, *Ä* 5, 402. exta in fluctus, *Ä* 5, 238
(*Ribb.*; *Schap.* 'porriciam'). galeam ante
pedes, *Ä* 5, 673. praedam fluvio (Dat.), in
den Fl., *Ä* 12, 256. alqm praecipitem in
undas, *Ä* 5, 859. me super amicum, *Ä* 9,
444. proiectus in antro, hingestreckt,
gelagert, *B* 1, 76. toto proiectus corpore
terrae, ja ganz wirft er sich zur Erde,
Ä 11, 87. proiecta alga, ausgeworfen
(sprichw. mit dem Begr. des Verächtlichen), *B* 7, 42. b) übtr., werfe, stürze,
cives in aperta pericula, *Ä* 11, 361. 3)
werfe weg, a) eig., tela manu, *Ä* 6, 836.
tegmen (Schild), *Ä* 9, 577. b) übtr., werfe
von mir, gebe preis, auimas, *Ä* 6,
436.

prŏ-inde, Adv. [zweisilb. 'proindĕ'
gemessen], daher, darum, bes. bei einer spöttischen Aufforderung in bez. auf
etw. Vorausgeb., wohlauf denn, pr.

tona eloquio, *Ä* 11, 383. pr. ne cessa etc., *Ä* 11, 400.

prō-lābor, lapsus sum, lābi, **stürze nieder**, prolapsa Pergama, Pergamas Sturz, *Ä* 2, 555.

prōlēs, is, *f.* (pro u. oleo), Nachwuchs, 1) Spröfsling, Kind, Nachkomme, *Ä* 4, 258. 6, 25 u. 763. 7, 761. *G* 3,35. deûm, v. Anchises, *Ä* 6,322. vera Iovis, v. Herkules, *Ä* 8,301. altera Saturni, v. der Juno, *Ä* 12,830. parens pulchrā prole, Vater von schön aufblühendem Nachwuchs, Vater schöner Kinder, *Ä* 1, 75. 2) übh. Nachkommen, Geschlecht, *a*) v. Menschen, pulchra Ausonia, *Ä* 4, 236. Bes. 'junge Mannschaft', Arcadiae, *Ä* 10, 429. *b*) (dcht.) v. Tieren, Geschlecht, Nachwuchs, Brut, parentum, *G* 3, 101. maris, *G* 3, 541. abs., *G* 3, 65. 4, 281. v. Gewächsen, Sprofs, Spröfsling, *G* 2, 3.

prō-lūdo, lūsi, lūsum, ěre, mache ein Vorspiel, d. i. eine Vorübung, 'bereite mich vor', ad pugnam, *G* 3, 234. *Ä* 12, 106.

prō-lŭo, lŭi, lūtum, ěre, 1) spüle od. schwemme an etw. an, *a*) übh., genus omne natantum in litore, *G* 3, 543. *b*) (dcht.) prägn., benetze, me pleno auro, trinke aus vollem goldenem Becker, *Ä* 1, 739. 2) spüle oder schwemme weg, wasche aus, v. Regen, montis saxum, *Ä* 12, 686. silvas, *G* 1, 481.

prōluvǐēs, ěi, *f.* (proluo), Auswurf, Unrat, ventris, *Ä* 3, 217.

prō-měrěor, měrǐtus sum, ěri, mache mich verdient, ego te, quae plurima fando enumerare vales, numquam negabo promeritam (esse), nie werde ich leugnen (vergessen) die vielfachen Verdienste, die du aufzuzählen vermagst, *Ä* 4, 335.

Prōmēthěůs, ěi, *m.* (Προμηθεύς), Sohn des Titanen Japetos u. der Klymene, Vater des Deukalion, der dem Jüppiter das Feuer vom Himmel entwendete u. es den Menschen brachte, weshalb er auf dessen Befehl durch Vulkan an den Kaukasus geschmiedet ward, *B* 6, 42 (wo Promethei dreisilb. durch Synizesis).

prōmissum, i, *n.* (promitto), Versprechen, *Ä* 2, 160. 7, 541. Plur., *Ä* 2, 160. 12, 2. dare alci promissa, V. leisten, versprechen, *Ä* 11, 45 u. 152.

prō-mitto, mīsi, missum, ěre, lasse vorwärts od. hervor gehen, dah. 1) lasse wachsen, barba promissa, herabhängender, *B* 8, 34. 2) sage etw. zu, verspreche, verheifse, gelobe, alqd alci, *Ä* 1, 258. 3, 634. 5, 282 u. 552. 9, 6 u. 194. 10, 549. promissa dies, die bestimmte Zeit, *Ä* 9, 107. dcht., me ultorem, schwöre Rache für ihn zu nehmen, ihn zu rächen, *Ä* 2, 96. m. Akk. u. Inf., *Ä* 4, 487. 11, 503.

Prōmŏlus, i, *m.*, ein Troër, *Ä* 9,574.

prŏmo, prompsi, promptum, ěre (pro u. emo), nehme hervor, cavo se robore (v. Pers.), hervor kommen aus, entsteigen usw., *Ä* 2, 260. übtr., vires, zeigen, *Ä* 5, 191.

prō-mŏvěo, mōvi, mōtum, ěre, bewege od. treibe vorwärts, Centaurum remis, *Ä* 10, 195.

promptus, a, um (promo), eig. ans Licht gebracht, dah. offenbar, leicht, promptum est, mit Inf., man kann leicht erkennen, *G* 2, 255.

prōnŭbus, a, um (pro u. nubo), Heiraten stiftend, Iuno, Ehestifterin, Schutzgöttin der Ehen, *Ä* 4,166. Bellona, gleichs. 'Brautwerberin', 'Brautführerin', *Ä* 7, 319.

prōnus, a, um, vorwärts, nach vornhin geneigt, 'sich vorwärts beugend', *Ä* 5, 147. 10, 586. *G* 3,107. pronus concĭdit, stürzt vorwärts hin, *G* 5, 332; *G* 1, 115. 8, 236. 9, 713. 11,485. Bes. vom naturgemäfsen Lauf des Wassers, amnis, abwärts gleitend, *G* 1, 203. pronā aquā fertur, 'mit der Strömung', *Ä* 8,548. maria, 'das (nach dem Lande zu) vorwärts schiefsende Meer', *Ä* 5, 212.

prōpāgo, gĭnis, *f.* [bei Vergil in der eig. Bed. 'prōp.', in der übtr. 'prōp.'] (pro u. St. 'pag' in pango), 1) Senker, Ableger, Setzling, v. Gewächsen, *G* 2, 26 u. 63. 2) übtr., Stamm, Abkömmling, Geschlecht, Romana, *Ä* 6, 870. 12, 827.

prŏpě, Komp. prōpǐus (pro-pe), 1) Adv., nahe, *a*) v. Orte, *Ä* 2, 706. m. Dat., propius stabulis, *G* 1, 355. *b*) übtr. und dcht., propius aspice res nostras (unsere Lage, unser Geschick), näher, d. i. gnädig, *Ä* 1,526. propius tua numina firmes, auf eine wirksamere Weise, durch ein zweites nachdrucksvolles Zeichen, *Ä* 8, 73. propius periclo it timor, die Furcht rückt näher heran an die Gefahr, *Ä* 8, 556. 2) Präp. m. Akk., nahe bei (vom Orte), *Ä* 8, 597. *G* 4, 278.

prŏpěrē, Adv. (properus), eilends, schnell, *Ä* 6, 236. 9, 801. 12, 573.

prŏpěro, āre (properus), 1) trans., mache eilig, beschaffe, bereite emsig, fulmina, *G* 4,171. multa properando muturare, eilig u. zeitig beschaffen, *G* 1 260. arma viro, bringe rasch, *Ä* 12,425. semina igni, erweiche schnell, *G* 1, 196. dcht., mortem per volnera, beschleunige, *Ä* 9, 401. 2) intr., eile, beeile mich,

m. Inf., *Ā* 1, 745. 4, 310. m. Nom. u. Inf., *Ā* 7, 264.

prŏpĕrus, a, um, hurtig, rührig, aurigae, *Ā* 12, 85.

prŏpexus, a, um (pro u. pecto), nieder gekä|mmt, dcht., herabhängend, barba in pectore (so dafs er auf die Brust herabhängt), *Ā* 10, 838.

prŏpinquo,äre(propinquus), 1)trans., bringe nahe, führe schleunig herbei, augurium, beschleunige, führe zum raschen (u. glücklichen) Ausgang, *Ā* 10, 254. 2) intr., nähere mich, *Ā* 2, 733 u. ö. m. Dat., scopulo, *Ā* 5, 185. dcht. v. Lebl., *Ā* 9, 355. 12, 150.

prŏpinquus, a, um [Akk. 'propincum', *Haupt* u. *Ribb. Ā* 2, 86] (prope), 1)nahe, *Ā*3,381 u.502. bellum,benachbart, in der Nachbarschaft, *Ā* 11, 156. 2) übtr., nahe verwandt, consanguinitate, 'blutsverwandt', *Ā* 2, 86.

prŏpiŏr, piŭs, Gen. 'oris' (prope), 1) näher (dem Orte nach), portus, *Ā*3,531. m. Dat., Occano, *G* 2, 122. propiora teneo, halte mich näher, *Ā* 5, 168. dcht., numen, *Ā* 6,51. *b*) übtr.: *α*) der Zeit nach näher, *Ā* 8, 280. 9, 275. *β*) der Ähnlichkeit nach näher, ähnlicher, proxima faciem(anGestalt),*G* 3,58. 2)Superl.**proxĭmus**, a,um, der vorderste, der nächste, sehr od.ganz nahe, *α*)demRaume nach, litora, *Ā* 1,157. loca, der Oberwelt zunächst, *Ā* 6, 761. m. Dat., punto, amni, *Ā* 9, 238. 11, 316. v. Pers., oft prädikat. mit adverb. Bed. 'zunächst', *Ā* 2, 311. 5, 388. proximus huic, longo sed proximus intervallo, *Ā* 5, 320. *b*) übtr.: *α*) der nächste der Zeit nach, Procas, *Ā* 6, 767. *β*) dem Range, Werte od. der Beschaffenheit nach, sehr nahe kommend, ähnlich, proxima Phoebi versibus, Gedichte, die denen des Apollo zunächst kommen, *B* 7, 22. dcht., proximus donis, der nach dem ersten den nächsten Anspruch auf den Preis hat, *Ā* 5, 543.

prŏpiŭs, Adv., s. prope.

prŏ-pōno, pŏsŭi, pŏsĭtum, ĕre, stelle hin od. auf, *Ā* 5, 365.

prŏprĭus, a, um (prope), 1) eigen, eigentümlich, domus, sedes, *Ā* 3, 85 u. 167. decus(durch 'partus honos' näher best.), *Ā* 5, 229. ius regi proprium patriaeque remittere, *Ā* 11, 359. eam propriam dicabo, zu ausschliefslichem Besitz, *Ā* 1, 73. 2) übtr.: *α*) besonder, alleinig, labor, opera, Werk, Dienst, der jmdm.vorzugsweise Freude machen soll, *Ā* 7, 331. *b*) jmdm. eigen, mit dem Nebenbegr. des ausschliefslichen u. dauernden Besitzes, bleibend, dauernd, be-

ständig, dona (nicht der Willkür des Schicksalsunterworfen),*Ā* 6,871. si proprium hoc fuerit, wenn ihn ein so guter Erfolg (auf der Jagd) beständig begleitet, *B* 7, 31.

proptĕr, Präp. m. Akk. [dem Kasus nachgestellt, quam pr., *Ā* 12, 177. te pr., *Ā* 4,320] (eig. propiter v. prope), 1)örtl., nahe bei, *Ā* 9, 680. *G* 3, 14. *B* 8, 87. 2) übtr., zur Angabe des Gegenstandes der Bemühung, des Grundes, um, wegen, *Ā* 4, 321. 12, 177.

prŏpugnācŭlum, i, *n.* (propugno), Schutzwehr, Bollwerk, Vormauer, bes. Türme vor der Mauer, die durch Brücken mit der Mauer verbunden waren, *Ā* 4, 87. 9, 170 u. 664.

prōra, ae, *f.* (πρῴρα), 1) Vorderteil des Schiffes, *Ā* 6, 3. 7, 35. 10, 298. *b*) (dcht.) meton., Schiff, *Ā* 5, 206. Plur., steterant ad litora prorae, *Ā* 10, 223.

prōrĭpĭo, rĭpŭi, reptum, ĕre (pro u. rapio), reifse hervor oder fort, entraffe, me, eile od. stürze fort, *B* 3, 19. quo proripis (te)? *Ā* 5, 741. proripuit ('sese' aus dem Folg. zu erg.), 'raffte sich auf', *Ā* 10, 796 (*Ribb.* 'prorupit').

prō-rumpo, rūpi, ruptum, ĕre, 1) trans.: *a*) lasse hervorbrechen, v. Atna, nubem ad aethera, ströme aus zum Äther,*Ā* 3,572. Pass., stürze hervor, proruptus corpore sudor, welcher hervorbricht, hervordringt aus usw., *Ā*7,459. *b*) durchbreche etw., v. Timavus, mare proruptum (Supin.), 'geht zu durchbrechen das Meer', d. i. sucht sich mit Gewalt durch die Flut des Meeres Bahn zu brechen, *Ā* 1, 246. 2) intr., breche stürze hervorod.vorwärts aufusw., v.Pers., *Ā* 10,796 (*Ribb.*). in alqm, *Ā* 10, 379. vom Flusse, in mare, *Ā* 7, 32.

prōscaenĭum, ĭi, *n.*, der vor der Bühneuward befindliche Teil der Bühne, auf dem die Schauspieler auftraten, Plur. übh. Bühne, *G* 2, 381.

prō-scindo,scĭdi,scissum, ĕre, reifse auf, bes. vom ersten Pflügen des Ackers, 'breche auf', 'stürze', aequor, *G* 1, 97. übh., 'pflüge', terram, *G* 2, 237.

prō-sĕquor, sĕcūtus sum, sĕqui, 1) eig.: *a*) folge jmdm., gehe hinter jmd. her, longe euntem lacrimis (mit od. unter Thränen), *Ā* 6, 476. *b*) folge jmdm. nach, begleite, v. Winde, euntes,*Ā* 3, 130. alqm dictis, *Ā* 6, 899. votis ad portas, *Ā* 9, 310; vgl. *Ā* 12, 73. alqm veniä, gewähre jmdm. die Bitte, *Ā* 11, 107. 2) übtr.,verfolge etw. mit Worten,pascua versu, beschreibe ausfübrlich, besinge, *G* 3, 340. abs., fahre fort (zu reden), *Ā* 2, 107.

Prŏserpĭna, ae, *f.* [bei Vergil nur *ō*] (umgewandelt aus *Περσεφόνη*), Tochter des Juppiter u. der ernährenden Ceres, Gattin des Pluto, Beherrscherin des Schattenreichs, *Ä* 6, 142. 251. 402. *G* 4, 487. Der Sage nach war ihr verstattet zwei Dritteile des Jahres bei ihrer Mutter zu sein, *G* 1, 39. Tritt nach alter dcht. Vorstellung zu den Sterbenden hin und schneidet ihnen gleichwie dem Tode geweihten Opfern am Vorderhaupte eine Locke ab, *Ä* 4, 698.

prŏsĭlĭo, sĭlŭi, ĭre (pro u. salio), springe od. stürme hervor (von den Wettkämpfern), finibus suis (aus ihren Bezirken), *Ä* 5, 140.

pro-specto, āre, *a)* sehe hervor od. nach etw., schaue hin auf etw., euntem, *Ä* 7, 813. alqd e vallo, *Ä* 9, 168. *b)* übtr., blicke erwartend auf jmd. hin, erwarte jmd, te fata prospectant paria, ein gleiches Sch. harrt deiner, *Ä* 10, 741.

prospectŭs, ūs, *m.* (prospicio), Aussicht, Fernsicht, *G* 2, 285. prospectum oculis eripiens, *Ä* 8, 254. omnem prospectum petit late pelago, sucht eine Aussicht zu gewinnen rings aufs Meer, *Ä* 1, 181.

prospĕr, ĕra, ĕrum ('pro' u. 'spes'), eig. der Hoffnung gemäfs, dah. erwünscht, günstig, religio (Götterwink), *Ä* 3, 362.

prospĭcĭo, spexi, spectum, ĕre (pro u. specio), 1) eig.: *a)* sehe, blicke od. schaue vorwärts od. hinaus, in die Ferne (bes. von Höhen aus), e summo tumulo, *Ä* 12, 136. alto, von der hohen See aus, *Ä* 1, 127. per umbram prospiciens, im Dunkel vor sich schauend, *Ä* 2, 733; vgl. *Ä* 7, 289. *b)* sehe von ferne od. fern her, sehe in der Ferne, im Zush. bl. sehe, mit u. ohne Angabe des Standpunktes, Cyclopes ab rupe, *Ä* 3, 648. Italiam summa ab unda, *Ä* 6, 357. venientem hostem tectis (vom Dache aus), *Ä* 12, 595. late ex aethere classem, *Ä* 7, 288. mit näher bestimmendem Adv., campos longe, *Ä* 11, 909. procul Camillam, *Ä* 11, 839. m. bl. Akk., cervos, *Ä* 1, 185. ad litora classem venientem, *Ä* 3, 652. m. Akk. u. Inf., *Ä* 9, 34; vgl. *Ä* 4, 410. 6, 385. 2) übtr., sehe etw. vorher od. voraus, soles, *G* 1, 394.

prŏ-sŭbĭgo, ĕre, wühle empor, terram, *G* 3, 256.

prŏ-sŭm, fŭi, prōdesse, bin nützlich, nütze, m. Dat., *Ä* 7, 303. 12, 541. m. Inf., *Ä* 11, 844. prosit (eis) nostris in montibus ortas (esse), sei es für sie ein Gewinn, dafs sie auf den mir geweihten Bergen wuchsen, *Ä* 9, 92. abs., *Ä* 5, 684. *G* 1, 84. 3, 459.

prŏ-tĕgo, texi, tectum, ĕre, bedecke, bes. zum Schutze, alqm umbrā, *G* 2, 489; vgl. *Ä* 6, 662. 10, 800. clipeos ad tela sinistris protecti obiciunt, schützen sich mit dem Schilde in der Linken gegen die Geschosse, *Ä* 2, 444.

prŏ-tendo, tendi, tentum, ĕre, strekke vor od. aus, hastas, *Ä* 11, 606. bracchia, *Ä* 5, 377. oculos dextramque (zeugmatisch), aufblickend u. die Rechte vor sich streckend, *Ä* 12, 931. temo pedes protentus in octo, acht Fufs (in die Länge) sich erstreckend, *G* 1, 171.

prŏ-tĕnus, *s.* protinus.

prŏ-tĕro, trīvi, trītum, ĕre, zertrete, zermalme, agmina curru, *Ä* 12, 330.

prŏ-terrĕo, terrŭi, ĕre, schrecke, jage vorwärts, alqm equo, *Ä* 12, 291.

Prōteūs, ĕi, *m.* [Prōteī zweis., *Ä* 11, 262] (*Πρωτεύς*), ein Meergott, der die Robben Neptuns im karpath. Meere weidete u. auf einem mit fischschwänzigen Rossen bespannten Wagen fuhr, sich in allerlei Gestalten zu verwandeln vermochte, zugleich auch durch Neptun die Gabe der Weissagekunst in einem hohen Grade besafs, *G* 4, 388 flgg. Protei columnae, die Säulen des Proteus, zunächst zur Bezeichn. der Insel Paros und der Küsten Ägyptens, wohin Menelaus verschlagen wurde, dann aber auch zugleich Andeutung der äufsersten westl. Grenzen der Erde, *Ä* 11, 262.

prōtĭnus od. **prŏ-tĕnus**, Adv., 1) eig., von räuml. Ausdehnung, *a)* vorsich hin, vorwärts, fürbafs, ago, *B* 1, 13. 'weithin', *Ä* 7, 514. *b)* von dem, was sich ohne Unterbrechung an einander schliefst, in éinem Zuge, in éinem fort, cum pr. utraque tellus (Italien u. Sicilien) una foret, éines war, was noch zusammenhing, ein Ganzes bildete, *Ä* 3, 417. 2) übtr.: *a)* in bez. auf die weiter fortzuführende Behandlung eines Stoffes, weiter, ferner, *G* 4, 1. *b)* von der Zeit, unmittelbar darauf, sogleich, sofort (nachdem etw. geschehen), bisw. hinter einander weg, in éinem fort, *Ä* 2, 437 u. 545. 3, 291. 7, 408 u. 601. 5, 485. 10, 340.

prŏ-trăho, traxi, tractum, ĕre, ziehe, schleppe hervor (u. wohin), alqm in medium, *Ä* 2, 123. cadaver pedibus, *Ä* 8, 265.

prŏ-turbo, āre, treibe, dränge fort, hinc atque hinc, *Ä* 9, 441. hostem, suche zu verscheuchen, *Ä* 10, 801.

prŏ-vĕhor, vectus sum, vĕhi, 1) fahre od. segle hervor, portu, *Ä* 3, 72. 2) fahre od. segle weiter, *a)* eig., pelago, *Ä* 3, 506. huc, *Ä* 2, 24. *b)* übtr., gehe

vorwärts od. zu weit (in der Rede),
quid ultra provehor? was rede ich mehreres noch? *A* 3, 481.

prō-vĕnĭo, vēni, ventum, īre, komme hervor, übtr., entstehe, erfolge, *A* 12, 428.

prōventŭs, ūs, *m.* (provenio), das Hervorkommen, der Ertrag, *G* 2, 518.

prō-vĭdĕo, vīdi, vīsum, ēre, besorge od. halte etw. bereit, omnia, *G* 1, 167.

prō-vŏco, āre, fordere auf od. heraus, dcht., auras ad certamina, v. Rosse, die Winde zum Wettkampf, d. i. 'mit den Windeu um die Wette laufen', *G* 3, 194 (*Ribb.; 'tum* vocet' *Haupt* u. *Schap.*).

prō-volvo, volvi, völütum, ēre, wälze, od. rolle vor mir hin, fort, truncum, *A* 10, 556. von den Rädern, alqm subter lora et iuga, unter die Riemen (mit denen die Pferde am Joche befestigt waren) u. unter das Joch (dadurch dafs Murranus beim Herabfallen vom Wagen sich in die Zügel verstrickt hatte), *A* 12, 533.

proxĭmus od. **proxŭmus**, s. propior.

prūdens, dentis (zsgz. aus 'pro-videns'), vorsichtig, klug, auctor, *G* 2, 315.

prūdentĭa, ae, *f.* (eig. 'providentia'), das Vorhersehen, Klugheit, Einsicht, *A* 3, 433. rerum, Voraussicht der Zukunft, *G* 1, 416.

prūīna, ae, *f.*, *a)* Reif, *G* 2, 376. Plur. (zur Bezeichn. der dichten Masse), gelidae puinae, *G* 2, 263. *b)* (dcht.) Eis u. Schnee, Plur., *G* 3, 363. 4, 518. mediae, Mitte des Winters, *G* 1, 230.

prūnα, ae, *f.*, glühende Kohle, *A* 5, 103. 11, 788.

prūnum, i, *n.* (prunus), Pflaume, *B* 2, 53. *G* 4, 145.

prūnus, i, *f.* (προύνη), Pflaumenbaum, *G* 2, 34.

Prȳtănĭs, is, Akk. 'im', *m.* (*Πρύτανις*), ein Troër, von Turuus getötet, *A* 9, 767.

Psīthĭus, a, um, psithisch, vitis, eine Art Weinreben, aus deren welken Trauben man einen süfsen Wein prefste, *G* 2, 93. 4, 269.

pūbens, entis (1. pubes), eig. mannbar, übtr., vollsaftig, strotzeud, herba, *A* 4, 514.

1. **pūbēs**, běris (2. pubes), erwachsen, übtr., folia, vollsaftige, vollkräftige, *A* 12, 413.

2. **pūbēs**, is, *f.*, eig. Zeichen der Mannbarkeit, 1) konkr., *a)* erwachsene oder junge Mannschaft, mannbare Jugend (bes. mit dem Nebenbegriff der kriegerischen Tüchtigkeit), *A* 2, 477 u. 798. 5, 119. 450. 573. 7, 429 u. 794. pubis robora, *A* 8, 518. zur Umschr., p. tuorum, *A* 1,

399. *b)* übh., Geschlecht, Menge, Volk, agrestis, 'Landvolk', *G* 1, 343. Titania, 'Titanengeschlecht', *A* 6, 580. v. Tieren, indomita, 'Herde' der zukünftigen Pflugstiere, *G* 3, 174. 2) Unterleib, Schofs, *A* 3, 427.

pūbesco, pūbŭi, ěre, *a)* werde mannbar, wachse heran, aequali acvo, *A* 3, 491. *b)* strotzen von etw., fetu (v. Weinberg), *G* 2, 390.

pūdĕo, pūdŭi, ēre, gew. unpers., 'pudet' m. Akk. der affizierten Pers. u. Gen. des Gegens., dessen man sich schämt, ich schäme mich, non infelicis patriae ... miseretque pudetque? gedenkt ihr mit Scham u. Erbarmen? *A* 9, 787. m. Akk. der Pers. (die meist aus dem Zushg. zu erg.) u. Inf. des Gegenst., extremos pudeat rediisse, Schmach für uns, wenn wir zuletzt umkehren, *A* 5, 196. non pudet ... teneri? schämt ihr euch nicht usw., *A* 9, 598; vgl. *G* 1, 80. *A* 12, 229. Dav. **pūdendus**, a, um, dessen man sich schämen mufs, schimpflich, volnera (im Rücken auf der Flucht), *A* 11, 55.

pūdĭcĭtĭa, ae, *f.* (pudeo), Züchtigkeit, Keuschheit, *G* 2, 524.

pūdŏr, ōris, *m.* (pudeo), 1) appell., sittliche Scheu, Schamgefühl, *A* 4, 55 u. 322. 5, 455. 10, 398 u. 871. m. 'ira' verb., *A* 9, 44. dcht. von Tieren, si quis pudor, wenn ihr klug seid, *B* 7, 44. 2) personif., Gottheit des Begriffs weiblicher Tugend, sittlicher Zucht u. Gesinnung (eines wesentl. Teils der philosoph. Ethik), *A* 4, 27 (appellativ b. *Haupt* u. *Schap.*).

pūella, ae, *f.* (puellus, d. i. puerulus), Mädchen, *A* 2, 238. *B* 3, 64 u. ö. v. neuvermählten Frauen, *G* 4, 458.

pŭĕr, ěri, *m.*, Kind, Knabe, Jüngling, junger Mann (gew. bis zum 17. Jahre), *a)* übh., *A* 5, 561. 7, 379. 11, 476. 12, 943. m. Sbst. 'monstrator' verb., *G* 1, 19. Plur., pueri, 'Jünglinge', in der Anrede, *A* 5, 349. pueri puellaeque, übh. 'Unverheiratete' (Gegs. 'matres atque viri'), *A* 6, 307. *b)* prägn.: *α)* v. Amor, *B* 8, 49; m. Spott u. Herabsetzung (in der Anrede der Juno an Venus), der kleine, noch unreife Knabe, *A* 4, 94. *β)* (dcht.) 'Sohn', *A* 2, 598. 10, 70. *γ)* v. Untergebenen, Bursche, Gehilfe, *B* 1, 46. 3, 111.

pŭĕrīlis, e (puer), zu den Knaben od. Kindern gehörig, agmen, Zug von Knaben, *A* 5, 548. tela, 'Kindergeschosse', *A* 11, 577.

pugnα, ae, *f.* (pungo), 1) Kampf (eig. mit der Faust, pugnus, πυγμή), *A* 5, 365. prägn., v. Zweikampf, *A* 12, 216. 2) übh.:

*a)*Gefecht,Schlacht,pedestris,*Ä*11,
707. pugnae certamen, 'Kampfgewühl',
Ä 11, 780. 12, 598. Plur.,*Ä*7, 788. 12,
818. *b*) übtr., Kampf von Tieren, *G* 3,
234. 4, 67.

pugnätör, ōris, *m.* (pugno), Kämpfer, iuvencus pugnator, 'Kampfstier',
Ä 11,680.

pugno, āre (pugna), 1) streite,
fechte, kämpfe,*Ä* 4, 629. 6, 660. mucrone, *Ä* 11, 600. comminus armis, *Ä* 7,
553. mit sinnverwandtem Subst., bella
pugnata, durchgefochtene Kriege, *Ä* 8,
629. 2) übtr., streite, kämpfe,m.Dat.
(nach griech.Vorgange),amori,bekämpfe
die Liebe, widerstrebe der L., *Ä* 4, 38.
v. Rosse, pressis habenis (*Dat.*), gegen
die zurückhaltenden Zügel kämpfen (zur
Bezeichn. der Ungeduld und Kampfbe-
gierde der Rosse vor dem Beginne der
Schlacht), *Ä* 11, 600.

pugnus, i, *m.* (πύξ, πυγμή), Faust,
Ä 4, 673. 11, 86. 12, 871.

pulchěr, chra, chrum(St.'pulc', verw.
m. 'fulg-eo'), 1) schön von äuſserem Ansehen, schmuck, v. Pers., *Ä* 1, 496. 7,
656. formā pulcher, *Ä* 5, 570. v. Tieren,
Ä 5, 399. v.Städten u. Ländern, *Ä* 4,266
u. 432. v. Flüssen, *G* 2, 137. *Ä* 7, 430. v.
Bäumen,*B*7,65. 2)übtr., schön, trefflich, herrlich, rühmlich, mors,*Ä*9,
401. consilia pulcherrima, *Ä* 5, 728.

pullŭlo, āre(pullulus), sprosse hervor, schlage aus, ab radice, *G* 2, 17.
dcht., v. Allekto, pullulat atra colubris,
wimmelt (an der Stirn) schwarz von Nattern (von schwarzen Nattern), *Ä* 7, 329.

1. pullus, i, *m.* (puellus), junges
Tier, generosi pecoris,'Füllen von edle-
rem Stamme', *G* 3, 75.

2. pullus, a,um, schwärzlich,dun-
kel, macula, *G* 3, 389.

pulmo, ōnis, *m.*, Lunge, *Ä* 9, 701.
10, 387.

pulso, āre (Int. von 'pello'), 1) stoſse,
schlage heftig oder gewaltig, *a*) eig.,
parentem, *Ä* 6, 609. ictibus alqm, *Ä* 5,
460. ariete muros,erschüttere,*Ä*12,706.
vento pulsari et imbri (v. Atlas), *Ä* 4,249.
pulsata saxa (v. Welleu), *Ä* 3, 555. dcht.,
flumina Thermodontis pulsant (von den
Amazonen), traben über den gefrorenen
Fluſs Therm., *Ä* 11, 660. *b*) übtr., erschüttere, corda, *Ä* 5, 138. pavor pulsat ilia,Krampfdurchzuckt ihm die Weichen, *Ä* 9, 415. pavor pulsans, die klo-
pfende,*Ä*5,138.*G*3,106. pulsati colles clamore, dröhnenden, *Ä*5,150. 2) berühre
etw. schlagend, schlage an etw., von
den Kyklopen, sidera, bis an die Sterne
ragen, *Ä* 3, 619. curru Olympum, am

Olymp daher fahren, *Ä* 10, 216. chordas
pectine, die Saiten mit dem Griffel schlagen, *Ä* 6,647. von der Sehne des Bogens,
sagittam, fortstoſsen,fortschnellen, *G*4,
313. divi pulsati, die vertriebenen, ver-
scheuchten Götter,*Ä* 12, 286.

pulsus, ūs, *m.*(pello),dasStampfen,
pedum, 'Fuſstritt', *Ä*7,722; 'Hufschlag',
*Ä*12, 334. equorum, 'Trab', *Ä* 6, 591.
Schlag, 'Widerhall', *G* 4, 49.

pulvěrěus, a,um(pulvis), ausStaub
bestehend, nubes, 'Staubwolke', *Ä* 8,
593.

pulvěrŭlentus, a, um (pulvis), voll
Staub,staubig,bestäubt,mitStaub
bedeckt, agmina,*Ä*4,155. v.Kriegern,
Ä 7, 625. pulverulentā fugā dant terga
per agros, wenden sich staubwirbelud
zur Flucht, *Ä* 12, 463. aestas, *G* 1, 66.

pulvis, ěris, *m.*, 1) Staub, *Ä* 1, 478.
9, 33. 11, 877. *G* 4, 87 u. 96. hibernus,
trockener Winter, *G* 1, 101. altus, tiefer
Sandweg, *Ä* 4, 96. Das Bestreuen des
Haares mit Staub als Zeichen der tiefsten Trauer,*Ä*10,844. 12,611. 2)meton.,
Übungsplatz, Rennbahn, *Ä* 7, 163.

pümex, mĭcis,*m.*,Bimsstein, dcht.,
jedes zerklüftete Gestein, 'bröcklichtes
Felsengeklüfte', *Ä*5, 214. 12, 587. *G* 4,
374. Plur., cavi, *G* 4, 44.

pünicěus, a, um, purpurfarben,
rot, *Ä* 5, 269. 12, 750. *B* 7, 32. *G* 3, 372.
rotae (der Aurora), *Ä* 12, 77.

Pünicus, a, um, zu den Puniern gehörig, punisch, karthagisch, gloria, *Ä* 4, 49. regna, *Ä* 1, 338.

puppis, is, *f.*, 1) das äuſserste Hinterteil des Schiffes, der Spiegel (πρύμνη),
wo der Steuermann saſs, dah. höher u.
breiter als das Vorderteil, celsa, *Ä*8,680.
10, 261. alta, *Ä* 5,12. 175. 841. 8,115. 10,
246. Hier stand das Bild des Gottes, unter dessen Schutze sich das Schiff befand
(s. *Ä* 10, 171), dah. auch Anchises hier
opferte, *Ä* 3, 527 (wo *Ribb.* 'prima' st.
'celsa'). Mit dem Hinterteile landete man
der leichteren Abfahrt wegen, *Ä* 6, 5 u.
410. 10, 268; vgl. *Ä* 1, 115. 3, 135 u. 277.
6, 901. 9, 118. 2) meton., Schiff, *Ä* 10,
80. 156. 171. 302. Plur., *Ä* 6, 5. 10, 30.
G 3,362 (Gegs. 'plaustra'). dcht., von den
auf den Schiffen befindlichen Leuten,
puppes fremunt ... iubent, *Ä* 8, 497.
Gleichs. personifiziert von den in Nerei-
den verwandelten Schiffen des Aneas (in
bez. darauf, daſs sie dem Ufer zugekehrt
waren), *Ä* 9, 118.

purgo, āre, reinige, dcht., purgat
se nubes in aethera, löst sich auf, zerteilt sich in usw., *Ä* 1, 587.

purpŭra, ae, *f.* (πορφύρα), Purpurschnecke,übtr., 1)Purpurfarbe,Purpur, *G* 4, 275. 2) purpurfarbener Stoff, Purpurgewand, regum, *G* 2, 495. plurima, reiche Falbel von Purpur (durch 'Maeandro duplici' näher bestimmt), *A* 5, 251.

purpŭrĕuͦ, a, um (πορφύρεος), 1) purpurfarbig, purpurn, d. i. nach den verschiedenen Abstufungen bald dunkel- od. schwarzrot, bald blaurot od. violett, bald hellrot, von Blumen, *B* 5, 38. *A* 5, 79. vites, *G* 2, 95. v. Gewande, *A* 3, 405. 6, 221. v. Kothurn in bez. auf die purpurnen Riemen desselben, *A* 1, 337. anima, 'Lebensblut', 'Lebensquell' (πορφύρεον αἷμα, Hom. Il. 17, 361), *A* 9, 349. von der Gesichtsfarbe, *A* 11,819. v. Haare, *G* 1,405. v. Meere, *G* 4,373. dcht., in bez. auf die Pers., purpureus cristis, pennis, mit rotem Helmbusche, *A* 9,163. 10, 722. 2) ohne Bez. auf die Farbe, alles in die Augen Fallende, alles Strahlende, dah. glänzend, schön, hold, lumen, *A* 6, 641. lumen iuventae, *A* 1, 591. ver (viell. in bez. auf die Blumenpracht), *B* 9, 40.

pŭruͦ, a, um, rein, 1) eig.: *a*) rein, d. i. frei von Schmutz, lauter, ungetrübt, hell, wie Wasser, Honig u. dgl., *A* 6, 229. *G* 4, 163. nox, wolkenleer, heiter, *B* 9, 44. Sbst., purum, i, *n.*, reine, freie Luft, *G* 2, 364. *b*) rein, d. i. ganz aus sich selbst bestehend, campus, freies, offenes Feld (ohne Bäume od. Gesträuche), *A* 12, 771. hasta, ohne eherne Spitze, unbeschlagener 'Stab' (als Zeichen der königl. u. priesterl. Würde), *A* 6,760. parma, ohne Verzierung, einfach (Gegs. 'picta'), *A* 11,711. vestis, weifs, ohne Purpurverzierung, *A* 12, 169. 2) übtr., rein, unbefleckt, sensus, *A* 6, 746.

pŭtātŏr, ōris, *m.* (puto), Beschneider, Schneitler (der Bäume) *G* 2, 28.

pŭtĕuͦ, ĕi, *m.*, gegrabene Vertiefung, *a*) Grube, *G* 2, 231. *b*) Wasserbehälter, künstlicher Brunnen, *G* 1, 485. 3, 329.

pŭto, āre (Wurz. 'pŭ' in 'pŭtus', 'rein'), 1) putze, reinige, bes. den Weinstock durch Abschneiden der unnützen Sprößlinge, 'beschneide', 'schneitle', *G* 2, 407. 2) übtr., bringe ins reine, dah.:

a) überlege, überdenke, erwäge, multa, *A* 6, 332. multa dura cum corde, *A* 8, 522. *b*) halte jmd. od. etw. für etw., alqm praedam, *A* 6,361. dicta non irrita, *A* 10, 244. *c*) meine, glaube, halte dafür, m. Akk. u. Inf., *A* 2, 43. 5, 96. 9, 155. anne aliquas ad caelum hinc ire putandum est sublimes animas? ist es glaublich, dafs usw., *A* 6, 719.

putriuͦ, e, *a*) mürbe, morsch, tela (in bez. auf die morschen Fäden des Gewebes), *G* 3, 562. fungus, 'verglimmend', *G* 1,392. *b*) v. Boden, locker, mulmig, solum, *G* 2, 204 u. 262. glaeba, *G* 1, 44. sulcus, *G* 1,215. campus, 'stäubend', *A* 8, 596. 11, 875.

Pygmălĭŏn, ōnis, *m.* (Πυγμαλίων), Sohn des Belus, Bruder der Dido, König in Tyrus, ermordete den Gatten der Dido, Sychäus, heimlich am Altare, um der großen, aber verborgenen Schätze desselben sich zu bemächtigen. Hierauf bereitete sich Dido unter dem Vorwande, zu ihrem Bruder zu ziehen, in der That aber um einen Wohnsitz aufzusuchen, zur Flucht vor, die sie auch ausführte, nachdem sie durch List die von ihrem Bruder zum Umzug ihr gesandten Diener u. mehrere angesehene Tyrier für sich gewonnen hatte, *A* 1, 347. 4, 325. Verkürzt und iron., avari Pygmalionis opes, 'Schätze pygmalionischer Habgier', sofern Pygm. sie schon für die seinigen hielt, *A* 1, 364.

pͨra, ae, *f.* (πυρά), der (brennende) Scheiterhaufen, Holzstofs, *A* 4,494 u. 504. 6, 215. 11, 185 u. 204.

Pͨracmŏn, mŏnis, *m.* (Πυράκμων), ein Kyklop, Diener des Vulkan, *A* 8,425.

Pyrgi, ōrum, *m.*, Stadt in Etrurien, *A* 10, 184.

Pyrgŏ, ūs, *f.*, Amme der Kinder des Priamus, *A* 5, 645.

Pyrrha, ae, *f.* (Πύῤῥα), Tochter des Epimetheus, Gattin des Prometheus, *B* 6, 41.

Pyrrhuͦ, i, *m.* (Πύῤῥος), Sohn des Achilles, sonst 'Neoptolemus' gen., *A* 2, 469. 491. 526. 529. 547. 3, 296 u. 319 (wo 'Pyrrhin st. Pyrrhine).

Q.

1. **quā**, Adv. (eig. Abl. v. 'qui', verst. 'parte' od. 'viā', ϑ), 1) eig.: *a*) örtl., wo, *A* 2, 387. 463. 505. 7, 100. näml. in der Mitte des Leibes, *A* 12,273. *b*) bei Zeitw.

der Bewegung, wohin, *A* 3, 151 u. 269. *G* 1,408. 2) übtr.: *a*) 'auf welchem Wege', 'durch welches Mittel', zur Erreichung des Zweckes, *A* 6, 96 (*Haupt* u. *Ribb*.).

Dah. wie, auf welcheWeise, *Ä* 1,676. 5,476. *b*) in wiefern, in so weit, *Ä* 11, 293. 12, 147 (wo zum zweiten Satze ein 'quoad' aus 'qua' zu entnehmen, d. i. 'so lange' in bez. auf die Zeit).

2. **quā**, Nom. Fem. u. Neutr. Plur. zu 'quis' st. aliquis, s. 1. 'quis' a. E.

3. **quā**, Adv. (v. indef. 'quis' st. 'aliquis'), bes. nach 'si', auf irgend eine Weise, irgendwie, si qua, 'wenn etwa', *Ä* 1, 18. 6, 882. 9, 512. 10, 458.

quācumquĕ, Adv. (quicumque), 1) wo nur, überall wo, wo nur immer, *G* 1, 406. getrennt, *Ä* 11,762. 2) auf welche Art, wie auch immer, auf alle Weise, *B* 9, 14.

quădra, ae, *f.* (quattuor), Viereck, dcht., quadrae, von den als Unterlage oder Teller gebrauchten Brotscheiben, *Ä* 7, 115.

quădrĭfĭdus (quattuor u. findo), vierfach (übers Kreuz) gespalten, geviertelt, sudes, *G* 2, 25. quadrifidam quercum cuneis scindere, in vier Teile, *Ä* 7, 509.

quădrīgae, ārum, *f.* (quadrijugus), Viergespann, *Ä* 8, 642. *G* 3, 268. bes. der Wettfahrenden, *G* 1, 512. der Aurora, *Ä* 6, 535.

quădrĭĭŭgus, a, um, u. seltnere Form **quădrĭĭŭgis**, e [nur *Ä* 10, 571] (quattuor u. jugum), vierspännig, currus, *G* 3, 18. als Zeichen der Königswürde, *Ä* 12, 162.

quădro, āre (quadrus), eig. mache viereckig, übtr., gebe einer Sache ein gewisses Ebenmaſs, intr. übh. passen, omnis in unguem . . . via quadret, d. i. alle Wege zwischen den einzelnen Reihen der Weinstöcke müssen genau unter einander passen (nach allen Seiten hin gleiche Zwischenräume haben, wie die Quincunx der Bäume), *G* 2, 278.

quădrŭpĕdans, dantis (quadrupes), dcht. Wort, eig. auf vier Füſsen gehend, galoppierend, sonitus, eines galoppierenden Pferdes, *Ä* 8, 596; vgl. *Ä* 11, 875 u. Hom. Il. 23, 372. Subst., Rofs, Plur., *Ä* 11, 614.

quădrŭpēs od. (*Ribb.*) **quădrĭpēs**, pĕdis, vierfüfsig, Sbst., vierf. Tier, Vieh (bes. zahmes), *m.* u. *f.*, nulla, *B* 5, 26. gew. 'Rofs' in bez. auf seine Schnelligkeit, 'Renner', *Ä* 10, 892. 11, 714. Plur., *Ä* 3, 542. 11, 875. v. Hirsch, *Ä* 7, 500.

quaero, sīvi (sĭi), sītum, ēre, 1) suche (auf), *a*) v. Pers., alqm, *Ä* 1, 595. 2, 771. 4, 468. unus erit tantum, amissum quem gurgite quaeres, éinen Mann blofs (Palinurus) wirst du vermissen, *Ä* 5, 814. per nemora, *B* 8, 86. per aequor, *Ä* 10, 234; vgl.

Ä 1, 380. 6, 6. 7, 393 u. 802. Aenean, *Ä* 9, 241. quaeritur huic alius, zum Gegenkampfe, *Ä* 5, 378. quaesitae montibus herbae, auf den Gebirgen, *Ä* 7, 758. quaesitus matri (a matre) agnus, das dann gesucht wird, *Ä* 9, 565. dcht., oculis lucem, *Ä* 4, 692. arma (Mittel), *Ä* 2, 99. *b*) von sachl. Subj., v. Flusse, quaerit iter per valles, sucht sich Bahn, *Ä* 7, 802. dextera decisa quaerit te suum, *Ä* 10, 395. 2) suche zu erwerben, erwerbe, verschaffe, *a*) übh., foedera mihi, *Ä* 11, 129; vgl. *Ä* 2, 118. 4, 647. 9, 278. externum in regnum heredem (für die Teilnahme an der Herrschaft und als deren Erben), *Ä* 7, 424. in medium, sammle alles ein, *G* 1, 127. dotes sanguine quaesitae, durch Blut errungene Mitgift, *Ä* 7, 423. Part. subst., quaesita, ōrum, *n.*, das Erworbene, *G* 4, 157. *b*) suche zu erfahren, forsche, frage nach etw., luctum tuorum, *Ä* 6, 868. causas, *Ä* 2, 105 (*Ribb.* 'casus'). oracula, hole mir, *G* 4, 449. sidera (näml. 'ex Aeneu'), nach dem Wesen der Gestirne u. deren Nutzen für die Schiffahrt, *Ä* 10, 161. übh. frage, *Ä* 1, 370. 8, 532. m. Relativs., *Ä* 1, 309. 3, 100. *G* 2, 288. *c*) suche, sinne auf etw., trachte, convivia, betreibe eifrig, *Ä* 4, 77. m. Inf., *Ä* 4, 631 u. 6, 614. 7, 449. m. doppelt. Obj. (eines Subst. u. Inf.), non vitae gaudia quaero, sed gnato Manes perferre sub imos, *Ä* 11, 180. quaesitae artes, ausgesuchte, künstliche Mittel (von denen man sich sichere Wirkung verspricht), *G* 3, 549.

quaesītŏr, ōris, *m.* (quaero), Untersucher, Richter, v. Minos, *Ä* 6, 432.

quaeso, īvi (īi), ēre (altert. st. 'quaero'), 1) suche, bitte, gew. parenthet. in die Rede eingeschoben, *Ä* 8, 573. 12, 72. 2) frage, talia, *Ä* 3, 358.

quālis, e, *a*) wie beschaffen, was für ein, von welcher Art, wie (οἶος), *Ä* 6, 453. 8, 561. 12, 900. quale est iter in silvis, *Ä* 6, 270. Neutr. Plur. zur Verallgemeinerung einzelner Fälle, parenthet., qualia multa mari nautae patiuntur in alto, dergleichen den Seefahrern sehr oft auf der See begegnet, *Ä* 7, 200. ellipt., qualem meruit (verst., ut sibi remitterem), Pallanta remitto, *Ä* 10, 492. m. entspr. 'talis', *Ä* 6, 208 flg. 12, 33 u. 451 flg. *B* 5, 45 flg. verb. mit 'quantus' (wie ὅσσος οἶός τε u. dgl. Hom. Il. 24, 630; vgl. *Ä* 2, 799. 5, 758), zur Umschr. der eigensten Gestaltung, qualis videri caelicolis et quanta solet, ebenso prächtig u. mächtig, wie sie (Venus) den Göttern sich zu zeigen pflegt, *Ä* 2, 591. qualis quantusque Polyphemus etc., d. i.

ebenso mächtig und grofs wie Polyphe-
mususw., *Ā* 3, 641. Häuf. als Einkleidung
eines Gleichnisses, wenn mehr auf den
Zustand als auf die Handlung Gewicht
gelegt wird (gew. mit entspr. 'talis' im
Nachs.), wie, gleichwie, *Ā* 1, 430 u.
498 flgg. 12, 451 flgg. od. in bez. auf ein
vorausgeh. entsprech. Adj., *Ā* 4, 443 (in
bez. auf 'pulcherrimas'). *Ā* 6, 269 u. 453
(in bez. auf 'obscurus'). *Ā* 6, 785 (in bez.
auf '*felix* prole virûm). *Ā* 10, 641 (in bez.
auf '*tenuis* sine viribus umbra'). *Ā* 11,
67 (in bez. auf 'sublimis'). in bez. auf das
vorausg. Zeitw. 'flere', *G* 4, 511; vgl. *Ā* 2,
471. in bez. auf das vorausg. Demonstr.
'ille', *Ā* 2, 223 (wo 'tollit' zu 'quales mugitus' zu erg.); vgl. *Ā* 10, 264. 12, 4. Auch
m. flg. 'sic', *Ā* 5, 213 flgg. 10, 565 flgg. m.
einem doppelten durch 'qualis' u. 'sic'
eingeleiteten Nachsatz, *Ā* 6, 205 flgg. m.
'haud secus' im Nachsatz, *Ā* 12, 4 flgg.
Bes. m. flg. 'cum', wie wenn, *G* 3, 196.
auch im nachgestellten Gleichnis(in bez.
auf ein vorausg. gedachtes 'talis'), 'so',
'ebenso', quales cum vertice celso ... con-
stiterunt (in bez. auf 'capita' *talia* vorh.'),
so stehen auf erhabenem Gipfel usw.,
G 3, 679 flgg. qualis cum caerula nubes
etc., wie wenn blaues Gewölk usw., *Ā* 8,
622. Selten ist der Hauptsatz als selbst-
verständlich ausgelassen, *Ā* 1, 430. *b*) prädikat., st. des Adv., wie, so wie, gleich
wie, *G* 4, 511. *Ā* 6, 205 flg.; vgl. *Ā* 1, 430.
2, 471.

quālus, i, *m.*, ein geflochtener Korb
zum wirtschaftl. Gebrauch, *G* 2, 241.

quăm, Adv., 1) wie sehr, wie, *a*)
emphat. bei Adj., Adv. u. Zeitw., *G* dives,
B 2, 20. q. molliter, *Ā* 10, 33. q. vellent,
Ā 6, 436. Bes. *b*) in der Vergleichung (ohne
entspr. 'tam') zur Verstärkung, *α*) des
Positiv, hiemem, quam longa (näml. 'est'),
foveo, *Ā* 4, 193. vollst., eā, quam longa
erat, nocte, *Ā* 8, 85. *β*) des Superl., quam
primum, so bald als möglich, schleunigst,
Ā 4, 631. 2) in Vergleich., wie, sowie,
a) m. entspr. 'tam', eben sowohl ...
als, *Ā* 4, 188. m. entspr. 'sic', *Ā* 5, 458.
m. vorher gedachtem 'tam', *Ā* 5, 309 flg.
altertümlich, tam ... magis quam magis
st. eo m. ... quo (quanto) m., *Ā* 7, 788.
G 3, 309. *b*) nach Kompar. u. Verglei-
chungswörtern übh., als, *Ā* 7, 718. non
aliter, quam si, *Ā* 4, 669. 6, 353. nec magis ... quam si, *Ā* 6, 471 flg. Mit Ausfall
des entsprech. Relativpronom., non alio
funere, quam pius Aeneas (verst. quam
quo te pius Aeneas dignatus est), *Ā* 11,
170. Scheinbar pleonast. beim Abl. nach
dem Kompar. (wie *ἤ* im Griech. beim
Gen.), graviora timet quam morte Sy-

chaei, *Ā* 4, 502. 3) bei Zeitbestimmungen, als, ante ... quam, *Ā* 9, 116.

quam-prīmŭm, s. quam.

quam-quăm, Konjkt., *a*) in Konzessivsätzen, wiewohl, obgleich, ob-
schon, m. Ind., *Ā* 2, 12 u. 533. 4, 393.
6, 394. 10, 857 (wo *Ribb.* '*quamvis* tardet). *B* 8, 19. m. Konj. auch von dem, was
wirklich stattfindet, dis quamquam geniti essent, obgleich ich wufste, dafs die
Göttersöhne waren, *Ā* 6, 394. *b*) in Sätzen,
in denen eine Erweiterung des Vorherg.
nachgeholt wird, gleichwohl, und
doch, freilich, *G* 1, 469. *c*) in der plötzlich abgebrochenen Rede (*Aposiopesis*)
bei heftiger Gemütsbewegung, quamquam o! — sed superent etc., wenn schon,
ach! *Ā* 5, 195. Bes. in der Berichtigung,
wenn dem Vorherg. etwas anderes, selbst
das Gegenteil gegenübergestellt wird,
quamquam o, si solitae quicquam virtutis adesset! und doch, o bliebe ein Rest
nur zurück von der früheren Tapferkeit, *Ā* 11, 415.

quam-vīs, Konjkt., in Konzessivsätzen,
eig. wie sehr du auch willst, dah. wenn
auch noch so, so sehr auch, ungeachtet, während indes, *a*) meist m.
Konj., *Ā* 1, 3*. 3, 454. *B* 1, 34. 2, 16. m.
entsprech. 'at' (schärfer als 'tamen'), *G*
4, 206. *b*) m. Indik., *Ā* 5, 542. 7, 492. *B*
3, 84. Bes. als Adv. im unmittelbaren
Anschlufs an ein Adj., quamvis serā
nocte, 'selbst am späten Abend', *Ā* 7, 492.
quamvis igni exiguo, auch bei mäfsigem
Feuer, *G* 1, 196.

quandō, 1) Adv. der Zeit [aus Ende
des Verses gestellt, *Ā* 6, 50. 10, 366. 11,
509], nach 'si' st. 'aliquando', wenn jemals, einmal, *Ā* 3, 500. 9, 172. nach
Relat. 'quis (quibus)', denen einmal, d. i.
diesmal, *Ā* 10, 366. im Gleichnis, *Ā* 12,
749. 'wenn einmal' (was aber selten geschieht), *G* 3, 98. *Ā* 12, 851. 2) Konjkt.,
zur Angabe des Grundes, da, weil, m.
Indik., *Ā* 1, 261. 2, 446. 6, 50 u. 188.

quandō-quĭdĕm [ŏ bei Vergil kurz],
da nämlich, da ja, da nun einmal,
Ā 7, 547. 10, 105. *B* 3, 55.

quantō, Adv. (eig. Abl. v. quantus),
um wieviel, beim Komp. m. entspre-
chendem 'tanto magis', je mehr ...
desto mehr, *G* 4, 411.

quantŭm, Adv. (quantus), 1) wieviel,
wie sehr, mutatus, *Ā* 2, 274. Bes. m.
entsprech. 'tantum', von räuml. Ausdehnung, wie hoch ... so tief, so weit ...
als, *Ā* 4, 445. dem Werte nach, wie sehr
... so sehr, *B* 5, 16. verringernd, in bez.
auf Geltung, so viel (d. i. so wenig) ...
als, *B* 7, 51 flg. 9, 11 flgg. Auch m. entspr.

'tanto' u. Kompar., je mehr ... um so
mehr (desto), *Ä* 12, 19. 2) in wie weit,
in wie fern, *Ä* 6, 731.

quantus, a, um, wie grofs (von räuml.
Ausdehnung wie von intensiver Stärke),
im Ausruf wie in abhängigen Sätzen, *Ä*
1,719. 4,49. wiederb., *Ä* 12,701 flgg. quantum instar in ipso, wie stattlich er selbst,
Ä 6, 865. Oft in bez. auf 'tantus', durch
als od. wie zu übers., tantum tendit ad
umbras, quantus ad aetherium caeli suspectus Olympum, so tief, als der Blick
gen Himmel sich erhebt zum olympischen
Äther, *Ä* 6, 579. Ellipt., oculis spatium
(tantum) emensus, quantum satis hastae,
als für den Speerwurf genug war, *Ä* 10,
772; vgl. im Gleichnis, quantus verberat
humum, *Ä* 9, 668.

quārē, Adv. (qui u. res), wodurch,
zu Anf. des Satzes, wobei der Grund im
Vorhergeh. enthalten, deswegen, daher, bes. b. Imp. 'agite', *Ä* 1, 627. 7,130.

quartus, a, um (τέταρτος), der vierte,
Ä 3, 205. 6, 356. hora, in der Frühlings-
u. Herbstgleiche nach unserer Einteilung etwa die neunte od. zehnte Stunde
des Tages, *G* 3, 327.

quasso, āre (Int. v. quatio), 1) schüttle,
erschüttere, *a*) übb., ramum, hastam,
Ä 5, 855. 12, 94. pinum, *Ä* 9, 521. caput
(als Zeichen des unterdrückten Zornes),
Ä 7, 292. 12, 891. *b*) zerschelle, zerschmettere, v. Schiffen, ventis quas-
sari, *Ä* 1, 551; vgl. *Ä* 4,53. 9, 91. 2) refl.,
rassele, klappere, v. Schoten infolge
der Dürre (bei der Berührung), *G* 1, 74.

quăter, Adv. (quattuor), viermal,
verb. ter aut quater, terque quaterque,
d. i. öfter, überaus, *G* 1, 411. 2, 399. *Ä*
1, 94.

quăterni, ae, a (quattuor), je vier od.
übb. vier, populi, *Ä* 10, 202.

quătio, (ohne Perf.) quassum, ēre, setze
heftig in Bewegung, 1) schüttle, alas,
schlage mit den Fittigen, *Ä* 3, 226. nubem, *Ä* 7, 143. hastam, 'schwinge', *Ä* 11,
767; vgl. *Ä* 12, 442. cymbala, 'schlage',
G 4, 64. membra (v. Entsetzen), *Ä* 3, 30.
2) erschüttere, *a*) eig., muros, *Ä* 2,
611. oppida bello, *Ä* 9, 608. v. Pferde,
campum, 'zerstampfen', *Ä* 8,596.11,875;
'durchtraben', *Ä* 11, 513. dcht., equum
cursu, tummle (neben 'fatigo'), *G* 3, 132.
equos media inter proelia, tummele, *Ä*
12, 338. sontes flagello, schwinge die G.
über die Sch., *Ä* 6, 571. *b*) übtr., erschüttere, schüttele, 'quäle', artus,
Ä 5, 200 u. 432. sues, *G* 3, 496.

quattŭŏr, Zahlw. (τέτταρες), vier,
Ä 3, 537. 5, 115. 639. 699 u. ö.

quĕ, Konjkt. [oft in der Arsis im zwei-

ten Versfufs vor einer *muta cum liquida*
verlängert, *B* 4, 51. *G* 1, 153. 164. 352.
371. 3, 385. *Ä* 4, 146. 7, 186. 9, 767. 12,
89. 181. 362. vor einer *liquida*, *Ä* 3, 91.
nur *Ä* 9, 767 im fünften Fufse als Nachahmung des verlängerten τε an gleicher
Stelle b. Hom. Il. 5, 678. Gew. dem Worte
angehängt, das an das frühere angeknüpft
werden soll, doch selten an eine Präp.,
wie in que, *Ä* 2, 51. a que, *G* 4, 347. indem
es dann an das nächstfolg. od. dritte Wort
tritt, wie '*sub* pedibus que' u. dgl., *B* 5,
57. *Ä* 2,227. *G* 3,524; bisw. zu dem Worte
gesetzt, das zwei Satzgliedern angehört,
quantus gaudet que, *Ä* 12, 702. tollen-
temve manu saxum que moventem, *Ä* 12,
904, wo *Ribb.* saxumve), und, 1) einfach, *a*) zur Verb. gleichartiger Dinge,
oft mit explikativem Sinne zur näheren
Bestimmung oder Erklärung des Vorherg., und zwar, und dazu, *a*) übb.,
Ä 1, 2. 18. 27. 40. 2, 60. 3, 329 u. 336. 12,
946. *G* 2, 428. 3, 238. 399. nec cuiquam
irasci propiusque accedere, d. i. zornvoll
jmdm. entgegentreten (wo *Ribb.* u. *Haupt*
'propiusve'), *Ä* 10, 712. Bes. in zusammengezogenen Sätzen, *Ä* 3, 329. 5, 447.
Dah. bei Hinzufügung einer nachträg-
lichen Bestimmung, trans que caput iace,
B 8, 101. *β*) zur Anknüpfung u. Hervorhebung des einzelnen unter vielen, se-
nior que Gal., *Ä* 7, 535; vgl. *Ä* 8, 330. 9,
454. *b*) in disjunktiver Bed. (st. 've'),
wenn sich das Gegenübergestellte auch
als zusammengestellt denken läfst, oder,
G 1, 442. 2, 350. 3, 399. *Ä* 2, 37. 3, 459.
4, 143. 5, 595. 10, 65. 111. 320. 11, 591
(*Wagn.* u. *Haupt* 'Tros Italusve st. que').
clausumque cavā te condere terrā, *Ä* 12,
893 (*Ribb.* clausumve). nec currus auri-
gamque, *Ä* 12, 981 (*Ribb.* aurigamve). *c*)
nach vorherg. 'vix', 'ubi', 'nondum' u.
dgl., zur Einleitung des grammat. Nachsatzes, um die schnelle Aufeinanderfolge
zweier Handlungen zu bezeichnen, *Ä* 2,
692. 3, 520. 11,296. 12,81. *d*) nach einem
Relativpron., bei Anknüpfung eines zweiten Satzes, wo man ein Partizip erwartet, foliis que sub omnibus haerent, d. i.
sub omn. fol. haerentia, *Ä* 6, 283; vgl.
Ä 5, 402 flg. 6, 550 flg. 10, 811. 11, 75. *G*
3, 283. Auch so, dafs das Pron. selbst
in einem andern Kasus zu wiederholen
ist, miscuerunt que st. et cui miscuerunt,
G 3, 283. 'quam vicinos que paras inva-
dere portus' st. et cuius portus, *Ä* 3,
381 flg.; vgl. *Ä* 8,566 flg. 9,593. 10,519 flg.
e) zur Fortsetzung der Einteilung bei
vorausg. 'alii', *Ä* 6, 616. *f*) wo man eine
Adversativpart. erwartet, 'doch', 'aber',
Ä 5, 346. 2) doppelt, 'que ... que', so-

wohl...als auch, teils...teils, oft
blofs durch und zu übers., *A* 1, 85 u.
94. 3, 224. 5, 333 u. 470. 7, 165. 186. 754.
mehrfach, *A* 2, 263. 4, 145. 6, 724 flgg.
G 3, 344. *B* 4, 51. Oft doppelt zur engern
Verbindung zweier Begriffe, *A* 6, 415. 10,
687. 11, 150. 12, 23. *G* 4, 222. auch bei
oppositioneller Hinzufügung zweier Nomina, Teucrisque Latinisque, *A* 7, 470.
Zur Belebung der Rede, um die Schnelligkeit od. rasche Folge der verbundenen Gegenstände zu bezeichnen, *A* 1, 18
u. 43. 4, 671. 6, 483. bisw. bei verschie-
denartigen Gegenst., *A* 10, 883. Aufserdem in flg. Verb., que...et, *A* 1, 264 u.
566. que...que...et, *A* 1, 226 u. 710.
que...atque, *A* 1, 7 u. 112. que...at-
que...que, *A* 1, 175. aut...que...et,
A 2, 37.

quĕo, īvi, Anom. (bei Vergil nur 'quivi'
u. 'queamus' u. nur mit Neg. od. in negat.
Frages.), kann, vermag, *A* 6, 463. 10, 19.

Quercens, centis, *m.*, ein Rutuler,
A 9, 684.

quercŭs, ūs, *f.*, 1) Eiche, bes. Som-
mereiche, *A* 10, 423. dem Juppiter heilig, *G* 2, 16. 3, 332. *B* 7, 13. im Gleichn.,
v. Pers., *A* 9, 681. 2) (dcht.) meton., Ei-
chenkranz, civilis, *A* 6, 772.

querella (*Haupt, Ribb.* u. *Schap.*) od.
querēla (*Wagn.*), ae, *f.* (queror), das
Klagen, die Klage, Beschwerde, *A* 4,
360. 10, 94. von den Klagetönen der von
den Kühen getrennten Stiere, *A* 8, 215.
v. Geschrei der Frösche, vetus, *G* 1, 378.

quernus, a, um (quercus), von Eichen, eichen, vimen, 'Eichenzweig',
A 11, 65. glans (weil auch andere Arten
von Eichen, wie 'ilex', Eicheln trugen),
G 1, 305.

queror, questus sum, quĕri, 1) klage,
beklage mich, alqd, *A* 1, 385. *G* 4, 520.
m. Akk. u. Inf., *G* 1, 504. 2) (dcht.) von
Tieren, Klagelaute von sich geben, klagen, amissos fetus (über den Verlust
der Kinder), *G* 4, 512. von der Eule, *A*
4, 463.

querŭlus, a, um (queror), eig. kla-
gend, übh. von leiseren Tönen, zir-
pend, cicadae, *G* 3, 328.

questŭs, ūs, *m.* (queror), 1) das Klagen, die Klage, *A* 4, 553. 9, 480. 2)
(dcht.) v. Tieren, klagender Laut oder
Ton, vom verwundeten Hirsch, *A* 7, 501.
von der Nachtigall, *G* 4, 515.

quī, quae, quŏd [altertüml. Form
'quoi' st. 'cui' aus *Medic.* u. *Vatic.* bei
Ribb. G 1, 344. 3, 6 u. 311. 4, 113. *A* 1,
267. 6, 812. Dat. u. Abl. Plur. 'quis' st.
'quibus', *G* 1, 161. *A* 1, 95. 5, 511. 7, 444
u. 799. 8, 136. Nachgestellt, bes. um das

Vorausgeh. dadurch mehr hervorzuheben, gnatum ante ora patris, patrem qui
obtruncat ad aras, *A* 2, 663; vgl. *A* 5, 39
u. 303. Von seinem Nomen durch mehrere Worte, die eine nähere Bestimmung
desselben enthalten, getrennt, qui...pa-
ter, *A* 5, 520 flg.], 1) Relativpron., *a)* welcher, welche, welches; der, die,
das; wer, was, eig. einem Demonstra-
tiv 'hic', 'is', 'ille' entsprechend, das aber
oft wegbleibt, *A* 1, 28. 3, 27 u. ö. *B* 5, 36.
selbst wenn dieses in einem anderen Kasus stehen müfste, convenient (ii), quibus, *A* 1, 361; vgl. *A* 2, 5. *B* 8, 108. Bes.
merke man in bez. auf den Gebrauch,
a) dignus, qui m. Konj., 'wert, dafs', *A* 7,
653. *b)* mit einer gewissen Emphase, und
dieser, er der, 'quibus', sie, denen, *A*
1, 232. 9, 142 u. 559. *c)* bisweilen nicht auf
das letzte, sondern das diesem vorhergeh. Nomen, als das bedeutsamere od.
den Hauptbegriff, bezogen, a quo (näml.
'Dardano', gleichs.: a Dard. cum Iasio),
A 3, 168. puer Ascanius capitisque iniuria cari, quem etc., *A* 4, 355. *d)* zur Umschr. des einfachen Attributes im Abl. beim
Komparativ, um eine Person od. Sache
hervorzuheben, quo non praestantior
alter erat, d. i. ausgezeichnet, wie kein
anderer er war, *A* 6, 164. quo pulchrior
alter non fuit, der schönste unter allen,
A 7, 649; vgl. *A* 1, 544. 9, 772. beim Superl., quae formā pulcherrima (fuit) Deïopea, die schönste von Gestalt, *A* 1, 72.
viam, quae proxima, poscit, *A* 12, 388.
Ebenso wird zum Relativs. nach griech.
Vorgange das Subj. des Haupts. mit dem
Relativs. in gleichem Kasus eng verb.,
advenit qui...dies st. dies, qui etc., *A*
11, 687. urbem quam statuo, vestra est,
st. urbs, quam statuo, *A* 1, 573. *f)* in der
Zusammenziehung zweier beigeordneter
Sätze unter ein gemeinsames Relativ,
wobei im zweiten Gliede das Pron., selbst
wenn es einen anderen Kasus erfordert,
wegfällt, 'quem fecit avem sparsitque coloribus alas', st. 'et cuius' od. 'cuiusque
alas etc.' *A* 7, 189. *g)* Neutr. Plur. in bez.
auf einen einzelnen Fall, um anzugeben,
dafs dergleichen Fälle in gleicher od.
ähnl. Art öfter vorkommen, si quis, quae
multa vides' etc., d. i. wie sich ja oft in
solcher Gefahr ereignet, *A* 9, 210. 'fulmen..., quae plurima' etc., d. i. ein Blitz,
wie so viele, wie sie Juppiter oft vom
Himmel schleudert, *A* 8, 427. *h)* bei plötzlicher Unterbrechung eines Satzes (*Apo-
siopēsis*), zum Ausdr. der Aufwallung
des Zornes, quos ego! 'die will ich! *A* 1,
135. *i)* in der zusammengezogenen Frage
durch Zusammenstellung zweier Relativ-

22

pron. mit verschiedenem Kasus, quae quibus anteferam! welchen Dingen soll ich diesesBetragen vorziehen? *Ä* 4,371. auch im Relativs., quem mox quae sint habitura deorum concilia incertum est, 'du, den bald, nicht wissen wir, welche Versammlung der Götter besitzen wird', *G* 1, 24. In der Verschränkung, m. 'tantus' verb., *Ä* 7, 307. k) in der Verb. der Sätze st. des Demonstrativpron. mit der Kopula, 'und dieser', 'dieser nun', *Ä* 1, 64. 3, 604. 5, 303. l) bei der Wahl des éinen von zweien, wo man 'uter' erwartet (freilich bei vorausgeh. 'duo'), quem damnet labor, *Ä* 12, 727. im Plur., *quos* generos vocet aut quae sese ad foedera flectat, wen er zum Eidam sich wähle oder an welchen Vertrag er sich halte, *Ä* 12, 658. m)Neutr. Sing. als Subst., 'quod', m. Gen., quod campi, ein Teil des Feldes, den usw., *Ä* 9, 274. ex quo, 'seitdem' (ἐξ οὗ), *Ä* 2, 163 u. 648.

2) Fragpron., u. zwar a) adjekt., welcher, welche, welches, was für ein, welch ein, α) in bez. auf den Namen wie auf die Beschaffenheit (bei Vergil vorherrschend in der indir. Frage), quas oras, *Ä* 1, 307. quo numine, *Ä* 1, 8. qui cultus, *G* 1, 3. qui spiritus illi, *Ä* 5, 648. modus orandi sit, *G* 4, 537. deus qui sit, *B* 1, 19. qui strepitus, d. i. quantus str., *Ä* 6,865. quae funera, *Ä* 6,873. quae locaquivehomines, *Ä* 7,131. quo numine, *Ä* 1, 8; vgl. *Ä* 1, 539. 2, 121. 3, 584. Verkürzt, quae (st. cuius rei sit fiducia capto, worauf sein, des Gefangenen, Vertrauen beruhe, *Ä* 2, 75. o ... quam te memorem virgo? o Jungfrau oder wie ich dich nennen soll (denn so viel ist gewifs, eine Göttin bist du), *Ä* 1, 327. wiederholt, quae vobis, quae digna praemia, *Ä* 9, 252. β) in bez. auf eine Sache, die nicht mehr in unserer Gewalt sich befindet, quam prendimus arcem? *Ä* 2, 322. oder um anzudeuten, dafs etw. vergeblich u. ohne Wirkung ist, quo fletu Manes,quaenumina voce moveret? durch keineThränen,keineBitten können usw., *G* 4,505. quä vi...quibus armis etc., d. i. wie er noch durch Gewalt usw., *Ä* 9,399. b) sbst., in bez. auf Namen u. Beschaffenheit, nec qui sim quaeris, *B* 2,20. qui sit, quo sanguine cretus, *Ä* 3, 608. qui genus? unde domo (estis)? welches Geschlechts seid ihr? woher seid ihr zu Hause? *Ä* 8, 114. quae me fuga quemve reducit, wie beschaffen, wie verachtet, *Ä* 10, 670. Plur., qui teneant ... hominesne feraene, *Ä* 1, 308.

3) Pron. indef., irgend einer usw. st. aliquis, s. quis *no.* II.

quiä, Konjkt. [nachgestellt, *Ä* 8,650]. a) zur Angabe des bestimmten und zureichenden Grundes, weil, *Ä* 2, 84. 4, 696. 12, 808. b) in einer iron. Bejahung, quiane, etwa, wohl deswegen, weil? *Ä* 4, 538. c) quianam, altert. st. 'cur', warum, weshalb, *Ä* 5, 13. 10, 6.

quiä-năm, quiä-ně, s. quia.

quicquăm, quicquĭd, s. quisquam, quisquis.

quīcum, altert. st. 'quācum' (in bez. auf eine bestimmte Person), *Ä* 11, 822.

quī-cumquě (cunquě), quaec., quodc. [in der Tmesis, *Ä* 1, 610. 8, 74. 12, 61], Pron. indef., 1) wer auch nur od. immer, wer da nur, jeder, *Ä* 3, 445. quaecumque est Fortuna, mea est, wie auch das Los falle, alle Entscheidung hängt jetzt von mir ab, *Ä* 12, 694. quaecumque mihi fortuna fidesque est, was mir an Glück u. Hoffnung geblieben, *Ä* 9,260. quäcumque viam virtute petivit, wo er auch Bahn durch Tapferkeit sich suchte, was er auch versuchen mochte, *Ä* 12, 913. verkürzt, quaecumque, d. i. wer du auch seist, *Ä* 1, 330. Neutr. Sing. sbst., cuncta ... quodcumque fuerit, wie es mir auch ergehen, was auch erfolgen mag, *Ä* 2, 77. Bes. als bescheidne Ausdrucksw. dessen, der in Wirklichkeit gar etw. stolz ist, quodcumque hoc regni, was ich an Herrschergewalt nur besitze, *Ä* 1, 78. huius quodcumque pericli est, was jetzt vielleicht für G. droht, *Ä* 9, 287. 2) jeder mögliche, quocumque leto, *Ä* 3, 654. quocumque modo, so gut ich es vermag, *B* 5, 50.

quīdăm, quaedăm, quoddăm, ein gewisser, sbst., quidam, mancher, dieser und jener (zur Bezeichn. einer unbestimmten Person aus einer gröfseren Menge), *G* 1, 291.

quīděm, Konjkt., zur Einschränkung oder Hervorhebung des ihm beigestellten Wortes, wenigstens, eben, gerade, id quidem ago, *B* 9, 37. Bes. beim Einräumen od. Zugestehen, freilich, wenigstens, zwar, jedoch, *Ä* 3, 628. 9, 796. *G* 2,48. ne ... quidem, 'nicht einmal', 'selbst nicht', *G* 1, 326 u. 390 u. ö.

quiēs, ētis, f., 1) Ruhe, von der Arbeit, operum, *Ä* 4, 184. vom Schmause, *Ä* 1, 723. 2)Ruhe, ruhiges od. ungestörtes Leben, Friede, *Ä* 3,495. secura, *G* 2,467. dcht. v. Lebl., si non tanta quies iret frigusque caloremque inter, wenn nicht zwischen dem Frost und der Hitze eine solche Ruhe einträte, *G* 2, 344. 3) nächtliche Ruhe, Schlaf, Schlummer, a) übh., dulcis et alta, *Ä* 6,522. media, *Ä* 7,414. sera, *Ä* 8,30. lan-

guida, *Ä* 12, 909. placida, *Ä* 1, 691. *b*)
prägn., Todesschlaf, ewige Ruhe,
dura, *Ä* 10, 745. 12, 309.

quiesco, ēvi, ētum, ēre (quies), kom-
me, gehe oder begebe mich zur
Ruhe, bes. Perf., ruhe, dcht. v. Lebl.,
wie v. Waffen, *Ä* 10, 836. v. Gewässern,
Wäldern u. Fluren, quierant, waren zur
Ruhe gekommen, *Ä* 4, 523. 7, 6. von der
Flamme, aufhören zu brennen, *Ä* 6, 226.
Bes. v. Toten, placidā pace, die Ruhe
des Todes geniefsen, *Ä* 1, 249. sedibus
placidis, *Ä* 6, 371. ossa quierunt, *Ä* 6, 328.

quiētus, a, um (quiesco), ruhig, in
Ruhe lebend, Ruhe geniefsend,
Ä 4, 379. gens, *Ä* 10, 71. urbs, *Ä* 12, 559.
aër, fluctus, *Ä* 5, 216 u. 848. animus, *Ä* 1,
303.

quīn, Konjkt. ('qui' u. suffixes 'ne'),
m. Konj., *a*) im abhängigen Nebensatze
nach einem negativen Hauptsatze, dafs
nicht, ohne zu, nach den Zeitw. und
Redensarten des Unterlassens, Zögerns
oder Entferntseins durch 'dafs' od. 'zu'
mit Inf. zu übers., nec requies, quin pomis exuberet annus, und nicht ruhet od.
unterläfst das Jahr Fülle an Obst zu
bringen, *G* 2, 516. quin adeas vatem,
säume nicht, der Wahrsagerin zu nahen,
Ä 3, 456. nihil afore credunt, quin . . .
mittant, *Ä* 8, 148. nach 'non ego', *Ä* 10,
615. *b*) bei der dringenden Aufforderung
in der Frage, mit Ind., was nicht?
warum nicht? quin potius exercemus?
Ä 4, 99. *c*) beim Imper., doch, auf
denn! quin age! *B* 3, 52. quin agite! *Ä*
5, 635. quin morere, nein, stirb! *Ä* 4, 547.
d) zur Bekräftigung oder Versicherung,
bes. wenn zu dem Genannten etw. Neues,
Unerwartetes od. Ungewöhnliches hinzukommt, ja, wirklich, vielmehr,
Ä 1, 279. 3, 403. 6, 33 u. 115. quin aspice,
'siehe doch dort', *Ä* 6, 824. quin ego non
alio te digner funere, quam etc., und doch
halte ich dich anderer Bestattung nicht
würdig, *Ä* 11, 169. quin etiam, 'ja sogar',
Ä 2, 768. 4, 309. 7, 177 u. 385; auch nach
dem ersten Worte des Satzes eingeschoben, *Ä* 8, 485. dcht., quin et, *Ä* 6, 735 u.
777. quin et venit . . . sacerdos, auch
noch, auch sogar, *Ä* 7, 750.

quingenti, ae, a (quinque u. centum),
fünfhundert, *Ä* 10, 204.

quīni, ae, a, je fünf od. übh. fünf,
Ä 2, 126. 5, 96. 7, 538.

quinquāginta, Zahlw., fünfzig, *Ä*
1, 703. 2, 503 u. ö.

quinquē, Zahlw., fünf, *Ä* 7, 538 u.
629. 12, 763. *G* 1, 233.

quintus, a, um, der fünfte, dies, von
den Alten als Unglückstag bezeichnet,

weil nach dem Volksglauben an demselben der Orkus erschaffen wurde, *G* 1, 277.

quippē, Konjkt. (quia-pe), nämlich,
nun freilich, allerdings, bei Anführung eines Grundes, der aus der Sache
selbst hervorgeht od. als selbstverständ-
lich nur kurz berührt wird, *Ä* 1, 616. 12,
422. *G* 1, 505. 2, 49. 4, 394. quippe etiam,
'ja auch', *G* 1, 298. Bes. mit iron. Färbung, freilich, versteht sich, *Ä* 1,
39. 4, 218. auch im Nachsatz, *Ä* 1, 59.

Quirīnālis, e (Quirinus), zum Quirinus gehörig, quirinalisch, lituus, tra-
bea, wie Romulus getragen, *Ä* 7, 187 u.
612.

Quirīnus, i, m. (v. sabin. 'curis' od.
'quiris', d. i. 'hasta', Lanzenschwinger,
der Kriegerische), Stammgott von Kures
u. seiner Mitbürger, der Quiriten, dah.
der zum Gott erhobene Romulus später
mit demselben für identisch galt u. unter dem Namen Quirinus als Schutzgott
der vereinigten Ramnes und Tities verehrt wurde, *Ä* 1, 292. 6, 859. v. Oktavianus gleichs. als zweitem Gründer der
Stadt, indem er durch Besiegung des
Antonius dem röm. Staate Ruhe und
Sicherheit wieder verschaffte, *G* 3, 27.

Quirītes, tium u. tum, m. (s. Quirinus), Einw. von Kures, einer Stadt im
Sabinergebiete, prisci, *Ä* 7, 710. übh. für
die gesamten Römer od. röm. Bürger,
dcht. von den Bienen, parvi, *G* 4, 201.

1. **quis**, quid, I) Fragepron. (zunächst
nur nach dem Namen fragend), 1) subst.,
a) wer? was? welcher? (welche?)
welches? in direkten- wie in abhängigen Fragen, *Ä* 1, 76. 231 flg. 565 u. ö. in
der direkten Frage mit Konj., quis funera fando explicet? wer kann schil-
dern, *Ä* 2, 262. quis (est) ille, qui etc., *Ä*
6, 863. quis caneret nymphas (näml.
wenn Menalkas getötet würde), *B* 9, 19.
Bes. 'quis non' als verallgemeinernde
Wendung in der aufgeregten Gemütsstimmung, quem non incusavi aut quid
in eversa vidi crudelius urbe? jeden
klagte ich an, nichts sah ich usw., *Ä* 2,
745; vgl. *Ä* 3, 56. 4, 12. *B* 2, 35. in ver-
doppelter Frage, *Ä* 6, 91 flg. quis autem
Ä 6, 808. Auch von zweien (wo man 'uter'
erwartet), wie von zwei Stieren, quis nemori imperitet, *Ä* 12, 719. v. Turnus u.
Äneas, quem damnet labor, *Ä* 12, 727.
b) Neutr. **quid**, was, quid superat mihi?
Ä 12, 873. quidve (auxilii) ferat, *Ä* 10, 150.
auch im Gen., 'cuius' st. cuius rei, quid
petitis? . . . cuius egentes (durch das vorherg. 'quae causa' gemildert), *Ä* 7, 197.
mit Negat. affirmativ, quid non faciebat
Amyntas? was that nicht alles Am.? *B*

22*

2, 35. Bes. als Akk. der Beziehung (τί), 'in welcher Hinsicht', 'wie', 'worin', quid nunc te tua potest germana iuvare? *A* 12, 872. Dah. wie unser was, 'warum', 'weshalb', 'in welcher Absicht', 'wozu', *G* 2, 481. *B* 10, 22. *A* 1,745. 2,595. 4,82. 8, 395. 11, 735. Häuf. ellipt., quid puer Ascanius?, wie steht es mit Ask.? *A* 3, 339. quid tua sancta fides? was hat es mit deiner Treue auf sich? *A* 7, 365. quid manus illa virûm? was wird (soll) aus meiner Mannschaft werden? *A* 10, 672. quid, face Troianos atrā vim ferre Latinis? was? ist es minder unwürdig, dafs usw., *A* 10, 77 u. 79. Häuf. in der lebhaften Frage bei gewissen Übergängen, quid, si etc., *B* 5, 9. *A* 5, 410. parenthetisch, quid enim? mit bejahendem Sinne (wie τί γάρ? πῶς γὰρ οὔ), warum nicht? wo denkst du hin? was fällt dir denn ein?, *A* 5, 850. 2) adjektiv., welcher, welche, welches; was für ein, quis strepitus? *A* 6, 865 (*Haupt*; *Ribb.* u. *Schap.* 'qui'). quis locus, quae regio, *A* 1, 459 u. 460. quis color et quae natura, *G* 2,178; vgl. *A* 9,36. 10,9. Neutr. 'quid' subst., nunc scio quid sit amor, *B* 8, 43. mit negativem Sinne, quid tam egregium, *A* 11, 705. Auch in der Zusammenziehung zweier Fragen bei gemeinsamem Prädikate, quis cui color (wo man 'cuique' erwartet), welches Erdreich eine andere Farbe hat und welche Farbe, *G* 2, 256 ('*quisquis* color' *Ribb.*). Bei folg. Demonstr., quis novus hic nostris successit sedibus hospes, *A* 4, 10. bei 'tantus', qui tanti talem genuere parentes? *A* 1, 606. ellipt., quis tantus clangor, erhebt sich, dringt in die Lüfte, *A* 6, 561. II) Pron. indef., **quis**, Fem. 'quae' u. 'qua', Neutr. 'quid' u. 'quod', Plur. 'quae' u. gew. 'qua', irgend ein, irgend eine, sbst. irgend einer, jemand, st. 'aliquis', nach 'si', 'nisi', 'ne' u. dgl., si qua suboles, *A* 4, 327. si qua via est, *A* 6, 459; vgl. *A* 7, 559. 12, 932. Neutr. Plur., si qua numina, *A* 1, 603. hic tibi ne qua morae fuerint dispendia tanti, *A* 3, 453; vgl. *A* 8, 209. Subst., si quis, *A* 5, 410. si quid usquam iustitia est, wenn Gerechtigkeit irgend Geltung hat, *A* 1, 603. Bes. im Akk. mit adverbial. Bed., si quid pietas antiqua labores respicit humanos, wenn irgend noch, *A* 5, 688.

2. **quis** st. quibus, s. 'qui' zu Anfang.

quis-năm, quidnăm, Fragepron., in der dir. Frage, u. zwar adjekt. u. subst., welcher .. denn (d. i. sage mir es, denn ich weifs es nicht), quisnam deus, *A* 3, 338. Auch in der Umstellung, nam quae

(d. i. quaenam) tam sera moratur segnities? was zaudert ihr noch in säumiger Trägheit? *A* 2, 373. nam quis (quisnam) te etc., *G* 4,445. nam quid ago, *A* 12,637.

quis-quăm, quae-quăm, quic-quăm (quidquăm), irgend einer, eine, eines, sbst. irgend jemand od. einer, irgend etwas, in Sätzen mit negativem oder zweifelndem Sinne, *a*) adjektiv., quisquam puer, *A* 6,874. in verneinenden Fragen, *A* 1, 48. 11,392. selt. in bez. auf eine bestimmte Person (näml. Juno), *A* 10, 34. *b*) gew. subst., *G* 1, 348. *B* 3, 53. *A* 5,378. Neutr. m. partit. Gen., aut quicquam mihi dulce meorum te sine erit? wird, kann etwas von allem, was ich habe, mir erfreulich sein ohne dich? *A* 12,882. euphemistisch, fuit aut tibi quicquam dulce meum, war ich in irgend etwas dir lieb, *A* 4, 317.

quis-quě, quae-quě, quid-quě od. (adjekt.) quod-quě, jeder, jede, jedes ohne Ausnahme, als Adj. u. Subst., *A* 7, 507. 12,759. audite matres, ubi quaeque, wo jede weilt (ihr Mütter insgesamt), *A* 7, 400. Häufig nach Relativpronom., quo quemque modo fugias laborem, *A* 3, 459; vgl. *A* 7, 642. 9, 527. Bes. bei den Reflexivpron. 'sui, sibi, se, suus' u. dgl., u. zwar in der Stellung von 'suus', 'sibi', 'se' vor 'quisque', bei prägnanter Bed. u. Hervorhebung des ersteren, trahit sua quemque voluptas, *B* 2, 65. quae sibi quisque timebat, *A* 2,130. Dageg., acies cogit quisque suas, *A* 9, 464; vgl. *A* 10, 281. 12,525 u.457. Selt. mit einem Subst. als Prädikat, spes sibi quisque, jeder ist sein eigener Hort, *A* 11, 309. an sua cuique deus fit dira cupido? *A* 9,185. Auch im engsten Anschlufs an 'suus', strata iacent *sua quaeque* sub arbore *poma*, die jedem Baume eigenen Früchte, *B* 7, 54. et sua quaeque continuo puppes abrumpunt vincula ripis, *A* 9,117. Im Sing. appositionell od. epexegetisch beim Subj. u. Zeitw. des Plur., incurvant arcus pro se quisque viri, alle Männer, jeder an seinem Teile, *A* 5, 501. duo quisque coruscant gaesa manu, *A* 8, 661. corpora quisque suorum tulere, *A* 11, 185. Aber 'quaecumque evaserit undis', bei vorausg. 'carinae defunctae', da nicht jegliches Schiff, sondern nur fünfzehn von zwanzig Italien erreichten, *A* 9, 99. Selt. beim Akk. des Obj., illos (delectos) centeni quemque sequuntur iuvenes, an jeden derselben schliefsen sich hundert Jünglinge an, *A* 9, 162. Mit ungew. Zusammenziehung der ersten Pers. des Zeitw., quisque suos patimur Manes, *A* 6, 743.

quis-quis, quae-quae, quid-quid (quod-

quŏd), wer od. was auch nur, jeder
wer es auch sei, jeder der usw.,
alles was, adjekt. u. subst., quisquis
honostumuli,quidquid solamen humandi
est, was an Ehre das Grab, an Trost die
Bestattung bieten kann, *Ä* 10, 493. quisquis es, wer du auch seiest, *Ä* 1, 387.
quisquis es, 'wer du auch sein magst',
Ä 4, 577. quidquid id est, *Ä* 2, 49. 9, 22.
quisquis amores haud metuet dulces,
haud experietur amaros, jeder der die
süfse Gewalt der Liebe nicht fürchtet,
B 3, 109. Neutr. sbst., contrahe, quidquid vales,biete alles auf,was du nur vermagst, *Ä* 12, 891. m. Gen., quidquid ubique est gentis Dardaniae, so viel nur irgend vom Dardanervolke es giebt, *Ä* 1,
601. quidquid acerbi est, was der Tod
auch Bitteres hat, *Ä* 12, 678.

quī-vīs, quae-vis, quŏd-vis, wer od.
was es nur sei, jeder, quivis labor,
Ä 8, 577.

quō (eig. Abl. v. 'qui'), 1) Adv.: *a*)eig.,
örtl., wohin, in dir. u. indir. Frage, *Ä*
4, 429; vgl. *Ä* 1, 671. 2, 150 u. 337. 4, 98.
5, 23 u. 162. 289. 489. 12, 917. *B* 1, 21. 3,
69. auf welche Seite, *Ä* 12, 727. in lebhafter und nachdr. Wiederholung, quo
deinde fugam, quo tenditis? wohin? wohin doch wollt ihr entfliehen? *Ä* 9, 781.
quo et quo, *Ä* 12, 677. Ellipt., quo te pe-
des(verst.: ducunt), *B* 9, 1. Auch ist aus
'quo' zu den folg. Sätzen 'ubi' zu erg.,
quo neque sit ventis aditus . . . neque
(verst. 'ubi') oves insultent, *G* 4, 9 flgg.
b) übtr.: *α*) wohin, d. i. bis zu welchem
Ende oder Ziele, fiducia cessit quo tibi
mei? *Ä* 8, 395. quo tendis, wonach du
strebst, *Ä* 9, 206. *β*) wozu, zu welchem Zwecke (quorsum), quo me decet usque teneri? *Ä* 5, 384. quo vincula
nectitis? *B* 6, 23. casus evadere ferri
quo licuit parvo? wozu nützte es nun
dem Kinde der Gefahr des Stahles ent-
gangen zu sein? *Ä* 10, 317 (*Ribb.*). quo
ferrum, quidve haec gerimus tela inrita
dextris, *Ä* 11, 735. 2) Konjkt. m. Konj.,
a) damit desto (st. ut eo), b. Kompar.,
quo tutior . . . lustres aequora, *Ä* 3, 377;
vgl. *Ä* 4, 452. 6, 718. *b*) in der Absicht
dafs, damit (dadurch), quo . . . aver-
terit, *Ä* 4, 106. quo . . . eripiat, damit dadurch (durch das Verbergen), *Ä* 7, 388.
quŏ-circā, daher, deswegen, *Ä* 1,
673.
quō-cumquĕ,Adv., wohin nur, wohin auch immer, in der Tmesis, quo
res cumque cadent, d. i. wie auch das Los
falle, *Ä* 2, 709. Ellipt., quocumque, wohin es auch sei, d. i. wohin auch die Fahrt
gehen möge, *Ä* 3, 682.

quŏd, Konjkt. [nachgestellt, *Ä* 9, 135]
1) (Neutr. von 'qui'), *a*) dafs, 'der Um-
stand, dafs', m. Indik. zur Angabe, dafs
etwas stattfindet u. zugleich etw. darüber
geurteilt od. bemerkt u. ausgesagt wird,
von einem wirklichen Umstande, quid
prodest, quod etc., *B* 3, 74. mit Konj. bei
Anführung der Vorstellung eines andern
Subj., nox et tua testis dextera (est),
quod nequeam lacrimas perferre parentis, nicht ertrüge ich die Thränen der
Mutter, *Ä* 9, 289. non extimui, quod
ex stirpe fores geminis coniunctus Atridis, dafs du verwandt sein sollst, *Ä* 8,
130. *b*) daher, deshalb (eig. 'in Hin-
blick darauf'), hoc erat quod, das war
es, weshalb, *Ä* 2, 664. Bes. bei Bitten u.
Beschwörungen, die auf der vorhergeh.
Rede beruhen, quod te per superos oro,
Ä 2, 141. 6, 363. *c*) was das betrifft,
dafs (vollst. eig. 'das hat den Zweck,
dafs' usw.), et nunc quod patrias vento
petiere Mycenas, arma parant, wenn sie
jetzt usw., *Ä* 2, 180. Dah. kausal, weil
(eig. in bezug darauf dafs), *Ä* 7, 779. 10,
317 (*Ribb.* 'quo' als Frage). 2) (alter Abl.
'quo' mit auslautendem *d*) im engen Anschlufs an andere Konjunkt., daher,
demnach, quod si,'wennalso', *Ä* 6, 133.
7, 310. 11, 166. quod nisi, 'wenn daher
nicht', *B* 9, 14. *G* 1, 155.

quodquĕ, st. 'et quod', *Ä* 8, 130.
quod-sī, s. quod no. 2.
quoi, s. 'qui' am Anfang.
quō-mŏdŏ, Adv., wie, auf welche
Weise, in der Tmesis, quo quemque
modo, *Ä* 6, 893.
quō-năm, Adv., wohin denn? *Ä* 2,
595.
quondăm, Adv., 1) einst, in früherer Zeit, vormals, ehemals(im Gegs.
zu den Zeiten des Dichters), *Ä* 2, 678. 5,
389. 397. 865. 6, 448; vgl. *Ä* 1, 421. *B* 1,
75. 2) übtr.: *a*) zuweilen, zu Zeiten,
manchmal, bes. in Vergleichungen, *Ä*
2, 367 u. 416. 5, 448. 7, 378 u. 699. 12, 863.
G 3, 99. 4, 261. *b*) dereinst, einst (von
der Zukunft), *Ä* 6, 877.
quŏniăm, Konjkt. [nachgestellt, *B* 3,
36. *Ä* 5, 22]('quom' u. 'iam'), zur Anzeige
eines gegenwärtig stattfindenden äufseren, nicht von unserem Denken, Beobachten u. Entschliefsen abhängigen Umstandes, od. einer Thatsache, eig. 'da es
nun einmal so ist', weil denn, da einmal, weil ja, m. Ind., *Ä* 4, 324. 5, 224.
B 5, 1.
1. **quŏquĕ**, Konjkt., verstärktes 'que',
um das Glied, dem es nachgesetzt wird,
mit einer gewissen Hervorhebung oder
Betonung (doch ohne Steigerung) einem

anderen anzuschliefsen, ebenso auch, gleichfalls auch, hic quoque, *Ä* 1, 290. tu quoque, *Ä* 1, 407. 7, 1. se quoque, *Ä* 1,488. me quoque, *Ä* 1,628 u. dgl. mit 'et' verb., 'auch noch', multa quoque et bello passus, *Ä* 1, 5.

2. **quŏ-quĕ** st. 'et quō', *Ä* 5, 23.

quŏt, Indecl., wie viele, *Ä* 2,331 u. ŏ.

m. entsprech. 'tot', *Ä* 3, 48. 4, 181. m. entspr. 'totidem', *G* 4, 142. quot annis, 'jährlich', 'jedes Jahr', *Ä* 5, 59. 6, 21 u. ö. *G* 1, 198 u. ö. *B* 1, 43 u. ö.

quŏt-annis, s. quot.

quŏtĭens, Adv. (quot), wie oft, wie vielmal, *Ä* 3, 581. 4, 351 flg. *B* 3, 72.

quŭm, s. 1. cum.

R.

răbĭdus, a, um (rabies), 1) wütend, rasend, wild, tigres, *G* 2, 151. canes, *Ä* 7, 493. os (der Allekto), *Ä* 7, 751. fames, *Ä* 6, 421. 2) übtr., v. Wahrsagern, rasend, bis zur Raserei begeistert, os (der Sibylla), gleichs. 'schäumend', *Ä* 6, 80 u. 102.

răbĭes, ēi, *f.* (rabio, wüte), 1) Wut, Tollheit der Hunde, *G* 3, 496. von der Jagdwut der Hunde, *Ä* 7, 479. 2) übtr., Wut, Heftigkeit, Wildheit, ventris, Frefsgier, 'quälender Hunger', *Ä* 2, 356. edendi, *Ä* 9, 64. belli, *Ä* 8, 327; vgl. *Ä* 1, 200. 5, 802. dcht. v. wilder Begeisterung (μανία), *Ä* 6, 49.

răcēmus, i, *m.*, *a)* Beere, Traube des Weinstocks, *G* 2, 60 u. 102. 4, 269. *b)* Blütentraube der wilden Weinrebe, *B* 5, 7.

rădĭo, āre (radius), strahle, glänze, von Gestirnen u. Waffen, *Ä* 8, 23 u. 616.

rădĭus, ĭi, *m.*, 1) eig.: *a)* Stab, bes. Mefsstab der Geometer, od. 'Stäbchen' der Astronomen und Mathematiker, um Figuren auf der Erde oder auf einem mit grünem Glasstaub bestreuten Tisch zu zeichnen, *Ä* 6, 851. *B* 3, 40. *b)* Speiche des Rades, Plur., *Ä* 6, 616. *G* 2, 444. *c)* Stab zum Festschlagen der Fäden des Gewebes am aufrecht stehenden Webstuhle der Alten, κερκίς (was jetzt durch die Weberlade geschieht), nach andern 'Webschiff', 'Schütze', *Ä* 9, 476. *d)* eine Art länglicher Oliven, *G* 2, 86. 2) übtr., Strahl od. Glanz der Sonne, *Ä* 4, 119. 7, 25. des Blitzes, *Ä* 8, 429. nubes ardens radiis et auro (Hendiadyoin), Gewölk mit goldenen Lichtstrahlen, *Ä* 7, 142. des Helmes, *Ä* 9, 374. aurati, 'goldene Strahlenkrone', *Ä* 12, 163.

rădix, dīcis, *f.* (ῥίζα), Wurzel, *Ä* 3, 27. 4, 446. 5, 449 u. ö. *G* 1, 20. 2, 17 u. ö.

rādo, rāsi, rāsum, ĕre, 1) schabe od. schäle ab, glätte, virgam, *G* 2, 358. 2) (dcht.) übtr., von leichten, ebenmäfsigen Bewegungen, streife, berühre, 'segle hart an etw. vorbei', cautes, *Ä* 3,

700. litora, *Ä* 7, 10. iter laevum (remis), streife links am Felsen hin, *Ä* 5, 170. iter liquidum, von der Taube, die flüssige Bahn durchschweben, *Ä* 5, 217.

rāmĕus, a, um (ramus), von Zweigen od. Ästen, fragmentum, *G* 4, 303.

rāmōsus, a, um (ramus), vielästig, zackig, von den Geweihen, *B* 7, 30.

rāmus, i, *m.*, *a)* Ast, Zweig, *Ä* 3, 25. 6, 137. 7, 418. 8, 116. *b)* (dcht.) meton., α) Plur. st. 'Baum', *Ä* 3,650. st. 'Baumfrüchte', des. Eicheln, *Ä* 8, 318. β) 'Kränze' (eig. aus Laub), *Ä* 5, 71.

rāna, ae, *f.*, Frosch, *G* 1, 378. 3, 431.

răpax, ācis (rapio), reifsend, fluvius, *G* 3, 142.

răpĭdus, a, um (rapio), 1) v. Lebl.: *a)* reifsend, schnell, ungestüm, v. Flusse, *Ä* 2, 305. 5, 261. 6, 550. *B* 1, 65. v. Blitze, *Ä* 1, 42. venti, stürmische, *Ä* 1, 59. cursus, *Ä* 5, 291. 7, 676. 12,683. procursus, *Ä* 12, 711. currus, *Ä* 12, 478. *b)* reifsend, heftig, Sol (wegen des raschen täglichen Umlaufes nach der Vorstellung der Alten), *Ä* 1, 92 u. 424. 2, 321. aestus, *B* 2, 10. Sirius, *G* 4, 425. *c)* schnell raffend, verzehrend, ignis, *G* 4, 263. 2) v. Pers., rasch, schnell, eilig, Achates, *Ä* 1,644. Eurytion, *Ä* 5, 513. m. 'feror' verb., *Ä* 11, 906.

răpīna, ae, *f.* (rapio), Räuberei, Raub, *Ä* 8, 263.

răpĭo, răpŭi, raptum, ĕre (Wurz. ἁρπ in ἅρπη, ἁρπάζω, raube, rupfe), 1) reifse schnell od. heftig (weg), telum de volnere (corpore *Ribb.*), *Ä* 10, 486. alqm ab ubere, *Ä* 6, 428. 7, 484. hastas (näml. aus den Körpern der Durchbohrten), *Ä* 9,763. Dab. α) ergreife schnell od. hastig, erraffe, alqd (manu), *Ä* 7, 340. 510. 8, 211 u. 220. dextrā, *Ä* 11, 651; vgl. *Ä* 7, 638. 11, 143. 12, 330. 737. 901. telum, *Ä* 8, 111. raptus de subere cortex, *Ä* 7, 742. flammam in fomite, entfache, *Ä* 1, 176. *b)* (dcht.) durcheile in flüchtigem Laufe, silvas, durch den W. pirschen, *Ä* 6, 8. 2) reifse oder führe schnell fort od. mit mir, *a*)eig.,alqm, *Ä* 9, 398. deos, *Ä* 5, 632. aciem in Teucros, *Ä* 10, 308. alqm in praeceps, *G* 1, 203. in adversum, *Ä* 9,211. alqm mecum in omnia, mit mir ins Verderben, *Ä* 2, 675. agmen campo, *Ä* 12, 450. mille populos Turno, führe dem T. eilig zu, *Ä* 7, 725. 10,178. Bes.'entrücke'od.'entziehe' einer Gefahr, dem Schlachtgetümmel, alqm, *Ä* 5, 810. 9, 213. avulsam navem, 'entraffe', *Ä* 10, 660. fessum, *Ä* 6, 845. dcht. von der Schlange, inmensos orbes per humum, in unermefslichen Bogen dahinschiefsen, *G* 2, 153. *b*) übtr., dränge gleichs. mit Gewalt wohin, animum in partes varias, erwäge od. prüfe nach verschiedenen Seiten hin im Geiste, *Ä* 4,286. 8, 21. 3) reifse gewaltsam an mich, raube, *a*) übh., alqm, *Ä* 1, 28. 5, 255. 8, 635. 12, 250. *G* 4, 519. boves, *Ä* 8, 211. dcht., vocem animamque (Stimme und Atem), *Ä* 10, 348. Bes. 'plündere' u. dgl. (m. 'fero' verb.', alqd, *Ä* 1,528. res, *Ä* 10, 14. abs. m. 'ruo' verb., allitterierend, wie 'raffe und renne', *Ä* 4, 581. übtr., solatia, *B* 9, 18. v. Rosse, sitiens rapit Venerem, trinkt gierig der Liebe Genufs, *G* 3,137. Part. sbst., raptum, *i*, *n*., 'Raub', *Ä* 4,217. 7, 749. *b*) prägn., raffe hin, entraffe durch den Tod, *Ä* 6, 428. *G* 3, 68. 4, 456 u. 504. *c*) übh. entführe, penates ex hoste, rette eilig u. mit Not, *Ä* 1, 378.

Räpo, önis, *m.*, ein Etrusker, *Ä* 10, 748.

raptim, Adv.(raptus v. rapio), hastig, rasch, *G* 1, 409. 2, 427.

rapto, äre(Intens.v.rapio), reifse gewaltsam wohin, schleppe fort, schleife, *a*) v. Pers., Hectora circum muros, *Ä* 1, 483. alqm bigis, *Ä* 2, 272. viscera per silvam, *Ä* 8, 644. *b*) übtr., v. abstr. Subj., reifse hin, *G* 3, 292.

raptör, öris, *m.* (rapio), Räuber, v. Kakus, *Ä* 8,211 (*Ribb.*). attrib., räuberisch, lupi, *Ä* 2, 356.

rärenco, ère (rarus), werde dünn od. locker, übtr. und dcht. von einer Lokalität, 'allmählich sich aufthun, sich öffnen', *Ä* 3, 411.

rärus, a, um, 1) locker, nicht dicht, dünn, terra (Gegs. 'densa'), *G* 2, 227 u. 229. retia, mit weiten, auseinander stehenden Maschen, 'maschiges Garn', *Ä* 4, 131. umbra, des arbutus, der sein Laub zur Zeit der Sonnenwende wechselt u. dann nicht hinlänglich gegen die Sonnenhitze schützt, *B* 7,46. 2) von der Vereinzelung im Raume, *a*) weit, dünn, einzeln, racemi, *B* 5, 7. olus, *G* 4, 130. tecta, vereinzelt, hier und da stehende, *Ä* 8, 98. *G* 3, 340. corona, spärliche, geringe Mannschaft, *Ä* 10, 122. Oft prädikat. mit adverbialem Sinne, 'hier u. da', *Ä* 1, 118. 9, 383. mit dem Nebenbegriff des Lockeren, *G* 4,46. *b*) übtr., vereinzelt, voces, einzeln hervorgebrachte, abgerissene Worte, *Ä* 3, 314.

räsïlis, e (rado), leicht zu glätten, torno rasile buxum, *G* 2, 449.

rastrum, i, *n.* (rado), bei Vergil nur Plur. **rastri**, örum, *m.* (u. zwar nur im Nom.u.Abl.), eine mehrzahnige Hacke, Harke, Karst, zum Zerklopfen der gröfseren Erdschollen, *Ä* 7, 726. 9, 608. *G* 1, 94. 164 u. ö. *B* 4, 40.

rätïo, önis, *f.* (reor), eig. gehörige Berechnung, dah., 1) Vernunft, Überlegung, Einsicht, ratione egens, der Besinnung beraubt, *Ä* 8, 299. nec sat rationis in armis, ohne dafs ich einsehe, was durch Kampf sich noch ausrichten lasse, *Ä* 2, 314. 2) Art u. Weise, Beschaffenheit, *Ä* 4, 115. 8, 49. 9, 67.

rätis, is, *f.*, Flofs, Barke, Kahn, Schiff, *Ä* 1, 43. 3, 192. 4, 53. 5, 272. 10, 653. *G* 2, 445.

rätus, a, um (eig. Part. von 'reor'), ausgerechnet, dah. was sich als geltend erweist, bestätigt, vita, sicher, unversehrt, *Ä* 10,629. idque ratum (esse) ... adnuit, beteuerte od. bekräftigte das, was er gesprochen, *Ä* 9, 104.

raucus, a, um, rauh, *a*) v. leb. Wesen, rauh, heiser, cicada, schrillend, *B* 2, 12. palumbes, *B* 1, 58. cycni, *Ä* 11, 458. volucres, *Ä* 7, 705. *b*) v. Lebl., rauh, dumpf, dumpftönend, aes (d. i. tuba), *G* 4, 71. aes (des Schildes), *Ä* 2, 545. bucina, *Ä* 11, 474. cantus (des Hornes), *Ä* 9, 22. adsensus, rauschend, 'schmetternd' (v. Hörnern), *Ä* 7,615. v.Wasser, *G* 1,109. fluenta, 'tosend', *Ä* 6, 327. v.Felsen, *Ä* 5, 866. Neutr. Plur. als Adv., rauca sonare, dumpf schallen, *Ä* 5, 866; dumpf brausen, *Ä* 9, 125.

rëbellis, e (re u. bellum), den Krieg erneuernd, sich auflehnend, *Ä* 6,859. 12, 185.   [v. Walde, *G* 3, 223.

rë-böo, äre, halle wieder, ertöne,

rë-cäléo, êre, bin warm, denn v. Flusse, der vorh. kalt war (da durch 're' häufig eine Veränderung des früheren od. gewöhnlichen Zustandes bezeichnet wird), sanguine, dampfen, *Ä* 12, 35.

rë-cëdo, cessi, cessum, ëre, gehe od. weiche zurück, entweiche, ziehe mich zurück, 1) eig.: *a*) übh., *Ä* 12, 291 u. 680. in tecta, *Ä* 12, 81. in tergum, weiche zurück, *Ä* 11, 653. in auras, 'verschwinde', *Ä* 2,791. *b*) gehe in etw. zurück, 'löse mich auf', verschwinde, in ventos (v. brennenden Pfeile), *Ä* 5, 526.

c) **von Örtern, von denen man sich entfernt**, zurückweichen, dem Auge sich
entziehen, *Ä* 3, 72. von der Wohnung des
Anchises, zurücktreten, *Ä* 2, 300. *d)* übh.,
gehe weg, entferne mich, verlasse,
a stabulis, *G* 4, 191. (dcht.) von den Flammen, *Ä* 2, 633. 2) übtr., entweiche,
entschwinde, *Ä* 3, 53. 11, 70. Bes. v.
Lebenslichte, *Ä* 3, 311. vita recessit in
ventos, das Leben entwich (zerstob) in
die Winde, *Ä* 4, 705.

rĕcens, centis, 1) Adj., frisch, neu
(der Zeit nach), tumulus, *Ä* 6, 875. regia,
frisch gedeckt, *Ä* 8, 654. serta, *Ä* 1, 417.
caedes, *Ä* 2, 718. aqua, *Ä* 6, 635. tepidā
recens caede locus, die vom frischen
Blutbade noch rauchende Stätte, *Ä* 9,
455. prata recentia rivis, von Bächen er-
frischt, *Ä* 6, 674. m. Präp. 'ab', v. Pers.,
unmittelbar vor od. nach etw., recens a
volnere Dido, mit noch frischer Wunde,
Ä 6, 450. 2) Adv. (gew. bei Part. Prät.
Pass.), jüngst, eben erst, recens ortus, *G* 3, 156.

rĕ-censĕo, censŭi, ēre, durchmustere, überzähle, numerum, *Ä* 6, 682.
G 4, 436.

rĕcepto,āre(Intens.v.recipio),nehme
(mit Gewalt) wieder an mich, ziehe
zurück, hastam, *Ä* 10, 383. me, ziehe
mich zurück, wandle, v. Gestirnen, 'quo',
G 1, 336.

rĕceptŭs, ūs, *m.* (recipio), das Sichzu-
rückziehen, der Rückzug, Plur. konkr.,
'Zufluchtsort', 'Versteck', tuti, *Ä* 11, 527
(*Ribb.*; 'recessus' *Haupt* u. *Schap.*).

rĕcessŭs, ūs, *m.* (recedo), *a)* tief sich
hinabziehender Teil einer Höhle, 'Kluft',
'Schlund', vastus, *Ä* 8, 193. *b)* Rückzug, *Ä* 11, 527 (s. receptus).

rĕcĭdīvus, a, um (recĭdo), eig., rück-
fällig, übtr., wieder erstehend od. er-
standen, Pergama, neu erbaut (durch
Aneas), *Ä* 7, 322. 10, 58. recidiva posuis-
sem Pergama, würde P. aus dem Schutte
wieder aufgebaut haben, *Ä* 4, 344.

rĕcīdo, cīdi, cīsum, ēre (re u. caedo),
schneide weg od. ab, sceptrum de
stirpe, *Ä* 12, 208. ceras inanes, schneide
aus, *G* 4, 241.

rĕ-cingo, cinxi, cinctum, ēre, gürte
los od. auf, vestem, *Ä* 4, 518.

rĕcĭpĭo, cēpi, ceptum (re u. capio),
1) nehme od. bekomme wieder, erwerbe wieder (was man aufgegeben
od. verloren hat), *a)* eig., *Ä* 9, 458. 'rette',
regem, socios, *Ä* 1, 553 u. 583. reliquias, *Ä*
7, 244. alqm ex medio hoste, entführe, *Ä* 6,
111. recepti cineres, wiedergewonnene,
Ä 5, 80. fruges receptae, das aus der
Gefahr (des Sturmes) gerettete Getreide,

Ä 1, 178. *b)* übtr., mentem, gewinne meine
Besinnung wieder, sammle od. erhole
mich wieder, *Ä* 10, 899. 2) nehme
zurück, ensem, ziehe wieder heraus,
Ä 9, 348. dcht., gressum ad limina, wende
den Schritt zurück, *Ä* 11, 29. me recipio,
begebe mich zurück (der Sicherheit wegen), *G* 4, 404. 3) nehme od. ziehe an
mich, *a)* eig., alqm ad sese, *Ä* 2, 524.
fasces, *Ä* 6, 819. *b)* übtr., poenas ab alqo,
ziehe jmd. zur Strafe, räche mich an
jmd., *Ä* 4, 656. 4) nehme auf, alqm in
regnum, *Ä* 4, 214. molem (das hölzerne
Rofs) portis, die Last durch das Thor in
die Stadt bringen, *Ä* 2, 187.

rĕ-clāmo, āre, halle od. töne wieder, *G* 3, 261.

rĕ-clīno, āre, lehne an, scuta, näml.
an die in den Erdboden gesteckten
Speere, *Ä* 12, 130.

rĕ-clūdo, clūsi, clūsum, ēre, schliefse auf, öffne, portam, *Ä* 7, 617; vgl.
Ä 3, 92. regna pallida (vgl. refero), *Ä* 8,
244. dcht., humum unco dente, grabe od.
reifse auf, *G* 2, 423. ensem, ziehe (aus
der Scheide), entblöfse, *Ä* 4, 646. 9, 423.
v. Speer, oras recludit loricae, reifst
(trennt) auf, *Ä* 12, 924. m. bl. Abl., veteres tellure thesauros, hebe aus der E.
(d. i. ermöglicht die Hebung des Schatzes
durch Bezeichnung des Ortes, wo derselbe vergraben lag), *Ä* 1, 358. m. Abl.
instr., pectus mucrone, erschliefse die
Brust durch usw., d. i. durchstofse, *Ä* 10,
601. bildl., fontes sanctos, eröffne die
vorher noch verschlossenen, gleichs. unberührten Quellen (v. Vergil, der als der
erste Römer den Landbau dichterisch
behandelte), *G* 2, 175. dcht., caelumque
aestiva luce, entwölke mit Sommerlicht,
G 4, 52. pecudum pectora, öffne u. erforsche dadurch (beim Zeichendeuten),
Ä 4, 63.

rĕ-cognosco, cognōvi, cognĭtum, ēre,
untersuche von neuem, mustere, prüfe,
dona populorum, *Ä* 8, 721.

rĕ-cŏlo, cŏlŭi, cultum, ĕre, rufe im
Geiste wieder od. wiederholt zurück, betrachte, mustere, studio (mit Vorliebe), *Ä* 6, 681.

rĕ-condo, dĭdi, dĭtum, ĕre, verberge,
a) eig., alqm valle, *Ä* 1, 681. alqm secre-
tis sedibus, *Ä* 7, 774. dcht., ensem in
pulmone, begrabe das Schwert in der
Lunge, d. i. stofse tief hinein, *Ä* 10, 387
u. 816; vgl. *G* 3, 137. *b)* übtr., v. Gerücht,
alqm, verhüllen, *Ä* 5, 302.

rĕ-cŏquo, coxi, coctum, ēre, bearbeite
durch Feuer, schmelze (um), aurum,
Ä 8, 624. prägn., enses fornacibus, schmiede um, *Ä* 7, 636.

rĕcordor,cordāri, denke an etw. zurück, erinnere mich an etw., audita, vocem alcjs voltumque, *Ä* 3, 107. 8, 156.

rectŏr, ōris, *m.* (rego), *a)* Lenker, Leiter, navis, Steuermann, *Ä* 5, 161 u. 176. iuvenum, Anführer,*Ä* 9,173. *b)*übtr., Beherrscher, divûm, *Ä* 8, 572.

rectus, a, um (eig. Part. v. 'rego'), 1) gerade, recto litore, in gerader Richtung am Gestade hin, der Küste entlang, *Ä* 6, 901. ripis et recto flumine, geraden Weges an den Ufern des Tiber hinauf, *Ä* 8, 57. pedes, vorwärtsgerichtet, vorwärtsgehend, *Ä* 8, 209. 2) übtr., recht, billig, sbst. rectum, i, *n.*, das Rechte, Gute, mens recti sibi conscia, 'gutes Gewissen', *Ä* 1, 604.

rĕ-cŭbo,āre, eig. liege hingestreckt, übh. ruhe, sub tegmine fagi, *B* 1, 1. bes. v. Tieren, solo, *Ä* 3, 392. 8, 45. v. Cerberus, in antro, *Ä* 6, 418. antro super ossa (als Bezeichn. der Freſsgier), *Ä* 8, 297.

rĕ-cumbo,cŭbŭi, ēre, lehne od. lege mich zurück, bei Vergil nur v. Lebl., wie v. Nacken, in umeros, 'zurücksinken', *Ä* 9, 434. von der Mähne, zurückfallen, 'niederwallen', in armo, *G* 3, 86. abs.,'hinabsinken', näml. in den Abgrund des Meeres (von einem niederstürzenden Pfeiler), *Ä* 9, 713. v. Nebel, campo, 'sich lagern', *G* 1, 401. übtr., in te omnis domus inclinata recumbit, lehnt sich an, *Ä* 12, 59.

rĕ-curro, curri, ēre, eig., laufe zurück, prägn., vom stetigen Kreislauf der Sonne, 'steigen u. sinken', 'auf- u. untergehen', *Ä* 7, 100.

rĕcurso, āre (Int. v. recurro), eig., laufe zurück, übtr., 'kehre wieder', von der Sorge, die von neuem stets ausbricht, *Ä* 1, 662. et mihi curae saepe tuo dulci tristes ex ore recursent, sich wiederholen, *Ä* 12, 802. multa viri virtus animo recursat, tritt oft vor den Geist, *Ä* 4, 3.

rĕcursŭs, ūs, *m.* (recurro), das Zurücklaufen, der Rücklauf, inde alios ineunt cursus aliosque recursus adversi spatiis (gegeneinander gewandt auf der Bahn), *Ä* 5, 583. übtr., multi servare recursus languentis pelagi, des 'ebbenden Meeres Sinken', *Ä* 10, 288.

rĕ-curvus, a, um, rückwärts gekrümmt, gewunden, cornu, *Ä* 7, 513.

rĕcūso, āre (re u. causa), weise etw. zurück, schlage aus od. ab, lehne ab, verweigere, versage, *α)* m. Akk. od. abs., alqd, *Ä* 5, 406 u. 417; vgl. *Ä* 5, 749. 7, 16. 12, 12. abs., *B* 3, 29. longe (gänzlich), *Ä* 5, 406. dcht. v. sachl. Subj., wie von den Knieen, cursum, im Laufe

versagen, 12, 747. vom Boden, verweigern, *G* 1, 53. *β)* m. Inf., weigere mich, verweigere, *Ä* 11, 437. bes. mit dem Nebenbegr. der Verstellung, 'lehne zum Scheine etw. ab', *Ä* 2, 126 u. 704. 10, 297.

rĕcŭtio, cussi, cussum, ēre (re u. quatio), erschüttere, uterum (des trojan. Rosses), *Ä* 2, 52.

rĕd-argŭo, argüi, ĕre, widerlege, 'mache zu Schanden', muliebribus armis verba, *Ä* 11, 688.

red-do, dĭdi, dĭtum, ĕre, 1) gebe od. erstatte wieder, erteile, *α)* eig., alqm od. alqd, m. Dat. der Pers. od. Sache od. abs., *Ä* 2, 543 u. 669. 3, 333. 10, 61. 11, 103. redde me meis, *Ä* 12, 936. von den Kyklopen, follibus auras accipere reddereque, die Luft in die Bälge aufnehmen u. wieder aus ihnen entlassen, *Ä* 8, 450. *G* 4, 172; vgl. *Ä* 2, 260. Bes. bringe etw. dahin, wohin es gehört (oft mit dem Nebenbegr. der Versetzung in die frühere, gew. bessere Lage), alqm sedibus suis, *Ä* 6, 152. reddor terris, werde dem Lande wiedergeschenkt, d. i. lasse mich wieder auf die Erde nieder (v. Dädalus), *Ä* 6, 18. reddor oculis alcjs, werde von jmd. wieder erblickt, *Ä* 2, 740. reddor patriis aris, kehre zur Heimat zurück, *Ä* 11, 269. reddor tenebris, zu den Schatten der Unterwelt, *Ä* 6, 545. v. Turnus, se iterum Teucrûm in arma, sich wieder den Waffen der Teukrer entgegenstellen (sich preisgeben), *Ä* 10, 684. von den in Meergöttinnen verwandelten Schiffen, reddunt se totidem, tauchen wieder (aus der Flut) hervor, *Ä* 9, 122. v. Tageslicht, lux cum primum terris se crastina reddet, da den Ländern zurückkehrt, *Ä* 8, 170. *b)* übtr.: *α)* gebe wieder, conspectum alcjs, *Ä* 9, 262. lucem menti, *Ä* 12, 669. *β)* gebe wieder, stelle dar, alqm nomine, habe einen gleichen Namen, *Ä* 6, 768. 2) gebe zurück (als Erwiderung), gebe von mir, responsum, *Ä* 6, 672. *G* 3, 491. voces, erwidere, *Ä* 1, 409. 6, 689. vox redditur e luco, läfst sich vernehmen aus usw., *Ä* 7, 95. von den Kühen, vocem, *Ä* 8, 217. erwidere, talia, *Ä* 2, 323. 10, 530. 11, 251. 3) gebe das Schuldige, erweise Gebührendes, gebe heraus, erstatte, caprum, *B* 3, 21. extalancibus, bringe dar auf usw., *G* 2, 194. praemia debita, erteile, *Ä* 2, 537. 9, 254. primos honores alci, den ersten Preis, *Ä* 5, 342 u. 347. promissa viro, *Ä* 5, 386. übtr., animas, gebe das Leben hin, *G* 3, 495. vota, bezahle, *B* 5, 75. 4) gebe übergebe, gebe, eusem fratri, *Ä* 12, 785. dona pro carmine, *B* 5, 81. dcht. von der Wunde, undam, einen Strom

(Blut) von sich geben, *Ä* 9, 700. übtr.,
una superstitio superis quae reddita divis, der einzige bindende Schwur, welcher den Göttern des Himmels verliehen
ist, *Ä* 12, 817. 5) gebe einen Gegenstand
auf eine Art verändert zurück, dah. übb.
mache jmd. zu etw., alqm insignem
multā arte, schmücke mit herrlicher
Kunst, *Ä* 5, 705.

rĕd-ĕo, ĭi, ĭtum, īre, 1) gehe oder
komme zurück, kehre heim, ad pu-
gnam, *Ä* 5, 454. in equis, *Ä* 5, 196. 7, 285.
dcht. v. der Aurora, die den Sonnenwagen
begleitet, redit a nobis, wendet sich von
uns, *G* 1, 249. Oft abs. bei näherer Bestimmung aus dem Zshge, *Ä* 2, 275. v. Tieren, *G* 2, 520. *Ä* 7, 538. auch m. 'retro'
verb., *Ä* 9, 794. itque reditque viam, geht
den Weg hin u. zurück, *Ä* 6, 122. 2) übtr.:
a) kehre wieder, *α)* übb., m. Dat., von
der Wärme, ossibus, *G* 3, 272. von der
Arbeit, agricolis, *G* 2, 401. v. Mute, victis, *Ä* 2, 367. rediere in pristina vires,
es kehrten die vorigen Kräfte zurück,
Ä 12, 424. in sese, in die vorige Gestalt
zurückkehren (von Proteus), *G* 4, 444.
β) von der Zeit, *Ä* 8, 47. *b)* sich wohin
zurückziehen, medium sub axem (v.
Örtlichkeiten), *G* 3, 351.

rĕdĭmĭcŭlum, i, *n.* (redimio), Band
an der Mitra, *Ä* 9, 616.

rĕdĭmĭo, ĭi, ĭtum, īre, umbinde, umwinde, umgebe, infula, cui sacra re-
dimibat (st. redimiebat) tempora vitta,
Ä 10, 538. Part. m. griech. Akk., redi-
mitus tempora vittis od. quercu, *Ä* 3, 81.
G 1, 349.

rĕdĭmo, ēmi, emptum, ēre (re u. emo),
a) kaufe zurück od. los, alqm pretio,
Ä 9, 213. *b)* übtr., erlöse, befreie,
fratrem alternā morte, *Ä* 6, 121.

rĕdĭtŭs, ūs, *m.* (redeo), Rückkehr,
Rückkunft, *Ä* 2, 17. Plur., *Ä* 2, 118.
10, 436. 11, 54.

rĕd-ŏlĕo, ŏlŭi, ēre, rieche, dufte
von etw., thymo, *Ä* 1, 436. *G* 4, 169.

rĕ-dūco, duxi, ductum, ēre, 1) führe
od. bringe zurück, alqm, *Ä* 5, 283. 9,
257. socios a morte, rette vom Tode, *Ä*
4, 375. vitulos ad tecta, *G* 4, 434. quae
me fuga quemve reducit (näml. ex acie)?
wie kehr ich und in welcher Gestalt zurück? *Ä* 10, 670. Bes. von regelmäſsig
wiederkehrenden Erscheinungen in der
Natur, diem, *G* 1, 249. solem (v. Neptun),
Ä 1, 143. noctem (v. Phöbus), *Ä* 11, 914.
Pass. reduci, v. Sommer, zurückkehren,
G 3, 296. sole reducto, wenn die S. zurückkehrt, *Ä* 10, 807. 2) ziehe zurück,
dextram, hole aus, *Ä* 5, 478. 11, 605. hastam, *Ä* 10, 552. remos, *Ä* 8, 689. Dah.

rĕductus, a, um, von Örtern, in die
Krümme gezogen, sich tief hinein erstreckend, 'zurücktretend', sinus, landeinwärts gezogene Buchten, *G* 4, 420. *Ä*
1, 161. vallis, Krümmung, Hintergrund
des Thales, *Ä* 6, 703.

rĕdux, dŭcis, 1) zurückkehrend,
wiederkehrend, *Ä* 11, 797. v. Schwänen, reduces illi ludunt, zurückgekehrt
zum Zuge, *Ä* 1, 397. 2) pass., zurück-
geführt, zurückgebracht, socii, *Ä*
1, 390.

rĕfello, felli, ēre (re u. fallo), widerlege, dicta, *Ä* 4, 380. 12, 644. crimen
ferro, wende ab, *Ä* 12, 16.

rĕ-fĕro, tŭli, lātum, ferre, 1) eig.: *a)*
trage, bringe, schaffe zurück,
hoc mihi de te, *Ä* 9, 492. Pallanta, *Ä* 10,
506. 11, 163. arma umeris, *Ä* 10, 542.
arma, *Ä* 6, 826. spolia, *Ä* 4, 93. sagittam,
Ä 5, 518. aratra, *B* 2, 66. membra thalamo (*Dat.*), in das Gemach, *Ä* 4, 392.
ubera, trage heim, *B* 4, 21. vina, speie
aus, *Ä* 9, 350. summum cacumen, v.
Schneitler, *G* 2, 29. Bes. refl., se referre,
'sich zurückbegeben, sich zurückziehen',
'heimkehren', ab Argis, *Ä* 7, 286. e pastu,
Ä 7, 700. ad urbem, *Ä* 8, 307. domum, *Ä* 2,
757. 11, 163. curru, *Ä* 11, 662. multā nocte,
G 4, 180. verb., se fertque refertque, *Ä*
12, 866. Pass., referri, zurückkehren, v.
Pferden, zurückfliehen, *Ä* 11, 623. 12,
495. v. Schiffen, landen, dah. classis re-
lata, Landung der Flotte, *Ä* 1, 390. dcht.,
pedem r., ziehe, begebe mich zurück, *Ä*
10, 794. *G* 4, 485. ähnl. vestigia retro, *Ä*
9, 798. ora et oculos, kehre od. wende
auf jmd., *Ä* 12, 657. dcht., (victoria) in
decimum vestigia rettulit annum, hat sich
bis zum zehnten Jahre verzögert, *Ä* 11,
290. *b)* übb. bringe od. trage wohin,
vallos sub tecta, *G* 2, 409. primus Idu-
maeas referam tibi palmas, will dir überbringen, *G* 3, 12.

2) übtr.: *a)* bringe zurück, von den
Schlägen auf den Ambos, gemitum, das
Gestöhn (des Amboses) 'zurückwerfen',
erdröhnen, *Ä* 8, 420. v. Winde, ad aures,
trage (näml. jmds Worte), *B* 3, 73. consilia in melius, verstehe mich zu besserem
Rat, *Ä* 1, 281. von abstr. Subj., multa,
zum Besseren wenden, *Ä* 11, 426. omnia
retro referri, alles versinke, *G* 1, 200. spes
retro refertur, geht, sinkt zurück, *Ä* 2,
169. *b)* bringe gebend von mir etw. dar,
bes. Gebührendes gleichs. als Schuld,
grates, danke mit der That (neben 'dico',
d. i. mit Worten), *Ä* 11, 509. *c)* bringe
wieder, *α)* wiederhole, erneue,
illos versus, *B* 7, 20. hunc morem cursus, *Ä* 5, 598. sollemnia, *Ä* 5, 605. arma

(den Krieg), *Ä* 12, 186. nomen avi referens Priamus, der Enkel des Pr., *Ä* 5, 564. v. der Sonne, diem, *G* 1,458. v. der Aurora, opera et labores, *Ä* 11,183. numerum, wiederhole die Zählung, zähle von neuem, *B* 6, 85. praeteritos annos, *Ä* 8, 560. quo referor totiens? warum komme ich so oft auf den Gedanken zurück? warum ändere ich meinen Entschlufs so oft? *Ä* 12, 37. β) trage zurück, wiederhole, als Nachhall, Eurydicen (den Namen Eurydike) toto referebant flumine ripae, *G* 4, 527. *d*) gebe wieder, stelle dar, nomine avum, führe den Namen des Grofsvaters, *Ä* 12, 348. alqm ore, stelle jmds. Ebenbild dar, bin jmds. Ebenbild, *Ä* 4, 329. *e*) rufe ins Gedächtnis zurück, quisque nunc magna referte facta, patrum laudes (Appos.), *Ä* 10, 281. *f*) erwidere, sage, spreche, versetze, voces, *Ä* 5, 400. orsa vicissim, *Ä* 7, 436. 11, 124. talia, *Ä* 1, 94. pauca, *Ä* 4, 333. abs., *Ä* 4, 31. *g*) überbringe (mündlich), hinterbringe, melde, berichte, erzähle, alqd (alci), *Ä* 2,547.3, 170. 7, 267. 12, 112. acta sociis, *Ä* 1, 309. monstra deûm ad alqm, setze jmd. in Kenntnis von usw., *Ä* 3, 59. fletus, mit 'fero' verb., *Ä* 4, 438. m. Relativs., *G* 2, 118. Bes. von unbekannteren Thatsachen, te parentem refert, nennt dich (rühmend) seinen Vater, *Ä* 7, 49. ähnl. patriam Epirum, *G* 3, 121. lucum asylum, 'benenne', *Ä* 8, 343.

rēfert, unpers. ('rē' u. 'fero'; vgl. 'ex re est'), es trägt bei, es ist zuträglich, es nützt, es liegt daran, m. Inf. od. Akk. u. Inf., *G* 2, 104. 3, 548.

rĕfĭcĭo, fēci, fectum, ĕre (re u. facio), 1) mache wieder, stelle wieder her, dah. ergänze, *r*efice, denke an Ersatz (näml. der alten untauglichen Rinder durch frische u. starke), *G* 3, 70. faciem, schaffe oder gebe eine neue Gestalt, *Ä* 10,234. 2) übtr., stelle wieder her, kräftige, erquicke, erfrische, pulsos in arma, *Ä* 11, 731. armis animisque refecti, *Ä* 12, 788. saltus (v. Monde), *G* 3,337. refectae vires, erneute, *G* 3, 235.

rĕ-fīgo, fixi, fixum, ĕre, 1) befestige wieder, übh. stelle wieder her, von den Bienen, cerea regna, *G* 4, 202 (*Ribb.* u. *Schap.*; *Wagn.* u. *Haupt* 're-fingunt'). 2) hefte los, reifse ab, clipeus Danais de poste refixus, *Ä* 5, 360. dcht., refixa de caelo sidera, 'vom Himmel 'herabfallend', *Ä* 5, 527. übtr., ref. leges, eig. die in Erz eingegrabenen und an die Wände des Kapitols gehef-

teten Gesetze abreifsen, vernichten, *Ä* 6, 622.

rĕ-fingo, finxi, fictum, ĕre, bilde oder baue wieder, cerea regna, *G* 4, 202 (doch s. 're figo' zu Anfang).

rĕ-flecto, flexi, flexum, ĕre, 1) beuge od. wende zurück, cervicem, *Ä* 10, 535. colla, *Ä* 11, 622. Pass. medial, reflector, beuge mich zurück, illam (lupam) tereti cervice reflexam, sich zurückbeugend, *Ä* 8,633 ('cervice reflexā' *Ribb.*). 2) übtr., wende zurück oder um, animum, richte den Geist auf sie, denke an sie, *Ä* 2, 741. orsa in melius, wende, lenke das Beginnen zum Besseren, *Ä* 10, 632.

rĕ-flŭo, fluxi, ĕre, fliefse, rückwärts oder zurück, *Ä* 8, 87 u. 240. campis (von den Feldern), *Ä* 9, 32. abs., *G* 4, 262 (näml. 'vom Ufer zurück').

rĕ-formīdo, āre, fürchte, scheue, ferrum, *G* 2, 369.

rĕfringo, frēgi, fractum, ĕre (re u. frango), breche ab, ramum, *Ä* 6, 210.

rĕ-fŭgĭo, fūgi, ĕre, 1) eig.: *a*) intr., fliehe zurück, entfliehe, entweiche, *Ä* 12, 449. in silvam, *Ä* 3,258; vgl. *Ä* 6, 472. intra tecta nota, *Ä* 7, 500. mille fugit refugitque vias, flieht in tausend Richtungen hin und zurück, *Ä* 12, 753. sol refugit medio orbe, verschwindet mit der Mitte (Hälfte) der Scheibe, *G* 1, 442. Bes. dcht. v. Gegenden, die sich zu entfernen scheinen, wenn wir uns von ihnen entfernen, 'zurücktreten', 'zurückweichen', a litore, *Ä* 3, 536. *b*) trans., weiche od. fliehe vor etw. zurück, anguem, *G* 2,380. 2) übtr., weiche zurück, vermeide, scheue mich, *G* 1, 177. animus refugit luctu, bebt für immer zurück, *Ä* 2,12. ministeria, wehre den Dienst von mir ab, *Ä* 7, 618.

rĕ-fulgĕo, fulsi, ĕre, *a*) glänze od. schimmere zurück, erglänze, longe, *Ä* 8,623. roseā cervice, *Ä* 1,402; vgl. *Ä* 1, 588. 9,374. *b*) strahle od. schimmere hervor, per ramos, *Ä* 6, 204.

rĕ-fundo, fūdi, fūsum, ĕre, 1) giefse etwas zurück, Pass. v. Gewässern, 'sich ergiefsen', 'zurückfliefsen', imis vadis (aus tiefem Grunde), *Ä* 1, 126. Acheronte refuso, durch das Hervortreten oder den Ausflufs des Acheron, *Ä* 6, 107. refusus Oceanus, d. i. in sich selbst zurück, also die ganze Erde umfliefsend (ἀψόῤῥοος bei Homer), des Oceans Strömung, Flut, *Ä* 7,225. pontus refusus, das wieder u. wieder gegen die Dämme anflutende Meer, *G* 2, 163. 2) werfe od. schleudere zurück, lateri illisa refunditur alga, *Ä* 7, 590.

rĕfūto, āre, weise zurück, wende ab, Fors dicta refutet, strafe das Schicksal mich Lügen, Ä 12, 41.

rēgālis, e (rex), *a)* königlich, fürstlich, comae, Ä 7, 75. *b)* übtr., fürstlich, prachtvoll, luxus, Ä 1, 637. mensae, Ä 1, 686.

rēgia, ae, *f.* (regius), königliche Wohnung, Königsburg, Schlofs, Ä 7, 171. 8, 363. von der Felsenhöhle des Kakus (sofern dieser ein Sohn des Vulkan war), Ä 8, 242. von der niedrigen Hütte des Euander, Ä 8, 363. des Romulus, Ä 8, 654. caeli, Himmelsburg, Wohnsitz der Götter, Ä 7, 210. G 1, 503.

rēgĭfĭcus, a, um (rex u. facio, eig. zum König machend), dcht. übh. königlich, fürstlich, luxus, prachtvoll, Ä 6, 605.

rēgīnna, ae, *f.*(rex), *a)* Königin, v. der Dido, Ä 1, 303. v. der Kleopatra, Ä 8, 696. v. Göttinnen, deûm, v. der Juno, Ä 1, 9. Saturnia, Ä 7, 573. *b)* Königstochter, Fürstin, r. sacerdos, 'die fürstliche Priesterin', d. i. die Vestalin Rhea Silvia, Ä 1, 273. v. der Ariadne, Tochter des Minos und der Pasiphaë, Ä 6, 28. von der Hekuba, als Tochter des Königs Kisseus, Ä 10, 705.

rēgĭo, ōnis, *f.* (rego), 1) Richtung, Bahn, viae, Ä 7, 215. viarum, Ä 2, 737. 9, 385. 11, 530. 2) Gegend, *a)* Raum, Bezirk, caeli, Ä 8, 528. *b)* Gegend, Landstrich, Gebiet, Ä 1, 460 u. 549. G 1, 53.

rēgĭus, a, um (rex), königlich, fürstlich, puer, Königssohn, königlicher Prinz, v. Askanius, Ä 1, 677; v. Ganymedes, als Sohn des Tros, Ä 5, 252; v. Diores (durch 'de stirpe Priami' näher best.), Ä 5, 297. dona, Ä 1, 696. honos, Ä 7, 814.

regnātŏr, ōris, *m.* (regno), Regierer, Herrscher, Beherrscher, Olympi, deûm u. dgl., d. i. Juppiter, Ä 2, 779. 4, 269. 7, 558. superbus tot terris populisque, stolz auf die Herrschaft über so viele Länder und Völker (v. Priamus), Ä 2, 557. Hesperidum fluvius regn. aquarum, v. Eridanus (dem ersten unter den Flüssen Italiens), Ä 8, 77.

regno, āre (regnum), 1) intr.: *a)* bin König, regiere, herrsche, per urbes, Ä 3, 295; vgl. Ä 1, 265 u. 272. 10, 564. v. Göttern, Ä 1, 141. B 4, 10. auch v. Weiser der Bienen, in aula, G 4, 90. abs., G 1, 37. Pass. in der dritten Pers. Sing. unpers., regnabitur sub alqo, die Herrschaft wird geübt werden, wird bestehen, Ä 1, 272. *b)* übtr., vom Feuer, per cacumina, sich verbreiten, G 2, 307.

2) trans., beherrsche, bes. im Pass., Ä 6, 770. terra regnata Lycurgo (*Dat.*), Ä 3, 14. arva regnata Saturno (*Dat.*), Ä 6, 793.

regnum, i, *n.* (rego), 1) eig.: *a)* königliche Herrschaft oder Würde, Königtum, Ä 4, 374 u. 619. regni corona, Königskrone, Ä 8, 505; vgl. Ä 11, 334. *b)* Herrschersitz, Reich, Ä 2, 4. 3, 249. Italiae, Ä 4, 106. hoc regnum esse gentibus, dafs Karthago die Beherrscherin der Völker, die Hauptstadt der Welt sei, Ä 1, 17. Plur., Ä 1, 244. 12, 22. Tyri, Thron von T., Ä 1, 346. Latini, Königssitz (regia), Ä 12, 567. dcht., regna cerea, von den Bienenzellen, G 4, 202. avita, gleichs. 'das väterliche Erbreich' (des Stieres), G 3, 228. 2) übtr., Besitztum, Eigentum, B 1, 70. G 1, 124. 3, 476. Plur., uberrima, fruchtbare Gegenden, Landstriche, Ä 3, 106.

rēgo, rexi, rectum, ĕre, 1) richte, *a)* übh., tela per auras, Ä 9, 409. *b)* lenke, leite, clavum, das Schiff durch das Steuer, führe das Steuerruder, Ä 10, 218. atem in undis, Ä 5, 868. currum et equos, Ä 12, 624. vestigia, lenke die Tritte, Ä 3, 659. 6, 30. 2) übtr.: *a)* leite, animos dictis (durch Belehrung), Ä 1, 153. viam, zeige, entdecke, Ä 12, 405. *b)* beherrsche, regiere, orbem, B 4, 17. res hominum divûmque, Ä 1, 230. populos in pace, Ä 8, 325; auch mit dem Zusatz 'imperio', Ä 6, 852. ungew., imperium, führe die Zügel der Herrschaft, herrsche, Ä 1, 340. dcht. von der Sonne, orbem, G 1, 232. dum spiritus hos regit artus, 'belebt', so lange ich lebe, Ä 4, 336.

rĕgressŭs, ūs, *m.* (regredior), Rückgang, Rückkehr, dcht., neque habet Fortuna regressum, das Glück kann nie sich wenden, Ä 11, 413.

rēicĭo, jēci, iectum, ĕre (im Imper. zweisilb. reicĕ, B 3, 96] (re u. iacio), 1) werfe zurück oder ab, amictum ex umeris, Ä 5, 421. parmas, werfe auf den Rücken (als Fliehender), Ä 11, 619. 2) werfe od. schlage zurück, *a)* eig., alqm, Ä 11, 630. capellas a flumine, treibe zurück, B 3, 96. *b)* übtr., wende weg, oculos (ab) arvis, Ä 10, 473.

rĕ-lābor, lapsus sum, lābi, gleite oder fliefse zurück, Ä 10, 307.

rĕ-laxo, āre, erweitere wieder, eröffne, vias, G 1, 89. deusa, löse auf, verdünne, G 1, 419.

1. **rĕ-lēgo**, āre, verweise, schicke weg, entferne, tauros in pascua, G 3, 212. m. Dat. des Zieles, Hippolytum Egeriae nemorique, vertraue der Eg. und dem Haine derselben an, Ä 7, 775.

2. **rĕ-lĕgo**, lēgi, lectum, ĕre, nehme wieder zusammen, übtr., lege wieder zurück, streife, litora, segle an den Gestaden zurück, *Ä* 3, 690.

rēlĭgĭo (rēllĭgĭo), ōnis, *f.* (von einer Nebenf. 'līgo' zu 'lego', gleichs. 'religens' wie 'diligens'), 1) subjekt.: *a*) gewissenhafte, sorgfältige Berücksichtigung, bes. der heiligen Gebräuche, zu denen auch das Auspicium und Befragen der Orakel gehörte, religio prospera omnem mihi dixit cursum, *Ä* 3, 363. *b*) übh. fromme Scheu vor dem Heiligen. Verehrung, parentum, welche die Vorfahren dem Orte erwiesen, *Ä* 7, 172. antiqua, *Ä* 2, 188. *c*) Gewissensbedenken, religiöser Grund u. zugl. 'religiöse Satzung', *G* 1, 270. 2) objektiv: *a*) das Heilige an sich sowohl als sofern es an andern Objekten haftet, Charakter der Heiligkeit, den etw. einer Gottheit Geweihtes hat, loci, heiliges Grauen, *Ä* 8, 349. aetheris, Heiligkeit, heilige Macht, *Ä* 12, 182; vgl. *Ä* 7, 608. *b*) passiv, das, was für heilig geachtet wird, ein Gegenstand frommer Verehrung ist, Heiligtum, quae religio aut quae machina belli (v. troj. Pferde)? *Ä* 2, 151.

rēlĭgĭōsus (rēllĭgĭōsus), a, um (religio), heilig, geweiht, *Ä* 2, 365.

rĕ-lĭgo, āre, binde zurück od. an etw., rite equos, *Ä* 9, 352. bes. die Schiffe, 'befestige' (an Steinen oder Pfählen des Ufers), classem ab aggere ripae, am Damm des Ufers, *Ä* 7, 106.

rĕ-lĭno, lēvi, ĕre, öffne etwas Verschlossenes, mella servata thesauris, nehme aus, *G* 4, 229 (*Ribb.* 'thesauri' Gen.).

rĕ-lĭnquo, līqui, lictum, ĕre [relincunt, *Ä* 5, 316. relinquont, *G* 3, 547 *Ribb.*], 1) lasse zurück, *a*) lasse etw. od. jmd. irgendwo (beim Weggehen), überlasse, alqm od. alqd, *Ä* 3, 190. *G* 3, 519. m. Abl. des Ortes, catulos tectis, *G* 3, 438. habenas rerum, die Zügel der Herrschaft (nämlich einem andern, dem Turnus), *Ä* 7, 600. truncum arenae, auf dem Sande, *Ä* 12, 382. prägn., lasse jmd. in gefahrvoller Lage zurück, *Ä* 9, 390. aus Eile oder Versehen, mucronem, *Ä* 12, 736. Pass. m. Dat., cui Iulus, cui pater et coniunx relinquor? für wen bleibt zurück, *Ä* 2, 678. *b*) hinterlasse, fatorum arcana, eröffne, vertraue (noch vor dem Tode) die Geheimnisse des Schicksals, *Ä* 7, 123. palmam alci, überlasse, *Ä* 5, 472. *c*) lasse jmd. irgendwie in einem Zustande zurück, alqm, *Ä* 5, 326. 9, 390. 2) verlasse, trenne mich von etwas, litora, *Ä* 3, 10. portum, *Ä* 7, 7. arma, *Ä* 9, 357. limen, *Ä* 5, 316. spatium, *Ä* 5, 321.

fluvium, *Ä* 8, 125. nubem, *Ä* 12, 842. Turnum et terras, *Ä* 12, 809. pugnas, *Ä* 12, 818. postes, lasse hinter mir, *Ä* 2, 454. mortales aspectus, verschwi..de aus den Augen, *Ä* 9, 657. colles clamore relinqui, *Ä* 8, 216. sedes relictae, verlassene, verödete Wohnungen, *Ä* 3, 123. dcht., relicta vitis, entblöfst von Laub, nackt, *G* 2, 406. *b*) übtr., v. Schrecken usw., ossa, *Ä* 3, 57 u. 308. Oceanum, *Ä* 4, 129; vgl. *Ä* 6, 444. 7, 7. vitam, sterbe, *Ä* 5, 517. *G* 3, 547. ähnl. lucem, *Ä* 10, 855. vita corpus relinquit, *Ä* 10, 820; vgl. *Ä* 6, 735. 3) lasse zurück, übrig, Pass. bleibe übrig, *a*) eig., nihil ex tanta urbe, *Ä* 2, 659. rus relictum (wüstes Feld, das bei der Verteilung oder Anweisung der Äcker seiner Unfruchtbarkeit wegen übergangen und in den Listen der Censoren nicht verzeichnet war), *G* 4, 127. *b*) übtr., lasse beiseite, aufser acht, nihil inexpertum, lasse nichts unversucht, *Ä* 4, 415. alqm tacitum, verschweige jmd., lasse unerwähnt, *Ä* 6, 842. alqd aliis memorandum, *G* 4, 148. abs., nihil o tibi, care, relictum, nichts hast du, Teurer, vergessen? *Ä* 6, 509.

rēlĭquĭae, ārum, *f.* [ē bei Dicht. verlängert] (relinquo), *a*) Überreste, bes. derer, die vom Untergange verschont geblieben, Trümmer, Rest, virorum, *Ä* 8, 356. dcht., Danaûm atque Achilli (st. Achillis), die von den Danaërn u. Achilles übrig gelassenen Troër, *Ä* 1, 30 u. 598. 3, 87. *b*) irdische 'Reste' Verstorbener, 'Asche', *Ä* 5, 47. 6, 227.

rēllĭgĭo, **-ōsus**, s. religio, -osus.

rĕ-lūcĕo, luxi, ĕre, leuchte oder strahle zurück, von den Opferflammen (deren helles Aufschlagen als günstiges Zeichen galt), *G* 4, 385. igni, *Ä* 2, 312. olli ingens barba reluxit, flammte auf, *Ä* 12, 300.

rĕ-luctor, āri, ringe oder kämpfe dagegen, *G* 4, 301.

rĕ-mĕo, āre, gehe, komme oder kehre zurück, ad Argos, *Ä* 2, 95. dcht. m. bl. Akk., urbes, *Ä* 11, 793.

rĕ-mētĭor, mensus sum, mētīri, messe wieder, übtr., 1) messe in Gedanken zurück, vergegenwärtige mir (wie ἀναμετρέω), rite servata astra, *Ä* 5, 25. 2) prägn., lege einen Raum zurück, dah. Part. 'remensus' m. pass. Sinne, remenso mari rursus ire ad oraclum, das Meer wieder zu durchfahren (durchziehen), um das Orakel zu befragen, *Ä* 3, 143. pelago remenso adsum, kehre zurück über das Meer, *Ä* 2, 181.

rēmex, mĭgis, *m.* (remus u. ago), Ruderer, Sing. kollekt., *Ä* 4, 588. 5, 116.

rēmĭgĭum, ĭi, *n.* (remex), das Rudern, konkr., 1) Ruderwerk, Ruder, *Ä* 5, 280. 8, 80 u. 94. Plur., *G* 1, 202. dcht. übtr., alarum, 'rudernde Schwingen', von den Flügelsohlen (talaria) des Merkur, *Ä* 1, 301; von den künstl. Flügeln des Dädalus, *Ä* 6, 19. 2) Ruderer, Ruderknechte, *Ä* 3, 471.

rēmĭnĭscor, mĭnisci, rufe mir etw. ins Gedächtnis zurück, gedenke einer Sache, dulces Argos, *Ä* 10, 782.

rē-mitto, mīsi, missum, ěre, 1) schicke oder sende zurück, *a*) eig., alqm in sua regna, entlasse (unverletzt) in usw., *Ä* 2, 543. Manes Acheronte remissi, *Ä* 5, 99. alqm Manibus parentum et cineri, zu den Manen, zur Beisetzung in der Familiengruft, *Ä* 10, 828. von der Erde, umorem, *G* 2, 218. dcht., 'vocem', v. Echo, erwidern, zurückhallen, *Ä* 12, 929. *b*) übtr., gebe zurück, veniam, erwidere, *Ä* 4, 436. ius proprium regi patriaeque, trete ab, *Ä* 11, 359. 2) lasse nach, lasse sinken, *a*) eig., bracchia, *G* 1, 202. calor liquefacta mella remittit, Hitze zerschmelzt auflösend den H., *G* 4, 36. *b*) übtr., lasse fahren, lasse von etw. ab, gebe auf, flatus, *Ä* 11, 346. terga (d. i. caestus) Erycis tibi, entsage dir zu Gefallen, *Ä* 5, 419. iras, *G* 4, 536. reflex., remitto me victusque volensque, freiwillig begebe ich mich des Sieges, *Ä* 12, 833.

rē-mordĕo, ěre, eig. beiße wieder, übtr. v. Sorgen, wie unser nagen, d. i. quälen, beunruhigen, *Ä* 1, 261. 7, 402.

rĕ-mŏvĕo, mōvi, mōtum, ěre, eig. bewege zurück, dah. schaffe weg, entferne, mensas, wie unser hebe die Tafel auf, *Ä* 1, 216 u. 723. ignem, entferne aus dem täglichen Gebrauch, *G* 1, 131.

rĕ-mūgĭo, īre, 1) brülle zurück, m. Abl., antro, brülle aus der Höhle, von der Sibylle, *Ä* 6, 99. *b*) schalle zurück, töne dumpf, erschalle, halle wieder, v. Himmel, *Ä* 9, 504. v. Walde, *Ä* 12, 928. gemitu (näml. der Rinder), *Ä* 12, 722. von der Stimme, *G* 3, 45.

rĕ-mulcĕo, mulsi, mulsum, ěre, schmiege od. beuge zurück, v. Tieren, caudam, *Ä* 11, 812.

Rēmŭlus, i, *m.*, 1) ein Held aus Tibur, *Ä* 9, 360. 2) ein Rutuler, *Ä* 11, 636. 3) Beiname des Numanus, *Ä* 9, 593 u. 633.

rĕ-murmŭro, āre, rausche zurück, nec fracta remurmurat unda, *Ä* 10, 291.

rēmus, i, *m.*, Ruder, *Ä* 1, 104 u. 552. 3, 207 u. 560. 4, 594. 5, 15. 114. 120. 136. 143. 153. 211. 753. 6, 320. *G* 2, 503. re-mis ventisque, mit Rudern und Segeln, *Ä* 3, 563.

Rēmus, i, *m.*, 1) Bruder des Romulus, *Ä* 1, 292. *G* 2, 533. 2) ein Rutuler, *Ä* 9, 330.

rĕ-narro, āre, erzähle etw. wieder (als Selbsterlebtes, das man von neuem sich wieder vergegenwärtigt), fata divûm, *Ä* 3, 717.

rĕ-nascor, nātus sum, nasci, entstehe wieder, wachse wieder nach, *Ä* 6, 600.

rĕ-nīdĕo, ěre, glänze zurück, strahle, schimmere, *G* 2, 282.

rĕ-nŏvo, āre, erneuere wieder, dolorem, *Ä* 2, 3. casus omnes, bestehe von neuem, *Ä* 2, 750.

rěor, rătus (sum), rēri [rěrě st. rēris', *Ä* 3, 381. 7, 437], halte dafür, glaube, wähne, m. Akk. u. Inf., *Ä* 4, 45. 6, 690. 7, 273. terram propinquam, externam (esse), *Ä* 3, 381. 7, 370; vgl. *Ä* 5, 24. m. ausgel. Subjektsakk., (se) vicisse ratus, *Ä* 11, 712. nos abiisse (eos) rati (sumus), *Ä* 2, 25. parenthet., ut rebare, *Ä* 10, 608. quod minime reris, *Ä* 6, 97. auch abs., der Rede eingeschoben, 'mein ich', 'wie mich bedünkt', *Ä* 5, 56. Vgl. 'ratus'.

rĕpello, rěppŭli, rĕpulsum, ěre, 1) treibe, schlage od. stoße zurück, cunctantem, *Ä* 7, 450. simul Oceani spretos pede reppulit amnes, *Ä* 4, 233. Pass., repellor limine, werde aus dem Hause verstoßen, *Ä* 7, 579. telum aere repulsum, vom Erz zurückprallend, *Ä* 2, 545. 2) übtr., verschmähe, weise ab, conubia, *Ä* 4, 214.

rĕ-pendo, pendi, pensum, ěre, eig. wäge zurück, übtr., erwidere Gleiches, vergelte, belohne, magna, *Ä* 2, 161. fata contraria fatis, Geschick gegen Geschick wägen, *Ä* 1, 239.

rĕpens, pentis, plötzlich, unerwartet, *Ä* 12, 313.

rĕpentě, Adv. (repens), plötzlich, unvermutet, *Ä* 1, 594. 2, 465. 5, 315. 7, 399. 8, 525.

rĕ-percŭtio, cussi, cussum, ěre, schlage zurück, Pass. v. Lichte, zurückgeworfen werden, *Ä* 8, 23.

rĕpĕrĭo, rěppěri, repertum, īre (re u. pario), 1) eig.: *a*) finde wieder, übh. finde, treffe an, alqm exsanguem, *Ä* 9, 452. capreolos valle, *B* 2, 40. apes pumicibus, *G* 4, 43. viam, *Ä* 9, 195. lucem, *Ä* 4, 692. quod cuique rimanti repertum, was jeder Suchende antraf od. vorfand, *Ä* 7, 507. *b*) (dcht.) übh. erwerbe, divitias, *Ä* 6, 610. 2) übtr.: *a*) finde jmd. irgend wie, erkenne, Pass., ich erweise mich als, fallax haud ante repertus, *Ä* 6,343. *b*) erfinde (etw. neues), alqd, *G* 2, 22. doli reperti, ersonnene List, listiger Einfall, *Ä* 4, 128.

rĕpertŏr, ōris, *m.* (reperio), Erfinder, medicinae, v. Äskulap, *Ä* 7, 772. 'Erzeuger', 'Schöpfer', hominum rerumque, v. Juppiter, *Ä* 12, 829.

rĕ-pĕto, īvi (ĭi), ītum, ĕre, gehe wieder auf etwas los, 1) eig.: *a*) auf einen Ort, kehre od. gehe zurück, m. Akk., urbem, muros, *Ä* 2, 749 u. 753. praesepia, *B* 7, 39. *b*) hole, rufe oder verlange zurück, v. Apollo (näml.: uns hierher, d. i. nach Italien), *Ä* 7,241. Pass., repetita Proserpina, *G* 1, 39. 2) übtr.: *a*) nehme etw. wieder vor, wiederhole, Venerem, von den Herden, 'die Tage der Liebe, das Fest der Begattung feiern', *G* 2,329. omina (nach einer röm. auf das heroische Zeitalter von Vergil übertragenen Sitte, da die Feldherrn nach ungünstigen Kriegsereignissen od. Vorbedeutungen aus dem Lager nach Rom zurückkehrten, um hier aufs neue die Auspizien zu befragen u. dann den Krieg fortzusetzen), *Ä* 2, 178. m. Akk. u. Inf., *Ä* 10, 36. dcht., repetens iterumque iterumque monebo, werde stets immer von neuem an dies dich mahnen, *Ä* 3,436. *b*) leite etw. von irgendwoher, gehe zurück auf etw., si prima domus repetatur origo, bis auf den ersten Beginn des Geschlechts, *Ä* 7, 371. a prima origine, *Ä* 1, 372. alqd altius ab origine, *G* 4, 286. *c*) rufe im Geiste zurück, wiederhole in Gedanken, vergegenwärtige mir, animo exempla, *Ä* 12,439. m. Akk. u. Inf., repeto haec generi portendere debita nostro (erg. eam, d. i. Cassandram), *Ä* 3, 184. abs., nunc repeto, eben denke ich daran, *Ä* 7, 123.

rĕ-plĕo, ēvi, ētum, ēre, 1) fülle wieder an (was vorher leer war), fülle voll oder aus, amnes (mit den Leichen der Erschlagenen), *Ä* 5, 806. scrobes (terrā), *G* 2,235. *b*) übtr., erfülle, fülle, tectum gemitu, *Ä* 2, 679. 7, 502. curiam verbis, *Ä* 11, 380 u. ö. dcht. v. der Fama, multiplici populus sermone, vielfältige Rede unter die Völker verbreiten, *Ä* 4, 189. Euandrum (d. i. Euanders Brust) Euandrique domos et moenia, *Ä* 11, 140.

rĕ-pōno, pŏsŭi, pŏsĭtum, ĕre [Part. Pass. synk. 'repostus', *Ä* 1,26. 3,364. 6,59 u. ö. *G* 3,527], 1) lege, setze od. stelle etwas zurück, wieder wohin oder an den früheren Ort, *a*) eig., dapes et sublata pocula, *Ä* 8, 175. humum, werfe od. schaufle das ausgegrabene Erdreich in die Grube zurück, *G* 2, 231. *b*) übtr., setze jmd. wieder ein, in sceptra, in die königliche Würde (in die verheifsene Herrschaft über Italien), *Ä* 1, 253. 2) übh. stelle od. lege hin, setze nieder, *a*) übh., feretrum, *Ä* 11,149. m. Abl. des Ortes, vina mensis, setze oder bringe auf die Tafel (näml. zum Trankopfer beim Nachtisch), *Ä* 7, 134. membra collapsa (der Dido) stratis, *Ä* 4, 392. *b*) von der Bestattung der Toten (mit dem Nebenbegr. des Gebührenden, Schuldigen), membra toro, stelle auf das Leichenbette zur Schau aus, *Ä* 6, 220. Dah. begrabe, bestatte, corpus tumulo, *Ä* 11,594. tellure repostus, *Ä* 6, 655. m. Dat. des Ortes, patriae (terrae), *Ä* 11, 594. *c*) in freierer Verb., mollia crura, v. Füllen, die Beine zierlich setzen, *G* 3, 76. 3) lege zurück, *a*) zur Aufbewahrung, bewahre auf, alqd hiemi (für den Winter), *G* 3, 403. quaesita in medium (von Bienen), den gemeinsamen Vorrat verwahren, *G* 4, 157. *b*) lege zurück, d. i. in die Tiefe, übtr. (mit dem Begr. des Feststehens od. Bleibens), alqd sensibus imis, präge mir tief ins Herz ein, *B* 3, 54. iudicium manet altā mente repostum, haftet in tiefer, innerster Seele (vergraben), *Ä* 1, 26. *c*) lege zurück, mit dem Begr. der Entfernung, alqm sub tecta inter manus, bringe von beiden Seiten anfassend unter Obdach, *Ä* 9, 502. Part. 'repostus', übtr., 'entlegen', 'entfernt', terrae, gentes, *Ä* 3, 364. 6, 59. 4) setze wieder, nochmals od. von neuem hin, pocula plena, d. i. andere Becher zum Nachtisch (nach *Vofs* 'fülle die Becher mit demselben Tranke von neuem'), *G* 4, 378. pocula sublata (doch s. vorh. zu Anf.), *Ä* 8, 175. epulae repostae, d. i. durch mehrere Gänge veränderte oder abwechselnde Speisen, die verschiedenen Gänge der Leckereien, üppige Festgelage (nach *Vofs* 'mühsam zusammengesuchte und aufbewahrte Gerichte, wie der schwelgende Mensch beim Weintrinken sie verlangt'), *G* 3,527. Dah. *a*) setze wieder in den vorigen oder früheren Zustand, ersetze, ergänze, robora flammis ambesa navigiis, *Ä* 5, 752. exiguā tantum gelidus ros nocte reponet, der kühlende Nachttau wird ebensoviel (Weidefutter) ersetzen, *G* 2, 202. *b*) übtr., gebe Ersatz für etwas, entschädige, vergelte, alqd pro virginitate, *Ä* 12, 878. 5) lege zurück, lege von mir weg, lege ab, faciem vestemque deae, *Ä* 5, 619. caestus artemque, entsage dem Kampfe mit dem Cästus, *Ä* 5, 484. dcht. v.

lebl. Subj., falcem arbusta reponunt, die Ulmen legen die Hippe beiseite, d. i. die Winzer lassen die Hippe (zum Beschneiden der Ulmen) ruhen, G 2, 416.

rĕ-porto, āre, 1) trage oder bringe zurück, alqd, G 1, 275. 3, 375. caesos, A 7,574. dcht., pedem ex hoste, aus dem feindl. Heere (mit 'redeo' verb.), A 11, 764. 2) (dicht.) übtr., bringe zurück, überbringe, berichte, dicta adytis, A 2,115. pacem, A 7, 285. certa, sichere od. genaue Nachricht über die Lage der Dinge, A 9, 193. fama fidem missique reportant exploratores, wie das Gerücht (geht) und die Späher glaubhaft melden, A 11,511. nuntius reportat ad aures regis, bringt die Kunde zu usw., m. Akk. u. Inf., A 7, 167.

rĕ-posco, ĕre, 1) fordere od. verlange zurück, responsa, A 11,240. m. doppelt. Akk., Parthos signa, die Fahnen von den Parthern, A 7,606. 2) fordere dagegen, a) eig., promissa, verlange von dem, der seinerseits anderen gegenüber etwas versprochen hat, die Erfüllung des Versprechens, A 12, 2. quos (natos) illi fors et poenas ob nostra reposcent effugia, welche jene vielleicht sogar zur Strafe fordern werden, A 2, 139. b) übtr., fordere (etwas Schuldiges), fordere ab, foedus reposcite flammis, eig. zwingt durch Anzündung der Stadt die Latiner zur Erfüllung ihres Vertrags, A 12, 573. poenas, fordere Strafe, übe Rache, A 6, 530. 8, 495. 3) fordere oder mahne wieder und wieder, nachdrücklich, alqm, A 10, 374.

rĕprimo, pressi, pressum, ĕre (re u. premo), drücke od. halte zurück od. an, dextram (die zur Versöhnung dargebotene), A 12, 939. retro pedem cum voce repressit, hemmte Fuſs und Stimme, d. i. prallte zurück und brach mit dem Worte ab, A 2, 378. m. 'contineo' verb., A 10, 686. rivis currentia vina repressit, hemmte die weinströmenden Bäche, G 1, 132.

rĕ-pugno, āre, leiste Widerstand, wehre mich, A 11, 749.

rĕ-quĭēs, ētis, f. [Akk. requiem, A 4, 433. 12,241], Ruhe, Erholung, Rast, A 5,458. 6,600. m. Gen. 'von' od. 'nach' etw., laborum, A 3, 393. 8, 46. senectae, A 9, 482. pugnae, A 12, 241.

rĕ-quĭesco, quiēvi, quiētum, ĕre (synkop. Perf. 'requierunt', B 8, 4], ruhe aus, erhole mich, ruhe, sub umbra, B 7,10. noctem cum alqo, A 1,80. dcht. v. lebl. Subj., wie von den Feldern, ruhen, G 1,82. v. Flüssen (wohl mit Rücksicht auf die Fluſsgottheiten selbst), B

8, 4. b) übtr., ruhe, beruhige mich, nec requievit, donec Calchante ministro etc., A 2, 100.

rĕ-quīro, quīsīvi, quīsītum, ĕre (re u. quaero), 1) suche wieder od. wiederholt, suche auf, regem, A 9,223. arma toro tectisque, A 7, 460. arma, suche oder verlange nach Waffen, A 7, 625. Corythum, ein anderes Land, näml. Korythus, A 3,170. portus Velinos, steure wieder hin nach dem Hafen von Velia, A 6, 366. 2) frage od. forsche nach etwas, suche oder wünsche zu erfahren, zu wissen, causas, A 6, 710. mit indir. Frages., dolus an virtus, quis in hoste requirat? A 2,390. rara sit an supra morem si densa requires, G 2, 227. Bes. mit dem Begr. des schmerzlichen Vermissens dessen, der zugegen war oder sein sollte, amissos longo socios sermone, frage viel und lange nach den verlorenen Genossen, d. i. beklage den Verlust derselben, A 1, 217.

rēs, rĕi, f., Sache, 1) Sache, Ding, Gegenstand im weitesten Sinne, Wesen, humauae, A 10,152. divinae, 'Opfer', A 8,306. angustae, niedrige Dinge, dürftiger Stoff, G 3, 290. repertor rerum (Gegs. zu 'homines'), Schöpfer der Dinge, A 11,829. rerum domini, die Herren der Welt (von den Römern), A 1, 282. übh. zur Bezeichnung des Gegenstandes, von dem die Rede ist, res tenerae, die zarten Pflanzen, G 2, 243. Oft dient der Gen. rerum (wie τῶν ὄντων) zur Verstärkung des Superl., maxima rerum Roma, die mächtigste Stadt der Welt, A 7, 602. pulcherrima rerum, d. i. die herrlichste Stadt der Welt, G 2, 534. bes. zur Verallgemeinerung od. Veranschaulichung, fessi rerum, erschöpft von den Leiden, A 1,178; vgl. A 12,589. b) zur Umschreibung, res antiquae laudis et artis, Geschäfte, denen die Vorwelt Ehre und Fleiſs schenkte (v. Ackerbau, der den Alten als ehrenhafte Beschäftigung galt), G 2,174. 2) Sache, a) Vorfall, Ereignis, nova, incognita, 'Erscheinung', A 1, 450 u. 563; vgl. A 3, 179. 7, 592. b) Zustand, Lage, Los, Umstände, Schicksal, A 1, 229 u. 256. 9, 320. quo res summa loco? wie steht es mit dem Schicksal der Stadt? (nach andern: 'wo ist der Hauptkampf?'), A 2,322. Bes. Plur., cardo rerum, 'Wendepunkt des Geschickes', A 1,672; vgl. A 2,709. res secundae, 'Glück', A 9, 301. laetae, A 2, 783. rerum fiducia, 'Vertrauen auf Glück', A 9, 188. dubiae, 'schwierige Lage', A 6, 196. afflictae, 'Bedrängnis', A 1, 452. lacrimae rerum, Thränen für od. über die

Not, *Ä* 1,462. egenae, 'Elend', 'Trübsal', *Ä* 6, 91. res variae bello, 'Wechsel des Krieges', *Ä* 12,43. fessae, 'Elend', 'Not', *Ä* 3, 145. c) A n g e l e g e n h e i t , G e s c h ä f t , V e r k e h r , haud sibi cum Danais rem, er habe es nicht mit den D. zu thun, es gelte nicht den Kampf mit den D., *Ä* 9, 154. 3) S a c h e , V o r f a l l , H a n d l u n g , That, *Ä* 3, 287. gloria rerum, *Ä* 4, 232. 7,315. rebus spectata iuventus, durch Thaten erprobt, *Ä* 8, 151. res bene gero, verrichte Thaten mit Glück, *Ä* 9, 157. Gegs. zu 'verba' (wie ἔπος u. ἔργον), *Ä* 9, 279. 4) S a c h e , E i g e n t u m , B e s i t z , tenues, dürftige Habe, *Ä* 5, 690. inopes, ärmliches Reich, *Ä* 8, 100. 5) öffentliche oder Staatsangelegenheiten (πράγματα), M a c h t , S t a a t , H e r r s c h a f t , Ilia, Romana, *Ä* 1, 268. 6, 858. bes. Plur., Asiae, *Ä* 3, 1. Romanae, *G* 2, 498. fractae, *G* 4, 240. fluxae, *Ä* 10, 88; vgl. *Ä* 4, 48. 7, 600.

rĕ-scindo, scĭdi, scissum, ĕre, 1) r e i ſ s e l o s od. ab, z e r r e i ſ s e, caelum, *Ä* 6, 583. *G* 1, 280. vallum, reiſse ein, *Ä* 9, 524. 2) s c h n e i d e a u f , ö f f n e , eine Wunde, *Ä* 12, 390. *G* 3, 453.

rĕ-sĕco, sĕcui, sectum, āre, s c h n e i d e l o s oder a b , enodes truncos (Stämme), *G* 2, 78.

rĕ-sĕro, āre, s c h l i e ſ s e a u f , ö f f n e (eig. durch Zurückschiebung des Riegels), limina, *Ä* 7, 613. urbem, *Ä* 12, 584. infernas sedes, *Ä* 8, 244.

rĕ-servo, āre, b e h a l t e z u r ü c k , b e w a h r e oder s p a r e a u f , alqm ad maiora (zu gröſserer Kränkung, zu gröſserem Leid), *Ä* 4, 368. von Göttern, alqm exitio, *Ä* 5, 625. (facta) capiti alcjs, verspare etwas für das Haupt jmds., d. i. räche etw. an jmd., *Ä* 8, 484. alqm incolumem, *Ä* 8, 575.

rĕsĕs, sĭdis (re u. sedeo), eig. 'sitzen bleibend', dah. unthätig, träge, viri, des Krieges ungewohnt, *Ä* 6, 813. populi, die lange nicht gekämpft, *Ä* 7, 693. animi, erkaltetes Herz, *Ä* 1, 722.

rĕ-sīdo, sēdi, ĕre, 1) eig.: a) v. Pers., α) s e t z e m i c h oder l a s s e m i c h n i e d e r , m. Abl., *Ä* 5, 290. mediis aedibus, *Ä* 8, 467. hoc campo, 'mache Halt auf' usw., *Ä* 3, 503. solio, *Ä* 1, 506. abs., *Ä* 2, 739 (Gegs. 'erro'). retro in partem, wende mich zurück, weiche nach der Seite hin, *Ä* 9, 539. β) l a s s e m i c h n i e d e r an einem Orte (um dort zu wohnen), Siculis arvis, *Ä* 7, 702. b) v. Dingen, z u r ü c k s i n k e n , in se, v. Meere (in bez. auf die Ebbe), *G* 2, 480. 2) übtr., s i c h s e n k e n , sich legen, nachlassen,

v. Winde, *Ä* 7, 27. v. Kriege, *Ä* 9, 643. v. Zorne, *Ä* 6, 407.

rĕ-signo, āre, e n t s i e g l e , ö f f n e, von Merkur, lumina morte, die schon brechenden Augen gleichs. entsiegeln (öffnen), indem er sie vom Tode zurückhält, d. i. das fliehende Leben zurückrufen, *Ä* 4, 244.

rĕ-sisto, stĭti, ĕre, 1) b l e i b e s t e h e n , a) eig., s t e h e s t i l l , *Ä* 1, 588. *G* 4, 490. b) übtr., h a l t e i n n e , s t o c k e, media in voce, *Ä* 4, 76. 2) w i d e r s e t z e m i c h , w i d e r s t e h e , l e i s t e W i d e r s t a n d , a) eig., *Ä* 7, 586; vgl. *Ä* 2, 335. 11, 710. von Dingen, *G* 3, 502. b) übtr., w i d e r s t e h e, w e h r e, v. Geschick, *Ä* 4, 455.

rĕ-solvo, solvi, sŏlūtum, ĕre, 1) eig.: a) l ö s e w i e d e r (vorher Gebundenes od. Festes), l ö s e a u f , vittas capitis, *Ä* 3, 370. se, von der gefrorenen Scholle, *G* 1, 44. tegmina armorum, trenne, zerreiſse, *Ä* 9, 517. tenebras, vertreibe, zerstreue, *Ä* 8, 591. dcht. v. Cerberus, terga, d. i. ausdehnen zum Schlafe, *Ä* 6, 422. b) öffne das vorher Geschlossene, ora fatis (*Dat.*), den Mund zum Weissagen, enthülle das Verhängnis, *G* 4, 452. vocem atque ora, den Mund zum Sprechen, *Ä* 3, 457. 2) übtr., l ö s e a u f (das früher gleichs. Bindende u. Fesselnde), curas, zerstreue, verscheuche, *G* 1, 302. dolos ambagesque (des Labyrinthes), *Ä* 6, 29. iura, aufheben, *Ä* 2, 157. iura pudoris, sich vergehen an ihm, *Ä* 4, 27.

rĕ-sŏno, āre, 1) intr., t ö n e w i e d e r , schalle od. halle von etw. wieder, plangoribus, *Ä* 4, 668. canibus, von dem Bellen der Hunde, *Ä* 3, 432; vgl. *G* 1, 486. 2, 328. *B* 2, 13. abs., resonantia longe litora, *G* 1, 358. v. Bienen, übh. 'ertönen', 'summen', *B* 7, 13. 2) (dcht.) trans.: a) h a l l e od. t ö n e etw. w i e d e r, Amaryllida, *B* 1, 5. cum litora alcyonen resonant, acalanthida dumi, wenn das Ufer vom Gesange des Eisvogels ertönt, und die Büsche von dem des Goldfinken, *G* 3, 338. b) kausativ, l a s s e w i e d e r h a l l e n, d u r c h t ö n e, lucos cantu, *Ä* 7, 12.

rĕ-sorbĕo, ēre, s c h l u c k e oder s c h l ü r f e w i e d e r e i n , saxa aestu revoluta, v. Meere, den durch die Flut zurückgespülten Kies wieder mit in die Brandung reiſsen, *Ä* 11, 627.

rĕ-specto, āre, a) s e h e z u r ü c k , s c h e m i c h u m , *Ä* 1, 396 (*Ribb.*; *despectare' Haupt u. Schap.*). 11, 630. b) übtr., n e h m e R ü c k s i c h t a u f jmd., b e r ü c k s i c h t i g e, bes. von der Huld der Götter gegen die Menschen, 'schaue huldvoll an', pios, *Ä* 1, 603.

rĕspergo, spersi, spersum, ĕre (re u.

23

spargo), besprenge, bespritze, Teucros sanguine, *A* 7, 547.

rĕspĭcĭo, spexi, spectum, ĕre (re u. specio), 1) eig.: *a)* sehe, blicke zurück od. mich um nach einer Pers. od. Sache, alqm, sehe jmd. hinter mir, *A* 5,168. necdum geminos a tergo respicit angues, v. Kleopatra, sieht bis jetzt noch nicht die hinter ihr befindlichen (sie verfolgenden) Schlangen (durch deren Bifs sie sich bald selbst den Tod zuzog), d. i. ahnte damals ihren nahen Tod noch nicht, *A* 8, 697. mit Akk. u. Akk. u. Infin., donec versas ad litora puppes respiciunt totumque adlabi classibus aequor, bis sie hinter sich sehen, wie die Schiffe zum Strand wenden und nun rundum sich das Meer mit der Flotte heranwälzt, *A* 10,269. bes. bei schmerzlicher Trennung, moenia, *A* 5,3. abs., von Äneas, der im Begriff stand, die Burg zu verlassen, *A* 2, 564. Bisw. bei magischen Handlungen, bei deren Vollziehung man sich nicht umsehen durfte, um nicht die wunderwirkende Macht durch menschliche Augen zu entweihen und zu zerstören, cineres trans caput iace, nec respexeris, doch schau dich nicht um, *B* 8, 102. *b)* schaue wiederholt, wieder und wieder jmd. an, *A* 3,593. *c)* sehe mich nach jmd. um, amissam, *A* 2, 741. amicum, *A* 9, 389. *d)* übh. sehe od. blicke hin auf etwas od. jmd., ad urbem, *A* 12, 671. Ascanium et spes Iuli, *A* 4, 275. m. Akk. u. Inf., bemerke, gewahre, *A* 5,666. 2) übtr.: *α)* sehe nach etw., um es zu beachten, achte auf, respice ad haec, siehe hierher, d. i. auf die furchtbaren Merkmale, dafs ich wirklich eine Furie sei, *A* 7, 454. Imper. 'respice', gieb wohl acht, *A* 2, 615. *b)* blicke auf etwas, beachte etw., gedenke, prolem Ausoniam, *A* 4, 236. urbes, *A* 4, 225. labores humanos, *A* 5, 689. inertem, *B* 1, 27. res bello varias, *A* 12, 43.   ·

rĕ-spīro, āre, hole Atem, atme, *A* 9, 813.

rĕ-splendĕo, ēre, strahle zurück, erglänze, fulvā resplendent fragmina harenā, *A* 12, 741.

rĕ-spondĕo, spondi, sponsum, ēre, 1) antworte, erwidere, m. Dat. der Pers. u. folg. dir. Rede, *A* 12, 18. abs., im Wechselgesange, *B* 7,5. dcht. v. Walde, der als belebt gedacht wird in bez. auf den Wiederhall, *B* 10, 8. 2) übtr.: *a)* entspreche, stimme mit etw. überein, dictis matris, *A* 1, 585. votis agricolae, *G* 1, 47. illi respondet curis, teilt ihren Gram, erwidert ihre zärtliche Sorge, *A* 6, 474. *b)* dcht. v. Örtlichkeiten, contra, sich gegenüber befinden, gegenüber liegen, *A* 6, 23.

rĕ-sponso, āre (Intens. v. respondeo), antworte, halle wieder, ripae lacusque responsant circa, *A* 12, 757.

rĕsponsum, i, *n.* (respondeo), Antwort, Bescheid, *A* 2, 376. *B* 1, 45. Prägn., Antwort, mit dem Nebenbegr. des verständigen Rates, bes. Ausspruch eines Orakels, Schicksalsspruch, *A* 5, 706. 6, 44 u. 800. 7, 86 u. 102. deorum, *A* 9, 134.

rĕ-stinguo, stinxi, stinctum, ĕre, *a)* lösche aus, ignes fontibus, *A* 2, 686. Pass., restinguor, 'erlösche', *A* 5, 698. *b)* übtr., lösche, sitim, *B* 5, 47.

rĕstĭtŭo, stĭtŭi, stĭtūtum, ĕre (re u. statuo), 1) stelle oder setze wieder hin, arbores, *G* 2, 272. 2) übtr., stelle wieder her, cunctando rem (die Wohlfahrt des Staates), *A* 6, 846.

rĕ-sto, stĭti, āre, *a)* bleibe zurück oder übrig, m. 'superstes' verb., *A* 11, 161. mea volnera restant, *A* 10,29. dona flammis restantia, die vom Brande noch übrig (gerettet) sind, *A* 1, 679. *b)* übtr., bin od. bleibe übrig, von der Hoffnung usw., *A* 1, 556. quid iam misero mihi denique restat? was steht mir Unglücklichem am Ende noch bevor? *A* 2, 70. quid denique restat? was bleibt endlich noch übrig (als dafs trotz deiner Bestrebungen das Schicksal in Erfüllung geht)? *A* 12, 793; vgl. *A* 2, 142. hoc Latio restare canunt, m. Akk. u. Inf., das sei Latiums Los, das habe Latium zu erwarten, dafs usw., *A* 7, 271.

rĕsulto, āre (Intens. v. resilio), *a)* springe oder pralle zurück von etwas, galeā, *A* 10, 330. Bes. *b)* vom Schalle, zurückprallen (v. Echo), *G* 4, 50. clamore, 'wiederhallen', *A* 5, 150. 8, 305.

rĕ-supīnus, a, um, zurück oder rückwärts gebeugt, v. Polyphem, um dem Arme die möglichste Kraft zu geben, *A* 3, 624. curru haeret resupinus inani, 'rücklings', *A* 1, 476.

rĕ-surgo, surrexi, surrectum, ĕre, stehe wieder auf, übtr., erhebe mich wieder, blühe wieder empor, *A* 1, 206. von der Liebe, wieder erwachen, *A* 4,531.

rĕ-tardo, āre, halte zurück oder auf, flumina, *G* 3, 253.

rētĕ, is, *n.,* Netz der Jäger, bei Vergil nur Plur., *A* 4, 131. 10, 710. *G* 1, 307. 3, 413. *B* 3, 75. 5, 60.

rĕ-tĕgo, texi, tectum, ĕre, 1) eig.: *a)* decke auf, entblöfse, dab., retectus, nicht gedeckt vom Schilde, *A* 12, 374.

b) (dcht.) mache sichtbar, erhelle (nach dem Dunkel der Nacht, von der Sonne), orbem, *A* 4, 119. 5, 65. rebus luce retectis, nachdem die Welt klar vor den Blicken lag, *A* 9, 461. 2) übtr., decke auf, ziehe ans Licht, scelus, *A* 1, 356.

rĕ-tento, āre (Int. v. retineo), halte zurück od. auf, serpentem, *A* 5, 278.

rĕ-texo, texŭi, textum, ĕre, eig. webe von neuem, dcht., wiederhole, quinque orbes explent cursu totidemque retexunt huc illuc, wenden sich fünfmal um auf derselben Spur, *A* 12, 763.

rĕtīnācŭlum, i, *n.* (retineo), Halter, 1) Band, Klammer von Weiden zum Befestigen der Reben, *G* 1, 265. 2) Leine, *a*) Lenkseil der Pferde, *G* 1, 513. *b*) Tau od. Seil, bes. das Halttau, mit dem das Hinterteil des Schiffes am Lande befestigt wurde, *A* 4, 580.

rĕtĭnĕo, tĭnŭi, tentum, ēre (re u. teneo), halte zurück, alqm, *A* 5, 669. 8, 498. 10, 308.

rĕ-torquĕo, torsi, tortum, ēre, 1) drehe od. wende zurück, wende um, currum, *A* 12, 458. amictum, schürze auf (m. 'succinctus' verb.), *A* 12, 400. terga pantherae, schlage zurück, *A* 8, 460. 2) übtr., wende um, ändere, mentem (μετα-στρέφω, τρέπω τὸν νοῦν; vgl. Hom. Il. 15, 52), *A* 12, 841.

rĕ-tracto, āre, 1) ergreife od. fasse wieder, ferrum, das Schwert wieder ergreifen wollen (von den Fingern der abgehauenen Hand), *A* 10, 396; dagegen 'zum Schwerte greifen', d. i. die Waffen wieder vornehmen, *A* 7, 694. 2) übtr.: *a*) nehme etw. zurück, dicta, widerrufe, *A* 12, 11. *b*) abs., widersetze mich, widerstrebe, weigere mich, *A* 12, 889.

rĕ-trăho, traxi, tractum, ēre, 1) ziehe zurück, pedem, zurückströmen (von der Welle), *A* 10, 307. 2) übtr., rufe od. führ'e zurück, v. Geschick, *A* 5, 709.

retrō, Adv. [bei Vergil meist 'ē'], rückwärts, zurück, nach hinten, *A* 2, 753. 9, 392. 11, 405; vgl. *A* 5, 428. r. do vela, wende die Segel, segle rückwärts, *A* 3, 686. verb. m. 'refero', *A* 2, 169. 9, 798. *G* 1, 200. r. reprimo, *A* 2, 378. r. resido, *A* 9, 539. r. redeo, *A* 9, 794. r. vertor, wende mich wieder (zur früheren Feindschaft), *A* 10, 7.

rĕtrorsŭs, Adv. (st. retro-versus od. vorsus), rückwärts, relego litora, fahre zurück, *A* 3, 690.

rĕtunsus (rĕtūsus), a, um (eig. Part. v. retundo), abgestumpft, stumpf, ferrum, *G* 2, 301.

rĕus, i, *m.*, eig. der einer Sache beschuldigt wird, übtr., schuldig, voti,

eig. des Gelübdes schuldig (das man als eine Schuld an die Götter betrachtete), d. i. der seinem Gelübde noch nicht Genüge gethan, es noch zu erfüllen hat, also, wenn mir der Wunsch gewährt ist (in Hinsicht auf welchen ich ein Gelübde gethan habe), *A* 5, 237.

rĕ-vĕho, vexi, vectum, ĕre, fahre, führe od. bringe zurück, Troianam ex hostibus urbem nobis, aus feindlichen Händen zu uns bringen, d. i. von neuem gründen, *A* 8, 37.

rĕ-vello, velli, volsum, ĕre, 1) reiſse heraus, weg od. fort, *a*) eig., caput a cervice, *G* 4, 523. telum ab radice, *A* 12, 787. amorem (das Liebesgewächs) de fronte, *A* 4, 515. manu loricam, *A* 12, 98. fores, erbreche, *A* 8, 262. gubernaculum multā vi revolsum, *A* 6, 349. Cyclades revolsae, entwurzelt, losgerissen, *A* 8, 691. Pass. medial, e scopulo revolsus, d. i. nachdem er sich losgerissen vom F., *A* 5, 270. dcht. m. Abl. der Trennung, Tyrios Sidoniā urbe, die Tyrier aus ihrer Vaterstadt mit sich fortnehmen, als Kolonisten wegführen, *A* 4, 545. *b*) übtr., cinerem Manesve, störe auf, entweihe, *A* 4, 427. 2) reiſse weg od. herab, alqm magna muri cum parte, *A* 9, 562.

rĕ-vertor, verti [bei Vergil nur Präs., Inf. 'reverti' u. Part. 'revertens'], kehre od. komme zurück, kehre heim, *a*) v. Pers., domum, *G* 4, 132. unde reverti scirent, *A* 5, 130. per Troiam, *A* 2, 750; vgl. *A* 1, 274. 3, 101. 5, 130. mit dem Nebenbegr. der Verwandlung, in corpora (von den abgeschiedenen Seelen, näml. um die Erde zu besuchen), *A* 6, 720 u. 751. *b*) v. Lebl., dcht. v. Weinstocke, wieder wachsen, *G* 2, 312. v. Lichte des Mondes, sich erneuern, *G* 1, 427. 2) übtr., wende mich wieder zu etw., ad te et tua magna consulta, *A* 11, 410.

rĕ-vincio, vinxi, vinctum, īre, 1) binde zurück, Part. m. griech. Akk., revinctus manus post terga, *A* 2, 57. 2) binde, befestige, litora circum errantem (näml. tellurem, d. i. Delos) Mycono e celsa Gyaroque, Delos an Mykonos u. Gyaros so festbinden, daſs es von beiden sich nicht weiter entfernen konnte, als die Bande es zulieſsen, d. i. der Ins. D. zwischen diesen Inseln einen festen Standort geben (*Wagn.* u. *Ribb.*; 'Myc. celsa' ohne Präp. 'e' *Haupt* u. *Schap.*), *A* 3, 76. 3) umwinde, umschlinge, templum frondibus, *A* 4, 459. Megaeram paribus serpentum spiris (näml. die Haare), *A* 12, 847.

rĕ-vīresco, ĕre, werde wieder grün, grüne wieder, *G* 2, 313.

rĕ-vīso, ĕre, 1) sehe wieder, besuche wieder, sehe nach usw., *Ä* 1, 415.2,795. alqm, *B* 7,67. stagna exoptata, *A* 6, 330. m. 'rursus' verb., *A* 6, 750. 2) übtr. u. dcht. v. Lebl., besuche, finde, quae (te) digna satis fortuna revisit? hat heimgesucht,*A* 3,318. multos alterna revisens lusit Fortuna (s. alternus), *A* 11, 426.

rĕ-vŏco, āre, 1) rufe zurück, alqm, d. i. von der falschen Richtung, *Ä* 5,167. Lausum, veranlasse zur Rückkehr, *A* 10, 840. ductores acie (aus der Schlacht), von den Bienen, *G* 4,88. dcht., pedem ab alto (v. Tiberstrom als Pers. gedacht), sich zurückziehen, *Ä* 9,125. gradum, wende zurück, kehre um, *A* 6, 128. 2) übtr.: *a*) bringe zurück, halte zurück, nec miseri possunt revocare parentes, *G* 3, 262. *b*) bringe zurück in einen früheren Zustand, erneuere, alqm a morte, rufe ins Leben zurück, *Ä* 5, 476. alqm Paeonis (Paeoniis) herbis, *Ä* 7, 769. situm, stelle 'die Lage od. Ordnung der Blätter wieder her, *A* 3, 451. vires, *Ä* 1, 214. animos, 'fasse wieder Mut', *Ä* 1,202. exordia pugnae, erneuere die Erinnerung an usw., *Ä* 7, 40. dcht., sanguinem Teucri, erneuere, erwecke wieder, das Geschlecht des Teuker, *Ä* 1, 235.   [361.

rĕ-vŏlo, āre, fliege zurück, *G* 1, **rĕ-volvo**,volvi,vŏlūtum,ěre,1) wälze od. rolle zurück, *a*) Pass. revolvor, falle od. sinke zurück, toro, *Ä* 4,691; vgl. *A* 5,336. equo, falle herab, *A* 11,671. dcht., in veterem figuram, d. i. werde wieder verwandelt, *Ä* 6, 449. revoluta saxa, *Ä* 11,627. revoluta aequora, zurückwogende,*Ä* 10,660. *b*) durchwandere, übtr., Pass. 'revolvi', von der Zeit, 'zurückkehren', 'im Kreislauf nahen', dies revoluta, *Ä* 10, 256. 2) rolle wieder auf, *a*) eig., pensa revoluta (sunt), d. i. das gesponnene od. gewobene Garn, das Gespinnst löste sich wieder auf, *Ä* 9,476. *b*) übtr.: *a*) wiederhole, dcht., perplexum iter omne revolvens fallacis silvae, entwirre, suche von neuem den vielfach verschlungenen Pfad usw., *Ä* 9,391. iterum casus, 'bestehe von neuem', *Ä* 10, 61. *β*) enthülle (sprechend),'erneuere', haec ingrata (das Andenken an so widrige Dinge), *Ä* 2, 101.

rĕ-vŏmo, vŏmŭi, ěre, speie wieder aus, gebe von mir, fluctus, *Ä* 5, 182.

rex, rēgis, *m.* (rego), 1) König, Herrscher, *a*) v. Menschen, *α*) subst., von Priamus,*Ä* 2,77. 3,353 u. ö. v. Askanius, *Ä* 9,223. Plur., v. Turnus u. Mezentius, *Ä* 7,42. übh., aequabat opes regum, *G* 4, 132. 'Fürst' (Lar) der Etrusker, *Ä* 12, 289. übtr., 'Weiser' od. 'Königin' der Bie-

nen, *G* 4,201; Plur., *G* 4,68 u.106. *β*) attrib., populus late rex, *Ä* 1,21. *b*)(dcht.) v. Göttern, bes. v. Juppiter, divûm pater atque hominum rex, *Ä* 1, 65. 2,648. 10, 2. deûm, *Ä* 3, 375. caelicolûm, *Ä* 3, 21. 12, 851. magnus Olympi, *Ä* 5, 533. abs., *Ä* 6, 396. saevus, *Ä* 12, 849. rex Juppiter omnibus idem, Juppiter ist gleich König für alle, *Ä* 10, 112. v. Aolus, *Ä* 1, 137. infernus, tremendus, v. Pluto, *Ä* 6,106. *G* 4, 469. Gradivus, v. Mars, *Ä* 10, 542. fluviorum rex Eridanus, Hauptflufs Italiens, *G* 1, 482. v. hochgepriesenen Weinen, rex ipse Phanaeus, *G* 2, 98. 2) übh. Führer, Anführer, Fürst (*βασιλεύς*), *Ä* 1, 624. 9, 327. v. Aneas, *Ä* 1, 644. von den Häuptern u. Führern im Bürgerkriege, *B* 6,3. Bes. v. Söhnen u. Verwandten der Herrscher, v. 'Helden' im allgem., *Ä* 6, 55. 7, 181. 11, 231.

Rhădămanthus, i,*m.* ('Ραδάμανϑυς), Sohn des Juppiter u. der Europa, Bruder des Minos, einer der drei Richter in der Unterwelt, bes. über arge u. geheime Verbrechen, *Ä* 6, 566.

Rhaebus, i, *m.* (ῥαιβός, geschweift), Streitrofs des Mezentius, *Ä* 10,861(Rhoebus' *Haupt*).

Rhaetĭcus, a, um, rhätisch, zur röm. Provinz Rhaetia (zwischen der Donau, dem Rhein u. Lech) gehörig, rhätisch, vites (bes. bei Verona), *G* 2, 96.

Rhamnēs, ētis, *m.*, ein Rutuler, Fürst u. Augur in dem Heere des Turnus, *Ä* 9, 325. 359. 452.

Rhēa, ae, *f.*, eine Priesterin, Mutter des Aventinus von Herkules, *Ä* 7, 659.

Rhēnus, i, *m.*, Rhein, bek. Flufs, *B* 10, 47. bicornis, der Rhein selbst u. der westliche Arm desselben, die Waal (Vahālis), *Ä* 8, 727.

Rhēsus, i,*m.*('Ρῆσος),König in Thrakien, der den Troërn zu Hilfe zog und von Diomedes getötet wurde, *Ä* 1, 469. *G* 4, 462.

Rhipaeus od. (*Ribb.*) **Rhiphaeus**, a, um, zum rhipäischen Gebirge ('Ρίπαι, 'Ριπαῖα ὄρη) gehörig, das man an die äufserste Nordgrenze von Skythien jenseit des Tanaïs versetzte, rhipäisch, dcht. st. 'nördlich', eurus, *G* 3,382. pruinae, *G* 4, 518. arces, rhip. Felshöhen, Gebirge, *G* 1, 240.

Rhipeus od. (*Ribb.*) **Rhipheus**, ěi, *m.*, ein Troër, *Ä* 2, 339. 394 u. 426.

Rhŏdius, a, um ('Ρόδιος), zur Insel Rhodus im karpath. Meere gehörig, rhodisch, vitis, *G* 2, 102.

Rhŏdŏpē, ēs, *f.* ('Ροδόπη), Gebirge in Thrakien, ein Teil des Hämus, *B* 6, 30. 8, 44. *G* 1, 332. 3, 351. 462.

Rhŏdŏpēĭus, a, um (Rhodope), zu Rhodope gehörig, rhodopēisch, arces, *G* 4, 461.

Rhoebus, s. Rhaebus.

Rhoecus, i, *m.*(῾Ροῖκος), ein Kentaur, *G* 2, 456 (*Ribb.; ῾Rhoetus᾿ Haupt* und *Schap.*)

Rhoetēus, a, um, zum Vorgebirge u. zur Stadt Rhötēum in Mysien am Hellespont gehörig, rhötēisch, dcht. st. ῾troisch᾿, orae, litus, Küste von Troja, *Ä* 3, 108. 6, 505. – Dicht. Nebenf. **Rhoetēĭus**, a, um, rhötēisch, ductor, d. i. Äneas, *Ä* 12, 456. Dah. sbst., Rhoetēĭa, eine Troërin, *Ä* 5, 646.

Rhoetēus, ĕi, Akk. ῾ĕa᾿, *m.*, ein Troër, *Ä* 10, 399 u. 402.

Rhoetus, i, *m.*, 1) ein Kentaur, *G* 2, 456 (*Ribb.* Rhoecus). 2) ein Rutuler, *Ä* 9, 344. 3) Fürst der Marruvier od. Marser, *Ä* 10, 388.

rīdĕo, rīsi, rīsum, ēre, 1) intr.: *a*) lache, dolis (über den Betrug), *Ä* 4, 128. abs., *B* 3, 9. *b*) lache freundlich, alci, lächle jmdm. zu, *Ä* 5, 358; dem Kinde, *B* 4, 62. dcht., von der Farbenpracht, die das Auge erfreut, wie γελᾶν u. unser lachen, v. Pflanzen, *B* 4, 20. omnia nunc rident (in bez. auf die bunten Farben der Herbstfrüchte), *B* 7, 55. 2) trans., belache, alqm, lache, spotte über jmd., *Ä* 5, 182. dolum, *B* 6, 23.

rĭgĕo, ēre (St. ῥιγ in ῥιγέω), *a*) bin starr od. steif, starre, v. Bart, *Ä* 4, 251. v. Cästus, plumbo ferroque, *Ä* 5, 405. lorica ex aere rigens, *Ä* 8, 621. Bes. *b*) v. Gewändern, starren, strotzen, signis auroque (d. i. von den mit Gold eingestickten Figuren), *Ä* 1, 648; vgl. *Ä* 11, 72.

rĭgesco, rĭgŭi, ĕre (Inch. v. rigeo), werde starr, erstarre (vom Frost), vestes rigescunt inductae, *G* 3, 363.

rĭgĭdus, a, um (rigeo), starr, unbiegsam, tellus, *G* 2, 316. ensis, *Ä* 12, 304. *G* 1, 508. hasta, *Ä* 10, 346. quercus, *B* 6, 28. orni, *B* 6, 71.

rĭgo, āre, *a*) bewässere, vom Flusse, aequora, *Ä* 7, 739. *b*) benetze, befeuchte, voltum atque ora lacrimis, *Ä* 9, 251. ora fletu, *Ä* 6, 699; vgl. *Ä* 11, 698. 12, 308.

rĭgŏr, ōris, *m.* (rigeo), Starrheit, Härte, tum ferri rigor, dann wurde das Eisen gehärtet, *G* 1, 143.

rĭgŭus, a, um (rigo), wässernd, betauend, amnes (Bäche), *G* 2, 485.

rīma, ae, *f.*, Spalte, Ritze, *Ä* 1, 123. dcht., ignea, der die Wolken spaltende Wetterstrahl, *Ä* 8, 392.

rīmor, āri (rima), *a*) zerspalte, reiße auf, terram rastris, *G* 3, 534. *b*) durchgrabe, durchwühle, durchsuche, viscera epulis (zum Fraße), *Ä* 6, 599. ferro partes apertas, *Ä* 11, 748. v. Schwimmvögeln, welche ihre Nahrung aus Sümpfen hervorsuchen, prata, *G* 1, 384. abs., quod cuique repertum rimanti, was jeder beim Suchen nur vorfand, *Ä* 7, 508.

rīmōsus, a, um (rima), voll Ritzen, rissig, cubilia, *G* 4, 45. cymba, *Ä* 6, 414.

rīpa, ae, *f.*, Ufer eines Flusses, *Ä* 1, 498. 7, 201. 12, 752 u. 756. v. Styx, *Ä* 6, 314. eines Grabens, Plur., virides, *G* 4, 121. dcht. st. des Flusses, *Ä* 9, 105.

Rīphaeus, s. Rhipaeus.

Rīphēus, s. Rhipeus.

rīsus, ūs, *m.* (rideo), Lachen, Gelächter, *G* 2, 386.

rītĕ, Adv., *a*) in gehöriger oder rechter Weise, gehörig, richtig, recht, *Ä* 3, 107. 4, 555. 5, 25. 7, 5. 9, 352. Bes. von dem, der im religiösen Kultus die üblichen Ceremonien beobachtet, ῾nach Gebühr᾿, ῾pflichtmäßig᾿, ῾feierlich᾿, *Ä* 6, 145. 7, 93. 8, 60. 12, 213. *G* 2, 393. dcht., zum Glück, zum Heil, propinquo, *Ä* 10, 254. auch von den Göttern selbst, die das Gute in herkömmlicher Weise zu gewähren pflegen, *Ä* 3, 36. *b*) übh. auf herkömmliche Weise, ganz nach Brauch, *Ä* 9, 352.

rītŭs, ūs, *m.*, hergebrachte Sitte, Gebrauch, bes. in der Religionsspr., sacrorum (m. ῾mos᾿), *Ä* 12, 836. Dah.: ritu, ῾nach Art᾿, ῾nach Brauch᾿, ῾wie᾿, Teutonico, *Ä* 7, 741. nivis, *Ä* 11, 611.

rīvus, i, *m.*, 1) kleiner Fluß, Bach, aquae, *B* 5, 47. 8, 86. tenuis, *G* 4, 19. 2) übtr.: *a*) Wasserrinne, Kanal, *B* 3, 111. *G* 1, 269. *b*) v. andern Flüssigkeiten, Strom, sanguinis, *Ä* 11, 668; vgl. *Ä* 5, 200. 8, 445.

rōbīgo, gĭnis, *f.* (rōbus, d. i. rubeus), 1) Rost des Metalls, *G* 1, 495. 2, 220. 2) übtr., Brand od. Rost der Ähren, Mehltau, *G* 1, 151.

rōbŭr, bŏris, *n.*, 1) harte Baum- od. Holzart, *a*) eig.: α) Holz, Kernholz, Stamm, annosum, *Ä* 4, 441. solidum, *G* 2, 64. fissile, *Ä* 6, 181. acutum, *G* 2, 25. Bes. β) Eiche, *Ä* 2, 186. zur Bezeichn. der Rohheit, *Ä* 8, 315. übh. ῾Baum᾿ (wie δρῦς), *B* 8, 182. *b*) meton., das aus hartem Holze Bereitete, Balken, Gebälk, udum, *Ä* 5, 681. Plur., firma, ῾Bohlen᾿ (des troj. Pferdes), *Ä* 2, 482. ambesa (des Schiffes), *Ä* 5, 753. in dcht. Umschr., sacrum, cavum (das der Pallas geweihte troj. Roß), *Ä* 2, 230 u. 260. praefixum ferro, Lanze, Wurfspieß, *Ä* 10, 479. wuchtiger Stock, ῾Keule᾿, *Ä* 8, 221. *G* 3, 420.

umschr., aratri, starker Pflug, *G* 1, 162.
ferri robora, eisenbeschlagene Pfosten,
Thorflügel, *Ä* 7, 610. 2) übtr.: *a*) Kraft,
Stärke, *Ä* 2, 639. 11, 174 u. 368; vgl. *G*
2, 177. 3, 235. *b*) konkr., der kräftigste
Teil des Volks, 'Kriegsmacht', Kern,
Plur., robora pubis, *Ä* 8, 518.

rōbustus, a, um (robur), aus hartem
Holze, übtr., **stark, kräftig,** 'farra,
G 1, 219. fossor, *G* 2, 264. arator, *B* 4, 41.

rōgīto, āre (Intens. v. rogo), frage (eifrig od. wiederholt), multa super alqo,
Ä 1, 750. 10, 839.

rŏgo, āre, 1) **frage**, abs., *Ä* 2, 149.
2) **bitte, ersuche** um etw., arma, *Ä* 8,
120. veniam, flehe um Gnade, *Ä* 11, 101.
mit doppelt. Akk., numen arma nato,
erflehe von der Gottheit Waffen für den
Sohn, *Ä* 8, 383.

rŏgus, i, *m.*, Scheiterhaufen, *Ä* 4,
640. 646. 676. 11, 189.

Rōma, ae, *f.*, Hauptstadt Latiums u.
des röm. Reiches, *Ä* 1, 7. 5, 601. 6, 781.
7, 603 u. 709. 8, 635. 12, 168. *B* 1, 19. *G*
1, 466. 2, 534.

Rōmānus, a, um (Roma), zu Rom
gehörig, römisch, gens, *Ä* 1, 33. pater,
Ä 9, 449. sbst., Romanus, i, *m.*, Römer,
Ä 1, 234. 6, 277. 282. 851. 8, 626. Sing.
kollekt., *G* 3, 346.

Rōmŭlĕus, a, um, zu Romulus gehörig, romulisch, des Romulus, culmus, *Ä* 8, 654.

Rōmŭlidae, ārum, *m.*, Nachkommen
des Romulus, dcht. st. 'Römer', *Ä* 8, 638.

Rōmŭlus, i, *m.*, Sohn des Mars und
der Rhea Silvia od. Ilia, der Sage nach
Erbauer und erster König Roms, nach
seinem Tode als 'Quirinus' verehrt, *Ä* 1,
276. 6, 778. 8, 342. *G* 1, 498. Dav. **Rōmŭlus**, a, um, zu Romulus gehörig, romulisch, dcht. st. 'römisch', tellus, *Ä* 6, 877.

rōro, āre (ros), eig. 'taue', übh.
träufle, triefe, sanguine, *Ä* 8, 645. 11,
8. 12, 512. astra rorantia, v. spritzenden
Schaum, der gleich Tautropfen von den
Gestirnen herabtroff, *Ä* 3, 567.

rōs, rōris, *m.*, 1) **Tau**, *a*) eig., gelidus,
G 2, 202. 3, 326; vgl. *B* 8, 15. als Nahrung
der Cikaden, *B* 5, 77. Plur. 'Tautropfen',
G 1, 385. *b*) (dcht.) übtr., Nafs, Flüssigkeit, Wasser, *Ä* 6, 230. vom Blute, *Ä*
12, 339. amarus, des Meeres, *G* 4, 431.
2) Rosmarin (sonst 'ros marinus'), eine
Strauchart, *G* 2, 213.

rōsa, ae, *f.* (ῥόδον), **Rose**, *Ä* 12, 69.
G 4, 134.

rōsārium, ĭi, *n.* (rosa), **Rosengarten**, Rosenhecke, *G* 4, 119.

rōscidus, a, um (ros), 1) **tauig, betaut**, mala, *B* 8, 37. mella, träufelnd, *B*

4, 30. Iris, *Ä* 4, 700. luna, der beim Mondschein fallende Tau, *G* 3, 337. 2) übtr.,
befeuchtet, bewässert, rivis (v. Felsen), *Ä* 7, 683.

rōsētum, i, *n.* (rosa), Rosenhecke,
B 5, 17.

1. **rōsĕus**, a, um (rosa), **rosig, rosenfarbig** (von der zarten Mischung
von Rot u. Weifs, bes. als Bild jugendlicher Schönheit, in bez. auf die frische
und blühende Farbe), dah. übh. **schön,**
os (der Venus), *Ä* 2, 593. cervix, *Ä* 1, 402.
genae, *Ä* 12, 606. Bes. v. ersten Morgen,
'gelbrot', 'rötlich', quadrigae (Aurorae),
Ä 6, 535. bigae (Aurorae), *Ä* 7, 26 (*Haupt*
'croceis'; *Ribb.* 'variis'). Phoebus, *Ä* 11,
913.

2. **Rōsĕus**, a, um, zu Rosea gehörig,
einer fruchtbaren Gegend bei Reate im
Sabinergebiete, rosisch, rura, *Ä* 7, 712
(*Ribb.* 'Rosïa').

rōstrātus, a, um (rostrum), **mit
einem Schnabel versehen,** dcht.,
tempora, sofern die Schläfe einen mit
kleinen goldenen Schiffsschnäbeln verzierte Krone schmückte, *Ä* 8, 684.

rōstrum, i, *n.*, 1) Schnabel der Vögel,
Ä 6, 597. 7, 756. 'Rüssel' der Bienen, *G*
4, 74. 2) Schiffsschnabel, *a*) eig., gebogene Spitze des Vorderschiffs, übh.
'Vorderteil' des Schiffes, 'Bug', *Ä* 5, 187.
10, 157. Plur., *Ä* 5, 143. 7, 186. 9, 119. 10,
295. *b*) Plur. meton., 'Rostra', die mit
Schiffsschnäbeln der Antiaten versehene
Rednerbühne auf dem Forum zu Rom,
dcht. übtr. von der öffentl. Beredsamkeit, bes. vor Gericht, *G* 2, 508.

rŏta, ae, *f.*, **Rad**, *a*) des Wagens, *Ä* 2,
235. zur Fortbewegung der Belagerungstürme, *Ä* 12, 675. übh. zur Bezeichn. des
Kreislaufes, *Ä* 6, 748. Plur., dcht. v. dahinrollenden 'Wagen' selbst, *G* 3, 114 u.
170. *Ä* 12, 533 u. 671. leves (v. Wagen des
Neptun), *Ä* 1, 147. *b*) Rad, worauf Missethäter gebunden wurden, bes. des Ixion,
Ä 6, 616. orbis Ixionii, das kreisende
Rad, der Umlauf des Rades, *G* 4, 484.

rŏto, āre, 1) trans., **schwinge im
Kreise**, ensem, *Ä* 9, 441. 10, 577. 2) intr.,
drehe mich um und rolle dadurch fort,
saxa rotantia, auch wir 'rollendes Gestein', *Ä* 10, 362.

rŭbĕo, ēre (ruber), **bin rot** (in den
verschiedensten Abstufungen), **röte
mich, erglänze rötlich,** v. Monde
(Phoebe), *G* 1, 431. v. Kometen (mit dem
Adv. 'lugubre'), *Ä* 10, 273. v. der Aurora (mit
dem Zus. 'iuvecta puniceis rotis'), strahlen, *Ä* 12, 77. v. anbrechenden Tage, *Ä* 10,
256 (*Ribb.* 'ruebat'). Bes. in bez. auf die
Farbenpracht der Blumen, Blüten und

Beeren, wie von der Schwertlilie (wegen
der zugemischten Röte), *B* 3, 63. *Ä* 12,
68. v. Standorte der Vögel im Walde, sanguineis bacis, 'erglühen', 'schimmern von'
usw., *G* 2, 430. v. Wiesen, novis coloribus,
G 4, 306. v. Frühling selbst, 'prangen',
G 2, 319. Part. **rubens**, 'rot', 'gerötet',
'rötlich', uva (zu den vorzüglichsten gerechnet), *B* 4, 29. sanguineis bacis minio-
que, v. Pan, *B* 10, 27. auch 'murex', *B* 4,
43. v. Abendrot, *G* 1, 251.

rŭbĕr, bra, brum (ἐρυθϱός), r o t,
rotgefärbt, in verschiedenen Abstufungen, crista, *Ä* 9, 50. 12, 89. dcht., aequor, durch die untergehende Sonne gerötet, *G* 3, 359. aethra, rötlich schimmernd, *Ä* 12, 247. litus, Ufer des roten,
d. i. des östlichen (indischen) Meeres,
Ä 8, 686.

rŭbesco, rŭbŭi, ĕre (Inch. von 'rubeo'),
r ö t e m i c h, w e r d e r o t, caede, *Ä* 8,
695; vgl. *G* 2, 34. *Ä* 3, 521. 7, 25.

rŭbĕus, a, um (rubus), vom Brom-
beerstrauche, virga, Brombeerrute
oder -ranke (zum Anbinden des Weines
u. Flechten der Körbe), *G* 1, 266 ('*Rubea*'
Ribb.).

Rŭbĕus, a, um, zur Stadt Rubi in
Apulien gehörig, rubisch, virga, *G* 1,
266 (*Ribb.*).

rŭbĭcundus, a, um (rubeo), rötlich,
Ceres (Getreide, sonst 'flava'), gelb, gelblich, *G* 1, 297.

rŭbŏr, ōris, *m.* (ruber), 1) Röte, dcht.,
Tyrii rubores, Purpur, *G* 3, 307. 2) Er-
röten, Schamröte, *Ä* 12, 66. virgi-
neus, *G* 1, 430.

rŭbus, i, *m.* (St. 'ru' in 'ruber'), Brom-
beerstrauch, *B* 3, 89. Plur. 'Brom-
beergebüsch', *G* 3, 315.

1. **rŭdens**, dentis, *m.*, Seil, Tau zum
Anziehen u. Befestigen der Segelstangen
u. Segel, *Ä* 1, 87. 3, 267. 10, 229.

2. **rŭdens**, Part., s. rudo.

rŭdīmentum, i, *n.* (rudis), erster
Versuch, dura belli, Probestück, Waf-
fenprobe des Kriegs, *Ä* 11, 157.

rŭdis, e, roh, unbearbeitet, campus, *G* 2, 211. hasta (mit noch rauher
Rinde), *Ä* 9, 743.

rŭdo, ĕre [bei Vergil nur Part. 'rudens'], 1) brülle, v. Löwen, *Ä* 7, 16. v.
Hirsche, *G* 3, 374. 2) übtr.: *a*) v. Menschen, insueta (auf seltsame Weise), *Ä* 8,
248. *b*) (dcht.) v. Dingen, knarren, prora
rudens, *Ä* 3, 561.

Rŭfrae, ārum, *f.*, Stadt Kampaniens,
Ä 7, 739.

rŭga, ae, *f.*, Falte, Runzel im Gesicht, *Ä* 7, 417.

rŭīna, ae, *f.* (ruo), das Einstürzen,

1) heftige Erschütterung, Sturz,
a) eig., vasta, grause Verwüstung, *Ä* 3,
414. ruinam do, 'stürze ein', bes. v. Gebäuden, *Ä* 2, 310. ruinam traho, *Ä* 2, 465.
8, 192. 9, 712. dcht. v. Kämpfenden, ruinam dare sonitu, auf einander anstür-
men od. stürzen, *Ä* 11, 613 (*Ribb.* 'ruinč
dant sonitum ingenti'); vgl. *Ä* 11, 888.
von der Wetterwolke (nimbus), dare ruinas arboribus, die Bäume mit Gewalt
niederwerfen, *Ä* 12, 453. *b*) übtr., Sturz,
Fall, Untergang, generis, *G* 4, 249.
rerum, *Ä* 11, 310. 2) meton., was herab-
stürzt, *a*) Niedersturz, Einsturz,
caeli, von den Regenströmen u. dem damit verb. Unwetter, 'Regensturz', *Ä* 1,
129. *b*) Plur., Ruinen, Trümmer, Iliacae, *Ä* 1, 647. Pergameae, *Ä* 3, 476.

rūmīno, āre, kaue wieder, herbas,
B 6, 54.

rūmŏr, ōris, *m.*, Gerede, Sage, Gerücht, *Ä* 4, 203. 7, 144. rumore secundo,
'mit Jubel', 'unter freudigem Ruf', *Ä* 8,
90. Plur., *Ä* 7, 549. varii rumores, vielfache Gerüchte, *Ä* 9, 464. 12, 228.

rumpo, rūpi, ruptum, ĕre, 1) breche,
a) zerbreche, zerreiße, wie Fesseln,
Ketten, Kleider usw., *Ä* 5, 510 u. 543. vincula, der Gefangenschaft entrinnen, *Ä* 8,
651. bildl., rupimus invitae tua vincula,
Ä 10, 233. vom Schwerte, pectora, durchbrechen, durchbohren, *Ä* 9, 432. rumpuntur pectora pectoribus (von den Pferden)
es bricht sich Brust an Brust, d. i. sie
stoßen mit der Brust gewaltig an einander, *Ä* 11, 615. dcht. v. heftiger Kälte,
saxa, zerreißen, spalten, *G* 4, 136. *b*) zerreiße, mache bersten, *a*) eig., von
Juppiter, nubila caelo, zerteile, trenne
am Himmel, *Ä* 9, 671. rupti camini, der
Schlund der zerklüfteten Essen (des
Ätna), *Ä* 3, 580. rima ignea rupta tonitru,
Ä 8, 391. dcht., inmensae rumpunt horrea messes, die Speicher brechen (bersten) von der unermeßlichen Ernte, *G*
1, 49. cicadae rumpunt arbusta, die Cikaden durchschmettern (durchschrillen) die
Gebüsche, *G* 3, 328. Dah. Pass. 'rumpor',
berste, zerplatze, von Schlangen, *B*
8, 71. rumpuntur pectora, bersten gleichs.
von überwallendem Zorne, *Ä* 12, 527. ilia
rumpuntur invidiā alci, jmd. zerplatzt
od. berstet vor Neid, *B* 7, 26. *β*) übtr.,
zerreiße, breche, foedus, *Ä* 12, 582.
leges (die Bündnisse), *G* 1, 510. fidem,
störe die Eintracht, *G* 4, 213. pacem, *Ä*
12, 202. fata, breche gleichs. die Banden
des Schicksals, d. i. bleibe dem Schicksal entgegen länger auf der Oberwelt, *Ä*
6, 883. amores, *Ä* 4, 292. otia, störe, *Ä* 6,
814. silentia, *Ä* 10, 64.

2)reifse ab, a)eig.,funem ab litore, *Ä*
3,640. radices solo, reifse aus, *Ä*3, 27. *b*)
übtr., breche ab, unterbreche,
stelle ein, ende, opera omnia, gebe
jedes Geschäft (näml. das Gefecht u. die
begonnene Belagerung) sogleich auf, *Ä*
12, 699. sacra, unterbreche das Opferfest, *Ä*8,110. v. Schrecken, somnum alci,
d. i. reifse jmd. aus dem Schlafe, *Ä* 7,
458. rumpe moras! säume nicht! tummle
dich!*Ä*4,569.9,13. segnesrumpe moras!
'entreifs dich trägem Verzug'! *G* 3, 43.
3) durchbreche, breche eine
Bahn durch etw., *a*)übh., agmina media, *Ä*12,683. postes, sprenge, erbreche,
*Ä*7, 622. aggeres (v. Strome), *Ä* 2, 496.
obices (v. Meere), *G* 2, 480. *b*) prägn.,
viam ferro, bahne mir mit Gewalt den
Weg,*Ä*10,372.aditus,breche ein,*Ä*2,494.
4) breche hervor od. heraus,übtr.,
a) übh., radii rumpunt se inter nubila,
G 1, 446. v. Regen, se nubibus, aus den
Wolken, nachdem diese zerrissen, sich
ergiefsen,herabströmen,*Ä*11,549. Pass.
medial, rumpi fontibus, hervorbrechen,
G 3, 428. turbine rupto, wenn ein heftiger Sturm aus der Höhe zur Erde
braust, losbricht, *Ä* 12, 416. *b*) thue mit
Gewalt od. wider Willen etw., lasse hervorbrechen,bes.den gehemmten Strom
('öffne die Schleusen') der Rede, lasse
hören, pectore vocem, stofse hervor aus
usw., *Ä* 3, 246. voces, *Ä* 11, 377. vocem,
breche das Schweigen, *Ä* 2, 129. tantos
illa suo rumpebat pectore questus, liefs
hervorbrechen (stiefs aus) aus der Brust,
Ä 4, 553.

rŭo,rŭi,rūtum,ĕre,1)trans.:*a*)stürze
herab od. nieder, molem, *Ä* 9, 516. v.
Unwetter, omnia late, alles zu Boden
schmettern,*Ä*12,454. *b*)reifse hervor,
wühle auf, vom Winde, mare a sedibus
imis,*Ä*1,85. cinerem et ossa focis,sammle
schnell von den Brandstätten, *Ä* 11, 211.
spumas salis aere, wühle mit ehernem
Bug auf, *Ä* 1, 35. atram nubem ad caelum, wälze empor (v. Feuer), *G* 2, 308.
cumulosmale pinguis arenae, zerschlage
die allzutrocknen Erdschollen, *G* 1,105.
2) intr.: *α*) stürze hin od. nieder (im
Kampfe), *Ä* 10,756. 12,652. in arma (der
eigenen Landsleute im Gedränge), *Ä* 11,
886. urbs antiqua ruit, *Ä* 2,362. in peius,
sich zum Schlimmern neigen (zur Bezeichn. desGedankens, dafs alles Irdische
der Vergänglichkeit verfällt), *G* 1, 200.
b) stürze herab, v. Flusse, de montibus, *Ä* 4,164. von einem Felsblock, montis de vertice, *Ä* 12, 685. v. Troja, ruit
alta a culmine, *Ä* 2, 290. v. Unwetter,
sich ergiefsen,herabströmen,ruit aethere

toto turbidus imber,*Ä*5,695. aetherruit,
der Himmel ergiefst sich in Strömen,
G 1, 324. ruit imbriferum ver, *G* 1, 313.
ruere omnia visa, das ganze Weltgebäude
schien zusammenzustürzen, *Ä* 8, 525. *c*)
stürze hervor, *α*) übh., v. Meere, ad
terram, *Ä* 11, 625. v. Winde, *Ä* 1, 85. voces ruunt, rollen, dringen hervor (aus
der Höhle), *Ä* 6, 44. *β*) v. Nacht, Tag u.
dgl., breche herein od. an, nahe,
Ä 2, 250. 6, 539. 8, 369. 10, 256(wo *Ribb.*
'rubebat'). *d*) stürze dahin, rase daher, stürme an, eile, *α*) übh., *Ä* 8,
648; vgl. *Ä* 10, 385 u. 729. 12, 505. ad
portas, *Ä* 3, 676. ad regia tecta, *Ä* 11,
236 (*Haupt*). per medios, *Ä* 4, 674. tectis, *Ä* 2, 771 (*Ribb.*). curru in bella, mit
dem Wagen in den Kampf, *Ä* 7, 782. v.
berittenen Jägern, *Ä* 4, 132; vgl. *Ä* 2, 64
u. 520. 8, 689. 12, 369. *β*)(dcht.) von der
Sonne, enteilen, untergehen, *Ä* 3,
508.

rūpēs, is, *f.* (St. 'rup' in 'rumpo', eig.
Zerklüftetes), Fels, abgerissene, steil
abfallende, jähe Felswand, *Ä* 3, 245. vastae, *Ä* 1,162. cavae, zerklüftete Felsen,
Felshöhlen, verb. m. 'scopuli', *G* 3, 253.
cavata, überhängende Felsen (als Schutz
für die Flotte), *Ä* 1, 310. von der Fels-
grotte der Sibylle, ima, *Ä* 3, 443. Im
Gleichnis, zur Bezeichn. der Unerschüt-
terlichkeit u. Festigkeit des Sinnes, pelagi, *Ä* 7, 586; ähnl., *Ä* 10, 693.

rursŭm, Adv.[ältere,meist durch den
Wohlklang bedingte Form für 'rursus'],
1) wiederum, nochmals, *Ä* 3, 229 u.
232. 2) übtr., zur Bezeichn. des Entgegengesetzten, andererseits, dagegen, aut r. (nämlich beim Pfropfen),
G 2, 78.

rursŭs, Adv. (zsgz. aus 'reversus'),
1) rückwärts, zurück, dah. wieder,
wiederum, von neuem, noch ein-
mal, *Ä* 2, 655. 3,31 u. 422. 4, 534 u. 557.
12, 784. auch m. 'reviso' u. 'revertor'
verb., *Ä* 6,751. 2)übtr., andererseits,
dagegen, *B* 10, 62. *G* 3, 484.

rūs, ruris, *n.*, Land (Gegs. der Stadt),
Feld,Gefilde,*G*1,156. 168 u. ö. Plur.,
Ä 1, 430. *B* 2, 28. *G* 2, 412. u. ö.

ruscum, i, *n.* od. **ruscus**, i, *f.* (ῥωξ),
Mäusedorn, Brusch, Pflanze mit
stachlichten Blättern, *B* 7, 42. zum Anbinden des Weinstocks, *G* 2, 413.

rustĭcus, a, um (rus), 1)zum Lande
od. Felde gehörig, ländlich, Musa,
B 3, 84. Sbst., rusticus, i, *m.*, Landmann, *G* 2,406. 2)übtr., im übeln Sinne
(ἄγροικος), bäuerisch, ungebildet,
B 2, 56.

rŭtĭlo, āre, schimmere od. glänze

rōtlich, e glänze, inter nubem, *Ä* 8, 529.

rŭtĭlus, a, um (St. 'ru' in 'ruber'), rot, bes. hellrot, hochrot, feuerrot (doch mehr in bez. auf den blendenden Glanz, den das Auge von der Farbe erfährt, als auf die Farbe selbst), ignis, *Ä* 8, 430. *G* 1, 454. 4, 93. v. Glanze des Erzes, thorax, *Ä* 11, 487. von den glänzenden Flecken u. Flügeln der Bienenkönigin, *G* 4, 93.

Rŭtŭli, ōrum, *m.* [synkop. Gen. 'Rutulûm, *Ä* 10, 445], ital. Völkerschaft im alten Latium, mit der Hauptstadt Ardea, *Ä* 1, 266. 7, 472. 475. 795. 8, 381. 492 u. ö. Sing. 'Rutulus', ein Rutuler, audax, perfidus, v. Turnus, *Ä* 7, 409. 10, 231; vgl. *Ä* 8, 474. 9, 65 u. 442. 10, 108 u. 232. Dav. Adj. Rŭtŭlus, a, um, zu den Rutulern gehörig, den Rutulern eigentümlich, rutulisch, der Rutuler, rex, v. Turnus, *Ä* 9, 728. 10, 267. viri, *Ä* 12, 117. Sucro, *Ä* 12, 505. colles, *Ä* 7, 798. agri, *Ä* 10, 390. ignes, *Ä* 9, 130. acies, *Ä* 12, 597. caedes, *Ä* 10, 245. sanguis, *Ä* 7, 318. 11, 88.

S.

Săbaei, ōrum, *m.*, Handelsvolk Arabiens, von dem das Harz des Weihrauchbaumes kam, *Ä* 8, 706. *G* 1, 57. 2, 117. Dav. Adj. Săbaeus, a, um, sabäisch, dcht. st. 'arabisch', tus, *Ä* 1, 416.

Săbellĭcus, a, um (Sabelli), sabellisch, d. i. sabinisch, sus, *G* 3, 255.

Săbellus, a, um (Sabelli), zu den Sabellern (dem älteren u. dcht. Namen der Sabiner) gehörig, sabellisch, d. i. sabinisch od. samnitisch, pubes, *G* 2, 167. mater, *Ä* 8, 510. veru, *Ä* 7, 665.

Săbīni, ōrum, *m.*, alte Völkerschaft Italiens, nördlich bis nach Umbrien, südlich bis an den Anio sich erstreckend, von der ein Teil der Sage nach schon früh unter Romulus in Rom eingewandert war, bek. wegen ihrer einfachen Lebensweise, *G* 2, 532. *Ä* 7, 706 u. 709. Dav. **Săbīna**, ae, *f.*, 'Sabinerin', *Ä* 8, 635.

Săbīnus, i, *m.*, alter ital. Heros, Begründer des sabin. Volksstammes, Erfinder des Weinbaues, *Ä* 7, 178.

săburra, ae, *f.* (verw. m. 'sabulum', ψάμαθος), Sand als 'Ballast', *G* 4, 195.

săcellum, i, *n.* (Dem. von 'sacrum'), kleines Heiligtum, von einer den Nymphen geweihten 'Grotte', *B* 3, 9.

săcĕr, săcra, săcrum (sancio, ἅζω), 1) heilig, von dem gewöhnlichen Gebrauche ausgeschlossen, geheiligt, unberührt, einer Gottheit geweiht, *a*) adj., m. Dat., Fauno, *Ä* 12, 766. sacer Cereri, ein Priester der Ceres, *Ä* 6, 484. abs., postis, *Ä* 5, 360. crinis (dem Bacchus), *Ä* 7, 391. hircus, *G* 2, 395. ales, *Ä* 11, 721. silvae, *G* 1, 148. sedes, *Ä* 2, 525. tellus, v. Delos (weil in frühester Zeit Lieblingsaufenthalt der Doris u. des Neptun), *Ä* 3, 73. laurus (dem Apollo), *Ä* 7, 60. rates, pinus, *Ä* 9, 109 u. 116. tripodes (als das gewöhnl. Weihgeschenk für die Götter in den Tempeln), *Ä* 5, 110; vgl. *Ä* 12, 766. sanguis, der Opfertiere, 'Opferblut', *Ä* 3, 67. 5, 78 u. 333. v. Flüssen und deren Ufern (weil dem Flußgotte heilig), *Ä* 7, 797. von den Quellen, die von selbst entspringen, *B* 1, 52. *b*) Sbst., sacrum, i, *n.*, gew. Plur., α) Heiliges, den Göttern Geweihtes, bes. 'heiliges Gut', 'heilige Geräte', 'Götterbilder', *Ä* 2, 293 u. 717. 8, 666. β) heilige Handlung, heiliger Gebrauch, Kultus, Opferfest, Opfer, Herculeum, *Ä* 8, 270. Plur., *Ä* 3, 408. 4, 638. 8, 111. 12, 401 u. 836. sacra deûm, heilig sind (dort noch) die Feste der Götter, d. i. Feste der Götter werden dort noch mit heiliger Scheu, mit frommem Sinne gefeiert, *G* 2, 473. v. Dienste der Kybele, *Ä* 3, 112. γ) heilige Gesänge, Hymnen, *Ä* 2, 239. 2) den (unterirdischen) Göttern gleichs. als Opfer geweiht, verwünscht, verflucht, auri sacra fames, *Ä* 3, 57. ignis (weil von den Strafen der Götter herrührend), ein krebsartiges 'Brandgeschwür', *G* 3, 566.

săcerdōs, dōtis ('sacer', 'sacrum' u. 'do'), *a*) *m.*, Priester, *Ä* 6, 661. *b*) *f.*, Priesterin, *Ä* 1, 273. 4, 509. 6, 644. regina sacerdos, fürstliche Priesterin, *Ä* 1, 273.

Săces, ae, *m.*, ein Rutuler, *Ä* 12, 651.

Săcrānus, a, um, zu den Sakranern, einer Völkerschaft des alten Latiums (wahrsch. den Ardeaten), gehörig, sakranisch, der Sakraner, acies, *Ä* 7, 796.

săcrārĭum, îi, *n.* (sacer), Ort zur Aufbewahrung der Heiligtümer, Heiligtum, sacraria Ditis, heiliger Sitz des Pluto, v. der 'Unterwelt', *Ä* 12, 199. [747.

Săcrātŏr, ōris, *m.*, ein Etrusker, *Ä* 10,

sacrĭlĕgus, a, um (sacra u. lego), eig. Heiliges raubend, übh. gottlos, verrucht, sanguis, *A* 7, 595.

sacro, āre (sacer), 1) im engern Sinne, heilige, weihe od. widme einer Gottheit, laurum Phoebo, *A* 7, 62. aras, *A* 3, 305. 5, 48. lectos viros, *A* 6, 73. votum dis, *A* 8, 715. remigium alarum (zum Dank für die Rettung), *A* 6, 18. ignes, zünde zu Ehren der Götter (auf dem Altare)an, *A* 2,502. pecudesrite, schlachte die geweihten Tiere, *A* 12, 213. Part. 'sācrātus', a, um, geweiht, heilig, templum, sedes, *A* 2, 165 u. 742. luci, *A* 7, 778. vallis (weil der heilige Hain in demselben lag), *A* 9, 4. iura, *A* 2, 157. 2) im weiteren Sinne, a) weihe, widme, bestimme, honorem pro virginitate, *A* 12, 141. b) mit dem Nebenbegr. der Vernichtung, weihe, übergebe, alqm telis, *A* 10, 419.

sacrum, s. sacer *no.* 1, b.

saecŭlum, i, *n.* [synk. **saeclum**, *B* 4, 5. *A* 8, 508], a) Menschenalter, Geschlecht, Generation (γενεά, Zeit von 33⅓ Jahren), *B* 4, 5. *G* 1, 500. *A* 12, 826. magnus saeclorum ordo, die zehn Abteilungen des sibyllinischen Weltjahres ('magni menses', *B* 4, 12), *B* 4, 5. b) die in einer Zeit lebenden Menschen, Zeitalter, Zeit, Menschheit, aspera, laeta, *A* 1,291 u. 606. aurea, *A* 6, 794. impia, *G* 1, 468. venturum, *B* 4, 52. c) Jahre, hohes 'Alter', *A* 8, 508. d) übh. lange, ewige Zeit, Plur. 'Jahrhunderte', *A* 1, 445. 6, 235.

saepĕ, Adv. (eig. Neutr. des alten Adj. 'saepis'), oft, häufig, wiederholt, *A* 1, 669. 2, 456. nachdrücklich wiederholt, *A* 3, 185. Bei Vergleichungen von dem öfteren Vorkommen einer Sache, eig. 'wie dergleichen ja oft geschieht', *A* 1, 148. 5, 273. 10, 723.

saepēs, is, *f.*, 'Einfriedigung', a) Umzäunung, Zaun, Gehege, bes. lebendiger Zaun von Weiden, als Grenzmark, *B* 1, 54. zum Schutze der Saaten, *G* 1, 270. Plur., *G* 2,371. b)umhegter Raum, wie unser 'Garten', Plur., *B* 8, 37.

saepio, saepsi, saeptum, īre (saepes), 'umhege', übh. schliefse ein, umringe, umgebe, tectis, aggeribus u. dgl., *A* 7, 600. 9, 70 u. 783. 12, 750. dcht., aëre, umhülle, *A* 1, 411.

saeptum, i, *n.* (saepio), umzäunter Ort, Gehege, Hürden, *B* 1, 33. dcht., intra saepta domorum, im Innern des Bienenstockes, *G* 4, 159.

saeta, ae, *f.*, das dicke od. borstige Haar mancher Tiere (meist Plur.), wie der Kuh, *A* 7, 790. des Bockes, *G* 3,312.

'Zotte' od. 'Mähne' des Löwen, *A* 7, 667 (*Sing.*). dcht., fulvae pecudum, 'gelbzottige Tierfelle' (als Schutz gegen die Kälte), *G* 3, 383.

saetĭgĕr, gĕra, gĕrum (saeta u. gero), Borsten tragend, borstig, sus, *A* 7, 17. 11, 198 u. 12, 170.

saetōsus, (saeta), voll Borsten, borstig, aper, *B* 7, 29.

saevĭo, ĭi, ītum, īre (saevus), wüte, tobe, rase, a) v. Leb., bes. v. Menschen u. Göttern, *A* 6, 544. 8, 5. animis, *A* 1, 149. 5, 462. tridenti, *A* 2, 418. in certaminibus, *A* 8,700; vgl. *A* 10,76. von Tieren, *G* 3, 434. *A* 7, 18. irā in absentes, v. Wolf, *A* 9, 63. b) übtr. v. Lebl., in auras, in die Lüfte rasen od. toben, v. Gebelle der Hunde, *A* 5, 257. von der Liebe, Kampfwut, *A* 4, 532. 7, 461.

saevus, a, um, wütend od. wütig, rasend, tobend, grimmig, grausam, a) v. Leb., bes. v. Menschen und Göttern, häuf. Beiw. der Juno (weil unversöhnt), *A* 1,4. 2,612. 7,592. dea, v. der Allekto, *A* 7,511. saeva numina Iovis, der grausame Ratschlufs des J., *A* 11, 901. Amor, *B* 8, 47. rex, v. Juppiter, *A* 12, 849. noverca, *G* 2, 128. Ulixes, *A* 3, 273. Achilles, *A* 2, 29. Tritonis (als Kriegsgöttin), *A* 2, 226. v. Hektor, schonungslos (im Kriege), *A* 1,99. v. Äneas, *A* 12,107. v. Drankes, voll Grimm, *A* 11, 220. v. Orion (weil Sturm bringend), *A* 7, 719. v. Tieren, *A* 7, 511. 9, 792. saevior leaenā, *G* 3, 246. m. Abl., saevus securi Torquatus, mit grausamem Beile, *A* 6, 824 (aber *A* 2,616 ist 'effulgens Gorgone saevā' zu verbinden; vgl. Hom. Il. 5, 74). b) v. Sachen u. Abstr., graus, grimmig, fürchterlich, unheilvoll, tridens (als Zeichen der Herrschaft u. Machtvollkommenheit), *A* 1,138. saeva sonoribus arma, grausig klirrende, *A* 9, 651. scopulus, *A* 5, 270. aequora, stürmisch, *A* 4, 523. dolones, *A* 7, 664. vada, *A* 10, 678. gelu et undae ('grimmige' Kälte der Fluten), *A* 9, 604. venenum, bösartiges, *A* 12, 857. nuntius, *A* 11, 896. dolor, *A* 12, 945. pectus, *A* 12, 888. ira, *A* 10, 813.

Sāgărĭs, is, Akk. 'im', *m.* (Σάγαρις), ein Troër, *A* 5, 263. 9, 575.

săgĭtta, ae, *f.*, a) Pfeil, *A* 1, 187. 5, 502. 12, 651 u. 856. im Gleichn. zur Bezeichn. der Schnelligkeit, *A* 10, 248. b) meton., durch einen Pfeilschufs erhaltene Wunde, 'Pfeilwunde', *A* 12, 746.

săgĭttĭfĕr, fĕra, fĕrum (sagitta u. fero), Pfeile tragend, pfeilbewaffnet, Geloni, *A* 8, 725.

săgŭlum, i, *n.* (Dem. v. sagum), kurzer Mantel (für den Krieg), *A* 8, 660.

sāl, sălis, *m.* (ἅλς), 1) Salz, *G* 3, 397. 2) (dcht.) meton., wie ἅλς, das salzige Meerwasser, Salzflut, Meer, *Ä* 1, 35 u. 173. 5, 848 u. 866. 6, 697. 10, 214. salis Ausonii aequor, *Ä* 3, 385. sale Tyrrheno, an der Küste von Etrurien, *Ä* 6, 697.

Sălămis, mīnis, Akk. 'mīna', *f.* (Σαλαμίς), Insel an der Küste von Attika im saronischen Meerb., Herrschersitz des Telamon, j. 'Koluri', *Ä* 8, 158.

sălictum, i, *n.* (zsgez. aus 'salicetum', v.'salix'),Weidengebüsch,Weidicht, *B* 1, 55. *G* 2, 13 u. 415.

sălignus, a, um (salix), aus Weidenholz, weiden, crates, *Ä* 7, 632. falx, *G* 4, 110.

Sălii, ōrum, *m.* (salio), urspr.Priester, die durch Gesang u.Tanz die Feste ihres Gottes begingen, bes. des Herkules, bis Numa sie dem Mars Gradivus weihte, *Ä* 8, 285 u. 663.

sălĭo, lüi, īre (Wurz. ἀλ in ἅλλομαι), springe, hüpfe, *a*) v. Leb., per utres, *G* 2, 384. rotis (vom Wagen herab), *Ä* 10, 594. *b*) v. Dingen, salit horrida grando, *G* 1, 449. saliens rivus, springend, sprudelnd, *B* 5, 47. saliens sanguine vena, 'blutspritzend', *G* 3, 460.

sălĭunca, ae, *f.*, wilde Narde, *B* 5, 17.

Sălĭus, ĭi, *m.*, 1) Genosse des Äneas aus Tegea in Arkadien, *Ä* 5, 298. 321. 335. 341. 347. 352. 356. 2) ein Rutuler, *Ä* 10, 753.

sălix, līcis, *f.* (ἑλίκη), Weide, *B* 1, 79. 3, 83. 5, 16. *G* 2, 446. inter salices, als Hirte, *B* 10, 40.

Sallentīnus, a, um, zu den Sallentinern, einem Volke in Kalabrien an der südl. Spitze Italiens, gehörig, sallentinisch, campi, *Ä* 3, 400.

Salmōnēus, ĕi, Akk. 'ĕa', *m.* (Σαλμωνεύς), Sohn des Aolus, Bruder des Sisyphus, König in Thessalien, dann in Elis u.Gründer der StadtSalmonia das., wollte im Übermute dem Juppiter sich gleichstellen u. ahmte das Rollen des Donners u. den Blitzstrahl nach, indem er auf einem ehernen Wagen über eine eherne Brücke fuhr und brennende Fackeln in die Luftschleuderte,wurde aber durch den wirklichen Blitz des Juppiter in den Tartarus gestürzt, *Ä* 6, 585.

salsus, a, um (sal), 1) gesalzen, fruges, das zerstampfte und mit Salz vermischte Getreide od. Mehl ('mola salsa'), das man dem Opfertiere auf das Haupt streute, um es dem Tode zu weihen, *Ä* 2, 133. 12, 173. herbae, mit Salz bestreut od. vermischt (als Futter für die Schafe, *G* 3, 395. 2) salzig (von Natur), *a*) eig.,

v. Meere, vada, fluctus (ἅλμη), *Ä* 5, 158 u. 182. tellus, *G* 2, 238. *b*) übtr., salzig, d.i.scharf, sudor, *Ä* 2, 173. tellus (auch wir 'salziger Boden'), *G* 2, 238. robigo, 'beizend', *G* 2, 220.

saltĕm, Adv., dennoch, wenigstens, zum wenigsten, *Ä* 1, 557. 6, 371 u. ö.

1. **saltŭs**, ūs, *m.* (salio), Sprung, saltum do e curru, springe herab, *Ä* 12, 681. saltu me do in fluvium, springe hinab, *Ä* 9, 815. saltu supero viam, überspringe den W., *G* 3, 141. brevibus se credere saltu, *Ä* 10, 289. saltu venit super Pergama, v. troj. Rosse, sprang über die Mauern, *Ä* 6, 515.

2. **saltŭs**, ūs, *m.* [bei Vergil nur Plur.] (ἄλσος), Waldthal, Waldschlucht mit den dazu gehörigen Berghalden, bes. als 'Trift' od. 'Weideplatz' der Herden, *G* 1, 140. 3, 143. auch als Ackerland zum Bebauen, 'Höhen', *Ä* 7, 797. nemorum, Schluchten des Waldes (der alsSommergehege für die Rinderherden diente), *B* 6, 56.

sălūbris, bre (salus), heilkräftig, heilsam, suci, *Ä* 12, 418. fluvius, *G* 1 272. somni, 'erquickend', *G* 3, 530.

sălum, i, *n.* (σάλος), offene See, dcht. übh.Meer, See, *Ä* 1, 537. 2, 209.

sălūs,ūtis, *f.*(salvus),Wohlergehen, Wohlfahrt, Heil, Rettung, Leben, *Ä* 1, 555. 5, 174 u. ö. in te suprema salus, auf dir beruht unsere letzte Rettung, *Ä* 12, 653.

sălūto, āre (salus), *a*) grüße, begrüße, Italiam, *Ä* 3, 524. augurium, *Ä* 12, 257. auch in der Tmesis, s. insalutatus. Bes. *b*) besuche jmd. zur Begrüßung, 'mache meine Aufwartung' (von den röm. Klienten), *G* 2, 462.

salvĕo, ēre (salvus), bin gesund, bes. Imp. 'salve', als Formel guter Vorbedeutung für das, was man thut, Heil dir! *Ä* 8, 301. Bes. als Gruß, 'sei (mir) gegrüßt', mit dem Plur. 'salvete' wechselnd, *Ä* 5, 80. 7, 120. Auch als Scheideod. Abschiedsgruß an Verstorbene,salve aeternum (für immer)mihi,maximePalla, aeternumque vale, *Ä* 11, 97.

Sămē, ēs, *f.* (Σάμη), eine durch eine schmale Meerenge von Ithaka getrennte u. zum Reich des Ulixes gehörige kleine Insel im ionischen Meere, spät. Κεφαλληνία, j. 'Cefalonia', *Ä* 3, 271.

Sămōthrācĭa, ae, *f.* (Σαμοθράκη), Insel des ägäischen Meeres an der Küste von Thrakien, ber. durch ihre Mysterien u. den Dienst derKabiren,j.'Samothraki', *Ä* 7, 208.

Sămus, i, *f.* (Σάμος), 1) Insel an der

Küste Ioniens, Ephesus gegenüber, berühmt durch den prächtigen Tempel der Juno, *Ä* 1, 16. 2) Threicia, d. i. Samothracia (w. s.), *Ä* 7, 208.

sancĭo, sanxi, sanctum, īre (St. 'sac' in 'sacer', *ἄγ*in *ἅγιος*), mache etw. durch religiöse Weihe unverbrüchlich, foedera fulmine (von Juppiter, *Ζεὺς ὅρκιος*, der alsSchwurgott dieMeineidigen bestrafte), weihe, bekräftige, *Ä* 12, 200.

sanctus, a, um (sancio), *a*) unverletzlich, heilig, fides (über deren Unverbrüchlichkeit die Götter wachen), *Ä* 7, 365. *b*) heilig, noch unversehrt, ehrwürdig, göttlich, v. Göttern u. gottgeweihten Dingen, numen ('nomen' *Ribb.*), *Ä* 8, 382. ignes (weil von Juppiter oder vom Himmel gesandt), *Ä* 2, 686. v. Opferfeuer, *Ä* 3, 406. oraculum, *Ä* 8, 131. flumen, *Ä* 8, 72. fontes, *G* 2, 175. mit partitiv. Gen., sancte deorum, *Ä* 4, 576. *c*) heilig, ehrwürdig, unsträflich, senatus, *Ä* 1, 426. pater, *Ä* 5, 80. vates, *Ä* 6, 65. in der Anrede an teure Verstorbene, 'verklärt', *Ä* 11, 158. anima, *Ä* 12, 648.   [Scharlach, *B* 4, 45.

sandyx, dȳcis, *f.* (*σάνδυξ*), Mennige, **sānē**, Adv. (sanus), eig. vernünftig, dah. wohl, in der That, in Konzessivsätzen, immerhin, nur immer, *Ä* 10, 48.

sanguĭnĕus, a, um (sanguis), blutig, *α*) aus Blut bestehend, rores, *Ä* 12, 340. *b*) blutrot, mit Blut unterlaufen (*ὕφαιμος*), acies, Auge, infolge gewaltiger Gemütserregung, *Ä* 7, 399; mordblickend, *Ä* 4, 643. dcht., Mavors, 'blutgierig', *Ä* 12, 332. 2) blutfarben, blutrot, bacae, *B* 10, 27. *G* 2, 430. iubae anguium, cristae, *Ä* 2, 207. 9, 733. astrum, *Ä* 12, 67. cometae (als Vorboten grofsen Unheils), *Ä* 10, 273. lorica, rötlich, rötlich schimmernd (weil aus Erz gearbeitet), *Ä* 8, 622.

sanguis, guĭnis, *m.*, Blut, 1) eig., des animalischen Körpers, *Ä* 3, 30. 7, 534. 12, 950 u. ö. mit 'vita' verb., *Ä* 12, 765. der geschlachteten Opfertiere, *Ä* 3, 67. 5, 328. als Zeichen der Lebensfrische, Lebenskraft, Leben, *Ä* 2, 639. 5, 415. 2) meton.: *a*) Blut, Mord (*αἷμα*), 'blutige Strafe' od. 'Rache', *Ä* 2, 72. 118. 7, 423. *b*) Blut, Geblüt, *α*) Stamm, Geschlecht, Troianus, *Ä* 1, 19. Teucri, *Ä* 4, 230. Tegeneae gentis, *Ä* 5, 299. Tusco de sanguine vires, *Ä* 10, 203. nympharum sanguinis una, eine Schwester der Nymphen, *Ä* 1, 329; vgl. *Ä* 6, 762 u. 779. 7, 49. 98. 271. *β*) (dcht.) Sprössling, Sprofs (wie *αἷμα*), s. meus, d. i. 'du, der du mein Blut bist', *Ä* 6, 836.

sānĭēs, ēi, *f.*, *a*) verdorbenes Blut, blutiger Eiter, *Ä* 3, 618 u. 625. *G* 3, 493. m. 'tabum' verb., *Ä* 8, 487. *b*) (dcht.) Geifer, Gift der Schlange, *Ä* 2, 221.

sānus, a, um (*σάος, σῶς*), gesund, übtr. geistig gesund, vernünftig, sensus, *B* 8, 66. male s., verstörten Gemütes, *Ä* 4, 8.

sāpor, ōris, *m.* (*σαπρός, σήπομαι*), 1) Geschmack, *G* 2, 246. 3, 397. 4, 102 u. 276. dcht., Media fert tardum saporem felicis mali, Med. erzeugt Äpfel von dauerndem Nachgeschmack, *G* 2, 126. 2) meton., etwas Wohlschmeckendes, bes. Saft, tunsus gallae, zerstofsene Galläpfel, *G* 4, 267. Plur., duftende od. würzige 'Kräutersäfte', welche die Bienen lieben, *G* 4, 62.

sarcĭo, sarsi, sartum, īre, bessere aus, ersetze, ruinas, *G* 4, 249.

Sardŏnĭus, a, um (*Σαρδόνιος*), zur Insel Sardinien gehörig, sardonisch, herba, eine in Sardinien einheimische, dem Eppich ähnliche, bittere Ranunkelart (Hasenfufs), deren Genufs ein krampfhaftes Verziehen des Mundes (Lachen) veranlassen sollte, *B* 7, 41.

sarmentum, i, *n.*, dünnes Gezweig, abgeschnittene Reiser, Reisig, Abfall, *G* 2, 409.

Sarnus, i, *m.*, Flufs in Kampanien bei Pompeji, j. 'Sarno', *Ä* 7, 738.

Sarpēdōn, ŏnis, *m.* (*Σαρπηδών*), Fürst der Lykier, von Patroklus getötet, dessen Leichnam auf Juppiters Befehl nach Lykien gebracht wurde, obgleich sein Waffengefährte Glaukus glaubte, dafs er eine Beute der Griechen geblieben sei, *Ä* 1, 100. 9, 697. 10, 471. Seine beiden Söhne Klarus u. Themon begleiteten den Äneas nach Italien, *Ä* 10, 125.

Sarrānus, a, um, sarranisch, d. i. tyrisch (weil 'Sarra' der alte Name von Tyrus), ostrum, *G* 2, 506.

Sarrantes, um, *m.*, Völkerschaft im Lande der Hirpiner in Kampanien am Flusse Sarnus, *Ä* 7, 738.

sāt, s. satis.

sāta, ōrum, *n.* (eig. Part. von sero), Saat, *G* 1, 106. 4, 331. *B* 3, 82. laeta, *Ä* 2, 306.

Satĭcŭlus, i, *m.*, Einw. von Satikula, einer Stadt Kampaniens, *Ä* 7, 729.

1. **sătĭo**, ōnis, *f.* (sero), das Säen, Pflanzen, *G* 1, 215. 2, 319.

2. **sătĭo**, āre (satis), sättige, dcht. übtr., befriedige, sühne, cineres, *Ä* 2, 587.

sătis u. abgek. **sāt**, Adv., 1) genug, zur Genüge, hinreichend, bes. beim Adj. (dem es auch nachgestellt wird), responsa fida s., ganz zuverlässige, *A* 2, 377. rura magna s., *B* 1, 48. mit Zeitw., se s. ambobus Teucrisque venire Latinisque, sie seien doch für beide (Latiner u. Teukrer) genug, beiden im Kampfe gewachsen, *A* 7,470. sat funera vidimus, ·wir haben Leichen genug gesehen' od. 'der Leichen genug', *A* 11, 366. bes. satis esse, genug sein, genügen (wie *ἅλις ἐστίν*), nam mihi facti fama sat est, *A* 9, 195; m. Inf., sich mit etw. begnügen,·*A* 3, 653. 5, 786. 9, 140 u. 653. Subst. mit Gen., sat rationis, *G* 2, 314. satis poenarum exhaustum est, Rache genug ist verübt, *A* 9, 356. 2) Komp. sātius, befriedigender, d. i. übh.dienlicher,besser, mit 'est' u. Inf., *A* 10, 59. *B* 2, 14.

sătŏr, ōris, *m.* (sero), Säer, dcht. Erzeuger, Schöpfer, Vater, hominum atque deorum, v.Juppiter, *A* 1,254. 11, 725.

sătŭr, tŭra, tŭrum (sat), 1) satt, gesättigt, capella, *B* 10, 77. 2) übtr.: *a)* (dcht.) gesättigt, reichlich getränkt, color, *G* 4, 335. *b)* übh. reichlich gefüllt, praesepia, *G* 3, 214. Tarentum, gesegnet, fruchtbar, *G* 2, 197.

Sătŭrae palus, unbekannter See in Latium, wahrsch. ein Teil der pontinischen Sümpfe, *A* 7, 801.

Sāturnĭus, a, um (Saturnus), 1) zu Saturnus gehörig, saturnisch, tellus, d. i. Latium, *A* 8, 329. *G* 2, 173. regna, *B* 4, 6. 6, 41. arva, *A* 1, 569. pater, Juppiter als Sohn des Saturnus, *A* 4, 372. domitor maris, Neptun, *A* 5, 799. Juno, als Tochter des Saturnus, *A* 3, 380. 5, 606 u.ö. 2)Sbst.,Saturnia, ae, *f.*, *a)* Tochter des Saturnus, Juno, *A* 1, 23. 4, 92. 7, 428 flg. 10, 659. 12, 807. vollst. Saturnia coniunx, *A* 12, 178. *b)* die von Saturnus erbaute Stadt am kapitolinischen Hügel, *A* 8, 358.

Sāturnus, i, *m.*, ein einheimischer Gott der Anpflanzung u. des Feldbaues ('a *satione* frugum') bei den Latinern (vgl. *A* 7, 180 u. 203. *G* 2, 406), der einer späteren Sage nach, mit der man der Eitelkeit der mächtigen Römer schmeichelte, durch Juppiter aus der olympischen Herrschaft vertrieben u. von Janus in sein Reich aufgenommen dem Janikulum gegenüber eine Stadt Saturnia erbaute, während das Land selbst, wo er sichere Aufnahme fand, Latium benannt wurde, *A* 6, 794. 8, 319 flgg. 357. Unter dessen friedliche und glückliche Herrschaft versetzte man das goldene Zeitalter, *A* 6, 792 flgg. 8, 324. *G* 2, 538. Ebenso verschmolz man schon frühzeitig mit ihm u. seinem Sagenkreis den griech. *Κρόνος*, dah. er als Vater des Juppiter, der Juno, des Neptun, der Ceres u. des Pikus, als Gatte der Rhea erscheint, *A* 7, 49. 12, 830. *G* 3, 93. Saturnus verwandelte sich, als er auf dem Pelion von seiner Gattin Rhea bei der Philyre überrascht wurde, in ein Rofs, um diese zu täuschen, *G* 3, 93. stella Saturni, der Planet Saturn, *G* 1, 336.

sătŭro, āre (satur), 1) eig.: *a)* sättige, armenta, *A* 8, 213. apes cytiso, *B* 10, 30. *b)* übh. versehe reichlich mit etw., stärke, sola fimo, *G* 1, 80. 2) übtr., sättige, stille, Part. Perf. Pass. dcht. m. griech. Akk., saturata dolorem (in Hinsicht ihres alten Grolles), *A* 5, 608.

Sătўrī od. (*Ribb.*) **Sătŭrī**, ōrum, *m.* (*Σάτυροι*), Satyrn, bacchische Dämonen mit struppigem Haar, stumpfer Nase, zugespitzten Ohren, kurzen Hörnern u. Ziegenfüfsen, die musikliebenden Gefährten des Bacchus, *B* 5, 73.

saucĭus, a, um, verletzt, verwundet, Aeneas, *A* 12, 762. taurus, *A* 2, 223. serpens, *A* 11, 753. m. Abl. instr. u.griech. Akk., sagittā ora (im Gesichte), *A* 12, 652. volnere pectus (an der Brust), *A* 12, 5. *b)* übtr., vom Liebesgotte verwundet, gravi curā, wund von quälender Sehnsucht, *A* 4, 1.

saxĕus, a, um (saxum), von Felsen, felsig, steinern, limina, *A* 8, 231. pila, *A* 9, 711. dcht.,umbra, durch Felsen verbreitet, *G* 3, 145.

saxōsus, a, um (saxum), voll Felsen, felsig, steinig, montes, *G* 2, 111. vallis, *B* 5, 84. dcht. m. Part. verb., saxosus sonans Hypanis, mit Brausen über Felsen sich stürzend, Felsen durchbrausend, *G* 4, 370.

saxum, i, *n.*, Fels, Klippe, Stein, 1) eig., *A* 2, 308. 3, 625. 5, 124. Bes.'Felsstück', 'Felsblock', *A* 5, 275. 6, 616. 8, 226. 10, 127 u. 381. 12, 684. zum Werfen mit der Schleudermaschine, *A* 12, 922. als Waffe der Kentauren, *A* 10, 196. des Turnus, *A* 12, 904. Plur. übh. 'Kiesel', 'Gerölle', *A* 11, 627. als Grenzzeichen, *A* 12, 896 flg. Plur. dcht. von der Erdrinde der Felsen', *G* 2, 522. 4, 135. von der felsigen Insel Aolia, *A* 1, 139. 2) meton.: *a)* das durch Felsen Gebildete, 'Felshöhle' der Sibylle, *A* 3, 450. *b)* das aus Stein Verfertigte, Steine zum Zermalmen des Getreides, *A* 1, 179. *G* 1, 267.

scăbĕr, bra, brum (scabo, *σκάπτω*, *schabe*), rauh, schartig, tophus, *G* 2, 214. robigo, *G* 1, 495.

scăbĭēs, ēi, *f.* (scaber), 1) Rauhigkeit, ferri, an dem von Schärfe angefressenen Eisen, *G* 2, 220. 2) übtr., Räude,

Krätze (als Krankheit der Schafe), *G* 3, 299 u. 441.

scaena, ae, *f.* (σκηνή), *a*) B ü h n e , S c h a u b ü h n e des Theaters, deren Wand bei den Römern nicht in gerader Linie fortlief, wie bei den Griechen, sondern in der Mitte ausgeschweift war, *A* 1, 429. *G* 3, 24. scaenis agitatus, v. Orestes, auf der Bühne (im Trauerspiel) oft dargestellt, wie er die Mutter angstvoll flieht, *A* 4, 471. *b*) von der Ähnlichkeit, übh. S c h a u p l a t z , 'Landschaft', ein lichter auf beiden Seiten mit belaubten Bäumen eingefaſster Platz, *A* 1, 164.

Scaeus, a, um (σκαιός), eig. l i n k , dann (weil der griech. Vogelschauer sein Gesicht gegen Mitternacht kehrte, also den Abend zur linken Seite hatte) a b e n d l i c h , w e s t l i c h , Scaeae portae (Σκαιαὶ πύλαι, Hom.), das Westthor Trojas, das dem griech. Lager zugekehrte Hauptthor, von dessen Turme man eine weite Fernsicht hatte, *A* 2, 612. Scaea porta (des von Helenus in Epirus gegründeten Troja), *A* 3, 351.

scalae, ārum, *f.* (scando), L e i t e r , T r e p p e , S t i e g e , *A* 2,442. 9,524. 12,576.

scando, scandi, scansum, ĕre, b e s t e i g e , s t e i g e a u f etw., equum , *A* 2, 401. dcht. vom trojan. Rosse, muros, *A* 2, 287.

scatebra, ae, *f.* (scateo), das Hervorsprudeln einer Quelle, dcht. 'sprudelndes Wasser', *G* 1, 110.

scelerātus, a, um (eig. Part. v. scelero), *a*) d u r c h F r e v e l b e f l e c k t od. e n t w e i h t , v e r f l u c h t , terra, *A* 3, 60. limen, v. Tartarus als Wohnung der Verdammten, *A* 6,563. *b*) übh. f r e v e l h a f t , f r e v e l n d , v e r b r e c h e r i s c h , v e r r u c h t , gens, *A* 9,137. insania, *A* 7,461. hasta, *A* 2,231. dcht., sceleratae poenae, für den Frevel (des Weibes), *A* 2, 576. poenam scelerato ex sanguine sumo, nehme am sündigen Blute, d. i. am Blute des verruchten Mörders Rache (Vergeltung), *A* 12, 949. *c*) u n h e i l v o l l , v e r d e r b l i c h , s c h ä d l i c h , frigus, *G* 2,256.

scelero, āre (scelus), e n t w e i h e d u r c h F r e v e l , b e f l e c k e , manus, *A* 3, 42.

scelus, ĕris, *n.*, F r e v e l , F r e v e l t h a t ,V e r b r e c h e n , *A* 1,356. 2,125 u. ö. in bez. auf die Greuel des Bürgerkrieges, *B* 4, 13. prägn., Strafe für das Verbrechen, *A* 7,307. dcht. von einer Person (wie ὄλεθρος, μῖσος), scelus artificis, 'der elende Ränkeschmied', *A* 11, 407.

scena, s. scaena.

sceptrum, i, *n.* (σκῆπτρον), S t a b , bes. als Zeichen der königlichen Gewalt, Herrscherstab, Z e p t e r , 1) eig., oft Plur., *A* 1, 57. als Auszeichnung der Mitglieder des königl. Hauses, *A* 1, 653. primus sceptris, der erste unter den Zepterträgern, der erste an Zepter- od. Herrschergewalt, *A* 11,238. 2) übtr., königliche Macht od. Würde, H e r r s c h a f t , Reich, Regierung, *A* 1, 253. 9, 267. m. 'sedes' verb., *A* 9, 9; vgl. *A* 1, 78. 7, 369 u. 422.

scīlicět, Adv. (zsgz. aus 'sci', St. in 'sci-re', u. 'licet', eig. es ist zu erkennen gestattet, vollst. 'scire licet' m. Akk. u. Inf. b. Liv. 1, 39, 3 *Hertz*), ergänzend u. erläuternd, eig., wenn ich es recht nehme, recht verstehe, ist die Sache so, dah. *a*) es versteht sich, s e l b s t v e r s t ä n d l i c h , f r e i l i c h , n a t ü r l i c h , *A* 6, 526. Bes. *b*) zur Erregung der Aufmerksamkeit od. Hervorhebung von etw., das als seltsam od. auffallend bezeichnet werden soll, 'man denke nur!' 'o sieh doch!' 'o Wunder!' ter sunt conati inponere Pelio Ossam scilicet, atque Ossae frondosum involvere Olympum, man erstaunt schön, sich den Ossa auf dem Pelion zu denken: aber, o Wunder! auf den Ossa wird noch ein dritter Berg hinaufgewälzt, *G* 1,282; vgl. *G* 1, 493. 2, 245 u. 534. 3, 266. *A* 6, 750. *c*) mit iron. Färbung, v e r s t e h t s i c h , e t w a , wohl, bes. in der unwilligen Frage, sc. exspectem? soll ich vielleicht harren, bis usw., *A* 12, 570. sc. haec Spartam incolumis aspiciet? diese soll wohl sehen? *A* 2, 577. sc. is superis labor est, das ist also der Götter Geschäft, *A* 4, 379.

scilla, ae, *f.* (σκίλλα), die M e e r z w i e b e l , *G* 3, 451.

scindo, scĭdi, scissum, ĕre (σχίζω), 1) trenne hauend od. reiſsend einen festen Körper (mit dem Nebenbegr. der Gewalt), z e r r e i ſs e , pallam, *A* 8, 702. crines, *A* 12, 870. quercum, 'spalte', *A* 7, 510. fissile lignum, robur, *G* 1, 144. *A* 6, 182. aequor ferro, reiſse od. breche den Boden (mit dem Pfluge) auf, *G* 1,50. terram, *G* 3, 160. dcht., viam per terga, 'bahne', *A* 10,765. vallum ferro, zerstöre, *A* 9, 146. se sc. in etc., sich spalten, *A* 1, 161 u. 587. Part. mit griech. Akk., 'scissus comam', mit zerrissenem Haar, *A* 9, 478. 2) übtr., trenne, t e i l e , genus amborum scindit se ab uno sanguine, beider Geschlecht zweigt sich aus demselben Geblüte ab, *A* 8, 142. Pass. medial, scindi studia in contraria, sich in entgegengesetzte Meinungen zerteilen (v. Pers.), *A* 2, 39.

scintilla, ae, *f.*, F u n k e des Feuers, *A* 1, 174. Plur., *A* 12, 102.

scintillo, āre (scintilla), sprühe Funken, flackere, v. Öle, *G* 1, 392.

scĭo, scīvi, scĭtum, īre, 1) weiſs, kenne, lerne kennen, habe Kenntnis von etw., alqd, *Ä* 3, 380; vgl. *Ä* 5, 788. dolos, erfahre, werde innc, *Ä* 1, 682. scire potestates herbarum maluit, wollte lieber sich Kenntnis verschaffen von den Kräften dcr Kräuter, *Ä* 12, 396. m. Akk. u. Inf., *Ä* 3, 602. 12, 794. m. Relativs., *B* 8, 43. *Ä* 12, 143. 2) weiſs, verstehe, kann, m. Inf., dare habenas, *Ä* 1, 63; vgl. *Ä* 5, 131. *G* 4, 489.

Scĭpĭădēs, ae, *m.* (Scipio), einer aus der Familie der Scipionen, ein Scipiade, Scipiadae gemini, die beiden Scipionen, d. i. P. Corn. Scipio Africanus der ältete u. der jüngere, von denen jener in der Schlacht bei Zama (202 v. Chr.) den Hannibal besiegte, dieser Karthago zerstörte (146 v. Chr.), *Ä* 6, 843. duri bello, *G* 2, 170.

scītor, āri (Intens. v. scio), erkundige mich nach etw., erforsche etw., *Ä* 2, 105. oracula Phoebi, erhole mir Rat vom Or., befrage das Or., *Ä* 2, 114.

scŏpŭlus, i, *m.* (σκόπελος), herausragende Felsspitze, Fels, oft Plur., *Ä* 1, 166 u. 180. 4, 445. *G* 2, 377. gemini, neben 'rupes', *Ä* 1, 163. von der Höhle des Kakus, *Ä* 8, 192. Bes. *a)* Felstück, Stein, *Ä* 12, 531. *b)* Klippe im Meer, *Ä* 1, 145. 5, 159 u. 864. *G* 3, 261.

Scorpĭŏs, ĭi, *m.* (σκορπίος), Skorpion, Gestirn des Tierkreises, zu dessen Scheren noch die Sterne der jetzigen Wage gerechnet wurden, *G* 1, 35.

scrŏbis, is, *c.*, Grube zum Einpflanzen der Bäume usw., *G* 2, 50. 235. 260. 288.

scrūpĕus, a, um (scrupus, m. 'rupes' verw.), schroff, steil, spelunca, *Ä* 6, 238.

scūtātus, a, um (scutum), mit einem Schilde versehen, beschildet, *Ä* 9, 370.

scūtum, i, *n.* (Wurz. σκῦ in σκῦτος, 'Leder'), länglich viereckiger Schild, *Ä* 1, 101. 3, 273. 7, 722 u. 796. 8, 93 u. ö.

Scÿlācēum, i, *n.*, Stadt an der Ostküste Bruttiums, j. 'Squillace', navifragum (weil ohne Hafen), *Ä* 3, 553.

Scylla, ae, *f.* (Σκύλλα), 1) ein in das Meer sich erstreckender Fels auf der ital. Küste in der Meerenge Siciliens, der Charybdis gegenüber, durch seine Brandungen für die Schiffahrt gefahrvoll, der Mythe nach ein Meerungeheuer, Tochter des Phorkys, mit sechs Drachenschlünden und zwölf scharfen Klauen, deren Leib unten mit halb hervorragenden Hunden und anderen Untieren um-

geben war, in einer Felshöhle den vorbeisegelnden Schiffen auflauernd (vgl. Hom. Od. 12, 85 flgg.), *Ä* 3, 420. 424. 432. 684. 7, 302. dcht. Plur. Kollektivbegr., Gestalten wie die Skylla, *Ä* 6, 286. 2) Tochter des Nisus, *G* 1, 405. 3) Name eines Schiffes, *Ä* 5, 122.

Scyllaeus, a, um (Scylla), zur Skylla gehörig, skylläisch, rabies, *Ä* 1, 200.

scÿphus, i, *m.* (σκύφος), Becher, ziemlich grofs u. mit Henkeln versehen, *Ä* 8, 278.

Scÿrĭus, a, um, aus Skyros, einer Insel des ägäischen Meeres, östlich von Euböa, Geburtsort des Pyrrhus, jetzt 'Skyro', pubes, Krieger des Pyrrhus, *Ä* 2, 477.

Scÿthĭa, ae, *f.* (Σκυθία), in alter Zeit weit ausgedehntes u. nicht fest bestimmtes Land zur Bezeichn. aller Völkerschaften des nordöstl. Europa u. nördl. Asiens, *B* 1, 66. *G* 1, 240. 3, 197. Schilderung der rauhen Klimas und des unfruchtbaren Bodens usw., *G* 3, 349 flgg.

sē, s. sui.

Sēbēthis, thĭdis, *f.*, zum Flusse oder Fluſsgott Sebethus bei Neapolis gehörig, nympha, Tochter des Sebethus, *Ä* 7, 734.

sēcessus, ūs, *m.* (secedo), Abgeschiedenheit, Versteck, longus (tiefer), von einer Bucht, *Ä* 1, 159. in secessu longo sub rupe cavata, fern in der Schlucht und unter gewölbter Felswand, *Ä* 3, 229.

sēcĭus, s. setius.

sēclūdo, clūsi, clūsum, ēre (se u. cludo, d. i. claudo), 1) schlieſse ab, verschlieſse an einem besonderen Orte, carmina antro seclusa relinquit, läſst die (auf den Blättern verzeichneten) Sprüche in der verschlossenen Höhle liegen, *Ä* 3, 446. dcht., nemus seclusum, ein für sich bestehender 'abgeschlossener Hain', *Ä* 6, 704. 2) übtr., sondere ab, entferne, curas, entschlage mich der Sorgen, *Ä* 1, 562.

sēclum, s. saeculum.

sēco, sĕcŭi, sectum, āre, 1) eig.: *a)* schneide (ab), crinem dextrā, *Ä* 4, 704. colla ferro, 'haue ab', *Ä* 9, 331. ense secus, 'schneide aus', *Ä* 12, 389. herbas, *G* 3, 126. viscera in frusta, zerstückle, zerlege, *Ä* 1, 212. *b)* schneide (durch), secta abies, behauene T., 'tannene Bohle', *Ä* 2, 16. sectum robur, eichene Balken, *Ä* 6, 214. sectus elephantus, geschnitztes Elfenbein, elfenbeinernes Schnitzwerk, *Ä* 3, 464. *b)* schneide, verletze, v. Dornen, corpora, 'ritze', *G* 3, 444. v. Eise, teneras plantas, *B* 10, 49. 2) übtr.: *a)* schneide, trenne, scheide, vom Flusse, 'durchschneide', culta pinguia

Ā 8,63. populos, *Ā* 7, 717. via secta per ambas, durch beide begrenzte Bahn, *G* 1, 238. via secto lemite, ein Gang mit durchschnittener Abgrenzung, d. i. mit sich kreuzendem Quergang, *G* 2, 278. *b*)(dcht.) von der Bewegung durch einen Raum hin, durchschneide, -laufe, -segle, -fliege, agmen curru, *Ā* 10, 440. Libycum mare, durchschwimme, *Ā* 5, 595. pectore pontum, *Ā* 9, 103. von Schiffenden, fluctus, *Ā* 5, 2. 10, 222. fugā aequora, *Ā* 5, 218. 10, 166; vgl. *Ā* 8, 96. v. Fliegenden, aethera pinnis, *G* 1, 406. ventos, *Ā* 4, 257. vom Speere, auras, *Ā* 12, 268. viam, durchschreite, nehme den Weg zurück, ad naves, *Ā* 6, 900; 'breche mir Bahn', *Ā* 12, 368. v. der Iris, secuit sub nubibus arcum, eilte im Fluge auf dem Regenbogen dahin, *Ā* 5, 658. 9, 15. bildl., spem, durchschneide gleichs. das Hoffnungsmeer, d. i. verfolge den Weg, den die Hoffnung zeigt, *Ā* 10, 107.

sĕcrētŭs, a, um (eig. Part. v. secerno), 1) abgesondert, getrennt, von Pers., flumine, *Ā* 8, 610. pii (die im Elysium einen besonderen, abgeschiedenen Bezirk inne hatten), *Ā* 8, 670. Troades (weil als Frauen nach alter Sitte von den Spielen ausgeschlossen), *Ā* 5, 613. prädikat. st. des Adv. 'secreto', 'heimlich', *Ā* 4, 494. 2) entlegen, entfernt, einsam, domus, sedes, *Ā* 2, 299 u. 568. 7, 774. secreti fluminis unda, entlegener Teil des Flusses (Tiber), *Ā* 3, 389. arva, (v. stillen Aufenthaltsort der Kriegshelden im Elysium), *Ā* 6, 478. Sbst., secretum, i, *n.*, Einsamkeit, einsamer od. geheimer Ort, von der Höhle der Sibylle, *Ā* 6, 10. Plur., Wohnung im Innern des Hauses, 'Gemach', *Ā* 8, 463. geheime Behausung, inneres Geklüft des Proteus, *G* 4, 403.

sĕctor, āri (Intens. v. sequor), verfolge, jage, apros, *B* 3, 75.

sĕcŭlum, s. saeculum.

sĕcundo, āre (secundus), begünstige, beglücke, incepta, kröne das Unternehmen durch einen glücklichen Ausgang, *Ā* 7, 259. eventus, glücklichen Erfolg gewähren, *G* 4, 397. visus, lenke, wende zum Glücke oder Heile, *Ā* 3, 36.

sĕcundŭm, Präp. m. Akk., längs, entlang, flumina, *G* 3, 143.

sĕcundŭs, a, um (sequor), 1) folgend, *a*) eig., der zweite, mensa, 'Nachtisch', *G* 2, 101; zweiter Opferschmaus (zu Ehren des Herkules, dem am Morgen und Abend ein Opfer gebracht wurde), *Ā* 8, 283. *b*) übtr., der nächste, zweite (im Range od. Werte), locum tenere virtute secundum, *Ā*

5, 258. von Pers., 'nachstehend', haud ulli virtute secundus, *Ā* 11, 441. 2) leicht folgend, secundo amni, fluvio, mit der Strömung des Flusses, den Fluſs hinab, stromabwärts, *G* 3, 447. *Ā* 7, 494. curru secundo, dem schnell dahineilenden Gespanne (weil es keinen Widerstand mehr findet), *Ā* 1, 156. *b*) übtr.: *α*) v. Winde, günstig (*ἴκμενος οὖρος*, Hom. Od. 2, 420), *Ā* 3, 529 u. 683. 5, 32. dcht., secundi sinus, günstiger Wind, der die Segel schwellt, *Ā* 3, 455. *β*) begünstigend, beifällig, fremitus, *Ā* 5, 338. secundo clamore, rumore, unter freudigem, lautem Geschrei, Rufe, *Ā* 5, 491. 8, 90. 10, 266. secundis dis, von Göttern begünstigt, *Ā* 8, 682; vgl. *Ā* 4, 45. secundo Marte, im Glücke des Kampfes, *Ā* 10, 22. 11, 899. haruspex, ein heilverkündender Seher, d. i. ein Priester der verkündet, daſs das Opfer glücklich ausgefallen sei, *Ā* 11, 739. vires, die den Erfolg begünstigen, einen glücklichen Erfolg herbeiführen, *Ā* 2, 617. fortuna, Glück (Gegs. 'adversa'), *Ā* 9, 282. res, bessere Zeiten, *Ā* 1, 207. dcht., pede secundo, mit günstigem Schritt, *Ā* 8, 302. 10, 255.

sĕcūris, is, *f.* [Akk. 'securim', *Ā* 2, 224, 'securem', *Ā* 11, 656 *Ribb.*] (seco), Beil, Axt (zu verschiedenen häusl. Verrichtungen), *Ā* 6, 180. zum Fällen des Holzes, *Ā* 7, 510. häuf. zum Kampfe, 'Streitaxt', *Ā* 7, 184 u. 627. 11, 656. 12, 306. zum Schlachten der Opfertiere, *Ā* 2, 224. Bes. 'Beil' (der Liktoren) zum Hinrichten der Verbrecher, dcht., saevus securi Torquatus (weil er seinen eigenen Sohn hinrichten lieſs), *Ā* 6, 824. bildl., als Zeichen der Oberherrschaft, *Ā* 6, 820.

sĕcūrŭs, a, um (untrennbare Präp. 'se', st. 'sine', u. 'cura'), sorgenfrei, 1) eig., v. Pers., sorgenlos, bes. von dem, der die schuldige und gebührende Rücksicht nicht nimmt, 'unbekümmert', *Ā* 1, 290. m. Gen., amorum germanae, ohne Rücksicht auf die Liebe seiner Schwester zu ihrem Gatten, *Ā* 1, 350. amorum, unberührt (als Toter) von der Liebe zu schönen Jünglingen, derselben nicht mehr gedenkend, *Ā* 10, 326. pelagi atque mei, gesichert vor dem Meere und mir (d. i. vor meiner Rache), *Ā* 7, 304. 2) übtr., v. Lebl., sorgenfrei, heiter, sicher, quies, *G* 2, 467. otia, *G* 3, 376. latices, kummerstillend, *Ā* 6, 715.

sĕcŭs, Adv., anders, nicht so, oft mit der Neg. 'haud' oder 'non', nicht anders, ganz so, *a*) übb., *Ā* 2, 282. non s. ac iussi, ganz so, wie ich gebot, *Ā* 3, 236. *b*) in der Vergleichung, haud secus,

Ä 12, 9. Bes. zur Einführung derselben, 'non' od. 'haud s. ac (atque) si', nicht anders als, ganz so wie wenn, *Ä* 8, 243 u. 391. 10, 272. 11, 456. ohne 'si', *Ä* 12, 856. haud s. quam si, *Ä* 12, 124. **sĕd**, Konjkt. [gew. zu Anf., bei Vergil öfter nach einem od. mehreren Wörtern, wie *Ä* 1, 353. 3, 37 u. 586. 5, 5] (v. 'se' d. i. 'sine'; vgl. 'setius'), 1) aber, allein, *a*) zur Beschränkung, Berichtigung od. Ausschliefsung, *Ä* 1, 60 u. 135. 2, 10. auch 'sed tamen', *B* 9, 55. 'sed autem', beim Staunen u. Mifsbilligen dessen, was man selbst thut, *Ä* 2, 101. sed enim, 'aber ja', 'aber freilich', sed enim . . . audierat, *Ä* 1, 19. Tydides sed enim etc., *Ä* 2, 164. sed enim . . . hebet, *Ä* 3, 395. sed enim . . . resolvit, *Ä* 6, 28. *b*) beim Abbrechen der Rede, *Ä* 2, 101. 5, 195. *c*) bei der Rückkehr zu dem früher Gesagten nach Unterbrechung durch Zwischensätze, doch, aber, also, sed me fata etc., *Ä* 6, 511 u. 628. *B* 3, 9. 2) nach der Negat. 'non' oder 'nec', sondern, *Ä* 1, 139. 2, 288. 3, 173. haud furto melior, sed etc., *Ä* 10, 735.

sēdĕo, sēdi, sessum, ēre [Perf. 'sēdi' auch zu 'sido' gehörig, w. s.] (Wurz. *ἑδ* in *ἕζομαι, ἵζομα, ἕδος*), *a*) übh., 1) sitze, ruhe, im Gegs. der Bewegung od. Thätigkeit, *a*) übh., in mediis, *Ä* 11, 237. in limine, *Ä* 4, 473. in bustis, *Ä* 12, 864. od. m. bl. Abl., sede, *Ä* 7, 193. vestibulo, *Ä* 6, 575. circum altaria, *Ä* 2, 517. per iuga, *Ä* 6, 411. *b*) prägn., *a*) sitze zu Pferde (equo), 'reite', *Ä* 11, 693. *β*) habe einen Sitz oder Aufenthalt, celsā arce (v. Äolus), *Ä* 1, 56. *γ*) sitze ruhig oder unthätig irgendwo, weile einsam, verweile, portu, *Ä* 7, 201. valle, *Ä* 9, 4. wiederholt, sedet aeternumque sedebit (um das Beständige hervorzuheben), *Ä* 6, 618. v. ruhigen Ausharren, circum castella, *Ä* 5, 440. v. dem, der am Kampfe sich nicht beteiligt, mit 'specto' verb., *Ä* 12, 15. Mit dem Nebenbegr. der Trägheit u. Sorglosigkeit, *G* 3, 456. 2) übtr. *a*) von Dingen, sitzen, haften, inguine, *Ä* 10, 785. *b*) v. Abstr., fest sitzen, fest bleiben, si . . . sedet hoc animo, d. i. wenn dies (dieser Entschlufs) bei dir feststeht, *Ä* 2, 660. si mihi non animo fixum immotumque sederet, m. flg. 'ne' etc., d. i. stünde es nicht unumstöfslich fest bei mir usw., *Ä* 4, 15. ubi certa sedet patribus sententia, sobald der Entschlufs zum Kampf fest steht bei den Vätern, *Ä* 7, 611; vgl. *Ä* 11, 551. idque si sedet Aeneae, und wenn dies will (nachh. 'probat'), *Ä* 5, 418. idque si sedet, und wenn dies feststeht, *Ä* 7, 368.

sēdēs, is, *f.* (sedeo), 1) Sitz, Sessel, patria, 'Thron der Ahnen', *Ä* 7, 193. 2) Wohnsitz, Wohnplatz, Wohnung, Aufenthalt, *a*) übh., der Götter (*ἕδος*) u. leb. Wesen, oft auch Plur., patria, 'Vaterhaus', *Ä* 2, 634; vgl. *Ä* 1, 270. 7, 229 u. 255. 8, 463. sacrata Cereris, Tempel, *Ä* 2, 742. Sibyllae, *Ä* 3, 452. Plur., v. Tempel der Minerva, *Ä* 2, 232. hae sacris sedes epulis, dieser (Tempel) diente als Halle für den heiligen Schmaus, *Ä* 7, 175. superae, himmlische Sitze, 'Götterpalast', *Ä* 11, 532. sacra (v. Altar), *Ä* 2, 525. Priami, Euandri, 'Herrschersitz', 'Residenz', *Ä* 2, 437. 9, 9. superbae, Paläste, *Ä* 2, 785. tantae, m. 'domus' verb., ein Besitztum von solchem Umfange, so sei reiche, stattliche Besitzung, *Ä* 7, 52. secretae, verborgene Stelle, Versteck, *Ä* 7, 775. siderea, sternumstrahlter Palast, *Ä* 10, 3. *b*) Sitz, d. i. 'Ruhestätte' der Toten, 'Grab', 'Ruhe' (sofern der Tote vor der Bestattung nicht zur Ruhe kam, sondern als Schatten um den Leichnam oder am Styx umherirrte), *Ä* 6, 152. 328. 371. 7, 3. quietae, *Ä* 1, 205. placidae, *Ä* 6, 371. beatae, Wohnungen der Seligen, *Ä* 6, 639. infernae, 'Unterwelt', *Ä* 8, 244. ähnl.: Tartareae, *Ä* 8, 667. 3) Sitz, Stelle, Stätte, Boden, Grund, urbis, *Ä* 8, 479. Tarpeia, der tarpejische Fels, *Ä* 8, 347. Pelori, *Ä* 2, 687. Corythi, *Ä* 7, 209. imae, die untersten oder tiefsten Gründe des Meeres, *Ä* 1, 84; vgl. *Ä* 2, 465. medicatae, *G* 4, 65. totam a sedibus eruere urbem, 'von Grund aus' (funditus), *Ä* 2, 611.

sēdīlĕ, is, *n.* (sedes), Sitz, Sitzplatz, gramineum, *Ä* 8, 176. Plur., *Ä* 1, 167. *G* 4, 350. von den Ruderbänken, *Ä* 5, 837.

sēdītĭo, ōnis, *f.* (sed-itio), Trennung, bes. Aufstand, Aufruhr, Meuterei, *Ä* 1, 149. seditione potens, mächtig im Aufruhrstiften, *Ä* 11, 340.

sēdo, āre (Kausativ. v. sedeo), bringe zum Sitzen, 1) bringe zur Ruhe, beruhige, sedati amnes, *Ä* 9, 90. 2) übtr., beruhige, beschwichtige, sedato corde, mit ruhigem Herzen, *Ä* 12, 18. sedato pectore, mit ruhigem Mut, *Ä* 9, 740.

sē-dūco, duxi, ductum, ēre, führe beiseite, trenne, animā artus, *Ä* 4, 385.

sĕgĕs, gĕtis, *f.*, Saat, 1) eig.: *a*) Saat (auf dem Felde bis zur Reife), *G* 1, 1 u. 47. *B* 1, 71. *Ä* 2, 304. 3, 142. 7, 808. *b*) was gesät oder gepflanzt ist, Saat, m. Gen., lini, avenae, *G* 1, 77 u. 212; vgl. *G* 1, 270. dcht. von den Weinreben, 'Pflanzung', *G* 2, 411. prima, junger Anwuchs, erste Spröfslinge der Reben (arbores),

G 2, 267. 2) (dcht.) übtr., Saat, von einer dichten Menge, ferrea (telorum), *Ā* 3, 46. 12, 663. atra, *Ā* 7, 526.

segnis, e, unthätig, säumig, träge, schlaff, 1) v. Leb., *Ā* 5, 173. 9, 787. 10, 700. 11, 736. 12, 565. 'ohne Anstrengung', d. i. ohne zu rudern, *Ā* 8, 549. oft mit der Neg. 'haud', *Ā* 3, 513. 4, 149. 7, 383. 8, 414. segnior annis, von Jahren ermattet, *G* 3, 95. prolept., nec corpora solvunt segnes, von den Bienen, d. i. so dafs sie träge werden, *G* 4, 198. 2) v. Lebl.: *a*) v. Konkr., t r ä g e, campus, erschöpfte Flur, *G* 1, 72. carduus (nachh. 'sterilis'), *G* 1, 151. non s. Bacchus, *G* 2, 275. *b*) v. Abstr., mora, mässiges Zögern, Säumigkeit, *Ā* 10, 308; Plur. 'morae', *G* 3, 42. sententia, 'träger Entschlufs', *Ā* 11, 21.

segnĭtĕr, Adv. (segnis), lafs, säumig, Komp., non segnius, *Ā* 12, 525.

segnĭtĭĕs, ēi, *f.*, T r ä g h e i t, sera, säumige, *Ā* 2, 374.

Sĕlīnus, nuntis, *f.* (Σελινοῦς), Stadt auf der Südküste Siciliens, nicht weit von Lilybäum, reich an Zwergpalmen, palmosa, *Ā* 3, 705.

sella, ae, *f.* (assimiliert aus 'sedecula', 'sedula', v. sedeo), Sessel, regni, Königssitz, Thron, *Ā* 11, 334.

sēmĕl, Adv. (verw. m. 'sim-plex'), 1) é i n m a l, ein einziges Mal, *Ā* 8, 481. 6, 487. 9, 140. 11, 412. 2) prägn., e i n für alle mal, für immer, *Ā* 11, 418 ('simul' *Ribb.*).

sēmĕn, mĭnis, *n.* (St. 'se' in 'sero', sēvi), 1) S a m e des Getreides und anderer Gewächse, *G* 1, 104. 2, 302. dah. *a*) Pflänzling, Setzreis, *G* 2, 317 u. 354. bes. der Rebe, *Ā* 2, 268 u. 302. *b*) alles, worin der Keim zu etwas liegt, semina coacta, Urstoffe od. Atome (näml. Erde, Luft, Wasser u. Feuer nach Epikur), aus denen sich alles entwickelt, *B* 6, 32. flammae, der schlummernde Funke, *Ā* 6, 6. 2) übtr., v. tierischen Samen, 'Stamm', 'Geblüt' (σπέρμα), aetherium (himmlisch, weil von einem Sonnenrosse abstammend), *Ā* 7, 281. Plur., saeva leonum, wildes Geschlecht, Gezücht, *G* 2, 152. von den Samen od. den Keimen aller lebenden Wesen (sofern sich in ihnen Teile des Weltgeistes befinden), *Ā* 6, 731.

sēmentis, is, *f.* (sero), Saat, Aussaat, *G* 1, 230.

sēmēsus, a, um (semi u. 1. edo), halbverzehrt, 'benagt', praeda, ossa, *Ā* 3, 244. 8, 297.

sēmĭănĭmis, e [bei Vergil durch Synizesis viersilb., gleichs. 'semjānĭmis']

(semi u. anima), halbentseelt, halbtot, *Ā* 4, 686. 10, 396 u. 404. 12, 356.

sēmĭfĕr, fĕra, fĕrum (semi u. ferus), halbwild, pectus (des Halbtieres Triton, der halb Fisch war), *Ā* 10, 212. Sbst., semifer, fĕri, *m.*, der Halbwilde, *Ā* 8, 267.

sēmĭ-hŏmo, mĭnis, *m.*, Halbmensch, d. i. wilder Mensch, Cacus, *Ā* 8, 194 (wo 'semihominis' viersilb.).

sēmĭnĕcĭs, nĕci [Nom. ungebr.] (semi u. nex), halbtot (ἡμιϑνής), *Ā* 5, 275. 9, 542. 455. 10, 462. 12, 329.

sēmĭno, äre (semen), t r e i b e oder b r i n g e h e r v o r, quod (viscum) non sua seminat arbos (von der Mistel, die nicht von dem Baume, auf dem sie wächst, stammt, da der Same von Vögeln dahin gebracht wird), *Ā* 6, 206.

sēmĭpŭtātus, a, um (semi u. puto), halbbeschnitten od. geschneitelt (da man die an Ulmen gezogenen Weinreben 'zweimal' jährlich schneitelte), vitis, *B* 2, 70.

sēmĭta, ae, *f.* ('semi', ἡμι st. ἡμισύ), abgetrennter schmaler Fufsweg oder Fufssteig, Pfad, Seitenweg, *Ā* 1, 418. 9, 383. 11, 524. der Ameisen, opere omnis semita fervet, hart geht auf dem ganzen Wege das Geschäft her, d. i. der ganze Weg wimmelt von geschäftigen Ameisen, *Ā* 4, 407.

sēmĭustus, s. jetzt 'semustus'.

sēmĭ-vĭr, i, *m.*, eig. ein halber Mann, übtr., unmännlich, weibisch, Phryx, *Ā* 12, 99. dcht. attrib., semivir comitatus (mit Anspielung auf die Galli, die Priester der Kybele, wie übh. phrygische Kleidung von den Römern verspottet wurde), *Ā* 4, 215.

sempĕr, Adv. ('sem', d. i. semel u. 'per'), *a*) immer, stets, *Ā* 1, 609 u. ö. *b*) immer bisher, *B* 1, 53. 6, 15. *c*) jedesmal, *G* 1, 481. *Ā* 5, 49.

sēmustus, a, um (semi u. uro), halb verbrannt, verkohlt, robora, *Ā* 5, 697. busta, *Ā* 11, 200. semustum fulmine corpus, *Ā* 3, 578.

sĕnātus, ūs, *m.* (senex), R a t d e r A l t e n, Senat, *Ā* 1, 426. pauper (zur Bezeichnung der Urzeit), *Ā* 8, 105.

sĕnecta, ae, *f.* (senex), Greisenalter, hohes Alter, Alter übh., *Ā* 5, 395. 6, 114. 10, 192. 11, 165. *G* 1, 186 u. ö.

sĕnectus, tŭtis, *f.* (senex), Greisenalter, hohes Alter, *Ā* 5, 416. 6, 304. 7, 440. 8, 508. 9, 610 u. ö. *G* 3, 67. Personif., tristis, *Ā* 6, 275.

sĕnex, sĕnis, 1) Posit., alt, bejahrt, bes. sbst., *m.*, der Alte, der Greis, *G* 2, 135. longaevus, *Ā* 5, 715. Saturnus, *Ā* 7, 180. 2) Komp. **sĕnĭŏr**, ōris, älter, be-

jahrter, *Ä* 12, 401. chorus, *Ä* 5, 823.
Latinus, *Ä* 7, 46. als gemilderter Positiv, wie unser 'ältlich', *Ä* 5, 301. 409 u. 573.
G, 304. dcht. sbst., der 'Alte', der 'Greis' (eig. im Alter weiter vorgeschritten als die meisten), *Ä* 2, 509 u. 692. v. Tiberinus (weil die Flufsgötter gew. als Greise gedacht und abgebildet wurden), *Ä* 8, 32.

sēni, ae, a (sex), Distributivzahl, je sechs, sechs, bis seni dies, zwölf, *B* 1, 43. bis seni cycni, *Ä* 1, 393. pueri bis seni, *Ä* 5, 561.

sensūs, ūs, *m.* (sentio), 1) Empfindung, Gefühl, Sinn, *Ä* 10, 642. *G* 2, 247. 2) der innere Sinn, Gefühl, Gesinnung, *Ä* 4, 22. 408. 422. varii, *Ä* 12, 914. aethcrius, die ätherische Stimmung (als Zustand der Seele), *Ä* 6, 747.

sententīa, ae, *f.* (sentio), 1) Gesinnung, Gedanke, Eutschlufs, Vorhaben (γνώμη), *Ä* 1, 260 u. 582. 4, 287. 9, 191. 11, 21. 12, 238. certa est sententia Turno, m. Inf., es ist fest von T. beschlossen, *Ä* 10, 240. 2) Meinung, Ansicht, die mau ausspricht, *Ä* 11, 222. Meinung anderer, die mau zu erfahren wünscht, *Ä* 3, 59. quae sit magno regis sententia bello, welches seine Meinung, sein Urteil sei bei der Gröfse des Krieges, *Ä* 11, 295.

sentīo, sensi, sensum, īre, *a)* empfinde, fühle, werde inne, merke, m. Akk. u. Inf., *Ä* 1, 124. sensit ferri (eum, d. i. Euryalum), *Ä* 9, 354. mit Nom. u. Part., sensit delapsus in hostes (st. se delapsum esse), *Ä* 2, 377. Bes. vom Seher, der innerlich empfindet oder gewahrt, gleichs. mit geistigem Ohr durch Inspiration vernimmt, 'verstehe', 'deute', numina Phoebi, tripodas, sidera, *Ä* 3, 360. *b)* prägn., fühle etw. Unangenehmes od. Lästiges, sentiat, et tandem Turnum experiatur in armis, er soll es empfinden und soll sehen, was es heifst mit dem T. zu kämpfen, *Ä* 7, 434. auch v. lebl. Subj., wie von Flüssen, alnos cavatas, die Last der Erle fühlen, d. i. beschifft od. befahren werden, *G* 1, 136.

sentis, is, *m.*, Dorn, Dorngestrüpp, Dornhecke, Dorngebüsch, bei Vergil nur Plur., *Ä* 2, 379. 9, 382. *B* 4, 29. *G* 2, 411.

sentus, a, um (sentis), dornig, rauh, loca senta situ, verwilderte Öden, *Ä* 6, 462.

sepelio, pĕlīvi, pultum, īre (St. 'sep', wov. durch Umlaut 'so-por', 'sopio'), eig. bringe zur Ruhe, 1) begrabe, bestatte, *Ä* 3, 41. 4, 34. 2) begrabe od. versenke gleichs. in etwas, Pass., somno vinoque sepultus, in Wein u. Schlum-

mer, *Ä* 2, 265. 3, 630. abs., custode sepulto, da der W. betäubt war, *Ä* 6, 421.

sēpēs, sēpīo, s. saepes, saepio.

septem, Zahlw. (ἑπτά), sieben, *B* 2, 36. *G* 2, 535 u. ö. *Ä* 1, 71. 170 u. ö.

septem-gēmīnus, a, um, siebenfach, Nilus, siebenarmig, *Ä* 6, 800.

septemplex, plĭcis (septem u. plico), siebenfach, clipeus, aus sieben Lagen von Rindshaut bestehend, *Ä* 12, 925.

septemtrĭo, s. trio.

septēni, ae, a (septem), Distributivzahl, je sieben, übh. sieben, *Ä* 8, 448. 10, 329. septena corpora natorum, sieben Söhne (Jünglinge) uud sieben Töchter (Jungfrauen), *Ä* 6, 22. auch mit der Kardinalzahl 'septem' in gleicher Bedeutung wechselnd, *Ä* 5, 85.

septīmus od. **septŭmus,** a, um (septem), der siebente, *Ä* 1, 755. *G* 1, 234 u. ö.

sēptum, s. saeptum.

sĕpulchrum, i, *n.* (sepelio), *a)* Grab übh., *Ä* 2, 646. 3, 67. Plur., *B* 8, 98. Ort zur Verbrennung des Leichnams, 'Leichenstätte', ara sepulchri, Scheiterhaufen, *Ä* 6, 177. *b)* Grabhügel, Grabmal, *Ä* 6, 232. 10, 558. auch aus Pietät den im Kriege od. auf dem Meere umgekommenen Freunden, deren Körper man nicht erlangen konnte, errichtet, 'Kenotaph', *Ä* 9, 215.

sĕquax, quācis (sequor), leicht folgend, undae, die sich drängenden Wogen, 'Wogengedränge', *Ä* 5, 193. flammae, beweglich, geschmeidig, *Ä* 8, 432. fumi, 'eindringend', 'sich verbreitend', *G* 4, 230. capellae, nachgehend, nachstellend (näml. dem zarten Laube der Weinstöcke, fast gleichbedeutend m. dem fig. 'avidus'), *G* 2, 374. Latium, die verfolgenden Latiner und Rutuler, *Ä* 10, 365.

sĕquester, stra, strum (secus), vermittelnd, pace sequestrā, durch Vermittelung, unter dem Schutze des Friedens, *Ä* 11, 133.

sĕquor, sĕcūtus sum, sēqui [secuntur, d. i. sequuntur, *Ä* 1, 185 u. 747. 10, 487 *Ribb.* u. *Haupt*. Gen. Plur. Part. sequentum, *Ä* 6, 200. 9, 394] (St. ἐπ st. σεπ in ἕπω, ἕπομαι, 'sequ-or'), folge, 1) eig.: *a)* folge nach, begleite, schliefse mich an jmd. an, α) v. Leb., alqm, *Ä* 2, 350. 9, 162. patrem, *Ä* 2, 724. alqm in bella, *Ä* 8, 547. magistrum (von der Herde), *Ä* 12, 719. vestigia, *Ä* 2, 754. signa sequantur, sie sollten um die Fahnen sich scharen, *Ä* 10, 258. dcht., oculis nubem, *Ä* 8, 592. abs., *Ä* 8, 688. 9, 466. 12, 677. auch mit dem Zus. 'a tergo', *Ä* 1, 185. β) von Sachen u. Abstr.,

24*

folge, begleite, sequitur de cortice sanguis, strömt, *A* 3, 33. v. Zweige, den man abbrechen soll, volens facilisque sequetur, *A* 6, 146. sanguis animusque sequuntur, Blut und Leben entfliehen, *A* 10,487. immundus sudor membra sequebatur, widriger Schweifs brach hervor, *G* 3,564. *b*) folge feindlich, verfolge, alqm hastā, *A* 11,674. alqm face ferroque, *A* 4, 626. iaculo, *A* 12, 354. lupum (v. Löwen), *B* 2, 63. dcht. v. Boreas, fluctus ad litora, die Wellen bis zum Gestade hin verfolgen od. wälzen, *A* 12, 366. abs. v. Geschossen, *A* 6, 110. *c*) folge der Reihe od. Zeit nach, von Pers. u. Sachen, alqm od. alqd, *A* 6,816. 9, 299 u. 504. abs., *A* 10, 738. 11, 271. *d*) gehe nach einem Orte, suche einen Ort auf, 'suche wohin zu gelangen', 'umspähe' u. dgl., avia cursu, gehe in Eile abwegs, *A* 2, 737. Italiam, *A* 4, 361 u. 381. per mare, *A* 5, 629. extrema pelagi, gelange bis an die Grenzen des Meeres, *A* 8, 333. Auroram, ziehe mit dem Heere ostwärts, nach dem Orient, *A* 7, 606. pinnis astra, richte nach den Gestirnen den Flug, *A* 12, 893. sidera voce, erhebe mich singend zu den Sternen, *A* 10, 193.
2) übtr.: *a*) folge (nach), begleite, v. Worten, *A* 12, 912. v. Rufe, Glücke usw., alqm, *B* 6, 74. *A* 6, 655. prolem, *A* 6, 756. abs., si fortuna sequatur, wenn das Glück ihn (sein Unternehmen) begünstige, *A* 8, 15; ähnl. *A* 4, 109. hāc Troiana tenus fuerit fortuna secuta, möge bis hierher das Geschick der Troër gefolgt sein, d. i. möge nun ihr Elend sein Ende erreichen, *A* 6, 62. prägn., v. Mitteln zur Verbesserung der Fruchtbäume, 'anschlagen', 'gedeihen', *G* 2, 52. *b*) folge, richte mich nach etw., gehorche, omnia magna, gern folge ich so grofser Verheifsung, *A* 9,21. responsa, *A* 10,33. ducis exemplum eventumque, eifere dem glücklichen Vorbilde des Führers nach, *A* 11, 758. exempla, praecepta, *G* 4, 219 u. 448. meliora, dem bessern Glücke, *A* 3, 188. arma victricia, halte es mit dem Sieger, schliefse mich dem S. an, *A* 3, 54. *c*) befolge etw., gehe einer Sache nach, trachte od. strebe nach etw., cytisum, *B* 2, 64. maiora, *G* 2,434. Hermionen, bewerbe mich um H., *A* 3,327. ferro extrema, falle vom eigenen Stahl, *A* 6, 457. quidve sequens tantos possim superare labores? oder was mufs ich befolgen, thun, um so grofse Not zu besiegen? *A* 3, 368. *d*) verfolge etw. in der Rede weiter, *a*) fasse ins Auge, halte mich an etw., summa fastigia rerum, *A* 1, 342. quid maiora sequar? was soll ich den Nutzen gröfserer Bäume anführen (da schon die kleineren so grofsen Vorteil gewähren)? *G* 2, 434. *β*) erwidere, entgegne auf jmds. Worte, dicta (Latini) voce, *A* 7, 212. abs., folge jmdm. beim Beschwören eines Bündnisses, *A* 12, 195.

sĕrēno, āre (serenus), mache heiter, erheitere, voltu caelum tempestatesque (v. Juppiter als Wettergott), *A* 1, 255. übtr., spem fronte, zeige, erwecke Hoffnung auf heiterer Stirn, *A* 4, 477.

sĕrēnus, a, um, heiter, klar, hell, 1) eig., caelum, *A* 3, 518. 5, 851. *G* 1, 260. regio caeli, *A* 8, 528. pars caeli, *A* 9, 360 (*Haupt* u. *Schap.*). pelagus, *A* 5, 870. ver, nox, *G* 1, 340 u. 426. aestas, *A* 6, 707. nubes, die regenlose, *G* 1, 461. Subst., serenum, i, *n.*, heiterer Himmel, *A* 5, 851 (*Ribb.*). Plur., 'serena', ōrum, *n.*, 'heiteres Wetter', *G* 1, 393. 2) übtr., heiter, freundlich, voltus, *A* 2, 285.

Sēres, um, *m.* (Σῆρες), Volk im westl. Centralasien (etwa im heutigen Tibet od. westl. China), ber. durch Verfertigung feiner und durchsichtiger Kleiderstoffe aus der Wolle der im tropischen Asien im Altertume häufig wachsenden Baumwollenstaude (gossypium), dah.: velleraque ut foliis depectant tenuia Seres, *G* 2, 121.

Sĕrestus, i, *m.*, ein Troër, Gefährte des Äneas, *A* 1, 611. 5, 487. 9, 171. 10, 541. 12, 561.

Sergestus, i, *m.*, ein Gefährte und Steuermann des Äneas, *A* 1, 510. 4, 288. 5, 121. 184 flg. 203. 272. 282. 288. 12,561.

Sergĭus, a, um, Name eines röm. Geschlechts, zu welchem Katilina gehörte. Sergia domus, *A* 5, 121.

sĕrĭēs, ēi, *f.*, Reihe, übtr., rerum (der Thaten), *A* 1, 641.

sĕrĭus, a, um, ernsthaft, ernst, sbst. seria, ōrum, *n.*, 'ernstes Geschäft', *B* 7, 17.

sermo, mōnis, *m.* (sero, reihe an), *a*) das angeknüpfte Gespräch, Unterredung, Rede, *A* 1, 748. 4, 388; vgl. *A* 6, 160. 8, 309 u. 464. 12, 940. *b*) Rede der Menge, Gerede, Gerücht, *A* 12, 22. multiplex, *A* 4, 189. *c*) Rede, Sprache eines Volkes, patrius, *A* 12,834.

sero, sēvi, sătum, ĕre, 1) säe, pflanze, farra, *G* 1, 73. densa, dicht anpflanzen, *G* 2, 275. inter vites corylum, *G* 2, 299. hordea campis, *G* 1, 210. sati dentes, *G* 2, 141. satae messes, *B* 8,99. abs., dubitant homines serere, *G* 2, 433. Au-

runci Rutulique serunt, *Ä* 11, 318. sulco, *Ä* 6, 844. 2) übtr.: *a*) s t r e u e a u s,
rumores, *Ä* 12, 228. multa vario sermone, werfe mancherlei im wechselnden Gespräche hin, *Ä* 6, 160. *b*) v e r -
a n l a s s e, v e r u r s a c h e, e r r e g e, crimina belli, *Ä* 7, 339. *c*) e r z e u g e, v.
Menschen, Part. s ä t u s, a, um, e r -
z e u g t, e n t s p r o s s e n, 'Sohn' od.'Tochter', satus sanguine divom, *Ä* 6, 125. o
sate gente deûm, *Ä* 8, 36. satus Hercu-
le, *Ä* 7, 656., satus Anchisā, Sohn des
Anch., d. i. Äneas, *Ä* 5, 244. satus Ham-
mone, d. i. Iarbas, *Ä* 4, 198. sata Nocte,
Tochter der Nacht, *Ä* 7, 331. 12, 860.

serpens, pentis, *m.* (serpo), eig. jedes
Reptil, bes. S c h l a n g e, *Ä* 2, 214. 5, 91
u. 273. 11, 753. neben 'anguis', *Ä* 7,658.
als Attribut der Furien, *Ä* 12, 848.

serpo, serpsi, serptum, ere (ἕρπω),
1) k r i e c h e, s c h l e i c h e, von der Schlange, agmine longo, *Ä* 5, 91. dcht. v. Epheu,
'sich schlängeln', circum tempora, *B* 8,
13. 2) übtr.. *a*) s c h l e i c h e heran, 'nahe', vom Schlafe, *Ä* 2, 269. *b*) s c h l e i -
c h e, 'verbreite mich allmählich', von
der Seuche, per volgus, *G* 3, 469. v. Gerücht, per agmina, *Ä* 12, 239.

serpyllum od. (*Ribb.*) **serpullum**,
i, *n.* (ἕρπυλλος), Q u e n d e l, T h y m i a n,
B 2, 11. *G* 4, 31.

serra, ae, *f.* (eig. 'secra' v. 'seco'),
S ä g e, arguta, *G* 1, 143.

1. **Serrānus**, i, *m.*, ein Rutuler, *Ä* 9,
335 u. 454.

2. **Serrānus**, i, *m.*, Beiname des C.
Atilius Regulus, Konsul 257 und 250 v.
Chr., bei Vergil mit Anspielung auf die
Ableitung von 'sero', weil er bei der
Ankunft der röm. Abgeordneten, die ihm
die Wahl zum Konsul überbrachten, mit
Bestellung des Ackers beschäftigt war,
obgleich wahrsch. sein Beiname urspr.
'Saranus' lautete, von der umbrischen
Stadt 'Saranum', wie auf Inschriften, *Ä*
6, 844.

sertum, i, *n.* (sero, reihe an), bes. Plur.
serta, ōrum, *n.*, G e w i n d e von Blumen,
K r ä n z e (Guirlanden), *Ä* 1, 417. 4, 202.
B 6, 16 u. 19. 10, 41.

serum, i, *n.*, M o l k e n, *G* 3, 406.

serus, a, um, *a*) s p ä t, nox, *Ä* 7, 16.
requies, *Ä* 9, 482. in seram mortem, bis
spät auf (an) den Tod, *Ä* 6, 569. seros
ignes pervigilat, wacht noch spät bei der
Leuchte, *G* 1, 291. seras in versum distulit ulmos, spätwachsende (deren Ver-
pflanzung andern bereits zu spät schien),
G 4, 144. Neutr. serum u. (Plur.) sera,
als Adv., s p ä t, serum canere, *Ä* 12, 864.
sera comans, *G* 4, 122. *b*) prägn., erst

s p ä t, zu s p ä t, vires, die nicht mehr
ausreichen (zu tapferen Thaten), *Ä* 8,
509. voluptas, von einem spätgeborenen,
im späteren Alter erzeugten Sohne (ὀψί-
γονος, τηλύγετος), d. i. Pallas, *Ä* 8,581.
omina, spät erst erfüllte und so erst
spät verstandene, *Ä* 5, 524. vota, *Ä* 7,
597. seram do quietem, vergönne mir
erst spät Ruhe, *Ä* 8, 30. *c*) dcht. oft
prädikat. st. Adv. (sero), *Ä* 5,524. 7,597.
10, 94. *B* 1, 28.   [284. 9, 546.

serva, ae, *f.* (servus), S k l a v i n, *Ä* 5,
servio, īvi (iī), ītum, īre, d i e n e als
Sklave od. Sklavin, b i n d i e n s t b a r od.
u n t e r t h a n, *Ä* 2, 786. Phrygio marito,
dem Dienste des phryg. Gatten sich weihen, *Ä* 4, 103. von einem Lande, *G* 1, 30.

servitium, iī, *n.* (servio), S k l a v e -
r e i, K n e c h t s c h a f t, *Ä* 1, 285. *B* 1,
40. servitio, im Sklavenstande, als Sklavin, *Ä* 3, 327. auch 'Joch, Dienst' von
Tieren, *G* 3, 168.

servo, āre, 1) eig.: *a*) e r h a l t e, r e t -
te, e r r e t t e, s c h ü t z e, alqm od. alqd,
Ä 1, 546. 3, 86. 5, 382 u. 476. alqm ex
undis, *Ä* 12, 768. *b*) e r h a l t e, b e w a h -
re, s c h ü t z e, alqm od. alqd, *Ä* 5, 30. 7,
3. dcht., falcem, noch bewahren, 'halten', *Ä* 7,179. nomen et arma locum ser-
vant, die Waffenrüstung des Deïphobus
schützt den Ort vor Entweihung u. erhält das Andenken an dich, *Ä* 6, 507. *c*)
s p a r e auf, me rebus secundis, *Ä* 1,207.
gluten, *G* 4, 41. *d*) b e w a h r e, h a b e
i n n e, b e w o h n e, silvas, flumina, ripas,
G 4,383 u. 459. domum et tantas sedes, *Ä*
7,52. limina od. limen, *Ä* 2, 568.6,402. *e*)
b e w a h r e, b e w a c h e, b e h ü t e
(schützend), h ü t e, portas agmine, *Ä* 2,
450. muros milite, *Ä* 9,161. busta, *Ä* 11,
200. flumina (v. den Nymphen), *G* 4, 383.
aquas (v. Charon), *Ä* 6, 298. retia, *B* 3,
75. haedos, *B* 5,12. vestibulum, *Ä* 6,656.
sacros in arbore ramos, *Ä* 4, 485. Pyrrhin conubia servas? bist du mit Pyrrhus ehelich verbunden? *Ä* 3, 319. 2)
übtr.: *a*) b e w a h r e, b e h a l t e b e i, e r -
h a l t e, amorem, *Ä* 2, 789. volnus sub
pectore, *Ä* 1, 36. pudicitiam, *G* 2, 524.
honorem patrium, *Ä* 5, 601. vices, warte
des Dienstes, *Ä* 9,222. aeternum sub pectore (im Innern der Brust) volnus, *Ä*
1, 36. nec Baccho genus (suum) nec pomis sua nomina, *G* 2, 240. v. Speere, tenorem, *Ä* 10, 340. *b*) b e o b a c h t e (gew.
'observo'), a c h t e od. m e r k e a u f etw.,
e r s p ä h e, recursus pelagi, *Ä* 10, 238.
vestigia, *Ä* 2, 711. sidera, *G* 1, 335. *Ä* 6,
338. astra, *Ä* 5, 25. quantum acie pos-
sent oculi servare sequentum, d. i. so
weit vorwärts, dafs die Nachfolgenden

sie leicht im Auge zu behalten vermöchten, *A* 6, 200. Part. m. Gen., servantissimus aequi, das Rechte streng beobachtend, *A* 2, 427. [hundert, *A* 10, 172. **sescenti**, ae, a (sex u. centum), sechs- **sēsē**, s. sui. **sēta**, **sētĭgĕr**, **sētōsus**, s. saeta etc. **sētĭus**, Adv. (wohl nicht als Kompar. zu 'secus', gleichs. sectius, secitius, gehörig, sondern zur altert. Präp. 'se', d. i. sine, woraus 'sed', 'set'), weniger, minder, gew. m. Negat., non s., nicht minder', 'gleichwohl', *A* 5, 862; 'heftiger', *A* 9, 441. Oft ist die nähere Bez. aus dem Zushge zu erg., nec s., auf gleiche Weise (wie bei den dichtgepflanzten Reben), *G* 2, 277. non s. ninguit, es schneit ebenso heftig als es friert, *G* 3, 367. haud s., nichts desto weniger, dessen ungeachtet, d. i. obgleich ihn das Unglück seines Vaters vom Besteigen eines Wagens hätte abhalten sollen, *A* 7, 781.

sēū, s. sive.

sĕvĕrus, a, um, ernsthaft, streng, hart, rauh, Cures (weil die Sabiner strenge Zucht u. Sitte bewahrten), *A* 8, 638. amnis Eumenidum (in bez. auf die Eumeniden, die selbst 'severae', übh. zur Bezeichnung des Schauerlichen dieses Flusses in der Unterwelt), *A* 6, 374. ähnl. v. Kokytus, *G* 3, 37.

Sĕvĕrus (mons), Berg im Lande der Sabiner, östl. von Nursia, einem Zweig der Apenninen, j. 'Vissa', *A* 7, 713.

sex, Indecl. (ἕξ), sechs, bes. 'bis sex' zur Bezeichnung einer größeren Anzahl, *A* 9, 272. 11, 9. 12, 163 u. 899.

si, Konjkt. [nachgestellt *A* 1, 122. 5, 51. 10, 864. 12, 68. *G* 2, 227. 4, 304 u. 489], 1) im Vordersatz bedingter Sätze, wenn, wofern, im Fall dafs, a) m. Indik., a) bei einer rein objektiv ausgesprochenen Bedingung, *A* 1, 151 u. 452. 4, 95. 9, 194. *G* 1, 430. Bes., wie εἰ, in der Bed. 'so gewifs als', bei Aufstellung einer wirklichen Thatsache od. ausgemachten Wahrheit, hunc ego si potui tantum sperare dolorem, et perferre potero, so gewifs ich diesen Schmerz ahnen konnte, so gewifs werde ich ihn auch ertragen können, *A* 4, 419; vgl. *A* 1, 542 flg. Dah. oft beim Beteuern, Anrufen und Schwören, si quid iustitia est, wofern noch Gerechtigkeit gilt, *A* 1, 603. vestro si munere tellus Chaoniam pingui glandem mutavit aristā, wofern, *G* 1, 7; vgl. *G* 1, 17. *A* 4, 317. 6, 119 u. 529. 9, 406 flgg. Bei einer Beschränkung der Bitte, si poenas reposco, *A* 6, 530. si concessa peto, *A* 5, 798. si mereor, *A* 5, 692. Zur Begründung der Bitte, si . . .

volui, *A* 12, 778. Oft ellipt., si tantus amor, si vobis cupido (näml. est), *A* 2, 10 u. 349; vgl. *A* 4, 125. 5, 363. Bes. Verbindungen, si quis, εἴ τις, wenn einer, d. i. jeder der etwa, *A* 7, 225. si forte, wenn vielleicht od. etwa, *A* 2, 81. si modo, *G* 4, 323. *A* 5, 25. si quando, wenn einmal, wenn je, *A* 3, 500. si vero (wozu der Nachsatz dem Sinne nach mit v. 264 eintritt), *G* 4, 251. β) zur Bezeichnung der Zeit, doch nur scheinbar (da das zeitliche Verhältnis zunächst im Zeitw. selbst liegt), wenn, nachdem, *A* 5, 64. 6, 770 u. 828. 8, 535. *B* 5, 70. *G* 1, 454. b) m. Konjunktiv, wenn die Bedingung rein subjektiv oder als blofse Vorstellung ausgesprochen wird, si reddantur honores (weil als Vorstellung des Diores; *Ribb.* 'reddentur'), *A* 5, 347. Pan mecum . . . si certet, dicat etc., *B* 4, 58. si qua fata aspera rumpas, tu Marcellus eris, wenn es dir vergönnt ist, dieser Härte des Geschickes zu entgehen, so wirst du (unter den Lebenden) ein Mann wie Marc. sein, *A* 6, 883; vgl. *A* 1, 18 u. 372. 2, 94 flg. 161. mit Konj. Präs. st. des Plusquamperf., von dem, was in der Vorzeit geschehen sein würde, *A* 5, 325. 2) bei Wünschen, 'si' od. 'o si', wenn doch, o dafs doch, m. Konj. Präs., wenn der Wunsch als ein erfüllbarer dargestellt wird (wie εἰ m. Optat.), *A* 6, 187. selbst wenu der Wunsch an sich ein vergeblicher ist, o mihi praeteritos referat si Juppiter annos, qualis eram, cum etc., *A* 8, 560. Bes. im beschränkenden Sinne mit Konj. Imperf. an einen Hauptsatz im Präs. sich anschliefsend, der unbedingt ausgesagt wird, numeros memini, si verba tenerem, die Melodie weifs ich noch, wenn ich nur auch die Worte (den Inhalt) noch wüfste, *B* 9, 45. felix, heu nimium felix, si litora tantum numquam Dardaniae tetigissent nostra carinae! wenn nur das eine nicht gewesen wäre, dafs die dard. Schiffe usw., *A* 4, 657. 3) in indir. Fragen und Sätzen, ob, ob etwa, für den Fall dafs etwa, oft so, dafs ein Zeitw., welches die Frage ankündigt, bes. des Versuchens oder Spähens ('um zu erfahren, ob', 'um den Versuch zu machen, ob') ergänzt werden mufs, scopulum petit, si quem iactatum vento videat, *A* 1, 181. inde domum, si forte pedem, si forte tulisset, me refero, um nachzusehen, ob sie vielleicht dorthin sich geflüchtet, *A* 2, 756. nach 'monstro', *A* 1, 322.

sībĭlo, āre (sibilus), pfeife, zische, von der Schlange, ore, *A* 11, 754. tot erinys sibilat hydris, so viele Schlangen umzischen die Furie, *A* 7, 447.

1. **sĭbĭlus**, i, *m.*, das Gesäusel, austri, *B* 5, 82.

2. **sĭbĭlus**, a, um (1. sibilus), pfeifend, zischend, bes. von der Schlange, colla, *A* 5, 277. *G* 3, 421. ora, *A* 2, 211.

Sĭbylla, ae, *f.* (Σίβυλλα aus Σιός, d. i. Διός, u. βουλή), Weissagerin, Sibylle, bes. die kumäische, welche Äneas um Rat fragte (nach Verg. *A* 6, 36 flg. Deïphobe, Tochter des weissagenden Meergottes Glaukus und Priesterin des Apollo und der Trivia), die in einer Grotte bei Kumä in Unteritalien ihre Sprüche auf Palmblätter schrieb und diese in eine gewisse Ordnung legte, um daraus die Schicksale des röm. Staates zu weissagen, *A* 3, 452 flg. 5, 735. 6, 10 flg. Die sibyllinischen Weissagungen oder Bücher, die ernsten und dunklen Sinnes von begeisterten Sibyllen aus frühester Zeit herrührten, kamen der Sage nach zu Solons Zeit aus Asien nach Griechenland und von da unter Tarquinius Superbus nach Rom, wo sie Augustus später im Tempel des palatin. Apollo unter der Bildsäule des Gottes in zwei vergoldeten Schränken aufbewahren liefs, indem er den Schutz derselben fünf Priestern anvertraute, *A* 6, 72 flg.; vgl. *A* 6, 10 flg.

sĭc, Adv. (Wurz. 'i' in is, eig.: si-ce), *a)* in der Vergleichung, so, also, auf diese od. solche Weise, *a)* übb., in bez. auf Vorausgehendes wie Folgendes, *A* 1, 22. sic adeo, *A* 4, 533. Oft aus dem Zusammenhange zu erklären, sic, so (wie er *v.* 861 flg. geschildert worden), *A* 6, 863. sic regia tecta subibat, so, d. i. in dieser erschreckenden Erscheinung, *A* 7, 668. Bes. bei den Zeitw. des Sagens, auch ellipt., sic Venus, *A* 1, 325; vgl. *A* 9, 234. nachdrucksvoll wiederholt, *A* 2, 644. 4, 660. dreimal, *A* 3, 490. Bisw. zur Wiederaufnahme des vorhg. Partic. (wie οὕτως u. εἶτα), sic ... constitit (in bez. auf 'despiciens'), d. i. indem er so herabblickte, *A* 1, 225; vgl. *A* 7, 668. 8, 489. in der Frage, *A* 1, 253; vgl. *A* 2, 44. bes. bei entsprech. 'veluti', *A* 1, 154. 12, 684. bei 'ceu', *A* 2, 240. bei 'quam', *A* 5, 459. *b)* bei Wünschen, wie οὕτως, wobei die Bedingung, unter welcher der Wunsch erfüllt werden möge, nachsteht, sic tua Cyrneas fugiant examina taxos, sic cytiso pastae distendant ubera vaccae: incipe, si quid habes, *B* 9, 30 flgg.; ähnl. *B* 10, 4.

Sĭcānī, ōrum, *m.* (Σικανοί), ein iberischer Volksstamm, welcher in Italien einwanderte und längs dessen Westküste zwischen dem Tiber und Liris wohnte, später aber nach Sicilien übersiedelte, dah. dcht. st. 'Siculi', *A* 5, 293. 7, 795.

Sĭcănĭa, ae, *f.* (Σικανία), dcht. u. alter Name 'Siciliens', *A* 1, 557.

Sĭcănĭus, a, um (Sicani), sikanisch, dcht. st. 'sicilisch', sinus, *A* 3, 692. latus, *A* 8, 416.

Sĭcānus, a, um (Sicani), zu den Sikanern (Sikulern) gehörig, sikanisch, gentes, *A* 8, 328. fines, *A* 11, 317. dcht. st. 'sicilisch', portus, *A* 5, 24. fluctus, *B* 10, 4.

sĭcco, āre (siccus), *a)* trockne (ab), vellera, *B* 3, 95. cruores veste, *A* 4, 687. volnus lymphis, stille das Blut der Wunde mit Wasser, *A* 10, 834. *b)* (dcht.) sauge aus, 'leere', ubera, *B* 2, 42.

sĭccus, a, um, trocken, ausgetrocknet, wie Ufer, Fels u. dgl., *A* 3, 135. 5, 180. fauces (die Mündung des Flusses), *G* 4, 427. dcht., fauces sanguine siccae, der nach Blut lechzende trockene Schlund, *A* 9, 64; ähnl. *A* 9, 358. Sbst. siccum, i, *n.*, das Trockene, trockener Boden, Land (Gegs. zum Wasser), *A* 10, 301. *G* 1, 363. 3, 433.

Sĭcĕlĭs, lĭdis (Σικελίς), sicilisch, Musae, die Musen des Hirtengedichts, des Theokrit, *B* 4, 1.

sĭc-ŭbĭ, Adv., wenn irgendwo, wo immer, *A* 5, 677. *G* 3, 332 u. 333.

Sĭcŭlus, a, um, zu Sicilien gehörig, sikulisch, sicilisch, tellus, Insel Sicilien, *A* 1, 34. arva, *A* 5, 702. montes, *A* 2, 21. latus, *A* 3, 418. pastor, *B* 10, 51; vgl. *A* 1, 549. 3, 410 u. 696. 7, 289.

sĭc-ŭt, Adv., so wie, gleichwie, *A* 8, 22.

Sĭcўōnĭus, a, um (Σικυώνιος), zu Sikyon gehörig, einer uralten Stadt im Peloponnes, in der Nähe von Korinth, berühmt durch Ölgärten, sikyonisch, baca, d. i. Olive, *G* 2, 519.

sīdĕrĕus, a, um (sidus), 1) gestirnt, dcht., sedes, *A* 10, 3. aethra, 'sternhell', *A* 3, 586. 2) übtr., strahlend, glänzend, clipeus, *A* 12, 167.

Sĭdĭcīnus, a, um, zu den Sidicinern (Sidicini) gehörig, einer Völkerschaft Kampaniens mit der Hauptstadt Teānum, sidicinisch, aequora (Ebene), *A* 7, 727.

sīdo, sīdi od. sēdi, ēre (Wurz. *sĕd* in εἶσα, ἕζομαι, ἵζομαι), 1) setze mich, lasse mich nieder, super arbore, *A* 6, 203. solo, *A* 6, 192. 2) übtr., von Schiffen (im Perf.), aufsitzen, festsitzen, *A* 10, 301.

Sīdōn, ōnis, Akk. 'ōna', *f.* (Σιδών), uralte Mutterstadt von Tyrus in Phönicien, j. 'Saïda' (doch weiter westlich), *A* 1, 619.

Sĭdŏnĭus od. **Sĭdŏnĭus**, a, um [‒‒◡◡ nur *Ā* 1, 446. 11, 74, wie Σιδώνιος u. episch Σιδόνιος], zu Sidon gehörig, sidonisch, dcht. st. 'phönikisch', Dido, *Ä* 1, 446 u. 613. 9, 266. 11, 74. urbs, Tyrus, weil von Sidon aus gegründet, *Ä* 1, 678. 4, 545. patres, *Ä* 4, 683; vgl. *Ä* 4, 75 u. 137. equus, karthagisch, *Ä* 5, 571.

sĭdŭs, dĕris, *n.*, 1) eig.: *a)* Sternbild, Gestirn (Himmelszeichen), Arcturi, *G* 1, 204. auch einzelner Stern, *Ä* 3, 515. 6, 641. Plur., aurea (von der Sonne), *Ä* 11, 833. prägn., Sternenbahn, von den zwölf Sternbildern des Tierkreises (zodiacus), iacet extra sidera tellus, d. i. das jenseit der Garamanten und Inder von Augustus zu erobernde Land liegt jenseit des Tierkreises, *Ä* 6, 795. prägn. in bez. auf Stellung und Deutung der Gestirne, *Ä* 3, 360. Von den Griechen als lebende göttliche Wesen gedacht, die durch die Dünste der Erde u. des Meeres vom Himmel genährt weideten, *G* 2, 342. Bestimmen die Witterung, indem Winde und Regen von ihnen abhängen, *G* 1, 335. *Ä* 4, 578. Dah. als Sitz des Unwetters selbst (da die Alten Stürme und Unwetter an den Auf- und Untergang der Gestirne knüpften), das in seinem höchsten Grade das Gestirn zu zerreifsen drohte, 'Sturmwolke', *Ä* 12, 451. 'Sturmwind', triste Minervae, von der Minerva erregt, *Ä* 11, 260. Plur., 'Stürme', d. i. stürmische Fahrt, *Ä* 5, 628. *b)* v. glänzenden Lufterscheinungen, wie Sternschnuppen, *Ä* 5, 528. 2) (dcht.) übtr.: *a)* Himmel, Höhe des Himmels, bes. Plur., *Ä* 2, 222. 3, 243. alta pulsat sidera, ragt bis zum Himmel empor, *Ä* 3, 620; vgl. *G* 2, 427. *B* 3, 62. bildl., ad sidera fero, erhebe zu den Sternen, *Ä* 9, 29. *b)* zur Bezeichnung der Jahreszeit (da der landwirtschaftliche Kalender nach dem Stande, dem Auf- u. Untergang der Gestirne sich richtete), 'Witterung', quo sidere, *G* 1, 1. mutato sidere, zu einer andern Jahreszeit, *Ä* 1, 73. *G* 1, 73. hibernum, *Ä* 4, 309.

Sĭgēus, a, um (Σίγειος), zum Vorgebirge Sigēum in Troas (j. 'Jenischehr') gehörig, sigēisch, freta, *Ä* 2, 312. campi, *Ä* 7, 294.

sĭgnĭfĭco, āre (signum und facio), gebe ein Zeichen, winke, manu, *Ä* 12, 692.

sĭgno, āre (signum), 1) versehe mit einem Zeichen, *a)* zeichne, bezeichne, viam flammis, *Ä* 5, 526. campum limite, bestimme den gemeinsamen Besitz von Feldern durch Grenzen, *G* 1, 126. puer signans ora primā iuventā, dem um das Gesicht der erste Flaum sprofs, *Ä* 9, 181. caeli regionem in cortice, *G* 2, 269. signata in cortice cicatrix, Narbe von dem Bifs der Ziegen an Baumstämmen, *G* 2, 379. dcht., summa vestigia pulvere, bezeichne mit flüchtigen Spuren die Fläche des Sandes, *G* 3, 171. rem carmine, mit der Aufschrift der That, *Ä* 3, 287. *b)* mache etwas durch Zeichen anderen kenntlich, ora sono discordia signant, *Ä* 2, 423. 2) übtr.: *a)* bezeichne, zeige an, ossaque nomen signant, deine Gebeine bezeichnen deinen Namen (*Haupt* u. *Schap.*; ossaque nomen signat, der Name des Ortes zeigt an, dafs du daselbst begraben seist, da man noch jetzt dir zu Ehren Stadt und Vorgebirge Kajeta nennt, *Ribb.*), *Ä* 7, 4. se signari oculis, aller Augen seien auf ihn (als den einzigen Retter seines Volkes) gerichtet, *Ä* 12, 3. *b)* dcht., zeichne aus, schmücke, alqm honore, *Ä* 6, 781. *c)* beobachte, ultima, fasse das Ziel scharf ins Auge, *Ä* 5, 317.

sĭgnum, i, *n.* (St. 'sic', *ĭx* iu *ĭx-ελο-ς*), *εἰκών*), 1) Zeichen, Merkmal, Kennzeichen, *G* 1, 394. *Ä* 5, 130 u. 647. das man mit Teer dem jungen Vieh einbrannte (gew. Name des Besitzers), *G* 1, 263. signa dico alci, verkünde jmdm. Zeichen (näml. für die Gründung der Stadt), *Ä* 3, 388. signa (verst. pedum), 'Spuren', 'Fufsstapfen', *Ä* 6, 198. 8, 212. 2) Zeichen, Merkzeichen, Signal, das man giebt, pastorale canit signum, *Ä* 7, 515. dat clarum e puppi signum, dat signum clamore, *Ä* 3, 519. 5, 578. dat signum specula Misenus ab alta, das Z. zum Angriff, *Ä* 3, 239 u. 50. dat signum bucina, *Ä* 7, 519 u. 11, 474. signa canunt, die Hörner ertönen, es wird zum Angriff geblasen, *Ä* 10, 310. belli signum Laurenti ab arce effero, stecke eine rote Fahne auf als Zeichen (Panier) zum Massenaufgebot, *Ä* 8, 1. dcht., Zeichen durch Töne, Plur. 'Klänge', 'Rufe', 'Geschrei', m. 'strepitus' verb., *Ä* 9, 394. von den Tönen der Kraniche, *Ä* 10, 265. Dah. *a)* Erkennungszeichen, als nähere Best. zu 'tessera', *Ä* 7, 637. *b)* Feldzeichen, Fahne, bes. Plur., signa sequor, *Ä* 8, 52. 10, 258. signa fero, vello, erhebe die Fahnen, d. i. breche auf, *Ä* 7, 628. 11, 19. ähnl. signa moveo, *G* 3, 236. signa refero, *Ä* 6, 826. signis collatis, *Ä* 11, 517. 3) Zeichen des Zukünftigen, *a)* Merkmal, Anzeichen, morborum, *G* 3, 440 u. 503. 4, 452. *b)* Zeichen, von den Göttern gegebenes Vorzeichen, *Ä* 1, 443. 4, 167. 'Wunderzeichen', *Ä* 8, 52 u. 523. signa do, deute an, verkünde durch Wunder, *Ä* 2,171. signa fero, gebe Zeichen (zur Auffindung des gesuchten Baumes), *Ä* 6, 198. bes. Zeichen in der Natur, certa, *G* 1, 351. 4) ein künstlich gearbeitetes Bild, Bildwerk (σῆμα), *Ä* 1, 648. 5, 267 u. 536. 9, 263. 5) Zeichen am Himmel, Sternbild, Gestirn, antiqui signorum ortus (st. antiquorum signorum ortus), die alten Gestirne, die seit der Bildung der Welt leuchten, im Gegs. zu dem bald nach Cäsars Ermordung erschienenen Kometen, *B* 9, 46. Noctis orientia signa, *Ä* 7, 138. signorum obitus et ortus, *G* 1, 257.

Sīla, ae, *f.,* Bergwald auf der bruttischen Gebirgskette des Apennin, reich an Pech, *Ä* 12, 715. *G* 3, 219.

Sīlārus, i, *m.,* Grenzfluſs zwischen Lukanien u. dem Gebiete der Picentiner, j. 'Sele', *G* 3, 146.

silentĭum, ĭi, *n.* (sileo), Schweigen, Stille, bei Vergil nur Plur., silentia facta, es trat Schweigen ein, *Ä* 1, 730. dcht., silentia facta linguis, Stillschweigen ward geboten, *Ä* 11, 241. silentia lunae, v. Mondschein (da zur Zeit der Eroberung Trojas nach dem Berichte nach homer. Dichter, denen Vergil folgt, Vollmond war), *Ä* 2, 255. Stille der Nacht, *Ä* 2, 755. fida, d. i. das tiefe Schweigen beim geheimen Dienst der Kybele auf dem Berge Ida, *Ä* 3, 112.

Sīlēnus, i, *m.* (Σειληνος u. Σίληνος), Silen, Erzieher u. Gefährte des Bacchus, gew. berauscht u. mit einem Kranze auf dem Kopfe, wie man sich bei Gelagen aufzusetzen pflegte, dargestellt, *B* 6, 14 flg.

sīlĕo, lŭi, ēre [Gen. Plur. des Part., 'silentum', *Ä* 6, 432], 1) intr., schweige, bin still, verstumme, oft v. Lebl., *Ä* 2, 126. late silent loca, weit umher ist alles still, *Ä* 9, 190. aequora tuta silent (weil gegen Sturm u. Wogen geschützt durch die Insel), *Ä* 1, 164. dumis silentibus errat, irrt so behutsam in den Hekken umher, daſs ihn seine Tritte nicht verraten, *Ä* 9, 393. tranquillo silet campus, liegt still bei ruhigem Meer (d. i. wird nicht von den Wogen umbraust), *Ä* 5, 127. prägn., silent, sie verhalten sich ganz still, geben keinen Laut von sich, *Ä* 1, 152. Part. sĭlens, still, schweigend, ruhig, nox, *Ä* 4, 527. 7, 87. luci, *G* 1, 476. dcht. v. Schattenreiche, silentes umbrae, *Ä* 6, 264. bl. 'silentes', *Ä* 6, 432. 2) trans., verschweige, lasse aus od. unerwähnt, alqm, *Ä* 10, 793.

sīlĕr, ĕris, *n.,* eine Art Bach- oder Sumpfweide, *G* 2, 12.

sīlesco, ēre (Inch. v. sileo), schweige, verstumme, *Ä* 10, 101.

sīlex, lĭcis, *m.* u. *f.* (letzteres *Ä* 6, 471. 8, 233. *B* 1, 15), hartes Gestein, Kiesel, Granit, übh. Fels, *Ä* 6, 602. 8, 233. bes. um Feuerfunken hervorzulokken, *G* 1, 135. *Ä* 1, 174. 6, 7. im Bilde zur Bezeichn. des unbeweglichen Gemüts (wie ähnl. πέτρα, Hom. Il. 16, 35), dura, *Ä* 6, 471. [früchte, *G* 1, 74 u. 195.

sīlĭqua, ae, *f.,* Schote der Hülsen-

silva, ae, *f.* (sibiliert aus ὕλη), 1) eig.: *a)* wildes Gehölz, Wald, Waldung (bes. in bez. auf die Dichtheit), *Ä* 3, 681. 5, 301. 6, 704. 11, 656. 'Gebüsch', 'Gesträuch' (von Myrten), *Ä* 3, 24. Plur., wildes Gebüsch (Gegs. v. 'nemora', s. d.), *G* 2, 323; 'Waldtriften', *Ä* 10, 406; v. einzelnen Bäumen, 'Gewächse des Waldes', *G* 2, 26. bildl., zur Bezeichn. des Hirtenliedes im höhern Tone, *B* 4, 3. *b)* von dicht stehenden Pflanzen, wie unser Wald, Busch, *G* 1, 76 u. 152. von den vielen aufstaudenden Stengeln einer Pflanze, *G* 4, 273. 2) übtr., groſse Menge, inmanis, 'Wald von ragenden Speeren', *Ä* 10, 887.

Silvānus, i, *m.* (silva), ein uralter ital. Gott des Anbaues, mit einem groſsen Kranze aus Ferulstauden u. Lilien auf dem Haupte dargestellt, Beschützer der Wälder, Pflanzungen u. Saatfelder, *G* 1, 20. senex, *G* 2, 494. auch Segensgott der Herden, *Ä* 8, 600. *B* 10, 24. bisw. als Spukgeist erscheinend, der einen markerschütternden Ruf aus dem Walde ertönen läſst, *G* 1, 476.

silvestris, e (silva), im Walde befindlich, wildwachsend, wild, v. Tieren u. Pflanzen, *G* 2, 374. suber, *Ä* 11, 554. *B* 5, 7. dcht., Musa (vgl. agrestis), Waldgesang, Hirtenlied, *B* 1, 2. Iaera, Waldnymphe, *Ä* 9, 673. übtr., animus, wilde Natur (der Pflanzen), *G* 2, 51.

Silvĭa, ae, *f.,* Tochter des Tyrrhus, *Ä* 7, 487 u. 503.

silvĭcŏla, ae, *m.* (silva u. colo), Waldbewohner, Faunus, 'Waldgott', *Ä* 10, 551.

Silvĭus, ĭi, *m.,* 1) nachgeborner Sohn des Äneas von der Lavinia, Nachf. des Askanius in Albalonga, welcher ohne Nachkommen starb, *Ä* 6, 763. 2) Silvius Äneas, Nachf. des Silvius in Albalonga (der erst im 53. Jahre zur Herrschaft gelangte), *Ä* 6, 769.

sĭmĭlis, e, ähnlich, gleich, *a)* dem Äuſsern, der Gestalt nach, m. Dat., *Ä* 5, 254 u. 842. 7, 502. 9, 650. mit griech. Akk. der Bez., deo os umerosque, gleich einem Gotte an Haupt u. Schultern, *Ä* 1, 589. omnia, *Ä* 4, 558. 9, 651. faciem, *G* 2, 131. m. Gen., delphinum, *Ä* 5, 594. abs.,

Ā 1, 628. simillima proles (v. Zwillingen), sich ganz ähnlich, *Ā* 10, 391. *b*) der Beschaffenheit, dem Wesen nach, locus, Platz von gleichartiger Beschaffenheit des Bodens, *G* 2, 266. fortuna, *Ā* 1, 628. poenā non simili, nicht mit gleicher, d. i. mit empfindlicher Strafe, *Ā* 1, 136.

Simŏïs, mŏentis, Akk. 'mŏenta', *m.* (Σιμόεις), 1) kleiner Nebenfluſs des Skamander im Gebiete von Troas, j. 'Ghumbre', *Ā* 1, 100 u. 618. 5, 261. 634. 803. 6, 88. 10, 60. 11, 257. 2) Fluſs in Epirus, den Helenus nach dem troischen so benannte, dah. 'falsus', *Ā* 3, 302 flg.; vgl. *Ā* 3, 335. 349. 497.

simplex, plĭcis, einfach, nec modus s., *G* 2, 73. nec via mortis erat s., 'nicht einfache Qual führte zum Tode, *G* 3, 482. victus simplicis herbae, einfache Nahrung *G* 3, 528. aurai simplicis ignis, der von allen Flecken u. jeder fremden Beimischung gereinigte, reine Geist, *Ā* 6, 747.

simŭl, Adv., 1) zugleich, zusammen, zur Bezeichn. der Gleichzeitigkeit zweier Handlungen od. Zustände, *Ā* 3, 352. 5, 298 u. 357. 8, 4. 12, 166. 692. 758. s. ultima signant, zugleich mit dem Auslaufen, gleich beim Auslaufen, *Ā* 5, 317. Bisw. von dem ihm zugehörigen Worte getrennt, wie *Ā* 12, 326 (wo 'simul' mit 'poscit' zu verbinden). dcht., simul his dictis, 'zugleich mit diesen Worten', *Ā* 5, 357. 11, 827. auch blofs 'simul', *B* 6, 26. *Ā* 9, 221. Doppelt, simul ... simul (ähnl. ἅμα μέν ... ἅμα δέ), *G* 3, 201. *Ā* 1, 513 u. 631. 5, 675. 12, 268. auch: simul ... et, *Ā* 11, 908 u. 910. in Verb. m. Part., wie ἅμα, simul hoc dicens, *Ā* 10, 856. simul fugiens, *Ā* 12, 758; vgl. *Ā* 6, 699. 2) simul ac (atque), sobald als, m. Perf., *Ā* 4, 90. 12, 222. auch bl. 'simul', *Ā* 3, 630. *B* 4, 26.

simŭlāc, s. 'simul' am Ende.

simŭlācrum, i, *n.* (simulo), 1) Ebenbild, *a*) Bildnis, Bild, bes. von Götternbildern, *Ā* 2, 172 u. 517. v. troj. Rosse, *Ā* 2, 232. *b*) Bild, Schattenbild der Abgeschiedenen, mit der 'umbra' verb., *Ā* 2, 772. *G* 1, 477. 4, 472. 2) übtr., Bild, Plur., pugnae, belli, 'Kampfbild', 'Scheingefecht', *Ā* 5, 585 u. 674.

simŭlo, āre (similis), 1) mache etw. ähnlich, ahme od. bilde nach, stelle dar, Pergama simulata magnis, ein Pergama (eine Burg), nach dem Vorbilde des grofsen trojan. Perg. erbaut, *Ā* 3, 349. spöttisch, 'äffe nach', nimbos et fulmen, *Ā* 6, 591. 2) stelle zum Scheine vor, gebe vor (als ob etwas sei, was in der Wirklichkeit nicht ist), heuchle, votum (näml. 'equum'), gebe vor, es sei

für die glückliche Rückkehr geweiht, *Ā* 2, 17. spem vultu, *Ā* 1, 209. chorum, scheinbar einen Festaufzug halten, *Ā* 6, 517. numen Bacchi, *Ā* 7, 385. simulatā mente, mit verstellter Gesinnung oder Absicht, *Ā* 4, 105. latices simulati fontis Averni, nur angeblich aus dem Avernus geschöpft, *Ā* 4, 512.

sīmus, a, um (σιμός), stumpfnasig, capellae, *B* 10, 7.

sīn, Konjkt. ('si' mit dem Suffix 'ne'), wenn aber, wenn jedoch, bes. im Gegensatz, nach einem vorherg. 'si', *Ā* 1, 555; vgl. *Ā* 2, 676. 8, 576. *G* 3, 179. m. Konj. in der abhängigem Rede, *G* 2, 192. 'sin autem' ohne vorhergeh. Satz mit 'si', wenn dieser nicht die Form, sondern den Sinn der Bedingung enthält, *G* 4, 67.

sīnĕ, Präp. m. Abl. [bisw. nachgest., bes. nach den Pron. 'me', 'te', *B* 10, 48. *G* 3, 42. *Ā* 12, 883], ohne (Gegs. 'cum'), *Ā* 3, 204. 4, 588 u. ö.

singŭli, ae, a, einzeln, jeder, *Ā* 8, 311. Gegs. 'totus', *G* 3, 471. inter singula verba, d. i. während er sprach, *Ā* 3, 348. Sbst., singula, ōrum, *n.*, 'jedes Einzelne', 'alles', *Ā* 1, 453. 6, 889. 8, 618.

singulto, āre (singultus), schluchze, sanguine (vom Rumpfe des Remus, der infolge des ausströmenden Blutes noch zuckt), *Ā* 9, 333.

singultŭs, ūs, *m.* (singuli), das Schluchzen, Röcheln (der Sterbenden), *Ā* 9, 415. *G* 3, 507.

sinister, stra, strum, 1) link, *Ā* 7, 689. 'zur linken Hand od. Seite befindlich', wie Fels usw., *Ā* 6, 548. 7, 689. 10, 160. Sbst., sinistra, ae, *f.* (verst. manus), linke Hand, Linke, *Ā* 2, 671. 5, 457. 2) übtr.: *a*) von böser Vorbedeutung, Unglück verkündend, 'Unheil bringend, unheilvoll, ungünstig, cornix (weil sie auf einem hohlen Baume safs), *B* 9, 15. notus pecori sinister, *G* 1, 444. *b*) linkisch, verkehrt (wie σκαιός), monita, falsche, trügerische Auslegung der erhaltenen Orakel, *Ā* 10, 110. mores, verderblicher Trotz, *Ā* 41, 347.

sino, sīvi, sĭtum, ĕre, 1) lasse, was ich bereits in meiner Gewalt habe, lasse frei, *a*) Lebl., arma viris, *Ā* 9, 620. animam alejs, *Ā* 10, 598; vgl. *G* 4, 487. *b*) lasse jmd. bei etw., in irgend einem Zustande, m. Akk. u. Inf., Palmum ... segnem volvi, liefs ihn, ohne ihm etwas weiter zuzufügen, sich umdrehen, liefs ihn unthätig liegen, *Ā* 10, 700. Wenn man mifsbilligend etw. zu unterlassen gebietet, wie ἐάω, nunc sinite (in bez. auf das vorherg. 'certare odiis' u. 'res rapuisse'), *Ā* 10, 15. *c*) lasse etw. zu, dulde, lasse

geschehen, gestatte, willige ein,
neu propius tectis taxum sine, dulde
nicht, dafs dort wächst, *G* 4, 47. oft m.
Akk. u. Inf. od. Konj., *G* 4, 90. *Ä* 2, 779.
5, 391. 6, 870. 7, 270. 10, 433. 12, 25 u.
680. von den Parzen, *Ä* 12, 147. m. Part.,
at non perterrita Lausus sinit agmina,
liefs das Heer nicht verzagen, *Ä* 10, 427.
Bes. Imperat. in Gebeten, 'sine', *Ä* 9, 409.
hoc precibus sine posse parentem, lafs
mich durch meine (der Mutter) Bitten
das erreichen, *Ä* 9, 90; vgl. *Ä* 9, 291. in-
sani feriant sine litora fluctus, lafs toben
usw., *B* 9, 43. ähnl., occīderit sinas sine
nomine Troia, *Ä* 12, 828. abs., sinunt
fata, *Ä* 1, 18. dum fata deusque sinebat,
so lange es Gott u. das Schicksal zuliefs,
Ä 4, 651 (*Ribb.* sinebant). sineret dolor,
wenn es der Schmerz zuliefse (m. Ausfall
von 'si'), *Ä* 6, 31. ellipt., si quem numina
laeva sinunt, näml. den vorher genannten Stoff mit Ruhm zu besingen (dicere),
d. i. wenn die feindlichen Götter solchen
Ruhm jemand erreichen lassen, *G* 4, 7.
quis me sinet (näml., me sequi classem
Graecorum), *Ä* 4, 540.

   Sinōn, ōnis, *m.* (Σίνων), Sohn des
Äsimus, ein Grieche, der durch seine
Überredungsgabe die Troër bewog das
trojan. Rofs in die Stadt aufzunehmen,
dann in der Nacht die Helden heraus-
liefs u. so Troja den Griechen überlie-
ferte, *Ä* 2, 79. 195. 259. 329.

   sīnum, i, *n.* od. **sīnus**, i, *m.*, ein weit-
bauchiges thönernes Gefäfs für Milch u.
dgl., Schale Napf, Asch, *B* 7, 33.

   sīnūo, āre (sīnus), krümme bogen-
förmig, beuge, immensa volumine
terga, von Schlangen, *Ä* 2, 208. alterna
volumina crurum, die Beine in wechselnder Wendung krümmen, *G* 3, 192.

   sīnūōsus, a, um (sīnus), in geringel-
ter Krümmung, verschlungen, von
der Schlange, *Ä* 11, 753. *G* 1, 244.

   1. **sīnus**, s. sinum.
   2. **sīnūs**, ūs, *m.* [Dat. 'sinu', *Ä* 3, 692],
1) bauchige Rundung, *a)* übb., sinus
secundi, die durch Wind aufgeschwell-
ten 'Segel', *Ä* 3, 455; vgl. *Ä* 5, 16 u. 831.
sinu, mit bauschiger Woge, indem die
schon matte Welle im Bogen sich krümmt,
Ä 11, 626. von der Spalte od. Vertiefung
an dem Stamme des Baumes zum Oku-
lieren, *G* 2, 76. von den Bogen des eiför-
migen Erdkreises im Osten, *G* 2, 123. v. der
'Krümmung' od. 'Windung der Schlange,
G 3, 424. *b)* Busen, Bausch des Klei-
des, der durch das Gürten sich bildet, *Ä*
1, 320; vgl. *Ä* 4, 30 u. 686. 11, 544 u. 775.
Bausch des Busens, *Ä* 7, 347. dcht. vom
Nilflufs, sinus pandere, *Ä* 8, 712. von den

Fluren, *G* 2, 331. bauschartige Höhlung,
'Schofs' des Stromes, *G* 4, 362. *c)* Busen
des Menschen, *Ä* 4, 686. 2) Meerbusen,
Bucht (wie κόλπος), *Ä* 1, 243. 3, 551 u.
689. 692.

   Sīrēnes, um, *f.* (Σειρῆνες), Sirenen,
nach dem homerischen Mythus ein um-
strickendes Schwesterpaar, zwischen
Ääa u. dem Skyllafelsen wohnhaft, das
durch seinen Gesang die Vorüberfahren-
den anlockte u. tötete, während Vergil
die früher so gefahrvollen Klippen der
drei Inseln des tyrrhen. Meeres (Leu-
cosia, Lygēa und Parthenope), die den
Sirenenmythus lokalisierten, nur als öde
u. leer u. vom eintönigen Rauschen des
Meeres wiederhallend schildert, *Ä* 5,
864.

   Sīrĭus, ĭi, *m.* (Σείριος), Hundsstern
(von den Alten gefürchtet, weil Unfruchtbarkeit u. Krankheiten herbeiführend),
Ä 3, 141. *G* 4, 425. attrib., Sirius ardor,
Hitze des Sirius, *Ä* 10, 273 flgg.

   sisto, stĕti, ĕre (redupliziert aus 'sto',
ΐ-στη-μι), 1) trans., *a)* mache etw. stehen,
halte an, hemme, equos, *Ä* 12, 355.
aquam, *Ä* 4, 489. gradum, stehe still, *Ä*
6, 465. *b)* stelle od. bringe etw. od.
jmd. wohin, huc sororem, *Ä* 4, 634. classem in oris, aciem in litore, stelle auf,
Ä 3, 117. 10, 309; vgl. *G* 2, 489. monstrum
(in) sacrata arce, *Ä* 2, 245. suem ad aram
Ä 8, 85. alqm tutum (in) patrio limine,
geleite, bringe jmd. sicher, führe (mitten durch die Feinde) nach Hause, *Ä* 2,
620. alqm facili tramite, führe jmd. auf
bequemem Pfade, *Ä* 6, 676. hic dea se
sistit, hier bleibt die Göttin (nachdem
sie sich eilig hierher geschwungen) stehen, *Ä* 11, 853. dcht., iaculum in ore,
werfe, treffe, *Ä* 10, 323. *c)* stelle etw.
Schwankes fest, übtr., rem Romanam,
stelle die röm. Macht, den röm. Staat
sicher, *Ä* 6, 859. 2) intr. (wozu Plusquamq.
'steteram' sov. als 'stabam', u. Fut. exact.
'stetero' sov. als 'stabo'), stelle mich,
stehe still, bleibe stehen, *G* 1, 479.
contra ora iuvenci, *Ä* 5, 477. contra, *Ä* 11,
873. ubi classes steterint, wenn die Flotte
Halt gemacht hat, gelandet ist od. gean-
kert hat, *Ä* 3, 403. ubi sistere detur, wo
man ruhen könne, *Ä* 3, 7.

   sistrum, i, *n.* (σεῖστρον, v. σείω,
schüttle), Klapper, aus einigen durch
ein Blech gesteckten metallenen Stäbchen u. Glöckchen bestehend, beim Dienst
der Isis (noch jetzt in Abessinien gebräuchlich), sarkastisch als Kriegsinstru-
ment der Kleopatra, *Ä* 8, 696.

   Sīthōnius, a, um (Σιθόνιος), sitho-
nisch, zu Sithonia gehörig, einer Ge-

gend Thrakiens (zu Vergils Zeit viel zu nördlich gedacht), nives, *B* 10, 66.

sĭtĭo, ire(sitis), leide Durst, dürste, übtr., *a*) v. heifsen Ländern, wofür dcht. die Völker selbst gesetzt werden, sitiens, 'lechzend', Afri, Indi, *B* 1, 65. *G* 4, 425. *b*) von Pflanzen, Wiesen, dürsten, schmachten, *B* 7, 57. *G* 4, 402.

sĭtĭs, is, Akk. 'im', *f.*, 1) Durst, *A* 10, 274. *G* 3, 327 u. 483. *B* 5, 47. 2) übtr., v. Pflanzen u. Örtern, Trockenheit, Dürre, grofse Hitze, *G* 2, 353. regio deserta siti, verlassen (spärlich bewohnt) wegen Mangels an Wasser, *G* 4, 42.

sĭtŭs, ûs, m. (sino), 1) Lage einer Sache, Ordnung, *A* 3, 451. 2) das lange Liegen, *a*) eig., das Ausruhen, bes. des Feldes, 'Ruhe', 'Brache', *G* 1, 72. *b*) meton.: *a*) der an Gegenständen infolge des langen Liegens u. Mangels an Pflege u. Wartung erzeugte Schmutz, Wust (mit dem Nebenbegr. des Widrigen), loca senta situ, dumpfe, verwilderte Öden (von der Unterwelt, δόμος εὐϱώεις Ἀΐδεω, Hom. Od. 10, 512), *A* 6, 462. *β*) von dem Verfalle der Gestalt u. Farbe, sowie der geistigen Thätigkeit des Körpers, senectus victa situ, abgelebt, verrottet, *A* 7, 440. v. Pers., *A* 7, 452.

sī-vĕ od. **sĕū**, Konjkt., 1) oder wenn, mit einer Verkürzung, me seu corpus spoliatum lumine mavis, mich (nämlich lebendig), oder, wenn du lieber willst, meinen Leichnam (mich lebendig oder tot), *A* 12, 935. qui (d. i. si quis) aut ... seu, *A* 5, 69. 2) zur Bezeichn. eines unwesentlichen Unterschiedes, mit vorherrschend disjunktivem Sinne, *a*) einfach, oder, Panthus sive Corydon (sofern beide gleichmäfsig geschickt im Pfeilwerfen sind), *A* 12, 858. *b*) doppelt, sive (seu) ... sive (seu), sei es ... oder, mag nun ... oder; entweder ... oder, m. Indik., *A* 1, 569. 2, 62. 4, 240; vgl. *A* 6, 881 flg. 7, 199. 11, 443. 12, 892. *B* 5, 5. auch einfach, wo man ein doppeltes erwartet, veluti montis saxum praeceps cum ruit avolsum, seu etc., *A* 12, 685. 'sive ... seu', m. eingeschobenem 've ... ve', *A* 7, 604 flg. m. 'ne' wechselnd, substitit, erravitne viä seu lassa resedit? incertum, d. i. blieb mir zurück, ob vom Wege verirrt, ob müde sich setzend, ach wer weifs es, *A* 2, 739. mit dem Konj., *A* 3, 262. *B* 10, 37 flg. Ganz ungew. in abhängiger Disjunktivfrage (εἴτε ... εἴτε), nach den Ausdrücken des Zweifelns (st. utrum ... an), dubii seu vivere credant sive etc., *A* 1, 218 flg.; vgl. Liv. 1, 42, 3.

sŏcĕr, ĕri, m., Schwiegervater, Schwäher, *A* 7, 317. v. Cäsar, *A* 6, 831.

Plur. auffallend, da nur an éinen zu denken ist, *A* 12, 658. in weiterer Bed., 'Schwiegereltern', *A* 2, 457 (v. Priamus u. Hekuba). *A* 10, 79 (v. Latinus u. Amata). übh. 'Verwandte' (weil Äneas die Lavinia zur Gemahlin erhalten hatte), *A* 11, 105.

sŏcĭo, ăre (socius), vereinige, verbinde, reliquias Danaûm urbe, *A* 1, 600. bes. von ehelicher Verbindung, natam alci (conubiis), *A* 7, 96. 12, 27. se alci vinculo iugali, mit jmd. zum ehelichen Bunde, *A* 4, 16. ähnl. thalamo sociatus, *A* 9, 594.

sŏcĭus, a, um [Gen. Plur. auch 'sociûm], 1) Adj., verbunden, verbündet, gemeinsam, urbs, Schwesterstadt, *A* 3, 352. penates, *A* 3, 15. agmen, *A* 2, 613. rates, *A* 5, 36. arma, Waffenbündnis (συμμαχία), *A* 8, 120. 2) Sbst., socius, i, *m.*, *a*) Gefährte, Genosse, Plur. auch Gefolge, *A* 1, 217 u. 309. 3, 71. 5, 174. 10, 299. von den troischen Genossen, die Äneas selbst mit sich genommen hatte, *A* 3, 471 (Gegs. zu den Ergänzungsmaunschaften; vgl. *v.* 129). *b*) Verbündeter, Bundesgenosse, *A* 9, 150 u. ö. *c*) von den 'Gehilfen' bei der ländl. Arbeit, die zugleich als Glieder der Familie des Hausherrn galten, *G* 2, 528.

sŏdālĭs, is, m., Genosse, Freund, *A* 10, 386.

sōl, sōlis, m., 1) Sonne, *a*) eig., *A* 1, 143. Sonnenaufgang als eine für religiöse Handlungen heilige Zeit betrachtet, wie bei Gebeten, *A* 8, 67 flg. beim Schliefsen von Bündnissen, *A* 12, 172. *b*) meton., Sonnenlicht, Sonnenschein, Sonnenwärme, ad solem, *A* 2, 475. *G* 3, 132. 4, 28. sub sole, d. i. im Sonnenschein, *A* 1, 431. Plur., soles maturi, kräftige, die heftigste Sonnenhitze, *G* 1, 66. Bes. sonnige Tage, *G* 2, 332. dcht., süßl. st. 'Tage', *A* 3, 203. longi, *B* 9, 52. 2) personif., Sonnengott (Phöbus der Griechen), Grofsvater des Latinus, sofern dessen Mutter, die Nymphe Marika, mit der Kirke, der Tochter des Phöbus, identifiziert wurde (s. *A* 12, 164), erhebt sich im Osten aus dem Ocean u. senkt sich am Abend in denselben, u. zwar nach einer späteren Vorstellung auf einem mit Rossen bespannten Wagen, nec tam aversus equos Tyria Sol iungit ab urbe, wir sind nicht so entfernt vom Lauf der Sonne, dafs die Kunde von euren Schicksalen nicht hätte zu uns dringen sollen, *A* 1, 568. wurde als der allsehende und alles umwandelnde Zeuge der menschlichen Dinge im Schwure mit angerufen, selbst in Verb. mit den Rachegöttinnen ('Dirae'),

Ä 4, 607; vgl. *Ä* 7,100. 218. 227. 12, 176.
G 1, 463 (*Haupt* 'solis'). 2, 321. 4, 51.
Solis filia, Kirke, *Ä* 7, 11.

sōlācĭum, s. solatium.

sōlāmĕn, mĭnis, *n.*(solor),Trostmit-
tel, Trost, Linderung, *Ä* 10, 859. m.
obj. Gen., mali, im Unglück, *Ä* 3, 661.
quidquid solamen humandi est,d.i. jeder
Trost,den die Bestattung leiht, *Ä* 10,493.

sōlātĭum od. (*Ribb.*)**sōlācĭum**, ĭi, *n.*
(solor), Trost, beiVergil nur Plur., *Ä* 5,
367. duri casus (in harter Prüfung), *Ä* 6,
377. dcht., 'solatia' von den trostreichen
Gedichten des Vergil selbst, sofern diese
in dem Elende der damaligen Zeit allein
noch Trost zu gewähren schienen, *B* 9,
18. Als Apposit. in bez. auf Pers., Pallas, spes et solatia nostri, mein Trost,
meine einzige Hoffnung, *Ä* 8,514. mittit
mille viros . . . , solatia luctus, ein geringer Trost im tiefen Schmerze, *Ä* 11, 62.

sōlĕo, sōlĭtus sum, ēre, pflege, bin
gewohnt, m. Inf., *Ä* 2, 30. 5, 370. 12,
768. Oft ist der Inf. aus dem Zushge.
zu erg., solebat (iurare), *Ä* 9, 300. quo
more solent (ferire venam), *G* 3,461. bes.
beim Part. solitus, *Ä* 1, 730 (näml. im-
plere). ebenso mit Ergänzung des Infini-
tivs desselben Satzes, solita (vetare) aut
si qua id Fortuna vetabit, oder wenn
dies das Schicksal verwehrt, wie es dies
überhaupt zu thun pflegt, *Ä* 9, 214.
Part. sōlĭtus, a, um, *a*) wer etw. (zu
thun) gewohnt ist, *Ä* 5, 370. 7, 176 u.
741. *b*) pass., was gewöhnlich geschieht,
gewohnt, üblich, auxilium, *Ä* 9, 129.
virtus, die vorige frühere Tapferkeit, *Ä*
11,415. de solito more matrum, *Ä* 7,357.
solitum tibi, so pflegst du ja! *Ä* 11, 383.
praeter solitum, wider Gewohnheit, *G* 1,
412.

sōlĭdo, āre (solidus), mache dicht
od. fest, aream cretā tenaci, bekleibe,
härte, *G* 1, 179.

sōlĭdus, a, um, 1) dicht, gedie-
gen,fest,massiv,solido adamante columnae, *Ä* 6, 552. crateres auro solidi,
aus gediegenem Golde, *Ä* 2, 765. cornu,
G 3, 88; vgl. *Ä* 6, 69. 9, 357 u. 809. 11,
553. vires (Nerven u. Muskeln), fest,
stramm, *Ä* 2, 639. Sbst., solidum, i, *n.*,
fester Boden, *G* 2,231. in solidum fin-
ditur via, d. i. in den Kern (des Stam-
mes), *G* 2, 79. 2) übtr., vollständig,
ungeteilt, ganz, viscera, das ganze
Opfertier od. wenigstens größere Stücke
desselben (vgl. ὁλόκαυστον), *Ä* 6, 253.
Sbst., solidum, i, *n.*, Sicherheit (wie
wir sicherer Boden), in solido locare,
Ä 11,427.

sōlĭum, ĭi, *n.*, hoher Sitz, Thron

(der Götter, Könige), *Ä* 1, 506. 6, 696. 7,
210. 10, 116. 12, 849.

sollemnis, e, 1)herkömmlich,
feierlich, festlich, dapes, *Ä* 3, 301.
honos (nachh. 'annuus'), Opfer, *Ä*, 8,102.
ara (wegen der feierlichen Opfer), *Ä* 2,
202. pompa, *Ä* 5, 53. vota, *B* 5, 74. Sbst.,
Plur. 'sollemnia', ium, *n.*, regelmäßig
wiederkehrende Feierlichkeiten,
Festlichkeiten, bes. 'feierliche
Opfer', *Ä*,6,380.8,185. 'feierlicheSpiele',
Ä 5, 605. 2) üblich, imperium, unver-
kürzte Herrschergewalt, *Ä* 12, 193.

sollers,lertis('sollus',d.i.totus,u.'ars'),
geschickt, custodia, emsige Wartung,
G 4, 327.

sollĭcĭto, āre (sollicitus), 1) bewege
stark, errege, rege auf, tellurem,
G 2, 418. freta remis, *G* 2, 503. spicula
dextrā, rüttele an dem Pfeile (um ihn
auszuziehen), *Ä*12,404. 2)übtr.: *a*) rege
auf, versetze in Unruhe, beunruhige, aegram, *Ä* 10, 612. von der Sorge,
quietos, *Ä* 4, 380. *b*) erwecke, reize,
concubitus primos(zur ersten Begattung),
G 3, 131.

sollĭcĭtus, a, um ('sollus', d. i. totus,
u. 'cio'), 1) stark bewegt, aufgeregt,
mare, *G* 4, 262. 2) übtr., beunruhigt,
besorgt, bekümmert, *Ä* 3,389. sollicitus monstris, *Ä* 7, 81. timor angit sollicitum alqm, *Ä* 9, 89. amores, 'Liebes-
gram', *B* 10, 6.

sōlor,āri,1)tröste,spreche Trost
zu, beruhige, alqm, *Ä* 5, 708 u. 770.
Pasiphaën nivei solatur amore iuvenci,
singt, wie Pas. getröstet ward durch die
Liebe usw., *B* 6, 46. 2) übtr., *a*) suche
andere gleichs. durch Zureden über Unangenehmes hinwegzuhelfen, lindere,
beschwichtige, erleichtere, ver-
ringere, famem quercu,stille, *G* 1,159.
fessos opibus amicis, erquicke od. stärke
mit freundlicher Hilfe (Gabe), *Ä* 5, 41.
maestum amorem musā(d.i.cantu), *Ä* 10,
191; ähnl. *G* 4, 464. curas telā, *Ä* 9, 489.
cantu longum laborem, *G* 1,293. *b*)tröste
mich über etw., söhne mich mit etw.
aus, occasum Troiae, *Ä* 1, 239.

solstĭtĭum, ĭi, *n.* (sol u. sisto), Zeit
des scheinbaren Stillstandes der Sonne,
'Sonnenwende',dcht.Sommerhitze,*B*
7, 47. Plur., umida, feuchter, nicht zu
trockener Sommer, *G* 1, 100.

sōlum, i, *n.*, Grund, Boden, des
Meeres, *Ä* 5,199. der Erde (Gegs. zu 'ar-
duus aether', m. 'tellus' verb.), *Ä* 10,102.
B 6, 35. dcht., Cereale, Unterlage des
Brotes, *Ä* 7, 111. Bes. *a*) Boden eines
Zimmers od. Tempels, *Ä* 4, 202. *b*) Bo-
den, Erdboden, Erdreich, pingue,

G 1, 64; vgl. *G* 2, 263. *Ä* 3, 698. 5, 232. 6, 399. 11, 485. 12, 569. dcht. Plur., arida, *G* 1, 80. *c)* Grund u. Boden, O r t, G e g e n d, L a n d, *Ä* 1, 367. 11, 325. Laureus, *Ä* 8, 86. urbs Etrusca solo, der Lage nach (Gegs. 'ab origine'), wir, 'eine Stadt auf etruskischem Grund u. Boden', *Ä* 10, 179. **sōlus,** a, um, a l l e i n, 1) a l l e i n, blo fs, *a)* übb., oft prädikat. 'nur', 'nur noch', *Ä* 1, 597. 5, 370 u. 519. 12; 16. *b)* einzig, allein, voluptas, *Ä* 3, 660. salus, *Ä* 9, 257. v. Amor, nate, meae vires, mea magna potentia solus, d. i. Sohn, der du allein meine Stärke und Gewalt bist, *Ä* 1, 664. auch zur Hervorhebung eines superlativen Begriffs, fida ante alias quae sola Camillae, welche vor allen andern allein getreu der K. geblieben, *Ä* 11, 821. abs., von der Pers., die vor den übrigen hervorgehoben wird, *Ä* 5, 542. 2) von den Übrigen getrennt, *a)* v. Pers., allein, verlassen, einsam, *Ä* 4, 462. 7, 776. 12, 810. alleinstehend (als Witwe), *Ä* 4, 32. durch 'vacuus' od. 'sine me' näher bestimmt, *Ä* 4, 82. *B* 10, 45. von denen, die sich mit ihren Schätzen einschliefsen, *Ä* 6, 610. *b)* v. Örtern, einsam, öde, agri, *G* 3, 249. pascua, *G* 3, 212. nemora, *Ä* 11, 545. montes, *Ä* 11, 569. acta (Gestade), *Ä* 5, 613. litus, *G* 4, 465. dcht., nox (weil die in der Nacht Wandelnden selbst 'soli' waren), *Ä* 6, 268.

solvo, solvi, sŏlūtum, ēre, 1) l ö s e Festes, Angebundenes, b i n d e l o s, b e f r e i e, *a)* eig., alqm, *B* 6, 24. iuga tauris, *B* 4, 41. silicem radicibus, reifse los, *Ä* 8, 238; vgl. *Ä* 7, 403. saxum, 'löse ab', *Ä* 12, 686. alqm corpore, *Ä* 4, 703. Bes. in der Landwirtschaft, s. colla, d. i. nehme das am Halse des Pferdes befestigte Joch od. Geschirr ab, *G* 2, 542. in der Schiffersprache, funem, löse, winde ab das Ankertau (zur Abfahrt), *Ä* 5, 773. vela, spanne, hisse die Segel, *Ä* 4, 574. sinus, *Ä* 5, 831. ite solutae, ite deae pelagi, ziehet erlöset dahin, ziehet dahin als Meergöttinnen, *Ä* 9, 116. *b)* übtr.: *α)* löse eine Verbindlichkeit, dah. zahle ab, trage ab, gewähre, omnia umbris funeris, gewähre alles dem Schatten des Toten, d. i. leiste jmdm. im Leben und im Tode alle Freundespflichten, *Ä* 6, 510. vota, bezahle, erfülle, *Ä* 3, 404. 11, 4. *G* 1, 436. praemia, trage ab, erstatte, *Ä* 9, 253. exsequias rite, vollziehe die Bestattung gehörig, *Ä* 7, 5. *β)* löse, entferne, metum (corde) od. metus, banne, *Ä* 1, 562. 4, 420. *γ)* mache los von etw., entbinde, befreie, alqm alqo, *Ä* 4, 479. mentes (curis), entfefsle, erlöse von Lie-

besqualen durch Zauber (carminibus), *Ä* 4, 487. me longo luctu, *Ä* 2, 26. terras formidine, *B* 4, 14. pudorem, hebe das frühere sittliche Bedenken auf, *Ä* 4, 55. metum, 'benehme', *Ä* 9, 90. dcht., nec Rutulos solvo, ich spreche die R. nicht frei (von dem, was das Schicksal über sie beschlossen hat), nehme sie nicht davon aus, *Ä* 10, 111 (*Ribb.* 'nec *populos* solvo', d. i. beide Völker, die Troër und Rutuler).

2) löse oder trenne etw. Verbundenes, *a)* eig., agmina, *Ä* 5, 581. crates favorum, zerstöre, *G* 4, 214. vittas, lasse das Haar frei wallen, *Ä* 7, 403. crines soluti, aufgelöste, fliegende, *Ä* 12, 870. mit griech. Akk., solutus crinem, mit aufgelöstem Haare, *Ä* 3, 65. 11, 35. Dah. Pass. v. Sachen, sich auflösen, ausein-anderbrechen oder fallen, v. Schiffe, *Ä* 10, 305. viscera tunsa solvuntur, werden mürbe geschlagen, damit sie desto rascher in Fäulnis übergehen, *G* 4, 302. caelum in Tartara, werfe den Himmel in den Tartarus (so dafs jener mit diesem sich vermischt), *Ä* 12, 205. *b)* übtr.: *α)* löse etw. auf, trenne, foedera furto, störe die frühere Eintracht, *Ä* 10, 91. *β)* löse auf, d. i. beraube der Kraft, lähme, v. Schrecken, membra formidine, *Ä* 12, 867. solvuntur frigore membra (wegen der Hemmung des Blutumlaufes bei Furcht u. Entsetzen), *Ä* 1, 92; infolge des eintretenden Todes, *Ä* 12, 951. solvor in somnos, versinke in Schlaf, *Ä* 4, 530. dcht., lumina, schliefse die Augen, *Ä* 5, 856. 10, 418. nec solvunt corpora segnes in Venerem, schwächen den Körper nicht zum Zwecke der Begattung, *G* 4, 199. Dah. *c)* Part., sŏlūtus, a, um, *α)* aufgelöst, erschlafft, bewältigt, somno, vinoque, *Ä* 9, 189 u. 236. *β)* ausgelassen, unmäfsig, risus, *G* 2, 386.

somnĭfĕr, fĕra, fĕrum (somnus u. fero), schlafbringend, einschläfernd, cantus, *Ä* 7, 758.

somnium, ii, *n.* (somnus), T r a u m, *Ä* 10, 642. *B* 8, 108. dcht., somnia, 'Schlaf', *Ä* 5, 840. Personif., Somnia, 'Träume', 'Traumbilder', als Kinder der Nacht, denen der alte Volksglaube feste Sitze in der Unterwelt gab, *Ä* 6, 283.

somnus, i, *m.,* 1) appell.: *a)* S c h l a f, *Ä* 1, 680. *B* 1, 86. als sorgenlösend, *Ä* 9, 224. ferreus, 'Todesschlaf', *Ä* 10, 746. per somnum, während des Schlafes, im Schlafe (Traume), *Ä* 5, 636. auch Plur., gleichs. Stunden des Schlafes od. Schlummers, *G* 2, 470. in somnis, im Traume, *Ä* 2, 270; vgl. *Ä* 1, 353. 3, 151. 4, 353 u.

466. im Bilde, herba mollior somno, *B* 7, 45. dcht.übtr.,Zeit desSchlafens,N a c h t, *G* 1, 208. *b*) T r a u m, T r a u m b i l d (φάν-τασμα), *Ä* 8, 42. volucer, *Ä* 2, 794. 6, 702. Plur. (in bez. auf die öftere Wiederholung), *Ä* 12, 908. 2) personif., Somnus ("Ύπνος), S c h l a f g o t t, Sohn des Erebos u. der Nacht, Zwillingsbruder des Todes, mit Flügeln am Haupte u. einem Mohnstengel in der Hand dargestellt, *Ä* 5, 838. 6, 390. sunt geminae Somni portae, zwei verschiedene Traumthore, durch welche die Traumgebilde auf die Oberwelt gelangen (Hom.Öd.19,562 flgg.). *Ä* 6, 893 flgg.

sŏnĭpēs, pĕdis (sonus u. pes), mit den Füfsen tönend, sbst. R o f s, *Ä* 4, 135. 11, 638. ungew. von der ganzen Reiterei, *Ä* 11, 600.

sŏnĭtŭs, ūs, *m*. (sono), S c h a l l, K l a n g, G e t ö s e, G e r ä u s c h, *Ä* 2, 301 u. 308. vocis, *Ä* 3, 669. tubarum, 'Geschmetter', *G* 4, 72. *Ä* 7, 628. v. Schwirren des dahinfliegenden Pfeiles,*Ä* 7, 499. der durch die Luft sausenden Lanze, *Ä* 11, 799. Olympi, 'Krachen des Donners', *Ä* 6, 586. mit Nachahmung des Schalles, *Ä* 8, 596. dcht., vastos dant sonitus, erteilen od. versetzen schmetternde, krachende Schläge, *Ä* 5, 435. acrem flammae sonitum dabit, wird mit lautem Geprassel als Feuer entstehen, wird in Feuer sich verwandeln (v. Proteus), *G* 4, 409. sonitum super arma dedere, über ihm rasselten die Waffen, *Ä* 10, 488.

sŏno, sŏnŭi, sŏnĭtum, āre, 1) t ö n e, *a*) t ö n e, e r t ö n e, s c h a l l e, e r k l i n g e, k l i r r e, von Instrumenten, classica sonant, *Ä* 7, 637. v. Bogen, *Ä* 5, 521. 9, 631. 11, 652 u. 774 (*Ribb.* 'erat' st. 'sonat'). von Geschossen, tela sonant umeris (im Köcher), *Ä* 4, 149. non illis omnibus arma, nec clipei currusve sonant, *Ä* 7, 686. v. Baume, ferro bipenni, *Ä* 11, 135. omnia sonant plausu (vom starken Flügelschlage des flatternden Vogels),*Ä* 5, 506. v. Walde, rauschen, *G* 1, 76. *Ä* 9, 125. Averna sonantia silvis, vom Walde umrauscht, *Ä* 3, 442. virgulta sonantia silvis (st. 'in silvis'), 'Gebüsch' mit rauschenden Wipfeln, *Ä* 6, 704 (*Ribb.* 'silvae'). ähnl. virgulta sonantia lauro,'rauschende Lorbeergebüsche', *Ä* 12, 522. von den lärmenden Zungen u. Mäulern der Fama, *Ä* 4, 183. rauca longe saxa sonabant, es schallte rauh weithin das Felsriff, *Ä* 5, 866. *b*) übh. töne, rausche, v. Strome, Ufer u. dgl., *Ä* 7, 84. 701. 9, 125. *G* 3, 554. sonans pelagus, Brandung, *Ä* 1, 246. v. Geräusch der abgeschiedenen Seelen, summen, *Ä* 6, 753.

v. Schwalben, schwirren, zwitschern, *Ä* 12, 477. sonans, d. i. rauschend (mit den Flügeln, von der Eule), *Ä* 12, 866. 2) kausativ: *a*) l a s s e etw. e r t ö n e n, nec vox hominem sonat, deine Stimme klingt nicht menschlich, *Ä* 1, 328. nec mortale sonans, ihre Stimme, ihr Ton klingt nicht mehr sterblich, *Ä* 6, 50. *b*) l a s s e r ü h-m e n d e r t ö n e n, alqd magno ore (mit lautem Munde), *G* 3, 294. atavos, erwähne ruhmredig, rühme, *Ä* 12, 529. v. Bergen u. Wäldern, erschallen lassen, *B* 5, 64.

sŏnŏr, ōris, *m.* (sono), das stärkere G e r ä u s c h, G e t ö s e, der Wipfel der Bäume, *G* 3, 199. v. Knistern der Flamme, *Ä* 7, 462. Plur., *Ä* 9, 651.

sŏnōrus, a, um (sonor), t ö n e n d, s c h a l l e n d, aes, *Ä* 12, 712. flumen, 'tosend', *Ä* 12, 139. tempestates, brausend, *Ä* 1, 53.

sons, sontis, s c h u l d i g, s t r a f b a r, anima, *Ä* 10, 854. Sbst., der S c h u l d i g e, *Ä* 6, 570.

sŏnus, i, *m.* (sono), T o n, S c h a l l, 'Geräusch', *Ä* 2, 728. confusae urbis, verworrenes Getöse der St., *Ä* 12, 619. vocis, *Ä* 5, 649. letalis, der Eule, *Ä* 12, 877. gravior, stärkeres Getöse, Summen (der Bienen), *G* 4, 260.

Sŏphŏclēus, a, um (Σοφόκλειος), zum Sophokles, dem vorzüglichsten der griech. Tragiker (495—405 v. Chr.), gehörig, sophokleïsch, *B*, 8, 10.

sōpĭo, īvi, ītum, īre (sopor), *a*) betäube, schläfere ein, zur Verstärkung m. 'somno', bringe, versenke in tiefen Schlummer, *Ä* 1, 680; vergl. *Ä* 10, 642. *b*) dcht. übtr., von Dingen, ignis sopitus, 'das schlummernde Feuer', *Ä* 5, 743. sopitae ignibus arae, das auf dem Altar erloschene Feuer, *Ä* 8, 542.

sŏpŏr, ōris, *m.* (verw. m. 'somnus'), 1) tiefer od. fester, erquickender S c h l a f, S c h l u m m e r, *G* 4, 190. *Ä* 3, 173 u. 511. placidus, *Ä* 4, 522. nec sopor illud erat, sicher war es kein nichtiges Traumbild, wie man im Schlafe sieht (sondern die wirkliche Erscheinung der Penaten), *Ä* 2, 253; vgl. *B* 5, 46. persouif., Gott des Schlafes, *Ä* 6, 278.

sŏpŏrĭfĕr, fĕra, fĕrum (sopor u. fero), schlafbringend, einschläfernd, papaver, *Ä* 4, 486.

sŏpŏro, āre (sopor), schläfere ein, betäube, Part. 'soporatus', a, um, mit einschläfernder Kraft versehen, getränkt, *Ä* 5, 855. 6, 420.

sŏpŏrus, a, um (sopor), schlafbringend, betäubend, nox, *Ä* 6, 390.

Sŏractĕ, is, *n.*, Berg in Etrurien nördl. von Rom, mit einem Tempel des Apollo

u. am Fufse mit einem Hain der Feronia,
j. 'Monterosi', *A* 7, 696. 11, 785.

sorběo, bŭi, ēre, schlürfe ein, ver-
schlucke, ter fluctus in abruptum (die
Wassermasse in die Tiefe), *A* 3, 422.

sorbum, i, *n.*, Speierling, Arles-
beere, *G* 3, 380.

sorděo, ēre (sordes), bin unsauber,
übtr., v. Sachen, 'anekeln', sordent tibi
munera nostra, *B* 2, 44.

sordīdus, a, um (sordes), *a)* schmutzig, unsauber, *A* 6, 301. *b)* übtr.,
ärmlich, verachtet (Gegs. des städti-
schen Prunkes), rura, *B* 2, 28.

sŏrŏr, ōris, *f.*, 1) Schwester, Iovis,
d. i. Juno, *A* 1, 47 u. 329. Turni, d. i. Juturna, *A* 12, 138; vgl. *A* 10, 439 (alma).
12, 871. magna, d. i. die Erde, Schwester
der Nacht, beide Töchter des Chaos, *A*
6, 250. Plur., von den Heliaden oder
Schwestern des Phaëthon, *A* 10, 190. Tartareae, d. i. Furien, *A* 7, 327 (*v.* 324 dirae deae). 2) (dcht.) übh. als liebkosende
Benennung, Gefährtin, Geliebte, *A*
1, 322 u. 326. 11, 823.

sors, sortis, *f.* [ältere Form des Abl.
sort*i* st. sorte, *A* 9, 271. *G* 4, 165] (sero),
1) Los, das man zieht (*κλῆρος*), *a)* eig.,
A 5, 490. 6, 22. 9, 268. prägn., glückliches Los, das jmdm. als Sieger zufällt,
A 12, 932. *b)* meton., Teil, der jmdm.
zufällt, rerum, *A* 10, 40. nova pugnae,
neue Art, Gestaltung des Kampfes (weil
nicht allgemeine Fehde, sondern Zweikampf), *A* 12, 54. 2) übtr.: *a)* das Losen,
Verlosung, Los, *A* 1, 139. *G* 4, 165;
vgl. *A* 1, 508. 2, 201. sedes sine sorte
datae, ohne Entscheidung der durchs
Los gewählten Richter, *A* 6, 431. *b)* Orakelspruch (eig. der auf Lostäfelchen
gegebene), Weissagung, *A* 4, 346 u.
377. der Sibylle, *A* 6, 72. Fauni, *A* 7, 254.
Plur. in bez. auf die Weissagenden selbst,
A 4, 346. *c)* Los, Schicksal, Geschick, *A* 5, 190. 6, 114 u. 332. 10, 450
u. 501. 11, 110 u. 165.

sortior, tītus sum, īri (sors), lose
über etw., bestimme oder verteile
durchs Los, delecta corpora virûm
(dcht. st. 'delectos viros', die sich im Innern des Pferdes verbergen sollten), *A*
2, 18. domos, *A* 5, 756. remos, *A* 3, 510.
dcht. von Juppiter, 'ordnen', 'bestimmen',
fata, *A* 3, 376. 2) übtr.: *a)* verteile etw.,
teile, laborem, *A* 8, 445. vices, *A* 3, 634.
periclum, *A* 9, 174. *b)* bestimme etw.
für usw., wähle aus, subolem armento,
G 3, 71. fortunam oculis, erwähle mit
dem Blicke das Ziel gut, *A* 12, 920.

sortītus, ūs, *m.* (sortior), das Losen,
der Wurf des Loses, quae sortitus non

pertulit ullos, um welche (als Gefangene)
nicht gelost wurde, *A* 3, 323.

sospes, pĭtis (*σῶς*), gesund, wohlbehalten, *A* 8, 470. 11, 56.

spādix, dīcis, *c.* (*σπάδιξ*), eig. ein mit
der rötlichen Frucht abgerissener Palm-
zweig, dcht. übtr., und zwar attrib., glänzend braun (unser 'kastanienbraun'),
equus, *G* 3, 82.

spargo, sparsi, sparsum, ěre, 1)
streue, verstreue, streue aus od.
hin, *a)* übh., harenam, v. Stiere, wühle
den Sand auf u. verstreue ihn, *B* 3, 87.
G 3, 234. *A* 9, 629. molam, *B* 8, 82. iuvenem discerptum, den zerstückten Leib
des Jünglings, *G* 4, 522. dcht., Volcanum
(d. i. flammas) totis tectis, die Glut durch
den ganzen Palast, *A* 7, 77. arma per
agros, *A* 7, 551. von den Kykladen, sparsae per aequor, zerstreut (liegend), *A*
3, 126. *b)* insbes.: *α)* werfe gleichsam
streuend, schleudere, bes. Geschosse,
glandes, ferrum, tela, *A* 7, 687. 8, 695.
12, 51. alqm in fluctus, *A* 3, 605. corpus
undis (*Dat.*), ins Wasser, *A* 4, 600. bildl.,
ambiguas voces in vulgus, streue aus (um
jmd. zu verdächtigen), *A* 2, 98. *β)* zerstreue, teile, morantes, trenne von
einander (näml. die Bienenschwärme), *G*
4, 29. per urbem, *A* 1, 602. bildl., somnos cantu, *A* 7, 754. *γ)* bestreue, bedecke mit etw., purpureos flores, *A* 6,
884. nuces, *B* 8, 30. virgulta fimo, *G* 2,
347. humum foliis, *B* 5, 40. quis humum
florentibus herbis spargeret? wer besänge, wie man den Boden mit bl. Kr.
bestreue? *B* 9, 19. dcht. v. wilden Weinstock, antrum raris racemis, mit zerstreuten Ranken die Grotte umschlingen, *B* 5, 7. bildl., lumine terras, montes, *A* 4, 584. 12, 113. 2) sprenge,
spritze, *a)* übh., *A* 12, 308 u. 339. cerebrum, *A* 5, 413. bildl., necdum tempo-
ribus geminis canebat sparsa senectus,
so lange das Alter mir die Schläfe noch
nicht mit grauem Haare bestreut hatte
(d. i. als ich noch jung war), *A* 5, 416.
b) prägn.: *α)* besprenge, bespritze,
corpus lymphā, rore, *A* 4, 635. 6, 230.
tellurem lacrimis, *A* 11, 191. corpus aquā
recenti, *A* 6, 636. flammas sanguine, *A*
11, 82 (*Ribb.* u. *Haupt* flammam). cruore
sparsae manus, *A* 4, 665. haustu sparsus
aquarum, mit geschöpftem Wasser be-
sprengt (d. i. die Hände gewaschen), *G* 4,
229. sparsi fraternā caede penates, *A* 4,
21. *β)* sprenkele, alas coloribus, *A* 7,
191. duo capreoli sparsis etiamnunc pellibus albo, weißgesprenkelt, *B* 2, 41.

Sparta, ae, *f.* (*Σπάρτη*), Hauptstadt
Lakoniens (gew. 'Lacedaemon'), *A* 2, 577.

10, 92. Spartae catuli (wegen ihrer Schnelligkeit u. Spürkraft ber.), *G* 3, 405.

Spartānus, a, um (Sparta), spartanisch, virgo, *Ä* 1, 316.

spărus, i, *m.*, eine (kleine) Lanze, Speer, *Ä* 11, 682.

spătior, āri(spatium), gehe, schreite umher od. einher, ante ora deûm, *Ä* 4, 62. in harena, *G* 1, 389.

spătĭum, ĭi, *n.*, 1) Raum in der Ausdehnung, Strecke, totum, *Ä* 12, 907. caeli, *B* 3, 105. Bes. *a*) der bestimmte zwischen zwei Gegenständen gedachte Raum, Zwischenraum, *Ä* 6, 634. spatium do, mache Platz, öffne den Raum, *Ä* 12, 696; vgl. *Ä* 5, 203 u. 321. 10, 772. *b*) der begrenzte, zum Lauf bestimmte Raum, die Renn-od. Laufbahn, Bahn, extremum, *Ä* 5, 327. Plur., spatia, *Ä* 5, 316. si plura spatia supersint, d. i. wenn die Rennbahn noch weiter sich zöge, *Ä* 5, 325. campi, *G* 3, 203. in Vergleichung des wütenden Mars mit dem Ungestüm eines wettrennenden Viergespanns (s. 'addo'), *G* 1, 513. vom Kreisel, spatiis curvatis, in gebogenen oder schrägen Bahnen, *Ä* 7, 381. bildl., iniqua spatia, zu enge Schranken oder Grenzen des Planes (zu meinem Gedicht vom Landbau), *G* 4, 147. *c*) übh. Bahn, Fahrt, Weg (auf der See), medio in spatio, *Ä* 10, 219. 2) übtr.: *a*) Raum, Bahn, v. Alter, *Ä* 9, 275. inmensum spatiis conficere aequor, eine Bahn von unendlichem Raum durchlaufen, *G* 2, 541. *b*) Zeitraum, Zeit, *Ä* 4, 433. 10, 400.

spĕcĭēs, ēi, *f.* (Wurz. 'spec' in 'specio', σκέπτομαι), 1) Anblick, äußere Erscheinung, *a*) übh., *Ä* 2, 407. dcht., auri, Glanz, Schimmer, *Ä* 6, 208. *b*) prägn., Ansehen, Anstand, *Ä* 4, 170. 2) Gestalt, Gattung, Art, Plur., animorum, *G* 1, 420. species atque ora ferarum, Gestalten, Gebilde von Tieren (durch Verwandlung in solche), *G* 4, 406. species multae, der Reben (neben 'nomina'), *G* 2, 103.

spĕcīmĕn, mĭnis, *n.* (specio), Kennzeichen, Zeichen, Solis avi, Wahrzeichen, *Ä* 12, 164. dcht. v. Erdboden, tale dabit specimen, daran magst du es erkennen, *G* 2, 241.

spectācŭlum, i, *n.* (specto), *a*) Anblick, Betrachtung, die man über etw. anstellt, *Ä* 6, 37. *b*) als Obj. des Sehens, gleichs. 'Gemälde', 'Schauspiel' (θέαμα), *G* 4, 3.

spectātŏr, ōris, *m.* (specto), Zuschauer, *Ä* 10, 443.

specto, āre (Intens. v. specio), 1) sehe, schaue, sehe an, betrachte, *a*) übh.,

abs., *Ä* 10, 760. 11, 200 u. 837. rates, schaue nach den Schiffen, *Ä* 5, 655; vgl. *G* 1, 158. dcht. v. Tageslichte, *Ä* 10, 245. *b*) sehe ruhig zu (ohne Teilnahme am Kampfe, mit 'sedeo' verb.), *Ä* 12, 15. 2) übtr.: *a*) sehe od. blicke auf jmd. hin mit Teilnahme, alqm non nequiquam (nicht ohne ihn zu belohnen), *G* 1, 96. ad vitulam, *B* 3, 48. *b*) bemesse, beurteile, prüfe, alqd ab annis (nach den Jahren), *Ä* 9, 235. semina multo labore, *G* 1, 197. Part. spectātus, a, um, 'erprobt', 'bewährt' (eig. wie das Metall durch Feuer), pietas, *Ä* 6, 687. iuventus, *Ä* 8, 151.

spĕcŭla, ae, *f.* (specio), Warte, Wartturm, *Ä* 4, 586. 11, 877. alta (von einem ragenden Felsen), *Ä* 3, 239. montis, 'Höhe', 'Gipfel', *B* 8, 59. abs., *Ä* 10, 454. Plur., *Ä* 7, 511. in speculis, *Ä* 11, 526.

spĕcŭlor, āri (specio), fasse scharf ins Auge, forsche od. spähe (aus), erspähe, alqm ab tumulo, *Ä* 11, 853. locum, *Ä* 7, 477. litora, *Ä* 10, 290. columbam caelo, *Ä* 5, 515. obitus et ortus signorum, 'beobachte', *G* 1, 257; vgl. *G* 4, 166. m. indir. Frages., erforsche, *Ä* 1, 516.

spĕcŭs, ūs, *m.* [als *n.* ungew. nur éinmal, *Ä* 7, 568] (σπέος), *a*) Höhle, Geklüft, Grotte, *G* 3, 376. 4, 418. *Ä* 7, 568. 8, 241. *b*) (dcht.) jede Höhlung, Vertiefung, volneris, klaffende Wunde, *Ä* 9, 700.

spēlaeum, i, *n.* (σπήλαιον), Höhle, Grotte, ferarum, *B* 10, 52.

spēlunca, ae, *f.* (σπήλυγξ), Geklüft, Höhle, Grotte, *G* 2, 469. *Ä* 1, 60. 4, 124 u. 165 u. ö. der Skylla, *Ä* 3, 424. des Kakus, *Ä* 8, 234.

Sperchēŏs, i, m. (Σπερχειός), Fluß in Thessalien, der in den malischen Meerbusen (j. Golf von Zeitun) fällt, j. 'Elladha', *G* 2, 487.

sperno, sprēvi, sprētum, ĕre, verschmähe, verachte, setze zurück, alqm od. alqd, *Ä* 1, 27 u. ö. *G* 4, 520. *B* 3, 74.

spēro, āre (spes), übh. hege Erwartungen von der Zukunft, 1) hoffe (auf etw.), verspreche mir, m. bl. Akk., domos, *Ä* 7, 126. salutem, *Ä* 1, 451. m. Akk. u. Inf. Fut., supplicia (te) hausurum, *Ä* 4, 382. m. Inf. Präs., *Ä* 4, 338. 5, 18. m. Nom. u. Inf., *Ä* 4, 305. 2) prägn., sehe vorher, erwarte Ungünstiges, besorge, befürchte, alqd, *Ä* 11, 275 u. 437. vada, *Ä* 10, 291 (*Ribb.*). dolorem, *Ä* 4, 419. deos, fürchte, *Ä* 1, 543. m. Akk. u. Inf., *Ä* 2, 658.

spēs, spĕi, *f.*, 1) Erwartung, Ahnung, bes. von etw. Erfreulichem, Hoffnung,

Ä 1, 352 u. ö. mit subj. Gen., *Ä* 2, 162.
8, 218. mit obj. Gen. 'zu', 'auf' etw. od.
jmd., *B* 1, 35. *Ä* 1, 556. 2, 503. 3, 543. 7,
580. 9, 131 u. 291. patriam videndi, *Ä* 2,
137. 2) meton., v. Gegenstande, worauf
man seine Hoffnung setzt, wie unser
Hoffnung, gregis, *B* 1, 14. spemque
gregemque, Lämmer u. Mutterschafe, *G*
3, 473; vgl. *G* 4, 162. vestras spes urite,
d. i. die Schiffe, *Ä* 5, 672. v. Pers., spes fidissima Teucrûm, v. Äneas, *Ä* 2, 281. bes. in
bez. auf hoffnungsvolle Kinder (bei Vergil
nur Plur.), heredis, surgentis Iuli, *Ä* 4, 274.
6, 364. 10, 524. spes et solatia nostri, *Ä* 8,
514. prädikat. in bez. auf eine Person,
Ä 11, 309.

spĭcĕus, a, um (spica), aus Ähren
bestehend, messis, Saat mit den Ähren,
G 1, 314.

spīcŭlum, i, *n*. (Dem. v. spicum, spina),
a) Spitze, Stachel der Bienen, *G* 4,
74 u. 237. *b*) meton., Wurfspiefs, Pfeil,
Ä 5, 307 u. 586. 7, 165. 497. 684. 9, 606.
11, 575. 12, 563. *B* 10, 60.

spīna, ae, *f.*, etw. Spitziges, 1) Dorn,
Ä 3, 594. *B* 5, 39. 2) Rückgrat, *G* 3,
87. *Ä* 10, 383.

spīnētum, i, *n*. (spina), Dornhecke,
Dorngebüsch, *B* 2, 9.

spīnus, i, *f.*, Schlehen-, Schwarz-
dorn, *G* 4, 145.

Spĭo, ūs, *f.* (Σπειώ), eine Nereïde, *Ä*
5, 826. *G* 4, 338.

spīra, ae, *f.* (σπεῖρα), Windung,
Krümmung, der Schlangen, *Ä* 2, 217.
G 2, 154. serpentum spirae, Knäuel von
Schlangen, *Ä* 12, 848.

spīrābĭlis, e (spiro), zum Einatmen dienlich, *Ä* 3, 600.

spīrācŭlum, i, *n*. (spiro), Luftloch,
Plur., Ditis, die dünstende Höhle oder
Pforte des Pluto (weil mit der Unterwelt
in Verbindung stehend), *Ä* 7, 568.

spīrāmentum, i, *n*. (spiro), Luftloch,
Ritze, Spalt, meist Plur., *G* 4, 39. Kanäle, Adern (venae), Luftzüge, *G* 1, 90.
animae, Gänge des Atems (von der Luft-
röhre), *Ä* 9, 580.

spīrĭtŭs, ūs, *m*. (spiro), 1) Lufthauch,
a) Hauch, boreae, *Ä* 12, 365. *b*) das
Atemholen, der Atem, *G* 3, 506. 4,
300. *B* 4, 54. 2) übtr., Geist, Seele,
Ä 4, 336; vgl. *Ä* 5, 648. m. 'mens' verb.,
das geistige, beseelende Wesen od. Prin-
zip, der ätherische Weltgeist, der die
rohe Masse durchdringt, *Ä* 6, 726.

spīro, āre, 1) intr.: *a*) hauche, blase,
wehe, von Luft u. Winden, *Ä* 4, 562. 5,
844. 9, 645. illi dulcis compositis spira-
vit crinibus aura, ein süfser (ambrosi-
scher) Duft wehte diesem von dem kunst-

reich geordneten Haar herab, *G* 4, 417.
übtr., v. Göttern, spirate secundi, sendet günstigen Wind od. seid günstig, *Ä*
3, 529. v. Pflanzen, duften, graviter, *G*
4, 31. v. Meere, aufbrausen, gähren, *G* 1,
327. qua vada non spirant, wo die Tiefe
nicht gährt, wo keine Brandung ist, *Ä*
10, 291 (*Ribb.* 'sperat'). *b*) hole Atem,
atme, ignibus, Feuer schnauben, *Ä* 8,
304. inmane, *Ä* 7, 510. v. Schlangen, graviter, Gift aushauchen, *Ä* 7, 753. bildl.,
von Lebl., spirantia exta, noch zuckende,
noch warme, *Ä* 4, 64. spirantia aera, signa, lebensvolle, nach dem Leben treu
dargestellte, *Ä* 6, 848. *G* 3, 34. 2) trans.,
hauche aus, verbreite, odorem ver-
tice (vom Scheitel herab), *Ä* 1, 404. ignem
naribus, 'sprühe', v. Rossen u. Stieren,
Ä 7, 281. *G* 2, 140. frigora (v. Winde), *G*
3, 356.

spissus, a, um, *a*) dicht, ager, zäh,
G 2, 236. harena, klumpig, 'mulmig', *Ä* 5,
336. umbra noctis, *Ä* 2, 621. *b*) von der
Menschenmenge, dicht, gedrängt
(Gegs. 'rarus'), *Ä* 9, 509.

splendĕo, ēre, glänze, schimmere,
Ä 7, 9. 12, 417.

splendesco, dŭi, ĕre (Inch. v. splendeo), erglänze, blinke, *G* 1, 46.

splendĭdus, a, um (splendeo), glänzend, prunkend, domus, *Ä* 1, 637.

spŏlĭo, āre (spolium), beraube,
1) einen getöteten Feind, m. Abl., hostem
armis, *Ä* 11, 80. membra, *Ä* 12, 297. 2)
übh. beraube, nehme jmdm. etw.,
alqm vitâ, lumine, *Ä* 6, 168. 12, 935. funere felici, *Ä* 7, 599. navem magistro, *Ä*
5, 224. 6, 353.

spŏlĭum, ĭi, *n*., eig. etw. Abgezoge-
nes, bes. die dem getöteten Feinde abgezogene Rüstung, Beute, *Ä* 10, 500.
12, 94. gew. Plur., *Ä* 1, 486. 2, 504. 4, 93.
5, 393. 12, 948. animae, *Ä* 6, 856. 10, 449.
übtr., spolia ampla refertis (im iron.
Sinne), stattliche Beute, d. i. Siege, *Ä*
4, 93.

sponda, ae, *f.*, Gestell eines Ruhe-
lagers, dcht. 'Pfühl', aurea, *Ä* 1, 698.

spondĕo, spŏpondi, sponsum, ēre,
verspreche feierlich, gelobe (eig.
bei gerichtl. Handlungen, leiste eidlich
Bürgschaft für jmd.), v. Juppiter, *Ä* 5, 18.
v. der Fortuna, salutem, 'verbürgen', *Ä* 12,
637. sponde omnia digna coeptis, d. i. ver-
sprich dir ganz gewifs, erwarte zuver-
sichtlich von mir jede deinem grofsen
Unternehmen entsprechende Belohnung,
Ä 9, 296.

sponsa, ae, *f.* (spondeo), Verlobte,
Braut, *Ä* 2, 345.

spontĕ, Adv. (eig. alter Abl.), gew. in

Verbdg. mit 'meā', 'tuā', 'suā', von selbst, aus eigenem Antrieb, aus freiem Willen, *a)* v. Leb., *Ä* 4, 341. 6,82. abs., nou sp. (sondern auf Befehl der Gottheit), *Ä* 4, 361. non sp. fluens, mit Widerstreben, *Ä* 11, 828. *b)* v. Lebl., *B* 4, 45. *G* 2, 47 u. 501. mit 'ipse' verb., *G* 2, 10.

spūma, ae, *f.*, 1) Schaum, der Tiere, *G* 3, 111 u. ö. Plur., des Meeres, salis, d. i. die schäumende Salzflut, *Ä* 1, 35. 3, 367; abs., *Ä* 3, 208. 2) sp. argenti, Silberglätte, der schuppichte Absatz des silberhaltigen Bleies bei der Reinigung, *G* 3, 449.

spūměus, a, um (spuma), schäumend, mit Schaum bedeckt, Nereus, *Ä* 2, 419. amnis, *Ä* 2, 496. unda, *Ä* 10, 212. pontus, *Ä* 11, 626. saxa, *Ä* 7, 589.

spūmo, āre (spuma), schäume, v. Wasser, *Ä* 3, 268. 4, 529. ripis, *Ä* 11, 548; vgl. *Ä* 5, 141. 8, 672 u. 689. v. Weine, plenis labris (in gefüllten Kufen), *G* 2, 6; vgl. *B* 5, 67. dcht., v. Melkfasse, exhausto ubere, d. i. schäumen von usw., *G* 3, 309. spumantia cymbia lacte, die in den Bechern schäumende Milch, *Ä* 3, 66. ensis cruore spumans, triefend von Blut, *Ä* 4, 665. v. Tieren, *Ä* 1, 324. 6,882. spumantia frenis ora (der Rosse), *Ä* 12, 372.

spūmōsus, a, um (spuma), schäumend, unda, *Ä* 6, 174. amnes, *Ä* 12,524.

spūo, spŭi, spūtum, ēre (πτύω), speie od. spucke aus, ore terram (den Staub), *G* 4, 97.

squālěo, squālŭi, ēre, starre, bin rauh, v. Muscheln, *G* 2, 348. squalentia terga, mit Schuppen bedeckt, *G* 4, 13. m. Abl., auro, 'von Gold strotzen', *G* 4, 91. *Ä* 10, 314. 12, 87. Bes. *a)* von Schmutz starren, v. Barte, *Ä* 2, 277. *b)* v. Fluren, unbebaut od. öde liegen, *G* 1, 507.

squālŏr, ōris, *m.* (squaleo), das Starren, bes. von Schmutz; dah. Schmutz an Leib u. Kleidung, terribilis, *Ä* 6, 299.

squāma, ae, *f.*, *a)* Schuppe, der Schlangen, *Ä* 5, 88. 11,754. 6,535. der Bienen, *G* 4, 93. *b)* übtr., Schuppen des Panzers, *Ä* 9, 707. 11, 488. squamis serpentum auroque, mit goldenen Schlangenschuppen, *Ä* 8, 436.

squāměus, a, um (squama), schuppig, anguis, *G* 2, 154. terga (der Schlangen), *Ä* 2, 218. *G* 3, 426.

squāmōsus, a, um (squama), schuppig, draco, *G* 4, 408.

stăbīlis, e (sto), feststehend, übtr., fest, unwandelbar, numen (Beschlufs) Parcarum, *B* 4, 47. conubium, *Ä* 1, 73. 4, 126.

stăbŭlo, āre (stabulum), *a)* bleibe

---

im Stalle, von Stieren, *G* 3, 224. *b)* (dcht.) lagere, hause, in foribus (von den Kentauren), *Ä* 6, 286.

stăbŭlum, i, *n.* (sto), Standort, bes. *a)* Stall, Stallung für Vieh (σταϑμός), gew. ein Gehöfte mit hoher Umfriedigung, Fenz (engl. *fence*), Hürde, Hag, oft Plur., *Ä* 2, 499. 7, 501. 8, 207. *B* 6, 60. *G* 3, 228. übh. 'Weideplatz', *G* 4, 433. alta, 'ragender Forst', 'Hochwald' für die Herden des Königs Latinus, *Ä* 9, 388. *b)* Standort des Wildes, 'Lagerplatz', alta ferarum (weil im Hochwalde), *Ä* 6, 179. abs., alta, *Ä* 10, 723. *c)* Behausung der Bienen, 'Bienenhaus', 'Bienenstock', *G* 4, 14. *d)* Wohnung der Hirten, 'Hütte', 'Gehöft', ardua tecta stabuli (weil in eine hohe Spitze auslaufend), *Ä* 7, 512.

stagno, āre (stagnum), bilde einen Sumpf, eine Marsch, stagnans Helorus, *Ä* 3, 698. effuso stagnans flumine Nilus, *G* 4, 288.

stagnum, i, *n.* (sto), 1) stehendes Wasser, Teich, Sumpf, See, *Ä* 8, 88. Cocyti, *Ä* 6, 323. Averna, *G* 4, 493. 2) (dcht.) von der beweglichen Meeresflut, Gewässer, *Ä* 1, 126. maxima Nerei, Meer, *Ä* 10, 765.

stătĭo, ōnis, *f.* (sto), eig. 'das Stehen', dah. *a)* Aufenthaltsort, Standort, für Vögel, *Ä* 5, 128. 'Bienenhaus', *G* 4, 8. *b)* militär. Ausdr., Posten, Wacht, *Ä* 9, 183 u. 222. *c)* in der Schifferspr., Standort (der Schiffe), Anfurt, Ankerplatz, Port, *Ä* 2, 23. 10, 297. *G* 4, 421.

stătŭo, stătŭi, stătūtum, ēre (sisto, Sup. 'statum'), mache, dafs etw. steht, 1) eig.: *a)* stelle hin od. auf, alqd, *Ä* 1, 724. 7, 147. *B* 5, 68. iuvencum ante aram, *Ä* 9, 627. Aenean castris cruentum, den blutenden An. in das Lager zurückbringen, *Ä* 12, 385. ea prima ruentes pugna loco statuit Teucros, dieser Kampf brachte zuerst die fliehenden Teukrer zum Stehen, *Ä* 12, 506. *b)* stelle od. führe auf, errichte, erbaue, gründe, aram loco, *Ä* 8, 271. molem equi, *Ä* 2, 150. moenia, *Ä* 2, 295. urbem, *Ä* 1, 573. aram, *Ä* 8, 271. 2) übtr., setze fest, bestimme, beschliefse, de summa re, *Ä* 11, 302. m. Relativs., *G* 1, 353. m. Inf., *G* 3, 73.

stătŭs, ūs, *m.* (sto), das 'Stehen'; übtr. Zustand, Verfassung, *Ä* 7, 38.

stēlĭo, ōnis, *m.*, Eidechse, *G* 4, 243 (wo zweisilb. gleichs. 'steljo' auszuspr.).

stella, ae, *f.*, Stern, *G* 1, 137. *Ä* 3, 521 u. ö. dcht. 'Gestirn', 'Sternbild', Coronae, *G* 1, 222. Saturni, 'Planet', *G* 1, 336.

stellans, antis (stello), mit Sternen besät, gestirnt, caelum, *Ä* 7, 210.

stellātus, a, um (stella), mit Sternen übersät, dcht. blitzend, funkelnd, ensis, *Ä* 4, 261.

stellio, s. stelio.

stĕrĭlis, e (στερεός, στεῤῤός), unfruchtbar, vacca, trockene, *Ä* 6, 251. avenae, *B* 5, 37. *G* 1, 154. silva, *G* 2, 440. exurere steriles agros (v. Sirius, prolept., d. i. so dafs sie unfruchtbar, öde werden), *Ä* 3, 141.

sternax, nācis (sterno), zu Boden zu werfen suchend, equus, d. i. das den Reiter abzuwerfen sucht, 'störrig', *Ä* 12, 364.

sterno, strāvi, strātum, ĕre (στόρννμι, στρώννμμι), 1) breite hin od. aus, ostrum, *Ä* 1, 700. vellera, *Ä* 7, 94. strata poma, hingestreute (v. reifen Früchten), *B* 7, 54. Aenean duxit stratisque locavit effultum foliis, liefs den Än. auf einer Streu von Blättern niedersetzen, *Ä* 8, 367. 2) strecke hin, *a*) übb., corpus, *Ä* 2, 364. collapsos artus humi, *Ä* 9, 754. se somno (*Dat.*), zum Schlafe sich lagern, *G* 4, 432. Pass., sternor, strecke mich hin, sinke hin, gremio (*Abl.*) telluris, *Ä* 3, 509. *b*) strecke gewaltsam oder tot hin, strecke zu Boden, werfe nieder, *a*) eig., alqm, *Ä* 2, 385. 7, 533. alqm humi, *Ä* 10, 697. Rutulos late, *Ä* 9, 517. acies, *Ä* 7, 426. alqm victum volnere, *Ä* 12, 944. alqm coniecto iaculo, *Ä* 9, 698. alqm caede, morte, *Ä* 10, 119. 11, 796. volnere, *Ä* 10, 781. Morti, *Ä* 12, 464. bovem, *Ä* 5, 481. Pass., sternitur terrae proiectus, *Ä* 11, 87. dcht. v. lebl. Subj. od. Obj., v. Flusse, agros, sata laeta, fortschwemmen, vernichten, *Ä* 2, 306. v. Zorn der Götter, Troiam a culmine, herabstürzen, *Ä* 2, 603. *β*) übtr., schlage nieder, mortalia corda per gentes humilis stravit pavor, wir, 'den Menschen sanken die sterblichen Herzen aus entmutigender Furcht', *G* 1, 331. 3) ebene, glätte, bahne, beruhige, aequor aquis (*Dat.*), den Spiegel glätten für die Gewässer (so dafs sie dann eine glatte Oberfläche bilden), *Ä* 5, 821. 8, 89. stratum aequor, *B* 9, 57. placidi straverunt aequora venti, *Ä* 3, 69. 5, 763. dcht., strata viarum, gepflasterte Gassen od. Strafsen, *Ä* 1, 422. 4) bedecke, besäe, solum telis, *Ä* 9, 666. multā duram stipulā subter humum, bestreue oben mit usw., *G* 3, 298. terram, bedecken (von den geschlachteten Stieren), *Ä* 8, 719.   [klop, *Ä* 8, 425.

Stĕrŏpĕs, ae, *m.* (Στερόπης), ein Kyklop.

Sthĕnĕlus, i, *m.* (Σθένελος), Sohn des Kapaneus, einer der Epigonen und Heerführer der Argiver vor Troja, *Ä* 2, 261. Vgl. 'Sthenius'.

Sthĕnius, ĭi, *m.*, ein Rutuler, *Ä* 10, 388 (*Ribb.* u. *Schap.*; Sthenelus *Wagn.* u. *Haupt*).

Stĭmĭchōn (*Ribb.* u. *Schap.*) od. **Stĭmĭcōn** (*Wagn.* u. *Haupt*), ōnis, *m.*, Name eines Hirten, *B* 5, 55.

stĭmŭlo, āre (stimulus), stachle od. sporne an, reize an, von den Orgien, *Ä* 4, 302. dcht. m. Inf., festinare fugam, *Ä* 4, 576.

stĭmŭlus, i, *m.* (Wurz. στιγ in στίζω, in-stigo), Stachel, eig. zum Antreiben der Tiere, bei Vergil nur übtr., der Begeisterung, *Ä* 6, 101. der peinigenden Unruhe, bes. der Erbitterung u. des Zornes, acres, *Ä* 9, 718. amari, *Ä* 11, 337. haud molles, *Ä* 11, 452 u. 728. amoris, *G* 3, 210. Bacchi, Wut, Raserei (wie sie den wirklichen Bacchantinnen eigen ist), *Ä* 7, 405.

stĭpĕs, pĭtis, *m.*, *a*) Stamm, Baumstamm, *Ä* 3, 43. 4, 444. *b*) Knüttel, als Waffe, *Ä* 7, 507 u. 524. robore duro, *Ä* 11, 894.

stĭpo, āre, 1) dränge eng zusammen, sammle, häufe, mella, *Ä* 1, 433. *G* 4, 164. argentum carinis, häufe, türme im Schiffsboden Silbergerät auf, *Ä* 3, 465. stipata cohors, 'gedrängt', *Ä* 10, 328. 2) umgebe dicht, umdränge, begleite, alqm, *Ä* 4, 136 u. 544. *G* 4, 216.

stĭpŭla, ae, *f.*, *a*) Halm des Getreides, *G* 1, 315. bes. des abgeschnittenen Getreides, Stoppel, *G* 1, 85. 3, 99. als Streu, *G* 3, 297. *b*) (dcht.) Rohr, Rohrpfeife des Hirten, *B* 3, 27.

stīria, ae, *f.* (verw. m. 'stillo', 'stilla'), Eiszapfen, *G* 3, 366.

stirps, pis, *m.* u. *f.* [als *m.* bei Vergil nur in der eigentl. Bedeutung, *Ä* 12, 208. 770 u. 781. *G* 2, 379], 1) eig.: *a*) der (untere) Stamm eines Baumes, *Ä* 12, 208. *G* 1, 171. 2, 312 u. ö. mit der Wurzel, *Ä* 12, 781. *b*) Zweig, Ast, *G* 2, 24 u. 367. 2) übtr.: *a*) Stamm, Geschlecht, Familie, *Ä* 1, 626. 5, 297 u. 711. 8, 629. a stirpe parentum, d. i. vom Stamme der Ahnen her, *Ä* 3, 94. durum a stirpe genus, schon von Geburt (her) hart, *Ä* 9, 603. cum stirpe, samt dem ganzen Geschlechte, *Ä* 11, 394. quod a stirpe fores geminis coniunctus Atridis, nicht dafs du von einerlei Stamm mit den beiden Atriden entsprofst (verwandt) seiest, *Ä* 8, 130. *b*) Sprofs, Nachkomme, Achillea, d. i. Neoptolemus, *Ä* 3, 326; vgl. *Ä* 4, 622. 6, 865.

stiva, ae, *f.*, Sterze des Pfluges, die sich am hinteren Teile des Scharbaums (dentalia) zum Lenken, Heben u. Niederdrücken erhebt, *G* 1, 174.

sto, stĕti, stătum, āre [Perf. 'stĕtĕrunt' nahe gelegt durch 'stetĕrint' u. 'stetĕrant', *A* 2, 774. 3, 48. 10, 334], 1) **stehe** (**still** od. **fest**), bleibe stehen (im Gegs. der Bewegung, des Sitzens, Liegens usw.), *a*) eig., m. 'in', 'ante', *A* 3, 527. 8, 640. m. 'pro', *A* 8, 653. m. bl. Abl., sale Tyrrheno, *A* 6, 696. litore (im Gegs. des schwankenden Meeres), *A* 3, 277. mole suā, durch seine Stärke, d. i. fest wie ein Fels, *A* 10, 771. stetit acer in armis, stand kühn bewaffnet (näml. während dieser Rede des Turnus), *A* 12, 938; vgl. *A* 6, 22 u. 554. 7, 589. stare loco nescit (v. mutigen Kampfrosse), vermag nicht still zu stehen, d. i. stampft den Boden, *G* 3, 84. häuf. v. Geschossen, 'haften', 'stecken', *A* 2, 52. 11, 817. 12, 537 u. 772. v. Bäumen, *A* 12, 767. v. Wasser (Gegs. 'profluo'), *G* 4, 25. von den 'Strophades', *A* 3, 210. v. einem Hause, deserta montis stat domus, *A* 8, 192. bildl., v. Felsen, zur Bezeichn. des unbeweglichen Gemütes, stat silex etc., *A* 6, 471. vor Schrecken, stat pecus omne etc., *A* 12, 718. Bes. *a*) 'fertig dastehen', 'errichtet sein', arae stant Manibus (für die Manen), *A* 3, 63. levi de marmore tota stabis, *B* 7, 32. *β*) in der Schifferspr., 'stehen', d. i. vor Anker liegen, *A* 3, 277 u. 403. 6, 697; vgl. *A* 10, 121. *γ*) in der militär. Sprache, stehe unter den Waffen, im Kampfe, *A* 9, 229. 12, 663. hosti ante exspectatum positis stat in agmine castris, ehe der Feind es ahnt, steht er in Reih und Glied vor dem Lager, *G* 3, 348 (*Ribb.* in agmina, gegen die Scharen der Feinde). *b*) übtr., v. abstr. Subj., quae te circum stent pericula, 'welche Gefahren dich umstehen, umgeben', *A* 4, 561.

2) **stehe fest, bestehe, dauere**, *a*) eig.: *α*) übh., *A* 2, 56 u. 88; vgl. *A* 1, 268. *β*) prägn., stillstehen, imo volumine versiegen (v. Blute), *A* 12, 422. 'unbewegt sein', 'ruhen', v. Meere, cum placidum ventis staret mare, *B* 2, 26. *b*) übtr.: *α*) stehe unerschütterlich od. fest, bestehe, dauere, *A* 4, 539. *G* 4, 209. quibus (diis) imperium hoc steterat (st. per quos), *A* 2, 352. dum res stetit Ilia regno (durch Herrschergewalt), *A* 1, 268. stant belli causae, der Grund zum Kriege ist dauernd gelegt, 'Gründe zum Kriege sind da', *A* 7, 553. quibus solidae suo stant robore vires, bei denen die Muskeln u. Nerven noch fest u. stramm in ihrer natürlichen Kraft sich befinden, *A* 2, 639. in Ascanio, 'beruhen', *A* 1, 646; vgl. *A* 2, 163. Bes. mit dem Nebenbegr. des Beistandes, Iuppiter hāc stat, steht auf dieser, d. i. unsrer Seite, *A* 12, 565.

β) **stehe im Kampfe fest, halte stand**, his (armis) st. contra Alciden, *A* 5, 414. stant obnixa omnia contra, *A* 10, 359. abs., *A* 9, 376. bildl., *A* 7, 374. *γ*) **feststehen, festgesetzt od. bestimmt sein**, stat sua cuique dies, *A* 10, 467. abs., stat, 'es steht fest bei mir', 'es ist mein fester Entschlufs', mit Inf., *A* 2, 750. 12, 678. *δ*) v. Preise, wie unser **zu stehen kommen**, haud illi stabunt Aeneia parvo hospitia, teuer wird er bezahlen die Gastfr. des Ä., *A* 10, 494.

3) **stehe od. rage empor, ad auras**, *A* 6, 554. v. Haaren, 'zu Berge steigen' od. 'stehen', *A* 2, 774. v. Lanzen, *A* 3, 48. 6, 780. Dah. *a*) **starre von** etw., m. Abl., v. Wachholder- u. Kastanienbäumen mit stachlichten Blättern od. Fruchtschalen, *B* 7, 53. *b*) von Gegenständen, die eine dichte, fast unbewegliche Masse bilden, caelum stat pulvere, der Staub steht dicht in der Luft, *A* 12, 408. stant lumina flammā, seine Augen starren von Feuer, d. i. bilden gleichs. ein Feuermeer, *A* 6, 300.

stŏmăchus, i, *m.* (στόμαχος), Schlund als Speisekanal, 'Kehle', *A* 9, 699.

strāgĕs, is, *f.* (sterno), 1) das Niederwerfen, Niederschlagen (vom Sturm), dare ruinas ... stragem, zerstörend niederwerfen, niederschlagen, *A* 12, 454. 2) im Kampfe, Niederlage, Gemetzel, Blutbad, 'stragem' oder 'strages edo', 'richte an', *A* 9, 526 u. 784. stragem cieo, *A* 6, 829. dcht. von den 'Leichen', stragis acervi, *A* 6, 554. 11, 384.

strāmĕn, mĭnis, *n.* (sterno), Streu, *A* 11, 67.

strātum, i, *n.* (sterno), Streu, Polster, übh. Lager, Ruhebett, *A* 3, 513. Plur., *A* 3, 176. 4, 82 u. 392.

strĕpĭto, āre (Intens. v. strepo), rausche stark, in foliis inter se, unter und durch einander schreien (v. Vögeln), *G* 1, 413.

strĕpĭtŭs, ūs, *m.* (strepo), Geräusch, Getöse, Lärm, einer Menschenmenge, *A* 1, 422 u. 726. comitum, *A* 6, 866. sequentum (der Verfolger), *A* 9, 394. Acherontis, 'das Brausen', *G* 2, 402.

strĕpo, strĕpŭi, āre, rausche, erklinge, ertöne, rausche, clipeis, *A* 10, 568. rauco cantu (von der Tuba), *A* 8, 2. von dem rauhen Geschrei der Gans (Gegs. zum Gesang des Schwanes), 'kreischen', 'schnattern', *B* 9, 36. dcht., murmure, v. Gefilde, das gleichs. vom Geschwirre der Bienen summt, *A* 6, 709. v. Helm, tinnitu, 'erklingen', 'klirren', *A* 9, 808.

strictūra, ae, *f.* (stringo), glühende Eisen- od. Metallmasse, die verarbeitet wird, stricturae Chalybum (d. i. wie sie von den Chalybes geschmiedet werden), *Ä* 8, 421.

strīdo, strīdi, ĕre [Form **strīdĕo**, strīdi, ēre, bei Vergil zweiflh., denn die besten Hdschr. bieten *Ä* 4, 689 'stridit' st. 'stridet' u. *Ä* 2, 418. 8, 420. 12, 691 'stridunt' st. 'strident'], z i s c h e, s p r ü h e, v. Eisenmassen, *Ä* 8, 420. v. Meere, rauschen, *G* 4, 262. v. Wäldern, rauschen, *Ä* 2, 418. v. Bienen, summen, *G* 4, 556. v. Thüren, durch die Bewegung in den Angeln, 'knarren', *Ä* 1, 449. 6, 573. 7, 613. von Wurfgeschossen, sausen, schwirren, *Ä* 5, 502. 9, 419. 586 u. 632. 12, 859 u. 926. stridunt hastilibus aurae, *Ä* 12, 691. v. Flügeln, rauschen, *Ä* 1, 397. v. Sturme, brausen, *Ä* 1, 102. von der Chimära, zischen, *Ä* 6, 288. von der einröhrigen Hirtenpfeife, schnarren, *B* 3, 27. von der Wunde in bez. auf das hervorrieselnde Blut, gäschen, *Ä* 4, 689.

strīdŏr, ōris, *m.* (strido), das S c h w i r r e n, Sausen, teli, *Ä* 11, 863. ferri, das 'Klirren', *Ä* 6, 558. rudentum, 'Knarren', *Ä* 1, 87. bes. 'Summen' der Bienen, *Ä* 7, 65. 12, 590. 'Rauschen' der Fittige, *Ä* 12, 869. 'Rauschen' oder 'Brausen' der Wogen, *G* 2, 162.

strīdŭlus, a, um (strido), s c h w i r r e n d, z i s c h e n d, cornus (Lanze), *Ä* 12, 267.

stringo, strinxi, strictum, ĕre, 1) r i t z e auf der Oberfläche, s t r e i f e, b e r ü h r e l e i c h t, *a)* eig., v. Ruder, cautes, *Ä* 5, 163. v. Flusse, litora, *Ä* 8, 63. von Geschossen, leicht verwunden, alqm, *Ä* 9, 577. corpus, *Ä* 10, 331. dcht., strinxit magno de corpore Turni, streifte etwas, einen Teil vom Riesenkörper des T., *Ä* 10, 478. *b)* übtr., r ü h r e, e r g r e i f e, animum, *Ä* 9, 294. mentem, lebhaft vor den Geist treten, *Ä* 10, 824 (*Wagn.* u. *Ribb.* 'subiit'). 2) s t r e i f e od. p f l ü c k e a b, *a)* übb., frondes, *B* 9, 61. glandes, *G* 1, 305. hordea culmo, mähe oben vom Halme, *G* 1, 317. comas (Laub), *G* 2, 368. remos, schnitze zurecht, *Ä* 1, 552. *b)* z i e h e, z ü c k e das Schwert, gladios (manibus), *Ä* 12, 278. ensem, *Ä* 10, 577. enses, *Ä* 12, 288. ferrum, *Ä* 4, 580. aciem (ferri), *Ä* 2, 334. 6, 291. mucronem, *Ä* 10, 651. 12, 663.

Strŏphădes, um, *f.* (*Στροφάδες*), zwei Inseln im ion. Meere, der Küste Messeniens gegenüber, j. 'Strivali', nach der Mythe Aufenthalt der Harpyien, *Ä* 3, 209 flg.

strŭo, struxi, structum, ĕre, 1) eig.:

a) füge künstlich einzelnes zu einem Ganzen z u s a m m e n, longam penum ordine, die Eſsvorräte in lange Reihen ordnen, *Ä* 1, 704. ordne das Heer, rücke aus mit dem Heere, *Ä* 9, 42. *b)* e r r i c h t e, führe auf, e r b a u e, rogum manibus, *Ä* 4, 680. templa saxo, *Ä* 3, 84. suis manibus moenia, *Ä* 5, 811. robore secto ingentem pyram, *Ä* 6, 215. suis altaria donis, für ihnen gebührende (zukommende) G., *Ä* 5, 54. 2) übtr., h a b e i m S i n n e, s i n n e auf etw., bes. auf listige Anschläge, *Ä* 2, 60. 4, 235. quid struat his coeptis, was er mit solchem Beginnen bezwecke, *Ä* 8, 15. quid struis? *Ä* 12, 796.

Strȳmōn, mŏnis, *m.* (*Στρυμών*), Fluſs zwischen Thrakien u. Makedonien, der in den strymon. Meerbusen mündet, j. 'Struma', türkisch 'Karasu', *G* 4, 508.

1. **Strȳmŏnius**, a, um (*Στρυμόνιος*), zum Strymon gehörig, a m S t r y m o n h e i m i s c h, grus od. grues, *Ä* 10, 265. 11, 580. *G* 1, 120.

2. **Strȳmŏnius**, ii, *m.*, ein Troër, *Ä* 10, 414.

stŭdĭum, ii, *n.* (studeo), 1) eig.: *a)* Eifer, Bestreben, Bemühung, Verlangen, Begierde, m. Gen., fugae, *Ä* 4, 400. visendi, *Ä* 2, 63. studium est alci m. Inf., es macht jmdm. Freude, *G* 1, 21; jmd. hat Verlangen, zieht es vor, *Ä* 2, 195. sin ad bella magis studium (est), d. i. wenn du lieber begehrst Rosse zu erziehen für usw., *G* 3, 179. studio, *σπουδῇ*, 'mit Eifer', 'mit Vorliebe', 'eifrig', *Ä* 4, 641. 6, 681. *b)* Z u n e i g u n g, G u n s t, Teilnahme, faventum, *Ä* 5, 148 u. 228. Plur., studia contraria, entgegengesetzte Meinungen, *Ä* 2, 39. studiis, voll Eifer, teilnehmend, *Ä* 5, 450. 2) meton., das, womit man sich gern beschäftigt, G e s c h ä f t, T r e i b e n, K u n s t, studia belli, *Ä* 1, 14. studia ignobilis otii, *G* 4, 564. dcht. v. Bienen, *G* 4, 5. v. Pferde, studiorum infelix, *G* 3, 498.

stultus, a, um, t h ö r i c h t, e i n f ä l t i g, *B* 1, 21.

stŭpĕfăcĭo, fēci, factum, ĕre (stupeo u. facio), mache gleichs. sinnlos, b e t ä u b e, nur Part. stŭpĕfactus, a, um, 'betäubt', *Ä* 5, 643. *G* 4, 365. *B* 8, 3. numine, geschreckt durch göttl. Warnung, *Ä* 7, 119.

stŭpĕo, pŭi, ēre, bin gleichs. betäubt, 1) intr.: *a)* s t a u n e, e r s t a u n e, *Ä* 1, 495. 2, 307. 5, 406. 7, 381. stupet in Turno, starrt auf T. hin, staunt den T. an, *Ä* 10, 446. dcht. v. Lebl., *G* 4, 481. *B* 6, 37. Bes. *b)* werde von Bewunderung hingerissen, s t a u n e über etw., m. Abl., rostris, *G* 2, 508. 2) trans., s t a u n e über etwas,

donum Minervae, *Ä* 2, 31. m. Akk. u.
Inf., *Ä* 12, 707.

stŭpŏr, ōris, *m.*, Erstarrung,
dumpfe Trägheit des kranken Rindes,
G 3, 523. [se, Werg, Hede, *Ä* 5, 682.

stuppa, ae, *f.*, das Grobe vom Flach
stuppĕus, a, um (stuppa), aus Werg
bereitet, hanfen, *Ä* 2, 236. *G* 1, 309.
flammae, der Feuerbrände oder Brandpfeile, *Ä* 8, 694.

Stўgius, a, um (Στύγιος), zum Styx
dcht. zur Unterwelt gehörig, stygisch, 1) eig., palus, *Ä* 6, 323 u. 369.
fons, *Ä* 12, 816. aquae, *Ä* 6, 374. unda,
Ä 6, 385. 12, 91. undae, *Ä* 7, 773. lacus,
Ä 6, 134. 8, 296. tenebrae, *G* 3, 551. lucus, *Ä* 6, 154. cymba, des Charon, *G* 4,
506. carina, *Ä* 6, 391. Orcus, *Ä* 4, 699.
Juppiter, rex, d. i. Pluto (Ζεὺς καταχ
θόνιος), *Ä* 4, 638. 6, 252. ebenso frater,
Ä 9, 104. 10, 113. 2) (dcht.) meton., Verderben hauchend, gleichwie der Styx
der Unterwelt, unheilvoll, vis, 'tödlich', *Ä* 5, 855. undae, *Ä* 3, 215. alae (der
Allekto), *Ä* 7, 476.

Styx, Stўgis, *f.* (Στύξ), Strom in der
Unterwelt, bei welchem die Götter den
furchtbarsten u. unverbrüchlichsten Eid
schwuren (von Vergil als schlammig dargestellt, vgl. *Ä* 6, 323 flg. 10, 113), *Ä* 6,
154 u. 429. *G* 4, 480. dcht., 'Unterwelt',
G 1, 243.

suādĕo, suāsi, suāsum, ēre, rate,
suche zu bewegen, rate an, rede
zu, *a)* eig., v. Pers., m. Dat. der Pers. u.
Inf., *Ä* 10, 367. m. Akk. u. Inf., Juturnam misero succurrere fratri suasi, wir
'ich riet der Juturna dem armen Bruder zu Hilfe zu kommen', *Ä* 12, 814. m.
bl. Inf., *Ä* 1, 357; vgl. *Ä* 3, 363. *G* 4, 264.
b) übtr. v. Dingen u. Abstr., rate zu
etwas, lade ein zu etwas, m. Dat. der
Pers., non haec tibi litora suasit Delius,
Ä 3, 161. somnos, zum Schlummer einladen (von den untergehenden Sternen),
Ä 2, 9. 4, 81. bes. v. Schicksal, treibe
an, reize zu etwas, *Ä* 11, 254. m. Inf.,
B 1, 55. m. Akk. u. Inf., *Ä* 10, 10. abs.,
v. Hunger, 'antreiben', *Ä* 9, 340. 10, 724.

suāvis, e, lieblich, duftend, herba, *G* 4, 200. herbae, *B* 2, 49. odores, *B*
2, 55. Neutr. Sing. adverbial, suave rubens (lieblich rot) hyacinthus, *B* 3, 63,
murex, *B* 4, 43.

sŭb, Präp.[nachgest., thalamo sub fluminis, *G* 4, 333. zwischen zwei appositionell verb. Wörtern, rege sub Eurystheo, *Ä* 8, 292] (ὑπό), I) m. Akk., 1) zunächst räuml., zur Bezeichnung des Gegenstandes, unter welchen oder unter
welchem hin sich etwas bewegt usw.

(Gegs. 'super' u. 'supra'), *a)* unter, bei
'mitto' u. dgl., sub iuga, *Ä* 8, 148. sub
Tartara, *Ä* 3, 243. sub imos Manes, *Ä* 4,
387. 11, 181. sub umbras, *Ä* 11, 831. 12,
952. *b)* bis unter, gegen, nach, sub
astra, *Ä* 2, 460. 5, 853. sub nubila, *Ä* 7,
527; vgl. *Ä* 3, 422. 7, 660. *c)* zur ungefähren Bestimmung des Ortes, unterhalb, nahe an, sub moenia duco,
Ä 8, 165. dextram sub moenia tendit,
'am Walle', *Ä* 12, 579. sub ipsam finem
advento, nahe mich dem bestimmten
Ziele, *Ä* 5, 327.

2) von der Zeit, *a)* in Rücksicht der
Annäherung, gegen, um, sub casum
hiemis, gegen das Ende des W., *G* 1, 340.
sub lucem, kurz vor Sonnenaufgang, gegen Morgen, *G* 1, 445. sub tempus, wenn
die Zeit der Begattung naht, *Ä* 3, 123;
vgl. *Ä* 1, 478. 2, 321. 3, 123. sub lumina
solis, *Ä* 6, 255. *b)* von der unmittelbaren
Folge, sogleich nach, sub haec (verst.
dixit), *Ä* 5, 394.

3) zur Angabe der Unterordnung, unter, sub leges mitto, unterwerfe den
Gesetzen, d. i. der Herrschaft, *Ä* 4, 231;
vgl. *Ä* 4, 618.

II) m. Abl., 1) räuml., *a)* vom Befinden in, unterhalb, unter etw., sub
robore, *Ä* 5, 681. sub vertice, *G* 4, 529.
sub pectore, *Ä* 10, 212. 12, 831. sub foliis, unten an den Blättern, *Ä* 6, 284. sub
nubibus, *Ä* 10, 264. *b)* von etwas umgeben u. dgl., unter, in, sub antro, *Ä* 3,
431. torva sub fronte, *Ä* 3, 636. sub classibus, *Ä* 4, 582. sub fluctibus, *Ä* 5, 239. sub
undis, *Ä* 1, 100. sub aequore, *Ä* 6, 729.
sub equis, *Ä* 9, 330. sub vite, unter dem
Geflechte des Weinstocks, *B* 10, 40. sub
ramis, *Ä* 7, 108. sub armis, unter dem
Schutze der Waffen, bewaffnet, *Ä* 5, 440
u. 585. sub acie, mitten im Kampfe, *Ä*
12, 811. sub pectore, wir 'in der Brust',
Ä 1, 36. sub pedibus, unter den Füfsen,
G 1, 243. sub imagine, unten am Fufsgestell der Bildsäule, *Ä* 7, 179. *c)* mit
dem Begr. der Nähe, unten an, unten bei, nahe bei, hart an od. bei
etw., sub moenibus, *Ä* 1, 95. 3, 322. sub
ipsa Antandro, *Ä* 3, 5. sub Ilio, *Ä* 5, 261.
tumulo sub illo, am Fufse jenes Hügels,
Ä 9, 195. sub alta Albunea, d. i. unterhalb des Sturzes der Quelle Alb., *Ä* 7,
82. sub obscuris vallibus, eig. in der
Tiefe dunkler Thäler (in denen wir weilten), d. i. vom dunklen Thale her, *Ä* 9,
244. fronte sub adversa (weil das Land
selbst hoch ist), *Ä* 1, 166. sub templo,
gleichs. unter dem Dache, d. i. in der
Vorhalle (πρόναος) des Tempels, im
Tempel, *Ä* 1, 453. Auch v. Pers., zur

Bezeichnung der unmittelbaren Aufeinanderfolge, quo sub ipso, sogleich hinter ihm, *Ä* 5, 323.

2) von der Zeit, *a*) zur Bezeichnung des unmittelbaren Zusammenfallens eines Ereignisses mit der Zeit, **innerhalb**, **bei**, **in**, sub nocte silenti, im Schweigen der Nacht, bei stiller Nacht, *Ä* 4, 527. 6, 268. 7, 87. sub sole, im Sonnenschein, *Ä* 1, 431. sub sole ardenti, bei glühender Sonne, in der Sonnenhitze, *B* 2, 13. hoc sub casu, bei od. in diesem Unglücke, *Ä* 4, 560. *b*) zur Bezeichnung der ungefähren Annäherung eines Ereignisses an eine Zeit, **bei**, **gegen**, sub luce, *Ä* 6, 270. *G* 4, 490. sub fine laborum, *G* 4, 116.

3) von Zuständen, *a*) zur Bezeichnung einer Unterordnung, Untergebenheit u. Abhängigkeit, **unter**, **sub rege**, *Ä* 8, 292. gente sub Assaraci, *Ä* 9, 643. sub numine (deorum), *Ä* 9, 247. sub te magistro, unter deiner meisterhaften Leitung, *Ä* 8, 115. *b*) zur Angabe der Einwirkung von begleitenden Umständen, unter denen etwas geschieht, **unter**, sub verbere, unter den Schlägen der Peitsche, *Ä* 7, 378. Bisw. *c*) wie *ὑπό*, von der Veranlassung, sub falsa proditione, d. i. wegen fälschlicher Anklage der Verräterei, wegen erlogenen Verrates, *Ä* 2, 83.

sub-do, dĭdi, dĭtum, ĕre, **lege**, **füge** oder schiebe **unter** etw., rotas (turri), *Ä* 12, 675. in sinum praecordia ad intima subdit, barg ihr tief in den Busen und ins Herz, *Ä* 7, 347. übtr., flamma medullis subditur, dringt ins Mark, *G* 3, 271.

sub-dūco, duxi, ductum, ĕre, 1) **ziehe von unten hervor**, dah. ziehe Schiffe ans Land, *Ä* 1, 551 u. 573. 3, 135. 2) **ziehe darunter heimlich weg**, **entziehe oder entferne heimlich**, ensem capiti, eig. unter dem Kopfkissen (cervical) weg, *Ä* 6, 524. lac agnis, *B* 3, 6. alqm manibus alcjs, *Ä* 10, 81. alqm pugnae, *Ä* 10, 50 u. 615. dcht., undā subductā, wenn die Woge zurückgegangen ist, schwindet, *Ä* 3, 565. quā se subducere colles incipiunt, sich in die Ebene verlieren, *B* 9, 7.

sub-eo, ĭi, ĭtum, īre, **gehe unter** etw., luco (*Dat.*), gehe vorwärts in den Hain, *Ä* 8, 125. feretro, trete unter die Bahre, hebe die Bahre, *Ä* 6, 222. abs., ducke, bücke mich, astu subit, *Ä* 10, 522. v. Speere, subit per oras clipei, fährt durch den Rand usw., *Ä* 10, 588.

2) **komme heran**, *a*) komme oder rücke an etwas heran, nahe mich,

α) übh., m. Dat., muro, *Ä* 7, 161 u. 9, 371 (*Ribb.* 'murosque'). portae, *Ä* 9, 570. gubernaculo, setze mich an das Steuerruder, *Ä* 5, 176. portu (st. portui) Chaonio, fahre, laufe ein in usw., *Ä* 3, 292. m. Dat. der Pers., nahe mich, springe jmdm. (hilfreich) bei, *Ä* 10, 338. 11, 672. dcht., palmae, nahe dem Siege, gelange noch zum Siege, *Ä* 5, 346. auxilio, komme zu Hilfe, *Ä* 2, 216. ad tecta, *Ä* 8, 359. abs., *Ä* 1, 171. obvius subit, geht entgegen, *Ä* 10, 877. v. trojan. Rosse, *Ä* 2, 240. v. Lebl., subit tenuis halitus, sanfte Luft streicht durch, *G* 2, 349. *b*) **komme heran**, **befalle**, subit ira, Zorn ergreift (mahnt) mich, mit Inf., subit ira cadentem ulcisci patriam, *Ä* 2, 575. m. Dat., fuga subsidio subit, die Flucht verleiht jmdm. Hilfe, *Ä* 12, 733. per spem, quae subit aemula patriae laudi, d. i. bei der Hoffnung, in der ich dem Lobe des Vaters nacheifere, *Ä* 10, 371. Bes. *c*) v. plötzlichen Erinnerungen, **vor die Seele treten**, **in den Sinn kommen**, erinnere mich an, mentem patriae subiit pietatis imago, *Ä* 10, 824 (*Haupt* u. *Schap.* 'strinxit'). abs., subiit genitoris imago, subiit deserta Crëusa, es erschien mir, *Ä* 2, 560 u. 562.

3) **trete an jmds. Stelle**, ipsa subit, sie nimmt die Stelle des Wagenlenkers ein, besteigt den Sitz, *Ä* 12, 471. Dah. *a*) übh. **folge nach**, alci, *Ä* 6, 813; vgl. *Ä* 2, 725. 5, 203 u. 339. 10, 353. *b*) v. Pflanzen, **keimen**, **nachwachsen**, *G* 1, 180; vgl. *Ä* 1, 152. *c*) v. Krankheiten, 'eintreten', *G* 3, 67.

4) **gehe unter** od. **in** etw., **betrete**, telluris operta, *Ä* 6, 140. tecta, in das Haus, *Ä* 3, 83. dcht., mucronem alcjs, laufe unter jmds. Klinge, *Ä* 10, 798. alqm umeris, nehme jmd. auf die Schultern (um ihn zu tragen), *Ä* 2, 708. 4, 599. saxum cervice, nehme oder hebe auf den Nacken, *Ä* 12, 899. currum, an den Wagen gespannt werden, *Ä* 3, 113.

5) **komme oder rücke heran**, **nähere oder nahe mich**, Triviae lucos atque tecta, *Ä* 6, 13. scopulos advecta subibat, nahte sich auf der Fahrt, mit der Flotte dem Geklippe der See, *Ä* 5, 864. übtr. u. dcht., medium orbem nondum subibat, erreichte noch nicht die Mitte der Bahn, d. i. es war noch nicht Mitternacht, *Ä* 3, 512.

6) **gehe auf jmd. los**, **greife jmd. an**, alqm, *Ä* 9, 314.

7) **nehme etwas auf mich**, **ertrage**, **erdulde**, nives, *B* 10, 66.

suber, ĕris, *n.*, *a*) **Korkeiche**, **Korkbaum**, *Ä* 7, 742. *b*) äußere Rinde oder Schale des Korkbaumes (dessen innere Rinde 'liber' u. 'cortex'), *Ä* **subf** . . ., s. suff . . . [11, 554.

subīcĭo, ĭcci, iectum, ĕre (sub u. iacio), 1) werfe, lege od. stelle od. setze etw. unter etw., *a*) eig., alqd m. Dat., *Ä* 5, 103. 7, 110; vgl. *Ä* 2, 37. *G* 4, 304 u. 385. facem (pyrae), *Ä* 6, 223. rotarum lapsus pedibus, die rollenden Walzen unter die Füfse, *Ä* 2, 236. remulcens caudam utero subicit, schmiegt den Schw. unter den Bauch, zieht den Schw. ein (v. Wolf), *Ä* 11, 813. *b*) übtr.: *α*) unterwerfe, fatum pedibus, trete gleichs. mit Füfsen in den Staub, 'überwältige', *G* 2, 492. Part. subst., subjecti, ōrum, *m.*, die 'Unterjochten' (Gegs. superbi), *Ä* 6, 853. *β*) füge an etwas an, colla (verst. vesti et pelli), *Ä* 2, 721. talis Hyperboreo septem subiecta trioni gens, gelegen unter usw., *G* 3, 381. *γ*) entgegne, erwidere, m. Dat., pauca furenti, *Ä* 3, 314. 2) werfe od. bringe von unten in die Höhe, corpus saltu in equum, d. i. schwinge mich auf das Rofs, *Ä* 12, 288. v. Bäumen, se s., emporwachsen, *B* 10, 74. se sub matris umbra, *G* 2, 19. cui plurimus ignem subiecit rubor, d. i. welcher die Fülle der Röte die Glut in den Adern anfachte, *Ä* 12, 66. flamma ad summum tecti subiecta, emporlodernd, *G* 4, 385.

subiecto, āre (Intens. v. subicio), schleudere von unten empor, nigram alte harenam, *G* 3, 241.

sŭbĭgo, ēgi, actum, ĕre (sub u. ago), 1) treibe etw. unter etw., *a*) eig., setze in Bewegung, treibe, lembum remigiis adverso flumine, rudere gegen den Strom, *G* 1, 202. ratem conto, lenke, *Ä* 6, 302. *b*) übtr., treibe oder dränge jmd. in od. zu etw., nötige, zwinge etwas zu thun, m. Inf., *G* 3, 218. *Ä* 3, 257. 5, 794. 6, 567. dcht. v. Unwetter, *Ä* 7, 214. quae causa subegit (vos) temptare etc., *Ä* 8, 112. insidiis subactus, durch verräterischen Angriff dazu gedrängt, *Ä* 12, 494. 2) prägn., arbeite etw. durch, bearbeite, bes. den Boden, arva, *Ä* 1, 125. scrobes subactae, lockere Gruben, *G* 2, 50. secures in cote, wetze, schärfe, *Ä* 7, 627.

sŭbĭtō, Adv. (subitus), plötzlich, schnell, *Ä* 1, 535. 2, 692. 7, 95 u. 144. sub. vix, plötzlich noch im letzten Augenblicke, *Ä* 11, 551.

sŭbĭtus, a, um (subeo), unvermutet, unerwartet, überraschend, plötzlich, bes. von ungewöhnlichen Erscheinungen, monstrum, *Ä* 5, 522. examen, *Ä* 7, 67. vox, *Ä* 7, 95. nubes, *Ä* 9, 33. mors,

Ä 11, 796. visus, *Ä* 6, 710. inceptum, *Ä* 12, 566. Prädikat. mit adverbialem Sinne, subitae adsunt Harpyiae, *Ä* 3, 225. concrescunt subitae currenti in flumine crustae, *G* 3, 360. alitis in parvae subitam collecta figuram, nachdem sie sich plötzlich zusammengezogen hatten in usw., *Ä* 12, 862.

sub-iungo, iunxi, iunctum, ĕre, spanne unter das Joch, spanne an, tigres curru, *B* 5, 29. übtr., unterwerfe, unterjoche, gentem, *Ä* 8, 502. 2) füge an, Perf. Pass. mit griech. Akk., puppis rostro Phrygios subiuncta leones, ein Schiff, an dessen Vorderteil phrygische Löwen angebracht waren, *Ä* 10, 157.

sub-lābor, lapsus sum, lābi, 1) falle herunter, sinke zusammen, versinke, übtr., von allem Irdischen, das nach dem ewigen Naturgesetze der Vergänglichkeit verfällt, sic omnia fatis in peius ruere retro ac sublapsa referri, *G* 1, 200. ex illo fluere ac retro sublapsa referri spes Danaûm, die Hoffnung der Danaër schwankte und sank seit diesem Tage für immer zurück, *Ä* 2, 169. 2) schlüpfe oder schleiche heran, von der Seuche, *Ä* 7, 354. v. Alter, unbemerkt kommen, *Ä* 12, 686.

sub-lĕgo, lēgi, lectum, ĕre, nehme heimlich weg, carmina, 'lausche ab', *B* 9, 21.

sub-lĕvo, āre, hebe od. richte auf, alqm terrā (vom Boden), *Ä* 10, 831.

sub-lĭgo, āre, binde von unten etw. an, befestige, ensem lateri atque umeris, hänge über die Schulter auf die Hüfte herab, *Ä* 8, 459. clipeum sinistrae (parti), an der linken Seite des Baumstammes, *Ä* 11, 11.

sublīmis, e (sublevo), 1) eig.: *a*) empor- od. hochragend, hoch, erhaben, von Dächern, Bäumen usw., centum columnis, *Ä* 7, 170. vertex, *Ä* 9, 682. portae (zugleich in bez. auf die Mauern), *Ä* 12, 133. auch v. Pers., sublimes in equis, 'hoch zu Rofs', *Ä* 7, 285. summa sublimis ab unda, hoch sitzend oder schwebend auf oberster Welle, *Ä* 6, 357. *b*) in der Luft, über der Erde befindlich oder schwebend, v. Vögeln, *Ä* 11, 722. *G* 1, 404. alqm sublimem rapio, entrücke hoch durch die Luft, *Ä* 5, 255. ad caelum ire sublimes animas, in die Lüfte oder Höhe aufsteigen, nach der Oberwelt streben, *Ä* 6, 720. sublimis abit, entschwebt hoch durch die Luft, *Ä* 1, 415. Adv. 'sublime', hochauf, in die Höhe, volare, *Ä* 10, 664. verb., sublime elatus, durch den Luftraum schwebend, *G* 3, 198. *c*) bildl., alqm sublimem oder tuum nomen sublime fero ad sidera caeli, trage empor zu den Sternen, *Ä* 1, 259. *B* 9,29. gloria tollit alqm sublimem ad sidera, *Ä* 10,144. 2) übtr., von M u t gehoben, kühnen Sinnes, *Ä* 12,788. - **ЈНГ sublīmĕn**, Nebenf. des Adv. *'subline'* (von *Ritschl* Op. phil. II. p. 462 bei Plaut. u. Ter. eingeführt, von *Klotz* dagegen, Exc. zu Ter. Andria. Lpz. 1865. *p.* 197 flgg., als fehlerhafte Schreibweise in den Hdschr. st. 'sublimem', da das schwach auslautende *m* häufig wie *en* gesprochen wurde, verworfen, *G* 1,404. *Ä* 10, 144 *Ribb. ed.* 1 (aber *ed.* 2 geändert). [mere hervor, *G* 4, 275.

ѕub-lūcĕo, ēre, leuchte od. schim**ѕubluѕtriѕ,** e (sub u. lux), etwas hell, dämmernd, umbranoctis, 'Halbdunkel der Nacht', 'Dämmerlicht', *Ä* 9, 373.

ѕub-mergo, mersi, mersum, ēre, tauche unter, versenke, alqm in fluctu, wir 'in die Meeresflut', *Ä* 1,585. alqm ponto, *Ä* 1, 40. puppes, *Ä* 1, 69. saxum tumidis submersum tunditur fluctibus, *Ä* 5, 125.

ѕub-mitto od. (*Ribb.*) **ѕummitto,** mīsi, missum, ēre, 1) lasse oder senke herunter, *a*) eig., submisso voltu, mit gesenktem Blick, mit Ehrerbietung, *Ä* 12, 807. *b*) übtr., lasse sinken, zähme, inceptum furorem, beschwichtige den sich regenden Ingrimm, *Ä* 12, 832. Dah. submissus, a, um, 'mild', 'bescheiden', *Ä* 10,611. 2) lasse unter etw., übtr., unterwerfe, animos amori, opfere den Stolz der Liebe, *Ä* 4, 414. Dah. submissus, a,um, 'demütig', 'demutsvoll', *Ä* 3, 93. 3) richte in die Höhe, übtr., lasse aufwachsen, ziehe auf (zum Nachwuchs, zur Zucht), tauros u. dgl., *B* 1, 46. *G* 3, 73 u. 159.

ѕub-mŏvĕo od. (*Ribb.*) **ѕummŏvĕo,** mōvi, mōtum, ēre, schaffe weg, entferne, alqm longe, *Ä* 6,316. alqm, halte entfernt, *Ä* 7, 226. submotis nubibus, nachdem der Nebel od. Dunst aufwärts gestiegen (u. in Wolken sich zusammengedrängt hat, so daſs er dann als Regen herabfällt), *B* 6,38. spelunca vasto submota recessu, tief in das Innere mit gewaltiger Kluft sich hinabziehend, *Ä* 8, 193.

ѕub-necto, nexŭi, nexum, ēre, *a*) knüpfe unten an, laxos circlos cervici, schlinge um den Nacken geräumige Ringe, *G* 3, 167. Part. Prät. Pass. m. griech. Akk., Maeoniä miträ mentum crinemque subnexus, der das Kinn u. Haar in eine mäonische Mütze (nach Frauenart) unten geknüpft oder gebunden hat,

Ä 4, 217. Bes. *b*) binde unter etwas, gürte, aurea cingula mammae subnectens, unter der Brust mit goldener Spange gegürtet, *Ä* 1,492. von der Spange selbst, 'zusammenhalten', 'schürzen', aurea purpuream subnectit fibula vestem, *Ä* 4, 139. tereti subnectit fibula gemmä (balteum), ein mit einem rundlichen Edelstein besetzte Schnalle hält ihn, *Ä* 5, 313. v. Goldreifen, crines molli subnectit circulus auro, *Ä* 10, 138.

ѕubnixuѕ, a, um (eig. Part. von dem sonst ungebr. 'sub-nitor'), gestützt von unten, Philoctetae subnixa Petelia muro, d. i. gestützt auf die Mauer, befestigt durch die Mauer des Philoktet, *Ä* 3, 402. - **ЈНГ** *Ä* 4,217 jetzt 'subnexus', s. subnecto.

ѕŭbŏlēѕ, is, *f.* (subolesco), Nachwuchs, Sproſs, bes. v. Menschen, 'Spröſsling', 'Nachkomme', *Ä* 4, 328. deům, *B* 4, 49. von Tieren, 'Nachwuchs', 'Brut', *G* 3, 71 u. 308. 4, 100.

ѕub-rēmīgo, äre, rudere unterhalb, laevä tacitis subremigat undis, rudert still mit der linken Hand sich selbst fort, *Ä* 10, 227.

ѕub-rīdĕo, rīsi, rīsum, ēre, lächle (von der zum Lachen verzogenen Miene), mixtä irä, *Ä* 10,742. mit dem Nebenbegr. des Hohnes (m. Dat.), *Ä* 9, 740. des Schelmischen, 'lächle jmd. an', olli subridens hominum sator atque deorum voltu, quo etc., *Ä* 1, 254; vgl. *Ä* 12,829.

ѕubrīgo, ēre (sub u. rego), richte in die Höhe, erhebe, aures, spitze die Ohren, *Ä* 4, 183.

ѕubѕĭdĭum, ĭi, *n.*, Beistand, Hilfe, *Ä* 10, 214. 12, 733.

ѕub-ѕīdo, sēdi, sessum, ēre, 1) intr.: *a*) setze oder lasse mich nieder, poplite, d. i. beuge mich auf das Knie, *Ä* 12, 492. v. Wellen, sich legen, *Ä* 5, 820. dcht., extremus galeä imä subsedit Acestes, das Los des Acestes blieb als das letzte unten im Helme zurück, *Ä* 5, 498. *b*) prägn., lasse mich irgendwo nieder, siedle mich an, *Ä* 12, 836. 2) trans., lasse mich nieder, um auf jmd. zu lauern, erlauere jmd., dcht., devictam Asiam subsedit adulter, dem Besieger Asiens (Agamemnon) lauerte der Buhle Ägisthus) auf (u. tötete ihn), *Ä* 11, 268.

ѕub-ѕīѕto, stĭti, ēre, 1) stehe still, bleibe stehen, mache Halt, *Ä* 2, 243 u. 739. ad muros, *Ä* 11, 506. intra iactum teli, *Ä* 11,609 (*Ribb.*). von einem Flusse, *Ä* 8, 87. 2) halte gegen jmd. stand, widerstehe, *Ä* 9, 806.

ѕub-ѕŭm, fŭi, esse, *a*) bin unter

etw., m. Dat., palato (von der Zunge),
G 3, 388. solo natura subest, *G* 2, 49. *b*)
übtr., bin vorhanden, noch übrig,
von Lebl., *B* 4, 31.

subtēmĕn, mĭnis, *n.* (gleichs. 'sub-
tecmen', v. subtexo), Einschlag beim
Weben, auri, *Ä* 3, 483.

subtĕr od. (*Ribb.*) **suptĕr**, 1) Adv.,
unterhalb, unten, *G* 3, 298. tot vigiles oculi subter, mirabile dictu, tot
linguae, *Ä* 4, 182. 2) Präp., *a*) mit Akk.,
unterhalb, unter etw. hin, bei Zeitw.
der Bewegung, s. mare, s. tecta, *Ä* 3, 695.
8, 366. nachgest., *Ä* 12, 532. *b*) m. Abl.,
unter, s. testudine, *Ä* 9, 514.

subter-lābor, lābi, fliefse od. rinne unter etwas hin, m. Akk., fluctus
Sicanos, *B* 10, 4. muros, *G* 2, 157.

sub-texo, texŭi, textum, ĕre, umhülle, umschleiere, caelum fumo, *Ä*
3, 582.

sub-trăho, traxi, tractum, ĕre, 1)
ziehe unten weg, Pass., subtrahitur
solum, das Meer entzieht sich unten,
weicht unter ihnen, *Ä* 5, 199. 2) übh.
entziehe, entferne, me aspectu, amplexu (*Dat.*), *Ä* 6, 465 u. 698.

sŭbulcus, i, *m.* (συβώτης), Sau- od.
Schweinehirt, *B* 10, 19 (*Ribb.*; *Haupt*
u. *Schap.* 'bubulci').

sŭb-urgĕo, ĕre, dränge od. treibe
nahe an etw., proram ad saxa, *Ä* 5, 202.

sub-vecto, āre (Intens. v. subveho),
bringe, schleppe od. trage von unten hinauf, herbei, wie Steine u. dgl.,
Ä 11, 131 u. 474. corpora cymbā, *Ä* 6,
303.

sub-vĕho, vexi, vectum, ĕre, fahre
etw. od. jmd. hinauf, Pass. medial, fahre hinauf, ad templum, ad arces, *Ä*
11,478. bes. stromaufwärts, *Ä* 8, 58. dcht.
von der Nacht, emporfahren (am Himmel), bigis, *Ä* 5, 721.

sub-volvo, ĕre, wälze hinan oder
hinauf, saxa manibus, *Ä* 1, 424.

succēdo, cessi, cessum, ĕre (sub u.
cedo), 1) gehe unter etw.(Bedecktes),
trete ein, gew. m. Dat., antro, *B* 5, 19.
sub umbras sive antro, *Ä* 5, 5 flg. stabulis, *Ä* 7, 501. tecto, 'unter jmds. Dach',
Ä 1, 627. 2, 478. umbrae, *G* 4, 418. terris, *Ä* 7, 214. penatibus, trete in die Wohnung ein, *Ä* 8, 123. tumulo (von der
Schlange), sich zurückziehen unter usw.,
Ä 5, 93. dcht., tumulo terrae, mit Erde
bedeckt, begraben werden (v. Toten), *Ä*
11, 103. oneri, bücke mich unter die
Last, *Ä* 2, 723. curru (st. currui), den
Wagen ziehen (v. Rossen), *Ä* 3, 541. 2)
gelange wohin, m. Dat., fluvio, laufe in
den Flufs ein, *Ä* 7, 36. pugnae, gehe oder

ziehe in den Kampf, *Ä* 10, 690; trete in
den Kampf ein, leite den Kampf, *Ä* 11,
826. rursus in certamina, erneue den
Kampf, *Ä* 9, 663. alto caelo, steige, strebe
zum Himmel empor, *G* 4, 227. ad superos famā, erhebe mich zu den Göttern
durch Ruhm, d. i. werde wie ein Heros
verehrt, *Ä* 12, 235. 3) gehe heran,
nähere mich, erreiche, m. Dat.,
urbi, *Ä* 3, 171 u. 276. sedibus, *Ä* 4, 10 ;
vgl. *Ä* 8, 607. 10, 847. 4) trete an jmds.
Stelle, *a*) eig.: α) trete für jmd. in den
Kampf ein, führe den Kampf statt jmds.
weiter, m. Dat. , Lauso, *Ä* 10, 439. β)
übh. folge nach, *Ä* 11, 481. *b*) übtr.,
folge der Zeit nach, *G* 3, 138. *Ä* 8, 327.
Bes. 'gut von statten gehen', 'gelingen',
voti succedere partem mente dedit, gewährte im Geiste (bei sich) die eine Hälfte
des Wunsches, *Ä* 11, 794.

succendo, cendi, censum, ĕre (sub
u. candeo), entzünde, entflamme,
laudis succensus amore, *Ä* 7, 496.

successŭs, ūs, *m.* (succedo), eig. das
Heranrücken, *a*) equorum, 'Gang' der
ermatteten Rosse', *Ä* 12, 616. 2) übtr.,
(glücklicher) Fortgang, Erfolg, *Ä* 2,
386. 5, 210. 12, 914.

1. **succĭdo**, cĭdi, ĕre (sub u. cado),
sinke unten zusammen, sinke nieder, *Ä* 12, 911.

2. **succīdo**, cīdi, cīsum, ĕre (sub u.
caedo), schneide unten ab, durchhaue, poplitem, die Sehne der Kniekehle, *Ä* 9, 762. 10, 700. Cererem, mähe
ab, *G* 1, 297. flos succisus aratro, *Ä* 9,
435.

succingo, cinxi, cinctum, ĕre (sub u.
cingo), *a*) gürte od. schürze von unten hinauf, Gewänder, bes. Part., succinctus amictu, *Ä* 12, 401. trabeā, *Ä* 7,
188. pallā, *Ä* 6, 555. *b*) übh. gürte, v.
Gegenst., die man durch Gürten an sich
befestigt, Part., succinctus pharetrā, d. i.
mit einem Köcher am Gurt, *Ä* 1, 323.
succincta nimbo (v. der Juno), von einer
Wolke umkleidet, *Ä* 10, 634. mit griech.
Akk., succincta inguina monstris, die
Hüften umgürtet mit usw., *B* 6, 75.

succĭpĭo, s. suscipio *no.* 1, a.

succumbo, cŭbŭi, cŭbĭtum, ĕre (sub
u. cumbo), unterliege, erliege, culpae, *Ä* 4, 19.

succus, s. sucus.

succurro, curri, cursum, ĕre (sub u. curro), 1) eile herbei, bes. helfend, springe bei, helfe, m. Dat., fratri, *Ä* 12,
813. urbi, *Ä* 2, 352. 2) übtr. unpers., suc-
currit, 'es steigt mir (in der Seele) der
Gedanke auf' (von Gedanken, die sich
plötzlich aus der Lage der Dinge auf-

drängen), m. Akk. u. Inf., pulchrum (esse) mori, *A* 2, 317.

Sucro, ōnis, *m.*, ein Rutuler, *A* 12, 505.

sucus, i, *m.*, 1) Saft der Pflanzen, *G* 1, 90. 2, 59 u. 359. ambrosiae, *A* 12, 419. suci tristes, Früchte von (mit) herben Säften, *G* 2, 126. 2) übtr., von jeder flüssigen Substanz, Milch, *B* 3, 6.

sudis, is, *f.*, *a)* Pfahl, Stange, *A* 11, 473. *G* 2, 25. als Waffe zugerichtet, *A* 7, 524. 11, 894. *b)* stärkerer Ast, zur künstl. Fortpflanzung, *G* 2, 25.

sudo, āre, 1) intr., schwitzen, *a)* eig., v. Rosse (im Kampfe), *G* 3, 203. v. chernen Bildwerken (als unglückliches Zeichen), *G* 1, 480. *b)* übtr., schwitze, dünste, lacunae sudant umore, dünsten von Feuchtigkeit, *G* 1, 117. sanguine, in Blut schwimmen, von Blut triefen, *A* 2, 582. odorato sudantia ligno balsama, Balsam, der vom duftenden Holze ausschwitzt, *G* 2, 118. 2) trans., bringe durch Ausschwitzen hervor, schwitze, alqd, *B* 4, 30. 8, 54.

sudor, ōris, *m.* (sudo), 1) Schweifs, *A* 2, 174. 3, 175. 9, 812. 12, 338. *G* 3, 444 u. 564. sudor fluit rivis, *A* 5, 200. frigidus, 'Todesschweifs', *G* 3, 501. 2) übtr., Schweifs, d. i. grofse Anstrengung, *A* 9, 458.

sudus (suīdus, *A* 8, 529 *Ribb.*), a, um, nicht feucht, entwölkt, heiter, ver, 'Frühlingsbläue', *G* 4, 77. sbst., sudum, i, *n.*, klarer, heiterer Raum des Himmels, *A* 8, 529.

suētus, a, um (Part. v. 'suesco'), gewöhnt, mit Dat. (an), his (armis), *A* 5, 414. m. Inf., *A* 3, 541. 5, 402.

suffēro (sub-fēro), sufferre, ertrage, halte aus, hemme, alqm, *A* 2, 492.

sufficio, fēci, fectum, ēre (sub u. facio), 1) trans., *a)* thue unter etw., bes. überziehe mit einer Farbe (als Grund), färbe, m. griech. Akk., oculos suffecti sanguine usw., d. i. gefärbt, unterlaufen, *A* 2, 210. *b)* füge gleichs. nach, lasse nachwachsen, aliam ex alia prolem generando, ergänze od. ersetze durch Zeugung, *G* 3, 65. *c)* gebe an die Hand, übh. gebe, spende, gewähre, verleihe, v. Bäumen, alqd alci, *G* 2, 436. 3, 301. von der Erde, *G* 2, 191 u. 424. von der Gottheit, vires, *A* 2, 618. 9, 803. *d)* setze an die Stelle eines andern, ersetze, von Bienen, regem parvosque Quirites, *G* 4, 202. 2) intr.: *a)* reiche aus od. genüge für (zu) etw., v. sachl. od. abstr. Subj., m. Dat., nec umbo sufficit ictibus, hält die Stöfse nicht aus, *A* 9, 810. idque (ferrum) suffecit (näml. für

den Kampf), *A* 12, 739. non sufficiunt vires, *A* 12, 912. v. Pers., nec iam sufficiunt, aber sie halten es doch auf die Dauer nicht aus, erliegen doch, *A* 9, 515. *b)* m. Inf., v. Pers., bin imstande, vermag, *A* 5, 22.

suffio, īre, räuchere, thymo, *G* 4, 241.

suffōdio (sub-fōdio), fōdi, fossum, ēre, durchbohre od. verwunde von unten, an dem unteren Teile des Leibes, equum, *A* 11, 671 (*Ribb.* 'suffuso').

suffundo (sub-fundo), fūdi, fūsum, ēre, giefse unter etw., dcht. vom Monde, virgineum ore ruborem, mit jungfräulicher Röte das Antlitz verhüllen, bedecken, *G* 1, 430. m. griech. Akk., suffusa oculos lacrimis, die Augen mit Thränen benetzt, *A* 1, 228. − ☞ *A* 11, 671 liest Ribbeck nach den meisten Handschriften 'suffuso equo', d. i. (nach Servius) dem strauchelnden.

suggēro, gessi, gestum, ēre (sub u. gero), 1) trage, bringe od. lege unter etw., m. Dat., flammam costis aëni, *A* 7, 463. 2) übh. reiche dar, tela alci, *A* 10, 333.

sui, seiner (im Fem. u. Plur.: ihrer), sibi, se u. sese, sich, *A* 1, 131. 140 u. ö. mit 'cum' verb., 'secum', *A* 1, 50. ellipt., haec secum (verst. dixit), *A* 1, 37. verdoppelt, sese, *B* 3, 66. *A* 1, 161 u. 314. 2, 403. 6, 240. 12, 720. in dreifacher Wiederholung der Silbe 'se', *A* 7, 193. im Relativs., *A* 12, 53.

suīdus, s. sudus.

sulco, āre (sulcus), durchfurche, dcht. übtr., durchfahre, durchschiffe, vada carinā, *A* 5, 158. maria alta, *A* 10, 197.

sulcus, i, *m.*, Furche des Ackers, *A* 1, 46. 223. *B* 5, 36. dcht., telluri infindo sulcos, schneide F. ins Land, d. i. pflüge das L., *B* 4, 33. locum conclude sulco, bei Grundlegung einer Stadt, *A* 1, 425. 2) übtr., *a)* kleine Grube, Graben (um Bäume zu pflanzen), *G* 2, 24 u. 289. *b)* Furche, Einschnitt, den ein Schiff macht, *A* 5, 142. 10, 296. *c)* Bahn eines Meteors, *A* 2, 697. *d)* Acker der Empfängnis, 'Zeugungsfeld' (im Bilde v. Tieren), *G* 3, 136.

sulfur od. (*Ribb.* u. *Haupt*) **sulpur**, ūris, *n.*, Schwefel, *A* 2, 698. dcht. Plur., viva, *G* 3, 449.

sulfureus od. (*Haupt* u. *Ribb.*) **sulpūreus**, a, um (sulfur, sulpur), Schwefel enthaltend, schwefelig, *A* 7, 517.

1. **Sulmo**, ōnis, *f.*, Stadt der Volsker in Latium am Flusse Ufens (nicht zu

verwechseln mit Sulmo im Peliguerge-
biete), *A* 10, 517 (wo andere 'Sulmone
creati' für 'Söhne des S.' nehmen, s.
2. Sulmo).

2. Sulmo, ōnis, *m.*, ein Rutuler, *A* 9,
412. 10, 517.

sulpŭr, sulpŭrĕus, s. sulfur, sulfureus.

sŭm, füi, esse [altert. u. dcht. Form
im Konj. 'fuat' st. 'sit', zum Stamme 'fuo'
gehörig, *A* 10, 108. 'forem' st. 'essem', *A*
2, 439. 3, 417. 5, 398. 8, 130. 'fui' bisw.
wie ein Perf. von 'fio', πέφυκα, bin geworden, d. i. bin, dah. Konj. Perf. 'fuerit', 'fuerint' st. 'sit', 'sint', *A* 2, 77. 3,
453. 'fueram' st. 'eram', *A* 4, 603. 5, 397.
7, 532. 8, 358. 10, 613. 12, 519. dah. 'si
proprium hoc fuerit', d. i. factum erit,
B 7, 31. Auffallende Stellung von 'est',
A 11, 519. 'est omnia quando iste animus' usw., *A* 11, 509] (St. ἐς in ἐσμί,
εἰμί, e-su-m, Sanskr. 'as-mi'; Perf. 'fui'
etc. zu φύω gehörig), 1) als Begriffswort,
ich bin, *a*) ich bin vorhanden oder
da, ich befinde mich, finde statt,
A 2, 21. 5, 124 u. ö. prägn., bin da,
bin vorhanden, bestehe, dauere,
sit Latium, *A* 12, 826 flg. si fata fuissent,
A 2, 54 u. 433. utque est, nomen erit
A 12, 835. dum fortuna fuit, so lange
Trojas Glück bestand, *A* 3, 16. 10, 43.
nachdrücklich in der Epizeuxis, est hic,
est animus, noch wohnt, lebt hier ein
Geist, *A* 9, 205. quodcumque fuerit, was
auch immer geschehen mag, *A* 2, 77. v.
Pers., 'lebe', 'walle auf Erden', neque
ultra (hunc, näml.: Marcellum) esse sinent, *A* 6, 870. euphem., sed fortuna fuit,
doch der blühende Zustand der Stadt ist
dahin, *A* 7, 413. fuimus Troes, fuit Jlium,
d. i. Troër waren wir einst! Ilium ist dahin! *A* 2, 325. Part. fŭtūrus, a, um,
'zukünftig', *A* 1, 712. 2, 246 u. ö. sbst.,
futurum, i, *n.* u. Plur. futura, ōrum, *n.*,
Zukunft, *A* 4, 508. 6, 12 u. ö. *b*) v. Befinden in einem Zustande, gentes in aeterna pace futuras, die Völker, die ewig in
Frieden leben sollen, *A* 12, 534. bes. 'est'
m. flg. 'quod' u. Ind., 'es ist der Fall',
'liegt zum Grunde', in der Frage, hoc
erat, quod me per tela, per ignes eripis,
ut etc., das war es also (sollte es sein),
weshalb du mich rettetest, dafs ich sehen sollte usw., *A* 2, 664. nihil est, quod,
m. Konj., *A* 12, 11. *B* 3, 48. *c*) est, mit
u. ohne Dat. der Pers. u. Inf., wie ἔστιν,
es findet statt, es ist verstattet,
möglich, man kann, *A* 6, 596. 8, 676.
neque est te fallere quidquam, es ist
nicht möglich dich irgendwie (irgend-
worin) zu täuschen, *G* 2, 447. öft. auch

beim Wunsche, sit numine vestro pandere res, gestattet in Huld mir, dafs ich
erschliefse usw., *A* 6, 266. Bisw., es wird
jmdm. zu teil, 'es tritt für jmd. der Fall
ein', dafs usw., bes. im Konj. beim Wunsche, nec sit mihi credere, o dürfte ich
es nicht glauben, *B* 10, 46. *d*) 'esto', wie
εἶεν, sei s denn, sei s drum, meinet-
halb, beim Abbruch des bisher Gesagten mit einem Zugeständnis, *A* 10, 67;
'es sei'! 'es sei zugestanden', *A* 12, 821;
'zugegeben, dafs dich bisher' usw., *A* 4,
35. *e*) mit Dat. der Pers. u. Nom. der
Sache, um den Eigentümer od. Besitzer
zu bezeichnen, habe, besitze, sunt
nobis mitia poma, *B* 1, 81. si qua est
pietas caelo, wenn anders im Himmel
noch Huld herrscht, *A* 2, 536. si qua est
Heleno prudentia, wenn in H. Wahr-
sagekraft noch wohnt, *A* 3, 433. quae
cuique est copia, soviel ein jeder vermag, *A* 5, 100. quibus imperium est pelagi, die das Meer beherrschen, *A* 5, 235;
vgl. *A* 6, 133. 7, 268. 10, 51. 468. 715.

2) Prädikatsverbum, sein, und zwar
a) zunächst als Kopula zur Verb. des
Subj. u. Prädik. (in welcher Bed. es häufig ausgelassen wird), *A* 4, 237. 6, 846.
10, 240. *b*) bei einem die Stelle des Prädik. vertretenden Gen., *α*) um das Zukommende oder Eigentümliche zu bezeichnen, non opis est nostrae, es steht
nicht in unserer Macht, *A* 1, 601. tantae molis erat Romanam condere gentem, ein so mühseliges Werk war die
Stiftung des Römergeschlechts, *A* 1, 33.
β) zum Ausdruck des Wertes, esse si-
se, so kostbar sein, *A* 3, '453. *c*) m. Dat.
der Bestimmung oder des Zweckes und
oft noch Dat. der Pers., gereichen od.
dienen zu etw., non erit auxilio nobis
Aetolus, wird uns nicht helfen, *A* 11,
428. iustae quibus est Mezentius irae,
denen Mez. ein Gegenstand gerechten
Zornes ist, *A* 10, 716. multis tamen ante
futuri exitio, doch sollen sie vielen vorher erst den Tod bringen, *A* 9, 315. monstrum magno futurum augurio, ein Wahrzeichen, das zum bedeutungsvollen werden sollte, *A* 5, 523. oft m. Dat. 'cordi', s.
cor. Bisw. m. Dat. des Gerund., qui cultus habendo sit pecori, welche Wartung
(Pflege) das Vieh erfordere, *G* 1, 3. quae
sit rebus natura ferendis, d. i. welche
Befruchtung (Zeugungskraft) jeder Boden habe, *G* 2, 178. *d*) bei einem die Stelle
des Prädik. vertretenden Abl. der Eigenschaft, cervus erat formā praestanti (auch
wir: von vorzüglichem Wuchs war ein
Hirsch), *A* 7, 483. turris erat vasto suspectu, d. i. riesig von Ansehen war (stand

ein Turm, *Ä* 9, 530. *e*) prägn. m. d. Präp.
'in', beruhen auf usw., wie εἶναι ἔν
τινι, vestro in numine Troia est, hängt
von eurer Macht ab, *Ä* 2, 703. *f*) mit
einem Adv., s. abunde, satis.

summa, ae, *f.* (eig. summa res), *a*)
Gesamtheit, das Ganze (im Gegs.
der Teile), belli, oberste Leitung, Oberbefehl
im Kriege, *Ä* 10, 70. *b*) das Wesentlichste, der entscheidende Punkt,
das letzte Ziel, belli, neben 'caput',
Ä 12,572. *c*) Hauptinhalt einer Rede,
'Bescheid', 'Geheiſs', *Ä* 4, 237.

summergo, summitto, summŏvĕo,
s. submergo, submitto, submoveo.

summus, a, um (Superl. zu 'superus'),
1) der oberste, höchste, äuſserste,
cacumen, *G* 2,28. culmen, *Ä* 2, 458. apex,
Ä 7, 64. aether, *Ä* 12, 853. Bes. von dem
obersten oder höchsten Teil, 'Höhe',
'Spitze' einer Sache, tectum, 'Spitze des
Daches', *Ä* 4, 186. arx od. urbs, 'Burg',
ἀκρόπολις, *Ä* 2,166. 7,171. arces, neben
'muri', *Ä* 12, 698. mare, 'Oberfläche des
Meeres', *ä* 1, 110. unda, *Ä* 6, 357. umbo, 'Spitze' des Nabels (am Schilde), *Ä*
2, 546; vgl. *Ä* 3, 655. 12, 134. corpus,
'Oberfläche des Körpers', *Ä* 12,876. montes, Spitzen oder Kuppen der Berge, *Ä*
12,113. gramina, *Ä* 7,808. quo summo (tumulo), auf dessen Spitze, *Ä* 3, 22. in summo (näml. 'clipeo'), auf dem Schildbuckel,
'auf dem äuſseren Rande' des Schildes,
Ä 8,652. Sbst., summum, i, *n.*, das 'Oberste', die 'Höhe', tecti, *G* 4, 4, 385. Plur.
'Gipfel', 'Spitzen', summa Lycaei, *G* 3,
314. scopuli, *Ä* 5, 180. 2) übtr.: *a*) der
Zeit nach der äuſserste, letzte, dies,
Ä 2,324. *b*) der Eigenschaft, Macht usw.
nach der höchste, vorzüglichste,
gröſste, pater, v. Juppiter, *Ä* 1, 665.
deûm, v. Apollo, *Ä* 11, 785. vis, *Ä* 9, 532.
certamen, 'edler Wetteifer', *Ä* 5, 197. 11,
891. summa res, 'das Wohl des Ganzen',
Ä 11, 302; vgl. *Ä* 9, 199. quo res summa loco? wo ist der Hauptkampf? *Ä* 2,
322.

sūmo, sumpsi, sumptum, ĕre (sub u.
emo), nehme (an mich), 1) empfange,
ergreife, pedum, *B* 5, 88. thyrsum, *Ä*
7, 390. pharetram, *G* 2, 125. ora (Larven), *G* 2, 387. munera, nehme, *Ä* 5,533.
arma, greife zu den Waffen (um den
Kampf zu beginnen, versch. von 'capio
arma'), *Ä* 2, 518. 12,31. 2) übtr.: *a*) nehme, poenas, vollziehe oder übe Strafe,
Rache, räche mich, *Ä* 2, 103 u. 585. crudeles poenas, nehme gr. Rache, *Ä* 6,501.
sumo poenas ex scelerato sanguine, nehme Rache an dem Blute des verruchten
Mörders, *Ä* 12, 949. *b*) nehme an, for-

mas rerum, *B* 3, 36. *c*) nehme für
mich, wähle, quae prima exordia su-
mat? wie soll er die Rede beginnen? *Ä*
4, 284.

suo, süi, sūtum, ĕre, eig. 'nähe', übtr.,
füge zusammen, verfertigte, cortici-
bus alvaria, *G* 4, 33. Sbst., sutum, i, *n.*,
das Zusammengefügte, aerea suta, aus
Kettchen zusammengehefteter Panzer,
'Panzerhemd','Ringelpanzer', *Ä* 10,313.

sūpellex, pellectīlis, *f.* (super u. lego, lectus, zunächst 'Überlage'), Ge-
rätschaft, Hausgerät, *G* 1, 165.

sŭpĕr [in der Tmesis m. 'urguerent'
zu verb., *G* 2, 351. m. 'infundens' zu
verb., indem sie die Kanne hoch hielt,
zugl. m. verl. Endsilbe, *Ä* 6,254. m. 'sum',
Ä 2, 567. 7, 559. *B* 6, 6. nachgestellt, *G*
3, 263. *Ä* 5, 697] (ὑπέρ), I) Adv., 1) eig.:
a) auf der Oberfläche, oberhalb,
oben darauf, *Ä* 4, 507. 5, 330. 6, 221
u. 254. haeret visceribus s. incumbens,
Ä 10, 727. sese effundens super ad convexa, *Ä* 6, 241 (*Ribb.*). super alta te-
nentes (*Ribb.*), *Ä* 6,788. super ardua lin-
quens (*Ribb.*), *Ä* 7, 562. ille super tales
effundit pectore voces, darüber stehend
(im Gegs. zum daliegenden Stier), *Ä* 5,
482. *b*) nach oben, über sich, super
adspectans, den Blick nach oben rich-
tend, *Ä* 10, 251 (*Ribb.*). *c*) von oben
(herab), ἄνωθεν, *Ä* 8, 245. 2) übtr., *a*)
auſserdem, noch überdies, *Ä* 2, 71.
10, 556. incipio s. his (*Abl.*), da sprach
ich noch mit folgenden Worten, *Ä* 2,348.
hos inimica super mixto premit agmine
turba, *Ä* 11, 880. Bes. *b*) wenn zu etw.
Genanntem noch etw. Stärkeres od. Be-
deutenderes hinzutritt, darüber noch, d. i.
in höherem Grade, weit heftiger,
vor allem, auch noch, ira super, *Ä*
7, 462. his accensa s., *Ä* 1, 29. ecce s.
maesti etc., *Ä* 11, 226. satis superque,
'mehr als genug', *Ä* 2, 642. 3) übrig,
im Sinne des ungebr. Part. Präs. von
'supersum', *Ä* 3, 489; vgl. *B* 6, 6.

II) Präp.: 1) m. Akk. (bisw. dem Kasus nachgesetzt, *Ä* 1, 30 u. 700. 7, 803.
10, 526 zw.), *a*) über, oberhalb, auf,
zur Bezeichnung der Richtung oder Bewegung, zunächst im Raume, über,
auf, *Ä* 6, 504 u. 502. 9, 444 u. 562. erro
s. auras, durchirre die Lüfte, *Ä* 7,557. iacio s. hanc (vallem), *Ä* 11,526; vgl. 'supe-
raddo'. Bes. zur Bezeichnung der Grundlage, auf der sich etwas erhebt od. befindet, oben auf usw., recondere alqm
super alta Cythera, *Ä* 1, 680. fronde s.
galeam, *Ä* 7,751. fero alqm s. arma, *Ä* 10,
841. *b*) räuml. über etw. hinaus, s. Ga-
ramantas, *Ä* 6, 794. *c*) von dem, was noch

hinzukommt und ebenfalls für die Sache von grofser Bedeutung ist, a u f s e r, s. hiemes, *G* 2,373. s. omnia, vor allem, *Ä* 8, 303. s. omnia dona, vor allen andern Geschenken, *Ä* 9,283. nachgestellt, hos s. advenit, zu diesen kam auch noch, *Ä* 7, 803. 2) m. Abl., *a)* zur Bezeichnung der Ruhe, ü b e r, a u f, zunächst v. Raume, mori super funere, *G* 3, 263 (wie ϑνήσκειν ἐπί τινι). Bes. zur Bezeichnung der Grundlage, auf der etwas ruht, sido s. arbore, oben auf usw., *Ä* 6, 203. s. ostro, *Ä* 1, 700. fronde s. viridi, *B* 1, 80. *b)* von der Zeit, ü b e r ... hinaus, nocte super media, *Ä* 9, 61. *c)* von einem Gegenstande des Denkens oder der Rede, ü b e r, i n b e treff, in Rücksicht auf, rogitans multa s. Priamo, *Ä* 1, 750. haec s. avorum cultu canebam, *G* 4, 559. *d)* mit kausaler Bed., w e g e n, multa s. natae lacrimans Phrygüsque hymenaeis, *Ä* 7, 358; ähnl. *Ä* 7, 344. nil s. imperio moveor, nicht um die Herrschaft ist mirs zu thun, *Ä* 10, 42. s. sua laude, 'für sei-Ruhm', *Ä* 4, 233.

sǔpěr-addo, addĭdi, addĭtum, ěre, l e ge od. setze oben darauf, m. Dat., carmen tumulo, *B* 5, 42. vitem (als Verzierung eines Bechers), *B* 3, 38 (bei *Ribb.* u. *Haupt* getrennt).

sǔpěrans, antis (eig. Part. v. supero, gew. nur im Komp. u. Superl.), h e r v o r - r a g e n d, forma, *Ä* 8, 208.

sǔperbĭa, ae, *f.* (superbus), H o c h - m u t, Stolz, *Ä* 1, 529.

sǔperbus, a, um (super), sein Mafs und seine Kräfte überschreitend, 1) im übeln Sinne, stolz, übermütig, hart, grausam, *a)* v. Pers., victor, *G* 3, 226. rex, *Ä* 11, 15. iuvenis, v. Neoptolemus, *Ä* 3, 326. hostis, *Ä* 4, 424. genus, *Ä* 11, 340. m. Abl., 'auf' etw., tot populis terrisque, stolz auf die Herrschaft so vieler V. u. L., *Ä* 2, 556. bello, *Ä* 1, 21. opibus, *Ä* 5, 268. tauro, *Ä* 5, 473. Plur. als Subst., 'Trotzige', 'Hoffärtige' (die sich nicht ergeben, Gegs. 'subiecti'), *Ä* 6, 853. *b)* von Lebl., gressus, *G* 3, 117. vox, *Ä* 7, 544. iussa Iovis, *Ä* 12,877. bellum, 'trotzig', *Ä* 8, 118. vires, stolze Gewalthat, *Ä* 11, 539. 2) im guten Sinne, *a)* v. Pers., bes. v. Krieger, mutig, hochherzig, bello, *Ä* 1, 21. v. Rhamnes, *Ä* 9, 324. *b)* v. Lebl., von dem, worauf man stolz sein kann, stolz, prunkend, prangend, prachtvoll, ausgezeichnet, glänzend, ostrum, aulaea, *Ä* 1, 639 u. 697. auro spoliisque postes, *Ä* 2, 504. Tibur, *Ä* 7, 630. Ilium, *Ä* 3, 2. fores, durch hohe Säulen und reiche Skulptur gezierte, *G* 2, 461; in bez. auf die 'spolia', *Ä* 8, 196.

tecta, *Ä* 7, 12. sedes (Paläste), *Ä* 2, 785. coniugium, erhabener Ehebund (weil eines Sterblichen mit einer Göttin), *Ä* 3, 475. anima Bruti, die stolz sich erhebende Seele des Br., *Ä* 6, 818.

sǔpercĭlĭum, ĭi, *n.,* 1) A u g e n b r a u e, *B* 8, 34. 2) übtr., jeder erhöhete Rand, Anhöhe, Scheitel (wie ὀφρύς, Hom. Il. 20, 151), tramitis, *G* 1, 108.

sǔpěr-ēmĭněo, ēre, r a g e ü b e r etw. hervor, überrage an Gröfse, omnes, *Ä* 1, 501. omnes viros, *Ä* 6, 856. undas, umero, *Ä* 10, 765.

sǔpěr-iăcĭo, iēci, iectum, ěre, ü b e r - w e r f e, übergiefse mit etw., scopulos undā, *Ä* 11, 625.

sǔpěr-fundo, ěre, darüber giefsen, oleum, *Ä* 6, 254 *Schap.* (*Ribb.* in der Tmesis 'superque oleum fundens').

sǔpěr-immĭněo, ēre, r a g e v o n o b e n h e r, ense sequens nudo superimminet, haut von oben her auf ihn ein, *Ä* 12,306. [darüber, frondes, *G* 4, 46.

sǔpěr-inĭcĭo, ěre, w e r f e od. s t r e u e

sǔpěr-inpōno, pŏsŭi, pŏsĭtum, ěre, lege oben darauf, arma, *Ä* 4, 497.

sǔpernē, Adv., von oben her, übh. oben, d. i. auf der Erde, *Ä* 6, 658.

sǔpěro, āre (super), I) trans.: 1) eig.: *a)* g e h e ü b e r etwas, ü b e r s t e i g e, ü b e r s c h r e i t e etwas, montes, *G* 3,270. iugum, *Ä* 6, 676. iugo superans (näml. 'ea', d. i. deserta montis ardua), *Ä* 11, 514. fossas, 'springe über', *Ä* 9, 314. limen, *G* 3, 317. fastigia tecti, steige zu dem Giebel des Daches, *Ä* 2, 303. viam saltu, 'überspringe', *G* 3, 141. locum priorem, 'gewinne den ersten Platz', *Ä* 5, 155. Bes. in der Schiffersprache, 'schiffe, segle an einem Orte vorbei oder vorüber', 'umsegle', 'umschiffe', fontem Timavi, *Ä* 1, 244. saxa Timavi, *B* 8, 6. longos flexus, 'komme hinaus über die Krümmungen und Ecken im Laufe des Flusses', *Ä* 8, 95. *b)* ü b e r r a g e etw., r a g e über etw. hinaus, undas, von Schlangen, *Ä* 2, 207. 2) übtr.: *a)* ü b e r t r e f f e, Phoebum canendo, *B* 5, 9. *b)* ü b e r w ä l - tige, überwinde, besiege, alqm, *Ä* 1, 350. 5, 184. labores, *Ä* 3, 368. amnem adversum, *Ä* 8, 58. casus omnes, überdauere, überlebe, *Ä* 11, 244. iram votis minisque, beschwichtige, *Ä* 8, 61. alqm donis, besänftige jmds. Zorn durch Opfergaben, *Ä* 3, 439; vgl. *Ä* 5, 710. II) intr.: 1) eig., r a g e ü b e r etwas e m p o r, capite et cervicibus, *Ä* 2, 219. foliis, v. wilden Ölbaum, überwuchert, erstickt durch sein Laub (näml. die Reben), *G* 2, 314. 2) übtr.: *a)* h a b e oder gewinne d i e Oberhand, siege, abs., *Ä* 5, 22 u. 195;

vgl. *Ä* 2, 311. iamiam fata superant, übt das Geschick seine Macht, *Ä* 12, 676. superante salo, indem das Meer die Oberhand erhielt, *Ä* 1, 537. Volcano superante, *Ä* 2, 311 (*Ribb. ex*superante). superans animis, mit überwallendem Mute, im Gefühl des Sieges, *Ä* 5, 473. *b*) bin reichlich od. im Überfluss v o r handen, *G* 1, 189. superat gregibus iuventas, die Herden strotzen von Jugendkraft, *G* 3, 63. superat tener omnibus umor, die belebende Feuchtigkeit erfüllt alles, *G* 2, 331. *c*) bin od. b le ibe übrig, m. Dat. der Pers., 'für jmd.', od. abs., *B* 9, 27. *G* 1, 189. 3, 63. 286. *Ä* 5, 519 u. 713. 12, 873. Bes. bin noch am Leben, *Ä* 2, 597. m. 'vescor aurā verb., *Ä* 3, 339. m. Dat., captae urbi, überdaure die Eroberung der Stadt (Troja), *Ä* 2, 643.

sŭpĕr-occŭpo, äre, überrasche bei etw., *Ä* 10, 884 (jetzt getrennt).

sŭperntĕs, stĭtis (super u. sisto), jmd. od. etw. ü berlebend, sup. restat, bleibt am Leben, *Ä* 11, 160.

sŭperstĭtĭo, ōnis, *f.*, *a*) (religiöser) Wahn, Aberglaube, *Ä* 8, 187. *b*) der ängstlich bindende S chwur, Eid, *Ä* 12, 817.

sŭper-sto, äre, stehe darüber od. darauf, *Ä* 10, 540.

sŭper-sŭm, füi, esse [in der Tmesis, *Ä* 2, 567. 7, 559. *B* 6, 6], 1) bin od. b le ibe übrig, v erblei be noch, *a*) übh., *Ä* 5, 225. spatia si plura supersint, *Ä* 5, 325. labori, *G* 3, 127. si qua super fortuna laborum est, 'was zu thun mir der Zufall sonst noch herbeiführen mag', *Ä* 7, 559. sin ... urbes nobis ... auxilio supersunt, uns zum Beistand verbleiben, *Ä* 11, 420. quod superest, was noch übrig ist, als Letztes noch, *Ä* 5, 691; aber auch' was noch zu thun übrig bleibt', 'schliefslich', 'übrigens', *Ä* 5, 796. 9, 157. 11, 15; auch als Übergangsformel, 'übrigens', *G* 2, 346. 4, 51. *b*) ü berlebe, bleibe am Leben, *Ä* 8, 399. 9, 212. 2) bin in Überflufs od. hinreichend vorhanden, dcht., modo vita supersit, wenn das Leben mir ausreicht, *G* 3, 10. ne blando nequeat superesse labori, damit ihm die Kraft zur angenehmen Arbeit nicht fehle, *G* 3, 127.

sŭpĕrus, a, um (super), 1) oben befindlich, der obere (ὑπέρτερος), rex caelicolùm, v. Juppiter, *Ä* 3, 20. divi, *Ä* 12, 817. Olympus, *Ä* 2, 779. aurae, *Ä* 5, 427. supera alta, die oberen Regionen (Olympus), *Ä* 6, 787. convexa, 'Himmelgewölbe', *Ä* 6, 241. 10, 251 (*Ribb.* Adv. 'super'). 2) zur Oberwelt gehörig, auf der Erde (bes. in bez. auf das Gebiet der Luft u. des Himmels), Gegs. zur

Unterwelt), *a*) eig., aurae, Oberwelt, *Ä* 6, 128. aurae caeli, *Ä* 7, 768. orae, *Ä* 2, 91. lumen, *Ä* 6, 680. supera ardua, die oberen Höhen, *Ä* 7, 562 (*Ribb.* Adv. 'super'). *b*) sbst., superi, ōrum (gew. 'superùm'), *m.*, *a*) die oberen Götter, die Götter übh., *Ä* 1, 4 (wo ausschliefsl. in bez. auf Juno). *Ä* 3, 2. 11, 784 (in bez. auf Apollo). 12, 647. superùm honos, der ihm (dem Mars) auf der Oberwelt eigene Schmuck, *Ä* 6, 780. *β*) 'Oberwelt', ad superos, auf der Oberwelt, auf Erden, *Ä* 6, 481.

sŭper-vĕnĭo, vēni, ventum, ïre, komme dazu, m. Dat., semianimi lapsoque supervenit, erreicht ihn, da er den Atem verlor und ausglitt, *Ä* 12, 356. timidis supervenit Aegle, tritt zu den Schüchternen, *B* 6, 20.

sŭper-vŏlĭto, äre, fliege über etw. hin, m. Akk., tecta, *B* 6, 81 (bei *Ribb.* getrennt).

sŭper-vŏlo, äre, fliege über etw. hin, v. Speere, *Ä* 10, 522.

sŭpīno, äre (supinus), beuge rückwärts, wende um, glaebas (beim Pflügen), *G* 2, 261.

sŭpīnus, a, um (St. 'sup', ὑπό, ὕπτιος), 1) rückwärts gebogen, zurückgebeugt, manus, die zum Himmel erhobenen Hände, *Ä* 3, 176. 4, 205. 2) schräg aufsteigend, sanft sich erhebend, colles, *G* 2, 276. 3, 555.

supplĕo, ēre (sub u. pleo), mache vollzählig, ergänze, gregem, *B* 7, 36. remigium, *Ä* 3, 471.

supplex, plĭcis ('sub' u. 'plico'), eig. die Kniee beugend, dah., 1) v. Pers., flehentlich bittend, demütig flehend, *Ä* 1, 64 u. 666. 3, 592. 4, 205. 12, 930. Sbst., supplex, der F le h e n de, ἱκέτης, *Ä* 3, 667. v. überwundenen Feinde, *Ä* 2, 542. 2) v. Lebl., demütig dargebracht, dona, mit Gebeten verbundene Opfergaben, *Ä* 3, 439. vota, 'fromme Gelübde', *Ä* 8, 61.

supplĭcĭter, Adv. (supplex), flehentlich, demütig, *Ä* 12, 220. s. tristis, 'in tiefer Verehrung u. Trauer', *Ä* 1, 481.

supplĭcĭum, ïi, *n.*, eig., das Niederknieen des Verbrechers zur Hinrichtung, dah. jede qualvolle Strafe, Marter, Qual, Pein, *Ä* 6, 740. 7, 597. 8, 495. 11, 274 u. 842. dira, Verstümmelungen, 'grause Wunden', *Ä* 6, 499.

suppōno, pŏsŭi, pŏsĭtum, ĕre [synkop. Part. 'suppostus', *Ä* 6, 24] (sub u. pono), *a*) setze od. lege unter od. an jmd. od. etw., miseris supponite civibus ignem, wir 'leget die a. B. auf den brennenden Holzstofs', bestattet, *Ä* 11, 119.

falcem aristis (an das Korn), *G* 1, 348.
cultros, setze an die Kehle, *G* 3, 492. *Ä*
6, 248. Bes. *b*) setze etw. an die Stelle
eines andern, schiebe unter, quos
supposita de matre creavit, von einer
untergeschobenen M., d. i. von einer
sterblichen Stute (und einem Sonnenrosse), *Ä* 7, 283. supposta furto Pasiphaë
(indem sie den Stier durch das Bild einer
Kuh täuschte), *Ä* 6, 24.

súprā ['săprā' nur éinmal bei Vergil],
Ä 7, 32. seinem Nomen nachgest., *Ä* 11,
510, wo *Ribb.* 'sŭpĕrā',verst.parte],1)Adv.,
oben darauf, daruber, oberhalb
(Gegs. 'infra'), *Ä* 7, 32. supra sum, rage
vor anderen hervor, *Ä* 7, 784. 11, 683.
'darüber gebückt', *Ä* 7, 381. v. oberen
od. adriat. Meere (Gegs. 'infra'), *Ä* 8,149.
G 2,158. 2) Präp. m. Akk., *a*) über, oberhalb, über ... hinaus, *G* 1, 364. *Ä* 3,
194. 4, 702. 9, 553. *b*) übtr., über (dem
Mafse od. Vorzuge nach), illis ira s. modum est, jene beseelt unmäfsiger Zorn,
G 4, 236. s. homines, s. deos, *Ä* 12, 839.
est omnia quando iste animus supra (st.:
supra omnia), da höher als alles dein
Mut sich erweist, *Ä* 11, 510.

súprēmŭm, Adv. (supremus), zuletzt, zum letzten Male, *Ä* 2, 630.
3, 68.

súprēmus, a, um (Superl. zu 'superus'), 1)räuml., der oberste, höchste,
montes, *G* 4, 460. 2) übtr.: *a*) dem Alter
u. zugl. dem Range nach, der älteste,
uralte, erhabenste, Iovis gens, *Ä* 7,
220. gens Boreae (sofern Boreas der letzte
Ahn ihres Geschlechts war), *Ä* 10, 350.
b) der Zeit nach, der letzte, nox, *Ä* 6,
502. digressus, *Ä* 3, 482. labor Troiae,
'das letzte Leiden' (v. der Zerstörung
Trojas), *Ä* 2, 11. salus, *Ä* 12, 653. dcht.,
munera, honos, die letzte Pflicht oder
Ehre (Bestattung), *Ä* 11, 25 u. 61; dass.
subst. 'suprema', ōrum, *n.*, *Ä* 6, 213. *c*)
dem Mafse od. Grade nach, der äufserste, ärgste (wie ἔσχατος), macies, *Ä* 3,
590. Neutr. sbst., ad supremum ventum
est, endlich sind wir am Ziele, *Ä* 12, 803.

suptĕr, s. subter.

súra, ae, *f.*, Wade, *Ä* 1, 337. 11, 488.
12, 430. *B* 7, 32.

surcŭlus, i, *m.* (Dem. v. surus, 'Zweig',
ὄρπηξ), junger Zweig, Schnittling,
Schöfsling, Reis, *G* 2, 87.

surdus, a, um, taub, *B* 10, 8.

surgo, surrexi, surrectum, ĕre (zsgz.
aus 'sub-rego'; vgl. 'subrigo'), 1) eig., *a*)
v. Leb., *a*) übh., richte mich in die
Höhe, richte mich auf, erhebe
mich, stehe auf, solio, *Ä* 10, 117. per
lubrica, mitten in od. auf dem schlüpfri-

gen Raume od. Boden, *Ä* 5, 335. ab Ar-
pis in Teucros, *Ä* 10, 28. zum Sprechen,
Ä 11, 342. dcht., surgens in cornua, ins
Geweih aufbäumend, mit erhobenem Ge-
weihe (v. Hirsch), *Ä* 10, 725. Bes. *β*) erhebe mich vom Ruhelager (Schlafe),
strato, *Ä* 3, 513. e stratis, *Ä* 8, 415; vgl.
Ä 3, 169. 8, 68. um wobin zu gelangen,
'breche auf', ad auras, d. i. erblicke das
Licht der Welt, *Ä* 6, 762. ad lumina vitae, steige empor zur Oberwelt, *Ä* 7, 771;
vgl. *B* 4, 9. Dah. 'surge age' als Formel
der Aufforderung, 'mache dich auf!', 'auf
denn!', *Ä* 3, 179. 8, 59. 10, 241. *b*) von
Lebl., *a*) erhebe mich, steige empor od. auf, v. Gestirnen usw., *Ä* 2, 801.
3, 588. 4, 129 u. 352. 6, 453 u. 851. surgens sol (im Osten), Osten, *Ä* 12, 172. v.
Wind, *G* 3, 134. a puppi, im Rücken, *Ä*
3, 130. 5, 777. v. Regenwetter, *G* 1, 374.
v. Gewässern, *Ä* 3, 196. v. Wogen und
Flüssen, hoch aufsteigen, *Ä* 6, 353. von
anderen Gegenst., dcht., aerea cui gradibus surgebant limina, *Ä* 1, 448. surgentes columnae, *G* 3, 29. surgunt de vertice pinnae, *Ä* 10, 187. umeri surgunt
quā tegmina summa, d. i. wo die Schutzwehr der (linken) Schulter am höchsten
aufsteigt, *Ä* 10, 476. Bes. *β*) sich erheben, aufsteigen, v. Burgen, Mauern,
Reichen, *Ä* 1, 366 u. 437. 4, 47. v. Pflanzen, Saaten, 'sich erheben', 'emporwachsen, -sprossen', *B* 5, 39. *G* 1, 161. 2, 14 u.
182. 4, 12. dcht. v. Pers., wachsen, auf-
blühen, *Ä* 4, 274. 6, 364. genus mixtum
surget, *Ä* 12, 841. 2) (dcht) übtr., sich
erheben, emporsteigen, wachsen,
zunehmen, v. Kämpfe, Geschrei, v.
Leidenschaften usw., *Ä* 4, 43. 9, 667. 11,
238. 12, 313. altius alci, 'höher steigen',
v. Zorn, *Ä* 10, 814. quae nunc animo sententia surgit? was für ein Entschlufs
steigt in der Seele dir auf? *Ä* 1, 582. 9, 191.
non ulla laborum nova mi facies inopi-
nave surgit, keine neue Art der Drang-
sale stellt sich mir wider Erwarten vor
Augen, *Ä* 6, 104.

sūs, sŭis, *c.* (ὗς), Schwein, Sau, bes.
Wildschwein, Eber, *G* 3, 255. *Ä* 3,
390. 8, 83. als Opfer bei einem Bündnisse, saetigeri fetus suis, ein junges
Schwein, *Ä* 12, 170 (*Haupt* u. *Schap.* 'sae-
tigerae suis').

suscĭpĭo, cēpi, ceptum, ĕre (sub u.
capio), 1)nehme od.fange auf, *a*)übh.,
alqm, *Ä* 4, 391. 11, 806. cruorem pateris,
Ä 6, 249. ignem (den Funken) foliis, *Ä* 1,
175 (an allen diesen Stellen *Haupt* u.
Ribbeck aus cod. Vat. 'suscepit u. 'sus-
cipiunt'). Bes. v. Vater, der das auf den
Boden gelegte neugeborne Kind zu sich

26

empornahm, als feierliches Zeichen der
Anerkennung u. Erziehung desselben,
saltem si qua mihi de te suscepta fuisset
suboles, hätte ich wenigstens von dir ein
Pfand der Liebe empfangen, *A* 4, 327.
2) übtr.: *a*) nehme auf mich, übernehme, munus, *A* 6, 629. *b*) nehme od.
ergreife das Wort, 'entgegne', 'erwidere', *A* 6, 723.

suscito, āre (sub u. cito), 1) richte
od. erhebe von unten auf, dcht., terga (telluris), reifse die Erde auf, *G* 1, 97.
2) treibe einen Sitzenden od. Ruhen-
den auf, wecke auf, erwecke, errege, *a*) eig., alqm, *A* 8, 455. viros in
arma, rufe zu den Waffen, *A* 9, 463; vgl.
A 2, 618. 11, 723. sachl. Obj., cinerem et
ignes, fache an, *A* 5, 743. caedem, richte
ein Blutbad an, *A* 12, 499. *b*) übtr., errege, erwecke, v. Zorne, vim, *A* 5, 454.
von der Hoffnung, 'beleben', iras (die
Kampfeswut), *A* 10, 263. v. Pers., se irā,
sich im Zorn aufregen, *A* 12, 108. poenas alci, ziehe Strafe zu, errege od. erwecke Qualen, *G* 4, 456.

1. **suspectus**, a, um (suspicio), ver-
dächtig, 'Verdacht erregend', arva, *A*
3, 550. dona, *A* 2, 36. suspectum habeo
alqd, habe in Verdacht, *A* 4, 97. suspecti
tibi sint imbres, dann kannst du Regen
gewärtigen, *G* 1, 443.

2. **suspectus**, ūs, *m.* (suspicio), das
Empor-, Hinaufblicken, der Aufblick,
dcht., quantus ad aetherium caeli suspectus Olympum, so weit der Aufblick
(von der Erde) bis zum Himmelsgewölbe
sich erhebt od. reicht, *A* 6, 579. turris
vasto suspectu, hochragend von Anblick,
riesig von Ansehen, *A* 9, 530.

suspendo, pendi, pensum, ere (sub
u. pendo), 1) eig.: *a*) hänge auf od. in
die Schwebe, lasse schweben, *a*)
übh., robora focis, *G* 1, 175. alqd ex alta
pinu (an hoher Fichte), *G* 2, 389. columbam malo ab alto, *A* 5, 489. capita ab-
scisa curru, hänge an den Wagen, *A* 12,
511. aratra suspensa referre iugo, von
den Stieren, den Pflug umgekehrt auf
der gaffelichten Schleife am Joche zurückziehen, so dafs die Pflugschar den
Boden nicht berührte (zur Bezeichnung
der Stunde des Abspannens u. der Heimkehr von der Arbeit), *B* 2, 66. arcum
umeris, ensem collo, hänge über die
Schulter, *A* 1, 318. 11, 11. spicula ex umero alci, *A* 11, 575. von der Spinne, casses, *G* 4, 247. von der Schwalbe, nidum
tignis, am Gebälke ankleben od. befestigen, *G* 4, 307. von den Bienen, ceras,
von oben herab bauen, *G* 4, 162. saxis
suspensa rupes, der am Gestein herab-

hängende Fels, *A* 8, 190. suspensus fluctu, von der Welle gehoben, über der
Welle schwebend, *A* 7, 810; vgl. *A* 6,
741. Bes. *β*) hänge etw. als Weihgeschenk auf, m. Dat. der Pers., tertia
arma alci (näml. im Tempel des Juppiter Feretrius), *A* 6, 860. m. Abl. des Gegenst., dona tholo (am Balken), *A* 9, 408.
votas vestes alci, *A* 12, 769. *b*) (dcht.)
hebe auf, tellurem sulco tenui (Gegs.
'deprimo'), lockere leicht auf, *G* 1, 68.
c) Part. suspensus, a, um, schwebend,
d. i. leicht über einen Gegenstand dahin gleitend, v. Pers., *A* 7, 810. 2) übtr.,
mache schwebend, d. i. unsicher, Part.
suspensus, a, um, *a*) schwankend,
v. Pers., in Spannung, in Angst, *A* 2, 114
u. 729. multo numine, durch den Gedanken an die Gegenwart u. gewaltige Macht
des Phöbus mit Erwartung u. Ehrfurcht
erfüllt, *A* 3, 372. *b*) von dem, dessen
Gleichgewicht gestört ist, verstört,
A 4, 9. mens, *A* 5, 827. alqm suspensum teneo, erhalte, lasse in Zweifel, *A* 6,
722.

suspicio, spexi, spectum, ĕre (sur-
sum u. St. 'specio'), sehe od. blicke
in die Höhe (Gegs. 'despicio'), *A* 8, 527.
m. Akk., nach etw. od. jmd. (oft mit dem
Nebenbegr. der Verwunderung u. Verehrung), fastigia urbis, caelum, *A* 1, 438.
10, 899. signorum ortus, *B* 9, 46. altam
lunam, *A* 9, 403 (*Ribb.* 'altum'). alqm, *A* 6,
668. m. Akk. u. Inf., *G* 4, 59.

suspiro, āre (sus u. spiro), atme tief
auf, seufze, *A* 1, 371.

sustento, āre (Intens. von sustineo), 1)
halte empor od. aufrecht, stütze,
ruentem dextrā, *A* 10, 339. Pass. v. lecken
Schiffe, auf od. über dem Wasser sich
halten, *A* 10, 304. 2 übtr. *a*) halte aufrecht, erhalte, stütze, unterstütze,
acies (Plur.; *Ribb.* 'aciem'), *A* 12, 662.
Troianas opes, *A* 10, 609. alqm tropaeis,
v. Ruhme, erheben, *A* 11, 224. *b*) halte
aus, ertrage, alqm instantem, *A* 11, 873.

sustineo, tĭnŭi, tentum, ēre (sus u.
teneo), 1) eig.: *a*) halte aufrecht, halte,
trage, pinum, *A* 7, 398. v. Atlas, umero
orbes, *A* 8, 137. v. Juppiter, lances, *A* 12,
726. v. Eise, 'tragen', orbes ferratos, *G*
3, 361. Chimaeram (als Bild od. Abzeichen), *A* 7, 786. dcht., von der Eiche,
umbram, schattende Zweige u. Äste tragen, Schatten verbreiten, *G* 2, 297. *b*) hole
empor, undam de flumine palmis,
schöpfe, *A* 8, 70. *c*) halte auf od. zurück, hemme, dextram ab alqa re,
A 11, 750. alqm morando, jmd. durch
Säumnis, d. i. dadurch dafs man ihn beschäftigt, *A* 10, 799. v. Panzer, phalari-

cam, *A* 9, 703. v. Schilde, telum, *A* 10, 884. 2) übtr.: *a*) unterhalte, erhalte, ernähre, patriam parvosque nepotes, *G* 2, 515. *b*) halte aus, schütze mich vor etw., nubem belli, *A* 10, 810.

sŭsŭrro,āre (onomatopoiet.), summe, von Bienen (βομβεῖν), *G* 4, 260.

sŭsŭrrus, i, *m.* (susurro), das Summen (der Bienen), *B* 1, 56.

sūtĭlis, e (suo), leicht zusammengenäht, sutilis auro balteus, Gurt mit goldenen Maschen, goldgewirkter, *A* 12, 273 (*Ribb.* und *Haupt* 'alvo'). cymba, leicht aus Binsen geflochten, *A* 6, 414.

sŭus, a, um (ὅς), Possessivpron. der 3. Person, 1) sein, sein eigener, ihr usw., nomen, sedes u. dgl., *A* 1, 277. 416. dextera decisa quaerit te suum, dich, ihren Herrn, *A* 10, 395. Subst. Plur., 'sui', ōrum, *m.*, die Seinigen, Ihrigen, Angehörigen, Verwandten, *A* 3, 347. 5, 577. 7, 317; die Stammesgenossen, Landsleute, *A* 11, 185; die Spröfslinge seines Geschlechtes, übb. seine Begleiter od. Gefährten, *A* 6, 681. 12, 312. Bisw. ohne Bez. auf das Hauptsubj. scheinbar st. 'eius' od. 'ipsius', suam (nutricem) cinis ater habebat, *A* 4, 633. 2) prägn., jmdm. od. einer Sache von Natur angewiesen, besonders gehörend oder zukommend, eigen, bestimmt, munus, *A* 6, 142. honos, *A* 6, 780. bes. m. Dat. 'sibi' zur Hervorhebung verb., suo sibi munere, *A* 8, 519 (*Ribb.* 'nomine'). sua omnibus … arma, die einem jeden gehörigen Waffen, die Waffen, die jeder führt, *A* 9, 273. arma sua viro, die vom Manne geführten od. getragenen Waffen, *A* 6, 233. gramen, das dem Erdboden eigene, d. i. stets grüne od. frische Gras (dah. 'semper viridis'), *G* 2, 219. sua terra, die Erde um den Mutterstamm, *G* 2, 27. ver, d. i. der eigene, für die Bienen angenehme,

G 4, 22. sopor, der den müden Gliedern eigene (d. i. erquickende) Schlummer, *A* 4, 190. quod non sua seminat arbos, *A* 6, 206. robur, die eigene Kraft, *A* 2, 639. solem suum, sua sidera norunt, besondere S., besondere G., *A* 6, 641. mit dem Nebenbegr. des Passenden od. Günstigen, suut et sua dona parenti, auch der Vater (Anchises) erhält Geschenke, die für ihn, für sein Alter passend sind, *A* 3, 469. ferunt sua flamina classem, günstige Winde, *A* 5, 832.

Sȳbăris, is, Akk. 'im', *m.*, ein Troër, *A* 12, 363.

Sȳchaeus, i, *m.* ['Sȳchaeus' nur *A* 1, 343], ein Phönikier, Gatte der Dido, von Pygmalion, dem Bruder derselben, ermordet, *A* 1, 343 u. 348. 4, 20. 502. 632. 6, 474. prägn., abolere Sychaeum, das Bild, das Andenken an S. verlöschen, *A* 1, 780. – Dav. Sȳchaeus, a, um, des Sychaeus, cinis, *A* 4, 552.

Sȳmaethĭus, a, um, zum Flufs Symäthus (Σύμαιθος, j. 'Giaretta') im östl. Sicilien gehörig, symäthisch, flumina, des Symäthus, *A* 9, 584.

Sȳrācŏsĭus, a, um (Συρακόσιος), Nebf. st. 'Syracusius', zur Stadt Syrakus in Sicilien gehörig, syrakusisch, versus, theokritische Verse oder Hirtenlieder (weil Sicilien das Vaterland des Dichters Theokrit), *B* 6, 1.

Sȳrĭus, a, um (Σύριος), syrisch, aus Syrien in Asien, pira, *G* 2, 88.

Syrtis, is, *f.* (Σύρτις), Syrte, bes. die grofse Syrte, ein Busen an der Nordküste von Afrika mit sandigen, unwirtbaren Ufern (j. 'Golf von Sidra'), inhospita, *A* 4, 41. dcht., von jeder Sandbank im Meere, vada Syrtis (*Genet. Sing.*), *A* 10, 678. Plur., Gaetulae (zur Bezeichn. unwirtlicher Einsamkeit), *A* 5, 51; vgl. *A* 1, 111. 6, 60. 7, 302. vastae, wegen der sandigen Untiefen, *A* 1, 146.

T.

tābĕo, ēre, schmelze, sale tabentes artus, die von Meerwasser triefenden, *A* 1, 173. tabentes genae, schwindende, eingefallene, *A* 12, 221.

tābes, is, *f.* (tabeo), *a*) das Hinschwinden, die Abzehrung, crudelis, verzehrender Gram der Liebe, *A* 6, 442. *b*) Peststoff bei ansteckender Krankheit, Seuche, *G* 3, 481 u. 557 ('tabe' *Ribb.* u. *Schap.*; 'tabo' *Wagn.* u. *Haupt*).

tābĭdus, a, um (tabeo), verzehrend, auszehrend, lues, *A* 3, 137.

tābŭla, ae, *f.* (St. 'tab' in 'taberna'), Brett, Plur., 'Gebälk', *A* 1, 119. 9, 537.

tābŭlārĭum, ii, *n.* (tabula), Reichsarchiv in der Halle des Tempels der Libertas (zur Aufbewahrung der Staatsrechnungen, Pachtbriefe der Zölle usw.), nec populi tabularia vidit, kümmerte sich nicht um usw., *G* 2, 502.

tăbŭlātum, i,*n.*(tabula), 1)dasStockwerk, Plur., summa, *A* 2, 464. der Türme der Belagerten, *A* 12, 672. 2) übtr., von den Ästen der Bäume, gleichs. Stock, Absatz, Stufe, *G* 2, 361.

tābum,i,*n.*(tabeo),*a*)verwesendeFlüssigkeit, Eiter, Jauche, atrum, *A* 9,472; vgl. *A* 3, 29 u. 626. mit 'sanies' verb., *A* 8,487. übh.'Verwesung','Fäulnis',triste, *A* 8, 197. Bes. *b*) Peststoff, Seuche, *G* 3, 481 u. 557 (*Ribb.* u. *Schap.* 'tabe').

Tăburnu», i, *m.*, Bergkette Kampaniens (j.'Taburno'), *A* 12,715. ber. durch Ölpflanzungen, *G* 2, 38.

tăcĕo, tăcŭi, tăcĭtum, ēre, 1) intr., schweige (wenn ich reden könnte od. sollte), *a*) eig., *A* 2, 94. *b*) übtr., v. Fluren,'schweigen','verstummen'(beim Eintritt der Nacht), *A* 4, 525. loca tacentia, 'lautlose Gebiete' (welche die Stille der Nacht deckt, von der Unterwelt), *A* 6, 265. 2) trans., verschweige etw., schweige von etw., narcissum, *G* 4, 123.

tăcĭtu», a, um (taceo), 1) v. Pers.: *a*) wer od. was verschwiegen wird, wovon man schweigt, alqm tacitum relinquo, verschweige jmd., *A* 6, 842. *b*) schweigend,still,imStillen,heimlich, unbemerkt, *B* 9, 37. *A* 11, 763; vgl. *A* 4, 306. 12, 801. näher bestimmend m. 'latens in secreta sede' verb., 'versteckt am verborgenen Orte', *A* 2, 568. taciti futura videbant, im Stillen, bei sich (Gegs. zu 'canebant'), *A* 2, 125. 2) v. Lebl., schweigend, lautlos, stumm, caelum (weil es Nacht war), *A* 3, 515. nemus, *A* 6, 386. silvae, *A* 7, 505. unda, *A* 8, 87. 10, 227. luna, *A* 2, 255. v. Erdreich, das sich durch nichts anderes als eben durch sein Gewicht verrät, *G* 2, 254. incessus, *A* 12, 219. volnus, 'geheime' (sofern die Liebe im Innern sich geheim zu halten sucht), *A* 4, 67. luminibus tacitis, mit schw. Blicken, d. i. sprachlos vor Erstaunen und Zorn, *A* 4, 364. tacitis incumbere remis, *A* 8, 108 (*Haupt* u. *Ribb.*; *Wagn.* u. *Schap.* 'tacitos' in bez. auf die Ruderer). per tacitum refluere, d. i. im stillen Laufe, still zurückfliefst (v. Flufs Ganges), *A* 9, 31; vgl. 'Amyclae'.

tactu», ūs, *m.* (tango), das Anrühren, die Berührung, *A* 7, 618. *G* 3, 502.

taeda, ae, *f.*, 1) Kienholz, *A* 4, 505. 2) meton., Kienfackel, *A* 9, 76 u. 505. *B* 7, 49. bes. 'Hochzeitsfackel', *A* 4, 18. Plur., *A* 7,322. dcht. st. Hochzeit, coniugis, *A* 4, 339. 7, 388.

taedĕt, ēre, unpers:, habe od. empfinde Ekel, bin überdrüssig, es

verdriefst mich, m. Inf. (u. Erg. des Akk. der Pers.), *A* 4, 451. 5, 617. mit Inf. des aorist. Perf. st. Präs., *A* 10, 888.

taedĭum, ĭi, *n.* (taedet), Ekel, Überdrufs, Plur., tanta meae si te ceperunt taedia laudis, wenn mein Ruhm so grofsen Verdrufs dir erregt, *G* 4, 332.

Taenărĭu», a, um (*Ταινάριος*), tänarisch, zu Tänarus od. Tänarum, einem Vorgebirge an der südlichsten Spitze von Lakonien (j. 'Kap Matapan') gehörig, mit einem Tempel des Neptun und einer darunter befindlichen Höhle, die denEingang zurUnterwelt bildete, Taenariae fauces, *G* 4, 467.

taenĭa, ae, *f.* (*ταινία*), Binde, bes. Kopfbinde der Frauen, longae taenia vittae, *A* 7, 352. Plur., als Zierde an den mit Bändern durchzogenen Kränzen, *A* 5, 269 (wo 'taeniis' zweisilb., dah. *Haupt* u. *Ribb.* 'taenis').

taetĕr, tra, trum, abscheulich, ekelhaft, odor, *A* 3,228. cruor, *A* 10,727.

Tăgu», i, *m.*, ein Rutuler, *A* 9, 418.

tālārĭs, e (talus), zu den Knöcheln gehörig, sbst., talaria, ium, *n.*, Flügelschuhe, Schwungsohlen (*πέδιλα*) des Merkur, aurea, *A* 4, 239.

tălentum, i, *n.* (*τάλαντον*), eig. das Gewogene, ein gewissesGewicht vonGold, Silber od. Elfenbein, nach welchem man den Wert dieser Gegenstände berechnete, ein Talent, argenti aurique u. dgl., *A* 5, 112. 248. 9, 265. 10, 531. 11, 333.

tālĭs, e, 1) solcher, so beschaffen, von der Art, *τοῖος* (in bez. auf Vorhergehendes wie Folgendes), v. Pers. u. Lebl., m. entsprech. relat. 'qualis', *A* 6, 208 flg.; vgl. *A* 12, 337 u. 456. *B* 5, 45. ohne 'qualis' meist in bez. auf etw. Vorhergeh., *A* 1,503. talem reginam Allecto agit, so, in solchem Zustande, *A* 7, 404. tales iactat pectore curas, solcherleiSorgen, *A* 1, 227. fuit et tibi talis Anchises genitor, denn du hattest ja einen solchen (in gleichem Alter wie mein Vater Daunus) Erz. auch, den Anch., *A* 12, 933; vgl. *A* 2, 541. 3, 183. 5, 375. 6, 899. 12, 860 u. 874. in bez. auf das Folg., tales voces, *A* 5, 409. talibus dictis, mit diesen Worten, *A* 7, 249. tali honore, *A* 1, 335. mit dem Relativ 'qui' zurSchärfung desselben, *A* 7,21. 10,298. sbst., nil tale, nie so etwas (d. i. keine Feigheit, Untreue), *A* 9, 207. talia, 'solches', *A* 1, 50 u. 208. nec talia gessi, solche Thaten, *A* 9, 203. ellipt., talia per Latium, solches geschah in Latium, *A* 8, 18. Bes. in der Rede (mit bez. auf den Inhalt derselben), talia, 'solches', 'folgendes', 'wie folgt', *A* 1, 94 u. 131. 2, 332. 5, 79 u. 460. 6, 372.

talibus (näml. 'respondet'), *Ä* 1, 370. 2)
prägn.,wie τοῖος,solcher,d. i. so grofs,
so ausgezeichnet, honos, *Ä* 1, 335.
ars, *Ä* 7, 772. viri, *Ä* 11, 285; vgl. *Ä* 1,74
u. 606. auch im schlimmen Sinne, talia
ausa, solche Gewaltthat, *Ä* 2, 535. tali
tempore, in so mifslicher Zeit, *Ä* 11, 303.
tali remigio, mit zerbrochenem Ruder,
Ä 5, 280.

Tălŏs, i, *m.*, ein Rutuler, *Ä* 12, 513.

talpa, ae, *m.*, sonst *f.*, Maulwurf,
den man wegen seiner im Pelze versteckten Augen für blind hielt, daher
'captus oculis', *G* 1, 183.

tăm, Adv.,1)so sehr,in démGrade,
so, mitAdj.u. Adv., *Ä* 1, 539 u. 568; vgl.
Ä 2, 519 u. 589. *B* 4, 53. 6, 49. verkürzt,
tam prudens quisquam auctor, ein Ratgeber, wenn er auch noch so klug sich
dünkt, *G* 2, 315. neben 'tantus', tantane
dona tam patiens etc., *Ä* 5, 390. 2) mit
flg. quam, eben so sehr...als, *Ä* 4,
188.altert.u.nachfreieremdichterischem
Sprachgebr. mit dem Kompar. verb., tam
magis...quam magis, desto mehr...je
mehr, *Ä* 7, 787 flg.(vgl. Lucr.6,460: quam
magis...tanto magis). 'quam magis...
magis' (ohne 'tam'), *G* 3, 309.

tămĕn, Konjkt. [zu Anfang od. nach
einem nachdrucksvollen Worte, s. *Ä* 1,
477. 5, 334] (verstärkt aus 'tam'), dennoch, doch, jedoch, in bez. auf Kon-
zessiv- u.Bedingungspartikeln, wie'etsi',
Ä 2, 585. quamquam, *Ä* 2,534. 4, 396. si,
Ä 5, 53 flg. Bisw. schliefst ein Partic.,
dem dann 'tamen', wie ὅμως u. εἶτα vorangestellt wird, das konzessive Verhältnis ein, ecqua tamen parens est amissae
cura parentis? sehnt sich der Knabe
auch wohl nach der Mutter? *Ä* 3, 341.
Oft ellipt. mit Ergänzung einesVorder-
satzes aus demVorherg., tu tamen etc.,
d. i. obgleich die Bienen selbst so sorgfältig im RumpfevorKälte sich zu sichern
suchen, füge du (auch) dennoch deine
Fürsorge hinzu, *G* 4, 45. non tamen...
credit, d. i. obgleich Anna das plötzliche
Erblassen der Dido bemerkt, so glaubt
sie doch nicht usw., *Ä* 4, 500. non tamen
oblitus, d. i. obgleich er hingestürzt war,
Ä 5, 334. tu tamen, d. i. wenn ich auch
deinen Gefährten, den Entsender des
Geschosses, nicht bestrafen kann, so
sollst du doch für ihn mitbüfsen, *Ä* 9,
422. vela facit tamen, d. i. obgleich das
Schiff imRudern gehemmt war, *Ä* 5,281.
hic tamen ille...locavit, d. i. obgleich
er diese Gefahren bestehen mufste, so
gründete er doch hier (in Oberitalien)
usw., *Ä* 1, 247. ille tamen, d. i. Turnus
sterbe jetzt doch, obgleich er sein Ge-

schlecht von dem unsrigen herleitet, *Ä*
10,618. Bisw. mit beschränkenderKraft,
non ut tela tamen contenderet, doch
nicht in der Absicht, dafs sie usw., *Ä* 12,
815. multis tamen ante futuri exitio, d. i.
doch so, dafs sie, bevor sie im Lager
der Rutuler ihren Tod fanden, viele Rutuler erschlagen sollten, *Ä* 9, 315. Bes.
wenn man einen beruhigenden od. trö-
stenden Gedanken hinzufügt, indem man
das Geringere, das bei einemVerluste
bleibt, anführt, qui te tamen ore referr-
et, d. i. der doch dein Ebenbild dar-
stellte, wenn ich dich selbst nicht besitzen kann (vgl. concipio), *Ä* 4,329. cum
tamen relinquis, d. i. doch so, dafs du
viele Feinde erlegt zurückläfst, *Ä* 10,
509. tamen cantabitis, d. i. zwar gebe
ich die Richtigkeit der Bemerkung des
Pan zu, dennoch wünsche ich von den
arkadischen Hirten besungen zu werden,
damit mein Schmerz dereinst, wie der
des Daphnis, ein Stoff für das Hirtenlied bleibe, *B* 10, 31.

tam-quăm, Adv., eig. 'so sehr als, so
wie als', m. Konj., gleich als wenn,
als ob, *B* 10, 60.

Tănăgĕr, gri, *m.*, kleiner Flufs in
Lukanien, der in den Silarus fällt, j.
'Negro', *G* 3, 151.

1. **Tănăĭs**, is, Akk. 'im', *m.* (Τάναϊς),
Flufs im europäischen Sarmatien zwischen Asien u. Europa, j. 'Don', *G* 4, 517.

2. **Tănăĭs**, is, Akk. 'im', *m.*, ein Rutuler, *Ä* 12, 513.

tandĕm, Adv.(tam-dem,'so weit eben'),
1) endlich, zuletzt (von dem, was man
längst erwartete od. was schon vorher
hätte eintreten sollen), *Ä* 2, 76 u. 523. 3,
131 u. 278. 6, 88 u. 472. 12, 800. tandem
adstitit (näml. nachdem er lange geflo-
gen), *Ä* 6, 17. sentiat tandem Turnum
(näml. wenn alles andere vergeblich ist),
Ä 7, 434. tandem positis pharetris, jetzt
einmal, *G* 4, 344. verstärkt, iam tandem,
endlich einmal, dann endlich, *Ä* 6, 61.
10, 890. 12, 497. 2) in der affektvollen
Frage, denn doch, denn nur, *Ä* 1, 369.
4, 349. venisti tandem? (näml. trotz aller
Schwierigkeiten desWeges, *Ä* 6,687. in
der indir. Frage, quo sub caelo tandem
iactemur, doceas, *Ä* 1, 331.

tango, tĕtĭgi, tactum, ĕre (St. ταγ in
τεταγών), 1) eig.: *a*) rühre an, berühre, dextram tyranni, *Ä* 7,266. laevā
aciem ferri, die Spitze des Pfeils, *Ä* 11,
861. cubile heri, *Ä* 3, 324. Bes. tangi de
caelo, 'vom Blitze getroffen werden', *B*
1, 17. *b*) betrete, berühre einen Ort,
erreiche, gelange wohin, komme
an, lumina divûm, *G* 4, 359. fluctus, *Ä* 3,

662. magalia plantis, Ä 4,359. arva, Ä 9, 135. v. Schiffe, litora, Ä 4, 658. G 1, 303. portus, Ä 4, 612. 2) übtr.: a) rühre, bewege, errege, alqm, mentem, animum, Ä 1, 462. 4, 596. 9, 138. 12, 933. b) empfinde, nec (licuit) tangere tales curas, ich durfte nicht solchen Gelüsten nachhängen, Ä 4, 551.

tantŭm, Adv. (tantus), 1) m. entsprech. 'quantum', a) 'soweit ... als od. dafs', in räuml. Bez., Ä 6, 199. b) v. Grade, so sehr, m. entsprech. 'quantum', 'als', Ä 7, 252. abs. (st. 'tantopere'), Ä 1, 745. tendo, Ä 6, 199. hinzeigend, nullo cultu tantum Mysia se iactat, d. i. dies ist es, nicht der Kunstfleifs beim Anbau, weshalb sich Mysien so stolz erhebt, G 1, 103. c) v. Werte, m. flg. 'quantum', soviel... 'als', B 9,11. 2) nur, blofs, mit quantitativem Begr. (eig. nur so viel und nichts weiter od. mehr), a) übh., hoc tantum (verst. dixit), Ä 9, 636; vgl. Ä 6, 74 u. 877. 12, 835. tantum ... veniebat etc., d. i. er klagte nur den Bergen u. Bäumen seine Liebespein, B 2, 3. Bes. b) beim Wunsche, nur, wie μόνον, m. Konj.(sonst'dummodo'), o tantum libeat, B 2, 28. adsis o tantum, Ä 8, 78. tantum fortuna secunda haud adversa cadat, Ä 9, 282 (Ribb. 'tantum fortuna secunda aut adversa cadat'). si litora tantum numquam etc., Ä 4, 657. 'tantum ne' mit Imper. (wie häuf. μόνον mit μή, um das Angelegentliche eines Verbotes od. einer Warnung hervorzuheben, eig., tantum rogo ne), foliis ne tantum carmina manda, nur Blättern vertraue die Sprüche nicht (neben flg. 'ne' u. Konj.), Ä 6, 74. c) zur Beschränkung der Zeit, so eben, nur eben erst, serta tantum capiti delapsa, B 6, 16.

tantus, a, um (tam), so grofs, so bedeutend, so viel usw. (τόσος), 1) adj., Ä 1,11 u.132. 2,718. 10,668. agmen, so zahlreich, Ä 5, 378. boves, so gewaltig, Ä 5,404. praemia, so herrliche, Ä 5, 353. honos, ein so prächtiges Ehrengeschenk, Ä 8,617. tros nepotum, Ä 2,503 (Ribb. 'ampla'). tanta pro spe (näml. allein das Vaterland zu retten), Ä 11,437. bei flg. 'tam' (s. d.), Ä 5, 390. Bisw. ist die nähere Beziehung aus dem Zshge. zu ergänzen, tanto tractu (näml. wie bei den Schlangen des Auslandes), G 2,154. tantä mole, Ä 8,693. tanta caedes viri, der Tod eines so tapferen Mannes, Ä 10,426. Oft liegt darin, wie in τόσος, die Begründung des Vorhergeh., st. 'nam tantus', 'nam maximus', Ä 5, 404. 7, 447. 11, 548. 12, 831. In Frages. m. 'qui', B 1, 27. in verschränkter Konstr., Ä 7,307. 2) sbst.,

a) tantum, i, n., soviel, a) übh., Ä 3, 415. nec sit mihi credere tantum, o dürft ich so Schreckliches nicht glauben, B 10, 46. tantum effatus, soviel, also, Ä 10,256. 12, 885. β) m. Gen., tantum maris, so viele Meere, Ä 5, 616. telluris, so viele Länder, Ä 6, 802. campi, G 3, 343. hoc spatium tantumque morae fuit Ilo, 'so viel Raum u. Zeit war dem Ilus gestattet', Ä 10,400. γ) häufig in anderen Verb., in tantum, so weit, so sehr, Ä 6, 877. cuius amor tantum mihi crescit in horas, so hoch, zu solcher Höhe, B 10, 73. im verringernden Sinne, tantum (curo) ... quantum, eben so wenig... als, B 7, 52. Bes. b) Gen.'tanti' (verst. pretii) est alqd, d. i. es gilt so viel od. ist so viel wert, hic tibi ne qua morae fuerint dispendia tanti, halte keinen Aufschub für zu kostbar od. wichtig, Ä 3, 453. c) Abl. 'tanto', a) von der Zeit, post tanto, so lange nachher, G 3,476. β) zur Schärfung des Komp., um so (viel), tanto magis, 'um so mehr', Ä 6, 79.

tăpēs, pētis, Akk. Plur. 'pētas', m. [heteroklit. Abl. Plur. 'tapetis' v. 'tapetum', Ä 7,277](τάπης), Teppich, Decke (zur Bekleidung der Fufsböden, Lager usw.), Ä 9, 325 u. 358. Decke od. Schabracke der Pferde, Ä 7, 277.

Tarchĕtĭus, s. Archetius.

Tarcho od. **Tarchōn**, ōnis, m., ein Führer der Etrusker, Ä 8, 506. 603 u. ö.

tardē, Adv. (tardus), langsam, säumig, G 2, 3.

tardo, āre (tardus), mache säumig, halte auf, hemme, prägn., entkräfte, vom schädlichen od. gebrechlichen Körper usw., quantum non noxia corpora tardant, sofern nicht die schädlichen Körper sie (die Keime göttlichen Ursprungs, 'semina') abstumpfen, Ä 6, 731. v. Alter, Ä 5, 395. quamquam vis alto volnere tardat (eum), obgleich ihn der in der tiefen Wunde heftige Schmerz zurückhält, Ä 10, 857 (Ribb. mit Peerlk. 'quamvis dolor alto volnere tardet').quamquam tardante sagittä interdum genua impediunt, obgleich, da die Pfeilwunde entkräftete, die Kniee versagen (Ribb. u. Kapp. 'tardata sagittä genua', die durch die Pfeilwunde entkräfteten, gelähmten Kniee), Ä 12, 746. v. Pers., tardatus casu, Ä 5, 453.

tardus, a, um, 1) langsam, säumig, a) v. Leb., asellus, G 1, 273. volnere, gelähmt durch die Wunde, Ä 2, 436. b) von sachl. u. abstr. Subj., pinus (Fahrzeug), Ä 5, 154. genua, Ä 5, 431. orbes, G 3, 424. corpora, 'träge', Ä 6, 720. v. beschädigten Schiffe, Ä 5, 280. senectus,

Ä 9, 610. Neutr. Akk. Plur. 'tarda' adverb. mit einem Particip verb., *G* 1, 163. 2) (dicht.) z ö g e r n d, l a n g e a n h a l t e n d, menses, d. i. Sommermonate (mit dem Nebenbegr. der Erschlaffung), *G* 1, 32. noctes, die langsam herankommenden Sommernächte, *Ä* 1, 746. *G* 2, 482. sapor, dauernder Nachgeschmack, *G* 2, 126.

Tārentum, i, *n.* (*Τάρας*), reiche und mächtige Stadt an der fruchtbaren Küste Unteritaliens (gegründet 707 v. Chr.), j. 'Taranto', *G* 2, 197. Herculeum (weil nach einer sonst unbekannten Sage, der Vergil hier folgt, von Herkules gegründet), *Ä* 3, 551.

Tarpēia,ae,*f.*, Gefährtin der Kamilla, *Ä* 11, 656.

Tarpēius, a, um, röm. Geschlechtsname, bes. Tarpeia sedes, der tarpejische Fels, eine Spitze des kapitolin. Hügels, von welcher die Verbrecher herabgestürzt wurden (der Sage nach von dem Sp. Tarpeius, dem Befehlshaber der Burg unter Romulus, od. dessen Tochter Tarpeia benannt), *Ä* 8, 347. arx, kapitolinische Burg, *Ä* 8, 652.

Tarquinius, ii, *m.*, Name zweier Könige Roms, L. Tarquinius Priskus, der fünfte König, aus der Stadt Tarquinii in Etrurien, auf Anstiften der Söhne des Ankus ermordet (578 v. Chr.), u. L. Tarquinius Superbus, der letzte König, wegen seiner Grausamkeit von L. Junius Brutus vertrieben (510 v. Chr.), letzterer, *Ä* 8, 646. Plur. 'Tarquinii reges', *Ä* 6, 817.

Tarquītus, i, *m.*, Sohn des Faunus u. der Nymphe Dryope, ein Rutuler, *Ä* 10, 550.

Tartăra, ōrum, *n.* (bei Vergil gew. Form, denn **Tartărus**, i, *m.*, nur *Ä* 6, 577; griech. gew. *ὁ Τάρταρος*, selten *τὰ Τάρταρα*), der Tartarus, ein finsterer, nie von der Sonne erhellter Abgrund in der Erde, zweimal so tief, als die Entfernung des Himmels von der Erde beträgt (*Ä* 6, 577 flg.), durch eiserne Thore mit eherner Schwelle verschlossen (Hom. Il. 8, 15), wohin nach homer. Vorstellung Zeus die Verbrecher u. Frevler gegen seine Obergewalt stürzte, übh. von der ganzen Unterwelt, bes. von dem Teile, wo die Verdammten nach dem Tode ihre Strafe leiden, tristia, *Ä* 4, 243. impia, *Ä* 5, 734. 6, 543. nigra, *Ä* 6, 135. *G* 1, 36; vgl. *G* 2, 292. 4, 482. *Ä* 4, 446. 8, 563. 9, 496. 11, 397. 12, 14 u. 205.

Tartărēus, a, um (Tartarus), zum Tartarus gehörig, unterirdisch, höllisch, Acheron, *Ä* 6, 295. Phlegethon,

Ä 6, 551. custos, v. Cerberus, *Ä* 6, 895. sorores, Furien, *Ä* 7, 328. Megaera (weil allein in der Unterwelt wohnend), *Ä* 12, 846. sedes, *Ä* 8, 667. vox, die furchtbare Stimme der Allekto, *Ä* 7, 514.

Tātius, ii, *m.* (Titus), König der Sabiner zu Kures, der wegen des Raubes der Sabinerinnen Krieg gegen Rom führte, nach geschlossenem Frieden nach Rom zog und Mitregent des Romulus wurde, *Ä* 8, 638.

taurēus, a, um (taurus), vom Stier, terga, 'Stierhäute', *Ä* 9, 706.

taurīnus, a, um (taurus), zu den Stieren gehörig, tergum, 'Stierhaut', *Ä* 1, 368. folles, 'Bälge von Stierleder od. Rindshaut', *G* 4, 171. voltus, Stierhaupt des Eridanus (weil die Flufsgötter zur Bezeichnung der Fruchtbarkeit mit dem Haupte oder doch mit den Hörnern eines Stieres dargestellt wurden), *G* 4, 371.

taurus, i, *m.* (*ταῦρος*), 1) Stier, Zuchtstier zum wirtschaftl. Gebrauch u. zum Opfern, *B* 1, 45. *G* 2, 146. *Ä* 1, 634. bes. des Jason, *G* 2, 140. Kampf der Stiere geschildert, *G* 3, 217 flgg. im Gleichnis, *Ä* 12, 715. dcht. übtr., von der Haut des Stieres, tribus tauris intextus, mit drei Lagen von Stierhäuten überzogen, *Ä* 10, 785. 2) ein Sternbild im Tierkreise (in welches im April die Sonne tritt), *G* 1, 218.

taxus, i, *f.* (*τάξος*), Taxus, Eibenbaum, dessen Beeren u. Laub man für betäubend u. giftig hielt (dah. 'nocens'), *B* 9, 30. *G* 2, 113. 257. 448. 4, 47.

Tāȳgetē, ēs, *f.* (*Ταϋγέτη*), ein Stern im Plejadengestirn, nach der Mythe Tochter des Atlas u. der Pleïone, *G* 4, 232.

Tāȳgetus, i, *m.* u. Plur. **Tāȳgeta,** ōrum, *n.* (*Ταϋγετον*), Grenzgebirge zwischen Lakonien u. Messenien, j. 'Pentedaktylo', *G* 2, 488. 3, 44.

tectum, i, *n.* (tego, *στέγος*), 1) Dach, oft Plur., *Ä* 2, 302 u. 695. domorum, *Ä* 8, 99. stabuli, *Ä* 7, 512. frondea, 'Laubdach', *G* 4, 62. von den Zinnen der Mauer, *Ä* 9, 558. 2) übtr.: a) Obdach, Wohnung, Behausung, Haus, *Ä* 10, 281. bes. Plur., *Ä* 7, 500. 627 u. 632. 2, 489. 679. 4, 260 u. 667. 6, 12. 7, 12. 160. 170. 10, 5. *G* 1, 347. Latini, Königsburg, *Ä* 7, 585. von der Wohnung des Turnus, die sich wahrsch. in einem Flügel der Königsburg befand, *Ä* 12, 81. v. Labyrinth, *Ä* 6, 29. von der 'Decke', *G* 2, 244. b) übh. bedeckte 'Wohnungen' od. Plätze, Grotten, Höhlen u. dgl., *Ä* 4, 164. Sibyllae, *Ä* 6, 211. v. Tempel des Apollo, *Ä* 6, 13. ferarum, 'Behausung', 'Lager des Wildes, *Ä* 6, 8. 'Bienenhaus', -stock', *G* 4, 113. *Ä* 12,

591. 'Höhle' der Ameisen, *A* 4, 403. v. Felsen, wo die Taube nistet, *A* 5, 216. 'Nest' der Schlangen, *G* 3, 438. nova, Wälder, *A* 7, 393.

Tĕgĕaeus, a, um, zu Tegĕa (*Τεγέα*), einer Stadt Arkadiens, gehörig, tegeäisch, dcht. st. arkadisch, gens, *A* 5, 299. ensis (des Euander), *A* 8, 459. sbst. v. Pan (der in Arkadien bes. verehrt wurde), *G* 1, 18.

tegmĕn, mĭnis, *n.* [volle Form 'tĕgŭmĕn' nur *A* 3, 594. 7, 666] (tego), Bedeckung oder Bekleidung, übh. Decke, Hülle, pallae, *A* 11, 576. 'Fell' od. 'Balg' der Tiere, leonis, *A* 7, 666. lupae, *A* 1, 275. lyncis, *A* 1, 323. capitum, Helm, *A* 7, 632 u. 742. galeros tegmen habent capiti, als Bedeckung für den Kopf, *A* 7, 689. aeratum, Schild, *A* 10, 887. eben so *A* 9, 577. summa tegmina, der oberste od. äufserste Rand des Schildes, *A* 10, 476. armorum tegmina, vom Schilddache(vorh. 'tectaacies', 'testudo'), *A* 9, 518. crurum, Beinkleider (*ἀναξυρίδες*, von einigen barbarischen Völkern getragen, von den Römern aber als Zeichen der Weichlichkeit verachtet), *A* 11, 777. fagi, 'Decke', welche die Buche gewährt, d. i. Laubdach, *B* 1, 1. *G* 4, 566.

tĕgo, texi, tectum, ĕre (*στέγω*), 1) decke, bedecke, decke zu, aras ramis, *A* 3, 256. ossa lecta cado, d. i. berge zur Aufbewahrung in usw., *A* 6, 228. crines (v. Schild), *A* 8, 34. dcht., incepto lumina somno, schliefse die Augen zum Schlummer, *G* 4, 414. ingenti umbrā tegit (lapsum), verschleiert sein Auge mit mächtigem Sch. (des Todes), *A* 10, 541. von einzelnen Teilen der Rüstung (mit dem Nebenbegr. des Schutzes), wie v. Helme, *A* 9, 50. v. Schilde, *A* 7, 732; vgl. *A* 7, 690. Bes. *a)* begrabe, bestatte, corpus humo, *A* 10, 904. *b)* decke, schirme, schütze, alqm, *A* 10, 424. 12, 148; vgl. *A* 10, 22. 11, 12 u. 630. alqm labentem, vor dem Untergange, *A* 2, 430. übtr., alqm pace, *A* 7, 426. v. Göttern, *A* 10, 50. 12, 539. 2) decke, berge, verstecke, *a)* eig., alqm post cratera, *A* 9, 346. nube fugacem, *A* 12, 53. dcht., supplicia (Wunden), *A* 6, 498; vgl. *A* 4, 123. 6, 138. vitium vivit tegendo, eig. das Übel wächst dadurch, dafs man es verbirgt, d. i. im Verborgenen, *G* 3, 453. Pass. 'tegor', verberge mich, *A* 2, 227. *b)* übtr., verberge, verhehle, alqd, *G* 2, 159. voltu consilium, *A* 4, 477. Part. tectus, a, um, v. Pers., 'heimlich', 'versteckt', wer vorsichtig mit etw. nicht gerade heraustritt, *A* 2, 126.

tĕgŭmen, s. 'tegmen' zu Anfang.

tēla, ae, *f.* (Wurz. *τεκ* in *έτεκον, τέχνη*), 1) das Weben, telā curas solor, *A* 9, 489. 2; meton.: *a)* Gewebe, Plur., *A* 4, 264. 7, 14. 11, 75. *G* 1, 294. *b)* das aufgespannte Garn, Aufzug des Gewebes, Werfte, Kette, Zettel, *G* 1, 285. 3, 562.

Tēlĕbŏae, ārum, *m.* (*Τηλεβόαι*), Völkerschaft, die sich aus Akarnanien vertrieben der Insel Taphos in ion. Meere bemächtigte und nachher zum Teil auf der Insel Capreae Neapel gegenüber niederliefs, *A* 7, 735.

tellūs, ūris, *f.,* 1) appell.: *a)* Erde, Erdreich, Erdboden, *A* 1, 358. 3, 63. 6, 459. 12, 900. *B* 4, 39. 'telluri' als Lokativform, auf dem Boden, *A* 12, 130 (*Ribb.* 'tellure'). dcht. als Erzeugerin der Früchte, *G* 1, 7. 2, 460. *b)* Land, Landschaft, Gegend, Mavortia, *G* 4, 462. 275. 5, 28. 6, 23. Ilia, d. i. Troja, *G* 11, 245. m. Gen. des Eigennamens, Ausoniae, *G* 3, 477. Italiae, *G* 3, 673. 2) personif., allerzeugende und allernährende Mutter der Wesen (Terra mater), nach frühester Vorstellung älteste Göttin, *G* 7, 120 u. 137. Auch Vorsteherin der Ehe u. deshalb neben der 'Juno pronuba', genannt, *A* 4, 166.

Tēlŏn, ōnis, *m.,* König der Teleboër in Taphos, Vater des Obalus, zog, da ihm sein väterliches Reich zu klein war, mit einer Kolonie seines Vaters nach Capreae u. gründete in Kampanien eine Herrschaft, *A* 7, 734.

tēlum, i, *n.* (verw. m. *τείνω,* tendo?), *a)* Wurfwaffe, Geschofs, bes. Wurfspiefs, Speer (der abgeschossen oder geworfen wird, *βέλος*), *A* 1, 99. 2, 544. 12, 916 (*Ribb.* 'ietum'). 'Pfeil', *A* 4, 149. 5, 508 u. 514. 9, 623. 12, 858. Plur. von Pfeilen u. Speeren, *A* 11, 9. telis volatile ferrum spargitur, 'durch die Geschosse'(d. i. telorum iactu) wird das gefl. Eisen zerstreut, d. i. die Geschosse verstreuen ihr gefl. Eisen nach allen Seiten hin (*Haupt* telique ferrum), *A* 8, 694. dcht. von den Bewaffneten, *A* 12, 682. *b)* übh. zur Bezeichn. aller Werkzeuge zum Angriff usw., *A* 7, 508. 8, 249. 9, 747. vom hölzernen 'Pfahle', mit welchem dem Polyphemus das Auge durchbohrt ward, *A* 3, 635. von den Kampfriemen u. Schlägen derselben (caestus), *A* 5, 438. dcht., tela dedi (Cupidine), gab die Geschosse zum Kriege durch Kupido, *A* 10, 93. Bes. übtr., v. 'Blitz' als Waffe des Juppiter (wie oft *βέλος*), *A* 9, 496. flagrans, *G* 1, 332. Typhoëa, die Blitze, womit Juppiter den Typhoeus erschlug, *A* 1, 665.

tĕmĕrĕ, Adv., *a)* aufs Geratewohl,

wie sichs gerade traf, 'sorglos', ia-cēre inter tela, *A* 9,329. *b*)ohneGrund, umsoust, haud t. est visum, *A* 9, 375.

tĕmĕro, āre (temere), entehre, ent-weihe, templa, *A* 6, 840.

temno,ēre,verachte,verschmähe, *A* 1, 542 u. 665. uon temno, 'achtehoch', *A* 6, 620. v. Pers., pars haud temnenda belli, 'kein verächtlicher Teil im Streit', *A* ·10, 737.

tēmo, ōnis, *m.*, Deichsel, *A* 12, 470. *G* 1, 171. 3, 173.

Tempē, *n. Plur. indecl.* (τὰ Τέμπη), das wildromantische Flufsbett des Pe-nēus, das den Olympus von den Gebirgen Ossa u. Pelion trennt, *G* 4, 317. appell., romantische Thalgegend, Wald-thäler, *G* 2, 469.

tempĕro, āre (tempus, Abschnitt), 1) trans., gebe einer Sache die rechte Mi-schung od. das rechte Mafs, bringe sie dadurch, dafs ihr das Zuviel genommen wird, in das rechte Verhältnis, mische gehörig, mäfsige, aëra, mildere, kühle, *G* 3, 337. aequor, besäuftige, *A* 1, 146. arva scatebris, 'tränke', 'erfrische', *G* 1, 110. übtr., iras, 'dämpfe', *A* 1, 57. 2) intr., setze einer Mafs u. Ziel, enthalte mich einer Sache,'halte mich zurück', a lacrimis, *A* 2, 8. dcht.v.Lebl., iam sibi tum curvis male temperat unda carinis, kaum noch (nicht mehr) ver-schont die Woge den Kiel, *G* 1, 360 (wo 'tum curvis carinis' st. 'tum *a* curvis ca-rinis').

tempestās, ātis,*f.* (tempus), eig. Zeit-abschnitt,Zeit nach ihrer phys.Beschaf-fenheit, dah. 1) appell.: *a*) Witterung, Wetter, clara, *A* 9, 20. autumni, *G* 1, 311. Plur. iu bez. auf die Abwechselun-gen der Witterung (nicht 'Jahreszeiten'), *G* 1, 27. *A* 1, 80 u. 255. 3, 528. Bes. *b*) Sturm, Ungewitter,Wetterwolke, *a*) eig., atra, *A* 2, 516. 5, 694. foeda, *G* 1, 329. Plur., *A* 3, 708. *β*) übtr., v. Kriegs-sturme, per Idaeos tempestas it cam-pos (in bez. auf den trojan. Krieg), *A* 7, 223. telorum, Sturm, Hagel von Ge-schossen (mit 'imber ferreus' verb.), *A* 12, 284. 2) personif., Tempestates, 'Wet-tergöttinnen', 'Stürme' (denen man ein schwarzes Lamm opferte), *A* 5, 772.

tempestīvus, a, um (tempestas), zei-tig, tempestivam silvis evertere pinum, 'zur rechten Zeit', *G* 1, 256.

templum, i, *n.* (Wurz. τεμ in τέμνω, τέμενος), eig. abgeschnittener, scharf abgegrenzter Raum, bes. in engerer Bed., ein für religiöse Zwecke geweihter Be-zirk, *a*) Tempel, Heiligtum einer Gottheit,*A* 1,479. 2, 713. *b*)übh.heiliges

Gehege, Heiligtum, geweihter Platz, Hesperidum, d. i. Hain und Gärten der Hesp., *A*4,484. eines Verstorbenen, 'Ka-pelle', *A* 4, 457. 'Königsburg', *A* 7, 174. templa deûm, v.Kapitol in Rom, *G*2,148.

temptāmentum, i, *n.* (tempto), Ver-such, *A* 8, 144.

tempto (tento), āre [Gen. Plur. Partic. 'temptantum', *G* 2, 247] (Intens. v.'tendo'), 1)betaste,berühre,dcht., amictus,ma-che deu Versuch, ob das Kleidungsstück sich tragen lasse, *G* 3,563. 2) übtr.: *a*) er-spähe gleichs. durch Betasten u. Unter-suchen, spähe nach etw., auxilium, *A* 3, 146. versuche zu erforschen, causas, *A* 3, 82. *b*)untersuche, durchforsche ganz, repostas terras, erkunde, *A* 3, 364. late-bras, durchspähe alle geheimen Winkel, *A* 2, 38. aditus, suche mich zu nahen, *A* 4, 293. sensu, koste, *G* 2, 247. Dah. 'prüfe', animum precando, *A* 4, 113. *c*) versuche, mache einen Versuch mit etw., unternehme, unterziehe mich, lasse mich auf etw. ein, mit dem Nebenbegr. des Wagnisses, proelia, manu pericula belli u. dgl., *A* 2, 334. 11, 505. manu laborem (Kampf) iuvenum, *A* 5, 499. urbem et corda aspera, *A* 10,87. Troïa castra, *A* 11, 350. prägn., cursu fugam equorum, versuche im Laufe die fliehenden Rosse einzuholen, *A* 12, 484. Thetim ratibus, beschiffe, befahre, *B* 4, 32. ähnl. 'aequora', *A* 2, 176. m. Inf., *A* 1, 721. 12, 104. m. indir. Frages., *A* 11, 761. abs., ulterius tentare veto, d. i. wei-tere Versuche zu machen (in der Ver-folgung der Troër), *A* 12,806. *d*) v. Lebl., greife feindl. an, ergreife, befalle, v.ungesunden Nahrungsmitteln u.Krank-heiten, oves, *G* 3, 441. fetas, *B* 1, 49. v. Weine, pedes, lähmen, *G* 2, 94.

tempŭs, pŏris, *n.* (τέμνω), 1) Zeit, d. i. Abschnitt der Zeit, *a*) Zeit-teil, certum, Frühling u. Herbst, *G* 4, 100. quattuor tempora, 'Jahreszeiten', *G* 1, 258. *b*) übh. Zeit, vitae breve, *A* 10, 467; vgl. *A* 1, 278. 2, 324. longo tem-pore, 'nach langer Zeit', *A* 3, 309. nec longo tempore, in kurzem, sehr bald, *G* 3, 566. quo tempore primum, gleich an-fangs als, sobald als, *G* 1, 61. *c*) prägn., rechte, geeiguete, günstige Zeit, passender Zeitpunkt (καιρός), iu-stum, *A* 10, 11. sub tempus, *G* 3, 123. m. Gerund., serendi, *G* 1, 253. fandi, *A* 4, 294. nocendi, *A* 7, 511. bes. 'tempus est' m. Inf., *A* 6, 46. 9, 12. 10, 441 u. 512. *G* 1, 213 u. 305. 2, 542. *d*) Umstände, Verhältnisse, Lage der Dinge, re-rum, *A* 7, 37. tale, 'so mifsliche Zeit', *A* 11, 303. triste, *A* 11, 470. abs., *A* 2,522.

4, 627, pro tempore, nach meinen jetzigen Verhältnissen, für jetzt (ἐκ τῶν
παρόντων), *B* 7, 35. 2) Abschnitt am
Haupte, Begrenznng des Angesichts,
Schlaf, selten Sing. u. nur mit 'utrumque', *Ä* 9, 418. Plur., die Schläfe,
utraque, gemina tempora, *Ä* 5, 416 u.
856. summa, *Ä* 12,173. aurata, *Ä* 12,536.
fulgentia, *Ä* 12, 163; vgl. *Ä* 2, 133. 3,81.
4, 637. 5, 269 u. 434. 8, 286.

tĕnax, ācis (teneo), 1) festhaltend,
packend, fassend, *a*) eig., forceps,
G 4, 175. *Ä* 8, 453. dens (des Ankers), *Ä*
6, 3. rastri, die einmal gepackten Erdschollen festhaltend, *G* 2, 421. vincla, *G*
4, 412. *b*) übtr., festhaltend (an) etw.,
bewahrend, m. Gen., ficti pravique,
Ä 4, 188. 2) was sich in seinen Teilen
zusammenhält, fest haltend, zäh, cerae, *G* 4,161. flos ad prima, 'ausnehmend
fest u. dauerhaft', *G* 2, 134.

tendo, tĕtendi, tentum (tensum), ĕre
(Wurz. τεν in τείνω, τενjω), I) trans.: 1)
spanne, *a*) spanne, ziehe straff
an, arcum, *Ä* 7,164. 11,859. *b*) spanne
od. dehne aus, breite aus, ubera, *G*
396. v. Bäume, ramos, ausstrecken, ausbreiten, *G* 2,296(*Ribb.* 'pandens'). 3, 333.
vela, schwellen (v. Winde), *Ä* 3, 268. ilia,
schwer Atem holen, keuchen (v. kranken
Vieh), *G* 3, 507. 2) strecke (aus), *a*)
reiche (hin), dextram labenti, *Ä* 11,
672. Bes. *b*) strecke aus, erhebe, die
Hand od. die Hände (beim Gebet, bei der
Anklage jmds., bei Verwunderung und
beim Gefühl von Schmerz od. Sehnsucht),
dextram, *Ä* 12, 196. 311. 579. dextras, *Ä*
11, 414. palmas, *G* 4,498. *Ä* 10,595; vom
Besiegten, der um Gnade fleht, *Ä* 12,
936. palmas utrasque, *Ä* 6, 685. manus,
Ä 6,314. manus ad caelum, palmas ad sidera (v. Verzweifelnden od. Hilfesuchen-
den), *Ä* 1, 93 u. 487. 3,176. 5,256. 10,667
u. 845. manus ad litora, *Ä* 3, 592. palmas caelo (zum Himmel), *Ä* 2, 688. palmas ponto utrasque, gegen das Meer hin
(beim Gebete zu den Meergöttern), *Ä* 5,
233. 3) richte, lenke, spicula cornu,
richte die Pfeile u. schiefse sie ab, *Ä* 9,
606. ferrum, *Ä* 5, 489. oculos telumque,
Ä 5, 508. lumina ad caelum, *Ä* 2, 405.
gressum ad moenia, *Ä* 1, 410. iter ad naves, nehme meinen Weg, *Ä* 1,656. iter re-
lis, unter Segel des Weges ziehen, *Ä* 7,7.
iter pinnis supra alqd, nehme den Flug,
Ä 6, 240. quo fugam, quo tenditis? wohin gedenkt ihr zu fliehen? *Ä* 9, 781.
4) halte entgegen, reiche hin, gebe, alqm od. alqd alci, *Ä* 2, 674. 11,672.
munera, *G* 4, 535. dcht., vincula capto,
mit 'vim duram' verb., d. i. brauche Ge-

walt u. lege Fesseln an, bändige mit Gewalt u. fessele, *G* 4, 400.
II) reflex.: 1) richte od. nehme meinen Weg wohin, *a*) übb., begebe mich,
gehe, reise, in Latium, *Ä* 1,205. in campum, *Ä* 5,286. cursu ad limina, *Ä* 2,321.
ad flumina, *Ä* 6,388. per gramina, *Ä* 6,684.
in pastus, *Ä* 11, 494. dcht. m. bl. Akk.,
haec limina, 'betrete', enteile hierher,
Ä 6, 696. quo tenditis? wohin gedenkt
ihr oder wollt ihr (gehen)? *Ä* 8, 113. 9,
781. quo tendere pergant, wohin sie (im
Fluge) sich wenden, *Ä* 6,198. *b*)im feindl.
Sinne, gehe auf jmd. los, werfe mich
auf jmd., in adversos, *Ä* 10, 412. vi in
hostem, *Ä* 12, 917. 2) strenge mich
an, *a*) eig., vasto certamine, ringe im
riesigen Kampfe, *Ä* 12, 553. abs., contra
tantum, biete so viel Kraft dagegen auf
(als näml. nötig ist um den Sturm zu
überstehen), *Ä* 5, 21. *b*) übtr., strenge
mich an, bemühe mich, strebe,
nihil tendo contra, mache keinen Versuch den Verdacht zu beseitigen, entgegne nichts, *Ä* 9, 377. quo tendis, wonach du strebst, *Ä* 9, 206. quo tenditis?
wonach strebt ihr? *Ä* 5, 670. mit Inf.
(oft bei Horaz), *Ä* 2, 220; vgl. *Ä* 5,155. 10,
354. m. Akk. u. Inf., *Ä* 1, 18. 3) sich
ausdehnen, sich erstrecken, *a*) v.
Lebl., wie v. Wege, sub moenia, *Ä* 6,541.
von der Eiche, radice in Tartara, *Ä* 4,446.
v. Tartarus, sub umbras, *Ä* 6, 578. *b*) (militär.) v. Pers., bin gelagert, lagere,
Ä 2, 29. in arvis, *Ä* 8, 605.

tĕnēbrae, ārum, *f.*, 1) eig.: *a*) Dunkelheit, Finsternis, *Ä* 6, 238. 9, 150
u. 384. Bes. *b*) Dunkelheit der Nacht,
Nacht, *Ä* 8, 591. 9, 150. 11, 824. *G* 3,
401. conditur in tenebras altum caligine caelum, *Ä* 11, 187. v. dunkeln od.
schwärzlichen Wogen (von Dichtern bei
heftigen Stürmen dem Meere beigelegt),
Ä 3, 195. *c*) Dunkel der Unterwelt,
konkr., finsterer Ort, Unterwelt, infernae, *Ä* 7, 325. Stygiae, *G* 3, 551. 2)
übtr.: *a*) Nacht, in bez. auf dasirdische
Leben, zunächst v. Körper als Gefängnis
der Seele, näher bestimmt durch 'carcere caeco', *Ä* 6, 734. *b*) Abgeschiedenheit und dadurch erzeugter 'Trübsinn',
'Schwermut', m. 'luctus' verb., *Ä* 2, 92.

tĕnĕbrŏsus, a, um, dunkel, finster, aër, *Ä* 5, 839. palus, v. Avernersee, *Ä* 6, 107.

Tĕnĕdos, i, *f.* (Τένεδος), Insel im
ägäischen Meere vor der Küste von Troas,
mit einem Heiligtume des Apollo Smin-
theus, j. 'Tenedo', *Ä* 2, 21. 203 u. 255.

tĕnĕo, tĕnŭi, tentum, ēre, 1) eig.: *a*)
halte (in od. mit der Hand usw.), halte

fest, fasse an, erfasse, ergreife, alqm manu, complexu u. dgl., *A* 2, 530. 8, 582. turrim dextrā, *A* 10, 225. taurum laevā cornu, *A* 5, 382. umeros dextrasque, eig. halte jmds. Schultern u. Hände gefaßt, d. i. umarme jmd. und ergreife dann dessen Hand (um die Anrede fortzusetzen), *A* 9,250. tela, *A* 5, 514. arma, schwinge über jmd., *A* 8, 299. aras, *A* 4, 219. 6, 124. cervum, halte fest, packe (v. Hunde), *A* 12, 754. sceptra tenens (σκηπτοῦχος), *A* 1,57. *b*) mit dem Nebenbegr. des Besitzes, *α*) habe inne, nehme ein, besitze, habe im Besitz, saxa, *A* 1,139. locos novos, bewohnen, *A* 1,308. lucis loca, *A* 6,761. Capreas regnum, K. als Reich, *A* 7, 735. Rufras, 'bewohne', *A* 7, 739. prima, nehme den ersten Platz ein (primum locum), vom Schiffe 'vorausfahren', *A* 10,158; v. Sieger im Wettkampfe, 'eile voraus, gewinne den Vorsprung, gelange zuerst ans Ziel', *A* 5,338; vgl. *A* 5, 159 u. 259. 8, 75 u. 314. *G* 4,322. vallem amnemque, v. Rindern, im Thale und am Ufer des Flusses hinschweifen, *A* 8, 204. v. Lebl. u. Leb. zugleich, tenent oleae armentaque laeta (näml.: haec loca), Ölbäume und fette Rinder beherrschen gleichs. das Land, d. i. gedeihen in Fülle daselbst, *G* 2, 144. quocumque fonte lacus te tenet, d. i. wo du auch entspringst und wohin du deinen Ausfluß nimmst, *A* 8, 75. omnia limo, mit Schlamm bedecken od. bekleiden (v. Flusse), *G* 1,116. campos et flumina late curva (v. den Bäumen), *G* 2, 12. *β*) habe inne, halte etw. besetzt, portas, *A* 2, 613. loca jussa, *A* 10, 238. alta, *A* 9, 169. obsessa tenebant limina portarum, *A* 2, 802. tenent Danai, quā deficit ignis, die vom Feuer noch unberührten Plätze sind in der Gewalt der D., *A* 2, 505. *c*) behaupte, beherrsche, terras dicione, *A* 1, 236 u. 622. gentem imperio et armis, *A* 8, 482; vgl. *A* 3, 587. 5, 721. 12, 834. *d*) halte etw. fest, behalte, naves, *A* 1, 169. alqm, *A* 7, 589. impetus hastam tenet (in) lenta radice, *A* 12,773. ferrum, *A* 12, 778. dcht., vestigia, erhalte mich auf den Füßen, *A* 5, 322. Capitolia celsa, behaupte, *A* 8,653. Pass., muro fossisque tenetur tela inter media, wird eingeschlossen von, *A* 10, 236. obsessus teneor, *A* 10, 120. *e*) halte oder richte etw. wohin, solo fixos oculos, 'auf den Boden geheftet', *A* 1, 482. ora defixa, *A* 7, 250. intenti ora tenebant, *A* 2, 1. oculos sub astra, richte den Blick zu den Sternen, *A* 5, 853. *f*) richte od. lenke die Fahrt, den Lauf u. dgl. wohin, bes. v. Seefahrern in bez. auf eine

bestimmt angenommene Richtung, auf das vorgesetzte Ziel, schlage einen Weg ein, steure wohin, quo iter tenetis? wohin geht euere Fahrt? wohin steuert ihr? *A* 1,370. medium iter classe, *A* 5, 1. cursum vento, *A* 4, 46. cursus (Plur.), behalte mein Ziel unverrückt im Auge, *A* 3,686. propiora, fahre näher an dem Felsen hin, *A* 5, 168. laeva tenet Thetis, links erscheint Th., *A* 5,825. iter mediae urbis, nehme den Weg durch die Mitte der Stadt, *A* 2, 359. fugam per medios hostes, entkomme glücklich durch die Mitte der Feinde, *A* 3, 283. *g*) mit dem Nebenbegr. des vereinigten Zieles, erreiche einen Ort, gelange wohin, portum, *A* 1, 400. arva, *A* 2, 209; vgl. *A* 5, 159. 171 u. 338. 6, 358. 9, 557. 11, 903. *h*) mit dem Nebenbegr. der gehemmten Bewegung, halte zurück, halte ein, halte auf, alqm, *A* 1, 670. 4, 380. pecus omne, näml. vom Weinstock, *G* 2, 371. quo me decet usque teneri? wozu läßt man mich noch länger warten? *A* 5, 384. v. sachl. Subj., quam miseram tenuit non Ilia tellus mecum excedentem (mit mir auszuwandern), *A* 9, 285. pondere pinus tarda tenet, *A* 5, 154.

2) übtr.: *a*) halte fest, behalte, behaupte, sceptra, bekleide die königliche Macht od. Würde, *A* 1, 57. locum secundum virtute, habe den zweiten Preis durch Mut gewonnen, *A* 5, 258. decus et honorem, behaupte den Sieg, *A* 5, 230. aeternum nomen per saecula, *A* 6, 235. morem, *A* 3, 408. sponte suā veterisque dei (d. i. Saturni) se more tenens, sich behauptend (sich beherrschend), *A* 7, 204. *b*) halte fest, fessele, ergreife, rühre, vacuas carmine mentes (v. Stoffe des Gedichtes), *G* 3, 3. alqm amore, *A* 1, 675. von der Liebe, *B* 8, 89. v. Selbstvertrauen, *A* 1, 132. v. geliebten Gegenstande, *B* 1, 32. *A* 4, 308. *c*) halte im Geiste fest, behalte, verba, *B* 9,45. condita (signa) mente, halte fest, bewahre im Geiste od. im Herzen, *A* 3,388. *d*) mache verbindlich, verpflichte, bes. Pass., teneri legibus, *A* 2,159. teneri fati lege, gebunden werden, *A* 12, 819.

tĕnĕr, ĕra, ĕrum (Wurz. τεν in τείνω, 'tendo'; vgl. 'tenuis'), 1) zart, weich, von Pflanzen, *G* 1,20. *B* 7,6. frons (Sprosse), frondes, *G* 2, 372. *A* 3, 449. arundo, *B* 7, 12. aristae, *A* 7, 809. palmae (Hände), *A* 2, 406. plantae (Fußsohlen), *B* 10, 49. Bes. *b*) jugendlich zart, jung, agnus u. dgl., *B* 1, 8 u. 22. tenerae res, junge Saat, zarte Gewächse, *G* 2, 343. dcht. sbst., in teneris, in zarter Jugend (von

Pflanzen),*G* 2, 272. 2) z a r t , f e i n , d ü n n,
aër, *Ä* 9, 699. umor, *G* 2, 331. tener
mundi orbis, der aus der feinsten Luft
bestehende Himmel,der ätherische Kreis,
B 6, 34.

tĕnŏr, ōris, *m.* (teneo), 1) der u n u n-
t e r b r o c h e n e Lauf, servat tenorem,
fliegt fort in gerader Richtung, *Ä* 10, 340.
2) übtr., u n u n t e r b r o c h e n e F o l g e,
alius, ein anderer Verlauf, eine andere
Dauer, *G* 2, 337.

tento, s. tempto.

tentōrĭum, ĭi, *n.* (tendo), Z e l t, Plur.,
Ä 1, 469.

tĕnŭĭs, e ['tenuis' zweisilb. gleichs.
'tenvis',*G* 2,180. 'tenuia' zweisilb.gleichs.
'tenvĭa', *G* 1, 397. 2, 121. 4, 38] (Wurz.
τεν in *τείνω*, tendo), 1) eig.: *a*) d ü n n,
f e i n, z a r t, avena, *B* 1, 2. vicia, *G* 1, 75.
carbasus, *Ä* 8, 33. tunica, *G* 2, 75. vellera,
G 2, 121. aura, *Ä* 2, 791. 4, 278. 9, 658.
vellera aurae (v. dünnen Wölkchen), *G*
1, 397. tenues aurae, *Ä* 7, 740. ventus,
leiser od. feiner Zugwind, *Ä* 3, 448. venti,
'wehende Lüfte', *Ä* 5, 526. bildl., aura
famae, *Ä* 7, 646. discrimen leti, *Ä* 10, 511.
b) von Flüssigkeiten, f e i n, r i e s e l n d,
pluviae, *G* 1, 92. aqua, rein, lauter (Quellwasser), *Ä* 3, 335. lageos, feiner Wein
(der schnell Adern und Gehirn durchdringt), *G* 2, 93. *c*) s c h m a l, e n g, semita, *Ä* 11, 524. sulcus, flach, *G* 1, 68.
tenuis fugiens per gramina rivus, Bäch-
lein, das durch das Gras rinnend da-
hineilt, *G* 4, 19. 2) übtr.: *a*) m a g e r,
argilla (Thon- oder Lehmboden), *G* 2,
180. *b*) fein, z a r t, tenues vitae, das
zarte Leben (das seinen Ursprung dem
Weltgeiste verdankt, im Gegs. zu den
gröberen irdischen Stoffen, mit denen es
auf Erden in Verbindung tritt), *G* 4, 224.
tenues sine corpore vitae, wesenlose
Scheinleben, *Ä* 6, 292. tenuis vita, das
flüchtige Leben, der Lebensatem, *Ä* 7,
534. *c*) g e r i n g , n i e d r i g , d ü r f t i g, cura, *G* 1, 177. gloria, *G* 4, 6. Minerva, 'die
dürftige Kunst der Minerva' (von der
Wollarbeit, die nur geringen Gewinn ver-
schafft), *Ä* 8, 409. in tenui labor, beschränkt ist der Stoff, *G* 4, 6.

tĕnŭo, āre (tenuis), m a c h e d ü n n,
macie armenta, 'magere ab', *G* 3, 129.

tĕnŭs, Präp. (tendo), zur Angabe des
Punktes, bis zu welchem sich etw. erstreckt, stets dem Subst. nachgestellt od.
zwischen diesem u. einem Adj., b i s a n,
b i s n a c h, n a c h . . . h i n, *a*) mit Abl.,
capulo t., *Ä* 2, 553. pube t., *Ä* 3, 427.
summo t. ore, nur mit der Lippe, mit
dem Saume der Lippen, *Ä* 1, 737. bisw.
von seinem Nomen durch ein Wort ge-

trennt, hāc . . . tenus, *Ä* 5, 603. 6, 62. *b*)
mit Gen., crurum, laterum t., *G* 3, 53.
Ä 10, 210.

tĕpĕfăcĭo, fēci, factum, ēre (tepeo u.
facio), m a c h e lau od. w a r m, bes. Part.
Pass. 'tepefactus', 'erwärmt', 'warm',
umor, *G* 4, 308. hasta, *Ä* 9, 419. atro tepefacta cruore terra, *Ä* 9, 333. flumina
ad limum tepefacta, *G* 4, 428.

tĕpĕo, ēre, b i n l au od. w a r m, caede,
Ä 8, 196. tepens truncus, der lauliche
Rumpf, *Ä* 10, 555. v. Winde, *G* 2, 330.

tĕpĕsco, tĕpŭi, ĕre (Inch. v. tepeo),
w e r d e lau od. w a r m, *Ä* 9, 701.

tĕpĭdus, a, um (tepeo), l a u, w a r m,
lac, *Ä* 3, 66. umor, *G* 1, 117. cruor, *Ä*
8, 106. sol, *G* 1, 398. agger, *Ä* 11, 212.
artus, 'noch warm' (weil eben erst vom
Körper losgerissen), *Ä* 3, 627(*Schap.* 'tre-
pidi'). locus tepidā caede recens, die
noch vom frischen Morde rauchende
Stätte, *Ä* 9, 455.

tĕr, Adv. (*τρίς*), d r e i m a l, *a*) übh.,
'ter deni' dcht. st. 'triceni', *Ä* 8, 47. 10,
213. ter centum st. 'trecenti', *Ä* 1, 272.
übh. zur Bezeichn. einer grofsen Menge,
'sehr viele', *Ä* 4, 510. 7, 275. 8, 716. Bes.
als heilige u. bedeutungsvolle Zahl bei
mystischen Gebräuchen, Sühnungen,
Weihungen u. frommen Formeln, *Ä* 2,
174. 6, 229 u. 506. 7, 141. 11, 189. *B* 8,
75. *G* 4, 385 u. 493. *b*) (dcht.) st. 'öfter',
'wiederholt', *Ä* 1, 116. 4, 690. 8, 230 u.
715. o terque quaterque beati, überaus
beglückte (vgl. Hom. Od. 5, 306),*Ä* 1,94.

tĕrĕbĭnthus, i, *f.* (*τερέβινθος*), T e-
r e b i n t h e, mit schwarzem Holze, *Ä* 10,
136.

tĕrĕbro, āre (terebra), b o h r e , d u r c h-
b o h r e, lumen telo, *Ä* 3, 635. latebras
uteri, 'bohre an', *Ä* 2, 38.

tĕrĕs, ĕtis [Abl. Sing. 'tereti', *Ä* 7,
665. 8, 633.] (Wurz. *τερ* in *τείρω*, eig.
'rundgedreht'), g e r u n d e t, g l a t t, länglich r u n d, rundlich, trunci, *Ä* 6, 207;
vgl. *Ä* 7, 730. 11, 579. mucro, *Ä* 7, 665.
cervix, schlank, *Ä* 8, 633. gemma, *Ä* 5,
313. aclys, von rundlicher Form, *Ä* 7,
730. oliva, *B* 8, 16.

Tĕrĕus, ĕi, Akk. 'ĕa', *m.* [Gen. durch
Synäresis zweisilb. 'Tereī', *B* 6, 78] (*Τη-
ρεύς*), 1) König in Thrakien, Gemahl
der Prokne, *B* 6, 78. 2) ein Troër, *Ä* 11,
675.

ter-gĕmĭnus, a, um, d r e i f a l t i g,
d r e i g e s t a l t i g, Geryones, *Ä* 8, 202.
Hecate, 'dreihäuptig', *τρίμορφος*, näml.
nach ihren verschiedenen Kräften als
Hekate od. Proserpina unter der Erde,
als Luna über der Erde am Himmel,
als Diana auf der Erde (wie sie auf den

Scheidewegen abgebildet stand), *Ä* 4, 511.

tergĕo, tersi, tersum, ēre (St. 'ter' in 'tero'), **mache blank, glätte, putze,** spicula, *Ä* 7, 626.

tergum, i, *n.,* Rücken, 1) eig., leb. Wesen, Sing., *Ä* 9, 412. oft Plur., *Ä* 6, 421. 10, 667. terga do, kehre jmdm. den Rücken,*Ä* 10,646. terga verto,do,fliehe, *Ä* 6, 491. 9, 686. 12, 738. *G* 4, 85. Dah. *a)*'Rückseite', 'Rücken', in tergum,rückwärts, *Ä* 11, 653. a tergo, im Rücken, hinten, hinter mir, *G* 1, 174 u. 367. *Ä* 2, 455. instans tergo (im Rücken seines Schiffes nachsteuernd), *Ä* 5, 168. sequor a tergo, hinterher, hintennach, *Ä* 1, 186. *b)* (dcht.) st. Leib od. Körper von Tieren (doch stets mit bes. Hervorhebung des Rückens), squamea, von Schlangen, *Ä* 2, 219. *G* 3, 426. squalentia, *G* 4, 13. suum (von Schweinen),*Ä* 1,635. inmania (des Cerberus), *Ä* 6, 422. 2) übtr.: *a)* Rücken eines gestreckten Gegenstandes, bes. die beim Pflügen entstehenden Erhöhungen zwischen den Furchen, *G* 1, 97. crassa, *G* 2, 236. eines Flusses, *G* 3,361. *b)*Rückenbedeckung,Haut,Fell, Leder, *a)* eig., bes. Plur., taurinum, 'Stierfell', *Ä* 1,368. boum, 'Ochsenhaut', *Ä* 5, 405. bidentum, *Ä* 7, 94. leonis, *Ä* 5, 351. pantherae, *Ä* 8, 460. *β)* (dcht.) meton., das aus Leder Bereitete, v.'Cästus', durum, *Ä* 5, 403. Plur., Erycis, *Ä* 5, 419. aeris, Lagen od. Schichten von Eisen, am Schilde, *Ä* 10, 482. linea, *Ä* 10, 784. dcht. v. Schilde selbst, *Ä* 10, 718.

tergŭs, ŏris, *n.* (mehr dcht. Nebenf. v. tergum) Rücken, *Ä* 9, 764 (*Ribb.* tergum). Plur., tergora, Haut, *Ä* 1, 211.

termĭno, āre (terminus), begrenze, grenze ab, übtr., famam astris, von dem, dessen Ruhm bis zu den Sternen reicht, *Ä* 1, 287.

termĭnuš, i, *n.* (Wurz. τερ in τέρμα), Grenze, Ziel, Ende, aevi, *G* 4, 206. si hic ... terminus haeret, wenn diese Grenze feststeht, d.i.wenn es dem Äneas vom Schicksal beschieden ist, nach Italien, dem Ziele seiner Irrfahrten, zu gelangen, *Ä* 4, 614.

ternus,a,um(ter), Distributivzahl, je (jedem) drei, ordo, 'dreifache', *Ä* 5, 120. gew. Plur. **terni,** ae, a, *Ä* 5, 247. übb. 'drei', *Ä* 1, 266. bes. 'drei auf éinmal', *Ä* 5,560 u. 580. 8, 565. *B* 8, 73 u. 77.

tĕro, trīvi, trītum, ēre (Wurz. τερ in τείρω, τρίβω), reibe, 1) eig.: *a)* reibe, zerreibe, bacam trapetis, presse in den Keltern, *G* 2, 519. trita melisphylla, *G* 4, 63. dcht., labellum calamo, d. i. blase die Hirtenpfeife, *B* 2, 34. teritur quā su-

tilis auro balteus, da wo der goldgewirkte Gürtel sich reibt (*Ribb.* u. *Haupt* 'alvo' st. auro, d. i. am Unterleibe), *Ä* 12, 273. manum labore, härte ab, *G* 4, 114. calcem calce, folge jmdm. auf den Fersen, *Ä* 5, 324. Bes. *b)* reibe das Getreide (aus den Ähren), trete aus, dresche, culmos, fruges,*G* 1, 192 u. 298. *c)*reibe, glätte, bereite glättend mittelst desDreheisens('tornus'),radios(Speichen für Räder), *G* 2, 444. *d)* betrete (wie τρίβω), angustum iter (v. Ameisen), *G* 1, 380. 2) übtr., bringe hin, bringe zu, aevum ferro, die Zeit unter den Waffen, *Ä* 9, 609.

terra,ae,*f.,* Erde, 1) appell.: *a)* eig.: *α)* Erde als Weltkörper, Erdboden, Land (im Gegs. des Himmels, Meeres, der Unterwelt usw.), *Ä* 1, 133. 4, 184. 6, 365 u. 724. 9, 334. 12, 893. *G* 1, 330. 2, 290 u. 318. terram spuo, Sand u. Staub, *G* 4, 97. terrae marisque casus, zu Wasser u. zu Lande, *Ä* 1, 598. Plur., *Ä* 12, 860. caelum ac terras camposque, *Ä* 6, 724 (*Ribb.* 'terram). terras longo ordine capere, das Land erreichen(v.den Schwänen), *Ä* 1,395. in bez. auf die Landung, *Ä* 1, 298. bildl., terris festino advertere proram, eile das Schiff zum Lande zu wenden, d. i. eile zum Schlusse des Werkes, *G* 4, 117. dcht. v. 'Meeresgrund', *Ä* 1, 107. Plur. in bez. auf die verschiedenen für den Landbau wichtigen Bodenarten, *G* 2, 45. alta, neben 'caligo', d. i. Unterwelt, *Ä* 6, 267. Bes. 'terrae'als Lokativform, proiectus terrae, zur Erde, auf die Erde, *Ä* 11, 87; vgl. *Ä* 6, 652. 11, 22. Abl. des Ortes 'terris', auf Erden, *Ä* 3, 148. per terras, auf Erden, auf der ganzen Erde, *Ä* 4, 523. terris vel undis, 'über Land u. Meer', 'durch Länder u. Meere', *Ä* 12, 803. von den 'Fluren', 'das Land', *G* 2, 324. Gegs. 'amnes', *Ä* 1, 479. sub terras, in die Unterwelt, *Ä* 4, 654. dcht. st. der Menschen auf der Erde, *Ä* 6, 869. *b)* ein einzelner abgegrenzter Teil der Erde, Land, antiqua, *Ä* 1,531. Ausonia, *Ä* 4, 349. Italia, *Ä* 7, 644. Circaea, *Ä* 7, 10. Plur., terrae Ausoniae, *Ä* 3, 170. orbis terrarum, 'Erdkreis', *Ä* 1, 233. 2) Erde als Göttin, *Γῆ* (vgl. Tellus), Mutter der Fama (dah. 'parens', *Ä* 4, 178) u. der Titanen, Tochter des Chaos u. Schwester der Nacht, *G* 1, 278. *Ä* 6, 250. 580 u. 595. 12, 176. 197 u. 778.

terrēnus, a, um (terra), 1) aus Erde bestehend od. aufgeworfen, agger, Erdhügel (als Grab), *Ä* 11, 850. 2) übtr., irdisch, sterblich, artus, *Ä* 6, 732.

terrĕo, terrŭi, terrĭtum, ēre (τρέω), *a)* schrecke, setze in Schrecken, ängstige, alqm od. alqd, *Ä* 1, 230. 5, 453. 12, 752. m. 'trementem' verb. (wie σπεύδοντα ὀτρύνω u. ähnl.), *Ä* 12, 761 u. 875. v. abstr. Subj., non me tua fervida terrent dicta, *Ä* 12, 894. Pass. medial, 'lasse mich abschrecken' od. 'zurückhalten' (ἀποτρέπομαι), neu terrere (Imperat.) minis belli, *Ä* 8, 40. *b)* scheuche auf, *Ä* 9, 793. 'verscheuche', aves sonitu, *G* 1, 156.

terrĕus, a, um (terra), aus Erde, progenies, 'Erdengeschlecht' (weil nach alter Vorstellung die Menschen aus der Erde sich entwickelten), *G* 2, 341.

terrĭbĭlis, e (terreo), schrecklich, entsetzlich, *Ä* 4, 465. 6, 299. 7, 667. visu, *Ä* 6, 277. v. Pers., irā, *Ä* 12, 947.

terrĭfĭco, äre (terreo u. facio), schrecke, erschrecke, animos, *Ä* 4, 210.

terrĭfĭcus, a, um (terreo u. facio), Schrecken erregend od. verkündend, vates, *Ä* 5, 524. mugitus, fürchterlich, *Ä* 12, 104. fulgores, *Ä* 8, 431.

terrĭto, äre (Intens. v. terreo), schrecke auf, erschrecke, urbes, *Ä* 4, 187. alqm bello, *Ä* 12, 262 u. 852. hyperbolisch, caelum armis, *Ä* 11, 351.

terrŏr, ōris, *m.* (terreo), Schrecken, *Ä* 7, 578. 8, 705. 11, 357. Plur., *Ä* 7, 58 u. 552. 12, 617. bes. v. Schrecken des Krieges, Argolicus, *Ä* 9, 202.

tertĭus, a, um, Ordinalzahl, der dritte, *Ä* 1, 265. 3, 117. 5, 339 u. ö.

tessĕra, ae, *f.* (ion. τέσσερα st. τέσσαρα), ein viereckiges Täfelchen, auf welchem die von Centurie zu Centurie gehende Parole stand (die später auch blofs mündlich mitgeteilt wurde), an der sich im Kriege Wachen und Posten erkannten, Losung, Feldgeschrei, *Ä* 7, 637.

texta, ae, *f.* (torreo, tostus), gebrannter Thon, 1) irdenes Geschirr, bes. Lampe, *G* 1, 391. 2) Scherbe, kollektiv, saxum atque ingentis pondus testae, *G* 2, 351.

testis, is, *m.* u. *f.*, Zeuge, *Ä* 5, 789. 9, 288. 12, 176. *B* 5, 21 u. 8, 19.

testor, äri (testis), 1) bezeuge, beweise, amorem, *Ä* 3, 487. m. Akk. u. Inf., *Ä* 11, 221. m. ausgel. Subjektsakk. 'me', *Ä* 2, 432. 2) rufe jmd. od. etw. als Zeuge an, beschwöre oder versichere bei jmd. od. etw., alqm, *Ä* 2, 155. ignes et numina, *Ä* 12, 201. locum, zeige jmdm. den Ort u. rufe ihn gleichs. zum Zeugen an (um den Verdacht des verletzten Gastrechts von mir abzuwenden), *Ä* 8, 346. utrumque caput, *Ä* 4, 357. deos, m. folg. Akk. u. Inf., *Ä* 12, 581. invitam (näml. 'me') accingier, *Ä* 4, 493. multa

deos aurasque inanes, *Ä* 7, 593. multa Iovem et aras, *Ä* 12, 496. abs., per sidera, per superos, *Ä* 3, 599.

testūdo, dĭnis, *f.* (testa), Schildkröte, meton., 1) Schale derselben, Schildpatt, *G* 2, 463. 2) von der Ähnlichkeit: *a)* Laute, Zither (wie χέλυς, χελώνη, wegen des gewölbten Schallbodens), cava, *G* 4, 464. *b)* gewölbte Halle, templi, *Ä* 1, 505. *c)* in der Kriegskunst, ein bewegliches Schutzdach, das die Krieger bei Belagerungen durch die über den Köpfen fest zusammengehaltenen Schilde bildeten, um sich gegen die herabgeschleuderten Geschosse u. Steine zu schützen, *Ä* 2, 441. 9, 505 u. 514.

tēter, s. taeter.

Tēthȳs, ȳos, *f.* (Τηθύς), Gattin des Oceanus, Tochter des Uranus und der Gäa, Mutter der Meernymphen u. Stromgötter, die den vergötterten Oktavian durch reichliche Mitgift zum Schwiegersohn zu gewinnen sucht, *G* 1, 31.

Tētrĭca, ae, *f.*, Berg im Sabinergebiete, östl. v. Nursia, *Ä* 7, 713.

Teucĕr od. **Teucrus**, i, *m.* (Τεῦκρος), 1) Sohn des Skamander u. der Nymphe Idäa, ältester König von Troja, *Ä* 1, 235. 3, 108. 4, 230. 6, 500 u. 648. 2) Sohn des Königs Telamon von Salamis u. der Hesione, Bruder des Ajax, der ausgezeichnetste Bogenschütze der Griechen vor Troja, wurde, da er ohne seinen Bruder zurückkam, von seinem Vater nicht aufgenommen u. zog nach der Insel Cyprus, wo er die Stadt Salamis baute, *Ä* 1, 619.

Teucrĭa, ae, *f.*, Land des Teucer, d. i. Troja, *Ä* 2, 26.

1. Teucrus, s. Teucer.

2. Teucrus, a, um (Τεῦκρός), 1) Adj., zum troj. König Teucer gehörig, dcht. troïsch, duces, ductores, *Ä* 8, 161. 9, 779. viri, *Ä* 12, 112. penates, *Ä* 2, 747. exsules, *Ä* 7, 359. 2) Sbst., Teucri, ōrum, *m.* (Gen. dcht. häufig 'Teucrûm' st. 'Teucrorum'), Teukrer, d. i. Troër, *Ä* 1, 38. 48. 89. 247 flg. 511. 555. 2, 247. 252 u. ö. als allgem. Bezeichnung st. des bestimmteren 'Aeneas', *Ä* 12, 60.

Teuthrās, antis, *m.* (Τεύθρας), ein Troër, *Ä* 10, 402 (wo Vok. 'Teuthra').

Teutŏnĭcus, a, um (Teutones), zu den Teutonen (dem Kollektivnamen der germanischen Stämme) gehörig, teutonisch, ritus, *Ä* 7, 741.

texo, texŭi, textum, ere (Wurz. τεκ in τίκτω, ἔτεκον), 1) eig.: *a)* webe, flechte, alqd alqā re ('aus' etw.), *B* 10, 71. *G* 1, 266. 2, 371. *Ä* 11, 65. *b)* übh. 'bereite', horrea floribus, bilden (v. Bienen), *G* 4, 250. umbracula (von den Weinreben), *B* 9, 42. *c*) f ü g e gleichs. flechtend zusammen, robora texta, Eichengebälk (des trojan. Pferdes), *Ä* 2, 186. parietibus textum caecis iter (von den verschlungenen Gängen des Labyrinthes), *Ä* 5, 589. naves robore, 'baue', *Ä* 11, 326. 2) übtr., verpflechte, schlinge in einander (*ὑφαίνω*), fugas et proelia, *Ä* 5, 593.

textĭlis, e (texo), gewebt, gewirkt, dona, *Ä* 3, 485.

textum, i, *n.* (texo), Gewebe, Geflechte, clipei, künstliches 'Gefüge', *Ä* 8, 625.

thălămus, i, *m.* (*θάλαμος*), a) Schlafgemach, α) eig., bes. 'Ehegemach', 'bräutliche Kammer', ' Brautbett', *Ä* 6, 521 u. 623. auch Plur., *Ä* 7, 253. 10, 389. cruenti (der Danaïden), *Ä* 10, 489. externi, eines Fremden (des Aneas), *Ä* 6, 94. β) (dcht.) 'Vermählung', 'Ehe', *Ä* 4, 18 u. 550. 7, 388. Plur., *Ä* 5, 97. v. Lavinia (als Braut), *Ä* 7, 388. 10, 649. auch v. Verhältnis der Dido zu Äueas, *Ä* 4, 550. *b*) übh. Gemach, Wohnung, Behausung, *Ä* 4, 133. 6, 397. Eumenidum, *Ä* 6, 280. von den 'Zellen' der Bienen, *G* 4, 189.

Thaeuon oder (*Wagn.*) **Thēmōn**, ōnis, *m.*, ein Lykier, *Ä* 10, 126.

Thălīa oder (*Ribb.*) **Thălēa**, ae, *f.* (*Θάλεια*), 1) eine der Musen, bes. die der heitern und ländlichen Dichtung, prima Syracosio dignata est ludere versu Thalia, d. i. nach meiner Neigung wendete ich mich zuerst, ehe ich mich an den Heldengesang wagte, dem Hirtenliede zu, *B* 6, 2. 2) eine Meernymphe, *Ä* 5, 826. *G* 4, 338.

Thămȳris, is, Akk. 'im', *m.* (*Θάμυρις*) od. (*Ribb.* u. *Schap.*) **Thămȳrus**, i, *m.* (*Θάμυρος*), ein Rutuler, *Ä* 12, 341.

Thapsus, i, *f.* (*Θάψος*), Landzunge und Stadt an der Ostküste Siciliens, *Ä* 3, 689.

Thăsĭus, a, um (*Θάσιος*), zu Thasus (j. 'Tasso') gehörig, einer fruchtbaren Insel im ägäischen Meere, her. durch Weinbau, thasisch, vites, *G* 2, 91.

Thaumantĭăs, ădis, *f.*, Tochter des Thaumas, eines Sohnes des Okeanos u. der Gäa, d. i. Iris, *Ä* 9, 5.

Theănō, ūs, *f.* (*Θεανώ*), Tochter des Kisseus, Mutter des Mimas, Gattin des Amȳkus, *Ä* 10, 703.

theātrum, i, *n.* (*θέατρον*), *a*) 'Schaubühne', Theater, *Ä* 1, 427. *b*) übh. Schauplatz für Kampfspiele, *Ä* 5, 664. media in valle theatri circus erat, im Thale, das einem Theater glich, als Th. diente, *Ä* 5, 288.

Thēbae, ārum, *f.* (*Θῆβαι*), Stadt in Böotien am Ismenus, Geburtsort des Bacchus (j. Dorf 'Thiva'), *Ä* 4, 470.

Thēbānus, a, um (Thebae), thebanisch, zur Stadt Theben in Mysien gehörig (welche Achilles zerstörte), mater, aus Theben stammend, *Ä* 9, 697.

Thĕmillās, ae, *m.*, ein Rutuler, *Ä* 9, 576.

Thēmōn, s. Thaemon.

thensaurus, s. thesaurus.

Thermōdōn, ontis, *m.* (*Θερμώδων*), Fluſs in Kappadocien, der sich in den Pontus Euxinus ergiefst (j. 'Termah'), *Ä* 11, 659. [ter, *Ä* 10, 312.

Thērōn, ōnis, *m.* (*Θήρων*), ein Rutu-

Thersĭlŏchus, i, *m.* (*Θερσίλοχος*), ein Troër, *Ä* 6, 483. 12, 363.

thēsaurus od. (*Ribb.*) **thensaurus**, i, *m.*, (*θησαυρός*), 1) niedergelegter od. aufbewahrter Vorrat, Schatz, *Ä* 1, 359. 2) als Ort, Schatzkammer, dcht. von den 'Zellen' od. 'Honigwaben' der Bienen, *G* 4, 229.

Thēseūs, ĕi u. ĕos, Akk. 'ĕa', *m.* (*Θησεύς*), attischer Nationalheros, Sohn des Ägeus oder des Neptun, wurde bei dem Versuche, mit seinem Freunde Pirithous die Proserpina aus der Unterwelt zu entführen, mit demselben in Ketten gelegt u. zu ewiger Gefangenschaft verdammt, *Ä* 6, 122. 393 u. 618.

Thēsīdēs, ae, *m.*, Nachkomme des Theseus, dcht. Plur. 'Thesīdae' (*Θησεῖδαι*), Athener, *G* 2, 383.

Thessandrus, i, *m.*, ein Grieche, *Ä* 2, 261.

Thestȳlis, lĭdis, *f.* (*Θέστυλις*), Name einer Sklavin, *B* 10 u. 43.

Thĕtis, tĭdis, Akk. 'tim', *f.* (*Θέτις*), *a*) eine Meernymphe, Tochter des Nereus und der Doris, Gattin des Peleus, Mutter des Achilles, *Ä* 5, 825. *G* 1, 399. bat den Vulkan für Achilles um Waffen, *Ä* 8, 383 flg. *b*) übtr. st. Meer, *B* 4, 32.

thĭăsus, i, *m.* (*θίασος*), Schwarm der Bacchanten, bes. der des Nachts bei Fackelschein unter dem Schalle bacchischer Musik aufgeführte wilde 'Reigentanz', Bacchi, *B* 5, 30. *Ä* 7, 581.

Thŏās, antis, *m.* (*Θόας*). 1) Sohn des Andrämon, König von Ätolien, *Ä* 2, 262. 2) ein Troër, *Ä* 10, 415.

thŏlus, i, *m.* (*θόλος*), Kuppel des Daches eines Tempels, an der man die Weihgeschenke aufzuhängen pflegte, *Ä* 9, 408.

thōrax, ācis, *m.* [bei Vergil nur Gen. -ācĭs u. griech. Akk. '-ācă' u. '-ācăs'] (*θώραξ*), Brustharnisch, Panzer, *Ä* 7, 633. 10, 337. 11, 9 u. 487. 12, 381.

Thrāca od. (*Ribb.*) **Thraeca**, ae, *f.*
(Θρᾴκη), dcht. st. 'Thracia', Thrakien,
Landschaft im Norden von Hellas, *A* 12,
335.

Thrāces, um, *m.* (Θρᾷκες), Bewohner der Landschaft Thrakien, *A* 3, 14.

Thrācius, a, um (Θρᾴκιος), zu Thrakien gehörig, thrakisch, aus Thrakien, Orpheus *B* 4, 55. Cisseus, *A* 5,
536. equus (weil Thrakien durch Pferdezucht berühmt), *A* 5, 565. 9, 49.

Thrēïcius oder (*Ribb.*) **Thraeïcius**,
a, um (ion. Form Θρηίκιος), zu Thrakien gehörig, thrakisch, aus Thrakien, rex, v. Polymnestor, *A* 3, 51. sacerdos, v. Orpheus (als Priester bezeichnet, weil er die Orgien und Mysterien
eingeführt hatte), *A* 6, 645. Amazones
(weil die röm. Dichter den äußersten
Norden durch Thrakien oder Skythien
bezeichnen), *A* 11, 659. cithara (des Orpheus), *A* 6, 120. sagittae (weil Thrakien
durch seine Bogenschützen berühmt), *A*
5, 312. Samos, d.i. Samothracia, *A* 7, 208.
Sbst., Thrēïcii, ōrum, *m.*, Bewohner von
Thrakien, Thrakier, *A* 10, 350.

Thrēïssa od. (*Ribb.*) **Thraeïssa**, ae,
f. (Θρῇσσα, zusgez. Θρᾷσσα), Thra-
kierin, *A* 1, 316. 11, 858.

Thrōnius, ïi, *m.*, ein Troër, *A* 10, 753.

Thūlē oder (*Ribb.*) **Thȳlē**, ēs, *f.*
(Θούλη), von Pytheas entdeckte Insel od.
Inselgruppe im äußersten Norden Euro-
pas, später für einen Teil von Norwegen
(Thilemark) oder Jütland (Thyland) oder
Island oder Mainland gehalten, zur Be-
zeichnung des äußersten Nordens und
der Herrschaft über alle Meere, ultima,
G 1, 30.

thūs, s. tus.

1. **Thybris**, **Thybrīnus**, s. Tiberis,
Tiberinus.

2. **Thȳbris**, is, Akk. 'im', *m.*, ein alter König Italiens, von dem der Tiber-
fluß den Namen haben soll, *A* 8, 330.

Thȳïas (zweisilb.), ădis, *f.* (Θυιάς,
von θύω, brause, tobe), eig. die Schwär-
mende, die Bacchantin, *A* 4, 302.

Thȳlē, s. Thule.

Thymbēr, bri, *m.*, ein Rutuler, *A* 10,
391 u. 394 (wo Vok. 'Thymbre').

thymbra, ae, *f.* (θύμβρα), Saturei,
ein gewürzhaftes Küchenkraut, *G* 4, 31.

1. **Thymbraeus**, a, um (Θυμβραῖος),
zur Ebene Thymbra in Troas gehörig,
mit einem Haïne und Tempel des Apollo, dah. sbst. 'Thymbraeus', i, *m.*, der
Thymbräer, Beiwort des Apollo, *A* 3,
85. *G* 4, 323.

2. **Thymbraeus**, i, *m.* (Θυμβραῖος),
ein Troër, *A* 12, 458.

Thymbris, is, *m.* (Θύμβρις), ein Troër,
A 10, 124.

Thymoetēs, ae, *m.* (Θυμοίτης), 1) einer
der Ältesten Trojas, der aus Rache dazu
riet, das hölzerne Roß in die Stadt zu
ziehen (weil Priamus dessen Sohn, durch
welchen nach dem Ausspruch eines Se-
hers einst Troja untergehen könne, getötet hatte), *A* 2, 32. 2) ein Troër, Sohn
des Hiketaon, *A* 10, 123. 12, 364.

thȳmum, i, *n.* (θύμον), Thymian,
Quendel, *G* 4, 169. 241. 270. *A* 1, 436.
B 5, 77. 7, 37.

Thyrsis, sīdis, Akk. 'sim', *m.*, Name
eines Hirten, *B* 7, 2. 3. 16. 20. 69.

thyrsus, i, *m.* (θύρσος), ein mit Epheu
und Weinranken umwundener leichter
Stab der Bacchantinnen, dessen oberes
Ende in einen Pinienzapfen auslief, der
Thyrsus, *A* 7, 390.

tiārās, ae, *m.* (τιάρας, ion. st. τιάρα),
orientalischer 'Kopfschmuck', bes. die
cylinderförmig in die Höhe steigende,
oben mit einer Rosette gezierte und unten mit einem blauen und weißen Streifen versehene Kopfbedeckung der Könige, die Tiara, dcht. übtr. von der
fürstlichen Krone des Priamus, *A* 7, 247.

Tibērīnus, a, um (Tiberis), zum Tiber-
fluß gehörig, tiberinisch, des Tiber,
ostia, *A* 1, 13. flumen, *A* 11, 449. fluenta, *A* 12, 53 (*Ribb.* 'Thybrina'). Dah. 'Tiberinus deus' (als Flußgott), Name in
gottesdienstl. Bez., bes. beim Anruf im
Gebete; vgl. *A* 8, 72), *G* 4, 369. pater, *A*
8, 31. vom Fluß Tiber selbst, *A* 7, 30.

Tibēris, is od. ïdis, *m.*, nur *A* 7, 715.
G 1, 499. bei Vergil meist griech. Form
Thybris, brïdis, Akk. 'brim', Vok. 'bri',
m. (Θύβρις), Hauptfluß des mittleren
Italiens, der in Etrurien entsprang, *A* 2,
782. 3, 500. 5, 83 u. 797. 6, 87. 7, 151.
242. 303. 486. 8, 64. 86. 330. 540. als
Flußgott (vgl. Tiberinus), genitor Thybris, *A* 8, 72. Thybris pater, *A* 10, 421.

tibïa, ae, *f.* (eig. Schienbein), *a)* die gerade ausgehende (urspr. aus den Spruug-
beinen gewisser Tiere verfertigte) Pfeife od. Flöte, *B* 8, 21 folgg. Bes. *b)* die
phrygische Schalmei, die zur Verstärkung des Schalles einen krummen Ansatz mit weiter Mündung hatte (dah. 'curva'), *A* 9, 618. 11, 737.

Tibūr, būris, *n.*, alte Stadt in Latium
auf einem felsigen Hügel, an beiden Seiten des Anio, j. 'Tivoli', superbum, *A* 7,
630.

Tibūrnus, i, *m.*, Einwohner von Tibur, *A* 11, 519, wo aber jetzt allgemein
Tiburti (v. Tiburtus) gelesen wird.

Tiburs, burtis, zur Stadt Tibur gehörig, tiburtisch, moenia Tiburtia (Umschr. der Stadt), *Ä* 7, 670. Sbst., Tiburs, burtis, *m.*, der **Tiburter**, Einw. von Tibur, Remulus, *Ä* 9, 360. Plur., *Ä* 11, 757.

Tiburtus, i, *m.*, Bruder des Katillus und Koras, Enkel des Argiverfürsten Amphiaräus, Gründer von Tibur, an den Wasserfällen des Anio verehrt, eig. der Stromgott Anio, *Ä* 7, 671 flg. 11, 519.

tignum, i, *n.* (Wurz. τεκ in ἔτεκον, τίκτω), Balken, *G* 4, 307.

tigris, gris u. grĭdis, Akk. 'grim', *f.* [in Prosa gew. *m.*] (τίγρις), 1) Tiger, *B* 5, 29. *G* 2, 151. 3, 248. 4, 407. *Ä* 9, 730. 11, 577. als Bild der Wildheit, Hyrcanae admorunt ubera tigres, 'dich nährte die Brust hyrkan. Tiger', *Ä* 4, 367. übh. zur Bezeichnung des unbändigsten und reifsendsten Tieres, um die Kraft des Gesanges des Orpheus zu verherrlichen, *G* 4, 510. Nach der Mythe als Gespann des Bacchus, *Ä* 6, 806. 2) Name eines mit einem Tigerbilde gezierten Schiffes, aerata, *Ä* 10, 166.

Tigris, gris, Akk. 'grim', *m.* (Τίγρις u. Τίγρης), grofser Flufs Armeniens u. Assyriens, j. 'Didschleth' oder 'Schatt', *B* 1, 62.

tilia, ae, *f.* (πτελέα), Linde, *G* 1, 173. 2, 449. 4, 141.

Timavus, i, *m.*, Flufs in Istrien, zwischen Aquileja u. Triest, j. 'Timavo', der mit seinen von den alten Geographen angegebenen sieben (nach Vergil neun) Quellen, die sich in éinem Wasserbecken sammelten, und wegen der auffallenden Veränderungen seines Laufes und seiner Mündung im Altertume als ein Naturwunder angestaunt wurde, *Ä* 1, 244. *B* 8, 6. *G* 3, 475.

timeo, timŭi, ēre, 1) intr., fürchte, bin in Furcht, bin besorgt od. verzagt, abs., *Ä* 12, 875. m. Dat. (für jmd. od. etw.), *Ä* 2, 729. 11, 550. dcht., timuit exterrita pinnis ales, der aufgeschreckte Vogel flatterte angstvoll, *Ä* 5, 505. 2) trans., fürchte, scheue jmd. oder etwas, fürchte mich vor jmd. oder etwas, mifstraue, alqm od. alqd, *Ä* 1, 661. 2, 49 u. 130. 4, 502. dcht., aeternam timuerunt saecula noctem, d. i. die Römer jener Zeit fürchteten, die Sonne erlösche allmählich in ewige Nacht, *G* 1, 468. m. Dat. der Pers., quae sibi quisque timebat, für sich selbst, *Ä* 2, 130. m. Inf., 'scheue mich', 'wage nicht' etw. zu thun, *Ä* 6, 324.

timidus, a, um (timeo), furchtsam, zagend, scheu, schüchtern, nautae, *B* 6, 77. dammae, *B* 8, 28. caput, *G*

3, 422. haud timidis passibus, mit mutigem Schritte, *Ä* 6, 263.

timor, ōris, *m.* (timeo), 1) Furcht (eig. aus Feigheit oder Schwäche, als Gefühl), Besorgnis, *Ä* 1, 202. 5, 812. 6, 352. m. 'metus' wechselnd, *Ä* 8, 557. sollicitam timor anxius angit, die B. peinigt quälende Angst, *Ä* 9, 89. 2) personif., Furcht, Entsetzen, wie Φόβος u. Δειμός in Begleitung des Mars (Hom. Il. 4, 433 flg. 13, 299), ater, *Ä* 9, 719.

tinguo (tingo), tinxi, tinctum, ēre (τέγγω, tunke, tünche), benetze, befeuchte, tränke, tauche in eine Flüssigkeit ein, alqd alqā re, *G* 3, 492. *Ä* 3, 665. 7, 811. aera lacu, kühle, lösche, *Ä* 8, 450. *G* 4, 172. Stygiā ensem candentem undā, *Ä* 12, 91. crura musto, *G* 2, 8. dcht., alte mucronem iugulo, d. i. stofse tief in die Kehle, *Ä* 12, 358. vom Phöbus, equos fessos gurgite Hibero, in den westlichen Ocean tauchen, d. i. untergehen, *Ä* 11, 914. ähnl. von der Sonnen, se Oceano, *Ä* 1, 745. *G* 2, 481. v. nie untergehenden Bärengestirn, metuentes Oceani aequore tingui, 'scheu vor dem Bade des Ocean', *G* 1, 246.

tinia, ae, *f.*, Motte, Schabe, dem Bienenwachs schädlich, *G* 4, 246.

tinnītus, ūs, *m.* (tinnio), das Klingen, Geklingel, Geklirre, *Ä* 9, 809. *G* 4, 64.

Tiphys, ўos, *m.* (Τίφυς), ein Böotier, Steuermann der Argo auf dem Argonautenzuge, *B* 4, 34.

Tirynthius, a, um (Τιρύνθιος), aus Tiryns, einer Stadt in Argolis, sbst., der Tirynthier, v. 'Herkules' (weil dort erzogen), *Ä* 7, 662. 8, 228.

Tisiphonē, ēs, *f.* (Τισιφόνη), eine der Furien, die von den rächenden Gottheiten aus dem Schattenreiche entsandt Krankheit, Furcht usw. vor sich hertreibt, *Ä* 6, 274 flg. u. 571. 10, 761. *G* 3, 552. Hält vor dem eisernen Thore Wacht, *Ä* 6, 555.

Titan, ānis, *m.* (Τιτάν), ein von dem früheren Göttergeschlecht der Titanen abstammender Wesen, bes. der 'Sonnengott', 'Sol', als Sohn des Hyperion und der Theia, *Ä* 4, 119.

Titanius, a, um (Titan), 1) zu den Titanen gehörig, titanisch, pubes, Titatanen, Söhne des Uranus und der Gäa oder Tellus (γηγενεῖς), die mit Saturnus vereint ihren Vater vom Thron stiefsen und den Himmel beherrschten, von Saturnus aber in den Tartarus gestürzt wurden, *Ä* 6, 580. *b*) zu Titan (d. i. Sol) gehörig, titanisch, astra, d. i. Sonne, *Ä* 6, 725.

Tithonius, a, um, zu Tithonus gehö-

rig, tithonisch, des Tithon, coniunx, d. i. Aurora, *A* 8, 384.

Tīthōnuм, i, *m.* (*Τιϑωνός*), Sohn des
troj. Königs Laomedon, Gatte der Aurora, Vater des Memnon, *G* 1, 447. 3, 48.
A 4, 585. 9, 460.

tĭtŭbo, āre, wanke, titubata vestigia, wankend gewordene, 'wankende', *A*
5, 332.

Tĭtўoн, ўi, *m.* (*Τιτυός*), Sohn des
Juppiter und der Gäa, ein Riese, der,
weil er sich an der Latona vergriff, von
Apollo und Diana getötet und in der
Unterwelt von zwei Geiern an der im-
mer wieder nachwachsenden Leber zer-
fleischt wurde (s. Hom. Od. 11, 576 flg.),
A 6, 595 flg.

Tĭtўruн, i, *m.* (*Τίτυρος*), 1) Name von
Hirten, *B* 1, 1. 3, 20. 4, 13 flg. 5, 12 u.
G 4, 566. *b*) übtr., 'Hirt' übh., *B* 8, 55.

Tmărĭuн, a, um (*Τμάριος*), vom Gebirge Tmaros (s. d.) stammend, Dory-
clus, der Tmarier D., *A* 5, 620.

Tmăröн, i, *m.* (*Τμάρος*), Gebirge in
Epirus bei Dodona, *B* 8, 44 (*Ribb*.).

Tmăruн, i, *m.*, ein Rutuler, *A* 9, 685.

Tmölĭuн, a, um, zum Berge Tmolus
gehörig, sbst. Tmolius, ŭi (*m.* wegen des
flg. rex), der T m o l i e r, v. Weine, *G*
2, 98.

'ᴄTmöluн, i,** *m.* (*Τμῶλος*), Gebirge Lydiens bei Sardes, j. 'Bosdag', *G* 1, 56.

töfuн, s. tophus.

tögātuн, a, um (toga), mit der Toga (dem Friedenskleide der Römer) bekleidet, gens, v. den Römern, *A* 1, 282.

tŏlĕrābĭlĭн, e (tolero), erträglich,
non tolerabile nomen, unerträglicher N.,
A 5, 768.

tŏlĕro, āre (St. 'tol' in 'tollo'), 1) ertrage, bestehe, militiam, *A* 8, 515. 2)
übtr., mache erträglich, erhalte, vitam
colo, 'friste das Dasein durch die Spindel', *A* 8, 409.

tollo, sustŭli, sublātum, ĕre (Wurz.
τλα in *τλῆναι, τόλμα*), 1) hebe auf, in
die Höhe, erhebe, *a*) eig.: *α*) übh.,
palmas ad sidera, *A* 2, 153. manu saxum,
A 12, 904 (*Ribb*.). intersese bracchia, *A* 8, 452. *G* 4, 174. ensem,
G 9, 759. 12, 729. rates (durch kräftiges
Einsetzen der Ruder, wodurch das Vorderteil in die Höhe gehoben und das
Schiff selbst desto schneller fortgetrie-
ben wird), *A* 10, 295. lapillos, als Ballast
an sich nehmen (von den Bienen, s. la-
pillus), *G* 4, 194. vom Atlas, noch immer
emporheben, also 'noch tragen', *A* 8, 141.
sublatis cornibus, d. i. mit erhobenen
(also noch deutlich erkennbaren, sicht-
baren) Hörnern, v. der Io, *A* 7, 789. sublato

pectore, mit hoch aufgerichteter Brust,
A 2, 474. dcht., caput in proelia, zum
Beginn des Kampfes, *A* 5, 375. se, sich
erheben, sich emporrichten, *A* 5, 369. 8,
541. se ad auras, *A* 2, 699. 5, 861. 11,
455 (an letzter Stelle *Ribb.* 'in auras').
se in caelum alis, enteilen, entschwe-
ben, *A* 9, 14. tolli alis ad muros, *A* 7,
408. vom Winde und Meere, fluctus ad
sidera, emportreiben (durch Erregung
des Windes), *A* 1, 103; vgl. *A* 7, 529.
fluctus vento, moles, erregen, *A* 1, 66
u. 134. von Gewächsen, 'emportreiben',
'aufschießsen lassen', uno ingentem de
caespite silvam, *G* 4, 273. seminibus ia-
ctis se sustulit arbos, hebt sich (keimend)
empor, *G* 2, 57. *β*) ziehe auf od. grofs
(wie *ἀναιρέομαι*), alqm sublatum erudio
(weil nach Sitte der Alten das neugebo-
rene Kind dem Vater zu Füfsen gelegt
und von diesem als Zeichen der Anerkennung und Verpflichtung zur Erziehung aufgehoben wurde), *A* 9, 203. dcht.,
'ziehe auf', alqm furtim, *A* 9, 547. *b*)
übtr.: *α*) erhebe, clamores ad sidera,
A 2, 222. gemitum ad sidera, *A* 11, 37.
vom Geschrei selbst, se in auras u. dgl.,
A 11, 455 u. 745. minas, nehme mit em-
porgehobenem Haupte eine drohende
Stellung ein, *G* 3, 421. anders *A* 10, 451
(s. *no.* 2, *b*, *α*). proelia (von den Winden),
zum Kampf sich erheben, *A* 10, 357.
Part. sublātus, a, um, 'sich erhebend'.
'stolz', m. Abl., rebus secundis, *A* 10, 502.
β) vergröfsere erhebend, erhebe,
erhöhe, gloria nуam tollit, *A* 10, 144.
alqm in astra, erhebe zu den Sternen,
d. i. versetze unter die Götter, *A* 3, 158.
B 5, 51. Pass., tolli ad sidera, *A* 12, 794.
m. Abl., se humo, sich aus der Niedrig-
keit erheben (vom Dichter), *G* 3, 9. avos
spe in tantum, zu glänzender Hoffnung,
A 6, 877. *γ*) richte einen (Mutlosen)
auf, animos (Rutulorum) dictis, belebe
den Mut, *A* 9, 127. auch von sich selbst,
animos omine, fasse Mut, ermutige mich,
A 10, 250. dcht., tollent animos sata, die
Pflanzen werden stolzer ihr Haupt erheben, *G* 2, 350. 2) hebe etwas von seinem Orte auf, *a*) eig.: *α*) nehme, bringe oder schaffe weg, entferne (um
es anderswohin zu tragen), corpus, *A* 11,
59. pocula, cuncta, *A* 8, 175 u. 439. *β*)
nehme jmd. hebend mit mir fort,
ziehe od. führe mit mir fort, alqm,
nehme mit, *A* 3, 601. per undas, *A* 6, 370.
in lucos, trage fort, *A* 1, 692. in altos
montes (um jmd. zu retten), *A* 2, 635;
vgl. *A* 11, 206. alqm fugā, entführe durch
die Flucht, *A* 10, 624. *b*) übtr.: *α*) entferne, hebe auf, certamina, 'endige',

Ä 12, 39. commercia, 'hebe auf', 'vernichte',*Ä* 10, 533. minas, 'hemme', 'spare', *Ä* 10, 451. (anders *G* 3, 421, s. oben *no.* 1, b, *α*). sublatis dolis, sonder Hehl, ohne Rückhalt,*Ä* 12, 26. *β*) nehme für mich, trage davon, erhalte, sive tollat (eam, näml. gloriam), *Ä* 11, 444. *γ*) prägn., rotte aus, vertilge, stirpem sacrum, *Ä* 12, 770.

Tölumnïus, ïi, *m.*, ein Seher der Latiner, *Ä* 11, 429. 12, 258 u. 460.

tondĕo, tŏtondi, tonsum, ēre ('tondebát' mit verlängerter Endsilbe, *G* 4, 137] (Wurz. *τεμ* in *τέμνω*, 'schneide'), 1) schere (ab), barbam, *B* 1, 29. barbas incanaque menta hirci, *G* 3, 312. vellera, *G* 3, 561. oves, *G* 3, 448. tonsis villis, glatt geschoren, *G* 4, 377. *Ä* 1, 702. 2) übtr.: *a*) (wie *κείρω*) mähe, haue ab, prata, *G* 1, 290. tonsae novales, das Brachfeld nach eingebrachter Ernte, *G* 1, 71. tonsae valles, die abgemähten, *G* 4, 277. comam hyacinthi, pflücke, *G* 4, 137. *b*) beschneide, bracchia (der Ulmen), *G* 2, 368. tonsa corona, tonsa oliva (Olivenkranz), geschoren, d. i. dessen bevorstehende Zweige und Blätter zierlich beschnitten sind,*Ä* 5, 556 u. 774. *G* 3, 21. *c*) pflücke od. reifse ab, weide ab, dumeta, v. Stieren, *G* 1, 15. campum late, v. Pferden,*Ä* 3, 538. iecur rostro, 'zerhacken', 'abfressen', v. Geier, *Ä* 6, 598.

tönïtrüs, ūs, *m.* [bei Vergil nur Abl. 'tonitru] (tono) (tono), Donner, *Ä* 4, 122. 5, 694. 'Gewitterwolke', *Ä* 8, 391.

töno, tönüi, āre (*τόνος*), 1) donnere, *G* 3, 261. 2) übtr.: *a*) v. Lebl., donnere, erschalle laut, dröhne, krache, fragore, *Ä* 9, 541. tumultu, *Ä* 12, 757; vgl. *Ä* 3, 571. 8, 419. *G* 1, 371. v. Waffen, erklirren, rasseln, *Ä* 8, 529. *b*) von Pers., *α*) abs., 'donnere' (wie *βροντάω*), eloquio, 'mit Worten', *Ä* 11, 383. *β*) (dcht.) m. Akk., rufe mit donnernder (gewaltiger) Stimme, ter centum deos, *Ä* 4, 510.

tonsa, ae, *f.* (tondeo, 'abgeschälter Pfahl'), Ruder, Plur., *Ä* 7, 28. 10, 299.

töphus od. (*Ribb.*) **töfus,** i, *m.*, Tuffstein, Tuff, *G* 2, 214.

tormentum, i, *n.* (torqueo), 1) Marter- od. Folterwerkzeug, übtr. Marter, Qual, *Ä* 8, 487. 2) Wurf-, Schleudermaschine, *Ä* 11, 616. murale, zur Zertrümmerung der Mauern (wie die 'ballista' od. 'catapulta'), *Ä* 12, 922.

tornus, i, *m.* (*τόρνος*), Dreheisen, Meifsel, *G* 2, 449. 'Grabstichel', *B* 3, 38.

torpĕo, torpŭi, ēre, bin starr, erstarre, mole, unterliege der Last, *G* 3, 370. übtr., veterno, *G* 1, 124. torpent in-

fractae ad proelia vires, sind gebrochen und stumpf für den Kampf, *Ä* 9, 499.

torpŏr, ōris, *m.* (torpeo), erstarrender Schrecken, Entsetzen, *Ä* 12, 867.

Torquätus, i, *m.*, Beiname des 'T. Manlius', weil er einem Gallier im Zweikampfe die Halskette (torques) abnahm; 340 v. Chr. Konsul u. Feldherr im Kriege gegen die Latiner, in welchem er seinen Sohn hinrichten liefs, weil er gegen seinen Befehl mit dem Feinde den Kampf begonnen hatte, dah. 'saevus securi', *Ä* 6, 825.

torquĕo, torsi, tortum, ēre (*τρέπω*, episch *τροπέω*), 1) setze durch Drehen, Wenden oder Schwenken in Bewegung, *a*) drehe, wende, *α*) eig., cornua (des Schiffes), *Ä* 5, 831. oculos, orbes (oculorum) ad alqd, *Ä* 4, 220. 12, 670. aciem (d. i. oculos), lumina, 'drehe um', 'rolle', *Ä* 7, 399 u. 448. vestigia, wende mich rückwärts hin, *Ä* 6, 547. taxos in arcus, krümme zu Bogen, *G* 2, 448. tegimen tergusque leonis, werfe (drehend oder wendend) um, hänge um, *Ä* 7, 666. von der Pflugsterze, currus a tergo, die Räder von hinten lenken, *G* 1, 174. Bes. bringe durch Umschwung in Gang, axem umeris (v. Atlas), *Ä* 4, 482. 6, 798. spumantem undam sub vertice, drehe die schäumende Woge im Wirbel, *G* 4, 529. dcht., spumas, wühle den Schaum auf, *Ä* 3, 208. von der Schlange, torti Ixionis angues, die um das Rad des Ixion gewundenen oder geschlungenen, *G* 3, 38. *β*) übtr., drehe, wende, bewege, lenke, v. Juppiter, sidera mundi, *Ä* 9, 93; vgl. *Ä* 4, 269. *v.* Mars, bella, d. i. leite od. lenke den Gang der Kriege, *Ä* 12, 180. *b*) drehe oder rolle fort, wälze, saxa,*Ä* 6, 551. montes, *G* 3, 254. *c*) drehe herum, bes. schleudere oder schwinge Geschosse (um diesen beim Wurfe eine desto gröfsere Kraft zu geben), *G* 1, 309. *Ä* 5, 177 u. 497. 7, 741. 10, 334 u. 585. 11, 773. spicula cornu, *B* 10, 59. telum,*Ä* 12, 858. saxum in hostem,*Ä* 12, 901. ammenta, die Speere vermittelst der an ihnen befestigten Riemen, *Ä* 9, 665. fulmina (v. Juppiter), *Ä* 4, 208. aquosam hiemem, *Ä* 9, 671. undam, *G* 4, 529. torto vertice, mit wirbelndem Schufs,*Ä* 7, 567. 2) mache, dafs sich etwas dreht, *a*) drehe, dcht., torquet medios Nox umida cursus, die feuchte Nacht wendet am Himmel die Mitte der Bahn um, d. i. feucht rollt inmitten des Weges die Nacht schon, *Ä* 5, 738. *b*) prägn.: verziehe, verzerre, von der bittern Schärfe, ora, *G* 2, 247. – Part. 'tortus' als Adj., s. bes. 1. tortus.

torquēs od. **torquĭs**, is, *m.* u. *f.* (torqueo), etwas Gewundenes, bei Vergil nur Plur., *a*) weidene Reifen oder Banden, den jungen Stieren bei der Zähmung (als Vorbild des Joches) um den Hals gelegt, *G* 3, 168. *b*) künstliche Blumengewinde, Festons, Guirlanden, *G* 4, 276.

torrens, entis (torreo), 1) Adj., wallend, brausend, flutend, reifsend, aqua, *Ä* 10, 603. unda (vom geschmolzenen Alpenschnee), *G* 2, 451. pice torrentes atrãque voragine ripae, die pechumkochten und schwarzumstrudelten, *Ä* 9, 105. Sprichw., quantum torrentia flumina ripas (curant), so wenig das brausende Gewässer oder Meer das Ufer beachtet, *B* 7, 52. von der Flamme, wirbelnd, 'aufstrudelnd', *Ä* 6, 550. 2) Sbst., torrens, entis, *m.*, Giefsbach, Sturzbach, Waldbach, *Ä* 2, 305. 7, 567. 10, 363.

torrěo, torrŭi, tostum, ēre (Wurz. τερσ in τερσαίνω), *a*) dörre, röste, fruges flammis, *Ä* 1, 179. *G* 1, 267. fruges tostae medio aestu, *G* 1, 298. viscera, *Ä* 5, 103. exta (näml. zum Genusse), *G* 2, 396. *b*) übtr., sitientes Indos, sengen, v. Sirius, *G* 4, 425. Pass., cum sole novo densae torrentur aristae, reifen, *Ä* 7, 720.

torrĭduₙ, a, um (torreo), dürr, trocken, heifs, aestas, *B* 7, 48. zona, *G* 1, 234.

torris, is, *m.*, Feuerbrand, loderndes Holzscheit, *Ä* 12, 298. obustus, *Ä* 7, 506.

tortĭlis, e (torqueo), gedreht, gewunden, aurum, goldene Kette, *Ä* 7, 351.

1. **tortus**, a, um (eig. Part. v. torqueo), gedreht, gewunden, funis, *Ä* 4, 575. verber, *Ä* 7, 378. torti orbes, verschlungene Windungen (der Wege), *Ä* 12, 481. imber, Hagel, *Ä* 8, 429.

2. **tortŭs**, ūs, *m.* (torqueo), Windung, Krümmung der Schlange, dare (machen) corpore tortus, *Ä* 5, 276.

tŏrus, i, *m.* (tero), eig. jede runde, schwellende Erhöhung, dah. 1) der fleischige Teil am tierischen Körper, Muskel, Plur., *G* 3, 81. comantes, 'Hals', 'Mähne' (des Löwen), *Ä* 12, 7. 2) das erhöhte weiche Lager, *a*) Lagerstätte, Pfühl, Polster, *Ä* 1, 708. 4, 650 u. 659. 6, 604. 8, 177. 9, 334. altus, *Ä* 2, 2. Bett, *Ä* 7, 460. Lagerstätte, Sitz aus Rasen, *Ä* 3, 224. 5, 388. dcht., riparum tori, Ufer, die sich nach Art der Ruhepolster erheben, 'schwellende Ufer', *Ä* 6, 674. *b*) Leichenbett, Bahre, *Ä* 6, 220. 11, 66.

torvus, a, um, eig. vom Blicke, starr, finster, wild, grimmig, lumen, *Ä* 3, 677. frons, facies, *Ä* 3, 636. 7, 415. von Pers., von finsterem, drohendem Blick od. Ansehen, Abas, *Ä* 10, 170. von Tieren, leaena, *B* 2, 63. bos, *G* 3, 51. anguis, *Ä* 6, 571. Neutr. adverbial, torva tueor, blicke grimmig od. wild, *Ä* 6, 467. übtr., in bez. auf die Stimme, torvum clamo, schrecklich, *Ä* 7, 399.

tŏt, Indecl., so viel, so viele, tot casus, *Ä* 1, 9; vgl. *Ä* 2, 14. m. flg. 'quot', *Ä* 4, 182. Bisw. liegt die Begründung des Vorhergehenden darin (vgl. 'tantus'), *Ä* 7, 447.

tŏtĭdĕm, Indecl. (tot-itidem), eben so viele, ministri, *Ä* 1, 705; vgl. *Ä* 3, 204. 6, 39. 8, 567. 12, 763. tot. facies, *Ä* 9, 122 (erhält seine nähere Erklärung aus *v.* 117 flg.). in bez. auf 'quot', *Ä* 4, 183.

tŏtĭens (tŏtĭes), Adv., so oft, so häufig, *Ä* 1, 407. 2, 582. 4, 536 u. ö.

tōtus, a, um, ganz, im Gegs. der einzelnen Teile, ungeteilt, gänzlich, völlig, sämtlich, *Ä* 3, 91. 5, 340. 11, 500 u. 631. 12, 907 u. 928. per tota iugera novem, über volle neun Morgen Landes, *Ä* 6, 595. ubera, der ganze volle Vorrat des Euters, *G* 3, 178. amnis (der Lauf des Flusses Tiber), *Ä* 9, 245. armenta, 'ganze Rudel' (näml. jedem der drei Leithirsche éin Rudel), *Ä* 1, 185. ter centum totos annos, 'ganze, volle dreih. Jahre', *Ä* 1, 272. levi de marmore tota stabis, v. Diana, 'ganz aus gl. M.' (als Statue, im Gegs. des blofsen Brustbildes), *B* 7, 31. toto pectore, 'aus voller Brust', *Ä* 9, 326. toto corpore, mit ganzer Leibeskraft, mit aller Macht, *Ä* 4, 253. 12, 920. totumque adlabi classibus aequor, das ganz mit Schiffen überdeckte Meer scheint gleichsam dem Ufer zuzuströmen, *Ä* 10, 269. Bes. mit einem Subst. im Abl., v. Orte, ohne 'in', totis agris, campis, 'auf allen Gefilden', *B* 1, 11. *Ä* 7, 794. totis tectis, durch alle Räume des Hauses, *Ä* 7, 77. toto aequore, *Ä* 1, 128. von militär. Begleitung ohne 'cum', totis agminibus, mit ganzen Scharen, *Ä* 9, 686.

trăbālĭₙ, e (trabs), zum Balken gehörig, balkenähnlich, telum (Speer), *Ä* 12, 294.

trăběa, ae, *f.*, ein Pracht- od. Staatskleid der Könige, Konsuln, Auguren usw., Mantel, *Ä* 7, 188 u. 612. 11, 334.

trabs, trăbis, *f.* (τράπηξ), 1) Balken, *Ä* 1, 449. 1, 112 u. 481. 12, 674. 2) meton.: *a*) hoher Baum, Baumstamm, fraxineae, acernae, *Ä* 6, 181. 9, 87. *b*) Schiff, cava, *Ä* 3, 191. Plur., *Ä* 4, 566.

tractābĭlĭs, e (tracto), *a*) zu behandeln, dum non tractabile caelum, während dem Himmel nicht zu trauen ist, *Ä* 4, 53. *b*) übtr., v. Pers., nachgebend, nachgiebig, fügsam, *Ä* 4, 439.

tractĭm, Adv. (traho), zugweise, susurrant, in gezogenem (schleppendem) Tone, *G* 4, 260.

tracto, āre (Intens. v. traho), betaste, berühre, tractanti resisto, widerstehe dem Drucke des Betastenden, *G* 3, 502.

tractŭs, ūs, *m.* (traho), 1) das Ziehen, *a*) der Zug, rota tractu gemens, das beim Fortziehen knarrt, *G* 3, 183. *b*) von der bogenförmigen Bewegung, dem Krümmen der Schlange, *G* 2, 154. Plur., flammarum longi tractus, 'lange Flammenstreifen', *G* 1, 367. 2) übtr., Landstrich, Gegend, *G* 2, 182. maris, 'Gebiet', 'Räume' des Meeres, *B* 4, 51. *G* 4, 222. caeli, Atmosphäre, *Ä* 3, 138.

trādo, dĭdi, dĭtum, ĕre (trans u. do), 1) eig.: *a*) übergebe, händige ein, überliefere, equum comiti, *Ä* 11, 710. alci pecus, *B* 3, 2. *b*) prägn., 'vertraue zur Obhut an', alqm, *Ä* 5, 713. 2) übtr., gebe hin, ergebe, me sub leges pacis, unterwerfe mich den Bedingungen des Friedens, *Ä* 4, 619.

trādūco, duxi, ductum, ĕre (trans u. duco), 1) führe oder leite hinüber, messes alio, verpflanze (durch Hexeřei) die Saaten anders wohin (auf fremde Flur), *B* 8, 99. 2) übtr., wende, verwende, curam in vitulos, *G* 3, 157.

trăhĕa, ae, *f.* (traho), Schleife, eine mit eisernen Zacken od. spitzen Steinen unten besetzte Bohle, von Lasttieren über die Ähren gezogen, um die Körner zu gewinnen (die röm. Dreschmaschine; vgl. 'tribulum'), *G* 1, 164.

trăho, traxi, tractum, ĕre [traxe st. traxisse, *Ä* 5, 786] (τρέχω), ziehe, 1) ziehe, schleppe, schleife, *a*) eig., plaustra per montes, *G* 3, 536. naves in saxa, *Ä* 3, 425. pelago umida lina, *G* 1, 142. gubernaclum mecum, *Ä* 6, 351. natum in conventum, *Ä* 6, 753. avo (zum Gr.) puerum Astyanacta, *Ä* 2, 457. manu telum, ziehe, zerre an dem Speer, *Ä* 11, 816; vgl. *Ä* 1, 477. 5, 624. 6, 558. 9, 340. 12, 812. dcht., ruinam, 'hinstürzen', v. Gemäuern, Bäumen u. dgl., *Ä* 2, 466 u. 631. 9, 713. scopuli ingentem traxere ruinam, die Klippen bildeten einen gewaltigen Schutt- oder Trümmerhaufen, *Ä* 8, 192. *b*) übtr., ziehe, alqm per omnem poenam, schleife od. schleppe durch jede Marter, *Ä* 5, 786. quo fata trahunt retrahuntque, *Ä* 5, 709. Teucros in proe-

lia, reiſse, *Ä* 12, 812. trahit sua quemque voluptas, reiſst hin, *B* 2, 65.

2) ziehe oder schleppe nach, corpora, genua aegra, *Ä* 3, 140. 5, 468. clipeo hastile, *Ä* 10, 795. limum, mit sich führen (v. Fluſs), *G* 2, 188. tardos trahit sinus ultimus orbes, ihre letzte Krümmung schleppt langsam die Ringe nach (v. der Schlange), *G* 3, 424. übtr., quae mox ventura trahuntur, das Kommende, die Zukunft, *G* 4, 393.

3) ziehe an mich, ziehe ein, übtr., 'nehme an', mille trahens varios adverso sole colores, in t. schillerndenF. strahlend (v. der Iris), *Ä* 4, 701. hinc partem patriae, einem Teile nach sein Vaterland herleiten, hier halb einheimisch sein, *Ä* 8, 511. traxit per ossa furorem, ihr tobt im Gebeine der Wahnsinn, *Ä* 4, 101.

4) ziehe zusammen, vela, ziehe ein od. reffe die S., bildl. v. Dichter, der an den Schluſs seines Werkes eilt, *G* 4, 117. gyros (v. der Schlange), *Ä* 5, 85. sinum, sich aufbauschen, näml. gegen das Land zu (von der Welle), *G* 3, 238.

5) ziehe, schleppe od. führe gewaltsam weg, alqm vinctum ad alqm, *Ä* 2, 58. alqm a templo, *Ä* 2, 403. stabulis armenta, *Ä* 2, 499. trementem, *Ä* 6, 395. v. Löwen, pecus, *Ä* 9, 340. v. Flusse, mit sich fortreiſsen, silvas praecipites, *Ä* 2, 307.

6) ziehe hervor, übtr., vocem imo a pectore, 'aus innerster Brust aufatmend', *Ä* 1, 371.

7) ziehe hin und her, vimineas crates (auf dem Acker), ebene mit der Egge, durchegge (die zerschlagenen Schollen), *G* 1, 95. übtr., sorte laborem, erteile durch das Los jedem seine Arbeit (bei dem Baue), *Ä* 1, 508.

8) ziehe in die Länge, ziehe hin, *a*) eig., Pass. trahi, sich hinziehen, d. i. sich erweitern (von den Erdgürteln, zonae), *G* 1, 235. *b*) übtr.: *α*) in bez. auf die Zeit, moras, mache Verzug, zögere, tot traxisse moras taedet, der lange Verzug verdrieſst ihn, *Ä* 10, 888. trahere (verst. 'moras') licet, Aufschub, Verzug steht mir frei, *Ä* 7, 315. *β*) bringe hin, verkürze, noctem sermone, *Ä* 1, 748. tempus per talia, *Ä* 6, 537. vitam in tenebris luctuque, schleppe hin, *Ä* 2, 92. frustra laborem ingratum, mühe mich vergebens in undankbarer Arbeit ab, *G* 3, 98.

trăĭcĭo (trāĭĭcĭo), iēci, iectum, ĕre (trans u. iacio), 1) werfe über etwas, ziehe um etwas, traiecto in fune, an dem um den Mastbaum gezogenen Seile, *Ä* 5, 488. Part. m. griech. Akk., per pedes lora trajectus tumentes, welchem

Riemen über die gedunsenen Füfse gezogen sind, *A* 2, 273. *b*) bringe hinüber, u. refl. überschreite, dcht. von der Aurora, medium axem, 'die Mitte des Pols durchwandern', *A* 6, 536. 2) durchbohre, ferropectora, *A* 1, 355. cerebrum, tempora, *A* 9, 419 u. 634 (*Ribb.* 'trans*i*g*it*'). lacertum, alqm, *A* 10, 339 u. 400.

trămĕs, mĭtis, *m.*, *a*) Seitenweg, convexus silvae, 'umwaldeter Hohlweg', *A* 11, 515. *b*) übh. Pfad, Weg, Gang, *A* 6, 676. *G* 1, 108. auch von der Bewegung auf dem Pfade, vom Durchmessen des Pfades, cito tramite, 'auf flüchtigem Pfade' (v. der Iris), *A* 5, 610.

trāno, āre (trans u. no), 1) schwimme über od. durch etw., amnes Erebi, *A* 6, 671. flumina, *G* 3, 270. 2) (dcht.) durcheile, durchziehe, nubila, *A* 4, 245. v. Kranichen, aethera, wie unser durchsegeln, durchrudern, *A* 10, 265.

tranquillus, a, um (trans u. quies), ruhig, still, tranquilla per alta, *A* 2, 203. sbst., tranquillo (abs. Abl.), 'bei Windstille', 'bei ruhigem Meere', *A* 5, 127.

trans, Präp. m. Akk., 1) jenseit, *A* 6, 415. *G* 3, 213. 2) über, über ... hin od. weg, *A* 3, 403. 7, 65. *B* 8, 102.

trans-ăbĕo, ĭi, īre, gehe über oder durch etw., durchdringe, durchbohre (v. Schwerte), costas, *A* 9, 432.

trans-ădĭgo, ēgi, actum, ĕre, *a*) steche oder stofse durch etw., mit doppeltem Akk., ensem costas, durch die Rippen, *A* 12, 508. *b*) prägn., durchsteche, durchbohre, mit dopp. Akk., horum unum iuvenum costas (v. Speere), *A* 12, 276.

transcrībo, scripsi, scriptum, ĕre (trans u. scribo), schreibe hinüber, bes. trage aus der Bürgerliste zu einer Kolonie ein, übtr., matres urbi, teile der Stadt zu, *A* 5, 750. sceptra Dardaniis colonis, übertrage auf die dardanischen Pflanzer, *A* 7, 422.

trans-curro, curri, cursum, ĕre, laufe über etwas hin, durchlaufe, v. Meteoren, caelum, *A* 9, 111. auch *A* 5, 528 (wo 'caelum' aus dem zu 'refixa' gehörigen 'caelo' zu ergänzen).

trans-ĕo, ĭi, ĭtum, īre ['trans*it*' st. transi*it*, *A* 5, 274. 10, 785, aber 10, 817 *Ribb.* transilit], 1) intr.: *a*) gehe vorüber, *a*) eig., *A* 5, 326. *β*) übtr., von der Zeit, vergehen, *A* 1, 266. *b*) dringe od. fahre hindurch, vom Speere, per orbem clipei, *A* 10, 785. per medium femur, *A* 12, 926. 2) trans.: *a*) überfahre, v. Rade des Wagens, serpentem, *A*

5, 274. *b*) dringe durch etwas, v. Speere, praecordia, *A* 9, 413. v. Schwerte, parmam, *A* 10, 817. *c*) gehe vorbei, *a*) eig., überhole, equum cursu, *A* 11, 719. *β*) übtr., übergehe in der Rede, alqm, *A* 10, 186. *G* 2, 102.

trans-fĕro, tŭli, lātum, ferre, versetze, verlege, regnum ab sede Lavini, *A* 1, 271. omnia Argos, alles nach Argos versetzen, den Argivern Sieg und Herrschaft zuwenden (v. Juppiter), *A* 2, 327.

trans-fīgo, fixi, fixum, ĕre, 1) durchsteche, durchbohre, pectus, *A* 1, 44. 2) steche oder stofse durch (etwas), hasta transfixa, *A* 11, 645.

trans-formo, āre, bilde um, verwandle, me in alqd, *A* 7, 416. *G* 4, 441.

trans-ĭgo, ēgi, actum, ĕre (trans u. ago), treibe durch etw. hindurch, durchbohre, tempora, *A* 9, 634 (*Ribb.*).

trans-ĭlĭo, lŭi, īre (trans u. salio), springe über od. durch etw., pontes, *A* 10, 658. übtr. v. Pfeile, 'durchfliegen', umbras, *A* 12, 859. v. Schwerte, parmam, durch den Sch. dringen, *A* 10, 817 (*Ribb.*).

trans-mitto, mīsi, missum, ĕre, 1) schicke etw. über etw. hinüber, *a*) eig., Pass. 'transmitti', trans aequora, über das Meer segeln (v. Schiffen), *A* 3, 403. *b*) übtr., übergebe, überlasse, alqm alci habendum (zum Besitz), *A* 3, 329. 2) setze über oder durch etw., cursu campos, v. Hirsche, *A* 4, 154. dcht. prägn., orantes primi transmittere cursum, 'schiffend über den Fluss zu setzen', 'hinüberzuschiffen', *A* 6, 313.

trans-porto, āre, eig. 'trage oder schaffe jmd. od. etw. über etw.', dcht. in freierer Verb. u. ellipt. m. Akk. des Flusses, nec ripas datur horrendas et rauca fluenta transportare prius, quam etc., und es wird (dem Charon zunächst) nicht eher gestattet jemand zum grausigen Gestade über die rauschenden Fluten überzusetzen, als bis usw., *A* 6, 328.

trans-trum, i, *n.* (trans), Ruderbank, bei Vergil nur Plur., *A* 3, 289. 4, 573. 5, 136. 5, 663 u. 752. 10, 306.

trans-verbĕro, āre, durchsteche, durchbohre, pectus alcjs abiete (mit dem Speere), *A* 11, 667. vom Speere selbst, aera clipei, clipeum, *A* 10, 336 u. 484.

transversus, a, um (trans u. verto), *a*) in die Quere gewandt, schräg, schief, *G* 4, 26. *b*) Neutr. Plur. im Akk. 'transversa' (als Adv.), von der Seite, seitwärts, tueor, schiele (als Zeichen des Neides u. der Lüsternheit), *B* 3, 8. von den Winden, tr. fremunt, fahren brausend quer durch die Segel, *A* 5, 19.

trăpētum, i, *n.* (τραπέω), Presse, Kelter, bes. für Oliven, Plur., *G* 2, 519.

trĕcĕnti,a,um (tres u.centum), dreihundert, *Ä* 10, 173.

trĕmĕfăcĭo, fēci, factum, ĕre (tremo u. facio), mache zittern, erschüttere, Olympum nutu (v. Juppiter), *Ä* 9, 106. 10, 115. Lernam arcu (v. Herkules), *Ä* 6, 804. Pass. Part. Praet. trĕmĕfactus, a, um, erzittern gemacht, erzitternd,tremefacta solotellus,in ihren Gründen erzitternd, *Ä* 10, 102. ornus tremefacta comam,mit zitterndem Laube, *Ä* 2, 629. tremefacta pectora, *Ä* 2, 228. v. Pers., Juturna tremefacta refugit, mit bebendem Herzen, *Ä* 12, 449.

trĕmendus, a,um (tremo), schrecklich, furchtbar, rex (Pluto), *G* 4, 469. monita, strengstes Gebot, *Ä* 8, 335.

trĕmesco, ĕre (Inch. v. tremo),1)intr., erzittere, erbebe, tonitru, *Ä* 5, 694. 2) trans., zittere od. bebe vor etw., m. Akk., alqd, *Ä* 3, 648. 11, 403. m. Akk. u. Inf., telum (letum *Ribb.*) instare, vor dem drohenden Speerwurf, *Ä* 12, 916.

trĕmĭbundus, a, um (tremo, in den Handschr. auch 'tremebundus'), zitternd, bebend, hasta, *Ä* 10, 522.

trĕmo, mŭi, ĕre, 1) intr.: *a*) v. Pers., zittere, erzittere, bebe, *Ä* 2, 175. 5, 431 u. 481. 12, 761. mit griech. Akk., artus (an den Gliedern), *G* 3, 84. *b*) von Lebl., beben, erbeben, terra tremit motu, *G* 1, 330. tremere omnia visa repente, *Ä* 3, 90. Bes. von den noch warmen Gliedmafsen 'zucken', 'zappeln', *Ä* 3, 627. trementia, die noch zuckenden (näml. 'viscera'), *Ä* 1, 212. 2) trans., zittere od. erbebe vor etw., fürchte mich vor, alqm od. alqd, *Ä* 8, 296. 350 u. 669.

trĕmŏr, ōris, *m.* (tremo), 1) das Zittern,Beben,der Schauder,Schreck, *Ä* 2, 121. 6,55. 11,424. 12,448. übtr.,von der Liebeswut der Tiere,*G* 3, 250. *b*) Erschütterung der Erde,das Beben,Dröhnen, *G* 2, 479.

trĕmŭlus, a, um (tremo), zitternd, vom Lichte des Mondes, des Wassers, 'glitzernd', *Ä* 7,9. 8,22. von der Flamme, *B* 8, 105. ululatus ('so dafs die Luft zittert'), *Ä* 7, 395.

trĕpĭdo, āre('trepidus', unser *tripple*), *a*) laufe hastig od. ängstlich hin u. her, bin in Unruhe, zittere, bange, zage, metu, *Ä* 2, 685. vgl. *Ä* 8, 246. von den Schatten der Unterwelt, *Ä* 6, 491. v. Lager, *Ä* 9, 147. corda trepidantia bello (*Dat.*), dem Kriege entgegenbebend,d.i. vor Kampflust gleichs.

zitternd (von den Bienen), *G* 4, 69. Bes. *b*) von ängstlicher, leidenschaftlicher Thätigkeit, unruhiger, geschäftiger Eile, eile ungeduldig, hastig, *Ä* 12, 737. von Jägern und Treibern, hin- und herjagen od. eilen, *Ä* 4, 121. dcht. m. Inf., *Ä* 9, 114. multa manu medicā, d. i. vieles versuchen, betreiben in ängstlicher Hast mit usw., *Ä* 12, 403. turbati trepidare (hist. Inf.), Hast u. Verwirrung ergreift die Besatzung, *Ä* 9, 538.

trĕpĭdus, a, um (τρέω), eig. trippelnd, 1) v. Pers., zur Bezeichn. der geschäftigen Eile, unruhig, ungeduldig, ängstlich, *Ä* 2,380. 3,666. 4,642. 7, 518. 9, 162 u. 233. 11,453 u. 893. 12, 748. *G* 4, 73. m. 'tremo' verb., *G* 3, 627. m. Gen. 'rerum', unentschlossen, was zu thun sei, ratlos, *Ä* 12, 589. 2) v. Lebl.: *a*) zitternd, manus (infolge der grofsen Anstrengung), *Ä* 12, 901. aënum, der im Kessel zitternde, wallende Most, *G* 1, 296. artus, *Ä* 3, 627. *b*) mit dem Nebenbegr. des Eifers oder der Eile, ängstlich, hastig, ostia Nili, *Ä* 6, 801. tumultus (in bez. auf die Pers.), *Ä* 8, 5.

trĕs,tria,Akk. 'trīs, trīa'(τρεῖς, τρία), Zahlw., drei, bes. als heilige u. bedeutungsvolle Zahl, *Ä* 1, 110. 184. 3, 203 u. ö. *G* 4, 483. *B* 3, 105..

trĭbŏlus, i, *m.* (τρίβολος), eine unbekannte stachelige Pflanze, als Unkraut, viell. 'Burzeldorn', *G* 1, 153. 3, 385.

trĭbŭlum, i,*n.*(tero), bei spät. Griech. τρίβολα),Wagen mit niedrigen, breiten und sägenartig gezackten Rädern zum Ausdreschen des Getreides, 'Dreschgestell', *G* 1, 164; vgl. 'trahea'.

trĭbŭs, ūs, *f.,* eine von den nach den ursprüngl. Stammtribus (Ramnes, Tities, Luceres)benannten Abteilungen der röm. Bürger (rusticae u. urbanae), Tribus, Stamm, Claudia tribus et gens ('Geschlecht'), *Ä* 7, 708.

trĭcorpŏr,pŏris(tres u.corpus),dreileibig, umbra (v. Geryon), *Ä* 6, 289.

trĭdens, dentis [Ablativ 'trident*i*', *G* 1, 18. *Ä* 1, 145. 2, 418 u. 610] (tres u. dens), dreizackig, dreihakig, rostra, *Ä* 5, 143. 8, 690. Sbst., tridens, dentis, *m.,* Dreizack (τρίαινα, Harpune zum Erlegen grofser Fische), als WaffeNeptuns undSinnbild seiner Macht, *Ä* 1,138u. 145.2,610. des Nereus, *Ä* 2,418.

trĭĕtērĭcus, a, um (τριετηρίς), alle drei Jahre wiederkehrend, dreijährig, orgia, *Ä* 4, 302.

trĭfaux, faucis (tres u. faux), dreischlündig, latratus, d. i. von drei Rachen des Cerberus hervorgebracht, *Ä* 6, 417.

trĭgĭntn, Zahlw. (τριάκοντα), dreifsig, *Ä* 1, 269. 3, 391. 8, 44.

trĭlix, līcis (tres u. licium), dreifädig, dreidrähtig, lorica auro trilix, 'Ketten-' oder 'Ringelpanzer' von Gliedern aus dreifachem Golddrahte geflochten, *Ä* 3, 467. 5, 259. 7, 639.

Trĭnăcrĭn, ae, *f.* (Τρινακρία), alter Name der Insel Sicilien, von den drei Vorgebirgen (τρεῖς ἄκραι), der Nordostspitze Pelōrus, der Westspitze Lilybaeum u. der Südostspitze Pachўnum benannt, *Ä* 3, 440 u. 582. 5, 393 u. 555.

Trĭnăcrĭus, a, um (Trinacria), zu Trinakria gehörig, trinakrisch, von Trinakria, dcht. st. sicilisch, Aetna, *Ä* 3, 554. Pachўnum, *Ä* 3, 429. litus, *Ä* 1, 196. unda, *Ä* 3, 384. iuvenes, pubes, viri, *Ä* 5, 300. 450. 530. equi, *Ä* 5, 573 (*Ribb.* Trinacr*ii* zu 'Acestae' gehörig).

Trĭo od. **trĭo,** ōnis, m., eig. Zug- od. Dreschochse(tero?), gew. Plur.'Trĭōnes', als altröm. Bezeichn. des ganzen Sternbildes des grofsen Bären od. des Wagens, dessen sieben Hauptgestirne zugleich die beiden vorn angeschirrten Zugochsen bilden, gemini, *Ä* 1, 744. 3, 516. Sing., 'mitternächtige Gegend, Norden', *G* 3, 381 (Tmesis: septem subiecta trioni).

trĭplex, plĭcis (tres u. plico), dreifaltig, dreifach, *Ä* 5, 119. 6, 549. 7, 785. 8, 714. 10, 202 u. 784. *B* 8, 73.

trĭpūs, pŏdis, Akk. Plur. 'pŏdas', m. (τρίπους), Dreifufs, d. i. dreifüfsiger Kessel zum Kochen oder zum Mischen des Weines, auch als Zimmerdekoration, als Preis bei Kampfspielen, *Ä* 5, 110. als Weihgeschenk für die Götter, *Ä* 9, 265. der Pythia, Priesterin des Apollo in Delphi, dcht., tripodas sentio, deute den Phöbus Wink, weissage der Pythia gleich, *Ä* 3, 360.

trĭstis, e, traurig, 1) v. Pers.: *a)* traurig, betrübt, *G* 3, 517. *Ä* 1, 481. Komp. 'tristior' als geschärfter Positiv, verstimmter (als gewöhnlich), bekümmert, *Ä* 1, 288. *b)* finster, ernst, navita (Charon), *Ä* 6, 315. Erinys, Dirae, streng, hart, *Ä* 2, 337. 8, 701. dea (Allecto), *Ä* 7, 408. 2) v. Lebl. u. Abstr.: *a)* traurig (von Ansehen), finster, düster, unfreundlich, schauervoll, hiemes, *G* 4, 319. Tartara, *Ä* 4, 243. umbrae, *Ä* 5, 734. senectus (wegen mancher Beschwerden), *Ä* 6, 275. *G* 3, 67. unda, *Ä* 6, 438 (wo statt 'tristi*que* ... undä' *Ribb.* 'tristi*s*que' zu 'palus' gehörig). Plias, *G* 4, 235. ruinae, *Ä* 1, 238. donum, *Ä* 3, 301. suci (weil den Mund zusammenziehend), widrig von Geschmack, *G* 2, 126. lupinus, *G* 1, 75. amurca, *G* 3, 448. *b)* trau-

rig, d. i. mit Trauer verbunden, betrübend, unglücklich, augurium, unheilverkündend, *Ä* 5, 7. pugna, *Ä* 5, 411. 11, 589. tempus, *Ä* 11, 470. clamor, *Ä* 12, 409 u. 802; vgl. *Ä* 2, 115 u. 548. 11, 259. *G* 1, 484. nefas, 'gräfslich', *Ä* 2, 184. portae, näml. des Janustempels (sofern sie geöffnet Krieg u. Blutvergiefsen verkünden), *Ä* 7, 617. Neutr. Sing. als Prädik. zu einem Subj. männl. Geschlechts, triste lupus stabulis, eine unheilvolle Erscheinung, *B* 3, 80.

trĭsulcus, a, um (tres u. sulcus), eig. 'dreifurchig', übtr., dreispaltig, lingua (wie die in zwei feine Spitzen auslaufende Zunge der Schlangen nur in der schnellen zitternden Bewegung erscheint), *Ä* 2, 475. *G* 3, 439.

trĭtĭcēus, a, um (triticum), zum Weizen gehörig, messis, 'Weizenernte', *G* 1, 219.

Trĭtōn, ōnis, m. (Τρίτων), 1) Sohn des Neptun u. der Amphitrite, ein Meergott, halb Mensch u. halb Fisch, dessen Hauptattribut die schneckenförmige Muscheltrompete (concha) war, die er auf Neptuns Befehl zur Aufregung oder Besänftigung des Meeres ertönen läfst, *Ä* 1, 144. 6, 173. Plur. 'Trĭtōnes', Meerdämonen im Gefolge Neptuns, *Ä* 5, 824. 2) Name eines Schiffs, mit dem Triton als Abzeichen, *Ä* 10, 209.

Trĭtōnĭs, nĭdis, *f.* (Τριτωνίς), Bein. der Pallas od. Minerva als Kriegsgöttin, *Ä* 2, 226.

Trĭtōnĭus, a, um, zum böotischen Waldstrom Triton (Τρίτων) gehörig, der sich bei Alalkomenä in den See Kopaïs ergiefst, tritonisch, Beiw. der Minerva, weil sie dort geboren sein sollte, Pallas, *Ä* 2, 615. 5, 704. virgo, *Ä* 11, 483. dieselbe abs., Tritonia, ae, *f.* (Τριτογένεια), *Ä* 2, 171.

trĭtūrn, ae, *f.* (tero), das Dreschen, *G* 1, 190.

trĭumpho, äre (triumphus), halte einen Triumph, führe einen Überwundenen im Triumph auf, dah. trans. 'besiege völlig', bes. Part. Pass. triumphātus, a, um, 'besiegt', triumphatae bis gentes, 'zweimal besiegt' (vom Siege über die Völker des Ostens), Westens, d. i. des gesamten Erdkreises durch Oktavian), *G* 3, 33. triumphatā Corintho, nachdem er über K. triumphiert, dasselbe völlig besiegt (v. der Zerstörung Korinths durch L. Mummius 146 v. Chr.), *Ä* 6, 836.

trĭumphus, i, m. (θρίαμβος, bacchischer Festzug), der feierliche Einzug des Feldherrn mit seinem Heere in Rom infolge eines wichtigen Sieges, Siegeszug, Triumph, triplex (Sieg über Dalmatien, dann bei Aktium u. Alexandria), *Ä* 8, 714. *G* 1,504. Plur., 'Triumphzüge', *G* 2,148. übh.'siegreicheKämpfe','Siege', *Ä* 4, 37; vgl. *Ä* 6, 814. 11, 54.

Trivĭa, ae, *f.* (trivium), 1) Beiw. der Hekate als der auf Kreuzwegen gespenstisch waltenden u. dort verehrten Zaubergöttin, der als einer unterirdischen Macht die Haine u. der Avernus heilig sind, dann aber mit der Mondgöttin und, wie diese, mit der Artemis od. Diana verschmolzen, *Ä* 6,13.35. 69. 7,516. 744. 778. 10, 537. 11, 566 u. 836. 2) ein See in Latium bei Aricia, mit einem Haine u. Tempel der Diana, j. 'Lago di Nemi', Triviae lacus, *Ä* 7, 516.

trivĭum, ĭi, *n.* (ter u. via), Ort, wo drei Wege zusammentreffen (*τρίοδος*), Kreuz- od. Scheideweg, *Ä* 4, 609. *B* 3, 26.

Trŏäs, ădis, *f.* (*Τρῳάς*), Troërin, *Ä* 5, 613.

Trŏia, ae, *f.*, 1) als Ort, *α*) Stadt Troja, *Ä* 1, 95. 206. 290. 293. 376 u. ö. auch Gegend um Troja, *Τρῳάς*, hoc Ilium (die Stadt) et haec loca Troiam (die Gegend) esse iubet, *Ä* 5,756. *b*) eine von Helenus, dem Sohne des Priamus, erbaute Stadt in Epirus, *Ä* 3, 349. 2) ein ritterliches Spiel od. Turnier patricischer Knaben u. Jünglinge, von Askanius bei der Erbauung von Alba Longa gestiftet u. seiner Heimat zu Liebe Trojaspiel genannt, *Ä* 5, 602.

Trŏiānus, a, um (Troia), zu Troja gehörig, 1) adj., trojanisch, troïsch (in bez. auf Stadt und Gebiet), *Ä* 1, 19. 467. 550. 699. 2, 4 u. 63. 3, 335. 4, 124. 162. 165. 191. 425. 5, 420. 602 u. ö. urbs, Troja, *Ä* 1, 624. 4, 342. 8, 36. 2) sbst., Troiānus, i, *m.*, Trojaner, Troër, *Ä* 1, 286. 7, 250. 12, 359. Plur., *Ä* 5, 688. 9, 128 u. ö.

Trŏilus, i, *m.* (*Τρώϊλος*), jüngster Sohn des Priamus, *Ä* 1, 474.

Trŏiŭgĕna, ae, *m.* (Troia u. gigno), in Troja geboren, Trojaner, Troër, *Ä* 3, 359. Plur., *Ä* 8, 117. 12, 626.

Trŏius, a, um (*Τρώϊος*, dcht. Form st. 'Troicus'), aus Troja stammend, zu Troja od. Troas gehörig, troïsch, gaza, arma, Aeneas u. dgl., *Ä* 1,119. 249. 596. 2, 763. 3, 306 u. ö. heros, v. Äneas, *Ä* 6, 451 u. ö.

trŏpaeum, i, *n.* (*τροπαῖον* v. *τρέπω*), Siegeszeichen od. -denkmal, Trophäe, ein urspr. auf dem Kampfplatze als Zeichen eines erfochtenen Sieges errichtetes Denkmal, indem man die Beute von Waffen an Bäumen aufhing od. auf

Stangen u. Gerüsten in die Höhe richtete, *Ä* 10, 542 u. 775. 11, 7. 172. 385. 790.

1. **Trŏs**, Trōis, *m.* (*Τρώς*), Sohn des Erichthonius, Enkel des Dardanus, König von Phrygien, nach welchem Troja benannt ward, Vater des Ilus, Assarakus u. Ganymedes, *G* 3, 36.

2. **Trŏs**, Trōis, *m.* (*Τρώς*), Troër od. Trojaner, *Ä* 1, 574. 6, 52 u. 126. 10,108. 11,592. Tros Anchisiades, Äneas, *Ä* 10, 250. 12, 723. Plur., Trōes, um, Akk. 'as', *m.* (*Τρῶες*), *Ä* 1, 30. 129. 172. 232. 524. 747. 2, 325. 5, 265 u. ö.

trŭcīdo, äre, metzle od. haue nieder, morde, alqm, *Ä* 2, 494. 12, 577.

trŭdis, is, *f.*, spitze Stange, ferrata, *Ä* 5, 208.

trūdo, trūsi, trūsum, ĕre, *α*) stofse (fort), dränge, v. Hirsche, pectore montem (die Schneelast), *G* 3, 373. von Ameisen, frumenta, 'fortschieben', 'heranwälzen', *Ä* 4,405. v. Flusse, glaciem, d. i. Eisschollen vorwärtstreiben, *G* 1, 310. *b*) v. Pflanzen, hervortreiben (vgl. unser ausschlagen v. Bäumen), gemmas, *G* 2, 335. trudunt se medio de cortice gemmae, treiben hervor aus usw., *G* 2, 74. ähnl. Pass., truditur e sicco radix oleagina ligno, *G* 2, 31.

1. **truncus**, a, um, verstümmelt, eines od. mehrerer Teile beraubt, pinus, behauen, *Ä* 3, 659. nares, *Ä* 6, 497. tela, zerbrochen, *Ä* 11, 9. dcht. m. Gen. (wegen des Begriffs des Mangels), pedum, der Füsse beraubt, *G* 4, 310.

2. **truncus**, i, *m.*, 1) Stamm eines Baumes (ohne Rücksicht auf die Äste), arboris, *Ä* 10, 835. Plur., *G* 2, 63. induti armis, mit der Rüstung der erschlagenen Feinde bekleidete Pfähle od. Stangen, *Ä* 11, 83. gens truncis et duro robore nata, aus Stämmen und knorrigen Eichen entsprossen (zur Bezeichn. der Rohheit), *Ä* 8, 315. Bes. oben abgesägter u. mit einer Spalte od. Öffnung zur Aufnahme des Pfropfreises versehener 'Stamm', *G* 2, 79. 2) übtr., vom menschl. Körper, Rumpf, Leichnam, *Ä* 2, 557. 9, 332. 10, 555. 11, 173. 12, 382.

trux, trŭcis (m. 'torvus' verw.), wild, trotzig, visus, *Ä* 10,447. boreas, grimmig, heftig, *G* 1, 370.

tū, Personalpron. [durch mehrere Zwischens. getrennt, *Ä* 1,603. 6, 367. 9, 321. 12,158] (*τύ* äol. u. dor. st. *σύ*), du usw., *α*) übh., nachdrückl. vor Imperat. (bes. wenn Rat, Vorschriften od. Regeln erteilt werden), *Ä* 1, 683. 4, 50. 5, 691. 9, 290. *G* 2, 241. 3, 73 u. 163. 4, 45. prägn., nec te miseret gnataeque tuique, 'rührt dir dein Herz nicht der Tochter und dein eigenes Geschick', *Ä* 7, 360. liceat (mihi) dare tuta per undas vela tibi, es sei mir verstattet, die Segel sicher **dir** (deiner Macht, deinem Schutze als Beherrscher des Meeres) anzuvertrauen, *Ä* 5, 797. in kräftiger Wiederholung bei der Steigerung, tu ... tu, *Ä* 1, 78. 6, 834. *G* 4, 468; vgl. *Ä* 10, 81 u. 83 (Gegs. 'nos'). te ... te, *Ä* 7,596. im Unwillen, *Ä* 6,374. *b*) insbes., Dat. 'tibi', **dir**, *α*) als *Dat.* *comm.*, 'für dich', 'dir zu Ehren', zu deinem Ruhme, *Ä* 7, 390. *G* 2, 174. *β*) so viel an dir liegt, durch dein Zuthun od. Bemühen, tibi floret ager, *G* 2, 5. *γ*) mit ethischer Färbung, wie σοί, *Ä* 1, 258. non tibi ... evertit, *Ä* 2, 601. hic tibi (fabor enim ... movebit) bellum ingens geret etc., *Ä* 1, 261.

tŭbn, ae, *f.* (m. 'tubus' verw.), Tuba, ein gerade ausgehendes Blasinstrument mit einer weiten trichterförmigen Öffnung am Ende, eine Art 'Trompete', um dem Fufsvolke die Signale zu geben, *Ä* 2, 313. 7, 628. 8, 526. mit Versinnlichung des Schalles, *Ä* 9, 503. in früherer Zeit auch bei religiösen Festen u. Spielen, *Ä* 5, 113 u. 139. bei Leichenbegängnissen (st. der späteren 'tibia'), *Ä* 11, 192. dcht., ante tubam, ehe die Tuba ertönt, *Ä* 11, 424.

tŭčor, tŭĭtus (tūtus)sum, ēri, 1)schaue od. sehe an, betrachte, alqd, *Ä* 4,451. 5, 575. 6, 688. 9, 65. 10,397. m.Adj.Plur. Neutr. als Adv., torva, acerba, grimmig, wild blicken, *Ä* 6,467. 9,794. aversa,seitwärts, von der Seite anblicken, *Ä* 4, 362. 2) prägn., *a*) sehe auf jmd. od. etw., bewahre,beschütze,beschirme,alqm, *Ä* 2,523. *G* 1, 21. armenta, 'erziehe', *G* 2,195. oves, 'pflege', *G* 3, 305. fines custode, *Ä* 1,564. populum antiqua sub religione, *Ä* 2,188. *b*) nehme in Obacht, beobachte, quod cuique tuendum est, was jedem obliegt, *Ä* 9, 175.

tŭgŭrĭum, ĭi, *n.* (verw. m. 'tego'), Hütte, *B* 1, 68 (wo Gen. 'tuguri').

Tulla, ae, *f.*, Gefährtin der Kamilla, *Ä* 11,656.

Tullus, i, *m.*, röm. Vorn., bes. 'Tullus Hostilius', dritter König Roms(672—640 vor Chr.), von kriegerischem Charakter, *Ä* 6,814. 8,644.

tŭm, Adv., 1) zur Bezeichn. eines Zeitpunkts in der Vergangenheit, der mit einem andern zusammenfällt,dann, alsdann, nach 'cum' u. 'si' zur Hervorhebung der Bedingung od. eines Umstandes, cum ... tum, *Ä* 4, 597. *B* 3, 10. si ... tum, *Ä* 1, 151. 2, 190. Verstärkt, tum vero, 'da nun', 'dann aber', 'da na-

türlich', *Ä* 1, 485. 2, 226. 4, 397. 5, 172. 227. 720. 7, 376. 9, 73. tum primum, *Ä* 2, 559. dreifach, tum ... tum ... tum denique, *G* 2, 368 flg. Bes. *a*) von einem bestimmten Zeitpunkte in der Vergangenheit, damals(Gegs. 'nunc', *Ä* 6, 520 (*Ribb.* 'tunc') u. 777; vgl. *Ä* 1,621. 3, 187. *B* 5, 89 (*Ribb.* 'tunc'). *b*) zur Wiederaufnahme des vorherg. Particips, wie εἶτα, *Ä* 5, 382. 12, 5. *c*) zur Bezeichn. eines Zeitpunktes, der einem andern Zeitpunkte folgt, alsdann, dann, hierauf, *Ä* 1, 64 u. 104. 5, 424. 6, 898. 'tum', d. i. im späteren Alter, *G* 2, 296. Bisw. ellipt. im Wechselgespräch, tum Venus (mit Wegfall eines Zeitw. des Sprechens), wie auch wir, darauf Venus, *Ä* 1, 335. *d*) ferner, aufserdem, *Ä* 3,141 u.175. 5, 455. nachdrucksvoll nach 'postquam', *Ä* 3, 194. ellipt., quid tum? was dann weiter? *B* 10,38. *Ä* 4,534. 2) übtr.,dann, zur Bezeichn. einer Reihenfolge, oft mit entsprech.'primum', *Ä* 1,190. 9,112. primi ... deinde ... tum ... praeterea, *Ä* 5,300.

tŭmĕo, ēre (St. τν in τύλος, 'tuber', Wulst), 1)schwelle(an), tumentes pedes, 'geschwollene', *Ä* 2, 273. dcht. m. griech. Akk., tumens colla (am Halse), *Ä* 2, 381. *G* 3, 421. v. Gewässern, *Ä* 7, 810. 8, 86. von den Fluren im Frühling (infolge der Feuchtigkeit im Schofse der Erde), *G* 2, 324. 2) übtr., schwelle, walle leidenschaftlich, rabie, 'von Wut schwellen', *Ä* 6, 49. m. Neutr. Plur. des Adj. als Adv., vana tumens, von Dünkel sich blähend, *Ä* 11, 854.

tŭmesco, tŭmŭi, ēre (Inch. v. tumeo), 1)schwelle an od. auf, v. Gewässern, *G* 1, 357. 2, 479. 2)übtr., v. heimlichem Aufruhr, sich gährend erheben, *G* 1, 465.

tŭmĭdus, a, um (tumeo), 1)geschwollen, schwellend, *α*)eig.,v. Gewässern, *Ä* 1, 142. 5, 125 u. 821. 8, 671. von Trauben, *G* 2, 102. pulmo (als natürl. Folge der Erbitzung u. des Zornes), *Ä* 10, 387. von der Schlange, sich blähend (weil von giftigen Kräutern genährt), *Ä* 2, 472. *b*) übtr., leidenschaftlich aufwallend, aufbrausend, corda, *Ä* 6,407. secundo Marte, aufgebläht, aufgeblasen, *Ä* 10,21. dcht. m.griech. Akk., tumidus novo praecordia regno, den Busen geschwellt, d. i. stolz auf die neue Würde, *Ä* 9, 596. 2) aktiv, die Segel schwellend, auster, *Ä* 3, 357.

tŭmŏr, ōris, *m.* (tumeo), eig. das Aufschwellen, übtr., das Aufbrausen, der Unwille, deûm, m. 'irae' verb., *Ä* 8, 40.

tŭmultŭs, ūs, *m.*(tumeo), *a*)lärmende Unruhe, Lärm, Getöse, Getümmel,

Verwirrung, Schrecken, *A* 2, 122
u.486. 3,99. 8,4. 11,897.12,757. *b*)plötz-
lich ausbrechender Krieg od. Aufstand,
Einfall oder Überfall empörter Völkerschaften, wie der Gallier, *A* 6, 858. übh.
Kriegs- od.Waffenlärm, *A* 8, 371.

tŭmŭluŝ,i,*m*.(tumeo),*a*)Erdhügel,
Hügel, *A* 2, 713 u. 742. 3,22. 8,112. 12,
561. m. 'collis' verb., *G* 2, 276. *b*) Grabhügel, *A* 3, 40 u. 322. 5, 371 u. 664. inanis, *A* 3, 304.

tunc, Adv. (tum-ce), damals eben,
dann, alsdann (mit schärferer Hin-
weisung auf ein bestimmtes Moment der
Vergangenheit oder Zukunft als 'tum'),
A 2, 246. 6, 520 (*Ribb.* st. 'tum'). *B* 5, 89
(*Ribb.* st. tum).

tundo, tŭtŭdi, tunsum, ĕre, 1) eig.:
a) stofse, schlage, saxum (von den
Wellen), *A* 5, 125. humum calcibus (von
einem tödlich Verwundeten), d. i. schlage
od. zerstampfe mit der Ferse den Boden,
A 10, 731. bes. pectora (v. Frauen als
Zeichen der höchsten Trauer und Verzweiflung), dah., tunsae pectora palmis,
die Brust mit den Händen schlagend, *A*
1, 481. tunsis pectoribus, während sie
schlugen usw.,*A*11,37. dcht.,tundi euro,
von den Schlägen od.Streichen des Windes gepeitscht werden,*G*3,382 *b*)schlage
heraus, d. i. dresche (aus), fruges, *G*
3, 133. *c*) zerstofse, zerstampfe,
tunsus gallae sapor, Saft von zerstofse-
nen Galläpfeln, *G* 4, 267. tunsa viscera,
'zermalmte', *G* 4,302. 2)übtr., hämmere
gleichs.auf jmd. herum mit Worten, bestürme, adsiduis hinc atque hinc vocibus heros tunditur, *A* 4, 448.

tŭnĭca,ae,*f*.,1)Unterkleid der Römer
(der Männer wie Frauen) mit kurzen
Ärmeln, 'Wams', *A*8,457. 10,314. Plur.,
A 11,777. 2) übtr., Hülle od. Gewebe
der Pflanzen, *G* 2, 75.

turba, ae, *f*. (τύρβη), lärmende Unordnung einer Menge, 1) v. Leb.: *a*) Gewühl, Getümmel, m. 'fremitus' verb.,
A 5, 152. *b*) konkr., ungeordnete, lärmende Schar, Schwarm, Haufe von
leb. Wesen, *A* 1, 191. 2, 580. 3, 233. 6,
325. 611. 667. 7, 813. 12, 248. der Abgeschiedenen, *A* 6, 753. als Kollektiv (wobei das eig. Subj. 'Phryges' im Gen. hinzutritt) mit Plur. des Zeitw., *A* 11, 145.
2) (dcht.) v. Lebl., capitum, zahllose,
wimmelnde Köpfe, *A* 8, 300.

turbĭduŝ, a, um (turba), 1) in Unruhe od.Verwirrung befindlich, unruhig, stürmisch, trübe, v. Wolken,
Regen usw.,*A* 4,245.5,696.12,685. loca,
von der Unterwelt, in bez. auf das Chaos,
das man gern mit der Unterwelt in Ver-

bindung setzte, *A* 6,534. tempestas telorum, von Wurfwaffen, wie sie jedem zuerst in die Hände kamen, *A* 12,283. pulvis, wirbelnd, *A* 11, 876. turbidus caeno
gurges, von Schlamm getrübt (v. Acheron),*A*6,296.auro turbidusHermus,trübe
von Goldsand, d. i. Goldsand mit sich
führend, *G* 2,137. 2)übtr.: *a*)unruhig,
stürmisch, heftig, ungestüm, v.
Pers., *A* 9, 57. 11,742. 12,10. animo turbidus, mit wild stürmendem Geiste,*A* 10,
648. *b*)bestürzt, betroffen, Arruns,
A 11,814. 12,671. *c*) stürmisch, un-
mutig, zürnend, Mezentius,*A*10,763.
imago, mit verstörtem Blick, *A* 4, 353.

1. **turbo**, āre(turba\,1)eig.:*a*)bringe
inVerwirrung od.Unordnung, ver-
wirre, frondes, *A* 3, 449. folia, *A* 6, 75.
'treibe daher', 'scheuche auseinander',
cycnos, *A* 1, 395. apros latratu, *G* 3, 412.
dcht. abs. od. intr., per ovilia, dränge,
stürze mich,*A*9,339. Pass. 'turbari', von
Pferden, scheu (gemacht) werden, *A* 7,
767. 9, 124. unpers., totis turbatur agris,
es herrscht Getümmel oder Kriegslärm
auf usw., *B* 1, 12. Bes. im Kriege, verwirre, zerstreue, globum, viros, *A* 9,
409 u. 692. cuneos, *A* 12,269. acies,*A* 11,
618; vgl. *A* 9, 538. 11, 869. rem Romanam magno turbante tumultu sistet, den
von grofser Verwirrung bestürmten, *A*
6, 858. abs. (in der Bed. des Pass.), gerate in heftige Bewegung od. Furcht,
werde unruhig, bebe, septemgemini tur-
bant trepida ostia Nili,*A*6,801. *b*)wühle
auf, durchwühle, mare trabibus, *A*
4, 566. *G* 3, 259. 2) übtr., bringe in
Verwirrung od. Gährung, errege,
verwirre, *a*) v. Pers., animos, *A* 1, 515.
omnia metu, *A* 11,401. foedera per artes, d. i. störe durch List den Vertrag,
A 12, 633. Pass., bes. Part.Prät. turbā-
tus, a, um, 'verwirrt', 'erregt', 'erbittert',
'erzürnt', turbatus,*A*3,314. turbati, *A*9,
538 u. 735. turbata Pallas, *A* 8, 435. castra, *A* 9,13. ora, *A* 11, 297. Camilla, *A*
11, 796. mit griech. Akk., tristi turbatus
pectora bello (durch die Schrecken des
Krieges) *A* 8,29. subito mentem turbata
dolore, *A* 12,599. *b*) von lebl. Subj., ne
qua facies omina turbet, die guten Zeichen störe oder zu nichte mache, *A* 3,
407. aliud (ein anderer Vorfall) inpro-
vida pectora turbat, verwirrt die Ge-
müter, die das nicht erwartet hatten,
A 2, 200. amor alqm turbat, *A* 12, 70.
mens turbatur funere, *A* 4, 566.

2. **turbo**, bĭnis, *m.* (τύρβη), 1) alles,
was sich im Kreise dreht, *a*) wirbelnder
Sturm, Wirbelwind, Windsbraut,
Orkan, *A*1, 45. 442. 511. 12,855 u. 923.

ater, *Ä* 10, 603. niger, *G* 1, 321. mit dem Zusatz 'venti', *Ä* 9, 91. *b)* wirbelförmige Bewegung,Wirbel),des Rauches,piceus, *Ä* 3, 573. Strudel im Meere, *Ä* 10, 665. beim Werfen,*Ä* 6,594; vgl. *Ä*11,284. 12, 320. saxi, sich wirbelnder Stein, 'rollendes Felsstück', *Ä* 12,531. 2) ein gewundener Körper, bes. Kreisel zum Spielen für die Jugend (στρόμβος), der mit einer Peitsche in Bewegung gesetzt od. getrieben wurde, *Ä* 7, 378.

tūrĕus, a, um (tus), von Weihrauch, virga, 'Staude des Weihrauchs', *G* 2, 117. dona,'Gaben von Weihrauch',Spezereien, *Ä* 6, 225.

turgĕo, ēre, schwelle, bin angeschwollen, strotze, von Pflanzen, *B* 7, 48. v. Getreide, *G* 1, 315.

tūrĭcrĕmus, a, um (tus u. cremo), von Weihrauch brennend, ara, 'weihrauchflammender Altar', *Ä* 4, 453.

tūrĭfĕr, fĕra,fĕrum (tus u.fero),Weihrauch tragend, harenae, *G* 2, 139.

turma, ae, *f.* (verw. m. 'turba'), 1) eig., Abteilung der röm. Reiterei (von dreifsig Mann), Schwadron, Geschwader, equitum, *Ä* 5, 560. Latinae, *Ä* 11, 518 u. 599. mediae, *Ä* 10, 239. feroces,*G* 3,179. 2) übtr., Schar, Haufe, *Ä* 10, 310.

Turnus, i, *m.,* König der Rutuler in Ardea, Sohn des Daunus u. der Venilia (*Ä* 10, 75 u. 615), Bruder der Juturna, Schwestersohn der Amata (*Ä* 7, 366. 12, 138), bewirbt sich, von Amata begünstigt, um Lavinia (*Ä* 7, 56), wird, als diese dem Äneas als Gattin zu teil wird, durch Allekto zum Kampfe gegen Äneas aufgereizt (*Ä* 7, 341 flg.) u. fällt zuletzt von der Hand desselben, *Ä* 12, 943 flg. 'in Turno' nachdrücklich st. 'in me', *Ä* 12, 11. Nach einer Sage, welche Amata bei Vergil benutzt, stammte Turnus aus Griechenland (während Äneas als Nachkomme des Dardanus latinischen Ursprungs war), da Danaë, Tochter des Akrisius u. Enkelin des Argiverkönigs Inachus, nach ihrer Landung in Italien die Stadt Ardea gründete u. mit Pilumnus, dem Fürsten der Rutuler und Urgrofsvater des Turnus (*Ä* 10, 619), sich vermählte, *Ä* 7, 371 flg.

turpis, e, 1) häfslich, garstig, entstellt (in bez. auf die äufsere Erscheinung),*G* 2, 60. 3,441. 4,395. apes,'rauch', 'struppig', *G* 4, 96. Egestas, *Ä* 6, 276. caput, grofse, breite Stirn,*G* 3,52. udo turpia membra fimo, beschmutzt, *Ä* 5, 358. 2) übtr., häfslich, schmählich, schimpflich, formido, *Ä* 2, 400. cupido, *Ä* 4, 194. concubitus, *B* 6, 49.

turpo, āre (turpis), mache häfslich,

entstelle, capillos sanguine, *Ä*10,832. canitiem pulvere, *Ä* 12, 611.

turrĭgĕr, gĕra,gĕrum (turris u. gero), Türme tragend, mit Türmen (an den Mauern) umkränzt, v. Städten, *Ä* 7, 631. in bez. auf Kybele (s. turritus), *Ä* 10, 253.

turris, is, *f.* (τύρσις), Turm, a) zur Befestigung auf den Mauern der Stadt, *Ä* 2, 460. 4, 86. 7, 160. 9, 575. *G* 4, 125. ferrea (in der Unterwelt), *Ä* 6, 554. zur Befestigung des Lagers, *Ä* 9, 46 u. 470. dcht. im Vergleich mit Pers. (wie πύργος Ἀχαιῶν b. Hom. Od. 11, 556), *Ä* 9, 677. *b)* Turm (von Holz), den man auf Rollen an die Mauer der belagerten Stadt bewegte, *Ä* 12, 673.

turrītus, a, um (turris), 1) mit Türmen versehen, puppes,*Ä*8,693. Beiw. der Kybele, welche als Stadtgründerin mit einer Mauerkrone abgebildet wurde (als Symbol der Erde mit den Städten), 'turmbekränzt', *Ä* 6, 785. 2) (dcht) übtr., aufgetürmt, turmhoch, scopuli, *Ä* 8, 536.

turtŭr, tŭris, *m.* (onomatopoiet., wie τρυγών), Turteltaube, *B* 1, 59.

tūs, tūris, *n.* (θύος), Weihrauch, *Ä* 1,417. Plur.,als Opfergabe der Armen, *Ä* 8,106. mascula, männlicher od. Tropfweihrauch (als beste Gattung), *B* 8, 65.

Tusci, ōrum, *m.,* die Tusker, Bew. von Etrurien (j. Toskana) in zwölf selbständigen Städten, die zusammen einen Bund bildeten, ber. durch Handel und Gewerbe u. durch ihre Seemacht, *Ä* 11, 629. 12, 551.

Tuscus, a, um (Tusci), zu den Tuskern gehörig, tuskisch, sanguis, *Ä* 10, 203. orae, *Ä* 10, 164. Tiberis, weil im Lande der Tusker entspringend,*G* 1,499. amnis, die Tiber, *Ä* 8, 473. 10, 199. 11, 316.

tussis, is, *f.,* Husten, *G* 3, 497.

tūtāmĕn, mĭnis, *n.* (tutor), Schutzmittel, Schutz, v. Panzer, *Ä* 5, 262.

tūtēla, ae,*f.*(tueor),Schutz,*G*4,111.

tūtō, Adv. (tutus), mit Sicherheit, sicher,ohne Gefahr,*G* 2,332.*Ä*11,381.

tūtor, āri (Intens. v. 'tueor'), verwahre, bewahre, beschütze, *Ä* 2, 677. 7, 469. alqm (von der Gunst), *Ä* 5, 343.

tūtus, a, um (eig. Part. von 'tueor'), 1) geschützt, gesichert, sicher, v. Pers., *Ä*1,571. v. Sachen, terra, *Ä* 3, 387. spelunca (näml. gegen den Zutritt von Menschen), *Ä* 6, 238. aequora (weil durch die Insel geschützt), *Ä*1,164. omnia tuta timens, 'selbst das Sicherste fürchtend', *Ä* 4, 298. Neutr. sbst., tutum, i, *n.,* Si-

cherheit, sicherer Ort, d. i. Hafen, *Ä*
1, 391. oft Plur., *Ä* 11, 871. tuta capesso,
suche Sicherheit, gewinne das Freie, *Ä*
9, 366. auch m. Gen., tuta domorum, der
sichere Schutz der Häuser, *Ä* 11, 882.
terrae tuta, der sichere Boden des Fest-
landes (Gegs. zum stürmischen Meere),
Ä 6, 358. 2) sicher, gefahrlos, ohne
Gefahr, aequora, *Ä* 1, 164. 5, 171. iter,
Ä 5, 862. receptus, *Ä* 11, 527. tegmina
capitum, Sicherheit od. Schutz gewäh-
rend, *Ä* 7, 632. statio, *G* 4, 421. Oft von
Pers. st. Adv., potuit Illyricos penetrare
sinus tutus, *Ä* 1, 243. quo tutior hospita
lustres aequora, *Ä* 3, 377; vgl. *Ä* 2, 620.
5, 796 u. 862. *G* 4, 193.

tŭus, a, um, dein, dir gehörig, *Ä*
1, 76. 12, 937. tua vincula, die von dir
uns angelegten, *Ä* 10, 233. tua tela, die
Geschosse, wie du sie führst, *Ä* 11, 558.
prägn., accipe tuam, nimm sie an als die
deine, *Ä* 11, 560. Subst., tui, ōrum, m.,
die Deinigen, deine Gefährten, *Ä* 1, 755.
2, 283; deine Freunde, Verwandten, *Ä* 3,
488; deine trojan. Ahnen, *Ä* 12, 439; dein
Volk, *Ä* 11, 365. pubes tuorum (weil Saturn als Stammvater der latinischen
Könige galt), *Ä* 12, 820.

Tȳdeus, ëi u. ëos, m. (Τυδεύς), Sohn
des Öneus u. Vater des Diomedes, der
mit Polynikes nach Theben zog u. tapfer
kämpfend durch die Hand des Mela-
nippus fiel, *Ä* 6, 479.

Tȳdīdēs, ae, m. (Τυδείδης), Sohn des
Tydeus, v. Diomedes, *Ä* 1, 97 u. 471. 2,
164. 10, 29.

tympănum, i, n. (τύμπανον), 1) Hand-
pauke, Handtrommel, Tamburin,
mit hohlem, halbrundgewölbtem Bauche
od. Schallboden, bes. beim Dienste der
Kybele, *Ä* 9, 619. 2) übtr., von der Ähnlichkeit, Rad ohne Speichen, Teller-
od. Scheibenrad, *G* 2, 444.

Tyndăris, ĭdis, f. (Τυνδαρίς), Tochter des Königs Tyndareos zu Sparta,
Lacaena, d. i. Helena, *Ä* 2, 601. abs., *Ä*
2, 569 (wo Akk. 'ida').

Tȳphōeūs, ëi u. ëos, m. [Akk. 'Typhoëa' u. Dat. 'Typhoëo' durch Synäresis dreisilb., *G* 1, 279 u. *Ä* 9, 716] (Τυ-
φωεύς, eig. 'der Dampfende', Symbol
der feuerspeienden Berge, v. τῦφος, τύ-
φω), Sohn der Gäa od. Terra (*G* 1, 279),
ein erst nach hartem Kampf von Juppiter namentlich durch den Beistand des
Herkules bewältigtes Ungeheuer, das
nach der einen Sage, unter den Bergen
der Insel Inarime begraben, *Ä* 9, 716,
nach der andern Sage von Juppiter in
den Tartarus geschleudert wurde, *Ä* 8,
298.

Tȳphōiun od. (*Ribb.*) **Tȳphōeūs**, a,
um, zu Typhōeus gehörig, typhoïsch,
tela, Blitze mit denen Juppiter den Typhoeus erschlug, *Ä* 1, 665.

tȳrannus, i, m. (τύραννος, dor. st.
κοίρανος, a) übh. Herr, Herrscher,
Gebieter, Fürst eines nichtröm. Landes (ohne gehässigen Nebenbegr.), vom
Aeneas, *Ä* 7, 266. 12, 75. Nomadum, *Ä* 4,
320. *b*) im schlimmen Sinne, Gewalt-
herrscher in einem vorher freien Staate
Wüterich, *Ä* 1, 361. 8, 483. v. Pluto, *G*
4, 492.   [ein Troër, *Ä* 10, 403.

Tȳres, is, m., Bruder des Teuthras,

Tȳrius, a, um (Τύριος), zu Tyrus gehörig, aus Tyrus, tyrisch, murex
(Purpur), *Ä* 4, 262. ostrum, rubores, *G* 3,
17 u. 307. urbs, d. i. Tyrus, *Ä* 1, 340; 'Karthago' (als Pflanzstadt von Tyrus), *Ä* 1,
388 u. 568 (vollst. Tyria Carthago, *Ä* 4,
224). urbes, *Ä* 10, 55. coloni (von Karthago), *Ä* 1, 12. comites, *Ä* 4, 162. virgines, *Ä* 1, 336. 2) (dcht.) st. karthagisch, *Ä* 1, 20. 336 u. 338. sbst., Tyrius,
ii, m., 'Karthager', *Ä* 1, 331. 338. 423 u. ö.

Tȳros, i, f. (Τύρος), Stadt in Phönikien (j. 'Sur'), Kolonie von Sidon und
Mutterstadt von Karthago, berühmt
durch Handel, bes. mit Purpur, *Ä* 1, 346.
4, 36. 43 u. 670.

Tyrrhēni, ōrum, m. [Gen. 'Tyrrhe-
nûm' st. 'Tyrrhenorum', *Ä* 11, 171] (Τυρ-
ρηνοί), Stammvolk der Etrusker, das
der Sage nach aus Lydien oder über die
Alpen nach Italien eingewandert war,
übh. st. 'Etrusker', *Ä* 8, 603. 11, 93 u. 733.

1. Tyrrhēnus, a, um (Τυρσηνός),
tyrrhenisch, etruskisch, duces, *Ä* 11,
835. aequor, das tuskische Meer, *Ä* 1, 67.
sal, 6, 697. aestus (d. i. mare), *G* 2, 164.
Thybris (weil in Etrurien entspringend),
Ä 7, 242. flumen, d. i. Tiber, *Ä* 7, 663.
acies, *Ä* 7, 426. rex, Mezentius, *Ä* 8, 555.
Tyrrhenus tubae clangor, *Ä* 8, 526. vincula, *Ä* 8, 458. Sbst., Tyrrhenus, i, m.,
Tyrrhener oder Etrusker, pinguis
(weil man beim Opferdienste herumzie-
hende Etrusker als Flötenbläser nahm,
die von den Opfermahlzeiten sich nähr-
ten), *G* 2, 193. abs., v. Mezentius, *Ä* 10,
787. 898. v. Ornytus, *Ä* 11, 686. Plur., s.
Tyrrheni.

2. Tyrrhēnus, i, m., Name eines
Etruskers, *Ä* 11, 612.

Tyrrhĭdae, ārum, m. (Tyrrhus), Söhne
des Tyrrhus, *Ä* 7, 484. Tyrrh. iuvenes,
Ä 9, 28.

Tyrrhus, i, m. (auch 'Tyrrheus' gen.),
treuer Aufseher der Herden u. Weiden
des Königs Latinus, *Ä* 7, 485.

Tȳrus, s. Tyros.

U.

1. **ūběr**, ěris, *n.* (οὖθαρ), Euter, 1) eig.: *a)* Zitze der Tiere, *G* 3, 20. *A* 7, 484. Plur., *A* 3,392. 8,45. *G* 2,524. dcht., 'Milch' des Euters, *A* 11,572. *b)* nährende Brust der Frauen, Mutterbrust, *A* 5, 285. 6, 428. 2) übtr.: *a)* Fruchtbarkeit, Fülle, Reichtum des Bodens (οὖθαρ ἀρούρης Hom.), agri, *A* 7, 262. fertilis ubere campus, 'segenschwanger', *G* 2, 185. glaebae, 'Segen des Bodens', *A* 1, 531. 3, 164. accipere alqm lacto ubere, in den fruchtbaren Schofs wieder aufnehmen (von einem Lande), *A* 3, 95. *b)* (dcht.) 'Grund' od. 'Boden' in bez. auf seine Fruchtbarkeit, uber aptius vitibus erit, wird geeigneter sein usw., *G* 2, 234. in denso ubere non segnior Bacchus, in dichter Üppigkeit, dicht gepflanzt sind die Reben nicht weniger ergiebig, *G* 2, 275.

2. **ūběr**, ěris (vgl. 1. 'uber'), *a)* reich an etw., fruchtbar, regna, *A* 3, 106. *b)* in grofser Menge vorhanden, in Fülle, reichlich, pinus, *G* 4, 141.

ūbǐ [bei Vergil nur 'ĭ', nie 'ī' wie bei Lucr. u. Hor.], 1) Adv., v. Orte, wo, *A* 1, 205 u. 365. 3, 88. 4, 481. 7, 131. wiederholt, *A* 1, 99 flg. st. 'ut ibi' m. Konj, *A* 3, 7. 7, 776. Bes. 'ubi (est)' als Formel der Klage bei verfehltem Erfolge od. als Vorwurf und Tadel (ποῦ δέ, Hom. Il. 13, 219), ubi hic Juno? wo ist hier eine Spur von Juno? *A* 10, 73. 2) Konjkt., zur Bezeichn. der Zeit, *a)* wann, m. Präs., *A* 2, 471 flg.; vgl. *A* 4, 143 flg. nachgest., *A* 12, 68. *b)* nachdem, sobald als, wenn, m. Ind. Präs., *A* 3, 69 u. 670. m. Perf., *A* 1, 405 u. 715. 2, 347. 5, 315 u. 362. 6, 897 (wo *Ribb.* '*ibi*' mit stärkerer Interpunkt. nach 'eburna'). *A* 7, 541. 9, 563. 11, 799 (*Ribb.* 'ut'). 12, 908. ubi iam, *A* 2, 634. mit erstem od. zweitem Fut., *A* 3, 410 u. 441. 4, 118. 9, 98. *B* 4, 37.

ūbī-quě, Adv., wo nur od. irgend, wo es immer auch sei, dah. überall, an allen Orten, *A* 1, 601. 2, 755. wiederh., *A* 2, 368. Auch bei Zeitw. der Bewegung (ago), überall hin, nach allen Seiten (hin), *A* 7, 405. 11, 646.

Ūcălēgōn, ontis, *m.* (Οὐκαλέγων), einer der Geronten od. Häupter in Troja (vgl. Hom. Il. 3, 148), dcht., ardet Ucalegon, das Haus des Ukalegon, *A* 2 ,312.

ūdus, a, um (zsgz. aus uridus), feucht, nafs, *G* 3, 388. *A* 5, 357 u. 681. 7, 354. liber (Bast), saftig u. dah. biegsam, *G* 2, 77. ver, durch Regen befeuchtend, 'Nässe des Frühlings', *G* 3, 429. dcht., udae vocis iter, st. udum iter vocis, der feuchte Gang, schlüpfrige Weg der Stimme, d. i. Kehle, *A* 7, 533.

1. **Ūfens**, entis, *m.*, kleiner Flufs in Latium bei Terracina, j. 'Ufente', *A* 7, 802.

2. **Ūfens**, entis, *m.*, ein Latiner, Anführer der Aquer, *A* 7,745. 8, 6. 10, 518. 12, 460 u. 641.

ūlciscor, ultus sum, ulcisci, nehme für jmd. od. etw. Rache, räche, alqm, *A* 4, 656. 6, 841. umbras sociorum, *A* 3, 638. cadentem patriam, *A* 2, 576.

ulcüs, cěris, *n.* (ἕλκος), Geschwür, *G* 3, 454.

ūlīgo, gǐnis, *f.* (st. uviligo, v. uveo), befruchtende Feuchtigkeit der Erde, *G* 2, 184.

Ūlixēs, is u. ěi, *m.* [zsgz. Gen. 'Ulixi' st. 'Ulixei', *A* 2, 7. 90. 436. 3, 273. 613. 691. *B* 8, 70], latein. Name des Odysseus (Ὀδυσσεύς), Sohn des Laërtes und der Antiklēa (nach späterer Sage Sohn des Sisyphus, Enkel des Aolus, welchen Antiklēa vor ihrer Vermählung mit Laërtes gebar, dah. 'Aeolides', *A* 6,529), Gemahl der Penelope, König von Ithaka, ausgezeichnet durch Mut wie durch Schlauheit und Standhaftigkeit, zog mit zwölf Schiffen nach Troia u. kehrte nach dessen Zerstörung erst nach zehnjährigem Umherirren zurück, *A* 2, 7. 44 flg. 3, 273 u. 628. 9, 602. Verwandlung seiner Genossen in Schweine durch Kirke, *B* 8, 70. Kam nach Sicilien zu den Kyklopen, *A* 11, 263.

ullus, a, um, *Gen.* ullīus, *Dat.* ulli (Dem. v. 'unus' st. unulus), irgend ein, bes. *a)* in negativ. Sätzen, *A* 1, 440. 2, 137. Dah. 'non ullus' nachdrucksvoller als 'nullus' u. mit steter Anlehnung an ein Zeitw., *G* 1, 506. 3, 209. *A* 1, 168 flg. 3, 323. *B* 3, 52. 5, 24. nqn viribus ullis, haud ullis viribus, mit aller erdenklichen Kraft nicht, mit keiner Gewalt, *A* 6,147. 12,782. mit einem andern Adj., *A* 4, 174. 6,103 u. 352. Bei 'aut' im zweiten Gliede mit 'ullus' wird der negative Begriff aus dem vorhergeh. 'nullus' ergänzt, nullis ... aut voces ullas etc., noch hört er aut einer ihrer Worte, keines ihrer Worte macht ihn fügsam, *A* 4, 439 (*Ribb.* '*haut* voces ullas'). *b)* in hypothetischen Sätzen zur Bezeichn. der gröfsten Allgemeinheit der Bedingung, *A* 5, 28 (wo zu 'ulla' das Subj. 'tellus' aus dem

zweiten Gliede heraufzunehmen ist), *Ä*
10, 626 u. 861. Nur scheinbar in affirmativen Sätzen, dum amnes ulli rumpuntur fontibus, d. i. wenn i r g e n d
Flüsse hervorbrechen,tritt e t w a Regenzeit ein, *G* 3, 428.

ulmus, i, *f.*, Ulme, Rüster (bei den
Römern zum Hinaufziehen der Weinreben), *G* 1, 2 u. 170. 2, 221. 361. 367. *B*
1, 59. 2, 70. das Laub als Futter für das
Vieh, *G* 2, 446.

ulna, ae, *f.* (ὠλένη), Ellbogen, dah.
Elle als Längenmaſs, *B* 3, 105. *G* 3,355.

ulterior, iŭs, Gen. 'ōris' (Kompar.
zum ungebräuchl. Posit. 'ulter'; vgl. ultra), I) Kompar., jenseits befindlich, jenseitig, ripa, *Ä* 6, 314. II) Superl. **ultimus**, a, um, 1) örtl., der entfernteste, äuſserste, letzte, locus,
Ä 4, 481. Thule, *G* 1,30. Bactra, *Ä* 8,687.
arva (der Unterwelt), *Ä* 6, 478. aequora,
das äuſserste Meer bei der überwundenen *meta*, als das vom Ausgangspunkte
entfernteste, *Ä* 5, 218. praemia (von den
drei ausgesetzten Preisen), *Ä* 5,347. sbst.,
ultima, ōrum, *n.*, das Äuſserste, Letzte,
Ende (der Laufbahn), *Ä* 5, 317. 2) übtr.:
a) zeitlich, *α*) der entfernteste od.
äuſserste, letzte, dies, lux, *Ä* 2, 248
u. 668. pars vitae, *B* 4, 53. aetas, das
groſse sibyllinische Weltjahr, das mit dem
eisernen Zeitalter zu Ende geht, *B* 4, 4.
β) der entfernteste, älteste (rückwärts gerechnet), sanguinis ultimus auctor, urältester Ahnherr, 'Erzvater des
Geschlechtes', *Ä* 7, 49. *b*) dem Grade
nach, der äuſserste, schlimmste,
ärgste, Teucrûm iussa, die schimpf-
lichsten, unwürdigsten Befehle, *Ä* 4,537.
sbst., ultima, ōrum, *n.*, 'das Äuſserste',
'Ende', 'Untergang', *Ä* 2, 446.

ulterius, Adv., s. ultra *no.* 1, *b*.

ultor, ōris, *m.* (ulciscor), Rächer,
Bestrafer, *Ä* 2, 96.4, 625 u. ö. maximus
(v. Herkules als einem Gotte, welcher
Bedrängten beistand und Unrecht rächte), *Ä* 8, 201. dolorum, *Ä* 10, 864.

ultra (verst. parte), 1) Adv.: *a*) eig.
räuml., auf der andern Seite, jenseits,
übtr., weiter, ferner, auſserdem,
quae iam ultra moenia habetis? *Ä* 9,
782. quid ultra provehor? was rede ich
mehreres noch? wozu noch weiteres? *Ä*
3, 480. *b*) von der Zeit, weiter hinaus, weiter hin, länger, *Ä* 10, 663.
11, 411. neque ultra esse sinent, nicht
länger auf Erden gönnt es (das Geschick)
ihm Raum, *Ä* 6,870. Komp. 'ulterius', weiter, weiter hin, *Ä* 12,806 u. 938. 2) Präp.
m. Akk., eig. 'jenseit', übtr., über (hinaus), mehr als, *Ä* 6, 114. *B* 7, 27.

ultrix, trīcis, *f.* (ultor), rächerisch,
rächend, Tisiphone, *Ä* 6, 570. Dirae,
rachgierige, *Ä* 4,473 u. 610. Curae (personif.), die Qualen des Gewissens (nach
begangener Unthat), *Ä* 6, 274. sagitta,
Ä 11, 590. flamma, *Ä* 2, 587.

ultrō, Adv., 1) jenseits hin, nach
der andern Seite hin, *Ä* 2, 193. 11,
286. 2) übtr.: *a*) eig. über das hinaus,
was man nach Umständen erwarten sollte,
überdies, noch dazu, noch obendrein, mehr noch sogar, selbst,
Ä 2, 145 u. 193. 3, 155. 5, 55 u. 446. 9,
729. *G* 4,204. dopp., ultro ... ultro, *Ä* 9,
127 (*10, 278). Bes. bei Angabe einer
Handlung, die etw. Uberraschendes od.
Auffallendes hat, ultro inplacabilis ardet,
entbrennt er sogar zu unversöhnlichem
Zorne, *Ä* 12, 3. *b*) um eine Thätigkeit zu
bezeichnen, die von jenseits (ohne Veranlassung von diesseits) kommt, ohne
äuſsere Veranlassung od. Nötigung, aus eigenem Antriebe, von
selbst, von freien Stücken, freiwillig, ohne unser Zuthun, un-
willkürlich, *Ä* 7, 236. 9, 676. *B* 3, 66.
G 4, 265. attulit ultro, ohne dein Bitten
(Gegs. 'optanti'), *Ä* 9, 7. ultro occurramus,
Ä 10,282. oves ultro fugiat lupus, *B* 8,52.
Bes. von dem, der zuerst das Wort ergreift
u. dgl., bei 'compello', *Ä* 2, 279 u. 372. 6,
499. bei 'increpo', *Ä* 6, 387. bei 'hortor',
G 4, 265.

ulula, ae, *f.* (ululo), Kauz, Käuzchen, *B* 8, 55.

ululatus, ūs, *m.* (ululo), Geheul,
Geschrei der Weiber (ὀλολυγμός), fe-
mineus, *Ä* 4, 667. 9, 477. Plur. vom wiederholten Geschrei, *Ä* 7,395. von der Toten-
klage, 'Wehruf', 'Wehklage', *Ä* 11, 190.

ululo, āre (onomatopoiet., wie ὀλο-
λύζω), 1) intr., heule, v. Hunden und
Wölfen, *Ä* 6, 257. 7, 18. *G* 1, 486. auch
bei freudigen Ereignissen, 'jauchzen',
'aufjauchzen', von den Amazonen, ulu-
lante tumultu, mit jubelndem Lärm, lautem Gejauchze, *Ä* 11, 662. von den Nymphen (um die Hochzeitshymnen zu ersetzen), *Ä* 4, 168. übtr., von sachl. Subj.,
cavae plangoribus aedes ululant, das
Innere des Hauses erdröhnt vom Jam-
mergeschrei der Weiber, *Ä* 2, 488. 2)
trans., rufe mit Geheul an od. verehre, ululata Hecate, *Ä* 4, 609.

ulva, ae, *f.*, Sumpfgras, Schilf,
B 8, 87. *G* 3, 175. *Ä* 2, 135. 6, 416.

Umber, bra, brum, zu Umbrien ge-
hörig, einer Landschaft zwischen dem
Padus, Tiber u. dem adriat. Meere; sbst.,
Umber, bri, *m.* (verst. 'canis'), umbrischer
Hund (bes. zur Jagd gebraucht), *Ä* 12,753.

umbo, ōnis, *m.*, 1) Buckel auf der Mitte des Schildes, *Ä* 2, 546. 2) meton., der Schild selbst, *Ä* 7, 633. 9, 810. 10, 271 u. 884.

umbra, ae, *f.*, 1) Schatten, *Ä* 1,165. 6, 268. *G* 1, 191 u. 3, 464. Plur., *B* 7, 58. cadunt altis de montibus umbrae, es wird Abend, *B* 1, 84; vgl. *Ä* 2, 67. Dah. *a*) Schatten, Dunkel, Finsternis, noctis, *B* 8, 14. *Ä* 9, 314. *G* 1, 366; vgl. *Ä* 2, 251 u. 420. 3, 589. v. Wolken, dunstige Luft, umbrae celeres, *Ä* 12, 859. v. Todesdunkel, umbra ingens, *Ä* 10, 541. *b*) (dcht.) was Schatten giebt, Schatten, bes. des Laubes, der Bäume, 'beschattendes Laub', 'beschattende Bäume', ruris opaci, *G* 1, 157 (*Ribb.* Plur. 'umbras'); vgl. *B* 5, 40. 9, 20. *G* 2, 297. wucherndes Laub, *G* 2,410. *c*) Verborgenheit, caecis se condidit umbris, zog sich in das Dunkel, in die Einsamkeit zurück, *Ä* 7, 619. *d*) Umschattung, Dunkel des Geistes (Gegs. v. 'lux'), d. i. Angst u. Kümmernis, *Ä* 12, 669. 2) prägn.: *a*) Schatten, Schattenbild (*εἴδωλον, φάσμα*), tenuis, luftiger Schemen, *Ä* 10, 636. Plur., 'Schreckbilder', ex hostibus (die von den Feinden ausgehen), *Ä* 10, 593. *b*) Seele od. Geist der Abgeschiedenen, Schattenbild, Schatten, Schemen, Crēusae, *Ä* 2, 772. forma tricorporis umbrae, d. i. des Geryones, *Ä* 6, 289. omnibus umbra locis adero, v. Dido, im Leben noch (sequar absens) wie im Tode als Schatten (als Strafgeist) werde ich dich wie eine Furie verfolgen, *Ä* 4, 386. verae, die Seelen der Verstorbenen, welche im Traume den Menschen erscheinen (wo man die wahren Träume selbst erwartet), *Ä* 6, 895. tenues, *G* 4, 472. Plur., auch v. éinem Verstorbenen, paternae, *Ä* 5, 81; vgl. *Ä* 6, 510. 10, 519. *c*) Aufenthalt der Schatten, Schattenreich, Unterwelt, nur im Plur., *Ä* 1, 457. 6, 264. 404. 490. Tartara tristesve umbrae, der düstere, sonnenlose Aufenthaltsort der im Kriege gefallenen Helden, vom Tartarus versch. (vgl. *Ä* 6, 478 u. 534; *Ribb.* mit *cod. Med.* bl. 'tristes umbrae' ohne 've', als Apposit. zu 'Tartara'), *Ä* 5, 734; vgl. *Ä* 6, 534. ire sub od. per umbras, d. i. sterben, *Ä* 4, 660. 12, 881; vgl. *Ä* 7, 770. 11, 831. 12, 952.

umbrāculum, i, *n.* (umbra), schattiger Ort, Laube, *B* 9, 42.

umbrǐfěr, fěra, fěrum (umbra u. fero), Schatten bringend, schattig, nemus, *Ä* 6, 473.

umbro, āre (umbra), beschatte, bedecke, tempora quercu, *Ä* 6, 772.

Umbro, ōnis, *m.*, ein Priester u. An-

führer der Marser, der dem König Latinus zu Hilfe kam, ber. als Zauberer u. Schlangenbeschwörer, *Ä* 7, 752. 10, 544.

umbrōsus, a, um (umbra), 1) schattenreich, schattig, vallis, *G* 3, 331. cavernae, 'dunkel', *Ä* 8, 242. 2) kausativ, beschattend (*σκιόεις*), arbor, *G* 2, 66. arundo, *Ä* 8, 34. cacumina, der Buche, *B* 2, 3; vgl. 'opacus'.

ūmecto, āre (umeo), bewässere, benetze, v. Flusse, culta, *G* 4, 126. v. Weinenden, largo flumine voltum, guttis grandibus ora, *Ä* 1, 465. 11, 90.

ūměo, ēre, bin feucht (von Tau), nur Part. ūmens, 'feucht', litora, *Ä* 7, 763. umbra, *Ä* 3, 589 u. 4, 7. umbrae, *Ä* 4, 351.

ūměrus, i, *m.*, Schulter, *Ä* 11, 774. uterque, *Ä* 9, 755. altus, *Ä* 6,668. oft Plur., alti, *Ä* 6, 668. nudati, nudi, *Ä* 5, 135. 11, 643 u. 874. lēves, *Ä* 7, 814. lati (als Zeichen körperl. Kraft), *Ä* 2, 721. 9, 725. 11, 679. fortes, *Ä* 9, 364; vgl. *Ä* 1, 500. 589. dcht., des Atlas, *Ä* 4, 250. der Tiere, wie des Ebers, *G* 3, 257. der Bienen, *Ä* 4, 217. der Vögel, *Ä* 1, 385.

ūmesco, ēre (Inch. v. 'umeo'), werde feucht od. nafs, spumis, 'von Schaum triefen', *G* 3, 111.

ūmǐdus, a, um (umeo), *a*) feucht, nafs, befeuchtend, Nässe oder Regen bringend, wie Nacht, Wolke u. dgl., *Ä* 2, 8 u. 605. auster, *G* 1, 462. solstitia, *G* 1,100. maria, 'das wogende Nafs', *Ä* 5, 594. regna, des Flusses 'Wassergebiet', *G* 4, 363. gens ponti (von den Seetieren), *Ä* 4,430. *b*) flüssig, fliefsend, mella, *Ä* 4, 486. vina, vormals flüssig (u. jetzt gefroren), *G* 3, 364.

ūmŏr, ōris, *m.* (umeo), 1) Flüssigkeit, Feuchtigkeit jeder Art, Nafs, *a*) übh., paludis, *G* 1,114. musti, *G* 1,295. Bacchi, *G* 2, 143. gelidus, Schnee, *G* 1, 43. übh. vom stehenden wie fliefsenden Wasser, *G* 4, 25. tepidus, lauer Brodem, *G* 1, 117. *b*) von der Feuchtigkeit in der Atmosphäre und in der Erde, bes. als Nahrungssaft für die Pflanzen, 'Dunst', 'Nässe', 'Tau', 'Regen', *B* 3, 82. *G* 1, 70 u. 88. 290. 2, 218. 331. 424. caeli, *G* 1, 417. 2) übtr., die 'Säfte' der unter dem Felle zermalmten Masse von Fleisch, Blut, Gehirn, Mark, *G* 4, 308.

umquǎm, Adv., irgend einmal, je, jemals, in Negativsätzen, *Ä* 2, 247. 4, 338 u. 529. 9, 256. in vernein. Frage- u. Bedingungssätzen, *G* 1, 68 flg.; vgl. *G* 3, 25. *Ä* 2, 95. 6, 770. 9, 406. auch in Relativsätzen, zur Bezeichn. der gröfsten Allgemeinheit u. Ausdehnung der relativen Bestimmung, *Ä* 2, 331.

ūnā, Adv. (unus), zugleich, zusammen, beisammen (zunächst von der Verbindung im Raume), *Ä* 1, 85. 2, 642 u. 476. 3, 634. 4, 117 u. 794. 5, 831. 8, 104 u. 689. una decurre laborem, 'zugleich mit mir', *G* 2, 39.

ūnănǐmus, a, um (unus u. animus), einmütig, einträchtig, traut, *Ä* 4, 8. 7, 335. 12, 264.

uncus, a, um (ὄγκος, ἀγκών), hakenförmig eingebogen, gekrümmt, hakig, aratrum, *G* 1, 19. dens, *G* 2, 423. manus (die sich beim Anfassen krümmen, 'klammernde Hände'), *Ä* 6, 360. pedes, von den 'Krallen' des Adlers, *Ä* 5, 255. manus, der Harpyien, Hände mit Klauen oder Krallen, *Ä* 3, 217. pedes, Krallenfüſse, *Ä* 3, 233. dcht., morsus (des Ankers), *Ä* 1, 169.

unda, ae, *f.*, 1) Welle, des Meeres wie des Flusses, Woge, *Ä* 1, 106 u. 161. 7, 588. dcht. übb. 'Wasser', 'Gewässer', Thybridis, *Ä* 7, 436. Maeotia, *G* 3, 349. Trinacria, *Ä* 3, 384. bes. flieſsendes Wasser, pura, *Ä* 6, 229. Gegs. zur Erde, terris agitare vel undis Troianos, über Land und Meer, *Ä* 12, 803. auch v. Blute, reddere undam spumantem, schäumen, gäschen, *Ä* 9, 701. v. Wellen u. Wogen des Rauches, fumus undam agit, wogt, wirbelt auf, *Ä* 8, 257. 2) übtr., von einem unruhigen, durch das stete Ab- u. Zugehen gleichs. wogenden Menge, salutantum unda, 'Strom der Besuchenden', *G* 2, 462.

undě, Adv., 1) eig., v. Orte u. der Abstammung, woher, von wannen, von wo aus, relativ, *Ä* 1, 558. 2, 458. 3, 145. 6, 658. *G* 4, 316. abs., in der dir. Frage (πόϑεν), unde domo? woher zu Hause? *Ä* 8, 114. st. 'ut inde', *Ä* 6, 754. mit vorherrschendem Begriff des 'wo' (eig. von welchem Lande aus), *Ä* 1, 245. 2) übtr., in bez. auf Pers. u. Sachen, von denen etw. ausgeht, zur Bezeichnung des Ursprungs, der Veranlassung, woher, weshalb, und daher (st. a quo, qua, quibus), st. 'a quo' (Aenea), *Ä* 1, 6; vgl. *Ä* 1, 743. 5, 123 u. 568. 6, 204. 7, 778. st. ex quibus (nymphis), *Ä* 8, 71. st. ex quibus (regnis), *Ä* 5, 801. st. 'ex quo' in einer Verkürzung, aut unde, d. i. 'ex quo', *G* 2, 207. Bes. mit dem Ausdruck der Befremdung, unde haec tam dira cupido? *Ä* 6, 373.

undĕcǐmus, a, um (undecim), der elfte, annus, *B* 8, 39.

undǐquě, Adv. (unde-que), von allen Orten od. Seiten, überallher, ringsher, *Ä* 2, 414, 5, 293. 7, 520 u. 582. 8, 7. 12, 744. *B* 1, 11. undique praecisus,

'ringsum schroff', *Ä* 8, 233. dcht., undique et undique, überall umher, *Ä* 3, 193.

undo, āre (unda), 1) schlage Wellen, woge, siede, *Ä* 10, 908. undans aënum (Kessel), *Ä* 7, 463. aëna undantia flammis, 'heiſs sprudelnde Kessel', *Ä* 6, 218. dcht. v. Blute, strömen, quellen, *Ä* 10, 908. 2) übtr.: *a*) walle, erhebe mich wellenförmig, v. Flammen, ruptis fornacibus (v. Ätna), 'im Schwall emporbrausen', *G* 1, 472. ad caelum undabat vortex, die Feuersäule wirbelte von Stock zu Stock sich wälzend himmelan, *Ä* 12, 673. v. Rauche, *Ä* 2, 609. dcht. von den Zügeln, undantes habenae, wallende, lockere, *Ä* 12, 471. undantia lora, *Ä* 5, 146. *b*) walle von etw. (mit dem Begriff der Fülle), buxo, v. Kytorus (in bez. auf das Wogen der von den Winden bewegten Bäume), *G* 2, 437. dcht. v. Nil, bello, von den Schrecken des Krieges gleichs. aufwogen, *G* 3, 28.

undōsus, a, um (unda), wellenreich, wogend, stürmisch, aequor, *Ä* 3, 313. Plemurium, *Ä* 3, 693.

ungo, s. unguo.

unguĕn, gŭīnis, *n.* (unguo), Fett, *G* 3, 450.

unguis, is, *f.* (ὄνυξ), *a*) Nagel am Finger des Menschen, Plur., *Ä* 4, 673. 11, 86. 12, 871. *G* 3, 535. 4, 45. Sprichw., in unguem (εἰς ὄνυχα), haarscharf, aufs genaueste (urspr. v. Bildhauer, der mit dem Nagel die Glätte und Genauigkeit der Arbeit prüft), *G* 2, 277. *b*) Klaue, Kralle des Tieres, des Adlers, *Ä* 11, 752. 12, 255. 'Tatze' des Löwen, *Ä* 5, 352.

ungǔla, ae, *f.* (Demin. von unguis), Klaue der Tiere, bes. Huf des Pferdes, *Ä* 8, 596. 11, 875. 12, 339 u. 533.

ungǔo (ungo), unxi, unctum, ĕre, *a*) salbe, bestreiche mit Salbe od. Öl, corpus (den Leichnam), *Ä* 6, 219. *b*) übh. bestreiche, benetze, cubilia limo, *G* 4, 46. tela manu, bestreiche mit Gift, vergifte, *Ä* 9, 773. utres uncti, mit Öl getränkte, *G* 2, 384. uncta carina, uncta abies, mit Pech (in den Fugen) bestrichen, verpicht, *Ä* 4, 398 u. 8, 91.

ūnus, a, um [Gen. 'ūnīus', Dat. 'ūni', *Ä* 1, 251 u. ö., neben 'ūnīus', *Ä* 1, 41. 2, 131] (altlat. 'oenus', οἶνη), 1) éin oder éiner, éine, éines (Gegs. zu zweien oder mehreren), *Ä* 2, 743 u. ö. unius ob iram, der éinen (näml. der Juno), *Ä* 1, 251. crimine ab uno, aus dem Verbrechen des éinen, *Ä* 2, 65. Häuf. mit partit. Gen., *Ä* 1, 329. 2, 527. 12, 853. m. 'ex', una e multis, *Ä* 5, 644. m. 'de', unus de crinibus anguis, eines von den Schlangenhaaren, *Ä* 7, 346. exosus ad unum

Troianos (verst. 'omnes'), alle bis auf éinen u. auch diesen nicht ausgenommen, d. i. alle zusammen, sämtliche, *Ä* 5, 687. dcht. mit Plur., una excidia (näml. urbis Troiae), die einmalige Zerstörung, *Ä* 2, 642. 2) prägn.: *a*) der éine, bisw. durch die Adv. einzig, allein, nur, *a*) adj., *Ä* 2, 354. 10, 691. zur Hebung des Gegs. neben 'omues', *Ä* 2, 743. 3, 716. unus pro omnibus, *Ä* 3, 435. una pro cunctis, *Ä* 12, 229. 'una caedes' neben 'tot primi', *Ä* 9, 453. *b*) zur Hervorhebung des Begriffs des Vorzüglichsten, Höchsten od. Ausschliefslichen, una superstitio superis quae reddita divis, der stärkste Eid, welcher usw., *Ä* 12, 817. Bes. zur Schärfung des Superl., 'bei weitem', 'vor allem', iustissimus unus, *Ä* 2, 426. 7, 536. ähnl., felix una ante alias virgo (*'sola* ante alias fida', *Ä* 11, 821), *Ä* 3, 321. zur Schärfung des Kompar., terris magis omnibus unam, vor allen L. ganz besonders, *Ä* 1, 15. auch für sich an bedeutende Stelle gesetzt, super unus eram, ich allein war übrig, *Ä* 2, 567. im Gegs. zu 'omnes' u. diesem zunächst gestellt, 'collectis omnibus una defuit', *Ä* 2, 743. intentis omnibus unus etc., *Ä* 3, 716. *β*) sbst., unum illud, das éine vor allem, *Ä* 3, 435. in unum compellere greges, d. i. an éinem Ort (Punkt) zusammentreiben, *B* 7, 2. Bes. venio in unum, vereinige mich mit jmd. wieder, d. i. begrüfse, umarme jmd., *Ä* 8, 576. virtus coit in unum, der Mut, die Gesamtkraft drängt sich an einen Punkt, *Ä* 10, 410. fors et virtus miscentur in unum, Zufall u. Mut vereinigen sich in eins, *Ä* 12, 714. *c*) éin, ein und derselbe, der nämliche, von dem, was mehreren in gleicher Weise zu teil wird, gemeinsam, honos omnibus unus, *Ä* 5, 308. vox omnibus una, so riefen sie alle einstimmig, *Ä* 5, 616. uno ore, *Ä* 11, 132. unum genus, *G* 2, 83. *Ä* 10, 201. una facies, quies, *G* 2, 85. 4, 184. mens omnibus una est, éin Geist beseelt sie alle, *G* 4, 212. his amor unus erat, gegenseitige od. gemeinsame Liebe verband sie, *Ä* 9, 182. omnes uno ordine habeo, behandle alle gleich, *Ä* 2, 102; vgl. *Ä* 10, 703. m. 'communis' verb., periclum, *Ä* 2, 709. m. 'idem' verb., *B* 8, 81. *Ä* 10, 487. uno eodemque partu, *Ä* 12, 847. auch v. éiner Pers., non unus color (näml.: wie vorher), *Ä* 6, 47.

üpílio, s. opilio.

urbs, urbis, *f.* (orbis), Stadt, *a*) eig., bes. mit einer Ringmauer, *Ä* 1, 12 u. 340. 7, 678. 8, 479. *B* 1, 20. Troiana, *Ä* 1, 623. Agenoris, v. Karthago, *Ä* 1, 338. Euandri, *Ä* 12, 184. urbes arvaque, d. i. mit

den Troërn durch Verwandtschaft und Freundschaft verbundene Städte zum Bewohnen (wie Egesta) u. Fluren zum Bebauen, *Ä* 1, 549 (*Ribb.* 'armaque', d. i. Kampfgenossen). im Gegs. zu 'silvae', *Ä* 1, 578. dcht. mit dem Gen. des Eigenn., Patavi (Patavii), *Ä* 1, 247. Troiae, *Ä* 1, 565. Mycenae, *Ä* 5, 52. Buthroti, *Ä* 3, 293. Bes. von der Stadt des Latinus, übh. st. 'Latium', *Ä* 10, 87. von dem Orte, in welchem sich die troïschen Flüchtlinge bei ihrer Landung in Italien verschanzten, 'Zeltstadt' ('castra' *v.* 13), *Ä* 9, 8 u. 473. urbis opus, von einem dreiruderigen Schiffe, das wie ein Stadtwall oder eine Burg emporragt, *Ä* 5, 119. *b*) meton., Stadt, von den Bewohnern der Stadt, *Ä* 2, 265; vgl. *Ä* 9, 784. 12, 567 u. 619.

urgŭĕo od. (*Ribb.*) **urgĕo**, ursi, ēre (εἴργω), 1) dränge, drücke, treibe od. stofse fort, pedem alcjs pede, *Ä* 12, 748. naves in Syrtes, *Ä* 1, 111; vgl. *Ä* 5, 226 u. 442. 7, 241. reperti, qui saxo super atque ingentis pondere testae urguerent, d. i. man fand auch manche (solche), welche oben die Erde mit Feldsteinen u. Scherben von grofsem Gewicht beschwerten od. bedeckten, *G* 2, 352. urguente ruinä, im nachdrängenden Einsturz, *Ä* 11, 888. Pass. dcht., fama est Enceladi semustum fulmine corpus urgueri mole hāc (des Ätna), werde gedrückt durch diese Last, Enc. liege begraben unter dem Ä., *Ä* 3, 579. urgueri ad litora, zum Ufer sich drängen (v. Vögeln), *Ä* 7, 705; v. Fluten, *G* 3, 200. 2) übtr.: *a*) dränge, bedränge, bestürme einen festen Platz, den Feind, *Ä* 5, 442. 10, 375. Bes. abs., dränge, dringe an, *Ä* 10, 373 u. 433. 10, 889. 11, 564. urguet praesentia Turni, spornt an, *Ä* 9, 73. hinc Pallas instat et urguet, drängt stürmisch, *Ä* 10, 433. v. Adler, *Ä* 11, 755. v. Schicksal, *Ä* 2, 653. 11, 587. von krankhaften Zuständen, drücken, fesseln, *G* 3, 523. v. ewigen Schlaf, *Ä* 10, 745. malum urguens in rebus duris, ein Übel, das die Not noch vergröfsert, *G* 1, 146. *b*) durch seine Nähe gleichs. drücken, von Örtern, hart anstofsen, *Ä* 11, 524; vgl. *Ä* 7, 566. *G* 4, 290. *c*) betreibe etw. eifrig, vestem, webe an einem Kleide emsig, *Ä* 9, 489.

urna, ae, *f.* (uro), 1) Krug, Urne, als Attribut der personifizierten Flüsse, *Ä* 7, 792. 2) Topf, Urne zum Losen, *Ä* 6, 22 u. 432.

üro, ussi, ustum, ěre, 1) brenne, zünde an, *a*) eig., cedrum nocturna in lumina (zur nächtlichen Beleuchtung), *Ä* 7, 13. *b*) übtr., brenne, beunruhige,

quäle, urit (verst. eam) atrox Iuno, *Ä*
1, 662. v. Leidenschaften, bes. von der
Liebe, 'entflammen', urit alqm amor,
jmd. glüht vor Liebe, *B* 2, 68; vgl. *B* 8,
83. urit videndo femina, das weibliche
Rind entflammt, verzehrt die Kraft des
Stieres dadurch, dafs er dasselbe sieht,
G 3, 215. Pass., uritur Dido, ist entbrannt, glüht von Liebe, *Ä* 4, 68. 2)
prägn.: *a*) verbrenne, dona subiectis
flammis, *Ä* 2, 37. stipulam flammis, *G* 1,
85. cancros (in) foco, *G* 4, 84. sata, *G* 4,
331. dcht., vestras spes (d. i. die Schiffe),
Ä 5, 672. *b*) übtr., v. Pflanzen, welche
den Boden der Nahrungssäfte berauben,
den Boden 'ausdörren', 'aussaugen', *G* 1,
77 u. 78. 2, 56. v. Ziegen, sata, die jungen
Pflanzungen verheeren (bes. durch Be-
nagen), *G* 2, 196.

ursa, ae, *f.* (ursus), Bärin, dcht. st.
Bär, Libystis, *Ä* 5, 37. 8, 368.

ursus, i, *m.*, Bär, Plur., *Ä* 7, 17. *G*
3, 247.

urus, i, *m.* (keltisches Wort), Ur, Auer-
ochs, doch schon von dem ältern Pli-
nius, von den Chronisten des Mittelal-
alters u. selbst von neueren Naturfor-
schern mit dem 'bison' u. 'bubalus' vertauscht, auch bei Vergil eine der vorher
gen. Stierarten, 'Büffel', urspr. wild, dann
gezähmt u. zu Herden vereinigt u. von
den Landbauern teils als Zugtiere, teils
zur Nahrung gebraucht, *G* 2, 374. 3, 532.

usquam, Adv., irgendwo, irgend
wohin, bei Verneinungen, *Ä* 6, 91. 9,
420. 12, 918. in hypothetischen Sätzen, *Ä*
1, 604. 2, 142. bei gröfster Allgemeinheit
der relativen Bestimmung, inplorare
quod usquam est, um Hilfe flehen, wo
irgend es sein mag, *Ä* 7, 311.

usque, Adv. (aus 'ubique' zsgez.), in
éinem fort, immerfort, ohne Unterbrechung, unausgesetzt, *a*) übh.,
Ä 2, 628. 5, 384. 6, 487. *B* 1, 12. 9, 64.
Alcidae comes usque dum, so lange als,
Ä 10, 321. *b*) in bez. auf den Anfang od.
Endpunkt, mit Präp. 'ab' u. dgl., usque
ab Indis, 'von den Indern her', *G* 4, 292.
nachgestellt, ab usque Pachyno, *Ä* 7, 289.
usque ad, 'bis zu', *B* 5, 43. 9, 9. nachgest., ad usque columnas, d. i. selbst, sogar bis zu usw., *Ä* 11, 262. super usque,
bis über … hinaus, *Ä* 11, 317.

usus, ūs, *m.* (utor), *a*) Gebrauch,
Anwendung, *Ä* 2, 453. 4, 647. medendi,
praktische 'Heilkunst', *Ä* 12, 396. quos
ipse viā sibi repperit usus, welche Wei-
sen die auf eigenem Wege (den sie betreten) fortschreitende Erfahrung er-
fand, *G* 2, 22 (*Ribb.* quas ipse vias).
dcht. zur Umschreibung, olivi, das Öl

selbst, dessen sie sich bedienen, *G* 2,
466. *b*) Brauchbarkeit, Nutzen, *G*
3, 211. 135 u. 306. Bes. *c*) notwendiger
Gebrauch, Bedürfnis, *G* 1, 133. aliquid (eorum), quorum indiget usus, eines
der notwendigsten Wirtschaftsgeräte, *B*
2, 72. dcht., 'usus est' m. Abl., 'es bedarf' einer Sache, viribus, *Ä* 8, 441.

ut od. **uti**, I) Adv. [nachgestellt, *Ä* 8,
58. 12, 68. 7, 207. *G* 4, 52 u. 263], wie, 1)
zur Bezeichn. der Art u. Weise od. der
Ähnlichkeit, *a*) zunächst in Relativs.,
auf welche Weise, wie, sowie, *Ä* 2,
272. 6, 14. 11, 892. *b*) in abhängigen Sätzen gew. mit Konj., *Ä* 1, 466. 2, 4. 7, 206.
B 6, 31. *G* 3, 250. Häufig nach griech.
Vorgange mit Indik., im Ausrufsatze (bes.
nach 'nonne vides' u. 'aspice', so dafs
diese Worte selbst gleichs. parenthetisch,
die übrigen als Ausruf zu fassen), *B* 5, 6.
G 1, 57. *Ä* 6, 780 u. 855 (*B* 4, 52 aspice,
ut laetantur, *Wagn.* u. *Haupt*; ut lae-
tentur, *Ribb.* u. *Schap.*). *c*) in Verglei-
chungssätzen, wie, sowie, gleichwie,
mit entsprech. Partikeln, wie 'sic', *B* 5,
79 u. 80. 8, 80 flg., od. 'haud aliter', 'haud
alius', *Ä* 1, 397 flg. 10, 454 flg.; vgl. ut …
cum, 'wie wenn', *G* 2, 279. auch ohne
entspr. Partikel, *Ä* 5, 448 flg. 9, 551. *B*
5, 32. *d*) zur Bezeichn. des Grades bei
Ausrufungen, wie! wie sehr! ut te aspi-
cimus! wie (d. i. mit welcher Empfindung)
sehen wir dich! *Ä* 2, 283; vgl. *Ä* 8, 154 flg.
auch dreifach, ut vidi, ut perii, ut me malus
abstulit error! wie ich dich sah, wie entbrannte ich da sofort von Liebe, *B* 8, 41.
2) zur Zeitverhältnissen, wie, als,
nachdem (ὡς), m. Indik., *Ä* 1, 486 flg.;
vgl. *Ä* 2, 67. 9, 47. 11, 799 (*Ribb.* 'ubi').
12, 869. m. Präs. *Ä* 12, 1. m. 'sic' im
Nachsatz *Ä* 6, 385 flg. Bes., ut primum,
sowie, 'sobald als', *Ä* 1, 306 flg. 4, 259.
6, 102. 12, 669. auch blofs 'ut', *Ä* 8, 1.
9, 47.
3) bei Angabe einer näheren Erläuterung, wie, sowie gerade (fast in das
lokale 'ubi' hinüberstreifend), ut forte,
Ä 5, 329. 7, 509. ut … considerat, wie
er gerade unthätig dasafs, *Ä* 5, 388. soror
ut … regebat, *Ä* 12, 623.
II) Konjkt. m. Konj., 1) zunächst zur Bezeichn. einer Wirkung, dah. nach Zeitw.,
die ein Geschehen, Stattfinden u. dgl. ausdrücken, dafs, en erit, ut liceat etc., wird
es wohl je vergönnt sein, dafs usw., *B* 8,
9. od. nach Zeitw., die ein Wollen, Wünschen, Befehlen, Bitten u. dgl. ausdrük-
ken, nach 'iubeo', d. i. fordere auf, *B* 5,
15. nach 'oro', *Ä* 4, 432. mit verstande-
nem 'rogamus', *Ä* 1, 554.
2) zur Bezeichn. einer Folge, dafs,

so dafs, mit entspr. 'ita', *Ã* 7, 206. *B*
6, 44.

3) zur Angabe einer Absicht, damit,
dafs, *Ã* 1, 74. 289. 658. 2, 60. 11, 161.
wiederholt, non ut tela tamen, non ut
contenderet arcum, *Ã* 12, 815.

4) zur Bezeichn. eines Wunsches, dafs
doch, cautius ut saevo velles te credere
Marti! *Ã* 11, 153. quod ut o potius formidine falsā ludar! o dafs ich lieber darin
durch falsche Besorgnis mich täuschte!
Ã 10, 632 flg.

ut - cumquĕ (cunquĕ), Adv., auf
welche Weise immer, wie auch
nur, *Ã* 6, 822.

ūtĕr, ṭris, *m.* (verw. m. 'uterus'), leder-
ner Schlauch, dergl. die attischen
Landleute aus dem Felle eines dem Bacchus geopferten Bockes verfertigten und
mit Öl tränkten, um gegen einen ausgesetzten Preis zur Belustigung der Anwe-
senden mit éinem Fufse darauf zu tanzen, wobei das gewöhnliche Mifsglücken
grofse Heiterkeit erregte, *G* 2, 384.

ŭter-quĕ, utrăquĕ, utrumquĕ, Gen.
utrīusquĕ, Dat. utrīquĕ (πότερος), jeder von beiden, beide (einzeln gedacht), *Ã* 2, 214. 3, 416. 5, 26. 11, 608 u.ö.
Oceanus, der östliche u. westliche, *Ã* 7,
100. utrumque caput, mein u. dein Haupt,
Ã 4, 357. per utrumque tempus (Schläfe),
Ã 9, 418. sbst., in utrumque paratus, auf
beides, *Ã* 2, 61. Plur. von zwei einzelnen
Gegenst., die als Paare zusammengehö-
ren, palmae utraeque, *Ã* 5, 233. 6, 685.
utraque tempora (Schläfe), *Ã* 5, 855.

ŭtĕrus, i, *m.*, *a)* Unterleib, Bauch,
Ã 7, 499. 11, 813. *G* 4, 556. *b)* übtr., v.
Innern des trojanischen Rosses, *Ã* 2, 38.
52. 243. 258.

ūtĭ, s. ut.

ūtĭlis, e (utor), nützlich, brauch-

bar, tauglich, dienlich, m. Dat., *G*
2, 323 u. 442. pomis, ergiebig (v. Obst-
baume), *G* 2, 150.

ŭtĭ-năm, Adv. des Wunsches, dafs
doch, wenn doch, möchte doch, m.
folg. Konj. Plusquamp., *B* 10, 35.

ūtor, ūsus sum, ūti, mache von etw.
Gebrauch, gebrauche etw., bediene mich einer Sache, m. Abl., bis vocibus ad alqm, wende mich mit folgenden Worten an jmd., *Ã* 1, 64. utere sorte
tuā, gebrauche od. benutze dein Glück
od. Recht als Sieger, *Ã* 12, 932. melioribus utere fatis, d. i. erfreue dich eines
besseren Schicksals (näml. als ich), *Ã* 6,
546. viribus, animis, beweise, bewähre
die Kraft usw., *Ã* 5, 192. si fortunā per-
mittitis uti quaesitum Aenean, wenn ihr
uns gönnt das Glück zu benutzen, den
Aneas aufzusuchen, *Ã* 9, 240.

utrimquĕ, Adv. (uterque), von oder
auf beiden Seiten, *Ã* 7, 566. 11, 524.
12, 662.

utrōquĕ, Adv. (uterque), nach beiden Seiten, d. i. links- u. rechtshin,
Ã 5, 469.

ūva, ae, *f.*, 1) Traube, bes. Wein-
traube, *a)* eig., *G* 1, 54 u. 448. *B* 4, 29. 9,
49. *b)* (dcht.) meton.: *α)* Weinstock,
G 2, 20. *β)* Wein, *G* 1, 9. 2) übtr., traubenförmiger Klumpen, den der an einen
Baum sich hängende Bienenschwarm
bildet, *G* 4, 558.

ūvĭdus, a, um, feucht, nafs, Me-
nalcas, *B* 10, 20. Iuppiter uvidus austris,
'triefend vom Südwind', *G* 1, 418.

uxŏr, ōris, *f.*, Gattin, auch die zukünftige, die 'Braut', *B* 8, 29.

uxōrĭus, a, um (uxor), die Gattin betreffend, prägn., der Gattin od. übh.
einer Frau zu sehr ergeben, ein
'Knecht od. Sklave der Frau', *Ã* 4, 266.

V.

vacca, ae, *f.*, Kuh, *B* 6, 60. 9, 31. *G* 2,
524. 3, 177. *Ã* 4, 61.

vaccīnĭum, ĭi, *n.*, Vaccinie, unbek.
Pflanze, nach einigen eine Art von 'hya-
cinthus', nigrum, *B* 2, 18. 10, 39. molle,
B 2, 50.

văco, āre, 1) bin leer od. ledig,
frei von etw., m. Abl., hoste, *Ã* 3, 123.
abs., late, weit u. breit verödet sein od.
liegen, *G* 3, 477. 2) übtr., bin frei für
etw., m. Dat., meritis, *Ã* 11, 179. unpers.,
vacat, es ist Zeit od. Muse vorhanden,

es beliebt, es ist vergönnt od. steht frei,
m. Inf., *Ã* 1, 373. 10, 625.

văcŭus, a, um (vaco), 1) eig.: *a)* leer,
ledig, frei, domus (weil von den Gästen, bes. v. Aneas verlassen), *Ã* 4, 82.
caelum, 'offen', *Ã* 5, 515. inane, *Ã* 12,
906. prägn., 'öde', menschenleer', orbis,
G 1, 62. Acerrae, entvölkert, verlassen,
Ã 2, 225. Auch m. näherer Bestimmung
durch 'sine' u. ein Subst., litora et va-
cui sine remige portus, Strand und Hafen
leer und von den Ruderern geräumt, *Ã*

4, 588. Sbst., vacuum, i, *n.*, leerer Raum, das Freie, *G* 2, 287. *b*) von Örtern, die freien Zutritt gewähren, leer, frei, geräumig, weit, offen, atrium, porticus, *Ä* 2, 528 u. 761. aequor, *Ä* 12, 710. agri, aula, *G* 2, 54. 4, 90. saltus, 'offenes Gehölz' (ohne Flecken u. Gräben u. andere Hindernisse), *G* 3, 143. 2) übtr., frei von Arbeit, müſsig, in den Muſsestunden, mentes, *G* 3, 3.

vädo, ēre, gehc, schreite, *Ä* 6, 263. in mortem, *Ä* 2, 359; vgl. *Ä* 11, 176. vade age, wohlan, gehe denn, *Ä* 3, 462. 4, 223. 5, 548. dcht. von der Zwietracht, einherschreiten, *Ä* 8, 702.

vädōsus, a, um (vadum), voll seichter Stellen, seicht, amnis, *Ä* 7, 728. **vädum**, i, *n.* (*Watten* od. *Wadden*), 1) seichte Stelle in einem Gewässer, Untiefe, Furt, meist Plur., *Ä* 1, 122. 126 u. 536. 3, 706. 7, 24. das nach dem Zurücktreten der brandenden Flut zurückbleibeude Wasser, *Ä* 11, 628. 2) (dcht.) übh. Gewässer (des Mccres od. Flusses), Wasser, *Ä* 1, 126. 3, 557. 5, 158 u. 615. livida, der Unterwelt, *Ä* 6, 320.

vae, Interj. (*οὐαί*), Ausruf des Schmerzes od. Unwillens, wehe! ach! *B* 9, 28. **vaesänus**, s. vesanus.

vägīna, ae, *f.* (stammverw. m. 'vas', väsis, 'Gefäſs'), Scheide des Schwertes, *Ä* 4, 579. 6, 260. 9, 305. 10, 475 u. 896.

vägītüs, ūs, *m.* (vagio, *quäke*), das Gewimmer der Kinder, *Ä* 6, 426.

vägor, āri (vagus), 1) schweife od. ziehe umher, hin und her, urbe, totā regione, *Ä* 4, 68. 6, 887. fluminibus (um die Flüsse), *Ä* 11, 273. tres equitum turmae vagantur, ziehen od. traben einher, *Ä* 5, 560. 2) übtr., v. Gerüchte, sich verbreiten, *Ä* 2, 17.

väleus, entis (eig. Part. v. valeo), kräftig, stark, membris et mole, *Ä* 5, 431. v. Baume, *G* 2, 70 u. 426.

väleo, välüi, ēre [neben 'väle' im Hiatus verkürzt: 'välē', välě, inquit, *B* 3, 79], 1) bin bei Kräften od. kräftig, bin körperlich stark oder tüchtig, vermag, *a*) übh., cursu pedum, bin schnell od. behend auf den Füſsen, *Ä* 5, 67. v. sachl. Subj., non lingua valet, versagt, *Ä* 12, 911. quantum ignes animaeque valent, *Ä* 8, 403. non a stirpe valent, es kränkelt der Stamm, *G* 2, 312. *b*) prägn., bin gesund, befinde mich wohl, bes. als Abschiedsgruſs, vale, 'lebe wohl', *Ä* 2, 789. 5, 738. auch an Verstorbene, *Ä* 11, 98. 2) habe die Kraft od. Macht, *a*) vermag, bin imstande, kann, m. Inf., *Ä* 2, 492; vgl. *Ä* 3, 415. 4, 334. 5, 510. 6, 554. seu plures complere valent, sind

die Genossen so stark an Zahl, daſs sie noch mehrere Schiffe füllen, *Ä* 11, 327. *b*) vermag, richte aus, m. Akk. des Neutr. eines Adj., quidquid sive animis sive arte vales, *Ä* 12, 892. quid enim sine te Juturna valeret? *Ä* 12, 798. dcht., v. lebl. Subj., 'Erfolg haben', nil dona valuisse, *Ä* 11, 229.

Välěrus, i, *m.*, ein Etrusker, *Ä* 10, 752.

välīdus, a, um (valeo), stark, vires, *Ä* 2, 50. 5, 500. bipennis, *G* 4, 331. remi, *Ä* 5, 15. 10, 294. cursus, *Ä* 12, 909.

vallis, is, *f.* [Nominativform des Sing. **vallēs**, *Ä* 11, 522], Thal, Niederung, *Ä* 2, 748. 5, 288. 7, 802.

vallo, āre (vallus), versehe mit Wall u. Pallisaden, umschanze, verschanze, moenia, *Ä* 11, 915.

vallum, i, *n.* (vallus), eig. Gesamtmasse der Pallisaden, Verschanzung, Wall, *Ä* 9, 68. 146. 506. 10, 120.

vallus, i, *m.*, *a*) Pfahl zum Stützen der Weinstöcke, *G* 1, 264. 2, 409. *b*) 'Ast', acuto robore valli (nach Art der Pfähle zugespitzt zur künstlichen Fortpflanzung), *G* 2, 25.

vannus, i, *f.*, aus Ruten geflochtene Getreide- od. Futterschwinge, *G* 1, 166.

vänus, a, um, 1) leer, ohne Inhalt, avenae, taube, *G* 1, 226. umbrae, täuschend, *Ä* 10, 593. somnia, eitle, nichtige, *Ä* 6, 284. 2) übtr.: *a*) v. Lebl., leer, gehaltlos, erfolglos, eitel, nichtig, fruchtlos, incendia, *Ä* 8, 259. strepitus, *G* 3, 79. spes, *Ä* 1, 352. fides, *Ä* 4, 12. superstitio, *Ä* 8, 187. honos, *Ä* 11, 52. sbst., vana, ōrum, *n.*, Eitles, Nichtiges, *Ä* 2, 287. dcht. als Adv., *Ä* 11, 854. *b*) von Pers., eitel, lügnerisch, *Ä* 2, 80. 11, 715. ni frustra augurium vani docuere parentes, wenn nicht umsonst die Eltern die Deutung des Vogelfluges mich gelehrt, *Ä* 1, 392. dcht. m. Gen., aut ego veri vana feror, oder es täuscht mich falsche Besorgnis, *Ä* 10, 631.

väpōr, ōris, *m.*, Dunst, Dampf, Rauch, *Ä* 5, 698. 7, 466. lentus carinas est (d. i. edit) vapor, das hinschmauchende Feuer, *Ä* 5, 683.

väpōro, āre (vapor), erfülle mit Dampf, räuchere, templum ture, *Ä* 11, 481.

värio, āre (varius), 1) trans.: *a*) mache mannigfaltig od. bunt, von der Sonne, nascentem ortum maculis, das junge Licht mit Flecken besprenkeln, *G* 1, 441. *b*) verändere, wechsele ab, variant vices, wechseln die Wachen od. Posten, lösen sich ab, *Ä* 9, 164. 2) intr.,

sich verändern, schwanken (von
der Gesinnung), *Ä* 12, 223.

vārius, a, um, 1) mannigfaltig,
wechselnd in Ansehung der Farbe,
schillernd, buntfarbig, bunt, gesprenkelt, colores, *G* 1, 452. 2, 463.
flores,*Ä* 6,708. lynces, gefleckte, schek-
kige, *G* 3, 264. bigae (der Aurora), *G* 7,
26 (variis *Ribb.*; 'croceis' *Haupt*; 'roseis'
Wagn.). 2)übtr.: *a*) in Ansehung der Beschaffenheit mannigfaltig, verschieden,gemischt,wechselnd,cae-
li mos,Wechsel, Einfiufs der Witterung,
G 1,51. defectus solis, *G* 2, 478. natura,
G 2, 9. species, *G* 4, 406. opes, *G* 2, 468.
adsultus, *Ä* 5, 442. imago rerum, *Ä* 12,
665. corona, *Ä* 11, 475. voces, *Ä* 7, 90.
res bello variae, Wechselgeschicke des
Krieges, *Ä* 12, 43. ähnl., varii eventus
belli, *Ä* 10, 165. sermo, über diese und
jene Dinge, *Ä* 1, 478. 8, 309; 'Wechselgespräch'(über einen Gegenstand, in dem
man seine Vermutungen austauscht), *Ä*
6, 160. fremor, 'wirres', *Ä* 11, 296. sensus, *Ä* 12,915. adsensus, geteilte Zustimmung, *Ä* 10, 97. aevum, das 'bunte', an
Wechseln u. Erfahrungen reiche Leben,
Ä 11, 425 (wo *Ribb.* variusque labor mutabilis aevi). *b*) in der Gesinnung wechselnd, veränderlich,unbeständig,
Ä 4, 569.

Vārius,iï, *m.*, röm. Geschlechtsname,
bes. Lucius Varius, ein berühmter
epischer u. tragischer Dichter, der ältere
Freund des Vergil u. Horaz, *B* 9, 35.

Vārus, i, *m.*, ein durch Kriegsruhm
ausgezeichneter Zeitgenosse des Vergil,
der ihm manches zu verdanken hatte,
nach der gew. Annahme Alfēnus Varus, der von Oktavian nach Beendigung
des perusinischen Bürgerkrieges (40 v.
Chr.) über das transpadanische Gallien
gesetzt worden war, um daselbst die
Ackerverteilung an die Veteranen zu leiten,wodurch die Umwohner von Mantua
in neue Bedrängnis kamen und Vergil
selbst wegen seines Landgutes, obgleich
Oktavian ihm den Besitz desselben gesichert hatte, bekümmert wurde, daher
er den Varus bat, die Mantuaner in ihrem
Besitze zu schützen, und ihn dafür in
einem Liede zu besingen versprach, *B*
6, 7. 10. 12. 9, 26.

vastātŏr, ōris, *m.* (vasto), Verhec-
rer, ferarum, 'Vertilger', *Ä* 9, 772.

vasto,āre(vastus), mache leer, veröde, verwüste, verheere, alqd, *Ä* 1,
471 u. 622. omnia late, *G* 4,16. Pergama
ferro, *Ä* 8, 374. agros cultoribus (*Dat.*),
Ä 8, 8.

vastus, a, um, 1) verödet, öde, bes.

verwüstet, zerstört, haec ego vasta
dabo, d. i. werde ich verheeren, *Ä* 9,323.
2) übtr., ungeheuer grofs oder weit,
unermefslich, riesig, entsetzlich,
wie Wasser, Luft usw., *Ä* 1, 46. 2, 780.
3, 414. 197 u. 421. 6, 237. 8, 193 u. 250.
10, 57 u. 768. aether, *Ä* 5, 821. murmur,
Ä 1, 245. palus, *Ä* 12, 745. sonitus, *Ä* 5,
434. vires, *Ä* 5, 368. moles, 'plumpe', *Ä*
3, 656. artus, riesiger Körper, *Ä* 5, 432.
pondus, *Ä* 5, 447. clamor, 'wüstes', *Ä* 10,
716. certamen, *Ä* 12, 553. v. Löwen, *Ä*
8, 295.

vātēs, is, *m.* u. *f.*, *a*) Weissager,
Seher, Weissagerin, Seherin, *a*)
eig., *Ä* 2,122.3,187.5,524. Delius,*Ä* 6,12.
v. der Allekto (die in Gestalt der Kalybe
die Enthüllung des göttl. Willens sich
aneignete), *Ä* 7, 435. v. Priester der Kybele, *Ä* 11, 774. von den Opferpriestern,
die aus den Eingeweiden weissagten (ex-
tispices), *Ä* 4, 65. nachdr. vor den Eigen-
namen gestellt, der dann mehr als Appos. erscheint, vates Cassandra, d. i. eine
Seherin wie Kassandra, *Ä* 3,187. *b*)(dcht.)
meton., st. der 'Weissagungen', haud vatum ignarus, *Ä* 8,627. *b*)Sänger,Dich-
ter (als gottbegeistert), *Ä* 7, 41.

vĕ, enklit. Partikel (abgek. aus 'vel'),
oder, oder auch (wenn die Wahl zwischen mehreren Dingen freigelassen wird,
dah. in den Hdschr. oft mit 'que' vertauscht), *Ä* 1, 9 u. 539. 2, 602. Tros Italusve, *Ä* 11, 592 (*Ribb.* Tros Italusque).
nec currus vides ... aurigamve sororem
(*Ribb.*; aurigam*que Wagn.*, *Schap.* u.
Haupt), *Ä* 12, 918. ambiguumve (ambiguum*que Ribb.*),*Ä* 5,326. multosve(*Ribb.*
'multos*que*'),*Ä* 10, 709. propiusve (*Ribb.*
u.*Haupt*; 'propius*que*', *Wagn.*u.*Schap.*),
Ä 10,712. Häufig werden dadurch Fragen
angereiht, die zur Erläuterung od. Ver-
vollständigung einer vorhergeh. Frage
dienen, *Ä* 1, 369. 2, 75 u. 151. 9, 376 u.
481. quidve petat quidve ipse ferat, *Ä* 10,
150. Bisw. nicht dem gegensätzlichen
Worte angehängt, nec te incassumve
tuos volui exercere labores (st. nec te
tuos*ve* labores), *Ä* 8, 378. Doppelt, wenn
es gleichgültig ist, welches Glied man in
bez. auf das Ausgesagte wählt, casus*ve*
deus*ve*, *Ä* 9, 211. tollentem*ve* manus saxum*ve* moventem (*Ribb.*; 'saxum*que*'
Wagn., *Haupt* u.*Schap.*), *Ä* 12,904. Bes.
Verbindungen, ve ... aut, *Ä* 1,144. 4, 87.
9, 487. aut ... ve, *Ä* 1, 370. ve ... vel, *Ä*
6, 319. ne ... ve, *Ä* 1, 682. si ... ve, *Ä*
9, 408.

vectis, is, *m.* (veho), Balken zum Ver-
rammen des Thores, Riegel, *Ä* 7, 609.

vecto, āre (Intens. v. veho), fahre,

bringe, corpora carinā, *A* 6,391. ornos
plaustris, *A* 11, 138.

vectŏr, ōris, *m.* (veho), Schiffer,
Seefahrer, *B* 4, 38.

vĕho, vexi, vectum, ĕre, 1) führe,
trage, bringe, bes. zu Schiffe, alqm,
A 1, 379. 7, 24 (näml. eos), alqm mecum
veho, *A* 8, 688. ad urbes, *A* 7, 364. rates ad litus, *A* 7, 198. auch vom Schiffe
selbst, *A* 1, 113. 10, 209. von Wogen u.
vom Winde, *A* 6, 326 u. 356. von den
Sonnenrossen, *A* 5,105. dcht. übtr., quid
vehat vesper, was der Abend herbei-
führe, dir bringe, *G* 1, 461. 2) Pass. vĕ-
hor, vectus sum, vĕhi, eig. werde getragen od. gefahren, *a*) intr., curru,
fahre zu Wagen, *A* 12, 162. ad sedes,
A 11, 44. zu Pferde, equo, 'reite', *A* 12,
651. Bes. zu Schiffe, navi, 'fahre', 'schiffe',
A 1, 121. phaselis, *G* 4, 289. abs., per aequora, *A* 1, 376. 3, 325. 6, 692 (wo quas
ego te [per] terras et quanta per aequora
vectum accipio, wie nach so mancher
gefahrvollen Wanderung zur See u. zu
Lande usw.). Part. Prät. in der Bed. des
Präs., vectos obruit auster, *A* 6, 335.
apes trans aethera vectae, fliegend, *A* 7,
65. *b*) trans., ventis maria omnia vecti,
durch alle Meere getrieben, *A* 1, 524.

vĕl, Konjkt. (gleichs. Imper. v. 'velle',
eig., nimm was du willst), zur Trennung
mehrerer Dinge, wobei die Annahme der
freien Wahl überlassen bleibt, 1) oder,
bei Zusammenstellung u. Ausschliefsung
von Gleichartigem, *A* 1, 316 u. 746. 5,
691. 6, 769 u. 844. vel... vel, 'entweder
... oder', *A* 4, 24. 5, 706. 10, 286. bei Einführung von andern Gleichnissen, vel
cum, *A* 7, 720. 2) oder auch, sogar,
selbst, besonders vor erklärenden und
steigernden Zusätzen, *A* 7, 808. *B* 8, 58.
vel cum, besonders wenn er usw., *A* 11,
406.

vĕlāmĕn, mĭnis, *n.* (velo), Hülle, *a*)
zur Verhüllung des ganzen Hauptes, eine
Art Schleier od. Kopfputz der Frauen,
dessen Enden an beiden Seiten herab-
hingen, *A* 1, 649 u. 711. *b*) übh. Hülle,
Gewand für Männer, *G* 3, 313. *A* 6, 221.

1. **Vĕlīnus**, i, *m.*, See im Sabinerlande, zwischen Reate u. Interamnum,
fontes Velini, die Quellen od. Zuflüsse
des V. (weil der See mehrere Abteilungen hatte), *A* 7, 517. Rosea rura Velini,
das Thal des V., *A* 7, 712.

2. **Vĕlīnus**, a, um, zu Velia ('Ύέλη),
einer Küstenstadt Lukaniens (j. Ruinen
bei 'Castell a Mare della Bracca' gehörig, velinisch, portus Velini, d. i. Velia,
A 6, 366.

vĕlīvŏlus, a, um (1. velum u. 1. volo),

mit Segeln beflügelt, mare, segel-
umflatterte, *A* 1, 224.

vello, velli, volsum, ĕre, rupfe od.
reifse ab, los od. aus, plumas, *A* 11,
724. radices, *A* 3, 650. saxum, *A* 10,381.
hastam de caespite, *A* 11, 566. postes a
cardine, suche loszureifsen, *A* 2, 480. arborem solo (aus dem Boden), *A* 3, 28.
spicula, *A* 10, 889. signa, breche zum
Angriff auf, *A* 11,19; übtr. v. Bienen (wie
ein zum Kampfe aufbrechendes Heer),
'aufbrechen', 'ausziehen', *G* 4, 108. vallum, reifse ein, *A* 9, 506. pontem, breche ab, *A* 8, 506. aurem, d. i. zupfe am
Ohre (als freundliche Erinnerung an
Dinge, die jmd. vergessen hat, denn das
Ohr galt Sitz des Gedächtnisses), *B* 6, 4.

vellŭs, ĕris, *n.*, 1) abgeschorene Wolle,
Schaffell, Vliefs, *A* 4, 459. 6, 249. 7,
95. *B* 3, 95. Plur. (dcht.), wollene Binden (als festliche Verzierung der Säulen),
A 4, 459. 2) übtr.: *a*) von dem, was der
Wolle ähnlich ist, bes. 'Baumwolle', *G*
2, 121. *b*) v. dünnem Gewölke, vellera
lanae, 'Schäfchen' am Himmel, *G* 1, 397.

vĕlo, āre (2. velum), verhülle, umhülle, bedecke, 1) eig.: *a*) übh., alqm
amictu, *A* 8, 33. corpora saetis pecudum,
G 3, 181; vgl. *A* 5, 72. 8, 277. 10, 205. 12,
120. antennae velatae (mit Segeln), an
denen die Segel befestigt sind, 'segel-
umflatterte', *A* 3, 549. comae velatae,
umschleiert, mit heiligen Binden umwunden (als Schmuck der Penaten), *A* 5,
174. velatus auro vittisque iuvencus, *A*
5, 366. oratores velati ramis, mit Öl-
zweigen in den Händen (die mit wolle-
nen Fäden u. Bändern umwunden waren, als Zeichen, dafs sie sich unter den
Schutz der Götter stellten), *A* 7, 154. 11,
101. dcht. v. lebl. Subj., carbasus velat
alqm amictu, *A* 8, 33. honos regius umeros velat ostro, *A* 7, 815. *b*) Pass. mit
medialreflex. Bed. ('wobei der Teil, der
bekleidet wird, als Obj. im Akk. hinzutritt), capita Phrygio velamur amictu,
verhülle mir das Haupt mit usw., *A* 3,
545. auch im Imperat. Pass., purpureo
velare comas amictu, verhülle dir das
Haar mit dem Purpurgewande, *A* 3,405.
2) übtr., umgebe, schmücke, ziere,
delubra fronde, *A* 2, 249.

vĕlox, ōcis, schnell, behend, ge-
schwind, rasch, von Leb. u. Lebl., *A*
5, 116. 253. 444. *G* 2, 530. 3, 405.

1. **vĕlum**, i, *n.* (veho), Segel, *A* 1, 400.
vela facio, richte, *A* 5, 281. vela do, s.
'do no. 1, e (S. 116. Sp. a u. b)'. tendo iter
velis (von der durch die Winde begün-
stigten Fahrt, wobei es der Ruder nicht
bedarf), *A* 7, 7.

2. **vēlum**, i, *n.* (velo), Hülle, Decke, Plur. 'Zeltdecken', *Ä* 1, 469.

vĕl-ŭt u. **vĕl-ŭtī**, Adv. der Vergleichung, ganz wie, gleichwie, a) übh., *Ä* 1, 82 u. ö. Bes. b) zur Einkleidung von Gleichnissen, gleichwie, sowie, m. fig. 'sic', *Ä* 1, 148. 12, 908. Auch wenn ein Fall angenommen od. nur als eintretend gedacht wird, inmanem veluti pecora inter inertia (incluserit) tigrim, wie wenn einer zu friedlichem Vieh den mörderischen Tiger einschliefst, *Ä* 9, 730. in Gleichnissen, die sich einem Hauptsatze ohne weitere Verbindung anschliefsen, 'ebenso', 'nicht anders' od. 'ähnlich', veluti ... aut ... cum m. Ind., *Ä* 4, 469. mit Wiederholung derselben Worte durch das einfache 'ut' zur Hervorhebung derselben, *velut* pelagi rupes ... *ut* pelagi rupes, *Ä* 7, 586 flg. Öfter m. 'cum' verb. (οἷς ὅτε Hom.), *Ä* 2, 304 u. 626. 4, 402. 9, 435. 12, 684 flg. 'velut qui', wie einer, der usw., *Ä* 5, 439. 11, 809. 'velut si', *Ä* 12, 68 u. 749. ac velut si ... aut ... sic, *Ä* 10, 803. 'ac veluti' scheinbar zu einer Konjkt. verschmolzen, *Ä* 10, 405. 11, 811. 12, 365. ac velut ille ... ille autem ... haud aliter, *Ä* 10, 707. ac velut ille ... haud secus, *Ä* 11, 809. 'ac velut ... aut ubi', m. 'haud segnius' im Nachs., *Ä* 12, 521 flgg. ac velut ubi, *Ä* 6, 707. 'ac velut(i) cum', *Ä* 1, 148. 2, 626. 4, 402 u. 441. 9, 59. 12, 684 u. 715.

vēna, ae, *f.*, 1) Blutader, Ader, *G* 3, 460 u. 482. bildl. von der Dido, volnus alit venis (weil die Leidenschaft durch Wallung des Blutes sich äufsert), *Ä* 4, 2. 2) übtr.: a) Ader der Gesteine, silicis, *Ä* 6, 7. *G* 1, 135. der Metalle, *G* 2, 166. b) Ritze, Spalt, hiantes, *G* 1, 91.

vēnābŭlum, i, *n.* (venor), Jagdspiefs, *Ä* 4, 131. 9, 553.

vēnātŏr, ōris, *m.* (venor), Jäger, *Ä* 11, 678. attrib., venator canis, Jagdhund, *Ä* 12, 751.

vēnātrix, trīcis, *f.* (venator), Jägerin, *Ä* 1, 319. 9, 178. 11, 780.

vēnātŭs, ūs, *m.* [alter Dat. 'venatu', *Ä* 9, 605] (venor), Jagd, *Ä* 9, 245. dcht., nemorum (in den Wäldern), *Ä* 7, 747. asper victu venatus (s. asper *no.* 2, c), *Ä* 8, 318. si qua (dona) meis venatibus auxi, durch meine Jagdzüge, *Ä* 9, 407.

vendo, dĭdi, dĭtum, ĕre (zsgz. aus 'venum' u. 'do'), 1) verkaufe, corpus auro (für od. um Gold), *Ä* 1, 484. 2) übtr., verkaufe, verrate, gebe preis, patriam auro, *Ä* 6, 621.

vēnēnum, i, *n.*, jeder durchdringende Saft, Beize, a) Farbe (φάρμακον), Assyrium, 'Purpurfarbe', *G* 2, 465. b) Gift,

Ä 9, 773. *G* 4, 236. Plur., *G* 2, 130. c) v. Kräutern zu magischem Gebrauche, *Ä* 4, 514. Plur., *B* 8, 95. Dah. 'Zaubertrank', 'Zaubersäfte', *Ä* 7, 190. 'Liebestrank', *Ä* 1, 689.

vĕnĕrābĭlis, e (veneror), ehrwürdig, heilig, donum, *Ä* 6, 408. nautis (Dat.) venerabile lignum, *Ä* 12, 767.

vĕnĕror, āri, verehre, bes. mit religiöser Scheu, mit Gebeten u. Opfern, bete an, deos, Protea etc., *G* 1, 338. 4, 391 u. 546. *Ä* 3, 34. deos votis, *Ä* 7, 597. Larem farre, *Ä* 5, 745. templa, begrüfse andachtsvoll, bezeige meine Verehrung, *Ä* 3, 84. Part. α) vĕnĕrātus, a, um, 'verehrt', Sibylla, *Ä* 3, 460. β) vĕnĕrandus, a, um, 'verehrungswürdig', 'ehrwürdig', *Ä* 9, 276. *G* 3, 294.

vĕnĭa, ae, *f.* (venio), eig. das Entgegenkommen; dah. 1) wohlwollende Gesinnung, Gefälligkeit, Gnade, Huld, oro veniam, um gütige Aufnahme, *Ä* 1, 519. hanc extremam veniam oro, um diese letzte Gunst flehe ich, *Ä* 4, 435. veniam precor, flehe um Gnade od. Beistand an, *Ä* 3, 144. veniam posco deos, *Ä* 4, 50. prosequor alqm veniā, erfülle, gewähre freundlich jmds. Bitte, *Ä* 11, 107. 2) Verzeihung, veniam do votis, schenke dem Bitteuden Verzeihung, vergebe dem Reuigen, *G* 4, 536. *Ä* 10, 903.

Vĕnĭlĭa, ae, *f.*, eine Nymphe, Gattin des Daunus, Mutter des Turnus, *Ä* 10, 76.

vĕnĭo, vēni, ventum, īre, komme wohin od. woher, komme an, gelange wohin, 1) von leb. Wesen, a) im guten Sinne, α) übh., mit 'in' od. 'ad', *Ä* 2, 716. 3, 662. ad ultima praemia, buhle um den letzten Preis, *Ä* 5, 346. in unum, komme mit jmd. wieder zusammen (bei der Rückkehr), *Ä* 8, 576. sub auras superas, kehre wieder ins Leben zurück, *Ä* 7, 768. sub axem caeli, *Ä* 6, 790. Manes sub imos, *Ä* 4, 387. ventum est ad supremum, *Ä* 12, 803. dcht. m. bl. Akk. des Zieles, Italiam, *Ä* 1, 2; vgl. *Ä* 2, 743 u. 781. 6, 346. *B* 1, 66. qui se Bebrycia veniens Amyci de gente ferebat, der vom bebrykischen Stamme des Amykus zu kommen sich rühmte, der als Bebrykier stolz auftrat, *Ä* 5, 373. se satis ambobus venire, er sei beiden im Kampfe gewachsen, *Ä* 7, 470. Oft mit Dat. zur Bezeichnung der Absicht, auxilio (zu Hilfe) *Ä* 7, 551. excidio Libyae, *Ä* 1, 22. od. m. dem ersten Supin., quaesitum oracula, *G* 4, 449. m. Part. Fut., venio moriturus, *Ä* 10, 881. dcht. m. Inf., *Ä* 1, 623. abs., komme an, erscheine, *B* 9, 13. veni non asper rebus egenis, verschmähe nicht, *Ä* 8, 465. Bes. β) komme od. gelange zu Schiffe wo-

hin, ab oris, *Ä* 2, 283; vgl. *Ä* 6, 532. 10,
277 u. 719. *b*) im feindl. Sinne, k o m m e
oder g e h e a u f jmd. l o s, *Ä* 6. 291. 12,
510 u. 595. magno ad moenia bello, mit
gewaltiger Heeresmacht heranziehen, *Ä*
2, 194. 2) v. Lebl.: *a*) k o m m e n, wie v.
Schiffen, *Ä* 3, 652. v. trojan. Rosse, *Ä* 6,
515. v. Meere, m. Dat. des Zieles, venit
medio, drang in die Mitte, *Ä* 3, 417; vgl.
Ä 9, 668. *G* 2, 108. membris, von der
Seuche, die Glieder ergreifen, *Ä* 3, 138;
vgl. *Ä* 2, 119. 8, 525. v. Regenwolken,
caelo, am Himmel heraufziehen, *G* 1, 322.
von der Braudung, daherkommen, *Ä* 7,
587. von der Aurora, *Ä* 10, 241. *b*) k o m -
m e, w e r d e ü b e r b r a c h t, verus mihi
nuntius venerat, *Ä* 6, 456; vgl. *Ä* 4, 387.
c) von der Zeit usw., k o m m e n, e r s c h e i -
n e n, *Ä* 1, 283. 2, 324. *B* 4, 4. *G* 1, 493.
2, 519. dah. v e n t ū r u s, a, um, 'bevorstehend', 'zukünftig', aevum, *Ä* 8, 627.
hiemps, *G* 4, 156. bella, nepotes, *Ä* 3, 158
u. 458. *d*) von Geschossen, k u m m e n,
g e l a n g e n, d r i u g e n, per ilia, *Ä* 7, 499.
in tergum, *Ä* 9, 412. per caput, *Ä* 9, 633;
vgl. *Ä* 9, 705. v. Schlage mit dem Cästus,
a vertice, *Ä* 5, 444. abs., v. Pfeile, ankommen, *Ä* 5, 504. *e*) v. Gewächsen, her-
v o r k o m m e n, w a c h s e n, g e d e i h e n,
felicius, *G* 1, 54. sponte suā, *G* 2, 11. 3)
von abstr. Begriffen, k o m m e n, d. i.
s i c h z e i g e n, a u f - oder h e r v o r t r e -
t e n, e r s c h e i n e n, *B* 1, 30. *G* 2, 130.
Ä 1, 348. 5, 344; vgl. *G* 1, 145. *Ä* 4, 39.
m. Dat., zu teil werden, *Ä* 11, 421 u. 733.
G 1, 37. 4, 418.

venor, äri, 1) intr., j a g e, *Ä* 7, 493.
eo venatum, gehe auf die Jagd, *Ä* 4, 117.
Part. sbst., venantes, 'Jäger', *Ä* 9, 551.
12, 5 (Gen. 'venant*um*'). 2) trans., j a g e,
v e r f o l g e, e r l e g e, apros, *B* 10, 56. le-
porem, *G* 3, 410.

venter, tris, *m.* (ἔντερον), B a u c h,
1) eig.: *a*) U n t e r l e i b, *Ä* 3, 216. *b*)
B a u c h, M a g e n (zur Bezeichnung der
Gefräfsigkeit), ventris rabies, *Ä* 2, 356.
2) übtr., etwas Bauchartiges, B a u c h,
crescere in ventrem, 'anschwellen', 'reifen' (v. Melonen), *G* 4, 122.

ventōsus, a, um (ventus), 1) v o l l
W i n d, w i n d i g, folles, *Ä* 8, 449. murmur, *B* 9, 58. alae, Flügel des Windes, 'windschnelle', *Ä* 12, 848. aequora,
stürmische, *Ä* 6, 335. 2) übtr., windig,
wie der Wind wechselnd, e i t e l, v e r -
g ä n g l i c h, gloria, gehaltlose Ehrbe-
gierde, Prahlerei, *Ä* 11, 708. lingua, prahlerische, *Ä* 11, 390.

ventus, i, *m.* (ἄϝημι), W i n d, 1) appell.: *a*) Wind, S t u r m, *Ä* 2, 416. 3, 383
u. ö. venti fulminis, wie βροντῆς πνεῦμα

(weil nach alter Vorstellung die vernich-
tende Kraft des Wetterstrahles in dem
denselben begleitenden Windhauche bestand), *Ä* 2, 649. als Bild der Schnelligkeit, sagitta ventos aequans, *Ä* 10, 248.
cursu, equo ventos praeverto, *Ä* 7, 807.
12, 345. Sprichw., nec ferre videt sua
gaudia ventos, merkt nicht, dafs seine
Freude ihm vom Winde entrafft wird,
dafs seine Wünsche vergeblich sind, *Ä*
10, 652. Auch schrieb man den Winden
die Macht zu das Meer nicht nur auf-
zuregen, sondern auch wieder zu beruhigen, *B* 2, 26; vgl. *Ä* 3, 69. 5, 763. *b*)
prägn., g ü n s t i g e r W i n d, F a h r w i n d
(οὖρος), *Ä* 2, 25 u. 180. 3, 529. 4, 381; vgl.
Ä 3, 289 u. 337. 5, 26. 59. 211. datis ventis, *Ä* 3, 705. *c*) übh. L u f t, *Ä* 3, 705. 5,
527. 12, 105. *G* 3, 233. 2) personif., *B* 3,
73. *Ä* 10, 676; vgl. *Ä* 3, 115.

Vēnŭlus, i, *m.*, ein Latiner, als Ge-
sandter zu Diomedes geschickt, *Ä* 8, 9.
11, 242 u. 742.

Vĕnŭs, nĕris, *f.* (Ἀφροδίτη), Tochter
des Juppiter und der Diana, Gattin des
Vulkan, auch des Anchises, Göttin der
sinnl. Liebe und Schönheit, Mutter des
Kupido, des Aeneas usw., 1) eig., *Ä* 1,
229. 325. 335. 411. 618. 691. 2, 787. 3, 475
u. ö. Zu Gunsten der Venus wird Aeneas
durch Neptun dem Arme des Achilles
entzogen, indem er ihn in eine Wolke
hüllt, was Vergil als That der Venus
selbst darstellt, *Ä* 10, 81. 2) übtr.: *a*)
Liebe, Liebesgenufs, *G* 2, 329. 3, 64.
97. 137. 210. 4, 199. *Ä* 6, 26. *b*) g e l i e b -
t e r G e g e n s t a n d, Geliebte, v. Galatea, *B* 3, 68.

vepres, is, *m.* [bei Vergil nur im Plur.],
D o r n s t r a u c h, D o r n b u s c h, *Ä* 8, 645.
G 1, 271. 3, 444.

vēr, vēris, *n.* (ἔαρ, ϝέαρ), F r ü h l i n g,
Lenz, *B* 9, 40 u. 10, 74. *G* 1, 43. 215. 2,
149 u. ö. imbriferum, *G* 1, 313. serenum,
G 1, 340.

verbēna, ae, *f.* (verw. m. ἔρνος, herba),
eig. eine Grasart, welche die Fetialen
bei ihren feierlichen Handlungen von
einem heiligen Bezirke des Kapitols ent-
nahmen, um sich damit das Haupt zu
umwinden, dann jedes L a u b u. K r a u t
zum Bekränzen od. Verbrennen bei heiligen Gebräuchen, bes. die grünen Z w e i -
g e ('Weihsprossen') des Lorbeer-, Myr-
then-, Ölbaumes usw., *Ä* 12, 120. Plur.
übh. heilige Kräuter zum Anpflanzen,
bes. Eisenkraut, *G* 4, 131. als Zaubermittel, *B* 8, 65.

verber, bĕris, *n.* [meist Plur., Sing.
nur im Gen. u. Abl.], 1) der berührende
S c h l a g, *a*) übh., alarum, 'Flügelschlag',

Ä 12, 876. *b)* Schlag od. Streich mit
der Peitsche, Hieb, *Ä* 5, 147. 6, 558. 7,
330. 10, 586. 2) meton.: *a)* Geifsel,
Peitsche, *G* 3, 106. tortum, *Ä* 7, 378.
bes. von der aus gewundenen Schlangen geflochtenen 'Peitsche' der Furien,
Ä 7,451. *b)* übtr., Riemen, 'Schnur' der
Schleuder, stuppea fundae, *G* 1, 309.

verbĕro, āre (verber), peitsche,
schlage, fundā amnem, d. i. senke,
werfe aus in den Strom das schwere
Wurfnetz (das dabei einen klatschenden
Ton gab), *G* 1, 141. centenā arbore fluctus, d. i. mit hundert Rudern, *Ä* 10, 208.
alis aethera (v. Adler), *Ä* 11, 756. auras
ictibus, 'Luftstreiche thun' (vom Faustkämpfer, um die Kraft zu erproben; vgl.
lacesso), *Ä* 5, 377. humum, 'peitschen' (v.
Regen), *Ä* 9, 669. von dem sich bäumen-
den Pferde, calcibus auras, *Ä* 10, 893.
dcht. von der Charybdis, sidera undā
(zur Bezeichnung der Gewalt, mit welcher das Wasser in die Höhe geschnellt
wird), peitschen, *Ä* 3, 423.

verbum, i, *n.* (Wurz. *fερ* in *εἴρω*,
ῥῆμα), 1) Wort, Ausdruck, Plur., verba, 'Worte', 'Rede', *Ä* 1, 710. 4, 5. neben
'vox', *Ä* 12, 912. mit 'res' (Thaten) verb.
Ä 9, 280. in verbo, mitten in, während
der Rede, *Ä* 6, 547. 2) prägn.: *a)* blofses
Wort, Gerede, leere Rede (im Gegs.
der That), vollst.'verba inania', *Ä* 10,639.
abs., verbis non replenda est curia, 'mit
Geschwätz', *Ä* 11, 360. redarguere verba, die Worte (d. i. die Grofssprecherei
v. 686), *Ä* 11, 688. *b)* verba, Zauber-
formeln (sonst 'carmina'), *B* 8,67 flg.
G 2, 129. 3, 283.

vērē, Adv. (verus), der Wahrheit gemäfs, wahrhaft, *Ä* 9, 617. nimium v.,
'allzuwahr', *Ä* 6, 188.

vĕrĕor, vĕrĭtus sum, ēri, scheue
fürchte, befürchte, besorge, alqd,
B 9, 3. alqd de alqo, *Ä* 9, 207; vgl. *Ä* 4,
96. m. folg. 'ne', *B* 9,63. m. Relativs., vereor, quo se Junonia vertant hospitia, mir
ist bange, was Junos gastliche Schwelle
dem Än. bringt, *Ä* 1, 671. m. Inf., scheue
mich, *Ä* 6,613. [gilius Maro, *G* 4, 563.

Vergīlius, ii, *m.*, der Dichter P. Ver-
vergo, ēre (stammverw. m. 'verto'),
a) neige mich, quo vergat pondere letum, auf wessen Seite sich die Wagschale
mit dem Todeslose neigen wird, *Ä* 12,
727. *b)* von der Lage eines Ortes, sich
wohin neigen, wohin liegen, ad solem, *G* 2, 298.

vērō, Adv., 1) in Wahrheit, in der
der That, wirklich, allerdings, *Ä*
2,438. 4, 93. 8,219; vgl. *Ä* 7, 78. nec vero,
Ä 6,392 u.431. Bes. bei Aufforderungen

u. Bitten zur Hebung u. Verstärkung der
Rede, ne vero, 'ja nicht', ne vero, ne me
impellite, *Ä* 11, 278. ne vero, ne quaere
profecto, *Ä* 8, 532. 2) bekräftigend, bes.
beim Übergange zu etwas Wichtigerem,
tum vero, 'da nun', *Ä* 1, 485 ; da nun vol-
lends, *Ä* 2,105. si vero, 'doch wenn', *Ä* 9,267.

verro, verri, versum, ĕre, 1) schleife,
schleppe (am Boden hin), übtr., *a)*
schleife, maria ac terras secum per auras (v. Winden), *Ä* 1, 59. *b)* streiche
über eine Fläche hin (schwimmend usw.),
fege, aequora caudis (v. den Delphinen),
Ä 8, 674. imā vestigia caudā (v. Stiere),
mit schleppendem Schweife verwischen,
G 3, 59. *c)* v. Winde, durchstreichen
und dadurch in hastige Bewegung setzen,
arva, aequora, 'durchstäuben', *G* 3, 201.
d) vom Rudernden, der das Ruder, od.
vom Schiffenden, der den Kiel des Schiffes die Oberfläche des Meeres furchen
läfst, 'aequora' mit u. ohne 'remis,, *Ä* 3,
290 u. 668. 5, 778. caerula, *Ä* 3, 208. 4,
583. vada remis, auf dem Wasser rudern,
fahren, *Ä* 6, 320.

versĭcŏlōr, ōris, die Farbe ändernd,
schillernd, arma, *Ä* 10, 181.

verso, āre (Intens. v. verto), 1) drehe
oft, bes. im Kreise, wende, kehre,
wälze herum, massam forcipe, *Ä* 8,
453. *G* 4, 175. galeam inter manus, *Ä* 8,
619. alqd huc illuc, *Ä* 5, 408. sinuosa
volumina, sich in kreisende Windungen
drehen (v. der Schlange), *Ä* 11, 753. currum in gramine, den Wagen tummeln,
Ä 12, 664. se in volnere, herumwälzen,
Ä 11, 669. alqm, d. i. herumtreiben, tummeln, *Ä* 5, 408. oves, treiben, weiden
lassen, *B* 10, 68. alqm in litore (von den
Winden), *Ä* 6, 362. 2) übtr.: *a)* kehre
um, das oberste zu unterst, richte zu
Grunde, zerstöre, domos odiis, *Ä* 7,
336. *b)* kehre um, wende, lenke,
Fors omnia versat, *B* 9, 5. *c)* wende od.
treibe leidenschaftlich hin und her,
ignem in ossibus, *G* 3, 258. animum per
omnia, *Ä* 4, 286. 8, 21. animum in omnes
partes, wende hierhin und dorthin, *Ä* 4,
630. animos in pectore, *G* 4, 83. *d)* wende
im Geiste hin und her, überdenke,
überlege, erwäge, mecum, m. flg.
indir. Frages., *Ä* 10, 285. omnia mecum,
Ä 11, 551. nunc huc, nunc illuc pectore
curas mutabat versans, erwog abwechselnd, *Ä* 5, 702. pectore consilia, dolos, 'sinne aus', *Ä* 1, 657. 2,62.

versus, ūs, *m.* (verto), eig. das Her-
umwenden beim Pflügen, dah. die dadurch gebildete Zeile, übh. *a)* Reihe,
Linie, *G* 4, 144. triplex, der Ruder, *Ä*
5, 119. Bes. *b)* Zeile im Schreiben, v.

Gedichten, Vers, *B* 5, 2. 7, 18. *G* 2, 386 (s. ludo). *Ā* 3, 339.

vertex, tĭcis, *m.* [bei Vergil wie bei Horaz in Hdschr. auch arch. Form 'vortex', die einige nur in der Bed. v. 'Strudel' annehmen, wie, *Ā* 1, 117 u. *G* 3, 241 *Ribb.*] (vorto), eig. was sich dreht oder herumgedreht wird; dah. 1) der äufserste Punkt, um den sich der Himmel dreht, Pol, *G* 1, 242. 2) Scheitel, *a*) Wirbel des Hauptes, *Ā* 1, 403. 5, 444. Kopf, *Ā* 7, 784. surgunt de vertice pinnae, von der Spitze des Helmes, *Ā* 10, 187. *b*) (dcht.) Scheitel, Höhe des Himmelsgewölbes (nachher 'summus aether'), *Ā* 1, 225. 3) Spitze eines Felsens, Gipfel oder Kuppe eines Berges, *Ā* 2, 308. 6, 806. 7, 674. 11, 526. 12, 702. sacer, näml. des Ida, *Ā* 10, 230. übh. 'Berg', 'Anhöhe', Erycius, *Ā* 5, 759. Caucasius, Aonius, *G* 2, 440. 3, 11. 'Gipfel' od. 'Wipfel' der Bäume, *Ā* 2, 629. 3, 679. *G* 2, 291. a vertice, κατ' ἄκρης, von oben, von oben her, *Ā* 1, 114. 5, 444. *G* 2, 310. 4) das wellenförmig sich Emporwirbelnde, *a*) Wirbel der Flammen, Feuersäule, *Ā* 12, 673. *b*) Wasserwirbel, Strudel, *Ā* 1, 117. 7, 31 u. 567. *G* 1, 481. 3, 241. 4, 539.

verto, verti, versum, ĕre, 1) trans.: *a*) kehre, drehe, wende, equos ad moenia, *Ā* 11, 619. praedas ad litora, *Ā* 1, 528. vocem in notos, *Ā* 11, 798. eo cursus, richte oder lenke, *Ā* 3, 146. iter eo, *Ā* 5, 23. morsus in alqd, setze die Zähne an eine Speise, beginne sie zu verzehren, *Ā* 7, 112.

b) drehe, wende oder kehre herum, cardinem, *Ā* 3, 448. 7, 621. frontes, *G* 3, 24. vestigia, wende mich um, *Ā* 10, 646. versis viarum indiciis, da er so die Zeichen der Richtung (Fufsspuren) verkehrt (so dafs sie nach auswärts gingen), *Ā* 8, 210. arma, wende nach unten, kehre um, *Ā* 11, 93; vgl. *Ā* 5, 586. versā hastā, *Ā* 1, 478. crateras, neige die Krüge beim Einschenken, leere zur Neige, *Ā* 9, 165. terga, wende zur Flucht den Rücken, ergreife die Flucht, *Ā* 6, 491. 8, 706. agmina fugā, d. i. treibe die Scharen in die Flucht, *Ā* 9, 800; vgl. *G* 3, 120. agmina, schlage in die Flucht, *Ā* 11, 734; vgl. *Ā* 10, 512. 11, 619 u. 684. bildl., stimulos sub pectore, die Stachel der Begeisterung tief in die Brust bohren, *Ā* 6, 101. ähnl. v. Mars, stimulos acres sub pectore vertit, stachelt, spornt zur Kampfeslust an, *Ā* 9, 718. fas atque nefas, verdrehe Recht und Unrecht, *G* 1, 505. omnia mecum, reifse alles mit mir ins Verderben, *Ā* 2, 652. Bes. Pass. 'verti' medial, sich drehen, sich herumdrehen, *Ā* 1, 391. 2, 250.

septima post Troiae excidium iam vertitur aestas, d. i. verrollt, *Ā* 5, 626. is vertitur ordo, das ist die Reihe, der Lauf deines Schicksals, *Ā* 3, 376. pectore sensus vertuntur varii, durchkreuzen seine Brust, *Ā* 12, 915. Dah. *α*) übh. 'sich bewegen', 'sich befinden', 'sein', in catervis mediis, *Ā* 11, 683. medio agmine, *Ā* 9, 29. inter primos, *Ā* 7, 784; vgl. *Ā* 5, 626. 7, 101. omnia vertuntur sub pedibus alcjs, alles unterwirft sich der Gewalt jmds., ist unterthan, *Ā* 7, 101. *β*) übtr., 'sich um etw. drehen', d. i. 'auf etw. beruhen', non hic victoria Teucrûm vertitur, *Ā* 10, 529.

c) kehre um, mit dem Pfluge, Grabscheit, pflüge, furche, grabe, terram aratris, rastris, *Ā* 7, 539 u. 725; vgl. *G* 1, 2 u. 147. dcht. auch v. Rudernden, 'wühle um', 'schlage', freta lacertis, *Ā* 5, 141. marmor, *Ā* 10, 208.

d) kehre, werfe od. stürze um, *α*) zerstöre, verwüste, arces, *Ā* 1, 20. moenia ab imo, *Ā* 5, 810. versi penates Idomenei, *Ā* 11, 264. *β*) übh. richte zu Grunde, zerrütte, vernichte, fluxas Phrygiae res fundo (von Grund aus), *Ā* 10, 88. consilium domumque Latini, *Ā* 7, 407; vgl. *Ā* 2, 652.

e) verändere, verwandle, vertausche, *α*) eig., nomen, vestem, *Ā* 7, 777. 12, 825. oestrum Graii vertere vocantes, die Griechen benennen es (das Insekt 'asilus') Oestros (οἶστρος) mit verwandeltem Namen, *G* 3, 148, sese in tot ora, *Ā* 7, 328. versa in hanc faciem, in die Gestalt dieses Vogels, *Ā* 12, 865. sese in omnes facies (mit Anspielung auf Proteus), *Ā* 12, 891. *G* 4, 411. v. Weine, se in cruorem, *Ā* 4, 455; vgl. *Ā* 12, 865. m. griech. Akk., formam vertitur oris in Buten, verwandelt sich an Gestalt in usw., *Ā* 9, 646 (*Ribb.* 'formā') *β*) übtr., 'umkehren', 'umwandeln', se in omnia, *Ā* 7, 309. iussa Jovis, *Ā* 10, 35. quae te sententia vertit? *Ā* 1, 237.

2) refl. od. intr.: *a*) sich kehren, sich umwenden, sich verwandeln, *G* 2, 33. in glaciem, *Ā* 3, 365.

b) ausschlagen, ablaufen, quod nec vertat bene, nicht gut gedeih es ihm, d. i. möge dies nur zu seinem (des neuen Herrn) Verderben ausschlagen! *B* 9, 6.

vĕrū, ū, *n.* [Dat. u. Abl. Plur. 'veribus' st. 'verubus'], *a*) Spiefs zum Braten, *Ā* 1, 212. 5, 103. *G* 2, 396. 2) Wurfspiefs, Sabellum, *Ā* 7, 665.

vērŭm, Konjkt. (verus), eig. in Wahrheit, zur Bezeichnung eines starken Gegensatzes, in Wahrheit aber, jedoch aber, nach Neg. sondern, non, do -

verum Aegonis, *B* 3, 2. Bes. beim Übergange zu einem andern Gegenst., jedoch, aber, *Ä* 3, 448 u. 670. 4, 603. 7, 591. verum age, *Ä* 12, 832.

vērus, a, um, 1) wahr, wahrhaft, wirklich, im Gegs. zum blofs Vorgestellten od. Fingierten, voces (die Sprache der Mutter als Sprache des Herzens, nicht die einer fremden Jungfrau), *Ä* 1, 409. labor, Anstrengung, Beharrlichkeit in den Mühen, die jmd. wirklich, mit eigner Kraft auf sich genommen u. überwunden hat, *Ä* 12, 435. v. Wesen, wahrhaftig, 'wirklich' (im Gegs. zum angenommenen Körper der erscheinenden Götter u. Geister), facies, nuntius, *Ä* 3, 310. dea, *Ä* 1, 405. proles, *Ä* 8, 301. Sbst., 'verum', i, *n.*, Wahres, Wahrheit, *Ä* 7, 440. Plur., 'vera', ōrum, *n.*, *Ä* 2, 241. vera vides, 'was du siehst, ist wahr', *Ä* 3, 316. v. Orakelsprüchen, Weissagungen, si veris inplet Apollo, *Ä* 3, 434. 2) übtr.: *a*) recht, gehörig, verius (est), es ist gerechter, mir ziemt es allein, m. Akk. u. Inf., me unum luere, *Ä* 12, 694. *b*) wahr, gegründet, nuntius, *Ä* 6, 456.

vērūtus, a, um (veru), bespeert, speerführend, Volsci, *G* 2, 168.

Vēsaevus, s. Vesevus.

vēsānus od. (*Ribb.*) **vaesānus**, a, um, unvernünftig, bethört, Liger, *Ä* 10, 583. übtr., fames, rasende Gier, *Ä* 9, 340. 10, 724.

vescor, vesci (digammiert aus 'esca'), geniefse etwas als Speise, speise, m. Abl., *Ä* 3, 622. 8, 182. abs., 'schmause', *Ä* 6, 657. dcht., aurā aetheriā, geniefse (atme) die Luft des Äthers (als Bedingung des Lebens), *Ä* 1, 546. 3, 339.

vescus, a, um (verw. m. vescor), *a*) zehrend, auszehrend, papaver, das Land auszehrend, *G* 4, 131. *b*) 'augezehrt', dah. mager, *G* 3, 175.

Vēsēvus od. (*Ribb.* u. *Schap.*) **Vēsaevus**, i, *m.* [alter dcht. Name st. 'Vesuvius'], Vesuv, der bekannte feuerspeiende Berg Kampaniens, *G* 2, 224.

Vesper, pĕris u. pĕri, *m.* (Ἕσπερος), 1) Abendstern, *B* 2, 86. *Ä* 1, 374. 8, 280. rubens, 'Abendrot', *G* 1, 251. 2) appell., vesper (ἕσπερος), Abend, Abendzeit, *G* 1, 461. 4, 434. *b*) Abendgegend, Westen, ater, *Ä* 5, 19.

Vesta, ae, *f.* (Ἑστία), 1) eig., Vesta, Tochter des Saturnus und der Ops, Vorsteherin und Hüterin des Herdes und des Herdfeuers, das als der Mittelpunkt jeder menschlichen Ansiedelung und somit auch als die notwendige Bedingung des staatlichen Lebens galt, welche durch das Symbol des ewigen Feuers die ewige

Dauer des Staates verbürgte, dah. man das Verlöschen des heiligen Feuers, das im Tempel der Vesta brannte und in Rom unmittelbar unter dem Schutze der Minerva stand, als ein schlimmes Zeichen für den Staat betrachtete (*Ä* 2, 297), Vesta mater, *G* 1, 498. potens (als Orts- u. Schutzgöttin), *Ä* 2, 296. cana (wegen ihrer uralten Verehrung), *Ä* 5, 744. 9, 259; vgl. *Ä* 1, 292. 2, 567. 2) meton., Herd, Feuer, ardens, *G* 4, 384.

vester, tra, trum (vos), Possessivpron., euer, *Ä* 1, 137 u. 375. auch in der Anrede an éinen, *Ä* 1, 140. 10, 188. prägn., vestrum (est) hoc augurium, dieses Wahrzeichen ist von euch, *Ä* 2, 703.

vestibulum, i, *n.* (Vesta), 1) Vorhof, Vorplatz vor dem Hause (von der Strafse durch eine niedrige Mauer geschieden), *Ä* 2, 469. 7, 181. dcht., freier Platz vor dem Bienenhause, *G* 4, 20. 2) übh. Eingang, *Ä* 6, 273 u. 556.

vestigium, ii, *n.*, 1) Tritt, den man im Gehen od. Stehen macht, Fufstritt, Fufsstapfe, *a*) eig., vestigia servo, *Ä* 2, 711. sequor, *Ä* 2, 753. figo, *Ä* 6, 159. premo, hemme die Schritte, stehe still, *Ä* 6, 197 u. 331. refero, wende zurück, gehe zurück, *Ä* 9, 797. retro lego, wende mich rückwärts nach den Fufsstapfen, folge ihnen, *Ä* 9, 392. teneo, *Ä* 5, 331. vestigia extrema facio, trete die letzten Spuren, thue die letzten Schritte, *G* 2, 474. caeca rego filo vestigia, lenke mit dem F. die irrenden Schr., *Ä* 6, 30. vestigia verto, fliehe, *Ä* 10, 646. prima vestigia labant, *Ä* 11, 283. vestigia cursu inpedire, im Laufe die Tritte verflechten, durch einander reiten, *Ä* 5, 592. dcht., in se per sua vestigia volvi (vom Jahre), auf seinen Bahnen in sich selbst zurückkehren, *G* 2, 402. *b*) übtr., Spur, Kennzeichen, Merkmal, frigoris, *G* 2, 258. flammae, *Ä* 4, 23. sceleris, *B* 4, 13. fraudis, *B* 4, 31. 2) der auftretende Fufs, die Fufssohle, vestigia primi alba pedis, weifs des Hufes vorderster Rand, *Ä* 5, 566. vestigia torqueo, drehe mich um, wende den Schritt, *Ä* 3, 669. 6, 547. vestigia nuda sinistri instituere pedis, *Ä* 7, 689.

vestigo, āre (vestigium), folge auf der Spur, spüre oder forsche nach, suche auf, erkunde, virum, folge dem Manne auf der Spur, *Ä* 12, 482. alqm per agmina, *Ä* 12, 557. oculis alqd, *Ä* 6, 145. 12, 467. apes in pumice, *Ä* 12, 588. mit Relativsatz, *Ä* 7, 132.

vestio, īvi u. ii, ītum, īre [Imperf. vestibat, *Ä* 8, 160] (vestis), 1) kleide, bekleide, dcht., sandyx pascentes vestiet agnos, d. i. die Wolle des von der besseren Weide veredelten Lammes wird von selbst eine flammenrote Farbe erhalten, *B* 4, 45. 2) übtr., **bekleide, bedecke, schmücke, ziere**, viridi me gramine, *G* 2, 219. corymbos, *B* 3, 39. Taburnum oleā, bepflanze mit Oliven, *G* 2,38. v. ersten Barthaare (iuventa), genas, *Ä* 8,160. v. Lichte (aether), campos lumine purpureo, *Ä* 6, 640.

vestis, is, *f.*, *a*) **Kleid, Kleidung, Gewand**, *Ä* 1, 404. 12, 825. *b*) **Decke, Teppich**, *G* 2,469. artelaboratae,kunstvolle, *Ä* 1,639. captiva, *Ä* 2,765 (wo Sing. kollekt. st. Plur.).

Vesulus, i, *m.*, eine der höchsten Spitzen der Alpen auf der Grenze von Ligurien und Etrurien, auf welcher der Padus entspringt, *Ä* 10, 708.

veternus, i, *m.* (vetus), eig. Schlafsucht als krankhafter Zustand alter Leute, übtr., **Erschlaffung, Unthätigkeit**, *G* 1, 124.

veto, vetŭi, vetĭtum, āre, 1) **verbiete, widerrate**, m. Akk. der Sache, bella, *Ä* 2, 84; vgl. *Ä* 6, 623. mit (Akk. u.) Inf., vetat fari (näml. 'Helenum' st. 'me'), *Ä* 3,380; vgl. *Ä* 8,111. 12,806. Von sachl. Subj., 'hemmen', 'zurückhalten', *B* 10,56. *G* 1,270. Pass. m. pers. Konstr., quippe vetor fatis, 'das Schicksal ja, versteht sich, verbietet es mir', *Ä* 1, 39. vetita arma, die (vom Vater) verbotenen, *Ä* 9, 547. Part. sbst., vetitum, i, *n.*, das 'Verbotene', 'Verbot', *Ä* 10, 9. 2) übtr., **hindere**, m. Akk. u. Inf., *B* 10, 56.

vetus, tĕris [Superl. vĕterrĭmus, *Ä* 2, 513], 1) **alt**, nicht jung, greis, *Ä* 5,576 u. ö. 2) **alt**, nicht neu, amicus, *Ä* 3, 82. Bacchus (Wein), *Ä* 1, 215. Pyrgi, *Ä* 10, 184. 3) **alt, früher, ehemalig, vorig**, flamma, factum, *Ä* 4, 23 u. 59. *G* 1, 378. nomen, *Ä* 8, 332. 12, 823. bellum, *Ä* 1, 23; vgl. *Ä* 3, 102. 6, 449. 8, 332 u. 600. dei, die Penaten, *Ä* 9, 786. Sbst., veteres, um, *m.*, **die Alten, die Vorfahren**, *G* 1, 176.

vetustas, ātis, *f.* (vetustus), **lange Zeit** (die gleichsam alt wird), **Alter, lange Dauer**, *Ä* 3,415. 10, 792. 12, 686.

vetustus, a, um (vetus), alt, d. i. lange bestehend (oft mit dem Nebenbegr. des Ehrwürdigen), templum, *Ä* 2, 713. saxum, *Ä* 3, 84. gens, *Ä* 9, 284. mos, *Ä* 11, 142.

vexo, āre (Intens. v. veho), 1) **schüttle** od. **bewege stark, rates**, 'erschüttere', *B* 6, 76. 2) übtr., **beunruhige, plage, bedränge**, vexari bello et armis, *Ä* 4, 615.

via, ae, *f.* (verw. m. 'eo', 'ire'), **Weg**, 1) eig., **Weg** als Ort, wo man geht, Strafse, *Ä* 2, 739. 3, 569. dextera, *Ä* 6. 540. laeva, *Ä* 6, 542. invia, *Ä* 3, 383, Bes. *a*) Weg, Strafse in der Stadt, Gasse, strata viarum, *Ä* 1, 422; vgl. *Ä* 2, 364. fit via vi, d. i. mit Gewalt wird der Zugang geöffnet, *Ä* 2, 494. aperit si nulla viam vis, *Ä* 10, 864. *b*) jeder Weg, Gang, dah. 'Lauf' eines Flusses, *Ä* 3, 695. 5, 807. 'Bahn' eines Pfeiles, *Ä* 5, 526. v. Speere, *Ä* 10, 422 u. 477. von der Stimme, *Ä* 11, 151. 'Spalte', durch die etwas dringt, *G* 2,79. dcht. von den 'Bahnen' der himmlischen Körper, viae caeli et sidera, *G* 2, 477. anni solisque (zwischen den beiden Wendekreisen des Krebses und Steinbocks), *Ä* 6,797. bildl., fata (die Schicksalssprüche) viam invenient, *Ä* 3, 395. quamcumque viam dederit Fortuna, *Ä* 10, 49. sunt alii (näml. 'modi' aus *v.* 20), quos ipse viā sibi repperit usus, es giebt noch andere Arten, welche die (auf dem betretenen Wege) fortschreitende Erfahrung fand, *G* 2, 22 (*Ribb.* sunt aliae, quas ipse vias). *c*) Weg, Gang, Reise, *Ä* 8, 309; vgl. *B* 9, 1 u. 23. *Ä* 1, 358. 6, 122. via vento facilis, *Ä* 3, 529. temptare viam (die Fahrt), *Ä* 3, 520. flectere viam velis, *Ä* 5, 28. 2) übtr., *a*) Verfahrungsart, Art und Weise etw. zu thun (ὁδός), colendi (des Anbaues), *G* 1,122. *b*) 'Weg', 'Mittel', 'Gelegenheit' zu etw., salutis, *Ä* 6, 96. mortis, *G* 3,482. quae via clausos excutiat Teucros vallo, auf welche Weise, wenn man keinen Zugang finde, die Teukrer aus der Verschanzung getrieben werden könnten, *Ä* 9, 68 (*Ribb.* 'quā vi'); vgl. *Ä* 6, 194 und 367. 10, 879. 11, 128. via utraque, der doppelte Weg (der ihnen Verderben oder Untergang bringen mufste), *Ä* 10, 685. via domandi, *Ä* 3, 164. nulla viam Fortuna regit, zeigt nirgends den Weg (d. i. das Mittel, den Speer herauszubringen), *Ä* 12, 405.

viātor, ōris, *m.* (viare), der **Reisende, Wanderer**, *Ä* 5, 275. 10, 805. *G* 4, 97.

vibro, āre, 1) **setze in zitternde Bewegung, schwenke, schwinge, werfe schwingend**, spicula, *Ä* 11, 606. vibratus fulgor, 'zuckender Blitz', *Ä* 8,524. dcht., crines vibrati calido ferro, gekräuselte, geringelte, *Ä* 12, 100. 2) refl.: *a*) **bewege mich zitternd, zittere**, von der Zunge der Schlange, *Ä* 2, 211. dcht., vibrans ictus, ein erschütternder Stofs, so dafs der Lanzenschaft zittert, *Ä* 10,484. *b*) **funkeln, blitzen**, 'flammen', v. Schwerte, *Ä* 9, 769.

viburnum, i, *n.*, gemeiner Schnee-
ball oder Schlingbaum, *B* 1, 26.

vicia, ae, *f.* (βικίον), Wicke, *G* 1,
75 u. 227.

vicinia, ae, *f.* (vicinus), Nachbarschaft, Nähe, *G* 4, 290.

vicinus, a, um (vicus), benachbart,
in der Nachbarschaft befindlich, nahe,
Ä 3, 382 u. 500. 11, 299. m. Dat., *B* 9, 28.

vicis, *f.* [im Sing. nur Akk. u. Abl.
'vicem' und 'vice' gebr.], Wechsel, 1)
übh.: *a*) Abwechselung, sermonum,
'Wechselgespräch', *Ä* 6, 535. in vicem,
abwechselnd, im Wechsel, unter einander, *Ä* 12, 502; 'éines um das andere',
G 3, 188. 4, 166. *b*) meton., Stelle, Platz
(an den jmd. tritt), *Ä* 9, 164. dah. 'Rolle',
'Geschäft', 'Dienst', *Ä* 3, 634. exerceo
od. servo vices, versehe, *Ä* 9, 175 u. 222.
2) insbes.: *a*) Wechsel des Schicksals,
Geschick, volvere vices (v. Juppiter),
Ä 3, 376. *b*) Wechselfälle des Krieges, *Ä* 2, 433.

vicissim, Adv. (vicis), gegenseitig,
dagegen, wiederum, *Ä* 5, 837. versi
vic. Rutuli (im Gegs. der Troër, welche
zuvor in die Flucht geschlagen waren
v. 368 u. 408), *Ä* 12, 462. lumen obscura
vic. luna premit (sofern der Mond, dessen Licht erst hell war, auch seinerseits,
'vicissim', beim Untergange, wie vorher
die Sonne, erblafste), *Ä* 4, 80. tibi nostra
vic. dicemus (näml. im Gegengesange),
B 5, 50. sic orsa vic. ore refert, *Ä* 7, 435.

victima, ae, *f.*, Opfertier, bes. als
Dankopfer, *Ä* 12, 296. *G* 2, 147. *B* 1, 33.

victor, öris, *m.* (vinco), Sieger, 1)
eig.: *a*) Sieger im Wettkampfe wie im
Kriege, *Ä* 2, 95. 5, 160 u. 310. dcht. auf
der Jagd, *Ä* 1, 192. attribut., siegend,
siegreich, *Ä* 2, 95. 3, 439. modo navali
Mnestheus certamine victor, d. i. der
eben nur Sieger gewesen, *Ä* 5, 493. Antonius . . . victor ab Aurorae populis et
litore rubro, *Ä* 8, 686. Dah. mit einem
andern Sbst. verb., victor herus, *Ä* 3,
324. victores equi, 'Siegesgespann', *Ä* 7,
656. Danai victores, *Ä* 3, 288. 2) übtr.,
Sieger, siegreich, von dem, der etw.
glücklich zustande bringt, der seinen
Zweck erreicht, *Ä* 2, 329. 8, 50 u. 61. v.
Hirten, der die Trift angezündet hat u.
über das Gelingen seines Planes sich
freut, *Ä* 10, 409. von dem, der seinen
Wunsch erfüllt sieht, *Ä* 11, 565.

victoria, ae, *f.* (victor), Sieg, 1) ap-
pell.: *a*) Sieg, über Feinde, *Ä* 10, 528
u. ö. im Wettkampfe, *G* 3, 112. *b*) übtr.,
Sieg (wenn man seine Absicht erreicht),
Ä 2, 584. 2) personif., Victoria (Νίκη),
Siegesgöttin, *Ä* 11, 436. 12, 187.

victrix, trīcis, *f.* (victor), 1) Siegerin,
Besiegerin, *Ä* 11, 762. attrib., siegend, siegreich, laurus (zur Bezeichnung des Kriegsruhmes), *B* 3, 13. victricia arma, *Ä* 3, 54. 2) übtr., 'Siegerin',
von der, die ihren Wunsch oder Zweck
erreicht hat, von Allekto (sofern sie gegen Juno ihr Versprechen erfüllt hat), *Ä*
7, 544.

victus, ūs, *m.* [alter Dat. 'victu', *G* 4,
158] (vivo), Unterhalt, Lebensmit-
tel, Nahrung, Speise, Kost, *G* 1,
149. 2, 460. *Ä* 1, 214. infelix, 'ärmliche',
Ä 3, 649.

video, vīdi, vīsum, ēre (Wurz. ϝιδ in
εἴδον), sehe, 1) im engeren Sinne, nehme mit den Augen wahr, sehe, erblicke, bemerke, *a*) übh., alqm, *Ä* 6,
487. alqd, *Ä* 5, 411. 12, 918. si vivo vi-
surus eum, d. i. wenn ich lebe, um ihn
wieder zu sehen, wenn ich bei meiner
Rückkunft ihn wieder finden soll, *Ä* 8,
576. mit Akk. u. Inf., *Ä* 1, 308. 3, 518.
12, 2. 839. 937. mit doppeltem Akk.,
alqm indecorem, *Ä* 12, 679. bes. m. Part.,
armatos stantes in limine, *Ä* 2, 485; vgl.
Ä 2, 561. 9, 780. 10, 674. 12, 645. m. Relativs. u. Konj., *Ä* 3, 584. 12, 33. m. 'ut'
od. 'uti ('wie') u. Konj., *Ä* 1, 466. m. 'cum
(als, wie)', vidi, cum membra manderet,
Ä 3, 626. Bes. 'viden (d. i. videsne)' mit
einem durch 'ut' eingeleiteten Ausrufe-
satz im Indik., wodurch die angeredete
Person aufgefordert wird, ihr Auge auf
etwas zu richten, was sie sogleich sehen
kann, so dafs der Ton auf dem Satze
selbst liegt, *Ä* 6, 780. auch parenthet.,
'vides', wie du siehst, *Ä* 6, 706. dcht. von
den Augen selbst, nostri oculi videre Ca-
cum (*Haupt*; 'oculis' zu 'turbatum' gehörig: 'sahen sein Auge verwirrt' *Wagn.*,
Ribb. und *Schap.*), *Ä* 8, 223. Pass. vi-
deor, 'werde gesehen', erscheine', nulla
tuarum audita mihi neque visa (est) sororum, keine ist mir weder zu Ohren
noch zu Gesichte gekommen, *Ä* 1, 326.
deterior qui visus, *G* 4, 89. cycni . . . videntur, man sieht, wie die Schwäne usw.,
Ä 1, 396. penates visi (sunt mihi) ante
oculos astare jacentis in somnis, erschie-
nen vor den Augen des im Schlafe liegenden, ich sah sie vor meinem Lager
deutlich stehen, *Ä* 3, 150. haud temere
est visum (näml. 'ab equitibus'), nicht
umsonst war der Schein, *Ä* 9, 375. Inf.
'rideri' bei Adj., maior videri, gröfser
erscheint sie, *Ä* 6, 49. *b*) prägn.: *α*) ich
habe die Augen offen, sehe, d. i.
bin erwacht, *B* 6, 21. *β*) bin von etwas
Augenzeuge, sehe, erlebe etwas,
alqd, *Ä* 2, 5 u. 643. alqm, *Ä* 2, 499. 555

u. 745. funus nati, *A* 11, 53; vgl. *A* 11, 417. 2) im weiteren Sinne: *a*) nehme etwas wahr, bemerke, *b*) mit den Sinnen, *α*) v. Pers., bei Vergil aber nie einfach mit 'audio' vertauscht, sondern nur in Verbindung mit dem eigentl. Sinne des Sehens, mugire videbis sub pedibus terram et descendere montibus ornos, obgleich wir 'du hörst unter den Füísen donnern den Grund und siehst die Eschen usw.', *A* 4, 490. arma rutilare vident et pulsa tonare, sie sehen Waffen funkeln und (hören) die zusammengeschlagenen rasseln, *A* 8, 529. crebrescere vidit sermonem (in bez. auf die damit verbundenen Mienen u. Bewegungen des Volks), *A* 12, 222. *β*) von Lebl., casus abies visura marinos, der Gefahren des Meeres gewärtig, *G* 2, 68; vgl. *A* 1, 265. 12, 542. *G* 1, 490. *c*) mit dem Geiste, *α*) sehe, werde gewahr, bemerke, ventura, *A* 2, 125. m. Akk. u. Inf., *A* 12, 2. *β*) sehe, sehe zu, sorge, de me divôm pater viderit, für mich mag Juppiter weiter sehen od. sorgen, *A* 10, 744. tabularia, sich kümmern um usw., *G* 2, 502. Dav. (eig. Pass.):

vĭdĕor, vīsus sum, ēri, 1) scheine, habe den Schein, werde für etwas gehalten, dünke, und zwar persönl. konstr. (mit Subjektsnom. u. Inf., wobei das flg. Präd. auch im Nom. hinzutritt, oft ohne 'esse'), *A* 1, 396 u. ö. *B* 7, 41. Bes. von Träumen u. Visionen (*δοκεῖν*), scheinen, es kommt jmdm. vor, als ob usw., *A* 2, 271 u. 279. 12, 910. 2) es dünkt mich (*δοκεῖ μοι*), ich glaube (ohne 'mihi', 'sibi' etc., wie meist bei Dicht.), hinc exaudiri voces et verba vocantis visa viri, von dorther, dünkte es sie, klang ihr der Ruf, glaubte sie zu hören den Ruf usw., *A* 4, 460; vgl. *A* 2, 730. 3, 174. 9, 195. 3) unpers., es dünkt gut, es beliebt, es gefällt, bes. von Beschlüssen der Götter, 'visum est' m. Dat., die Götter haben beschlossen, es so gewollt (wie *δοκεῖν*), visum est superis, m. Inf., *A* 3, 2; vgl. *G* 4, 394. dis aliter visum (bes. als Formel des Trostes bei traurigen Ereignissen), *A* 2, 428.

vĭdŭo, āre (viduus), beraube, mache leer oder öde von etw., urbem civibus, *A* 8, 571. arva numquam viduata pruinis, nie frei vom Reife, *G* 4, 518.

vĭgĕo, gŭi, ēre (*ὑγιής*), verw. m. 'vegetus'), lebe, rege mich, bin kräftig, v. Pers., regum consiliis, habe Geltung in der Versammlung, *A* 2, 88. von der Fama, mobilitate, *A* 4, 175.

vĭgil, ĭlis (vigeo), 1) wachend, wach, munter, oculi, *A* 4,182. Sbst.,

der Wächter, *A* 2, 266 u. 335. 9, 159 u. 221. 2) übtr., wachsam, ignis, immer brennend, ewig (der Vesta), *A* 4, 200.

vĭgĭlantĭa, ae, *f.* (vigil), Wachsamkeit, übtr., 'Fürsorge', *G* 2, 265.

vĭgĭlo, āre (vigil), 1) wache, bin wach, *A* 4, 573. 10, 228; vgl. *A* 9, 345. vigilantes oculi, wachsame, *A* 5, 438. 2) (dcht.) trans., übtr., besorge etwas wachend, lenke meine Sorge aufetw., quae vigilanda viris, welcherlei Sorge uns geziemt, *G* 1, 313.

vĭgintĭ, Zahlwort (*εἴκοσι*), zwanzig, *A* 1, 634. 9, 48.

vĭgŏr, ōris, *m.* (vigeo), Lebenskraft, Frische, des Körpers, *A* 9, 611. *G* 4, ↳ 418. igneus est ollis (d. i. illis) vigor seminibus, feurig durchdringt die S. Lebenskraft, *A* 6, 730.

vīlĭs, e, 1) wohlfeil, gemein (weil im Überflusse vorhanden), v. Früchten, *G* 1, 227 u. 274. 2) übtr., gering, wertlos, supellex, *G* 1, 165. v. Pers., *B* 7, 42. animae, verächtliche Wesen, *A* 11, 372.

vīlla, ae, *f.* (eig. Dem. 'vicula' von 'vicus', *Weiler*), Gehöft, Meierhof, 'ländliche Hütte', *B* 1, 83.

villōsus, a, um (villus), zottig, leo, *A* 8, 177. villosa saetis pectora, *A* 8,266.

villus, i, *m.* (*οὖλος*; vgl. 'vellus'), das zottige Haar der Tiere, Zotte, *A* 5, 352. *G* 3, 386 u. 446. tonsis mantelia villis, glattgeschorene Handtücher, *A* 1, 702. *G* 4, 377.

vīmĕn, mĭnis, *n.* (vieo), eig. was zum Flechten dient, Reis, Schaft, Gerte, Rute, *G* 2, 241 u. 414. *B* 2, 72. *A* 3, 31. 6, 137. 11, 65. acanthi (wegen der gebogenen Windungen), *G* 4, 123.

vīmĭnĕus, a, um (vimen), aus Flechtwerk, geflochten, crates, *G* 1, 95.

vincĭo, vinxi, vinctum, īre, binde, umbinde, fessele, alqd alqā re, *A* 1, 337. post terga manus, *A* 11, 81. vites, *G* 2, 416. bildl. v. Weine, linguam, fesseln, lähmen, *G* 2, 94. Part. m. griech. Akk., vincti verbenā tempora, 'umwunden', *A* 12, 120. dcht. übtr. v. personif. Furor, nodis . . . vinctus post tergum, *A* 1, 295.

vinco, vīci, victum, ĕre (St. 'vic', wov. 'vix' u. 'vis'), 1) siege, besiege, überwinde, überwältige im Kampfe, *a*) m. Akk., alqm, *A* 1, 285. 2, 320. 3, 353 u. ö. victi penates, die Aeneas mit nach Italien brachte, *A* 1, 68. 8, 11. Plur. 'victi' in bez. auf éinen (den Turnus), den man bereits zu den Überwundenen zählen muís, eig., den Besiegten, wie deren éiner Turnus sei, *A* 12, 799. Plur. mask. 'victi' in der *Constr. ad sensum* (in bez.

auf 'urbs' u. 'regna'), *Ä* 12, 568. *b*) abs., siege, gewinne die Oberhand (wie νιχάω), Perf. bin Sieger, *Ä* 10, 43. 11, 712. 12, 936. im Wettkampfe, *Ä* 5, 194 u. 196. bildl., vincet amor patriae laudumque immensa cupido, *Ä* 6, 824. 2) übtr.: *a*) besiege, überwinde, bewältige, alqm od. alqd, *Ä* 11, 354. 12, 29. v. Schiffen, vinci turbine, zerschmettert, zerschellt werden, *Ä* 9, 92. v. der Juno, *Ä* 1, 37. v. Juppiter, victus volensque, *Ä* 12, 833. vinci nescia pectora, 'unbesiegbare, unbezwingbare', *Ä* 12, 527. Lebl., viscera igne, durch Feuer vertilgen, *G* 3, 560. omnia vincit amor, *B* 10, 69. iter durum, *Ä* 6, 688. v. Pfeile, aëra iactu, 'durchfliegen', *G* 2, 123. noctem funalia vincunt, verdrängen, d. i. erhellen, *Ä* 1, 727. ramum, bemächtige mich, bezwinge, *Ä* 6, 148. horrea proventu, v. Jahre, überlasten, anfüllen, *G* 2, 518. vinci pulvere, von der Tenne, die hier u. da in Staub sich auflöst, *G* 1, 180. allitterierend, vivendo vici mea fata, d. i. ich habe länger gelebt als ich sollte, *Ä* 11, 160. von der Eiche, multa virûm volveus durando saecula vincit, überlebt, überdauert, *G* 2, 295; vgl. *Ä* 1, 122. 9, 92 u. 337. senectus situ victa, 'gebrechlich', 'abgelebt', *Ä* 7, 440 u. 452. multo deo (d. i. vino) victus, 'trunken', *Ä* 9, 337. abs., victus, niedergedrückt, gebeugt, *B* 9, 5. mit Gen. 'animi', im Herzen überwältigt, näml. von Sehnsucht, übermannt vom Gefühle, *G* 4, 491. *b*) besiege, übertreffe, alqm carminibus, *B* 4, 55. *c*) besiege, stimme um, *Ä* 2, 699. 4, 370. *d*) thue etw. siegreich dar, erweise, erhärte, alqd verbis, *G* 3, 289.

vincŭlum u. synkop. **vinclum**, i, *n.* (vincio), 1) Band, Fessel, gew. Plur., *Ä* 1, 168 u. ö. linea (von den Stricken, mit denen die Taube am Maste angebunden war), *Ä* 5, 510. von den Seilen, mit denen man die Schiffe am Ufer an einem Steine oder Pfahle befestigte (retinacula), *Ä* 9, 118. vinclorum volumina, die Riemen oder Ränder des Cästus, *Ä* 5, 408. Bes. 'Fußbekleidung' (in bez. auf die durch Riemen befestigten Sandalen), *Ä* 8, 458. Veneris, 'Venusbande', magische Liebesknoten (aus Fäden von dreifarbiger, roter, weißer und schwarzer Wolle gewunden, die durch Zaubersprüche geweiht und um das Bild des Geliebten geschlungen wurden, um dessen Herz damit zu verstricken, bei Hor. sat. 1, 8, 50 'incantata vincula'), *B* 8, 78 flg. Durch Fesseln zwang man nach dem alten Volksglauben auch Götter u. Priester zum Weissagen u. Singen, dah.

von Silen und Proteus, vincula inicere, vinculis capere, *B* 6, 19. *G* 4, 396. 2) übtr., Band, Fessel, haud vinclo nec legibus aequus, ohne äufsere Nötigung, zwanglos, ohne Zwang und Gesetz Gerechtigkeit übend, *Ä* 7, 203. 12, 30. iugale, 'eheliches Band', *Ä* 4, 16.

vindēmia, ae, *f.* (vinum u. demo), Weinlese oder Weinernte, dah. dcht. Ertrag derselben, Traube, *G* 2, 6. 89. 522.

vindico, äre (vim dico), eig. drohe Gewalt an, nehme etwas gerichtlich in Anspruch, übh. befreie, rette, alqm armis, *Ä* 4, 228.

vinĕa, ae, *f.* (vinum), eig. 'Rebgang', indem für die Weinstöcke senkrechte Pfähle eingesetzt und mit Querstangen verbunden wurden; dah. der aus solchen einzelnen Gängen, die nebeneinander liefen, bestehende Weingarten, Weinberg, *G* 2, 390 u. 403. *B* 4, 40.

vinētum, i, *n.* (vinum), Weinpflanzung, Weinberg, *G* 2, 298. 319 u. 357. *B* 10, 36.

vinītor, ōris, *m.*, Winzer, *G* 2, 417. *B* 10, 36.

vinum, i, *n.* (οἶνος), Wein, *Ä* 2, 265. bes. in bez. auf den Genufs, *Ä* 3, 360 (Rausch), *Ä* 9, 165. Plur. in bez. auf die verschiedenen Sorten (οἶνοι), *G* 1, 341. umida (von den in kalte Gegenden eingeführten Weinen), *G* 3, 364. von den übriggebliebenen od. verschütteten Resten des Weines, *Ä* 9, 319. von den mit Wein gefüllten Gefäfsen, 'Becher', *Ä* 1, 724. 7, 147. oft st. des Sing., Ariusia, *B* 5, 71. Hiermit stimmt *G* 2, 97 (durch den Plur. 'vites' veranlafst); vgl. *G* 3, 364. *Ä* 1, 195. 5, 238 u. 776. 6, 244.

vĭŏla, ae, *f.* (ἴον), 1) Viole, Veilchen, schon bei den Alten in verschiedenen Arten, bes. zu Kränzen verwendet, pallens, *B* 2, 47. nigra, *B* 10, 39. *G* 4, 275. 2) eine Art Lack oder Levkoie (λευκὸν ἴον), mollis, *B* 5, 38. *Ä* 11, 69.

vĭŏlābĭlis, e(violo), verletzbar, non violabile numen, 'unverletzbar', *Ä* 2, 154.

vĭŏlārĭum, ii, *n.* (viola), Violenbeet, *G* 4, 32.

vĭŏlentĭa, ae, *f.* (violentus), Gewalt, Ungestum, *Ä* 11, 354. 'heftiger Zorn', 'Grimm', *Ä* 12, 9. dcht. zur Umschr. der Pers., Turni, der gewaltsame, herrische T., *Ä* 11, 376. 12, 45.

vĭŏlentus, a, um (violo), gewaltsam, ungestüm, amnis, *G* 4, 373. eurus, *Ä* 2, 107. notus violentus aquâ, der gewaltige Wellen aufwirft, *Ä* 6, 356. *G* 2, 107. übtr., pectora, 'Ungestüm', 'Trotz', *Ä* 10, 151.

vĭŏlo, äre (vis), 1) eig.: *a*) behandle gewaltsam, verletze, bes. einer Gottheit Geweihtes, alqd od. alqm, *Ä* 11, 277.591.848.12,797. Iliacos ferro agros, *Ä* 11, 255; vgl. *Ä* 2, 189. 7, 114. *b)* beflecke, färbe, d. i. versehe mit Flekken oder Tupfen, ebur ostro, *Ä* 12,67. 2) übtr., verletze sittlich, entehre, pudorem, *Ä* 4, 27.

vīpĕra, ae, *f*. (viell. v. 'vivus' u. 'pario', weil, wie bisw. die 'Kreuzotter', 'lebendige Junge gebärend), Viper, übb. schädliche Schlange oder Otter, *G* 3, 417 u. 545.

vīpĕrĕus, a, um (vipera), von Vipern oder Schlangen, anima, 'Gifthauch', *Ä* 7, 351. crinis, 'Schlangenhaar', *Ä* 6,281. genus, 'Natternbrut', 'Natterngezücht', *Ä* 7,753.

vĭr, vĭri, *m*. [Gen. Plur. virûm', *Ä* 1, 87. 5, 369. 6, 553. 651. 872. *G* 3, 9], 1) Mann übb. in bez. auf Geschlecht und Alter, *Ä* 4, 192 u. 498. von einem einzelnen Individuum, *Ä* 11, 631. Plur. in Verb. m. 'matres', *G* 4, 475. *Ä* 6, 306. m. 'armenta', *Ä* 12, 688. im Gegs. der Götter, *Ä* 6,553. übb. 'Menschen','Leute', per ora virûm, *G* 3,9. Bisw. zur Vermeidung des Pron. 'is', *Ä* 2, 146. nachdr. von der weiter vorher genannten Pers., wie v. Marcellus, *Ä* 6, 863. zur Wiederaufnahme des durch Zwischensätze getrennten 'hic', *Ä* 5, 262. 2) prägn.: *a)* Ehemann, Gatte, *Ä* 7,53 u.268. dcht. v. Tieren, vir gregis, 'der leitende Bock', *B* 7, 7. *b)* ein Mann, wie er sein mufs, ein wahrer, rechter, tüchtiger, bes. tapferer Mann, 'Held', *Ä* 4, 3 u. 423; vgl. *Ä* 1, 494. 3, 102. 5, 379. 6, 792. 9, 376. dah. st. 'Krieger', *Ä* 10, 361 u. 734. arma virumque ferens, den Mann in den Waffen, den bewaffneten M., *Ä* 11,747. desgl. m. 'arma' verb., zur Bezeichnung des Kriegshelden nach seinen Waffenthaten und Irrfahrten (als Grundgedanken des gesamten Epos), *Ä* 1, 1.

vīrāgo, gĭnis, *f*. (viell. dcht. Nebenf. von 'virgo), mannhafte Jungfrau, Heldin, *Ä* 12, 468.

Virbĭus, ĭi, *m*., 1) Name des Hippolytus, der von seinen Pferden zerrissen, auf Bitten der Diana von Äskulap durch Zauberkräuter wieder ins Leben zurückgerufen und als Schützling der Nymphe Egeria in einen Hain bei Aricia versetzt wurde, dessen Sohn ebenfalls Virbius biefs (obgleich die Söhne sonst gew. den Namen der Grofsvaters erhielten), *Ä* 7, 762 u. 777. 2) Sohn desselben (s. vorh.), *Ä* 7, 762.

virectum, i, *n*. (vireo), ein mit Gras bewachsener Platz, grüner Platz,

Plur., virecta nemorum, die grünenden Auen der Haine, *Ä* 6, 638.

vīrĕo, rŭi, ēre, bin grün, grüne, *G* 2, 21. *B* 7, 59. fronde, *Ä* 6, 206; vgl. *Ä* 6, 679. musco, *G* 4, 18.

vīresco, ēre (Inch. v. vireo), werde grün, fange an zu grünen, *G* 1, 55.

virga, ae, *f*. (vireo), grüner dünner Zweig, Reis, Rute, *G* 1, 266. 2,117. *Ä* 6,409. 11, 65. Bes. Rute, Stab, Zauberrute oder Wunderstab des Merkur (*ῥάβδος*), *Ä* 4, 242. der Kirke, *Ä* 7, 190.

virgātus, a, um (virga), mit Streifen versehen, gestreift, sagulum, *Ä* 8,660.

virgĕus, a, um (virga), aus Zweigen, Ruten oder Reisern, supellex, *G* 1, 165. pabula, *G* 3, 320. flamma, von angezündeten Reisern, *Ä* 7, 463.

virgĭnĕus, a, um (virgo), jungfräulich, vultus, facies, *Ä* 3, 216. 9, 120. pudor, *G* 1,430. vittae, Schleier, *Ä* 2, 168.

virgĭnĭtās, ātis, *f*. (virgo), Jungfrauschaft, Jungfrauenstand, *Ä* 11, 583. 12, 141 u. 578.

virgo, gĭnis, *f*. (vireo), 1) appell.: *a)* Jungfrau, Mädchen, *Ä* 7, 72. 11,604. mit besitzanzeigenden Bestimmungen, soviel als 'filia' Priameïa, *Ä* 2, 403. Tritonia, d. i. Minerva, *Ä* 11, 483. Cocytia, d. i. Allekto, *Ä* 7, 479. virginis arma, leichte (wie der Köcher), *Ä* 1,315. abs., v. Sibylla, *Ä* 3, 445. *b)* übtr., junge Frau (wie *παρθενος, νύμφη*), v. Penthesilea, *Ä* 1, 493. v. Pasiphaë, *B* 6, 47 u. 52. 2) personif., Tochter des Zeus und der Themis, die im goldenen Zeitalter auf der Erde weilte, im eisernen aber als die letzte der Gottheiten zum Himmel entfloh und dort als Sternbild 'Jungfrau' oder 'Astraea' glänzte, *B* 4, 6.

virgultum, i, *n*. (virga), Gesträuch, Gebüsch, bei Vergil nur Plur., *Ä* 3, 23. 6, 704. 12, 207. *G* 2, 3. *B* 10, 7. *b)* Setzling, *G* 2, 346.

vīrĭdans, dantis (eig. Part. 'virido'), grünend, grün, frisch, torus, laurus, *Ä* 5, 388 u. 539. ripa, *Ä* 7, 495.

vīrĭdis, e (vireo), 1) grün nach allen Schattierungen, grasgrün, hellgrün, grünlich, wie Wald, Gras, Baum usw., *Ä* 3, 24. 5, 330. 246. 494. 7, 800. hibiscus (mit dem Nebenbegr. des Zarten), zart, noch frisch, *B* 2, 30. *G* 2, 219. antrum, umgrünt, mit umranktem Eingange, *B* 1, 76. auch vom grünen Walde, der sich im Meere abspiegelt, *Ä* 8, 96. corona, von frischem Laube (als Siegespreis), *Ä* 5, 110. Donusa, 'grasreich', *Ä* 3, 125. Aegyptus, fruchtbar (zur Bezeichnung des Marschlandes), *G* 4, 291. von der Farbe des Wassers, Mincius, *B* 7,12. von der

Eidechse, *B* 2, 9. 2)übtr., frisch, jung, blühend, in frischer Blüte (wie χλωρός), iuventa, *A* 5, 295. senectus, *A* 6, 304.

virilis, e (vir), 1) zum Manne gehörig, männlich, proles, *A* 7, 50. 2) übtr., männlich, mannhaft, standhaft, animi, *A* 3, 342. animus curaque, *A* 9, 311.

virōsus, a, um (virus), voll Jauche, stinkend, widrig, castorea, *G* 1, 58.

virtūs, tūtis, *f.* (vir), 1) Mannheit, dab. Tüchtigkeit, Trefflichkeit, vollkommene Beschaffenheit, Vorzüglickeit in allen Beziehungen (wie ἀρετή), in sittlicher Hinsicht Tugend, Edelmut, Hochherzigkeit, Verdienst, *A* 4, 3. 5, 344. 6, 807. bes. als echte Römertugend, die Unsterblichkeit gewährt, *A* 6, 130. 2) männliche Kraft, Thatkraft, kriegerischer Mut, Tapferkeit, Bravheit (ἀνδρία), a) eig., *A* 2, 367 u. 390. 5, 258. 363. 390. 455. 754. 9, 641. 12, 435 (s. disco.) 827. 913. nec cuiquam virtus est, m. Inf., keiner hat den Mut oder das Herz, *A* 10, 712. Bisw. Anerkennung od. Ruhm, der aus Mut und Tapferkeit erwächst (wie ἀρετή st. κλέος, εὐδοξία), *A* 6, 807. virtutes virique, Heldenthaten, *A* 1, 566. *b*) meton., zur Bezeichnung tapferer Männer, bello vivida virtus, eine zum Kriege rüstige, mutige Mannschaft, *A* 5, 754. 11, 386.

virus, i, *n.* [bei Vergil nur Nom. u. Akk.] (ἰός), jede zähe Feuchtigkeit, *a*) Schleim, v. Samen der Tiere, *G* 3, 281. *b*) Gift der Schlangen, *G* 1, 129. 3, 419.

vis, *f.* [Akk. vim, Abl. vi, Plur., vires, ium] (ἴς, urspr. ϝίς), 1) physische Kraft, Stärke, Gewalt, der Menschen und Tiere, *A* 2, 452. 4, 455. assonierend, fit via vi, *A* 2, 494. Plur., vires (Gegs. zu 'sanguis'), von den Nerven od. Muskeln, *A* 2, 639. 5, 396. vi 'mit Gewalt', *A* 2, 491. 3, 56 u. ö. Dcht. zur Umschr:, vis odora canum, Hunde von starker Spürkraft, od. Schweifshunde, *A* 4, 132. vis magna caelestum, die mächtigen Götter, *A* 7, 432. 2) geistige Kraft, Mut, Tapferkeit, *A* 1, 529. Plur., *A* 6, 771 u. 807. animi, *A* 9, 611. 10, 898. Thatkraft, Energie, multā vi, *A* 1, 271. 3) von Lebl., utraque vis (der Hitze u. Kälte), *G* 4, 37; vgl. *A* 1, 69. 10, 547. bes. Plur., *A* 7, 301. *G* 1, 86. 2, 286 u. ö. 4) feindliche Kraft, Gewalt, inimica, *A* 12, 150. vim fero alci, 'thue jmdm. Gewalt an', *A* 10, 77; v. Geschossen, *A* 6, 400; vgl. *A* 12, 263. 5) übb. Gewalt, Macht, Kraft, superûm

(θεῶν ἰότης Hom. Od. 17, 119), *A* 1, 4 u. 616. deûm, *A* 12, 199. Plur. 'Stärke', bes. in bez. auf die Streitkräfte, *A* 6, 834. 8, 473. 10, 203 u. 431. 12, 218.

viscum, i, *n.* (ἰξός), 1) Mistel, eine gabelästige Schmarotzerpflanze auf vielen Arten von Laubhölzern, der von den Alten eine gewisse magische Kraft beigelegt wurde, dah. in passender Vergleichung mit dem goldenen Zweige der Eiche, der ebenfalls etwas Geheimnisvolles in sich trägt, *A* 6, 205. Beschr. das. *v.* 136 flg. Durch Vorzeigung derselben wird dem Charon der Zutritt zur Unterwelt geöffnet, *A* 6, 405. 2) meton.: *a*) die klebrichte Masse od. das Harz der Mistelbeere, *G* 4, 41. *b*) der daraus bereitete Vogelleim, *G* 1, 139.

viscus, ceris, *n.*, meist nur Plur. 'viscera', um, *n.*, 1) Eingeweide, das Gekröse, sowohl die edlen (Herz, Lunge und Leber, σπλάγχνα) als die unedlen (Magen und Gedärme, ἔντερα), *A* 8, 644. 12, 214 u. ö. übb. das 'Fleisch', sofern es von der Haut bedeckt ist, 'Fleisch und Eingeweide', *A* 1, 211. taurorum, *A* 6, 253. 8, 180; vgl. *A* 5, 103 u. 6, 599. *G* 3, 559. 4, 302. bildl., patriae validas in viscera vertere vires, gegen die eigenen Mitbürger, *A* 6, 834. 2) übtr., Eingeweide, das Innerste einer Sache, avolsa viscera montis (des Atna), dem Innern des Berges entrissene Teile, *A* 3, 575.

viso, vīsi, vīsum, ěre (eig. 'vid-so', Intens. zu 'video'), 1) besehe etwas genau, visendi studio, schaulustig, neugierig, *A* 2, 63. animalia miris modis visenda (sunt), seltsame Tiergestalten lassen sich sehen, kommen zum Vorschein, *G* 4, 309. *b*) besuche, regna sororis, *A* 8, 157.

visum, i, *n.* (video), Erscheinung, bes. im Traume, Traumgesicht, Traumbild, *A* 3, 172. 4, 456.

visus, ūs, *m.* (video), 1) das Sehen als Handlung, der Anblick, Blick, *A* 2, 212. 5, 90. visu in medio, *A* 3, 308. visu omnia obeo, besehe alles, *A* 10, 447. auch Plur., visus mortales relinquo, entziehe mich den Blicken der Sterblichen, *A* 4, 277; vgl. *A* 2, 605. 2) meton., das, was man sieht (gew. 'visum'), Erscheinung, Gestalt, *A* 3, 36. 11, 271.

vita, ae, *f.* (vivo), Leben, Dasein, Lebensdauer, *A* 2, 92 u. ö. Plur. v. mehrerer, vitae volantum, *A* 6, 728. Bes. *a*) Lebenshauch, tenuis, *A* 7, 534. vita concessit in auras, *A* 10, 819. vita fugit sub umbras, *A* 11, 831. 12, 952. Plur. in bez. auf mehrere, *G* 4, 224. *b*) (dcht.) Geschick des Lebens, quoniam casus apibus quoque nostros vita tulit. da auch das Leben der Bienen die Leiden sterblicher Leiber erfährt, *G* 4, 252. 2) übtr.: *a*) Lebensweise, L e b e n , *A* 6, 663. *G* 2, 532. Plur., *A* 6, 433. *b*) S c h a t t e n - b i l d in der Unterwelt, Plur. (ψυχαί), tenues sine corpore vitae, 'luftige Wesen', *A* 6, 292.

vītālis, e (vita), zum L e b e n gehörig, aurae, 'Lebensluft', *A* 1, 388.

vītěus, a, um (vitis), zum Weinstock oder Wein gehörig, pocula, Rebengetränke, *G* 3, 380.

vītiōsus, a, um (vitium), s c h a d h a f t , ilex, 'hohle', *G* 2, 453.

vītis, is, *f.*, R e b s t o c k , Rebe, *G* 1, 2 u. 284. 2, 190. 221 u. ö. *B* 3, 11 u. 38 u. ö. Die unnützen Weinranken schneitelte man zugleich mit den Auswüchsen der Ulmen, an welche sie gezogen waren, im Spätherbste bis zur Frühlingsgleiche, *B* 2, 70.

vītisǎtor, ōris, *m.* (vitis und sero), Pflanzer der Reben, *A* 7, 179.

vītium, īi, *n.*, *a*) S c h a d e n , F e h l e r , M a n g e l , omne, alles Schädliche, jeder schädliche Stoff, *G* 1, 88. aëris, verdorbene Luft, *B* 7, 57. *b*) K r a n k h e i t , Seuche, *G* 3, 454.

vīto, āre, m e i d e , s u c h e zu e n t - g e h e n , quae prima pericula vito? welche Gefahren zunächst muß ich vermeiden? *A* 3, 367.

vītrěus, a, um (vitrum), *a*) g l ä s e r n , k r y s t a l l e n , sedilia, *G* 4, 350 (dergl. Hausgeräte und Schmuck die Dichter den Wassergöttern zu geben pflegen). *b*) übtr., unda, durchsichtig und grünlich schimmernd wie Glas, k r y s t a l l e n , *A* 7, 759.

vitta, ae, *f.* (vincio), B i n d e , *a*) die Bänder, die von dem Kopfschmucke der Priester (infula) beim Opfern an beiden Seiten herabfielen, beim Weissagen jedoch abgelegt wurden (um die Gottheit in sich frei wirken zu lassen), *A* 2, 221. 3, 81 u. 370. 6, 665. 10, 538. deûm (weil bei feierlichen Opferhandlungen zu Ehren der Götter getragen und diesen selbst heilig), *A* 2, 156. *b*) B i n d e um die Schläfe oder Stirne, S c h l e i e r der Priesterinnen, *A* 2, 133 u. 168. übh. der freigebornen, ehrbaren Frauen, crinales, *A* 7, 352 u. 403. *c*) B i n d e als üblicher Schmuck der Altäre und Götterbilder, *A* 2, 168. *B* 8, 64. auch um Cypressen gewunden, *A* 3, 64. *d*) K o p f b i n d e der Opfertiere, Opferbinde als Zeichen der erhaltenen Weihe, *A* 5, 366. *G* 3, 487. *e*) Binde an den Friedenszweigen der Schutzflehenden, mit Bändern umwundene Öl-

zweige, die man in den Händen trug, *A* 7, 237. 8, 128.

vītǔla, ae, *f.* u. **vītǔlus**, i, *m.*(ἰταλός), 1) eig., das Rind im ersten Jahre, übh. junges Rind, Kalb, Färse (iuvenca), *B* 3, 29. *A* 5, 772 u. ö. 2) übtr., vitulus, Fohlen, *G* 3, 164.

vīvax, vācis (vivo), 1) l a n g l e b e n d , v. Hirsche (dem man eine Lebensdauer von 36 Menschenaltern andichtete), *B* 7, 30. 2) übtr., l a n g e d a u e r n d , zäh, oliva, *G* 2, 181.

vīvidus, a, um (vivo), v o l l L e b e n , übtr., l e b h a f t , m u n t e r , k r ä f t i g , v. Pers., *A* 12, 753. dextra, *A* 10, 609. virtus, lebendige Thatkraft, *A* 5, 754. 11, 386.

vīvo, vixi, victum, ĕre [vixet st. vixisset, mehr Form der gew. Sprache, *A* 11, 118], 1) l e b e , bin am Leben, *A* 1, 218. 3, 315 u. ö. prägn., vixi . . . peregi (als Ausdruck eines edlen Gefühles beim Tode, groß im Leben gehandelt zu haben), *A* 4, 653. dcht. übtr., l e b e n , vom Werg, glimmen, schmauchen, *A* 5, 681. 2) prägn.: *a*) l e b e w o h l oder g l ü c k - l i c h , dah. als Abschiedsgruß, vivite felices, *A* 3, 493. abs., vivite, silvae, *B* 8, 58. *b*) l e b e , d. i. d a u e r e f o r t , b l e i b e in frischer Kraft, *A* 4, 67. *G* 3, 454. *c*) l e b e v o n e t w . , n ä h r e m i c h v o n e t w . , rapto, *A* 7, 749.

vīvus, a, um (vivo), lebendig, l e - b e n d , *A* 6, 531 u. ö. quae gratia fuit vivis, das Vergnügen, das sie bei Lebzeiten fanden an usw., *A* 6, 654. vivis invia regna, 'Unterwelt', *A* 6, 154. vivus per ora feretur, d. i. wird im Munde des Volkes fortleben, *A* 12, 235. bisw. mit Hindeutung auf selbsterlebte (schlimme) Ereignisse, vivi pervenimus, ut etc., wir haben es erleben müssen, daß usw., *B* 9, 2. Sbst., altius ad vivum persedit imber, drang zu tief ans Leben, *G* 3, 442. 2) übtr., *a*) l e b e n d , zu leben scheinend, nach dem Leben gebildet, voltus, sprechend oder täuschend ähnlich, *A* 6, 849. *b*) l e b e n d i g , d. i. natürlich, von der Natur gebildet, plantaria, *G* 2, 27. saxum, noch im natürlichen Zustande befindlich, *A* 1, 167. 3, 688. flumen, fliessendes Wasser, *A* 2, 719. lacus, natürliche Seen (im Gegs. der künstlichen Wasserbehälter mit Springbrunnen), *G* 2, 469. sulfura, natürlicher od. Jungfernschwefel, *G* 3, 449. *c*) l e b e n d , dauernd, amor, *A* 1, 721.

vix, Adv. (verw. mit 'vis'), 1) mit A n - s t r e n g u n g , mit Mühe, kaum, *A* 1, 383. 2, 128 u. 334. 5, 263. verb., vix adeo, *A* 6, 498. vix subito, *A* 11, 551. vix tandem, *A* 3, 309. 2) von der Zeit, k a u m , erst, kaum noch, kaum, eben, *A* 2, 172. 3, 90. Bes. im Nachs. mit 'cum' u. Indik., *A* 1, 34 u. 586. 2, 323. mit 'et' u. 'que', *A* 8, 520. auch m. 'primus' verb., vix primos inopina quies laxaverat artus, cum etc., *A* 5, 857. asyndetisch zur Bezeichn. des unmittelbaren u. raschen Anschlusses der Handlung des Nachsatzes an die des Vordersatzes, vix proram attigerat (Turnus), rumpit Saturnia funem, *A* 10, 659; vgl. *A* 2, 172. 8, 337. u. so auch *A* 12, 113 (wo 'cum' sich nicht auf 'vix' zurückbezieht, sondern einen Zwischensatz einführt).

vŏcātŭs, ūs, *m.* (voco), das Rufen, Anrufen, Flehen, Plur., *A* 12, 95.

vŏcīfĕror, āri (vox u. fero), rufe laut od. stark, rufe aus, schreie, bei Vergil nur Part. Präs., *A* 2, 679. 9, 596. 10, 651. mit Akk. u. Inf., *A* 7, 390. m. folg. direkter Rede, *A* 12, 95.

vŏco, āre (vox), rufe, 1) eig.: *a)* rufe, rufe herbei od. zusammen, berufe, alqm ad me, *A* 5, 547. Manes ad tumulum, *A* 3, 303. alqm in templa, ex arce, *A* 6, 41 u. 509. socios in arma, *A* 10, 241. agmina, *A* 7, 808. cunctos, *A* 5, 244. patres, *A* 5, 758. concilium, *A* 6, 433. 10, 2. ungew. von Flußgotte Nil, totā veste caeruleum in gremium victos, den Besiegten mit ganzem (ganz entfaltetem) Gewande zurufen od. zuwinken, um in den bläulichen Schofs sie zu bergen, *A* 8, 712. vocati (näml. von den magistri od. Führern), *A* 5, 581. mit homogenem Sbst., alqm voce (ähnl. καλέω φωνῇ Hom. Il. 3, 161), mit lauter Stimme, laut, *A* 4, 680. 6, 247. nomine Dido, rufe den Namen der Dido, die D. beim Namen, *A* 4, 383. 12, 638. abs., *A* 4, 460. von lebl. Subj., nos alias hinc ad lacrimas eadem horrida belli fata vocant, zur Bestattung der übrigen, die ebenfalls im Kampfe gefallen sind, *A* 11, 97. m. Abl. u. Obj., imbrem votis, wünsche herbei, erflehe, *G* 1, 157. zephyros, *A* 4, 223. ventos, *A* 8, 707. bes. vom Schiffer, der auf den Wind wartet, ventis vocatis, wenn ihr günstigen Wind bekommen habt, *A* 3, 253. agmine remorum ventisque vocatis, mit Hilfe aller Ruder u. Segel, *A* 5, 211. pluviam, nach Regen rufen, R. ankündigen (v. der Krähe), *G* 1, 388. dcht., auxilium, d. i. rufe um Hilfe, *A* 7, 504. pugnas, 'rufe zum Kampfe', *A* 7, 614.

b) rufe od. flehe an, bes. bei feierl. Handlungen, Hecaten, *A* 6, 247. Apollinem, *G* 4, 7. deos, *A* 4, 680. 5, 275. m. Dat. der Absicht, deos auxilio, rufe die Götter zu Hilfe, *A* 5, 686. opem dei in vota, erflehe mir die Hilfe des Gottes,

flehe den Gott um Beistand an, *A* 12, 780. votis deos, suche durch Gelübde die Götter zur Gewährung einer Bitte zu bewegen, *G* 1, 42 u. 157. *A* 1, 290. Manes, rufe das letzte Lebewohl zu, *A* 6, 506. precibus Anchisen, *A* 7, 135. abs., *A* 12, 176.

c) rufe herbei, lade ein, fordere auf, α) v. leb. Subj., alqm, *A* 5, 471. in arma, *A* 9, 22. divos in certamina cantu, *A* 6, 172. divos in partem praedamque, zur Teilnahme an der Beute, *A* 3, 222. dcht., qui vocat (verst. 'te'), der dich zum Zweikampf auffordert, *A* 11, 375. solum (me) Aeneas vocat, mit Aneas allein will ich den entscheidenden Zweikampf bestehen, *A* 11, 442. v. Pferde, auras (gleichs. zum Wettkampf), *G* 3, 194 (wo *Ribb.* 'provocet' st. 'tum vocet'). in quascumque artes voces, welcher künstl. Behandlung du sie (die gepfroften Bäume) auch unterwerfen magst, *G* 2, 52 (*Ribb.* u. *Schap.* voles). quo deus et quo dura vocat Fortuna, *A* 12, 677. quo fata vocas? wohin rufst du das Schicksal? was forderst du vom Geschick? *A* 9, 94. β) v. sachl. u. abstr. Subj., rufen, einladen, anregen, entbieten, *A* 5, 23. 9, 172. 11, 740. v. Winde, in altum, gleichs. auf die Höhe des Meeres hinausrufen, d. i. zum Abfahren einladen, *A* 3, 70. aurae vela vocant, eig. die Winde rufen den Segeln, d. i. der Wind ist günstig zur Abfahrt, *A* 3, 357. ähnl., vocat iam carbasus auras, *A* 4, 417. vi cursus in altum vela vocat, d. i. ventus ad cursum v. vocat, die Reise fordert mit Nachdruck die Abfahrt, *A* 3, 455. v. Winde u. Steuermann zugleich, *A* 3, 269. spectare fatis vocantia regna, schauten nach dem vom Schicksal verheifsenen Reiche, *A* 5, 656. res ipsa vocat, die Lage der Dinge, die Gelegenheit selbst fordert uns auf, *A* 9, 320; vgl. *A* 4, 303. 8, 712. si te fata vocant, wenn die Götter dir diese Bestimmung gegeben haben lebend die Unterwelt zu sehen, *A* 6, 147. sua Turnum fata vocant, erwarten ihn, *A* 10, 472.

d) nenne, benenne irgendwie, furtivum amorem coniugium, *A* 4, 172. asilum oestrum, *G* 3, 148. urbem Pergameam, *A* 3, 133. quos generos vocet, wen nun Eidam er nenne, d. i. zum E. sich wähle, *A* 12, 658 u. 824. soceris vocatis, *A* 11, 505. neu iubeas Teucros vocari, lafs sie nicht, zwinge sie nicht Teukrer sich zu nennen, *A* 12, 824.

2) übtr., rufe jmd. gleichs. wohin, bringe od. versetze in eine Lage, in einen Zustand, divos in vota, rufe zum Genusse der angelobten Opfergaben mit

Gelübden an, d. i. verheifse den Göttern Gelübde, *Ä* 5, 234. 7, 471. fratrem in vota, rufe mit Gelübden den Bruder an, *Ä* 5, 514. generum vocari in regna (näml. durch das Schicksalsgebot), *Ä* 7, 256. socios in regna, rufe ins Reich als Genossen, *Ä* 11, 322. natos ad poenam, verkünde das Strafurteil, *Ä* 6, 822. animum in contraria, von den Sorgen, das Herz, den Geist nach entgegengesetzter, verschiedener Richtung hinziehen, 'mit widerstrebenden Sorgen bestürmen', *Ä* 12, 487.

völaemus, s. volemus.

völātīlis, e (1. volo), befiedert, ferrum, *Ä* 4, 71. 8, 694.

Volcānīns, a, um (Volcanus), zum Vulkan gehörig, acies, *Ä* 10, 408. arma, unüberwindliche, *Ä* 8, 535. arma dei Volcania, des Gottes Vulkan, *Ä* 12, 739. Volcania nomine tellus, dem Vulkan geweiht, d. i. Hiera, *Ä* 8, 422.

Volcānus, i, *m.* [spätere Form 'Vulcānus'], Ἥφαιστος, Sohn des Juppiter und der Juno, Gemahl der Venus, Gott des Feuers u. der Metallarbeiten, *a)* eig., *Ä* 7, 679. 8, 198. 372. 729. 9, 76. 10, 543. 11, 439. *G* 4, 346. Volcani domus, *Ä* 8, 422. Volcani arma, *Ä* 9, 148. *b)* meton., Feuer, *Ä* 2, 311. 5, 662. 7, 77. *G* 1, 295.

Volcens, s. Volscens.

völēmus od. (*Ribb.*) **völaemus,** a, um (vola), was die Hand füllt, pira, eine Art grofser Birnen, Pfundbirnen, *G* 2, 88.

1. **volgo,** āre (volgus), eig. bringe etw. unter die grofse Menge, *a)* mache allgemein, verbreite, omnia jam volgata, ist schon allgemein verbreitet, ist schon verbraucht, *G* 3, 4. *b)* mache durch die Rede bekannt, verbreite, verkünde, obductum verbis volgare dolorem, mit W. aussprechen, *Ä* 10, 64. Pass. v. Gerücht, volgari per urbem, *Ä* 8, 554. 12, 608. volgatus famā, 'allbekannt', *Ä* 1, 457.

2. **volgō,** Adv. (volgus), eig., in der grofsen Menge, allenthalben, hier und da, weit od. rings umher, *Ä* 3, 643. 6, 283. *B* 4, 25. *G* 1, 476. 3, 246 u. 494.

volgus, i, *n.* [als *m.*, *Ä* 2, 99], 1) grofse Menge, Leute, Haufe, Volk, *a)* der Menschen, *Ä* 2, 39 u. 798; vgl. *Ä* 2, 119. 11, 451. *b)* der Tiere, Herde, *Ä* 1, 190. incautum, v. Schafen, *G* 3, 469. 'Schwarm', v. Bienen, *G* 4, 69. 2) mit verächtl. Nebenbegr., der grofse Haufe, Pöbel, ignobile, *Ä* 1, 149. inermum, *Ä* 12, 131.

völīto, āre (Intens, v. 1. volo), 1) fliege od. flattere hin und her, umher, volitans anser, *Ä* 8, 655. Sbst., volitans,

antis, *m.*, fliegendes, umherschwärmendes Insekt, plurimus (zahlreich, in grofser Menge), *G* 3, 147. 2) übtr.: *a)* v. Pers., fliege, eile, schwärme umher, *Ä* 11, 546. 12, 126 u. 328. bildl., per ora virûm, 'durchfliege die Lippen des Volkes', werde von Mund zu Mund gepriesen, *G* 3, 9. *b)* v. sachl. u. abstr. Subj., fliege umher, flattere, v. Blättern, *G* 1, 368. *Ä* 3, 450. von der Asche, 'aufwirbeln', *Ä* 5, 666. v. Kreisel, 'sich drehen', 'umhertanzen', *Ä* 7, 378. von den Schatten in der Unterwelt, umherflattern, *Ä* 6, 293 u. 329. 7, 89. 10, 641. vom Gerücht, per urbem, *Ä* 9, 473.

volnēro, āre (volnus), verwunde, übtr., treffe verwundend, gravior neu nuntius aures volneret, *Ä* 8, 583.

volnīfīcus, a, um (volnus u. facio), Wunden schlagend, verwundend, chalybs, *Ä* 8, 446.

volnus, nĕris, *n.*, 1) Wunde, *a)* des Körpers, *Ä* 2, 561. 4, 689 u. ö. Ulixi, von oder durch Odysseus (geschlagen), *Ä* 2, 436. crudelis nati, durch den gr. S. erhalten, *Ä* 6, 446. ornus volneribus evicta, durch die Hiebe, *Ä* 2, 630. *b)* übtr., Wunde der Seele, *a)* Schmerz, Kränkung, aeternum servans sub pectore volnus, *Ä* 1, 36. mentis, *Ä* 12, 160. *β)* von Liebeswunden, Gram, Kummer, *Ä* 4, 2 u. 67. 2) meton., verwundender Hieb, Stich, Stofs, *Ä* 5, 433 u. 436. 12, 720. itur in volnera, *Ä* 12, 528. prägn., Verwundung, in volnere, während sie verwunden, *G* 4, 238. infesto volnere insequor, um eine Wunde beizubringen, *Ä* 2, 529. volnera dirigo, 'schiefse Wunden', eig. richte od. werfe die Pfeile, um zu verwunden, *Ä* 10, 110. haesit sub gutture volnus, 'die Wunde safs', *Ä* 7, 533.

1. **völo,** āre, fliege, 1) eig., von Vögeln, *G* 4, 16. circum litora, *Ä* 4, 255. per aëra, v. Merkur, *Ä* 1, 300. mit Abl. des Ortes, luco (umher im H.), *Ä* 7, 34. alte volans (v. Adler), *Ä* 11, 751. Sbst., volantes, um, *f.*, 'Vögel', *Ä* 6, 239 u. 728. 2) übtr.: *a)* v. Dingen, die durch die Luft oder in die Höhe sich schnell bewegen, fliegen, von Fackeln, Steinen, Meteoren, *Ä* 1, 150. 525 u. 528. 12, 656. v. Pfeilen, *Ä* 12, 923. crista volans, 'flatternd', *Ä* 12, 370. v. Winden, ante volant, *Ä* 12, 455. *b)* übh., von jeder schnellen Bewegung, von Leb. u. Lebl., dahin fliegen od. eilen, *Ä* 5, 324 u. 338. 12, 480. per summa gramina, *Ä* 7, 808. v. Merkur, ad litus Libyae, *Ä* 4, 256. mit 'obvius' verb., *Ä* 8, 111. von Fahrenden u. Reitenden, curru secundo, *Ä* 1, 156. per aequora curru, *Ä* 5, 819. per hostes, *Ä* 12, 650. v. Schif-

fenden, pelago, eile auf dem Meere dahin, *A* 3, 124. abs., *A* 5, 219. ante volo,
'eile voraus', *A* 9, 47. bildl., v. Mäcenas,
den der Dichter bittet, ihn schnell seinem Ziele entgegenzuführen, pelagoque
volans da vela patenti (erg. 'una' aus v.
39), d. i. fahre mit mir zugleich mit vollen Segeln in die offene See (*Wagn.* u.
Haupt; dageg. Ribb. mit Umstellung
von v. 41 u. 42 v. Dichter selbst, non
ego ... opto, M., pelago volans *dare* vela
patenti), *G* 2, 41. Bes. v. Worten, verba
volant, *A* 11, 381. talia late dicta volant
Ligeri, 'so flogen die Worte dem Liger
weit umher', *A* 10, 584. fama volat, m.
Akk. u. Inf., das Gerücht verbreitet sich,
die Sage geht, *A* 3, 121.

2. **volo**, vŏlŭi, velle [Praes. 'volt' u.
'voltis' st. des gew. 'vult' u. 'vultis'] (St.
βολ in βόλομαι, episch st. βούλομαι), 1)
will, bin Willens, bin geneigt, entschlossen od. bereit, wünsche, *a*)
übh., m. Inf., *A* 1, 572. 2, 653. 5, 230. 12,
571. 574. 910. desine velle (näml. 'fallere me'), *G* 4, 448. oft Part. volens, *A* 2,
790. 4, 390. *G* 4, 501. m. Akk. u. Inf., *A*
9, 212. dcht., fac velle (verst. 'me'), 'wollte
ich es auch', *A* 4, 540. Bes. vom thatkräf-
tigen Willen, *A* 7, 238. zur Bezeichn. des
Freiwilligen, 'velle reverti', m. 'incipio'
verb. (v. allmählich reifenden Entschlufs),
A 6, 751. Dah. Part. vŏlens, entis, adjekt., wie ἐθέλων od. θέλων, *a*) aus
eigenem Willen, mit Wissen und
Willen, absichtlich, *G* 3, 129. *β*)
willig, freiwillig, ἑκών, 'rura', mit
'ipsa' verb., *G* 2, 500. nec me vis ulla
volentem avertet, *A* 12, 208. *γ*) willig,
gern, von Herzen, geneigt, oft in Gebeten, coniunge volentem, *A* 5, 712. re-
solvat vocem volens, *A* 3, 457. volentibus
animis, 'mit willigem Herzen', *A* 7, 216;
vgl. *A* 8, 133. 275. 10, 677. victusque volensque, *A* 12, 833. volentes per populos dare iura, den besiegten Völkern Gesetze geben, die diese gern annehmen,
G 4, 562. *b*) prägn., mit dem Nebenbegr.
der Sehnsucht, will, begehre, wünsche, suche, verlange, alqd, *A* 2,
104. 7, 340. 12, 242. m. Inf., multa dicere,
A 4, 390 (wo *Haupt* u. *Schap.* 'volentem', *Wagn.* u. *Ribb.* 'parantem'). m. Akk.
u. Inf., in quascumque artes voles (näml.,
arbores sequi), *G* 2, 52 (*Ribb.* 'voces').
frustra malorum velle fugam, suchen
vergebens dem Unfall od. Unheil zu entgehen, *A* 9, 539. 2) wollen, beschliefsen, verlangen, bestimmen, bes.
v. Gottheiten, *A* 1, 303. 5, 50. m. Akk. u.
Inf., *A* 1, 629. 2, 641. 5, 533. hunc laetum
Tyriis diem esse velis! 'diesen Tag lafs

fröhlich den Tyriern sein', *A* 1, 733; vgl.
A 4, 111. 8, 128. 10, 669. sic di voluistis,
A 5, 50. dis aliter visum (νῦν δ' ἑτέρως
ἐβόλοντο θεοί, Hom. Od. 1, 234), *A* 2,
428. 3) will, d. i. gebe vor, behaupte,
m. Akk. u. Inf., se ortum (esse) antiqua
Teucrorum ab stirpe volebat, auch er
wollte abstammen von usw., *A* 1, 626.
4) will, beabsichtige (wie βούλεσθαι),
quid volt concursus ad amnem? *A* 6, 318.
volpēs, s. vulpes.
Volscens od. (*Ribb.*) **Volcens**, entis,
m., Anführer der latinischen Reiter, *A*
9, 370 u. ö.
Volsci, ōrum, *m.*, mächtige Völkerschaft in Latium an beiden Ufern des
Liris, *A* 9, 505. 11, 432 u. ö. *G* 2, 168. Dav.
Volscus, a, um, volskisch, der Vols-
ker, gens, *A* 7, 803.
voltūr (vultūr), ūris, *m.* (volvo), Geier,
A 6, 597.
Volturnus (Vulturnus), i, *m.* (eig. der
sich Wälzende od. Rollende, von 'volvo'),
FlufsinKampanien, j. 'Volturno', *A* 7, 729.
voltūs (vultūs), ūs, *m.* (volvo; vgl.
ἑλικῶπις), 1) eig.: *a*) Gesicht als Ausdruck der Augen wie der Empfindungen,
Mienen, Gesichtszüge, Blick, *A* 1,
209. 255. 561. 4, 477. Plur., Blicke, *A* 1,
710. *b*) übh. Gesicht, Antlitz, *A* 1,
327 u. 465. dcht., der Sonne, *G* 1, 452.
2) übtr., Aussehen, äufsere Gestalt,
A 7, 20 u. 416 (*Ribb.* 'cultus'). von Lebl.,
salis (des Meeres), *A* 5, 848.
volūbilis, e (volvo), was sich leicht
dreht od. drehen läfst, kreisend, rollend, v. Kreisel, *A* 7, 382.
volŭcĕr, cris, cre (1. volo), 1) befiedert, beschwingt, columba, *A* 5, 488.
Subst., volucris, is, *f.* (verst. avis) (Gen.
Plur. nur 'volucrum'), Vogel, Plur. 'Geflügel', Vögel, *G* 1, 470. pictae, *G* 3, 243.
A 4, 525. variae, *A* 7, 33. von den 'Schwalben', *A* 8, 456. von den Harpyien, *A* 3,
216 u. 241. von einer der in ein 'Käuzchen' verwandelten Diren, *A* 12, 876. 2)
(dicht.) übtr., v. Lebl., *a*) beflügelt,
fliegend, schnell (wie πτερωτός),
sagitta, arundo, *A* 5, 242. 544. rota (am
Wagen des Mars), *A* 8, 433. currus, *A* 10,
440. von Schiffen, classis, *A* 7, 640. fumus, aufsteigender Dunst, flüchtiger
Nebel, *G* 2, 217. aurae, flüchtige, *A* 5, 503.
11, 795. *b*) flüchtig, schnell ent-
eilend, somnus, *A* 2, 794.
volūmĕn, mĭnis, *n.* (volvo), Krümmung, Windung, Kreis, Plur. von
den wellenförmigen 'Windungen' der
Schlange, *A* 2, 208. 5, 85. 11, 753. vom
Pferde, alterna volumina crurum (näml.
im Laufe), *G* 3, 192. volumina vinclorum,

von den Riemen des Cästus, mit welchem
Hände und Arme umschlungen wurden,
Ä 5, 408.

völuntäs, ätis, *f.* (volo\,*a*\Wille, Verlangen, Neigung, *A* 4, 125. si fert ita
corde voluntas, wenn euch im H. der
Wunsch treibt, *A* 6, 675. Bes. *b*)Wille,
Beschlufs der Götter *(βουλή)*, Ä 12,
808. *c*)Wille, Gunst, aversa, *A* 12, 647.

völuptäs, ätis, *f.*, 1) Vergnügen,
sinnliches od. geistiges, Genufs, Lust,
A 3, 660. 10, 846. *B* 2, 65. bes. 'Trieb'(zur
Begattung), *G* 3, 130. 2) übtr., v. Pers.,
als Liebkosungswort, wie unser Wonne,
Lust, Freude, *A* 8, 581.

Völüsus, i, *m.*, ein Volsker, *Ä* 11, 463.

völütäbrum, i, *n.*(voluto),Pfuhl,worin
sich die Schweine wälzen, Sühle, *G* 3,
411.

völüto, äre(Intens. v.volvo), 1)wälze,
rolle (herum), refl. (m. verst. 'me'),
genua amplexus genibusque volutans
haerebat, umfafste die Kniee (des Anchises), warf sich hin (zu Boden) und hielt
sich fest an den Knieen (desselben), *A*
3, 607. 2) übtr.: *a*) wälze fort, verbreite rollend, vocem per atria, lasse
erschallen (von den Gästen), *A* 1, 725.
vocem inclusa volutant litora, es rollt
der Schall an den Wandungen des Ufers
hin, *Ä* 5, 149. flamina... caeca volutant
murmura, der Wind 'rollt hin wie dum-
pfes Gemurmel', *Ä* 10, 98. *b*) überlege,
überdenke etw. geistig, mecum corde
od. animo alqd, *A* 1, 50. 4, 533. 6, 157.
suo tristi cum corde, *Ä* 6, 185. auch bl.
alqd mecum, *Ä* 10, 159. 12, 843. *B* 9, 37.

volvo, volvi, völütum, ëre, 1) wälze,
rolle, drehe (fort od. herum), molem, saxa, *Ä* 9, 516. 11, 529. scuta virûm,
v. Flusse, *Ä* 1, 101. saxum, schleudere,
Ä 12, 906. multos semineces, mache, dafs
sie halbtot am Boden sich wälzen, d. i.
strecke hin, *Ä* 12, 329. oculos, *Ä* 12, 939.
oculos huc illuc, *Ä* 4, 363. oculos per singula, *Ä* 8, 618. lumina per ingens corpus
(Turni), messe mit meinen Augen die
Riesengestalt des T., *Ä* 10, 447. v. Streitrosse, sub naribus ignem, aus den Nüstern Feuer hervorsprühen, *G* 3, 85. auch
v. Winden u. Flüssen, *Ä* 1, 86 u. 101. 3,
196. fumum, von einer Gegend, den Rauch
emporwirbeln (als Zeichen, dafs die Gegend bewohnt ist), *Ä* 3, 206. Bes. *a*) Pass.
medial, wälze od. rolle mich, drehe
mich gleichs. im Kreise herum, stürze,
α) v. Leb., wie v. Schlangen, *Ä* 7, 350. v.
Menschen, *Ä* 9, 36. 11, 889. in caput,
kopfüber hinabstürzen, *Ä* 1, 116. undis,
werde umhergetrieben, *Ä* 5, 629. leto
(*Dat.*), wälze mich sterbend, stürze tot

hin, *Ä* 9, 433. *β*) v. Lebl., wie von den
Flammen, per culmina, *Ä* 4, 671. inter
tabulata, *Ä* 12, 672. v. Wellen, *Ä* 7, 718.
von Gestirnen, sidera volvuntur medio
lapsu, d. i. ziehen mitten in ihrem Laufe
am Himmel dahin, *Ä* 4, 524. v. Thränen,
herabrollen, *Ä* 10, 790. v. Qualme, volvitur tectis, d. i. wälzt sich durch die Behausung (der Bienen), *Ä* 12, 591. *b*) refl.,
sich herumdrehen, tarda (adv.) vol-
ventia plaustra, die langsam sich herum-
drehenden(dahin rollenden) W., *G* 1, 163.
2) übtr.: *a*) rolle, d. i. schlage oder
rolle auf (das Bild von einem Buche od.
'volumen' entlehnt, in welchem die 'fata'
als niedergeschrieben gedacht sind), longius volvens fatorum arcana movebo, will
bis in spätere Zeit entrollend enthüllen,
Ä 1, 262. *b*) v. Kreislauf des Jahres usw.,
rotam per mille annos, tausend Jahre
hinbringen, vollenden, *Ä* 6, 748. meist
Pass. medial, v. Umlauf des von den Alten
als Ring gedachten Jahres, in se sua per
vestigia volvitur annus, hin rollet das
Jahr durcheilend die früheren Bahnen,
d. i. die jährliche Beschäftigung dreht
sich in einem Kreise und wiederholt sich
immer wieder von neuem, so dafs sic
gleichsam in ihre früheren Fufsstapfen
tritt, denselben Lauf beginnt, *G* 2, 402.
volvenda dies, das rollende Rad der Zeit,
der Verlauf der Tage, *Ä* 9, 7. volvendis
mensibus, indem die Monate sich herumrollen, in rollenden Monden, *Ä* 1, 269.
Part. Praes. refl., volventibus annis, indem ein Jahr um das andere rollt, im
Kreislauf od. Verlauf der Jahre, *Ä* 1, 234.
b) die Zeit gleichs. fortrollen u. so etw.
bestimmen, v. Plänen u. Beschlüssen,
sic volvere Parcas, so bestimmten es die
Parzen, *Ä* 1, 22. v. Juppiter, volvit vices,
'verhängt das Geschick', *Ä* 3, 376. *c*)
gleichs. abwickeln, abspinnen, d. i. überstehen, durchleben, v. Schicksalen,
tot casus, *Ä* 1, 9. multa virûm saecula
durando, von der Eiche, viele Menschenalter umrollen lassen, überdauern, *G* 2,
295. *d*) wälze hin u. her, beschäftige
mich mühsam mit etw., v. Sorgen u. vom
Gedankenwechsel, überdenke im Geiste,
überlege, erwäge, plurima per noctem,
Ä 1, 305. monumenta virorum, *Ä* 3, 102.
Fauni sub pectore sortem, sinne dem
Orakelspruche des Faunus nach, *Ä* 7,
254. irarum tantos volvis sub pectore
fluctus! so gewaltigen Ingrimm hegst du
in deiner Seele! *Ä* 12, 831.

vömër, mëris, *m.* [Nebenf. **vömis**, *G* 1,
162], Pflugschar, *Ä* 7, 635. *G* 1, 46. 262.
2, 223. 3, 515.

vömo, vömüi, vömitum, ëre, *a*) breche

od. speie aus, wie Feuer, Blut usw., *Ä* 8, 199. 10, 349. animam, hauche aus, *Ä* 9, 349. dcht., flammas, gleichs. Flammensprühen, d. i. strahlenden Glanz verbreiten (v. Helme), *Ä* 8, 620 (*Ribb.* 'minantem' st. vomentem); vgl. *Ä* 8, 681. ignes, von der Mitte ausstrahlen (vom Schilde), *Ä* 10, 271. tardum fumum, 'langsam qualmen' (v. Werg), *Ä* 5, 682. *b*) übtr., wie unser ausspeien, d. i. hervorströmen lassen, v. Hause, salutantum undam, *G* 2, 462.

vŏrāgo, gĭnis, *f.* (voro), Schlund, Abgrund, Tiefe, ingens, *Ä* 7, 569. bes. des Wassers, v. Acheron, *Ä* 6, 296; vgl. *Ä* 9, 105. 10, 114.

vŏro, äre, verschlinge, v. Wasserstrudel, navem, *Ä* 1, 117.

vortex, s. vertex.

vōs, Personalpron., ihr, *Ä* 1, 200 u. ö., auch beim Sing. in der Anrede an mehrere, in der man nur die Hauptperson nennt, vos, o Calliope, adspirate (da Kalliope die Mehrzahl der Musen vertritt), *Ä* 9, 525.

vōs-mĕt, Personalpron., zur Hervorhebung der Person, ihr, euch selbst, *Ä* 1, 207.

vōtum, i, *n.* (voveo), 1) alles, was man einem Gotte gelobt hat, der angelobte Gegenstand, Gelübde, *a*) übh., wie v. Reinigungsopfer, *Ä* 3, 279. inmortale, ein Gelübde, dessen Erfüllung den Augustus verewigte, gleichs. 'ewige Weihe des Dankes', 'ewiges Denkmal', *Ä* 8, 715. *b*) der mit einem Versprechen ausgesprochene Wunsch zu den Göttern, Gelübde, *Ä* 1, 209. 12, 780. Plur., vota deûm, die man den Göttern gethan hat, *Ä* 11, 4. sollemnia, *B* 5, 74. m. 'preces' verb., *Ä* 3, 261; vgl. 'cano, damno, facio, reus, voco'. 2) übb., Wunsch, Verlangen,

bes. Plur., agricolae, *G* 1, 47. 'votis opto' m. Akk. u. Inf., 'flehe, dafs' usw., *Ä* 4, 158; vgl. *Ä* 9, 310. 10, 279. hoc erat, quod votis saepe petivi, *Ä* 12, 259.

vŏvĕo, vōvi, vōtum, ēre, gelobe etw. einer Gottheit, verspreche, weihe, tropaeum, *Ä* 10, 774. vestes, *Ä* 12, 769. votum (näml. 'equum esse') pro reditu simulant, *Ä* 2, 17.

vox, vōcis, *f.*, 1) eig.: *a*) Stimme, *Ä* 2, 774. magna (laute), *Ä* 5, 245. neben 'verba', *Ä* 12, 912. prägn., laute Stimme, *Ä* 10, 667. vocis imago, Wiederhall, Echo, *G* 4, 50. v. Klaggeschrei, *Ä* 12, 929. v. Geschrei der Krähen u. Raben, *G* 1, 388 u. 410. v. Summen der Bienen, *G* 4, 71. ingens, vom erschreckenden Rufe des Silvanus, *G* 1, 476. *b*) Laut, Klang, Schall, Geräusch, wie φωνή, v. Klatschen u. Zurufen der Menge, *Ä* 5, 149. ad vocem, auf den Ruf od. Schall des Hornes, *Ä* 7, 519. ad sonitum vocis, verst. der Ruderer, *Ä* 3, 669. fractae ad litora voces, gebrochenes Getön (verst. des Meeres), *Ä* 3, 556. auch der 'Ton' in der Musik, *Ä* 6, 646. 2) meton.: *a*) Wort, Rede, Spruch, Ausspruch, *Ä* 2, 119 u. 129. 5, 467 u. 616. 7, 117. bes. der Götter u. Orakel, *Ä* 7, 95. divûm, *Ä* 3, 172. oft Plur., *Ä* 1, 64 u. 409. 5, 482. 7, 420. 8, 70. *B* 5, 62. *b*) (dcht.) Sprache (in bez. auf Ton u. Aussprache, φωνή), *Ä* 12, 825.

Vulcānius, Vulcānus, vulgo, vulnĕro usw., s. Volcanius, Volcanus, volgo, volnero usw.

vulpēs od. (*Haupt* u. *Ribb.*) **volpēs**, is, *f.*, Fuchs, sprichw., iungere volpes (näml. zum Pflügen, nach griech. Vorgange, ἀλώπηξ τὸν βοῦν ἐλαύνει), zur Bezeichn. einer verkehrten Handlung, *B* 3, 91.   [tur, Volturnus, vultus.

vultŭr, Vulturnus, vultŭs, s. vol-

X.

Xanthō, ūs, *f.* (Ξανθώ), eine Nymphe, *G* 4, 336.

Xanthus, i, *m.* (Ξάνθος), 1) Flufs in Troas, in der Göttersprache so genannt, sonst 'Scamander' (Σκάμανδρος), *Ä* 1,

473. 3, 350 u. 497. 5, 634. 803 u. ö. st. des Landes, *Ä* 10, 60. 2) Flufs in Lykien, der auf dem Taurus entspringt u. in das Mittelmeer fällt, j. 'Essenide', hiberna Lycia Xanthique fluenta, *Ä* 4, 143.

Z.

Zăcynthŏs, *f.* (Ζάκυνθος), Insel im ionischen Meere, j. 'Zante', *Ä* 3, 270.

zĕphўrus, i, *m.* (ζέφυρος), *a*) Westwind, in Italien sanft u. lau, *G* 2, 330. dah. zur Bezeichn. des Frühlingsanfangs, *G* 1, 44. 3, 322. *b*) (dcht.) Wind übb., *Ä* 4, 562. 10, 103. *G* 3, 273. *c*) personif., *Ä* 1, 131. 2, 417. 3, 120.

zōna, ae, *f.* (ζώνη), Gürtel, bes. in der Erd- u. Himmelskunde, Gürtel od. Abteilungen der Himmelssphäre, die fünf von den Wende- und Polarkreisen begrenzten Zonen, denen fünf darunterliegende Erdgürtel entsprechen, quinque tenent caelum zonae; quarum una corrusco semper sole rubens etc., *G* 1, 233.